世界建筑历史人物名录
——从建筑人看建筑史

李邕光 编

中国建筑工业出版社

图书在版编目（CIP）数据

世界建筑历史人物名录——从建筑人看建筑史/李邕光编. —北京：
中国建筑工业出版社，2012.2
ISBN 978-7-112-13877-7

Ⅰ.①世… Ⅱ.①李… Ⅲ.①建筑师—人名录—世界 Ⅳ.①K816.16

中国版本图书馆CIP数据核字（2011）第264516号

责任编辑：刘　丹
责任设计：董建平
责任校对：刘梦然　关　健

世界建筑历史人物名录
——从建筑人看建筑史
李邕光　编

*

中国建筑工业出版社出版、发行（北京西郊百万庄）
各地新华书店、建筑书店经销
北 京 嘉 泰 利 德 公 司 制 版
北京云浩印刷有限责任公司印刷

*

开本：787×1092毫米　1/16　印张：53½　字数：1010千字
2013年1月第一版　　2013年1月第一次印刷
定价：**118.00**元
ISBN 978-7-112-13877-7
　　　　（21897）

版权所有　翻印必究
如有印装质量问题，可寄本社退换
（邮政编码100037）

鉴往知新
寻源望远

编写说明

本书只局限于古代和近代的范畴。按一般方法划分,从第一次世界大战爆发开始起进入现代,所以本书即以此为界,在人物的取舍上,一刀切地只录入1900年前诞生的人物,但这些人所牵涉的事迹,虽时在第一次世界大战之后,亦相应编入。同时,有些重要人物诞生稍后于1900年,便以附注的形式,稍作介绍。

一般书文,专业的或非专业的,多只描述建筑物,而不提建造者,见物不见人。本书按百科全书的形式,以人为条目进行编排,有以下三方面的特点。

(1) 人物方面,一般多着重于担任设计的建筑师,其实古来并无建筑师一职,在西方多由石匠、雕塑师、画家兼之,在东方,由于以木构为主,所以以画家、木匠,甚至掌管工程的官吏为设计主力。但是,仅从设计层面着眼,未免片面。本书的选材,除了已名或未名的建筑师以外,还扩大到有关建筑的各个层面。建筑活动是综合性极广的学科,它牵涉政治、经济、社会、世俗、宗教等方面。在我国,周代始设的"司空"一职,管理规划、城邑、苑囿、市场、军营、旅舍、陵墓而至道路、水务、测量等很广泛的内容。

从横的方面而言,一个城市的开拓、城镇规划、总体设计,必然涉及保卫、交通、水利、卫生、绿化、景观、人口聚散、土地使用等许多方面的内容。个体设计,往往涉及道路、桥梁、石窟、雕塑、园林、筑山、壁画、装修、建筑设备及材料等。科学昌明,时代进步,更涉及动力、机械、消防、空调、防护等更广泛的内容。再从纵的方面看,从设计开始,施工营造,以后的屋宇管理、修复改建,更有建筑理论、建筑教育、史学评论、考古发掘,甚至还有破坏者,都应包括在范围之内。还有些人并不著名,作品也未见出色,但由于反映一种潮流,一种倾向,甚至异端,因此也将其纳入。

他们之中,既有帝王,也有农奴,既有僧侣教士,也有艺师匠人,尤其可敬佩的,还有侏儒或残疾者。

(2) 在正文的次序上,一般习惯以姓氏编排,但是,一个人的姓氏,只是个符号,与他的事迹毫无关系,所以本书改为(大致上)以其出生年份为序。这样一来,便可以同他所在的时代挂钩,可以同该时代的形式、风格有所联系。如读者按序阅读，基本上可看到历史的渊源、发展和兴衰。前后就近阅读，可作参考、联系之用，胜于以姓氏为序的编排法。在文中，笔者不厌其烦地在人名后括上其生卒年份，为的是让读者可按年份先后，查阅本人及其他人的事迹，起互相参照之作用。此外，另以姓氏编成索引，在姓氏前加以编号，按号亦可方便查阅。

（3）在众多的书籍中，包括建筑以外的种种学科，很多时候在引用外国人时未将其原名列出，而往往按照作者或译者的语音以汉字为名。这样一来，问题就出现了：由于汉字的特征，同音同声的字可达多个，有时甚至几十个之多，如果是约定俗成的，如牛顿、林肯，谁都能对上号，但大多数未有固定译法的，仅由作者或译者自行发挥，甚至以方言发音，往往导致差异很大，扑朔迷离，张冠李戴。例如台湾书籍上出现"柯比意"一名，谁能想到是 Le Corbusier（勒·柯布西耶）的译名呢？又如把 Raphaël/Rallaello（拉斐尔）译为"拉夫耶尔"……所以本书一律以原文为主，同时附上常见的译名（一个或多个），建筑物、地名或其他也尽量附以原文，可得原意。好在读者都有一定的外文基础。为了正名起见，这样做，比较适宜。

本书分为三大部分：拉丁文字、斯拉夫字为一部分，中日为一部分，索引及建筑附图为一部分。在索引上，拼音文字国家以姓氏的首位英文字母为序，中日部分则以姓氏的首字笔画为序。

所附原文，除了英、法、德、意、西、俄外，还有低地、北欧、希腊多国文字。笔者外文程度实在贫乏得很，如有译得不妥之处，还望专家指正。

由于资料所限，历史上许多有名的建筑物并没有留下姓名，故只好割爱，诚感遗憾。在资料中又多以西方建筑为主，但全球许多国家或地区都曾出现过杰出而具特色的建筑，这些作品由无名氏所作，无从稽考，只能望"物"兴叹，此遗憾之二。19世纪末20世纪初，我国一批寻求西方现代建筑的先驱们曾为使我国建筑事业跟上时代作出了卓越的贡献，但都缺乏足够的记述，此遗憾之三。在所列明的条目中，亦由于资料所限，形成丰瘠不均现象，也只能有话则长、无话则短了。

虽然本书以人的出生年份为序来编排，但有人少年得意，有人大器晚成，故并未能完全准确反映时代，望客观分析。尤其在我国古代，对生卒往往缺乏记述，最多记以60年为周期的干支年份，更多还付之阙如，所以只能以其活动时间代替。在建造年份上，亦不必拘泥于一年半载。建筑是百年大计，少则三年五载，多则数十寒暑，尤其是西方的某些教堂甚至花上600余年才彻底建成（还有迄未完成者），所以纵有年份上的差异，望勿深究。

至于形式和风格，同一切事物一样，其孕育、萌芽、诞生、成熟需经历一系列的过程，而且还在不停地蜕变。它既含一定的传统因素，亦随所在的环境或物质所影响，况且它是人所创造出来的，受人的喜好和手法所影响。尤其是历时数以百年计的建筑，物换星移几度秋，客观、主观都在变。因此在形式和风格上亦不必过于深究，不必要求其"纯正"。

生有涯，知无涯，人类有史数千年，全球逾亿平方公里陆地面积，以个人能力而言，实不自量力，仅以本书方式作为一个尝试，望行业内、外贤达不吝指出错误和不足。冀抛砖以引玉。

在编写过程中，蒙广西师范大学钟文典教授、天津大学建筑学院冯建逵教授和王瑞华教授、台北中原大学/科技大学黄海伦老师、香港大学李迎老师，在提供资料上或外文翻译上给予帮助，谨此致谢！

附带谈谈一些个别问题。

(1) Cathedral 一般译为大教堂，而大教堂只泛指其规模，但其本意为主教区的座堂，故译为主教堂或主教座堂。

Surveyor 其职位甚为广泛，指检查（尤指度量衡的检查）、考察、审查、鉴定、测量等职务的人员，超出一般使用经纬仪和水准仪的测地员。英文的 lift，美文的 elevator，一般称作电梯，其实并无梯级，以译作升降机为宜。

文中姓氏后的（S）为 Senior（长者），（J）为 Junior（幼者）的简写。

法文之"Hôtel"意义甚广，除了旅馆之外，还指官邸或公馆，甚至是市政厅（hôtel de ville）和医院（hôtel-Dieu）。所以只看字面，分辨不出是什么建筑，故笼统名之为大厦。

(2) 欧洲人对河岸，不以东、南、西、北称，因河流蜿蜒方向不定，故以向下游方向的左右而分左岸（left bank）或右岸（right bank），比之我国之河东、河西更为合理。

(3) 文中之"一战"及"二战"是第一次世界大战和第二次世界大战的简称。

目 录

编写说明 ··· V
第一篇 本篇（拉丁文字、斯拉夫文字部分）························· 1
  第一部分 正文（按出生年份为序）······························ 3
  第二部分 人事关系 ··· 564
第二篇 副篇（中、日文字部分）·································· 573
  第一部分 正文（按出生年份为序：一~三一六）··············· 575
  第二部分 补遗（按出生年份为序：一〇〇一~一〇二〇）····· 747
第三篇 索引及附图 ·· 759
  第一部分 字母索引（人物以姓氏的首字母为序）··············· 761
  第二部分 汉字索引（人物以姓氏的首字笔画为序）············ 796
  第三部分 附图 ··· 816

第 一 篇

本篇（拉丁文字、斯拉夫文字部分）

第一部分 正文（按出生年份为序）

1. Daedalus/Daedalez 代达罗斯/狄德罗斯（史前）

古希腊克里特岛（Crete/Kreti）的名匠，最早的建筑师，在神话中亦传说他是雕塑家和发明家，凡无法溯源的建筑，均算入他的所作，与我国的公输班（鲁班）所类似。

克里特岛米诺斯（Minoans）的米诺斯迷宫（Minos），该宫约建于前1900～前1700年，地震后重建。

西西里岛阿格里琴托（Agrigento/Agrigentum），古希腊时称阿克拉加斯（Acragas/Akragas）据说有他的作品，于前406年迦太基（Carthage）时付之一炬。

Minoan时代（约前2800～前1100年）是以Crete为中心的爱琴文明，以青铜器和早期城邦为特征的时代。因此，如真有此人，最迟当在公元前2000年以前。

其作品在希腊文中被称之为"精巧的工艺品"（Cunningly Wrought）。

以上两遗址于1900年由英国Evans A.（1851～1941年）发现。

2. Imhotep 伊姆荷太普/殷霍特/英侯泰（活动于公元前2650年左右）

埃及第三王朝国王（法老）约塞尔（Djoser）[即左惹王（Zozer/Zjoser，前2686～前2611年在位）]的宰相、工务长。

圣贤、天文学家、占星家、艺术家、建筑家、魔术家，又是医药的化身，后世埃及、希腊人尊为医神，希腊人把他同希腊医神阿斯克勒皮乌斯（Asclepius/Asklepios）融为一体。荷马在《伊利亚特》（Iliad）史诗中说他是"高明的医生"。

据说埃及第一座伊德富（Edfu）庙是他设计的。

他的重要创作——孟菲斯（Memphis）萨卡拉（Saqqarah/Sakkara）陵墓的左惹王金字塔，是第一座石造阶梯形金字塔，其底面积为125/126m×106/109m，高61m，阶梯分六层。他将传统做法的泥砖全部改为石块，并将原置于顶上的祭祠移到塔前。其形式和风格同原长方台式的贵族坟墓玛斯塔巴（Mastaba）❶一致，但改为正方形，而祭祠仍模拟木材和芦苇束砌出垂直棱线，反衬出金字塔的水平划分。

3. Snefru 斯奈夫鲁/斯尼弗鲁（约公元前 2613～约前 2589 年在位）
Khufu 胡夫、即 Cheops 奇欧普斯（约公元前 2589～约前 2566 年在位）
Khafra 卡夫拉、即 Chephron 基孚连（约公元前 2566～约前 2525 年在位）
Menkaura 孟卡拉，即 Mycerinus 密塞里那斯（约公元前 2525～约前 2504 年在位）

Snefru 是埃及第四王朝第一代国王。在位期间是王国的黄金时代，他在达赫舒尔（Dahshur）建造了两座大金字塔：

第一座方形，188m×188m，高 98m。改变过去阶梯式的外形，造成斜坡。起初底部造得陡峭，后来发现存在构造问题，于中部以上改变为稍缓角度，致外形弯曲，被称为"弯塔"（Blunted Bent/False Rhomboidal Pyramid），该金字塔下部 54°、上部改为 43°，现保存良好。

几年后，他在迈多姆（Maydum）建造的另一座金字塔，先造成八级阶梯形，再用石料填补成斜面，最后成为方锥体，真正的金字塔终于出现了。

至于在达赫舒尔的另一座被称为"北方石金字塔"（North Stone Pyramid）的，据说也是他的所作，其体积又大了，是 200m×200m，高 104m。

最大的金字塔并成为上古七大奇迹之一的是吉萨（Giza、基泽）金字塔。

继位的国王 Khufu（胡夫/库富，希腊文作 Cheops，奇欧普斯），他所建的金字塔体积更大，底边达到 230m，高度达 146.6m（今实测为 137m）、倾角 51.50°，其祭祀厅堂等附属建筑则相对缩小，外形不再模仿木材和芦苇，真实地表现石材的质地。

Khufu 的儿子 Khafra（卡夫拉/哈弗拉，希腊文作 Chephron，基孚连）及孙子 Menkaura（孟卡拉/门卡乌拉，希腊文作 Mycerinus，密塞里那斯），相继在旁建造金字塔，但都较为缩小，分别为 215m×215m，高 143m 和 108m×108m，高 66.4m。

在卡夫拉金字塔前，还有"狮身人面像"（Great Sphinx，大斯芬克斯）周围还散布了许多玛斯塔巴（Mastaba）。据说狮身人面像的人面是按卡夫拉的脸筑成的，石像全长达 73.2m，最高处约高 20m。

这些庞大的构筑物，耗用了大量的石材，以胡夫金字塔为例，就达 260

---

❶ Mastaba：阿拉伯语，意为"石凳"，很形象化。

万 m³，总重逾 650 万吨，这就需要动用大量的劳动力。在这三代统治者所施行的百年虐政时期，每年役用以十万计的农村民族公社的农民轮值非人的劳动。最大的石块竟达 160 吨之重，还要作垂直运输到一定的高度，准确就位于适当的位置，这反映出当时人民的智慧和创造力。

Pyramid 在埃及语中是"高"的意思，它采用石灰石为材料，以准确的尺度成型，再干砌于合适的位置，在表面更有一层磨光的白色石灰石，可惜今已剥落。

由第四王朝起，埃及进入了"金字塔时代"。全国现存约有 80 座（一说 95 座），但据专家估计，应为 139 座。

4. Sen（e）mut 珊缪/塞尼缪（活动于公元前 15 世纪上半叶）

公元前 16 世纪中，埃及进入新王国时期，首都已迁至上埃及的底比斯（Thebes），那是位于地势狭窄的峡谷地带，金字塔的形制不再适合了。珊缪说金字塔过时了，况且金字塔的墓室常被掘窃，于是新的形制随巘岩形成，继承当地贵族在山崖凿岩建陵墓的传统，国王纷纷在山崖建造陵墓，将崖前的梁柱结构的祭祀厅堂做成主体——由垒石改为梁柱结构是一大进展，于是在戴尔－埃尔－巴哈利（Deir-el-Bahari）出现了帝王谷（Vale Royal），分布着由十八王朝起及以后各王朝的墓地及王家神庙。

珊缪为十八王朝的女王哈特谢普苏特（Hatshepsut，另译哈特什帕苏，在台湾译为荷雪淑德，前 1472～前 1458 年在位）在帝王谷的东北面建造了陵墓。墓身入岩达 91m，墓前布置了柱廊，其实在中王国的十一王朝的门图荷太普（Mentu-hotep，又译为曼特赫普）三世的陵墓（约前 2065 年）已有先例，不过当时仍把小的金字塔造建在庙顶上，石板路长达 1200m，两侧还排列着人面狮身像。时隔五个半世纪，这些中王国时期的旧形式都淘汰了。两者都在墓前建有作为主体建筑的大平台，而后来者的规模更大，柱廊用的是俄赛西斯柱（Osiris）——俄赛西斯是埃及彼岸之神（冥神、地狱判官），是埃及主神之一，统治死人，并使万物复生。埃及人认为，人死后同他汇成一体，但不复生，而是永生。女王本人修建了神庙，窟庙（Rock-Cut Temple）的四座方尖碑。

墓群傍悬崖，巧妙地结合和利用地势，气势磅礴，浑然天成，在这帝王谷共有 62 座陵墓。

珊缪还为自己预建了墓地，其墓同女王神庙有隧道相通，反映出他同女王的密切关系。

女王的木乃伊已被掘出，现仍完好。

5. Amenhotep III 阿孟霍特普三世（公元前 1417～前 1379 年在位）

十八王朝的法老。

在卢克索以北的艾赫米姆（Akhmim）挖人工湖——该处是他妻子提伊（Tiy）的家乡。他利用阿孟霍特普［同名，海普（Hapu）之子］的才干，进行包括西底比斯（West Thebes）各祠庙在内的宏伟计划，又在埃及和努比亚［Nubia，库升（Kush）——新王国向南扩展地区，在今苏丹第三瀑布一带］大兴土木。

阿孟霍特普三世掌管庙宇管理工作，死后被奉为神明达千年。

6. Ramses/Rameses/Ramesses I to V 拉美西斯一世至五世
（公元前 14 世纪初~前 12 世纪中叶在位）

十八王朝起，埃及开始新王国时代。公元前 1570 年，底比斯人（Thebes）驱逐了喜克索人（Hyksos），重新统一埃及，国力扩张，财富充裕。

十九王朝和二十王朝的前五个法老❶兴建了不少庙宇，那时的社会从奴隶制进展为氏族公社，王权上升，在意识形态上，利用宗教把国王同太阳神统一起来，国王就是太阳神的化身。神庙取代陵墓，建筑类型起了很大变化，拉美西斯一世到五世兴建了著名的庙宇。

（1）Ramses I 拉美西斯一世（前 1320~前 1318 年或前 1307~前 1306 年在位）

在位仅一年零四个月。

底比斯（Thebes）卡纳克/凯尔纳克（Karnak）大神庙的第二座塔门及其通道的装饰和柱廊大厅。

（2）Ramses II The Great/Usermare（伟大的拉美西斯二世/乌索模尔前 1304~前 1237 年或前 1290~前 1224 年在位）

十九王朝第三代法老，Sert I（塞提一世）之子。其时国力达到顶峰，曾同西台帝国（Hittite 或译赫梯）用陶板签下人类历史最早的文字条约。

建立比-拉美西斯（Pi-Ramses）城市，城分四区，城市极为优美，有花园、果园、湖泊。

底比斯的拉美西斯宫，将宫殿和庙宇合而为一。

所建灵庙甚多，设在卡纳克、孟菲斯、阿比道斯（Abydos）西布合、阿布辛贝勒（Abu Simbel）等地。

继其父 Sert I 完成鲁克索（Luxor）的阿蒙神庙并增建塔门和大厅。

当时，庙宇有两种：一种是神庙，另一种是灵庙——专为崇敬某一法老而建。灵庙的形制有两个主体：一是塔门——高大的石墙夹着狭窄的门道，门旁

---

❶ 法老（Pharaoh）：按埃及语原意为"大房子"，后专指王宫，由十八王朝起成为国王的通称。

立着成对的法老坐像和方尖石碑,更前是夹道两旁的圣羊像或人面狮身像,有的长达1km多;另一是多柱厅,密密麻麻的粗柱,厅内光线幽暗,严肃而神秘,这是群众进行仪式的场所。更内是只许法老及祭师进入的密室,只许少数人向法老朝拜的殿堂。

阿蒙(Amon)是底比斯的地方神,后来同太阳神融为一体。

其后,二十王朝初的三位Ramses也有所建树:

(3) Ramses Ⅲ(拉美西斯三世前1198~前1166年或前1187~前1156年在位)

二十王朝的第二代法老,他好大喜功而故逞风雅,后妃子女成群。

完成在底比斯Habu(哈布)建造的神庙和宫殿。

在城市内(如在Karnak)建造大综合体(Temple Complex)。

(4) Ramses Ⅳ(拉美西斯四世前1166~前1160年或前1156~前1150年在位)

在西底比斯的达尔巴赫里(Dayral-Bahri)建两大神庙。

继续装饰Ramses Ⅲ Karnak的阿蒙神庙综合体。

(5) Ramses Ⅴ(拉美西斯五世前1160~前1156年或前1150~前1145年在位)

续建西底比斯的达尔巴赫里神庙。

7. Hippodamus(of Miletos)(米利都的)希波丹姆斯/希波达摩斯(约公元前500~约前440年)

哲学家、理论家、城市规划家。

米利都的重建规划(前475年)。

Paraies(彼拉尤斯)的城市规划(前470年)。

Thuru(图里伊)的城市规划(前443年)。

Piraeus(比雷埃夫斯)的重建规划。

他的规划按不同城市功能划分内部空间,使管理、宗教、商业各区共同服务于政治、宗教、社会和经济利益,建筑物也适应各区的功能。垂直的两条大道贯穿中心,旁有中心广场。广场取代卫城而成为城市的中心,周围有神庙、竞技场、剧场、体育馆和议事会场等。按照当时的社会体制、宗教和生活的需要,城市用地分为圣地、公共建筑用地和住宅区三种用地,街坊面积都不大,最大也仅为30m×50m,按棋盘式划分。

他所创立的体系,之后成为古希腊城市规划的规律,如普南城(Priene)就是典型的例子。

他也设计个体建筑,如公元前 408 年的罗得岛(Rhodes)的诸侯城堡(Megaron Ton Ippoten——14 世纪被十字军改建为圣约翰骑士军团卫城)。

还有在伯罗奔尼撒的泰耶阿及涅麦亚的"多立克"神庙(Doric Temple at Tegea and Nemea)。

8. Libon 李波/黎波恩/利邦(活动于公元前 5 世纪中叶)

两种柱式(Ordo)到了前 6 世纪中叶已趋成型:Ionic 柱式流行于小亚细亚一带,如上古七大奇迹的以弗所(Ephesus)的阿尔特弥斯庙(Temple of Artemis),而 Doric 则在意大利和西西里一带流行,如锡拉库萨(Siracusa)的阿波罗庙。在伯罗奔尼撒一带的 Doric 柱式,则较为粗壮而无柱础,成为希腊式的 Doric 柱式。它们为崇拜自然的神庙和圣地建筑群所采用。

奥林匹亚(Olympia)的宙斯神殿(Alter of Zeus,前 468 ~ 前 460 年)由 Libon 以六柱式形制设计:三廊,周围用了 32 根希腊式的 Doric 柱,采取比 Aenus[伊纳斯,现 Enez(埃内兹)]的阿法亚女神庙(Athend Aphaia,前 5 世纪初)更为厚重的手法,柱式模数拘泥于 Doric 的系统,其后更被固定为规律而沿用。各部分的尺度均按简单的倍数制定,且符合人体的度量关系。

殿内宙斯坐像由 Phidias(活动于前 490 ~ 前 430 年)制作,且成为上古七大奇迹之一。

请注意:雅典另有奥林匹亚宙斯殿,始建于公元前 515 年,于公元前 174 年重新开工,至 132 年才完成,前后历六百余年。Corinth 柱式,由 Hadrian 完成。

9. Phidias 菲狄亚斯/费地(活动于公元前 490 ~ 前 430 年)

由 Libon 设计的在奥林匹亚的宙斯庙,庙内的宙斯像由他制作(约前 430 年)。全高约 13m。在石基座上,木胎外以象牙片和金箔敷面,左手持权杖,右手擎胜利女神像,杖顶立老鹰,4 世纪时被移至君士坦丁堡。462 年大火,城市重创,这座上古七奇之一的神像亦毁。

他是希腊古典时期著名雕刻家,古希腊神话所反映的平民人文主义世界观认为人体是最美的。他说:"再没有比人类形体更完善的了,所以把人的形体给予我们的神灵。"他创立了理想主义的古典风格。

他是当时执政官 Pericle(伯里克利)的挚友。Pericle 一上台就把雅典卫城(Acropolis, Athens)建设的重任交付给他。那时,雅典打败了波斯,成为了希腊各个城邦的领袖。在内部,自由的民主制度建立,经营农业的贵族奴隶主被逐出卫城。城邦要建设,卫城更要建设,以便公民们进行国家庆典和祭神活动。

他作为建筑总负责人、艺术指导，承担雕塑、装饰等重要工作，帕提农（Parthenon）的设计就交付给 Callicrates（卡里克拉特）和 Ictinus（伊克蒂诺）。

他和他的门徒们于公元前 438~前 432 年间为神殿的东西山花、陇间板制作高浮雕，在围廊内檐壁共长 160m 的浅浮雕上留下辉煌的成就，又在正对山门的广场中心竖立他制作的雅典娜（雅典的守护神）雕像 Statue of Athena，高 11.5m 的镀金雕像，持矛戎装，其位置统领着卫城的建筑群，这是他于公元前 448~前 422 年的作品。

除了上述两大杰作之外，还有他在卫城的伊瑞克提翁神殿（Erectheon）和胜利神殿（Temple of Nike）的装饰。

据说在意大利最南端的雷焦-卡拉布里亚（Reggio di Calabria）还有他的作品。

后来，他因为政治原因，流亡到奥林匹亚。

10. Callicrates/Kallikrates 卡利克拉特（活动于公元前 465~前 405 年）

前 8 世纪起，希腊进入初级的奴隶社会，在政治上不同程度地形成了城邦国家，前 508 年创立民主制度，其领土遍及爱琴海东、西两岸和克里特岛，殖民地则伸至地中海和黑海沿岸。其中，雅典作为各城邦的盟主，尤其在公元前 492~前 480 年间三次打败波斯的入侵后，地位更隆，但是战争到底留下了创伤。当时作为统帅的 Cimon（西蒙）将军（约前 510~前 451 年）令 Callicrates 负责雅典卫城的恢复和扩建工程，他即着手策划和设计，但未及动工 Cimon 便逝世，另由伯里克利（Pericle）当政，将设计主持改由 Ictinus 负责，他仍负责卫城的一些工程的设计：

胜利神庙（奈基神庙 Temple of Nike/Naos tis Athinas Nikis）由他单独设计（前 427~前 424 年，一说前 449~前 421 年），面积只有 5.4m×8.2m，前后廊列柱式 Prostyle，前后各四根 Ionic 柱，柱身较为粗壮。

帕提农神庙（Parthenon，处女宫）（前 447~前 438 年）的设计，他退居辅助地位。

卫城的南墙 South Acropolis wall（又称西蒙墙，Cimon wall）（前 465~前 460 年）。

据 Carpenter, R.（卡彭特）的 The Architects of the Parthenon（帕提农神庙的建筑师们）中记载，他还设计了下列工程：

赫菲斯托斯神庙（Temple of Hephaistes，前 448~前 442 年）；

索尼翁（Sunion）的波锡顿神庙（Poseidon，前 442~前 438 年）；

阿恰内（Acharnac）的阿瑞斯（Ares）神庙（前 438~前 434 年）；

提洛岛（Delos）的阿波罗神庙（Doric Athenian Temple of Apollo，前 435～前 413 年）；

伊利索斯（Ilisos）河畔的山神庙（前 430 年），Ionic 柱式，1778 年毁；

阿恰内的拉姆诺城（Rhamnou）。

一般认为 Corinth 柱式是他所创，但老普林尼（Pliny，23～79 年）在 "*Natural History*" 中则说是 Callimachus 的创造。

11. Ictimus/Iktinus/Iktinos 伊克蒂诺/伊克底努/衣基铁诺（活动于约公元前 450～前 400 年）

在波希战争前，雅典卫城原有的万神殿、古雅典娜神殿、雅典娜祭坛等，已被战火所毁。战后，为了使卫城成为国家的宗教活动中心，统帅西蒙（Cimon）将军委托 Callicrate 负责大事重建卫城，但 Cimon 早死，未及完成大业，转由 Pericles❶（伯里克利，约前 495～前 429 年）掌握大权。Pericle 原来对 Cimon 就有取代之意，曾控告 Cimon 坐失征服马其顿的良机。Cimon 一死，Callicrate 也就失势，工程领导权由 Phidias 领导，而设计方面则改由 Ictinus 主持。

帕提农神庙（Parthenon，处女宫），原取六柱式（hexastyle）布局，以满足神像所需空间，Ictinus 接手后，原由 Callicrate 时已加工好的彭代力孔山大理石的 Doric 柱，其柱径并不适合，适合的办法，只好利用这批柱石改为八柱式（Octastyle），侧面的十六柱也相应增为十七柱，平面由 24m×67m 扩大为 31m×70m，内殿宽度亦扩大为 19m，三廊中的中廊也就大大加宽了，这种折中办法却收到意外效果。

神庙外部前后两重柱廊，内部分为两部分：前为正殿（Naos），供奉圣像，三面置回廊，廊两层，各层竖立缩小了的 Doric 柱式，以免拥挤，影响圣像（statue）的形象；后部为密室，中间立两排双柱，Ionic 柱式，密室为提洛同盟❷（Delian league）的仓库，存放财物和档案。两部分分别占 2/3 和 1/3 面积。

工程于公元前 447 年开工，至前 438 年完工，但外部装饰则延至前 431 年才完成。由 Phidias 和他的弟子创作。Parthenon 为希腊本土最大的 Doric 柱式神殿，成为了典范。

公元前 6～前 5 世纪是古希腊科学发达的时期，毕达哥拉斯（Pythagoras，

---

❶ Pericles（伯里克利）：表面上是民主派，但实际上由他这个"第一公民"所统治。排外主义，努力确保雅典在政治上、文化上的领导地位；召开城邦联合会议，讨论重建雅典事宜，大兴土木。他曾将私产捐出，修筑第三道长墙，以确保雅典的安全。他曾迫使郊区村民全部撤进"长墙"之内，结果由于过分拥挤，发生大瘟疫，他亦因此被罚款和免职。

❷ 提洛同盟（Delian league）：公元前 478 年雅典领导下的古代希腊国家联盟，总部设于提洛斯（Delos），以抵抗波斯，至公元前 371 年衰微。

前580～前500年）建立了许多哲学、数学、伦理学的理论。公元前508年，民主制度创立。各行业的工匠得充分就业，自由工匠充分发挥积极性和创造性，在此环境下，如此旷世工程，作更科学的处理是必然的。为了纠正在太空背景时的错觉，将角柱稍微加粗，并将末间尺寸稍作缩小，而列柱均向内倾斜，柱身卷杀，又将台基和额枋向中央隆起，这一系列的严谨处理，使得外形更臻完美，也反映了当时在科学和民主制度下的伟大成就。据说这种纠正视觉的办法是由一位叫恩达西科的人设计的。

但是到了5世纪中叶，神庙被改为基督教堂，东端加上半圆拱，神像被搬到君士坦丁堡，最后被大火焚毁。1450年，奥斯曼帝国入侵，1458年又被改为清真寺，并在西南角加上尖塔，最后还被用作军火库，1687年，土耳其同威尼斯共和国作战时，中部被炸毁。19世纪初，英国贵族 Elgin T. B. ❶（埃尔金伯爵1766～1841年）又拆盗去大批大理石雕塑品，收藏于英国的博物馆，称之为 "Elgin Marbles"（埃尔金大理石雕塑品），但却引起强烈抗议。

他其他作品有：Elensis（埃留西斯）的 Demeter and Peresphone（第米特和普列分尼神庙）中的 Telesterion（台雷斯特里）殿堂（议事厅）的重修和扩建（前437年，同 Coroebus，Metagenes 和 Xenocles）。该议事厅被称为"神秘之殿"，内5×4柱，四边为梯级座位，外为柱廊。

Bassac（巴赛）的 Apollo Epieu（阿波罗-伊壁鸠）神庙（前429～前402年），内部 Doric 柱式。

12. Mnesicle/Mnesikle 姆奈西克里/摩沓西克勒/穆尼西克里
（活动于公元前5世纪中叶）

作为雕塑建筑师（Sculptor – Architect）的 Mnesicle 是雅典卫城山门（Propylaea Athens，前437～前432年）的设计者。

山门位于 Acropolis（卫城/亚克罗波利山，"要塞"、"围墙"之意）西侧山坡上，地势复杂，山门所在范围内仍有高差，从南面坡道向上走，山门被设计成前后两截以适应相差1.43m的地势。屋顶亦相应断开分为两段，而且左右也不对称，正面六根 Doric 式柱子的长度也不一：东边高8.53m，西边高8.81m。同时，两翼的附属建筑物也形态、大小各异，南翼敞廊较小，北翼绘画陈列馆较大，它们分别掩盖山门的错落。位于高台上的胜利神庙也斜向放置。山门外部采用 Doric 柱式，内部则用 Ionic 柱式，这是首创。1687年，土耳其同威尼斯作战时，也如 Parthenon 一样，受炮火所毁。1883年，被 Ernest Beule（伯莱）

---

❶ Elgin 家族是掠夺世家，Elgin, T. B. 的儿子 Elgin Jame Bruce（1811～1863年）纵使侵略军在圆明园放火和劫掠（1860年）。

重新发现，被定名为"伯莱门"。

另外，他还设计了雅典的巴西雷奥斯柱廊（Stoa Basileios）/宙斯－艾勒提若斯柱廊（Stoa of Zeus Elentheies），也是外部 Doric 柱式，内部 Ionic 柱式。

13. Pytheos 皮忒欧（活动于前 5 世纪中叶）

雅典卫城位于高出平地 70~80m 的山冈平台上，长阔约 280m×130m，周边地势陡峭，Erechtheum（Erechtheion，厄瑞克忒翁庙）就建在北面山崖上。

Erechtheum 庙由两部分组成：一部分是为纪念国王 Erechtheus（厄瑞克西阿斯，另一说是纪念希腊英雄 Erichthonius）。Erechtheus 原是一弃婴，由雅典娜抚养。这个雅典娜的养子，传说是古希腊阿提卡（Attica/Attiki）的第一个国王，所以，他可以同雅典娜分享祭祀。另一方面，该地有雅典人的始祖 Cecrops（凯克洛普斯）的墓，所以 Erechtheum 庙也是雅典人的祖庙。

Pytheos 于公元前 421 年着手建造这座在当时仅次于 Parthenon 的庙宇。坐落在如此复杂地势上，又需要安排两个小神殿，是个棘手的问题。到底艺高人胆大，他另辟蹊径，毅然打破一贯对称方正的格局，因地制宜，将两个神殿相背设置，合成建筑主体。两殿高差 3.2m，东部是雅典娜的正殿，殿前为六柱门廊，处于高位；西部是凯克洛普斯的墓室，处于低位。门廊置于北面坡下，三、二开间，两门廊均为 Ionic 柱式。角柱涡卷作 45°转向，使正面和侧面都得以连续。西殿，由地势较低的北面门廊，通过西殿的甬道再由两旁的梯级而上。由于两殿有高差，南北两侧墙均封闭，同时为了改善南边墙面的沉闷单调（纵贯墙面的为磨光的大理石），在西南角加建一个较小的门廊，也是三、二开间，此处不再用 Ionic 柱式，而改用女像柱（Cariatide），六棵比真人略高的女像柱使南立面更为生动多样。这样一来，从任何角度看来，整座庙都均衡完整。建筑于公元前 405 年完成，原拟增建侧翼，但未实现。

单体建筑解决了，再看同 Parthenon 的配合，用对比的手法：面对高大凝重的 Parthenon，它以轻巧活泼的形态出现，又以洁白纯净的白色大理石的墙面对比 Parthenon 的金碧辉煌，再以 Ionic 柱式对比 Doric 柱式。

亦有说法，Erechtheum 是出于 Mnesicle 之手，不管出于何人，毕竟都是反映出公元前 5 世纪中叶希腊技艺的高度成就。可惜，经过两千多年的劫难，已大受损伤。况且，19 世纪初，还是那个英国人 Elgin，又掠夺了大量的文物回伦敦。

由于雅典卫城的兴建，将提洛同盟（Delian league）在提洛岛（Delos）的

---

❶ Stoa（复数为 Stoae）：为古希腊神殿的柱廊或拱廊，屋顶由平行于后墙的一列或数列柱子支承。供交易和散步之用，柱廊后常建一两层房屋。

宝库于公元前454年迁至雅典而动用，城邦间的信任遂受到毁损，于公元前478年开始的同盟终于解散，最终导致雅典城邦的衰落。

历史的教训往往如此，每次倾尽国力的大兴土木，必然给当权者致命的打击：宋徽宗兴艮岳，酿成靖康耻，北宋亡；路易十四建凡尔赛宫，引发大革命等。古今中外，莫不如是！

14. Callimachus 卡利马科斯（活动于公元前5世纪初～中叶）

Phidias 的学生，古代作家认为他是个善于推敲，能创作出优美雅致的作品的雕刻家。

约公元前475年创作的阿弗洛狄忒立像（Aphrodite Genatrix——阿弗洛狄忒/阿芙罗狄阿蒂是希腊神话中爱与美的女神，相当于罗马的 Venus），该像制作非常精细，尤其在衣褶方面。

Eleusis（厄瑞西斯/埃来夫西斯——于395年已被毁的城市）的德默特尔（Demeter）和冥后科列（Kore）神庙（前450年）——Demeter 是司农业的女神，主管生产和社会治安的女神，又被称为"谷物之母"和"大地母亲"。

他还制作了雅典卫城伊瑞克提翁神庙中雅典娜像的金灯和普拉太亚（Plataea）庙内赫拉天后（Hera）坐像的金灯。

根据古罗马作家老普林尼（Pliny，23～79年）在 Natural History（博物志/自然史）中的叙述，他创造了 Corinthian 柱式，但亦有人认为是 Cadicrates 所创。

15. Alcamenes/Alkamenes 阿尔卡姆内斯/阿尔卡美尼斯
（活动于公元前5世纪中叶）

公元前468～前460年，Libon 设计了奥林匹亚的宙斯神庙（Altar of Zeus），至公元前430年，再由 Phidias 塑造庙内的 Zeus 神像。神像成为了上古七大奇迹之一（Seven Wonders）。Alcamenes 还做西山墙的雕刻，而东山墙的雕刻则另由以弗所的帕欧尼奥斯（Paionios/Paeonius of Ephesus）完成。

他设计了在珀加蒙（Pergamum，今土耳其贝尔加马）的赫尔墨斯（Hermes）祭坛的山门（Propylaea）——赫尔墨斯有希腊的丰产神、梦神、门神、路神和旅行者的保护神等多重身份。

另有雕塑 Hephaestus（赫法耶图斯）和 Aphrodite of the Garden（花园中的阿芙罗迪蒂/阿弗洛狄忒）等。

其作品以优美著称。

16. Eupolemos 欧波列摩斯/尤波利姆斯（活动于前5世纪中叶）

伯罗奔尼撒（Peloponnesus）的阿尔戈斯（Argos）赫拉圣地的赫拉神殿

（Heraeum），他采用了石灰石的 Doric 柱式。Hera（赫拉）是诸神的天后，司婚姻和妇女生活的女神，孕妇和产妇的保护神，还是一些城市的保护神。在一系列的赫拉神殿中，它是最重要的一座（前 423 年）。

殿内的赫拉的神像由 Ageledas（阿杰拉达斯）和学生 Polyctitus 以黄金和象牙制作。

17. Praxiteles 普拉克西特利斯（活动于公元前 4 世纪中叶）

出身于雕塑家族，其父及其子都是雕刻家：

父——Caphisodotus（S）（老凯非索多托斯）；

子——Caphisodotus（J）（小凯非索多托斯）；

幼子——Timotheus（提谟修斯）。

他于公元前 350 年制作的 Aphrodite of Cnidus（奈多斯/克尼杜斯的阿佛洛狄忒）以裸体形象出现，为当时首件裸女雕塑，大胆创新，很精美。Aphrodite 相当于 Venus。

古希腊最有创造性的艺术家之一，变雄伟为优美，作品造型雅致，雕琢精细，对以后希腊雕刻的发展有深刻影响。

18. Polyclitus/Polykleitos 波利克里托斯（活动于公元前 4 世纪中叶）

人像雕刻家，尤善于制作运动员像。

古希腊各城邦都建有露天剧场，随古希腊戏剧的发展而发展。剧场多依山势沿凹坡处，利用地形而建，观众席沿坡逐排升高，俯视圆形的歌坛，歌坛后是化妆、道具等所在的房屋，形成舞台"Stage"（希腊文为"石造小屋"之意）。在众多的露天剧场中，伯罗奔尼撒半岛上东濒阿哥利斯湾的埃皮道鲁斯 Epidauros/Epidaurus 的圆形剧场（Archaion Teattron）为著名的圆形剧场，其实只是大半圆形。观众席 14000 座，分为 55 排布置，直径达 113～118m，以石灰石制作。20m 直径的歌坛，背面为两层的后台，装饰 Ionic 壁柱，座下埋陶罐，以增共鸣，其音响效果特佳，工程完成于公元前 350 年，现仍保存良好。在该地另有一名为"Tholos"的圆形建筑物，用途不明，约建于公元前 360～前 330 年间。

他还和他的老师 Ageledas 为 Argos（阿尔戈斯）的赫拉神庙（Heraeum）以黄金和象牙制作了赫拉神像。

他著的《法式》（Canon/Kanon）讨论了理想的比例关系。

他的作品开创了由希腊化时代（Hellenistic Age）至罗马时期追求理想美的先河。

19. Leochares 利奥卡雷斯（活动于公元前 4 世纪中叶）

位于小亚细亚西南角的加里亚（Caria）国王（僭主）于公元前 359 年迁都到 Halicarnesses（哈利卡纳苏斯）城，公元前 353～前 351 年，在国王的姊妹和王后阿蒂弥西亚（Artemisia）的主持下建造纪念性的陵墓，也就是上古七大奇迹之一的 Halicarnesses Mansoleum（哈利卡纳苏斯摩索拉斯陵墓——后来 Mansoleum 成为了陵墓的通称）。

陵墓有高高的台座，上面有由 36 根圆柱组成的方形柱廊围着中央祠堂，顶上为金字塔，塔顶竖立摩索拉斯夫妻乘坐战车的石像。整座建筑高约 50m。集中式的陵墓为小亚细亚的传统，加上了埃及的母题。此古迹于中世纪（11～15 世纪）因地震毁掉。由于原物不存，其面貌说法不一。据老普林尼（Pliny, 23～79 年）记载：方形周边 125m，高 45m（合希腊古尺 140 尺），金字塔 24 级，顶立四马战车。

建筑师为 Pythius（或 Pytheos/庇昔阿斯），其生平不详。柱廊四壁的浮雕分别为 Bry-axis（布赖亚息斯）、Praxiteles（普拉克西特利斯）、Scopas（斯科帕斯）和 Timocheus（提摩修斯），各据一方，分别发挥，而塔顶的立像则由 Leochares（利奥卡雷斯）单独完成。

在已发现的"亚力山大帝猎获狮子"铜像上，有他和 Lysippus（利西波斯）的刻名。

一般认为"观景殿的阿波罗"（Apollo Belvedare）（公元前 338）也是他的作品。

公元前 356～前 337 年，他受雇用黄金和象牙为马其顿的腓力王室的成员作像。

作品多已失传，仅据记载所知。

20. Scopas（of Paros）（佩罗斯岛的）斯科帕斯（活动于公元前 4 世纪下半叶）

希腊古典时期末的雕刻建筑家，致力于三大建筑装饰雕刻。

（1）伯罗奔尼撒中部山区 Acadia（阿卡迪亚）Tegea（泰耶阿）的雅典娜（Athena）阿列亚神庙（Alea，公元前 395 年以后）的雕刻和建筑设计——六柱式，侧面十六柱，内殿中的列柱压缩为壁柱。

（2）哈利卡纳苏斯（Halicarnassus Mauseleum）摩索拉斯陵墓上四壁的浮雕 [同 Bryaxis、Praxileles（J）、Timotheus 合作]。

（3）以弗所（Ephesus）阿尔特弥斯（Artemis，希腊神话中的月亮女神）神庙上的浮雕（前 350 年左右）——神庙约建于公元前 560 年，为上古七大奇迹之一，Ionic 柱式的代表作，古希腊最大建筑：55m×110m。

现存的独立雕像有"Longing"（渴望），山墙装饰"Calydonian boar"（卡留顿的野猪）。

他发展了由 Callimachus 所创造的 Corinth 柱式。

21. Lysippus 利西波斯（活动于公元前 4 世纪下半叶）

马其顿腓力时代（前 356～前 337 年），阿哥斯（Argos）和西库翁（Sicyon）学派的首领。以上两地均近迈锡尼，至亚历山大大帝时（前 356～前 323 年）尤为活跃。

对于人体比例，他改变了 Polyclitus 时的标准比例，以新的头部较小、躯干较长的比例，生动自然的造型著称。同 Leochares 合作的"亚历山大猎获狮子"铜像，现由卢佛尔宫收藏，刻有铭文记载两人的名字。他所制作的 1500 件青铜作品，现无一存，仅有少数临摹品，如"刮汗污者"和大量制作的"亚历山大像"，更有临摹的模仿品。古代作家将他和 Praxiteles、Scopas 列为公元前 4 世纪后半叶的三大艺术家。

22. Chares（of Lyndus）（林达斯的）卡雷斯（活动于公元前 4 世纪～前 3 世纪间）

出生于罗得岛一小镇林达斯的 Chares，是 Lysippus 的学生。

罗得岛（腓尼基语为"蛇"之意）为纪念解除于公元前 315～前 304 年的德米特里（Demetrius）的长期围困，在港口竖立巨大的太阳神赫利俄斯（Helios）神像。Chares 领导此项宏伟的工程，花了 12 年时间（具体时间说法不一，有前 304～前 292 年、前 297～前 285 年、前 292～前 280 年及前 290～前 282 年等说法）。

神像又叫"Colossius of Rodes/Rhodes"（罗得岛大雕像）。大理石座，用铁架支撑的青铜面铸成，双腿部分装入石块以稳定。青铜来自于战利品。神像举火把，背强弓，腿跨两岸。但英国的建筑师罗瑞恩的考察分析认为神像位于港口东，并非双腿分跨两岸。

罗得岛居民一向崇拜 Helios，在公元前 6 世纪，曾把赫利俄斯战车（Chariot of Helios）送到德尔法（Delphi），作为奉献品送给阿波罗神庙。在古希腊，公元前 5 世纪以后，崇拜 Helios 转为崇拜 Apollo。

太阳神像约于公元前 225 年时因地震塌圮，残留于原地。拜占庭帝国时代，阿拉伯人于 653 年入侵，将这原高 34m（36m）巨像的残骸当作废铜铁卖掉，据说用了 980 匹骆驼才驮走。

23. Hermogenes（of Alabanda）（阿拉班达的） 赫莫琴尼/埃莫赫内斯（活动于公元前 150～前 130 年）

公元前 2 世纪，希腊建筑已进入希腊化的中期，古典形式趋向衰落，而母题趋向奢华和多样化。

他认为，神庙不应使用 Doric 柱式，因为 Doric 柱式的三槽板（三陇板，triglyph）和三联浮雕（triptych）麻烦，会引起缺陷和不对称的对位，所以，他惯于使用 Ionic 柱式。其创作全在小亚细亚：

在马格内西亚（Magnesia）的有 Sosipolis（索西波利斯）的宙斯神庙（Temple of Zeus）、Leucophryene〔（月神）流柯费利因〕的阿特米丝（Artemis）神庙和阿特米丝圣坛（Altar of Artemis）。

在普瑞涅（Priane/现萨姆松－卡来镇，Samsun Kale）的雅典娜神庙（Temple Athena）。

在泰奥什（Teos），原拟为罗马酒神巴古科斯老爹（Bacchus）建 Doric 柱式的神庙，后来改变初衷转为为希腊酒神狄俄尼索斯（Dionysus）以 Ionic 柱式建庙，使用了大理石料。

在萨迪斯（Sadis）的 Artemis Cybele（阿特米丝月神）神庙也使用 Ionic 柱式，但仅仅建了内殿的两排各六根柱，不知为什么停了。

他还是个理论家，据说其著作后来成为了 Vitruvius（维特鲁威）《建筑十书》的蓝本。

24. Sostratus/Sostrataios（of Cuidus）（尼多斯的）索斯特拉特斯（活动于公元前 3 世纪）

亚历山大大帝（前 356～前 323 年）以雷霆万钧的军事力量从马其顿东征至印度河及药杀水和乌浒河（今中亚之锡尔河和阿姆河）的河间地带，又把领土扩大到黑海西岸和尼罗河下游直至上埃及的阿斯旺，幅员超越前 5 世纪的波斯帝国，所占领的土地中以亚历山大命名的城市不下十处。其中，在尼罗河三角洲的亚历山卓（Alexandria）就是他于公元前 332/前 331 年所创立的。公元前 304 年，托勒密（Ptolemy）王朝建立，更定为埃及首都，取代了孟菲斯（Memphis），而且其文化发展超越雅典，成为文化中心。

法罗斯（岛）灯塔（Pharos lighthouse）建于托勒密二世时，其具体年份有前 297～前 283 年、前 285～前 247 年的说法，亦有始建于前 279 年之说。灯塔位于法罗斯岛（Pharos）的 El Anfoshi 海岬（阿拉伯语"伊斯康德里亚"）。在希腊神话中，Pharos 是个大英雄。后来，Pharos 更成为普通名词：灯塔、标灯、航线标记和望楼。

Sostratus 将灯塔设计成三段：底为方形，高 69m，内设 300 个房间作住宿、生活、贮藏等用；中段八边形，高 38m，表面满布雕刻；上段变为八柱环廊，高 21m；顶部竖海神特里顿（Triton）的铜像，总高 135m。这个高度有人存疑，认为只高约 80m。灯塔用石砌筑，缝隙间灌铅加固，每段均有收分，研究人员按以上分析推断绘出图样，在威尼斯圣马可教堂内，有以 Maisaic 镶造的图样（当时灯塔仍在）。后世在西亚和北非均有按其图样的仿造，它成为了世界灯塔的始祖。

环廊内以铜盆烧柴并用铜镜反射火光或反射日光，一说烧矿油，亦可能有透镜，这些都尚待分析。

至此，西方所列"上古七大奇迹"以它作为最后一项已全部建成，这些"奇迹"只局限于南欧、北非和西亚，而且多带宗教色彩，法罗斯灯塔是唯一具社会实用价值的建筑，可惜未能保存至今，七大奇迹现只剩下埃及金字塔了。

8 世纪初，灯架及廊柱相继溃烂，881 年曾整修，中世纪时一度用作小清真寺，但 1100 年，地震毁及中段，1303 年地震中便全毁了。

1477～1480 年，改建为魁特贝碉堡（Fort of Qaitbay）。至 19 世纪又有改建。

25. Claudius，Appius（Caecus）（失明的）克劳狄（活动于公元前 4 世纪末～前 3 世纪初）

古罗马共和时期的进步政治家、法律家和作家，公元前 312 年及前 296 年两度担任监察官，又提出政治改革纲领，他提出允许将解放的奴隶、无土地者分到各部落，其子孙可入元老院。著有《诉讼法大全》。

他在道路和水利方面作出了创造性的贡献：

在他的提议和指导下开辟了阿庇亚大道（Via Appia Antira），由罗马通至卡普亚（Capua），起点为罗马的圣塞巴斯蒂安 San Sebastinans 城门，全长 530km，宽 4m，军事和商业两用，成为"众路之王"。"条条大路通罗马"，由他开始，阿庇亚大道今仍在使用。

首创引水道阿庇亚（Aqua Appia）入罗马（前 312 年）以供应城市用水。后来，相继修建引水道（其中不少筑渡槽跨越山谷），使得全城喷泉达 3000 处之多，水量充足可供多个浴场的用水。

26. Agrippa，Marcus Vipsanus 阿格里帕（约前 63～前 12 年）

公元前 1 世纪后半叶，是前三雄执政的时代，当其时帝国国力达到地中海周围地区，一方面连年征战，另一方面在罗马大兴土木进行建设。

Agrippa 出身寒微，早年的身世不详，但他 19 岁的时候成为了奥古斯都（Augustus）的密友，更成为了罗马帝国第一位皇帝的副手。他历任帝国统帅、宰相、护民官，还三次任罗马执政官，又成为了屋大维的女婿。

公元前 33 年起，他担任罗马大营造官（Curule Aetile-Magistrate of Public Building and Works）时，作出了贡献：

在原 Claudius——克劳狄引水道的基础上，修复一条输水道和新建一条输水道（后共增至 14 条之多），新开水源 500 处，建井 700 个，水池、人工湖 130 个，其中有后来成为特莱威（Trevi）喷泉（又被称为许愿泉、幸福泉或爱之泉）水源的维哥水道（Aque Virgo/贞女水道）的终点（前 19 年）。水道使罗马的给水排水系统更完善，同时又建造了浴场，至今，罗马人仍怀念他。

他在拿波利（Naples）湾的浦太俄利（Puteoli/现波佐利 Pozzuoli 港）建造船厂。

原建于公元前 27～25 年的万神庙（Pantheon）是他的主要作品，当时采用希腊式的长方形平面加前柱廊设计，所以万神庙也被称为"Agrippas Temple"。他在法国尼姆（Nimes）市建造的 Maison Carree 神庙（方殿）也是希腊式，以 Corinth 柱式的半露柱环绕主厅，由于保存良好，而致路易十四的首相 Colbert（1619～1683 年）曾打算将它搬到凡尔赛宫去，当然，没有成功。

他不但热心于设计和建设，还用私产补助建设费用。

51 岁染沉疴而死，Augustus 亲致悼词。

27.（Marcus）Vitruvius，Pollio（马库斯）维特鲁威（活动于前 1 世纪下半叶）

任职 Augustus（前 63～前 14 年，前 27～前 14 年在位）的军事工程师的 Vitruvius，出身于罗马自由市民中的知识阶层，曾受良好的教育，既通晓理论，熟悉工艺，又具工程实践。据知他曾设计法诺城（Fanun/今 Fano）的巴西利卡（Basilica），可能还有其他建筑工程。

积累各方面的工程实践，系统地总结希腊和罗马前人的经验，其中也包括 Hermogenes（赫莫琴尼）的著作，他写下了 "De Architectura Libri Decen"（《建筑十书》），在众多的古罗马的建筑著作中，硕果犹存，这是仅有的留存下来的经典著作。据推算，该书最早完成于公元前 27 年。又据记载，直到 1484 年才由一位叫 Poggio（波焦）的教士在瑞士圣盖尔图书馆发现，两年后，出了拉丁文版。

在这部书十卷的篇章内，内容非常广泛，有建筑概论、城市规划、市政、土木、筑港、神庙构造、公共建筑、私人建筑、希腊柱式，有地坪和饰面、道路、给水排水，材料的性质、制备、使用和运输、施工设备、测量，还有计时、日照、采光、污染、建筑师的教育和修养，至建筑经济，其内容涉及天文、水文、几何、物理、气象、语言、音乐、哲学、历史等领域。

这些篇章，告诉人们城市规划和建筑设计的基本原理，建筑选址同周围环境的配合，建筑物的布局、结构、构造和使用材料，以至业主的财力等，无不顾及，且叙述得非常细致，如潮湿天气如何有利于灰浆的耐久性，秋材好过春材等。

他认为，建筑物的理想和现实结合，整体和局部结合，都需要有"数的和谐"。他以毕达哥拉斯学派的"一切都是数"的理论和希腊"人体美"的理想作为依据。

他提出建筑要达到坚固、实用和美观的三个原则——这是最早提出的三原则。

为此，他对建筑师提出在哲学、历史、自然科学而至美术、音乐各方面都要有广泛的修养。他说："只有兼备实践知识和理论知识的人，才能成为称职的建筑师。"

Vitruvius 的立论是建立在古希腊建筑成就的基础上的，由于时代的局限，存在着一定的必然的缺点。一方面，他认为古希腊的建筑已发展到尽善尽美的程度，只需要继承，不必要发展了；另一方面，为了适应当时当权者的复古爱好，要将古典传统保存起来。终其篇章，只字不提当时已兴起的拱券、穹顶技术。他又认为，填筑墙是虚伪的结构，而对柱式的比例规则过于苛求，要严格遵守既定法式，他的指导思想是保守的。

尽管如此，《建筑十书》到底奠定了欧洲建筑学的基本体系，指导着两千年来的建筑原理和法则，尤其文艺复兴时期以来，把它当做基本教材，如 Alberti（1404～1472年）、Bramenta（1444～1514年）、Vignola（1507～1573年）和 Palladio（1508～1580年）都将它奉为圭臬，更有人在此书的基础上著书立说，加以阐释、发扬和进展，如 Alberti 的《论建筑》（1485年出版）。Vignola 的《五种柱式规范》（1562年）和 Palladio 的《建筑四书》（1570年）等。

28. Rabirio/Rabirius 拉比里奥（活动于公元前1世纪下半叶）

罗马大角斗场（Colosseum/colosseo，或译为大斗兽场），又称弗拉维安圆形剧场（Flalvian Amphitheatre/Amphitheater），因为其建造经历了弗拉维安王朝（Flavian dynasty）三代皇帝之手：69年，韦斯巴显（Vespasian，69～79年在位）下令将原尼禄金殿（建于65～68年）拆毁，次年令 Rabirio（其生平不详）在原址的池塘上建角斗场。他在沼泽上先做6m深（一说厚13m）的地基；至

80年由第二代的Titus（提多79~81年在位）主持揭幕礼，庆祝主体已完成；82年第三代的Domitian（图密善，81~96年在位）时才彻底竣工。称为Colosseum是因为该地原有尼禄的巨像Colossus。Amphitheater原词源于古希腊，但建筑形式则始于罗马或Etrurian（伊特鲁里亚，公元前8~前2世纪建国于亚平宁半岛中部）。

希腊的剧场为半圆形，就山坡地势而建。这里，将两个半圆形合成为一个整圆形，而且建在平地上（准确地说是建在沼泽上）实属首创。据18世纪的发掘，于公元前79年被火山喷浆掩埋的庞贝城（Pompeii）中，发现可容15000人的椭圆形角斗场（在时间上应略早）。此外，它还有许多特点，如用拱券作为主要结构手段，包括筒形拱、交叉拱等，在外立面则为连续的券柱式拱廊；其次，墙身用混凝土构成，而且按位置的高低，分别采用不同的骨料，如基础用火山石，墙身用凝灰石，拱顶用浮石，这样轻重分开，既符合结构的合理性，也符合经济原则，并适当使用砖头、白色大理石（贵宾和骑士座位）、木料（平民座位和顶层张挂顶棚的一些构造）。

平面略呈椭圆形，长轴189m，短轴156.4m，总高48.5m，周圈放射形地分为80开间，相应设80个入口，各区观众集散互不干扰，内部以62%坡度向上升起，分为三层观众席，再上是管理顶棚的人员操作和休息的地方。中心表演区也呈椭圆形，长轴87.47m，短轴54.86m，处于地势最低处。在这片约3750m^2的地方，经历了442年的血腥游戏，柱死的人畜不计其数，直到523年才终止残酷杀戮，这被称为"arena"，在拉丁文中是"沙滩"之意，当时，铺满沙子，以吸血污，可想见其骇人的情景。下面的地下室是供角斗士和猛兽逗留和准备赴死的地方，那里有良好的排水管道，可注水以表演水战。场内无固定的顶盖，只有可开合的、以缆绳张挂顶棚的设施。整体功能合理，疏散安全，如此完善的形制，成为两千年来体育建筑的基本布局。

这座周长达527m，高度达48.5m的庞然大物，其外观是个考验建筑师的问题。Rabirio将它分为80个开间，造成环形柱廊，向上分为四层，分别用Doric、Ionic和Corinth三种柱式，最上层的密封墙身，改为Corinth式壁柱，这样一来，通过横向和纵向的划分，虚实的对比，柱式有刚健、秀美而华丽的变化，整体既雄浑又明快，开朗而富节奏感。

410年，西哥特（Visigoths）人入侵罗马，角斗场变成堡垒，罗马城也日渐荒芜。523年角斗被禁的时候，西罗马早于479年灭亡了，加上雷击、地震和人为破坏，角斗场面目全非，15世纪，沦为采石场，18世纪，一度成为天主教圣地，直到19世纪才重新被人记起，稍作修补，最近一次修复则是1995~2003年的事了。

29. Apollodorus（of Damascus）/Apollodoro（di Damasco）（大马士革）阿波罗多罗斯/阿波洛多鲁（活动于 97～130 年）

　　Trajan（图拉真）在位时（98～117 年），古罗马帝国的疆域达到空前的地步：在东边，直达波斯湾的美索不达米亚和里海的亚美尼亚，北边拥有上、下不列颠，西边完全占领现在的法国和西班牙，在南边，北非沿海一带已据为己有，当时，把地中海叫做"内海"（Mare Internum），因为，环海领土［包括当时叫"攸克辛海"（Poutus Euxnius）的黑海］对罗马人来说是"莫非皇土"了。

　　Trajan 皇帝的武功远远超过 Caesar 和 Augustus（领土扩大了一倍），所以，作为歌功颂德的广场要比其前辈更为雄伟庄严。以前的广场都是封闭的，周围环廊拱立着中间的一座希腊式的神庙，或者一座皇帝的铜像或雄辩家的敞廊。Trajan 从大马士革请来了 Apollodorus 为他设计广场，占地面积比前两处的总和还要多一倍，而且前后四进，造成重叠高潮的效果。

　　由 Augustus 广场通过一个三跨凯旋门，进入第一进广场，中心竖立 Trajan 骑马铜像，两侧是半圆形（市场）敞廊，广场内四面列柱环绕。往前是 Ulpia（乌尔比亚）巴西利卡，四面双重列柱廊，两侧为半圆形龛室，此巴西利卡和桁架，都是古罗马最大的。巴西利卡后来成为了教堂建筑的滥觞。接着一个小院子，竖立着图拉真纪功柱，浅窄的空间中高达 35.27m 高的柱身产生强烈的对比，其压迫感让人产生崇高而敬畏的感觉，左右是小图书馆。最后一进围廊式的大院子，中间八柱式大殿，为整个广场的高潮，那是 Trajan 本人的庙宇。

　　建立于 107/109～112/114 年或 98～113 年的这些建筑群，如今已经荡然无存，只有那纪功柱仍然屹立。柱座方形，高 5.46m，内为 Trajan 的墓室，柱身外形为 Doric 柱式，底径 3.71m，有收分，柱面以螺旋形浮雕为装饰，记录着远征达西亚（Dacia，今罗马尼亚一带）的史迹，饰带由 1.22m 的宽度渐变为 0.89m，环绕 23 圈，总长 244m，在 100 多个画面上，出现约 2500 个人物，人们可以登上左右的图书馆的屋面就近观赏。柱空心，内 185 级阶梯盘旋而上，柱顶原竖 Trejan 立像，但于 1587/1588 年被教廷换上圣伯多禄的铜像。

　　罗马尼亚多瑙河港的德罗贝塔（Drobeta）河桥（105 年）和图拉真浴场（109 年）都是他所设计，后者确定了皇家浴场的基本形制。

　　他性情骄傲而嫉妒，曾提出"Vitruvius 是否是建筑师"的疑问。117 年后，Hadrian（哈德良）当上皇帝，他自恃是前朝功臣，不把 Hadrian 放在眼里，对 Hadrian 亲自设计维纳斯和罗马神殿（Temple of Venus and Rome）不满，批评壁龛中的神像太高。Hadrian 对新兴的穹顶技术非常欣赏和爱好，他讽刺说："Hadrian 只会削南瓜（譬穹顶为南瓜）"，埋下被杀伏线，先被放逐，于 130 年被处死。

30. Hadrian，意文 Adrian/Adriana 哈德良（皇帝）（76～138 年）（117～138 年在位）

原名——Publius Aelius Hadrianns（117 年以前）

全名——Cassar Trainus Hadrianns Augustus

Trajan 的表侄、养子，后成为侄孙女婿。

受过哲学和修辞学的训练，通晓拉丁文和希腊文。

风雅博学，具艺术家气质，精通星象、诗画和建筑设计。

当上皇帝的次年，他便为自己建造避暑胜地——东郊的蒂沃利（Tivoli，拉丁文为 Tibur，提柏）别墅。这个别墅的兴建延续了 16 年时间，直至 134 年才基本完成。这是西方历史上首次出现大的建筑群，占地达 $18km^2$。他在位时，花了九年时间到各领地巡游，所见景点甚多，回到罗马——加以仿造（一如乾隆之所为），如克诺帕斯（Canopus，埃及尼罗河三角洲西的一个城市，亚历山卓人的游点）、希腊柏拉图学院图书馆、希腊剧场等。他在蒂沃利连续建造了撒拉拔士（Serapis）神庙、拉丁图书馆、水上剧场、维尔（Vale）神殿等，在皇帝宫殿（Pallazzo Imperiale）中有众多的厅室。一圈环形水池中一座人造岛（ninfes dell'Isola），岛上以 Ionic 柱式的柱廊环绕，这些建筑物和构筑物都依山就势而建，随意、看来全无规律、不作对称、不求壮观，如细长的卡诺波（Canopo）水池就位于山谷中，还有黄金广场（Piazzo D'oro）、褐石塔（Plato）、绘画走廊（Pecile）等。至 6 世纪、8 世纪渐次衰败，现存仅 120 公顷，至今尚可看到小别墅的遗迹。

同时，他又彻底改建被火毁的万神庙［Pantheon——原由阿格里帕 Agrippa（约前 63～前 12 年）于前 27～前 25 年时兴建］，献给恺撒以供奉维纳斯（Venus）和玛尔斯（Mars，战神），当时还是前柱廊的长方形平面庙宇形制，但是于 80 年一次的雷击中被焚。Hadrian 一登帝位，随即着手彻底改建，他采用圆形集中式形制，在当时这是一项伟大创举。其直径 43.3m（这个跨度记录一直保持到 19 世纪），高度同样也是 43.3m，圆形的平面，其周围等分为八份，分置七龛一门，墙身厚达 6.2m，每米一层，用混凝土加砖，骨料用凝灰石和石灰石，直至穹底，往上渐薄，亦逐渐改用较轻的骨料，同角斗场做法一样。穹顶留一 8.9m 直径的圆孔（Oculus）以采光，更譬神人相通，那是当时的宇宙观念。穹下部做成五层方格藻井，外墙下层贴大理石面，上层则抹灰，庙内有一圈 Corinth 柱。

202 年，卡拉卡拉（Caracalla）皇帝在入口处加柱廊，十六根 Corinth 柱式分为三排，分别为 8 + 4 + 4，红花岗石柱身，白大理石柱头。这种八柱式的前廊是希腊庙宇的做法，而内部圆形集中式则是新兴的罗马式做法，万神庙是集中了两者的大成。山花无雕饰，山花上的铜像今已不存。

43.3m 直径的穹隆是空前的，在之前，最大直径也仅 38m，后来米开朗琪罗设计圣伯多禄大教堂时将直径定为 42.1m，少了 1.2m，是出于表示敬仰，这个纪录保持到 19 世纪现代结构的出现，才被刷新。

609 年，改为教堂，易名为圣母马利亚和殉道者教堂。663 年，拜占庭掠去铜瓦。

16 世纪，为建圣伯多禄教堂主祭坛之华盖，教宗 Urban Ⅷ（乌尔班八世）令 Bernini 拆其青铜门作材料用，被人讽刺："野蛮人（Berberi——北非的柏柏尔人）做不出来的事，Barberini（乌尔班的姓氏）干出来了。"Bernini 又想在三角由墙上加两个小钟楼，受批评说："这是 Bernini 的驴耳。"后于 1883 年终被拆除。

尽管如此，万神庙（音译为"潘提翁"）的主体建筑尚算完整，在众多的古罗马建筑中，它是保存得最为良好的。

除了庙宇外，他还策划军事工程，122～136 年在不列颠北筑不列颠边墙，东起泰恩（Tyne）河口的沃尔森德（Wallsend），西至索尔韦湾（Solway Firth）的包内斯（Bowness）全长 118km，建立固定的罗马防线，称为"哈德里安长城"（Hadrian Wall）。现存大段城墙和石造碉堡。

133～135 年，他亲自设计维纳斯和罗马神庙（Temple di Venus e Roma），两庙相背而立，外表列柱围廊式（Peripteral），内部端柱式（Distyle），全部立于台座上，由前两隅梯级而上。这是古罗马神殿中面积最大的。

他还为其皇族设计了墓地（Mansoleo di Adriano），与一般帝王陵墓建筑一样，取上圆下方形状，在 90m 见方、22.9m 高的台座上，直径 73.2m、高 45.7m 的墓室，呈鼓状，陵墓于 130 年完成。后来，他又在其正面加建跨台伯河（River Tiber/F Tévere，特韦雷河）的圣天使桥（Sant'Angelo Ponte 圣安杰洛桥）。这是座五孔石拱桥（138 年完成）。奥勒利安（Aurelian）皇帝（约 215～275 年）于 270/271 年将陵和 Aurelian Wall（奥勒利安城墙）合并，并加防御工事，成为小堡垒，590 年改名为圣天使堡（Castle Sant'Angelo）以纪念瘟疫的消除，堡顶加竖天使铜像（17 世纪更替了更大铜像）。中世纪时，战乱频生，它又被作为监狱，1390 年重修，又于 1493 年修逃生走廊，通往圣伯多禄大教堂，成为宗教避难所，又在底部加建坚固的菱形堡垒。1542～1549 年，教宗保罗三世（Paolo Ⅲ）加建豪华的保林娜厅（Paoline）和寓所。

始建于公元前 515 年的雅典宙斯神庙（Temple of Olympian Zeus），共历六个半世纪，最后由他完成。

31. Severus，Septimius/Severo Settimio 赛维路斯/赛威罗（146~211年）（193~211年在位）

公共浴场（Thermac）在古罗马共和时期已经普遍存在，内分冷水浴（Frigidarium）、温水浴（Tepidarium）和热水浴（Calidarium）。较大的浴场内还附设运动场、娱乐厅和休息厅。此种大型的公共建筑，使拱券结构得到充分发展和实践的机会，浴场内以高侧窗解决了通风和采光的问题，又在墙体和地面层内铺设取暖管道。

到了帝国时期，罗马国力极度繁盛，成年男人除了打仗之外，就是到浴场消磨日子。所以，公共浴场不光是沐浴这样简单，它是进行社交、娱乐、演讲、阅读、健身等一切日常活动的综合场所。那些自由公民，整日消磨在浴场，不事生产（时至今日，意大利人仍因袭这种好吃懒做、悠闲享受的习性，欧洲人有一种说法："意大利人是不工作的"），流连于浴场内，所以浴场快速发展，增设图书馆、演讲厅、商店、花园等各种空间，成为了功能齐全、体形庞大、组合复杂，技术上梁、柱、券、穹并用且设备完善的超大型建筑体，在古罗马帝国繁盛时期，古罗马城最少有11座之多。

其中，卡拉卡拉浴场（Thermae di Caracalla/Bath of Caracalla）于206~216/217年由Severo皇帝兴建，但他生前未能看到建造完成。由嗜血暴君Caracalla（188~217年）（211~217年在位）接手完成，所以以Caracalla为名。占地368m×335m（一说375m×363m），主体建筑228m×116m（或216m×122m），位于场地的中央，门厅、更衣室、休息室、热水浴及温水浴和柱廊内院都在其内，而冷水浴则为露天浴池，其内按程序分为涂橄榄油、擦肥皂、蒸汗等空间，最初为男女共用，至2世纪初才分隔使用。屋顶则为日光浴场之所在。在围墙内还有图书馆、演讲厅多处，此外，还有会堂、酒吧甚至妓院。庭院内还遍布喷水池、雕像，场内各种管道齐全，蓄水量达8万m^3，可同时供1600人共浴。在围墙外，前面及左、右两边前沿一带分为许多小间，作为商店之用，这建筑群如一个小城市一样齐备，室内用料和装饰均极其富丽豪华，它为罗马市民服务达三个世纪之久，今已大体损毁，仅墙垣犹存。

203~204年间，于古罗马广场建塞维拉斯凯旋门（Arco di Settimio Severo），三开间，券形门洞，为庆贺他出征战胜帕提亚（Parthia，即安息王国，今伊朗、伊拉克北及土耳其东一带）的功绩而建。

塞维里安纳宅邸（Domus Severiane）。Domus（古罗马宅邸）源自公元前2世纪的希腊住宅，有别于平民多户合住的简单住房，为古罗马的权贵私宅，有柱廊内庭、正厅、接待厅、起居室、餐厅、卧室、耳房等，院内种植花卉，多有喷池和雕像。

其后，于302年建的戴克利先浴场（Thermae di Diocletion）更为巨大，长240m，宽148m，以三个十字拱覆盖其温水浴池。

32. Eusebius, Pamphili（of Caesarea）（该撒利亚的）优西比乌斯（？~约340年）

君士坦丁时代的史学家。

基督教经历了200多年的迫害，处于地下状态，到了313年，由东罗马的君士坦丁一世和西罗马的李锡尼（Licinins，？~325年，308~324年在位）共同发出"米兰敕令"（Edict of Milan），对基督教采取宽容的措施。这个公告使迫害中止了，基督教处于转折点，而Eusebius当上了该撒利亚的主教，该撒利亚即卡帕多西亚（Cappadicia）王国的马萨卡［Mazaca，现土耳其的开塞利（Kayseri）］。

330年，君士坦丁堡成为东罗马的新首都，它即原来的拜占庭，是希腊、罗马和东方文明的交汇点。Eusebius遂在君士坦丁堡建造信徒教堂（Church of the Holy Aposttes），这是一座集中式的同巴西利卡融合在一起的建筑，在中心有通往四面的大厅，它成为了基督教最早的教堂之一，今已不存。

Eusebius支持君士坦丁一世，他著有《君士坦丁传》。

380年，狄奥多西一世（Theodosius I，347~395年）更将基督教定为国教。他在君士坦丁堡建造城墙，后更在环半岛顶端建水上城墙同陆地相接（431年），92座塔楼今尚存56座。

33. Justinian I/（拉丁文Flavius Justinianus）查士丁尼一世，拜占庭皇帝，"奥古斯都"（483~565年，527~565年在位）

原名Sabbatius（沙巴提乌斯），Petrus，出身农家，追随叔叔查士丁（Justin）而逐步升为皇帝，Justin当时任高级将领。

好学，钻研法学、哲学和神学，他成为诗人、音乐家，并努力成为建筑师，亲自参加设计，在圣索菲亚教堂中，同Anathemius和Isidore一起设计。

在他统治时期，出现了拜占庭文化的第一个黄金时代。但是，他关闭了著名的柏拉图学园，将其中17名教授遣送到波斯终老。

他推行宏大的建筑规划，重建因地震及520~532年平民暴动而破坏的君士坦丁堡：加固防御工事，敷设输水管道，建造修道院、孤儿院和旅馆等，改建及新建教堂达25座之多。其中主要有：

蒙特卡西诺修道院（Monte Cassino Monastry）；

圣索菲亚大教堂（Hagia Sophia）。

在腊万纳（Ravenna），于540年或526年建造的圣维泰尔教堂（San Vitalè），内有拜占庭艺术重要镶嵌画《查士丁尼大帝和朝臣们》和《皇后狄欧多尔拉和随从们》（547年），两幅镶嵌画分列于殿内左右，相对而立。在前者的画面上，除了大臣外，还有武装侍卫和马克西米连大主教，代表了宗教权利。

镶嵌画制作繁复。拜占庭时期的镶嵌画加上以金箔为背景，增加了灿烂感，但到底表现不出阴影，缺乏体积感。

晚年，他潜心于神学，少问朝政。

34. Anathemius（of Tralles）（特拉里斯的）安提米乌斯/阿纳希米尔斯 Isidore/Isidorus（of Miletus）（米利都的）伊西多尔/伊索多拉斯 （活动于6世纪上半叶）

基督教于公元初由耶稣基督创始，经其使徒和牧师们的传播，在罗马帝国中流传开来，各大城市的平民阶层首先普及，因为他们反对战争、反对皇权意识，不迷信皇帝，在当时，基督教代表着进步力量，后来渐渐赢得高层人士接受，最后，连皇帝也顺应形势开始容许。313年，米兰敕令停止迫害教徒。380年，Theodosius I（狄奥多西一世）更将基督教定为国教。至527年，查士丁尼一世（大帝）更大事兴建教堂，其中 Hagia Sophia/Church of the Holy Wisdon 就是由他于532年颁旨重建的。他邀请了 Amathemius 和 Isidore 主持设计，两人并不是建筑师，前者是位数学家，后者是物理学家，加上 Justinian I 亲自参加，共同完成了这项伟大的工程（532～537年）。

532年，君士坦丁堡原宫廷教堂于大火中被焚，Justinian 决心要营造一座规模宏大、气魄非凡的新教堂，以反映拜占庭帝国极盛时期的辉煌。教堂定名为"Hagia Sophia"（"哈吉亚·索菲亚"/"圣索菲亚"），意思是"神圣的智慧"、"智慧女神"或"创造性的道"，又称"Church of the Holy Wisdom"（圣者教堂），正好反映这崭新的创举。

教堂主体平面77.0m×71.3m，中殿长方形，平面由中间的矩形加上前后两端的半圆形组成，矩形部分之上是直径33.6m、高15m的穹隆所在。这个穹隆由四个半圆拱券承托，而穹隆及拱券之间，是由三角形球面的帆拱（Pendentive，又称抹角拱，Aquinch）作为过渡。集中式教堂的结构决定因素是穹隆，而解决穹隆的关键又在于帆拱，通过帆拱将力量传至下面的券，这是拜占庭建筑的创造，在其后各个时期中得到发展和使用，后来又加上鼓座，有了这样的空间结构体系，侧推力便逐级传送到下面的柱墩上了。

圣索菲亚教堂，中殿旁有左右两对大柱墩，中殿两旁又有侧殿，侧殿另各有四个小穹隆，成为完整的集中式，而整个结构系统既复杂又分明，既变化又完整,加上穹隆底部40个小天窗,光线透入,使内部空间虚实、明暗的变化疑幻疑真,增添神秘气氛,加上使用黑、白、红、绿而带金色的大理石和玻璃马赛克的装饰,在肋间窗的投射下,如百花盛开,达到宗教的效果,但显得层次太多。

这座总高54.8m的建筑是就地吸取东方的主题,从波斯、西亚,特别是巴勒斯坦的技术经验发展出来的,一开工便迅速集合人力、物力,兼程施工,结果只花了短短的六年时间便完成了。这个速度是空前的,在现代结构出现之前也是绝无仅有的。

在教堂主体之前,还有个大院子,院子四面都是围廊,入门还有另一道围廊,院中设施洗池,正殿周围还簇拥着各种各样的群房。因此,布局显得繁琐杂乱,到底不如Pantheon的简洁洗练。

由于经验不足和施工期短促,难免粗糙了一些,穹顶曾经一度倾圮。1001年因地震受损后,从亚美尼亚请来Tradat❶(特拉达特)进行修复,后来又加上了扶壁以加固。

1453年鄂图曼(Ottoman/奥托曼)的穆罕默德二世进占时,教堂已荒芜不堪,后被改为清真寺,并在四角加建呼拜塔和扶壁。1935年,改作博物馆之用。

经历了将近1500年人为的或天灾的破坏,始终是世界伟大古迹之一,也是查士丁尼时代唯一幸存的建筑物。

35. Procopius 普罗科匹厄斯/普洛科比(活动于6世纪中叶),72岁

出生于恺撒里亚[Caesarea,即马萨卡(Mazaca)——现土耳其的开塞利(Kayseri)]。

查士丁尼一世时代最杰出和著作最丰的历史学家,任Belisarius(贝利撒留)将军的秘书15年,后来又任职于政府20多年,他写的"*Polemen Debellis War*"(查士丁尼战争史)就是随Belisarius征战于波斯、汪达尔(Vandals)和东哥特(Ostro-goths)时所亲身经历的事实,后来又写"Historia Arcana/Secret History"(秘史)作为上书的补充。由于内容揭露拜占庭朝廷的内幕,生前此书不敢公开发,直到1623年才被发现。

在查士丁尼一世的敕令下,他奉命撰写了"Peri Ktismaton/De Aedificiis Building"(查士丁尼时代的建筑)共六卷(554~560年),记述了查士丁尼一世所兴建的有关宗教的、军事的以及民俗的重要建筑,书中涉及地理、地形和

---

❶ Tradat:生平不详,只知他曾在阿尔金设计过集中式教堂,又设计过阿尼大教堂(救世主教堂/Cathedral at Ani),今已不存在。

财务方面的资料，其中对圣索菲亚大教堂的建造，描述得尤其详细和真实，当然，书中不免对查士丁尼一世有歌功颂德之褒扬内容。

36. 'Umar Ⅱ 欧麦尔二世（682/683～720年）

Umayyads（伍麦叶王朝，或译倭马尔王朝），于661年由第四代哈里发阿里所创。'Umar于706年任汉志（Hejar）总督［汉志在今沙特阿拉伯西部地区，1932年同内志（Najd）等地合并成为沙特阿拉伯王国］，717年，他成为哈里发（Caliph）——哈里发为伊斯兰教国家的政教合一的领袖。

'Umar Ⅱ 博学，一方面关心内政，一方面对外解除对君士坦丁堡的包围，不再作武力征服，又让非阿拉伯的穆斯林获阿拉伯的穆斯林同等权利。

征服伊拉克后，大军留驻当地，随即新建城市库法巴士拉城（Kufu—Basra）。

为发展农业，开渠修坝、疏通运河，在巴士拉挖大渠直达俄波拉港，渠水浇灌碱地；在库法开凿大河，使沙河得以治理，变泛滥的地方成为良田。后来，河渠达2万多条，创世界之最，河渠又促进航运，当时，贸易东至中国，北至斯堪的纳维亚半岛。

37. Charlemagne/Charles Ⅰ（the Great）Karl der Grosse 查理曼一世（大帝）（742～814年）

Pépin, the Short's（矮子丕平）的长子，伦巴德（Lombards）国王，加洛林王朝（Carolingian）统治者（768～814年在位）。他于793年重新统一原古罗马疆土，794年定都（美因河的）法兰克福［Frankfurt（am Main）］，成为法兰克王国（Kingdom Franks）国王，800年，更加冕成为西罗马帝国皇帝。

他悉心锐志于恢复昔日罗马的繁盛，一方面致力于提高臣民的文化水平，延揽知名学者，使国家成为学术中心；另一方面建宫廷、图书馆、教堂，又办学校、宫廷学院。

在他的统治下，形成了加洛林王朝艺术，承接早期基督教式样和当时拜占庭风格的影响，引起对古罗马古典主义的复兴，而对地方传统进行革新与修正，有个性地采纳而不是奴隶般地模仿。

当时兴起的教堂有两个特点：①正门（西门）入口的两旁有两座同走廊相连的塔楼，以便皇帝和侍从上下之用，后来发展为钟楼；②教堂中殿两旁各设一圣殿（两个对称的圆室），后来发展为拉丁十字平面。这种特征形成了奥托时期大教堂的标准形制。

他对亚琛（Aachen）这个城市特别看重，还选为皇帝加冕的圣地。792～805年，建亚琛王宫教堂的 Palatine Chapel（帕拉丁纳礼拜堂），仿腊万纳

(Ravenna) 的圣维泰教堂（San Vitale Church，约 526~547 年），采用了八边形中心式的平面，直径 29m，有两座塔楼，仿早期基督教形式，融入了拜占庭和希腊-罗马风格（Byzantin Greco-Roman Style）。圣维泰教堂平面呈双重八边形，由双层回廊和八边形主堂构成，上层为皇家礼拜堂，下层为弥撒室，其中殿的侧推力通过环廊上圆筒券传到外面的承重墙上。

现存的德国黑森州（Hessen）洛尔兹村（Lorsch）著名的皇家隐修院（8世纪末）的大门，就是当时这种风格的代表，以中世纪隐修院遗迹而闻名。

38. Saint Bruno, The Great（伟大的）圣布鲁诺（925~965 年）

843 年，神圣罗马帝国分裂为三：秃头查理王国（Charles, the Bald）、罗退尔王国（Lothair）和日耳曼路易王国（Louis, the German）。

在日耳曼路易王国，Saint Bruno 是亨利一世（约 876~936 年）的幼子，后来成为了神圣罗马帝国大帝奥托一世（Otto I, 912~973 年）的弟弟，他于 953 年任科隆大主教，是帝国共同摄政之一，其后又晋封为 Lorraine（洛林）公爵。

他精通拉丁文、希腊文，赞助学术研究，又热衷于建筑设计。

已知他设计了 Sankt Pantaleon（圣潘多来昂）修道院及希尔斯海姆（Hildesheim）的圣米歇尔（St. Michael）教堂。教堂东、西各有三个塔楼［由 Bernuard（伯纳德）设计］，形成了流行于 950~1050 年的奥托建筑（Ottonian Architecture，有论者把时间定为 969~1024 年）。

奥托建筑的特征，主要有：①以墩柱或支柱（pillers）代替 column 和壁柱；②密实的砌墙；③低矮、昏暗的厅室建筑取代高耸、简便、明亮的巴西利卡；④完整的拱顶系统；⑤多塔；⑥削除西前庭；⑦塔楼变封闭为开窗。

奥托建筑是早期的罗马风建筑（Romanesque，或译罗曼式、仿罗马式、似罗马式或伪罗马式）。

39. Masud I 马苏德一世（1030~1041 年在位）

Masud I 是（波斯的）加兹尼（Ghazni）王朝的国王，这个王朝（977~1186 年）是由突厥人（Turk）所建立。

其父马哈艾德（Mahmud, 971~1030 年）时，在 Ghazni（加兹尼）办学校，建花园，大事修建寺庙、宫殿、旅馆和客舍。Ghazni 当时名为"亚历山大城"（历史上曾出现过逾 10 个亚历山大城），在今阿富汗首都喀布尔（Kabul）西南约 100km 处。

Masud I 身为国王而兼建筑师，他在布斯特（Bust）附近的拉殊卡尔［Lashkergh，即巴拉凯（Borracles）］修建拉殊卡里-巴扎尔宫殿建筑群（Palace Complex)，分南、北两部分：南部宫殿很大，矩形，有内院，边长有百多米，还有长条形的清真寺，也长达80m，中间有圆形穹顶，一面是厚墙而三面开敞。北部是些亭台楼阁。两部分都有围墙。建筑物建于石基上，土坯墙以木材或烧砖层加固。12世纪时曾重建，但1221年时被伊儿汗（Ilkhan）帝国的蒙古人毁掉了。

后来，Masud Ⅲ（1099~1115年在位）仿照此布局建马苏德宫殿。

40. Abui Fath 阿布·法特赫（活动于11世纪下半叶）

伊斯法罕（Isfahan/Ispahan）于11~12世纪时属塞尔柱王国（Seljuk Empire），塞尔柱为突厥诸族的联盟中的 Oguz（古兹/乌古思）中的一支部族，其酋长率族人原定居于锡尔河（古译药杀水），后分裂为伊朗、叙利亚和小亚细亚诸公国。1092年后，塞尔柱王国拥有自印度河至地中海的领土，成为大帝国。这些突厥人后来改信伊斯兰教，而伊斯法罕成为了伊朗的文化中心。

伊斯法罕于阿拔斯（Abbasid）时期（9~10世纪）已有矩形而带中庭的清真寺，占地1公顷多。此清真大寺（Great Mosque）即雅米清真寺（Masjid－i－Jami）。1072~1075年，Abul Fath 将其扩充，加建直径 49′ = 14.9m 的砖穹。1088~1089年，再次增建圆顶圣所。12世纪，加四个依旺❶和北入口的两座光塔❷。其后，累经火毁及扩建，包括私人小礼拜堂、学校、图书馆和仓库等。清真寺呈青绿色，其风格属塞尔柱克古典伊斯兰建筑。

41. Abu Shakir ibn Abi al－Faraz 阿布－沙基尔－伊本－阿比－法拉杰（活动于11世纪下半叶）

位于现伊拉克的 Sāmarrā（萨马腊/萨迈拉），是什叶派（Shi'ites）穆斯林朝觐的中心，在836~892年曾一度成为首都。

1085~1086年，Abu 设计了 Imām Dur（伊马目迪尔）纪念碑，方形砖砌底座，上八边形筒形旋转而上，分三层收窄，转角处加扶壁，穹隆顶，底部单入口。

Imān 在阿拉伯文中为"师表"之意。

42. Hasen ibn Mufarraj al-Sarmani 哈桑－伊本－穆法雷杰－萨尔曼（原称号 Nisbah 尼斯巴哈）（活动于11世纪下半叶）

在叙利亚 Halab（哈利卡）省的阿勒颇（Aleppo），原在拜占庭时期建有

---

❶ 依旺（Iwah）：开敞门廊或拱顶壁龛。

❷ 光塔（Minaret）：有许多译名，如呼拜塔、照塔、蕃塔、邦克楼、召楼、教化楼、宣礼楼、哀扎尼楼、尊经阁等，教职人员依时于塔顶呼叫教民作宗教礼拜仪式。

Saint Helena（圣海伦娜）教堂，后在原址建阿勒颇清真大寺。1089～1094 年，Hasen 设计其呼拜塔，边长约 5m，高 40 多 m，分 5 层，檐口上为开敞的步廊。这种连接方式显然是西欧的，后来反而由十字军传回欧洲去。

它是叙利亚最美丽的建筑之一。

43. Khuransheh（of Ahlet）（阿赫拉的） 胡沙姆沙阿（活动于 12 世纪）

在小亚细亚，土耳其半岛大部分地区曾称为安纳托利亚（Anatolia），以取代塞尔柱王国及尼西亚帝国（Empire of Nicaea）。11～12 世纪，其建筑乏善足陈，11 世纪下半叶，在其中部开塞利（Kayseri）建造的克吕克（Koluk）清真寺开创了安纳托利亚古典伊斯兰建筑，该清真寺无中庭，但有高大的六角棱锥体的石穹顶。

1156～1157 年，Khuransheh 在 Kayseri 以东偏北的迪夫里（Divrigi）按此模式设计了 Ulu Cami（乌卢卡米）会众清真寺（或称聚礼日清真大寺），又在哈尔普特（Harput）设计了医院。

44.（Abbé/Abbot）Suger, Adam（of Saint-Denis）
（圣丹尼的）絮热/修杰尔/许杰/苏格（修道院院长）（1081～1151 年）

贫农出身，被送至圣丹尼隐修院受教育，而同（胖子）路易六世（1081～1137 年）从小是同学，后来发展成为密友、宠臣，担任顾问、太傅而至摄政王。

1108 年，路易六世就任国王，1122 年，任命 Suger 为圣丹尼隐修院院长（Abbey of Saint-Denis）。圣丹尼是法国的守护神（the Patron Saint of France）。

身份特殊，在政治上作出过贡献：曾使德国的亨利五世（1106～1125 年在位）退兵；1142 年，促成路易七世同香槟伯爵媾和；1147 年，路易七世和康拉德三世（Conrad Ⅲ）率兵作第二次十字军东征时，他任摄政王，被誉为"法国王权的复兴者"。他死后被称为"祖国之父"。

至今，他仍被人们重视的是在建筑艺术上作出的划时代的卓越贡献。

位于巴黎北区的圣丹尼修院教堂，原建于 750 年，他于 1138 年时着手重建，出于革新的理念，悉心创造。他将原长方形的巴西利卡式教堂同原加洛林王朝时兴建的教堂一部分合并，后殿加建七个放射形半圆祭室，为了解决穹顶的侧推力问题，改用有骨架的尖券，既节省材料，又减轻侧推力，而且可适应不同形状的平面，被称为 Noate d'Ogives（即 Ogives Vault，"奥吉乌式尖顶穹隆"），让人耳目一新，引起了轰动。此外，新的结构放弃笨重的墙、柱，而采用大面积的玻璃窗，光线由彩色玻璃射入，产生幻秘的感觉，彩色玻璃又可以镶嵌成图画，以圣经的故事为题材，达到宗教的效果。新的建筑形式产生了，那就是哥特式建筑（Gothic Style），Suger 因此被誉为"哥特式之父"。

一种形式的形成，并不是突然出现的，"罗马不是一天建成的"，先前，带肋骨的穹顶和飞扶壁已经出现，Suger 的功绩是汲取前人的成果，勇于采用，力求创新，将技术推向另一个高潮。

圣丹尼教堂后来成为许多国王的埋葬地。

他总结其心得，写了《论圣丹尼教堂的贡献》，又著《路易六世传》。

45. Sully, Manrice de 萨利/苏利/絮里/萨来/绪利（1120～1196年）

巴黎主教。他倡议、参与和督建了巴黎圣母院（Notre Dame de Paris）。他的倡议获得许可后，于1159年被委任，1163年开始兴建（法语 Notre Dame = Our Lady）。

巴黎圣母院位于塞纳河（R. Seine）河中的小岛 Ile Cite（斯德岛）上。这个岛是巴黎的起源地。早在古罗马时，巴黎叫卢提喜亚（Lutetia），已有人在岛上以打鱼为生，后来逐渐发展，岛上也有了教堂。Sully 原来的构思是将两个巴西利卡合而为一，后来放弃了，以一个伟大的计划取代。

在旧址上，先建中殿、唱诗班席和耳房。说是耳房，其实很浅窄，勉强说，是拉丁十字形平面，但实质是长方形的巴西利卡，东端为半圆形（哥特式教堂多是长方形平面的）。它宽48m，长130m，中厅高达35m，两旁的侧厅不及10m，这样的对比，加强了中殿的高耸感。1200年开始建正面，1220年立直径13m 的玫瑰窗，1245年竖塔楼，而北、南外墙则分别于1250年及1258年才建造，1370年再加190m 高的尖塔（尖塔不是石构，而用木材）。在西立面，由墩柱分为三部分，两旁塔楼各高68m，而横贯的水平饰带又将三部分统一，重点则位于镂空的玫瑰窗上。至此，历时逾200年的工程使它成为早期哥特式的典范，雨果（Hugh）赞叹说："一首规模宏大的石头交响诗。"

其后，南、北两面的飞扶壁（Flying Buttreses）于1842年由 Rovy, Jean（拉维）增建，后来又将飞扶壁间封闭成为一间间的小礼拜室。东院有新哥特式喷泉的 JeanXXⅢ（若望二十三世）广场。

1845年，著名的修复古建工程的权威 Viollet-le-Due（维奥来-勒-杜克，1814～1879年）花了20年时间大事翻新，1884年再一次大修，但不及十年，1894年，一次大火，几乎全毁，只有玫瑰窗的彩色玻璃尚算完好，后再重修。

12～13世纪，法国各地纷纷建造哥特式教堂，它们分布在 Sens（桑斯）、Chartres（夏特勒）、Rheims（兰斯）、Amiens（亚眠）、Beauvais（博韦），但 Beauvais 的 Saint Pierre（圣皮埃尔）大教堂迄今未建成。

46. Pisano Family 皮萨诺家族（活动于 12 世纪中叶~14 世纪中叶）

中、西欧建筑风格承接早期基督教形式，经历过 Merovingian（墨洛温王朝式，5 世纪初至 8 世纪中叶），加洛林王朝式（Carolingian，8 世纪中至 9 世纪初）及奥托尼昂式（Ottonian，10 世纪初至 11 世纪初）等的演变，于 11 世纪初逐步转向罗马风式（Romanesque，又译罗曼式、仿罗马式）。其时，巴西利卡和厅式教堂在不同地区并存，墩柱、壁柱、支柱（Pillar）代替圆柱，后殿由半圆形变成多边形，尖拱［Point(ed) arch］、三心（花瓣）拱（three centeres arch）、外二心桃尖拱（lancet areh）突破一向的半圆拱，密实砌体逐步趋向轻巧，塔楼增多，结构复杂，风格多变，装饰增强，正在向哥特式过渡。

在此阶段，在一些国家，如在英国的盎格鲁—撒克逊（Anglo-Saxon，9~11 世纪）、撒克逊—诺曼底（Saxon-Normanesque，11~12 世纪），德国的厅堂式教堂（Hall Church，11 世纪）、法国的勃艮第罗曼式（Burgundian Romanesque Style，11~12 世纪）和西多式（Cistercian Style 12 世纪）纷纷呈现。应特别提出的是，罗马风盛期，在勃艮第地区的克吕尼修道院（l'Eglise Abbatial de Cluny），由本笃会始创于 910 年，1049 年重建，1088~1130 年再次重建，其圣彼得和圣保罗巴西利卡长度达 127m，宽 40m，高 30m，至罗马圣伯多禄大教堂重建前，是世界最大的教堂。克吕尼修道院 200 年时间内领导全欧数百修道院。至罗马风晚期，则是比萨的奇迹广场（Campo dei Miracoli）的一组建筑群，而创造这建筑群的主要是 Pisano 家族，他们在两个世纪内领导着阿诺河（Arno river）一带的建筑创作。

1062 年，比萨人为庆祝打败阿拉伯的撒拉逊（Saracens，原叙利亚附近的游牧民族，后特指抵抗十字军的穆斯林，现泛指穆斯林或阿拉伯人），攻占巴勒莫（Palermo）和收复西西里而建奇迹广场的三座建筑，其建造过程分别为：

（1）主教堂（Cathedrel）——1063 年由布斯切托（Buscheto）开始，1118 年再由 Pope Jealaus Ⅱ（杰劳斯二世）继续，至 18 世纪才由 Rainaldo（拉伊纳尔杜）完成。拉丁十字巴西利卡，中殿四排柱，后殿半圆室，长 95m，中厅宽 30m，正立面四层空券廊，中心穹顶略成椭圆形，墓室在左墙内。

（2）洗礼堂❶（Baptistery）——1153 年由迪斯蒂莎尔维（Distisalvi）开始，到 1284 年 Pisano, Nicola 及 Giovanni 参加部分工作。圆形平面直径 35.4m，高 54m，整体成钟形，立面四层，以半圆券、壁柱、三角山花呈现，装饰更多，13 世纪时加上哥特式细部。

---

❶ 据笔者现场观察，洗礼堂穹顶，半为石料，半为陶瓦，颜色亦红亦白，不知何解。

（3）钟塔（Campanile）——动工最迟，1174 年才由 Pisano，Bonanno 开始，1234 年由吉基利姆至 1273 年由 Simone, Giovanni di（西蒙）相继接手，至 1360 年由皮萨诺，托马索完成。Simone 于 1278 年还设计了在比萨的一座 Monument Cometeri（康密特利墓）。这座陵墓是三合院而带穹顶的建筑物。吉基利姆、皮萨诺及托马索的生平不详。

钟塔圆形，直径 15.8m，总高 56.706m（倾斜后的最高点），共八层：底层为连续券浮雕，壁柱；中六层为空券廊；顶层缩进。当建至第三层时，发现已偏斜，按高度计，约倾斜 9.36%，于是在倾斜的南边加材料补救，稍得纠正，所以下部是斜的，上部斜度稍缓，整体形成香蕉形。

三幢建筑物东西向排列，主教堂居中，虽形体不一，但其外表都是底层连续券浮雕，上层一律空券廊，互相呼应，和谐统一。尤其与芸芸众教堂不同的是，它们远离其他建筑物，亭亭玉立，白色间带绿色的大理石水平带，衬着周围绿茵草坪，清纯柔和，笔者凝视良久，深深被其安谧宁静的气氛所陶醉。

Pisano 家族各人事迹分述如下：

（1）Bonanno 伯纳诺/般兰奴（活动于 12 世纪下半叶）

1174 年始建钟塔，1274 年发现塔身向南倾斜，企图纠正，结果整体是弯曲的，状如香蕉。至全部完成后，按高 48.552m 的七层檐口倾斜达 4.545m 计，约倾斜 9.36% = 5.35°，故又被称为"leaning tower of Pisa"（比萨斜塔），其后倾斜度仍有增加，1984 年暴雨后稍回正，近年不断挽救。按：其实斜塔并不少，在欧洲，威尼斯的希腊人圣乔治堂的钟塔，圣彼得岛圣彼得教堂的钟楼，波伦亚的加里森达（Garisenda）塔均有倾斜。在我国，苏州的虎丘塔，上海的护珠塔，广西崇左的归龙塔亦有倾斜，而辽宁绥中的三层砖塔，斜角达 12°（世界之最）。比萨斜塔之所以出名，是由于其建筑艺术冠绝寰宇，Bonanno 之功也。

（2）Nicola 尼古拉（1220/1223～1278/1284 年）

托斯卡纳（Tuscany）的雕刻家，继承罗马现实主义传统，将古典艺术风格融入中古时期的艺术主流中，使古典风格同哥特风格统一。

他除了和儿子 Giovanni 参加比萨洗礼堂的布道坛（Pulpit）之建造（1260 年）外，父子合作的还有：

锡耶纳（Siena）主教堂的布道坛的镶板浮雕（1265～1268 年），当时担任助手的是阿尔诺福（Arnolfo di Cambio，约 1245～1301 年）；

佩鲁贾（Perugia）的马究瑞（Maggiore，伟大）喷泉，二十五边形（1278）；

卢卡（Lucca）圣马丁教堂（San Mantino）左门廊雕刻；

波隆那（Bologna）圣多明尼（San Domenico）主教堂的墓塚雕像。

可能还参加了威尼斯圣母升天教堂［Santa Marla Gloriosa dei Frati，又称方济会圣马利亚光荣教堂（1250～1328 年）——Giovanni 和 Andrea］的建造，后由 Bon, S.（活动于 14 世纪中叶）改建。

他被尊为 "Master Nicola from Apulia"（阿普利亚的尼古拉大师）——Apulia 是他的出生地。

（3）Giovanni 乔万尼（约 1245/1250～1314/1318 年）

随父 Nicola 在比萨洗礼堂和主教堂的布道坛工作（工程于 14 世纪初完成），布道坛被视为西方艺术史上之里程碑。

他早期吸收其父设想，作品难分彼此。父逝后，加入自己的风格，虽承前人而创新，并吸收各家之所长。

其余还有皮斯托亚（Pistoia）城外圣乔凡尼教堂、圣安德烈教堂的布道坛（1297～1301 年）和日内瓦市赠给卢森堡市的马格丽特陵的雕刻（1311 年）。

（4）Andrea 安德烈亚（约 1270～1348/1349 年）

Giovanni 之子。1337 年，Giotto d B（乔托，约 1266/1267～1337 年）去世后，接替完成佛罗伦萨的乔托钟楼（Campanile di Gietto），并增建两层及钟楼的镶板［同 Talenti, F.（达拉迪），活动于 14 世纪上半叶］。

继 Arnolf di Cambio 建佛罗伦萨主教堂（Duomo），完成佛罗伦萨洗礼堂的南铜门（Porta Sud）的 28 块浮雕（1330 年）、佛罗伦萨圣乔凡尼礼拜堂（1338 年）。晚年任奥尔维耶托（Orivieto）大教堂的主设计师，后由其子 nino（尼诺）继任。奥尔维耶托大教堂，为意大利最著名教堂之一，因圣饼上的一滴血被视为神迹（1263 年）于 1290 年始建。Andrea 的作品渗入哥特式，作品风格朴素严谨，人物布局灵巧。

47. William（of Sens）（来自桑斯的）威廉（？～1180 年）

一位来自巴黎东南不到 100km 的桑斯工匠，不知其姓氏，只知他名为 "William"。他是自由工匠、石工工长，在桑斯首屈一指，被誉为"最精巧的手工艺人"（Most subtle artisan）。

他最先把在法国新兴的哥特式建筑技艺传入英国。

1170 年，坎特伯雷（Canterbury）大主教 Becket, T（贝克特）被人杀害，1174 年，主教堂的唱诗班席又被焚毁。1175 年，他被请到英国，在残存的现场上向东扩建。教堂原为罗马式，这次是第二次改建，他将巴黎圣母院的六肋穹顶（Sexpartite Vault）高拱廊、扶壁的对比色泽的柱身等技艺应用于该工程，达到比例匀称的效果，其成就被认为超出当时法国各教堂，而且成为了英国首座早期哥特式建筑。在过程中，也并非一帆风顺，保守势力只想作部分修整，也有人提出要彻底改建，他通过调查分析，毅然决定重建，不幸的是，未及竣工，他从脚手架上摔下受伤，无奈回国，由别人于1185年才完成。

1140年动工的桑斯圣艾蒂安（Saint-Etienne）主教堂，其设计同坎特伯雷主教堂有许多相似之处，据分析，William应曾参与设计。

48. Ahmad ibn Baso 艾哈迈德·伊本·巴素（？~1188/1189年）
Ali de Gomara 阿里·德·戈马拉（活动于12世纪下半叶）

阿拉伯帝国于711年入侵伊比利亚半岛（Iberian Peninsular）。至8世纪中，帝国开始分裂：750年，首先在巴格达出现东萨拉逊帝国，即黑衣大食。756年，在科尔多瓦出现科尔多瓦哈里发王国。阿拉伯人在伊比利亚半岛统治至1236年，此白衣大食存在480年，后又以格拉纳达王国继续至1492年。另一绿衣大食则于973年在开罗立国，为南萨拉逊帝国。于是出现了三足鼎立局面。

白衣大食以科尔多瓦（Cordoba）为其哈里发的首都。12世纪初，阿尔摩拉维德王朝［Almoravides/Al-Marābitun，或称穆瓦希敦（Muwchbidum）王朝］，由于其版图不仅占有伊比利亚半岛的南部，还占有北非大片土地，因此融入了柏柏尔人（Barbarian）。阿拉伯人每侵占一个地方都汲取当地的风格，所以，在伊比利亚半岛南部亦渗入了摩尔式建筑风格。

Ahmad于1172~1182年间设计了Seville（塞维利亚）清真寺。

此清真寺的Mineret（邦克楼）按早期古典伊斯兰建筑的做法，塔身为方柱形，表面砌出阿拉伯图案（1184~1188/1189年），后由Ali de Gomara于1195年完成。塔分两段：下段13.7m见方，高56.4m；上段缩小。塔内无梯，缓坡而上。

15世纪末，天主教徒收回大部土地，卡斯提尔（Castile）王国将清真寺改为天主教堂。1568年时，西班牙人将邦克楼上段改建，增加亭、台，其高27.4m，使总高达83.8m，其上塔顶雕像高4m，重1288kg，上面的风标能随风转动，至此，将塔改名为风信塔（Giralda Tower），成为西班牙最著名、最美观的塔。

49. Jafae ibn Muhammad（of Aleppo）（阿勒颇的）加法尔·伊本·穆罕默德（活动于12~13世纪间）

12~13世纪间，叙利亚属穆斯林大马士革埃米尔（Amir/Emir）领地，埃米尔在阿拉伯语中为"统帅"或"王公"之意。阿勒颇地区建筑属安纳托利亚

（Anatolia）古典伊斯兰建筑风格。

他设计了马苏迪亚（Mas'udiyya）经学院（Madrasah）。该经学院附属于迪亚巴克尔（Diyarbekir）清真大寺。

Madrasah（马德拉沙）为阿拉伯文"学校"，穆斯林国家的高等教育机构，除教古兰经教义、法律外，还有语法、文学、数学、逻辑或自然科学。学校为学生免除学费外，还提供膳宿及医疗。

该学院有三面的两层回廊和一处大"依旺"（Iwah，有拱顶的壁龛）。

50. Antelami，Benedetto 安泰拉米（约1150～1230年）

由于所处的时代和地区，他的建筑、雕刻和装饰都掺杂着过渡时期的各种风格。

早年，他作为雕塑学徒时，曾在法国东南部阿尔勒（Arles）参加圣特罗菲姆（Saint Trophime）教堂的工作，该教堂后来成为当地的名胜。

他自己独立完成的有：

Parma（帕尔马/巴马）主教堂于地震后重建，他采用伦巴底地区罗马风的穹顶，其洗礼堂以宏伟著称。

Fidenza（菲登扎）主教堂的正立面，也组合了伦巴底地区罗马风式过渡到哥特式的特色。

最后的作品是在 Vercelli ［韦尔切利，当时称 Vercellae（韦尔塞莱）］的圣安德烈教堂（Saint' Andrea）的装饰（1219～1227年）——整体为罗马风，但中殿及飞扶壁为法国哥特式。

由于其独特风格，赢得第一流雕塑家的地位。

51. Villard de Honnecourt 维拉尔－德－奥内库尔（约1225～约1250年）

出生于法兰西王国，其短促的一生，在两方面作出了贡献：

参与圣康坦（Saint-Quentin）教堂和康布雷（Cambrai）主教堂的建造和瑞士洛桑（Lansanne）主教堂的圆花窗的制作。

游历法国各地，如莫城（Meaux）、沙特尔（Chartres）、兰斯（Rheims）、拉昂（Laon）、洛桑和匈牙利的一些城市，作速写，用图文记录出13世纪各地各种工程做法，包括机械、设备，用雕塑技法作出分析。书中将几何学和当时的建筑技术、施工实践结合起来，同时还记述了哥特式在欧洲的传播。

52. Gerhard K. von 格哈德/扎赫德（活动于13世纪中叶）

科隆主教堂原建于893年，13世纪初毁于大火。13世纪中期进行重建。科隆主教堂❶（Köln Dom/Cologue Cathedral）即圣彼得及圣玛利主教堂（The Cathedral of St. Peter & St. Mary）。

德国的天主教堂从11世纪开始采用厅堂式（Hall Church）形制。进入12世纪，哥特式教堂在法国兴起、形成、发展和传播，德国亦开始转变，科隆主教堂就是最早采用哥特式形式的。

1248年，Gerhard开始动工，采用法国亚眠主教堂的形式（有些资料说科隆主教堂的作者是原设计亚眠主教堂的建筑师），其平面为143m×84m（86m²），面积逾12000m²，共56柱，中殿宽12.6m，高46m，高宽比达3.65∶1，一般教堂的高宽比约为2.6∶1，亚眠主教堂为2.87∶1，这些比例使空间的狭窄感产生向上的动态，令信众的"天国"意识大大提高，达到宗教的效果。主体工程于1322年基本完成，至1560年因战争而中断。

1808年，由Boisserée, Sulpig按哥特式盛期的风格设计，他于1823~1831年花了八年时间绘出立面、剖面和大样图，于1842~1880年施工，主要是在西立面加上一对八边形的塔楼，两塔各占了2/5的宽度，高达152m。这样，体积更硕大异常，内部框架式的结构尽显，几乎没有墙面，尖拱和长窗占满墙面位置，加上全是垂直线的支柱，无明显的水平线条，被视为哥特式的极品。

教堂内之十字架礼拜堂存有该罗十字架（Gero Cross，约971年）。

科隆主教堂在全世界排名第四，在北欧，它是最大的教堂。

请参阅423. Boisserée（活动于19世纪上半叶）条目。

53. Henry（of Reyns）（雷恩的）亨利（活动于13世纪中叶）

姓氏不详，只知他是位石匠大师（Master Mason）。

伦敦之Westminister Abbey（简称The Abbey，威斯敏斯特大教堂），初建于6世纪时东撒克逊时代，960年曾进行扩建及改建，后来，诺曼王朝的（忏悔者）爱德华（1042~1066年在位）令将教堂改建为十字形平面（1045~1065年）。

到了金雀花王朝，亨利三世（1216~1272年在位）敕令再一次重建（除中殿外），工程于1245~1253年进行，并任命Henry为石匠大师，他同时还在York Castle（约克新城堡）任顾问之职。

Westminister Abbey后来历经Yevele, H.（约1320/1330~约1400年），Hawkmoor, N.（约1661~1736年），James, J.（18世纪中叶），Scott G. G（Senior

---

❶ 关于教堂的名称，Cathedral/Dom/Dwomo一般译为大教堂，但大教堂是一个泛泛之称，只反映其规模，其意义为各主教区的座堂，故本书一律称为"主教堂"。另Chapel有译为教堂的，常与Church/kirche混淆，Chapel往往只是建筑物的一个空间，或独立的一个小建筑物，故译为"礼拜堂"，以别于Church——"教堂"。

（1811～1878年）及Pearson, J. L.（1817～1897年）等人之手进行增建和改建。

大教堂成为英国皇室御用教堂。

请注意：另有1894～1903年建造的威斯敏斯特（新）主教堂（Westminster Cathedral）是英国唯一的拜占庭式的教堂，用钢筋混凝土建造。

54. Edward I（of England）（英格兰国王）爱德华一世（1239～1307年）

原为加斯科尼公爵Gascony duke，（Gascony在法国西南），后成为英格兰国王（1272～1307年在位）。

他狂妄自大、生性残暴，但创建出一种新型城市的类型——"Bastide"（巴斯泰德）。他的理想是将城市按地势规划出方块（一般是长方形）的街坊——"Insulae"（island blocks，意即像海岛一样的块），这种街区多建在高地上，区内有住宅和花园，而市场以走廊相通。

根据他的理想而建立的市镇有：

英国的New Winchelsea（新温奇尔西）——呈网格状。

法国的Lalinde（拉兰德）、La Bastide Monestier（莫内斯捷）和Beaumont-del-Perigord（博蒙特-迪-佩里戈尔）。

后来，18世纪，英国殖民地——美洲的新英格兰也受到一定的影响，如在现康涅狄格州的纽黑文（New Haven）等城市。

55. Keluk b Abdullak 凯卢克-阿卜杜拉（活动于13世纪中叶）

13世纪时，Seljuk Empire（塞尔柱王国）占有安纳托利亚Anatolia半岛之中、东南部大片土地。位于中南部的Konya（科尼亚，即伊科尼翁Iconium），当时是塞尔柱人的Rūm（鲁姆）苏丹国的首都。

1260～1265年，Keluk在科尼亚设计了Ince Minere Madrasa（因杰-米纳雷经学院）。大门粗壮，刻有铭文饰带，附加小柱，上大下小，属于叙利亚主题。呼拜塔则发展为晚期形式，修长如烛，上部有两处阳台（现已塌圮）。

每种形式的发展过程，常常由简趋繁，由朴实转为繁琐，1258年起伊斯兰建筑也出现了"巴洛克"现象。

他另在萨希普设计了阿塔清真寺。

56. Kaluyan al-Qunavoi 卡卢延-库纳威（活动于13世纪中叶）

与Keluk同期活动于安纳托利亚的还有Kaluyan。

他的作品有在科尼亚西北的厄尔根（Ilgin）的一座han（罕——商队客店）和一座浴堂。在西亚，伊斯兰的行商往往组成骆驼队进行贸易，所以在各市镇设有服务于商队的客店，除了供商人食宿外，还要为骆驼群提供休憩。除了称 han 外，在不同地方，或称 Caravanserai，或 Funduk，这些客店有开敞的庭院。

有人认为，Keluk 和 Kaluyan 实为同一人，尚待考证。

57. Arnolfo di Cambio 阿诺尔福－迪－康比欧/坎皮奥/冈比奥（约 1245~1301 年）

早年跟随 Cimabue（契马布埃，约 1240~1300/1302 年）学画。Cimabue 是佛罗伦萨早期著名画家，他不但是 Arnolfo 的业师，还是发现 Giotto（乔托，约 1266/1267~1337 年）天才的伯乐。Cimabue 的画风仍受拜占庭风格影响，但他到底被誉为"第一位佛罗伦萨画家"和"现代画家"的称号，他为乔托等人奠定了基础。

1265~1268 年，Arnolfo 作为 Pisano，N.（1220/1220~1278/1284 年）的助手，参加 Siena 主教堂的布道坛的制作。

1277 年到罗马，在罗马和周边地区制作一些纪念人像、陵墓、纪念碑、祭坛天顶和喷泉等，如 Laterano（拉特朗诺）的 San Giovanni（圣乔凡尼教堂）内枢机主教安尼巴尔迪（Annibaldi）像，Trastevere（特拉斯台威莱）教堂的圣体盘（1283 年），罗马城外圣保禄大殿（San Paolo，Fuori）的祭坛、天顶和圣体盘（1285 年），特拉斯台维莱的圣塞西利亚教堂（San Cecilia in Trastevere）。在外地有：佩鲁贾的喷泉、奥尔维耶托（Orvieto）的 San Domenico（圣多米里科）的枢机主教 Braye（布拉耶）像、Viterbo（维特尔博）San Francisco（圣弗兰西斯科）的教皇 Adrian V（安德烈五世）墓等。

回到佛罗伦萨，他获得了很大的发展和成就，设计了几座著名的建筑：

Or San Michele（菜园/奥尔圣米歇尔教堂）原来是座古教堂，后来曾作为五谷交易场之用，一场大火又被焚毁。他于 1290 年进行改建，方形平面，外表三叶窗和二叶窗，内部大穹隆，这些都反映出哥特式风格。

1294 年，他又为方济各会兴建 Santa Croce（圣十字教堂/圣克罗斯教堂），内部为简朴的方济各风格，采用内心二心拱，工程延至 1442 年才完成，但其立面和钟楼是 18 世纪加建的，仍是内心二心拱，加上圆花窗，小尖塔，正中山墙上"大卫之星"，保持简朴的哥特复兴形式。

作为佛罗伦萨市政厅的象征，在统治广场（Piazza della Signoria）兴建维契奥宫（Palazzo Vecchio/古宫）。他采用了托斯卡哥特式，于 1298/1299 年施工，至 1314 年完成。高塔 1310 年才开始，那时他已逝世了，1565 年起，Vasari，G.（1511~1574 年）和 Buontalenti，B.（1535~1608 年）再行改造。在之前，La Vanci（1452~1519 年）和 Michelangelo（1475~1564 年）也曾参与过。

此外，他还设计了 Badia 堂的本笃会隐修院（Benedictive Abbey）的唱诗席，形状庄严朴素。

最重要的作品是佛罗伦萨主教堂（Duomo，又名 S. Maria del Fiore，百花圣母教堂）。原址是4世纪或5世纪的圣雷帕拉达教堂，经历了几百年，已经变成一片垃圾场了。1293年，为了纪念行会起义推翻贵族政权的胜利，决定建造此主教堂。1296年，他开始设计并塑造雕像和布道坛。他逝世后，先后由 Giotto（约 1266/1267～1337 年）、Pisano, A.（约 1270～1348/1349 年）直至 Brumelleschi（1377～1446 年）接手，经历了174年，终于在1470年完成。

他受古代艺术影响很深，继承了古罗马现实主义传统，创造结合地区特色的哥特式风格，为文艺复兴形式作好准备。

58. Giotto di Bondone 乔托（约 1266/1267～1337 年）

出身于农村铁匠家庭，幼年当牧羊童。由于一次偶然机会被 Cimabue（约 1240～1300/1302 年）发现，引导他走上绘画的人生道路，向 Cimabue 学画。这位老师已经开始改变中世纪绘画的传统，作品开始有一点世俗的人情味，改变了把人物画得像幽灵一样的模式，圣母有母性的温柔，幼小的耶稣也有了童稚的气质，但在构图上仍未能摆脱模式化。乔托自幼生长在山野，也就学于自然，试着在岩石上画羊只，才被 Cimabue 偶然看到，开始学艺。

他认为"人是唯一主体"，所以摆脱了拜占庭时代木偶式的粗糙形象。在人文主义启示下，其作品中，他将宗教事迹再还俗于世，使人文主义和合理主义形成文艺复兴的主流。他的作品主要是壁画，在比萨、拉文纳、波伦那、维罗纳、阿雷诺、路加、费拉拉、乌尔宾诺至米兰进行创作，可惜的是，这些作品都已不存。幸存的名作有《犹太之吻》、《圣弗兰西斯科之死》等。开创了一代新画风，使他成为原始文艺复兴时期最著名的画家，更是"欧洲绘画之父"和"近代美术奠基人"。Vasari 说："把200年间谁都不曾实行过的真实绘画复活了。" da Vanci 更称他"不仅超过了当代的画家，也超过过去几个世纪以来所有的画家"。

Giotto 晚年从事建筑，同样得到了伟大成就：其中最有名的是佛罗伦萨主教堂的钟楼，1334年开始设计并制作部分浮雕，在他余生的三年时间，只完成了一层，后来由 Pisano, A. 和 Talenti, F.（14世纪上半叶）继续并加高，于1359年完成。钟楼高85m，五层，在一层表面满布浮雕，由 Giotto 创作，反映了耕作、纺织、雕刻、葡萄园等世俗劳动情景，具体表达出他的人文主义、现实主义的创作和思维。钟楼立面镶以红、白、绿三色大理石和哥特式窗。罗马风和哥特式巧妙配合，使钟楼成为世界上最华美的建筑之一。几百年来，一直受到人们的赞赏，因此，钟楼便名为"Campanile di Giotto"（乔托钟楼）。

其间，他联同 Pisano, A 接手主教堂工程，并为圣十字堂（Santa Crose）和圣马利亚哈尔默教堂（S. M. del Carmine）作壁画和装饰工作。

1334年，共和国任命他为主教堂及要塞建筑师（Capomastro or Surveyor）。

在造育后辈方面，他亦不遗余力地领导艺术学校，其后由 Gaddi, T.（1300~1360年）接手。他的弟子有：Daddi, B.（达迪）、Banco, M. d.（班柯）、Gaddi, A.（加迪，约1350~1396年）和 Gaddi, T.（约1300~1360年）。

Massaccio, O.（1401~1428年）和 Michelangelo（1475~1564年）亦深受其影响。

59. Ristoro e Sisto 里斯托罗和西斯托（活动于13~14世纪间）

作为多明我会（Dominicans）的信徒，Ristoro 和 Sisto 约于1278~1350年间设计了佛罗伦萨的多明我会教堂——Santa Maria Novella（新圣马利亚教堂）。

当时采用的形式为巴西利卡平面和意大利哥特式（Italian Gothic）的立面，但立面延至15世纪中期才由 Alberti L. B.（1404~1472年）以罗马风加原始文艺复兴式（Prato Renaissance）完成。教堂内部仍是哥特式的。

在教堂附近的建筑物，同样有意大利哥特式与早期文艺复兴式并存的现象，如 Brunelleschi F（1377~1466年）等人的制作，反映出了新旧交替的演进。

另在正立面的左右两旁已出现大卷涡，是否可作为巴洛克形式的先声？

60. Agostino, di Giovanni e Agnolo, di Ventura 阿戈斯蒂诺和阿格诺罗（活动于14世纪上半叶）

1310年，Agostino 在锡耶纳（Siena）初露头角，1320年以后和 Agnolo 一起在沃尔特拉（Volterra）活动，其后两人共同合作。他们都是意大利哥特式晚期的雕刻家兼建筑师。

1329~1332年在阿雷佐（Arezzo，当时为阿雷提乌姆 Arretium）的主教堂为 Guido Tarlati（洁多－达拉迪）墓制作雕塑，又在 Siena 圣弗兰西斯科教堂和 Porte Ramane（罗曼港）做设计。

61. Neri di Fioravante 内利（活动于14世纪中叶）

通往比萨并从那里的港口流入利古里亚海的阿尔诺河（Arno），把佛罗伦萨分为两岸。据记载，早在 Etruria❶（伊特鲁里亚）古国时期，已有一座石桥，资料称，在972年以前，桥上建有木制走廊，由于年代久远，所以称为古桥

---

❶ Etrurian（伊特鲁里亚人）为意大利古老民族，他们于公元前8~前6世纪建立 Etruria（伊特鲁里亚）古国，统治着意大利中部地区，曾有辉煌的文化，公元前509年被逐出罗马，诸城镇被纳入罗马的势力范围。

(Ponte Vecchio，维契奥桥，或称旧桥）。1333 年洪水泛滥，将桥冲垮。1345 年，由 Neri 负责重建，两墩三跨，成为一座平拱石桥，桥上有小店铺，过去为鱼市。16 世纪后改为专卖金银首饰，桥上禁止车辆通行。

62. Gaddi，Taddeo 加迪（约 1300 ~ 1360 年）

Giotto 的学生，最忠实的追随者，长达 24 年。Giotto 逝后，继续领导乃师所创之艺术学校。

他参与了佛罗伦萨圣十字教堂（Santa Croce）和圣马利亚加尔默教堂（Santa Maria del Carmine）的壁画、装饰和三联画的制作。

Neri di Fioravante（内利·迪·菲奥拉凡特）重建佛罗伦萨古桥的工程，他可能参加了。

Gaddi 虽然师事 Giotto，但并不像乃师那样关心情节性和纪念碑式的明确构图，而更注重故事性的细节和色彩的富丽。

其子 Gaddi，Agnolo（加迪－阿格诺罗）（约 1350 ~ 1396 年）继承其父，成为 Giotto 最后一个继承者。

63. Orcagna，Andrea 奥尔卡尼亚（约 1308 ~ 约 1368 年）

1115 年，佛罗伦萨建立起最早的资产阶级共和国，随后各行各业兴起同业公会，称之为 Gild/Guild（行会，基尔特）。至今，在佛罗伦萨，每逢 7 月 26 日（圣安娜节），各职业行会仍会悬挂古代行会的旗帜以纪念 1348 年击退雅典公爵入侵的胜利。

1293 年，意大利行会起义成功，他们摒斥贵族于政权之外，并颁布相当于宪法的"正义法规"。Orcagna 于 1352 年参加了石匠行会。

作为佛罗伦萨画派 14 世纪中最著名的画家、雕塑家和建筑师，在建筑方面的贡献有：

1337 年，佛罗伦萨菜园圣米歇尔教堂（Or San Michel）的祭坛和行会小礼拜堂的大浮雕；1354 ~ 1357 年，斯特罗齐小礼拜堂（Capella Strozzi）的祭坛多联湿壁画。

64. Benci di Cione e Talenti，Simone 本西和塔伦蒂（活动于 14 世纪下半叶）

佛罗伦萨的统治广场（Piazza della Signoria）自 13 世纪以来就是该市的政治生活中心，在东边有古宫（Palazzo Vecchio，维齐奥宫），古宫之北是 Palazzo Gondi（刚地宫），南边有过街楼通往 Uffizi（公务大厦/乌菲兹）——后来公务大厦改为画廊，所以又叫公务大厦画廊（Galleria degli Uffizi）。

在广场上竖立了许多雕塑作品，它们是 Michelangelo、Collini、Bologna 等人的作品，更有修复好的古希腊雕像，为了避免这些珍品被风吹日晒，决定兴建一座凉廊以遮盖。于是，由 Benci 和 Talenti 设计，于 1380 年建起了这间三开间大拱廊，这公众仪式的场所更成为大众的艺术中心。

这座统治凉廊（Loggia della Signoria），因为曾有一位名为蓝齐的卫兵把守，故又名"蓝齐廊"（Loggia Lanzi），又因为其中的图案由艺术家厄加纳所设计，故又叫"厄加纳凉廊"。

65. Yevele，Henry 叶维尔/耶维尔（约 1320/1330～1400 年）

14 世纪后半叶，意大利的建筑风格已向文艺复兴演变，而在英国，金雀花王朝（Plantagenel House，不兰他日奈/安茹）正由盛饰式（Decorated Style）向垂直式（Perpendicular Style）过渡。

1370 年，Yevele 在肯特郡（Kentshire）的科布汉姆（Cobham）设计了夸德朗格尔学院（四方院子❶，Quadrangle College），1381 年又为牛津的 New College 作部分工程，1395 年将坎特伯雷主教堂（Canterburg Cathedral）的中殿（Nave）改建，主教堂原建于 597 年，是修道院，后加建主教堂。

伦敦威斯敏斯特大教堂（Westminister Abbey）于 11 世纪中期由爱德华及 13 世纪中期由亨利三世敕令改建，除中殿外，改为尖拱哥特式。1376 年，由 Yevele 再将中殿作出改建，他将尖拱穹顶改为扇形尖拱哥特式，整体仍以亨利三世的英国早期哥特式为主，看起来仍如同一时代所建造。

66. Parlér，Family 帕尔来日家族（活动于 14 世纪初至 15 世纪初）

出身于德国著名"自由工匠"的石工家族，是族中的佼佼者。父亲 Heinrich（or Gmünd）[（格明德的）海因里希]就是名匠，Petr（Peter，彼得）和弟弟 Michael（迈克尔），还有儿子 Wenzel（文策尔）、Johann（约翰）均协助他在布拉格的许多工程。

其时，德意志和波希米亚国王、神圣罗马帝国皇帝查理四世（1316～1378 年，1355～1378 年在位）掌权。这位皇帝以开明著称，他以外交手段取代战争杀伐而获益更多，他博学多才，对科学艺术加以发展，在位时将当时政治、经济和文化中心的布拉格定为波希米亚的首都，并于 1348 年创办中欧第一间大学——查理大学。

在建筑方面，他诏令在布拉格兴建 St. Mary of the Snow（圣斯诺玛利教堂），

---

❶ Quadrangle（四方院子）的布局原为隐修院所习用。隐修院在封闭的院子四边的群房进行宗教活动和食宿。有时，四方院子也泛指一般院子周围的建筑物，后来英国的高等院校也效法这种布局。

原拟要超越于1344年建造的 St. Vitus's Cathedral（圣维特主教堂），以哥特式建造，作为加冕之地。工程于1374年开工，但因拱顶崩坍，被迫停工，直到17世纪才以文艺复兴形式重建，穹径达35m，其圣坛高大豪华——这是后话。此外，亨利四世在位时还建了 St. Henry（圣亨利教堂）和 St. Stephen（圣斯蒂芬教堂），都是哥特式，其中，St. Henry突出哥特式钟楼，有五个尖塔。为纪念他，后人在卡罗维发利（Karlovyvar）竖立了查理四世塔。

1352/1353年，23岁的 Parlér, Petr被查理四世召到布拉格，继续设计1344年由 Matthias（of Arras）[（阿腊斯的）马蒂亚斯]开始的 St. Vittus's（圣维特主教堂）。教堂原为930年时建造的圆形教堂，由 Matthias改建，但 Matthias于1352年去世，这座厅堂式教堂（Hall Church）便由他接手，经他调查，将拱顶建成网状，构造复杂，成为这种尖顶拱最早的范例，表现出哥特式富于装饰、炫耀技术的倾向，对新技术和精细的雕刻工艺起到很大影响作用。工程到1399年基本完成，1426年，其儿子们又加建双钟楼，名为"瓦茨拉夫塔（Wenceslaus Tower）"——Wenceslaus是波希米亚守护神。此双钟塔汇集了各种风格，被视为"建筑之宝"，教堂于1929年才彻底完成。

跨越伏尔塔瓦（Vltava）河的卡尔卢尔（Karllur）桥（即查理士桥，Charles）原为木桥，1158～1172年改为石桥，但到1342年坍塌了。1357年，Parlér将它重建时改为哥特式，桥长516m，宽9.5m，后来，桥栏上的30个雕像又花了200年时间完成，又陆续在两端加建塔楼，此桥是中欧最古老的石桥之一。

Karllur桥、St. Vitus's Cathedral和查理大学鼎足而三，成为布拉格三大景点。

1360年，在库特纳霍拉（Kutna Hora）的圣巴塞洛缪教堂（St. Bartolomew's Church）建唱诗班席（Kolin = Choir），多边形。1370年，又在赫拉德坎尼城堡（Hradcany Castle）的万圣礼拜堂（All Saints Chapel）加设唱诗席。

至于 Matthias（of Arras）（？～1352年），其生平不详，只知他所设计的于布拉格东南约65km矿区 Kutma Hosa的圣巴巴拉教堂（St. Barbera）同 St. Vitus's教堂相似。

67. Bon, Scipione 彭恩/邦（活动于14世纪中叶）

位于威尼斯大运河右岸、圣十字及圣保禄区（Santa Croce e San Polo）的弗拉里圣马利亚光荣教堂（Santa Maria Glorio dei Frari，又名圣母升天教堂）是威

---

❶ 德国的哥特式建筑的形成，可追溯到罗马风时期，于11世纪兴起，而14世纪的厅堂式教堂（Hall Church）已具哥特式特征。它不同于巴西利卡，侧堂大致与中堂同高，用侧堂窗采光，厅内开朗广阔，有如带柱的厅堂，而中堂的连券很高，庞大的屋顶覆盖着中堂和侧堂。在两立面只有单一塔楼。

只有德国的哥特式教堂才会在西立面只有一个高塔楼，如乌尔姆（Ulm）的主教堂。

尼斯最重要的教堂之一，属托钵修会方济各会（Franciscanus）的小兄弟会（Minim）的会堂，它于 1250 年由会士开始兴建，设计者可能是 Pisano, N.（1220/1223～1278/1284 年）。

1338 年由 Bon, s 进行扩建和改造，哥特式，正面有两壁柱分隔，上竖三个小尖塔，内部拉丁十字平面、两侧廊，宏伟而简朴，1443 年完工。

钟楼高 80m，高度仅次于圣马可广场的钟楼。

68. Firuz-Shah 菲鲁兹－沙阿（约 1351～约 1388 年在位）

印度图赫卢瓦（Tughluqids）王朝国王。

伊斯兰教于 11 世纪开始传入印度（包括现巴基斯坦）之北部和中部。1192 年土耳其人和阿富汗人入侵，"奴隶之王"（Ghulaus）顾特卜丁/库特勃（Qutb-Ud-Din Aibnk）建国，德里首次成为首都。他引进伊斯兰建筑，开创了印度古典伊斯兰建筑。

1320～1414 年图赫卢瓦王朝建立，1351 年起 Firuz-Shah 当权。他是个建设家，他先后建造了：

科蒂拉·菲鲁兹·沙阿要塞（Kotila Firuz Shah），正方形（1354 年）。

三层的巴拉达里（Baradari），呈金字塔形，中心是移来的阿育王柱（Asoka）。Baradari 是一种开敞的门廊式亭阁，十二柱。

在其统治的末期又建了"欢乐之城"——Tarbobad Hanz-i-Khes（塔巴巴德·豪兹·哈斯），建筑物将大水塘"隐士湖"围合，建筑物有 40 个穹顶，其中，东南角有为他自己准备的方形华盖陵墓，这些建筑物是现存最早的印度式穆斯林宫殿。

69. Ali ibn Dimishqi 阿里·伊本·迪米什奇（活动于 14 世纪后半叶）

14 世纪中叶，蒙古人的伊儿汗帝国（Ilkhan Empire）已经在小亚细亚消失，拜占庭帝国的版图仅剩下欧洲的一角半岛上。隔着马尔马拉海（Marmara Sea）的那一边，安纳托利亚（Anatolia）的旁边，土耳其人原属贝尔利克（Beyliks）酋长国的奥托曼（Ottaman）帝国，已经崛起，占有安纳托利亚的西北角，和拜占庭帝国遥遥相对。

1374～1375 年，Ali 在爱琴海（Aegean Sea）东岸的马尼萨（Manisa）设计了塞尔柱（Seljik）式的 Isa Bek（伊萨贝克）清真寺。

此清真寺虽属安纳托利亚的古典伊斯兰建筑，但由于 Ali 来自大马士革（Damascus），他把大马士革的横厅、双穹顶和双光塔这些主题都呈现于建筑中。

70. Khivajah Hasen Shirazi 赫瓦贾·哈桑·设拉子
Shams Abdallah Shirazi 沙马斯·阿卜杜拉·设拉子（活动于 14~15 世纪间）

突厥斯坦（Turkesten）占称亚西（Yasi），在今塔吉克斯坦一带。

两人共同设计了突厥斯坦的艾哈迈德耶塞维神庙（Shrime of Ahmad Yasavi）。艾哈迈德·耶塞维（11 世纪下半叶至 1166 年）属苏菲派，诗人，早期神秘主义的领袖。

神庙十字形平面，四角又各另有小十字，所以总体形成一个正方形，主厅高约 59m，为方形穹顶，正面为约 18m 高的"依旺"（Iwah），中轴后又是另一个"依旺"，再后才是墓室。两侧有多边形基座的光塔，庙外西南面有清真寺，另外还有藏经室及客店。这里的"依旺"是指开敞的门廊，工程开始于 1394/1395~1397 年，还未彻底完成。

71. Muhammad ibn Mahmud 穆罕默德·伊本·马哈茂德（活动于 14~15 世纪间）

帖木儿（Timir）王朝始于 1405 年，而帖木儿·塔梅尔兰（Timir Tamerlane，约 1370~1405 年）已逝，其陵墓建于现乌兹别克斯坦的撒马尔罕，由 Muhammad ibn Mahmud 设计。

帖木儿墓名古尔艾米尔陵（Gur-e Amir/Мавзолей Гур-ЭМNP），中心建筑为十字形，外再围以八边形，呈状，它位于一清真寺后面，将圣龛改为墓门，双层穹顶，内层高 20 多 m，外层则高达 35m 以上，有鼓座。穹顶近乎葱头形，穹底部略大于鼓座，穹表面布满密密的棱线，既显示饱满和力量，又可增加琉璃的光泽，内墙则布满优美的青绿色阿拉伯式图案和金质铭文。明显的鼓座是一种创新。陵墓也成了集中式纪念性建筑的杰作。

据记载，原已建有陵墓，但王朝建立后嫌其不够壮观宏伟，令 Mahammad 主持重建，工程于十天后便完工。陵墓为一综合建筑群，除清真寺外，还有托钵僧客店，1434 年又加上经学院与之连接在一起，后虽经时间和地震的考验，仍保存良好。

王朝初是最辉煌的时期，同时期的撒马尔汗宫殿内花园亭榭，其中，巴格·马伊丹（Bagh-i-Magdan）的谢赫尔西腾（Chehel Situm）是有名的"四十柱厅"，但那时期的古典伊斯兰建筑讲求体量和色彩，极尽奢华之能事，到底是媚俗了。

72. Brunelleschi, Filippo 布鲁涅列斯基/伯鲁乃列斯基，（台湾译布伦内利齐）（1377~1446 年）

经过十字军七次东征和蒙古人席卷欧亚大陆之后，亚平宁半岛出现了多个共和国,其中,以威尼斯和佛罗伦萨两国最令人瞩目。这些共和国,主权独立,她们推翻了封建专制统治,由银行家、商人、工场东主共同主政,经济繁荣,与此同时存在的是商品生产发展和货币的流通,成百家银行在运作,金融活跃,资产阶级兴起了。一些家族的商业活动遍及欧洲各地,如巴伐利亚的奥格斯堡(Augsburg)的富格尔(Frgger)家族的矿山及铁工厂,佛罗伦萨的美弟奇(Medici)家族和洛伦那(Lorena)家族先后掌握着共和国的政治、经济和文化。Medici 家族的银行分布各国,连英国皇室都要向他们借钱,教廷请他们代收账。在另一方面,由于耕种与手工业技术的进步,劳动分工的深化,各行业如皮革、制鞋、毛织、丝织、五金、造酒、草编、金银加工等行业在各地蓬勃发展,早在 12 世纪,行业公会已经开始成立,就这样,政治、金融、手工业互相影响,互为因果,这些都是促成佛罗伦萨这个"玉簪之城"成为文艺复兴摇篮的基础。随之,上层建筑的意识形态也相适应:反对教会统治、反对禁欲主义、反对来世主义。人文主义崛起,重提毕达哥拉斯的"人是万物的尺度",新思想的核心是争取个人在现实世界的发展。14 世纪初,但丁、诗圣彼得拉克(Petrach, F., 1304~1374 年)和薄伽丘(Boccaccio, G., 1313~1375 年)兴起的文学运动,提出要恢复希腊、拉丁语言,以古希腊和古罗马的思想文化对抗神学的束缚,思想家研究古代的文、史、哲,而自然科学也在摆脱神学和经院哲学的樊笼。地心说的教条受到怀疑,被教会用来维护统治的"教皇是大地的中心"的教条受到动摇。那时候,西欧的大学教育已经兴起,促进学术发展,市民的文化水平也普遍提高。但是,15 世纪 30 年代,共和国的实权由行会落到资产阶级手上,作为统治阶级的家族,为提高威望也好,巩固政权也好,附庸风雅也好,他们大兴土木,提倡新文化、新艺术。尽管脱离市民大众,他们奖掖和延揽名流、学者、专家,成为他们的保护神,先后建立柏拉图学院和美术学院(称之为"庭苑"或"雕园"),起到推动和卫护的作用。尤其在 1453 年君士坦丁堡被土耳其人攻陷前,被围困的拜占庭学者纷纷走避,早在 1439 年起便西逃到意大利境内,背负着几个世纪的文化重负,他们带来了古希腊的艺术品和手抄本,更带来了学术,他们得到再生的气候而迸发出激情,直接给佛罗伦萨输入新的血液,为文艺复兴的到来催生。

作为文化艺术的重要一环,建筑和雕刻自然要作出必然的贡献,Brunelleschi 所完成的佛罗伦萨主教堂,其崭新的穹顶便成为意大利文艺复兴建筑的新芽,复兴运动在无历史古迹的佛罗伦萨诞生了。

佛罗伦萨主教堂(Duomo),又名 San Maria del Fiore(圣母万花教堂),是为庆祝和纪念行会取得政权,于 1293 年决定兴建的,原由 Arnolfo di Canbio(阿诺尔福,约 1245~1301 年)设计(1296 年),他逝世后先后由 Giotto(约 1266/

1267～1337年）和Pisano, A.（约1270～1348/1349年）、Talenti, F.（活动于14世纪上半叶）等人负责工程，至1367年只剩下穹顶问题未能解决，工程停顿，离地50多米高空上直径达42m的空间悬置了逾半个世纪，直到1420年，共和国政府决定招标承建，各国竞相投标，最后由Brunelleschi获得委任，同年即动工。

他早年在金银作坊当学徒，又曾到罗马钻研机械等行业，既是画家、雕塑家，又是出色的木工、铸工，在数学和透视学方面都有所建树，还搞过水利和古迹测量，是多方面的巨匠。1401年在圣洗堂北门（铜门）竞选中，在六人中最终落败于吉贝尔蒂（Ghibert，约1378～1455年）。后转攻建筑，曾和多那太罗（Donatello，1386～1466年）一起到罗马研究古建筑，掌握了哥特式传统技术，又重新发现了古希腊、古罗马已知但被湮没的透视原理［后来，Alberti（1404～1472年）据其理论写成了《绘画》一书］。20年代，他已成为佛罗伦萨最杰出建筑师之一。

主教堂的平面以拉丁十字为主，但创造性地将诗班席设计成八边形，相应地将后殿和侧殿也以大半个八边形呈现，这样的平面布置，准备在其上面建成圆穹顶及半圆穹，但是，如此大直径的穹隆要竖立在如此高度上的技术问题，迄今未获解决。直到1420年Brunelleschi接手，他为了切实执行这个任务，又赴罗马实地考察古迹，潜心研究古代建筑技术，掌握其原则和规律，认识到空间观念是视觉艺术的基本原理，于是他决定先加上高12m的八边形鼓座，既能突出宏伟的穹隆顶和增加内部的空间感，又能减轻穹顶重量，降低墙壁的横压力。在穹隆形状方面，他放弃半圆形轮廓，改用双圆心的矢形轮廓。（他是否汲取了哥特式的精华？）他又将穹隆分为内外两层，中置楼梯，又设计出垂直运输机械，大大减少了劳动力和施工材料。他既考虑了施工时的细节，还仔细考虑到日后的采光、雨水、风雪、地震等问题，都逐一解决。又由西亚切利（Ciaccheri, Autonio Dimanetlo）帮做模型，后还参加圆穹施工。

他不但敬业乐群，凡事亲力亲为，废寝忘食，活了70岁的他，终身不娶，一心扑在工程上。他不但同教会和统治者作斗争，也同行会的陈规作斗争，始终同广大市民站在一起，1423年行会上，工匠推选他为佛罗伦萨的执政官之一。Duomo工程到1434年终于完成了穹顶，可惜他未能看到采光亭的完成［1462～1470年，由Michelozzo（1396～1472年）主持］。后来他的遗体就被安葬在Duomo的地窟中。

文学界的但丁（Dante A., 1265～1321年）、彼得拉克（Petrarch F., 1304～1374年）和薄伽丘（Boccaccio G., 1313～1375年），美术界的Giotto已经为文艺复兴开拓了道路，佛罗伦萨的Duomo掺杂着罗马风和哥特式的因素，Brunelleschi在Duomo的穹顶上为文艺复兴建筑扩展了新天地，而且是灿烂的奇苊，他的成就影响了欧美建筑达五百年之久。

佛罗伦萨的育婴院（Foundling Hospital）是他早期的作品，于1419年设计，正立面是一列科林斯式券柱的拜占庭式敞廊，薄薄的檐口托着上层的小窗户形成鲜明的虚实对比，按照古典构图规律，又符合模数，整个构图简洁匀称而精致，同广场另一边的安农齐阿（Annunziate）教堂也是敞廊的正面很配合。它是欧洲首座具人文主义风格的育婴堂，也是文艺复兴建筑最早的实例，工程至1444/1445年完成和启用，后经多人修改。

1420年就受委托的，位于圣十字教堂（Santa Croce）旁的帕齐礼拜堂（Cappella dei Pazzi），也是他早期另一杰作。工程于1443年施工，至1662年才完成。集中式，规模不大，矩形平面，中间$D=10.9m$的穹顶，两旁各筒形券，后面以小穹顶覆盖着圣坛，前面也同样以小穹顶覆盖，与此相适应。外面门廊的中跨特宽，且做成拱券状，门廊用科林斯柱式，柱廊上部的墙面高达4m多，用薄薄的壁柱和檐部线脚分成小格以避免单调——这种以方格装饰墙面的手法，在佛罗伦萨的文艺复兴形式的建筑中相当普遍，整个尺度都用模数及几何公式（Mathematical Modulus）控制，室内洁白的墙面也以深色的壁柱之檐部和拱边分隔，清晰、宁静、优雅而和谐。从修道院的院中观看，它同修道院的建筑和教堂的尖塔既有变化而又协调。

1434～1437年的安琪利圣马利亚布道所（Oratory of Santa Maria degli Angeli）是他趋于成熟阶段的作品，中间八边形的平面，外边变成十六边形，这是第一个完全的集中式建筑，他以立体几何取代平面几何，用雕塑手法营造空间，气派庄严，但工程没有建成。

现成为碧提博物馆的Palazzo Pitti（碧提/庇提宫），他设计时原只有七开间，业主Petti欲超越Medici美第奇家族，但面临破产，反被Medici买下扩建，后由Ammannati（阿曼纳蒂，1511～1592年）将规模扩大三倍，并在旁边建伯伯利花园（Giardino di Boboli）。三层的碧提宫，方形平面，有内院，外部立面以横腰线划分。每层石面粗细不同，是当时的风尚。

30年代，Medici让他将历史久远的圣劳伦佐（San Lorenzo）教堂重修，他完成了老圣器室（Old Sacristy）及图书馆的改建，保留原有形式而采用了新的部件，统一和谐，但粗糙简陋的正立面至今仍保留原状。

1444年或更早，他还设计了圣灵教堂（Santo Spirito，圣斯皮利托），被视为文艺复兴初期的美丽教堂，位于阿诺（Arno）河的左岸。其正立面为浅色干净的墙面，仅以褐色的细檐口和简洁的圆窗装饰，侧廊的一对涡卷，已有一点巴洛克的味道。内部也同样静谧清雅。工程于1487年由Manetti（？）完成，1517年由Baccio d'Agnolo（1462～1543年）增建钟楼，那对涡卷可能是18世纪此外，还为原于13世纪已建下半部分的教皇党大厦（Palazzo di Porte Guelfu）增建上半部，英诺森医院（Hospital of Innocet），圣母领报教堂（S. S. Annunziata）前的方形广场（Spedale degli Innocenti，1419年设计），观景要塞（Belvedere）。1430年设计的李卡尔第（Riccardi）大厦未被采用，后改由 Micchelozzo d. B（米开罗佐，1396~1472年）另行设计。

在外地，有卢卡（Lucca）的小圣堂，比萨的圣雅各布（San Jacopo 礼拜堂），皮斯托亚（Pistoria）的圣雅各布礼拜堂等。

Brunelleschi 在人文主义的原则下，冲破教会的禁制，继承古罗马建筑艺术中的规律，汲取了罗马风和哥特式的经验，以和谐的数字比例和立体几何的概念，通过模数的手段，创造出新的建筑形式，他成为早期文艺复兴建筑的第一位建筑师，而影响深远。

16世纪，Sangello F. d.（1495~1576年）和 Baccio d'Agnoli（1462~1543年）为 Duomo 铺大理石拼花地面。

73. Ghiberti, Lorenzo 吉贝尔蒂（约1378~1455年）

佛罗伦萨圣洗礼堂北门（铜门）的竞选中获胜的 Ghiberti，自幼随其岳父学习金饰技术，成为青铜雕刻家、艺术学者，兼长于建筑和绘画。

1401年，圣洗堂北门竞选，六人参加，最后他和 Brunelleschi 两人中选，但 Brunelleschi 请辞（一说保守的评判委员们由于 Ghiberti 遵循传统手法而排斥 Brunelleschi 的方案），由他独立创作。门分28格，采用晚期哥特式风格，门于1424年完成。之后他又承担东门（"Gate of Paradise"／"天堂之门"）的制作，门分十格，这次他跨了一大步，在雕刻时首次使用透视技法，制造出空间深度幻觉，摆脱哥特式的传统，被视为文艺复兴雕刻的首批作品，制作于1425~1452年进行，历时27年，可以说用毕生精力塑造这两座门，他技艺超群，其创作如珠宝工艺般细腻，他又为主教堂东端五个礼拜堂镶嵌彩色玻璃。❶

Donatello（多那太罗，1386~1466年）是他的学生，师徒两人和 Nanni, D. B.（南尼，1374~约1398年）一起奠定了文艺复兴新雕刻艺术风格的基础，又探索了绘画空间问题。

15世纪20年代，他结识了 Alberti（1404~1472年），他们都认为古代艺术之美在于自然的理想化，创作要突出生命力。

1447年前后著《评述 I Commentarii》三卷。

---

❶ 圣洗堂南门于1330~1338年已由 Pisano A.（1270~1348/1349年）完成。

74. Donatello，Robbia 多那太罗/道纳太罗（1386~1466年）

原名 Donnato，Bardi（多纳托·巴迪），Donatello 只是绰号（Nickname）或教名。

少孤，于作坊当学徒学习铜雕。由于他出身寒微，了解民间疾苦，熟悉现实生活而勇于革新，据记载可能是第一个做尸体解剖的艺术家，既熟悉人体结构，同时又掌握透视法，因而具备坚实的科学基础，开创近代现实主义，成为文艺复兴初期现实主义的创造人，继承 Giotto 至 Ghiberti 的革新精神，并推向更高、更新的阶段。

另一方面，他又潜心研究古典艺术的写实手法，曾同 Brunelleschi 一起到罗马考察罗马废墟，最后还转为建筑师。

一生创造了 70 多个圆雕和浮雕作品，著名的有"加塔米拉达骑马像"（Equestrian Statue of Gattamelata）、"圣乔治"、"大卫"等，其中"大卫"（1432年）是一尊全裸的雕像。在乔托钟楼，他制作了四座先知雕像，其中有名的"楚科奈"（Zuccone），丑陋中带有精神上的美。Michelangelo 受到他的作品的启迪，创作出旷世的同名作品"大卫"，而"摩西像"则源于他的"传道者约翰"。总之，其作品既有世俗性、又有个性。

在佛罗伦萨的建筑物有：主教堂的唱诗台（1439年）和玛德勒娜（Maddalena）木雕像；圣马利亚布道所（Oratory of Santa Maria della Angeli）的唱诗台；圣罗伦佐（San Lorenzo）教堂之青铜讲坛和浮雕（1460年）；还有在普拉托（Prato）主教堂的神圣衣带讲坛（1434~1438年）等。

在漫长的 80 年生涯中，他奋力工作逾 60 年，始终未婚，忠心艺术，轻视钱财，多产而长寿。

他被誉为"文艺复兴雕刻之父"。

75. 'Ali ibn Ilyas（of Bursa），Nakas（布尔萨的）阿里·伊本·伊勒雅斯大师（活动于 15 世纪上半叶）

奥斯曼苏丹穆罕默德一世（Sultan Mahmed Ⅰ）于 1413 年自立为安纳托利亚（Anatolia）和鲁梅利亚（Rumelia）的苏丹——Rumelia 在今伊斯坦布尔西南一带地区，马尔马拉海（Marmara Sea）西岸，并以埃迪尔内（Edirne）为首都。

在这之前，1412/1413 年，'Ali 为布尔萨（Brussa）设计了叶斯尔·卡来（Yeşil Cami）建筑群。建筑群包括叶斯尔陵（Yeşil Mausoleum）❶、绿色清真寺

---

❶ Mausoleum（陵墓）一词，源自上古七大建筑古迹之一的卡里亚王陵（Caria Mausoleum）。

（因寺外表全用绿色面砖装饰而得名）等。建筑群规模庞大，清真寺是集中式的，但中央穹顶下没有鼓座，建筑群满布大小穹顶，中部和后部共达 20 个，两侧也是前后穹，主体建筑完成于 1419/1420 年，面砖装饰则延至 1424 年。

奥斯曼帝国自 14 世纪中建立后逐步扩张，鲁梅利亚在欧洲地区，原属拜占庭帝国，以此为踏板，占有欧洲大片土地。出于中央集权大帝国的政治理念，由原有的小亚细亚建筑传统扩大为引入中亚、伊朗，而至拜占庭的建筑的成果，清真寺也由广厅式发展为集中式，Yeşil Cami 建筑群标志着土耳其建筑的早期阶段。

76. Gavamal-Din（of Shirāz）（设拉子的）嘎瓦姆·丁（？～1438 年）

14 世纪下半叶至 16 世纪初，波斯为帖木儿王朝，开国的帖木儿·塔梅尔兰（Timur Tamerlane）逝后，沙鲁赫（Shāh Rokh/Rukh）继任，他是个学者，作风开明，致力于建设，是帖木儿王朝的黄金时代，一时各专家文人云集，其中也包括建筑师。他在位的 1405～1447 年时，前后兴建了一批寺庙和经学院，其中由 Gavamal-Din 设计的有：

1417 年在赫拉特（Herat 今阿富汗西北）高哈尔沙德（Gawher Shad）的经学院（madrasa）和院落（musella），经学院面积达 30m×30m，两者分别于 1432 年和 1438 年完成，于 1855 年被毁，只剩一光塔和经学院的一间主室。

马什哈德（Mashed）是什叶派（Shiah 或 the Shiites）穆斯林的朝圣中心，1418 年在众多的陵墓群中兴建高哈尔·沙德清真寺（Gawhar Shad），采用十字形平面和古典式的四"依旺"（Iwān 有拱顶的壁龛）。

他的最后的作品是在哈尔支蒂（Khargird）建立的吉亚西亚（Ghiyathiya）经学院，长、阔达 90m 的十字形庭院，四周围以宿舍，建筑艺术平实而装饰细致。他未及见到落成，由他儿子 Ghiyath（吉亚斯）至 1444 年完成。

Gavamal-Din 的风格，当时形成了学派，如由其徒于 1425 年所设计的在迦热尔·迦建造的阿卜杜拉辅士神庙（Shrine of Abdallah "Ansari"）❶ 也是十字形平面的庭院，其"依旺"呈五边形。

77. Michelozzo, di Bartolomeo 米开罗佐/弥开罗卓（1396～1472 年）

Michelozzo 或作 Michelozzio，他先向 Ghiberti（约 1378～1455 年）学铜雕，随后更合作了三年，接着又同 Donatello（1386～1466 年）合作加工厂，前后五年时间，同时又向 Brunelleschi（1377～1466 年）学建筑，Brunelleschi 逝后，更

---

❶ Ansari 辅士指麦地那的穆斯林。

接手主持佛罗伦萨主教堂（Duomo）采光亭工程，至 1470 年最后全部完成这历时 170 多年的创时代的巨作。

1433 年曾短期到威尼斯，他在那里设计了圣马乔利亚教堂的图书馆，次年回到佛罗伦萨，接着同 Donatello 一起完成他早在 1428 年便设计的普腊托（Prato）主教堂的布道坛（Pulpit），至 1438 年完成。

1419 年 Brunelleschi 为圣母领报教堂（Santissima Annunziata）前设计了广场，沿广场周围是清新脱俗的拱廊，1444 年 Micheiozzo 就原礼拜堂的基础上作出改建。后来，Alberti（1404～1472 年）接手和加上穹顶，于 1484 年最终完成。

1439 年建的圣马可（San Marco）修道院，Michelozzo 于 1452 年加建圣安东诺（San Antonino）列柱回廊，回廊三边是修士卧室，另一边是图书馆。据说，这是欧洲首座公共图书馆，修道院如今改为圣马可博物馆（Museo di San Marco）。

他最有名而影响深远的建筑是他晚年倾全力创作的美第奇-里卡第邸宅（Palazzo Medici-Riccardi）❶。此邸宅本为 Medici Cosimo（美第奇·柯西莫，1434～1464 年佛罗伦萨的统治者）而建（1444 年），后来在 16 世纪时被 Riccardi 家族购进，所以称为 Paiozzo Medici-Riccardi。邸宅三层，各层墙面作不同的处理：底层粗石砌筑，第二层石面平整而留宽的深缝，三层则磨石对缝。上两层均为双扇窗，檐口挑出很大，统一了整个立面。平面布局方面，分为两部分，各有大门分别出入。左边以中心券柱回廊统一起居部分，后面有一开敞后院作为服务之用；右边只占约 1/3 面积部分则作对外联系和仆从所用。这种形式的府邸成为文艺复兴时期豪门居住建筑的典型。稍后 Alberti 所设计的 Palazzo Rucellai（鲁切拉府邸）亦采用这种手法。资产阶级的兴起，刺激了豪宅和房地产的发达，公共建筑被忽视，但是，这批府邸不免冷冰冰的，显得盛气凌人了。

同时，他还为 Medici 家族在佛罗伦萨北部费索雷（Fiesole）设计别墅（Villa Medici）。

1448 年，他为原建于 1018 年的罗马风式的山上圣米尼亚特教堂（Chiesa di San Miniato al Monte）加建一座独立式的圣十字架小礼拜堂（Cappella del Crocifisso）。

在佛罗伦萨还有：为古宫（Palazzo Vechio）[Arnolfo（约 1245～1301 年）原建] 加建院内拱廊。东郊圣罗伦佐村（Borgo San Lorenzo）的打谷城堡（Castello del Trebbio）和卡法科罗别墅（Villa di Cafaggiolo）。

在外地，经他手的建筑有：拿波里（Naples）的尼罗河天使教堂（Sant'

---

❶ 关于美第奇-里卡第邸宅的建筑年代，有 1430～1444 年或 1444～1460 年两种说法。

Angela a nilo）内的卡兰卡墓，蒙特普奇安诺圣奥古斯汀教堂（Sant'Agostino, Montepulciano）和为市政大厦正立面加建塔楼；在皮斯托亚（Pistoia）原建的树干医院（Ospedale del Cappo）加建门廊。

自 Michelozzo 开始，建筑师的身份，已不是全由匠师担任，渐转移到新的知识分子身上；他和随后的 Alberti 都是如此。作为知识分子的建筑师，潜心研究古代建筑，他们以遗迹和古代著作作为借鉴，对建筑学进行系统性研讨，建立建筑学理论以适应建筑新潮流同资产阶级新的意识形态。

作为文艺复兴初期的建筑师的地位，他仅次于 Brunelleschi。15 世纪后半叶，佛罗伦萨的建筑师在采用建筑风格时，一直采用由 Brunelleschi 发展至 Micheiozzo 的模式，成为一时的传统，直至 16 世纪，还提出过"回到米开罗佐"的主张。

78. Filereta，Il Antonio di Peatro Averlino/Averulio 菲拉雷特/弗拉瑞特（希腊文"善恋者"）（约 1400~1469 年）

学雕塑及建筑于 Ghiberti（约 1378~1455 年）。

罗马老圣彼得教堂（Church St. Peter）建于 333 年，采用早期基督教巴西利卡式，有带柱廊的宽大的前庭（Atrium），存在至 16 世纪初，才拆除改建为教廷所在的圣伯多禄大教堂（Basilica di San Pietro）。为塑造老圣彼得教堂的青铜中门，他在罗马待了 16 年（1433~1448 年）悉心创作这青铜浮雕大门，17 世纪 30 年代新堂建成后移到新堂重新安装使用。

1448 年回佛罗伦萨，1451 年又到米兰。在米兰，他设计了贝加莫（Bergamo）主教堂和马焦雷（Maggiore 伟大）医院后，又为斯福尔扎城堡（Castello Sforzesco di Giovia）设计中庭的雅致拱廊广场，那时，正值青年的 Bramente（1444~1514 年）参加了这项工程。

他不但是雕刻家和建筑师，还是一位富想象力和实际见地的理论家，1461~1464 年他提出"斯福青达"（Sforzinda）——一个理想的文艺复兴城市方案的图形：中心宫殿、大会堂、一座十层的"善恶之塔"，底层是妓院，顶层是天文台。道路由中心向八方放射，这是最早提出的理想城市的论文。

受 Alberti（1404~1472 年）《论建筑》（1452 年发表）的影响，他著了"Trattato d'Architectura"（建筑论说）（1460~1464 年）一书。

79. Masaccio 马萨齐（1401~1428 年）

原名为 Tomaso di Giovanni di Simone Guidi（托马佐·迪·乔凡尼·迪·西蒙涅·圭迪），而"Masaccio"一词，原意为"不拘小节的人"，人们这样称呼他，反映其醉心艺术，心无旁骛的性格。

他的父亲是个公证人，可惜当他 8 岁时就成了孤儿，母亲又改嫁，他和弟弟只能相依为命。两人拜 Giotto 为师，共同学画，更学习其人文主义和合理主义的文艺复兴主流思想。他将人文主义引入艺术领域，他画的人物都是现实生活的人，即使是采用传统的宗教题材，都毫无神秘色彩和禁欲主义，人物表情真实，且具高尚人格，他所创造的是"真实的人"。因为他积极地从生活中汲取形象，实践 Giotto 的现实主义，人们称他为"乔托再生"。

他把新兴科学的认识手段如人体解剖学、三维空间的透视法则、哲学、数学引入绘画艺术。由他首创的运用中心光源和革新的透视法，使意大利的绘画出现全面繁荣。

他 1417 年到佛罗伦萨，同 Masolino（马索连奴，1383~约 1440 年）经常合作。为各教堂绘壁画，其中如 Santa Maria del Carmine（圣马利亚加尔墨教堂）。其中绘画名作有"失乐园"、"纳税钱"、"圣三位一体"等。其中，"纳税钱"先由 Masolino 于 1424 年开始，他再接手，但最后由 Lippi, F.（1457~1509 年）于 1485 年完成，而"圣三位一体"完成于 1427 年，成为他的遗作。

1428 年到罗马，但不久即逝，只活了 29 岁，天不假年，可惜留给世人的作品并不多，且当时还不为人所赏识，直到文艺复兴盛期的艺术三杰：da Vanci、Michelangelo、Raphael 以及 Lippi, F.（利比）通过研究，才将它们发掘出来。他们深受其益，影响深远。Vasari, G.（1511~1574 年）在其著作中也指出：绘画的优良传统是由他而创，美术史家尊他为"文艺复兴美术之父"。

80. Alberti, Leone Battista 阿尔伯蒂/阿尔培提（1404~1472 年）

出生于热那亚一家银行家族的私生子。家族中的 Niccolò, di Jacopo di Alberti（？~1377 年）在法国阿维尼翁（Avignon）开银行，又任首席地方官和审判长，其家族于 14 世纪下半叶对政治、经济有影响，又曾为文人、画士提供金碧辉煌的活动场所"极乐宫"（Villa del Paradise），但进入 1402 年，被 Albizzi（阿尔比齐）家族迫害，所有男丁一律予以流放。

自小被誉为神童，其才能向多方面发展，先跟父亲学数学，10~11 岁到帕多瓦（Padua）受拉丁文经典教育等多方面学科。他本选文学为职业，1424 年曾用拉丁文写喜剧，但 1428 年得到法学博士学位后，去任教廷的秘书。他除了是诗人、学者、画家、雕刻家之外，还从事音乐、戏剧、机械，甚至开创了密码学（Cryptography），又编写出第一部意大利文文法，以上两项事都是他于 1464 年后在罗马宫廷时完成的，而且他还是运动健将和出色的骑手。由于他是个全才，因此提出"全才人"（Nomo universale/Universal man）的理想，体现其人文主义的基本原则,认为"人是宇宙的中心,人所发展的能力是无限的"。

但是,他最终还是向建筑方面发展,由一个业余爱好者转成为建筑的理论家和实践家。约在 1445/1446 年,他开始设计鲁切拉邸宅(Palazzo Rucellai),如同 Michelozzo(1396~1472 年)设计的 Palazzo Medici-Riccardi,三层立面,均用石面和壁柱,又仿罗马斗兽场的叠柱式,二、三层窗用半圆券,层层水平线脚和加深的大檐口统一全座。由于他缺乏实践经验,每每要请人代为指挥工程。1451 年由 Rosselino B(罗塞利诺,1409~1464 年)完成。

位于里米尼(Rimini)的马拉特斯塔神殿(Tempio Malatostiano),名为圣方济各(S. Francesco)礼拜堂,实际是一间城主的家祠,1447~1450 年由他改建为文艺复兴式。1451~1453 年他设计了梵蒂冈教皇宫图书馆。

1456~1470 年又将佛罗伦萨于 12 世纪始建而于 14 世纪完成的哥特式的圣母新教堂(Sta. Maria Novella)进行改建,除了加厚墙身外,在立面部分加上轻巧的壁柱和宽深的檐线(但仍保留大圆窗,内部仍为尖券)。墙面用不同颜色的大理石构成清新明快的图案,正中三角形山花,而两旁的涡卷被视为巴洛克的先声。该教堂是约 1278~1350 年由 Sisto 和 Ristoro 设计的。

1460~1470 年曼图亚(Mantua)的圣塞巴斯蒂亚诺教堂(S. Sebastiano),1467 年佛罗伦萨的鲁切拉礼拜堂(Cheppel Rucellai)和 1472~1494 年曼图亚的圣安德烈教堂(Santa Andrea)都是他出色的作品。圣安德烈教堂采用拉丁十字形平面,立面中央贯通三层的巨柱和半圆拱,两旁则为壁柱。工程于他逝世后才完成。

佛罗伦萨的圣母领报教堂(S. S. Annunziata)原由 Michelozzo 将 12 世纪的小礼拜堂改建,并未完成。他于 1470 年为之加上穹顶,使教堂工程画上句号。

他的建筑设计灵感都来自古罗马,他把美和古典传统等同起来,他思想活跃,既仿古又革新,绝不受艺术的任何规条所约束。

他说:"美就是各个部分的和谐,各部分按一定的比例关系协调起来,既不增也不减。"其创作重质不重量,往往完成的只占设计的一半。又说:"把本质极不相同的部分组成一个美的整体,要靠一致性(Congruity)。"

他说:"好的建筑物,产生于需要(Necessity),受适用(Convenience)的调养,被功效(Use)所润色,最后才能满意和愉快(Pleasure)。"又说:"美是内在的,装饰只是附加的。"但是又说:"适用和方便之外,还需要打扮得漂亮。"

在人事方面,他却是保守的,他说:"建筑是一门高贵的科学,绝非任何人可以从事。"他是出身于知识分子的建筑师,已经同匠师和普通劳动者疏远。

据说,组合柱式(Composite Order),由他创造。1450 年他又发明测风速的装置。

毕竟，他是文艺复兴建筑首位伟大的建筑艺术的爱好者和主要理论家，对传播文艺复兴风格作出重大贡献。他留下了不少传世之著作：

"*Della Famiglia/On the Family*"（家庭）（1435~1444年）；

"*De Pictura Praestantissima*"（论透视学）（1435年）；

"*Della Pittrera/On Painting*"（论绘画）（1435年）；

"*De Re Ædificatoria*"（论建筑）（1452年发表，1485年出版）后来于1955年用英文出版时改名为"*Ten Books on Architecture*"（建筑十书）；

"*De iciarchia*"（论雕像）（1468年）。

此外，还有有关地理和制图的著作。

其中，《论建筑》是他对建筑已稍有实践经验时的一部理论及回顾的著作，确立了几个世纪以来建筑的审美标准，系统地阐明古典柱式的应用，是文艺复兴首部完整理论之作。

81. Rosselino Family 罗塞利诺/洛些里诺兄弟

（1）Bernardo 伯纳多（1409~1464年）

文艺复兴时期有名的雕刻家兼建筑师，他受业于 Brunelleschi（1377~1466）。其主要作品分布于下列各地：

1434年在阿雷佐（Arezzo）的教友兄弟会馆的立面上，作有关圣母玛利亚的浮雕。

在佛罗伦萨，他制作了一些陵墓和礼拜堂：①1444~1450年在圣十字堂（Santa Croce）的布鲁尼（Bruni）墓——Bruni，Leonardo（约1370~1444）为佛罗伦萨共和国首相，人文主义者，著有但丁和薄伽丘的传记和佛罗伦萨人民史。②1451~1452年新圣母教堂（Santa Maria Novella）的博特·维拉那墓（Tomb of the Blesed Villana della Bothe）。③1456~1457年圣母领报堂（Santisinna Annunziata）的美第奇·奥兰多墓（Orlando de'Medici）。④1457年同弟弟 Antonio 合作山上圣米尼亚托教堂（Chiesa di San Miniato al Monte）的葡萄牙枢机主教礼拜堂（Chapel of Cardinal of Portugal）。

在恩波里（Empoli），1447年为圣安德烈亚教堂作大理石洗礼盘。

在皮恩扎 Pienza，1458年重新规划城镇，当时他曾拟将城镇建成文艺复兴的模范城，但未能如愿。1459~1462年更设计了市政厅、主教堂和主教邸宅。据记载，他侵占了建设捐款，仅完成的主教堂及主教邸宅也严重倾斜。

锡耶纳（Siena）的皮珂罗米尼宫（Piccolomini Palace）是当地最堂皇的私宅，是他于1460~1464年间设计。

1451～1453 年 Alberti（1404～1472 年）设计了梵蒂冈教皇宫的图书馆，由他进行具体的实施。当时他成为教皇尼古拉五世的建筑师，还为原建于 333 年的按早期基督教式建造的旧圣彼得教堂改建后堂（Apse）。

其作风受 Ghiberti. L（约 1378～1455 年）和 Robbia. L. d 的影响，经他手制作的雕塑同建筑能完美地结合。

（2）Antonio 安东尼奥（1427～1479 年）

年轻 18 岁的弟弟向他哥哥 Bernardo 学习技艺，并协助制作多项作品，如布鲁尼墓（Tomb of Bruni）的肖像。1457 年后，两人更合作，如山上圣米尼亚托教堂的葡萄牙枢机主教礼拜堂，同样如他哥哥一样，华美的建筑同人像雕刻结合完美。

其独立作品为：尼利·卡皮尼（Neri Capponi）墓，露西塔尼亚墓（Lusitania）和菲利浦劳·兹里（Filippe Lazzari）纪念碑等。

他是个多产的雕塑家。

82. Duccio，Agistino di 杜乔/杜其奥（1418～1481 年）

1444 年 Michelozzo（1390～1472 年）将佛罗伦萨的一座 12 世纪的小礼拜堂改建为圣母领报教堂时，Duccio 帮助为该教堂作装饰。

1457～1463 年，Duccio 在佩鲁贾（Perugia）圣安德烈和贝尔纳迪安教堂（Santi Andrea e Bernardian）的圣贝尔纳迪诺❶祈祷室（San Bernardino）设计正立面，他将罗马古代同中世纪时的风格混合在一起：中间大拱洞下有双入口，上面是古风三角山墙，墙面以大理石及陶土作浮雕。该立面以丰盛的装饰而闻名。

83. Matteo di Pasti 马泰奥（1420～1468 年）

Matteo 原来是雕塑家兼纹章制作，后来转向装贴画而至建筑，曾受 Alberti（1404～1472 年）邀请帮助指挥施工。

1449 年由维罗纳（Verona）移居里米尼（Rimini）。

1460 年应穆罕默德二世（Mahomet Ⅱ）邀请，访问君士坦丁堡四年。Mahomet Ⅱ 以"征服者"著称，他于 1453 年攻陷君士坦丁堡，消灭了拜占庭帝国。

四年后回到属于教皇国的里米尼。1334 年马拉泰斯塔家族成为当地的伯爵，族中最显赫的人物 Pandolfo Sigismondo（潘多尔福，1417～1468 年）兴工加建城防，又盖了马拉特斯塔（Tempio Malatestiano）之圣堂，由 Alberti 作规划

---

❶ Siena（锡耶纳）的圣贝尔纳迪诺（San Bernardino）于 1439 年曾促请希腊东正教会同罗马教会合而为一，虽一度实施，但不久即分裂。

和设计，圣堂之立面仿罗马的凯旋门，让他为圣堂作装饰，他以哥特式风格装饰圣堂之内部，还制作了许多雕塑。

在里米尼，他还为莱昂小礼拜堂（Chapel of the Planets）和安特纳提拱门（Arca degli Antenati）作浮雕。

84. Gambello，Antonio 甘贝洛（？～1481年）

威尼斯的圣撒加利亚教堂（San Zaccaria）原建于9世纪，1444年重建。Gambello只设计了其门面，当时他仍采用于14世纪末兴起的法国火焰式哥特风格（Flamboyant Gothic），直到1481年才由Coducci（柯杜齐，1440～1504年）继续上层工程，最后于1515年才完成。

但是1460年他设计威尼斯船坞的守望塔和阿伦耐尔（Arenale）大门时，大门呈凯旋门的式样——这是威尼斯首座文艺复兴式的建筑物。

85. Laurana，Luciano 劳拉纳，卢西亚诺（约1420～1479年）

其早年事迹不详，崭露头角的是1455年为乌尔宾诺（Urbino）公爵营建其总督府（Palazzo Ducale），工程历时27年，至1482年完成。

1465年又为乌尔宾诺城的贵族蒙太费尔特罗的费德里柯（Federieo da Montefeltro）翻新其公爵府，至1468年他成为公爵的总建筑师。

1472年他离开Urbino，到那坡里（Naples）去任画廊大师（Master of Artillery）。

晚年工作于佩萨罗（Pesaro）的堡垒。

他突出的工作是为文艺复兴城市规划作出"理想城"的设想，他画出15世纪意大利城市的总图（Main figures）——这份草图可能保存在Abbornoz（阿柏尔诺茨堡垒）内。

86. Piero della Francesca 彼埃罗·德拉·弗朗西斯卡（约1420～1492年）

工匠家庭出身，父亲是皮商，一说是皮匠或鞋匠，年幼时受拉丁文化教育，学习了数学和会计。后来在作坊学马萨乔（1401～1428年）和安吉利科（Angelico❶，1357～1455年）的绘画，多那太罗（约1386～1466年）的雕塑和布鲁内列斯基（1377～1466年）的建筑，这样，他在文艺领域得到全面的修养，其作品在空间表现上极为成功。

---

❶ Angelico，Fra（安吉列科，1387～1455年）原名Pietro（彼埃特罗），Angelico只是教名，他笃信基督教。作品中，人物形象超凡脱俗，画中所绘的天堂如凡间的花园，具浓郁的世俗气氛。在技法上，他通过透视法，以比例、远近、明暗等多方面的技法增加空间感和节奏感，成就超越乔托等前辈。

1459年到梵蒂冈绘壁画，后来又为乌尔宾诺（Urbino）公爵服务。

Piero 的主要成就在于对艺术理论的研究，他以抽象数学的方式和专门的绘画技法入手研究，对透视学和解剖学都有显著的贡献。后世，达·芬奇（1452～1519年）等人从他的理论研究中，获得一定的启发作用。

晚年的理论研究包括数学、人体学和透视学等多方面，都有著作，其中"*De Perspectiva Pingendi//On Perspective in Painting*"（绘画透视学）作于1474～1482年间，他认为适当的透视反映严谨的科学。

87. Laurana，Francesco 劳拉纳，法兰西斯科（约1430～1502年）

雕刻家，包括胸像制作，其主要作品包括斯福尔扎（Sforza）胸像和大理石浮雕"阿方索（Alfonso）和他的廷臣举行凯旋仪式"等，他还兼做勋章和从事建筑工程。

他先后为多个贵族受雇或服务，如1453年之于阿拉贡（Aregon）王阿方索五世（Alfonso V）；1461～1466年之于安茹公爵（Duke d'Anjou）雷内（René）；曼图亚（Mantua）的贡扎加（Gonzaga）家族及佩萨罗（Pesaro）的斯福尔扎（Sforza）家族。

他曾为建那不勒斯（Naples）城堡的工程工作，可能设计和雕塑该堡之凯旋门（1454年）。1466～1472年间，他为乌尔宾诺（Urbino）的总督府加建"荣誉中庭 Court of René"及塔楼。该府邸位于峭壁上，有空中花园，而庄重一如城堡——这种府邸是罕有的特例［1460年前有 Maso di Bartolomeo（马索）已设计部分建筑］。

1468年到西西里岛在埃利契（Érice）的一些石像和雕刻可能是他所作，还有在诺托（Not）十字架苦像教堂（Crocifisso）内的圣母雕刻。

其作风力求做到平衡与和谐，而其擅长的妇女胸像则显得安静肃穆。

88. Fiorovanti，Aristotle 费欧罗凡提（活动于15世纪下半叶）

莫斯科于1108年开始建城。

1156年尤里·多尔戈鲁基（Yuriy Dolgorukiy）公爵开始以木料建城墙。1238年蒙古人拔都汗（Batu Khan）陷莫斯科，后虽有自治权，但须向金帐汗国（The Golden Horde）纳贡。1325～1340年伊凡一世（Ivan Ⅰ）统治莫斯科，成为各城市之首，其间，1328年大主教亦由弗拉基米尔（Vladimir）迁往莫斯科。1367年迪米提·唐斯科伊（Dmitriy Donskoy）公爵以石料改建克里姆林宫，1458年伊凡三世（Ivan Ⅲ）延请意大利建筑师重建克里姆林宫围墙，现存不少城塔。

1475 年意大利人 Fiorovanti 被请到莫斯科，那时，在大围墙内已建有大克里姆林宫、特列姆宫、圣母领报大教堂、圣母解袍教堂、十二使徒教堂、大天使教堂等建筑，他在众多建筑物中设计了乌斯宾斯基大教堂（Патриарший Соσор Успнскйя Пресвятой Богородицы/Uspenskiy Sobor、亦称圣母升天主教堂 Cathedral of the Assumption）是沙皇加冕或总主教葬仪之圣堂，是俄罗斯东正教极为重要的大教堂。

在众多建筑围绕中，乌斯宾斯基大教堂孑然独立，以其巨大的半球形金顶给人以辉煌的印象。希腊十字形平面，拥有五个金色穹顶，周边相应的是半圆形的山花。内部装饰更为精彩，支撑穹顶的石柱和四壁墙面都绘满或用金银镶嵌的圣像画。据传这些画作都是由成千名僧侣所制作，工程于 1479 年完成。建筑采用了俄罗斯特有的风格。

89. Guas/Was, Juan 瓜斯（约 1433～1496 年）

生于里昂的法国人，学于布鲁塞尔，后定居于西班牙的托莱多（Toledo）。

初期（1459～1467 年）他协助埃加斯 Egas, Annaquin de 设计原建于 1226 年的托莱多主教堂，他设计了教堂南侧的狮子门（Puerta de los Leones/洛斯莱昂门）。教堂形式以哥特式为主，但已渗入不少文艺复兴的因素。1478 年他单独设计了托莱多的圣胡安德洛斯雷耶斯教堂（San Juan de los Reyes）。1494 年他开始被任为该教堂的公职建筑师（Official Architect）。

1480～1483 年设计瓜达拉哈拉（Guadalajara）的英凡塔图邸宅（Infantato Palace），又设计了巴利亚多利德（Valledalid）的圣乔治奥（San Georgio）礼拜堂。

他在设计中，将中世纪的结构同意大利文艺复兴的空间设计结合，再加上西班牙的穆斯林装饰，糅合在一起，创造出伊比利亚半岛独有的伊莎贝拉（Isabelline）风格，他是 15 世纪后半叶最优秀的建筑师之一，其设计的教堂和邸宅，成为了西班牙建筑的典范。

15 世纪后半叶，伊比利亚半岛基本上已由天主教徒收复失地，只剩下格拉纳达（Granada）王国一小隅是穆斯林的领土，在卡斯提尔（Castile）、阿拉贡（Aragon）和纳瓦尔（Navarre）这些王国，天主教堂或改建、或重建，纷纷兴工。在装饰上，它们有两个特点：①讲坛正对入口，多作为唱诗席；②祭坛的雕塑极为精细，祭坛后或为高架或为祭坛画。

90. Da Maiano/Da Majano Family 达·迈亚诺兄弟（1432～1497 年）

（1） Giuliano 朱利安诺（1432～1490 年）

原为木工。1460 年，他设计了佛罗伦萨最大府邸 Palazzo Strozzino（斯特罗齐大厦），其平面为回字形，但他只完成了两层。其后由他弟弟 Benedetto 和 Sangello, G. D. (1445～1516年)、Cronaca, R. I. (1457～1508年) 先后接手，至1536年才全部完成。

1461～1466年又设计另一府邸安提纳里（Palazzo Antineri）。

在佛罗伦萨的一个镇的圣吉米尼亚诺学院（Collegiate of San Gimignano）内的圣芬拿礼拜堂（Chapel of Santa Fina）。

1472年，他将原由 Brunelleschi（1377～1466年）在圣十字教堂（Santa Croce）旁建的帕齐小礼拜堂（Cappella dei Pazzi），继续完成。同年，他还设计了圣泰先纳亚—费奥里和卢西拉—阿雷佐教堂（San Tiesinea-Fiore e Lucilla-Aruzzo）。

在萨尔扎纳（Sarzana），他设计了卡皮坦努府邸（Palazzo del Copitano）。

1473年在锡耶纳（Siena）的斯班诺齐府邸（Palazzo Spannocchi 1473）和法恩扎教堂（Chiesa Faenza, 1473～1513年）。

最后，他到那坡里（Naples），在那里，设计的作品有：

圣母洛勒陶教堂（S. M. Lerato, 1481年）。

卡普亚那城门及卡普安诺城堡（Porta Capuana e Castle Capuano, 1485～1490年）。

其最后的作品为那不勒斯国王波焦奥雷尔建的别墅（Villa of Poggioreale, 1487～1492年）。平面为四边形庭院式，后由芬悉里（Fanceli, Luca）完成——曾作为王宫用，后改为法院。

（2）**Benedetto 贝内德滔**（1442～1497年）

建筑师兼雕塑家。

除了协助乃兄 Giuliano 的斯特罗齐府（Palazzo Strozzino）外，他独立创作了在阿列佐（Arezzo）的恩典圣母教堂（S. M. della Grazie）对面的凉廊（Loggia, 1482年）和圣吉米内诺教堂（San Gimignano）内的圣阿戈斯蒂诺（San Agostino）祭坛（1495年）。

91. Bon/Buon Family：Giovanni & Bartolomeo 彭恩/邦父子
（活动于15世纪上半～15世纪末）

沿大运河畔建豪宅，是15、16世纪威尼斯人最兴盛时的风尚，其中最盛世辉煌的要数位于卡纳勒究区（Cannaregio）的"金殿 Cá Dóro"（由于原来的正立面以金饰装潢而得名），它于1421～1437年（一说1422～1434年）由 Bon 氏父子（乔凡尼与巴塞洛缪）和拉维蒂（Raverti, Matteo de'）率领一班本地的和来自伦巴底（Lombards）的工艺匠完成，是威尼斯最精美的哥特式豪宅。活泼灵巧的立面，三层均为拱廊，交错的拱梁，独特的雉堞，在一定的程度上，它是模仿了圣马可广场（Piazza San Marco）上的总督府（Palazzo Ducale/Dogés Palace 9~16 世纪），只不过连第三层也做成拱廊。在另一侧，虽是相对封闭的墙也布置得当相衬。自 14 世纪起，威尼斯就流行这类随意采取各式的威尼斯奇异风格的建筑，这也符合威尼斯人航海贸易东西兼容的性格。但是，自 16 世纪之后，经过连续的改型，金殿已非原貌了。现在它是法兰切提画廊（Franchetti Gallery）。

Bartelomeo 和 Lombardo P（约 1435~1515 年）合作了光荣圣母教堂（S. M. Gloriosa dei Frari）的圣坛屏（1475 年）和圣参尼保罗教堂（San Zanipolo——威尼斯人对圣约翰和圣保罗 Santi Giovanni e San Paolo 合称的方言）的大门。

Bartolomeo 设计的有学院美术馆（Gallerie dell'Accademia）内的圣母爱心教堂（Santa Maria della Carità）和圣斯蒂芬教堂（Santo Stefano）的大门。

他和 Scapagnino（斯卡帕宁诺）合作了圣洛克大会堂（Scula Grande di San Rocco）。

耸立于圣马可广场的钟塔（Campanile），在中世纪时本是座木制的灯塔，在一段时间内还用以悬吊酷刑笼，976 年被大水摧毁，1042~1071 年改为砖砌。15 世纪地震后 Bartolomeo 于 1496 年修复（1902 年再坍塌，现楼为 1903~1912 年重建，高 98.5m）。

Bon 家族是建筑世家，前于 1338 年，Bon Scipione（14 世纪中叶）曾对弗拉里圣母光荣教堂进行扩建和改造。

有资料记载 Giovanni 和 Bartolomeo 的生卒年份各为约 1355~约 1443 年和约 1374~1464/1467 年，但与建筑年份不符，记此存疑。

92. Giocondo，Fre Giovanni 焦孔多/乔康多（1433~1515 年）

原名 Giocondo Da Verona 或 Giovanni Da Verona（达·维隆那）。

工程师兼建筑师而博学多才，对力学既所专长，对建筑亦具卓越知识。

1489 年到那不勒斯（Naples 那坡里）考古，同时担任防御工事和道路工程的顾问。

1495 年到法国，先为巴黎塞纳河上圣母院桥（Pont Notre Dame ove Seine）奠基和监工（1500~1504 年），又为布卢瓦（Blois）城堡筑渡槽以引水至城堡之花园，还设计了多座大别墅。他把意大利文艺复兴建筑形式引进法国。

在早期基督教时期，333 年，罗马（今属梵蒂冈）之旧圣彼得教堂（Basilican Church of St. Peter）已建。15 世纪拆掉打算重建，但因方案未能确定和种种原因而迟迟未能实施，至 1505 年终于通过了 Bramente, D.（1444~1514 年）的方案，遂于 1506 年动工。但是在施工过程中，出现了基础墩位移和发生裂缝等问题，基于 Giocondo 的技术专长，教廷邀请他到现场解决，遂得继续复工。

他还在威尼斯、维琴察（Vicenza）、帕多瓦（Padua）和特雷维佐（Treviso）等地负责防御工事和民用工程，设计了波焦皇家朱利诺宫殿（Palazzo Giuliano's Poggio Reale）。

应法王路易十二（Louis XII）之请，于 16 世纪初在法开办建筑学校。

他为 Vitruvius 的"De Architectura Libri Decen"（建筑十书）作注释（1511年）。

其设计风格体现文艺复兴建筑初期至盛期的过渡。

93. Lombardo, Pietro and Son 隆巴尔多/龙巴都父子（约 1435 ~ 1532 年）

出身于帕多瓦（Padua）的行会工匠家庭，早年主要向 Settignano, D. d.（塞蒂尼亚诺）和 Rosellino, B.（罗塞利诺）学雕塑术。

1463 年，他为帕多瓦圣乔凡尼和圣保罗（San Giovanni e San Paolo）教堂完成了马里皮埃罗（Malipiero）纪念碑。1464 ~ 1467 年又为圣安东尼奥教堂（San Antonio）完成安东尼奥 – 罗塞利纪念碑（Antonio-Roselli）。

接着，他于 1467 年移居威尼斯，展开新工作，也为威尼斯开展新的建筑历史。初到威尼斯，仍从事雕塑工作。1481 ~ 1484 年任米拉科里亚圣马利亚教堂（S. M. dei Miracoli、奇迹圣母院）首席雕刻师兼建筑师。

那时候，他的工作为：1470 年的圣约伯（San Giobbe）教堂的修饰工作，该教堂当时是哥特式同文艺复兴式的混合体。

1475 年他同 Bon, B. 为原建于 1210 ~ 1338 年的光荣圣母教堂（S. M. Gloriosa dei Frari）制作圣坛屏和莫塞尼戈总督（Doge Pietro Mocenigo）纪念碑（1476 ~ 1481 年），还有两人合作圣约翰和圣保罗教堂（Santi Giovenni e San Paolo——威尼斯人以方言简称为圣参尼保罗 San Zanipolo）的三座墓碑。

他同 Coducci, M.（1440 ~ 1504 年）合作的项目有：信徒圣约翰教堂（San Giovanni Evangelista）的主厅立面屏墙和正门（1480 年）。

他还接手了由 Spavento, Giorgio（斯帕温多）设计的圣沙华多教堂（San Salvatore），但未完。

1481 年所设计的文特拉米尼府邸（Palazzo Venderamin Calergi）是其代表作，也是 15 世纪下半叶威尼斯府邸的典范。在威尼斯，大运河就是水上的通衢大道，富豪们的府邸每沿河而建，尽管地段不大不整，房屋都有一个狭隘的内庭，一般都为三层，前面逐层分别布置办公或仓库，客厅及住宅，后面则为服务空间。濒河的正立面则成为显示豪华的重点。在文特拉米尼府邸，以壁柱和宽窗布满整个立面，再以长长的挑出阳台统一画面，比例和谐，开朗而明快。

作为工匠出身，他并不执著于纯正的古典形式，对中世纪的风格亦不排斥，所以挥洒自如。后来由 Coducci 于 1500 年接手，1509 年完成。

1485 年他接受了两项任务：一是圣马可大会堂（Scuola di San Marco），后来由 Coducci 于 1495 年完成上部建筑；另一是特雷维索主教堂（Treviso）内的扎内蒂墓（Zenetti），最后由他的儿子们 Tullio（图利奥，1455～1532 年）和 Antonio（安东尼奥，1458～1516 年）为之完成。位于堡垒区（Castello）的圣马可大会堂，原是慈善协会即商会所在，1485 年被焚毁后，由他和 Coducci 及 Buore，G 波拉和他的儿子重建，由 Coducci 负责上部柱式。

1496～1517 年设计市政大厦（Procuratic Vecchie）。最后作品是卡洛奇宫（Calergi）。他的作品好些都是由其家族及门人完成，他的儿子们更为热爱古典艺术。1498～1515 年他成为总督府的石雕工艺师。

在外地的设计有拉文纳（Ravenna）的但丁（Dante）墓（1482 年完成）和贝卢诺（Belluna）大教堂。

再重提一下位于堡垒区的奇迹圣母院，当时（1481～1484 年）他任该院的雕塑师兼建筑师，他的儿子们也参加了这项工程，工程规模很小，长方形的平面，但里外都用大理石贴面，富丽得有点过分。但在结构上，于底层都以金属钩固定大理石板，以防潮和防盐碱侵蚀；二层做 Ionic 柱式的假凉廊，上面浓厚的拜占庭风格的半圆山花，蔷薇窗伴以五个小圆窗，混合着哥特式的文艺复兴式。建筑被誉为"珠宝盒"。工程完成于 1489 年，是文艺复兴早期的杰作。

他在威尼斯的作品，早期带着佛罗伦萨的影响，后期则带北方风格的倾向。他对威尼斯市作出了重要贡献，并带动集中式在伦巴底地区发展，使他成为了 15 世纪重要建筑师之一。

94. Francesco di Giorgio 弗朗切斯科（1439～1502/1503 年）

全名为 Francesco Maurigio di Giorgio Martini/Martino。

出生于锡耶纳（Siena），是个人文主义者，具大胆探索精神，且身怀百艺。除了雕刻、绘画、建筑之外，还会机械、水利、军工、作战机械和武器、防御工事等。

他在建筑上的作品有：

古比奥（Gubbio）的总督府（Palazzo Ducale，1470 年）。

锡耶纳的圣贝纳迪诺-奥索凡扎教堂（San Bernardino all'Osservanza，1474～1484 年）。

乌尔宾诺（Urbino）的总督府（1476～1482 年）和主教堂（1476～1494 年），圣贝纳迪诺·迪格里·佐柯兰蒂教堂（1476～1482 年），圣基亚拉女修道院（Saint Chiara，1482~1489 年）。在其间，从 1477 年起被乌尔宾诺的蒙特菲尔特洛（Montefeltro）公爵聘为建筑师。

至 1499 年，他共经手了百多座堡垒，如：圣利奥（San Leo）、蒙多维奥（Mondavio）、萨索科瓦罗（Cassocorvaro）、塞利（Caeli）、努奥罗（Nuovo）和卡尔西纳奥（Calcinaio）等。

在其他地方，还有一些邸宅和教堂：安科纳（Ancona）的安齐安尼府邸（Anziani，1484~1493）、耶西（Iesi）的孔蒙（Comune）府邸（1484~1503）、科托纳（Cortona）的圣马利亚·格拉治·亚尔·卡尔西纳奥圣母院（S. M. della Grazie al Calcinaio，1484 完成），这座拉丁十字形平面加上穹顶的建筑是他的杰作。

晚年，回到锡耶纳，他又设计了两座教堂：1493 年在维尔迪亚塔（Valle Diata）的圣塞瓦斯蒂安（San Sebastiano）教堂和 1498 年的圣灵教堂（Santo Spirito），两者都在他逝世后才完成。

他还曾被聘到那不勒斯服务，并记录下了当地乡间别墅和坟墓的资料。

尽管硕果累累，工作繁忙，他除了翻译 Vitruvius 的《建筑十书》外，还写下了下列著作：

"*Trattato di Architectura Civile e Militare*"（民用和军事建筑）（1484 年出版）。

"*Book of Machines & Castles*"（机械和城堡之书）（1474~1475 年出版）。

95. Coducci，Mauro/Maoro 柯杜齐/贡都奇（1440~1504 年）

随着 Lombardo 在威尼斯崛起的另一个文艺复兴初期的建筑师是 Coducci，他的活动全在威尼斯。

约 1479 年，他的首作是在圣米歇尔（San Michele）岛上的圣米歇尔教堂，一座全用白色伊斯的利亚（Pietra d'Istria——在今克罗地亚）出产的大理石为表面的教堂。

1479~1504 年再设计金口圣约翰教堂（San Giovanni Crisostomo），这是一座优美的文艺复兴式创作，工程进行了 25 年，也就成为他的遗作了。

原建于 9 世纪的圣撒加利亚教堂（San Zaccaria），1444 年由 Gambello（？~1481 年）改建为哥特式，但他只完成了门面，1481 年 Coducci 接手上部工程，又加上文艺复兴式细部，于 1515 年完成，那时他也逝世了。

1482 年在圣彼得岛的圣彼得教堂（L'isole San Pietro di Castello）加建钟楼（Torre dell'Orologio）。六年后完成。但是后来楼身稍有偏斜。

临大运河建豪宅是威尼斯的特色。1490 年他接到建造柯尔内-斯比奈利府邸（Palazzo Corner-Spinelle）的委托，他采用了文艺复兴的形式，于 1510 年完成，成为他的杰作。

在至美圣母教堂北面的至美圣母广场（Compo S. M. Formosa），是他于1492年所作，广场显著凸出教堂的环形后殿，但工程却拖延了一个世纪之久。

1485年他参加了由Lombado负责的圣马可大会堂（即商会办公楼），同时参加的还有Lombado的儿子们和Buora, G.（波拉）。大会堂上部的柱式由他设计，1595年完成。他和Lombado合作的项目还有信徒圣约翰教堂（San Giovanni Evangelista, 1480年），他们加建了主厅、屏墙和正门。

15世纪末，他为圣马可广场东北角的钟楼（Torre dell'Orologio）中间部分加添装饰。

他的最后的作品是接替Lombardo于1481年设计的文特拉米尼府邸（Palazzo Venderamin），1509年完成，连同以前的Palazzo Corner-Spinelle，都是早期文艺复兴形式的威尼斯豪宅，可惜他都未能看到最后完成。

由于处于风格转变的时代，他的作品糅合了哥特式和文艺复兴形式。他是过渡时期威尼斯重要的建筑师。

96. Bramente, Donato 伯拉孟特/布拉曼特（1444~1514年）

年轻时跟随Filereta（菲拉雷特，约1400~1469年）学画，1477年由乌尔宾诺（Urbino，拉丁文为Urbinum Hortense，15世纪中为艺术文学活动中心、Raphael拉斐尔的诞生地）到米兰，成为了伦巴底（Lombardy）的平民画家。

他在米兰以画师和制图员的身份随Filereta参加了斯福尔扎堡（Castello Sforzesco）的拱廊广场工程，使他对建筑开始产生兴趣，从此走上建筑设计的生涯。Castello Sforzesco现为斯福尔扎城堡收藏馆。

接着，他开始自己的处女作，接受圣莎提罗教堂（San Satiro）的设计任务，原址是9世纪时的教堂。他在内堂祭坛中，配置装饰性壁龛以产生空间深度错觉，使丁字形平面产生希腊十字形的视感，显示出他勇于创新的魄力和才能；而在圣器室，采用八边形的平面，已呈现集中式的形态，同时沿用地方色彩结合（1486年）。该教堂在圣母教堂（S. M. Presso）旁。

在帕维亚（Pavia），1488年他设计了当地的主教座堂，这座教堂先后有Amadeo, G. A.（1447~1522年）和da Vanci（1452~1519年）参加设计。

米兰的圣安布罗焦教堂（Sant'Ambrogio）是原建于379~386年的巴西利卡，是伦巴底罗马风建筑的杰出实例，当时存在的最古部分已是9~10世纪间所建，1492~1497年间他加建教堂的和附属礼拜堂的部分工程，但是直至1955年才全部建成。

1492年（1495?）年他又开始感恩圣母院（S. M. della Grazia, 圣马利亚格拉齐教堂）的改建，他延长了东部后殿，又突出南北两面的半圆形壁龛，优美的环形殿和寂静的小回廊，加上多边形的穹顶，实现了他一生所追求集中式形态的理想。圣母院因 da Vanci 的代表作《最后的晚餐》而闻名，这 $42m^2$ 的壁画，就画在食堂的墙壁上。

他受 Bruneleschi（1377～1466 年）、Alberti（1404～1472 年）、Mantegna 曼特尼亚（1431～1506 年）、Roberti（1450～1496 年）和乌尔宾诺画派的影响，例如利用透视法造成空间感觉等。他尝试将伦巴底建筑传统同当时意大利建筑的先进意图进行巧妙的结合，而且出色地实现，使日后他在罗马的发展有更大裨益。与他同时，Da Vanci 亦活跃于米兰，两人对伦巴底的艺术发展发挥巨大的作用。

1499 年法国入侵，他离开工作了 22 年的伦巴底地区，移居罗马，谋求更大的发展。初到罗马，他对伟大的圣马利亚教堂（S. M. Maggiore，圣马利亚马焦雷）作了改建，教堂位于罗马最高大的埃斯奎利诺山丘（Esquiline）上，教堂最早建于古罗马 356 年，432 年改建为早期基督教式的巴西利卡，1377 年又加了罗马最高的钟楼（75m）。他在教堂内加建了两层开敞式拱廊，成为了文艺复兴时期隐修回廊最杰出的实例。

在罗马，他有机会就地向古迹刻苦学习，风格随之转向庄严宏伟。

罗马蒙特里奥（Montorio）的圣伯多禄教堂（San Pietro）的坦比哀多（Tempietto）是一座超小型的礼拜堂，位于加里奥（Calio）山丘上，我们可以从字面上看到"Tempietto"就是"小庙"之意。1502 年他仿照古罗马神庙的外形建造，虽然体形不大，平面圆形，外径仅 6.1m，外观两层，连穹顶上的十字架也只 14.7m 高。下层外围 16 根 Doric 柱环绕，檐部三陇板（三槽板 triglyph）问题，因为是圆形平面，也就不成问题了，再以栏杆结束。上层成为鼓座，托着饱满雄浑的穹顶，非常自然而完整。这是一座完美的集中式建筑，而且它以旧形制配新手法演绎，具创造精神的典范，予后世以启迪。工程于 1510 年完成，成为了他的传世杰作。后来，伦敦的圣保罗教堂和美国的华盛顿国会大厦都仿效它而建。据说 Tempietto 是西班牙卡斯提尔女王依莎贝拉（Isabella，1451～1504 年）委托而建。

1503 年梵蒂冈教廷任命他为总建筑师，1505 年接受梵蒂冈宫的改建任务。教皇宫有新旧两宫，南北间共跨地达 300m。他的宏大的计划是把中间是个大院子的两宫连接在一起，工程浩繁，历经更改，最后也迄未按原计划完成。后来的梵蒂冈宫有三个院子，北边是松果院（Giardino della Pinga），南边是观景院（Cortile di Belvedere），中间图书馆处还有个小院子。他还提出改建圣伯多禄巴西利卡为希腊十字式平面，四臂较长，这方案同 Da Vanci 所拟方案不谋而合。同时他还想将 Tempietto 围以高鼓座穹顶的办法再用于圣伯多禄教堂上。尽管得到当时教皇尤利叶斯二世（Julius Ⅱ，1443~1513年）的首肯，并开始动工。但是世事往往如此，Julius Ⅱ一卸任，他于1514年一去世，便被否定了。当时，曾得到 Peruzzi，B. T.（1481~1536年）和 Sangallo，A. d.（1455~1535年）的协助。

在任内，他同 Julius Ⅱ都决心为意大利的统一作出努力和成绩。他重新规划罗马市，设计了许多街道，企图重现凯撒大帝的理想，但这些计划都未能实现。

在罗马，他设计的项目还有：特利布那利（Tribunli）宅（1508年），圣俾阿佐（S. Biagio）教堂（1509年），拉斐尔宫（1512年，墩座式），和平圣母教堂（S. M. della Pace）的回廊和中门，人民圣母教堂（S. M. della Popolo）的新环形殿，马丹别墅（Villa Madam、"夫人别墅"），但只完成部分。Vassari G.（1571~1574年）认为，康索拉利奥教堂（Consolazione，1486年）也是他所设计。

罗马附近的罗瑞托（Loreto）圣母之屋（Santa Casa，1468年），后来 Sangello G. d.（1443/1445~1516年）和 Sansovino A.（1467~1529年）加入。

托迪（Todi）的慰藉圣母教堂（S. M. della Consolazione，1508年），希腊十字形平面，1607年才完成。

在佛罗伦萨，Brunelleschi 于1421年设计的育婴院（Foundling Hospital），由他和佛兰契斯科、鲁纳完成。他又设计了圆顶大教堂（Cupola），后来由 Baccio，d. A.（1462~1543年）接手完成。

凡和别人合作的建筑，大多依据他的构思进行。他学识广博，勇于创新，风格平和秀丽，不喜太多装饰。

综合文艺复兴初期建筑思潮，总结自己在罗马创作的成果，开拓文艺复兴建筑盛期的风格，他成为一代宗师和奠基人。

Palladio，A.（1508~1580年）评价他为"将精美的建筑引向光明的第一人"。他和 Sangello，A. d.（Junior）（1483/1484~1546年），Michelangelo（1475~1564年）一起将罗马的文艺复兴建筑推向顶峰，影响直至18世纪末。

97. Botticelli，Sandro 波提切利（1445~1510年）

在西方国家，古代或中世纪，而至近代，艺术家大多由手工艺人出身。同样，他幼年是金银匠的学徒，直到20岁才接触到绘画，开始跟随 Lippi，F. F 利比（1406~1469年）学画，成为其入室弟子。

Lippi 追随 Masaccio（1401~1428年），擅长塑造女性美，尤以画圣母子出名。一脉相承，他也以绘女性为主。1470年他开设作坊，《春》和《维纳斯的诞生》是16世纪佛罗伦萨的艺术精华，更是久被传颂的名作，而《维纳斯的诞生》是专为 Medici 的别墅而作（现存于佛罗伦萨公务大厦画廊 Galleria degli Uffzi 内），这是首幅真正的女裸体画。他又为但丁的《神曲》作插画，但由于背弃传统，死后数百年都不受重视，直到"拉斐尔前派"的发掘，才被重新发现。

在建筑方面，1481~1483 年曾为梵蒂冈西斯汀礼拜堂 Cappella Sistina 绘画，堂内左、右两壁共有 12 幅壁画，Botticelli 占左右各一幅，（天顶为 Michelangelo 的《创世纪》，尽端墙上为 Michelangelo 的《末世审判》）。他又为乌尔宾诺（Urbino）总督府设计书房。

画家生前贫困是常事，Botticelli 亦不例外，晚年他要靠津贴度日，那时他的画风也趋抽象，规模也缩小，风格也脱离华美而深沉了。

98. Sangallo Family 桑迦洛家族

（1） Gioliano da 朱利亚诺·达（1443/1445~1516 年）

雕刻家，建筑师，军事工程家，师承 Alberti. L. B.（1404~1472 年）的理论而创作。

继续 Bramente（1444~1514 年）开始的罗瑞托（Loreto）的圣母之屋（Santa Casa，1468 年），是他投身建筑事业的开端工程，后来加入 Sansovius, A. 老珊索维诺（1467~1529 年）。

1478 年他为佛罗伦萨筑防御工事，以对抗那不勒斯的入侵。其后，他在佛罗伦萨连续创作了不少工程：①1480 年卡亚诺（Caiano）小丘上的朴焦别墅（Villa Poggio），方形庭院，有四个角楼，这是意大利首座文艺复兴式的别墅；②（佛罗伦萨西北）普腊托（Prato）监狱广场的圣马利亚教堂（Sta Maria della Carceri/卡塞利圣母院，1485~1495 年），其希腊十字平面成为典范；③1489 年佛罗伦萨圣灵教堂（Santo Spirito，1444 年 Brunelleschi 始建）的圣器室，其八边形平面成为佳例。1491 年由 Cronaca I（1457~1508 年）继续完成；④佛罗伦萨最大府邸—斯特罗齐府邸（Palazzo Strozzino），原由 Maiano, C. d.（1432~1490 年）于 1460 年设计，至 1490 年逝世由 Gioliano da 和 Cronaca 接手，但两人都未能等到 1536 年的完成；⑤在波齐（Pozzi）的圣抹大拉马利亚（S. M. Maddalene da' Pozzi）修道院加建门廊（1492 年）；⑥佛罗伦萨东南科托纳（Cortona）主教堂；⑦为文沙谷山丘上大型文艺复兴式要塞加建新大门；⑧1515~1516 年为圣罗伦佐教堂设计正立面——遗作。

在之前，1495 年，他为了研究古代建筑，曾到法国去作实地考察，回意后，如同 Bramente 一样到罗马，也是首先为伟大圣马利亚教堂（S. M. Mazzione 圣母大殿）作增建；1499 年为教堂作方格平顶。接着，就为正进行彻底改建的圣伯多禄大教堂、协助 Bramente 实行希腊十字平面方案。

他在设计之同时，往往先做模型，以便作进一步的思考分析。

据说他也有著作，但未见流传。

（2）Antonio da（Senior）（老）安东尼奥（1455～1535 年）

Gioliano 的弟弟，同他哥哥一样，早年也投身于军事工程，同时也从事建筑工程。

佛罗伦萨的圣灵教堂（Santo Spirito）是 Brunelleschi 所创建，历经 Menetti、D'agnolo，B（1462～1543 年）、Lippi F（约 1457～1504 年）、Sansovino（1467～1529 年）和 Rossellino（1409～1464 年）等人加建和内部装饰。1489 年 Antonio da（s）加上 12 根巨柱。他在佛罗伦萨的作品还有市政大厦（Palazzo Comunale）和圣沙维诺山（Monte San Savino）的蒙地府邸（Palazzo Monde）。

托斯卡纳（Tuscana）地区蒙特普尔恰诺（Montpulciano）的圣比亚戈圣母朝圣教堂（Pilgrimage Church of the Madomma di San Biago）是一座希腊十字平面的教堂，建于 1518～1534 年，其穹顶有鼓座，后殿呈半圆形和双钟楼，是文艺复兴盛期教堂的典范，老安东尼奥为之加建了围墙。

（3）Antonio da（Junior）（小）安东尼奥（1483/1484～1546 年）

受教于伯父 Gioliano，也跟随其伯父成为 Bramente 的助手。

他独立的最早作品是罗马圣马利亚会堂工程（1507 年）。

1517 年他为法尔尼斯主教（Farnese，后来的保罗三世教皇 Pope Paul III）兴建住宅（后扩为有名的府邸 Palazzo Farnese），平面为矩形，纵深较大，内为封闭的庭院，纵轴线和横轴线都很明显。门厅内两排共 12 根 Doric 柱子，加上华丽的拱顶，一股庄严气派。内庭 24.5m 见方，下层券柱廊，上两层为壁柱，再配以窗楣山花和窗裙，而外立面则采用佛罗伦萨风格，大檐口，而用灰泥粉墙。其中内院的第三层是他逝世后由 Michelangelo 修改的。这样的内立面在当时是较为夸张的手法，成为文艺复兴盛期的重要实例——后来它成为法国驻意大利的大使馆。

1526 年的蒙地菲亚斯通（Montefiastone）的蒙地莫劳教堂（S. M. di Monte Moro）据知是最早采用双穹顶的教堂。

他在阿雷佐（Arezzo）的梅迪奇亚要塞（Fostezza Medicea）于 18 世纪时遭受破坏，只剩下围墙。

小安东尼奥后半生致力于梵蒂冈圣伯多禄大教堂的重建。1536 年成为教廷总建筑师，主持大教堂的设计和施工，1539～1546 年他制作了许多模型（现存）。他欲恢复希腊十字平面的想法，遭到教廷的反对，只以较小的希腊十字代替巴西利卡。又在鼓座上设券廊和前两侧加一对钟楼。1517 年德国发生宗教改革运动，1527 年又因西班牙入侵罗马，工程被迫停顿了将近 20 年。梵蒂冈的累亚基阶梯（Sala Regia）和波林礼拜堂（Pauline）也是出于他的手笔。他还设计了 12 种施工起重机械。

（4）Francesco da 弗朗西斯科（1494~1576 年）

Gioliano 之子，他以雕塑家的身份出现于佛罗伦萨：

菜园教堂（Or San Michele）于 1290 年由 Arnolfo 设计，但 San Michele 的塑像迄未树立，1522 年由 Francesco 完成。

1546~1550 年间又为几个主教塑墓：瓦勒多埃马（Cortosa di Vald'Ema）、马尔奇（Marzi-Medici）和波诺斐特（Bonofeda）。

他和 Baccio d'Agnolo（1462~1543 年）为主教堂（Duomo）的中殿设计大理石拼花地面，在穹顶下的图案酷似我国的八卦形象。

99. Amadeo，Giovanni Antonio 阿马迪奥/阿马底欧（1447~1522 年）

出身工匠，后来成为伦巴底地区优秀的雕刻师。一次机会，负责建造贝加摩（Bergamo）科略尼礼拜堂（Cappela Colleoni）——为雇佣兵队长科略尼而建的家祠。他采用了集中式形制和八边形穹顶，但仍在正面上安上大大的玫瑰窗。由于雕刻家的本能，立面上布满雕刻和镶嵌细工。经这次任务，从此转为建筑师。

Pavia（帕维亚）的主教堂是由 Bramente（1444~1514 年）、da Vanci（1452~1519 年）和他先后建造的。

在帕多瓦（Padua），他为遁世的奥古斯丁修道会（Augustinian）建隐修士教堂和博物馆（Chiesa degli Erenitani e Museo Civico Erenitani），至 1492 年他只完成下部，上部分由他人完成。在帕多瓦的另一项工程是加尔都西会的塞尔图萨（Certosa）修道院，这是由米兰公爵兼帕维亚公爵维斯孔蒂（Gian Galeazgo Visconti，1351~1402 年）于 14 世纪末所构思的。该修道院按一般修道院封闭的内院式设计。他设计的正面虽为文艺复兴式，但内部大多仍为哥特式。交汇处为多层的八边形，在南边通过小回廊再到大回廊。三面为两层的修士室，每室门边开小窗送食物给修士们，以保持其静修的生活。

100. Simón，de Colona 西蒙（约 1450~1511 年）

继承父亲 Juan（胡安，约 1410~约 1481 年）石匠技艺，成为卡斯提尔（Castile）王国当时首都布尔戈斯（Burgos）石匠的第二把手。后来，更成为主教座堂的大师（Master）。作为石匠及建筑师，他主持的工程有：

米拉弗洛雷斯（Miraffores）修院原建于 1442 年的加尔都西会（Carthursian、或译卡尔特教团）的扩建（1481～1488 年）。

贝拉斯科（Velasco）为唐·佩德罗·费尔南德斯（Don Pedro Fernandez）而建的丧葬礼拜堂（Funerary Chapel, 1481～1511 年），他逝后于 1532 年完成。

巴利阿多里德（Valladolid）的圣巴勃罗（San Pablo）主教堂（1486～1502 年）。

塞维利亚（Seville）主教座堂（1496～1502 年）。

帕伦西亚（Palencia）主教座堂（1499～1511 年）。

都流斯河（Durius，现杜罗河/Duero）的阿兰达（Aranda）圣母主教堂（Cathedral of Santa Maria，1506 年）。

在各地他都专建主教堂。他和 Guas（或 Was），J.（约 1433～1496 年）一起，同是西班牙伊莎贝拉 Isabelline 风格（流行于 15、16 世纪间）出色的建筑师。

自 8 世纪初起西班牙被伊斯兰哈里发统治，阿拉伯建筑装饰手法长期存在，加上哥特式在伊比利亚半岛仍独存和新兴的文艺复兴形式已经兴起，所以它们的风格是多种风格的结合，直至巴斯盖兹（Vàzques，1452～1516 年），才真正把意大利文艺复兴引入而转变。

101. Isabella/Isabel（the Catholic）Ⅰ（天主教徒）伊莎贝拉一世（1451～1504 年）

卡斯提尔（Castile）女王（1474～1504 年在位）。

1479 年同阿拉贡（Aragon）国王费迪南德二世（FerdinandⅡ）联婚，两人共同联合统治两国，于是她又成为阿拉贡女王（1479～1504 年在位），而费迪南德二世也就成为卡斯提尔国王——费迪南德五世。他们于 1492 年收复哈里发领地之首都格拉纳达（Grannada），西班牙重新统一。

经历将近 600 年穆斯林的入侵和统治，现在他们打退异族，使伊利比亚半岛回归。为医治创伤，恢复繁荣，而励精图治，矢志建设；又资助哥伦布远航。在建筑方面，认为宫殿和教堂需要适应新风格，于是在他们当政时期，创立了一种刚健而崭新的风格——伊莎贝拉风格。

几百年来，摩尔式（Morish Style）、穆萨拉比式（Mozarabic Style）、穆迪扎尔式（Muodejar）影响深远，一时难以摆脱，而哥特式风格在欧洲各国虽已式微，但在伊比利亚半岛仍相当流行，新兴的文艺复兴形式亦不无影响。所以，伊莎贝拉风格是一种糅合了各种主题和建筑语言的过渡风格，而为银匠式（Platerque Style）的先声，并影响到本土及拉丁美洲地区。

从 1480～1510 年的 30 年间，真正反映出这种风格的建筑物不多，在人物上有 Guas（或 Was），J.（约 1433～约 1496 年）和 Simon, d. C.（约 1450～1511 年）。

102. Fryazin, Bon 佛里亚辛（15~16世纪间）

莫斯科克里姆林（Kremlin, Кремль）宫沿围墙竖立许多塔楼，像将士捍卫着宫廷，而独立于宫内的伊凡钟楼，鸡群鹤立，高达81m，当时沙皇下令莫斯科所有的建筑都不可超越此高度。

说是钟楼，却不是一般的独自竖立，它由两幢建筑相辅而成。其中一幢于1505~1508年、由 Fryazin 设计建造，而钟楼则于1532~1543年由另一位建筑师马里卡·佩多罗夫加建完成。

钟楼下部为八边形，至顶部转为圆形，再上竖立金色洋葱式塔顶，旁边还有大小金银色的塔顶和刻贝壳饰的三角山花。其结构坚固，当年拿破仑入侵时，试图炮轰毁灭，未能成功。

103. Vàzquez, Lorenzo 巴斯盖兹（1452~1516年）

立足于个人风格的 Vàzquez，他主持的工程遍及西班牙各地：

1488~1492年在科戈卢达（Cogoluda）的塞尔达-门多萨的路易宫（Palace of Luis de la Cerda y Mendoza）。

1489~1491年在巴利阿多里德（Valladolid）的 Colegio de Santa Cruz（圣克鲁斯学校）。

1489年在蒙迪扎尔（Mondejar）的方济各会圣安东尼奥隐修院（Franciscan Monastery of San Antonio）。

1507年以前在瓜达拉哈拉的安东尼奥门多萨宫（Palace of Antonio de Mendoza）。

1509~1512年在格林纳达 Granada 的卡拉奥拉城堡（Castle of Calahorra）。

他是真正把意大利文艺复兴风格引进西班牙建筑的第一人。

104. Leonardo da Vanci 列奥纳多·达·芬奇（达·文西）（1452~1519年）

一个私生子，不知其姓氏，据知生父是个公证人。他出生在佛罗伦萨和比萨之间、阿尔诺河畔的一个叫 Vanci 的村落，人们只知他名叫 Leonardo，因此人们直呼其名，或以出生地为姓，习惯地称为达·文西或达·芬奇。在我国也有以地代名的习惯（如韩昌黎、康南海等），因此，两种称谓都常见、常用。

（1）14岁被送到 Verrocchio, A. d.（维罗基奥，1435~1488年）的画坊习画和机械制作。第一件工作是为佛罗伦萨的圣伯纳礼拜堂（St. Bernard）绘画。1477年他已经独立创作了。他好学而聪慧，在学画的同时，还钻研数学、光学、解剖、机械、植物学等多方面的学科。他曾经对自行车、坦克、汽车、机关枪都做过原始构想。他对伦巴底地区教堂建筑盛行的集中式形制发生了趣味。

他不但具"科学精神",更是个"人文主义者"。由于对佛罗伦萨当权者 Lorenzo de'Medici(美第奇·罗伦佐,1449~1492年)同封建贵族相妥协之行为不满,因而遭受权贵们的冷落和仇视。贫困之下,甚至当过油漆工,在走投无路的窘境下,毅然北上,到米兰去谋发展。

(2) 由 1482~1499 年这 17 年间,正值他中壮年时期,在米兰,他获得巨大的成就。先绘出《岩间圣母》(1483~1490年),又在感恩圣母院(S. M. della Grazia、Bramente 于 1492 年设计)的食堂墙上创作出旷世名画《最后的晚餐 Last Supper》(1495~1497 年)。同时,他继续进一步钻研哲学、地质学、地球物理学、海洋测量学、宇宙学、天文学、物理学、气象学等,写出了许多科学和技术的论文。其中值得一提的有:①通过对数百人的人体调查分析,作出人体最完美的比例,以论证建筑美;②对潜水装置的探索;③设计出(将尖端置于上游的)人字形水闸,这个设计于 1497 年建于米兰的内陆运河上得到实现;④设计出剪刀梯(Scala della Forbici)。

在建筑方面,1488 年他同 Brament、Amadeo, G. A. (1447~1522 年)先后设计了帕维亚(Pavia)的主教堂。同期,在他的手稿中,他为教堂的希腊十字形制作出了种种构想,绘出多样的方案,其中包括罗马圣伯多禄大教堂穹顶方案,同 Bramente 后来所拟的方案很相像。

当时,他同 Bramente 和 Amadeo 三人都在米兰,他们对米兰的艺术发展,对文艺复兴运动的发展起着巨大的重要作用。

(3) 1499 年,他又同到佛罗伦萨(那时 Medici, Lorenzo 已逝七年)。为教皇军司令博尔吉亚(Cesare Borgia)做军事工程、水利、测量和城市规划等工作。又继续研究解剖,对鸟类的构造作重点专注,企图实行人类的飞翔。

创作著名画作《蒙娜丽莎》[Mona Lisa, 正式名为 La Giownda(拉·乔康达)]和一些战争画作。尚未完工的斯福尔扎(Sforza)像,后来被入侵的法军当做靶子而毁掉。

1505 年 Bramente 的重建罗马圣伯多禄大教堂的希腊十字形制方案已获通过,构思同他的不谋而合。

1502 年夏,以高级军事工程建筑师和总工程师(General Engineer)身份勘测土地,绘出城市规划的速写图和地形图,为近代制图学的创立打下了基础。在阿尔诺(Arno)河中游河谷地带作防洪工程。

(4) 1506~1513 年重回米兰。

主要创作了《岩下圣母》的雕塑。

(5) 15~16 世纪之际,伦巴底地区和佛罗伦萨的学者、艺术家纷纷涌往罗马。1513 年他南下罗马谋求发展，但是 Michelangelo 和 Raphaël 已捷足先登，早已在罗马取得成就，如日中天，对他的到来未及垂意。更重要的是他对自然科学的钻研和成果被教皇视为反宗教的异端，逗留了三年，怀才不遇，郁郁不得志。滞留时期，其所设计圣伯多禄大教堂十字平面方案遭到教皇的篡改为拉丁十字平面，使他大失所望，加上对为建造圣伯多禄大教堂而滥发"赎罪券"受到教众的反对而深表同情。重重困扰，遂萌生去意。

（6）1516 年他受到法国国王 Francis I（弗朗西斯一世，1494～1547 年）之请，到法客居于勒克鲁吕塞（Le Clos-Lucé）。国王聘请他为宫廷首席画师、建筑师并工程师，楚材晋用。安定的工作和环境，结束了多年漂泊无定的境况，得到整理笔记和手稿并探索新的课题的机会，孜孜不倦。当年罗亚尔河（La Loire）一带是王室所在，直到 1598 年迁巴黎之前，王室流连于濒河的古堡内。他曾为布罗瓦堡（Blois）和尚博尔堡（Chambord）出谋献策，作出贡献，又为国王在米兰的摄政官昂布瓦斯（Amboise，C.）设计了克劳克斯堡（Cioux 庄园）。

1519 年 5 月 2 日在铺满手稿的书案旁，他的心脏停止了跳动。活了 68 年，一生为科学和艺术拼搏的巨人长辞了。临终前他写道："劳动一日，可得一夜的安眠；勤劳一生，可得幸福的长眠。"

他发明了许多机械，包括金工的、木工的、纺织的、水利的、军工的等。

花了多个世纪才探索到的观念和知识，他早已预见到了。他永远走在时代的前面。

他深邃的哲理和逻辑思想，使他研究自然。他说："视觉是人类最高的感觉，观察到的自然现象是知识的来源。"他又说："不寻常地观察自然；用哲理和逻辑去研究自然。"他矢志要成为"认识自然、模仿自然和改造自然"的巨匠。

富于科学知识的艺术家、具艺术气质的科学家，更重要的是他是个彻底的人文主义者。

这位旷古奇才生前未能充分发挥所长，除了时间、地点的客观因素外，在观点上，其超前几个世纪的思想，一时难为时代所体会和接受，看来他并无兴趣将其成就公之于世，也由于他料想到不为教廷所容，他的许多记录往往以反写字体记录（当然，他本是个左撇子）以免被人看懂而遭受风险，后人不禁为之可惜和遗憾！

105. Pollaiuolo，Simone del 波拉约洛/波拉尤多（1457～1508 年）

绰号（nickname）Cronaca，Il 克罗纳卡，伊尔。

早年在罗马学习建筑技术，对古代建筑作出准确而详尽的记录。1480 年返回佛罗伦萨，为人制作木质建筑模型，后来才正式从事建筑设计。

继续完成 1489 年由 Sangello，G. d.（1443/1445～1516 年）设计的圣灵教堂（Santo Sprito）的八边形圣器室和门，至 1491 年完成。又同 Sangello，G. d. 合作，一起完成由 Da Maiano，G.（1432～1490 年）于 1460 年开始的斯特劳齐府邸（Palazzo Strozzino），他们的主要工作是庭院和庄严的檐口，工程于 1536 年才完成。

古宫（Palazzo Vecchio 维契奥宫）早于 1299 年由 Arnolfo di Canbio（约 1245～1301 年）兴建，设计是托斯卡哥特式的。1495 年他设计宫内的五百人大厅（Salone dei Cinquecento）则采用了简朴的文艺复兴形式。

瓜达尼大厦（Palazzo Guadagni，1505 年）可能也是他的作品，该大厦四层，下三层为一般文艺复兴的立面，顶层则为开放式凉廊。

此外，山上圣救世主教堂（San Salvatoral Monte）曾受到 Michelangelo（1475～1564 年）的赞许。

其作风平实朴素。

106. Falconetto，Giovanni/Gian Maria 法尔科内托（约 1458～约 1534 年）

出于绘画世家，伯父、父亲及兄弟均是知名画家，但其生平不详，只知最初也以绘画为业，尤以精通透视而闻名，后来因为协助 Cornaro，Alvise（科尔纳罗）工作，受其影响，改业建筑。

在帕多瓦（Padua），1524 年他帮助 Cornaro❶建造了金士丁尼宫（Palazzo Ginstiniani）的音乐厅（Odeon）和凉廊（Loggio）；又在帕多瓦城建造了两座城门：1528 年的圣乔凡尼门（San Giovanni）和 1530 年的萨沃纳罗拉门（Savonarola）。

在卢维里亚诺，1524 年为帕多瓦主教建造的别墅是将威尼斯府邸对外敞开的传统风格和古代风格结合在一起。

其风格对帕多瓦地区的建筑有重大影响。

107. Rizzo，Antonio 里佐/利索（活动于 15 世纪下半叶）

位于威尼斯圣马可广场东南侧是威尼斯贵族共和国督纪府（Palazzo Ducele），自 9 世纪开始直到 16 世纪，才呈现今日的规模，其间经历代多位名师的增改，逐步完善。

---

❶ Cornaro 是定居于帕多瓦的威尼斯贵族，本人也从事建筑设计。

这座宫殿是个三合院，东边是元老院，楼四层，下两层为不同形式的连拱廊。迎着入口处，Rizzo 设计了一座直达第二层的大台阶——"巨人梯 Scala de Giganti"，因为在梯顶两旁竖立了两座巨大的塑像——战神（Mars/马尔斯）和海神（Neptune/尼普顿）——这两塑像是 Sansovino J.（1486～1570 年）于 1554～1556 年的作品。

另外他还设计了黄金楼梯（Scala d'Oro）。

在威尼斯市西边硬埌区（Dorsoduro）的小运河（Canel Piccola）河边的佛斯卡利邸宅（Ca' Foscari），他设计其拱门（Arco Foscari），上有亚当和夏娃像的复制品。

1500 年他还制作了特雷维索（Treviso）圣尼古拉墓（San Nicolo）壮丽的墓穴。

108. Pskov 普斯科夫（活动于 15 世纪下半叶）

按记载，莫斯科于 1156 年建造克里姆林宫时以木材为城墙，但于 1238 年被蒙古人拔都汗（Batu Khan）攻陷，遭受严重破坏。至 1325 年伊凡一世（Ivan I）统治莫斯科才确立其首都的地位。延至 1367 年，迪米提·唐斯科伊公爵（Domitriy Donskoy）改用白石料建克里姆林宫。1458 年伊凡三世（Ivan Ⅲ）又请意大利人重建克里姆林宫围墙，形成今日克里姆林宫的规模。

1484～1485 年，Pskov 在正对克里姆林宫的莫斯科河南岸的地段建造耶稣解袍教堂（Church of the Deposition of the Robe），他采用单个圆顶，周边出现许多半圆形山墙的早期莫斯科教堂形式。内部以四个方柱作为主要支撑承重结构。教堂包括大主教的宫殿在内。

俄罗斯于 13 世纪初至 14 世纪遭受蒙古人的侵占和统治，人民经过抗争，民族意识异常高涨。虽然在欧洲，文艺复兴运动正兴起和蓬勃发展，他们仍以民族固有形式为抉择，对外来的新鲜事物暂未垂注。

109. Solario，Pietro Antonio 索拉里奥（活动于 15 世纪下半叶）

莫斯科的沙皇宫殿于 1487～1491 年始营造，最早的是 Грановитая Палата（格拉诺维塔雅宫，Granovitaya Palace），由意大利人 Solario 设计，合作者还有 Ruffo，Marco（鲁弗），以作为举行庆典仪式和欢宴之用。按照俄罗斯传统，采用木构形式，方形大厅中间屹立一根方形大柱以支撑四个穹顶，由于东墙上使用了棱形白石贴面，故又有"多棱宫"（Palace of Facets）之称。多棱宫面积 495m^2，高 9m，由于是意大利人设计，有一定的文艺复兴手法和细部。

稍早时已有为加冕之用的乌斯平斯基教堂（Успенский Собор），采用希腊十字形平面，五个穹顶，高鼓座，属拜占庭式（1475～1492 年）。

宫殿工程续有增建和改建，它们是：捷列姆诺伊宫（1631～1636 年），救世主教堂（1636 年）和娱乐宫（1652 年）等。

110. Novi，Alevisio 诺维（活动于 15～16 世纪期间）

莫斯科克里姆林宫内的米迦勒天使长大教堂（Архангельский Собор/Cathedral of the Archengel Michael），位于宫南围墙边，临莫斯科河，由意籍的 Novi 按俄罗斯式希腊十字平面设计，一大四小穹顶，四周山花呈贝壳状，外观两层，灰色，设计渗入一定程度的文艺复兴的建筑语言。

教堂专为贵族的墓柩而建，它是皇室的祖庙。

111. De Egas，Eugrique 迪·埃加斯（活动于 15～16 世纪间）

生平不详，只知他在西班牙加利西亚地区（Galicia）的圣地亚哥 - 德 - 孔波斯特拉市（Santiago de Compostela）为皇家设计了一座德 - 孔波斯特拉皇家医院（Royal Hospital de Compostela，1501～1511 年），银匠式初期作品，故显得朝气蓬勃，富有表现力。

银匠式（Estilo Plastersgue）以原有阿拉伯建筑装饰手法为主，先同哥特式，转而同文艺复兴式的细部结合，装饰精巧繁琐。在世俗建筑，则作重点装饰，常以粗糙同轻巧对比。

112. Veneziano，Paolo 维内吉亚诺（活动于 15～16 世纪间）

1510 年在意大利东北的威尼托（Veneto）地区设计了撒洛（Salò）主教堂及木制的祭坛。对于先前由 Bon，Bartolomeo（活动于 15 世纪中期）在威尼斯设计的学院画廊（Gallerie dell'Accademia）内的圣母爱心教堂（Santa Maria della Carità），他后来有所增改。

113. Baccio，d'Agnolo 巴乔·达尼奥洛/巴奇欧·丹尼罗（1462～1543 年）

原名 Baglioni，Bartolomeo d'Agnolo。

以雕塑为业，尤善于木雕，也做建筑，曾为佛罗伦萨的古宫（Palazzo Vecchio 维契奥宫）和新圣母马利亚教堂（Santa Maria Novella）作雕塑。

1517 年为佛罗伦萨圣灵教堂（Santo Spirito）增建钟楼，又接手由 Bramente（1444～1514 年）设计的圆顶大教堂（Cupola）。

在卢卡（Lucca），他改建于 1184 年由 Civitali（奇维泰利）始建的小小圣堂，后来又经多人之手才完成。

据中文版《简明不列颠百科全书》（Concise Eycychop ædia Britannica），有：①1506 年曾对佛罗伦萨主教堂（San Maria del Fiore，圣母百花教堂）提出穹顶下鼓座方案，由于米开朗琪罗的反对而未成。但该教堂自 Brunelleschi 于 1420 ~ 1446 年设计并施工时，本来已有鼓座，并已施工，何以于 60 年后才有鼓座方案之说？②又说他设计了罗马北郊博盖塞别墅（Villa Borghese），但该别墅是由 Peruzzi（1481 ~ 1536 年）于 1509 年开始将中世纪的一所残破的城堡改建为别墅，并未闻 Baccio, d'Agnolo 曾参加，待考。

114. Sansovino，Andrea 珊索维诺（约 1467 ~ 1529 年）

最初在佛罗伦萨，一度到葡萄牙，后来又到罗马，从事其雕塑创作。

其雕塑作品有：佛罗伦萨洗礼堂中门上端的《耶稣受洗》群雕和《圣母领报》浮雕。波波洛圣母院（Sta Maria del Popolo）内的斯福尔扎（Sforza, A.）和巴索（Basso, B.）两主教的墓碑。罗马阿文提内（Aventino）地区多姆尼卡圣母教堂（S. M. in Domnica）的狮头长廊等。这些作品反映文艺复兴由早期至盛期的过渡，也就是盛期最初作品。其风格温柔文雅，与同期 Michelangelo 刚劲宏伟形成对比，而各擅其长。

他另一方面的成绩是于 1502 年收 Tatti, C.［塔蒂，(1486 ~ 1570 年)，后来改名 Sansovino, Jacopo（珊索维诺·雅各布）］为徒，并培养成为文艺复兴盛期威尼斯首席建筑师。

晚年他在罗瑞托（Loreto）监造了几项建筑，包括曾由 Bramente, D.（1444 ~ 1514 年）和 Sangello, G.（1443/1445 ~ 1516 年）先后经手的圣母屋（Santa Casa/Holy House of the Virgin），该圣母屋原于耶稣的故乡拿撒勒（Nazareth），几经迁徙，最后定居于 Loreto。方形平面，石筑，有高大围墙，内木制圣母圣婴像。

115. Dürer Albrecht 丢勒/杜勒（1471 ~ 1528 年）

出生于纽伦堡（Nurenberg）的匈牙利后裔，祖父和父亲都是金银首饰匠，他从小聪慧过人，有神童之称。他先入画坊，后又出国学艺，成为多种专长的全才，如同 da Vanci 一样，是位学识渊博的巨人。举凡绘画、雕刻、装饰设计、建筑、艺术理论都是专长，尤其版画，更技艺高超，刻工精细。

当时的纽伦堡文化科技比较发达，自从 1445 年 Guttenberg, J.（古滕堡，1440 ~ 1467 年）发明了金属活字印刷［在我国，毕昇在庆历年间（1041 ~ 1048 年）早已发明］，从而促进版画艺术发展，德国成为版画的发源地，Dürer 的教父是位书商，擅印刷，使他的版画制作更具条件，成为其中最杰出的版画家。其著名作品有《启示录》（Apocylypse）、《四使徒》（Four Apostle）、《四妖巫》

(the Four Witches) 等，体现基督教人文主义的理想。

他先后出国学艺，足迹遍及尼德兰、瑞士，还不只一次到意大利，1494～1495 年到威尼斯时，目睹文艺复兴的盛况，决心把文艺复兴运动引回德国。但是，在 1500 年前后，其艺术风格仍徘徊于哥特式的象征和文艺复兴的表达之间，其后，经努力，才确立自己的特征。其人文主义思想使他的艺术创作更具理性和知识性，而且，他同马丁路德宗教改革派的人有密切关系，更受其影响，他不沉湎于古典主义和奢华风格。

1512～1519 年受马克西米连一世（Maximilian I）之邀，担任御前画师。

他一生旅行创作，除艺术之外，兼具多方面才能，对数学、文学颇有修养，有论文、诗歌、日记、信札传世。在建筑方面，著有《测量指南》和《巩固城市三要素》（创立筑城学理论）等，又著《人体均衡论》，这些书中，均有自制版画插图。

1521 年后健康恶化，长住纽伦堡，专心研究理论和撰写科学著作。

在 Vasari（1511～1574 年）的《意大利杰出建筑师、画家和雕刻家传》（1550 年出版）中对他有所述及。

116. Berecci，Bartolomeo 贝勒西（活动于 16 世纪上半叶）

Berecci 是佛罗伦萨人，来到波兰王国 13～16 世纪时的首都克拉科夫（Kraków）发展。

王宫所在是瓦维尔古堡（Wawel Castle/Zamek Wawelski），始建于 10～11 世纪间，几百年来不断扩建或改造，因此各个时期的风格杂陈，1364 年建造的哥特式教堂附有三个礼拜堂。Berecci 将堡内 71 个厅室和教堂以哥特式回廊连接起来，并加建停尸礼拜堂，（Mortuary Chepel，1527～1533 年）。当政的西吉斯蒙德一世（Sigismund I，1467～1548 年）喜爱美术、雕塑和建筑，以文艺复兴风格推动波兰的文化艺术，Berecci 在古堡内仍采用哥特式，配合原状，可以理解。

117. Wolsey，Thomas Cardinal 沃尔西/伍勒赛（约 1475～1530 年）

出身卑微的屠夫之子，晋身政客，先后任枢机主教、大法官等职。

进入 16 世纪，在英国，哥特式衰退得迟，垂直哥特式（Perpendicular Gothic）也发展到最后阶段，以四心尖拱（Tudor arch）、下垂漏斗的锤式屋架（hammer beam）为其特征的都铎式（Tudor style）出现，这是英国建筑由哥特式向文艺复兴式的过渡。

由他主持的汉普顿宫（Hampton Court，1515～1540 年）就采用了都铎式，建筑用红砖配以白石的腰线、窗楣、窗台、雉堞墙和八边形塔楼。其中门道（Gateway）由意大利人 Da Maiano，Giovanni（达·迈亚诺）设计。又建私园，占地 800 多公顷，风格纯朴，1525 年献给亨利八世。1533 年又添建秘苑（Privy Garden），后来于 17 世纪还引进荷兰风味。

此人盛气凌人、大量敛财，1530 年他因同法国王室勾结，被叛逆罪，捕后逝世。

118. Michelangelo，（法文作 Michel-Ange），Buoarroti 米开朗琪罗（香港译米高安哲奴）（1475～1564 年）

人们所熟悉的 Michelangelo 是伟大而卓越的雕塑家、画家和建筑师，是名作《大卫》、《摩西》、《圣母怜子》、《创世纪》和《末世审判》等的创作人，而他更是个伟大的爱国主义战士和人文主义的力行者，1529 年当佛罗伦萨被围攻时，他先后被任为城防建筑总监，后更担当城防司令官，对抗敌人三倍的兵力，坚守城池将近一年时间，只因内奸叛敌，才使城市陷落，也使他的作风转变。

6 岁母逝，兄弟五人同鳏父彼此情深。13 岁便从师学艺，先后师事 Ghirlandajo, D.（吉兰达，约 1449～1494 年）和壁画师 Domenico（多米尼科），曾在圣母新堂（S. M. Novella）学壁画技巧（后来他深情地称这座教堂为"我的未婚妻"）。15 岁时引起美第奇家族的劳伦佐（Lorenzo de Medici，1469～1492 年）的注意，带回府中培养。美第奇家族建立柏拉图学园，搜集图书，培养文人画士，又设绘画雕刻学校，他跟 Bertoldo, d. G.❶（贝托尔多，1420～1491 年）等学习。1492 年美第奇家族失势，他逃到博洛尼亚（Bologna）。1496 年到罗马开始其创作生涯。《大卫》立雕就是 1501 年他才 27 岁时所作。

15 世纪，亚平宁半岛上四分五裂，教皇国、共和国、王国、公国等十多种政体各据一方，而德、法、西等国陆续入侵，人民水深火热，盼望自由和统一，盼望能拯救祖国的英雄出现，而新兴的资产阶级此时已倒向封建贵族，他原依赖的 Medici 家族自 1492 年失势，到 1512 年再当权时已经变质，家族的 Julio（朱利奥、后教皇列门七世）却勾结德国的查理五世，联合进攻佛罗伦萨。人民奋起御敌，他身先士卒为保卫共和国而战。佛罗伦萨陷后，被迫放下武器，转为其家族服务，他同 Medici 家族的关系，可谓恩怨交替。

但是他"以人为本"的宗旨始终不变，他的作品包括宗教的或世俗的，都突出对人的解放和赞美：《大卫》表现的是统一国家的民族英雄；《创世纪》歌颂人的创造精神；而《垂死的奴隶》和《被绑的奴隶》这些杰作更直接反映出期待解放。再仔细看看石雕《圣母怜子》（Pietà）（1499 年），完全是世俗的母子，哪有一点宗教的气息？在《创世纪》大壁画中占一角的《朱利耶先知》所

---

❶ Bertoldo, di Giovanni（贝托尔多，1420～1491 年），初同 Donatello（1386～1466 年）合作，后为 Medici 家族掌管文物兼雕刻绘画学校校监和教师。

画的，正反映作者为祖国的命运在俯首沉思等。

除了绘画和雕塑，他还是位诗人（有诗集传世），也有书信（同父亲和兄弟的通信多达千封）和友人谈话记录。自然，更兼长于建筑设计，其作风雄健有力，豪放宏伟，后期不复生气蓬勃与充满乐观，转而较为沉重、悲壮。

由雕塑、绘画而至建筑的历程，均各擅长，他将三者视为一体，他把建筑看作圆雕，强调体积感，他拒绝 Bramente（1444～1514 年）严谨于 Vitrvius 的规律，要求作品需具备个人的风格。

最初，他设计一些陵墓，如在罗马锁镣圣伯多禄教堂❶（San Pietro in Vancoli，也称埃乌多斯亚娜大殿 Basilica Eudossiana）的教皇尤利乌斯二世墓（Pope Julius II，1513，未完成，1542 年再开工）。教堂内还有他所雕的摩西（Mosè）石像（1513～1516 年）。

西斯汀小礼拜堂（Ceppella Sistine）穹顶的《创世纪》壁画是应 Julius II 之请而作，这约 400m² 的巨幅，整整花了他四年的时光，一人独立完成。

在佛罗伦萨，Medici 家族在圣劳伦佐教堂（Chiesa San Lorenzo）内设立家用的礼拜堂（Cappelle Medicee），早在 15 世纪 30 年代，Brunelleschi（1377～1466 年）曾设计过圣器所（Sacristy），但尚缺立面未完成（简陋而粗糙，现仍保持原状）。1518 年，Medici 家族请他另立新所，1520 年他着手动工，采用他喜爱的正方形平面，并取梯形排列，以收透视效果。1524 年再设计其新更衣室（Sagrestia Nuova），还有一系列的雕像和石棺，这些工程前后花了 13 年时间。

劳伦齐阿纳图书馆（Biblioteca Laurenziana，1523～1526 年），他将室内建筑设计成外立面，前厅的大阶梯，变化的形体，装饰性极高，成为文艺复兴盛期的一件珍品，他死后由 Vasari（1511～1574 年）完成。

在罗马，一项重要的工程于 1536 年开始：位于首都山（Capitoune）的市政广场（Campidoglio，卡皮道留广场）自古就是罗马卫城所在，也是城市的政治中心。广场上由三座建筑物三面围着这梯形广场，由大阶梯进入。他设计了两侧的大厦，左边的新建大厦（Palazzo Nuovo）作为博物馆之用；右边的保守大厦（Palazzo Conservatori）是档案馆。两层的立面以巨柱（壁柱）分隔开间，再以小柱式作分层处理。又设计喷泉、台阶、广场地面图案和中心铜像的底座。工程先后由 Porta, G. d.（约 1537～1602 年）和 Rainaldi, G.（1570～1615 年）监督施工。至于正面的建筑，是建在古代法律保管所（Tabularium）的废墟上的元老院（Palazzo Senatorio 参议院）是 Rainaldi 按照 Porta 的设计于 1605 年完

---

❶ 在欧洲，一般的天主教堂以西边为正立面和入口，以便使圣殿位于东方耶路撒冷方向，但建于 333 年的早期基督教式巴西利卡的老圣伯多禄教堂已面向东方，重建的新教堂只好迁就既成事实和在罗马市的位置，以东部为正立面。

成的，仍是以壁柱分间，但没有小柱式，中间突出塔楼，底层粗石砌面，由两侧的大台阶进入二层的中间入口。巨柱式（Ordine gigante）首次出现了，以后成为巴洛克建筑的特色。Michelangelo 突破传统的手法，兴起了风格主义，有人甚至认为他是"巴洛克之父"。

在现梵蒂冈的圣伯多禄大教堂（San Pietro，又称圣彼得大教堂），自 1505 年由 JuliusⅡ❶接纳 Bramente 的希腊十字平面方案后，1506 年开始动工，八年后 Bramente 去世，加上教宗改由 Leo X（利奥十世）出任，否定了原希腊十字集中式形制，由 Raphaël（1483~1520 年）改为拉丁十字平面，加长 Bacilica，穹顶退居次要。1517 年因建造经费而大发"赎罪券"聚敛，引起群众不满、德国发生宗教改革运动、西班牙军占领罗马等因素，工程停顿，至 1534 年才重新开工，改由 Peruzzi，B T（1481~1536 年）和 Sangello，A. d.（J）（1483~1546 年）主持，原想恢复希腊十字平面，但迫于教会压力，不得不维持拉丁十字平面，而在前部以较小的希腊十字代替巴西利卡，又在鼓座上设上、下两层券廊，并在两侧加一对钟楼。1546/1547 年教廷改派 Michelangelo 主持工程，当时他已 72 岁高龄，仍廉颇不老，以全权取决，甚至不惜以拆建为条件，勉力从事。他基本恢复希腊十字平面方案而简化四角，又将正立面加宽为九开间，使平面和立面都更完整而宏伟，可惜工程进行到鼓座时他便辞世了。

1547 年他接手小 Sangello，A d 设计的法尔尼斯府邸（Palazzo Farnese），并修改内院第三层的立面。在罗马，1563 年他还将原戴克先（Diocletian）浴场的部分改建为圣母天使修道院［（S. M. degli Angeli，现国家博物馆（Museo Nazionale Romeno）］。

在佛罗伦萨 Michelozzo（1396~1472 年）的美第奇－里卡第邸宅（Palazzo Medici-Riccardi）下层转角处的两个窗户是他加的。

帕多瓦（Padua）主教堂及洗礼堂部分是根据他于 1552 年所设计的平面图而建。

一生勤奋，为人民，为艺术而忘我创作。据说他在绘《创世纪》天顶画时，长期抬头作画，致颈项得了疾病。人们尊敬他，称他为"市民之子"，他

---

❶ JuliusⅡ，Pope（尤利乌斯二世，1443~1513 年）原名 Rovere，Giuliano della，是个雄心壮志的教皇，决心统一祖国和重建罗马。他是伟大改革者，艺术的赞助人和军事组织者，但脾气暴躁。由他决定拆掉将近 1200 年历史的巴西利卡式的旧圣伯多禄教堂，并于 1505 年批准了 Bramente 的设计方案。由于拆旧教堂一事激怒 Michelangelo，他原为 JuliusⅡ所设计的陵墓遂甩手不干（1513 年），直至 1542 年才重新复工，至 1545 年完成。这项 40 多个塑像的大工程，前后拖延了 40 多年。Michelangelo 绘《创世纪》天顶画，也是勉为其难地接受的。JuliusⅡ八次任主教和一次任大主教，他通过些许的贿赂使自己当选教皇，当选后即禁止贿选，又调和法奥纷争，并抵御那不勒斯的入侵，后来因开罪博尔吉亚（Borgias）家族，改由亚历山大六世任教皇。他逃往法国，后葬于锁镣圣伯多禄教堂，他同 Michelangelo 之间，充满恩恩怨怨关系。

终生未娶，最后以九十高龄辞世。罗曼·罗兰为他作传时说，他是"神圣而痛苦的一世"。遗体安葬在佛罗伦萨主教堂的地下。人们为了纪念，1860 年在佛罗伦萨阿尔诺（Arno）河左岸（1529 年他曾住于附近）建立了米开朗琪罗广场（由 Poggi Ginseppe 设计），广场中心竖立了他的杰作《大卫》的复制品——这是后话。

最后，以他临终的遗言作结："我对艺术刚有点入门，正欲创作我真正的作品时，却要死了！"

119. Serlio，Sebastiano 塞里奥（1475～1554 年）

自幼跟随其父学画，1514 年他作出彻底转变，毅然去跟比他年轻的 Peruzzi, B. T.（1481～1536 年）学建筑，那时，他已经 40 岁了，从而改变他后半生的道路。

但是，他很少建筑实践，而关心于理论和教学，深入研究了古罗马的建筑原理后，写下了"*Tutte l'opere d'architectura et Perspectiva*" / "*Complete Works on Architecture and Perspective*"（建筑全书），这是一本注重实践而非理论的手册。"*Estraordinario libro*"（建筑奇书）则分成各种专题，分期出版（1537～1575 年），它们包括几何学、透视学、古迹、柱式、教堂等，其中包括拱门和入口，单行本称为《建筑奇特之书》，合共称为《建筑六书》。

其中，《柱式》为最早列举五种柱式的著作，他认为五种柱式相当于人的不同心理状态。他吸取 Vitruvius 的理论，严谨的柱式规则，教条地崇拜古代，并首先制定叠柱式的规则。他提倡的对称平面和双侧翼的布局，和所载的 50 个大门设计示范图，被后世竞相抄袭，影响遍及欧洲。至于城乡民用建筑部分最为重要，书中有 Bramente（1444～1514 年）、Peruzzi 和他自己的插图，这也是首创。总之，这是一本完整的论著，但关于军营方面的篇幅却从未出版。

他成为学院派古典主义创始人之一。

其后，德国的 Blum，Hans（布鲁姆）根据他的理论，著述了"*Quinque Columnarum Exacta Descriptio Atque Delineato*"（五种柱子的精确描绘和轮廓）。

1540 年他在威尼斯时，法国 Francis I（弗兰西斯一世，1494～1547 年）邀请他担任枫丹白露宫改建的顾问，借此，他把古罗马的建筑原理传入法国，对后来的古典主义兴起起到重要作用。

他所经手的建筑据知有两处被确认：枫丹白露的大门和勃艮第（Bourgogne）的安赛－勒－法朗斯堡（Château d'Anoy-le-Franc，1546～？年）——文艺复兴形式，外观简朴，内部装潢豪华［由 Prinaticcio, F.（1504～1570 年）和 Cellini, B.（1500～1571 年）及枫丹白露画派的画家们完成］。

他还提供了 24 种住宅方案，其中只有一个是城市住宅的方案。

吸收 Vitruvius 的理论，他将舞台布景划分为悲剧、喜剧和讽刺剧三类，并发表了布景的设计图。

120. Gil de Hontañón Family 希尔·德·翁塔浓父子

（1） Juan 胡安（约 1480~1526 年）

曾任塞哥维亚教堂的公职建筑师（Maestro Mayor/Official Architect），1525 年奠立主教堂的基石（Corner Stone），其风格属中世纪晚期的风格（Late Medieval Style）。

（2） Rodrigo 罗德里戈（约 1500~1577 年）

父逝后接任其公职建筑师，继续主教座堂工程，他将其父风格同银匠式（Estilo Plateresque）糅合。其他工程有：

萨拉曼卡（Salamanca）的蒙特里府邸（Monteray Palace）（1537 年）和主教堂的修建（1538 年以后）。

埃纳雷斯（Henares）的阿尔卡拉大学（University of Alcalá）于 1499 年创办。1537~1553 年 Rodrigo 设计新校舍，立面设计得很严谨，三层的分划非常明确，二层的一对窗户尤其华丽，成为伊莎贝拉银匠式（Isabelline Plateresque）有名的佳作——该校于 1836 年已迁往马德里。

1556 年又督建埃斯科的教堂。

其风格四平八稳，后期更趋严峻。

著有一部关于中世纪计算推力和权衡比例的书（约 1538 年）。

121. Peruzzi, Baldassare Tommaso 佩鲁齐（1481~1536 年）

出生于锡耶纳（Siena），画家出身，尤善作壁画，在那里他设计过不少教堂和住宅，但有名的却在罗马。

1509 年银行家 Chigi, A.（斐吉）在罗马郊区的卡普拉洛拉（Caprarola）欲建一所别墅，原地是中世纪城堡，残存的角楼、护壕和吊桥已不合时宜，他请来 Peruzzi 将其改造。他利用原有的地基，仍按此五边形的平面布局，在上面大作文章，运用几何比例和建筑技巧，使布置完善而简洁和谐，正面一对椭圆形的台阶引上平台，再进入第二层（主层 Piano Nobile）。工程于 1559 年由 Vignola（1507~1573 年）和 Porta（1533~1602 年）完成，结合风格主义建筑技巧和严谨，它是文艺复兴时期首批别墅之一。此别墅于 1557 年转归法尔尼斯（Farnese）主教（即后来之教皇保罗三世）所有，故改称法尔尼斯别墅（Villa Farnessina）。

1505 年 Bramante（1444~1514 年）接受梵蒂冈重建圣伯多禄大教堂的任

务，Peruzzi 和小 Sangello（1483/1484～1546 年）协助，工程一度停止，1534 年才恢复动工，他们曾拟将平面恢复为集中式而未成。

1535 年所设计罗马的马西莫·阿来·科伦内宅（Palazzo Massimo all Colonne）是他另一项杰出的创作。地段形状很复杂，临街呈弧形，而向内忽收窄，后段又突然扩大略成菱形，而且分属兄弟两家。他将之大致均分为两半，形成两段狭长地段，他改变过去以底层用作杂务房的习惯，各设前后两内院，将杂务院置于后进。前后庭院及主要厅堂都很方正，一些不规整的、黑暗的或狭窄的角落便作为梯间、贮藏室或壁龛等用，妥善地作出完整的平面布局，使平面和立面，空间和功能都作出处理并得到突破。临街的正立面虽分属两家，形状不一，仍处理得统一，其中一家的入口正对三岔路口，作重点突出，布置成柱廊。

曾参加梵蒂冈内拉斐尔小室（Stanze di Raffaello）的装饰工作。他本为壁画家，不忘本行，在所设计的法尔尼斯别墅的二楼上绘制上建筑装饰画。

生动、夸张，其作风非正统，非主流，被视为风格主义（Mannerism 或译矫饰主义，手法主义）之始，但亦有人认为早始于 Michelangelo。

122. Raphaël/Raffaello Sanzio，拉斐尔/（台湾译拉夫耶尔）（1483～1520 年）

与 Leonardo da Vanci 和 Michelangello 的少年坎坷不同。Raphaël 出身画家家庭，父亲 Giovanni Sanzio 是位宫廷画家兼诗人，也算是个小贵族。从小过着温饱的生活，受父亲的启蒙，接受美术和人文知识教育，由于聪慧，被视为神童。

师从 Bramente（1444～1514 年）和 Perugino P.（约 1450～1523 年），风格和技巧则受 Perugino❶ 的影响。20 岁便已成名，1508 年由乡亲推荐到罗马，进入梵蒂冈宫作壁画。

人文主义者，深邃的思想赋以无比的表现力，加上优越的生活环境成长，画风圆润、柔和、宁静、端庄、典雅，善于画女性，尤善于画圣母，有多幅圣母像，如《西斯廷圣母》、《椅中圣母》等。大型壁画《雅典学院》（Scuolad'Atene/School of Athens）（1508～1511 年）就完全反映世俗风情，反映古代科学、文化的繁荣。在构图上善于运用空间构成，造成广阔而深远的效果，也显示了他坚实的艺术技巧。

约在 1512 年开始为人民圣母教堂（S. M. del Populo）的基吉礼拜堂（Memerial Chapel for Agostino Chigi）设计，这项工程延至 1654 年由 Bernini, G. L.

---

❶ Perugino, P（佩鲁吉诺）是 Lorenzo, F. d（洛伦佐，1440～1525 年）的学生，在 Verrochio, A d（韦罗基奥，1435～1488 年）的工作室工作，长于壁画，风格安静，其明晰的构图，简练的形式和空间关系的处理，成为文艺复兴盛期的重要美学原则，但后期变得墨守成规。

(1598～1680年)才完工，并加雕塑。

他的技艺很快就被教廷赏识，1514年当 Bramente 逝世后，就命他接替圣伯多禄大教堂的重任。教皇利奥十世（Leo X）要求恢复拉丁十字的平面，Rapheël 是个虔诚的天主教徒，他的人生愿望就是觊觎红衣主教的职位，他不像 da Vanc 或 Michelangelo 敢于抗命，对此，当然顺从。但是由于后殿部分已经施工，只好保留原状，而将主殿加长至120m 成为 Basilica，这样一来，穹顶后退，位置不显了。但三年后，工程因局势不稳只好停工，20年后，1534年才重新开工。

教廷所委托的另一任务是"拉斐尔小室"（Stanze di Raffaello）。这小室于14世纪时已兴建，本叫"圣神庄之火小室"（Stanza dell'incendio di Borgo），因同名壁画而名，壁画描绘教宗利昂四世（Leone IV）奇迹地扑灭梵蒂冈的一场大火，当时曾由 Signorelli（西纽雷利）和 Piero della Fracesca（皮埃罗·德拉·弗兰西斯科）装饰过，1508年教宗让 Lotto（洛托，1480～1556年）、Peruzzi（1481～1543年）和他的老师 Perugino（约1450～1523年）重新装饰。Raphaël 到罗马后，教廷辞退他们，让 Raphaël 单独承担，并且将原名改为拉斐尔小室。

其后的工程为：圣达马菲敞廊（Loggia of San Damafe）（1515年）。

维道尼－卡法雷斯府邸（Palazzo Vidoni-Caffarelli）（1515年）。

带有圆形庭院的马丹别墅（Villa Madema/夫人别墅）（1515/1516年）。

阿奎尔的班科尼亚府邸（Palazzo Banconia dell'Aquila）（1516年）。

还有小巧的金银匠圣爱卢瓦礼拜堂（Eglise Saint-Eloi des Orfèvres）。

他最为有名的居住建筑，也是他的遗作的是佛罗伦萨的潘多菲尼府邸（Palazzo Pandolfini）。该建筑分内、外院，外院只一层，内院为二层，每层也都是大檐口，除了隅角和大门用粗石外，墙面抹上薄薄的灰，这同当地一般做法迥异。他于1520年做出此设计，同年便死于瘟疫，只在人间活了37年，葬于罗马万神殿（Pantheon）地下。

他设计的建筑物一如其画，温柔、秀雅、恬静、细腻，强调水平划分，起伏不大，即使用壁柱也很薄，他秀丽的风格同 Michelangelo 的宏伟形成鲜明的对比。

123. Bábur/Bábar/Báber 巴伯尔 （1483/1485～1530年）

原名 Zahir-ud-din Muhammad 扎希尔·乌德·丁·穆罕默德。

帖木儿（Timur）第五代直系后裔，莫卧儿王朝创建者（1526～1530年在位）。

帖木儿（1336～1405年）死后，王朝一分为二，其第四子沙阿罗赫（Sheh

Rokn，1377~1447 年）于 1406~1417 年重新统一。王朝覆灭后费尔干纳（Fergana）的统治者 Bábur 到印度建立莫卧儿王朝。

他是个军事冒险家，有"阿拉伯之虎"（Arabic Tiger）之称，而才华过人，热爱自然，所到之处，必建花园，盛会流连。

1508~1509 年建"诚笃园"，按伊斯兰庭园的平面布置方法成田字形。中间十字形水渠（象征天国的四河）分割出四块下沉式花园，十字中心处有水池和喷泉，以象征天堂，房屋则处于一旁——典型源于古波斯的伊斯兰式园林（查哈巴格，Chahr Bagh）。

波斯地处干旱的西亚，对水非常珍惜而至神圣的地步，庭园必须以水为重（连清真寺也必于院中设水池供人洗涤）。回教水法传入欧洲后得到更辉煌的发展。

1526 年占领德里和阿格拉后，头一件大事就是在亚穆纳（Yamuna）河畔精心营造花园。

帝国草创，1530 年在阿拉伯病逝。

他还是个颇有才华的诗人，其自传"*Memoirs of Bábur*"是世界文学名著之一。

124. Sanmicheli，Michale 桑米凯利/珊密切利（1484~1570 年）

与其他意大利文艺复兴时期的建筑师出身于画家、雕刻师或工匠不同，他却是建筑师家庭出身，其父 Giovanni，叔 Bartolomeo 均为维罗纳（Verona）的建筑师，自小便向父、叔学习，并且向 Bramente（1444~1514 年）和老 Sangello A. d.（1455~1535 年）学艺。

除建筑设计外，还以富独创性的军事防御工程著称，他创作出一种犄角棱堡体系，并以此改建维罗纳城堡，又在威尼斯、塞浦路斯（Cyprus）和希腊的克里特岛（Crete）等地设计城堡。

在威尼斯的工程为：丽渡（Lido）岛的圣安德烈（Sant'Andrea）堡垒（1525~1549 年），格里马尼府邸（Palazzo Grimani），其立面上、下层为两种不同的科林斯柱式（约 1556 年设计，至 1575 年才竣工）。

在维罗纳的工程为：帕里格利尼礼拜堂（约 1529 年）、庞贝府邸（Palazzo Pompeii，1530 年）依照威尼斯的手法，底层也是用粗石盖面，但上为巨柱式，简练明朗，整体立面比例匀称均一，这是他的杰作、城外布雷达的圣乔治教堂（San Giorgio in Braida），有圆穹顶（约 1530 年）、贝威拉夸宫（Palazzo Bevilaqua），二层，下层粗壮，上层华丽（1540 年以后）、坎帕尼亚圣母院（Madonna di Campagna，1559~1561 年），平面为圆形，内为八边形，穹顶有采光亭，另外还有三座门：诺瓦门（Porta Nuova、即新门，1533～1540年）、圣芝诺门（Porta San Zeno，1541年）和帕利奥门（Porta Palio，1548～1559年）。

由他把风格主义推广到北意大利。

125. Sansovino，Jacopo 珊索维诺（1486～1570年）

原名 Tatti，Jacopo/Contucci（塔蒂·雅各布或康丘西），因从 Sansovino, Andrea 学艺，改随师姓，学习雕塑（1502年）。

1505年又随 Sangello, A. d.（J）（小桑迦洛，1483/1484～1546年）研习雕塑和建筑，因此他两者兼长，尤其将雕塑结合于建筑上，尤胜于他人。

1514年到佛罗伦萨，1518年又回到罗马，但于1527年遭到劫掠后，逃到威尼斯至终老。后来虽然教廷延请，他都却之不就，因为，他不愿意离开这个选举督纪和议会制度的共和国。

在威尼斯，当上大教堂第一总督和市政议会的建筑师，成为威尼斯的首席建筑师。他同色彩大师、被誉为"西方油画之父"的提香（Titian/Tiziano Vecellio，约1482～1576年），作家阿雷蒂诺（Aretino, P.，1492～1556年）结为好友。

在罗马期间，只做了些修复古雕像的工作，未能充分发挥所长。在佛罗伦萨短暂的岁月，他规划了蒙地广场（Pizza di Monte），为圣灵教堂（San Spirit）进行内部装修和设计了南圣沙维诺山（Monte San Savino）镇上的商人凉廊（Loggia dei Mercanti）和市政大厦。

威尼斯至今仍留下他不少不朽的作品：

1532/1533年，他最初的作品是在大运河边的考乃尔府邸（Palazzo Corner）。业主 Corner，Jacopo 当时是隆巴蒂·威内托王国的代理长官，府邸亦即行政公署所在，所以也称大宫殿（Ca'Grande，格兰德宫）。他保留了 Bramente 和 Raphaël 所作的两层，并将这两层的立面当做一层处理，全为粗琢的石面（这两层本来就不高，尤其原来的第二层，就与后来的阁楼相仿），上加的两层的立面全是拱廊，所以外表看来好像三层一样。此庞大的体形，倒也符合大宫殿的名称，亦符合威尼斯宫殿的传统，这是他的杰作，现在是威尼斯行政首长的办公室。

建于1536～1563年的圣马可图书馆（Liberia Marciana），是16世纪的主要建筑，它位于小圣马可广场（Piazzette）的右侧，同督纪王宫（Palazzo Ducale）正好相对。两层的图书馆的立面采用券柱式，下层为敞廊，上层檐壁开小窗以减轻体量。偏处于北端的入口（三开间）作重点突出。整个立面均适当配以雕刻作装饰，兼具雕刻师的 Sansovino，发挥了所长，整体虽单纯，但活泼且壮丽。Palladio，A.（帕拉第奥，1508～1580年）后来赞许为自古希腊、古罗马以来最出色的建筑物，影响所及，其后在圣马可大广场的新旧市政大厦（它们占满了大广场南、北两面）的立面改建时，也仿效这种券式敞廊的形式。为了纪念他，命名为珊索维诺图书馆（Bibliteca Sansovina）。然而在建造中也出现挫折，1537～1538年间，拱顶施工出现倒塌，他一度入狱。

在威尼斯的其他建筑有：①1534年重建葡萄园圣方济各教堂（San Fnancesco della Vigna 1253 年建，立面于1562～1572年由 Palladio 完成）；②1536年的造币厂（Zecca/Mint）和圣马可大教堂朝小广场的凉台、教堂内的洗礼盆、圣器室的门；③1537～1549年的圣马可广场的修整：拆去大广场西端的教堂，将大广场向南扩展，让钟塔独立于广场，还有增建钟楼的前廊；④多芬马宁府邸（Palazzo Delfin-Manin，1534～1540年）——现仅存立面；⑤罗杰塔府邸（1540年）；⑥新市场大楼（Tribunale Fabbriche Nuove——现法院大楼，1555年）；⑦圣方汀教堂—有美丽的环形殿；⑧美术学院的一个环廊。此外，还有由 Spavento, Giorgio（斯帕温多）设计的圣沙华多教堂（San Salvatore，曾经由小 Lombardo, Tullio, 1455～1532年）接手，最后由他完成，其内部装修是威尼斯文艺复兴时期的佳作。

在从事建筑的同时，仍不忘发挥其雕塑专长，最有名的首推总督府内庭的巨人阶梯（Seala dei Giganti，由 Rizzo, A. 所建）上两侧的战神（Mars，马尔斯）和海神（Neptune，尼普顿）的巨人石像（1554～1556年）和总督府内的凡尼尔（Venier）总督的纪念碑及一些小雕像、铜门等。

当威尼斯正流行一种矫揉造作的风格时，他把文艺复兴盛期的风格带到威尼斯，他保持平衡而严谨的作风。

126. Sinan, Koca 锡南/希南（1489～1588年）

当意大利的文艺复兴蓬勃发展的年代，在地中海东端而至黑海沿岸，包括多瑙河下游和巴尔干半岛以及非洲北岸的埃及已是奥斯曼帝国（Ottoman Empire）的天下。在所属的疆土而至于其他穆斯林国家，正在大兴土木，建造清真寺、经学院、托钵修道院、萨拉伊（Saray 宫殿）、商队客店至民俗的巴扎（Bazae 市场）、马扎（陵墓）等，因此，建筑师也人才辈出，其中佼佼者，首推 Sinan, Koca。

"Sinan"一词原指"自由人"，意味"非穆斯林"之意，他可能出生于希腊之非穆斯林家庭，或者出生于安纳托利亚（Anatolia）半岛的基督教家庭。21岁承父业，从事木、土、石、桥以及军事工程。大概于1512年入伍，应征到伊斯坦布尔苏丹宫中服役，1526年入王室骑兵队，可能引起苏丹苏来曼一世（Sultan Süleyman I）注意，经过培养成为帝国军队营造官，在设计桥梁工事方面，崭露头角。1538年被任命为"幸福之家"（Adobe of Felicity）的建筑师，按照德维塞尔米（devşirme）的制度，帝国非穆斯林中最优秀者入近卫军服役，永远只是苏丹的奴隶，如皈依穆斯林后，才得以进入国家最高机关。

1539 年他开始从事民用建筑。在建筑师中，他是罕有的百岁老人，只差九个月便足足一百岁了。在漫长的工程生涯中，硕果累累，数量太多，记载各有出入，下列的统计有不同的数字，记以参考：大清真寺 79/84 座、小清真寺 52 座、宫殿 34/35 座、古兰经院 7 座、学校 55/57 个、医院 3 个、仓库 6 个、谷仓 8 个、桥 8 座、输水道 6 条、墓 19/22 座以及喷泉、渠道等，50 余年累计达 460 项，据计 200 项尚存。多产的程度，可与白居易、巴尔扎克媲美。

有人认为，基于 Sinan 意为"自由人"，如作为一个普通名词看，可能将各个自由人的成绩都记在一个人身上了，是否？尚需繁复的调查分析了。

世所共知的杰作有三：它们都以索菲亚大教堂（Hagia Sophia，532～537 年）为蓝本：

（1）塞扎特清真寺（Cehzade，1548 年完成）——他自认"学徒之作"。

（2）苏丹一世清真寺（Süleyman Kulliyye/苏莱曼·库利耶，1550～1557 年）——库利耶一般包括一座会众清真寺（Cami，卡米），多座经学院、医院、商队旅店和施粥所等。该寺基地面积 570m²。礼拜殿方形平面，划分为 16 个单元，中间四个形成方厅，支座从方厅凸起，采用具有罗马尺度的巨大石头起拱，穹顶宽约 26.5m，高 53m。清真寺与经学院、慈善建筑、墓地都分隔开。建筑不但宏伟，超越过去，而且内外划分一致。他自认为他第一个成熟的作品，对土耳其伊斯兰建筑的改进有很大影响。

（3）伊斯坦布尔西北（近保加利亚）的埃迪尔内（Fdirne 艾迪恩——原名阿德里安堡 Adrianople）的谢里姆（Selim，塞利姆）苏丹寺（1566/1569～1574/1575 年），附有学校和图书馆，这是他 80 岁时扛鼎之作，寺作正方形平面，上收为圆形以筑圆穹，墙身出现壁柱（在当时是创举）。

在拜齐德二世（BayazidⅡ）清真寺的塞哈扎德卡米（Sehzade Cami）加建四个半穹和一些小穹，其比例和谐，内外组织细腻，但他自己只认为是见习作品（1543～1548 年）。

1578 年的法提赫卡米（Fath Cami、即艾哈迈德二世清真寺 MehmetⅡ），面积逾 10 公顷，外院作严格对称，内部建筑包括经学院、托钵僧客栈，尤其其中的托普考普萨拉伊（Top Kapu Saray）（Saray 是宫殿）。其榴弹炮门宫（Yeni Saray/叶尼萨拉伊），非常有名，宫内有穆罕默德三世的豪华卧室。

米哈里马哈清真寺（Mihrimah Mosque，1562～1565 年）。

在土耳其其他地方还有：塞尔柱克（Seljuk）的伊萨贝克（Isa Bek）清真寺、埃雷利（Ereǧli）的大清真寺和东方商队旅舍、昌克勒（Cankiri）的大清真寺（1550 年）。

埃迪尔内的拜齐德二世（Bayazid Ⅱ）的库利耶（Kulliyya、清真寺 1584）当时他已 95 岁高龄，由其助手伊利亚斯·贝齐（Ilyas Beq）和宫廷建筑师赫叶鲁丁（Heyruddin）完成。

在今叙利亚的阿勒颇（Aleppo，古称哈利卜/Haleb）的帕夏官府（Husrev Pasha，1536～1537 年）——帕夏为奥斯曼的高级官吏。在今伊拉克萨马腊（Samarra）的阿马维耶清真寺（Al-malwiya）—这是什叶（Shi'ites）派的清真寺，其穹顶为铜质，呼拜楼很大，内有螺旋形坡道盘旋而上。

锡南最后作品为伊斯坦布尔的艾哈迈迪耶（Ahmediye）清真寺［即蓝色清真寺（Blue Mosque）（1587 年）］，即他逝世前一年着手的，其后陆续由 Daut Aga/达乌特·阿迦（？～1599 年）、Delgic Ahmet Aga/达尔格奇·艾哈迈德·阿迦和 Mehmed Aga/穆罕默德·阿迦（17 世纪上半叶）接手，至 1663 年完成。Mehmed，Aga 另见其章节。

其大型建筑予人以雄伟而有力的感受；小作品亦备受推崇。

他首创在穹上四边开窗。

Sinon 被尊称为"Mimar Sinon"即 Architect Sinon 之意，或更尊称为"Great Architect Sinon"。

127. Барма/Barma 巴尔马

Посник/Posnik 波斯尼克（活动于 16 世纪中叶）

莫斯科红场东侧，同克里姆林（Кремль/Kremlin）宫遥遥相对的是圣华西里·伯拉仁内大教堂（Жрам Василия Блаженного/Vasiliya Blzhennovo Khram/Cathedral of Basil the Blessed）兴建于 1555～1560 年间。为庆祝俄罗斯人战胜蒙古人的钦察汗国（The Golden Horde/金帐汗国）、收复喀山（Kazan），举国欢腾，而筑起了这座世界闻名，凝聚群众热情和民族智慧的珍品。

Барма 和 Посния 继承俄罗斯木建筑的传统，而采用中央形制的平面，以九个墩式教堂组合而成。这种九宫格式的布局，既对立又统一。中央部分的帐篷顶最高，高度达 46m，上加洋葱头穹顶，四角的穹顶较低，四边中间的穹顶就最低，高低错落，每个穹顶的形状都不一样，色彩和纹样各异，相映成趣。外墙由红砖砌成，再适当地配以白石块，整体金色、绿色、黄色、蓝色相互斗艳，反映出民族的热情和炽烈，每个穹顶都各有十字架。

不因袭封建传统，不抄袭外来形式，而从民间汲取营养，其中"帐篷顶"是处理屋面的惯用手法，沙皇宫殿内的多棱宫（Palace of Facets/格拉诺维塔雅宫/Грановигая Палата——Solario，P. A. 于 15 世纪下半叶设计）如此，圣华西里·伯拉仁内大教堂和其他亦如此。

至于何以采用华西里命名，据传华西里是个流浪汉，死后尸体不腐，被尊为圣徒，是否属实，姑妄听之。

128. Romano，Giulio 罗马诺（1492～1546年）

Raphaël/Raffaello（1483～1520年）的学生和首要助手，同样也是先是画家，后成为建筑师——Gonzaga（刚扎噶）宫廷画家兼建筑师。

刚扎噶家族在曼图亚（Mantua）的丁字宫（Palazzo del Tè/迪尔特宫、1525/1526～1531）是一群带庭院的平房，他将一侧设计光滑的墙面和瑟利安窗（Serlian window），另一侧则用多立克壁柱（Doric Pilasters）为主要建筑语言——朴素而厚重，带乡村气息，正后面是半圆形的柱廊，后院特大。

1544年设计自己的私宅。

意大利风格主义三大师之一，他把风格主义推广到北意大利。

学生普利马蒂乔 Primaticcio，F.（1504～1570年）协助他。

129. Amatrice，Cola dell' 阿马特里契（活动于16世纪上半叶）

其生平不详，只知在文艺复兴盛期他活动于罗马东北部一带。

1525年在阿布鲁佐地区（Abuzzo）的首府拉奎拉（L'Aguila）为圣贝尔纳迪诺（San Bernardino）教堂制作贝尔纳迪诺墓。

其后在马尔凯（Marche）地区为人民统帅府（Palazzo dei Capilani del Popolo）改建立面。

另设计圣弗朗切斯科（St. Francesco）教堂和科莫纳来宫。

130. Francis Ⅰ（of Fnance）（法国的）弗朗西斯一世（1494～1547年）

在其在位的32年（1515～1547年）中，同德国的查理五世长期作战竟达27年，而且于1525年曾一度被俘虏，纵管如此，不忘到处游历，又悉心经营其灿烂辉煌的宫苑，其中之一就是枫丹白露（Fontainbleau，法文意为"蓝色的泉水"）离宫，周边有16800公顷之森林。

枫丹白露原是中世纪时王室的狩猎驻留地，1137年卡佩王朝（Capetian）的路易六世（Louis Ⅵ）建堡，它位于巴黎南郊之埃松省（Essonne），离巴黎市中心约50km，1527/1528年Francis Ⅰ下令将它重建为离宫，除了一座塔楼之外，全部改建。当时请了Serlio（1475～1554年）当顾问，Le Breton，G.❶及巴里斯蒂

---

❶ Le Breton，Gilles（勒·勃勒东）为典型中世纪"石匠大师"，风格主义。他将枫丹白露的看守屋改建，又设计饰金大门，在改建枫丹白露宫为文艺复兴式中起作用。

（Ballisti. G. L.）参加改建。后来于 1540～1543 年间，又由 Cellini, B.（1500～1571 年）、Vignola, G. B. d.（1507～1573 年）和 Prinaticcio, F. I.（1504～1570 年）加建并装饰。

Francis I 逝后，其次子 Henry II（1519～1559 年，1547～1559 年在位）时又有所建树，参与者为 Delórme, P.（约 1510～1570 年）。后继者 Henry IV（路易十四之祖父）。

17 世纪，有 du Cerceau, J. I. A.（1585～1649 年）、Mansart, F.（1598～1666 年）和 Le Nôtre（1613～1700 年）；18 世纪有 Gabiel, J. A.（1698～1782 年）和 19 世纪 Lefuel, H. M.（1810～1881 年）等人陆续增建，前后历时 300 年——具体内容详见各人章节。

15～16 世纪，法国首都在卢亚尔河谷（Vallée Loire）的图尔（Tours），王室在河谷一带居留和活动，众多的城堡（Château）散布于河谷一带，Francis I 于他在位前后便大兴土木。他经手的有：

1526 年他令 Nepveu, P.（内普弗活动于 16 世纪上半叶）将尚博尔（Chambord）原 12 世纪的狩猎行宫扩大成河谷地区最大最豪华的宫堡——详见 Nepveu 条目。

在布卢瓦（Blois），将路易十二时建的宫堡连成四合院，文艺复兴式，但大门是哥特火焰式，中庭有露明的双螺旋楼梯。

在安布瓦兹（Amboise）将原罗马时期的卫堡改成文艺复兴式，有微型塔（Tour des minimes）。Da Vanci 常到访，Da Vanci 就住在附近的勒·克鲁·吕塞（Le Clos-Lucé），1519 年逝世于此，Amboise 园内有其雕像。

他令 Le Breton 夷平维朗德利城堡（Villandry），只保留塔楼，改成文艺复兴式，法式花园内有花圃迷宫（Moze）。

由他开始，将 12 世纪的腓力·奥古斯特王（1179～1223 年在位）的城堡改建，成为日后的卢佛尔宫。

Francis I 为人风流而坚强，熟悉国情和地理，颇为亲民，爱到处演说和举行运动会，还常释放罪犯。

1804 年，拿破仑在巴黎圣母院召庇护七世到来为他加冕。讽刺的是，十年后，1814 年他却在枫丹白露宫签下退位诏书。"君王之屋"成为"退位厅"，"白马广场"改为"诀别广场"。

131. Nepveu, Pierre 内普弗（活动于 16 世纪上半叶）

不知什么原因，他的生卒年份欠奉，连其姓名都不见经传，至于 Chambord 宫（商堡/香鲍宫）一般都记在 Da Vanci 名下，尽管 Da Vanci 曾参与卢亚尔河谷的古堡的建设。

Chambord 位于卢亚尔河支流索松（Cosson）河畔，在当时首都图尔（Tours）之东（至 1594 年，波旁王朝（Bourbon）建立，才由 Henri Ⅳ/亨利四世将首都迁至巴黎），当时河谷一带流行着为王室而建的宫堡（Château 或称大别墅、城堡），这是一种法国城堡和意大利庄园的结合体，其中 Chambord 就是河谷宫堡群中最大而最豪华的佼佼者。

在大片密林中，古堡已有逾五百年的历史，它是 12 世纪布卢瓦（Blois）伯爵的狩猎行宫，几经易手，落入 Francis Ⅰ之手，他爱上其优美而宁静的景色，1526 年他令 Nepveu 着手改建。外围是长 31km 的城墙，围着 5440 公顷的范围，有森林和沼泽。在 156m×117m 的面积内，三面的平房围着近于方块的三层主体。四角是突出的圆形塔楼（这是由防御性的堡垒转化为别墅的一种变形），上面是高高的圆锥体屋顶和采光亭，四坡顶也是陡峭的，三层的立面采用了意大利柱式和券拱为装饰，加上烟囱和老虎窗，使整体变得丰富而变化，总高度达 56m。

主体建筑按纵、横轴线对称划分为四个相同的单元，每单元为矩形同圆形相切的形状，由中间十字形的通道联系。十字中间为 Da Vanci 所创作的双向螺旋楼梯，上、下行互不干扰，为 Francis Ⅰ所喜爱。外围平房重复四角圆形的主题，群房外走廊，内分为单元式布置，每单元有大小间和厕所，总计全堡 440 间房，365 个壁炉（从外形看可见繁多的烟囱），77 座楼梯。

工期其说不一，分别为 1526～1544 年，1519～1547 年，1518～1537 年，总之于 Francis Ⅰ去世时尚未完成，后由 Louis XIIII（1638～1715 年）时将寝宫、教堂及内院于 1668～1685 年完成。

在卢亚尔河谷，除了 Chambord、布罗瓦（Blois）、安布瓦兹（Amboise）、维朗德利（Villandry）由 Francis Ⅰ所经营外，还有跨 Le Cher（谢尔）河而建的舍农索城堡（Château de Chenonceaux），这座由 Briçonnet, K.（布尔松内）夫人始建的"女士的城堡"，历经五位女士之手，风格不免显得温柔妩媚，而几百年间，堡内演出不少恩怨的故事。而位于支流 L'Indre（安德尔）河中一个小岛上的 Azayle-Rideau（阿宰勒·里多）城堡，则由财政大臣贝特洛（Berthelot, G.）所建，同样由其妻 Les Bahy, P.（莱斯巴伊）操持，所以也显得一派娇俏，此外还有 17 世纪时法国古典风格的 Cheverny（歇维尼）堡。

132. Siloé，Diago de 西洛埃（约 1495～1563 年）

他的父亲 Gil de（吉尔·迪，？～1501 年）是布尔戈斯（Burgos）哥特式雕刻学派的中心人物，但他并未能受到教诲和影响，因为父亲逝世时他才六岁。青少年时到佛罗伦萨学习后,到那不勒斯工作了一段时间,1519年回到布尔戈斯。

在布尔戈斯的创作全是教堂,一回到家乡,便为圣马利亚教堂(Santa Maria del Campo)的塔楼和祭坛作雕刻和设计,后来更为教堂作了金梯(Escalera Dorada/Golden Staircase),于1526年完成。

1528年到格拉纳达(Graneda),设计了以宏伟著称的大教堂。教堂共有五个殿堂,以其内部空间的象征性力量,标志银匠式发展达到顶点,特别的是以圣乐乐谱作为装饰布置于墙面。立面方面,下部为哥特式,上部则为文艺复兴式,他虽然受到Donatello(约1386~1466年)和Michelangelo(1475~1564年)的影响,但并非因循守旧,而将哥特式、文艺复兴式同西班牙穆斯林式三种风格最优秀的元素作出综合,形成西班牙穆斯林(Spain Moslem)的穆迪扎(Mudéjar)风格(在阿拉伯文,意为"残留"之意),此风格已发展到顶点,亦预示着下阶段的到来。大教堂至1543年完成,但1652年由Cano, A.(1601~1667年)改建立面。

其后,他在乌韦达(Ubeda)的萨尔瓦多(Salvados)教堂、洛扎(Loja)的圣加布利埃(San Gabriel)教堂和瓜达克斯(Guadix)的主教堂都体现格拉纳达主教堂的设计因素。

他为早期银匠式风格(Estilo Platersque)的装饰纹样的发展开辟新途径,而使银匠式建筑风格达顶峰,他成为西班牙文艺复兴时期最杰出的建筑师之一。

133. Machuca, Pedro 马秋卡/马丘卡(活动于1517~1550年间)

安达卢西亚(Andalusia)地区的格兰纳达(Granada)是穆斯林占领伊比利亚半岛最后领土的首都。在一座险峻的山头上,柏柏尔人(Barbarian)的伊斯兰王朝在1333~1354年(一说1338~1358年)间兴建了一座宫殿—阿尔罕布拉宫(或译艾勒哈卜拉宫/Alhambra或Alcázaba,阿拉伯语意为"红色石围墙",因此又称为"红宫"),它是堡垒,也是宫廷。有名的柘榴院(Patio de los Arrayaneo或译桃金娘院,爱神木院,又称玉泉院)和狮子院分列于前朝和后殿,既堂皇又精致,既忧郁又奢华,统治的异族在里面度过着忐忑不安的末日。

直到1492年,摩尔人被驱走后,部分被清拆或破坏。1516~1556年查理五世下令重建,让Machuca辟出查理五世广场(Palacio de Charles V)和文艺复兴形式的新宫殿。广场外方内圆,仿圆形剧场,有两层柱廊,这样的生搬硬套,始终不为人所接受,因而未完工。1812年红宫被拿破仑的军队所破坏,1821年又遭受地震,1828年修复。

现存城堡、帕尔塔诺(Partel)庭园、哈内拉里发(Generalife)庭园及查理五世宫殿。

134. Torralva, Diago de 托拉尔瓦（约 1500~1566 年）

16 世纪的伊比利亚半岛，虽然已由信奉天主教的几个王国收复被哈里发占领的土地，但几百年摩尔人的意识形态仍存在，同时，哥特式的建筑风格尚未完全衰退。

Torralva 在葡萄牙王国的设计有：

埃武拉（Evora）的圣母恩典女修道院（Augustinian Convent of Santa Maria da Grace，1530~1560 年）。

西班牙的阿尔坎塔拉（Alcántara）的圣阿马劳朝圣者教堂（Pilgrim's Church of Santo Amaro，1549 年）。

巴尔维达（Balverda）的耶稣教堂（1550~1560 年）。

贝天内（Betene）赫罗尼伊联合修道院（Jerony Unite Monastery）的死亡礼拜堂（Capela Mor/Death Chapel）。

托马尔（Tomar）基督教团女修道院（Convent of the Order of Christ）的若昂三世回廊（Choister of João Ⅲ，1558 年）。

135. Cellini, Benvenu 切利尼/契里尼（1500~1571 年）

出生于佛罗伦萨，当过金匠、铸压师和雕刻家。

1540~1545 年在法国时一度入法籍，当时他和画家 Primaticcio，F.Ⅰ.（1504~1570 年）一起为法国国王 Franccis Ⅰ（1494~1547 年）将枫丹白露（Fontainbleau）原王家狩猎驻留地改建为离宫，并加以装饰（1543 年），他担任雕塑工作。又为卢佛尔宫（Palais du Lonvre）铸造铜质弦月窗（lunette）。

回到佛罗伦萨，专心从事雕塑，其中有仍保存在统治广场（Piazza della Signoria）的佣兵凉廊（Loggia dei Lanzi）内的"帕尔塞俄"（Perseo）——就是那尊手提女妖头颅的希腊英雄的铜像，Perseo 于希腊神话称 Perseus（柏修斯），他杀死了女怪美杜莎（Medusa）。至今在佛罗伦萨的阿尔诺（Arno）河边的古桥（Ponte Vecchio）旁，有他的半身胸像。此外还作了"阿波罗"、"希亚新特"（Hyacinta）石像（1546 年）、"纳尔西苏斯"（Narcissus）（希腊神话的美少年，因爱上自己水中的影子而淹死，最后变为水仙）（1546~1547 年）和"阿尔托维蒂"（Altoviti）半身铜像（约 1550 年）。

他崇拜 Michelangelo，而厌恶 Vasari（1511~1574 年）。

晚年，他写《自传》（Trattato dell'orefieria）及《论雕塑》（Trattato della Scutura）。

据说他是个"大众情人"，又曾因谋杀一位商业的竞争者，以致多次逃亡，1556 年被判终身监禁。

136. Primaticcio, Francesco II 普利马蒂齐（1504～1570 年）

又名 Bologne, Le Primadizzi 或 Bologne, Le Primatice（布洛尼）。

意大利风格主义画家，建筑师。

曾随 Romeno, G.（1492～1546 年）学习，并协助他装饰曼图亚丁字宫（Palazzo del Tè in Mantua）。

法国国王 Francis I（1494～1547 年）重建枫丹白露宫时，Romeno 推荐他代替自己到法国从事室内装饰和绘画，其中包括舞会厅（Salle de Bal）。他把 Romeno 的风格融于壁画和壁饰中。他又设计了国王卧室（Cabinet du Roi），埃达姆公爵夫人室（Bedchamber of the Duchesse d'Etampes）和尤利西廊（Galerie d'Ulysee 或称亨利二世廊 Galerie Henri II）。为购置艺术品，他花了两年时间驻留罗马。

1568 年他为枫丹白露宫加侧廊，一反常规——在底层用 Corinth 柱式，而在二层用了 Tuscan 柱式。

此外他装饰了原由 Fiorentino, Rosso（菲奥伦利诺）于 1540 年兴建的卢瓦尔堡（Loire Château）。

在巴黎圣但尼大教堂（Saint Denis）设计了亨利二世陵墓［Tomb of Henry II，同雕刻家皮隆（Pilon, G., 1535～1590 年）］——风格为哥特式同巴洛克之间。

1557 年又为巴黎吉斯府邸（Hôtel de Guise）的礼拜堂绘制风格主义的天顶画。

137. Mirak Mirza Ghiyas 米拉克·米尔扎·吉亚斯（活动于 16 世纪上半叶）

1530 年蒙古人的后裔巴伯尔（Bābar, 1483/1485～1530 年）在印度建立莫卧儿（Mogul/Mughal/Mughul）王朝，Bābar 死后，其子胡马雍（Humāyūn）于 1530～1556 年在位，其后阿克巴（Akbar）于 1556～1605 年继位，他们都信奉伊斯兰教。

当时的首都在阿格拉（Āgra），1529 年他参加阿格拉和杜尔普尔（Dhulpur）的建筑，水上宫殿［可能由丁帕纳哈（Dimpanah）规划］。

胡马雍 1556 年因摔伤致死后，1564 年在德里建其陵墓，他将波斯建筑的特征融入印度建筑中——双层穹隆，但嫌不够高耸和丰满，四周的八边形楼阁亦稍大些，基座很舒展，周围配以绿化的庭院。

138. Vignola, Giacomo Borozzi da 维尼奥拉（1507～1573 年）

又称 Giacomo, Barozio/Barozzi 贾科莫。

画家出身，学于波伦亚（Bologna），30年代到罗马，为Vitruvius的著作绘插图。1541～1543年去法国，在巴黎的宫廷和枫丹白露离宫工作。回意大利后在波伦亚建波契（Bocchi）府邸，1550年到罗马担任教皇的建筑师，1555年以后主要为法尔内塞（Fernesa）家族工作。该家族于1545～1731年统治帕尔马（Palma）公爵领地。

他主要的成就是制定柱式规律，1562年编成了《建筑五柱式》（Rogole della Cinque Ordini）。这是一本确定柱式规范的手册，简洁明了，逻辑性强而实用，且有插图显示。比之1526年西班牙的Sagredo, Diego de（萨格雷多）的论述和稍后法国的彪隆（Bullant. J, 1520～1578年）的著作，以Vignola的为最优。其后几百年间，该书普遍成为教材，建筑界奉之为金科玉律，他成为柱式规范的制定者。1583年出版了他写的《实用透视画法》（Le due Regole della Prospectiva Pratica）。

虽然他制定了柱式规则，但在实践中他不但不按规律而更离经叛道，作品中充满矛盾，对自己不作约束。且看他为教皇尤利亚三世所作的别墅（Villa di Papa Ginlia，1551～1555年），长约120m的长方形的地段内，一反四合院的传统府邸的形制。临街的外立面也是方方正正的，入到门楼内，却是半圆形的柱廊托着半圈楼房，再入内，楼房伸延再围成一个近方形的大院落，第二进的庭院也是半圆形的，同前面的布局互相呼应，但大小和形状却不类同，中心相应的是半圆形，以一对对装饰性柱式和环抱着的水池为焦点。因为地势不平，逐步下降，他利用高低宽窄的变化使景观变化，打破大纵深的闷局而予人以有层次感和惊奇的感受，再加以柱廊、台阶、池水、山岩的配合，既富节奏又严谨，且内外空间融合，比之文艺复兴盛期的邸宅，又进了一步。

另一座别墅是在罗马郊区卡普拉罗拉（Caprarola）的法尔尼别墅（Villa Farnese）。原由Peruzzi, B. J.（1481～1536年）作平面，Peruzzi逝后，1559年改由Vignole实践。这座原大堡垒五边形平面地基上，存在着已无实用价值的护壕、吊楼、角楼等残余。糅合了法式城堡和意大利府邸的混合型别墅，Vignola肯定起到决定性作用。

再看他后期的名作——Il Gesu（罗马耶稣教堂，1568～1584年）。按照天主教会的规定，平面务必要用拉丁十字形。该教堂的中殿宽，侧廊作为几个小礼拜堂之用，基本上是矩形的，布局完美，被天主教会定为典型，并被广泛仿效。教堂于1602年由Porta, G. d.（约1537～1602年）最后完成，在立面上，使用了双重山花、双壁柱和大涡卷，更有壁龛和雕刻，在建筑界则认为是巴洛克风格的肇始。

其风格多变。又将空间雕塑化。他认为墙面不但是空间边界，而本身则成为外空间，如在尤利亚三世别墅，大型粗面石正门同上方楣构成一片统驭整个的立面。

他和 Palladio，A.（1508～1580 年）、Romano（1492～1546 年），上承意大利风格主义，下启巴洛克风格，被视为巴洛克建筑三大师。

其他设计，除早年在波伦亚（Bologna）的波契宅（Bocchi）外，还有：

诺奇亚（Norcia）的大城堡（Castellina，1554 年）。

罗马的圣安德烈亚教堂（S. Andrea，1551～1555 年），同 Vasari（1511～1574 年）和 Ammanati（1511～1592 年）合作——矩形平面，椭圆形穹顶。

维特波 Viterbo 的兰特别墅（1562 年）——文艺复兴式花坛庭园、喷泉及冰冷石桌——小而出色，精工之作。

圣安娜帕拉弗兰尼埃里教堂（Sta Anna dei Palafrenieri，约 1572 年），椭圆形平面为 17 世纪巴洛克建筑师所采用。

139. Palladio，Andrea 帕拉第奥/帕拉底欧（1508～1580 年）

原名 Gondola，Andrea di Pietro della（贡都拉）。

维内多（Veneto）人，早年任磨石工，得到维琴察贵族、诗人特里西诺（Trissino，G. G.，1478～1550 年）的赏识和提携，走上建筑设计的人生道路。投桃报李，Palladio 为之设计了一幢别墅。

他平易近人，不搞副业。是位人文主义者和理论家，对古代和谐比例研究得最深，而按和谐比例的理论设计，强调对称和谐自然法则，其作品清晰明了，井井有条、宁静整齐，均匀对称。

他于 1540 年开始搞设计，在 40 年的生涯中，约略可分三个阶段：

（1）在维琴察（Vicanza），主要是一些民用建筑：

维琴察巴西利卡〔（The Basilica，Vicanza）这是法庭，不是教堂〕的改建（1549～1614 年）是具深远影响的杰作。早在 1444 年已经建成的哥特式大厅，其原开间不大适合要求，他稍改动结构，调整空间，以适应券柱式，再加上楼层及底层的外廊，以水平划分，又用叠柱式，最后以铜质的船底形顶作为结束。这种大柱间的发券，是把券脚支于两小柱之上，以大柱为主，小柱为辅，券柱配合。这种构图，后被广泛应用，遂称之为"帕拉第奥主题"（Palladian Motif）（如右图）。

巴西利卡面临市政广场（或称领主广场 Piazza dei Signori），广场对面是统帅府，1571 年在府外加三开间凉廊（Loggia del Capitaniato），广场另一边是评理府（Palazzo della Regione），这座建于 1218 年的建筑拥有当时欧洲最大无间隔的大厅，80m×27m×27m（高）。

奇耶利卡提宫（Palazzo Chiericati，1550年），该宫四面环水，工程延至1680年完成，19世纪增新翼，现作为市立博物馆。

法马拉纳邸（Palazzo Valmarana，1566年），但只完成了原设计的1/3。

由当地奥林匹克学院委托兴建的奥林匹克剧场于他逝世前才设计。这是一项创举——将古来希腊、罗马的露天剧场搬入室内，开创室内剧场形制，半圆形的观众席，上有半球形逼真的天顶，外表看不出的、位于旁边的是音乐台，而舞台上的布景是固定的。舞台正面有三个门，两侧又各一门，透过门洞各绘上街景，利用透视法展现出来。剧场由其弟子Scamozzi（1552~1616年）完成。1618~1628年在帕尔马（Palma）的法尼泽剧场（Teatro Farnese）仿效它。

维琴察市民为了纪念他，将维琴察称之为"帕拉第奥城"，城中竖立了其立像。

（2）在威尼斯，主要是宗教建筑：

15世纪70年代开始，他往还于维琴察与威尼斯间。首先他为威尼斯学院的画廊（Gallerie dell'Accademia）中庭中加建两个回廊中之一个回廊［另一回廊由Sansovino J.（1486~1570年）于后来设计］。随后他设计了San Giorgio Maggiore（伟大圣乔治教堂，1565年），教堂位于同圣马可广场遥遥相望的圣乔治岛（Isola dis Giorgio）上。这也是巴西利卡形制，仿照罗马古典风格，白色石面的正立面以四根巨柱（Ordine Gigante）和三角山墙将中间部分托起，两侧重复以小得多的双壁柱支起小山花，整体比例和谐，成为他的杰作之一，同样，也由Scamozzi于1610年完成。

另一座教堂——葡萄园圣方济各教堂（San Francesco della Vigna、原由Sansovino, J. 于1534年设计）他于1562~1572年完成立面。

此外为罗马风的救世主教堂（Il Redentore）加穹顶的采光亭和总督府（Palazzo Ducale）的四个门厅做天顶设计［由Timtoretto, J.（丁托列托）1518~1594年绘制］。

（3）在威尼托地区（Veneto，威尼斯Venezia以西北的大陆部分），主要是一些庄园府邸和别墅：

威尼斯商人因为资本主义的发展受到抑制，改向土地贵族转化，自然向沿亚得里亚海（Adriatic Sea）一带的大陆广袤的土地发展，于是庄园府邸便应运而生，威尼斯人于乡间购置庄园，将工作农场和雅致的住宅相结合，成为一种新的建筑项目。

早在50年代，他开始设计之初，便已有庄园之作，如：

提也内（Thiene）的戈迪别墅（Godi Mulinverni，1540~1550年），但只完

成一侧楼。

巴戈罗（Bagulo）的皮萨尼别墅（Villa Pisani，1544年）。

菲勒·达·阿古利亚罗（Firele di Agugliaro）的萨拉切诺别墅（Villa Saraceno，1545年）。

波亚纳（Poiana）的马焦雷别墅（Villa Maggiore，1549年）。

伊塞波府邸（Palazzo Iseppo da Porto，1552年）。

布兰塔运河（Il Canale del Brenta）附近的佛斯卡列别墅（Foscari，又称马孔坦塔 Malcontenta，1560年）。

阿索罗镇（Asolo）马瑟尔（Masèr）的巴巴罗别墅（Barbaro，1555年委建）——乡间住宅为主体，以拱廊同两侧农庄相通。色彩大师 Varonese，Paoto（维洛内些，1528~1588年）参与。

巴巴拉诺府邸（Palazzo Porto Barbarano，1570年）。

法兰哥堡（Castlefranco）的埃莫别墅（Emo）。

他最早将庄园邸宅的平面系统化，创造出不同类型的典型设计。

其中最有名而具影响的是"圆厅别墅"（Rotunda 罗坦达，又称卡普拉别墅 Villa Capra），它始建于1552年，位于维琴察郊外的一个庄园中，正方形的平面内套以中心的圆厅，外形四面都同一形式，不分主次，内部亦对称布置。宽大的台阶直达主层（Piano Nobile——一般是在第二层）的六柱廊，各自进入门厅，柱廊上三角形山花，面面都一样，最后由圆厅升起的鼓座和圆锥形攒尖顶作结束。平面上和立面上，三角形、方形、圆柱和圆顶，各种几何形体的结合。虚实相间、互相渗透，比例和谐，构图严谨，从外形看统一而完整。他把集中式格局用于居住建筑上。但从功能上看，忽视了居住的功能，再从整体来看忽视了环境和位置，只追求对称完美，不免流于形式主义了，但是却被一些人视为尽善尽美之作，大肆模仿达四百年之久，在伦敦，在圣彼得堡而至在德里都有仿作。

除了以上类型，他还设计过：乌迪内（Udine）的波拉尼拱门（Arco Bollani 1556年）、布雷西亚（Brescia）凉廊广场上部分建筑和凉廊、格拉帕·巴桑诺（Bassano del Grappa）的阿尔卑斯山士兵桥（Ponte degli Alpini，1569年）。其遗作是马瑟尔的礼拜堂，圆形平面的小小建筑，一样用上大型建筑的穹顶和采光亭，和大得同整栋建筑差不多大的带山花的六柱门廊，小题大做。他很喜欢采用带三角山花的柱廊，一有机会就用上，将神殿正面处理用于别墅入口。他也喜欢用巨柱式，又喜欢以中间券洞带两旁矩形的形式，即帕拉第奥主题。又如塞利安窗 Serlian，亦称帕拉第奥窗［这种窗始见于戴克里先浴场 Diocletian（302年），所以也称浴室式窗 thermac window］。

为了掌握古代罗马建筑的精髓，多次亲赴罗马实地测绘古建遗址，并写下有关著作:《古罗马遗址》(Le Antichitá di Roma delle Architectura)(1554年)是一本古建测绘图集,《建筑四书I》(Quattro Libri dell'Architectura)(1570年)是研究古代建筑的总结,书中有五种柱式和他自己的创作。在实践上,将考古的兴趣运用于设计中,另一方面他也有所创作,如最早将桁架实用于桥梁设计中。

他推崇实用、坚固、美观三要素。他认为"美,产生于形式,产生于整体和部分、部分和部分、部分和整体的协调"。

他早期的作风较朴素,后期较多装饰。

其"建筑服从理性,应遵循古建原则"的主张成为帕拉第奥主义(Palladianism),影响至18世纪。其嫡传为斯卡莫齐Scamozzi,而真正师承者是Bernini, G. L.(1598~1680年)和英国的Jones, I.(1573~1652年)。

17世纪出现的新帕拉第奥主义者有:Campbell(1676~1729年)、Kent(1685~1748年)、Burlington(1699~1753年)、Knobelsdorff(1699~1753年)、Wood, J.(1704~1754年)、Cameron(1743~1812年)、Jefferson(1743~1826年)、Quarenghi(1744~1817年),而至Flitcrot、Morris, R.、Paine、Ware等。

140. Goujon,Jean 古戎/顾炯(约1510~1568年)

主要以法国文艺复兴盛期的雕刻家身份见称,同时他也是画家、建筑师,并从事翻译。

1540~1542年活跃于鲁昂(Rouen),1543年回到巴黎,同Lescot(约1515~1578年)一起建卢佛尔宫,其中有雕塑作品:水神喷泉(Fountaine des Innocents)、六仙女(Six Relief Figures of Nymphs)、无罪喷泉、山泽女神("泉"、"仙女")等和卢佛尔宫旧正门上的浮雕(约1549~1553年)——19世纪修复时不慎损坏。在大厅内的作品最宏伟,尤其圆形走廊的女像柱十分精致,衣纹似随风飘动,在顶楼的部分最为精致,由早期的较拘谨转为自然而从容。又创作"耶稣降架半躺图"(Deposition)和布列兹公爵陵墓。

瓦勒德瓦兹省(Val D'oise)的埃古恩堡(Château d'Ecouen)的大门入口(1545年)——最早将各种柱式正确组合。

其作品有韵味,具音乐的节奏感,而反映鲜明的人文主义,对中世禁欲主义作出挑战。

协助让·马丁(Mantin, Jean)翻译Vitruvius的著作(法文版)并绘插图。

宗教改革,因参加加尔文教派(Calvinism)遭天主教迫害,1560年逃亡国外到意大利的波伦亚(Bologna)。

141. Tribolo 特里保罗(活动于16世纪中叶)

在佛罗伦萨,阿尔诺河(Fiume Arno)的左岸,耸立着一座碧提宫(Palazzo Pitti），Brunelleschi（1377～1446 年）设计时为 Pitti 家族所有。后被 Medici 家族收买，于 1560 年让 Ammannatti（1511～1592 年）扩建，面积增大了三倍。

当 1550 年新主人住进时，便委托 Tribolo 将宫殿南面山坡上的一片庭园进行扩充规划。该片土地原属 Boboli 家族于 1441 年开始经营，已初具规模，Tribolo 将宫南至西南一带近乎三角形的坡地，按几何图形分为大小块状，除广植花木外，还辟池塘岩穴，立喷泉雕像，借远近景色入园，在园中可俯览佛罗伦萨全城佳景，园名为"波波里御园"（Reale Giardino di Boboli），不但园冠全城，更是意大利北方第一名园。

142. Ligorio，Piero 利戈里奥/李高流（1510～1583 年）

那坡里人，画家、建筑师兼园艺家，还是位文物收藏家，著有关罗马文物藏品的专集。

他经手许多庭园设计：

罗马蒂沃利的埃士特别墅［Villa d'Este，"东方别墅"（Tivoli）的庄园规划，1550～1569 年］，有喷泉和台地花园，其水法由 Olivieri, Orazio（奥利弗里）主持制作，计喷泉 500 余处，又有水风琴❶（Fontana dell Organo），利用水压系统演奏音乐，最高喷泉有四层台。

教宗庇护四世（Pius IV）邸宅和梵蒂冈花园内小别墅（Casino，1558～1560 年，现教廷科学院）。

梵蒂冈教皇宫（Vaticon）的部分庭园（1559～1565 年）。

兰西洛蒂宫（Lancellotti Palace，1560 年）。

梵蒂冈宫内松果园（Giardino della Pigna）和美景园（Cortile di Belvedere，1560～1565 年）。

保罗三世塔（Tower of Paul Ⅲ，1560～1565 年）。

庇护四世的小宫（Palazetto of Pius Ⅳ，1561～1564 年）。

拉特兰的圣约翰教堂（San Giovanni in Laterano 313～320 年所建的巴西利卡，早期基督教式，罗马第一座较大的基督教堂）的北十字耳堂（North Transept，1564 年）。

萨皮恩轧（Sapienza）大学的庭院（1564～1565 年）。

钦契宫（Cenci Palace，1564 年）。

费拉拉（Ferrara）的亨利三世拱门（Arches for Entry of Henry Ⅲ）。

1560 年被尊为罗马荣誉市民。

---

❶ 最早的水风琴源于前 3 世纪亚历山大的克特西比斯（Ctesibius）。

143. Vasari, Giorgio 瓦萨里（1511~1574年）

出身于陶匠家庭的 Vasari 兼具三种身份：

（1）画家——得到 Medici 家族的提携，师从 Marcillat, Guglemo de（马西拉）。一生勤奋，绘画很多，属风格主义，但画风轻飘肤浅，无色彩感。比较有名的画作有：佛罗伦萨主教座堂（Duomo）大穹顶的"末世审判"［Gindizio Universale, 1572~1574年同 Zuccari/Zuccaro/Zuccheri, F.（祖卡里，约1540~1609年）合作古宫（Palazzo Vecchio）五百人大厅（Salone dei Cinquecento）内的壁画、罗马的"Cancelleria"（So-called 100 days Fresco/百日壁画）］。

1562年他成为佛罗伦萨绘画学院创办人之一。

（2）建筑师——他是托斯卡纳（Toscana）公爵的建筑师。

1540年由建造自己的住宅（Casa del Vasari）开始，自然，不忘绘上壁画。

同年，他将古宫（Palazzo Vecchio）由托斯卡纳哥特式改建为文艺复兴式，同时也装饰了五百人大厅，后 Buontalenti（约1536~1608年）也有参加此项目。

1550年在阿列佐（Arezzo）圣沙维诺山（Monte San Savino）设计了翡冷翠城门（Porta Fiorentine），而当地大广场的拱廊则是1573年加建的。

1560年，Medici 家族的 Cosimo I 令他在阿尔诺河边兴建共和国的办公大楼，他设计的平面为两栋平行的长方条形大厦，临河的南面为高大的拱门廊，整体成为凹字形，工程由1561年至1580年，共进行了20年。其间于1565年，他沿河边加建一条封闭式的走廊通过古桥（Ponte Vecchio）的上层，直通对岸的碧提宫（Palazzo Pitti），这条被称为"瓦萨里走廊"（Corridoion Vasariano），成为 Medici 家族的私有通道。后来，1580年，家族的 Francesco 委托 Buontalenti 将大厦改为画廊，分隔内部宫殿，并重新装饰，就是现在的乌菲兹美术馆（Galleria degli Uffizi）。

1561年，Cosimo I 令他将比萨城中的卡瓦列里广场（Piazzi dei Cavalieri/骑士广场）重行翻新，次年建圣斯蒂芬骑士团（Cavalieri di San Stefeno）总部大厦，1565~1569年加建圣斯蒂芬教堂，使整个广场呈现和谐和完美。

Michelangelo1564年逝后，遗体安葬在佛罗伦萨的圣十字堂（Santa Croce）内。1570年 Vasari 为他设计和创作了陵墓。墓前有 Michelangelo 的胸像，而 Michelangelo 于1523~1526年建造的劳伦齐阿纳图书馆（Biblioteca Laurenziana）的入口（连大台阶）也由他和助手们完成。

此外阿尔诺左岸奥特拉诺（Octrarno）的圣福堂（Santa Felicita）的门廊是他于1564年加建的。

他认为规则性和对称性是不容置疑的原则，他说："真正的建筑美感应存在于更明快的调和的造型中。"

对于哥特式,他极端厌恶,他说这是"布满层层叠叠的糟糕的小建筑","夺去建筑物所有比例的装饰物",他说哥特式是"冠以杂乱之名的巨大而野蛮的作品"、"蛮族将这些该死的建筑物遍布意大利"。

(3)作为美术史家,他于1543年便开始研究意大利文艺复兴以来各艺术家的事迹并着手写作,1550年他完成并出版了《意大利杰出建筑师、画家和雕塑家传》(Le Vite de Piùeccellenti Architetti, Pittori et Scultori Italiani/Lives of Most Emienent Italian Painters, Sculptors and Architeets)(三卷),1568年该书再版。

他把文艺复兴艺术的诞生分为三阶段:①孩童期——乔托的影响;②青春期——马萨乔领风骚;③成熟期——三杰摆脱"自然的羁绊"。

他是第一位美术史家,也是文艺复兴的宣传员。

144. Ammannati, Bartolomeo 阿曼纳蒂/安马那提/阿芒纳提(1511~1592年)

同当时的其他人一样也是雕塑家兼建筑师。可能在比萨随雕塑家 Bandinili, B.(班迪内利,1493~1560年)学艺,后来到威尼斯,一度参加 Sansvino, J.(1486~1570年)的圣马丁图书馆工程。

他是对16世纪佛罗伦萨流行的风格主义极有影响又有革新精神的实践家之一。其承担的工程主要为:

在佛罗伦萨:1559年完成由 Michelangelo 于1523~1526年建造的劳伦齐阿纳图书馆(Biblioteca Laurenziana)的砂岩楼梯。卡埃塔尼(Caetani)家族宫殿之中庭(1560~1570年),其石材取自波波利(Boboli)花园,取材后凹洞成为圆形剧场。统治广场(Piazza della Signoria)的海神喷泉(Fontana degli Nettuno,又称广场喷泉 Fontana di Piazza,1563年)。广场上除了白色石雕的海神外,还有 Michelangelo 的大卫像(复制品)等多座雕塑作品,广场1944年受损,1957年修复。阿尔诺河上的圣三一桥(Ponte Santa Trinta),13世纪建时是木桥,1567~1569年由他改建为三拱石桥,同样也是于1944年受损,1957年修复。1560年他扩建碧提宫(Palazzo Pitti),将原 Brunelleschi(1377~1446年)的设计面积扩大了三倍,并对内廷立面重新修饰,他按照 Alberti(1404~1472年)的手法,将门窗洞置于壁柱间居中央,而三层的石墙面全以粗琢装饰,同以往下粗上细的做法不同。在佛罗伦萨还设计了普奇(Pucci)大厦。

其风格精确、严密而雅致。

在帕多瓦(Padna),设计了遁世的奥古斯丁修会(Augustinian)的隐修大教堂和博物馆(Chiesa degli Erenitain e Muse Livico Eremitani),还有贝纳维代斯(Benavides)墓穴。

1578 年为卢卡（Lucca）的公爵府（Palazzo Ducale）加上柱列。

此外，在比萨为主教堂的祭坛加上弧面窗（lunette）❶。

145. Riccardi，Gabriele 里卡迪（活动于 16 世纪中叶）

位于意大利东南萨伦蒂纳半岛（Peninsula Salentina）的莱切（Lece、或译雷契），曾是古罗马帝国的重要地区，在中世纪并建立深厚的学术传统，16～17 世纪时，半岛一带的建筑形式自成一格，多属莱切巴洛克风格。Riccardi 和稍后的 Zimbalo, G.（17 世纪中叶）都是该流派的大师。

Riccardi 设计了莱切的圣十字教堂（Santa Crose），始建于 1549 年，工程进行了 130 年，其后 Zimbalo（17 世纪下半叶）经手时，再设计其山墙和玫瑰窗。

146. Alessi，Geleazzo 阿莱西/阿勒希（1512～1570 年）

16 世纪的热那亚共和国（Republic Genoa）属奥斯曼帝国（Ottoman Empire），拥有利古里亚海（Ligurian Sea）濒海一带及科西嘉（Corsica）岛。基于交通和贸易地理优势，其国力足以同威尼斯共和国相抗衡。步入世纪后半叶，经济更为蓬勃，建筑业也因此兴旺起来，宗教建筑和居住建筑自然是火车头。15 世纪初文艺复兴艺术在佛罗伦萨兴起，各地纷纷兴建文艺复兴式的府邸，但是所建的住宅都是方方正正、规规矩矩的，缺乏生气和活力，百多年来进步不大。

Alessi 活动于热那亚和米兰一带而至佩鲁贾（Perugia），其作品有：

在热那亚：康比亚苏别墅（1549 年）；圣马利亚-迪-卡利亚诺教堂（Santa Maria di Carinamo，1552 年计划，1572 年才动工，至 1603 年完成），采用拜占庭式梅花形平面、集中形制；格里马迪别墅（Villa Grimadi，1555 年）；多利亚府邸（Palazzo Doria，1564 年设计）；帕罗底府邸（1567 年）。

在米兰：马利诺府邸（Palazzo Marino，1557～1572 年），这是米兰最美丽的一座建筑（后成为市府）；卡诺布兰会堂的观众厅（Auditoris della Scuole Conobràne，1564 年）；圣伯多禄教堂的木构圣所（Wooden Tabernoche，1567 年）。

在佩鲁贾：主教堂（Duomo，1567～1568 年）；圣伯多禄教堂（San Pietro，1571 年）。

他带领一班门徒帮助他完成各项工程，其中特别应该提到的是热那亚的 Pa-

---

❶ lunette 又名弦月窗，新月形或半圆形，用于墙上或弧形天花上或作为壁龛，最早见于 310～313 年的罗马君士坦丁巴西利卡（Basilica of Constantine），Vignola 曾用于耶稣教堂（Il Gesu）（1568～1584 年）。

lazzo Doria（多利亚府邸），方案是由其弟子卢拉戈（Lurago, Rocco 16 世纪中叶）提出的，其平面基本上是四合院，首先在布局时先拟定结构格网，采用约 3.6m×3.72m 的近乎方形的模数，将内庭划分，然后扩展至内拱廊和大阶梯，就以这些交通面积为核心向外发展群房，再向外就是环绕三边的外花园。这样一来，整个格局便活了，群房的里外两面都是开敞的，内外渗透，优越于一般封闭式的府邸。而最突出的是将以往遮掩的楼梯变为主体，更是大胆的创举。虽然 Michelangelo 在设计劳伦齐阿纳图书馆时也曾设计过大台阶，但那时仅作为一个过渡的手段。现在，把阶梯提升到主体，而跨了一大步。此外，为适应高低不平的地势，从一入门便先登上台阶，再逐步升高，而前后互相呼应。以上种种，可见对府邸的设计水平已大大提高。

Alessi 和 Lurago, R. 等人是一群勇于开拓精神，在艺术形式和功能效果上都杰出的建筑师。

147. Ponte，Antonio da 庞特（1512～约 1595 年）

威尼斯大运河（Canal Grande）最美丽的桥梁首推利阿托桥（Ponte di Rialto）。原桥可追溯到 1173 年由工程师 Barattieri, Nicolò（巴拉提耶里）所建的可开合的木桥，它是威尼斯最古老的三座大桥之一。

经历了 400 多年，木桥塌了。当局决定改建为石桥，招标时有多人参加，其中包括 Michelangelo、Sansovino J.、Palladio 等人，结果被不见经传的 Ponte 获选。桥基用了 12000 根地桩，桥长 24m，桥中离水面最高 7.5m。桥中立大拱门（可上第二层），两旁 12 个拱廊，桥上 24 家彩绘的店铺。1588 年动工，于 1592 年完成。它以工程成就和建筑秀丽而著称，是文艺复兴时期的一项杰作。Ponte 因此被人们称他为"桥家安东尼"（其姓氏同桥是一词，意大利文 Ponte，即桥）。

他还设计了 1577 年被火焚后重建的总督府的最高会议厅（Sala del Maggiori Consiglio 长 54m，宽 25m，高 15.4m）和投票大厅（Sala dello Scrutinio）。

至于连接总督府和 15 世纪建的新监狱（Prigioninuove）之间"叹息桥"（Ponte dei Sospiri）有人认为是 Ponte 所设计，也有人认为是 Contin, Antonio 设计。这座全封闭的桥，只有镂空的小窗，外形采用巴洛克风格。被判刑后过桥不免叹息，因而得名。

Barattieri 于 1172 年还设计了在威尼斯小圣马可广场（Piazzetta）濒海处的双石柱——圣马可和圣迪奥多禄柱（Coloune di San Marco e San Teodoro）。

148. Bautista（de Toledo），Juan（托莱多的）包蒂斯塔（1514～1567 年）

生平不详，只知他精通数学，曾随 Michelangelo 在罗马圣伯多禄大教堂工作，其后又随人在尼德兰的瓦尔（Uaals）参加圣本尼狄克特修道院（Abbey of St. Benedict）工程。

他的独立工作有：德·博姆（D Böhm）新乌尔姆（Neu Ulm）的圣洗约翰教堂（St. John the Baptist Church）、美因河的德廷根（Dettingen am Main）的圣约翰和圣保罗教堂、美因茨（Mainz）比肖夫斯汉姆（Bischofsheim）的王者基督教堂（Church of Christ the King）、兰河的林堡（Limburg an der Lalm）的天主教神学院（Catholic Seminary）、诺尔登涅（Nordeney）的萨默教堂（Summer Church）、埃森（Essen）的圣恩赫尔贝特教堂（St. Engelberts Church）。

晚年，他设计了一座西班牙最宏伟的建筑，一座组织得完善的建筑综合体，一座让欧洲各国宫廷震撼、让路易十四决心争胜而兴建凡尔赛宫的杰作：

16世纪的西班牙王国由神圣罗马帝国哈布斯堡王朝（Habsburg Dominions）统治。为了取得西班牙王位继承权而发生战争（1557年"圣康坦（St. Quentin）战争"），结果西班牙战胜法国。1559年西班牙宣示正统令，1561年迁都马德里，腓力二世（Philip Ⅱ，1507～1598年）当政，他令Bautista设计宫殿，既为纪念战胜，也为皇室建立陵墓，并把修道院和教堂献给圣徒劳伦佐而建造这座多功能、多用途的建筑群。工程由1563年动工，Bautista逝后由Herrera, J. d.（埃雷拉，约1530～1597年）继任，其间Vignola（1507～1573年）也曾参加设计，工程于1584年竣工。

El Escorial（大宫殿/埃尔·埃斯科里亚尔）位于马德里西北48（一说42）km的野外，南北206m，东西161m，占地3.3公顷。为适应教堂的朝向，正门朝西。他将全座建筑物分为六大区。正西入门为一大庭院，左边（北）为大学和神学院，右边（南）为修道院，庭院之东为圣劳伦佐教堂，教堂北为中央政府办公所在，而教堂南为供宗教用途的空间、是围绕庭园的群房（Patio de los evangelistas）。教堂之东凸出一块是皇帝的起居部分。整个总平面像个炉算，象征劳伦佐被放在炉算烧死而殉教。其陵墓就在教堂的地下室，以铜棺挂在墙上，同皇族的陵墓在一起。Philip Ⅱ是个虔诚的天主教徒，有"戴王冠的修士"之称，他把自己的房间安置在神龛后的楼上，他礼拜时，只需打开窗户即可足不出户进行宗教仪式，房内只有一桌、一椅、一床和一个十字架。

教堂平面为希腊十字集中式。而各区的功能分明，区内办公、会议、教室、食堂、厨房、杂务都各有房间，并再辟出小院落，大的院落都有围廊。大空间如食堂、图书馆则安排在两个院落之间，使每间都有良好的采光和通风。平面布局有条有理，各得其所，完整紧凑，是多用途的大综合体。总计16个院落，89（86？）座楼梯，89个水池，逾300个间房，三个礼拜堂，1200扇门，2600个窗，走廊总长达16km。

高达 9.5m 的圆穹和西立面一对方形尖塔统率着天际线，再加上外围四角较低的方塔，整个轮廓颇有节奏，四周立面以无装饰的石块显现，却整齐简洁，只在正中大门以两层高的 Doric 壁柱和三角山花稍作装饰。Philip Ⅱ 要求"简单、庄严、高尚、尊贵"，占大面积的是窗户，更无任何装饰。整体以文艺复兴早期形式为主，并保留一些西班牙哥特式的传统，成为西班牙文艺复兴建筑的特征。人们称之为"埃雷拉风格"（Herrera Style）。

后来，卡洛斯四世（Carlos Ⅳ，1788～1828 年在位）时增建了王子邸（Casa de Infantes，1771 年）和两座别馆——阿瓦霍小屋（Casita de Abajo，1772 年）和阿尔里巴（Casita Arriba，1773 年）——由 Villanueva, J. d.（1739～1811 年）设计。

另有 Bautista Francisco（1594～1678 年）生平不详，只知他设计了圣伊西德罗（San Isidro）大教堂。

149. Floris Brother 弗洛里兄弟
Cornelis Ⅱ 康奈立（1514～1575 年）
Frans 弗兰（1516～1570 年）

他们原名分别为 de Vriendt, Cornelis 和 de Vriendt, Frans（德比昂）。

有些书只用其名 Cornelis（康奈立），其实是一人。

佛兰芒（Flamish）艺术家族杰出者，均就学于罗马。兄为建筑师兼雕刻家，弟为画家。凡工程由 Cornelis 设计，由 Frans 作画。

安特卫普市政厅（Hôtel de Ville/Stadhuis）原建于 1442～1444 年，哥特式。工程由左右两侧分别施工，但由于失误，致 90m 高的尖塔倾斜，大门又不在正中。加上建筑师本人不满尖塔之造型，由于责任心，跳楼自杀身亡。工程停顿逾百年后，由 Cornelis 重新设计（1561～1565 年）。

矩形平面，四层。作为基座、底层粗石面配圆拱窗，上三层叠柱式，第四层层高较矮，但在正中较大的三开间却打破了水平分隔、扩大了的开间，采用了哥特式的山花，而居统率效果。此种形式后来成为尼德兰建筑的范本。工程由 Scarini, Nicolo（斯卡里尼）和 Du Foys, Loys（迪·富瓦）实施。

他们还制作了图尔奈（Tournai）教堂唱诗班的屏幕及丹麦王腓特烈一世（Frederick Ⅰ）和克里斯蒂安二世（Christian Ⅱ）的陵墓。

他们在北欧对文艺复兴建筑作出显著贡献。

150. Delórme/De Lórme，Philibert 德洛尔姆/德劳尔麦（约 1514～1570 年）

石匠之子。1533～1536 年在罗马，受到当时人文主义的影响，接受其观点,同时学习五种柱式,融会贯通,加上善于巧思而有所创建。

约 1541~1547 年,他为贝莱枢机主教(Cardinal du Belley)在圣莫尔-德-福塞(Saint-Maur-der-Fossés)设计别墅。其后的工程有:

在圣丹尼的法兰西斯一世陵墓(Tomb of King Francis I at Saint-Denis, 1547 年)。

达·阿内堡(Château d'Ant, 1547~1552 年),其中央入口非常夸张,以每边双柱的三层叠柱为装饰,其内的礼拜堂采用了希腊十字形制。

1548 年起他参加枫丹白露宫的扩建和谢尔(Cher)河上的拱桥。在这段时间,他是王太子—亨利二世(Henry Ⅱ)的建筑师,还当过建筑监察官,御用神甫和伊弗里修道院的院长。1559 年,Henry Ⅱ 逝后失宠,遂专心转向著作,先后写了:

《实用而经济的新发明》(Nouvelles Inventions Pour Bien Bastir et à Petits Frair)(1561 年)

《菲利贝尔·德洛尔姆建筑初集》(Le Premier Tome de l'architecture de Philibert Delórme)(1567 年),书中按建造过程中各种不同步骤顺序阐述,从选址至装饰细节都记载,但只出了初集。

1564 年他被宫廷召回,那时他开始设计杜伊勒里宫(Tuileries)的平面,并试图将 Tuileries 宫同 Louvre 宫连接在一起。Tuileries 宫后来经 Du Cerceau, J. A.(约 1520~1585 年)及 Le Vau(1612~1670 年)等人之手,但今已不存。

其他作品还有维耶科特雷堡(Château de Viller-Cotterets)的礼拜堂和他自己的住宅。

由他将意大利文艺复兴的艺术最早传至法国。

他提出许多值得实施的属于风格主义特点的想法,包括巨柱式。又根据法国石材质量较软的特点,在柱身上作装饰环,被称为"法国柱式"。

16 世纪后半叶,正值宗教战争——胡格诺战争(Huguenot Wars)时期(1562~1598 年),他和 Bullant, J.(约 1520~1578 年)是这时期法国主要建筑师,起重要作用。

151. Lescot,Pierre 莱斯科/勒士可(约 1515~1578 年)

出身于穿袍贵族,曾在枫丹白露宫学画,又精数学。对建筑,起初只是业余爱好,后来当上皇家的监工或管理员(Overseer of King),遂逐步成为设计者。

他最大业绩是重建卢佛尔宫(Palais du Louvre)。中世纪时卢佛尔宫原是菲律普·奥古斯特王的城堡(1190 年),有地下室及下水道,后来荒废了,该地区便成为混杂的地区，有教堂、学校、动物园、商店等建筑。至 16 世纪，Francis I 和 Henry II 先后下令拆改，1546 年 Lescot 开始动工，在地段的东端采用方形庭院（Cour Carré）的布局，到 1551 年只完成了西南角之两翼和西立面。他运用古典手法，将传统的法国建筑同古典建筑巧妙融合，创造出带装饰的法国独特风格。

但是他到底是"半路出家"，其作品的灵感，来自书本和法国各地的罗马遗迹，在具体的规划和设计上，都依仗年轻的 Du Cerceau, B. A.（1545～1590 年）。

他其他作品有：

利纳官邸（Hôtel de Ligners，1545～1550 年）〔同 Bullant, J.（1520～1578 年）〕——现称卡纳伐莱官邸（Hôtel Carnàvalert）❶。

圣热尔曼·奥克赛罗瓦里教堂（Saint-Germain-l'Auxerrois，1554 年），其屏障由 Goujon（约 1510～约 1568 年）制作。

因诺森喷泉（des Innocent，也称"清纯喷泉"）。

瓦勒莱（Vallery）别墅等。

他还担任小港（Petit-Port，1551 年）和新桥（Pont-Neuf，1578 年）的顾问（由 Du Cerceau, B. A. 设计）。

152. Paesschan, Hans Hendrick von 帕埃斯琴（1515～1582 年）

16 世纪中叶，文艺复兴盛期的建筑方兴未艾，意大利的 Serio（1475～1554 年）和 Palladio（1508～1580 年），法国的 Delórme（约 1514～1570 年）各自领导该国的建筑风尚，但在北欧，Paesschan 仍沿用哥特式风格从事设计——缩减结构尺寸以加大玻璃比例。他的主要作品有：

布鲁塞尔的布拉班特公爵府（Duke of Brabant's Palace，1560 年）。

安特卫普的豪瑟坦宅（Haeseaten Huis，1564 年）。

英国斯坦福德（Stanford）的伯拉利宅（Burghley House，1564 年）。

伦敦交易所（London Exchange，1566～1568 年）。

丹麦赫尔辛格（Helsingør）的克隆堡堡垒（Kronborg Castle，1574～1585 年），即莎士比亚《哈姆雷特》故事发生地。汶岛（Hven Island）的乌拉尼堡（Ureniborg）天文台❷（1576 年）。

---

❶ 法文的 Hôtel 不是旅馆，而是官邸。有时还作为市政府（hôtel de ville）和医院（hôtel Dieu）。

❷ 乌拉尼堡天文台是西方最古老的天文台，由第谷（Tycho Barhe）所创立。Tycho（1546～1601 年）是丹麦天文学家，原学法律，对科学及艺术喜好而擅长，开普勒（Kepler J，1571～1630 年）的老师。天文台由国家资助，建三层豪华楼房供工作、居住和招待贵宾，他最先广泛获得最可靠资料。建筑于 1597 年废。而我国的郭守敬（1231～1316 年）早 300 多年已改建登封告成的观景台并创造出多种天文仪器。

153. Bullant, Jean 彪隆/比朗（约 1520～1578 年）

1562～1598 年在欧洲，基督教内部发生宗教战争——胡格诺战争（Huguenot War）。这场战争主要发生在法国西南部，而延续了三十多年，在这段时间，Bullant 和 Delórme 是法国的主要建筑师，他们都是文艺复兴盛期向风格主义过渡的代表，而他偏爱浮华风格。

Bullant 就读于意大利，1540 年回国。1570 年成为卡特琳·德·美第奇（Catherine de Medici）的建筑师。

他在法国设计了：

1545 年在埃库恩（Ecouen）为蒙特莫朗西（Montmorency）建府邸。形象简朴，使用各种柱式，是最早正确柱式组合的先例，在南翼有 Corinth 柱廊。

在 1545～1550 年德库恩城堡（Château d'Ecouen）使用了巨柱式。

1545～1550 年同 Lescot 合作了利纳大厦（Hôtel de Ligners）。

1552～1562 年费尔·昂·塔德努瓦（Fére-en-Tardenois）跨峡谷的一座桥，且具输水道作用，桥上有廊。

1560 年在尚蒂依（Chantilly）为蒙莫朗西家族建小别墅（Petit-Château），但也使用了巨柱式。

此外，瓦卢瓦礼拜堂（Chapelle des Valois）又为杜伊勒里（Tuileries）宫增建一翼。

他所著的"*Pégle generale d'architecture des Cinz Manières de colonnes*"（五种柱式的建筑准则）（1564 年）成为法国建筑界的教科书。

154. Sixtus V（教皇）西克斯图斯五世（1520～1590 年）

原名佩雷蒂（Peretti, Felieo），任蒙塔尔托枢机主教（Cardinal Montalto），后 1585～1590 年成为教皇。

他是反对宗教改革运动的领导人之一。

在他当权时，教会不择手段，大敛其财，以财富炫耀自己，装饰富丽堂皇的教堂。他说："罗马不仅需要神佑，也需要美，美保证安逸和世俗的装饰。"他在精神上和实际上支持巴洛克风格。

他对古罗马建筑，进行种种破坏：

1587 年他令将图拉真纪功柱（Column Trajana）柱顶的图拉真立像取下，换上圣彼得像。

1589 年又令将罗马皇帝马可-奥勒利乌斯（Marcus Aurelius，161～180 年在位）柱顶的铜像易以圣保罗立像，并毁掉部分浮雕。

大斗兽场（Colosseo）自410年西哥特人（Visigoths）入侵，变成堡垒，至15世纪更沦为采石场，他又令Fontana, D.（1543～1607年）将它改为羊毛加工厂。

155. Du Cerceau Family 杜·塞尔梭家族

（1）父：Jacques Androuet 雅克·安德鲁埃（约1520～1585年）

雕刻家兼建筑师，曾游意大利，亲身目睹罗马的建筑实况，而受深刻影响，并写下了一系列著作：

"*Engravings*"（雕刻集）（1549年）；

"*Arche*"（拱）（1549年）；

"*Temples*"（神庙）（1550年）；

"*Unes a'Optique*"（视觉学）（1551年）；

"*Livre d'Architecture*"（建筑学）（1559年）。

其后他设计的工程有：

费拉松公爵夫人（Duchess of Farrara）在勒内（Renée）的蒙塔古（Montargio）别墅（1560年）。

韦纳伊城堡（Château du Vernauil，1565年）——城堡采用"U"形平面，中间门厅，立面用巨柱式，圆弯顶，并做了精美的屏风。

1564年参加了Delórme（约1514～1570年）设计的杜伊勒里宫（Tuileries Palace）。

根据实践，再加上当时其他人的经验，他又写了"*The Fine Buildings of France*"（法国优秀建筑），书于1576年及1579年分两卷完成。

（2）子：Baptiste Androuet 巴蒂斯特·安德鲁埃（1545～1590年）

1572年继其父任查尔勒沃离宫（Château Charleval）总建筑师至1577年。

1578年建造巴黎塞纳河上的新桥（Pont Neuf/纳夫桥），当时Lescot（约1515～1578年）任顾问。又协助Lescot建卢佛尔宫的具体工作。

1584年成为亨利三世的皇家工程处总管时设计了：昂古莱姆官邸（Hôtel d'Augouleime）和拉莫瓦尼翁官邸（Hôtel de Lamoignon）。

（3）孙：Jean I Androuet 让，一世，安德鲁埃（1585～1649年）

早于1615年即随De Brosse（1571～1626年）设计巴黎的卢森堡宫（Palais du Luxembourg）。

他是17世纪初法国最重要的住宅建筑师，主要的有1524～1529年的苏利宅（Hôtel de Sully）和1537～1543年的布列东维利埃宅（Hôtel de Bretonvilliers）。

更著名的作品是枫丹白露宫的白马庭（Cour du Cheval Blanc）和正面很夸张的马蹄形楼梯（1634 年）。

他被尊为皇室的荣誉建筑师。

156. Terzi，Filippo 特尔西（1520～1597 年）

15 世纪末至 16 世纪中曼努埃尔一世（Manuel I/Emmanuel Ⅰ 1495～1521 年在位）统治葡萄牙，其时的建筑形式 Manuel Architecture（曼努埃尔式）是哥特式发展至最后阶段的风格。

Terzi 设计里斯本（Lisbon）的赫罗尼莫斯修道院（Mosteirs de Jeronimos）的弗格拉圣唯增爵教堂❶（Church of Sān Vincente de Flora），即按此式。Manuel Ⅰ曾建流水环绕的宫殿。

157. Del Duca，Giacomo 德尔·杜卡（约 1520～1604 年）

学雕塑，1570 年以前以 Michelangelo 的助手身份担任石匠工作：

罗马的皮亚门（Porta Pia，1561～1565 年）。

法尼斯圣所（Farnese Tabernacle，1564～1568 年）。

梵蒂冈的瑞士警卫礼拜堂（Swiss Guard's Chapel，1568 年）。

1570 年以后转任建筑师时担任的工程为：

圣乔凡尼门（Porta San Giovanni，1573～1574 年）。

特里维奥的圣马利亚教堂（S. M. in Trivio，1573～1575 年）。

洛雷托的圣马利亚教堂（S. M. di Loreto）的穹顶（1573～1577 年）。

图拉真纪功柱（Trajan'so Column）的围墙（1575～1577 年）。

科纳斯府邸（Palazzo Cornars，1582 年）。

科巴尔诺（Comparno）的牧区教堂（Parich Church，1582 年）。

因帕雷特拉斯圣马利亚教堂（S. M. Imperatrice）的重建（1582 年）。

圣奎里柯和圣朱里塔教堂（Santi Quirico e Giulitta）的重建（1585 年）。

里瓦迪府邸（Palazzo Rivaldi）的花园。

马泰礼拜堂（Mattei Chapel）和马泰别墅（Villa Mattei，1586～1587 年）。

其间，于 1575～1583 年还参加了好些公共工程。

1592 年他出任西西里岛墨西拿（Messina）市建筑师，在那里他设计了马耳他岛（当时属那不勒斯王国）的圣乔凡尼教堂（San Giovanni di Malta）的鼓座（1592～1604 年）和上议院（Palazzo Senatoria）的立面。

---

❶ 圣唯增爵（Saint Vincent，Ferrer，约 1350～1419 年），西班牙修士、布道家，于教会分裂时期（1378～1417 年）服务于阿维尼翁（Avignon）教皇，经他努力，使两教皇对立的局面结束。

又在卡普拉劳拉（Caprarola）设计法尔尼斯府邸（Palazzo Farnese）和雷蒂拉陶府邸（Palazzo Retilato）。

158. De Riãno，Diego 迪·里阿诺（约 1525～1566 年）

16 世纪，哥特式风格在欧洲已经式微，而在西班牙，凭借早期银匠式，还遗留着一些哥特式的手法和语言。但是文艺复兴的潮流正逐步改变现状，银匠式（Plateresque，西班牙文为 Plateresco）也在演进，哥特式的因素渐被文艺复兴的因素所取代。这是个混血儿——文艺复兴的柱式（如在 El Escurial 大宫殿）和手法、伊斯兰阿拉伯建筑装饰细部、不考虑结构层次，用上了曲形柱、涡形装饰等。这种集朴素与繁密，笨重与轻盈的矛盾体，既冷傲又热情。而不论是行政建筑、学校、住宅或游乐场所都大同小异。由于其细部往往像金银工艺那样的精巧、细致，所以被称为"银匠式"。

De Riãno 的名作是安达卢西亚（Andalusia）地区、瓜达基维尔（Guadaquivir）河畔的塞维利亚（Seville）的市政大楼（Ayunlamiento/Townhall），这是一栋银匠式早期的作品，呈现朝气蓬勃而富表现力。

他同 Silóe，Diago de（约 1495～1563 年）同是早期银匠式的主要建筑师。

159. Tibaldi，Pellegrini/Pellegrino/Pellegrins 蒂巴尔迪（1527～1596 年）

出生于伦巴底地区（Lombardia）的石匠家庭，曾受仿拉斐尔式细密画家的教育，成为兼绘画、雕塑和建筑的人才。

1547 年到罗马，为圣天使城堡（Castle Sant'Angelo，于 130 年由 Hadrian 哈德良皇帝所建）作湿壁画（fresco）。

1553 年在波伦亚（Bologna）为平民宫（Palazzo Poggi，现波伦亚大学）作装饰画，此时他才发挥出其天分。

受西班牙国王腓力二世（Philip Ⅱ，1507～1598 年）邀请，督造和装饰 El Escoriel（埃尔·埃斯科里亚尔大宫殿）的图书馆。

160. Varonese，Paolo 委罗奈斯/维洛内些/韦罗内塞（1528～1588 年）

15 世纪后半叶，佛罗伦萨的美术已后继乏人，威尼斯画派却在崛起，贝利尼·雅各布（Bellini，Jacop，约 1400～1470 年）父子三人，早在 15 世纪中叶奠定了基础，到文艺复兴后期，威尼斯先后出现了乔尔乔内（Giorgine，约 1477～1510 年）、提香（Tiziono，V.，约 1482～1576 年）、丁托列托（Tintoretto，1518～1594 年）和委罗奈斯（Varonese，1528～1588 年）四大名家。

他为人乐观、活泼，画如其人，喜欢用欢快、豪华的场景绘出宗教题材，被誉为色彩大师，尤其喜欢用银色的优雅色调作画，同提香（Tiziono）之用金色，分庭抗礼，各有所长。其影响久远，——由巴洛克直至20世纪的现代画派。

除了绘画，他还从事建筑活动，如协助 Palladio（1508～1580年）在阿索罗镇（Asolo）的巴巴罗别墅（Villa Barbaro, 1555～？年），又为圣塞巴斯蒂亚诺教堂（San Sebastiano）装饰内部。

161. Herrera, Juan de 埃雷拉/埃瑞拉（约1530～1597年）

接任由 Bautista, J.（Toledo）（托莱多）的包蒂斯塔（1514～1567年）设计的 El Escorial（埃尔·埃斯科里亚尔大宫殿）的 Herrera 是石工技术专家 Philip Ⅱ（腓力二世）的建筑师、皇家建筑监督官。

1567年Bautista逝世，他接过 El Escorial 未完工程，当时他是 Bautista 的副手。1572年升任总建筑师，完成该宫的屋顶，又为西立面增添装饰，使之大为出色。又完成其中的教堂和医院，于1584年全部竣工。他保存西班牙建筑传统，其风格流传于西班牙各地。但有人认为他的作品单调而不实用。

之前，他在阿兰胡埃斯（Aranjuez）设计了夏宫。

1571～1585年为托莱多（Toledo）的阿卡扎（Alcázar）要塞建主楼梯和设计南立面（同 Galli, Geronminco/基利）。1936年内战时要塞曾被围达70天，饱受摧残，后重建。

他所设计的巴利阿多利德（Valladolid）主教堂，成为后来在墨西拿（Messina）和利马（Lima）教堂设计的蓝本。

最后，他设计了塞维利亚交易所（Exchange in Seville）。

162. Ruiz, Hermán 鲁伊斯（活动于16世纪中叶）

711年阿拉伯入侵伊比利亚半岛，他们打败了西哥特人（Visigoths），建立埃米尔领地，纳入伊斯兰版图，以科尔多瓦（Córdobâ）为首都。传入伊斯兰的文化和宗教，也传入西亚建筑的型制和技术。

伊斯兰帝国自8世纪中分裂为黑衣大食、白衣大食及绿衣大食，至13世纪被天主教徒分别消灭，建筑也渐被欧洲的形式取代。

1195年白衣大食的塞维利亚（Sevilla）的大清寺于1434～1517年（一说1401年）被改为哥特式的教堂，1528～1601年更改为文艺复兴形式（一说1568年）。

1558～1568年 Ruiz 将清真寺的方形呼拜塔作进一步的改造，原方塔高56.4m，直上直下，体形庞大。后来加上四角小尖塔，为适应天主教，于塔顶加上钟楼，并装上风标，因此被称为风信塔（Giralda，吉拉尔达塔）。

塔原用石材，后期用砖块砌建。塔身下部分装饰简洁，上部逐渐精细，装饰逐步雅致。上虚下实，加上原有薄薄凸出的伊斯兰花纹、马蹄形窗、花瓣券和马蹄券，以一种向上的动态呈现，充满生机感。因此既简朴浑厚而秀美，成为当地的地标，也是世界著名的建筑物。

163. Smythson，Robert 史密斯逊（1535~1614年）

1485~1603年的英国是亨利七世（Henry Ⅶ）和亨利八世（Henry Ⅷ）而至伊丽莎白女王的都铎（Tudor）王朝。文艺复兴建筑风格尚未在这岛国成为潮流，尤其在宗教建筑方面，仍袭用垂直式哥特风格建造教堂。16世纪下半叶的伊丽莎白式在居住建筑上，才开始引用文艺复兴的细部，但仍是哥特式的手法。

Smythson于16世纪70年代设计的威尔特郡（Wiltshire）的朗利特（Longleat）宅是伊丽莎白式最早范例。平面有两个内庭，立面作对称处理，砖木结构，壁柱镶在凸窗之间。

1580年诺丁汉郡（Nottinghamshire）的沃拉顿厅（Wolleton Hall），砖结构，仍像中世纪的城堡，四角有方形塔楼，对称的立面，带装饰的荷兰式山墙和壁柱。

164. Buontalenti，Bernardo 波翁塔伦蒂/布翁塔连提（约1536~1608年）

擅长于剧场和舞台设计，也涉及宫殿、堡垒、别墅、花园而至军事演习工程。他是戏剧艺术和装饰艺术的最早革新者。

1576年设计了里佛诺（Livorno）的大广场（Piazzo Grande）。

来到佛罗伦萨，1582年将Vasari（1511~1574年）于1560年设计的公务大厦（Uffizi）改建为"公务画廊"（Galleria degli Uffizi）：重新分区并装饰内部，其中八边形的政务大厅（Tribranadaghi Uffizi）于顶层用铸铁和玻璃构成，颇具近代建筑的手法。

1550年由Tribolo（活动于16世纪中叶）所规划的波波里御园（Reale Giardino di Boboli）是北意大利第一名园。1590年由他增建观景堡（Forte di Belvedare）。在阿尔提米诺（Artimino）别墅（1594年），因布满烟囱，被称为百烟囱别墅（Villa dei Cento Camini）。

圣罗伦佐教堂（San Lorenzo）是Brunelleschi，F.（1377~1446年）于1419年改建为文艺复兴形式，但其立面一直未完成。1593~1594年他将立面及大穹顶完成。

同年，他设计了一座大厦，但是不知何故，这座大厦一直延至19世纪都未完成，所以当时被称为"未完成大厦"（Palazzo Nonfinito）。这座大厦的庭院，后由 Cigoli, L. C. d.❶（奇戈利，1599~1631 年）完成——现大厦为人类学及动物行为博物馆。

古宫（Palazzo Vecchio）原由 Arnolfo di Cambio（约 1245~1301 年）于 1299 年兴建，Vasari 于 1314 年改建为文艺复兴式，后由他进一步改建，现在它是市政府所在。

他在法雷斯科巴尔第广场（Piazza Frescobaldi）上设计了怪兽状的喷泉和圣三一教堂（Santa Trinita）的立面。

佛罗伦萨西郊的阿尔提米诺（Artimino）别墅是他于 1594 年创作的。

他为托斯卡纳大公爵弗朗索瓦一世（Francois I）所建的普拉托里诺别墅（Villa de Pratolino），于花园内布置了喷泉、雕像和树林，是采用法国式花园布置的。

他为乌菲齐宫（Palazzo Uffizi）设计了大型舞台，舞台效果和烟火以及服装，现尚保存。他于 1589 年制作的雕刻和绘画作品，对舞台布景史有重要意义。

165. Porta, Giacomo della 波尔塔/泡达（约 1537~1602 年）

梵蒂冈的圣伯多禄大教堂（Basilica di San Pietro）自 1505 年以 Bramate（1444~1514 年）的希腊十字平面方案获选而开工重建以来，历经 Peruzzi（1481~1536 年）、Sangallo, A. d.（Junior）（1483/1484~1546 年）及 Michelangelo（1475~1564 年）等人之手和 20 多年的停顿之后，于 Michelangelo 逝世时，教廷决定由 Porta 和 Fantana, D.（1543~1607 年）两人接手。那时，工程已进行到穹顶的鼓座，两人进行了大幅度的修改——一是将穹顶改为比 Michelangelo 所设计的更高，其形状更接近半球体，且是整体，比佛罗伦萨主教堂以肋骨分成八瓣时侧推力更大，技术进步了，成为巴洛克穹顶的先声。此外，他将部件向中心加强，形成向心的感觉，然后豁然开朗，增加戏剧性的活跃效果，终于在 1602 年，完成了穹顶，时间流逝，自开工至此，快 100 年了。

他还接替由 Michelangelo 开始的市政广场（Piazza Campidoglio/坎佩多里奥广场），设计正面的参议院宫（Palazzo Senatorio）和右边的保守大厦（Palazzo Conservatori），而由 Rainaldi, G.（1570~1655 年）负责施工（1582~1605 年）。

由 Vignola（1507~1573 年）设计的耶稣会教堂（Il Gesù），也由他接手完成。Vignola 于 1573 年逝世时，立面和内部未完，他以重叠的山花和大涡卷加于立面。耶稣会教堂是第一座巴洛克建筑。以后，耶稣会所建教堂都以它为蓝本。

再一项接手的工程是由 Maderno, C.（1556~1629 年）于 1593 年动工、位于

---

❶ Cigoli, Ludovico Cardi da——诗人、画家和建筑师，其作品反映风格主义和巴洛克式交替期的矛盾倾向，1595 年后作品出现现实主义倾向。"戴荆冠的基督"（1607 年，藏 Petti 宫内）和 "你们看这个人"（Ecce Homo）是他的作品。

罗马近郊弗拉斯卡蒂（Frascatti）的阿尔多布兰迪尼别墅（Villa Aldobrandini）。

这些，似乎给人一种感觉是他只会收拾残局。其实他独立完成的工程也不少。如：

1580年的蒙蒂圣母院（Madonna dei Monti）、1582年的斯卡拉科埃里（Scala Coeli）的圣马利亚教堂、克雷斯申兹（Crescanzi）的塞卢皮宫（Palazzo Serlupi）、孔塞尔瓦托里宫（Palazzo Conservatori，即前面所提过的市政广场的保守大厦）、塞纳托里宫（Palazzo dei Senatori）以及在佛罗伦萨东南的卢西亚南诺镇（Lucianano）的协同教堂（Callegiate/Callegial）——该镇规划为四组同心圆环形道路，教堂面对此道路系统，门前以弧形阶梯对应。

Porta是罗马16世纪最后30年的主要建筑师之一，后期风格主义向早期巴洛克风格发展的代表人物，如他在Il Gesù（耶稣会教堂）和阿尔多布兰迪尼别墅（Villa Aldobrandini，1595~1604年）所表现。

166. Vitozzi，Ascanio 维托齐（1539~1615年）

16世纪末，巴洛克之风已经向皮埃蒙特（Piedmont）地区发展，为首者Vitozzi及Castellamonte父子（1550~？年）。

1595年他在近蒙多维（Mondovi）附近的桑图尔里奥-迪-维科堡设计了大朝圣教堂，其穹顶为椭圆球体，教堂延至1728年由加劳（Gallo，Francesco）完成。

在都灵的圣三一教堂（S. S. Trinita），其平面为圆形并被划分为三部分，以示三一。

在山上嘉布遣会圣马利亚教堂（S. M. al Monte dei Cappuccini），更开创巴洛克时代的神圣景观。

还有卡斯泰洛广场（Piazza Castello）的公爵新宫殿。

他还规划了都灵周边地区。

其开创的皮埃蒙特巴洛克建筑风格，由Castellamonte父子（17世纪上、中叶）继承和发展。这种风格融合了法国和意大利的特点，统一了罗马和巴黎的影响。

167. Morando，Bernardo 莫兰多（活动于16~17世纪间）

1578年为扎莫伊斯基（Zamoyski，Jan，1542~1605年波兰国王的顾问和首相）规划防御城堡Fortified Town。该城堡于15世纪由Lazninski，Tomasz（拉兹宁斯基）购入，即现拉兹宁（Laznin）河畔的扎莫希其（Zamośé）。至今仍是座

---

❶ Gallo还设计了皮埃蒙特地区库内奥（Cuneo）的圣十字教堂（Santa Croce），其正立面为独特的凹形。

方格式文艺复兴城市设计的典范。

1593~1628年还设计了圣多马斯教堂（St. Thomas）。

168. Davut Ağa（达武特·阿迦）（？~1599年）

自14世纪中叶至17世纪末，奥斯曼帝国扩张达到顶峰，不但占有小亚细亚、近东和北非，且伸展到东南欧及黑海和亚速海一带而至葡萄牙，而16世纪后半叶更是最繁荣强盛。

其时，伊斯兰建筑自然十分兴旺。土耳其清真寺不采用四合院平面，而采用了集中式型制。Davut Ağa接替了原由Sinon, Koca（1489~1588年）最后作品——伊斯坦布尔的艾哈迈迪耶清真寺（Ahmediye/Ahmed Cami 艾哈迈德·卡米）。因外表以蓝色琉璃砖镶嵌，故又叫"蓝色清真寺"（Blue Mosgue）。他逝后由Dalgic Ahmed Ağa接手，最后由Mehmed Ağa完成。

伊斯坦布尔的耶尼卡米（Yeni Cami）清真寺和托普·考普·萨拉伊（Top Kapu Saray/新宫，又称榴弹炮门宫）的觐见室（Arzodasi，阿尔兹奥达斯）也是他的作品，觐见室位于宫殿第三进的门外。

因信仰异教，被处死，1606年后也由Dalgic Ahmed Ağa和Mehmed Ağa接手完成Yeni Cami清真寺。

169. Sustris, Frederik 苏斯特里斯（约1540~1599年）

先随父伦贝特学画，后在佛罗伦萨的韦基奥宫（Palazzo Vecchio, 古宫）任Vasari（1511~1574年）的助手。

1568年到巴伐利亚的奥格斯堡（Augsburg），担任慕尼黑圣米歇尔教堂（St. Machael's Church）的首席建筑师。该教堂是耶稣会士教堂。教堂长方形平面。西立面作三层；下层五开间，双拱门，中夹壁龛，二、三层变九开间、三拱门六龛，再加屋面层一龛，共十三龛，各树立十三圣者像。最上为山花。整个立面无凹凸面，亦无楼塔，其形式为带北欧气质的风格主义。

在巴伐利亚[Bavaria、即拜恩州（Bayern）]的慕尼黑和兰茨胡特（Landshut），其建筑起模范作用，并使柱式在日耳曼国家传播。

170. Zuccari/Zuccaro/Zuccheri, Federico 祖卡里（约1540~1609年）

Federico（费德里科）同乃兄Taddeo（塔迪奥，1529~1566年）都是画家。

1560年兄弟合作为罗马西北卡普拉洛拉（Caprarola）的法尼泽别墅（Villa Farnese）作室内湿壁画（fresco）。别墅由Peruzzi（1481~1530年）于1509年设计，历经小 Sangall（1455～1535 年）、Vignola（1507～1570 年）和 Porta（1533～1602 年）之手，历时 50 年。但其兄早逝，他独力继续作画。

1572～1574 年接 Vasari（1511～1574 年）之手，完成佛罗伦萨主教堂（Duomo）穹顶湿壁画"最后审判"（Gindizio Universale）。

1593 年担任罗马圣路加画院（Academy of St. Luke）第一任院长——画院是现代美术学院的母体。

同年，他为自己建宅 Palazzo Zuccari，该建筑现成为赫茨安纳图书馆（Biblioteca Hertziana）。

他是罗马风格主义画派的核心人物，也是艺术理论家，在 Vasari 的指导下，他把风格主义的理论辑成 "*The Idea of Sculptors, Painters and Architects*"（雕塑家、画家和建筑师的理想）（1607 年）。

晚年，其风格主义已不明显，转向朴素。

171. Orsini, Vicino 奥尔西尼/欧西尼（活动于 16 世纪中叶）

在意大利近罗马的拉齐欧（Lazio）地区的波马佐（Bomarzo）的森林地（Sacro Bosco），1520～1580 年出现一批怪异建筑——不平衡的构筑物，一切超乎常规的建筑物。以夸张、诡谲的姿态呈现。这是风格主义时期所出现的人工造作和变形。还有一些用巨石雕成的怪兽。

原来这是某公爵为悼念亡妻，令 Orsini 于该地长期制作这些不明用途、令人惊异而迷惘的作品。

172. Longhi/Longo/Lunghi Family 隆吉/伦吉家族

（1）父：Martino（Old）老马蒂诺（？～1591 年）

1588～1590 年设计罗马希阿伏尼的圣吉洛拉莫教堂（San Girolamo degli Schiavoni），这是一座风格主义建筑。

原在卡斯特洛城的马泰奥（Matteo di Città di Castello）所始建的罗马的瓦利西拉的圣马利亚教堂（Santa Maria in Vallicella）由他完成。

（2）子：Onorio 奥诺里奥（1569～1619 年）

保禄五世（Paul V）为其侄于罗马市北郊建别墅，占地广袤，约 17 公顷，因其侄原名 Borghese, Camio，因此别墅名为 Villa Borghese（博尔盖塞/洛格泽别墅），由 Onorio 和 Ponzio, F（活动于 17 世纪上半叶）于 1605 年设计，最后由 Rainaldi, C（1611～1691 年）设计定案，首开在罗马建法式庭园之例，有人工湖、圆形剧场和众多小别墅，后经多人增改，其中包括他儿子小 Martino。

1612 年还设计了圣卡洛·阿尔·科索教堂（San Carlo al Corsa），最后由小

Martino 完成。

(3) 孙：Martino（Young）小马蒂诺（1602~1657年）

1638年吉斯港的圣安东尼奥教堂（Santo Antonio de'Portoghese），但1656年他回米兰时还未完成。

1646~1650年在特列维广场（Piazza di Trevi）的圣维琴卓及圣阿纳斯塔西奥教堂（Santi Vincenzo e Anastasio）。

1640年为原 Ammanati（1511~1592年）设计的卡埃塔尼府邸（Palazzo Caetani）增建一楼梯——现称鲁斯皮里府邸（Palazzo Ruspoli）。

173. Fontana，Domenico 丰塔纳／封丹纳（1543~1607年）

1563年到罗马受雇于蒙塔尔托枢机主教（Cardinal Montallo／即后来的教皇西克斯图斯五世 Pope Sixtus，1585~1590年在位）。

1564年圣伯多禄大教堂因 Michelangelo（1475~1564年）辞世，教廷任命 Porta（约1537~1602年）和他接任。当时大教堂工程已建到鼓座，他们将穹顶改得更高更尖，呈椭圆球体，穹顶于1590年完成。他还为大教堂作了件大事，就是在教堂前广场坚立方尖石碑。这座高75.5m的埃及方尖石碑（Egyptian Obelisk）于1世纪 Caligola 皇帝时已被掠到罗马，由于位置和技术问题久久未能竖立。教廷拟将它立于广场上，将此艰巨任务委托于他，他动用逾千工人，用四个月的时间，成功地屹立于圆形广场的中心。

在罗马他还设计了以下工程：

1570年的蒙尔托别墅（Villa Monletto）。

1574年的总统府大厦，位于奎里纳莱（Quirinale）山丘的最高处，所以大厦也称为（Palazzo del Quirinale）。前后设计有 Mascherino、Fontana、Maderno、Voltera 和 Bernini, G. L. 等人。工程于1734年才完成。

原建于356年，以古罗马巴西利卡形式建造的圣母大殿（Santa Maria Maggiore）位于埃斯奎里诺（Esquilino）山丘上，432~440年改为早期基督教形式，1290~1305年又改为意大利拜占庭式，1377年于教堂后建75m高钟楼（罗马最高）。其背立面由他和 Ponzio（17世纪上半叶）、Rainaldi, C.（1611~1691年）先后参与，最后于1676年完成。教堂亦译为伟大圣母教堂，又名马槽教堂。但正立面则延至1750年由 Fuga（1699~1781年）改建完成。

1586~1588年的拉特兰宫（Palace Lateran）和梵蒂冈图书馆。

1586年的摩西喷泉（Moseo Fountain）是个三开间壁龛。

1587年的水晶宫（Palazzo Acqua Felice）。

1592年到那坡里任米兰达伯爵（Count of Miranda）的宫廷建筑师，为西班牙总督设计宫殿（Palazzo Reale，1600～1602年）。

回到罗马，为罗马市做改建规划，其中最重要的是把七座重要的教堂以直通道路联系起来，并辟立波波罗广场（Piazza Popolo/人民广场）。

174. Castellamonte Family 卡斯特拉蒙特家族

（1）父：**Carlo di 卡洛·迪**（1550/1560～1639/1641年）

作为 Vitozzi（1539～1615年）的助手，继承其开创的皮埃蒙特（Piedmont）地区巴洛克建筑风格。

1604年在罗马的皮埃蒂迪西的圣苏达里奥，阿尔西尔康弗拉德尼塔教堂 Church of the Arcilconfradernite del S. S. Sudario dei Piemotesi 制作圣坛。

1619年同 Valperga，M.（瓦尔泼加）设计了都灵的圣卡洛教堂（San Carlo），1635～1638年在旁又设计了圣克里斯汀纳教堂（Santa Cristina），两者是双并教堂。其后，于下一个世纪再由 Juvar（r）a，F.（1678～1736年）完成立面。

1639年他为都灵公爵设计皇宫（Palazzo Reale/又称圣卡洛宫 Palazzo San Carlo）。但由于当年他便逝世，由其儿子 Amedeo 继续完成工程。

（2）长子：**Amedeo, di 阿马迪奥·迪**（1610～1683年）

1645年承接其父开始的皇宫，至1658年完成。其立面朴实。

其间，又设计了皇宫右侧的圣辛多尼礼拜堂（Cappella della Sacra Sindone，即神圣裹尸布礼拜堂/Chapel of the Holy Shrond）以供奉于1579年发现的一条据说是耶稣裹尸布的亚麻布条——后由 Guarini（约1624～1683年）完成——此礼拜堂至今犹存，且成为天主教的一处圣迹之地。

皇家韦纳里德宫（Venarid Reale）也是他的设计。

1660～1678年还拟了个小的理想城市的方案。又设计了波大道（Via Po）。

（3）幼子：**Petero di 彼得罗·迪**

也是建筑师，但事迹不详。

175. Scamozzi，Vincenzo 斯卡莫齐（1552～1616年）

受其父 Bertotti（贝尔托蒂）教育，又受维琴察奥林匹克学校的熏陶。

长期协助 Palladio（1508～1580年）工作，成为他的嫡传弟子，在威尼斯、维琴察、帕多瓦等地设计教堂、剧院、府邸、别墅而至城市规划。

其中由 Palladio 于1565年在威尼斯圣乔治岛的伟大乔治教堂（San Giorgio Maggiore），由他继续将立面于1610年完成。在维琴察的奥林匹克剧场，主要责任落在他身上。本来这剧院所属的学校就同他有渊源。他创造了适时的剧院形式——固定的舞台布景装置伸延到表演区，设出入场门，部分的表演区又伸延到乐池上，他成为首位剧院设计专家，同时在萨比奥乃塔（Sabbioneta），他设计了宫廷剧院（1588～1590年）。在这六边形的城镇上还设计了公爵府。

1584年设计的威尼斯新市政大厦（Proculatie Nuove/即新检察署）于1640年由 Longhena（1596～1682年）完成。

还有奥地利萨尔茨堡（Salzburg）教堂。

他还从事城市规划工作，如将帕多瓦（Pudua）规划成设防城市，而帕尔曼诺瓦城（Palmanova）的规划则于1593年完成。

他是文艺复兴后期的建筑师和理论家，对柱式也作了规范化。虽然他是 Palladio 的嫡传弟子，但理论上却不尽同。在 1615 年所著的 "*L'idea dell'Architectura Universale*"（通用建筑概念/建筑思想的共性/普通建筑概念）中介绍了古代和中世纪的建筑，阐述了理论在时代的应用，使 Palladio 的观点，对其后的新古典主义产生影响。他被尊为新古典主义之"智慧之父"。

176. Henri Ⅳ（of France）（法国的）亨利四世（1553～1610年）

原为纳瓦尔（Navarre）国王（1572～1589年在位），当时 Navarre 是位于法国偏处于西班牙旁的一个极小的王国，只占现法国"大西洋岸比利牛斯省（Pyrénées-Atlentiques）"的一小角。

1589年由他建立法国波旁（Bourbon）王朝，他成为王朝的第一代国王（1589～1610年在位），1594年他将首都由图尔（Tours）迁到巴黎，开创巴黎这个"花都"迄今逾400多年的历史。他的孙子路易十四更兴建了凡尔赛宫（Palace of Versailles）。

经历了百年宗教冲突、1562～1592年的胡格诺宗教战争（Huguenot Wars），法国国内一片混乱和创伤，他力图医治和复兴。迁都后他受罗马城规划的启发，将设立公共广场和放射状道的经验引入巴黎市的建设。这种规划概念成为其后19世纪奥斯曼（Haussman, B., 1809～1891年）规划巴黎市的先声。他的兴趣不局限于一些府邸的建立，而是努力于美化整个首都，他成为一名实干的城市规划家，他要将巴黎建成"光明的城市"（Nille Lumiere）。

他具体的措施和成绩有：

沿塞纳河边建立广场南的长廊以连接卢佛尔宫（Louvre）和杜伊勒里宫（Tuileries）；

穿越斯德岛（Ile de la Cité）建造新桥（Pont Neuf）　[Du Cerceau, B.（1545～1590年）设计]；

建造市政大厦（Hôtel-de-Ville）；

开辟皇家广场（Place Royal，现孚日广场/Place des Vosges）；

开辟新马路、新运河和创立学院,又整建枫丹白露宫,将椭圆形广场改为白马广场,增建法兰西斯一世回廊。

177. Maderno, Carlo 马尔代诺/马丹诺(1556~1629年)

早年协助长辈亲戚 Fontana, D. (1543~1607年)工作。

1564年 Michelangelo 逝世,Porta(约1537~1602年)及 Fontana(1543~1607年)继任,因此他也接触到梵蒂冈圣伯多禄大教堂的工程。通过多年实际工作经验,1603年升任大教堂的总建筑师。1606年教宗保禄五世令他拆去已经动工的正立面,在平面前面加长三跨,使原由 Michelangelo 设计的希腊十字平面变成拉丁十字平面,这样一来,穹顶退后了,其统率整个立面的效果大大减弱了,1612年改完。又拟在正立面两端各加一开间,以加设左右钟楼,钟楼没有建成,整个正立面都变得更松散了。毕竟,1614年以中殿和立面的完成,历时110年的建造历程终告划上句号。

由 Fontana 和 Macherino 于1574年兴建的总统府(原夏宫、奎里纳尔宫,Palazzo del Quirinale)也经他接手,最后由 Bernini, G. L. (1598~1680年)完成。

他最早的独立作品是1597~1603年的圣苏珊娜教堂(Sussanna),教堂的正立面上,全柱、3/4柱、半柱和壁柱都用上了,人字山花和弧形山花交替使用,加以涡卷,它被视为第一个完全成熟的巴洛克作品。

其后的工程是1601~1606年的阿尔多布兰(Aldobrandini)别墅、1608~1620年的圣马利亚维托利亚教堂(S. M. della Vittoria,或译胜利圣母教堂)、萨维亚蒂礼拜堂(Capella Salviati)和圣体教堂(Chissa del Sacramento)。

1626年为(于1540年创立耶稣会的)罗耀拉的圣依纳爵 Sant Ignagio di Loyole(1491~1556年)设立教堂,平面采用拉丁十字,殿内镶以宝石。原设计穹顶,因遭到反对,只好用平顶而绘上透视画作出穹顶效果以弥补空间。

其他教堂还有:圣贾科莫·德利·因库拉比利教堂(S. Giacomo degli Imcurebili)和圣安德烈·迪拉·瓦利教堂(San Andrea della Vallee)。

他也设计了一些府邸如马泰府邸(Palazzo Mattei),基吉·奥代斯卡尔基府邸(Palazzo Chigi-Odescalchi)。

他的遗作是座极为有名的府邸——巴贝里尼府邸(Palazzo Barberini),这座为乌尔班八世(Urban Ⅷ)而建,两位于维内多(Veneto)地区的闹市地段的建筑却设计成多间别墅,"H"形平面配以深深的前庭。1623年设计,1625年动工,但刚打好地基,他便撒手了。只好由 Bernini, G. L. (1598~1680年)和 Borromini(1599~1667)两人去完成。现在它是国家古代艺术画廊(Galleria Nazional D'Arte Antica)。

Maderno 是早期巴洛克风格的奠基人,他权威地拒绝那些轻而易举的学院派的风格主义而转向巴洛克风格。

178. Schickhardt,Heinrich 锡克哈尔特（1558～1634 年）

德国的哥特式其实起源得很早,在 11 世纪兴起而成熟于 14 世纪的厅堂式教堂（Hall Church）[见 Parler, H.（1330～1399 年）]。至 15 世纪后,德国的石作技术发展技巧达到顶峰,在意大利、法国等地已兴起文艺复兴运动的时刻,德国的哥特式仍历久不衰,但受到风格主义的影响,出现了具风格主义色彩的哥特式（Mannerist Gothic）。

他所设计哥特式的工程有：

埃斯林根（Esslingen）新市政厅（Rathaus, 1586,取代 1430 的旧市政厅）。

弗伦登斯塔特（Frendenstadt）的筑城工事（Fortifications, 1599 年）。

将斯图加特（Stuttgart）的军区总督府（Bau）增改成王家城堡（Royal Schloos, 1599～1609 年）。

蒙塔尔加德（Monpelgard/现蒙贝利亚尔 Montbéliard）的圣马丁教堂（Church of St. Martin, 1600～1608 年）。

179. Muhammad Riza ibn（Ustad）Hussain（of Isfahan/Ispahan）（伊斯法罕的）穆罕默德·里扎·伊本·大师（乌斯达德）候赛因（活动于 16 世纪下半叶）

伊朗于 1502 年由沙阿·易司马仪（Shah Ismail）建立萨菲王朝（Safavids Dynasty/或译萨法威王朝）,这是伊朗真正全国性的王朝。1598 年沙阿·阿拔斯一世（Shah Abbas I, 1588～1629 年在位）定都伊斯法罕（Isfahan/Ispahan）,并规划了新城区,其时,名为谢赫·西腾（Chehel Situn）的四十柱厅（其实仅二十柱,加水中倒影二十柱）和带院落的大片宫殿群陆续建成。当然,清真寺亦是重点的建设项目。早在 1589 年,由 Muhammad Riza ibn Usted Hussain 设计的沙赫·卢特富拉清真寺（Sheykn Lutfullah）已经兴建,正方形约 62.5m × 62.5m 的礼拜殿。殿中心以大方柱托起八个拱券,再支撑中央圆形穹顶,以镂空的窗使大殿透光。但是其总平面并不对称,尤其由入门进入礼拜殿几经周折——从一个半穹之下进入后,不久忽左转 45°,通过三个穹顶下却又右转 90°,再通过三个穹顶下又右转 90°（如图）,才能进入礼拜殿。

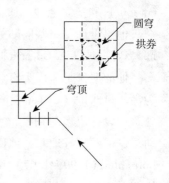

180. Abúl Qasim, Ustad 阿布·卡斯姆大师（乌斯达德）（活动于 17 世纪初）

他在 1611~1616 年设计伊斯法罕的伊萨清真寺（Masjid-i-Shah）。其内分夏季聚会而宽敞的萨罕（Salh，即中庭）和冬季时礼拜的清真寺。高大的大门朝北，按伊斯兰教规，礼拜必须朝向麦加方向，因此入门需作两次 45°的转弯。礼拜殿镶嵌的面砖散发着耀眼的蓝光，外面环绕着连拱廊，院内有花园、水池和喷泉。其平面达到"依旺"（Iwah）型清真寺的顶峰，而超越马什哈德（Mashad）的高哈尔沙德（Gawharshad）清真寺——"依旺"指拱顶壁龛或开敞门廊。

181. Mehmed, Ağa/Āghā 麦哈迈德·阿迦（活动于 17 世纪上半叶）

出生于欧洲基督教家庭，1567 年到伊斯坦布尔，初经营螺钿工艺，后来拜 Sinan（1489~1588 年）为师，并替 Sinan 代理一些业务。1606 年成为皇家建筑师。

原由 Davut Ağa 接替 Sinan 设计的伊斯坦布尔的艾哈迈迪耶清真寺（Ahmediye）是 Sinan 的遗作（1587 年），后来又历经 Delgic Ahmet Ağa（活动于 16~17 世纪间），也未完成，最后由他接手。他吸取了乃师 Sinan 的手法，以 531~537 年的伊斯坦布尔圣索菲亚教堂（Hagia Sophia）为蓝本，作对称的平面处理，中央立大穹顶，四角各半球体穹，其间又各四个小圆顶，终于在 1663 年完成。由于外表呈蓝色，因此又被称为"蓝色清真寺"（Blue Mosque）。

他还完成了由 Davut Ağa 设计的耶尼卡米（Yeni Cami）清真寺。

182. Voltera, Francesco da 沃尔泰拉
Mascherino, Ottavio 马斯凯连诺（活动于 16 世纪下半叶）

两人都是 Vignola（1507~1573 年）的学生。

1574 年随 Fontana, D.（1543~1607 年）参加罗马总统府大厦的设计。

1590 年 Voltera 设计圣贾科莫·德利·因库拉比利教堂（S. Giocomo degli Incurabili）。这是一座椭圆形平面的教堂，1595~1600 年由 Mascherino（马斯凯连诺）完成。

接着两人合作，于 1600 年设计了罗马切利奥的圣格雷戈里奥·阿尔·卡利奥教堂（S. Gregorio al Calio）的内萨尔瓦蒂礼拜堂（Capella Salvati）的祭坛。

这两座小教堂都是风格主义向巴洛克建筑过渡时期的作品。

183. Binago, Lorenzo 比纳戈（活动于 16~17 世纪间）

巴洛克风格在北意大利、发展双十字平面教堂很普遍。双十字，即在大殿

的希腊十字的旁边将神坛亦布置成小的希腊十字。主殿的大穹顶配以神坛上较小的碟形穹顶，这样便创造出有特色的巴洛克互锁空间的纵向效果。由 Binago 于 1602 年始建的米兰圣亚历山德罗教堂（S. Alassandro）便是个显著的例子。

184. De key，Lieven 德·凯伊（1560~1607 年）

已知他的作品主要有：

荷兰哈勒姆（Haurlem）的圣巴沃教堂（St. Bavo，1593 年）。

莱顿（Leyden）是荷兰的大学城，他在那里设计了市政厅（1595 年）。

哈勒姆的市政厅（1597 年）——后于 1616~1620 年增建。

其作品是文艺复兴发展至最后阶段的国际风格式（International Mannerism）。

185. De Keyser Family 迪·凯泽家族（1565~1676 年）

（1）父：Hendrick 亨德里克斯（1565~1621 年）

原石匠和雕刻家，1612 年转为建筑师时已 47 岁。其作品反映风格主义向古典主义的过渡。最著名的有阿姆斯特丹的三座尼德兰新教教堂（Protestant Church in Netherland）：1603~1614 年的南教堂（Zuiderkerk）、1610 年的西教堂（Westkerk/全市最大的教堂，双希腊十字的中厅，钟塔 85m 高，也是全市最高）、1620~1623 年的北教堂（也是希腊十字平面）。他设计后一年便逝世，后来由 Staet, H.（斯塔特、17 世纪上半叶）继续完成。

在阿姆斯特丹的还有：1605 年的荷属东印度公司大厦（East India House，1634 年扩建）、1606 年的"蒙特尔博斯托兰"塔（建于 1512 年时所建的碉堡上）和 1611 年的交易所。

1614~1621 年在德尔夫特（Delft）的新教堂（Nieuwe Kerk），内为奥伦奇威廉一世（William I, the Prince of Orange）和沉默者威廉（William, the Silent）雕塑陵墓。1618 年设计德尔夫特市政厅——文艺复兴形式，但有一座哥特式的塔。

在阿姆斯特丹，还设计了巴托罗弟宅（Bartolotti，现剧院博物馆的一部分），又在东城门建造铸币塔（Mint Tower），圆塔上部转为多边形，文艺复兴式。历史博物馆增建的侧翼是同 Van Campen 范坎彭（1595~1657 年）合作的。

（2）长子：Pieter 彼得（1595~1676 年）

雕刻家。作品有《神像屋》。

（3）幼子：Thomas 汤马士（约 1596~1667 年）

巴洛克画家，尤擅长肖像画。设计了阿姆斯特丹市政厅的钟楼。

（4）婿：Stone，N（1586～1647年）

另见其独立章节。

186. Wotton，Henry 沃顿（1565～1637年）

诗人、校长、牧师、外交家（1604～1623年间曾多次出任英国驻威尼斯大使）、建筑和绘画艺术鉴赏家。因长期在威尼斯，对建筑和绘画的鉴赏力远超乎同代人。

1624年著"*The Elements of Architecture*"（建筑学原理）及有关巴洛克建筑的论著。1651年有人将他的论著编成"*Reliquiae Wottoniance*"（沃顿遗著）出版。

他极力反对Corinth柱式，视之为妓女，他批评说："充满肉欲的装饰，像淫荡的婊子。"

187. De Brosse，Salomon 德·布劳斯／德·布罗斯（1571～1626年）

1608年到巴黎为宫廷服务，出任路易十三的首席建筑师。

有名的三座别墅出于他的手笔：

1613年的库洛米埃堡（Château Coulommiers）、1615年完成的蒙特戈堡（Château Montecaux）和1614～1619年的布勒伦库尔堡（Château Blarancourt）。

公共建筑方面有：

1613～1623年同Lemerceier，J.（1585～1654年）合作扩建里安库尔邸宅（Hôtel Liancourt）。

1616年的德·布伊隆邸宅。

1618～1655年雷恩市（Remnes）的布列塔尼大理院（Palais du Partement of Brittany）。

1615～1631年巴黎的卢森堡宫（Palais du Luxembourg）——布局仿佛罗伦萨的碧提宫（Palazzo Pitti），成为法国首座御园。其建筑及庭园共占地25公顷（其内用砖木建造的塔已于1811年被火焚毁），现为法国上议院所在。此外还有巴黎法院大厅的改建和一些大厦。

教堂方面有1616年的圣热尔维教堂（Saint-Gervais，立面由梅特祖Métezeau，Clement于17世纪初设计），用了三种重叠的古典柱式，构思新巧，极具影响。还有1623年的夏朗顿（Charenton）新教教堂。

巴黎美第奇（Medici）喷泉，可能也是他的创作。

因国王路易十三年尚幼，由美第奇·玛丽（Medici，M. d.）摄政，美第奇是意大利人，因此路易十三风格掺入一些意大利的艺术风格。其作风重体量，不追求装饰，促进法国建筑向简洁、严肃的新方向发展，引出古典主义形式。他是17世纪法国最有影响的建筑师之一。

Mansart，F. (1598～1666年）作为他的助手，受其影响很大。

188. Holl，Elias 奥尔 （1573～1646年）

17世纪的德国虽属神圣罗马帝国，但全国四分五裂，过百个独立政体并存，位于巴伐利亚的奥格斯堡（Augsburg）主教区，是个"自由城市"（即直辖于皇帝的自治城市），位于莱奇河（Lech）和韦尔塔赫河（Wertach）交汇处。

1615～1620年（当时德国正进行1618～1648年的三十年战争），Holl设计的市政厅（Rathaus）是阿尔卑斯山以北的第一座巴洛克建筑。由一幢意大利府邸同一幢较高的中世纪的中产阶级市民住宅作怪异的组合，而连接还有点拙劣，因此却予人以深刻印象。

189. Jones，Inigo 琼斯 （1573～1652年）

威尔士人，创作剧本，设计假面剧而至布景、服装是他原来职业。后来转而学习绘画和建筑设计，曾在丹麦为王室工作了一段时间。

1597～1603年访问威尼斯，1609年又参观了巴黎，回国后于1610年开始任建筑师。1613～1614年再次到意大利，结识了Scamozzi，V. (1552～1616年)，对他产生崇拜，从而接触到Palladio（1508～1580年）的创作精神，思想遂出现转变。他创作的形式在Palladio理论方法和完成作品中得到灵感。Palladio："建筑应服从理性，要遵循古代建筑的原则。"但当时的英国，教权和君权都不占统治地位，倒是中产阶级和商人占社会主要地位，自由思想活跃。内战，革命，国王被斩，连接出现，比之欧洲其他国家，英国显得更为民主。为适应当时的社会和上层意识形态，他的作品清晰而有条理，不尚装饰，表现出自我克制。是他将严肃的意大利文艺复兴运动引进英国，严格地说，是将Palladio风格引进英国，其作品成为Palladio复兴的典范，他是英国建筑古典学派的奠基人。

1615～1642年间，他长期为英王室服务，担任宫廷工程总监。除了担任王室新建、重建和扩建工程之外，还为王朝的假面舞会设计成套设施。虽然为宫廷服务，仍创造出中立的，具普遍性的建筑。他认为Palladio的风格是最佳的选择，因为古代建筑的遗迹和袭用下来的柱式是持之以恒的语言。他历程James I （1603～1625年在位）和Charles I （1625～1649年在位）的时代，起初同伊利莎白风格（16世纪后半叶）相距较小，1615年作出根本性的变革，转为帕拉第奥主义，确立詹姆斯一世风格，其后40年间，成为主宰英国建筑艺术的帕拉第奥主义运动的主要动力。

在格林威治（Greenwich）的女王宫（Queen's House）是他于 1618~1635 年的作品，平面很简单，矩形的每一面中间部分稍凸出，略呈十字形，内有两个小天井，纵横轴线都作对称布置，但内部功能屈从于外形了，这自然是 Palladio 惯用手法。外形是平屋顶，小窗户，简洁和谐，一定程度上参照 Medici 别墅——女王宫现在是海洋博物馆。

1603 年英格兰和苏格兰合并，成立联合王国，斯图亚特王朝（Stuart Family）开始了。王朝鉴于资产阶级的革命正在萌芽，资产阶级鼓吹要建立议会以抗衡王权。为了巩固王权，为了体现王权的威望，宫廷建筑的建设提到议事日程，一个巨大的计划要付之实现。原来英国王室一直没有自己的宫殿，要轮流到各贵族的庄园"挂单"，现在决定要大兴土木，让 Jones 设计白厅宫（Whitehall Palace/怀特豪尔宫），Webb J. （1611~1672 年）协助。地址选在泰晤士河西岸，占地面积约 13 公顷。那里原是约克郡大主教的府邸，其设计之平面，中间为一大院落，东西两侧又各三小庭园。方案规模很大，但是由于财政拮据，1619~1622 年仅完成了宴会厅（Banquesting House）。后来又爆发内战，没有继续动工，这是一幢高达 17.6m 的单层建筑（另服务用的地下室），外表则设计成两层，叠柱式：下层 Ionic，上层 Corinth，七开间，中三开间也是稍凸出；内部相应地设计走马廊，整体典雅明快。但宏大的规划始终未能实现。英王室一直到 1837 年买下白金汉公爵的房子，才有自己的皇宫——白金汉宫（Buckingham Palace）。

教堂方面，他设计了圣詹姆斯皇后礼拜堂（Queen's Chapel at St. James Palace，1623~1627 年）和里佛诺主教堂（Livorno Cathedral）——"二战"炸毁，1959 年重建。

1631~1635 年的考文特花园（Covent Garden），仿巴黎孚日广场（Place des Vosges）而建。这是首次在伦敦将广场的理念和实践引入，广场有贝德福特伯爵（Earl of Bedfort）的住宅、拱廊和花园——花园现成为花卉蔬菜市场。

1638~1640 年在林肯·因广场（Lincoln's-Inn Field）为林赛建住宅，立面底层用粗石砌成，支托上面的巨柱式，这也是意大利邸宅的手法。

他说："根据阳刚之气和不矫揉造作的规则来确定一致比例。"其平面一般采用"凵"形或 H 形，立面严保对称，外表仅以简单的泥灰装饰。

其建筑艺术远越当时传统工程，可与意、法当时最高成就媲美。

190. Rainaldi Family 拉伊纳尔迪/赖纳第/瑞内尔迪父子（1570~1691 年）

（1）Girolamo 吉罗伦莫（又名 Hieronimo 希伦尼莫）（1570~1655 年）

1536 年由 Michelangelo 开始的罗马市政厅（Campidoglio）和市政广场（Piazza Campitol），其施工先由 Porta（1557~1602 年），后由 Girolamo 于 1592~1605 年施工完毕。其间，他于 1602 年出任罗马市的总建筑师。

1623 年在波伦亚（Bologna）设计圣露西亚教堂（Sta Lucia）和圣特蕾莎教堂（S. Teresa），在这些教堂中，他首创了横竖双轴的平面。又为圣彼得罗尼奥教堂（S. Petronio）添上穹顶。

约 1656 年，在罗马诺沃娜广场（Piazza Navona）旁设计潘菲里府邸（Palazzo Pamphili）。诺沃娜广场又名四河广场，因广场中有四河（恒河、多瑙河、尼罗河和普拉特河 Platte）喷泉，广场原是古罗马时可容三万观众的长形运动场，广场周围有多座后来建设的教堂。其中的阿高尼的圣阿格尼斯教堂（S Agnes in Agone）由他于 1652 年提出方案。他和儿子 Carlo 设计为凹立面，加高的穹顶，有采光亭（该教堂原建于 1123 年），后来又由 Borromini（1599~1667 年）接手修改，1653~1657 年施工，至于钟塔是 Baratta, G. M.（伯拉塔）加高的。

郊外卡普拉罗拉（Caprarola）地区的圣西尔维斯特罗的卡迈尔派（白袍修士）教堂（Carmelita Church of S. Silvestro），也是他所设计。

（2）Carlo 卡洛（1611~1691 年）

多年从其父合做设计，父逝后发展出庄严雄伟的风格。

除了父子合作的 Chiesa di S. Agnese Agone 教堂外，他单独设计的有：在罗马市北圆形的波波洛广场（Piazza del Popolo 人民广场）、广场周围放射形道路中，隔着一条大道两边并立着两个形象相似的圆形教堂——Sta Maria dei Miracoli（圣马利亚米拉科里教堂）和 Sta Maria dei Montesanto（蒙特先陶教堂），是他 1661~1663 年的作品，而广场于 18 世纪才由 Valadier, G.（1762~1839 年）完成。

1661~1665 年还设计了圣安德烈·德拉·瓦来教堂（S. Andrea della Valle/山谷里的圣安德烈教堂）绚丽的巴洛克风格的立面。

在市政广场，圣马利亚教堂（Sta Maria, 1663~1667 年）是罗马第一个椭圆形平面的教堂。此举对北意大利后期巴洛克式教堂有一定的影响。

约 1670 年的蒙特波佐奥宫（Monteporzio）。

罗马北郊的博尔盖塞别墅（Villa Borghese）原由 Longhi, O.（1569~1619 年）于 1605 年开始设计，历经多人之手，1671 年 Carlo 作出最后一次修改。

1673 年为伟大圣马利亚教堂（S. M. Maggiore）的后厅与西克斯特斯五世（Sixtus V）和保罗五世（Paul V）礼拜堂之间作雄伟背立面，参加者还有 Pomzio 和 Fantana, C.。

1687 年同 Girolamo 焦洛连莫（？）联合设计了苏德利奥教堂（Chiesa del

Suderio)。

其风格属新巴洛克风格，主要是以柱列作为连接方式，但未能达到真正巴洛克对群体空间和表面的合成。

191. Sabbatini, Nicola 萨巴蒂尼（1574～1654年）

作为工程师兼建筑师，革新了舞台技术，特别是产生戏剧效果的灯光技术，他是舞台灯光技术的先驱。

其主要设计是佩扎罗（Pesaro）的索莱剧院（Teatro del Sole）的舞台技术。可能在拉文纳（Ravanna）和摩德纳（Modena）也有他的创作。

留有著作"*Pratica di fabricar Scene e Machine ne'leatri*"（剧院布景和机械手册）（1638年）。

192. Alberthal, Hans 阿尔毕塔尔（约1575～1657年）

德国的哥特式建筑延续时间较长，至16、17世纪才进入晚期，其结构也略有不同，如三舱同高，特别是仿效自然达到极点，柱和穹顶往往造成热带林木状。1583年，一位佚名的建筑师于设计慕尼黑的圣米歇尔（St. Michael's）耶稣教堂时，创作出一种墙—支柱的结构系统，即将扶壁置于室内，筒拱直接落在室内扶壁（支柱）上，而高壁龛也直接插入拱顶。

按照这种构造，Alberthal 在下列工程中使用这样的体系：

1610～1617年拜恩州（即巴伐利亚州）迪林根（Dillingen）的耶稣教堂。

1617～1620年埃赫施泰特（Eichstätt）的耶稣教堂。

1619～1621年奥地利因斯布鲁克（Innsburck）的耶稣教堂（1654年瑞典入侵时被焚毁，其后重建）。

1618～1648年德国30年战争期间，这种形式中断了。约18世纪中叶在奥地利的福拉尔贝格（Vorarlberg 地区，今奥地利西部）才再出现，并在中欧发挥作用。

193. Chrìstián IV（King of Danmark and Norway）（丹麦及挪威王）
克里斯蒂安四世（1577～1648年）

17世纪的北欧，由两个大国所拥有：瑞典于1561～1660年发动战争大事扩张，占有本土及芬兰和波罗的海沿岸的一些领土；而丹麦和挪威则联合。Christián IV 于1588年继位，1596年加冕，成为丹麦和挪威的国王。这个被视为最得人心的国王，通晓多国语言，学习数学、绘画、航海、军事指挥，还擅长剑术和舞蹈，设计过枪械。为了励精图治，推动贸易和航运而建立新城镇，尤其是港口，并扩大船坞。

这个国王更亲自规划和设计。在哥本哈根建造了一些建筑物，如：1606~1617 年的夏宫（罗森堡逍遥宫 Rosenborg Slot、现辟为博物馆）；1618~1648 年高 36m 的天文台圆塔（Rundotarn），塔内由长 687m 的回旋斜路上塔顶［据说彼得大帝（1672~1725 年）曾经骑马攀登］，不知其构思是否受伊斯兰清真寺某些呼拜塔所启迪。天文台前为八边形广场，但由于 1618~1648 年的 30 年战争影响，未能彻底完成；1619~1630 年的证券交易所是世界上最早的证券所。此外，在哥本哈根北郊的腓特烈堡（Frederiksborg Slot）也有他设计的建筑。因此，他还有"建筑国王"之称。

由于他的建树，在北欧有一些城市根据他的名字命名，如：Kristiania（现奥斯陆 Oslo），挪威的 Kristiansand，瑞典的 Kristianslad 和 Kristianpel，丹麦的 Christiansham 等。

194. Gomez de Mora，Juan 戈麦斯·德·摩拉（1580~1648 年）

其父（同名）为画家，而他则跟随叔父 Francesco de Mora 学习建筑。

17 世纪初成为西班牙宫廷建筑师（Court Architect）。

继承 Herrera，Juan de（约 1530~1597 年）西班牙风格主义及早期巴洛克之间的建筑。其作品有：

在马德里：1611~1616 年的恩卡纳西翁教堂（Iglesia Encarnicion）。

1617~1619 年改建马约尔宫（Plaza Mayor）的正立面。

1619~1627 年阿尔卡扎尔要塞（Alcazar Palace）的南立面。

1621 年在埃尔-埃斯科里阿尔大宫殿花园（El Escorial Park/原建于 1563~1584 年）加建坎皮洛宅（Casa del Campillo）。

1640 年设计市政厅［Ayunta Miento Palace 后由 Villareal，José de（1739~1810 年）完成］。

在萨拉曼卡（Salamanca）：1616 年的耶稣教士学院（Clercia Jesuit Collage、工程于 18 世纪完成）和增建国王学校（Colegio del Rey）工程由他人完成。

195. Ricchino，Francesco Maria 里基诺（1584~1658 年）

其父为军工，初从父学习，其后又向 Binago，L.（活动于 17 世纪初）学习建筑。1605 年参加 Trezzi，Aureltio（特雷治，活动于 16~17 世纪间）领导下的米兰大教堂的建造。其后他独立工作。他延续 Tibaldi，P.（1527~1596 年）及 Binago，L.（16~17 世纪间）的伦巴底地方色彩，至 1631 年他成为米兰大教堂的总建筑师。

他在米兰的主要工程，教堂方面有：圣乔凡尼·巴蒂斯塔教堂（San Giovanni Battista 1607）、圣朱瑟甫教堂（San Giuseppe，平面为双十字，1607~1630年）、雷塔的圣彼得罗教堂（San Pietro della Reta）采用了巨柱式和希腊十字平面的洛雷托圣母堂（Santa Maria di Loreto）——圣母堂原建于耶稣故乡拿撒勒（Nazareth），1294年迁到现址。

世俗建筑方面有：1627年完成了埃勒蒂斯学院的立面，1645~1648年的杜利尼府邸（Palazzo Durini）和1651年的迪·布列塔府邸（Palazzo di Breta）。

他是米兰地方早期巴洛克建筑主角之一。

196. Le Mercier/Lemerceier, Jacques 勒·莫西埃/勒·卢梅夏/雷·梅尔雪（1585~1654年）

出身于石匠兼建筑商家庭。1607~1612年及1614年两度到罗马学习。

最初作品是同De Brosse（1571~1626年）合作扩建的里安科府邸（Hôtel de Liancourt），这工程延续了十年（1613~1623年）。

1624年他开始承担巴黎卢佛尔宫［Louvre，原由Lescot, P.（约1515~1578年）开始改建］的扩建，当时路易十三当政。工程在中部的内广场即Square Court之南北两边开始，包括中塔楼。工程前后达30年。到路易十四当政时，他被枢机主教黎塞留（Richelieu）所赏识，先后担任黎塞留的建筑师及王家建筑师。1624~1636年还为黎塞留建造枢机主教宫（Palais Cardinal，在卢佛尔宫之北，现在称皇宫Palais Royal），1639年又在其内建私人小剧场❶（Théâtre du Palais-Royal）。卢浮尔宫是他的成功之作，也是法国文艺复兴盛期的代表作，属巴洛克风格。立面用水平划分，配以竖向构图、山花、方穹和相应的装饰。1631年还在波瓦图（Poitou）建黎塞留城堡（Château and Town of Richelieu）。

宫廷工程之外，还从事其他工程：如1616年接Métezeau, C.（梅特祖，17世纪初）所创建的奥拉托利会（L'Oratoire）教堂。1626年为索邦大学（Sorboune）建礼拜堂。1636年设计德埃菲亚宅邸（Hôtel d'Effiat——Effiat 埃菲亚为黎塞留的助手），1653年的圣洛希教堂（St. Roch）和扩建在西郊的吕伊·马尔梅松（Rueil-Malmaison）的城堡和花园。

197. Stone, Nicholes 斯通（1586~1647年）

De Keyser, H.（1565~1621年）的女婿，学石工及雕刻。后来由荷兰到英

---

❶ 黎塞留小剧场后改称为皇家剧院。1666年给莫里哀，1673年又改给路易十四的御用音乐师吕利（Lully, J B 1632~1687年），1763年及1781年两次大火被毁。重建后，1790年，为共和国剧院，演出杂耍娱乐，1799年，改为喜剧院。

国定居，在 Jone，I.（1573～1652 年）手下任石雕师。1632 年任王家首席石雕师。

其艺术风格由自然主义逐步转为古典主义。

1619 年为赫特福德郡（Hertfordshire）沃特福特镇（Waltford）的查尔斯·莫理逊爵士（Charles Morison）雕作纪念碑时还是自然主义风格。

1622 年的威斯特敏斯特（Westminster）大教堂的弗朗西斯·霍尔斯（Francis Holls）作纪念碑时则受 Michelangelo 的朱利亚诺·美第奇墓雕的影响。

1634 年为牛津大学马格达学院（Magdelen）的利特尔顿（Lyttelton）纪念碑则转变为古典主义。

198. Fanzago，Cosimo 范扎哥（1591～1678 年）

那不勒斯（Naples/拿波里 Napoli）地区巴洛克风格创始人。他在 Naples 改建和增建了一些工程。如改建于 15 世纪由瓦勒利安诺（Valeriano）设计的赛维里尼（Severini）府邸，其室内装饰作风奔放，但不幸于 1688 年被震毁。后由富加（Fuga. F，1699～1781 年）于 18 世纪下半叶和兰弗兰柯（Lanfranco）加以修复和增建。

他又为 14 世纪由多西奥（Dosio）设计的卡尔特修道院和圣马天努的塞托萨教堂（Certosa di San Martino）两处增建回廊（1623～1656 年），还有也是 Valeriano 原设计的新耶稣教堂（Gesù Nuovo）进行增建。

自己独立设计的工程有：

1628 年的蒙蒂圣马利亚教堂（1714 年才完成）。

1632 年的卡威阿诺府邸（Palazzo Caviano）。

1633 年的圣约纳齐奥和圣弗朗西斯科、萨弗里奥礼拜堂（Chapel of San Ignazio and San Francesco Saverio）。

1634 年的韦基圣朱瑟甫和圣波蒂滔教堂（San Giuseppe dei Vecchi e San Potito）。

1640 年的伟大圣乔凡尼教堂（San Giovanni Maggiore）。

1647 年的西尔格里亚诺府邸（Palazzo Silgliano）。

1652 年的马达隆尼府邸（Palazzo Maddaloni）和其他一些教堂的立面和高圣坛（high altar）。

在外地：1629～1634 年威尼斯丽都岛的圣尼古拉教堂（San Nicola al Lido）和 1633～1636 年西班牙萨拉曼卡（Salamanca）的新奥古斯汀会教堂（Church of Augustianian Nuos）的扩建。

199. Shāh, Jahēn 沙·贾汗（1592～1666 年） 和

（1） Ahmad Herāt Ustad（"Nadir al-Asar"）（来自赫拉特的）艾哈迈德大师（封号"纳迪尔，阿萨尔"）

（2） Ethendi Ustad Muhammad Isa 埃森迪·穆罕默德·伊萨大师

（3） Mir Abdul Karim（"Ma'mur Khan"）米尔·阿卜杜勒·卡里姆（封号"马穆尔罕"）

（4） Muhammad Isa Ethendi, Ustad 穆罕默德·伊萨·埃森迪大师

（5） Mulla Murshid Shirazi（"Mukarimst Khan"）穆拉·穆尔希德·设拉子（封号"穆卡拉里迈特罕"）

Shāh, Jahēn 或 Shāhjahēn, 是莫卧儿（Mughal/Mogal/Maghuls/蒙兀儿）王朝皇帝（1628～1658 年在位）。

1628 年称帝于阿格拉（Agra），后扩张至德干（Deccon）高原各国并向西及波斯。

1657 年卧病不起，1658 年四子趁机争位，第三子奥朗则布（Aarangzeb）杀兄弟三人及一子一侄，自行称帝。他将父亲 Shāh Jahēn 禁闭于阿格拉城堡八年至死。

Shāh Jahēn 原是多才多艺之人。于在位期间：

规划德里新城，建德里宫堡（1638 年）及与之相邻的杰密马斯其德清真寺（Jāmi Masjid, 1650～1656 年）；在阿格拉改建城堡和其中皇帝寝宫（Khās̩ s̩ Maḥal）；又为其父贾汉杰尔（Jahāngir）设计在沙德拉（Shadera）的陵墓的花园和建筑，对此陵墓，从设想、总体到具体细节，无不一一参与，从印象看，显现受撒马尔罕（Samarhand）的吉尔·艾弥尔陵墓和胡马雍（Humāyūn）陵墓的影响。

在泰姬陵（Tâj Mahal）的设计中，尽心参与策划，广聘人才，事无巨细都悉心处理。泰姬玛哈尔陵为其因难产而逝的爱妻慕塔芝·玛哈尔（Mumtez Mahal, 1592～1630 年），波斯人，原名 Arjamand Bann（雅珍曼·班洛，赐名"宫殿之光"／"宫中冠冕"／"Mumtaz Mahal"）而建。

1632 年开始兴建，基地 293m×576m，面积 16.88 公顷。前门不大，而二门则高大壮丽，四面有"依旺"（Iwan）。前院左右划出小院，二门内院近方形，中央十字形水渠，象征《古兰经》的"天国有水、酒、蜜、乳四河"。陵东清真寺，陵西招待所，拱卫着陵墓，以赭红色石衬托白大理石的主体，半透明的石质，早、午、晚分别泛出蓝、白、黄的色彩。

陵墓建于 96m×96m、高 5.5m 的台基上，四角立 40.6m 高的圆塔，有收

分，分三段，上加小亭。陵墓 56.7m×56.7m、抹去四角，四面立面构图一致，以四个双十字形墙柱支承整体结构，直上至屋顶上的四个亭子，中央部分则为高大的穹顶，穹径 17m，大于鼓座，顶点高出台基约 64m。

端庄肃穆的主体，轮廓参差错落，配以四角空灵轻盈的圆塔，既对比又和谐。

聘请了君士坦丁堡的筑穹专家，巴格达的泥水匠，包括来自土耳其、波斯、中亚、阿富汗等地的建筑师和工匠甚至书法家约 2 万人，花了 15 年时光，于 1647 年完成这座伊斯兰世界最辉煌而巅峰之作。其中主要的有 Muhammad Isa Ethendi，Ustad❶，他起决定性而最后完成的作用。

本来他打算架一座桥跨过巨姆马河，在河南岸为自己造一座黑大理石的陵墓，但是由于儿子篡位未能如愿，被软禁于阿格拉堡内，再也不能回来，远远眺望爱妻的陵墓，耿耿星河，迟迟更鼓，度过了漫长的八年岁月，直到 1666 年去世，死后才能长眠于爱妻身边。

长留于世人的是这座被誉为"印度的珍珠"或"大理石的梦境"的建筑。的确，在众多的陵墓建筑中，它的确出尘脱俗。像中秋的皎月、出水的芙蓉。

它是建筑、雕刻和园林艺术融为一体的典范。

在位期间，他将波斯的特征应用于印度建筑中，而超越之，可谓"青出于蓝而胜于蓝"。

而参与其事的人中：

(1) Ahmad（Herāt）Ustad（"Nadir al Asar"）

据其子卢特富拉（Lutfallah）在 1655/1656 年宣称：其父设计了泰姬陵和德里的城堡及旧聚众礼拜寺。

(2) Ethendi Ustad Muhammad Isa。不详。

(3) Mir Abdul Karim（"Ma'mur Khan"）。曾为贾汉杰尔在曼都（Mandu）做过设计，又在拉合尔（Lohore）扩建城堡，后至阿格拉。

(4) Muhammad Isa Ethendi，Ustad。来自小亚土耳其，他决定了设计方案，也可能是最后完成者。

(5) Mulla Murshid Shirazi（"Mukarimst Khan"），随后设计德里的宫殿。

200. Algardi，Alessandro 阿尔加迪（1595～1654 年）

师从雕刻家 Carraci，Lodovico（卡拉奇，1555～1619 年），先在曼图亚（Mantua）工作。1625 年迁罗马。1644 年超越 Bernini G. L.（1598～1680 年）成为 17 世

---

❶ Ustad（乌斯达德）意为"大师"。

纪罗马的巴洛克雕刻家。

除雕塑外，他还身怀技艺，如在圣西尔维斯特罗教堂（San Silvestro）的灰泥装饰；博洛尼亚（Bologna）圣保罗教堂（San Paolo）的高祭坛；波波罗圣母院（S. M. del Popolo/人民圣母教堂）内的米林尼（Millini）主教纪念碑；柯尔索（Corso）圣马尔切罗教堂（San Marecllo）内的弗兰吉帕尼（Frangipani）纪念碑；梵蒂冈圣达马索宫的喷泉（Cortile di San Damaso）。至于建筑设计，如多列亚潘费里别墅（Villa Doria Pamphili）。此外还有胸像雕刻。其浮雕"阿提拉和教皇里奥的相会"（Meeting of Attila and Pope Leo）❶（1646～1653年）藏于圣伯多禄教堂内，尤为有名。

201. Van Campen, Jacob 范·坎彭/凡·甘奔（1595～1657年）

16世纪末，尼德兰经历了53年（1556～1609年）的独立战争，那时的荷兰只是个小小的伯国，其幅员只有现国土西边1/3的土地，但艺术创作非常活跃，如Rembrandt, V. R.（伦勃朗/林布兰，1606～1669年）则活跃于该时代。

Van Campen是继De Keyser H.（1565～1621年）后在荷兰将建筑引向巴洛克风格的领导者之一。他除了早年帮助De Keyser H. 完成阿姆斯特丹的历史博物馆侧翼之外，他还设计了以下建筑：

在海牙（The Hague），他同Post, P.（1608～1669年）合作的毛里蒂斯宅（Mauritshuis, 1633～1644年，现皇家博物馆）和两人合作的胡斯顿博施宅（Huisten Borch, 1645～1647年），即森林之屋（House in the Wood）。

在阿姆斯特丹，1648～1655年的市政厅（Town Hall）是为1648年荷兰独立并得到承认而建（据威斯特法利亚 Westphalia 和约），由于该地的地质关系，其基础用了13600根桩。市政厅现在是皇家楼（Roninklijk Palais），1646年又将原建于14世纪末的阿姆斯特丹新教堂加建钟塔及安装大管风琴。后一度停顿，延至1849年时却以哥特复兴式取代。

在哈勒姆（Haarlem），1645～1649年设计了圣安妮新教堂（St. Annes，又名巴洛克新教堂 Baroque Neuvre Kerk）。

202. Pietro da Cortona 彼得罗·达·科托纳

Pierre de Cortonte（法文名），Pietro Berrettini（原名）（1596～1669年）

出生于Cortona，遂以生地为姓，即"科托纳的彼得罗"。建筑师、画家兼室内装饰师。

---

❶ Attila（？～453年）为434～453年在位的匈奴王。

向 Commodi，A. 及 Ciarpi，B. 学。1637 年到佛罗伦萨，1647 年回罗马。

他同 Bernini G. L.（1598～1680 年）、Borromini，F.（1599～1667 年）虽被并列为巴洛克风格三大师，但往往被人忽略，其实他有别于两人，别具特色，甚至更出色于两人，是巴洛克艺术的卓越者。

其最早的作品是 1624～1626 年在罗马圣比比亚纳（Sta. Bibiana）教堂三联壁画。其后于 1625 年为萨凯蒂家族（Sacchetti）在罗马附近的皮涅托（Pigneto）建萨凯蒂别墅（Villa Sacchetti），利用壁柱和柱列的组合，形成复杂的空间，创造丰富的震动的光影变化（1630 年完成，但 17 世纪末即被荒废）。

1633～1639 年他为巴贝里尼府邸［Palazzo Barberini，Maderno（1556～1629 年）的遗作］增绘天顶画（Vault frescoes），使其声誉达到高峰。1651～1654 年又为瓦利舍拉（Vallicella）的圣母院（Santa Maria）绘天顶画。

罗马的圣马丁纳和圣路加教堂（San Luca e Santa Martina）是他 1635～1650 年的作品，其后，1656～1657 年的圣马利亚·德拉·巴吉教堂（S. Maria della Pace/和平圣母教堂）更显出其才华。这座古老的教堂曾经由 Bramente（1444～1514 年）加建中门和回廊，但是教堂入口位置处于一处三岔路口处，加以门前的道路狭窄紧迫，大大影响其景观效果。他把两旁街道的建筑部分拆除，变三角形广场为梯形广场，并把门前街道转角处削去直角，这样一来门前小广场舒展了。在立面上，底层是凸出的半圆形门廊，一圈 Doric 柱子同旁边的回廊相呼应，而上层则退入，配以立柱、壁柱和倚柱，其上下凹凸面的变化取得了对比的效果。加上上面相叠的三角山花和较小的弧形山花，充分发挥出巴洛克的手法。

1658～1662 年又设计了在拉达大道上的圣母院（S. M. in Via Lata）。

他还为纳沃娜广场（Piazza Navona）的新教教堂（Chiesa Nuova）作装饰。又为佛罗伦萨的巴拉丁（Palatina）画廊加立面。

203. Longhena，Baldassare 隆盖纳/朗格海纳/隆希那（1596～1682 年）

Scamozzi（1552～1616 年）的学生，他继续其师于 1584 年开始兴建位于威尼斯圣马可广场上的新市政大厦（Proculatie Nuova，即新检察署），至 1640 年才完成，历时达半个世纪（现为科雷尔 Correr 博物馆）。

他在威尼斯设计了多座教堂：自 1624～1647 年的基奥贾（Chioggie）主教堂开始，其后为最重要的、同位于圣乔治岛（Iaola di S. Giorgio）由 Palladio（1508～1580 年）于 1565 年起建的伟大圣乔治大教堂（San Giorgio Maggiore）和齐名的、又同是文艺复兴式的圣马利亚莎留特（Santa Maria della Salute）教堂。17 世纪初，威尼斯发生重大瘟疫，元老院为感谢圣母为之脱难，于 1630

年决定兴建一座教堂以答谢圣母。所以，教堂之名也可意译为"圣母永福堂"或"安康圣母堂"。工程委托给 Longhena，于 1631 年开工，位置在大运河（Canal Grande）入海口的南岸。由于地质关系，打下了百万根木桩，仍未解决地基坍塌和墙壁的荷载问题。教堂是八边形的平面，上面支撑着拜占庭式的大穹顶（后殿也有较小的穹顶，形成双穹顶的外形），Longhena 独出心裁地在八边形鼓座的每角外加建双涡卷形支撑，共 16 个。上立石像的涡卷，表面上是装饰，实际上起到扶壁的作用（这种巴洛克的手法，其后在 18 世纪被广泛使用）。后殿和主祭台也是他自己亲自制作，工程至 17 世纪 90 年代完成。在上述威尼斯的两个主要教堂中，伟大圣乔治教堂代表了文艺复兴晚期的形式，而安康圣母教堂则代表了巴洛克形式，两者隔海遥遥相对，相映成趣。

以下的教堂是他在威尼斯所留下的作品：

Bon 家族于 13 世纪所原建的圣马利亚斯卡齐教堂（1656～1680 年）。

被弃者圣母教堂（S. M. dei Peralitte，1622～1674 年）——它也是间善堂（Ospedaletto）。

圣吉奥齐·马吉奥（San Giorgio Maggiore/伟大圣约翰）隐修院（1663），内有两座并行的楼梯——后在意大利而至欧洲纷相效仿。

拿撒勒圣母（S. M. di Nazareth）教堂。

赤足者教堂（Scalzi）内的雕塑。

原建于 16 世纪的希腊人圣乔治教堂（San Giorgio dei Greci）于 1678 年改建。其钟楼现已倾侧，成为另一个斜塔。

1520 年建的贝鲁诺主教堂（Belluno Duomo）前大广场的喷泉。

圣约翰暨圣保罗教堂（Santi Giorvanni e San Paolo/俗称圣参尼保罗 San Zanipolo）内主祭坛、总督纪念碑和凡德拉明墓。

同黄金殿（Ca' Dóro——1421～1437 年由 Bon 父子所建）相隔大运河不远的裴撒罗宫殿（Ca' Peaaro），底层以粗凸石为面，上两层则采用叠柱式和 Palladio 主题的圆拱窗配小柱，立面雕满装饰，是典型的巴洛克手法。因内部分为两部分，故正面配以两个入口大门。光与影丰富而有控制，这是 Longhena 于 1663 年所设计的杰作。历时 30 余年，于 1710 年由哥斯帕利（Gaspari，Antonio）完成。现在分别为现代艺术画廊（Galleria D'arte Moderna）和东方博物馆（Museo Orientale）。

此外瑞聪尼柯府邸（Ca' Rezzonico、威尼斯数一数二的豪宅）和贝隆尼·巴塔贾府邸（Ca' Belloni Battagia），都是他在 17 世纪中的作品。

1678 年重建希腊人圣尼古拉会堂（Scuola di San Nicolò de Greci），可能是他的遗作。

Longhena 是威尼斯建筑的最后一位大师。

204. Mansard/Mansart, François Hardouin
芒萨尔/孟莎，弗朗索斯·阿尔都因（1598～1666 年）

曾是 De Brosse, S.（德·布劳斯，1571～1626 年）的助手，参与建造库洛米埃别墅（Coulommiers，1613 年）。

他最初的作品是贝尔尼（Berny）别墅（1623/1624 年）和巴勒鲁瓦（Balleroy）府邸（约 1620 年），以黄色粗砖加白石隅角和窗框为外墙材料，很少装饰——这是亨利四世风格（约 1586～1610 年），主要用于居住建筑。

1632～1634 年设计的天罚教堂（Visitation），横向椭圆形的平面与主要空间互相渗透。主轴上的礼拜堂是开放的，对角线上的礼拜堂则是封闭的——已知这是最早的实例。穹顶分为两截，下面为圆柱形，上面是球形，增加了垂直感。

1635 年在卢亚尔河谷（Vallée Loire）的布鲁瓦（Blois），为奥尔良大公（L'aile de Gaston d'Orléans）的宫堡增建一翼及圆形小礼拜堂。

同年至 1640 年设计加斯顿（Gaston）府邸时，首先采用复斜屋面（Curb roof/gambrel roof），因而以他的姓氏为名，称此种屋面为"Mansard"。但是有记录称，这种屋面在 Lescot P.（约 1515～1578 年）建卢佛尔宫时已用过，待考。

1642～1650 年他设计伊夫林省（Yuelines）的麦松城堡（Le Château de Maisons）。说是城堡，那时的城堡已不再设防，而是一种乡间别墅或庄园。该别墅为对称的横五段式的正面（正中及两端凸出呈倒"山"字形），但在内部却出现椭圆形的房间而装饰精致。这座建筑后改称拉菲特邸宅（Maison Laffitte），仍保持良好。

1657 年设计米尼梅（Minimes）教堂，1665 年设计波旁陵墓（Bourbom Mausoleum），此外还有现已不存的迪雅尔府邸（Hôtel du Jars）等。

作为 17 世纪中叶法国巴洛克风格时期后出现的古典主义的主要建筑师，注重理性和节制，局部服从整体，要求高雅而纯正，严谨而优美。他务求精益求精，不惜造价，甚至拆毁重来，耗费惊人。其才能超越后来的 Le Vau（1612～1670 年），但为人固执，常失掉委托机会。

其侄 Mansard, Jules Hardouin（1646～1708 年）是 17 世纪后半重要的建筑师。

205. Bernini, Gian Lorenzo 贝尼尼（1598～1680 年）
Bernini, Pietro 伯多禄（1562～1629 年）

出生于那不勒斯，1605/1606 年随父迁罗马。

父 Bernini, Pietro 伯多禄，家庭富裕，在那不勒斯完成过三雕像。到罗马后即接受圣马利亚·马吉奥教堂（Santa Maria Maggiore 伟大圣母教堂）内保林纳（Paoline）礼拜堂之装饰工作，随后设计圣马丁诺教堂（San Martino）之麦地那喷水池（Medina Fountain）和西班牙广场（Piazza di Spagna）之古舟喷泉（Fountain della Barcaccia，1627～1629 年），还为博尔盖塞别墅［Villa Borghese，1605 年由 Longhi，O.（1569～1619 年）设计始建，位于罗马北郊，占地 17 公顷，为罗马最大而设施完善的私园］作雕塑及造园。

多次同儿子 Gian Lorenzo 一起完成其他创作。

Gian Lorenzo 10 岁即能按像雕塑。及长大，多才多艺，涉及雕刻、建筑、绘画和舞台设计。聪慧、勤奋而自信。初与父合作，后即独立工作。精力旺盛而组织力强。出任教廷总建筑师，前后历八任教宗。

与 Borromini（1599～1667 年）、Pietro da Cortona（1596～1669 年）同列意大利巴洛克建筑三大师。

在圣伯多禄大教堂（Bosilica di San Pietro）干了几件事：①首先是 1624～1633 年为祭坛上作的华盖，青铜铸成，由四根螺旋形的巨柱支撑，这是他的杰作，遂一举成名；②1656～1665 年再作主教宝座（Cathedra）；③随后即设计教堂前之椭圆形大广场和广场边之列柱廊，列柱廊自教堂正面两边伸出，再以 240m 长径开展成椭圆形，他说"如展开双臂以迎信众"，广场伸向协和大道（Via della Conciliazione），廊由 284 根石柱分成四行，廊上还竖立 140 具石像。工程进行到 1678 年；④1663～1666 年又设计了接待厅之大阶梯；⑤1678 年设计教宗亚历山大七世的纪念碑，时已届暮年了。

他从事建筑的初期，先创作了几座喷泉，它们都是雕塑品：1642～1643 年在巴贝里尼（Barberini）广场上的（希腊海神）特里顿喷泉（Fontana del Tritōne）、1644 年的蜜蜂（Alpi）喷泉和 1648～1651 年在纳沃娜广场（Navona）中间的四河喷泉（Fontana dei Fiumi），喷泉分别以四大洲的恒河、多瑙河、尼罗河和普拉特河 Platte 为主题。此外属于雕塑方面的还有乌尔班八世墓、人民广场（Piazza del Popolo）的一些雕塑和多处祭坛屏。至于圣天使桥（Porte Sant'Angelo）桥栏上的十天使像是他晚年所作，后由他的学生们继续完成。

前辈们如 Donatello（约 1386～1466 年）、Verrocchio（1435～1488 年）和 Michelangelo（1475～1564 年）都做过 David 的雕像。他所创作的大卫像正将石投出的形象，那一瞬即逝的脸部表情和动态的身影，正反映出巴洛克的精神。从他早年的"阿波罗和达佛尼"（Apollo e Dafhne）或"劫掠波西比娜"（Ratto di Proserpina）、壮年在圣马利亚·维托利亚大教堂（S. M. della Victoria）的"圣德勒萨的幻觉"/"圣德勒萨的恍惚"（The Ecstasy of St. Teresa）采用了多种形象手段达到戏剧性的效果，他将雕刻同建筑巧妙地结合，其创作超越了 Michelangelo 的传统。

在建筑方面：一早，他在 1625 年便同 Borromini 继续完成由 Maderno (1556～1629 年) 于 1623 年设计，1625 年动工的巴贝里尼府邸 (Palazzo Barberini)。又完成 1574 年经 Fontana, D. (1543～1607 年)、Maderno (1556～1629 年)、Mascherino, O. (马斯凯连诺，活动于 16 世纪后半) 及 Voltera, F. d. (沃尔泰拉，活动于 16 世纪后半) 等人之手的总统府大厦 (奎里纳尔宫/Palazzo del Quirinale)。

其后，1650 年独立设计蒙特西托里奥 (Montaeitorio) 广场的大厦 [他逝后由 Fontana, C. (1634～1714 年) 于 1694 年完成 (1871 年改作众议院)]。1640 年同 Borromini 合作设计斯巴达大厦 (Palazzo Spada)。还有 1658～1661 年的甘多尔福 (Gandolfo) 城堡和基吉—奥代斯卡尔基宫 (Chigi-Odescalchi) ——后多次被人模仿——这些都是他设计的世俗建筑。

至于在宗教建筑方面，有：立面上、奎里纳尔的圣安德烈教堂 (S. Anderea al Quirinale, 1658～1670 年)，教堂为椭圆形平面，而以短轴为纵轴。Corinth 大角柱，Ionic 半圆柱，而门楼作成曲面；圣托玛索·维拉诺瓦教堂 (San Tommaso di Villanova, 1658～1661 年)；改建在阿里洽 (Ariccia) 的圣马利亚升天教堂 (S. M. dell'Assunzione, 1662～1664 年)，对称的，巴洛克立面，三角形山花，拱门廊——以上两者的平面都是向心型。还有圣马利亚·德·米拉科里教堂 (Sta Maria dei Miracoli, 1662～1679 年，Fontana, C. 协助)、柯尔纳罗礼拜堂、人民圣母教堂 (S. M. del Popalo) 内的基吉礼拜堂 (Memorial Chapel for Agostino Chigi，兼雕塑) 以及圣比比亚纳 (Santa Bibiana) 教堂的正立面和祭坛。

他还做舞台设计，使剧中出现真火、真水。

1665 年，为卢佛尔宫的改建，被邀请到巴黎。由于路易十四对 Le Vau (1612～1670 年) 设计的平面不满意，而转向意大利的专家们。被邀请的还有 Pietro da Cortona (1596～1669 年)、Borromini 和 Rainaldi, C. (1611～1691 年)，但只有他赴约。对卢佛尔宫他先提出两方案：一是以凹凸面形成一种波动的激进方案；另一是田字形的平面，并与杜伊勒里宫 Tuileries 相接的方案。在法期间又提出在立面加柱廊的第三方案，但是随后路易十四的兴趣已转向凡尔赛宫，随着搁置而取消了。

他敢于打破传统，他说过"一个不偶然破坏规则的人就永远不能超越它。"

他有些事迹却受人非议：由于圣伯多禄大教堂的祭坛、华盖需要青铜材料，教宗 Urbtan 命令他拆除 Pantheon 的青铜门取铜，被人们讽刺说："野蛮人（对北非柏柏尔人 Berbers 的鄙称）干不出来的事，Berberini (Urban 的姓氏) 都干出来了。"他又在 Pantheon 的前面的三角山花上两边加上小钟楼，受批评为

"Bernini 的驴耳",终于,1883 年被拆除了。

有人认为他的逝世标志着欧洲以意大利艺术风格为主导的时代已经结束。

206. Borromini, Francesco 普罗密尼/波罗米尼/博洛米尼(1599~1667 年),原名 Castelli, Francesco(卡斯蒂里)

出身于 14~15 世纪间北意大利之望族——维斯孔蒂(Visconti)家族。

幼学石工,很快便成为一流工艺人,当 Maderno(1556~1629 年)的石工,继任其绘图员,在圣伯多禄大教堂、巴贝里尼宫(Barberini)、维尔的圣安德烈教堂(S'Andrea della Valle,约 1622 年)和城外圣保罗教堂(San Paolo Fuori le Mura)内的圣体小教堂(Chiesa dell Sacramento,完成于 1629 年,此教堂建于圣保罗墓地上,其规模仅次于圣伯多禄大教堂,现建筑为 1823 年火焚所重建)工作。在协助 Maderno 的过程中,他逐步起到决定性的作用。

既有建筑工人的实践经验,又通晓技术知识,使他敢于创新,对文艺复兴建筑过去仍遵循古典传统作出根本的抵制。

Maderno 逝后,他转同 Bernini,G. L. 合作。除了共同完成 Barberini 宫和圣伯多禄大教堂的内部构造:穹顶的支柱和青铜华盖(baldachin 或 baldaquin),还有斯巴达大厦(Palazzo Spada,1640),在这项工程中,他设计中庭的隧道,利用幻觉效果,使人们的视觉比实际长四倍,被称之为"奇想建筑"。

约 1633 年,他开始独立设计,1634 年接到圣卡尔利诺教堂(San Carlino)的任务。这教堂位于四泉路的一个街角上,所以它叫四泉路上的圣卡尔利诺教堂(San Carlino alle Quattro Fontane)。这是一座教区的小教堂,面积还不到1/10公顷,而且还处于街道的转角,还要分出约 2/5 的面积作为服务之用,主殿只得约 3/5 的地方,还包括祭坛和一些小祈祷室,当然拉丁十字平面根本不可能了。他设计成异化的希腊十字,近似椭圆形,并在四周又出现四条凹进的弧线,祭坛和五个祈祷室全部安排在内。使用了大理石柱和镀金的灰饰,极尽奢华,藻井以八边形、六边形和十字形组成图案,前所未有(如图)。光源来自夹层的小穹隆,室内产生光影变幻。在外立面,凹进的弧形于中间又作凸出,上下两层的叠柱式、挑栏、三角山花下又出现竖立的椭圆形。内内外外同样都利用这些凹凸面和曲线、直线来产生动感,加上种种建筑语言,有层次而处理合宜,在狭窄的街道上格外生动。穹顶上的灯笼式天窗,更是独出心裁。工程于 1638 年开工,延至 1671 年才彻底完工,时间贯穿了他整个创作生涯而成为他的遗作。

接下来的作品有:圣菲利皮尼教堂的祈祷室(Casa e Oretorio dei Filippini,1637~1640 年);塞特 – 多洛里的圣马利亚教堂（S. M. dei Sette Dolori，1642 年，但未完成）；萨皮恩扎的圣伊沃教堂（Sant' Ivo della Sapienza，1642~1660 年），其顶塔以螺旋形升上，平面呈✡——"大卫之星"形。还有潘菲利宫（Palazzo Pamphili）。

位于大斗兽场（Colosseo）东南的圣若望拉特朗教堂（San Giovanni Laterano）原建于 310~320 年君士坦丁时代，这座罗马最早的巴西利卡，曾是罗马的主教座堂。其规模非常雄伟壮观，Borromini 于 1647~1650 年在堂内建了五个通廊，但其正立面至 1735 年才由 Galilei, A.（1691~1737 年）完成。

1646~1667 年设计了传教神学院（Colligio di Propagandi Fise）。

1653~1657 年在长圆形的纳沃娜广场（Piazzo Navona）中间建立圣阿涅塞（S. Agnese）教堂。教堂正门稍退后，两旁呈弧形而突出左右一对钟楼，钟楼同中央的穹顶鼎足而立，整个立面拉得长长的，以配合长形的广场。教堂和广场中心的方尖碑及下面的四河喷泉，统率着整个广场。

1653~1656 年的弗拉特的圣安德烈大教堂（San Andrea delle Fratte），其穹顶鼓座部分凸起，又增加独立的钟楼，给人以粗犷的观感。

1659 年设计萨皮恩扎（Sapienza）宫内的亚历山大图书馆（Biblioteca Alessandrina）。

1660~1664 年设计的普罗帕冈达-菲德传教总会（Collegio di Propaganda Fide）的立面，以朴素的墙面和巨大而平坦的壁柱显示于人前。

此外还有卡尔佩尼亚宫（Carpegna）、圣吉罗拉莫布施教堂（S. Girolamo della Carità）的斯巴达祭坛（Cappella Spada），还有普罗帕冈达—菲德宫（Propaganda Fide）内的礼拜堂采用了横椭圆形平面；1634 年建，但 1654 年即拆除。

宫内的马吉礼拜堂（Cappella dei Re Magi）设计于 1660 年之后，一般认为是他的遗作。

其创作的式样，对古典传统而言，确具革命性，与 17 世纪时那股以教廷为首的不顾结构逻辑、过分堆砌、一味追求珠光宝气的潮流相比，则更富逻辑性。他善于利用几何图形（如图）。他认为巴洛克精神，不应使建筑物孤立存在，而应尽量同周围的建筑和空间相配合。

他的创作对 17 世纪欧洲建筑风格所起的革新作用，动摇了巴洛克所遵循的以人体各部分的比例作为设计准则的文艺理论。

他是巴洛克时期意大利三大（或四大）名家之一。

但在当时，他被视为"怪人"，他最后自杀身亡。

207. Ponzio，Flamino 蓬齐奥/庞奇欧（活动于 17 世纪上半叶）

保禄五世（Paul V）为其侄而建的博尔盖塞/波格泽别墅（Villa Borghese），

位于罗马市北郊，占地约17公顷，由他和Longhi，Onoris（1569～1619年）联手设计（1605年），几经修改设计方案，最后于1671年由Rainaldi，Carlo（1611～1691年）作最后一次修改。

该别墅为典型的罗马乡村别墅，两侧花园伸出，内有众多的小别墅、圆形剧场、画廊、狄安娜（Diana）神殿（新古典式）、希腊医神（阿斯克勒皮乌斯Asculapius/Asprucci/Anfonio）神殿（Ionic柱式），复制的塞威门拱门（Septinuino Severus），园内有人工湖、动物园、人造雨岩洞等，首开法式花园在罗马之先例。（1902年收归国有，设外国学校、骑术学校、考古学校、美术馆等，1911年曾在内举行国际展览会）

在罗马最高山丘——Esquilino（埃斯奎里诺）山丘上的圣母大殿（Santa Maria Maggiore/伟大圣母大教堂/马槽教堂）原为5世纪的巴西利卡，后经历代改建为早期基督教形式及拜占庭形式，1377年加75m高的钟楼（全罗马最高），后由Ponzio、Ramaldic，及Fontana，C.（1634/1638～1714年）改建，1673～1676年完成其背立面，而正立面延至1750年才由Fuga，F.（1699～1781年）改建完成。

208. Staet，Hendrick 斯塔特（活动于17世纪上半叶）

地濒北海的荷兰于1556～1609年进行了长期的独立战争以摆脱哈布斯堡王朝（Habsburg Dominions的统治），并于1581年建立了第一个资产阶级共和国。

在阿姆斯特丹有三座新教教堂——南教堂、西教堂和北教堂，都是由De Keyser，Hendrick（1565～1621年）分别于1603年、1610年、1620年设计，但北教堂（Norder Kerk）于他设计后一年，他便逝世。余下的工程由Staets于1623年继续完成。

他还为阿姆斯特丹规划了"三条运河计划"——在城市核心地带周围以道路划出三个同心圆环来规划地段，而把地段分配给工匠、商人和中产阶级。每块长条形地段平均约宽8m，长55m。这项计划的具体工作由斯塔皮尔特（Stalpaert Daniel，1615～1675年）实施和完成。

209. Cano，Alonso 卡诺（1601～1667年）

1528年，Silóe，D. d.（西洛埃，约1495～1563年）在格林纳达（Granada）设计了宏伟的主教堂，而于1543年完成。经历百多年后，其立面由Cano于1652年加以改建，但仍然是混合的形式：他将下层设计成哥特式，上层则为文艺复兴式——这是西班牙最独特的作品。

他在马德里、塞维利亚和格林纳达等地有多项创作。

才艺出众，有"西班牙米开朗基罗"（Spanish Michelangelo）之称，他兼长绘画、雕塑及建筑。

210. Bosse，Abraham 博斯（1602～1676年）

法国油画家、建筑师，尤擅长于巴洛克铜版画。又是几何学家，受数学家吉拉尔·德扎尔格❶（1591～1661年）所影响。先任绘画学院透视学教授，后被选为院士。

著《论古典建筑柱式设计》（Treatise on the Ways of Designing the Order of Classical Architecture）（1664年），为建筑名著。

211. Boyceau，de la Barenderie 博伊索（活动于17世纪上半叶）

法国17世纪上半叶的造园家。

1638年著《论依据自然或艺术的原则造园》。

他说："如果不去加以调整和安排得整齐匀称的话，所能得到的事物即使很完美，也都是有缺陷的。"

基于这种观点，他肯定人工美高于自然美。其基本原则是变化的统一，即在地形和布局，植物的品质、形状、颜色多样化中，做到井然有序、均衡匀称、协调配合。他还认为园中只宜种植低矮的树丛，利于一览无遗可赏全貌。

他的理论，后来成为凡尔赛宫造园的依据，并得到实践。

212. Vallée，Simon de la 瓦勒/瓦莱（活动于17世纪上～中叶）

1639年成为瑞典皇家建筑师。

1650年从意大利回到瑞典，同时带回意大利的建筑风格，他将奥辛斯蒂尔纳宫（Ocienstierna）改建成一座罗马式的宫殿。

1656年将圣卡塔林娜教堂（St. Katarina）改为新教教堂，采用了希腊十字平面。同年设计邦德宫殿（Bonte Palace），在这座宫殿，他引进了"凵"形平面的设计，外表采用了粗面石。

1659年他接替Vingboon，Justus（范彭，活动于17世纪中叶）在阿姆斯特丹的一幢贵族住宅（Nobility House）—里达宅（Ridderhuset）。

他教育了其子Jean de la 和 Tessin Nicodemus（S）（老）泰辛（1615～1681

---

❶ 吉拉尔·德扎尔格（Girard, Desargues），几何学家，引入几何透视概念。

年）成为建筑师，使瑞典发展巴洛克风格建筑起决定作用。

213. Bib(b)iena Galli da Family（比比恩纳）加利家族（1625～1787 年）

（A）Giovanni Maria ⎧ （B₁）Ferdinando ⎧ （C₁）Alessandro
　　　　　　　　　⎨　　　　　　　　⎨ （C₂）Giuseppe—（D）Carlo
　　　　　　　　　⎩ （B₂）Francesco—（C₄）Giovanni Carlo
　　　　　　　　　　　　　　　　　　⎩ （C₃）Antonio

意大利专业于剧院建筑和舞台布景的家族，四代人的事迹遍及欧洲多国，在 17～18 世纪作出重大贡献。

Biliena 为家族策源地，Galli 为姓氏，所以也称加利家族。

（A）Giovanni Maria 乔丹尼－马利亚（1625～1665 年）

绘画、建筑、舞台和布景而至节日活动设计。

家族事业的首创者。

（B₁）Ferdinando 裴迪南多（1657～1743 年）

科罗尔诺别墅（Villa Colorno）及花园（1781 年焚毁）。

著《民用建筑》（*Civil Architecture*）（1711 年）及《各种歌剧之展望》（*Varie Opere di Prospettiva*）（1703～1708 年）。

（B₂）Francesco 弗朗切斯科（1659～1739 年）

南锡大剧院、维罗那（Verona）的费拉莫尼科剧院（Teatro Filarmonico）、罗马阿利贝尔（Alibert）剧院（Antonio 协助）。

1726 年回博诺尼亚（Bononia）领导克莱门蒂（Clementina）研究院。Bononia 即今 Bologna（波伦亚）。

（C₁）Alessandro 亚历山德鲁（1687～1769 年）

曼海姆（Mannheim）的耶稣教堂（Jesuit Church）。

巴拉丁的选帝侯宫（Court of the Elector of Palatinale）。

为施洛斯城堡增建右翼和歌剧院。

（C₂）Giuseppe 朱瑟甫（1696～1757 年）

家族中最显赫者，除了戏剧建筑，还是宫廷庆典的主要组织者、设计舞台装置和布景，包括奥尔希纳（Alcina）的剧院（1716 年）及 1722 年的慕尼黑、1723 年的布拉格、1742 年的维也纳歌剧院和 1748 年的拜罗伊特（Bayreuth）歌剧院的内部装潢、1747 年修复萨克森（Saxony）选侯国德累斯顿（Dresden）歌剧院。

还为三十多个王族或贵族设计葬龛。

著作有：《坚定与刚毅》（*Costanza e Fortezza*，1723 年）和《建筑学与透视

法》Architecture e Prospecttive)（1640～1644年）。

（C_3）Antonio 安东尼奥（1700～1774年）

协助其叔 Francesco 建阿利贝尔歌剧院。还设计了：

曼图亚（Mantua）的弗吉利亚纳（Virgiliana）研究院；

博洛尼亚的公共剧院（Communale Teatro）。

又为维也纳宫廷服务并设计维也纳歌剧院的布景。

（C_4）Giovanni Carlo 乔凡尼·卡洛（1700～1760年）

他单独到葡萄牙去发展：设计王宫、王宫教堂、剧院、歌剧院，把丰富多彩的巴洛克建筑的复杂设计介绍给葡萄牙当局。

可惜由于布景的材料不耐用，未能保留到今天。后人只能通过保存于维也纳、慕尼黑和德累斯顿所存下来的图画中欣赏当时的水平。

（D）Carlo 卡洛（1728～1787年）

其创作生涯地域广阔，活动于德国、法国和荷兰之后，1763年曾一度定居于伦敦，逗留时间较长。后来，1772年到那不勒斯，1774年到斯德哥尔摩，最后还远赴圣彼得堡。

他将五套有关歌剧布景之设计图付诸出版。

214. Post，Pieter 坡斯特（1608～1669年）

他同 Van Campen，J.（1595～1657年）共创具荷兰特色的巴洛克风格，而且两人还合作设计了海牙（The Hague）的两项工程：一是1633～1644年精致的毛利蒂斯宅（Maurits Huis）——巴洛克在荷兰已臻成熟的作品；另一是1645～1647年的胡斯顿－博施宅（Huisten Bosch，即"森林之屋 House in the Wood"）。

1645年他出任荷兰省长（Stadholder——15～18世纪低地国家各省的行政长官）弗雷德里克·亨利（Frederick Henry）的建筑师。之后，他的设计有：斯旺宁堡宅（Swanenburg，1645年），莱登（Leiden）的过磅站（Weight House 1658年），马斯特立特（Mastricht）❶ 市政厅（1659～1664年）是一座荷兰最特出的建筑物（Outstanding Building），对18世纪的英、法建筑有一定的影响。还有海牙的纽古甫养老院（Nieuwkoop Almshouses）。

215. Vingboons Brother 范彭兄弟（1608～？年）

（1）兄：Philip 菲利浦（1608～1678年）

原为画家和地图制作者，由于曾协助 Van Campen（1595～1657年）工作。

---

❶ Mastricht 即今欧盟举行马城条约之所在。

因受 Vitruvius（前一世纪下半叶）、Scamozzi（1552～1616 年）及 Vignola（1507～1573 年）的影响，转向建筑设计。

他的创作全在阿姆斯特丹，而以住宅建筑为主，也设计了一些公共建筑：

1638 年的剧院博物馆采用了新古典主义风格。

1639～1664 年比姆斯特（Beemster）的弗里登堡（Vredenburg）。

1661 年在卡彭（Kamper）的新塔（New Tower）。

1662 年代芬特尔（Deventer）市政厅（原建于 13 世纪）的新翼。

阿姆斯特丹市内运河纵横密布，许多华宅滨河而建，小桥流水、别有情趣。自 1638～1670 年期间，他连续在凯泽尔格拉支运河（Keiseregracht、绅士运河）、赫伦格拉支运河（Herengracht）和辛厄尔运河（Singel）以及海尔德兰（Gelderland）设计了多幢同环境相配合的华宅，其中以 1660～1662 年同弟弟 Justus 合作的特里彭宅（Trippen Huis）尤为突出，工字形平面，外表看似一幢，实为两幢相连，立面山墙用大量涡卷和花环装饰，表现巴洛克风格特色。

(2) 弟：Justus 尤斯图斯（活动于 17 世纪中叶）

1646 年设计路易·德·海尔宅（Louis de Gear）。

1653～1659 年设计的贵族住宅（Nobility House）里达邸宅 Riddar huset，后由瑞典籍的 Vallée（活动于 17 世纪上、中叶）接替完成。

216. Le Vau, Louis 勒伏／勒沃（1612～1670 年）

出身于石匠家族。

在巴黎，他早期设计了一批住宅。它们是：巴特鲁（Bautru, 1634～1637 年）、吉尔里埃（Gillier, 1637～1640 年）、布雷东维尔埃（Bretonvilliers, 1638～1640 年）、桑斯托特（Sainstot, 1639～1642 年）和他自己的私宅（1640～1642 年）。

1640～1644 年的朗贝尔（Lambert）宅，内有赫尔克里斯［大力神（Galleried Hercules）柱廊］，中厅为椭圆形平面。

1640～1644 年的埃塞林宅（Hesselins）、1642～1646 年的坦博诺宅（Tanbonneau 1844 年毁）、1649～1650 年的迪奥蒙特宅（d'Aumont，原建于 30 年代）、1656～1657 年的洛曾宅（Lauzun）、1661～1662 年的利奥纳宅（Lionne）——据说这些住宅建筑并不成功，但对于既方便而实际的居住建筑发展有贡献。

还有一些城堡邸宅（Château）：1640～1645 年的雷纳西宅（大革命时毁）、1654～1657 年改建的默东宅（Meudon）、1654～1661 年的万塞纳宅（Viucennes）以及萨尔泊特里埃医院（Hôpitāl de la Salpêtrière／硝石场医院）

(1656年)。

使他成名的是在巴黎郊区默朗（Melen）的孚-勒-维孔特府邸（或译维康府邸又称沃园 Château de Vaux-le-Vicomte），这是财政大臣富凯（Fouquet, N., 1615~1680年）的私产，由画家、室内设计师 Le Brum（1619~1690年）、园艺设计师 Le Nôtre（1613~1700年）和 Le Vau 于 1656~1660 年共同建成（今法兰西研究院）。该建筑前厅平面为椭圆形，前立面作古典主义五段式分割，以中央的圆穹顶和两端的法式方穹窿统率整个立面，大轴线和花园的轴线是一致的，道路笔直宽阔，往前是大水池和喷泉，园内花木、水渠、雕塑组成几何图形。路易十四看过后便诏令三人去营建凡尔赛宫。

凡尔赛宫（Versailles）的前身为路易十三的猎庄，位于巴黎西偏南，正面向东，距市中心约23km，仅有简陋的三合院砖房。其改建是由 Le Nôtre 于 1661 年建园开始，建筑物的改建则于 1668 年才展开。Le Vau 先在原三合院的外沿即北、西、南三面加贴一圈建筑，才两年，他便逝世，未及进行更多工程，也未装潢。其后再由 D'Orbay（1634~1697年）、Mansart. J. H.（1646~1708年）和 Gabriel A-J（1698~1782年）陆续增添，至路易十五时代的1756年才基本完成，历时近百年。

他生前对巴黎多所建树：在卢佛尔宫，他把原 François I 时代（1515~1547年）所先建的房间向东加建北、东、南三翼围成四合院，名为"方形庭院（Cour Carrée）"，后来有 Perrault, C.（1613~1688年）加入，Le Brum 则负责内部装修，同时又将西邻的杜伊勒里宫（Tuileries）加以改建。

在塞纳河江心的西堤岛（又译斯德岛 Ile de la Cité）上的圣路易教堂（St. Louis-eu-l'Ile）是他 1664 年的作品（1726年完成）。

四国学院（Collège des Quatre Nation/德斯夸特雷国家学院）是他 1662 年的设计（穹顶由 D'Orbay 于 1674 年完成）。

他善于铺张豪华，将建筑同雕塑、绘画、装饰巧妙结合在一起，因此让 Le Brum 及其他人能密切配合而充分发挥，但其品味不如 Mansart. F.（1598~1666年）。

217. Perrault, Claude 佩罗/佩瓦尔特/贝格/彼洛（1613~1688年）

他的生涯颇为曲折：原来学数学和物理，后又学医术，学成后做医生，但对建筑发生兴趣，由建筑业余爱好者转而成为专业建筑师，并且成为建筑理论家。说来也有一段际遇：他的兄长 Charles（夏尔）是法国宫廷工程总监科尔贝尔（Colbert, J. B., 1619~1683年）的助手，后来被推荐继其兄成为改建卢佛尔宫成员之一。

卢佛尔宫东立面的改建于 17 世纪 60 年代便被提到日程。先由建筑师们做出一批方案送到罗马征求意见，继而又敦请 Bernini，G. L.（1598～1680 年）由罗马前来出策，但是意大利的巴洛克形式同当时法国王权高涨时的古典主义潮流格格不入，而被否定。经过较量，1667 年最后由 Le Vau、Le Brun 和 Perrault 所拟定的方案获得拍板定案。古典主义的典范立面被确定了，那就是横五段、纵三段的形制，即把立面的中央部分和左、右两端突出和上、中、下三层用不同形式和材料的手法处理。在卢佛尔宫的东立面建筑语言被简化了，只有二、三层用了粗巨柱和正中部分的三角山花，简洁明朗。关键在于主次分明，对立统一，反映出君主等级的社会秩序的意识形态。从 1667～1670 年的三年时间，完成了东立面，而这种双柱廊的做法，被称为"佩罗柱廊"（Perrault Colonnade）。

1673～1677 年他为法国的财政大臣、海军国务大臣和管王室事务的国务大臣、路易十四的心腹 Collbert（1619～1683 年）的别墅中设计"晨曦阁"。又参加了凡尔赛宫内的一些设计。

至今仍存的巴黎天文台是他的手笔。他本来就有丰富的天文知识，自然驾轻就熟了。

17 世纪中期，法国兴起一股研究古典柱式的风气，Le Vau、Le Brum 和 d'Orbay 都投入了这股潮流之中。他将研究柱式的心得写下了 *Ordonnances des Cinz Espèce Decolonne*（五种柱子的排列）（1676 年）。另一本书 *Observaloice in Paris*（巴黎观感）（1668 年），一般认为也是他的著作，也可能出于 D'Orbay 之手。他还同其兄 Charles 合作编译 Vitruvius 的著作。

他认为对于古代建筑的比例，不必严格遵守，而要创新。

他对美的看法是除了要理性地判断外，还要遵循习俗所沿用的先例。

218. Le Nôtre，Andrè 勒·诺特/勒·诺垂/勒·诺雷（1613～1700 年）

园艺世家，父 Jean 是路易十三的园艺师，1637 年继父任杜伊勒里宫（Tuileries）的职位。

工作之余，随画家 Vouet，F.（武埃，1590～1649 年）学透视学和光学，后来又向 Mansart，F.（1598～1666 年）学建筑，所学都有利于他的本行的发展和创新。

事业自然就在杜伊勒里宫开始，他重新设计和改进其规划的中轴线，这中轴线发展成为后来的香榭丽舍大道（Champs-Elysees）。

他同 Le Vau（1612～1670 年）、Le Brun（1619～1690 年）合作的孚－勒－维孔特府邸/维康府邸/沃园（Château de Vaux-le-Vicomte）时，他利用所学的透视学原理，将小树林的株距逐次缩减，以增强透视感，使景观视野广阔，路易十四欣赏其成就，遂将三人调到凡尔赛宫，成为御用专家。从 1661～1700 年近四十年时间经营凡尔赛宫约 1500 公顷的园艺，精益求精，成为路易十四的至宠（据说在众多的人员中，他是可以同路易十四拥抱的人），无论如何，他成为法国园林艺术最伟大的景观师，成为"王之园师、园师之王"。

凡尔赛宫的造园，早于宫殿的扩建。1661 年他着手策划，在宫殿以西、以宫殿的中轴为中轴，园内的道路、水池都以几何图形规划，其中以十字形的大水渠为中心景点（不知是否受伊斯兰的水法所启发？）。全院划分为 12 个区，喷泉达 1400 座（可惜因水源不足，难以全部同时喷水）及大小水池，凡尔赛的水法由 De Franciñe, Fraucois 和 De Franciñe, Pierre（法兰善兄弟）两人承担。十二区各有特色，各以绿草坪、假山洞、下沉花园、水剧场、环形柱廊、橘园、苗圃、小农庄、花木、亭台、雕像布置。广袤的御园并不设围障界限，体现巴洛克风格"无限"的意念、路易十四时代的艺术特征。凡尔赛园林的成就实高于绘画、雕塑和建筑。

他曾游学于意大利，1662 年曾一度赴英、比等国，其技法和风格得以传播于欧洲多国，而竞相聘请。他终生造园逾百，在法国的有圣克卢宫（Saint-Cloud）的花园，尚蒂依堡（Chantilly），赖伊的圣热尔曼（Saint Germainen-Laye）要塞的园景，枫丹白露（Fountainbleau）的园林，卡斯特尔（Castres）的花园（后为哥雅美术馆），顾尔乐（Gourlou）堡垒的花园。在国外，有英国的圣詹姆斯花园（St. James Park），比利时布鲁塞尔的里森萨特堡（Château de Ricensart）的庭园，根特（Ghent/Gent）的路渥根官（Leenwerghen Palace）的庭园等。他善于把园林同建筑结合为一体。

他所创造的法式花园——平面几何形规划配以锦绣花坛（broderie）。这种花园被称为"理智花园"。

他所设计的花坛有六种类型：刺绣花坛、柑橘花坛、水花坛、组合花坛、分组花坛和英式花坛。

他的学生遍及德、奥、西等国。

219. Stalpaert, Daniel 斯塔皮尔特/史塔帕尔（1615～1675 年）

实施 Staets, H.（活动于 17 世纪上半叶）所规划的"三条运河计划"。

设计阿姆斯特丹的伦勃朗广场（Rembrandt Plein）的阿姆斯特教堂（Amste Kerk 1668/1670），设计原来只作为临时之用，采用木构。但由于筹款不足，得以保留成为永久建筑，1840 年内部更改为哥特复兴式。

220. Tessin, Nicodemus（S）（老）泰辛/特辛（1615～1681 年）

受教于 Vallée, S. d. l.（活动于 17 世纪上、中叶），后更继其位，1649 年成为瑞典皇家建筑师。

60 年代初曾到德、意、法、荷等国考察，回国之后，如同当时一般北欧建筑师一样，对新发展的新事物采取保守态度，其风格落后于当时潮流，约滞后达半个世纪。

在斯德哥尔摩，1660 年设计的卡尔马大教堂，采用拉长双轴的十字形平面，外形有四个塔楼。

1662 年设计的德罗特宁霍尔姆（Drottningholm 宫/又名"夏宫"）位于斯德哥尔摩近郊的洛封岛（Lovon，意为"王后岛"）上，因 1617 年旧宫失火而重建。他采用对称的法国式平面，角部突出亭阁，外表粗石面，底层上巨大壁柱，但细部取自意大利式和荷兰式，阁楼则取日耳曼式。庭园占地广阔，气势不凡，有"北方凡尔赛宫"之称，工程至 1686 年完工。花园部分由小泰辛（1654～1728）经营。后于 1769 年，取代木亭的"中国阁"属巴洛克式，只于窗上有旗人的雕塑外，全无中国气质，不知何人所作。

同年，1662 年为巴特宫（Baet）加建的接待前院，用了法式巨柱。

1668 年设计的王家银行，具罗马的特征。

1672 年在瑞达霍尔姆教堂（Raddarholm）中的卡罗林墓（Caroline Mausoleum）才是真正的巴洛克式。

其创作常呈各国形式的奇特混合：宗教建筑受意大利的影响，世俗建筑则取自法国和荷兰的元素。

221. Hasan，Aga 哈桑·阿迦（活动于 17 世纪中叶）

伊斯坦布尔的托普·考普·萨拉伊（Top Kapu Saray/榴弹炮门宫），可谓门禁森严，自"帝国之门"（胡马雍门 Bab-i-Humayun）进入第一进院落；第二进为榴弹炮宫，门亦名榴弹炮门；第三进院门"幸福之门"（阿萨德门 Bab-i-Saadet）；最后才入第四进门和第四进院。在第三进门前和第四进院内各有觐见室，按规格分别接见不同身份的人，而第四进的巴格达阁（Baghdad Kiosk/基奥索克）是为纪念 1639 年奥斯曼帝国重新征服巴格达而建。Hasan Aga 采用十字形平面，穹顶变为八边形。

Top Kapu Saray 始建于 1462 年，以高大的帝国门、多重前宫后殿和诸多的亭台楼阁著称，宫中保存着大量我国的瓷器和丝织品。

222. De'Rossi，Giovanni Antonio 迪·罗西（1616～1695 年）

17 世纪意大利多产的建筑师，60 年的创作生涯中忙个不停，但活动只局限于罗马一地。

其创作自奇马圣母教堂（S. M. della Cima，1636～1650年）开始，当时他仅20岁。

其后的重要项目为：

普布利科利斯圣马利亚教堂（S. M. della Publicolis 1640～1643年）；

位于帕拉迪西门（天堂之门）的圣马利亚教堂（S. M. Porta Paradisi）的重建（1643～1645年）；

阿尔铁里府（Palazzo Alteri，1650～1654/1660年），1670～1674年扩建；

蒂沃利哈德良别墅（Villa Adriana，Tivoli，118～134年原建）的主教堂的圣器室（Sacristy，1655～1657年）。

改建的有冈比拉西宫（Gambirasi，约1657年）；

达斯特·波拿巴府（Palazzo d'Aste-Bonaparle，1658～1667年）；

位于聂尔西的聂尔西府（Palazzo Celsi，1665年）。

扩建的有圣十字教堂 Santa Crose（1670～1672年）；

卡辟那府 Palazzo Carpegna（1674～1695年）；

戈麦斯府 Palazzo Gómez（1678年）。

1695年设计其遗作圣马利亚马达莲娜教堂（S. M. Magdalene）。

位于拉特兰诺区（Laterano）的圣乔凡尼教堂（San Giovanni）始建于306～337年，君士坦丁时代，为罗马首座基督教堂，有"教堂之母"之称，他为教堂设计了兰切洛希祭坛（Cappella Lancellotti）。

223. Blondel，François 布隆代尔/勃隆台（1617～1686年）

路易十四为培养御用文人和艺术家，又在文化领域制定各种理论和规范，连续开办各种学院，由1661年的绘画和雕刻学院和舞蹈学院开始，继而为1666年的科学院，1669年的音乐学院和1671年的建筑学院。这些学院的院士为国王专用，不得作王室外的任何服务。建筑学院开办，即聘请 Blondel 为首任教授。

前不久英国发生资产阶级革命（1640年），国王查理一世同议会分庭抗礼，自由资本时期开始了，近代史开始了。在德国，四分五裂，全境由近三百个诸侯国分据，加上骑士领地更逾千。只有法国是一个统一的王国，由路易十四强有力地统治。在意识形态方面，唯物主义经验论哲学家——英国的培根（Bacon F，1561～1626年）早就写下了《伟大的复兴》和《科学推理论》，提出了新的逻辑方法。稍后，法国哲学家、数学家笛卡儿（Descartes，R.，1596～1650年）于1637年发表了《方法论》，1644年发表了《哲学原理》。这位近代哲学之父是位唯理主义者，主张思想要有条理，解决问题要分析，他又是个君主主义者，他说人人要遵守法律和风俗习惯，要坚守自己的职位，而在美学方面也要制定规律和标准。

Blondel 作为古典主义建筑理论主要代表，他在担任教授时，以编写讲义的方式，由 1675~1683 年间，写下了《建筑课程》（Cours d'Architecture）——一本古典主义建筑的经典。古典主义源于 Palladio 的规范化和后来的学院派。自然对巴洛克这颗"畸形的珍珠"的繁冗细节与装饰和发挥创作个性、表现感情甚至民族偏见和自由不羁的风格主义，是格格不入的。根据他所倡导的理性，倡导建筑的真实性，就要通过简朴的数学关系和几何结构来达到。美产生于度量，要用数来计算美，美也产生于比例——局部间的比例，局部和整体间的比例。要做到纯正、简洁和高雅，就要依仗古典形式。他认为柱式给予其他一切以度量和规则，它具有合理性和逻辑性，因此是高贵的，而非柱式的建筑是卑俗的。其所要求的突出轴线，讲求对称、平衡、明亮、分清主从关系，正符合当时法国王权至上的政治需要，而成为宫廷文化的精神武器。但是它那先验的、普遍的、永恒不变的艺术规则和标准，必然会产生形式主义、学院派等僵化的风格，因此，当路易十四当政时，它虽达顶峰，但随即衰落了。

1672 年他所设计的圣丹尼门（Porte Saint Denis）就是按数字来设计的，实质上是古罗马凯旋门的翻版。

224. Caratti, Frances 卡拉蒂（？~1679 年）

在布拉格设计了鲁德米斯宫（Rondmice, 1652~1684 年）、切尔宁宫（Czernin, 1669~1689 年）和诺斯蒂茨宫（Nosetitz, 1660 年）。在布拉格首先使用巨柱式，帕拉第奥类型的巨柱式多次被重复。

225. Lurago, Carlo 卢拉戈（1618~1684 年）

在法国进入古典主义建筑的同时，其他西欧国家仍流行着巴洛克风格建筑。Lurago 意大利籍，而工作于波希米亚 Bohemia（捷克西部），并发挥重要作用。

Lurago 1654~1658 年设计克莱门蒂尤姆的耶稣学院（Jesuit College, Klementium）。

1668 年设计布拉格的帕绍主教堂（Passau Cathedral）有宏伟的中厅，帆拱上横向椭圆碟形穹顶，堂内为卡洛内（Carlone, Giovanni Battista）所作的抹灰装饰。

226. Marot, Jean 马罗/马洛特（约 1619~1679 年）

出身工匠及艺术家大家族（"Le Grand Marot"），该家族从事雕刻及建筑，而活跃于巴黎。

其创作主要有：

普索大宅（Hôtel Pussort）、莫特马尔大宅（Hôtel Mortemart）、蒙索大宅（Hôtel Monceau），还从事建筑内天花板的装饰和烟囱上的雕刻。

其子达尼埃尔（Daniel，1661～1752年）继父业，而更出色。

227. Colbert，Jean-Baptiste 柯尔贝尔/科尔培尔/高尔拜（1619～1683年）

出身于兰斯（Rheims）呢绒商家庭，被首相马萨林/马札然（Mazarim，1602～1661年）赏识，让他当财政检查员，后逐步晋升为财政大臣，接替富凯（Fouquet，1615～1680年）。后历任海军国务大臣和管王室事务的国务大臣，1662年改革法国的财经制度，参与卢佛尔宫建造事宜，又督建凡尔赛宫。夙兴夜寐，反映路易十四强烈的造型感情和严格维护王权秩序的守法精神，深得路易十四的信任，而成为路易十四的心腹。

在经济上，他发展工商业，推行重商政策，建王家工场，筹办专利特权公司，又修建港口以发展海军和海运，扩大出口和促进殖民。为此，他兴建不少公共工程，主要的有：

1670年改建巴黎南之梭堡（Château de Sceaux）；

他让Perrault，C.（1613～1688年）在巴黎建天文台；

在波尔多（Bordeaux）北的罗什福尔（Rochefort）港口建造船厂和兵工厂；

重建土伦（Toulon）的工厂和军火库。

又在各地筑设防工程如：加莱（Calais）、敦刻尔克（Dunkerque）、布雷斯特（Brest）、勒·阿弗尔（Le Havre）等地。

他还建议路易十四兴办学院：1663年的铭文和文艺学院（Académie des Inscription et Belles Lettrea）和1666年的科学院（Académie des Sciences），还在财政上资助法兰西学院，又在多地办海军学校，如在罗什福尔、迪埃普（Dieppe）和圣马洛（St-Malo）等。

应该特别提出的是：在建凡尔赛宫时，他经过调查、了解和分析，发现建宫的地域缺乏水源，曾坦率地提出反对，但由于园林工程已竣，未被采纳，造成难以补救的后果。另见"路易十四"条目。

他任财政大臣期间，使全国总收入大量增加，至逝世时比他上任时增达一万一千余倍。

228. Le Brun/Lebrun，Charles 勒·布朗/勒·勃亨/勒·布伦（1619～1690年）

1642～1646年赴罗马学巴洛克艺术，回巴黎后接下了大宗的装饰委托。1656～1661年同Le Vau（1612～1670年）、Le Nôtre（1613～1700年）一起为财政大臣富凯（Fouquet）建造巴黎郊区默朗（Melan）的孚－勒－维孔特府邸（Château de Vaux-le-Vicomte）他负责室内装饰。路易十四看过后欣赏三人的技艺，调到宫廷服务。他担任路易十四的首席画师，承担和监督绘画、雕塑和装潢的制作，以彩色大理石、木雕、天鹅绒、壁画、饰金家具、银器等装饰凡尔赛宫，尤其是镜廊（Galerie des Glaces）。这些工作都由他的助手们完成，而雕刻工作则由 Girardon, F.（吉拉尔东，1628～1715年）负责。此外他还是卢佛尔宫改建者之一，又为卡那瓦雷（Carnavalet）博物馆制作天花和壁画。

1663年兼任绘画和雕塑学院院长，1666年在罗马创办卫星机构"法兰西学院"，推行绘画教育事业，1675年更颁布了《绘画法典》。他创作的一种统一风格，被全欧普遍接受，而起重要影响逾一个世纪时间。

他又创办王家戈白林（Gobelins）染织厂，自任厂长，把一间小挂毡作坊扩展为全球性工厂，生产双面壁饰挂毡。

他是法国17世纪下半叶的美术权威、法国古典主义绘画的代表。其技巧精巧熟练，且富组织能力，善于执行大型艺术活动。

229. Pratt，Roger 普拉特（1620～1685年）

1642～1648年英国议会同国王的斗争发展至资产阶级革命的内战，律师出身的 Pratt 偕同 May, H.（1621～1684年）避往国外。他们回国后一齐投向 Jones, I.（1573～1652年）转学建筑，可能为其闭门弟子。

早年，已向同辈亲戚（Cousin）接触过建筑专业，由于他颇有天分，很快便掌握 Jones 的风格，1650年正式转向建筑专业，而 May, H. 同样也由出纳、审计、测量等职业转向建筑。

他的处女作是伯克郡（Berkshire）的科尔斯希尔宅（Coleshill House），他采用帕拉第奥式双四边形平面、三层，有宏伟的大客厅和楼梯（1952年毁）。

其后于1663年剑桥的霍斯希思会堂（Horseheath Hall）和多西特（Dorset）的金斯顿·拉西宅（Kington Lacy House）。

1664～1667年伦敦皮卡迪利（Piccadilly）的克拉伦登宅（Charendon House），采用法国"凵"形平面与简单的 Palladio 式连接相结合，其创造的类型后被普遍模仿。

1669年设计了诺福克（Norfolk）的赖斯顿会堂（Ryston Hall）。

Pratt 创造出简洁的古典主义建筑，被认为是英国古典主义建筑的先锋人物。他和 May 的作品被视为"绅士建筑"（Gentleman Architecture）。

230. Puget，Pierre 普杰/皮热（1620～1694年）

法国巴洛克雕塑家、画家和建筑师。

青少年时即受雇于 Cortona, P. d.（1596～1669 年），而随之参加罗马的巴伯里尼府邸（Palazzo Barberini）[Bernini, G. L.（1598～1680 年）原作]，他绘制天花装饰至 1639 年完成。

1640～1643 年在意大利各地畅游，接触古罗马文化，也可能在佛罗伦萨为古宫（Palazzo Pitti/碧提宫）作天花装饰。

1643～1656 年在马赛和土伦（Toulon）等地从事建筑雕刻及装饰船舰，而至建筑设计：有土伦市的市府大厦（Hôtel de Ville）的门道雕刻（1656 年），马赛的老人救济院（Vieill Charile）内礼拜堂（1671～1749 年）——椭圆形的平面，穹顶，四边有三层拱廊。

其后他协助 Colbert（1619～1683 年）为宫廷服务，其中在凡尔赛宫制作大理石雕刻"贝尔西斯解放安德罗·梅达"（1684 年）。

他的雕刻还有"Milo of Crotona"（克罗东的迈诺）、"St. Sebastian"（圣塞巴斯蒂安）和"Alexander and Diogènes"❶（亚历山大和提奥奇尼斯）等，反映出对蛮力的无能和悲天悯人的风格主义。

231. May, Hugh 梅（1621～1684 年）

初任出纳、审计、测量和观察等职务，1642～1648 年旅外后，亦如 Pratt（1620～1685 年）一样改行于建筑，他开始设计时已年过四十了。主要设计有：

牛津的科恩堡宅（Cornburg House，1663～1668 年）；

肯特（Kent）的埃尔特姆山林小屋（Eltham Lodge，1664 年），现尚存；

伦敦的贝克莱宅（Berkeley House，1665 年）、卡西斯堡公园（Cassisburg Park，1677～1684 年）和大伦敦的米德尔塞斯（Middlesex）的奇斯威治宅（Chiswish House）。

他还同别人一起改建温莎城堡（Windsor Castle）❷。

他同 Pratt（1620～1685 年）的创作，被人称为"绅士建筑"（Gentleman Architecture）。

232. Le Pautre/Lepautre, Antoine 勒波特（1621～1691 年）

Le Vau（1612～1670 年）的学生。

---

❶ Diogènes（前 412～前 323 年）古希腊犬儒学派（le Cynique）哲学家，他住在桶中。白昼点灯以找寻正人君子。

圣塞巴斯蒂安为被乱箭射身的早期基督教徒（3 世纪）。

❷ 温莎城堡位于伦敦西的白垩山上，傍泰晤士河，占地 5 公顷。10 世纪撒克逊时代已有皇家住所，自"征服者威廉"（1028～1087 年）于 1070 年起陆续建设防御建筑、国宾馆和教堂，至 16 世纪末已基本完善，有近千间房间，保存良好。亨利二世时，首次成为皇家住地，现规模完成于爱德华四世时。1992 年冬曾遭火灾，1997 年修复后再度开放。

1644 年受雇为法国皇家建筑师，后于 1646 年设计皇家礼拜堂（Chapelle de Port-Royal）。

1654～1655 年设计的博韦府第（Hôtel de Beauvais），建筑物位于其他建筑物之夹缝之中，而且地形非常不规整，经他巧妙处理，得以妥善解决。

同年还有该斯弗宅，1672 年的圣图翁别墅和 1675 年改建的克莱隆尼别墅（方案）。

此外，在 60～70 年代间设计多幢乡间大厦，晚年作一些剧院的重建和宫廷建筑的一些房间。

他的作品严谨而质朴，富想象力而又切实可行。

其著作"*Œuores d'Architecture*"（建筑作品）（1652 年）中有关大别墅的方案"Desseins de Plusieurs Palais/Designs for Several Palaces"推介一些奢华的巴洛克别墅，因并无业主，而未能实现。同样，他的一些大胆建议也未被采纳，但却影响后人。

其兄 Jean（1618～1682 年）为雕塑家。

侄 Pierre（1660～1744 年），在 Mansart, J. H.（1646～1708 年）的领导下，凡尔赛宫的主要装饰者，并设计了宫内的小礼拜堂，对洛可可风格的发展具重要贡献。

233. Herrera, Francisco de (J)（小）埃雷拉（1622～1685 年）

父同名，为画家及雕塑家，故家学渊源。

1660 年任塞维利亚（Seville）美术学院副院长，1672 年任西班牙国王画师，1677 年任总监督（Surveyor General）。

其工作主要是一些祭坛、壁画、祭坛画、祭坛高架建筑等，如马德里的蒙特塞拉教堂（Monteserret）的祭坛。

他的"圣埃尔曼吉尔的胜利"（*Triumph of St. Hermengild*）（约 1660～1670 年）——现藏马德里的普拉托（El Prado）美术馆内。

由他将 Borromini（1599～1667 年）的风格引入西班牙。

在马德里和塞维利亚两地发展西班牙的巴洛克风格，对其后的丘里格拉风格（Churrigneres）极具影响。

234. Guarini/Guarino, Camillo 瓜里尼/迦里尼（1624～1683 年）

身兼数学家、哲学家、神学家、文学家、作家和建筑师，出生于摩德纳（Modena）。

Borromini（1599～1667 年）的追随者，真正有创造性地继承。1639～1647

年他在罗马时，正值 Borromini 活跃于罗马建筑界，受到他一定的熏陶。

后在墨西拿（Messina）和巴黎任教，并先后在各地作建筑设计。但在罗马期间的创作多已不存，亦未见记载。

早期在葡萄牙里斯本设计圣马利亚天佑（神意）教堂（Ste. Maria della Divine，1656～1659 年），引起北意大利及中欧某些教堂仿效。但 1755 年地震时已毁。

在西西里岛墨西拿，他设计了帕德里·索马斯基教堂（Church of the Padri Somaschi，1660～1662 年）和圣母受胎教堂（Immacolata Concezione，1673～1697 年）。

留法期间，他在巴黎设计了圣安妮-拉-罗亚尔教堂（Ste Anne-la-Royale/王家圣安妮教堂，1662～1665 年）——至 1747 年完成，但 1823 年毁灭。又尼斯（Nice）的慈悲小礼拜堂（Chappelle de la Miséricorde）。

1666 年移居都灵，为萨伏依（Savoy）公爵服务。当时在都灵设计了六座教堂及礼拜堂，五间府邸和一座城门。主要的为皇家圣劳伦佐（S. Lorenzo）礼拜堂（1668～1680 年）和主教堂内的圣辛多尼礼拜堂（Cappella della Sacra Sindone/Chapel of the Holy Shrond/神圣裹尸布礼拜堂）——原由 Castellamont，Amadeo（1610～1683 年）始建，他于 1667 年接手完成，他用砖石拱券砌成奇特网状的小圆顶——以上两座礼拜堂位于 Castellamonte 家族所设计的皇宫（Palazzo Reale）的两侧。其后为：圣菲利波-内里教堂（S. Filippo Neri，1679 年）、皮尔格雷马格教堂（Pilgrimage Church/朝圣教堂）和无名教堂方案（Project for a Nameless Church）。在府邸方面，卡里格那诺宫（Palazzo Carigneno，1679～1685 年）——这是他的杰作：大厅奇特的双圆顶，曲线的双面楼梯和波浪形的立面，自成一格，堪称意大利 17 世纪后半最优美的府邸。还有"法兰西宫"的平面方案（Plan of a "Franch Palace"）。至于大门就是波大门（Porta di Po）。此外在都灵还有诺比利参议院（Collegio del Nobili，1679 年）和科学院（后改为埃及博物馆）。

在当时属于萨伏依（Savoy/萨瓦）公国的都灵周边，还设计了卡萨利（Casale）的圣菲利波·内里教堂（S. Filippo Neri，1671 年）和尼札（Nizzi）的圣加埃塔诺教堂（S. Gaetano，约 1670 年）。

他还从事写作：其 "Architecture Civile"（民用建筑）（2 卷）延至 1737 年由 Vittone，B. A.（1702～1770 年）编辑出版，另有四本有关天文数学的书。

其作品结合了 Borromini 的几何图形、Bernini 的虚幻效果，加上自己丰富的装饰素材的巧妙配合。

他说："建筑应修正古代的规则，并创造出新的规则。"

其设计和著作成为北意和中欧后期巴洛克建筑师的主要参考资料，并被认为影响到 Rococo 风格的产生。

235. Dortsman，Adriaan 多尔兹曼（1625～1682 年）

阿姆斯特丹"（圆形）露德教堂"（Nienwe Lythese Kerk，1668～1671 年）是改革派的教堂，打破一向的十字形平面而采用了圆形平面——1882 年水浸被毁，次年即重建。

凡隆博物馆（Museum Van Loon，1672 年）由住宅改建，屋前有法国式的玫瑰园。

西克思典藏馆（Six Collection 17 世纪末）。

236. Zimbalo，Ginseppe 津巴洛/钦巴洛（活动于 17 世纪下半叶）

绰号"吉普赛仔"（拉丁文 le Zingarello）。

他是莱切（Lecce）的巴洛克大师。——莱切位于意大利东南部的萨伦蒂纳半岛（Peninsula Salentina），曾是古罗马帝国的重心，还有深厚的中世纪艺术传统。莱切的巴洛克风格盛行于 17 世纪。

他在莱切的设计有：

主教府及主教堂（Palazzo Vescovile e Buomo，1659 年后）。

圣十字堂（Santa Croce，1549 年，是 Riccardi，G.（活动于 16 世纪中）原作），他补充了立面的山墙和玫瑰窗及内部，至 1679 年完成。

其装饰极为华丽。

237. Maratti，Carlo 马拉蒂（1625～1713 年）

17 世纪晚期罗马派画家。

在罗马为各教堂绘祭坛画，为各宫殿作装饰性天顶画，显示巴洛克豪华风格并充分表达反宗教改革的教义。

意大利巴洛克风格最后大师之一，他同索利梅纳（Solimena，Francesco）一起建立欧洲的"浮华风格 European Grand Manner"。

238. Barelli，Agostino 巴雷利（1627～1699 年）

1665～1668 年为慕尼黑迪亚蒂安（Theatine）的圣卡耶坦教堂（St. Cajetain），以罗马的圣安德烈·德拉·瓦莱教堂（S. Andrea della Valle，又称山谷圣安德烈教堂，始建于 1591 年，绚丽的初期巴洛克形式）为原形而设计，而增加双塔楼。塔和穹顶后由 Zuccalli，E.（祖卡利，1642～1724 年）完成。立面则由 Cuvilliés，

F. d.（1695~1768年）于1765~1768年完成。

1664~1674年设计慕尼黑的宁芬堡（Schloss Nymphenburg），该堡为维特尔斯巴哈（Wittelsbach）家族的夏季别墅，也是由 Zusselliés 接手，再由 Effner, J（埃夫纳）、Carbonet（卡保奈,？~1708）、Viscardi（维斯卡蒂）而至 Cuvilliés 等人陆续增建。其增建部分有 1716~1719 年的塔堡（Pagodenburg），1718~1721 年的巴登堡（Badenburg），1734~1739 年的阿马林堡（Amalienburg）等。花园则由 Le Nôtre（1613~1700年）的学生 Carbonet（卡保奈）于1701年设计。室内装修由 Cuvilliés 负责——这是德国有名的洛可可杰作，至马克西米连三世（Maximilian Ⅲ，1745~1777年）时才全部完成。

"Nymphe"在德语意为神话中的"仙女"。

239. Ortega, Juan Luis 奥尔特加（1628~1677年）

他所设计的格拉纳达（Granada）圣马利亚·马格达莱纳教堂（S. M. Magdalena）按纵向教堂型制布局，而达顶峰，但于他 1677 年逝世以后才施工。

格拉纳达曾是科尔多瓦（Cordoba）哈里发最后领地，但至 1492 年，已统一西班牙王国的天主教徒按欧洲风格建筑教堂。

240. Girardon, François 吉拉尔东（1628~1715年）

在昂吉埃（Angnier, François）指导下学习，曾派往罗马游学，约 1650 年回法。

1656~1661 年在 Château Vaux-le-Viconte（孚·勒·维孔特府）参加建造工作。

1657 年成为王家雕绘学院院士，在许多宫殿中作装饰。

1663 年帮 Le Brun（1619~1690年）装饰卢佛尔宫阿波罗画廊。

1666 年在凡尔赛宫的提迪洞穴（Grotto of Thetis）塑造"仙女侍奉阿波罗"（Apollo Tended by the Nymphs）。

1668~1677 年在凡尔赛宫柱廊中央做浮雕"仙女沐浴"（Bath of the Nymphs）。

1675 年巴黎大学教堂内的黎塞留（Richelieu）墓。

1683~1692 年路易十四骑马像（大革命时毁）。

他是路易十四时期有代表性的雕塑家，其作品严谨但呆板。

受罗马巴洛克影响，晚期体现浓厚古典主义倾向和巴洛克风格。

241. Mathey, Jean-Baptiste 马泰（1630~1695年）

法国的画家兼建筑师，但到布拉格去设计巴洛克式的教堂：

1673 年前在小城区设计了圣尼古拉教堂（St. Nicholas in Old Town），后 1703~1711 年由 Dientzenhofer, C.（1655~1722 年）及 K. I.（1689~1751 年）丁岑霍费父子完成——旧城区即小城区（Malá Strand/Lesser Town）。

1679~1688 年在旧城区设计的圣弗朗西斯教堂（St. Francis，即赫伦十字教堂 Krengherren Kirche），采用了纵向椭圆形平面同拉长的希腊十字平面的结合。

1679~1697 年设计郊区的特罗亚花园宫殿（Troja Garden Palace）：——良好的柱式设计、巨大的壁柱（Giant Pilaster）、正面两条折线形（如图六边形）的大台阶、花园为法国式亭阁系统，成为波希米亚巴洛克建筑的杰作。

242. Bruce, William 布鲁斯（1630~1710 年）

在英国，意大利建筑的影响比欧陆其他国家都来得迟，岛国的建筑风格，由中世纪的罗马风，哥特式再经历了都铎风格，才开始进入文艺复兴时代。Jones, I.（1573~1652 年）开始引入 Palladio 风格，Pratt, R.（1620~1680 年）和 May, H.（1621~1684 年）已具古典主义的雏形，那时已经是 16 世纪的后半叶了。在苏格兰，就更迟一些，到 17 世纪中期才由 Bruce 引入，其设计的项目主要有：

改建法夫（Fife）的巴尔卡奇宅（Balcakie House，约 1668~1674 年）；

贝里克郡（Berwickshire）的瑟尔里斯坦堡（约 1670~1677 年）；

改建爱丁堡（Edingburgh）的好莱坞宅（Holywood House，1671~1679 年）；

中洛锡安（Mid Lothian）的布鲁斯通宅（Brunston House，1672~1674 年）；

贝里克郡的默顿宅（Mertown House，1672~1674 年）和兰德教堂（Lander Church，1673~1674 年）；

东洛锡安（East Lothian）的勒京顿宅（Lechington House/后伦诺克斯鲁夫宅 Lennoxlove，1673~1677 年）；

珀斯郡（Perthshire）的邓凯尔德宅（Dunkeld House，约 1676~1684 年）和蒙克雷夫宅（Moncreiff House，1679 年）；

爱丁堡的交易所（Exchange，1680~1682 年）；

金罗斯郡（Kinrosshire）的金罗斯宅（1686~1693 年）；

西洛锡安（West Lothian）的克雷吉荷尔宅（Craigiehall House，约 1695~1699 年）和霍普敦宅（Hopetown House，1699~1703 年）；

中洛锡安的安亲丁尼宅（Anchindinny House，1702~1707 年）；

珀斯的奈恩宅（Nairne House，约 1709~1712 年后由他人完成）；

斯特令郡（Stirlingshire）的市政厅（Town House，1703～1705年）。

Bruce 被誉为"苏格兰的琼斯"（Scottish Inigo Jones）。

所设计主要是居住建筑及一些世俗建筑，少见有宗教建筑。

243. Wren，Christopher 雷恩/仑（1632～1723年）

1649年入牛津大学攻读，至1653年获硕士学位。是位数学、天文学、物理学家，同时通晓几何、力学、结构和外科解剖，有直观能力和艺术才华。1661～1673年任天文学教授。1662年皇家学会成立时的创始人和首批成员之一。

1665年巴黎之行，使他作出重大转变：他邂逅了由意大利前来巴黎、受邀请为卢佛尔宫的改建而出谋献策的 Bernini，G. L.（1598～1680年）。Bernini 向他展示卢浮尔宫的设计方案，使他深受感动，后又认识了 Mansart，F.（1598～1708年）。原来早在1661年他已从一些建筑著作中接触到建筑，由发生兴趣发展到自行学习，他在担任海港及城防检核工作中更直接接触到建筑。

作为业余建筑师，1662年他受聘为牛津的谢尔顿剧院（Sheldonian Theatre）作设计，他采取继承古罗马塞留斯剧场（Teatro di Mascells）的古典形式和木桁架屋顶的新技术相结合的解决方法。另又设计了特鲁格街剧院（Drug Lane Theatre，1663年揭幕，后1674年重建）。

英国的17世纪是多事之秋，1603年英格兰同苏格兰合并成立了联合王国，斯图亚斯王朝（Stuart House）统治至1649年就出现了资产阶级革命，资产阶级联同封建新贵族建立了共和政体 Commonwealth（1649～1656年），但至1659年又同国王妥协，王朝赖以复辟。政局动荡加上灾祸，1665年伦敦先是发生大瘟疫，死亡人口占1/7，达7万人，接着1666年又遭受祝融之灾，燃烧三天（五天?）、泰晤士河北岸的城区满目疮痍，人口、房屋严重受损，又烧死了7万人，20万人无家可归，13000座房屋及78座教堂化为灰烬，其中原保罗主教堂也不幸免。

如何重建伦敦，在大火后的第六天就有人提出方案，各出其谋：其中除了 Wren 之外，有作家 Evelyn，J.（伊夫林，1620～1706年），还有发现弹性定律的物理学家 Hooke，R.（虎克，1636～1703年），结果 Wren 的方案被采纳了。本来他的重建计划是采用广场为中心和放射形街道的巴洛克风格的道路系统，而以皇家交易所为主要焦点，并有大道直达码头，次要街道则以教区教堂为次要焦点，这种以市中心留作商业区的规划，便为资本主义经济创造了发展条件。但是方案呈到国王查理二世手中，斗争开始了。城中心不应该由主教堂或市政厅所占据的吗？这不符合王室的要求，被批驳了。国王只要求放宽道路，建筑材料由木材改用砖石，并决定在人事上由 Hooke 担任民宅的总测量师，Wren 则负责重建圣保罗主教堂和各教区的小教堂，结果规划大大走样，得益的是房地产商大发其财，新建造的是千篇一律的定型设计的街屋，倒是由于改用砖石建造，放弃了传统的木构房屋，改用荷兰式的住宅和荷兰工匠的技术，才是一项进步。而在规划方案上，因贵族地主们阻挠，亦弄得不能彻底执行。

他被委托重建的 51 座教区小教堂，多由他的弟子们于 1670 年后去设计，他亲自操刀的是少数。在这些教堂中，通常为长方形的巴西利卡的弱化（有侧廊或无侧廊）、古典的柱式和以钟塔为主的垂直体形的构图。这样，就把哥特式、古典主义和巴洛克三者的特点汇合在一起带折中主义的方法，反映出 Wren 无可奈何地应付国王和天主教会的意图。这些小教堂至安妮女王（1702～1714年在位）时共增建至 50 座。

圣保罗主教堂的重建，正如罗马的圣伯多禄大教堂一样，经历了斗争，新与旧的对抗亦不下于圣伯多禄的重建。17 世纪资产阶级革命前后的英国并无明确的艺术主流，但 Wren 是位科学家、工程师，受培根的唯物主义经验论和笛卡儿的唯理论思想所影响，加上牛顿（1642～1727 年）是他的朋友，所以他的思想倾向唯理主义，建筑上偏向古典主义。

1669 年他继任国王的工程检察官（至 1718 年），最初，他提出圣保罗主教堂（St. Paul's Cathedral）的重建方案是个希腊十字集中式的形制，八边形平面，四个斜边作内凹的圆弧，中殿以 4×4＝16 根柱子支承上面的主穹。但是国王和教会表面是提倡国教圣公会（安立甘宗 Anglican），但实质上是想恢复天主教的阴谋，怂恿教众们反对。他们仍坚持要用拉丁十字的平面，东边加上三间长的圣坛和唱诗席，西边加长五间，西立面参照罗马的耶稣教堂，并且要在穹顶上加上哥特式尖塔——这就是被修改后的"钦定方案"（Warrant Design），这个打击太大了。1688 年资产阶级再度发动政变，迫使王室实行君主立宪，资产阶级的地位得以确立，Wren 才趁机修改设计，决心抛弃正中的哥特式尖塔，仍维持圆穹的原方案，为了保持立面上的平衡，在西立面加上一对钟塔（哥特式的体形、古典主义的细部），中间双巨柱及三角山花，是巴洛克风格。奈于已施工的既定事实，平面不可能再改了，而三层的穹顶，则效法于 Bramente 于 1502 年设计的圆形小礼拜堂——Tempietto（坦比哀多），取得良好的效果。教堂总宽 70m，总长 157m，总高 115m，双塔也各高 65m。结构上，他运用技术将穹顶作三层处理，既承担了采光亭的重量，又减轻自重，其结构是成功的。尽管在形式上由于原设计被干扰，希腊十字改为拉丁十字，巨柱式改成叠柱，上层有飞券和巴西利卡的坡顶（用女墙掩饰），无奈地采用了多种风格、但还是适当地解决了。

有论调认为他风格多变，不拘一格；也有论调认为他能创个人风格，可谓毁誉参半。处在政局动荡的形势和早期资产阶级主观上的脆弱性，而作出一定的妥协，从主流上看，他到底是其时、其地的古典主义的代表。

1671 设计的皇家交易所（Royal Exchange）采用四合院平面，正面是连续券廊，正门采用了古罗马的凯旋门形式。

1696（1694?）～1715 年规划的格林威治建筑群是他后期的重要项目，在远离泰晤士河边较高处，已有 Jones, I.（1573～1652 年）设计的女王宫（Queen House）。他在女王宫前面的左右安排两幢大厦：Painted Hall 和皇家海军医院（附礼拜堂），形成一个三合院，近河的院子则向左右放大，一边是安妮女王大厦（Queen Anne Block），另一边是克里斯蒂国王大厦（King Christes Block）。这个三合院实际是个凸字形的院子，采用了渐次放大，符合透视的效果。沿院子的立面都设计了 Tuscan 柱式的双柱柱廊，一种华丽的巴洛克主题。

其中海军医院（部分）由他单独设计，佩恩蒂德大楼 Painted Hall（部分）由他和 Thomhill（托姆希尔）合作设计，Queen Anne Block 则由他和 Hawksmoor（1661～1736 年）设计。

其他项目有：

沃尔布鲁克（Wallbrook）的圣史提芬教堂（1672～1679/1687?）由 Hawksmoor 协助。

伦敦大火纪念塔（1676/1677～）高 62m。

剑桥三一学院（Trinity）新图书馆（1676～1684 年）。

温莎市议会（Parliament for Old Winsor 1680～1689/1690 年），不知什么缘故，内有四根无结构作用的柱子。

圣克里门戴恩教堂（St. Clement Danes, 1682 年）——1719 年由 Gibbs, J.（1682～1754 年）加尖塔。

切尔西（Chelsea）皇家医院（Royal Hospital, 1682～1689 年）"凵"形平面布局，宏伟的巴洛克式。

温彻斯特宫（Winchester Palace）的平面方案（1683 年）仿凡尔赛宫。

他认为："美有两种来源：自然的和习惯的，自然美，来自几何性——包括统一和比例"，又说"正方形和圆形是最美的……直线比曲线美"，反映了他的唯理主义倾向。

244. Vauban, Sébastian Le Prestre de 沃邦/佛邦（1633～1707 年）

1651 年入伍，1655 年入军官团，1658 年任攻城总工程师，1667 年晋升近卫军中尉，1676 年升准将，1703 年升元帅。法国历史上最杰出元帅之一，17

世纪中至18世纪初，路易十四（1638～1715年）时杰出的军事工程师。

在法国的城寨、防御工事而至军港中，作出大量而卓越的成绩：

罗克鲁瓦（Rocroi）星形城寨的加固（1675年）；

土伦（Toulon）设防城镇和新港口（1679年）；

塞纳（Seyne）城寨（1693年）；

新布里萨克（Neuf-Brisach）城堡（1698～1707年）（如图）：城寨八边形平面内分48块，中为检阅场及圣路易教堂（Eglise St. Louis），外围重重城墙——1731～1736年增建，现保存良好）；

圣马格丽特岛（Ile Ste-Masguerite）要塞（Fort）的加固；

昂蒂布（Antibes）的主港和设防城镇；

旺德尔港（Port Vendres）防御工事；

布里扬松（Brianoçon）围墙与大门（今完好）和圣母教堂（？～1718年）；

凡尔登城寨（Citedelle de Verdum）；

科尔马（Colmars）两座中世纪堡垒间持久的加固和外观处理；

昂特勒沃（Entrevaux）山顶上城堡的防御工事并和教堂组合在一起（1690）；

在梅尔的贝勒（"美丽"）岛的沃邦城寨（Ciládel Vauban）；

圣马洛（Saint-Malo）国家要塞（Fort National，1689年）；

☆贝桑松（Besançon）城寨；

☆贝尔福（Belfort）城寨；

德-孔夫隆自由城（Villafranche-de-Conflent）的要塞堡垒（Fort Liberia）；

☆科利乌尔（Collioure）王室堡（Château Royal）的防御工事（1669年）。

在积累实践经验上，还写了大量关于工程技术理论方面的论著，如：

"On Siege and Fortification"（论要塞的攻击和防御）（1705～1706年）；

"Project for a Royal Tythe, or General Tax"（筑城论文集）（1707年版）。

在步枪加刺刀固定于枪插座上，由他首创。

另根据记载，与其同时有名为Vaudremer者（生平及生卒年份不详）其中有贝桑松、贝尔福及科利乌尔（加☆者）三地内容相同，而关于Neuf-Brisach城堡（1698～1707年）有更详细的描述（如上图所示）。此外，另有下列工程：

图勒（Toul）城寨（由Vauban始建？）加建八边形城墙及护河。

关于圣马洛（St-Malo）国家要塞方面，记载有四大圆塔楼。

Vaudremer者，是助手还是Vauban本人？待考。

245. D'Orbay，François 道亥贝/多尔贝（1634~1697年）

Le Vau（1612~1670年）的学生兼助手，Le Vau 逝后，他继续完成遗留下来的两项工程：①完成在凡尔赛宫原三合院外沿加建的工程；②Le Vau 于1662年设计的四国学院（Collège des Quatre-Nations/今法兰西研究院 Institute of France）上加穹顶，1674年完成。

关于卢佛尔宫东立面的柱廊，一般说是由 Le Vau、Le Brum（1619~1690年）和 Perrault（1613~1688年）三人所设计。但亦有说法是由 D'Orbay 所设计，至少，他有份参加，也可能负责施工。

他独立设计的有在法国加龙河（Geronne）边、近图鲁兹（Toulouse）的蒙托邦主教堂（La Cathédrale de Montauban，1685年？）。

246. Fontana，Carlo 丰塔纳/封丹纳（1634/1638~1714年）

建筑师、工程师，曾当过出版商。

作为 Bernini，G. L.（1598~1680年）的助手，协助和继续完成 Bernini 所创的工程：蒙特契托里奥广场（Piazza di Montecitorio）上的蒙特契托里奥大厦（1650~1694年）和圣马利亚·德·米拉科里教堂（Sta Maria dei Miracoli，1662~1679年）。

他独立创作的工程有：

重建罗马坎皮蒂里（Campitelli/首都山）的圣比埃哥教堂（S. Biagio，1650年前）；

拉吉欧（Lazio）的蒙特菲雅斯科内（"山城"，Monte Fiascone）的圣马格丽特主教堂——其穹顶为庞然大物，仅次于圣伯多禄大教堂。

1676年同 Rainaldi，C.（1611~1691年），Ponzio（活动于17世纪上、中叶）完成罗马圣母大殿（S. M. Maggior，伟大圣母教堂）的背立面，其巴洛克式的形状，影响及西班牙、奥地利和德国。

耶稣会是由西班牙罗耀拉（Loyola）的圣依纳齐奥（Sant Ignazio，1491~1556）于1540年所创。Fontana 在罗耀拉设计了耶稣教堂和学院（Jesuit Church and College，1681~1738年）。

阿尔科尔索的圣马尔采洛教堂（S. Marcello al Corso，1682~1683）——后被广泛仿效。

罗马圣马利亚·德尔·波波洛教堂（Sta Maria del Popolo/人民圣母教堂的契伯礼拜堂 Cappella Cibo，1683~1687年）。

圣彼得教堂内的洗礼堂（1692~1698年）和瑞典王后克里斯蒂娜（Queen

Christina of Sweden 的陵墓，1702 年）。

1702 年为弗拉斯威莱（Freslevere）的圣母教堂增建前廊。

圣徒教堂（S. S. Apostoli, 1703~1708 年）。

圣塞巴斯蒂埃诺教堂（S. Sebastiano）的阿尔巴尼礼拜堂（Cappela Albain，1705 年）。

卡萨娜坦斯（Casenatense）图书馆（1708 年）。

在这段时间内还有其他礼拜堂、洗礼堂、书院、图书馆、墓、喷泉等。

1694 年他编写了"*Templum Vaticanus*"（梵蒂冈圣殿）27 卷，以图文描述梵蒂冈的建筑实况。

他将 Bernini 的传统延续，并培育了不少后辈人才，著名的有：

Fischer von Erlach （1656~1723 年）；

Poppelmann, M. D. （1662~1736 年）；

Hildebrandt, J. L. v. （1668~1745 年）；

Juvara, F. （1678~1736 年）；

Gibbs, J. （1682~1754 年）。

247. Bruand/Bruant，Libéral 布卢盎/布吕扬（1635~1697 年）

出身于建筑师家庭，父 Sébastein、兄 Jacques 都是建筑师，在其家族还出了不少活跃的建筑师。

1663 年继承其父任皇家建筑师（Architecte du Roi），1670 年父逝后任木工大师（Master General of Carpentry）。这一年里，他前后接到两项委托，既都是他重要的设计，也都是伤病院：

一处是位于恩宠谷（Val de Grave/格拉沃谷）的伤病军人收容院（Hôtel des Invalides/因瓦尔德）以安置为路易十四流血致伤残和罹病的将士（1670 年设计）。其平面大致呈连接着的品字形。大厦内有大院，名"荣誉庭 Cour d'Honnear"，面向荣誉庭围绕着优美的双层拱廊，具古罗马的严谨性，工程至 1677 年。1679/1680 年，又在收容院南开阔处加建的恩宠谷教堂（Dóme des Invalides），由 Mansart, J. H. （1646~1708 年）设计，教堂成为法国古典主义建筑的杰作（详见 Mansart 之章节）。收容院现为法国军事博物院。

另一处是沙尔培特里埃（Salpêtrière）病院，可能是在原硝石场（Salpêtrière）的遗址上兴建，值得注意的，院内有小礼拜堂（Hospital's Chapel），他从卫生角度出发将小礼拜堂的信众席分置于上、下层：楼上为职员，楼下为伤病员。

他还设计了英国约克郡（York）的里士满公爵（Richmond Duke）的府邸。

他为自己设计的私宅仍存在。

其作风庄严、稳重而简洁。

248. De Rossi, Mattia 迪·罗西（1637～1695 年）

父 Marcantonio（马肯托尼奥）是建筑师。

他任 Bernini, G. L.（1598～1680 年）的助手，1680 年 Bernini 逝后，接替为继承人，完成在圣伯多禄大教堂未却工程，并在教堂内为克莱门特十世（Clement Ⅹ）建造墓碑（1676～1686 年）和为亚历山大八世（Alexander Ⅷ）建造灵枢台（Catafulque, 1691 年）。

其独立工作，有在皮斯托利亚（Pistoria）的娱乐场（Casino, 1667～1669 年）和罗斯皮里奥西宅（Palazzo Rospigliosi, 1668 年）。

在罗马，有穆蒂-布西宅（Palazzo Muti Bussi, 1675 年）、皮波尔塔宅（Palazzo Pibolta, 1675 年）、蒙特先陶圣玛利亚教堂（S. M. di Montasanto）的高祭坛（high altar, 1676～1679 年）、重建里帕的圣弗兰西斯科教堂（San Francesco a Ripa, 1682～1686 年）、圣古拉教堂及其教会招待所（Santa Galla e Hospice, 1684～1686 年）、康西替利圣马利亚教堂（S. M. Campsitelli）的祖基礼拜堂（Capella Zucchi, 1685～1690 年）、瓦尔蒙隆（Valmonlone）（设置牧师会的）阿辛塔圣母大教堂（Collegiate S. M. dell Asunta, 1686～1698 年，由他人完成）、抹大拉的圣马利亚教堂（S. M. Maddelena, 1690～1696 年，也由他人完成，正立面至 1735 年才完成）。

249. Berain, Jean（S）（老）贝兰（1637～1711 年）

受业于 Le Brun, C.（1619～1690 年），除了绘画、雕刻、工艺设计之外，还涉及戏剧、节目、公共集会、船舶、服装、饰品，而至建筑上的壁炉、托架、灯架、烛台、嵌墙板和家具各方面，范围广阔，有"装饰领域的审美大师"之称。

在师从 Le Brum 时，自然参加了凡尔赛宫的装饰工作，为了迎合路易十四的喜爱东方艺术，他专心钻研中国的艺术，并应用于其创作中。

中国式风格（Chinoiserie），始于 17 世纪前两个年代，最初仅应用于瓷器、橱柜和刺绣。凡尔赛宫大特里阿农（Trianon）于改建前，原是路易十四赐给情妇蒙台斯庞夫人（Madame Montespan, 1640～1707 年）的"中国茶厅"，1670～1671 年时只采用了中国瓷砖。后于 1687 年由 Mansart J. H.（1646～1708 年）改建时，遂兴起在建筑中的中国风，并迅速蔓延。其后，尤其在德国各宫院，都特设中国式风格的房间。

中国式风格之特点是喜用蓝白色、东方的图案和花纹、贴金和髹漆，不对称，且不用透视法。在巴洛克风格和洛可可式中常融入中国式风格，后来更发展到园林设计的领域。18 世纪中，Chambers, W.（1723/1726～1796 年）的著作发表后，更盛极一时，后渐衰落。20 世纪 30 年代，在室内装潢中曾再次一度流行。

他的弟弟和儿子都是雕刻家。

250. Louis XIV（of France）（法兰西的）路易十四
Louis The Great/Louis Le Grand/Louis The Grand Monerch/
Louis Le Grand Monargue（1638～1715）（1664～1715 在位）

幼时不得志，五岁登位（1643 年），由母后安娜摄政，当时有权臣 Richelieu（黎塞留 1585～1642 年）和 Mazarin（马萨林 1602～1661 年）掌纲，他无所作为，默默无闻，两人死后，才脱颖而出，尽显其坚强性格和雄才大略。

他说："要指挥别人，必先高于别人！"他爱好科学和艺术，同时尊重科学家、艺术家和文化人，在其统治下，成立科学院和各学院，扩大图书馆，兴建天文台，创办报纸，又延请国外科学家参与研究工作，在物质上给予他们年金、馈赠、奖金和补助。他慧眼独具，发掘遭群众反感的 Boileau, D. N.❶（布瓦洛 1636～1711 年）和保护 Racine, J.❷（拉辛 1639～1699 年），封两人为史官；又发现莫里哀的才能，莫里哀死后成立"莫里哀之家"。

他启迪蒙昧，开发民智，崇尚礼仪，讲求文明，废除决斗，变派系斗争为竞争，使之转化为向君主效劳，既是移风易俗的倡导者，也是立法者，他提倡的文明礼让精神，由法国传至欧洲各国。

然而，他好大喜功，爱好荣耀，自称为"太阳王"（Le Roi Soleil/The Sun King），伏尔泰比他为奥古斯都，但"治国优，缺兼备"。他兴建凡尔赛宫是一大错误，耗尽财力、人力，结果民愤鼎沸，酿成 1789 年的大革命，是"艮岳"致丧国的法国版。

兴建凡尔赛宫的诱因源于 1661 年他看过巴黎郊区默朗（Melan）的孚-勒-维孔特府邸（Château de Vaux-le-Viconte）所引起的羡慕和嫉妒，财政大臣富凯（Fouquet, N. 1615～1690）富甲天下，竟得志忘形，向国王炫耀一番，大摆台场，并邀来各显要，又请御用乐师卢利/吕里（Lully）❸ 演奏，谁知拍马拍

---

❶ Boileau, D. N. 诗人、文学评论家、院士、王家史官（1667 年），1692 年卷入"古、今"两派论战。

❷ Racine, J. 诗人、悲剧作家。

❸ Lully（1632～1687 年）意大利人，原名 Lulli, Jean-Baptiste，小提琴家、作曲家、路易十四的御用乐师、马屁精，患破伤风而逝。原来，之前指挥乐队用巨杖击地，他误伤脚部致死，其后才改为手持小棒指挥。

在马腿上，结果当晚便落得锒铛入狱，而路易十四则从此大兴土木，耗尽国力。

营造凡尔赛宫是个根本性的错误，而选址位置水源缺乏又是个技术上的错误，不知职任水法的 De Francinè（迪·法兰善兄弟）是否察觉？但 Colbert, J. B.（1619～1683 年）了解到周遭水文情况，曾作出反对。但由于园林工程先行，而基本形势已成，未及采纳。当时已有先进的矿井抽水机械和技术，便利用地下水冀图解决，但终是杯水车薪，全园共 1400 处水法，所抽出的水仅能解决国王游园时之短暂使用。为了有充足的水源，曾拟引比夫尔（Bievre）河和卢亚尔（Loirei）河的水，又向伏尔河打主意。于 1685 年动工，1688 年因战争暂停顿，后来又引马尔（Marly）河，仍不敷用，直至 19 世纪从西南高原取得可靠的水源才基本解决，但仍不能昼夜不停供水。

凡尔赛宫东西向，长达 3km，西面的御花园有宽 8m 的王家大道，纵贯全园，东面有莱特娜池（Le Bassin de Latone）喷泉，池中莱特娜一手护着童年的阿波罗，另一手阻挡水柱的喷射，塑像的用意是路易十四对自己童年境况的宣泄。往西相呼应的则是阿波罗池（Le Bassin de Apollon）喷泉，驾驭四套马车的阿波罗的塑像，不正是当权主政的路易十四的自我写照吗？耗费全国六成税收，历时近百年，每日动员二三万人，数千马匹，不停劳动，为的是路易十四个人的"荣耀"而已。

宫前放射形三条大道：巴黎大道、圣云大道和索大道，这种布局源自罗马的人民广场（Piazza Popolo 波波洛广场）。这是巴洛克的风尚，但三条大道只有巴黎大道具实质上的意义。

凡尔赛宫的兴建，引发欧洲多国竞相仿效和超越。

251. Roman，Jacob 罗曼（1640～1716 年）

经历 1618～1648 年的 30 年战争，订立了威斯特伐利亚（Westphalia）条约，尼德兰已成为联合省（United Provinces），实质上是独立国家。

1686 年 Roman 在阿姆斯特丹设计荷兰王宫（Palais Het Loo/孟特·罗宫）——荷兰的凡尔赛宫，其法式花园和内部装饰由 Marot, Daniel 马罗（1661～1752）负责。至 1984 年将内外大花园重建。

252. Thumb Family 图姆家族（1640～1769 年）

德国建筑师家庭。

（1）父：Michael（S）（老）迈克尔（1640～1690 年）

17 世纪 60 年代设计兰茨胡特学院和明德海因学院，又舍恩贝格（Schonenberg）的朝圣教堂（Pilgrimage Church）——90 年代由弟 Christian 完成。

1670~1686年韦滕豪森（Wettenhausen）的奥斯汀小修道院（Austin Priory）。

1686年奥柏马尔施特尔（Obermarchtal）的普雷蒙特雷修会（Premonstratensian/白衣修士会）的克洛斯特教堂（Kloster Kirche）。

（2）叔：Christian 克里斯琴（？）

代兄完成舍恩贝格之朝圣教堂。

（3）子：Petes II 彼得二世（1681~1766年）

1708~1712年埃伯斯明斯特（Ebersmüster）教堂。

1715~1722年圣特鲁佩特（S. Trudpert）修道院教堂之中殿。

1724~1727年黑林山（Black Forest）的圣彼得教堂（Saint Peter's Church）和1739~1753年的本笃会图书馆（Benedictine Library）——黑林山位于巴登－符腾堡州山区，为多瑙河的发源地。

纽伯诺（Neu Birnan）的朝圣教堂（Pilgrimage Church 1745~1751年）。

瑞士的圣高尔图书馆（Saint Gall Library）和修道院教堂（Abbey Church 1658~1666年）——由孙Michael（J）（小）迈克尔完成。

（4）孙：Michael（J）（小）迈克尔（1728~1767年）

253. Pozzo，Andrea 波茨错/波左（1642~1709年）

画家兼建筑师，善于制作祭坛（Altar），还是专研究透视法的理论家。

早年，1674年，他曾绘制天顶湿壁画——"虚幻天顶"。

1676~1679年在热那亚以西的蒙多维（Mondovi）为圣方济各萨弗里奥教堂（San Francesco Saverio）制作高圣坛的假圆顶（Sham Cupola）。

1681年到罗马，即在罗马以东的弗拉斯卡蒂（Frascati）为耶稣教堂制作高祭坛，至1684年完成。

1684~1685年又为圣伊纳佐教堂（Sant' Ignazio）制作假圆顶，其后又为由Vignola（1507~1573）和Porta（约1537~1602年）原作的耶稣教堂（Il Gesù）增建左耳堂的祭坛（Left Transept Allter 1684年）和唱诗席（Choir 1685~1701年）。

1695~1699年再为圣伊纳佐教堂制作祭坛。

1697年再到蒙多维为圣路易·吉贡萨加教堂制祭坛。

继续在各地的项目为：

罗马以北的福利尼奥（Foligno）主教堂的高祭坛（1697~1703年）——该主教堂为有名古迹；

克罗地亚的杜布罗夫尼克（Dubrovink）的圣伊纳佐教堂（1699~1725年）；

斯洛文尼亚首都卢布尔雅那（Ljubljana）的主教堂（1700~1705年）；

回到意大利，有特伦托（Trento）的圣方济各萨弗里奥教堂（1700～1711年）；

蒙特普尔西亚努（Montepulciano）的圣贝纳杜教堂的祈祷室（Oratorio di San Bernardo）；

塞尔维圣马利亚教堂（S. M. dei Servi，1702年）和耶稣教堂（1702～1714年）；

维罗纳（Verona）圣塞巴斯蒂安教堂（San Sebastiano）的高祭坛（1702年）；

1703年迁居威尼斯，为弗兰茨斯午尼尔教堂和大学教堂建造高祭坛。
在奔忙于各地的工程间，不忘写下有关透视学的著作：
《透视的法则和范例》（Rules and Examples of Perspective）；
"Perspection Piclorum et Architectorum"；
"Significali della Pitture Fatte Nella Volta della Chiesa di S. Ignazio"。

254. Zuccalli，Enrico 祖卡利（1642～1724年）

在慕尼黑，Zuccalli 继承了 Barelli, A.（1627～1699年）所始建的两项工程：

1674年接手宁芬堡（Schloss Nymphenburg），直至1701年，该工程为一大型综合建筑群，有多座称为堡之别墅、剧院、教堂、画廊、石室、镜厅、博物馆、室内游泳池和花园、水池等，其后有 Effner, J.（活动于18世纪上半叶）、Carbonet（活动于17～18世纪间）、Viscardi（1791～1853年）、Cuvilliés, F.（1695～1768年）等人陆续增建至18世纪中完成，除了巴洛克式外，还混杂了古罗马式、哥特式而至摩尔式等风格。

另一项是圣卡耶坦（St. Cajetain）教堂的穹顶，由他设计完成（1674～1692年）。

他的作品主要是巴洛克盛期的风格，接着他设计了：
阿尔图灵（Altötling）的圣者礼拜堂（Heilige Kapelle 1672～1680年）。
慕尼黑的奥府邸（Palais Au 1678年以后）、卡斯帕宅（Kaspar 1679～1701年）、卢斯坦姆城堡（Schloss Lustheim 1684～1688）、托令西菲尔德宫（Palais Torring Seefeld）、富格尔（家族）府邸的门廊（Palais Fugger-Portia 1692～1694年）、施莱斯海姆城堡（Schloss Schleissheim 1692/1693年）。
维也纳的考尼蒂府邸（Palais Kaunity 1688年）。
北奥地利的奥劳尔兹慕斯特城堡（Schloss Aurolzmuster 1691～1706年）。
埃塔尔（Ettel）的本笃会修道院（Benedictine Monastery 1709～1726年）。

255. Boulle/Boule/Buhl,André Charles 布尔（1642～1732 年）

1672 年继 Máce Jean（马瑟、活动于 17 世纪中叶）任凡尔赛宫王室家具工匠。擅木镶嵌技术，更长于青铜工艺。以铜螺栓镶嵌为其风格特征，又常以龟甲、金、铜嵌入家具表面，称为"布尔工艺"。

18～19 世纪在欧洲仿效盛行。

256. Dientzenhofer Family 丁岑霍费家族（1643～1751 年）

（A₁） Georg

（A₂） Wolfgang

（A₃） Christoph— （B） Kilian Ignaz

（A₄） Leonhard

（A₅） Johann Ignaz

德裔，由于他们的姊妹 Anna 的丈夫 Leuthner, Abraham（洛斯纳？～1700 年）所引导，使兄弟们从事建筑行业。除了幼弟 Johann Ignaz 外，均未受正式教育。

只有 Christoph 父子前往捷克发展，而最有成就，成为波希米亚巴洛克风格倡导者，其余四人均留德工作。

（A₃） **Christoph 克里斯洛夫（1655～1722）** 及（B）**Kilian Ignaz 基里安·伊格纳茨（1689～1751 年）**

父子合作的有布拉格小城区（Malá Strena/Lesser Town）的圣尼古拉斯教堂（St. Nicholas），原 Mathey, J. B.（1630～1695 年）曾完成中殿（1673 年前），他们完成了高达 79m 的穹顶和鼓形钟楼，灰墙、绿顶，是巴洛克登峰造极之作（1703～1711 年）。勃列夫诺夫（Brevnov）修道院，由哥特式改为巴洛克式（1708～1721 年）。

Kilian Ignaz 在布拉格这个"百塔之城"设计了大量而出色的建筑物：

阿美利加别墅（Villa Amerika 1712～1720 年），现为音乐家德沃夏克（Dvosák, A.）博物馆。

赫拉德肯尼（Hradcany）的圣约翰内沃默克（St. John Nepomuk）教堂（1720～1728 年）和洛雷托（Loreto）教堂（1721～1724 年）。

伊丽莎白尼斯的教堂和女隐修院（Church and Convent of Elizabethines，1723～1728 年）。

将波斯坦别墅（Villa Porthein）内圣汤马士礼拜堂（St. Thomas）由哥特式改为巴洛克式（1725～1728 年）。

圣巴塞洛缪教堂（St. Bartholomeo's Church，1725~1731年）。

海关大厦（Customs House，约1726年）。

在洛克（Rock）的圣约翰内沃默克教堂（St. Joln Nepomuk，1729/1730~1739年）。

卡洛林伤病军人救济院（Karolin War Invalid Hospice，1730~1737年）。

帝国医院及礼拜堂（Imperial Hospital with Chapel，1732~1734年）。

圣查理博罗米奥教堂（St. Charles Borromeo，1736年，同他人合作）。

圣凯瑟琳教堂（St. Catherine，1737年，同他人合作）。

1737~1751年完成小城区的圣尼古拉斯教堂的穹顶和钟塔（原父子所建）。

将18年前的勃列夫诺夫修道院增建（1739~1740年）。

西尔瓦塔朗加宫（Siloa-Taronca Palace，1743~1751年）。

在外地的还有：

瓦尔斯塔特（Wahlstatt）的圣埃德威治教堂和隐修院（St. Edwige Church and Monastery，1723~1731年）。

博加卑里（Pocáply）的圣阿德尔博特教堂（St. Adelbent Church，1724~1726年）。

布劳莫夫（Broumov）的圣本尼迪克特（St. Benedictine）隐修院（1726~1738年）。

卡尔斯巴德（Karlsbad、现卡罗维发利 Karlovy Vary）的圣马利-马格莱纳教堂（St. Mary Magdalane，1739~1742年）。

克拉德诺（Kladno）的圣弗洛里安教堂（St. Florian，1746~1748年）。

巴斯丁奇（Pastiky）的施洗的圣约翰教堂（St. John the Baptist，1748~1751年）。

他喜爱椭圆形、八边形等几何图形的平面和穹顶，反映在其作品之中。

在德国，兄弟四人也各有建树。

（A₁）**Georg 乔治（1643~1689年）**

韦尔沙逊（Waldsessen）的西多会隐修院（Cistercean，1682~1689年）；

安贝格（Amberg）的耶稣会学院（Jesuit College，1684~1689年）；

卡佩尔（Kappel）的朝圣教堂（Pilgrimage Church，1685~1689年）；

班贝格（Bamberg）的圣马丁教堂（St. Martin's，1686~1693年）。

（A₂）**Wolfgang 沃尔夫恒（1648~1706年）**

米切菲尔德（Michefeld）的本笃会（Benedictine/教堂和隐修院，1690~1695年）；

斯平沙特（Speinshart）的隐修院教堂（Abbey Church，1691~1706年）；

安贝格的慈幼会教堂和女修道院（Salesian Church and Convent，1693～1699年）；

伊诺多夫（Enodorf）的修道院教堂（1695年）；

施特劳宾（Stranbing）的朝圣教堂（Pilgrimage Church，1705～1707年）。

（A₄）Leonhard 莱奥哈德（1660～1707年）

埃勃拉赫（Ebrach）修道院（1686～1704年）和圣马丁教堂（St. Martin's Church 由 Georg 设计）；

班茨（Banz）隐修院（1695～1705年）；

米歇尔斯贝格（Michelsberg）的迈克尔教堂（Michael，1696～1702年），以上两项均由 Johann Ignaz 接手完成；

班贝格（Bamberg）新官邸（New Residenz，1697～1703年）；

舍恩赖尔（Schönlal）隐修院（1698由他人完成）；

霍尔菲尔德—维施尔城堡（Holfeld Weicher）的救世主教堂（Church of the Holy Savior，1704年）。

（A₅）Johann Ignaz 约翰·伊格纳茨（1663～1726年）

家族中仅受建筑专业教育者，但作风较为拘谨。

富尔达（Fulda）的施蒂弗尔斯主教堂（Stiflskirche，1704～1712年）、市政厅（Stadtshloss/City Palace，1707～1713年）和比泊斯坦城堡（Schloss Bieberstein，1710年）；

班茨（Banz）的隐修院教堂（Abbey Church，1710～1719年）；

波尼尔斯菲尔登（Pomnersfelden）的维辛斯坦城堡（Schloss Weinssenstein，1711～1718年）；

班贝格（Bamberg）的博廷格宅（Bofhinger Haus，1715年）；

赖希曼斯多夫 Reichmannsdorf 的夏腾贝格城堡（Schloss Schrottenberg，1714～1719年）；

利茨尔多夫（Litzedorf）的教堂（1715～1719年）；

班贝格的康科迪亚（Concordia）城堡（1716～1722年）；

克莱因亨巴哈（Klein henbach）的城堡（1723年）。

257. Smith，James 史密斯（1645～1731年）

学习于罗马，回苏格兰后先任勘测员（Surveyor）或监工（Overseer）后转建筑师。主要作品有：

爱丁堡皇家礼拜堂（Chapel Royal，1688年）；

霍利路德宅（Holyrood House，1688年）；

卡诺阿加特教堂（Canoagate Church，1688～1690 年）；

米德洛锡安—怀特霍尔宅（Midlothian Whitehall House，1690 年，后纽海尔斯宅 Newhailes House）；

达尔基斯宅（Dalkeith House，1702～1710 年）；

拉纳尔克郡（Lanarkshire）的汉密尔顿宫（Hamilton Palace，1693～1701 年）；

费夫（Fife）的梅尔维尔宅（Melville House，1697～1700 年）；

东洛锡安（East Lothian）的叶斯特宅（Yester House，1700～1715 年）；

苏格兰人尊称他为"我们的第一建筑师"（Our First Architect）。

258. Mansart/Mansard，Jules Hardouin 芒萨尔/孟莎（1646～1708 年）

有些书籍名之为 Hardouin-Mansart，Jules 阿尔杜因－芒萨尔。

Mansart，François（芒萨尔－弗朗索斯，1598～1666 年）之侄。

初期设计一些小住宅。最初作品是约 1666 年的孔蒂小宅（Petil Hôtel de Conti），接着是 1670 年前圣热尔曼（St. Germain）的诺阿耶（公爵、元帅）大宅（Hôtel de Noaillas）、他自己的私宅、Hôtel de Lorges（洛尔格宅约 1673 年），1674 年的迪瓦尔大别墅（Château du Val，为狩猎而建）和在克雷盖的大别墅（Claguy）是为孟德斯庞夫人（Château for Madame Montespan）而建。

同年，1674 年他重建克拉格尼别墅（Clagny）时已崭露头角。1675 年又设计巴黎西南的当皮埃尔大别墅 Château de Dampierre 和阿尔勒 Arles 的 Hôtel de Ville（市府大楼）。

路易十四聘请他担任公职建筑师和城市规划师（1675 年），至 1678 年更担任凡尔赛宫的主要建筑师，直至 1689 年。

凡尔赛宫于 1661 年开始改建，当时由 Le Nôtre（1613～1700 年）先建花园，再由 Le Vau（1612～1670 年）设计宫殿和 Le Brun（1619～1690 年）装饰内部。他接任之后，先将中间部分由 11 间增至 19 间，造成一间长达 73m（或 76m）的长厅，由 Le Brun 负责装修，他安装了 17 面大镜子成为有名的镜廊（Hall of Mirrors/Galerie des Glaces）——那时，法国已有了磨光玻璃，又把南北两翼向东扩展。

在花园里，他设计了单层的小宫殿——大特里阿农（Grand Trianon，1687 年），它原为"中国茶厅"，外观大理石作柱，配以青花瓷砖墙面，故又称"陶瓷特里阿农"（Trianon de Porcelain），内有中国风格的房间，据说借鉴于南京大宝光寺。遂兴起"中国式风格"（Chinoiserie）。

1689 年在凡尔赛宫内加礼拜堂，要求作成两层，上层专供国王用，并与其卧室相通。

1680~1706 年他完成一项重要的工程——在伤残军人收容所内加建恩瓦立德教堂（Dôme des Invalides/残废军人新教堂）。教堂为路易十四的军队中流血或病残的将士而设，所以也叫圣路易教堂。伤残军人收容所位于恩宠谷（Val de Grave/格拉沃谷），于 1677~1680 年由 Bruand（1635~1697 年）设计建造。已建收容所的平面呈品字形，在中间院子里已有一座巴西利卡，Mansard 打破常规，将圣坛同此巴西利卡连接，新建部分伸出，平面为正方形的希腊十字，中殿为圆形，四角礼拜堂也呈半圆形，八根柱子托起高高的穹顶，总高达 105/106m，是全市最高的。穹顶分三层，在内部，穹顶开 16m 直径的圆洞——这是仿照罗马万神庙的手法，从圆洞可以看到中层的壁画（由中层的窗孔透入光线）。这种内、外层穹隆的做法除了万神庙外，在中东的东正教或伊斯兰都有先例。再从外立面看，方形的下两层，像整个穹隆的基座。第三层收缩，托着采光亭，显得既雄伟又挺拔，加上有节奏的倚柱，上下呼应又显得庄严而和谐，这是古罗马式同当代巴洛克的巧妙结合，其后还有 Le Duc, G.（1625~1704 年）及 Visconti, L. T. J.（1791~1853 年）陆续增建，现在是法国的军事博物馆。

在任公职期间，他先规划了胜利广场（1684~1686 年），后规划了旺多姆广场（Vendome 1687~1720 年），并将临广场各建筑的立面统一起来。至于广场中的拿破仑圆柱，是 1806 年由 Gondouin, J.（1737~1818 年）和 Lepèra, J. B. 合作添加的。

1657 年设计米尼梅（Minimes）教堂，1665 设计波旁墓（Bourbom Mausoleum），1685 年设计皇家桥（Pont Royal），此外还有现已不存的雅尔大宅（Hôtel du Jars）等。

1679 年设计的马尔利大别墅（Marly Château）是国王的娱乐场所，主体九开间，两层，两侧为朝臣的横向小阁，后面有下沉花园。1685 年设计圣克卢大别墅（St. Cloua）。

1692 年在兰斯（Rheims）主教堂旁建 T 字宫（Palais du Tau），作为主教居住之用（De Cotte, R. 1685~1735 年协助）。

他的创作，企图把巴洛克风格同古典主义融合，而徘徊于两者之间。一般认为他的作品单调呆板，缺少创意；但亦有人认为他深思熟虑，有解决特殊问题的能力，具有清晰而明确的风格，能妥善地服务于时代的需要，更视之为几百年才出现的人才（路易十四如是说）。

无论如何，他在 17 世纪末主导着法国的建筑。

259. Asam Family 阿萨姆家族

兄：Cosmas Damian 科斯马斯·达米安（1686~1739 年）；

弟：Egid Ouirin 埃吉德·基里恩（1692~1750年）。

慕尼黑富裕而有名声的巴洛克雕刻师之家。父 Hans Georg/汉斯·乔治（1649~1711）。他们的作品无论是雕塑艺术，镀金工艺和家具制作均臻一流。

1715/1716~1721年设计韦尔滕堡的本尼迪克特教团隐修院舒瓦斯特教堂（Choister Church in Benedictive Abbey of Weltenburg）——南德巴洛克代表作。

1726~1728年奥斯特荷芬的普雷蒙特雷隐修会教堂（Premonstratensian Abbey Church in Osterhofen），内部装修由 Fischer, J. M./菲舍尔（1692~1766年）设计。

1733~1746年在慕尼黑他们的私宅旁用私款购地建内波慕克圣约翰教堂（St. John of Nepomuk），又以其姓氏为教堂命名为"Asam Kirche"（阿萨姆教堂）。该教堂由弟 Egid Quirin 设计平面，兄 Cosmas Damian 负责内部装饰。Egid Quirin 曾负笈于罗马，成为出色的巴洛克雕刻家，最有成就，然而其作风呈深沉。在该教堂，他以泥灰浮雕粉饰造型，极其豪华，登峰造极，宛如皇宫。

1738~1741年他们还在斯特劳宾（Straubing）建造乌尔苏拉教堂（Ursuline Church），仍是 Egid 设计平面，Cosmas Damian 以轻巧的洛可可（Light Rococo）风格装饰内部。

他们成功地将巴洛克手法用于宗教建筑上。

260. Martinelli, Domenico 马丁内利（1650~1718年）

意裔，在罗马求学，后任教于圣卢卡学院。

1690年定居维也纳。

1692年设计列支敦士登宫（Liechtenstein Palace），是按照 Bernini, G. L.（1598~1680年）的基吉-奥代斯卡尔基宫（Chigi-Odescalchi）而设计的，但却是维也纳首座完全成熟的巴洛克作品。

1696年设计列支敦士登别墅，有深长而宏伟的门厅贯穿整座建筑，立面以粗琢石面为底层，上竖巨柱式壁柱，但遵循古罗马的传统。

在维也纳为科夫尼克伯爵建别墅（Villa of Count Kovnic）。

在斯拉夫科夫（Slavkov）的奥斯特利茨（Austerlitz）宫殿建于17世纪末，宫殿有前庭，后来 Fischer von Erlach（1656~1723年）之次子 Josef Emmenuel 添建侧翼。

261. De Cordemoy, Jean-Louis 迪·科德穆瓦（1651~1722年）

在培根（Bacon, 1561~1626年）和笛卡儿（Descartes, 1596~1650年）

唯理主义和人道思想的影响下，继老布隆代尔 Blondel，(S)（1617~1686 年）之后，De Cordemoy 针对建筑设计上流行的巴洛克风格，提出了尖锐的反思。他在《建筑新论》(*Nouveau Trait e de Toute L'Architecture*)（1706 年）中，否定了奉行千多年的 Vitruvius 所提出的三原则（坚固、实用、美观），主张功能和实用，否定美观，认为美观是多余的负面因素。表面上涉及柱式，实际上是"反巴洛克"的革命，要求在设计上树立新的纯粹概念。与此同时，官方的建筑学院则提出了"配置、比例和便利三原则"（其实三者都是"用途为本"的高格调）。

De Cordemoy 的思想影响到后来的陆吉埃 Laugier，M. A.（1713~1769 年）。

262. Tessin，Vicedamus（J）（小）泰辛/（小）特辛（1654~1728 年）

青年时期便频频出国：1673~1678 年在罗马受教育，1678~1680 年访法，1687 年再次到意大利，并多次到法国。其间频频向前辈如 Bernini，G. L.（1598~1680 年），Fontana，C.（1634~1714 年）请教，同时还对 Le Nôtre（1613~1700 年）的作品进行研究。加上本身非常有才华，使他成为 17 世纪瑞典主要作品的建筑师，而且对造园方面也深有造诣。

他是 Charles XII 的建筑师、宫廷总管、伯爵，还是政治家和作家。

位于斯德哥尔摩近郊的洛文（Lovon）岛上的德罗特宁霍尔姆宫（Drottningholm），原是老泰辛 Tessin（S）（1615~1681 年）所设计，他经营其花园（garde）。

1688 年重建的斯德哥尔摩王宫（Kungliga Slattet），巴洛克式，使他的事业达到顶峰。1690 年加建的侧翼采用罗马式府邸形式，是仿 Bernini，G. L. 的蒙特西托里奥（Montecittrio）大厦的。接着他于 1689 年又设计了宫殿的礼拜堂。

1692~1700 年他为自己所建的住宅是位于一块极不规则的十二边形地面上做文章，由于自己就是业主，完全可自决。他以侧廊和两个庭院来解决，由于透视，看似是个深柱廊，并有侧墙突出，正立面是意大利式的（已不存）。

1694 年在丹麦的哥本哈根设计新的皇宫，"凵"形平面，彻头彻尾的罗马式，体现他从 Bernini，G. L. 的基吉·奥代斯卡尔基宫（Chigi-Odescalchi）取得的灵感。

1697 年瑞典旧王宫焚毁，国王需要更具规模的宏伟建筑。他设计了大方形的庭院，宫殿同前北翼接合，在东边伸出侧翼形成一宽敞的花园平台，西边又增建较低的马厩。立面的中央用柱列和壁柱以强调，混合了意、法的类型，工程历半个世纪，后由其子 Carl Gustaf Grave（卡尔·古斯塔夫·格雷维 1695~1770 年）及其他人完成。

1704年他还为巴黎卢佛尔宫做过宏伟的方案，在 d'Orbay（1634～1697年）所作的东立面伸出侧翼而形成前院，而内庭是圆形的。当然，这只是个方案。

由1704～1713年他所作的其他公共建筑也都由其儿子及他人完成。

可以看出，他的作品多因袭前辈，而采用形式亦多混杂，主流是按古典规律，未能展示巴洛克式的造型和活力。

263. Moosbrugger，Caspan 莫斯布鲁格尔（1656～1723年）

出身于营建及手工艺家庭，初任石工，1673年后独立进行设计。

其工作全在瑞士：

菲士克令根（Fisclingen）的修道院教堂（Abbey Church，1685年）。

扩建萨尔嫩（Sarnon）修道院教堂（Monastery Church，1687年）和圣乌里希礼拜堂（Chapel of St. Ulrich）。

玛利亚斯坦（Mariastein）的圣安妮礼拜堂（Chapel of St. Anne）。

重建穆里的本笃会修道院教堂（1694～1698年）。

伊廷根（Ittingen）的卡尔特教团修道院教堂（Carthusian Monastery Church，1703年）。

维恩加滕（Weingarten）本笃会修道院教堂（1714～1724年）和圣加伦教堂（1720～1721年）——1810年由同姓的 Moosbrugger，J. S. 加建新古典式的祭坛。

艾因西德伦（Einsiedelm）的本笃会修道院及其他一些项目——1735年由他人完成。

264. Fis（c）her von Erlach，Johann Bernhard 菲舍尔·冯·埃尔拉赫（1656～1723年）

学艺于 Bernini，G. L.（1598～1680年）。

自1687年起历任三朝宫廷建筑师。

他企图平衡希腊十字平面集中式和拉丁十字平面式——这是 Michelangelo（1475～1564年）自设计梵蒂冈圣伯多禄教堂以来所面临的而未能彻底妥善解决的问题。

他企图将古今重要宗教建筑的构思综合在一起。

1704年他到普鲁士、荷兰和英国考察，1707年又到威尼斯和 Palladio（1508～1580年）的发源地——威尼托（Veneto）地区作实际体会。他发展了一种新型的帕拉第奥式府邸的立面——以中央巨柱支三角山墙和双塔式的主题。

他还创造了新型的乡间邸宅。

他最初的作品可能是 1682~1693 年在维也纳的黑死病纪念柱———一开始就是巴洛克式。

1690 年设计的两座凯旋门使他开始闻名，而弗拉诺瓦堡（Castle Vranov）———至 1694 年后由次子 Josef Emmemuel 完成。

在萨尔茨堡（Salzburg，"盐堡"）作城市规划，并设计了多座教堂，其中两座教堂有名：圣三一教堂（Dreifal Tigkeits Kirche/Holy Trinity Church，1694~1702 年）和学院教堂（Kollegian Kirche/College Church，1696~1707 年），两者都是巴洛克式，圣三一教堂采用了椭圆形的平面。又设计了米拉贝尔府邸（Schloss Mirabell，1818 年失火后改为新古典式），其花园为最特出的巴洛克式花园。

1695~1711 年他经营维也纳的冬宫（Winter Palace of Prince Eugene of Savoy/萨伏依王子尤金的冬宫）。

他重要的、也是维也纳最重要的建筑——申布伦宫（Schönbrum Schloss，又译绚波伦宫、兴勃伦宫、美泉宫、香布仑宫）。哈布斯堡王朝早在 16 世纪便已在维也纳郊外山区开始经营此皇宫。1693 年着手扩建，Fischer von Erlach 1695~1696 年进行设计，其规模原拟超越凡尔赛宫，但因经费不足而修改，至 1711 年只完成了部分。结合巴洛克形式，有椭圆形大厅，在 1440 间房中，中国房是圆形的。占地 18.5 公顷的花园，由 Jadot, Jean-Nicalas 哈图于 1705~1706 年布置，Fischer von Erlach 逝后由他儿子 Jesef Emmemnel 和 Paccassi, Nikolaus 帕卡西（活动于 18 世纪中期）于 1737~1744 年作过改建，其间女王 Maria-Theresa（玛利亚－特丽萨）于 1743 年命令将外墙刷成一种浅黄色（遂名之为"Maria-Theresa Yellow"），加上绿色窗，色调调和并配合环境。1765 年再由 Hobenburg, Ferdinand von 霍亨堡重新设计，1775 年又加设镜厅及柱廊，前后历时 80 年。

除此之外，他继续为王室建造宫殿，如克罗地亚军区总管包贾尼伯爵宫（Palace of the ban of Croatia, Count Batthyány，1699~1706 年）（当时克罗地亚归奥地利版图），又克勒森姆行宫（Schloss Klesheim，原 1465~1527 年）的改建（1700 年）用于招待贵宾之用，外观白色。还有特那乌特松宫（Palace Trautson，1713 年）。

在维也纳，他还建造了著名的卡尔大教堂（Karls Kirche，1715/1716~1723 年），椭圆形大厅同希腊十字相接，穹顶高 72m，堂前竖立两根仿图拉真圆柱，各高 33m，教堂又名圣查理斯－鲍洛米欧教堂（Church of St. Charles-Borromeo）。

晚年，他设计了国立图书馆和维也纳皇宫的重建，其中包括（Imperial Apartment/宫殿内的房间），工程由 1723 开始至 1730 年，他设计不久便逝世，后由 Hildebrandt, J. L. v. (1668~1745 年) 继续完成。

除了在维也纳，在布拉格，1713 年设计了 Clam-Galles Palace（克拉姆·格拉斯宫）。

在这些晚年作品中都由儿子 Josef Emmenuel 的参与和完成。

他的著作偏重于历史方面：《建筑史纲要》（Entwurf einer Historischon Architektur/A plan of Civil and Historical Architecture），或译《比较性世界建筑史》，其中，论及埃及、波斯、罗马、伊斯兰、印度而至中国等各国的建筑，并述及中国早已有拱桥和吊桥，对当时流行的中国风（Chinoiserie）有一定的影响。

至于 Josef Emmenuel，除了父子合作的项目外，还有：

为 Martinelli, D.（1650~1718 年）原作、在斯拉夫科夫（Slavkov）的奥斯特利茨宫（Austeilitz）加建侧翼和圣米歇尔厢宫（Michaeler Trakt）。

265. De Cotte，Robert 迪·科特（1656~1735 年）

Mansart, J. H.（1646~1708 年）的学生和助手，也是他的姊（妹）夫（brother-in-law）。

协助 Mansart 在兰斯（Rheims）圣母院主教堂旁加建供主教居住的"T"形宫（Palais du Tau, 1692~? 年），Mansart 逝后替他完成，并继任皇家建筑师。

早期在巴黎为一些著名建筑作增补和装修。如：圣丹尼修道院（Abbey of Saint-Dennis, 1700~1735 年）、凡尔赛宫的礼拜堂（1705~1710 年）、圣母院（1705~1714 年）、伤残军人院（Hôtel de Invalides, 1708~1710 年）等。

也设计了一些大宅：摩斯凯泰－努瓦大宅（Hôtel des Mousquetaires Norrs）、卢德大宅（Hôtel de Lude, 1710 年）、埃斯特累大宅（Hôtel du Estrées, 1713 年）——这些被认为是 18 世纪初 Rococo 住宅的雏形，而图鲁兹大宅（Hôtel de Toulouse, 1713~1719 年）内有黄金廊（Golden Gallery），还有曼恩大宅（Hôtel du Maine, 1713 年）。

斯特拉斯堡（Strasbourg）圣公会的罗昂宫（Palais de Rohan, 1728/1730~1735 年），其平面布置的特点是：纵轴线被连接庭院门厅所切断，使内部空间产生变化，从外观看仍保持对称，这种表里不一致手法被认为是 Rococo 宫殿建筑的典型。

此外，在布吕尔（Brühl）、美因河畔的法兰克福（Frankfürt am Main）和波恩（Bonn）还有一些宫殿和教堂。

圣路希教堂（Saint-Roche, 1731~1734 年）可能是他的遗作。

266. Prandtauer，Jacob/Jakob 普兰陶尔（1658~1726 年）

原石匠兼雕刻家，后成为奥地利巴洛克大师。主要作品有：

梅尔克（Melk）的山上马利亚朝圣教堂（Pilgrimage Church of Maria Tacil）——这是原由 Carlone，C. A.（卡隆内，? ~ 1708年）设计的，他于1710年接手完成。同样，替 Carlone 完成的还有在施泰尔（Steyr）的神之子朝圣教堂（Christkindt）。

早在1089年建的圣本尼迪克特教堂和修道院（Benedictine Church and Monastery），他于1702~1714年进行增改。教堂外观有壁柱，黄、白色相间，还有双柱——被认为是奥地利巴洛克登峰之作。1716年又加建修道院食堂。他独立设计的有：

维岑多夫（Waikendorf）的圣本尼迪克特修道院（1689年）及教堂（1702~1707年）。

施维格霍夫（Schwaighof）的塔尔汉姆堡垒（Castle of Thalheim，1690年）、卡迈尔（白袍修士，Carmelite）教堂和修道院（1708~1712年）、圣波尔滕修道院（St. Pölten Abbey，1694~1700年）和圣波尔滕教堂（1720年）。

圣弗洛里安（St. Florian）的卡斯滕修道院（Carsten Monastery，1708~1715年）和大理石会堂（Marble Hall，1718~1722年）。

林茨（Linz）的克雷默斯明斯特法庭（Court of Kramsminister，1719~1726年）。

叶斯（Yebs）的圣马利亚塔法尔（Maria Taferlt）的朝圣教堂——圆顶，有双塔，早期洛可可式。又把圣波尔滕圣母升天大教堂（St. Pölten Cathedral of Assumption，1715~1765年）改建为巴洛克式。

267. Jensen，Gerrit 詹森（活动于1680~1715年间）

原名 Johnson，Gerrard（约翰逊）。

英国威廉与玛丽（William and Mary）时代（1688~1702年）的著名家具设计师和皇家工匠，但却擅长法国路易十四时洛可可的（Louis Quaterzf Rococo）家具（流行于1648~1715年间）。

约1701年制作了温莎宫（Windsor Castle）内的家具。

他有"英国的布尔"（English Boulle，1642~1732年）之称。

268. Talman，William 塔尔曼（1659? ~ 1719年）

17世纪末、18世纪初，英国的建筑，尤其在居住建筑方面正处于材料同形式更替的时期。一向以半露木构造的民间住宅，由于资本主义工农业的发展，木材来源受到影响，半露木构造的形式，被迫改用砖石取代；另一方面，由于殖民主义的迅速扩张，工农业资本主义在政治上、经济上取得优势，他们的财力增加，于是使城镇而至乡村的住宅蓬勃发展，各地纷纷大兴土木。因应需要，职业性的建筑师增多，甚至连宫廷的建筑师也投入民间的建筑业务，他作为William III（威廉三世）的王室建筑的审计员（Comptroller of the Kings Works 始于1689），也不例外地参与各地的建筑业务。

Talman是当时一员建筑师，他最初的作品是1687～1696年对德尔比郡（Derbyshire）查兹沃思（Chatsworth）府邸的重建。该府邸原建于1553年，而毁于内战。他所采取巴洛克风格，但西立面给人以一种不安的感觉。

其后，1695年设计北安普顿（Northampton）阿什拜城堡（Castle Ashby）的暖房（Green House）。

1699～1702年设计米德尔塞克斯（Middlesex）的 State Apartment 大礼堂。

1700年设计诺福克（Norfork）的金伯利会堂（Kimberley Hall）。

他还设计一些公园或花园：汉普郡（Hampshire）哈克伍德公园（Hackwood 1683），米德尔塞克斯的汉普顿宫廷（Court Palace）的花园（1689年），苏塞克斯（Sussex）的厄普帕公园（Uppark，1690年），格洛斯特郡（Gloucestershire）的都拉汉姆公园（1698年），约克郡（Yorkshise）的基维顿公园（Kiveton，1698年），萨里（Surrey）的费昌公园（Fetchen，1700年），肯特（Kent）的韦尔多沙公园（Waldershare，1705年）和埃塞克斯（Essex）的万普顿宫廷的花园（Wanpton Court Palace 1706年）。

但是人们对他所作的形式感到困惑（difficult doubtful）。

269. Hawksmoor, Nicholas 霍克斯穆尔／豪克斯摩尔（约1661～1736年）

1679年，当他18岁时受Wren, C.（1632～1723年）雇用为私人秘书，协助建圣保罗大教堂。至1711年，被任为伦敦"五十间新教堂建设委员会"的两位监督建筑师之一。1723年Wren逝后继任Westminster（威斯敏斯特）大教堂总建筑师。

在协助Wren时期，除了忙于圣保罗大教堂兴建的具体业务外，还协助Wren在格林威治建筑群中的皇家海军医院（Royal Naval Hospital）的工作，那时Wren已逾八旬高龄了。

在继任Westminster大教堂任内，他在西立面增加了双钟楼（1734～1745年）——James, John协助并继续完成。

在"伦敦五十间新教堂建设委员会"期间，他亲自设计了：

斯皮特尔菲尔德（Spitalfield）的基督教堂（Christ Church, 1714～1729年）；

东部的圣乔治教堂（St. George-in-the-East, 1714～1729年）；

莱姆豪斯（Limehouse）的圣安妮教堂（St. Anne，1714～1730年）——这是伦敦最精致的哥特式教堂，外观像宫殿，也像教堂；

伍尔诺斯（Woolnoth）的圣玛丽教堂（St. Mary，1716～1724年）等共六间。

1705～1716年间，他曾协助Vanbrugh, J.（1664～1726年）设计位于牛津郡伍德斯托克附近的布兰希姆宫（Blenheim Palace/或译勃仑罕姆宫），主人是1704年大败法军的莫尔巴勒公爵（Marlborugh，英军统帅、掠夺殖民地的刽子手）。Vanbrugh倾注了他对扩张主义英雄的激情，创造出沉重式的巴洛克形式（详见Vanbrugh篇章）。在这庄园内，Hawksmoor还设计了莫尔巴勒家族的陵墓，在山丘上，两层宽的基座托出一座仿造的"坦比哀多"（Tempietto）——Bramente（1444～1514年）于1502年所作，不过比例不大合适，只是形似，而非神似。

另一座位于约克郡的莫尔顿（Malton）的霍华德府邸（Castle Howard，1702～1714年）也是沉重式巴洛克形式的大宅。

其他设计，有北安普顿（Northampton）的伊斯顿·内斯顿（Easton Neston）邸宅（1697～1702年）和牛津大学内的多座建筑。

他将古罗马式、哥特式和巴洛克式的元素巧妙地结合，运用严格的分析手法，采取明确的轴线布局，创造出富于戏剧性的效果。

270. Marot，Daniel 马罗/马洛特（1661～1752年）

随父Jean（约1619～1679年）学习并继承雕刻、装饰及建筑设计。

1685年由法国移居荷兰，为Orange（奥朗日）亲王效劳，1694年到伦敦，1698年再回荷兰。

在荷兰期间，阿姆斯特丹的王宫（Palais Het Loo，孟特·罗宫）是Roman, J.（1640～1716年）于1686年设计，有套房和花园。他设计了其内部装饰及庭院，采用的是法国式。又设计了格尔德兰省的狩猎行宫（Hunting Lodge in Gelderland 约1692年）。

在伦敦期间参与设计汉普顿宫（Hampton Court）的花园设计及一些荷兰式的住宅。

回荷兰后设计海牙休战纪念馆（Armistice/Truce Hall）、葡萄牙犹太教堂（Portuguese Synagogne）和王家图书馆（Royal Library）。

对17世纪末至18世纪初欧洲装饰风格有贡献，体现当时流行风尚——东方风格倾向，显然是受Berain, J.（S）（老）贝雷因所影响。

271. Brustolon，Andrea 布鲁斯托隆（1662～1732年）

出生于贝卢诺（Belluno），十五岁到威尼斯学艺，曾移居罗马两年，再回到威尼斯，成为威尼斯巴洛克式雕刻师、家具设计和制作师、室内装饰师。

在威尼斯的几座建筑作雕刻及室内装修。

以曲线多、装饰过盛为特色。

1685 年回贝卢诺专为教堂作雕刻。

272. Nering，Arnolo 奈林（活动于 17 世纪下半叶~18 世纪初）

1677~1683 年将瑞典王古斯塔夫二世（Gustav Adorf）驻地的坎培宫（Kopeuick）改建为北欧巴洛克式。1685 年又加建小礼拜堂。

位于柏林西南的夏洛滕宫（Charlottenlburg），原建于普鲁士王国霍亨索伦王朝（Hohenzollerns）❶，是为王妃 Sophie Charlotten（夏洛滕）而建的夏宫，当时名利兹曾堡（Lietzenburg）。Nering 于 1695~1699 年改建了中间部分，1702 年又增建了两翼和中庭，1713 年再加圆顶（约 48m 高）和幸运女神福尔图娜像（Fortuna），皇宫全长达 505m。其后 18 世纪中，Knobelsdorff G. W. v.（1699~1753 年）续有增改。

1697 年，Nering 又将夏洛滕皇宫花园（Schlos Park/施洛斯花园）改建成法国巴洛克式庭园，其后 19 世纪初由 Schinkel，K. F.（1781~1841 年）改成英式风景花园，并设计了风格独特的亭子。

273. Pöppelmann，Matthäus Daniel 柏培尔曼/鲍波曼/飘普曼/珀佩曼（1662~1736 年）

Crown Gale 克伦盖尔的学生。1685 年德累斯顿（Dresden）遭受特大火灾，灾后重建由 Crown Gale 负责主持，1691 年逝世后由 Pöppelmann 接替，1704 任宫廷雕刻师兼建筑师（Stateem-ployed Architect），为德累斯顿的宫廷重新规划。

1709~1711 年设计宫廷茨威格（Swinger）宫的方形庭院，106m×107m，两侧为半圆形侧园，院内主要有两个阁——北阁为"城墙阁"（Wall Pavilion），南阁为"施皮尔珀维隆钟阁"（Clocken Spielpavilion，阁上有巨大的时钟及串串小钟），中间则为花园，周围有带玻璃窗的通风楼台、皇冠门（Krowen Tor）、温室和画廊，德意志特色很浓。

1711~1722/1732 年的宫中露天剧场，被认为巴洛克美学最成功的实例。

1713 年设计齐陶（Zittau）附近的阿希姆斯坦恩别墅。

1715~1732 年荷兰宫（Dutch Palace），是现在的"日本宫"。

1727~1731 年茨威格的两座桥梁，其中之一的奥古斯都桥（Augustus，现

---

❶ Hohenzollern Dynasty（霍亨索伦王朝）长达 500 年（1415~1918 年）。

称易北桥/Elbe）被认为是欧洲最美的桥梁。

还有皮尔尼兹（Pillnitz）的易北河别墅。

他是中欧地区最早的巴洛克大师之一。

274. Schlüter, Andreas 施吕特尔（1664？～1714年）

早年在波兰王国但泽市（Danzig）受教。

初任雕刻师，后转任建筑师，其雕刻受 Bernini, G. L.（1598～1680 年）及 Girardon, F.（1628～1715 年）的影响，带巴洛克风格过渡到古典主义的形式，其作品现存于德、俄等国。

1693/1694 年被召到普鲁士王国柏林宫廷，1698～1706 年在柏林从事建筑工程的指导工作，并在皇宫兵工厂、（旧）邮局等建筑内提供雕饰，其中兵工厂的"临死战士群"塑于穹顶石上，至今犹存。

18 世纪初，同 Eossander van Göetha, Johann（活动于 18 世纪初）合作设计柏林市宫（Berlin Schloss）。该市宫是普鲁士王国（1701～1871 年）实行专制主义的产物，采用新古典主义的形式，在"二战"期间曾被炸，至 1950～1951 年，群众为了彻底抹去那段专制主义的痕迹，将整座建筑物全部铲平。

1711～1712 年设计的冯卡梅茨基宅（von Kamacke House）是 Borromini（1599～1667 年）式的花园府邸。

1713 年应彼得大帝邀请他到圣彼得堡，但是他未及创作出显赫的作品，到俄的第二年便去世了。

275. Vanbrugh, John 范布勒/万布鲁/凡布娄（1664～1726年）

由军人、戏剧作家而建筑师。

1686 年参加步兵团，后升至上校，1690 年旅法时被怀疑为间谍，回英后入狱。在被囚的两年中，在狱中写了《故态复萌》（Relapse or Vistue in Danger），出狱后又写了《怒妻》（Provoked Wife）、《爱情的最后转移》（Loves Last Shift）等多部剧作。

但是到了 1702 年，他突然放弃了已取得一定成就的戏剧创作，转而搞从未受过正式训练的建筑设计，而且在其后半生成为一位庄园府邸大师。他同 Hawksmoor（约 1661～1736 年）多次合作，并创造出一种独特的巴洛克风格，其体量巨硕，比例粗犷，外观厚重，形体简单，被称之为"沉重式巴洛克"（Heavy Baroque）。

经历了 15～16 世纪的世界探险热潮，18 世纪作为欧洲强国的英、法、西、荷、葡等国开展向外占领海外殖民地的竞争。Vanbrugh 出身军人，本身就是扩张主义的拥护者和实行者，殖民"英雄"的崇拜者，可惜中途受阻，未能贯彻其意志，转而以建筑形式来实现其夙愿。首先是 1702~1714 年在北约克郡莫尔顿（Malton）的霍华德府邸（Castle Howard），为了这座中竖穹顶的庞然大物，竟然拆掉了整个村落。他本来就是个外行，技术问题都由 Hawksmoor 解决。

接着，1705 年更接下牛津郡伍德斯托克（Woodstock）的布兰希姆府邸（Blenheim，或译勃仑罕姆），这府邸的东主是个殖民地的刽子手莫尔巴勒公爵（Marlbrough），英军统帅。Vanbrugh 壮志未酬，面逢偶像，喜出望外，使出浑身解数，设计出沉重式巴洛克的典型作品。建筑物宽度逾 260m，退后的主楼宽度亦宽近 100m，同两旁的马厩和厨房杂务院，围成一个巨大的三合院，主楼以向前伸展的两翼，统率整个格局，而两侧的马厩院及杂务院又各自成为四合院。设计只追求对称、铺张、壮丽、气魄，便把实用和方便退居其次了，而且不符合人的大尺度。工程还是同 Hawksmoor 合作。

这样大得吓人的府邸，实在大而不当。要知道 1732 年乔治二世才将唐宁街十号赐给财政大臣（实质是首相）罗拔奥波尔，成为迄今的首相府，而王室本身，始终向各藩府"挂单"。至 1837 年买下白金汉公爵的房子，才有正式的王宫。对王室而言，是否属"僭越"呢？

建楼之前，先由安妮女王的园艺师 Wise, H.（怀斯）按法国风格作严谨的庭园布置。后来至 1766 年才由 Brown, L. C.（1715/1716~1783 年）改为田园式的自然庭园。

这座致力于豪华气派而很不实用的超巨型建筑群，是安妮女王时代（1702~1714 年）的"精品"，英国巴洛克风格最杰出的作品。

1707~1710 年在亨廷登（Hamtingdon）的金普顿堡（Kingbolton Castle），约 1710~1714 年在埃文（Avon）的京士·韦斯顿宅（Kings Weston）则较为简约。

1718~1726 年设计多西特（Dorset）的伊斯特伯雷宅（Eastbury），1720~1728 年设计诺森伯兰（Northumberland）的西顿·德拉瓦宅（Seaton Deleval，采用了巨柱式）和 1722~1726 年在林肯郡的格里姆索普（Grimshhorpe）宅都是他所设计的居住建筑，其中 Grimshhorpe 宅则完全模仿古堡而建。

剧院是他另一类建筑，1703 年所设计的皇后大剧院（Queen Theatre 或 Opera House）由于音质太差，又位于市郊，选址不宜，经营受重损而彻底失败。后来又设计了干草市场剧院（Haymarket Theatre）。

在英国，他备受推崇，称他是巴洛克精神的伟大的解放者，又誉为"有才智而荣耀的人"（A Man of Wit and Honour）。

276. Churriguera Family 丘里格拉家族（1665~1750 年）

17 世纪末至 18 世纪初西班牙著名建筑师家族，由其父 José Simon（何塞·

西蒙）领导下，共同创造出西班牙晚期巴洛克风格，"丘里格拉"成为这种风格的同义词，他们主要活动于萨拉曼卡（Salamonca）。

（1）José Benito 何塞·贝尼托（1665~1725年）

受 Palladio（1508~1580）和 Herrera，F.（J）（小埃雷拉，1622~1685年）的影响而进一步发展和演进。

1689年在王后灵柩台设计竞赛中获胜，崭露头角，次年被召进宫廷任职。

后至萨拉曼卡任教，和任大工长，由于他具特色的经营，使该城焕然一新，成为一座丘里格拉式的城市，并设计了圣埃斯万教堂（San Estevan）的圣坛（1692/1693~1694年）。

1701~1704年到莱加涅（Leganēs）设计了圣萨尔瓦多教堂（San Salvador）。

1709~1715年在马德里设计了戈叶乃希府邸（Juande Goyenechi）——1773年被改成新古典式，现为圣费尔南多学院（San Fernando）。

1709年将巴兹坦城按他的模式改造成新巴兹坦城（Nuevo Bazéan）。该城是西班牙的玻璃业中心。

马德里的圣塞瓦斯蒂安教堂（San Sebastian），是他1710~1715年的作品。

（2）Joaquin 华金（1674~1720年）

在萨里曼卡，他设计了圣克拉拉教堂（Santa Clara，1702年）、主教堂（1714~1724年）和卡拉特拉瓦学校（Colegio de Calatrava，1717年）。

（3）Alberto 阿尔贝托（1676~1750年）

他设计了萨拉曼卡的大广场（Plaza Mayor）。为主教堂增设唱诗班席（1724~1733年）、普拉森西亚大教堂（Plasencia，1725~1726年）和巴利阿多利德大教堂（Valladolid，1729年）。

此外在奥加兹（Orgaz）设计了牧区教堂（Pariah Church，1731~1738年）、在鲁埃达（Rueda）设计了圣汤马斯教堂（St. Thomas Church，1738~1747年）。

Churriguera（丘里格拉）风格是西班牙独有的装饰华丽的巴洛克风格，这种风格后来更流传到拉丁美洲各地。

277. De Figueroa, Leonardo 迪·菲格洛亚（活动于17世纪末）

西班牙塞维利亚（Saville）的圣卢依斯教堂（San Luis，1699年）他采用后巴洛克式 Post Baroque。

278. Bähr Georg 巴尔（1666~1738年）

原业木匠及乐器匠，后成为德累斯顿（Dresden）的主木匠。

经他亲自在德累斯顿设计的建筑有：

洛喜维茨教堂（Loschwitz，1705~1708年）；

施米德贝格教堂（Schmadberg，1713~1716年）；

弗劳恩教堂（Frauen Kirche）——后由 Schmidt, T. G.（施密特）完成；

福希海姆教堂（Forchheim，1719~1726年）；

霍斯坦教堂（Hohnstein，1725~1726年）。

其作品充满意大利巴洛克风格（Largely Italian Barogue）。

德累斯坦以其文艺气氛，被誉为"易北河上的佛罗伦萨"，但在"二战"后期——1945年2月13~14日两日间，被盟军轰炸，全城几乎尽毁，古迹不存。

279. Santini-Aichel，Johann 桑蒂尼·艾切尔（1667~1723年）

他在捷克所设计的教堂和府邸，或为哥特式，或为巴洛克式：

马拉杜季采（Maladotice）的贞女圣名礼拜堂（Chapel of the Name of the Virgin，1708~1710年）；

卡尔汀（Krting）的朝圣教堂（Pilgrimage Kirche，1710~1735年）；

马利安斯基·蒂利采（Mariánské Tyrice）的朝圣教堂（1711~1751年）；

克拉德鲁拜（Kladruby）教堂的重建（1712~1726年）。

280. Boffrand，Gabriel-Germain 勃夫杭/布弗朗/波法朗（1667~1754年）

出身于 Mansart, J. H.（1646~1708年）的设计所，1690年开始接受王家的设计任务。

1710年他扩建波旁宫（Palais Bourbon），这次的扩建，他设计了著称的大楼梯。接着是南特（Nates）的新宫和教堂的圣坛，1718~1728年设计巴黎的军械厂（Arsand），1722年又重建最高法院（Palais de Justice）的内室，1727年又为综合医院增建儿童病房（Hospice des Enfants），1732年再设计吕内维尔（Lunéville）的圣雅克教堂。

18世纪初期，法国的国势开始衰落。路易十四于1715年去世，其后八年（1715~1723年）是摄政时代，由腓力二世（德·奥尔良公爵）代年轻的路易十五施政，再无路易十四那样的英明神武。对外作战失利，国内由于兴建凡尔赛宫，财政濒临破产，强弩之末，王权失势，而资产阶级的地位正在上升，自然在政治上要求更多、更高的权利，王室和贵族预感时日无多，趋向颓废、安逸的末日生活。这些贵族加上新兴的资产阶级开始建造私宅，他们厌倦于古典主义那股规规矩矩的布局和严肃的面孔，只着重于形态，忽略了功能，他们想起了200年前 Palladio（1508~1580年）所设计的邸宅，功能更重于形式（其实并不尽然，例如他所设计的圆厅别墅），他们要求实用、方便而享受，优雅而舒适。方方正正的不时兴了，圆形的、包括椭圆、长圆，反正避免直线；完整的、对称的也不要，扭曲、断裂、纤巧而至柔媚，精细繁琐。曲线、卷涡、水草、花卉、缨络、蚌壳充溢。大理石也被排斥了，贵重木材、绸缎、壁纸、镜、漆、腊取而代之，以粉红、嫩绿、浅蓝、金色呈现，其间在一定程度上也吸收了中国瓷器的因素。这些用于室内，尤其是在沙龙（Salon）内的风格，被称之为洛可可［Rococo，源于法语 rocaille（岩石）和 coquilles（贝壳饰物）］，这是古典主义的"异形"，但只局限于内部，建筑物的外部仍是简朴的古典主义。由于源自路易十五时代（1715~1747 年），而又为路易十五所喜好，所以也可称为"路易十五式"，其时是洛可可全盛阶段，工艺精湛，连细木家具也分夏、冬两套，亦可称之为"庞巴度式"（Pompadour）。Pompadour，M. d.（1721~1764 年）另见其章节。

1735~1737 年他为巴黎苏俾士（公爵）府邸（Hôtel de Soubise）重新改装时，于楼上的公爵夫人的客厅（沙龙）、椭圆形的空间内，将洛可可的表现手段发挥得淋漓尽致，是法国洛可可的杰作，被誉为"欧洲最具魅力的房间"之一。

其实洛可可风格在凡尔赛宫的镜廊［Le Brun. C.（1619~1690 年）于 17 世纪末装饰］已经萌芽。早在 1719 年 Boffrant 为扶植后辈，曾帮助 Neumann，J. B.（1687~1753 年）在维尔茨堡（Würzburg）公爵寝宫（Residenz）开始作洛可可装饰，工程进行到 1744 年。长阔 30m×14m 的楼梯大堂、白厅、帝厅等，都是在境外的法式洛可可极品。

Rococo 风格其期不长，只存在几十年，昙花一现，除在法国内，传到德、奥等国，然而影响却久远，余音缭绕。

他同 Here de Corny（1705~1763 年）合作规划的南锡（Nancy）中心广场群，是他另一项杰作，另详。

他还做了一些修复的工作：1746 年的圣埃斯普里教堂（Saint-Esprit/圣灵教堂）、1748 年巴黎圣母院玫瑰窗和修道院的大门。

1743 年写了《路易十四青铜骑像夏季浇铸技术》（Description of What was Done to Cast in a Single Jet the Equestrian Statue of Louis XIV），而《建筑之书》（Book of Architecture）（1745 版）中，他把当时法国的建筑风尚介绍给欧洲。

同启蒙主义的要求"个性"相关，他在建筑理论中也提出建筑的"个性"——从构造到装饰都应清晰表现出建筑者的个性，建筑物会同观赏者对话，有心理学的特质。"会说话的建筑"成为"革命的建筑"的核心思想。

281. Specchi，Alessandro 斯帕奇（1668~1729 年）

1704 年他在罗马按当时的风格——巴洛克风格修建了里匹塔门（Ripetta

Gate)。

1721~1725年他同西班牙人Sanctis, F. d. 桑克迪斯（1685~？年）合作完成了罗马有名的西班牙广场（Piazza di Spagna）。广场开始建于17世纪，但是方案几经周折，才接受了Spacchi的巴洛克方案。广场的平面像花瓶，也像漏斗，沿着斜坡上去逐渐收窄，然后又分左右两边绕上去。1726年由Sanctis将斜坡改为137级大台阶，1731年由Raguzzini, F. （1680~1771年）进一步修整。广场完成后成为罗马最热闹的广场，也是最浪漫的去处。广场上面有15世纪建造的圣三一教堂（Chiesa di Trinita' dei Monti）和沙路斯蒂方尖碑（Obelisco Sallustriano），下面有Bernini, G. L. （1598~1680年）设计的"破船喷泉"（Fontana della Barcacia）。

282. Archer, Thomas 阿切尔（约1668~1743年）

借鉴于Bernini, G. L. （1598~1680年）和Borromini（1599~1667年）的作品，形成英国的巴洛克风格而设计了以下项目：

德比郡（Derbyshire）查茨沃思宅（Chatsworth）的北立面（1705年）；

牛津郡的海索普会堂（Heythorpe Hall, 约1705年）；

伯明翰（Birmingham）圣菲利普教堂（St. Philips, 1710年）；

贝德福德郡（Bedfordshire）雷斯特公园（Wrest Park）中的亭子（1711年）；

萨里（Surrey）劳汉普顿宅（Roehampton House, 1712年）；

史密斯广场（Smith Square）的圣保罗教堂（1714~1728年）。

其作品采用丰富的涡卷曲线和大尺度而粗壮的细部。

1711年他被聘为建造五十座教堂委员会的委员时，他完成了两座教堂：

伦敦德普特福特（Deptfort）的圣保罗教堂（St. Paul, 1714年）和威斯敏斯特（Westminster）的圣约翰教堂（St. Joln, 1714年）。

283. Hildebrandt, Johann Lucas von 希尔德布兰特（1668~1745年）

德裔，生于热那亚，在罗马攻读军事工程、城市规划和建筑。也曾参军作战。

后移居维也纳从事建筑设计，1700年任哈布斯堡（Habsburg，意为"鹰之堡"）萨伏依（Savoy）王室尤金亲王（Prince Eugene）的宫廷建筑师。当时Fischer von Erlach（1656~1723年）任宫廷总建筑师，耳濡目染，深受其巴洛克风格之影响。Fischer von Erlach逝后，他继任宫廷总建筑师，并且完成其设计的王家寝宫（Imperial Apartment, 1723~1730年）。其间，他为亲王设计了在萨伏依的夏宫（1700～1723年）、圣彼得教堂（Peterskirche, 1702～1708年）、维也纳附近的申博恩城堡（Schönborn Castle, 1710～1717年），而金西克宫（Duan Kingsky, 1713～1716年）则采用了高壁柱、女像柱和敞山花，最能代表其巴洛克风格的手法。

维也纳的观景楼（Belvedere）也是为亲王而建，宫分上、下宫：下宫两层，建于1714年，居住用；上宫四层，建于1721年，招待之用。两宫之间有法式花园，这些都是Hildebrandt之名作。吸收了德、意巴洛克的范例，他采用了Guarini（1624～1683年）于都灵卡里格那诺宫（Carignano）所采用过的波形墙（undulating walls），从外观处理得富图案般的效果。观景楼后来是巴洛克风格博物馆、中古艺术博物馆和奥地利国家博物馆。

在外地还有其他巴洛克式的设计：

克罗姆斯（Krems）的格特弗格大修道院（Gottwerg Abbey, 原1704年）内部改为巴洛克式（1719年，至1783年才完成）。

萨尔茨堡（Salzburg）的米拉贝尔宅（Mirabell, 1721～1727年）。

在德国维尔茨堡（Würzburg）的主教府（Episcopal Residence）是他1729～1737年所创作。

他所设计的教堂、府邸、别墅普遍被模仿，其理论也传播于国内外，对18世纪中欧、南欧的建筑有深远影响。

284. Hurtado，Francisco de 乌尔塔多（1669～1725年）

活跃于西班牙南部地区，以富于装饰的巴洛克风格设计，如在柱身满布繁复的高浮雕等手法，他自称为"Maestro Mayor"（大师）。

他的主要作品有：

1693年在马拉加（Malaga）的布埃纳维斯塔伯爵（Count of Buenavista）的华丽的陵墓（Camarin Mausoleum），此时他成为该教堂的主细木工，次年更成为主建筑师（Chief Architect）。

1696年在科尔多瓦（Córdoba）圣罗伦佐教堂（San Lorenzo）制作祭坛高架。

1701～1703年的赤贫者医院（Hospital of the Destitute）。

1703年主教堂的圣器室（Sacristy）。

重新分隔马格迪莱纳教堂（Magdelene）的礼拜堂。

在贝拉尔卡萨尔（Belalcázar）牧区教堂（Parish Church）加建钟楼（belfry, 1703年）。

在格拉纳达（Granada）：卡尔特教团修道院（Cartuzu）的圣器室Accristy

(1703~1720年) 和主教堂的大理石布道坛 (Marble Pulpits, 1713年)。

在拉斯卡法里亚 (Rascafria), 1719~1725年为卡尔特教团设计圣器室, 工程至1770年才完成。

285. Ludovici, Jõao Frederico 卢多维茨 (1670~1752年)

德国人, 原姓 Ludwig (路德维格), 1697年到罗马改为 Ludovice (路多维西), 1701年移居里斯本再改为 Ludovici。

由作为葡萄牙王家军队中的铁匠开始, 逐步承担建筑师的任务:

1716~1723年在科英布拉 (Coimbra) 设计大学的图书馆;

1716~1729年为埃武拉 (Évora) 的主教堂设计后殿 (Apse), 即教堂东端的半圆室;

在马夫拉 (Mafra), 他按照罗马纳沃娜广场 (Piazza Navona) 的圣女依尼娜教堂 (S. Agnese in Agone) 和潘菲利府邸 (Palazzo Pamphili) 的形象, 设计了女修院宫 (Convent-Palace, 1717~1730年)。

他将意大利巴洛克传入葡萄牙, 在18世纪领导了葡萄牙的建筑风格, 成为一种意大利风的乔安妮形式 (Italianate Joanine Style)。

286. Peter I, The Great. Pyotr Alekseyevich, Tsar of Russia 彼得大帝 (1672~1725年)

10岁登位 (1682年) 成为沙皇。1721年称帝至1725年, 在位43年。

作为沙皇、皇帝, 既是国家的领导者和建设者, 也是工匠, 建筑的设计者和施工者。当时, 俄国的子民称之为"俄罗斯王位上的永久劳动者"、"工匠沙皇 Astism Tsar"。

年青时, 他在英国的德特福特 (Deptford)、荷兰的萨尔丹和乌斯坦堡 (Oestanbrug) 当木工, 或在船坞做工, 他还学过机械、石工、木工、铁工、兵工、军火制造、象牙工、书籍装订工和牙医。

1697年他化名为米哈洛夫 (Mikhailov, Peter)。

在他的直接领导下, 建造过舰只和改造大炮。

他创立世俗学校、建立科学院, 办第一家报纸, 又给农奴以土地。

在17~18世纪之际, 欧洲前后出现两个国王, 他们在近半世纪的统治阶段, 励精图治, 在政治上、经济上及文化上, 对国家而至世界的发展作出一定的贡献。另一个是路易十四。在东方, 与此同时, 我国的康熙 (1662-1723年在位) 也是个有所作为, 有所建树的皇帝。

在建筑方面, 他有不少业绩: 一早, 他便建造模拟要塞, 他下令规划和建造新城，建造宫殿和别墅，它们是：1703 年的圣彼得堡、1709/1710～1721 年的乡间别墅—彼得罗夫、1712 年在圣彼得堡西建彼得洛夫宫（夏宫由 Trezini 特瑞辛尼等人设计，他也亲自参加）。1714～1728 年圣彼得堡的彼得宫（Petrdvorests/Петродворец）。彼得宫共八座宫殿中，他亲自设计蒙普拉伊宫（Monplaisir），也是他的最爱，而玛尔丽宫（Marly），他按法王之狩猎行宫建造，他死后由法国来的意大利人 Rastrelli（1700～1771 年）继续扩充。同时他还亲自动手以橡木建造了书房。他又在爱沙尼亚首都塔林为其妻 Catherine❶ 建夏宫。

在大涅瓦河和小涅瓦河河口之间的野兔岛（十二月党人岛），1703 年，在建圣彼得堡城的同时，在岛上建彼得 - 保罗要塞（Peter and Paul Fortress/Петропав Ловская Крепость，1712～1733 年）和加建大教堂。

为了建设，他向 Schynevoet（施舍沃特）学建筑知识和技艺。当时为他工作的建筑师还有 Trezzini（特瑞辛尼）、Michurin（米裘林）、Ukhtomskii（乌克托姆斯基）等，他还请了法国的园艺师 Le Blond（1679～1719 年）和室内设计师 Pineau（1684～1754 年）来帮助。

1724 年，因跳入冰凉的海水中救人得了风寒，次年逝世。

287. Trezzini，Domenico 特瑞辛尼（活动于 18 世纪上半叶）

彼得大帝于 1712 年下令在圣彼得堡以西约 30km，地临芬兰湾南岸处，开始营建彼得夏宫（Петродворец Петергоф/Petrdvorests），占地达 1000 公顷，主要由 Trezzini 等人负责。1717 年彼得大帝访法时，宏伟壮丽的凡尔赛宫，令他眼界大开，遂以巨资请 Le Blond（1679～1719 年）等人回俄重新扩展。

1762 年、Catherine Ⅱ（凯瑟琳大帝 1762～1796 年在位）即位后，延请 Rastrelli（拉斯特列里，1700～1771 年）从法国到圣彼得堡继续扩建。凯瑟琳大帝是彼得大帝外孙之妻。

由 Trezzini 等俄国专家，而至 Le Blond（1679～1719 年）、Rastrelli 等前后经营，彼得夏宫已具完善规模，按当时欧洲宫殿形式的主流，平面呈"凵"字形。其中有两间中国式休息室，侧翼有专用的小礼堂，此外还有小型宫殿约廿座。上、下花园有各色各样的喷泉，此外还有码头、药房、马厩等附属建筑。彼得大帝并不想同凡尔赛宫比规模和华丽，而在花园和喷泉方面下工夫，喷泉同瀑布逾三百，这是缺乏水源的凡尔赛宫所无法媲美的，这些庭园和水法自然是 Le Blond 之功。"二战"时曾被纳粹德军严重破坏，1958 年恢复。

始创于 1703 年野兔岛上的彼得保罗要塞，1712 年彼得大帝下令加建大教

---

❶ Catherine I（凯瑟琳一世，1684～1727 年），于 1712 年成为 Peter 的第二任妻子，Peter 逝后，成为女沙皇（1725～1727 年）。

堂，Trezzini 等人的设计完全摆脱俄罗斯传统风格的束缚，改用早期巴洛克的风格显现人前，教堂尖塔高达 122m，外观以黄色为主色，但大帝于 1725 年辞世。未能看到 1733 年的落成，但却长眠于内。

还设计适用不同社会阶层的标准化房屋。

288. Oppenordt, Gilles – Marie 奥潘诺/奥本诺德/奥佩诺尔（1672 ~ 1742 年）

荷兰人，其父业手工艺。全家移居法国，他曾到罗马学习建筑七年。

在巴黎，他先以一些建筑内部的小型作品为主：

圣热耳曼·德·普勒教堂（St-Germain-des-Prés）的祭坛（1704 年）；

圣维克多大修道院（Abbey of St. Victor）的唱诗席（1706 年）；

布舍里的圣雅克教堂（St. Jacques de la Boncherie）的祭坛（1712 年）；

蓬波尼府第（Hôtel d Pomponne）的内部装修（1714 年）；

"王宫"（Palais Royal）的重建（1716 ~ 1720 年）——这旧王宫位于卢佛尔宫北，隔着 Rue de Rivoli（里沃利大街）。

随后设计了一些邸宅：

丹普尔的格兰普里厄宅（Hôtel du Grand Prieur de Temple/大修道院长宅，1720 ~ 1721 年）；

圣阿尔品宅（Hôtel de St. Albin, 1723 ~ 1724 年）；

克罗扎宅（Hôtel Crozat, 1723 ~ 1730 年）。

他在摄政时期（1715 ~ 1723 年）发展了洛可可形式。

1725 年他开始设计圣絮尔皮斯（Saint Sulpice，或译圣叙尔皮斯）教堂。该教堂于 1646 年已经开始建造，他接过手来，以双柱柱廊为正立面，显然，这是同卢佛尔宫的东廊相呼应。当时他已经是该教堂的总建筑师（Chief Architect）了，工程延至 1740 年。位于塞纳河左岸的 Saint Sulpice 至今仍是巴黎重要的教堂之一。

其后于 1731 年，他还设计了格迪翁宅（Hôtel Gaudion），到 1749 年完工。1732 ~ 1740 年他设计奥拉托利会教堂（Église de l'Oratoire）。

在外地，亚眠（Amiens）的主教堂（原 De Luzarches, R/德·吕扎什于 1220 ~ 1270 年设计）加建圣让祭坛（Altar of St. Jean, 1709 年）。这座哥特式的 Amiens Cathedral 总面积达 25665m², 为法国哥特式教堂之冠，而且有特别高耸中央塔楼，其室内的束柱，直贯到顶，加强了垂直感。

在外地，还有他早年为波恩堡垒（Château de Bonn）作过装饰，和 1729 年给莫城（Meaux）做唱诗席、祭坛和围屏。

289. Campbell, Colen 坎贝尔（1676~1729年）

作为律师，业余对建筑发生兴趣，并将心得写下了 "*Vitruvius Britannicus*"（维特鲁威的大不列颠）。

后来正式当上建筑师，并且在理论上和实践上成为新帕拉第奥主义（Palladianism/或称"琼斯复兴"）的一分子。

当法国的古典主义建筑步入衰落，畸形地兴起了 Rococo 之际，在英国，一群受启蒙运动（Enlightenment）思想的年轻一代，接受唯理主义的影响，向文艺复兴晚期建筑回潮，帕拉第奥自然是他们师法的对象，于是兴起了新帕拉第奥主义，他们组织了业余协会，讨论、研究、出版、推广。投入其中的建筑师有 Kent, W.（1688~1748年）、Burlington（1694~1753年）、Wood, John 父子（1704~1754年，1728~1782年）、Paine（1717~1787年）。Campbell 就是最初的成员之一，他们遵守200年前的原则和规范，仿效甚至抄袭，忽略了时、地的因素，到底缺乏创造性和发展动力，这场复兴运动只在18世纪存在了约半个世纪便式微了。

他所设计的几项工程全在其晚年时期：

1722~1725年，他在设计 Kent（肯特）的梅里沃思（Mereworth）别墅时，内有一间方形的客厅，构思来自 Jones, I.（1573~1652年）于1618~1635年设计的女王宫（Queen House）。

1722~1735年在诺福克（Norfolk）的霍顿大厦（Honghton，后由他人完成）。

1724年伦敦怀特豪尔宫（Whitehall Palace）的彭布罗克室（Pembroke House），至1757年才完成。

约1725年在萨里（Surrey）的韦弗利大修道院（Waverlay Abbey）。后来1750年加建侧翼。

1726年苏塞克斯（Sussex）伊斯特本（Eastbourne）康普顿宫（Compton Palace）。

此外在伦敦，埃塞克斯（Essex）和米德尔塞克斯（Middlesex）设计了一些住宅。

290. Bridgeman, Charles 布里奇曼（？~1738年）

英国的庭园艺术，向来受意大利的古罗马和文艺复兴所影响，始终不成为主流，但英国人到底喜欢古拙纯朴，加上受文学和绘画的影响很深。诗篇和风景画歌颂自然，也就影响到庭园艺术。17、18世纪引入一些荷兰的风味，如汉普顿宫园（Hampton Court Palace），而威廉三世（1689~1702年在位）原是荷兰人，自然引入故乡风味。

Bridgeman 在奇士威克（Chiswick）、鲁斯汉姆（Ronsham）、肯辛顿（Kensington）、里士满（Richmond）等地设计了各式的庭园，有"无所不能的景观大师"（Capability Bridgeman）之称。

他在白金汉郡（Buckingham）所设计的斯托园（Stowe），占地 18 英亩，以山水树石创造园景构图。他独出心裁地四周不设围墙，只以暗沟为界，代替隐篱或矮墙（Sunk fence），当游人行到该处发现不能越过时会发出"哈哈"（ha-ha, ha-han）笑声而止步，因此这种暗沟也叫做"Ha-ha, ha-han"，这种似无而有的边界，后来也被他的学生 Brown（1715~1783 年）所袭用。其所以这样做，是为拆除屏障，无形中扩大庭园的范围，把园外的自然风景引入园中，取得"借景"的效果。

291. Rossi，Domenico 罗西（活动于 18 世纪上半叶）

18 世纪，威尼斯的建筑走向衰退，这是因为威尼斯这个海上贸易共和国、"亚得里亚海之皇后"，随着西欧各列强的世界探险，其地位已被取代，经济衰退而使建筑也衰退了，曾经兴旺一时的巴洛克风格已走向黄昏。Rossi 是晚期巴洛克建筑师之一，值此夕阳无限好之际，尽情发挥一番，他的主要建筑为：

1709 年的圣斯塔教堂（San Stae/或称圣尤斯塔齐奥教堂，Sant'Eustachio）——1977~1978 年重修。

1714 年耶稣会堂（Gesuiti/正式名为圣母升天会堂，Santa Maria Assunta），外观为炫丽的巴洛克式。

1724~1727 年王后柯尔内府邸（Ca' Corner della Regina）。

292. Juvar(r)a，Filippo 尤瓦拉/朱伐拉（1678~1736 年）

早年设计布景的舞台设计家，1700 年修整罗马法尼泽剧场（Teatro Farnese），他在舞台设木质布景，使舞台显得深远而壮观，成为现代剧院舞台的雏形。

后随 Fontana，C.（1634/1638~1714 年）搞建筑，从而受到法国后期巴洛克（Post Baroque）的熏陶，但实际上其创作为纯古代建筑及巴洛克（包括早期洛可可）兼而有之。

1714 年曾任西西里王的建筑师——当时西西里属 Savoy〔萨瓦，今意大利西北皮埃蒙特（Piedmont）一带，包括都灵（Turin/Torino）〕，他后来移居都灵。

他早期在都灵的作品就采用了传统形式：

圣菲利波内里教堂（San Filippo Neri，1715年）；

大营房（Grand Militery Quarter，1716年）；

苏培尔加教堂（1717年），这是座巴西利卡，正面如古希腊神庙的大型柱廊，后面为圆形门厅，两旁钟楼，以浅蓝色及黄色装潢；

马达马府（Palazzo Madama/夫人府）（1718~1720年）的扩建——有古罗马时的城墙的中世纪城堡，他扩大改建，包括正门；

他将都灵城进行过三次改建，并开拓萨沃亚广场（Savoia）。

1720年他将原建于1498的都灵主教堂改为文艺复兴形式，并增建了穹顶。

Castellamonte（卡斯特拉蒙特父子，1550~1683年）于1639年始建的都灵王宫（Palazzo Reale），他于1720年加建了觐见室、中国室、凹室和剪刀梯（Scala della Forbici）。

1729~1733年兴建斯图皮尼基离宫（Stupinizi），这是座皇家别墅（Villa Reale）或狩猎行宫，其平面由中央大厅向六个方向展开，他采用了法国后期巴洛克形式。

在教堂方面，他改建了旧教堂（Chiesa Vecchia），又在原17世纪上半叶所建的双并教堂——圣克里斯廷纳和圣卡洛教堂（Santa Crestinae e San Carlo）的前者加上巴洛克式立面。1732年新建的卡迈恩教堂（Carmine）也采用了巴洛克形式。

1733年为皇家军械库（Armaria Reale）内加建布蒙特廊（Galleria Beaumont）。

在外地，为科摩湖（Lago di Como）主教座堂（原建于14世纪）加上巴洛克式的穹顶。

在外国，他的创作有葡萄牙马夫拉皇宫（Palace at Mafra，1719~1720年）和马德里皇宫的重建。该皇宫为1556年改建的摩尔夫堡垒，因1734年遭火焚毁，他于1736年设计重建，采用文艺复兴式加上巴洛克式，有镜廊，可惜未能完成。至1742年才由Sacchetti, G. B.（1700~1764年）及Rodriguez, V.（1717~1785年）陆续完成。

由于他原设计舞台所影响，晚年于设计中引入空间概念，产生一种光亮、开敞、飘动、雅致的效果。

293. Le Blond, Alexandre-Jean-Baptiste 勒·布隆/勒·伯朗（1679~1719年）

园林家族出身。

Le Notre, A.（1613~1700年）的门徒，随Le Notre设计各处庭园。

1711 年，彼得大帝邀请他到圣彼得堡建夏宫——（彼得霍夫宫，Петеодворец Петерроф/Petrodvorests），凡景观、平台、喷泉、花坛等，1725 年因彼得大帝逝世而中断，后由 Rastrelli，B. F.（1700～1771 年）继续和扩充至 1747 年才完成。夏宫于"二战"时被德军摧毁，战后修复。

曾用笔名 Antoine Joseph De Zalliers d'Argenville（安托万·约瑟夫·德·扎利埃·达阿让维尔），著"La Theorie et La Protique du Jardinage"（造园的理论和实践）。

294. Auber，Jean 欧贝尔/奥伯特（？～1741 年）

自 15 世纪中，位于巴黎以北约 30km 的香提伊（Chantilly/尚蒂依）已成为法国的驯马中心，1435 年路易亨利（Louis-Henry）在这里建造马厩，当时名为 Stable of Louis-Henry（路易亨利马厩），1528 年重建旧堡和增建小堡，17 世纪中叶，Le Notre 更为之加了花园和喷泉。

1719～1735 年 Auber 将马厩扩建，成为香提伊大马厩（des Grands Écuries de Chantilly），扩建后可饲养马 240 匹，狗 500 头。每年六月在此举行赛马活动，马厩正立面布置成凹凸斜面，形成明朗华丽的形象。

1722 年在小城堡内还为亲王设计了沙龙，自然是洛可可（Rococo）式。

1789 年大革命时受到破坏，至 1840 年才重建。

295. Raguzzini，Fallippo 拉古津尼（1680～1771 年）

进入 18 世纪，意大利的巴洛克大师早已相继辞世，意大利主导欧洲建筑艺术风格的时代也画上句号，但在巴洛克的舞台，仍然有角色出台表现。Raguzzini 就是一位后期巴洛克的建筑师。他的活动场地比较狭窄，只在本尼凡托（Benevento，或译贝内凡托）、阿本诺（Abbono）和罗马。

Benevento 是那不勒斯王国中一个很小的公国，他在那里设计了：圣真纳罗礼拜堂（Chapel of San Gennero，1710 年）、圣巴托洛米奥教堂（San Baetolomeo，1726～1729 年）、泰力诺利府邸（Palazzo Terragnoli）和西米奴小邸（Palazzetto de Siminoe）。

30～40 年代，他在罗马的活动比较频繁，他所完成的工程有：圣多梅尼科礼拜堂（Chapel of San Domenico，1724～1725 年）、圣高里坎诺善堂（Ospedale di San Gallicano，1725～1726 年）、旧圣西斯托教堂（San Sisto Vecchio，1725～1727 年）的重建、克罗西菲索小礼拜堂（Capella del Crocifieso）的重建（1726 年）、罗萨里奥的圣母马利亚教堂（S. M. del Rosario，1726 年）、萨韦利礼拜堂（Cappella Savelli，1727～1728 年）、圣基里告及圣圭里塔教堂（S. S. Quirico e Guilitta，

1727~1731 年）的立面、凯尔西亚的圣马利亚教堂（S. M. della Quercia, 1727~1731 年）、圣依纳齐奥广场（Piazzo Sant Ignazio, 1727~1736 年）、迪维诺—阿莫尔教堂（Chiesa del Divino Amore, 1729~1734 年）、西班牙大台阶（Spanish Steps）的修整（1731 年）、真蒂利别墅（Villa Gentili, 1741~1742 年）。

在特拉斯特维拉（Trastevera），他设计了两间圣母礼拜堂，一间是普雷西皮奥（Precepio），另一间是巴蒂斯特劳（Battistero）。

在阿本诺：莱卡利府邸（Palazzo Lercari, 1727 年）和莱卡利小筑（Casimo Lercari, 1729 年）。

罗马人很喜欢他的作品，亲昵地称他为"罗马人的建筑师"（Architect of the Roman People）。

50 岁以后，他便很少创作，虽然他活了 91 岁。

296. Gibbs, James 吉布斯（1682~1754 年）

先在意大利师从 Fontana, C.（1634/1638~1714 年），1709 年回英后又向 Wren, C.（1632~1723 年）学艺。

曾经当 Hawksmoor, N.（1661~1736 年）的测量师，后来又替 Burlington, R. B.（1694~1753 年）建造其府邸，但由于同 Burlington 的辉格党（Whig/自由党）对抗，被 Burlington 解雇，最后投向 Campbell, C.（1676~1729 年）。

他的风格同样也很曲折：

首作是伦敦的河滨圣马利亚教堂（St. Mary-le-Strand），明显是受意大利巴洛克形式的影响。

1719 年为 St. Clement Danes（圣克里门·戴恩教堂，Wren 于 1682 年的原作）加尖塔。

1720 年设计、1721/1722~1726 年施工的伦敦圣马丁教堂（St. Martin-in-the-Field），以古典式的门廊和哥特式尖塔的形象，使它成为 18 世纪英、美教堂的范本。

1722 年为剑桥大学评议会（Senate House）设计办公楼。

之后，他受帕拉第奥风格的影响，巴洛克式逐渐消减，转而将帕拉第奥式、巴洛克式和乡土风格结合成一种新的风格，1739~1740 年的拉德克里夫（Radcliffe）图书馆，就是一座加了底层的坦比哀多（Tempietto）。而在白金汉郡斯托（Stowe）庄园内设计了多处希腊神庙式的小建筑。他属于保守派的建筑师。

1728 年写的 "A Book of Architecture"（建筑之书），1732 年写的 "Rules for Drawing the Several Part of Architecture"（若干建筑构件的画法），不是什么论著，而是一本实实在在的教科书。

297. Pineau,Nicolas 皮诺（1684～1754 年）

木雕师（Wood Sculptor），其父 Jean-Baptiste 和子 Dominique（1718～1786 年）也都是木雕师。

曾向 Mansart，J. H.（1646～1708 年）和 Boffrand，G.（1667～1754 年）学习，后转向室内设计，是法国洛可可风格室内装饰创导人之一。

1716 年受彼得大帝邀请到圣彼得堡，作为建筑师兼室内装饰设计师建造夏宫——（彼得罗夫宫/Peterhof），并为沙皇私室作雕饰。至 1728 年回国，之后才由巴洛克转向洛可可。

回国后在巴黎任专业设计师，为私人住宅设计洛可可（Rococo）式房间。

其木雕喜用贝壳、卷叶，壁龛作圆角线，在环形浮雕中镶古典式半身像，对后世有一定影响。

298. Cressent,Charles 克雷桑（1685～1768 年）

金属加工匠、雕塑家、家具制作师、最富创新精神的家具大师。

其风格随时势而不断改变，早期属路易十四式［Louis Quatorzf（1648～1715 年）］，自然是古典主义。至路易十五时期，亦即摄政时期（Régense 1715～1723 年）是巴洛克过渡到洛可可时期，形态轻盈、曲线流畅。他在 1732～1750 年这段时间转为端庄而柔美，扬弃了洛可可的浮华。至 1750 年之后完全回复到古典式，那时已是路易十六（Louis Seize）时期了。

他爱用金箔、铜箔作装饰，这是 18 世纪法国家具的特征。

299. Kent,William 肯特（1685～1748 年）

幼当学徒，后到罗马学画，既擅建筑，又精通园艺，还善于内部装饰及家具，因此兼具双重身份：英国风景园艺的创始者和新帕拉第奥主义的建筑师。

受风景画家和田园诗人蒲伯（Pope,Alexander 或译波普，1688～1744 年）和画家 Wise,H.（怀斯/安妮女王的园艺师）的影响，将英国园艺由规整式转变为自然风格。Pope 曾写有关建筑和设计观点的文章和讽刺诗。

Kent 认为自然本身就是"美"，提倡将几何形花坛改成自然式花坛，是创造出"非正规"的英式花园的先驱者。他认为将设计置于自然环境中的花园最能自由地发挥出创造性，要顺应地势、河湖、草木配以弯曲小径，他说，"自然"讨厌直线，形成"自然风景学派"。

他又说："应该将建筑作为园林的一部分来进行设计。"他成为了最早追求整体的设计者之一。

约在 1730 年，于白金汉郡斯托庄园（Stowe House）的花园中，去除一切规整式的痕迹，发挥了创造性意图，呈现三维空间的画面。Stowe 庄园为坦普尔家族（Temple Family）所有，始于 1697 年，历经 Vanbrugh，J.（1664~1726 年）、Adam，R.（1728~1792 年）之手，1775 年重建。

又在克莱尔芒（Clarmont）园中，将庭园的规划和主楼的设计结合在一起，实现他所主张的整体设计的理想。

早年，他在罗马学画时，偶然结识了新帕拉第奥主义倡导者的 Burlington（1694~1753 年），对其所提出的建筑主张深表赞同，使他产生趋向严肃的风格，连同 Campbell，C.（1676~1729 年）成为新帕拉第奥主义的三大家。

1725 年，当 Burlington 设计在伦敦杭斯劳区（Hornslow）的奇斯威克（Chiswick）别墅时，他在建筑和造园上给予协助。其后他还有以下设计：

皇家马厩（Royal Mews，1732 年），

泰晤士河西岸白厅宫（Whitehall Palace/怀特豪尔宫）的国库大楼（Treasury Building，1734~1736 年）和骑兵禁卫军大楼（Horse Guards Building），

牛津的罗森（Rousham）府邸（1738~1741 年），

诺福克（Norfork）的霍尔克丹姆大厅（Holkdiam，1734~？年），夸张的意大利巴洛克式，他自己亲手装饰和制作家具。

300. Zimmermann, Dominikus 齐默尔曼（1685~1766 年）

巴伐利亚（Bavaria）地区晚期巴洛克建筑师和灰塑装饰师。

其父埃利亚（Elias）和兄约翰·巴蒂斯特（Johann Baptist，1680~1756 年）都是壁画家。

1711~1713 年兄弟二人共同完成巴克斯埃姆（Buxheim）卡尔特教团隐修院（Carthusian Monastery），包括图书馆。

1716~1721 年设计莫迪根（Mödigen）多明我会女修道院教堂（Dominican Convent Church）。

其后，他吸收了"内部墙墩"做法，完成了两项杰作，两者都是朝圣教堂：

其一是 1727/1728 年在斯泰豪森（Steinhaussen）的朝圣教堂（Pilgrimage Church），采用椭圆形平面，以独立柱支承拱顶。

其二是 1746 年位于施瓦比亚—阿尔卑（Sivobian-Alp）地区的施泰因加登（Steingarden）的威斯教堂（Wieskirche），全名很长，为："Wallfahrts Kirche zum Gegeisselten Heiland auf der Wies"（位于草地上，被鞭打的基督朝圣者的教堂），现属巴登－符腾堡州（Baden-Württemberg）。

主殿为椭圆形平面，一端伸向较深的司祭席和半圆形的后殿，另一端是前面半圆形门厅。外形简朴无华，双柱墙墩，拱顶下的檐口更轻巧。内部则截然不同，装饰主要集中于墙、柱的上部，垂有花饰的线脚、交错的藤蔓、花卉和涡纹，更有小天使像。墙面、柱身同天花并无界限，浑然一体，雕塑、装饰、壁画也各呈异彩，比之外墙平平无奇的白色抹灰面，迥然不同。内部的绚烂华丽，以彩色玻璃、灰塑、大理石、镀金等材料手段，形成五光十色的造型，尤其将光线集中于圣坛上，产生虚幻炫目的效果，达到宗教气氛的效果。

在工程中，他哥哥 Johann Baptist 一直参与内部装饰的工作。信众踊跃义务参加劳动，工程于1754年竣工，只花了9年时间便完成了。教堂周围是草坪（不知它的名字是否因此有关），外观同自然背景相适应，它不但是德国巴洛克式教堂的出色范例，而且已被联合国列入文化遗产。

以上两教堂都采取了"全面设计"（Total Art Works/Gesandkunst-Werke），即建筑和装饰共同考虑建造，称之为"整体艺术作品"。

301. Neumann，Johann Barthesar 诺伊曼（1687～1753年）

出生于捷克，在巴黎就学，旅行北意和奥地利，吸收各年代、各地域的建筑要素。1707年移居德国维尔茨堡（Würzburg），从此同维尔茨堡结下不解之缘。

曾经当过工兵，升至上校。1717年开始从事建筑，又任过建筑学教授。

一开始设计，便在维尔茨堡（Würzburg）为该小公国的领主菲利浦·约翰尼设计寝宫（Residenz），该寝宫由主楼和两翼围成三合院，前面广场，后面大花园。由法国的洛可可名家 Boffrand, G. G.（1667～1754年）帮助内部装潢。室外台阶、小径、瀑布、喷泉、花卉、树木俱全，室内以曲折的楼梯构成多变而统一的空间，又以曲线的轮廓和繁多的雕塑营造洛可可的效果，还有由 Tiepolo❶（提埃波罗）绘制的号称世界最大的天花湿壁画——这是著名的巴洛克杰作。

1721～1736年设计维尔茨堡之申博恩礼拜堂（Schönborn Chapel）。

1726～1730年设计霍尔茨基尔希纳（Holzkirchen）的小修道院教堂（Priory Church）。

1733～1745年还在布鲁赫萨尔（Bruchsal）和韦尔内克（Werneck）为教会作些建筑。

1740年他到科隆（Cologue），在布吕尔宫（Brühl Schloss）设计奥古斯图斯

---

❶ Tiepolo，Giovanni Battista（提埃波罗，1696～1770年）威尼斯画家，1750年到维尔茨堡装饰菲利浦·约翰尼寝宫，1762年到马德里为王室服务，其作品用色明朗，笔触轻快，光线柔和，充满流动感。

堡（Augustusburg）和法尔金勒斯城堡（Falkenlust）。其实后者只是座狩猎小筑。

1740～1750年间，他活动频繁，有教堂、府邸、住宅、公共建筑和桥梁等，其中包括卡珀尔（Käppele）的朝圣教堂（Pilgrimage Church）。

1743年在"德国水乡"班贝格（Bamberg），他创下了一项成功之作，就是著名的法兰克尼亚的朝圣教堂（Pilgrimage Church of Vierzehn-heiligen, Franconia），即十四圣徒教堂（Fourteen Saints）。从外观看，西立面三段式的双塔高耸，主要由直线在演绎，但当走入教堂内，既不是希腊十字，也不是拉丁十字，主殿由相叠的两个椭圆形和左右两个小椭圆形并成，在祭坛和侧殿则是由三个圆形呈品字形排列。三维空间全部是曲线和曲面，产生强烈的流动感，令人耳目一新，这是巴洛克、洛可可登峰之作。班贝格在二战时未受影响，故保存良好。

晚年，他在奈勒斯海姆（Neresheim）完成了本笃会修道院教堂（Benedictine Abbey Church, 1745～1753年）直至他逝世后。Neresheim 位于维尔茨堡附近。

其建筑设计和工程技术都极其卓越，富想象力，善于创造优美曲线和充分利用空间的楼梯，使内部空间精巧新颖，又常以绘画、雕塑和园艺为辅助手段，增加华彩，他用最少的材料，取得最大的坚实性。

作于斯，逝于斯，墓葬就在维尔茨堡的圣马利小教堂内（S. Marienkäpelle）。

302. Adam Family 亚当家族（1689年～18世纪末）

父 William 及三子，为18世纪苏格兰一流建筑师，三子中以 Robert 最为出色，他始创了"亚当式 Adam Style"。

（1）父：William（1689～1748年）

经营地产出身，获得成功。后转为室内装饰师、石匠大师（Master Mason），善于军事建筑及乡村建筑，在苏格兰各地进行设计：

罗克斯堡郡（Roxburghskire）的弗勒尔斯堡（1721～1726年）；

西洛锡安（West Lothian）的霍普敦宅（Hopetown House，1723～1748年）；

阿伯丁（Aberdeen）的戈登医院（Robert Gordon's Hospital，1730～1732年）；

拉纳克郡（Lanarshire）的埃罗要塞（Castle Hérault，1732～1735年）；

格拉斯哥（Glasgow）大学的图书馆（1732～1745年）；

爱丁堡（Edinburgh）的皇家诊所（Royal Infirmary，1738年）；

阿盖尔郡（Argyll）的因弗雷尼城堡（Inverany Castle，1745年）。

他的作品，帕拉第奥式和修正的罗马古典式（Modified Classic Roman Style）兼而有之。

（2）长子：John（1721~1792年）

1748年父逝后，主持事务所，同Robert共继父业。

（3）次子：Robert（1728~1792年）

1754年游意大利历时四年，在罗马对古代建筑遗迹进行测绘和深入研究，领会古代建筑风格，又到威尼斯和达尔马提亚（Dalmatia）的斯帕拉托（Spalato、今克罗地亚的斯普利特Split）考察古罗马时的戴克里先宫（Diocletian's Palace）。在意大利期间，结识到法国人克来里索（Clériseau, Charles Louis，建筑师兼画家），两人同游，从而认识到当时意大利先进的建筑理论和实践，另一方面对远古亚平宁半岛中部的伊特鲁里亚的伊特拉斯坎（Estrascan）建筑（流行于前700~前200年）深感兴趣（爱屋及乌，其住宅多带伊特拉斯坎式房间）。

1758年回到伦敦，他锐意创新，以顺应当时人们追求时新、对食古不化的建筑形式感到厌倦的心态和企求，于18世纪60年代创立起独特的"亚当风格"，其风格借鉴于古罗马建筑艺术的精髓，既受Palladio的影响，又吸收文艺复兴建筑的特色和法国的格调，是多种风格的统一，如往往在立面上采用凯旋门，内部采用公共浴场、万神庙的手法，又引用庞贝住宅的因素，或在村舍外部引用哥特式的细部等。他大胆融汇，自由运用，有模仿地创新以臻完善，在刻板的帕拉第奥复兴（Palladio Revival）和朴素的希腊复兴（Greek Revival）之间，创造出纤巧、华丽而不浮夸、更安静的，既精细而优雅的新古典形式（Neo-classian），他的作品既注重外表，亦顾及内部装潢，认为不但要设计外观，且有责设计内部。

初期，他仍脱离不开传统的影响，如1758年同Stuart, J.（1713~1788年）合作的，在伯明翰的哈格利大厦（Hagley），在园内建了一座希腊多立克柱式的神庙（Greek Doric Temple）；同年还为伦敦的海军前卫部队（London Admiralty Screen）设计大厦。其后又设计了几座大宅：德比郡的吉道尔斯顿宅（Kedleston）的主要层（Piano Nobile）❶，村屋的外表及室内使用了哥特式细部（1760~1761年）；阿拉拜斯特大厅（Alabaster Hall），像巴西利卡；奥斯特莱公园（Osterly Park，1761~1780年）；米德塞克斯（Middlesex）的西翁宅（Syon House 约1761~1765年），其前厅像古罗马的浴场。

此外还有：肯伍德宅（Kenwood House，1767~1769年），伦敦菲茨罗伊（Fitzroy）的阿德尔菲联排住宅（Adalphi Terraces，1768~1772年），其下层

---

❶ Piano Nobile 一般设于第二层，楼层较高，用作客厅及起居室等之用，有露天大台阶（Perron）由室外直达。

(Podium)为市场,临街为连续开敞拱门,可供马车进出,上层收缩为连排住宅(四层),外观为巨壁柱 Giant Pilaster——成为了现代商住大厦的先声。四周街名以其兄弟名字命之,其弟弟 James 参与,1937 年已毁。

1772~1792 年的爱丁堡注册大厦(Register House),实现了他在广场建造穹顶大厦的夙愿。

1772~1774 年的皇家艺术协会,他打破陈规,将 Ionic 壁柱同希腊的 Doric 檐相配合。

80 年代在伦敦又完成了三间重要的宅邸:

圣詹姆斯街区(St. James's Square)的威廉·温恩(William Wynn)爵士府邸(1772~1774 年);

格罗斯温诺街区(Grosswenor Square)的德比伯爵(Earl Derby)府邸(1773~1774 年),1862 年已毁;

波特曼街区(Partman Square)的豪斯伯爵夫人(Countess of House)府邸(1775~1777 年),现考陶尔德(Courtauld)艺术院。

晚年,他移居苏格兰,建造浪漫色彩的新哥特式城堡:

1789 年的爱丁堡大学校门是他一生最成功之作,

1791~1807 年在爱丁堡设计夏洛特广场的联排住宅,

此外,在英国各地还有不少住宅。

他创始了亚当式,使他成为 18 世纪英国最伟大的建筑师之一。

"大胆融汇,自由运用"是其创作手法,

其设计的家具当时也广为流传。

所著"The Works in Architecture of Robert and James Adam"(亚当兄弟建筑作品集)分三卷,于 1773 年、1779 年及 1822 年先后出版。

(4)幼子:James(1730/1732~? 年)

1743 年入爱丁堡学院学习,1745 年辍学,在其父事务所任助手,1748 年后同兄长共同继承父业。

303. Napoli, Tommaso Maria 拿波里(活动于 18 世纪上半叶)

西西里岛的巴洛克大师。

为巴勒莫(Palermo)圣多明尼克教堂(San Demenico,原 14 世纪初建,1640 年改建)前建广场(1724 年)及设计教堂立面(1726 年)。

巴盖利亚(Bagheria)的帕拉高尼亚别墅(Villa Palagonia,1705 年)和巴拉戈尼亚别墅(Villa Valgnarnera,1713 年),两者正面对面,为当地最著名的别墅,前者有 60 多个拜占庭式塑像。

304. Massuri, Giorgio 马苏里（活动于 18 世纪上～中叶）

活动全在威尼斯。

1728～1736 年设计圣马阔拉教堂（San Marcuola）。

其后，作一些重建和增建的项目：

威尼斯数一数二的巴洛克式豪宅—瑞聪尼柯府邸［Ca' Rezzonico, 原由 Longhena, B.（1596～1682 年）于 1667 年始建，已近百年］。他于 60 年代增建极为豪华的舞厅。

1745～1760 年重建原 15 世纪的圣殇堂（La Pietà/又称访问的圣母教堂，S. M. della Visitazione），他采取椭圆形平面，素雅的古典立面。

学院美术馆（Gallerie dell' Accademia）内的仁爱教堂（S. M. Carità/圣母爱心教堂），原于 15 世纪中由 Bon, B. 所设计，他建了巴洛克式的立面。

305. Lodoli, Carlo 洛杜利/劳道利（1690～1761 年）

18 世纪中叶，法国出现了启蒙运动（The Enlightenment），这是一场意识形态的革命。

早在 17 世纪初，培根（Francis Bacon, 1561～1626 年）提出了归纳法，伽利略（Galileo Galilei, 1564～1642 年）提出实验验收假说的方法，笛卡儿（René Descartes, 1596～1650 年）提出了演绎法，他们都在哲学上提出比较科学的唯理主义方法。但是另一方面，他们是君主主义者，以维护封建专制制度，倾向于古罗马帝国的文化。他们只偏重于理性方法，否认感性经验。

法国的启蒙运动，先由孟德斯鸠（Montesquieu Charles, 1689～1755 年）提出了实证论和三权分立，他坚信人的尊严，而共和政体基于道德，三权分立才能有效促进自由。《百科全书》的主编狄德罗（Diderot Denis, 1713～1784 年）则反对教会和国家的反动势力，他提倡科学。其后加入卢梭（Rousseau, Jean-Jacques, 1712～1778 年），他认为"天赋人权"，他的《社会契约论》提倡一种为全体人民所自由地接受的契约，既受社会约束又保留自由意志，权利和义务都平等。伏尔泰（Valtaire, F. M. A. de, 1694～1778 年）则反对封建制度，赞赏英国当时的自由社会的政治制度，又宣扬经验哲学，他们一方面以经验和感觉为基础，承认感性经验，开拓唯物主义哲学，宣扬自由平等，简而言之，即"科学和民主"。这些启蒙哲学家被称为百科全书派［Encyclop（a）edist］。

如此波澜壮阔的潮流，建筑理论自然不甘落后，批判展开了，一向奉古代建筑理论为圭臬，视古代建筑作品为楷模的形势被打破了，敢于向传统开火的有 Lodoli，还有 Laugier, P. M. A.（陆吉埃，1713～1770 年）和 Piranesi, G.（辟兰乃西，1720~1778年）等。

Lodoli，威尼斯人，学神学，成为修道士兼建筑学者，1720~1728年在威尼斯任教。

他研究古代的Vitruvius和文艺复兴时代的Alberti（1404~1470年）、Serlio（1475~1554年）和Perrault（1613~1688年）等人，他写下了：

"*Lettere Sopra l'architettura*"（1742年）；

"*Soggio Sopra l'architettura*"（1753年）。

他对历史作了批判，首先批判了被奉为西方建筑界的先师——Vitruvius，他说Vitruvius把艺术作为建筑的基础是不对的，他认为教条不能永远是正确的。

他说：建筑物必须适应材料的本性，因此以石材模仿木柱的比例便错了，建筑物只有符合材料的本性和功能，才是真实的。"无用的装饰一概不要！"——这种观点后来成为Loos，A.（1870~1933年）的原则。

"功能决定形式"，据说是他提出的，这句话通过新古典雕刻家Greenongh，H.（格里诺，1805~1852年）传到Sullivan，L. H. 沙利文（1856~1924年），沙利文提出"形式服从功能"（Form follows Function）的原则。

1749年以后，他的健康状况不佳，处于半休状态。

306. Galilei，Alessandro 伽利略（1691~1737年）

意大利巴洛克风格滞留得慢，而且与新古典主义同时并行一段时期。

Galilei，是意大利由巴洛克风格过渡到新古典主义时的建筑师，但是其作品有时会带着罗马风的立面，主要还是晚期巴洛克风格。

在英国，他在伦敦科克街（Cork）和布鲁尔（Rreuer）街设计一些住宅（1718~1719年）。亨廷顿（Huntington）的金保尔顿宫（Kimbolton Castle，1718~1719年）、约克郡的葛斯科因纪念馆（Gascoigne Monument，1726~1728年）和在爱尔兰的一些其他建筑。

回到意大利，设计佛罗伦萨的卡瑞坦尼宫（Palazzo Carretani，1722~1724年），

托斯卡纳（Tuscany）地区科托纳（Cortona）的维纳蒂别墅（Villa Venuti，1725~1730年）和圣马利亚教堂（Santa Maria，1729年），

佛罗伦萨的圣加治奥教堂（San Gaggio，1730~1732年），

罗马的拉特兰纽斯宫（Palazzo Lateraneuse，1733~1735年），

菲奥兰蒂尼的圣乔凡尼教堂（San Giovanni dei Fiorentini，1733~1735年）。

罗马的圣若望拉特朗大殿（San Giovanni Laterano）是罗马最古老的教堂之一，几个世纪以来还是罗马的主教座堂，1647~1650年Borromini（1599~1667

年）曾在堂内建了五个通廊。Galilei, A. 于 1735 年完成的宏伟壮丽的正立面，不但是他的杰作，也是巴洛克式过渡新古典形式的桥梁。

307. Nolli, Giovanni Batista 诺利（1692~1756 年）

几何学家兼测量家。

1729~1731 年在米兰及周围地区作过各种规划，后来又为罗马作规划。

著《罗马新规划》（*Nuova Pianta di Rome*）1748 年出版，又写《诺利的罗马地图》（The Nolli Map of Rome），但至 1789 年才出版。

晚年，在台伯河（Tiber）对岸的特拉斯台威莱设计圣多罗西亚教堂（Santa Dorotea in Trastevere, 1751~1756 年）。

308. Fischer, Johann Michael 菲舍尔（1692~1766 年）

父 Johann Michael（同名）为瓦工，从小受熏陶。1713 年当学徒，1718 年在慕尼黑任监工，专做教堂工程。

由于勤奋和惊人的创作力，很快成为建筑师，作风属巴洛克晚期兼洛可可风格，其著名作品有：

奥斯特霍芬（Osterhofen）的普雷蒙特雷修会（白衣修会/Premonstratensian）礼拜堂，穹隆无托座，宏大而多饰的优雅洛可可式。

乌耐林（Unering）教堂，采用不等边的八边形的平面（1730~1732 年）。

1735 年一年内，他连续设计了三座教堂：奥夫豪森（Aufhausen）的朝圣教堂（Pilgrimage Church），因戈尔施塔特（Ingolsteadt）的奥古斯丁教团教堂（Augustinian Church）和柏尔根-安姆-兰姆（Berg-am-Laim）的圣迈克尔教堂（St. Michael's Church）。

茨威法腾（Zwiefatton）的沃特吐巴伦（Ottobeuran）修院教堂（1740~1765 年），其壁柱采用三柱一组。

在沃特吐巴伦（Ottobeuren）的本笃会（Benedictine）大教堂（1744~1766 年），规模宏大，大量装饰的洛可可式，穹隆无托座。又 1748~1755 年的修道院。

罗特-安姆-因（Rott-am-Inn）的圣美利阿斯和圣阿纳斯（St. Marius and St. Arianus）礼拜教堂（1759~1762 年），风格转向朴素，预示新古典主义的到来。

其余在基尔昌（Kircham）、本尼狄克伯恩（Benedikbeuen）、舍夫特拉姆（Schäftlarm）、沙定奥斯勒霍芬（Scharding Oslerhofen）、迪逊慕尼黑（Diessen Munich）、菲尔斯滕采尔（Furstenzell）、比舍尔（Bichl）、罗特-安姆-因

(Rott-am-Jim)、阿克图明斯特（Actomünster）等地都留下其作品。

309. Tomé, Pedro 托梅（1694～1742年）

家学渊源，父亲 Antonio 为建筑师。

西班牙巴利阿多里德（Valladolid）大学创立于1346年，他在其教堂原建筑的主祭坛中段上方开了天窗式透明孔洞以改善祭坛周围的照明问题，参加设计的还有 Varciso（瓦尔西索）。

1721～1723年他将托莱多（Toledo）主教堂由13世纪时的哥特式进行了改建，当时他已是该教堂的总建筑师。教堂57m×113m，北钟楼高90m。内有22个礼拜堂，他以过分的巴洛克式装饰。同样，也在主祭坛上方开天窗式孔洞。

1731～1736年他为马德里的赤脚的白袍修士女修院的教堂（Church of the Convent of Discalzed Carmelites）装饰了高架祭坛。

莱昂（Léon）的主教堂是他于1738年设计的，施工时间为1740～1745年。

他还为托罗（Toro）的爱尔米塔什博物馆（Hermitage of Nuestra Sefiore del Canto）作装饰。

其追求过盛饰的巴洛克风格属于丘里格拉风格（Churrigueresque）。

310. Burlington, Richard（Boyle, 3rd Earl of）
伯林顿/波灵顿/贝灵敦（博伊尔第三伯爵）（1694～1753年）

收藏家、鉴赏家，由建筑的业余爱好者（Amateur Architect）到专业建筑师（Professional Architect）。

有一种现象，17～18世纪，英国许多有名的建筑师，往往由其他职业转行成建筑师的。如 Wotton, H.（1568～1639年）、Jones, I.（1573～1652年）、Pratt, R.（1620～1685年）、May, H.（1621～1684年）、Wren, C.（1632～1723年）、Vanbrugh, J.（1664～1726年）和 Campbell, C.（1676～1729年）等，半路出家而各有成就。Burlington 则成为新帕拉第奥主义的创始人和领导人，他、Campbell 和 Kent, W.（1685～1748年）被并称为新帕拉第奥主义的三大家。

1717年学建筑，1719年到维琴察研究 Palladio 的作品，1721年取得建筑师资格。但是，他对古代建筑只是一知半解，加上他的贵族身份，在鉴赏上就是个独裁者，在建筑上也存在着浓厚的主观成分。仗着收藏了丰富的有关 Palladio 和 Jones 两人的建筑图纸，其设计也就模仿甚至照搬而成：如1725年伦敦杭斯劳区（Hounslow）的奇斯威克（Chiswick）别墅［仿圆厅别墅，由 Kent, W.（1685～1748年）协助］，用以收藏珍品之用，是英国最具影响的新帕拉第奥主义式作品，又如约克郡的议会堂（Assembly Room, 1731～1732年）中带有埃及厅（Egyptian Hall），被视为他最佳的作品。

他资助出版 Palladio 的建筑图纸，又撰写了"*Design of Inigo Jones*"（琼斯的设计）。为了对两人的崇敬，又在圆厅别墅（Rotunda）前为两人立了雕像。

新帕拉第奥主义者们，认为 Palladio 是建筑界最早的唯理主义先师，提倡恢复他和 Jones 所阐述的古典主义设计原则，视他们的创作为唯一的范例，不管时代、地区、气候、环境、用途、功能，一味只求形式。例如他们奉之为最完美的建筑的维琴察的圆厅别墅，按照 Palladio 的法则，以数学的比例，音乐的和谐，要求做到对称均衡、纯正安稳、庄重壮观、完整严谨。所以使用了可能使用的建筑语言，将庙宇的山花和柱式，公共建筑的大台阶和穹顶，强调第二层为主层（Piano Nobile），再加上立像和雕塑，务使突出轴线，不但平面、更是立面，做到方圆结合，虚实对比。其实在外形上既不符合别墅的形象，在内部更不符合别墅的功能，纯粹是件并不称身的形式主义作品，因为它并不顾及周围的自然环境，也不考虑朝向，强作四边对称，致主从不分。

尽管新帕拉第奥主义只存在几十年，但其流毒延续了四百年，竞相模仿，盲目抄袭，不但在欧洲，更远及印度，甚至芬兰图尔库（Turku）的东正教堂也袭用此形式 [Engel，C. L.（1778～1840 年）设计]。

311. Meissonier，Justin Aurèle 梅索尼埃/麦松尼埃（1695～1750 年）

从金饰工艺师转而从事室内装饰，最后成为建筑师。

他将文艺复兴以来左右对称，讲求均衡的装饰原则打破，又利用弯曲的面，由墙身过渡到天花，使两者的装饰连在一起，打破了三维的界限，创造出轻盈而具动态的空间，呈现雕塑的效果。那边厢，德国的 Zimmermann，D.（1685～1766 年）在威斯教堂（Wieskirche，1746～1754 年）也不前不后地创造出这种手法的作品。

1726 年为路易十五设计寝宫和私室，采用了洞穴式的设计。

又设计了巴黎圣絮尔皮斯教堂 [Saint Sulpise，Oppenordt，G. M.（1672～1742 年）于 1725～1740 年原设计] 的正立面———一说由 Servandoni，G.（1695～1766 年）所设计，也可能两人合作。后由 Chalgrin，J. F. T.（1739～1811 年）完成。

他常被认为是 Rococo 装饰艺术的创始人，其实 Boffrand（1667～1754 年）应稍早于他。

编绘了三套有关室内装饰、家具和金饰的图册。

312. Servandoni，Giovanni Niccolò 塞尔万多尼（1695～1766 年）

又称 Servando/Servanon，Jean Nicolas，生于佛罗伦萨，1724 年定居法国遂

改名,并被视为法国艺术家。

曾学于画家 Panini, Giovanni Paolo (1691~1765年) 和 Rossi Ginseppe。

剧院设计师兼建筑师,主要设计巴洛克式舞台布景。

1732/1733 年为巴黎圣絮尔皮斯教堂 Saint-Sulpise 设计新古典式的正立面——一说由 Meissonier, J. A. (1695~1750 年) 设计,也可能两人合作,后由 Chalgrin, J. F. T. (1739~1811 年) 完成。

313. Cuvilliés, François de (S) (老) 居维利埃 (1695~1768 年)

天生侏儒,最后当上宫廷建筑师和装饰师,完全是出于一种机遇。

少年时入选帝侯宫,以侏儒形象供人玩乐,被选帝侯之父发现他的聪颖,令他上学和当上绘图员,后来更由于他的才能,由选帝侯 Elector Max Emanuel (马克斯·埃曼维尔 1662~1726 年,后成为公爵马克西米利安二世 Duke Maxamilian II) 于 1720 年送往巴黎随 Blondel, F. II. (1683~1748 年) 学习四年。回慕尼黑后成为宫廷主要建筑师,为巴伐利亚引入洛可可风格。

1664~1674 年 Barelli, A. (1627~1699 年) 为维特尔巴赫 (Wittelbach) 家族于慕尼黑郊外建造夏季别墅宁芬堡/尼姆芬堡 (Schloss Nymphenburg),其后由 Zuccalli, E. (1642~1724 年)、Viscardi、Effner, J. 等人陆续增建。其中阿马林堡 (Amalianburg) 是为选帝侯夫人而建,她是个体育迷,该堡附有狩猎小屋 (hunting lodge),Cuvilliés 于 1734~1739 年进行这项工程。其中施皮格萨尔大厅为圆形镜厅,除两门两窗外,墙面全是镜,产生无限反射变化的效果,罗马、哥特、摩尔各式混合,此室内装潢为洛可可 (Rococo) 杰作。

1750~1753 年设计寝宫剧场 (Residenz Theater)。

慕尼黑迪亚蒂安会 (Theatine) 的圣卡耶坦教堂 (St. Cajetans Church/Theatinerkirche) 于 1663 年由 Barelli 始建,1674 年 Zuccalli, E. (1642~1724 年) 加上穹顶,而教堂立面则由 Cuvilliés 于 1765~1768 年完成。

其子 (同名) (J) 小居维利埃也是个 Rococo 风格的建筑师。

314. Dance, George (S) (老) 丹斯 (1695~1768 年)

作为 1735~1768 年的伦敦市测量师,之前,他在伦敦便设计了一些建筑项目:

圣博托尔菲斯教堂 (St. Botolphs Church) 的主教门 (Bishops Gate) 的重建 (1725~1729 年);

---

❶ Blondel, F. II. 是小 Blondel J. F 之叔父。

古尔德广场（Gould Square，1730 年同岳父 Gould，James 古尔德（？~ 1734 年）合作）；

跳蚤市场（Flea Market，1734~1737 年）。

担任公职后，他继续为伦敦的工程而创作：

圣伦纳德教堂（St. Leonard's Church，1737~1740 年）；

伦敦市长官邸（Mansion House，1737~1742 年）；

斯金纳会堂（Skinnar's Hall，1737 年）；

圣博托尔菲斯教堂的郡长门（Aldgate，1741~1744 年）；

圣马泰教堂（St. Matthew's Church，1743~1746 年）；

谷物市场（Corn Market，1747~1750 年）；

库柏二世伯爵宫廷（2rd Earl Couper's Court，1748 年）；

外科医院大堂（Surgeons Hall，1748~1751 年）；

圣路加医院（St. Luke's Hospital，1750~1751 年）；

伦敦桥之重建（1758~1766 年）——同 Taylor, R.（1714~1788 年）；

犹太会堂大公之寓所（Great Synagogue Duke's Place，1765~1766 年）；

在肯特（Kent）的圣玛丽主教堂（St. Mary's Cathedral，1754~1755 年）。

其作品反映出受 Wren, C.（1632~1723 年）及 Gibbs, J.（1682~1754 年）的影响，其成就超越同时期的 Gibbs, J.（吉布斯）、Leoni, Giocomo（莱奥尼）和 James, J.（詹姆斯）。

同名的（小）丹斯（1741~1825 年）是他的幼子，英国新古典主义早期的倡导者。

315. Salvi Niccolò Nicola 萨尔维/沙尔维（1697~1751 年）

公元前 19 年，古罗马帝国之宰相、执政官、护民官 Agrippa（约前 63~前 12 年）开水源、建井和多条输水道入罗马城。其中一条贞女水道（Aque Virgo），其终点在现市中心，贯通南北向的考尔索大道（Via del Corso）和向东的特拉通大道（Via del Tritone）之间。后来 Alberti（1404~1472 年）在此终点筑了蓄水池。

1732~1760 年 Salvi 连同其徒弟 Vanvitelli, L.（1700~1773 年）修造了 Fontana di Trevi（特莱威喷泉，Trevi 意为三岔路口），由于人们往往以背向喷泉投硬币以许愿，所以俗称"许愿池"。喷泉为教宗克莱门特十二世（Clemente XII）的意旨兴建的。Salvi 在竞选中获得委托，此大喷泉以一幢建筑物之外墙为背景，正中是大壁龛，两旁是 Corinth 式壁柱和哑窗，前面是喷泉和群雕。喷泉的主题是罗马海神涅普顿（Neptune），他驾驭海马于水上，脚踏贝壳，周围还有多个姿态各异的海神，结合了建筑和雕塑，成为意大利晚期巴洛克式的杰出作品。施工时间很长，死后由 Pannini, Cinseppe（班尼尼）于 1773 完成。笔者旅意时到现场参观，发现在这广场周围被街巷房屋所侵占，变得非常局促，而且喧嚣肮脏，大煞风景。

罗马的基吉·奥代斯卡尔基宫（Chigi-Odescalchi）是 Bernini, G. L.（1598～1680 年）的原作，他同 Vanvitelli 作了扩建。

圣若望拉特朗教堂（San Giovanni Laterano）建于 3 世纪君士坦丁时代，是罗马最古老教堂之一，曾是罗马的主教堂，有"教堂之母"之称，历两次大水侵蚀；Borromini, F.（1599～1667 年）和 Galilei, A.（1691～1737 年）都曾进行增改。Salvi 曾作正立面方案，未建。

此外他为一些教堂作些小型作品。

316. Gabriel，Ange-Jacques 加布里埃尔/卡布里埃（1698～1782 年）

18 世纪法国主要建筑师之一。

为法国王室服务的建筑师家族中出类拔萃的一员，1742 年继其父 Jacques, V.（雅克第五，1667～1742 年）任路易十五的总建筑师和建筑学院院长。

1731～1735 年设计交易广场（当时为王室广场），但交易所（Bourse du Commerse）则于 1808～1827 年才由 Brongniart（1739～1813 年）建立。

1751 年的路易十五的夏宫——（贡比涅堡，Compiegne），位于巴黎北瓦兹河（Oise）和埃纳河（Aisne）交汇处。第一帝国时期，拿破仑一世曾重修并住用，现为艺术博物馆。

1746 年的猎舍（Château Muette）和 1752 年扩建舍瓦西宫（Choisy）。

1751/1752 年设计巴黎军校（Ecole Militaire），后由 Brongniart（1739～1813 年）接手完成。

1762～1768 年在凡尔赛宫为巴里伯爵夫人建小特里阿农宫（Petit Trianon），典型新古典主义风格，在一定程度上受到新帕拉第奥主义的影响，采用纵横各三段的立面，比例合宜，典雅和谐。

在杜勒里宫（Tuileries）以东，有路易十五广场，约 170m×250m。原有约 24m 宽、4.5m 深的壕沟围绕。18 世纪中，法国各城市纷纷革新，开拓广场，其中以南锡（Nancy）的广场群最为显著和卓越 [见 Hére de Corny（埃瑞·德·高尼，1705～1763 年）章节]。为改造路易十五广场，进行过两次设计竞赛，但可惜多数方案仍保持封闭式，Gabriel 的开敞方案取得胜利。1755 年动工，1765 年完成。广场尽去周围屏障，豁然开朗，从南边的协和桥北望，通过广场直到后来建造的马德莱娜教堂（Le Madeleine）。东边是卢佛尔宫和杜勒里宫，西边就是巴黎有名的香榭丽舍大道（Avenue des Champs Elysees）。竣工之后，广场成为巴黎市的中心。大革命后广场易名为协和广场（Place de la Concorde）。

王室的枫丹白露宫，卢佛尔宫的增建，他都有参与。

另外，还设计了海洋大厦（La Marine）和克娄永大厦（Crillon）。

他反对巴洛克式，将路易十五风格过渡到新古典主义，他使18世纪的法国建筑向前推进。

317. Knobelsdorff, Georg Wenzeslaus von 克诺伯斯多夫/克诺柏士道夫（1699~1753年）

1714~1729年从军，因健康问题而退役，他在军中曾学绘画，退役后跟Wangenheim A von（旺根海姆）和Kemmeter, J. G.（肯梅特，1688~1740年）学建筑和造园。

1735年开始设计：纽鲁品·勃兰登堡（Neuruppin Brandenburg）的阿马尔花园（Amalthea Garden）内的阿波罗庙（Temple of Apollo）。

1735~1740年重建在勃兰登堡的莱因斯贝格堡（Rheimsberg）。

1740~1742年他担任剧院的董事时，建造了柏林国家歌剧院［Deutsche Staatsoper，又名菩提树歌剧院（Lindenoper）］，因它位于菩提树下街（Unter den Linden），他采用了新帕拉第奥式。后来1843年大火及二战两次破坏，至1955年才全面重建。

柏林的夏洛滕堡（Charlottenburg）是霍亨索伦王朝（Hohenzolloras）的夏宫，为王妃莎菲夏洛滕（Sophie Charlotten）而建，1695~1702年 Nering, A.（活动于17、18世纪）曾改建和增设花园。1740~1743年 Knobelsdorff 改建其东翼，其中有42m长的"金廊"（Goldene Galerie）。后来，Schinkel, F.（1781~1841年）将花园改为英式。

1744~1751年他改建了波茨坦（Potsdam）的斯塔德堡（Stadt）。

1745~1747年将原建于1693年的波茨坦无忧宫（Sanssonci/桑索希宫）扩充，该宫在柏林西南，腓特烈威廉时（1620~1688年）已是狩猎之地。腓特烈大帝（Frederick II of the Great of Prussia，1740~1786年在位）令作为大帝之友的 Knobelsdorff 扩建无忧宫。在层层台阶上的葡萄园中，虽只有十二间房，但其中的云石厅则很华丽。1751~1753年建的花园占有250公顷面积，规模可同凡尔赛宫媲美，有几种主题的花园和浴池及中国茶馆（Chinesisches Teehaus）它是个圆厅，内有金色人像，由 Gontard, Karl von（冈塔德，活动于18世纪中期）作室内装饰，虽金碧辉煌，但全无中国味，致腓特烈大帝说他"无能"。

花园中的橘园（Orangely）最大，文艺复兴式，作为宾馆之用。其余为天堂花园（Paradise Garden）、植物花园（Bothanical Garden）、鹿园（Deer Garden）。在夏洛滕荷夫花园（Charlottenhof）内有座小夏洛滕宫。较为特殊的是海神尼普顿洞室（Neptune Grotto）。洞室是作为避暑或娱乐而用的园林艺术的一种，以岩石、玻璃、贝壳砌成，以制造出幻觉。它流行于18世纪的欧洲，如凡尔赛宫的德梯斯洞室（Thètis）、英国特威克南（Twiskenham）的亚历山大波普洞室（Alexander Pope's）。

另外他还设计了勒曼宅（Lehmann House，1750年）。

柏林的圣赫德维蒂教堂（St. Hedwig's，1747年）、骑士警卫所（House of Equestrian Bodyguard，1751~1752年）、科隆那德公园（Park Colonade，1751~1753年），公园于1763年加建 Rococo 式的新宫。还有弗伦奇教堂（French Church，1752年）。

他的作品兼有新帕拉第奥主义、巴洛克风格和洛可可的室内装饰。

而 Gontard 还设计了波茨坦的马莫尔宫（Marmor Palais，1787~1789年），又将17世纪原建的柏林法兰西主教堂（Franzasischer Dom）加建巴洛克式塔楼。

318. Fuga, Ferdinando 富加（1699~1781年）

罗马奎里纳尔山丘（Quirinale）因曾建有奎里纳尔神庙而得名。1574年，教宗在丘上建立夏宫，由 Mascherino, O.（16世纪下半叶）、Fontana, D.（1543~1607年）、Maderno, C.（1556~1629年）和 Bernini, G. L.（1598~1680年）等人先后设计，于1734年完成，共历时160年，后来1870~1944年间的王宫，1946年作为总统府，后改名为故宫。Quirinale广场由三面的建筑物围合。其中执政官大厦（Palazzo della Consulta，1732~1737年）和由克莱孟特十二下令建造的政务大厦（1734年）——现宪法法院。两者也都是由 Fuga 设计的。

现为国家古代艺术馆的柯西尼大厦（Palazzo Corsini）原建于15世纪，1736~1754年 Fuga 改建正立面。

位于罗马七座山丘中最高的埃斯奎里诺山（Esguilino）上的伟大圣母教堂（Santa Maria Maggiore/圣马利亚马乔雷）是5世纪早期基督教的巴西利卡，也是唯一保存原有形式的大教堂，其后立面早于1676年由 Ponzio, F.（17世纪上、中）、Rainaldi, C.（1611~1691年）和 Fontana, C.（1634~1714年）联合设计完成。但其前立面，直到1750年才由 Fuga 以巴洛克形式的五个大门及上层的三开间敞廊最终完成。

在罗马的作品还有1742~1748年的圣阿波里那尔教堂（Sant' Apollinare）和1745年的钦契·波洛尼大厦（Palazzo Cenci Bologneeti）。

晚年，他到那不勒斯修复了塞维里尼府邸（Severini）[Valeriano（瓦勒利安诺）于 15~16 世纪间设计，及 Fanzago（1591~1678 年）改建，1688 年地震中被震毁]，由他和 Laufranco 修复。

在那不勒斯还有新耶稣教堂 Gesu Nuovo 和皇宫内的小型宫廷剧院 Teatro di Corte。

319. Pombal，Sebastiao de Carvalho 蓬巴尔（1699~1782 年）

全名 Sebastiao Josè de Carvalho e Mello Marquẽss de Pombel，亦称 Conde de Oriras，历史学家、法律专家及外交家。

1733 年婚后乡居，潜心农艺。1738 年回里斯本从政（外交），后出任王室顾问。任内发展民族工业及对外贸易，后又改革教育、办学校、开贸易公司和重建军队。1750~1757 年成为葡萄牙实际统治者。

被封为伯爵（Conde/Count），后晋升为侯爵（Marquẽss/Marquis）。

1755 年 11 月里斯本发生历史上空前大地震（8.9 级），为有记录以来最强烈地震，震动半径达 2000km，连北欧亦波及。里斯本全市基本摧毁，死亡 6 万人（占总人口 1/4）。他一方面指挥救护，另一方面策划恢复。事发第二天就制定出里斯本重建计划，使古旧的里斯本改变中世纪的风貌，成为欧洲最美丽的城市之一。

当时帮助他担任实际工作的主要有军事工程师兼建筑师的 Oliveira，Maleus Vicente de（奥利维拉，1706~1786 年），另详。

为纪念其功绩，在里斯本设立广场——蓬巴尔侯爵广场（Praça Marquẽss de Pombal）和纪念像，并成为里斯本的地标。

320. Townsend Family 汤森家族

Job 乔布（1699~1765 年）
- Job Edward 乔布·爱德华（1726~1818 年）
- Edmund 埃德蒙（1736~1811 年）
  - Job Edmund 乔布·埃德蒙（1758~1778 年）
- Thomas 托马斯（1742~1822 年）
- Robert，M 罗伯特（？~1805 年）
- James 詹姆斯（？~1827 年）

Christopher 克里斯托弗（1701~1773 年）
- John 约翰（1732~1809 年）
  - John，F 约翰（？）
- Jonethan 乔纳森（1745~1772 年）

一家三代共十一人，纵横于美国家具界，前后达百余年。

以三门柜（常将中间格凹进）和常用雕花螺钿而驰名。

类同英国的奇彭代尔（Chippendale，T.，1718～1779年）式而更雍容华贵。

在一些博物馆内保存有 Job 的柜式写字台，梳妆台和橱柜。

321. Sacchetti，Giovanni Bathisla 萨谢蒂/萨切蒂（1700～1764年）

马德里的皇宫（Palais Real）原是摩尔人的宫殿"东方宫殿"，1556年曾经改建，但1734年被火焚毁。

1736年由 Juvarra，F.（1678～1736年）以文艺复兴形式加巴洛克式设计重建，但当年他便辞世。1742年由 Sacchetti 带领他的助手 Rodriguez，V.（1717～1785年）完成。

322. Rastrelli，Bartolomeo Francesco 拉斯特列里（1700～1771年）

出生于法国的意大利人，跟随其父（1675～1744年）和法国建筑师 De Cotte，R.（1656～1736年）学习，然后到英国任安娜女王（1665～1714年）和伊丽莎白皇后的建筑师。

后到俄罗斯是受叶卡捷琳娜（Catherine Ⅱ）之请而到圣彼得堡。Catherine Ⅱ 是彼得大帝外孙彼得第三之妻，后来成为俄国第四位女皇叶卡捷琳娜大帝（1762～1796年在位）。

Catherine Ⅱ 崇尚法国文化，使用法文，喜欢法国风格的建筑。为迎合其爱好，他传入法国巴洛克风格，但仍采用一定的俄罗斯的细部和装饰，形成了俄罗斯的巴洛克形式。

他在莫斯科、圣彼得堡和基辅等地做了不少设计。

在圣彼得堡的作品较多，而更为著名：

彼得大帝宫（Petroduorests/Петродорец，又名彼得霍夫宫 Peterhf），是彼得大帝于1717年访法后延请意大利人 Trezini（活动于18世纪上半叶）和法国园艺家 Le Blond（1679～1719年）共同兴建的夏宫。彼得大帝1725年逝世后，工程暂时停顿下来。1762年叶卡捷琳娜即位后，让 Rastrelli 重新兴工，并大事扩充，宫内有按当时欧洲宫廷潮流的"凵"形大殿，其中有两间中国式休息室，侧翼有专用小礼拜堂，另有小型宫殿约20座，这是俄罗斯首座大型宫园。在一定程度上仿效凡尔赛宫，而更注重庭园喷泉的水法，由于位于郊区的芬兰湾南岸，水源充足而超越于凡尔赛宫，以后再装修，又用了50年时间。

1703年彼得大帝规划和建立圣彼得堡，至1712年基本初具规模。该市的埃尔米塔什（Hermitage/隐宫/遁庵），包括冬宫、旧埃尔米塔什、新埃尔米塔什、小埃尔米塔什和剧院五个部分，而连成一片。冬宫在右边，新、旧隐宫和剧院在左边，中间夹着小隐宫，先后经历过 Rastrelli、Vallin de la Mothe（韦林·德·拉·莫斯，1729~1800年）、Yuri Vetatan（尤里·韦德登，18世纪后半叶）和 Quarenghi, Giacomo（夸伦吉，1744~1817年）等人先后经营，时间分别为：冬宫（1754~1762年）、小隐宫（1754~1775年）、旧隐宫（1771~1781年）、新隐宫和剧院（1782年）。巴洛克风格，外观绿墙白柱，显得轻盈明快，Rastrelli 所建为冬宫和小隐宫部分。

在圣彼得堡，还有斯摩尔尼修道院（Smolny/Смольный Монастырь，1746/1747~1764/1765年），1764年改建为女校，1832~1835年再经斯塔索夫（Stasov，1769~1849年）改为古典复兴形式，十字形庭院，四面群房，中心钟塔高120m（如图）。

斯摩尔尼主教堂（1748~1755年）。

叶恺撒林宫（Екатеринский Дворец，1752~1756年）。

沃隆佐夫府（Vorontsov，1743~1757年）、阿涅奇柯夫府（Anickov，1744~1750年）和斯特罗加诺夫府（Stroganov，1752~1754年）——现俄罗斯博物馆分馆。

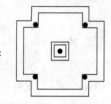

在莫斯科，有安曼荷夫宫建筑群（Anmenhof Palace Complex，1730年）和夏宫（1741~1744年，1747~1752年）。

普希金城（Pushkin）的厄卡特里米斯基宫（Ekaterimisky），内有洞室（Grotto）。普希金城原为沙皇村（Tsarskoye Selo/Tsar's Village）。

基辅（Kiev）的圣安德烈主教堂（St. Andrew，1747~1748年）是洛可可式的。

他亦擅长雕塑，曾为安妮女王塑像。

323. Vanvitelli Luigi 万维泰利（1700~1773年）

作为 Salvi, N.（1697~1751年）的徒弟，协助 Salvi 完成了罗马特莱威喷泉（Fontana di Trevi）和基吉奥代斯卡尔宫（Chigi-Odescalchi）。

他的晚期意大利巴洛克作品，遍及亚平宁半岛，如米兰（Milano）、锡耶纳（Siena）、佩萨罗（Pasaro）、马切拉托（Macerato）、佩鲁贾（Perugia）、洛雷托（Loreto）等地。其中较为重要的有：

安科纳（Ancona）的主耶稣教堂（Chiesa del Gesu，1743~1745年）和传染病院。

那不勒斯长25英里的卡洛里诺（Carolino）输水道（1752~1764年）和福音堂（Chiesa dell Annunciala/天使报喜教堂）（1756~1782年）。

受西班牙国王 Charles Ⅲ 的委托，在那不勒斯北的卡塞塔（Caserta）为西班牙波旁王朝（Bourbons）建造夏宫（Palazzo Reale，1752~1774年），逾1200间房，规模之大为意大利之冠，不下于凡尔赛宫。矩形平面内有四个小庭院。寝宫堂皇，阶梯华丽，还有礼拜堂、剧院。120公顷的花园内喷泉和供水设备齐全，被视为意大利巴洛克式的杰作。

在罗马，他还设计了圣阿高斯蒂诺（S. Agostino）修道院。教皇克来孟特十二世（Clement XII）凯旋门（原1292年建），以洛可可式装饰，圣吉米纳诺（San Gimignano）的圣阿戈斯蒂诺教堂（Sant'Agostino）。他还重建原由 Michelangelo 设计的圣马利亚安琪利教堂（S. M. degli Angeli）。

324. Vittone, Bernardo Antonio 维托内（1702~1770年）

学于罗马，回到都灵后，专心研究皮埃蒙特（Piedmont）地区两位前辈 Guarini, G.（1624~1683年）和 Juvarra, F.（1678~1736年），继承并发展两位前辈的作品，成为18世纪都灵巴洛克式的建筑师、皮埃蒙特风格（Piedmontese）的重要代表。其作品最具创造性而多产。

他所创作的教堂采用集中式平面，善用竖直构件以加强向上感，并逐层缩窄的立面，托出穹顶。其重要作品有：

发利诺托（Valinotto）的圣母访问礼拜堂（Visitation，1737/1738~1739年）。

布拉（Bra）的圣基阿拉教堂（Santa Chiara，1742年），扁平的穹顶中有孔洞可以见到更上层拱顶上被照亮的图景，但透光的窗户都隐蔽不现。

基埃利（Chieri）的圣贝纳迪诺教堂（San Bernardino，1740年）。

1737年他根据 Guarini 原作"*Architecture Civile*"（民用建筑）两卷，整理编辑出版。他自己的著作有《基本教程》（1760年）和《各科教程》（1766年）。

325. Marchionni, Carlo 马尔切安尼（1702~1786年）

18世纪40年代曾出任罗马圣伯多禄大教堂（Basilica di San Pietro）的监理建筑师，但是一直到他晚年，于1776~1783年才为该大教堂设计圣器室。

在罗马，1739年设计圣母索普拉-明娜隆教堂（S. M. Sopre-Mineron），其内部装饰则于1746年才开始。

罗马的伟大圣母大教堂（Santa Maria Maggiore）是5世纪时以早期基督教形式的巴西利卡建造的，其前、后立面则迟至17~18世纪，才先后由 Ponzio（17世纪上、中），Rainaldi, C.（1611~1691年），Fontana, C.（1634~1714年），最后由 Fuga（1699~1781年）以雄伟的巴洛克式完成。1741年 Marchionni 作进一步的修整。

罗马的其他工程为：耶路撒冷圣十字架教堂（Santa Croce in Jerusalemme，1743 年），布道总会（Palazzo di Propaganda，1745 年）和阿尔巴尼枢机主教的别墅（Villa Albani，1755～1762 年）等。

在外地，还有：

尼汤诺（Neetuno）的协同教堂（置有牧师会的大教堂/Collegiate，约 1734 年）；

安齐奥（Anzio）阿尔巴尼别墅（Villa Albani，1738 年）；

蒙特西利奥（Monteccelio）的圣乔凡尼教堂（San Giovanni）的礼拜堂装修（1742 年）；

里斯本（Lisbon）圣罗可教堂（San Rocco）的圣约翰礼拜堂内的浮雕（1747 年）；

锡耶纳（Siena）主教堂的浮雕（1748 年）；

安科纳（Ancona）的海港莫劳慈善会（Malo Clementino of Harbor，1756 年）、公投广场（Piazzo del Plebiscito，1763～1786 年）和圣多米尼科教堂（1763～1786 年）；

墨西拿（Messina）马德琳娜教堂（Chiesa della Maddalena，1765 年）。

326. Wood Family 伍德父子

父：John（S）（老）约翰（1704～1754 年）

子：John（J）（小）约翰（1728～1782 年）

1708/1709 年 Darby，A 发明以焦炭代替木炭炼铁，遂使铸铁大量生产，促进英国工业开始发展。Darby，Abraham（达比·阿伯拉罕，1678？～1717 年）为英国铁匠，1700 年建立布里斯托尔（Bristol）制铁公司，1709 年生产商品铁，其子孙均从事制铁业。

其时，近代城市渐见规模，城市建筑活动兴起，住宅和公共建筑成为主要潮流，宫殿、教堂、庄园退居其次。伍德父子于此时以临布里斯托尔湾的巴斯（Bath）作为舞台，以罗马复兴形式设计了新的城市广场和联排住宅，为新兴的工业资产阶级提供了新的商业活动和居住场所，而为建筑开辟新的项目。

老约翰不但是建筑师、城市规划师，还是大规模房地产投资家。

埃文郡（Avonshire）的 Bath，于 54 年由古罗马人发现了温泉，他们修建罗马浴池（Roman Baths），因此得名为 Bath，还留下了女水神庙等罗马遗迹。1703 年浴池修复，Bath 便成为游乐重地。瞄准这个势头，父子两代以长达 50 年的时间（1725～1775 年）做出了综合计划，使 Bath 成为最有成就的城市之一。

在圆形广场（The Circus，又称马戏场广场）上，他围绕着广场的圆周上设计了33（36?）座联排住宅（Terrace），主面仿罗马斗兽场（不过不是外弧线，而是内弧线），三层围以三条水平带以控制，每间双柱，方额窗，而不用拱券，总的以罗马共和时期的风格为准，虽然有一些帕拉第奥的风格。这建筑群于1764年由小伍德完成。

除了圆形广场外，还有1728年的南北广场（North and South Paradeo），1735年的女王广场（Queen Square）都进行此类规划。

老伍德还设计了普赖厄公园（Prior Park，1735～1748年）和皇家矿泉医院（Poyal Mineral Water Hospital，1738年）。

在外地，设计了埃文的布里斯托尔交易所（Bristol Exchange，1740～1743年）和利物浦交易所（1748～1755年父子合作），还复原了（原12世纪初的）威尔士兰道夫主教堂（Llandaff Cathedral，1735）。

Bath的皇家新月大厦（Royal Crescent）是他们的遗作。（1767～1769年）由小伍德按其设计建造，位置在一个半圆形的广场上，36座房屋。三层立面，改用晚期文艺复兴的形式——以底层作为基座，上两层用Ionic柱式。

"*Description of Exchanges at Bristol*"（布里斯托尔交易所说明）（1745年）是老伍德唯一的著作。

由老伍德开始的Bath作品，至小伍德达至顶峰，父逝后他成为Bath的主要建筑师。

完成圆形广场，利物浦交易所的收尾工程，他又设计皇家新月大厦朝向公园的统一立面，不但造成宏伟的效果，其创造的新形式还被后人所模仿。

他单独设计的还有巴斯会议厅（Assembly Rooms，1769～1771年）。

327. Rodríguez，Lorenzo 罗德里格斯（1704～1774年）

西班牙裔，1731年到墨西哥，定居于墨西哥城。

当过石工长，也当过造币厂木工。

他把西班牙的丘里格拉式（Churrigueredque）带到墨西哥，成为墨西哥丘里格拉式创始人。

1749～1769年他在墨西哥城设计萨格拉利俄大主教堂（Sagrario Metro-Politano）时，他采用了他家乡安达卢西亚（Andalusia）地区的传统风格，立面华丽而更复杂，成为丘里格拉式在拉丁美洲的重要作品。此外有：

1757年完成的圣多明哥女修道院（Convent of Santo Domingo）的礼拜堂（现已拆）；

特立尼达（Trinidad）的桑提西马教堂（Santísima，约1755年）。

所创之新风格影响到墨西哥中部而至美国德州地区。

328. Hére de Corny, Emmanuel 埃瑞·德·高尼（1705～1763年）

作为洛林公爵（Duke of Lorraine）斯坦尼斯拉夫（Stanislaw）宫廷建筑师（Court Architect），他在南锡（Nancy）的城市建设和建筑都留下了功绩。

Stanislaw, Leszeyǹski（1677～1766年）是流亡于法国的波兰国王，后成为路易十五的岳丈。他将南锡新、旧城以宫殿连接一起，又建医院、学校、图书馆、剧院、公园，还结交伏尔泰和孟德斯鸠，并以文明哲学家自居。

Hére de Corny 的设计有：

1738～1741年圣母院的圣所（Notre-Dame-de-Bon-Secours）。

1741～1743年耶稣会（Jesuits）皇家布道团大厦（The Hostel of Royal Missions）。

1750～1755年同 Boffrand, G. G.（1667～1754年）合作规划南锡中心广场群，他负责规划，而 Boffrand 担任巴洛克式装饰。这项巴洛克时期城市建设的范例，有两个特点：一是打破一向封闭式广场的惯例；二是他们巧妙地将三个广场串联起来，由北至南依次为王室广场、跑马广场和路易十五广场。王室广场（Place Royage，曾称 Alliance，联合广场结盟广场，后称政府广场）北端的长官府居高临下，两侧半圆形的券廊围成一个长圆形。中间的跑马广场（Place de la Carriere/卡利尔广场），长矩形，两旁一色的连排房屋，中间是中世纪的竞技场地。最南端横向矩形的路易十五广场和跑马广场之间隔着一条宽40～65m的河道，还有30m宽的堤坝，坝旁有一座凯旋门和两座呈方形的建筑物（凯旋门、美术馆和歌剧院都是在 Stanislaw 时所建），加上市政厅等建筑物，使路易十五广场成为一个大四合院，中心竖立路易十五像。1789年大革命时立像倒下，换上 Stanislaw 立像，广场也就改名为斯坦尼斯拉夫广场。三个广场以强劲的纵轴线联系，虽然长度达450m，由于不同的形状，不同的格局，既开又闭，既分又合，使人不觉其冗长。

巴洛克式的规划，中世纪及文艺复兴式的建筑物，Boffrand 采用其装饰手段，以树木、雕像、喷泉、铁栅，尤其是路易十五广场北边两角的铁栅门，以18世纪优异工艺和他的洛可可（Rococo）装饰手法，使三个广场各具特色，既独立又统一。广场群的景色显得丰富：王室广场的券廊，跑马广场两侧的四排树木，凯旋门的券洞，路易十五中心的雕像、喷泉，而透过券廊和一些开敞的街角，更取得广场外的借景，使广场群的景色十分丰富。

南锡广场群成为18世纪城市规划范例，巴洛克时代城市建筑的主要实例之一。

329. Blondel, Jaqcues François（J）（小）布隆代尔/勃隆台（1705~1774年）

出身建筑师世家，其叔François Ⅱ（1683~1748年）颇有名。

早年的设计有意大利佛罗伦萨附近的柑橘园（Orangery，18世纪30年代）。

回到法国，在贝桑松（Besançon）的马里伐为自己做小住宅（His Town House/Petit dê Marivat，1743~1764年）。

梅斯市（Metz）的中心区（1764年）和市政厅（Hôtel de Ville，1765年）。

布列塔尼附近的一所别墅的庭园（The Terraces of a Chôteau near Brittany）。

初期他的设计是采用Rococo式的。后期转向新古典主义，他对古典主义一向只力求布局规整，着重对称和比例，一味端庄宏伟。后来作出反思，把功能问题提出。于是他产生个折中的看法，就是：公共建筑要注重形式多些，私人建筑要注重功能多些；在建筑物的外表要注重形式多些，在建筑物内部要注重功能多些——这是一种妥协的想法。

1737~1738年写下《关于乡村住宅及建筑装饰概论》（De la Distribution des Maissons de Plaisance et de la Décoration des Edifice en Cénéral）两卷。

后来他在自创的巴黎建筑艺术学院和皇家建筑学院任教。

他是古典主义第二代理论家，提倡个性，主张不拘泥于规则。

英国的Chambers，W.（1726~1796年）、法国的Mique，R.（1728~1794年）和Gondouin，J.（1737~1818年），还有Weinlig，Christian（魏因里格）、荷兰的Pieter de Swart都是他的学生。

330. Oliveira，Maleus Vicente de 奥利维拉（1706~1786年）

Ludovici，J. F.（1670~1752年）的学生。

军事工程师兼建筑师。

1747年在里斯本设计克卢什堡垒（Château Queluz），工程于1792年才完成。

1755年11月里斯本遭受8.9级大地震，Pombal（蓬巴尔）侯爵负责全市重建，1758年他加入重建，担任具体工作。

1779年埃什特雷拉教堂（Estrèla），他采用"凵"形平面，内部饰以高雅的Rococo式。

他以马夫拉（Mafra）的葡萄牙罕敏伊传统（Joamine）加入了意大利巴洛克风格。

马夫拉是他的家乡。

331. Perronet, Jean Rodolphe 佩罗内（1708~1794 年）

军人之子，土木工程师，以建造石拱桥而闻名。1747 年更就任法国新成立的、世界第一所桥梁和公路学院院长。

他所设计的石桥，把桥拱大程度取缓，既可减少流水冲击，又可扩大航运，在外观上也更臻优美。

由于 1763 年设计芒特（Mante）桥时，发现椭圆拱的水平推力由两端桥台承受，从而可使桥拱做得更平，在技术上取得大进展❶。

1772 年设计的巴黎塞纳河上的路易十五桥（Ponte Louis XV），因大胆改革，被思想保守的官员拖延，至 1787 年才开工。大革命时施工未中断，当时改称为"大革命桥"，更把巴士底狱的砖石运来建桥，至 1795 年由 Chézy（谢济，1718~1798 年）代为完工。现称协和桥（Ponte de la Concorde），桥正对协和广场。

另一座纳伊桥（Ponte de Neuilly）被誉为最美的桥之一。

332. Laugier, Marc–Antoire 陆吉埃/朗吉埃/劳基尔（1713~1769 年）

神父、长老、艺术评论家，如同 Lodoli, C.（1690~1761 年）一样，作为神职人员而研究建筑艺术，并创出理论。

他是卢梭主义者。作为启蒙运动哲学家之一的卢梭，在 1750 年的《论科学与艺术》中，批判文化的负面作用，讴歌简单的原始生活，主张返回自然。Laugier 也认为建筑物应简洁自然，要服从功能，要符合结构逻辑。严格的需要，简单而自然，才能产生美。他说"绝不应该把任何无确实理由的东西放在建筑物上"。他主张把墙体简化，不附加壁柱、倚柱、基座。那些断折檐部、并不表现屋面的假山花、拱券上的平顶、纽纹柱、壁龛，全都是主观造作出来的，尤其把室外的部件生硬用于室内更是愚蠢。要简洁、更高贵的简洁，他把理性主义引向极端。

另一方面，Laugier 也认为建筑物要有个性、有气氛，要透人心灵，能激动人的情绪，他鼓励具创造性的建筑。

他认为古典建筑中有普遍的美，希腊人给建筑以高贵和不朽。但"希腊的柱式是那些和我们有不同需要的国家所创造的"，不能将那些古典柱式奉为圭臬。要改进柱式，号召创造。对于罗马建筑，他认为"罗马人只对建筑做了些平庸的事"。对哥特式教堂，他则热烈地赞助，因为哥特式"勇敢和独特"，有性格和激动人心。

---

❶ 我国早在隋代已认识并掌握扁弧形桥拱的筑桥技术，如 6~7 世纪间李春所设计和建造的安济桥。

他写了《建筑艺术评论》(1753年) 及其他多篇论著。

333. Soufflot，Jacques-Germain 苏夫洛（1713~1780年）

侨居罗马，自我学习建筑，1738年回里昂任市建筑师。

1741年为迪厄大厦（Hôtel-Dieu）进行扩建。受到进步人士的欣赏。

1751~1752年设计里昂市交易所（Loge des Changes）。

1754年在巴黎，他为新古典主义创下了杰作——万神庙（Panthéon）。万神庙位于圣吉纳维耶夫（St. Geneviève，又译圣热内维埃夫或什内维埃芙）山。St. Geneviève（约422~500年）是巴黎市的主保圣人，即守护神、圣女，因为她预言匈奴人于451年入侵巴黎，请巴黎人固守。果然，将匈奴王阿提拉（Attila the Hun）击败于奥尔良，因此建庙，作为献给此守护神，由庞巴杜夫人（Pompadour, M. d.，1721~1764年）之弟马里尼侯爵委托他设计。

他的设计思想受到 Mansart, J. H.（1646~1708年）及 Perrault, C.（1613~1688年）之简洁开朗的风格和哥特式教堂的影响，反对复杂装饰。他将教堂设计成干干净净的希腊十字式平面，深度和宽度都是84m，加上前后的柱廊，总深度为110m，内每翼内部都统一为五廊，墙、柱结构都很精简而减至最小限度。立面为希腊神庙的柱廊和三角山花，没有基座层。鼓座上高高的环柱廊托着高耸的穹顶，那是模仿伦敦圣保罗大教堂的，穹顶构造分三层，透过内层中间的圆孔可窥中层的天顶画。石构的外层是真正的构造。连采光亭总高83m。

他把希腊式的庄严、罗马式的雄浑和哥特式的轻快巧妙地糅合在一起（他认为哥特式能"使人心潮澎湃"）。他第一个成功地实践了 Laugier 的理论，体现了启蒙运动的精神。

在施工过程中，曾出现挫折，1755年由于地基土质松软，需作补救，花了九年时间，到1764年才完成填坑工程，但是又由于支承中央穹顶的柱子太小（他原想把结构尽量减轻却计算失误）不能负荷，加上选材和施工都存在着一定的问题，而产生裂缝，于是将柱子改为"L"形的墩子，又过了15年，再于石块间加上铁钩，才彻底解决问题，次年他便逝世了。余下的工程由其门生 Roudelet, Guillaume（雷德隆/隆德莱，1734~1829年）等人于1790年完成。1791年，教堂改为国家重要人物的公墓，名称也就改称为"伟人祠"或"先贤祠"，为大革命期间出色之建筑物。

1779~1781年 Soufflot 为卢佛宫修建时，已使用楼梯铁扶手。

他是新古典主义倡导人之一。

Roudelet 也是 Blondel, J. F.（1705~1774年）的学生，他于1793年在巴黎创办公共工程学院（后改组为工业大学）。

334. Eigtved，Nicolai 埃格维德（活动于 18 世纪中叶）

建筑设计兼施工。

腓特烈五世（Friedrich V，1746～1766 年在位）时，在哥本哈根港口旁之阿马林堡（Amalienborg）建阿马林堡宫殿建筑群（Amalienborg Slot），他原设计为：中心呈八边形大庭院，周围为八座呈放射形的建筑物，各以道路分隔。但后来改为四座相连的宅邸，Rococo 式，且成为范例。

还有附近的一些建筑。

335. Stuart，James "Athenian"（雅典的）斯图亚特（1713～1788 年）

18 世纪 50 年代访问雅典，回国之后成为英国希腊复兴风格的倡导者，也因此被冠以"雅典的"（Athenian）的冠号。

1758 年，他在伍斯特郡伯明翰的哈格利大厦花园内设计了一座神庙[Greek Doric Garden Temple, Hagley Park, Worchestershire，同 Adam, R. (1728～1792) 合作]，这是英国希腊复兴多立克柱式的第一个实例。

Adam 初期的创作仍脱离不开传统的影响，后期才逐步走上创新的道路。

1762 年他同 Revett, N.（列维特，1720～1804 年）合作写了《雅典古迹文物》（Antiquities of Athen）。

336. Shenstone，William 申斯通（1714～1763 年）

英国多方才能的田园诗人、收藏家、鉴赏家、民歌复活者，更是业余的园艺家。

1745 年在利索斯（Leasowes）的自建庄园，顺应当时"观赏农场"（Ornamental Farm）的风尚，精心策划，在园中布置了洞室（Crotto）、废圩，甚至坟墓等，借此"美化"此庄园——这是"虚伪建筑"（folly）❶ 的开端。

"风景园艺"（Landscape Gardening）一词是他首创的，因此他也是第一个被赋予"风景园艺家"（Landscape Gardener）的人。

他的遗作 "*Unconnected Thoughts on Gardening*"（园艺杂谈/造园偶感）。其中，他将庭园分为壮丽、优美、闲静（或阴郁）三大类。

337. Taylor，Robert 泰勒（1714～1788 年）

雕刻师之子，自幼即随父学习，曾赴罗马继续学业。回英国后，1754 年以

---

❶ folly（虚伪建筑），是指在庭园中出现坍塌的古庙或村舍等废墟，荒野中的流水岩、假凉亭等，它出现于 18 世纪末至 19 世纪初的短暂时间，并在 1825 年再一度出现。它受当时流行的"画意风格"所影响，仿浪漫主义学院派绘画，所经营造价昂贵而无实用价值，只为供有钱人所观赏。

工匠身份开始建筑设计，其风格属新帕拉第奥主义 Burlington, R. B.（1694～1753 年）一派。

早期作品有：

埃塞克斯（Essex）和德文（Devon）的萨里（Surrey）的一些住宅(1754～1776 年)；

斯塔福特郡（Staffordshire）的巴拉斯顿会堂（Barlaston Hall, 1756～1757 年）；

萨里的阿斯吉尔宅（Asgill House）（1760～1765 年）和渥特绍公园（Ottershaw Park, 1761 年）；

肯特（Kent）的丹逊会堂（Danson Hall, 1762～1767 年）；

英格兰银行（Bank of England, 1766～1788 年）；

伯克郡（Berkshire）的曼顿海德桥（Manden Head Bridge, 1772～1777 年）；

林肯法学院（Lincoln's Inn, 1774 年）；

息斯克拉克及因洛尔曼特办公楼（Sixclerk's and Enrollment Offices, 1775～1777 年）。

1777 年起任木匠大师（Master Carpenter），1780 年起任石匠大师（Master Mason）。其后设计了：

萨里的朗·迪托教堂（Long Ditton Church）；

赫特福德郡（Hertfordshire）的戈尔汉姆堡（Gorhamburg, 1777～1790 年）；

萨福克（Suffork）的赫文宁汉姆会堂（Heveningham Hall, 1778～1780 年）；

威尔特郡（Wiltshire）的塞尔斯堡（Sailsburg）行会会馆（Guild Hall, 1788～1795 年）。

338. Brown, Lancelet 布朗（1715～1783 年）

1742 年开始随 Kent, W.（1685～1748 年）学园艺，1748 年 Kent 逝后独立工作，后来并成为建筑师。

同 Kent 一样，他也受当时风景画家的风景画所熏陶。他的设计主要是善于利用地势，利用既有建筑形体，以布置草坪，配置树木和水面。他不用琢凿过的石料，摒斥花卉，更不用几何图形的布局——这是同当时专制统治的思想相悖的。

他又予小见大，以少量的水流营造出江河的幻觉，类似日本的"箱庭"。

他又采用"隐垣"（Sink fence）［据说为 Bridgemen（？～1738 年）所首

创〕等手法。

最早，他为格拉夫顿（Grafton）公爵家族设计了一个湖。

1751年为自己设计了克鲁姆（Croome）的花园。

约1751～1757年设计在西苏塞克斯（West Sussex）的佩特沃思（Petworth）公园。

范布勒（Vanbrugh, 1664～1726年）于1705年在牛津郡伍德斯托克（Woodstock）的巨型府邸 Blenheim（布兰希姆/勃仑罕姆），原由 Wise, H.（怀斯）按法国风格所作的庭园和一个湖。1766年 Brown 改建为自然式的田园。

威尔特郡（Whitshire）的斯涛赫德（Stourhead）花园。

1767年又将他自己在阿什伯汉姆（Ashbarnham）的花园改造。

他自喻其作品是一篇散文，但有人喻之为诗、画、乐。

他既创新，也善于改进，就连他师傅 Kent 的作品也不放过，例如白金汉郡斯托府邸（Stowe House）和克莱尔芒（Clarmont）花园都由他进一步改进。他被称之为改良者，有"Brown the Improver"（改良者布朗）之称。

他的自然式园林设计，得到高度的称誉，如："大地改良者"（Improver of Grounds）、"无所不能的布朗"（Capability Brown）、才子、"园林之王"。

他的女婿 Holland, H.（1745～1806年）曾任其助手，后转为合作。

他的徒弟 Repton, H.（1752～1818年）在庭园设计上也都各有成就。

339. Oeben，Jean-François 欧本（约1715～1763年）

生于德国，在巴黎任家具木匠。1751年加入 Boulle 所创在卢佛尔宫的作坊工作。Boulle（布尔，1642～1732年）于1672年继 Máce, J.（马瑟）任凡尔赛宫王室工匠，后在卢佛尔宫开创作坊。他以巧妙的机械工艺，制作出色的镶嵌木器，使他于1754年成为王室工匠。

路易十六时期（1754～1793年）的建筑风格正由巴洛克式的最后阶段完全转向新古典主义。Oeben 于1760年所制作的"国王办公桌"是有名杰作，1763年他逝后由里兹内尔（Riesener, J. H., 1734～1806年）完成。

340. Harrison，Peter 哈里森（1716～1775年）

18世纪初，英国占领北美洲东海岸一带，成为殖民地"新英格兰"（New England），北大西洋东西两岸海上交通频繁。英国船长 Harrison 于1740年航行到罗得岛（Rhode Island）决心留在新大陆，定居于纽波特（Newport），从事农业和朗姆酒（rum，甘蔗酒）贸易。

他忽然对建筑发生兴趣，通过历史上名师所著书籍和图样进行研究，引用先例，进行建筑设计并取得成功和声誉，尤其借鉴于 Palladio 而尽得精髓，处理得很纯正。

初期开始设计多个种植园、住宅、礼拜堂、教堂而至洲议会大厦，如百慕大的州议会大厦（Statehouse）——百慕大（Bermuda）当时是英殖民地。

他成为美国 1776 年开国前的首位建筑师，主要设计有：

1748~1749 年纽波特的雷德伍德图书馆（Redwood）；

1759~1763 年图罗（Touro）的犹太教堂（Synagogue）；

1760 年图罗的砖瓦市场（Brick Market）；

1761 年他移居纽海文（New Haven），当年设计了麻省 Cambridge（坎布里奇）的基督教堂（Christ Church），1768 年更担任了征税官。

由他开始，美国开始有建筑设计业务。

341. Tresaguet，Pierre-Marie-Jérôme 特雷萨盖（1716~1796 年）

出身于工程师家庭，在法国桥梁和公路工程部（Corps des Ponts et Chatussées）工作多年。任利摩日（Limogeo）总工程师（Chief Engineer），1775 年起任工程监察（Inspector General）。

他在路面工程上提出一项重要改良的做法：先将扁平形石块竖放，用重锤强力打入土内，然后再在上面铺设弧形路基及路面，这种做法既利于排水良好，更可以使路面强度增大。

办法首先在图卢兹（Toulouse）通往西班牙边境的公路上推行并取得成功。后来再由苏格兰土木工程师 Telford，T.（1757~1834 年）使用，从而推广到中欧各国而至北欧瑞典。

342. Pacassi，Nikolaus 帕卡西（活动于 18 世纪中叶）

1695~1696 年，Fischer von Erlach（1656~1723 年）设计了维也纳法国巴洛克式的兴勃隆宫（Schloss Schönbrum，1737~1744 年）他儿子 Josef Emanuel（1695~1753 年）作过改进。其间，女王 Maria-Theresa 于 1743 年令 Pacassi 将外墙刷成黄色（即命为"Maria-Theresa Yellow"），又将窗框刷成绿色，色调调合，配合环境——外貌保持至今。

1756~1774 年女王又令他将布拉格城堡（当时属奥地利）改为新王宫，布拉格城堡由普热美斯家族（Premyse，800~1306 年）于 9 世纪末始建，1125~1140 年曾改为罗马风（Romenesque，又译罗曼式、仿罗马式、伪罗马式或似罗马式），城堡集多种多样形式。

1760 年设计神圣十字架礼拜堂（Holy Cross Chapel）。

343. Adalcrantz, Carl Fredrick 阿德尔克兰特茨（1716~1796 年）

建筑师家庭，随父 Göran Josua（1668~1739 年）学艺，自己又钻研有关 Palladio、Scamozzi、Serlio 和 Vignola 的创作，1739~1744 年又游学于意大利和法国，亲自观摩各地建筑。又曾向 Chambers, W.（1726~1796 年）请教中国艺术作品的主题/特色（Motif）。

1741 年担任斯德哥尔摩·霍芬添顿（Stockholm Hofintendent）宫廷的监理。

1753 年改建乌尔里卡斯达尔剧院（Ulriksdal）——乌尔里卡女王（Eleonora Ulrika, 1718~1720 年在位），她为瑞典开创了自由时代 50 年。

1763 年他在斯德哥尔摩附近 Lovon 岛（王后岛）设计德罗特宁哥尔摩（Drottingholm）王宫。1769 年又添建"中国阁"（Kina Slott）以取代 1753 年原建的木亭。该阁实际是法国洛可可形式，只加入一些中国色彩（旗人雕塑）。王宫被视为"北方凡尔赛宫"，现列入世界文化遗产之一。

1766 年设计的宫廷剧院——"德罗特宁哥尔摩剧院"，后改为戏剧博物馆，保存良好。其舞台机械尚能使用，由比比安那和德斯普里茨设计的巴洛克式舞台布景于 1921 年清理和修复。现每年夏季都演出，同样，已列入世界文化遗产之一。

阿道夫·弗里德里希教堂（Adolf-Friedrich-Kirche, 1768~1774 年）——1776~1783 年加穹顶。王家歌剧院（Royal Opera House, 1777~1782 年）也都是他在斯德哥尔摩的作品。

他还重建了腓特烈克索夫宫（Fredrikshof Palace）、克拉拉教堂（Klara Kirche）和总理公署（Chancellery）。

344. Winckemann, Johann Joachin 温克尔曼（1717~1768 年）

18 世纪中，法国等国家的先进知识分子批判封建制度，为资产阶级的革命化造势，兴起了启蒙运动。在建筑方面，他们有限度地批判古代建筑，但其中较多的人倾向于崇尚古希腊建筑。

Winckemann 出身于德国鞋匠家庭，成为美术史家，新古典主义美学思想家。当过图书馆馆长，他写了：

"*Reflections on the Painting and Sculpture of Greeks*"（希腊绘画和雕塑沉思录）。

"*Gedanken Über die Nachahmung der Giechschen Werke in der Malerei und Bildhauerkundt*"（论募仿希腊绘画和雕刻）。

他把古希腊艺术总括为"典以朴，澹而雄"（Noble Simplicity and Quiet

Grandeur）。这种"高贵、纯朴、恬静、宏伟"的艺术卓越成就的主要根由是出于"自由"，是民主制度的优越性。他认为政治制度越民主，艺术水平就会越高。他颂扬古希腊的"公民美德"或"共和制度的美德"的实质是借古希腊建筑鼓吹民主，以抨击封建专制。他把美学思想直接同政治斗争挂钩。

他甚至引申到做人处世上，他说："欲成伟人巨子，唯有师法希腊。"（The only way for us to become great, even inimitable if possible, is to imitate the Greeks。）

他以科学的方法观察古代艺术的收藏，提出现代考古学的基础理论。

345. Rodriguez, Ventura 罗德里格斯（1717～1785年）

1742年跟随Sacchetti, G.（1700～1764年）继续完成原由Juvarra, F.（1678～1736年）于1736年改建的马德里王宫（Palacio Real）。该王宫原为摩尔人的堡垒，1556年改建为王宫"东方宫殿"。但1734年遭受祝融之灾，1736年由Juverra设计改建，但他当年即逝世，故改为由他们两人完成，王宫改为文艺复兴式加巴洛克风格，内有镜廊。

其后，他在马德里作了以下工程：

圣马科斯大教堂（Iglesia de San Marcos，1749～1753年）；

圣诺伯尔特教堂（San Norberts）的立面（1754年）；

市屠场和治疗所（Municipal Slaughter and Curing House，1762年）；

改建圣伊西多教堂（San Isidro，原1622～1633年建）的平面为拉丁十字并加建双塔（1767年）；

阿波罗喷泉（Fountain of Apollo，1777年，同Alvarez, M.）；

（希腊女神）希维拉斯广场（Plaza de lan Civeles）及喷泉；

在昆卡（Cuenca）设计圣朱利安（San Julian）教堂的祭坛及礼拜堂（1752年）；

在布尔戈斯（Burgos）设计西洛斯的圣多明戈修道院主教堂（Cathedral of Monastery of Santo Domingo de Silos，1750年）；

在巴利亚多利德（Valladolid）设计阿库斯内斯—菲利皮诺斯女修院（Convent of Aqustines-Filipinos，1759年）和王宫的重建（Royal Palace，1762～1763年）；

在本南达莱的贝拉茨（Vélaz de Benandalle）的教区教堂（Parish Church，1776年）；

在巴塞罗那（Barcelona）的外科医学院（College of Surgery，1761～1764年）。

此外，在以下各地的主教堂：哈恩（Jaén，1761~1764 年）阿尔梅里亚（Almeria）的唱诗席（1770 年）、萨莫拉（Zamora）的主祭坛（1770 年）和潘普洛纳（Pamplona）的立面（1783 年）。

还有各地的一些宫殿：利里亚（Liria，1773 年）、塔亚的阿尔比亚（Alvia del Taha，1777 年）、拉尔拉维苏亚（Larrabezúa，1777~1784 年）、卡哈尔（Cajar，1780 年）和塔莱拉（Talera，1783 年）。

他的风格反映出从巴洛克到 18 世纪晚期的新古典主义。

346. Walpole，Horace（4th Earl of Oxford）沃波尔/华尔浦尔/渥尔帕尔（第四牛津伯爵）（1717~1797 年）

原名 Horatio。首相 Walpole，Robert 之子、牛津伯爵 Earl of Oxford，醉心于哥特艺术，由哥特小说进而开创哥特复兴建筑风格。

1741 年由欧洲大陆回到英国后进入国会。独身终生，全神贯注于交游，成为作家、鉴赏家、收藏家。

1747 年，他在伦敦附近泰晤士河畔的特威克纳姆（Twickenham）弄到一座小别墅，将之改建为草莓山（Strawberry Hill）庄园府邸，作为他的游览住处和收藏他所喜爱的古玩、藏书、名画之地。（他不是建筑师，具体安排另由他人代笔）。他特别让人加建了回廊，角楼和雉堞（1753~1776 年），这是一种仿哥特式（Pseudo-Gothic）做法，是日趋没落的封建贵族缅怀中世纪畴昔庄园生活情趣所抒发哀歌的先浪漫主义风格，它以民族特色、地方色彩、强调个性，以对抗刻板的古典主义。

他并非因为个人认识到和考虑到哥特式的构造和功能，完全是基于一种对浪漫的追求，对别致的喜爱而作出的呻吟，但却引出段段怨歌。

他的写作以用中世纪的故事为题材的小说而闻名，其中《奥特朗托城堡》(The Castle of Otranto)❶（1765 年）就是一本以宣扬怪诞的哥特建筑的著作。

347. Chippendale，Thomas 奇彭代尔/切宾代尔（1718~1779 年）

18 世纪中期开始制作洛可可（Rococo）式家具，至 70 年代在英国成为流行的式样，Chippendale 式家具成为英国 Rococo 式家具的同义词。

因受 Adam，R.（1728~1792 年）的影响，其家具亦采用独特的新古典形式。

著"Gentleman and Cabinet-Maker's Director"（家具指南）（1754 年）。书中

---

❶ Otranto 城堡位于意大利萨伦蒂纳（Salentina）半岛，建于阿拉贡的阿方索二世（1152~1196 年）时。

他将家具分为哥特式、洛可可式和中国式三大类。

其子 ThomasⅡ（约 1749～1822 年）继承父业，除家具外还经营帷幔、壁纸等项目。

在 GeorgeⅠ至 GeorgeⅢ的三代时期（1714～1820 年）英国家具界前后有他、Hepplewhite（？～1786 年）、Adam，R 和 Sheraton（1751～1806 年）等人，统称为 Georgian Period（乔治时期）。

348. Hepplewhite，George 海普怀特/赫普尔怀特（？～1786 年）

继 Chippendale，在英国家具界的另一大师。

其设计和制作的家具以纤细轻巧为特征。

对开创新古典主义艺术风格起一定的作用。

1788 年出版的所著"The Cabinet-Maker and Upholsterer's Guide"（家具制造和室内装潢指南），内容简洁而优美，并附有近三千幅图样，更臻实用，获得崇高声誉。

349. Cházy，Antoine de 谢济（1718～1798 年）

法国 18 世纪桥梁和水利专家，法国桥梁和公路学院〔1747 年由 Perronet，J. R.（1708～1794 年）创立〕所造就的优秀工程师之一。

作为 Perronet 的助手，替他完成其未完成的巴黎协和大桥（Pont de la Concorde）工程，于 1795 年竣工。

他在水利工程方面尤为出色，连接塞纳河（Seine）和罗纳河（Rhône）的勃艮第运河（Canel de Burgogue）是贯通北流入大西洋的塞纳河和南流入地中海的罗纳河之间的重要水道，工程非常艰巨，他亲身实地勘测和进行研究。

1798 年以 80 岁高龄出任桥梁和公路学院院长，当年他便逝世了。

他制定了计算水流的基本公式。

350. Piranesi，Giambattista/Giovauni Battista 皮拉内西/辟兰乃西（1720～1778 年）

法国之外，意大利画家 Piranesi 也卷入启蒙运动关于建筑形式的议论中。他所绘作的古希腊和古罗马遗迹，充满一种由幻想而迸发出来的激情。但他有异于其他人，对古希腊建筑是有微言的，因为他认为柱子不应有柱头和柱础，也不应该有凹槽，他赞成直线，不喜欢曲线，更反对断折的檐口、螺旋式或绞绳式的柱子和一切弯弯曲曲的线脚——这方面他同 Laugier（1713～1769 年）的想法很相似。

他说："一切装饰都是建筑物中不当的累赘。"

"美在于自然"是他的准则。

他是素描画、铜版画、建筑画的画家，也是艺术理论而至建筑理论家和著作者。他所绘作关于罗马古典时期和古典主义时期在罗马附近建筑物的铜版画，引起人们对古建筑的兴趣，从而掀起研究、考察、发掘等活动。如1748年艾克毕尔开始对庞贝遗址的挖掘等，这些热潮对新古典主义艺术和建筑的发展有一定重要的贡献。

他直接从事于建筑的有1764~1766年对罗马圣马利亚阿文提纳教堂（S. M. Aventina）的重建和增建。

他所写的十五本著作中，有：

"Carceri d'Invenzioni" / "Prison"（监狱）（约1745年）；

"Antichità Romance"（古罗马人）（1756年）多卷；

"Vedute di Roma"（罗马景色）（1748~1778年）为蚀刻组画；

"The View of the Greek Temples at Paestum"❶（对帕埃斯图姆古希腊神庙的印象）（1777~1778年）内版画18幅。

351. Pompadour, Madame de 庞巴杜尔（夫人）/蓬巴杜尔（夫人）（1721~1764年）

原名让娜·安托瓦内特·普瓦松，Jeanna Antoinette Poisson

1744年起成为路易十五的情妇，封为侯爵夫人（Marquise）。其兄/弟被任命为王室建筑总管、封马里尼侯爵。

两人共同规划和监建巴黎军校、贡比涅宫（Compiègne）的大部分、枫丹白露宫的新配楼、小特里亚农宫、伯莱维城堡（Bellevue）、协和广场和一些夏宫、亭台楼阁。

为了更好地了解古罗马建筑，她曾派出小组到庞贝遗址去考察学习。

盛行于18世纪的法国Rococo风格，亦被称为"蓬巴杜尔夫人风格"。

利用其地位和关系，她保护过一些画家、雕塑家，百科全书派（Encyclopédie）的大多数作家，而至细木工及其他工匠，据伏尔泰（Voltaire）称：她"灵魂正直，心地公平"。

作为法国总统府的爱丽舍宫（Palais de l'Élysée），原为戴佛尔伯爵于1718年所建大厦，戴佛尔伯爵死后，一度成为Pompadour的寓所，又几经易手，后拿破仑入住并修葺，1815年更在宫内作第二次退位签字，拿破仑三世于1873年

---

❶ Paestum 或译佩斯吐姆，或称 Posidonia（波西多尼亚），在那不勒斯南，临第勒尼安海（Tyrrhenian Sea）。

颁令正式成为总统府。但由于多次易主，因主人的兴趣而呈多种风格。现地下室改成有高度防备的军事指挥中心。

名画家布歇（Boucher François，1703～1770年），洛可可风格画师于1758年为她作了画像，表现出她的优雅、柔和、娇媚、享乐的形象。

352. Carr，John 卡尔（1723～1807年）

设计的类型多样，除了一般建筑外，还包括一些公园和桥梁，其活动主要在约克郡（Yorkshire）：

赫斯维特会堂（Huthwaite Hall，1748年）；

英格里拜—阿恩祈里福（Ingleby-Arncliffe）的阿恩祈里福会堂（1750～1754年）；

竞赛看台（Racestand，1754～1757年）；

黑尔伍德宅（Harewood House，1759～1771年）——其大厅（State Room）另由Adam，R.（1728～1792年）设计；

柯克洛亚坦教堂（Church Kirkloathan，1760～1763年）；

伯顿警官会堂（Constable Burton Hall，1762～1768年）；

登顿公园（Denton Park，1770～1781年）；

格雷泰桥（Greta Bridge，1773年）；

费里桥（Ferry Bridge/渡口桥）；

莫顿—伯顿桥（Morton-Birton Bridge，1800～1803年）。

在英国其他地方的有：

柴郡（Cheshire）的泰布利会堂（Tabley Hall，1760～1767年）；

林肯（Lincoln）的郡医院（County Hospital，1776～1777年）；

达勒姆（Durham）的拉比堡垒（Raby Castle，1781～1785年）；

诺丁汉（Nottingham）的奥辛顿教堂（Church Ossington，1782～1784年）；

奥特利（Otlay）的法因利会堂（Farnlay Hall，1786～1790年）；

贺堡教堂（Horburg，1791～1793年）；

爱尔兰希累拉（Shillelagh）的库拉丁公园（Coolattin Park，1799～1807年）。

另有葡萄牙波尔图（Oporto）的圣安东尼奥医院（Hospital of San Antonio，1770～1799年）。

353. Goddard Family 戈达德家族（1723/1724年至19世纪）

前后四代，经历百年，美国的Goddard家族，前后出现20位名匠，他们以设计英国的安娜女王式（Queen Anne，1702～1714年在位）及奇彭代尔（Chippendale）式家具著称，后来更创造出他们自己的风格：纽波特（Newport）派家具。

他们设计的家具以简洁、凝重、实而不华但制作细致认真而著称，其中突出者：

第一代的 Goddard，John（1723/1724～1785 年）独创出一种橱，其正面垂直地分为几个面，呈波浪形而两边凸出，中间凹进，加以独特的贝形雕饰。

第二代的 Goddard，Stephen（? ～1804 年）和 Thomas（1765～1858 年）随着时代的进展，适应潮流，转向制作英国的赫普尔怀特（Hepplewhite）式和谢拉顿（Sharaton）式。

354. Chambers，William 钱伯斯（1726～1796 年）

18 世纪，英国工业迅速发展，城市资产阶级日趋壮大，封建贵族相应衰落，形势已不以他们的意志所能挽回，唯有寄托情怀于中世纪的文化和生活中。在建筑方面，建造中世纪式的庄寨，贴上或多或少的哥特式的建筑标签，如 Walpole，H.（1717～1797 年）的草莓山庄（Strawberry Hill）；另一方面更有甚者，竟变本加厉，置功能于不顾，将邸宅建成哥特式的教堂，如在威尔特郡（Whiltshire）于 1796～1807 年所建的封希尔隐修院［Fonthill Abbey、Wyatt，J.（1746～1813 年）设计］，实际是一所大宅，其中有一座高达 80m 的木构塔楼，他们借夕阳之余晖、抒失落之怨情——这就是先浪漫主义（Pre-Romanticism）。——另详 Wyatt 章节。

另一方面，殖民主义向外扩张，大英帝国的势力伸向远东。印度的、中国的而至近东的异国情调，被先浪漫主义所吸收而点缀于建筑之中，成为先浪漫主义的另一种因素。

出生于瑞典的苏格兰人、Chambers 于乾隆年间初，因瑞典东印度公司经商之便东来，到过远东多地，更两次逗留广州，亲自领略中国文化，回国后转向建筑。先到罗马学习，又到法国进一步随 Blondel，J. F.（1705～1774 年）学习，受他的新古典主义思想之影响，于 1755 年回到英国，就在中国所见，写下了：

《中国建筑设计》（*Design of Chinese Building*）（1757 年）——此书对"中国风"产生了很大影响，

《中国房屋、家具、衣服、机器与器皿之设计》（1757 年）。

在建筑实践方面：1757～1762 年他在萨里郡（Surrey）的基尤宫（Kew Palace）内的基尤园（Kew Garden/或译裘园）内建立一座八边九层的中国式塔（高 49.7m），兴起了一股中国式园林风格（Chinoiserie）。1763 年他将此次工程写下了"*Kew in Surrey*"（裘园与其建筑图说），1772 年再写了"*Dissertation on*

Oriental Gardening"（论东方园林）再掀起英国造园艺术的革命。1774 年由法国人 Le Rouge，Georges Louis（勒鲁治）在所著"*Jardin Anglo-Chinois*"中提出"英华园庭"，所谓 Jardin Anglo-Chinois 同英式园庭（Jardin Anglais），基本上是一致的，此风格至 19 世纪日渐式微。

1761～1780 年设计都柏林的马里诺娱乐场（Casino at Masino）——"Casino"一词在 19 世纪初以前本指娱乐场所，后转化为指赌场。

爱丁堡的达丁斯顿宅（Duddingston House，1762～1764 年）。

伦敦萨默塞特宅（Somerset House，1776～1786 年）——建筑物被拉得很长，中央还有穹顶，宛如一座公共建筑物。

在建筑设计方面，他基本上采用帕拉第奥式。

他所在时期是乔治时期的帕拉第奥式（Eclectic Architecture of the Georgian Period），这是一种具约束性的新帕拉第奥式或称折中的帕拉第奥式，但他赋以新貌，后来创立英国的新古典主义风格。

他说："正确采用柱式是建筑艺术的基础。"

他曾担任工程部总监。

1759 年他还著了"*A Treatise on Civil Architecture*"（民用建筑概述）。

355. Whatlay，Thomas 沃特利/惠特利（活动于 18 世纪下半叶）

18 世纪，英国庭园艺术针对在形式上拘泥于科学和数学精确的倾向，提出自然感和多样化的主张，反对千篇一律的图案化的法式庭园的设计。风景如画风格（Picturesque Style）于是在英国兴起。

Whatlay 于 1770 年首先写了"*Observations on Modern Gardening*"（现代园艺观感），是风景如画风格的最早论著。文中提到造园除需水、土、建筑等必需内容之外，尚须立石，同当时我国造园之见解不谋而合。

风景如画风格同先浪漫主义的哥特复兴建筑是相配合的。

Repton，H.（1752～1818 年）同 Nash，J.（1752～1836 年）于 19 世纪初，实现了其主张，共同作出出色的实例。

356. du Ry，Simon 杜·赖/杜·拉（1726～1799 年）

德国宫廷建筑师家庭，祖父 Paul 是宫廷建筑师（Court Architect），父亲 Charles-Louis 更是宫殿总建筑师（Chief Court Architect）。其作品主要在卡塞尔·黑森（Kassel Hessan）：

容肯宫（Jungken Palace，1768～1771 年）；

弗烈德里康尼姆（Fridericauium）博物馆（1769～1779 年）；

弗伦奇（French）医院（1770~1772年）；
圣伊丽莎白（St. Elisabeth's）教堂（1770~1774年）；
奥柏宁施塔特（Obernenstadt）市政厅（1771~1775年）；
劳德格拉弗宫（Landgrave's Palace, 1786~1792年）。
此外还有在威斯特伐利亚（Westphalia）的一些学校。

他的杰作是海因里奇－克里斯托夫法院（Heinrich-Christoph Jussow, 1754~?年未完，至1825年才由别人完成）。

其作品明显反映出英国帕拉第奥主义、法国的新古典主义和意大利的巴洛克式。

357. Büring，Johann 布里林（活动于18世纪下半叶）

波茨坦（Potsdam）的无忧宫（Sanssonsci/桑索希宫）始建于1693年，过了52年，由克诺伯斯多夫 Knobelsdorff（1699~1753年）于1745~1747年扩建。

1763年再由 Büring 增建洛可可式新宫。

358. Zug，Szymon Bogumil 楚格（活动于18世纪下半叶）

1777~1787年设计华沙（Warsaw）的信义宗教会教堂（Lutheran Church）。

1777~1798年在维埃布洛夫（Vieborov）为拉济维尔家族村（Radzvoil Family Estate）设计阿卡迪亚花园（Arkadia Garden）。

359. Mique，Richard 米克（1728~1794年）

出身于建筑师家族，受业于 Blondel, J. F.（1705~1774年）而受其思想影响。

18世纪初，波兰面临被俄罗斯、普鲁士和奥地利三个强邻连番压迫，至1772年、1793年和1795年，波兰更三次被三国瓜分，国土尽丧，国王斯坦尼斯瓦夫（Stanislas Leczinski, 1677~1766年）流亡到法国南锡，他的女儿玛丽·安托瓦内特（Marie Antoinette）公主被 Louis XVI（路易十六）选为王后，而流亡国王亦被封为洛林公爵（Duke Loraine）。

王后 Marie Antoinette 召 Mique 到凡尔赛宫作为她的私人建筑师，从而决定了他的前程。后来又转到南锡，成为斯坦尼斯瓦夫宫廷建筑师。其时洛林公爵将南锡美化一新，Hére de Corny（1705~1763年）所规划的南锡广场群，就是在此时（1750~1755年）进行，Mique 到南锡后设计了新市政厅。

1782年回到巴黎任王家建筑师，成为 Gabriel, A. J.（1698~1782年）的后继者。在凡尔赛宫为小特里阿农宫（Petit Trianon）作中式庭园和小品建筑：爱神殿（八边形）、观景楼，又在园中建英式别墅，当然，他同时把英国自然式庭园介绍到法国。1782～1786年他同马利·安德伍内特一起设计了一批乡土村落（Artifical Peasant Village），这自然是受其老师Blondal有关乡居著作的影响，显示了英国先浪漫主义，但却引致"folly"（虚假建筑）的形成。

1793～1794年雅各宾专政的年份，他因为协助Marie Antoinette越狱，被革命群众处决。另据资料：皇后为神圣罗马帝国皇帝弗兰茨一世之女。（存疑）

360. Boulée，Etienne-Louis 部雷（1728～1799年）

法国资产阶级大革命前夕，启蒙运动思想活跃，革命激情正在暗涌，由Laugier（1713～1769年）等人倡议的简朴的建筑风格蔚成潮流，一切不符合构造的、多余的、纯属装饰性的都统统去除。只用直线、方角，避免弯弯曲曲的线脚，当时这一批前卫的建筑师以极端的理性主义来进行设计，所设计的体形都是一些单纯的几何体：平行六面体、圆球、柱体、锥体等。他们敢于打破传统，锐意创新，令人耳目一新，尽管他们不在乎这样的设计能否实现，只在乎显示他们的理想。

Boulée先后向Boffrand，G. G.（1667～1754年）、Blondel，J. F.（1705～1774年）和Legeay，J. L.（雷岐）学习，而成为建筑师和教授。执教五十余年，更是建筑学院的一级院士。

他向Boffrand学习，并没有学习其洛可可（Rococo）的手法，而是学到了其"表现个性"的理想，他和Ledoux，C. N.（勒杜，1736～1806年）、Sobre，J. N.（索勃勒）和Vaudoyer，A. L. T.（伏多瓦依）等人被称为"革新的新古典主义Innovative Neoclassicism"。在路易十六时代，表现对新社会的个性解放和憧憬，他们通过合乎逻辑的组合，以单纯的几何形体，表达个人情感，将新古典主义推向高峰。

Boulée对原始的古典建筑有偏爱，尤其是古埃及建筑衷心热爱，也许他从古埃及简单的方锥体得到启示吧。

在教学的同时，他设计了布鲁耐大厦（Hôtel de Brunoy，1774～1779年）。

1781年起他便开始潜心构思，设计出一批新颖、超凡的设计方案：

牛顿衣冠冢（Cénotaphe de Newton，1784年）——一个圆柱形台基上托起一个直径150m的大圆球，开许多大小孔洞，白天小孔如星空，晚上一大灯如太阳。整个内部代表宇宙，依靠光影，使几何形体生动起来。他声称，他发明了"阴影建筑学"。

1789年设计的伟人像陈列馆（Musée Destiné à Contenir les Statues des Grands Hommes），其规模更超越牛顿衣冠冢。四边对称的平面，四面以筒形拱券覆盖着的巨型楼梯，拱卫着中央的圆形大厅，每边以半圆柱廊为外立面，整体异常宏伟瑰丽。

1792 年设计的市政厅（Palais Municipal）是建立在四个台基式的警卫室上，隐喻社会建立在法律之上。而国民公会大厦（Palais d'Assemblée Nationale）则是一个六面体，只一个大券门凸出于四面无窗的墙面上，《人权宣言》全文铭刻于墙上。

由于创立符合理想中新社会秩序的新建筑的愿望，Boulée 在其设计方案中充分显示出资产阶级革命的英雄主义理念。

这样大胆而超前的设计，就当时的技术水平而言，是尚未能实现的。然而这种象征主义的手法，在一定程度上预示着浪漫主义的来临，也预示着 20 世纪现代建筑的出现。

他的著作《形体理论》（La Théorie des Corp）研究形体的特点和感觉的影响，作出新的建筑概念，为他的设计作出理论根据。在《论艺术》中则说"我认为，我们的建筑尤其是公共建筑，应该是某种意义上的'诗'"。

他还写了"Architecture, *Essai Sur l'art*"（建筑学关于艺术的论文）。

他的学生有：Peyre, J.（1730～1785 年）、Chalgrin, J. F. T.（1739～1811 年）、Brongniart, A. T.（1739～1813 年）、Durand, J. N. L.（1760～1834 年）和 Thibault（蒂博）等。

361. Bulton, Matthew 博尔顿（1728～1809 年）

1801 年设计和建造曼彻斯特（Manchester）萨尔福德棉纱厂（Salford Cotton Mill），七层车间采用工字形断面铸铁梁柱和承重墙结构。

蒸汽机发明人 Watt, James（瓦特，1736～1819 年）作为他的技术伙伴，负责动力设备。

他开创机械动力生产厂房的新纪元。

362. Peyre, Marie Joseph 派厄/佩勒（1730～1785 年）

受业于 Boulée（1728～1799 年）。

1765 年著"*Livre d'Architecture*"（建筑之书），由他的法国学生于罗马出版。

1769～1782 年同 De Wailly, C.（1730～1798 年）合作设计巴黎奥得翁剧院（Odéon Thêatro）❶，在施工期间两次遭火灾，历时 13 年才完成。

Fontaine, P.（1762～1853 年）、Percier, C.（1764～1838 年）和意大利的

---

❶ Odéon，希腊文之"音乐堂"。

Asprecci, Mario（活动于 18 世纪下半叶）是他的学生。

363. De Wailly, Charles 德·瓦伊/德·魏莱（1730～1798 年）

18 世纪后半叶法国新古典主义建筑师。

1762～1770 年设计巴黎德·阿尔让松府邸（Hôtel d'Argenson）。

1764～1769 年之蒙特穆萨尔城堡（Château de Montmusard）。

凡尔赛宫休息所（Reating Palace）的礼拜堂（1769 年）。

巴黎奥得翁剧院（Odéon Théâtro）是他和 Peyre（1730～1785 年）合作的项目，施工时间达 13 年（1769～1782 年），因其间两次发生火灾。1841 成为国家第二剧院。

重建普瓦图（Poitou）的奥恩城堡（Château des Ornes，1769～1778 年）。

巴黎圣絮尔皮斯教堂（St. Sulpice）是 1725～1740 由 Oppenordt（1672～1742 年）开始改建的，De Wailly 增建圣母马利亚（S. Virgin）礼拜堂。

在热那亚，他为斯皮诺拉家族的府邸（Palazzo Spinola）做内部装修（1772～1773 年）。

巴黎伏尔泰宅（Hôtel Voltaire，1774～1775 年）。

为圣勒（St. Leu）的圣吉尔（St. Gilles）教堂作墓穴地下室（Orypt，1780 年）。

巴黎意大利喜剧院（La Comédie Italienne）的内部装修（1784 年）。

他的新古典主义风格比 Soufflot（1713～1780 年）更为彻底，他批评万神庙（Panthéon）不应该有穹顶。

364. Louis, Victor 路易（1731～1800 年）

原名 Nicolas。18 世纪晚期最活跃的新古典主义者，以剧院建筑而闻名。

1772 年应黎塞留（Richelieu, F. A. d. P.，1696～1788 年）之召到波尔多，设计波尔多大剧院（Grand Théâtro, Bordeaux）。这是一座 18 世纪希腊复兴式成功的建筑，它同 Soufflot（1713～1780 年）所设计的万神庙（Panthéon，1754～1790 年）同是大革命前重要的建筑物。

这座剧院有几个特点：① 88m×47m×19m 的体积，方方正正，只有正立面 12 根 Corinth 柱式的柱廊，再无更多余的东西。简朴而完整，宏伟而典雅。②马蹄形的观众厅，深 20m，宽 19m，上面四层包厢，而舞台更大，宽 25m，深 22m，台唇更凸出，所有观众都可以清楚观看表演，音响效果绝佳，与同时期（1776 年）的米兰拉斯卡拉歌剧院（La Scala）❶ 标志着高科学性的建筑设计

---

❶ La Scala 剧院是歌剧院的最高殿堂，创作的歌剧以能在该剧院演出才算成功。由 Piermarini（毕尔马瑞尼）设计，1946 年重建。

已臻成熟。③整体构造按 4m 模数方格设计，符合结构逻辑。④通过门厅，楼梯厅的大楼梯同观众厅连成一气，虚实对比，空间丰富而且人流交通非常畅顺，整体交通安排很完善，其主楼梯后被巴黎歌剧院［1861～1874 年由 Garnier, C. (1825～1898 年) 设计］所效仿。此外它可能率先使用了铁梁柱。他在 1786 年所设计的巴黎法兰西剧院（Théâtro-Français）用了铁桁架。

他还重建于 1753 年被火烧毁的巴黎孚日广场的皇宫（Palais Royal）。

又为沙特尔（Chartres，或译夏特勒）公爵设计王家花园——实质是个娱乐场所。

他设计的波耶别墅，放弃传统别墅的传统形式，而代以抽象的古典式，以圆形神庙为中心，由弯曲坡道登临——这是个方案，设计未能实现。

365. Hartley, David (J)（小）哈特利 (1731～1813 年)

哲学家 Hartley, David (S)（老）哈特利之子。1774～1780 年英国议员、1782～1784 年众议院议员（Member of the Houses of Commons）。

1776 年他提出建筑物防火法（Method of Protecting Building Against Fire）。

他同富兰克林是挚友，1783 年 9 月 3 日作为英国全权代表，参与结束美国独立战争的巴黎条约。1778～1779 年著 "Letters on the American War"（美国战争书信录）。他反对非洲奴隶贸易，对战争予以抨击，又同情法国大革命。他还参与华盛顿美国国会大厦的建造工作。

366. Langhans, Carl/Karl Gotthard 朗汉斯 (1732～1808 年)

有些资料仅呼其名：Carl 或 Karl，请注意。

原学法律，1764 年转学建筑，可能是因为其父 Carl Ferdinnand 是建筑师的关系所影响。

这位创作柏林地标，著名的勃兰登堡门（Brandenlburg Tor）的建筑师，其建筑生涯却由波兰开始：

1764～1772 年在波兰的格罗斯格沃高夫（Gross-Glogau/Gross-Glogow 大格洛高）的新教徒教堂。

在布雷斯劳（Breslau 现弗罗茨瓦夫 Wroclaw）作过多项工程：哈茨费尔特宫（Palais Hatzfeld，1766～1786 年）、地方及族区主教堂（Deanery and Curial Cathedral，1767 年）、制糖厂（Sugar Refinery，1771 年）、旧剧院（Old Theater，1782 年）、帕查利宅（Pachaly House，1785～1787 年）和扩建王宫（Royal Palace，1794～1795 年）。

在德国的首作是 1777～1779 年的西里西亚（Salesia Barracks 现属波兰）地

区贫民院（Poorhouse）和布里格（Brieg/Brzeg）的营房（Barrack，1780 年）。

在柏林，他首先重建在新市场（Neuen Market）的圣马利教堂 Marien Kirche。柏林于 1237 年建市，1270 年所建此教堂是市内第二古建筑，但于 1380 年被火烧毁，15 世纪重建内殿，16 世纪加钟塔，他于 1781 年再加建灯塔。

1787 年重建歌剧院（Opera House）。

1788 年被任命为王家建筑署长官（Director of Royal Office of Building），同年在夏洛滕堡公园（Charlottenburg Park）建观景楼（Belvedere），内有茶室（Tea House）。

1789 年设计莫赫兰街（Mohren Street）的列柱廊（Colonnades）。

1789～1790 年设计维托拉里学校（Veterary School）。

1788～1793 年，他以希腊复兴式设计了勃兰登堡门（又名"和平之门"），仿雅典卫城山门设计，也是 Doric 柱式，不过将山花改为女墙而已。它成为德国首座成熟的新古典（希腊复兴）式作品。1793 年由沙多（Schadow, J. G.）制作门顶的胜利女神像。勃兰登堡门位于俾斯麦大街（Bismarchs Street），东西向。由于德、法两国的连番纷争，神像的朝向屡被前后调动，1806 年曾一度被拿破仑掠走。"二战"时又多次被炸，于 1956～1962 年才修复。

1800～1802 年设计王家（国家）剧院 [Royal（National）Theater]。1817 年火灾后由 Schinkel, K. F.（申克尔，1781～1841 年）于 1818～1821 年改建。

在波茨坦（Potsdam）的橙园（Orangery，1791 年）。

在德期间，仍为波兰多处设计新教徒教堂，它们是：1785 年的大瓦滕堡（Gross Wartenburg）、沃尔登堡（Waldenburg，即瓦乌布日赫/Walbrzych）、1795 年的（赖兴巴赫/Reichenbach，即杰尔若纽夫/Djierzoniow）和拉维尔斯赫（Rawilsch，1802～1808 年）。

他是德国古典主义建筑的开创者和实践者。

367. Antoine，Jacques-Denis 安托万/安托尼（1733～1801 年）

18 世纪后半活动于法国和中、西欧各国。

60 年代设计巴黎的慈善医院（Hospital of Charity）。

1768～1774 年的圣普列斯特的布洛夏特大宅（Hôtel Brochat-de-Saint-Preist）。

巴黎新造币厂（New Mint，即莫耐特大厦）（1768～1775 年）。

若右大宅（Hôtel de Jancourt，1770 年）。

在厄尔-卢亚尔省（Eure-et-loir）的迪-埃尔塞·阿·贝尔谢尔·絮·弗士格雷大别墅（Château de Herces a Berchère-Sur-Vosgre，1770～1772 年）。

在厄尔省（Eure）的迪·比松·迪·梅·阿·圣阿奎林－德－帕西大别墅（Château du-Buisson-du-Mai a Saint Aquilin-de-Pacy，1782 年）。

在外国：西班牙马德里的贝里克宫（Berwick Palace，1773 年）。

德国巴拉丁领地（Palatine）的阿·凯尔恩－凯尔堡（A Kirn-Kyrbourg）。

瑞士伯尔尼（Berne）的造币厂。

368. Riesener，Jean Henri 里兹内尔/里埃森内尔（1734～1806 年）

1754～1763 年随 Oeben，J. F.（欧本约 1715～1763 年）学艺，1774 年成为路易十六王室家具工匠（Royal Cabinet Worker）。Oeben 所作之"国王办公桌"因 Oeben 于 1763 年逝世，由他继续完成。

他喜用桃花心木（mahogany、红木）制作，偶尔也髹漆或用螺钿镶嵌，效果匀称和谐，其制作始终为路易十六古典复兴式。

369. Ledoux，Claude-Nicolas 勒杜（1736～1806 年）

小布隆代尔 Blondel，J. F.（1705～1774 年）是他的老师，他又向洛可可画家 Troy，Jean-François（特鲁瓦，1679～1752 年）和特鲁亚尔（Trouard，L. F.）学习。他曾一度居留意大利。

他是路易十六时期法国建筑设计的革新者，与 Boulée，E. L.（1728～1799 年）同为"革新的古典主义风格 Innovative Neoclassicism"的倡导者，另一方面，他打破法国三个等级的阶级门槛，打破职业的区别，为更广大的人群创作。他说："一个真正的建筑师，决不会因为给樵夫盖房子而不成为建筑师。"他所主张的平等并非在物质上，而是在社会等级秩序上的平等上，他又说："穷人的房屋简陋，正好反衬富人府邸的奢靡"，为此，他认为建筑师应该是个教育者。

他的设计是从府邸、大别墅和楼阁开始的：

宇塞斯府邸（1764～1767 年）、奥地利的俄卡特楼阁（Pavilion Hocquart，1764～1770 年）、诺曼底（Normandy）地区卡尔瓦多斯（Calvados）的邦努维尔大别墅（Bénouville，1770～1775 年）、蒙泰摩伦西大宅（Hôtel Montimerancy，1770～1772 年）、卢未西艾尼楼阁［Pavilion Louveciennes，1771～1773 年——这间有名的楼阁位于巴里夫人（Madame du Barry）的大别墅中］。吉马尔大宅（Hôtel Ginmard，1772 年）等。

在这些设计中，他以立方形体，又以斜角为轴线，后来又将基本几何形体重叠，通过改变尺度及放弃装饰以创新，从而初显其特殊风格。

1771 年他受聘为盐矿总监督官，他为法兰斯孔德地区（Franche-Conite/"自由之乡"）的盐城进行设计，但可惜多数未能实现。

1773～1775 年为阿尔克和塞南的王家盐场（Salt Mines at Arc-et-Senan）作规划，这是一种有远见的理想市镇。但由于财政拮据于 1895 年便结束了。

王家盐场（Saline Royale）的规划以主要建筑为中心，同心圆（或同心椭圆）地向外开展。场长室在中，两翼为厂房、车库，而职员住所、雇工住宅则分列两侧，市镇机关、法院、神甫住宅则位于轴线上。在外圈，更有各行各业的住宅，此外还有市场、学校、俱乐部、体育馆、浴室而至公墓等一应俱全。是一种理想的花园城镇。索城庄园（Ville Idéale de Chaux）之乌托邦的意念，早于 Owen, Robert（欧文，1771～1858 年）的主张约半个世纪。

现存于近贝桑松（Besançon）的一座指挥楼（Director's Pavilion）呈现其改革的希腊复兴式。

他在贝桑松的另一设计是剧院（1778～1784 年）（一说 1771～1773 年），用了原始的 Doric 柱式。

他所设计的乡村公安部队宿舍方案为一个位于方形水池中心的圆球体，四面以桥梁通向门口。

1784～1789 年设计 40 余所收税关卡（Toll Houses）都坚固有力，体量厚重，用了希腊十字平面。现存维莱特城关（Barrièse de la Villette）四个小城门（Toll Gate）中之一个。

为表现自由、平等、博爱的理想，他为第三等级设计过许多房屋，对各行业的房屋，赋以不同的形式，如对制桶者的房屋周围以桶箍装饰，如对河流管理人员的房屋则以河水流过等等。

他于 1804 年写下"Architecture Considered with Respect to Arts, Customs and Legislation"（从艺术、风俗和法规来考虑建筑）。

他说："没有感染力的艺术，犹如无感情的爱情。"要求建筑能传达思想和感情。

370. Erdmannsdorff, Friedrick Wilhelm von 埃德曼斯多夫（1736～1800 年）

1754～1757 年学于维滕堡（Wittenberg），1763 年又留学于英国及荷兰。

1761～1763 年、1765～1766 年、1770～1771 年三度出游意大利。

所学涉及数学、语文、历史、地理和自然科学，既成为高雅而有修养的绅士，还成为王子的朋友。

1767～1768 年开始为德绍（Dessau）市政厅（Town Palace）作内部装饰。

受启蒙思想影响，他建议摄政王利奥波德第三（Leopold Ⅲ, Friedrich Franz）将德绍地区建设成花园王国，1770 年他还设计了德绍的宫廷剧院（Court Theater）。

在沃里兹（Wörlitz），1769～1773 年他设计了沃里兹尔城堡（Wörlitzer Castle）和沃里兹花园内的建筑物，花园逾百公顷，采用英式园林，内 300 个景点、22 座桥。德绍在"二战"期间遭到严重破坏，现已修复。

在哥达（Gotha），他设计了圆庙（Round Temple，1778 年）和市会堂（Town Hall，1795 年）。

在柏林设计了王宫的国王室（1787～1789 年）和马格德堡剧院（Magdeburg Theater）。

371. Gondouin, Jacques 贡都因（1737～1818 年）

小布隆代尔 Blondel, J. F.（1705～1774 年）的学生。

在巴黎，1769～1775 年设计了外科学院（École de Chirurgie/现在的医学院 École de Médecine）。1805 年他又在该学院的广场上加建神杖喷泉（Caduceus Fonntain）——Caduceus 是罗马神话中传信天使墨丘利（Mercury）的双蛇杖，现成为医疗界的标志。

80 年代他在巴黎附近的维弗（Vives）设计过莱叟斯别墅（Leseaux），但未完成。

1806～1812 年他同勒佩勒 Lepèra, J. B. 合作，为旺多姆广场（Place Vendôme）添加拿破仑圆柱——仿图拉真纪功柱，圆径 3.7m，高 44m。925 片铜版取自奥斯特利兹（Austerlitz）大胜时的俄、奥大炮。

372. Bazhenov, Vasily Ivanovich 巴仁诺夫（1737～1799 年）

叶卡捷琳娜大帝（Catherine, the Great，1762～1796 年在位）时的建筑师，18 世纪下半叶俄罗斯的先进建筑师。反映资产阶级民主主义为人民的欢乐和满足的要求。

1765 年在圣彼得堡设计新兵工厂（New Arsenal）和奥斯特洛夫宫（Ostrov Palace，1775 年完成）。

1767～1775 年任克里姆林宫（Kremllin）重建主要计划人，他的计划原拟沿莫斯科河建 600m 长的四层宫殿，并在东端辟圆形广场可供市民集会——但计划被沙皇否定。

期间在莫斯科附近设计霍丹斯科埃农庄（Khodynskoye Field），帕希科夫宅（Pashkov House），多尔戈夫宅（Dolgov House）和尤希科夫宅（Yushkov House）。

在察里津（Tsaritsyn，现伏尔加格勒/Volgograd），他为女沙皇叶卡捷琳娜大帝建夏宫（1775～1785 年），以俄罗斯传统糅合欧陆当时流行风格。夏宫内除主殿外，还有歌剧院、拱门和桥、亭、台、阁等。花园则为英式，其后殿由 Kazakov, M. F.（1738～1812 年）设计，但未实现。他又为斯科尔班辛斯卡亚教堂（Skorbymshchenskaya Church）加建钟楼。

1784～1786 年的莫斯科巴什可夫大厦（Pashkov），他把朝向克里姆林宫的背立面作为主立面，横五段的古典主义立面，中间三段有基座层，正中 Corinth 柱式的巨柱柱廊，托着圆形的阁楼，两端则为 Ionic 柱式的柱廊和三角山花。而正立面因在小街上，入口和服务院落都置于那一边，整个手法是古典主义的，却不忘配以俄罗斯民族特色。

晚年，他还在圣彼得堡建圣米歇尔城堡（St. Michaels Castle）。

373. Kazakov，M. F 卡扎科夫/哈萨柯夫（1738～1812 年）

1775～1785 年间，Bazhenov（巴仁诺夫）在察里津为叶卡捷琳娜大帝建夏宫时，他设计了其后殿，但这项设计，并未能实现。

在莫斯科，他为沙皇设计的彼得罗夫皇宫（Petrovsky Palace 1776～1782）时，采用了综合的流行形式（如图），皇宫现为朱可夫航空学院。

同年设计克里姆林宫内的参议院大厦（Дом Сената），于 1787 年完成。平面为等腰三角形，大厦内分为三个庭院，紧靠克里姆林宫的顶点安排了圆形大厅和圆穹顶，高 43m，露出于围墙外，前苏联时代它是部长会议大厦，现在是总统府。

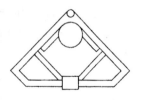

1791～1798 年他同 Quarenghi，G. A. D.（1744～1817 年）和阿尔古诺夫共同设计金拉迈特耶夫府邸——当时最富丽的私宅，内有剧场和埃及式及意大利式楼阁。

374. Aleijadinho 阿莱哈丁诺（原名 Lisboa，Antonio Francisco/李斯沃亚）（1738？～1814 年）

一位可敬可佩的大师，一位霍金 Hawking, S. W.（1942～？年）式的奇才。

父亲为葡萄牙石工，他兼具葡萄牙人和黑人血统。天生跛子（一说 30 多岁多病致残），绰号 Little Cripple（小跛子、小残废），后来更双手、双目均残。

---

❶ 叶卡捷琳娜大帝［Catherine Ⅱ（the Great），1729～1796 年］，彼得大帝孙媳、原德意志一位亲王之女，1744 年到俄罗斯，任沙皇 34 年（1762～1796 年在位），即位前本想解放农奴，但鉴于权势仍需靠农奴支持，转农奴制为自由乌克兰人，全俄几无自耕农。她和伏尔泰、狄德罗是朋友，虽号称是"启蒙运动的朋友"，但无意放弃特权。

身体缺陷未能战胜他的意志和才能,他用束带捆着工具于手腕而奋力工作了一生,顽强搏斗活到 70 多岁。

身兼雕刻家和建筑师,多产而有影响,他为后人留下了不少不朽的瑰宝,主要有:

马托希诺斯的耶稣教堂(Bom Jesus de Matozinhos,1757~1777 年)——那是他 19 岁时开始创作的。

普雷托市(Ouro Prêto/"黑金市")圣弗朗西斯科教堂(Saõ Fransiccan)的珠宝盒礼拜堂(1766~1794 年)。

拜罗荷立普(Beo Horzonte/钻石镇 Diamontina)的卡莫教堂(Igre Carm)——巴西巴洛克式建筑巅峰之作。

十二座"先知"皂石巨像(Impressive Soapstone Statues of 12 Apostles Prophet)(1757~1777 年)——保存于孔戈尼亚斯(Congonhas do Campo)。

375. Paimar,John/帕尔默(约 1738~1817 年)

继 Wood 伍德父子(1704~1754 年,1728~1782 年)在 Bath 巴斯兴建弧形的"圆形广场"和"新月广场"的联排住宅 Terrace 后,他亦在兰斯唐纳(Landstowne)建连排住宅(1789~1793 年),房屋建于小山丘上,延地势起伏,平面呈蛇形,在树丛间来回蜿蜒。

376. Villanueva,Juan de 比利亚努埃瓦(1739~1811 年)

从绘画中所描绘的古建筑的景象,引起他对建筑的兴趣,尤其对于 Piranesi(1720~1778 年)所创作关于古罗马建筑遗迹的绘画,使他由感染而决心投身于建筑事业中。他亲临罗马开始学习,于 1768 年成为建筑师,1797~1808 年升为王家建筑师。

回到西班牙,先为布尔戈斯(Burgos)的欧斯马(Osma)的大教堂增建礼拜堂和圣器室(Sacristy,1770~1783 年)。

在马德里西北 48km 的埃尔·埃斯科里亚尔大宫殿(El Escorial,即圣劳伦佐修道院),为 Bautista,J.(1514~1567 年)及 Herrera,J. d.(约 1530~1597 年)于 1557~1584 年原建。1771 年 Villanueva 在那里增添了:王子村(Casa de Infantes、即幼儿园)和两间别馆:阿瓦霍(Casita de Abajo,"上小屋")和阿尔里巴(Casita Arriba,"下小屋")。除了在 El Escorial 的别墅外,在埃尔普拉多(El Prado)还有普拉西普莱小屋(Casita de Priciple)。

在马德里,1787~1789 年的普拉多美术馆(Museo del Prado)、1781 年的王家英格兰植物园(Real Jardin Botanico)、战俘法庭(Court Prison,现为外交

部)、寝宫（Residences）、历史学会（Academy of History，1788～1811 年，他逝后延至 1847 年完成)、王家天文台（Royal Observatory，1789～1808 年) 和重建的市长宅（Palza Mayor，1891 年) 都是他的设计。

他领导了西班牙的新古典主义建筑。

377. Chalgrin，Jean François Thérèse 查尔格兰（1739～1811 年）

师从 Boulèe（1728～1799 年)，1758 年获罗马格兰奖（Grand Prix）而负笈意大利五载。1763 年学成回法，为法国发展新古典主义风格作出贡献。

1764 年设计圣菲利普教堂（Saint-Philippe-du-Roule)，教堂于 1768～1725 年施工，他重新使用了巴西利卡式，侧廊用双排柱和带藻井的筒形拱，处理得简洁，同哥特式或文艺复兴式的复杂构造形成对比。

1775 年他成为宫廷首席建筑师，他在巴黎留下不少有名建筑：

1776～1788 年继续完成 Servandoni，G.（1695～1766 年）生前未完成的圣絮尔皮斯教堂（St. Sulpise）的正立面。

1780～1784 年设计法兰西学院（Collège de France）。

1784 年为普罗旺斯伯爵夫人（Contesse de Provence）德·巴尔迪（Madame de Baldi）在凡尔赛宫建造音乐小亭（Garden Music Pavilion)，今存。

最后，他的遗作是世界上有名的雄狮凯旋门（Grande Arc de Triomphe）。

法国大革命经历了 1793～1794 年的雅各宾专政，1795 年大资产阶级掌权，引致出拿破仑的独裁。他趾高气扬，1804 年更自立为帝。他一方面致力发展国内的资产主义，一方面向外武力扩张。在建筑方面，以歌颂军事力量为主，也相应地提供经济活动的场所（如证券交易所)，但主要的还在军事方面：军功庙（Temple de la Gloire de l'Armée)、雄师凯旋门（Arc de Triomphe de La Grand Armée)、卡洛塞尔凯旋门（Arc de Triopphe du Carrousel，即骑兵演兵场凯旋门)、（旺道姆广场中央的）雄师柱（Colonne de La Grand Armée）等，这批追求宏大壮阔、威武雄健的新古典主义，就是流行于拿破仑时代的帝国风格（le Style Empire)。它们模仿、抄袭古希腊或古罗马的一些建筑语言，求助于历史（甚至于连衣着和谈吐都追求古罗马帝国遗俗)，同时也开始了折中主义的势头。

雄师凯旋门是拿破仑为纪念法军打败俄、奥联军的奥斯特里茨（Austerlitz）战役而下诏建立的，他原想建成后他可以班师于此门前胜利凯旋。但是他先败于莫斯科，再败于滑铁卢，最终只能以尸体通过凯旋门而已。

凯旋门于 1806 年起施工，中途曾停顿下来，Chalgrim 也早逝世。至 1835 年，才由 Raymond Jean-Aruand（雷蒙德）完成。凯旋门宽 44.8m，厚 22.3m，高 49.4m，券门高 36.6m，门宽 14.6m，前后两侧的组雕由 Rude，François（吕德，1784~1855 年）创作。拿破仑倒台以后，改称为明星凯旋门（Arc de Triomphe de l'Etoile），二战之后又改称为戴高乐（de Gaulle）广场凯旋门。

凯旋门建成之后，交通问题出现了，这座庞然大物，使辐射形十二条道路的交汇点成为堵塞和失事的焦点，1854 年由阿尔潘德将凯旋门周围辟成圆形广场——"明星广场"，情况才稍获缓解。然而，在马车的年代，还勉强可以，在发展到机动车的今日，仍未能根本解决。

378. Brongniart，Alexandre-Theodore 布隆尼亚尔（1739~1813 年）

他也是 Boulée（1728~1799 年）学生之一。

其建筑生涯是位于巴黎以东的塞纳-马恩省（Seine et Marne）和西南的奥尔良（Orleano）等地的一些大宅（Hôtel）开始的：

蒙旦松（Montesson）的米内大宅（Maine，1769~1773 年）、邦迪（Bondi）的泰勒皮德大宅（Taillepied，1771 年）、奥尔良的迪克大宅（Duc，1772~1774 年）、维兹莱（Vezelay）的布勒德大宅（Boured，1775 年）。

还有在巴黎的一些大宅：孟德斯鸠大宅（Montesquieu，1780~1781 年）、波旁-孔代大宅（Bourbon-Condé，1781 年）、马瑟朗大宅（Masserano，1787 年）和布瓦格兰大宅（Boisgelin，1788~1789 年）。

其间，在巴黎还设计了一些公共建筑：

1779~1782 年的圣路易德奥特姆修道院（Monastery of Saint Louis d'Autm）。

1785~1786 年他接手由 Gabriel，A. J.（1698~1782 年）于 1751/1752 年设计的军事学校（École Militaire），完成其未完的工程。

1792 年设计了特里尔巴东城堡（Château de Trilbardon）。

1808~1827 年的巴黎交易所（Le Bourse du Commesse/Stock Exchange）是他传世之作，交易所庞大而形体单纯，方方正正、外面围以 Corinth 柱式的柱廊。在资本主义上升的年代，它以纪念性的形制出现，显示经济的上升，商业建筑将超越于教堂、庙宇、宫殿之上。

379. Jacob，Georges 雅各布（1739~1814 年）

法国家具家族的创业者。

擅用桃花心木（mahogany，红木）制作。

为王室及波拿巴家族制作。

380. Dance，George（J）（小）丹斯（1741~1825 年）

测量师（老）丹斯 Dance George（S）（1695~1768 年）之幼子。

（老）丹斯于 1735～1768 年任伦敦市测量师（Surveyor）。

（小）丹斯从父亲处得到系统的学习，后来又到意大利各处游览。1768 年父亲逝后继任父职，为伦敦的重建做了大量的工作：改造市面道路，修建十字路口的（圆形或新月形的）广场，如梅诺里斯（Minories）的阿美利加广场（America Square，1768 年）、芬斯堡广场（Finsburg Square，1777）和芬斯堡的圆形广场（Finsburg Circus，约 1814 年）等。又修建伦敦的"西印度船坞"的港口（Port of Londons "West India Docks"）。

1765～1767 年设计的伦敦万圣教堂（All Hallows Church）是他少数现存建筑物之一。

其最有名的建筑是 1770～1780 年的纽该特监狱（Newgate Prison/新门监狱），长方形平面，内三个庭院，呈横写的"目"字，整个外墙均以粗面石堆砌（rusticated rough-hewn masonry）。除大门旁的窗对外之外，其余的窗均朝向内庭，但该建筑物于 1902 年已被毁。

1789 年的圣巴托罗米欧教堂（St. Bartholomeo）。

晚年，他在其他地方还有一些作品：莱斯特郡（Leicestershire）的科尔奥顿会堂（Coleorton Hall，1804 年）、汉普郡（Hampshire）的米歇尔达夫尔教堂（Micheldaver，1808 年）和苏塞克斯（Sussex）的阿什弗汉姆广场（Ashfurnham Place，1813～1817 年）。

其风格反映出受 Wren，C.（1632～1723 年）和 Gibbs，J.（1682～1754）的影响。

他的成就超越于同时代的 Gibbs J. 和 James J.。

他是皇家学院最早成员之一，英国新古典主义早期倡导者。

381. Gandon，James 甘顿（1742～1823 年）

由英国的帕拉第奥主义（English Palladianism），逐渐转向法国的新古典主义（French Neoclassian）。他在爱尔兰的主要设计为：

纳辛汉姆（Nathinyham）郡会堂（County Hall，1770～1772 年）；

怀恩斯泰（Wyunstay）剧场（1772 年）；

都柏林（Dublin）海关大厦（Customs House，1781～1791 年）；

沃特福德（Waterford）的法院和监狱（Court House and Jail House，1784～1787 年）；

莱克斯郡（County Leix）的库尔本那格尔教堂及陵墓（Coolbanagher Church and Mausoleum）。

都柏林的东柱廊和屏墙（East Portico and Screenwall）、贵族议院（House of

Lords)、议会大厦（Parliament House，现爱尔兰银行 Bank of Ireland，1785～1789年），还有四个法庭（Four Courts，1786～1796年）、贝雷斯福德府邸（Beresford Palace，1790～1793年）。

在外地，还有朗福德（Longford）卡里格拉斯（Carriglas）的法庭（Office Court）和门口通道（Gateway，1790～1795年）、莱克斯郡（County Leix）的英诺公园（Enao Park）。

其后，在都柏林，还有卡尔里斯尔桥（Carlisle Bridge，1791～1794年）和国王法学院（Kings'Inns，1800年）。

382. Desprez，Jean-Louis 德普雷（约1743～1804年）

由画家、舞台布景师而成为建筑师。

1776年设计一间称为"叶"的别墅而获建筑大奖。

他为瑞典乌普萨拉（Uppasla）所设计的植物协会（Botanical Institute，1788年）以古典的 Doric 柱式支撑低矮的门廊——具有一定的浪漫主义风格。

这位来自法国的建筑师，是将古典主义转向古典复兴主义的主要人物。

383. Starov，Ivan Yegorovich 斯塔洛夫（1743～1808年）

法国建筑师 De Wailly, C.（1730～1798年）的学生。

1774～1776年在维柯尔斯盖耶（Vikolskoye）设计一些村舍。1776年在圣彼得堡设计新圣三一主教堂（New Cathedral of Trinity，1778～1790？年），他采用十字形平面，突破俄罗斯教堂平面布置的格局，正立面六柱式门廊，两旁有钟楼——古朴的巴洛克式。教堂附有主教楼、印刷厂和外语学校。

他在圣彼得堡的另一作品是达夫里契斯基宫（Таврический Дворец，1783～1789年），采用了法国新古典主义形式。长达232m，简朴无饰。曾成为杜马（国会/Duma）会场。

384. Camaron，Charles 卡梅伦（1743～1812年）

苏格兰人。1770～1777年在英格兰，1177年到俄罗斯。

初到俄罗斯，先在普希金城的沙皇皇宫［原由 Rastrelli, B.（1700～1771年）设计］加建 Ionic 柱式的柱廊。普希金城（Pushkin）当时叫察尔斯科埃·塞罗（Tsarskoye Selo，沙皇村/Tsar's Village）。在那里，设计了初五宫室（First-Fifth Apartment，1780～1784年）、阿戈泰楼阁（Agote Pavilion，1782～1785年）、圣索菲亚主教堂（Cathedral of St. Sophia，1782～1787年）。他于1783～1785年设计的二层游廊，则以他的姓氏命名为卡梅伦廊（Camaron Gallery）。

在巴甫洛夫斯克（Pavlovsky），于 1780/1781 年开始设计巴甫洛夫斯克宫和花园，1785 年又加建花园内的楼阁，两者于 1796 年完成。

在克里木半岛（Crimea），1787 年设计巴赫奇（伊斯兰）客栈（Bakhtchi Serai）。

喀琅施塔得（Kromstadt）圣安德鲁主教堂（St Andrew's Cathedral）是他于 1804 年所设计的，后来又经 Zakharov, A. D.（1761～1811 年）作了修改。

1804～1805 年在奥兰尼恩巴翁（Oranienbaum）还设计了海军医院。

385. Jefferson，Thomas 杰弗逊/杰斐逊（1743～1826 年）

Jefferson 的身份是多方面的：律师出身，干了七年后，从政作为反英领袖，作过议员、使节、国务卿，从 1801～1809 年出任美国第三、第四任总统。弗吉尼亚宗教自由法和美国《独立宣言》（1776 年），他是起草人之一，1826 年 7 月 4 日他逝世之日，正是发表《独立宣言》50 周年的纪念日。

他也是经济学家，并作出有贡献的实践。1803 年从法国购入路易斯安那州，使当时美国的领土增加了几乎一倍（当时的路易斯安那州拿有中东部，北从五湖地区南至新奥尔良的大片土地）。他又提倡科学种田，并亲自做实验，创立蒙提萨罗种植场（Plantation "Monticello"）。他又是教育理论家，创办了弗吉尼亚大学，著 "Notes on Virgina"（弗吉尼亚笔记）（1782 年）。

学识渊博，多才多艺，通多国语言，喜欢文学、数学、自然科学，而至建筑艺术（早年在法国曾学过建筑），在美国建国前后，在美国建筑界起领导作用。

在建筑风格上，他原是个帕拉第奥主义者，最初设计了移民协会（House of Burgesses，1769 年），1770～1775 年在弗吉尼亚州的沙尔罗特斯维尔（Charlottesville）为自己设计了蒙提萨罗（Monticello 住宅，后来扩建和改建）。1785 年他同 Cleriseau, C. L.（克莱里索）在弗吉尼亚州的里士满（Richmond）一起设计的州议会会堂（Virginia State capitol）（注意：用小写 capitol 是"州议会"，用大写 Capitol 则"为国会大厦"）。会堂仿法国尼姆的卡累尔神庙（Roman Maison-Carree at Nîmes）——该庙建于纪元初，为古罗马人在高卢地区最美建筑之一。在弗吉尼亚大学校舍内的图书馆则仿雅典的帕提农神庙（Parthenon），优雅、明快。他致力于消灭一切殖民制度的遗迹，欲创立不同于英国而表现出独立的美国风格，称为"联邦风格"（Federal Style）。在美国独立之前，他采用罗马复兴形式，独立之后则转向希腊复兴形式。

他还为华盛顿市作规划。

1934～1943 年，在华盛顿建立的杰弗逊纪念馆，由 Pope, J. R.（波普）、

Eggers, O. R.（埃格斯）和 Higgins, D. P.（希金斯）共同设计。

386. Quarenghi, Giacomo Anlonio Domenico 夸伦吉/克瓦伦吉（1744～1817 年）

画家之子，他也学画。同一些人一样，由绘画转向建筑。

1779 年俄罗斯女沙皇叶卡捷琳娜大帝（Catherine, the Great, 1762～1796 年在位）聘请他由意大利到俄罗斯，为俄罗斯的建筑作出大量的贡献。

1780 年的友谊堂（Temple of Friendship），他采用了希腊 Doric 柱式。

1781～1789 年彼得霍夫（Peterhof）的英国宫。

圣彼得堡的埃尔米塔什（Hermitage/隐宫/遁庵）自 1754 年起由 Rastrelli（1700～1771 年）重建冬宫和新建小宫开始，后来于 1771 年加建旧宫，1782 年 Quarenghi 又加建其剧院。这是俄罗斯最早的英国帕拉第奥风格。

圣彼得堡的证券交易所和银行（The Bourse and the State Bank）建于 1783～1790 年（一说 1789～1796 年），则显得厚重而无特色。

在圣彼得堡，还有 1785～1790 年的科学院（Academy of Sciences）和在冬宫内的圣乔治厅（George's Hall, 1786～1795 年）。

1791～1798 年他同 Kazakov, M. F.（1738～1812 年）、阿尔古诺夫 P. Z 合作设计了在莫斯科附近的舍拉迈特耶夫府邸，是当时最富丽的私宅，其内附有剧院和意大利式和埃及式的楼阁。

回到圣彼得堡，在 Hermitage 内加建叶卡捷琳娜学院（Catherine Institute, 1804～1807 年），即后来的图书馆。

1765～1775 年他将原斯莫尔尼（Smolny）修道院的斯莫尔尼宫和亚历山大洛基教堂改建为新古典式的女校——Smolny Institute，后来于 1832～1835 年由斯达索夫（1769～1849 年）再一次改建。

苏比阿科（Subiaco）的圣斯科拉斯迪卡教堂（1774～1777 年）是帕拉第奥复兴式（Palladio Revival）的，后改为沙尔蒂科夫··舍什特林（Saltykov Skchedrin）图书馆。

此外，他为察尔斯科埃-塞罗寝宫（Royal Residence of Tsarskoye Selo、现在是普希金城 Pushkin 的沙皇村 Tsar's Village）加建音乐厅、教堂、亚历山大宫（Alexander Palace）和浴室等。

还有涅瓦河上的几座桥梁（Several Bridge on Neva）和一些文教建筑。

他还建议 Catherine the Great 复制拉斐尔画廊。

所创作的新古典主义的建筑，朴素而雄伟。

他被称为"全俄罗斯的伟大建筑师"。

终老于俄罗斯。

387. Bélanger, François-Joseph 贝朗热（1744~1818年）

原学物理和建筑，而从事工程、建筑、园艺和艺术。

在英国为当时的一些住宅作速写，这些速写成为罕有的历史资料。

回到法国，在法国大革命前设计过不少住宅和花园，而至在比利时的伯勒伊（Beloeil）都有作品。

在圣詹姆斯的乐园中，他造了座大假山，还有 Doric 柱式的廊子。

重要的是1808~1813年在罗什舒瓦尔设计屠宰场和小麦厅时，以铁和玻璃建造穹顶，据了解在建筑史上首开纪录——比1851年英国的水晶宫（Crystal Palace）早约40年。

388. Harrison, Thomas 哈里森（1744~1829年）

在18、19世纪间，领导英格兰西北各郡的希腊复兴主义建筑。

他的设计包括几个方面：

堡垒：兰开斯特（Lancaster，1786~1799年、1802~1823年）、切斯特（Chester，1788~1822年）、什罗普郡（Shropshire）的霍克斯通城寨（Hawkstone Citadel，1824~1825年）。

桥梁：兰开斯特的斯卡尔通桥（Skerton Bridge，1783~1788年）、德尔比（Derby）的圣玛丽斯桥（St. Mary's，1788~1793年）、肯达尔（Kendal）的斯特拉蒙该特桥（Stramongate）的重建（1791~1797年）、柴郡（Cheshire）的格罗夫纳桥（Grosvenor，1827~1831年）。

教堂：利物浦（Liverpool）的圣母和圣尼古拉斯教堂（Our Lady and St. Nicholas）。

学园❶：利物浦学园（1800~1803年），曼彻斯特（Manchester）的波蒂告图书馆（Portico Library）。

389. Affleck, Thomas 阿弗莱克（1745~1795年）

出生于苏格兰，到英格兰学艺。

移居美国后，于1763年到费城。

他把由18世纪70年代起流行于英国洛可可（Rococo）式的奇彭代尔（Chippendale）家具传入美国。

---

❶ 学园（Lyceum）—始于公元前335年由阿里士多德（Aristotle，前384~前322年）在雅典创办的阿波罗学园（Apollo Lyceum）。在希腊语中"学园"为"Peripatetics"，意思是"走来走去"，反映阿里士多德在学园内漫步讲学而得名，19世纪上半美国曾出现学园运动（Lyceum Movement）。

后来，他将奇彭代尔式配合马尔伯勒式（Marlborough Style），创造出费城奇彭代尔式家具——桌椅腿下有垫块。

390. Holland，Henry 霍兰/哈兰德（1745~1806年）

作为 Brown, L.（1715~1783年）之女婿，先当其助手，后转为合作，而保存 Brown 的自然式园林作风。

他成为环境美化专家和园林建筑师兼设计房屋，主要作品为：

伦敦布鲁克斯俱乐部（Brooks's Club, 1776~1778年）。

苏塞克斯郡（Sussex）布莱顿（Brightton）的玛琳阁（Marine Pavilion, 1786~1789年）采用了简洁而雅致的新古典风格，同流行于18世纪下半叶富丽豪华的亚当式（Adam Style）形成鲜明的对比，他因此而闻名。在布莱顿他以帕拉第奥式为摄政王建造别墅，采用同原有农舍式相类的风格，使新、旧建筑相联结而配合，有一个穹顶。——后来 Nash, J.（1752~1835年）将它改为印度式。

1787年的卡尔顿宅（Carton House），于1826年已毁。

他还改建了威尔士亲王府（Town Residence of the Prince of Wales）和王家剧院（Theatre Royal）。

391. Wyatt，James 怀亚特/韦艾特（1746~1813年）

18世纪下半叶，英国的建筑流行一种富于革新又大胆融汇的、以 Adam 兄弟为主力的亚当式（Adam Style）风格。

年青时曾居意大利六年的 Wyatt 是当时的竞争者，他以设计村舍而闻名。它们是：

兰开夏郡（Lancashire）的希顿（Heaten）宅（1772年），是采用新古典风格的，随后肯特郡（Kentshire）的李普利奥利宅（Leepriory）已改用哥特复兴式了（1783~1790年）。

在威尔特郡（Whiltshire），著名的方特希尔府邸（Fonthill, 1796~1807年），其外观完完全全是一座修道院（Abbey），所以它又名为"Fonthill Abbey"。哥特复兴式的手法和建筑语言，高高的塔楼达80m（一说61m），是用木材搭起的，其后就被风给吹倒塌，最后整座建筑也都坍塌了。其奇特、壮观的形象，只能在1823年的《方特希尔图集》［由 Rutter John（卢特）编绘］中留下的图样中领略到一二。

1808~1818年赫勒福郡（Hertfordshire）的阿西里奇（Ashridge）宅，也是哥特复兴式——逝后由其侄代为完成。

他为作家贝克福德（Beckford，W.，1760~1844年）所设计的住宅，其中一部分是在中世纪的一座修道院上建造的，加以外壳作为掩饰。

他所创作的这类哥特复兴式被名为"怀亚特哥特式"（Wyatt Gothic）。

伦敦伟人祠（London Pantheon，1772年完成）是他早期以新古典主义创作之成名之作，后来已毁。

1801年在柴郡（Cheshire）的宫殿已用铁梁柱构成。

1796年他代替刚逝世的Chambers（钱伯斯，1726~1796年）继任工程部总监，负责修复了几处的主教堂，它们是达勒姆（Durham）、赫勒福德（Hereford）和萨尔斯堡（Salslburg），还有牛津的马格德琳（Magdelen）教堂和温莎宫堡（Winsor Castle）。

392. Price，Uvedele（1 st Baronet）普赖斯（准男爵）（1747~1829年）

18世纪下半叶，英国园林设计出现一股反对在庭园艺术上拘泥于科学和数学的做法，主张要自然和多样。Whatlay，T.（沃特利）于1770年的"*Observation on Modern Gardening*"（现代园艺观察）一书中是最早的论著，而Brown，L.（布朗，1715~1783年）则在实际上作出"自然式园林"。

作为乡绅，Price从事园林设计和评论，他写下了"*Essay on the Picturesque*"（风景如画的尝试），1794年更正式提出"风景如画运动Picturesque Movement"。

风景如画运动，包括两方面：①具备美和崇高的美学价值。在当时，园林设计称为"花园的美化"（Improvement of Grounds）；②具自然特性——在实践中，应探求并保护这些特性。因此，花园设计应仿风景画，园丁要像画家一样地美化自然。

附和运动的还有作家和艺术家：Gilpin，William（吉尔平）和Knight，Richard Payne（奈特）写了诗篇"*The Landscape*"（风景）。

然而Price和Brown的大众风格有所不同，Brown喜用自然景物，如丛林、池塘、细长曲折的丘陵，创造出均衡平稳、简朴、正规的景观。而Price则欣赏自然的偶然性，如枯木、半浸的树枝，以打破池塘的恬静，喜欢荒郊的蓬乱的富戏剧性的细节，要独树一帜，另辟蹊径。

393. Darby，Abraham Ⅲ 达比·阿伯拉罕第三（1750~1791年）

祖父Abraham I（阿伯拉罕第一，1678？~1717年）首次用焦炭炼铁矿石成功，1709年生产出商品铸铁。

父亲阿伯拉罕第二（1711~1763年）制造出铸铁空心器皿，更铸造出蒸汽汽缸。

阿伯拉罕第三于 1777～1779 年在萨洛普郡（Shropshire）的煤溪谷（Coalbrookdale/柯尔勃洛代尔）建造世界上第一座铸铁桥，桥跨塞文河（Severn River），跨度 43m（一说 100 英尺 = 30.5m），由 Pritchard Thoma（普里查尔德，？～1777 年）做结构设计，铸件由 Wilkinson, John（威尔金森，1728～1808 年）供应，达比施工。用铁条作网状拱，由五道平行铁肋，分两半在中间接合，铸铁不利于应付拉力，因此仍是拱式桥，桥成后稍有变形，但至 20 世纪 50 年代仍能使用。

商品铁的炼成，为建筑工程提供了结构之用。

394. Rousseau, Pierre 卢梭（1750～1791 年）

在启蒙运动的思想影响下，欧洲的考古工作形成潮流，其中 1748 年艾克毕尔开始发掘庞贝遗址，使世人通过测绘图及速写初步了解到公元前古罗马建筑的一些原貌❶。

Rousseau 于 1782～1786 年在巴黎设计的莎尔姆大宅（Hôtel de Salm），直接模仿庞贝城内大型住宅的型制。

395. Sheraton, Thomas 谢拉顿（1751～1806 年）

英国新古典主义家具设计的主要大师。其所作兼具刚柔而略带女性之妩媚，善用木材，但有时稍呈过分得不合理。

他还是机械师、发明家和艺术家，而以写作为主，他在家具方面写过：

"Drawing Book"（画册）（1791 年）虽是画册，内容也涉及几何学、透视学而至建筑学方面的论述。

"Cabinet Dictionary"（橱柜词汇）（1803 年）内容颇为庞杂。

"Cabinet-Maker Upholster and General Artists Encyclopaedia"（木器软垫家具工匠和艺术家大全）（1805），他原计划出五册，但至他逝世前一年，仅完成了第一册。

396. Repton, Hunphrey 雷普顿/赖普顿（1752～1818 年）

英国水彩画家，曾尝试作建筑设计，后来又向 Brown, L.（1715～1783 年）学园艺，1788 年开始做园林设计。

由于他是水彩画家出身，凭着这个条件，他先用水彩画画出原地形地貌，

---

❶ 真正对庞贝城作系统理论研究，延至 1860 年才由 Fiorelli, G.（菲奥雷利，1823～1896 年）考察城中的施工方法和建筑材料等。

再据此画水彩园林设计图,此举使他获得意外成功。他前后参与过近 200 座花园,其间常和 Nash,J.(1752～1835 年)合作,其设计一般面积都不大,而善于以树为主,配以平台、踏步、栏杆等小品为过渡,同时,他写了下述论述:

"*Sketches and Hint on Landscape Gardening*"(景观庭园的速写和基本知识)(1795 年)。

"*Observations on the Theory and Practice of Landscape Gardening*"(景观庭园的理论和实践)(1803 年)。

"*Fragments on the Theory and Practice of Landscape Gardening*"(景观庭园理论和实践简集)(1816 年)。

"Landscape Gardening" 造园法一词,由他首先提出。

他的老师 Brown 所提倡"园宜入画"的观点,在 Brown 逝后,他便作出否定。他认为由于季节、早晚的更替,视点和视野的不同,景和画的本质就产生差异,不能一成不变、机械地看待。因此,虽然仍着眼于风景构图,但不能将画和景等量齐观。

397. Nash,John 纳什/纳许(1752～1835 年)

随 Taylor,R.(1714～1788 年)学习的 Nash,学成后成为建筑师和营造商,最后还成为了城市规划师。

1783 年因经营建造业破产,一度移居威尔士,做了一些村宅设计,后返回伦敦,同造园师 Repton,H.(1752～1818 年)协作。

由于在威尔士的村宅设计的经历,加上同 Repton 的合作而受其庭园设计的影响,使他将乡村景观引入城市,并奠定他日后"花园城市"的雏形的想法和做法。

1798 年他开始受雇于威尔士亲王❶[后来的乔治四世(1762～1830 年)],首先他为自己在东考斯堡(East Cowes Castle)建造住宅(1798 年)。Nash 的老师 Taylor 是个帕拉第奥主义者,但他不墨守成规,他是个时尚的追随者。一方面引入风景如画的景观,另一方面,不拘一格,不分地域,将土耳其的、阿拉伯的、印度的至中国的建筑引入(这种引入不是积极的撷取精华,而是消极的逃避现实)不论时空,古埃及的、古希腊的、哥特时代的,信手拈来,重新使用。在 19 世纪初期,形成了他独有的摄政时期风格(Regency Style,1811～1820 年),这种风格结合了许多东方建筑母题,并对古代建筑形式作出模仿,这种风格为时短暂,不成大器。

---

❶ 按英国王室例,王储必须先册封为威尔士亲王,再成为英王。另在法国也有摄政时期,为 1715～1723 年。请注意!

1800～1804年在德文郡的勒斯科城堡（Luscombe Castle）是仿哥特式的。

1800年设计什罗普郡（Shropshire）的克朗克（Croak）假山时便使用了"风景如画"风格，不对称的轮廓反映出不规则的变化。

1806年的克朗克希尔别墅（Croakhill），则采用了意大利式。

1810年的阿丁汗公园用铁和玻璃穹顶建造画廊。

1811年创造的布来斯小村舍（Blyth/Blaige Hamlet），以古老英吉利杂乱成群的茅舍，反映其"风景如画"风格——"hamlet"指小得连教堂都没有的小村落。

1813～1815年他任政府建筑副总监（Deputy Surveyor General），重建东萨塞斯（East Sussex）的布赖顿（Brighton）皇家园林内的印第安皇宫（1815～1821年）。后来（1818～1821年）又将由 Holland, H.（1745～1806年）原来设计的别墅改建为印度式，其中，皇家大厅（光明大殿）更是仿莫卧儿王朝的清真寺，但室内则采用中国式的装修。这个大厅的穹顶重50吨，却以细长的铸铁支柱支承，反映当时追求新材料的潮流。

他在伦敦的一项重要工程是摄政公园（Regents Park，1711～？年），工程由摄政河（联合运河 Grand Union Canel 之一部分）、湖面、树林和植物园组成。当时，Repton 同他悉心合作。公园外的几条拱廊和围绕公园的一些居民点（联排住宅）如肯伯兰联排住宅（Camberland Terrace）也在工程范围内，其中，东、西公园村（East and West Park Village），成为花园式住宅区的典型。他死后，由彭内索因 Pennethorne, J. 完成。在摄政街沿街布置带有柱廊的希腊复兴式建筑，英华式园林和扇形绿地等创造出一个"花园城"的雏形，摄政王大街的夸德兰特宅（Quadrant House）建于1818年。新月公园（Park Crescent）、波特兰广场（Portland Place）和詹姆斯公园对面的卡尔登联排住宅（Carlton House Terrace）都是他的创作。在伦敦，他还为海德（Hyde）公园建立东北拱门和拱桥（仿罗马康斯坦丁桥），两者都用大理石建造（1827年）。又建特拉法尔加（Trafalgar）广场的纳尔逊（Nelson）纪念碑，高至57m。纳尔逊（1758～1805年）为英国海军大将，在 Trafalgar 海战中战胜法国。

白金汉宫原址为一桑林，1703年安妮女王赏给白金汉公爵，建成府邸——白金汉大厦为公爵府。1761年 GeorgeⅢ将它以2.1万英镑买下（由夏洛特王后出款），1821年委托 Nash 重建，1825～1836年施工，遂成为英王室之白金汉宫（Buckingham Palace），共有661间房，Nash 在蓝色画室的顶棚上亲手绘画，1837年维多利亚女王首先入住。至此，王室才有自己的王宫，沿用至今。但其后不时改装或扩建，致使风格各异，色调不一，有"补丁宫殿"的谑称。

Nash 的作风简洁、朴素而多样。

其形式对早期哥特复兴式有大影响。

他的"花园城市"雏形，早于 Howard, E.（1850~1928 年）约 70 年。

398. Soane, John 索恩（1753~1837 年）

15 岁就当（小）丹斯（Dance, 1741~1825 年）的学徒，1772 年转任 Holland, H.（1745~1806 年）的助手，1778 年赴意大利进一步学习。

1788 年任英格兰银行的建筑师，在 1792~1833 年间以罗马复兴式重建英格兰银行，外形采用 Corinth 柱式，但构造上使用了铁和玻璃。

1793~1797 年在白金汉郡设计泰宁格汉姆别墅。

1806 年转任皇家学院教授。之后，他设计以下建筑：

彻尔斯医院（1809~1817 年）；

杜维奇学院（Dulwich College）的美术馆（Picture Gallery, 1811~1814 年）；

他自己在伦敦的私宅（1812~1814 年）；

林肯法律协会宿舍（Lincoln Inn Field）；

伦敦圣约翰教堂；

沃尔沃斯（Walworth）的圣彼得教堂。

最后的作品是新档案府（New Chancery, 1830~1831 年）。

他将古典建筑的成分减至构造上所必需的限度，以简洁的线条取代装饰纹样，执著于追求形式上的纯净。

他利用采光，创造出戏剧性效果和空间错觉。

他认为使用铁和玻璃只适宜于小型教堂。

他是新古典主义的先锋，不断追求个人特色，独具创意而不断发展，将 Boulée（1728~1799 年）和 Ledoux（1736~1806 年）的理想具体化。

399. De Thomon, Thomas 迪·汤蒙（1754~1813 年）

出生于南锡的法国人，18 世纪 90 年代定居于俄罗斯，后来为 Alexander I的王家建筑师，（Court Architect）。

他的首作是陶里德宫（Tauride Palace, 1783~1788 年）。

其后在俄罗斯各地设计其古典复兴形式的作品，形成了俄罗斯帝国形式而影响到俄罗斯民族建筑原来的形制：

圣彼得堡的大剧场（Great Theater, 1802~1805 年）；

---

❶ Alexander I（1777~1825 年）即 1812 年任用库图佐夫大败拿破仑的沙皇（1801~1825 年在位）。Paul I 保罗一世（1754~1801 年）沙皇（1796~1801 年在位）。

敖德萨（Odessa，现属乌克兰）大剧场（1803年）；

圣彼得堡交易所（Bourse/Биржа，1804~1810年）位于华西里岛之尖端，采用俄罗斯古典主义，1940年改为海军博物馆。

萨尔尼河堤（Salni Embankment）的维尔宅（Ware Houses，1804~1805年）；

（现乌克兰的）波尔塔瓦（Poltava）的光荣柱（Column of Glory，1805~1811年）；

巴甫洛夫斯克（Pavlovsk）的保罗一世（Paul I）纪念礼拜堂（1805~1808年）——Camaron, C.（1743~1812年）于1780年曾在该市设计巴甫洛夫斯克宫和花园。

400. Asprucci, Mario 阿斯普鲁西（活动于18世纪下半叶）

罗马最大别墅——博尔盖塞别墅（Villa Borghese），连花园占地达17公顷，1605年由Longhi Onorio（1569~1619年）及Ponzio, F.（活动于17世纪上半叶）设计，后来又经多人如Onorio之子小Martino（1602~1657年）增改，最后按Rainaldi, C.（1611~1691年）于1671年所拟方案实施完成。

园内有人工湖、圆形剧场、画廊、动物园、人造雨岩洞和众多的小别墅。主建筑为典型罗马乡间别墅，两翼向花园伸出，由Bernini父子造园及作雕刻。18世纪又建造复制的塞威罗（Severo/英文：塞维鲁 Severus）凯旋门。

在花园内，建有几座神殿：狄安娜（Diana）神殿、芳斯汀（Fanstise）神殿。由Asprucci增建的阿斯克勒庇乌斯（Asclepius Temple）神殿。在公元前4世纪时，在埃皮达鲁斯（Epidaurus）曾建过其神殿，这是希腊人的医神之神殿。他采用了Ionic柱式。1787年他还在花园内建锡耶纳广场小礼拜堂（Chiesetta di Piazza di Siena）。

他的老师Peyre（1730~1785年）和Le Roy（勒·罗伊）都是法国人。Le Roy著有"*Ruines des Plus beaux Monuments de la Grace*"（希腊遗址及文物）（1758年）。

401. L'Enfant, Pierre-Charles 朗方/勒恩凡特（1754~1825年）

生于法国，居于美国，1771~1776年回法国随父亲学绘画及雕刻。

1776年美国争取独立，于7月4日发表《独立宣言》，他毅然回美，参加革命军，至1783年英美签订和约，美国建立为合众国，1784年他定居纽约。

身兼工程师、建筑师和城市规划师。

1787年，他将国会旧会堂改建为联邦会堂（U. S. Congress as Federal Hall）。Doric柱式上缀以五角星饰。

美国国会决定建都华盛顿于波托马克（Potomac）河畔，1791~1792 年受委托做华盛顿市规划方案，他吸收欧洲城市的特点而奠定布局，以不规则的矩形路网，斜向相连，交叉处做各种形状的广场，而重心位于国会大厦和总统府上。

他为人刚正，为了实现计划，不畏权贵，坚持拆迁他们的房屋，结果虽然其规划基本上并无大变动，但次年他就被迫免职。

退休后同友人们居于马利兰的格兰山（Green Hill），死时身无分文。

402. Hamilton，Andrew 汉密尔顿（活动于 18 世纪上半叶）

费城是美国 1790~1820 年的首都，美国独立前，1732~1741 年 Hamilton 设计了费城独立厅，这是一座小小的两层楼房，红砖外墙，中间凸出白色高塔，上悬大钟，这座其貌不扬的建筑，左边是原最高法院，右边是原国会厅，在里面举行过美国的历史大事：1776 年的独立宣言、1787 年的联邦宪法、1789 年的联邦会议等。Hamilton 生平不详，可能是 1676~1741 年，律师。

403. McAdam，John London 麦克亚当（1756~1836 年）

由经商而致富，回到苏格兰，在艾尔（Ayr）购置经营房地产。

1783 年受委托负责所在地区的道路管理，他自费作路面试验。

1798 年迁居英格兰康沃尔郡（Cornwall）的法尔茅斯（Falmouth），政府委托他继续做试验。

他首先发明碎石路面，方法是先铺大石作路基，再铺以小石，最后用细石砾、炉渣填平。又建议公路应高于附近地面，以利排水。提出路面锁结理论。

1815 年任公路检查长后，他的建议和发明得以付诸实现。这种碎石筑路方法，遂被广泛采用。

根据实践，他写了：

《论目前的筑路法》（Remarks on the Present System of Road Making）（1816 年）和《实用科学修路和养路法》（Practical Essay on the Scientific Repair and Preservation of Roads）（1819 年）。

404. Hansen，Christian Frederick 汉森（1756~1845 年）

鞋匠之子，他自己当过瓦工和木工，同时向哈尔斯德尔夫（Harsdorff，C. F.，1735~1799 年）❶学建筑。

---

❶ Harsdorff，C. F. 师从 Jardin，Nicolas-Henri（贾汀），因此形成 Jardin→Harsdorff→Hansen 的渊源关系，但两人生平事迹不详。

他的作品，只位于德国北部和丹麦：

德国的一些住宅和孤儿院（Houses and Orphanage，1789~1804年）；

石勒苏益格医院（Hospital Schlewig，1818~1820年）；

新明斯特教堂（Church in Neumüster，1828~1834年）；

胡苏姆教堂（Church in Husum，1829~1833年）；

丹麦奥尔底斯洛（Oldesloe）的市政厅（City Hall，1792~1803年）；

哥本哈根的市政厅、法院和监狱（1803~1816年）、克里斯蒂安斯堡宫的重建（1803~1828年）、大都会体育馆（Gymnasium Metropolitanskolen，1810~1816年）、克里斯蒂安斯堡宫的礼拜堂（1810~1826年）和圣母教堂（Church of Our Lady，1810~1829年）；

赫尔梭姆的教堂（Church Horsholm，1820~1823年）。

他为人冷酷、孤傲、不合群。

虽然是新帕拉第奥主义者（Neo-Palladian），但却把功能放在首位，他是功能主义的先驱（Functionalisms Forerunner）。

405. McIntire，Samuel 麦金泰尔（1757~1811年）

既是手工艺师，也是建筑师，擅长于住宅设计。

设计和制作家具并作室内木装修，受英国家具设计师 Sheraton，T.（谢拉顿，1751~1806年）影响，善于新古典主义风格的木家具，所制家具尚存达百余件，是美国最精美的 Sheraton 式。

至于建筑设计，则受 Bulfinch，C.（1763~1844年）的影响，也是新古典主义风格。其活动范围全在塞勒姆（Salem）：

市法院（The Salem Court House 1785年、1839年已拆）；

德比公馆（Derby Mansion，1794年）；

加德纳－怀特－平格利宅（Gardner-White-Pingree House，1804年）。

他的杰作是杰拉斯米尔－皮尔斯宅（Jerathmeel-Peirce House），被认为是1783年美国独立后，新英格兰地区最精美的住宅之一。

市民亲切地称他为"塞勒姆的建筑师"（The Architect of Salem）。

406. Telford，Thomas 特尔福德（1757~1834年）

苏格兰籍，博学多才的工程师，为英国的运河、海港、隧道、船坞和桥梁等建设良多。1786年起负责楼房和桥梁工作：

自 Darby 达比家族研造出用焦炭炼造铁矿生产铸铁成功，于1709年生产商品铸铁后，1785年又炼造出熟铁，使英国大量生产铁材，并应用到结构上。

Telford 分析材料的特性，了解到生铁利于受压力，熟铁利于受拉力，因而首创用生铁建造拱桥，用熟铁建造悬索桥。

他在塞文河（Severn River）建造了三座桥。其中，比尔德沃斯（Buildwas）桥就是用铸铁建造。

在威尔士的梅奈海峡的吊桥（Menai Straits Suspension Bridge）（三跨：主跨 579′=176.5m，两边跨各 260′=79.25m）（1819～1825 年）和跨康韦河（Conway）和梅奈海峡的吊桥（1822～1826 年）开始使用熟铁建造。

1801 年，他曾建议以 600′=183m 的单跨拱形铁桥代替原伦敦桥。

1793 年，他还用铸铁板水槽做成两座大渡槽，使运河跨越山谷。

Telford 共建公路 1450km，他率先采用法国工程师 Tresaguet（1716～1796 年）所改良的路面做法。

1818 年起任英国土木工程学会首任会长。

407. Voronikhin，Androy Nikiforovich/Воронихин，A. N 沃罗尼钦（1759～1814 年）

1773 年 9 月，代表农奴反抗斗争的领袖普加乔夫（Pugachov）在乌拉尔河畔的布达林斯基（今哈萨克斯坦境内）举起义旗，率众发难，发展逾万人。其活动主要在伏尔加河一带，时间至 1774 年 9 月，但影响所至，遍及俄国各地，圣彼得堡全城几乎被夷为平地。喀山位于起义军的主要行动路线上，喀山主教堂（Kazan Cathedral/Казанский Собор）遭受严重破坏。叶卡捷琳娜大帝（Catherine the Great，1762～1796 年在位）诏令重建，由出身农奴的 Voronikhin 设计，他以新古典的形式仿罗马圣伯多禄大教堂建造。传统的拉丁十字形平面，正面以 96 根柱围成半圆形的柱廊（本来，按东正教的规律，入口设在北面，正殿祭坛置在东侧。原设计在北、西、南三面都有半圆弧形柱，后因困难，只保留北面柱廊），北柱廊的宽度超越于两侧殿，前面为小花园，施工时间为 1801～1811 年。

1812 年击败拿破仑的库图佐夫逝后，设陵墓于教堂内。广场上分列库图佐夫和迪托里（de Tolly，M. B.）两位战败拿破仑的英雄的雕像。

前苏联时代，教堂改为"无神论博物馆"。

Voronikhin 是 De Wailly，C.（1730～1798 年）的学生。

408. Thornton，William 桑顿（1759～1828 年）

英裔的医生，于 1787 年移居美国，定居于费城。

业余的发明家，前后有八项发明获得专利权，他还研究过升空气球等多个项目，并写下了著作。

未受过正式的建筑学习，自学成为业余建筑师，居美两年后，1789 年即以费城图书馆公司的设计获得头奖。1792 年更因华盛顿国会大厦（Capitol, U. S.）竞赛方案再次获奖，工程于 1793 年按他的方案开始奠基施工，先后有 Hartley, D.（J）（1731～1813 年）和 Hoban, J.（约 1762～1831 年）经手，北翼于 1800 年、南翼于 1807 年先后完工，其后又经 Latrobe, B.（1764～1820 年）、Bulfinch, C.（1763～1844 年）增改，已面目全非。经历了 1812～1814 年英、美战争和 1851 年大火等天灾人祸。其后由 Walter, T. U.（1804～1857 年）将木顶改为铸铁圆顶，又扩建参、众两院的两翼，至 1863 年加上自由神铜像，前后历时 70 年才完成。

1794～1802 年在华盛顿设计多所住宅，当时他是地方长官。

1802 年任专利局的第一任局长直至逝世。期间设计了都铎宫（Tudor Palace 1805～1806 年）、他自己的住宅（该宅于 1814 年英军破坏白宫时，被麦迪逊总统一度作为临时寓所，现为建筑师学会总部）。1817～1821 年又为弗吉尼亚（Virginia）大学设计 PavilionⅢ。

409. Durand，Jean Nicolas Louis 迪朗（1760～1834 年）

Fontaine，P. F. L.（1762～1853 年），Percier, C.（1764～1838 年）的同学。

1795 年后一直任教授，并从事著作。

主要作品有：

《古今各种形式的建筑物的对照汇编》（Recueil et Parallèle des Edifices de Tone Genre，Anciens et Moderus）（1802 年）。

《简明皇家艺术学院建筑学课程》（Précis des Loçons d'Architecture Donners à l'Eale Royale Polylechingue）（1802～1805 年）。

对于建筑形式同建筑材料的关系，他认为"建筑的形式取决于材料——形式是材料性质的产物，虽然有些形式出于习惯，但那只是第二位的"。他这话较为片面，形式的形成因素繁多，错综复杂，除了物质条件外，人们的喜好、习俗、生活方式、社会的需求，自然的地理、气候而至施工技术与设备等无不影响到形式，而且不是亘古不变的。

410. Zakharov，Andrian Duntrievich 萨哈洛夫（1761～1811 年）

18 世纪，俄罗斯国力日益强大，资本主义亦已站稳脚跟，建筑活动随之在各主要城市活跃起来。俄罗斯的建筑界惯于向法国和意大利取经，形成风气。

Zakharov 于 1782～1786 年向法国的 Chalgrin，J. F.，（1739～1811 年）学

艺,继而于 1794 年又游学意大利。他追随方兴未艾之法国古典复兴主义,以新古典式的简朴单纯的形象为主,加上一些俄罗斯民族传统的建筑语言,形成俄罗斯古典主义风格,他的创作全在圣彼得堡:

加特辛寝宫（Gatchine Residence, 1798~1801 年）;

（圣彼得堡西）喀琅施塔得（Kronstadt）的圣安德烈教堂（St. Andrew, 1806~1811 年）;

涅瓦河（Neva）的韦尔住宅群（Ware Houses, 1806~1808 年）;

海军部大厦（Admiralty, 1806~1823 年）是他的杰作,更是圣彼得堡 19 世纪初最重要的建筑群之一。

大厦西北濒涅瓦河,东南迎正面的涅瓦大街和两条放射形的大街,三条大街集中于其大门前,左邻冬宫,右隔十二月党人广场,遥望元老院大厦,其位置非常壮丽而严峻。

宽 407m,深 163m,建筑物平面布置呈凹字形,真真正正的凹字形,因为涅瓦河引入的小运河贯通大厦,将大厦分成内外两部分,外部是办公、会议等行政部门,还有博物馆和图书馆,内侧则为生产、设计、仓库等单位（旧址原来就是造船厂）,小运河起到为车间运输之用。

如此超长的立面,处理起来对建筑师来说是个大考验,他按照古典主义五段式的分隔,而两端部分再一次作五段式划分——中间十二柱的柱廊,两端各六柱的柱廊,统率全局的中心是座塔楼。总高 72m 的塔楼,下层是厚重的立方体形,大拱门,粗壮的浮雕、圆雕和线脚;中层托出轻盈的 Ionic 柱式的八柱廊,和两端的柱廊取得呼应;上层则是扁平的穹顶和小小的八角亭和八棱的尖锥顶,再以扬帆的战舰作为结束,显示出海军部的主题。

1809 年,最后设计了加特契纳（Gatchina）的儿童教养所（Educational Settlement for Childern）。

411. Rennie, John 伦尼（1761~1821 年）

苏格兰土木及水利工程师,有多方面的才能:运河、港口、码头、船坞、造船厂、防波堤、排水工程和桥梁等,其主要工程有:

伦敦博尔顿和瓦特·阿尔比安工厂（Boulton and Watt-Albion Mills）;

肯尼至埃文罗奇山谷的运河（Canels in Kennet and Avon Rock Dale）;

普利茅斯防波堤（Plymouth Breakwater）;

伦敦萨瑟克（或译:索斯沃克/Southwark）大桥,1814~1819 年。

滑铁卢 Waterloo 大桥（1818 年）被誉为世界最伟大的桥。

伦敦桥最早是座木桥,1176~1209 年改建为十九孔石拱桥,1820~1831 年由他再改为五孔拱桥，称为"新伦敦桥"，工程进行的第二年他便逝世，由他的儿子 George 和（Little）John 继续完成，人们为纪念他，也称为伦尼桥（Rennie Bridge）。

1970 年此桥迁往美国亚利桑那一度假区，1973 年正式投入使用。

412. Vignon，Birthelémy 维尼翁/维农（1762~1829 年）

1777 年，法国路易十六当政的年代，在正对协和广场和协和轿的三岔路口，开始建造抹大拉教堂（圣马德莱娜教堂，Léglise Ste-Marie Madeleine）——抹大拉是保护巴黎的圣徒。至 1799 年，拿破仑上台时，已完成基础，拿破仑决定将教堂改为庙宇，以表彰他自己的功绩，准备将其战利品陈列起来。拿破仑崇尚希腊建筑，他对执行改建的 Vignon 说，要做得像雅典所见到的那种纪念物，Vignon 按照 Parthenon 的形制，采用了列柱围廊式的平面。正面"八柱式 Octastyle"，侧面十八柱，Corinth 柱式（但不是希腊的，而是罗马的 Corinth）。除了山花的浮雕外，外墙一律硬生生的粗石面，山花上也无雕像，这座宽 44.9m，长 101.5m 的希腊复兴式的建筑，取名为"Temple de la Gloire de L'Armée"（军功庙或军队光荣庙）。

1815 年，拿破仑垮台，工程改由 Huvé, J. J. M.（余维，1783~1852 年）接替，于 1845 年全面完成，但完工后与原设计已完全不同。

内部大厅的三个扁平的穹顶——受山墙的限制，高度无法伸高，它们不以砖石筑砌，而是用铸铁骨架所构成。工业革命引来材料和结构的改革，除了用于桥梁外，还进一步应用到建筑构造上。

413. Amati，Carlo 阿马蒂、Zamoia，Gioseppe 萨莫伊亚（活动于 19 世纪初）

欧洲的天主教堂，尤其是哥特式时期的教堂，动辄花上百年时间建造，是普遍现象，而拖延至六个世纪之久的，非意大利米兰主教堂和德国科隆大教堂（圣彼得及圣玛利大教堂）莫属，它们都创下了长时间的记录。

哥特式源于 12 世纪中叶的法国，始见于教堂建筑，渐传至英、德而至西班牙，在意大利则不大流行，主要只在北部一些地方出现，而且掺杂着其他形式同时出现。虽然主要是教堂，但对世俗建筑影响较大。

米兰主教堂（Duomo）始建于 1385~1386 年，斯福尔扎（Sforza）时。对当时的建造，缺乏历史记载。据知，da Vanci 曾参与其事，又经历过德、法、意人之手，至 1806~1813 年，由 Amati 和 Zamoia 进行增改。拿破仑当政时亦曾作过改变，直至 1965 年，正面最后一扇铜门安上，才算真正完成，前后约 580 年，其间约于 1500 年完成拱顶，1774 年立中央塔圣母像，1813 年基本完成构造。

可容信众四万人的 Duomo，是世界第四大教堂，以其 135 座尖塔，3400 多个石像，全都指向天空，以高耸轻盈、精致而著称于世。但它仍是拉丁十字平面的巴西利卡，中殿高 45m，侧殿高 37.5m，同一般哥特式教堂的高宽比为 2.6 的比例极不相同。西正面呈山墙，无双塔，钟塔在中。它无扶壁更无飞扶壁，也无玫瑰窗，窗面积亦不大，尖、圆券并用，屋顶亦不陡斜（以能上屋面为荣）。这些，都与一般哥特式教堂大大不同。经历 600 年漫长历程，时代更替，融合了哥特式、文艺复兴式而至新古典主义，自不足为奇。

意大利视罗马式，文艺复兴式为正宗，对哥特式是有成见的。"Gothic"代表野蛮人，是贬词。他们并不接受哥特式的形制，只作为一种装饰风格，因此，意大利的哥特式不是纯正的哥特式。

414. Hoban，James 霍本/豪班（约 1762～1831 年）

他是移民到美国的爱尔兰人，在爱尔兰接受的是英国乔治式建筑（流行于 18 世纪 20 年代至 70 年代），因此，他一生所作都不离此式。

1791 年设计了哥伦比亚首府大厦（State capitol Building），后已被焚毁。华盛顿的格兰饭店（Grand Hotel）是他 1793～1795 年的设计。1795 年他还设计了小饭店（Little Hotel）。

他最重要的设计是华盛顿的总统官邸。1792 年，在费城的华盛顿总统对官邸的设计提出了三点要求："宽敞、坚固、典雅"。他不要求建造一座宫殿，"不要豪华，因为总统只是国家的仆人"。方案送来了不少，在这时候 Hoban 特地到费城拜会总统，要求到实地踏勘后再设计，总统答应了。Hoban 所提出的方案是从 18 世纪英国乡村建筑风格脱胎出来的，总统会同 Jefferson 等人商议后，决定选定了他的方案。

流行于英国 18 世纪中后期的乔治式建筑风格，讲求简单、对称、立面凸出山花和门廊、以巨柱衬托、长形窗。果然，他的方案的立面很简朴，三开间的山花配以 Ionic 柱式，山花上连浮雕都没有，他的蓝本是 Gibbs, J.（1682～1754 年）的"*A Book of Architecture*"。

1793 年开始施工，Hoban 亲自指挥施工，质量要求极高。就近垒窑烧砖，又严格挑选各地来的材料，至 1801 年才竣工，那时华盛顿已离任了。

原来的外墙是灰色石面，1814 年英美战争，经受大火，留下烟痕，1815 年 Hoban 负责重修便粉饰为白色，1901 年罗斯福·西奥多总统将其正名为"White House"（白宫）。

1793～1802 年他还任国会大厦（Capitol）的工程负责人。

415. Valadier，Giuseppe 瓦拉迪耶/法拉第亚（1762～1839年）

1781年由瑞典到意大利开展其建筑生涯。

1784年在特拉札（Terraja）为皮安辛亚尼别墅（Villa Pianciani）加建教堂和小别墅。

1789年在乌尔比诺（Urbino）重建圣克雷申蒂诺教堂（San Crescestino）。

进入19世纪，他来到罗马，首先为波尼亚洛夫斯基家族（Ponialowski）建别墅（1800～1818年），Ponialowski（1676～1762年）是波兰军人，拿破仑任命他为华沙公国的总司令——波兰于1795年已三次被瓜分，华沙附近一带缩小为公国。

其后在罗马，他不甚得意，只做了一些重建和立面设计的工作：

重建或修复的有：Ponte Milvio（密尔维奥桥，1805年）、Arca of Titus（提图斯凯旋门，1819～1821年）、Teatro Valle（瓦来剧场，1819～1822年）、Colosseum（斗兽场1820年）、S. M. ai Monti（艾·蒙特的圣母教堂，1826～1829年）、维里利斯幸运女神庙（Temple of Fortuna、Virilis，1829～1835年）。

设计立面的有：San Pantaleo（圣潘塔利奥教堂，1806年）、Palazzo Lezzani（莱扎尼府邸，1832年）、San Rocco（圣罗柯教堂，1834年）。

1813年，在罗马，他创作了一项著名的工程：波波罗广场（Piazza del Popolo/人民广场）。广场在市北，呈椭圆形，两端各有一大喷泉，中心则竖立弗拉米诺（Flaminio）方尖碑。这座制造于公元前12世纪时的方尖碑在1589年由Circo Massimo大广场运来，搁置已二百多年了，1831年才竖立。广场有几条放射形的道路集中于此，北有人民圣母教堂（S. M. d Popolo），南有米拉柯里教堂（S. M. d Miracoli）和蒙特先托教堂（S. M. d. Montesento），还有由Raphael设计的基吉小教堂（Cappella Chezi）。

在切赛纳（Cesenà），他设计了另一个人民广场（1811～1814年）和圣克里斯添那教堂（1814～1822年）。

416. Fontaine，Pierre-François-Léonard 方丹/芳泰/封丹（1762～1853年）
　　Percier，Charles 柏西埃/佩尔西埃（1764～1838年）

两人都是Peyre, M. J.（1730～1785年）的学生。在巴黎，还与Durand（1760～1834年）同学。

从1792年共同开业合作直至1815年，1815年以后Fontaine继续建筑设计和室内装饰，Percier则改为任教。

Percier曾获罗马奖金（Prix de Rome）。

他们是拿破仑一世的御用建筑师,深受宠爱,他们经历了王朝复辟和路易·菲利普(Louis-Philippe 时期,1830~1848 年)。

他们的发迹源于受到约瑟芬(Joesephine Bonaparte)的注意,邀请他们改建马尔梅松大别墅(Château d'Malmaison,1800~1802 年)。随后,拿破仑让他们做出巴黎的改建计划,他们开辟新路和市场,拆迁墓地和坟场,装修新皇宫,打通里沃利大街(Rue de Rivoli),沿街建标准住宅(5 层,底层为带券廊的商店),又将卢佛尔宫(Louvre)和杜勒里宫(Tuileries)连接在一起。

他们还设计拿破仑家族在欧洲各地的新宅。

1811 年,一所比凡尔赛宫规模还大的宫廷设计方案在策划,但是,结果落空了。

在建造圣·奥恩码头仓库时,墙身装铁架以砖填充。

帝国风格(Le Style Empire)由他们创立,拿破仑崇尚的不是共和制的罗马,而是帝国的罗马。这种风格以罗马帝国建筑为榜样。但是,大片的石面,不作分隔,甚至不现砌缝,没有门窗,柱间隔收窄,也没有基座,总给人一种压抑感,有时还融入些埃及的主题。因为拿破仑曾远征埃及和西亚,与其说是欣赏该地的建筑风格,不如说是反映了他的殖民主义的心态。启蒙运动的精神被抹杀了,在宫廷内虽打扮得古色古香,却难掩盖其狭隘、僵硬和庸俗。于是,折中主义开始了。

1815 年,随着帝国的崩溃,两人的合作终止了,Percier 去任教,Fontaine 仍操旧业。后来他设计了赎罪小教堂(La Chappelle Expiatoire),以铁件和玻璃加建奥尔良画廊(Galérie d'Orleans),又修复了皇宫(Plais Rayale),直至 1848 年退休。

Percier 所著 "Collection of Interior Decoration"(内部装饰的收集)(1801~1802 年)记述了帝国风格的室内装潢和家具制作。

417. Bulfinch,Charles 布尔芬殊/布尔芬奇(1763~1844 年)

1785~1787 年欧游时,在巴黎邂逅 Jefferson(1743~1826 年),Jefferson 介绍他参观法、意的建筑。在伦敦,又认识了 Adam, R.(1728~1792 年)并接触到其建筑风格。回美国后他将 Adam 的新古典主义风格传入,其作品全采用古典柱式而比例纯熟,以设计政府行政建筑而闻名,主要有:

波士顿麻省州(旧)大厦(State House,1787~1788 年设计,1795~1798 年施工);

哈特福德(Hartford)的康涅狄格州大厦(Connecticut State House,1792~1796 年)——现改为市政府;

1817～1830年任华盛顿国会大厦第四任建筑师时，重新设计圆厅（Rotunda 1827年）以连接由Labrobe（1764～1820年）设计的两翼。

国会大厦原由Thornton（1759～1828年）于1792年设计，1793年奠基动工，历经Hartley（1731～1813年）和Hoban（1762～1831年）之手，最后由Walter，T U（1804～1857年）于1860～1863年完成。

1828～1831年，他还设计在奥古斯塔（Augusta）的缅因州议会堂（Maine capitol）。

1791～1795年、1799～1817年他两度出任波士顿市行政管理委员会委员，改善了道路系统和环境工程。

他是美国首位专业建筑师（Professional Architect）。

418. Latrobe，Benjamin Henry 拉特罗布（1764～1820年）

生于英国，学于德国，1784年又回到英国跟从Cockerell，Samuel Pepys 柯克里尔（1753～1827年）学法国建筑，因此，受到Boulée（1728～1799年）和Ledoux（1736～1806年）革新的古典主义的影响。约于1790年在英开业。

他曾一度帮土木工程师Smeaton，John工作，并向他学习土木工程的理论，因此，他还擅长于给水工程，又作船舶、机械的试验，此事引致他一度破产。1795～1796年他到美国。

他曾参加美国总统官邸（后来的"白宫"）的部分设计工作。

1797～1798年设计里士满的佛罗里达州监狱。

1798年他设计费城郊外塞奇利（Sedgeley）住宅时采用的是哥特复兴式。在费城，他还设计了自来水厂（Waterwork，1800年），发挥了他学过土木工程的技能。

1803年，他任公共建筑监督官，受Jefferson（1743～1826年）的指点，他的风格转向于希腊复兴式，他说："我认为优美的原理都包含在希腊建筑中。"他成为美国新古典主义（希腊复兴）建筑风格的创始人之一。

同年，他开始参加国会大厦工程，那时，北翼的参议院已于1800年完工，他一方面继续南翼众议院的工程，另一方面以木制拱廊连接两翼，南翼于1807年亦完成。其间他以玉米、烟草等植物花纹饰于建筑上。

1805～1818年巴尔的摩（Baltimore）的圣母升天教堂（Assumption of the Blossed Virgin Mary Christ Church）是巴西利卡形制，庄重而优美。

1817年设计佛罗里达州的圣保罗阿历山德里亚教堂（St. Paul's Alexandria）。

他为最高法院（Supreme Court）作内部装饰，古典形式而富创造性。

他在华盛顿所作的一系列内部装修，都富创造性而带诗意，非复制和仿造，而创出典雅风格，被视为"天才 Most Gifted"。从设计到施工，他都事必躬亲，这种作风影响到了以后的建筑师。

419. Godefroy，Maximilien 戈德弗鲁瓦（1765～1840 年）

法裔，当过军工，又当过建筑绘图的教员。

1805 年到美国，从事建筑设计，1819 年又到英国，最后返回法国。

他以先浪漫主义风格（Pre-Romantic）在各地做设计：

美国巴尔的摩（Baltimore）圣马利礼拜堂（St. Mary's Chapel，1806～1808 年）和神学院（Seminary，1807 年）、商贸和农民银行（Commercial and Famers Bank，1812～1813 年）、共济会大会堂（Masonic Hall，1812～1822 年）、第一长老会教堂（1st Presbyterian Church）庭院的大门和穹顶（1813～1815 年）、战争纪念堂（Battle Monument，1815～1825 年）、唯一神教派教堂（Uniterian Church，1817～1818 年）。

肯塔基州（Kentucky）巴兹敦市（Basdstown）的圣汤马士教堂（St. Thomas' Church，1812～1813 年）。

弗古尼亚州（Virginia）里士满（Richmond）的法院（1826 年）和议会广场（capitol Square，1816～1830 年）。

在伦敦，1825～1826 年设计天主教慈善学校（Catholic Charity School）❶。

回到法国，1829～1833 年在拉瓦勒（Laval）为法院（Palais de Justice）作修复工作并增添新翼，又为省长官邸增建入口和附属建筑（Auxiliary Building）以及一些修复工作。

先浪漫主义建筑的特点是模仿中世纪的教堂或城堡式府邸，有时还加上一些东方色彩。

420. Weinbrenner，Friedrich 魏因布伦纳（1766～1826 年）

年轻时随父亲（木匠）学习，1787～1789 年到德国各地和奥地利游览，1792～1797 年又到罗马学习古典建筑，学成后在德国各地进行建筑设计业务。

其主要活动在卡尔斯鲁厄（Karlsruhe，当时属符腾堡王国 Kingdom of Württemberg）：

维尼赫宅（Wohnich，1797～1800 年）、犹太会堂（Synagogue Hall，1798 年）、范贝克宅（Van Beck House，1800～1805 年）、他自己的住宅（1801 年）、隆德尔城（Rondell-Piatz）的马尔格拉夫宫（Margrave's Palace，1803～1813

---

❶ 18 世纪英国为贫苦儿童设立 Charity School，又名"蓝衣学校"，后来成为初等学校。

年)、圣斯蒂芬教堂(Church of St. Stephen,1803~1804年)、步兵营房(Infantry Barracks,1804~1808年)、市政厅(Town Hall,1805~1825年)、克来因斯坦巴赫教堂(Church of Kleinsten-bach)、圣公会教堂及学校(Protestant Church and School,1806~1828年)、宫廷剧院(Court Theater,1807~1808年)、大法官(或总理)公署(Chancellery,1814~1816年)、造币厂(Mint,1826~1827年)。

其间在其他地方还有：

海德尔堡(Heidelberg)的军营(Military Barracks,1806年)；

巴登巴登(Baden Baden)的哈密尔顿宫(Palais Hamilton,1808年)和德国百科全书馆(Konversationshaus,1821~1824年)；

莱比锡的(Leipzig)的市立剧院(Municipal Theater)的改建(1817年)。

他所创作的古典风格影响到其后 Schinkel (1781~1841年)、Klenze (1784~1864年)的新文艺复兴风格(Neo-Renaissance)。

晚年，在柏林和慕尼黑教学，著有教科书"*Architektonicehes Lehrbuch*"(三卷)(1810~1819年)。

421. Phyfe, Duncan 法伊夫 (1768~1854年)

原名 Fife, D 法夫。

英国乔治时代(Georgian Period,1714~1820年)新古典风格家具设计，除了 Sheraton (1751~1806年)之外，Phyfe 是另一个主要代表。

他于1784年移居美国，在1800年前后生产 Sheraton 式家具，但1825年以后转为帝国式(Empire Style)，这种家具较为沉重(Heavy and Ponderous)，他爱用桃花心木(mahogany，红木)制作，而在表面施以 Adam 式的浅浮雕，比例匀称，造型端正。

他在美国采用工厂化制作，他是工厂化制作家具的创造者。

422. Brunel, Marc Isambard 布律内尔 (1769~1849年)

法国人，忠于波旁王朝(Bourblon)，大革命时期于1793年逃居美国。

在美国生活六年，在纽约任总工程师，修建不少建筑物及构筑物，如纽约斯塔腾岛(Staten Island)至长岛(Long Island)之间的防御工事、兵工厂、铸炮厂等。

1792年华盛顿国会大厦设计竞赛时，他本来获胜，但是因为经济问题未被采用，结果才按 Thornton (1759~1828年)的方案施工。

1799年离美赴英，在英发挥了多方面的才能：

284

首创解决在水下挖掘隧道的困难问题；

设计索桥和浮动登陆码头；

改造了滑轮，设计弯木机、锯木机、印刷机而至制靴机和织袜机。

423. Boisserée，Sulpig 博伊塞雷（活动于 19 世纪上半叶）

科隆大教堂（Köln Dom/Cologne Cathedral），北欧最大教堂，世界排名第四，全名为 The Cathedral of St. Peter and St. Mary（圣彼得及圣玛利大教堂）。

始建于 873 年，原址为古罗马时代的古庙，13 世纪初毁于火灾。卡洛林王朝时（1248～1322 年），由 Gerhard（活动于 13 世纪中叶）领导，以哥特式重建，教堂宽 84m（一说 86.25m），深 140m（一说 143m 或 144.55m），面积逾 12000m²，共 56 柱，占地逾 1.2 公顷。

1808 年由 Boisserée 重新设计，1823～1831 年绘出立面、剖面和大样，1842～1880 年施工，主要是在西面加一对八边形塔楼，高度达 152（157?）m，体积更硕大无比，工期跨越七个世纪，长达 632 年，创下最长纪录。

整个构造全是垂直构造组成，仿佛现代的框架结构。填充于这些无可再瘦的骨架之间的只有彩色玻璃窗，中厅宽 12.6m，高 46m，高宽比达 3.65 倍，垂直感极强，哥特式自从在法国兴起后，在德国登峰造极，而科隆大教堂为其中佼佼者。

第二次世界大战时，因联军以它为地标，未予大破坏，1956 年重修。

424. Owen，Robert 欧文（1771～1858 年）

出生于威尔士蒙哥马利（Montgomery）的纽敦（New town）城。出身贫苦，10 岁即在衣料店当学徒，由于勤奋和才能，19 岁当上大棉纺厂的管理人，后来还当上经理。

他同股东们买下棉纺厂，于是在厂内改善环境，加强教育，提出守秩序，爱清洁，为职工幼儿办学——这在英国还是首次。

1813 年他写了"A New View of Society; or Essay on the Principle of the Formation of the Human Charactor"。他认为人的性格是由环境所造成的，因此，要从小将人置于适当的环境里，这是一种教育慈善制度的原理。

作为 19 世纪初有影响的空想社会主义者，他在格拉斯哥附近的 New Lanar（新拉纳）建立公社，这是英国最早的工人中心之一。公社 2000 人收养了 500 名儿童。但由于超支，中止了。

1817 年提出和谐村庄的理论（Village New Harmony）。

1825 年他在美国印第安纳州举办 New Harmony（新和谐社区/新协和村），

占地逾千公顷，起初人们安居乐业，后来因管理方式和宗教问题，于 1828 年又放弃了。

1829 年回到英国，继续宣传其教育道德学说和婚姻改革思想。

1831～1833 年在爱尔兰科克（Cork）的罗拉钦（Ralahine）和汉普郡（Hamp）的昆伍德（Queen Wood）继续其公社的试验。

他的改革思想认为需建立新型的社会组织，将农业、手工业同工厂制度结合起来，利用科学技术以创造财富，他反对资本主义的剥削制度，因此，私有财产及特权利益，甚至个体经济都要逐步消灭。社会要由最基本的单位——公社（Community）组成，共同劳动，共同享有，实行共产主义。

晚年，1853 年他变成了唯灵论者（Spiritualist）。

受他的思想影响，于 19 世纪，先后有工业家作过工人镇的试验。

同 Owen 同时而主张相若的还有 Fourier, J-B-J, B.（傅立叶，1768～1830 年）、圣西门（Saint-Simon, C. H., 1760～1828 年）。

他的儿子 Robert Dale（1801～1877 年）是个社会改革家，曾随其父办新协和社区并主编"*New Harmony Gazette*"（新协和报）。

425. Gilly, Friedrich 吉里（1772～1800 年）

其父 David 为建筑师，曾同 Langhans, C. G.（1732～1808 年）同事。普鲁士国家主义者。作品是希腊复兴风格，据知他在不伦瑞克（Brun-Swick）建维埃韦宅（Viewez）。

Gilly 只活了 28 岁，英年早逝，但所留下的一批图纸，记录下了 18 世纪下半叶德国希腊复兴建筑风格的具体形象，成为了珍贵文物：

柏林猎人街（Jägerstrasse）—住宅（1792～1794 年）、

1795 年改建的施韦特城堡（Schloss Schwedt）、

腓特烈大帝（Frederich the Great）纪念堂方案、帕雷茨教堂（Church Paretz）和迪哈洛夫拉尔特（Dyherrufulart）的马尔特恩公爵夫人墓（Grave of Duchess Matlzahn）都是他于 1797 年设计的、

柏林蒂尔花园区（Tiergarten）的莫尔特别墅（Villa Malter, 1799 年）和贝尔奥斯城堡（Schloss Belleous）的农庄建筑与塔希坦茅舍（Tahitian Hut, 1800 年）。

普鲁士柯尼斯堡（Königsberg、现俄罗斯的加里宁格勒）剧场（1799 年）。在柏林，他也设计了国家普鲁士剧场（Prussial National Theater）。

普鲁士骑士城堡则是 Boulée（1728～1799 年）或 Ledoux（1736～1806 年）作品的变形（Counterparts）。

426. Benjamin, Asher 本杰明（1773～1845 年）

由木匠走向设计的道路。

Bulfinch（1763～1844 年）亚当式新古典主义的最早追随者，1803 年起工作于波士顿，一方面进行设计，另一方面写下一批实用的建筑施工的书籍。

波士顿西教堂（West Church，1806 年）；

波士顿总部大厦（Headquarter's House，1807～1808 年）——资料未说明是什么总部；

斯普林菲尔德（Springfield）的林登宅（Linden House，1811 年）；

格林菲尔德（Greenfield）的一些住宅。

其著作为："Practive of Architecture"（建筑实践）、"Builder's Guide"（营造者指南）、"The Architect or Practical House Carpenter"（实用住房木工）、"American Builders Companion"（美国建造者指南）。

427. Rossi, Karl Ivanovich 罗西（1775～1849 年）

圣彼得堡的市中心，住于涅瓦（Нева）河之南，同瓦西里岛（Васнлъевский остров）隔河相望。市中心由三个广场组成，由东至西，分别为王室广场（Пл Дворцовая）、海军部广场和十二月党人广场（Пл Декабристов），各广场周边都是圣彼得堡主要的建筑。

在这片宝地上，Rossi 创作了几处古典复兴的名作：

1819～1829 年，在王室广场南边，正对着埃米塔什宫（Hermitage/隐宫、遁庵）的总司令部（Central Headquarters and Ministries/Главныгй Щтаб），其平面在北面中间，凹进一个大直径的半圆形。在立面上作了重点的装饰：凯旋门式、高度直贯三层的圆券门和上面的六驾战车铜像，其余两旁只是轻描淡写。在广场中心的亚历山大纪念柱（Александровская Колонна，1832 年）是纪念1812 年打败拿破仑而竖立的，高度 47.4m，是独柱的世界最高纪录，重 707 吨，下面打下了 1200 根松桩，据说只花了两小时便把柱子竖起 [Montferrand（1786～1858 年）设计]。

在西边，十二月党人广场的元老院和宗教会议大厦（Здание Сената и Синода）是 1829～1834 年他和 Stasov, V. ❶（1769～1848 年）合作的。

正对海军部大厦，涅瓦大街上的阿历山德鲁夫斯基剧院（Александринский

---

❶ Stasov, Vasilg（斯达索夫，1769～1848 年）在圣彼得堡完成了战神广场之帕夫罗夫斯基军团军营（Pavlovsky Regionental-Barracks，1817～1819 年）、三一教堂（1828～1830 年）和斯摩尔尼修院（Smolny）的大教堂（1835～1748 年）。

Teatp）建于 1828～1832 年（一说 1812 年），Ionic 六柱式柱廊，有点像莫斯科的波修瓦芭蕾舞歌剧院（Бодвшой Театр，1776 年），但后来几次被火破坏（现在是普希金剧院）。

在圣彼得堡，他还设计了：

阿尼殊古宫（Anichkvo's Palace）；

奥斯特洛夫斯基（Ostrovsky）广场；

尼古拉耶夫斯基门（Nikolaevskie Gate）广场（1826 年）；

米凯基洛夫斯基花园（Mikkailovsky）；

埃里津岛（Elegin Island）上的宫苑（Park-Palace Complex，1818～1822 年）。

428. Rickmen，Thomas 里克曼（1776～1841 年）

先当药剂师的助手，后来升任医生，通过自学成为建筑师。他喜爱的是哥特式建筑，但从其表现的风格看，他对哥特式建筑的外貌了解得比较多，而对其精神实质理解得比较少，即所谓得其形似，未得其神似。1826/1827～1831 年他同 Hutchinson，Henry（哈钦森）为剑桥圣约翰学院（St. John's College）增建新院舍。

他所设计的一些教堂和乡间住宅都是以英国哥特式为范本，尤其是垂直式（Perpendicular Style）。

他的著作也是有关于哥特式的：

《英国建筑风格试辩》区分英国中古时期建筑的类别，尤其是"盛饰期"及"垂直期"的哥特式。

"An Attempt to Discriminate the Style of English Architecture"（区别哥特式的应用）。

429. Belzoni，Giovanni Battio 贝尔佐尼（1778～1823 年）

埃及古迹的早期发掘者，1813 年发现埃及阿布辛布勒（Abu Sinbel）的拉美西斯二世（Rameses II，约公元前 1304～约前 1237 年）时的两座神庙。祀埃及太阳神"瑞/Ra"，庙由沙石峭壁雕凿出，由三个相连的大厅和一个小庙组成。

1817 年实地考察时，他掠夺走寺庙珍宝文物，包括 Rameses II 的头像、塞提一世（Seti I）的石棺和阿斯旺（Aswan）的方尖碑（后被法国夺去）。

建阿斯旺大坝时将神庙移到阿布辛布勒高地，阿斯旺古代称赛伊厄（Syene）或西耶纳（Suenet），而阿布辛布勒则位于古王国南部边界之南，尼罗河西岸。

1820 年写下"Narrative of the Operations and Recent Discoveries Within the Pyramids, Temples, Tombs and Excavations in Egypt and Nubia"（埃及和努比亚考古发掘记）两卷。

Mubia（努比亚）亦称库什（Kush），位于尼罗阿第二、第四瀑布间，在今苏丹国北部，至十八王朝时，其文化全消失。

430. Wilkins William 威尔金斯（1778～1839 年）

18 世纪中至 19 世纪中，英国的建筑兴起一股复兴潮，在古典复兴方面，起初兴起的是罗马复兴。但进入 19 世纪，钟情于罗马复兴的拿破仑被英国打败了，而希腊经历奥斯曼帝国的长期统治，正谋求独立，1821 年发动了独立战争。在英国国内，资产阶级扩大民主制度，人们更向往希腊的民主制度，加上对希腊考古工作的成就，自然转向希腊复兴式。

另一方面，日趋没落的封建贵族则缅怀昔日的庄园生活和殖民地的异国情调，他们由先浪漫主义发展到哥特复兴形式，其时间却比古典复兴形式的时间拖得更长。

Wilkins 正是希腊复兴式的实践者之一，其所创作全是此式：

1806～1811 年剑桥的唐宁学院（Dowing College）仿自雅典卫城的伊瑞克提翁神庙（Erachtheum）。

1809 年汉普郡（Hampshire）的格兰奇庄园（Grange Park）是希腊神庙式的。

1824～1827 年剑桥国王学院（Kings College）的屏墙和会堂（Screen and Hall）。

1827～1830 年的约克郡博物馆。

伦敦特拉法尔加（Trafalgar）广场的国家美术馆（National Gallery），其广场是为了纪念在 Trafalgar 海战中战胜拿破仑的纳尔逊将军（Nelson, H, 1758～1805 年）而建。

自从 Stuart, J. (1713～1788) 于 1758 年在伯明翰附近的哈特利（Hagley）大厦园内建了一希腊 Doric 柱式神庙起，至 19 世纪初，渐兴起希腊复兴建筑，其后有 Smirke（1780～1867 年）、Soane（1753～1837 年）、Hamilton（1784～1858 年）和 Cockerell（1788～1863 年）等人。

431. Engel, Carl Ludwig 恩格尔（1778～1840 年）

德国新古典主义建筑师，1807 年到芬兰——"千湖之国"❶发展业务。

---

❶ 芬兰虽称"千湖之国"，实际全国湖泊达六万多，更有称逾十八万多。

初期无大成就，直到 1818～1822 年在赫尔辛基设计了参议院广场（Senate Square/塞内特广场），欧洲最美广场之一，才崭露头角。广场上还有他设计的路德主教堂（Lutheram Cathedral），该教堂的中心穹顶很高，且有多层鼓座，教堂于 1840 年才完成。

接着的一些建筑为：

警卫营房（Guard's Barracks，1822 年）；

圣三一教堂（Holy Trinity Church，1824～1826 年）；

万哈教堂（Venha Church，1826 年）——Venha 是旧城区，因此也称旧教堂；

市会堂（City Hall，1827～1833 年）；

赫尔辛基大学主楼（1828～1832 年）及图书馆（1836～1845 年）；

拉普阿（Rapua）教堂（1827～1833 年）；

瓦奥约奇（Vuojoki）的一些村舍；

波里（Pori）的市会堂（1840～1841 年）。

1840～1845 年施工的（芬兰故都）图尔库（Turku）希腊东正教教堂（Orthodox Church）是他的遗作。他以新帕拉第奥主义风格，仿圆厅别墅设计。这教堂的大学图书馆及波里市会堂都在他逝世后完成。

432. Parris, Alexander 帕里斯（1780～1852 年）

不少建筑师往往由低微的学徒出身而成为名建筑师，我国如此，国外也如此，Parris 就是其中之一。他 25 岁便有创作：

在缅因州（Maine）的波特兰（Portland），他为自己设计了亨纽威尔—谢佩宅（Hunnewell Sheppey House，1805 年）和普雷比宅（Prebee House，1807～1808 年）。

波士顿的西尔斯宅（David Sears House，1816 年）——后改为俱乐部。

1819 年，他接到波士顿圣保罗大教堂的任务，他采用了 Ionic 柱式设计，而雕刻优美。

在马萨诸塞州的昆西（Quincy），1825 年设计的市场是美国早期希腊复兴式，建筑保留到 20 世纪后半。昆西的唯一神派（Unitarian）教堂是他于 1828 年所设计的，严肃、动人，有"石庙"（Stone Temple）之称。

他是 19 世纪初，马萨诸塞州希腊复兴式的主要倡导人。

433. Ingres, Jean-Auguste-Dominique 安格尔（1780～1867 年）

启蒙于父亲，进行多方面的学习，包括雕刻、肖像画、装饰而至音乐。

1791 年入图卢兹学院，1797 年入大卫画室，其后活动于罗马、佛罗伦萨和巴黎等地，由美术院院士而至院长，授徒逾百。

1854～1855 年同 Hittorff，J. I.（希托夫，1792～1867 年）合作设计巴黎的九女神庙（Temple of the Muses/缪斯庙）——Muses 是司文艺、美术、音乐、诗歌等之九位女神。

又在家乡蒙托邦（Montaubau）的大教堂作祭坛画。

他和大卫❶都是法国新古典画派的领导人。

其名作有《朱庇特和忒提斯》（1811 年）和《土耳其浴》（1863 年）等。

434. Smirke，Robert 斯迈尔克/斯梅克（1780～1867 年）

1821 年起，希腊进行了历时 40 年的希腊独立战争，以摆脱奥斯曼帝国的统治。出于对古希腊的狂热崇拜，英国诗人拜伦（Byron，G N G，1788～1824 年）因参战而牺牲。在建筑方面，新古典复兴主义，由罗马复兴转向希腊复兴，Smirke 是希腊复兴风格建筑师之一。他说："希腊建筑纯净而简洁，最高贵。"他不断探索新的类型，但尚未臻成熟。

他在伦敦设计过国王学院、医学院、剧场、俱乐部、女修院、证券交易所、保险公司、总邮局、税关、铸币厂、监狱等，其中著名的有：

威斯特摩兰（Westmorland）的洛特城堡（Louther Castle，1806～1811 年）、考文特花园剧院（Covent Garden Theatre，1808/1809 年至今），这是伦敦首座 Doric 柱式的建筑。剧院位于伦敦市中心地区蔬菜花卉市场——考文特花园附近，又称伦敦中心剧院，现已不存。

赫拉福德郡（Herafordshire）的伊斯诺城堡（Eastnor Castle，约 1810～1815 年）。

皇家新警卫营房（New Royal Guard House，1816～1818 年）。

（旧）博物馆（Altas Museum，1823～1833 年），其中图书馆用铁桁架。

伦敦不列颠博物馆（British Museum，1823/1825～1852 年），其体形单纯，两翼向前凸出，整个立面全以巨大的 Ionic 柱式的柱廊围绕，后退的中间部分有带浮雕的山花，两翼不用山花，整体典雅而壮丽，作为公共建筑是适合的。博物馆前身为 1753 年购得的蒙塔古宫，1759 年首次开放，至 1823 年才由 Smirke

---

❶ 大卫（David Jacques-Louis，1748～1825 年），反对 Rococo 的陈腐画风，主张恢复古代优良传统，其画风严谨，技术精湛，1784 年成为皇家艺术院院士，大革命时任雅各宾党之委员，为"伟大祭司"罗伯斯庇底领导的节目设计服装。1794 年被捕，获释后，Ingres 等百多青年向他学画，1799 年任拿破仑首席画师，绘《拿破仑一世加冕式》（1805～1807 年）、《马拉之死》（1793 年）、《荷拉斯兄弟之宣誓》（1784～1785 年）等，成为新古典主义的宣言，拿破仑败后流亡于布鲁塞尔。

设计新建,1827 年,扩充东厅,至 1852 年全部完成。后来,1888 年扩建新回廊,1938 年再扩建西回廊。

435. Raschdorff Julius 拉希多夫(活动于 19 世纪上半叶)

生平不详,仅知柏林主教堂是他所作,Berlin Dom 是埋葬帝王所在,至今已有 90 多棺椁。

主教堂位于菩提树下大道(Unter den Linden),1820~1822 年他设计此主教堂,但是直至 19 世纪末才完成高 113m 的大圆穹顶,1894~1905 年再加上四角之小圆塔。

"二战"时遭严重毁损,1974 年起作整修。

436. Schinkel,Karl Friedrich 申克尔/欣凯尔(1781~1841 年)

18~19 世纪间,当中国已享受百多年康、乾盛世之际,在欧洲中部,北濒波罗的海南岸,南至亚平宁半岛,仍是封建割据,战乱频连。尤其在德国,由 17 世纪起,数不清的主教区或封建主对立的局面,经过七年战争(1756~1763 年)和腓特烈大帝(Frederick the Great/或译弗里德里希大帝)历次的吞并,政治实体已大为减少而壮大,为炫耀国力和激励斗志,在各首府纷纷兴建公共建筑——凯旋门、纪念堂、会堂、博物馆、剧院而至市场。

自从 Winklemann(1717~1768 年)为希腊复兴建筑立论,Langhan(1732~1808 年)的实践,再经过 Erdmannsdorff(1730~1800 年)、Weinfrenner(1766~1826 年)、Gilly,F.(1772~1800 年)等人的发展,约半个世纪的历程,希腊复兴在德国已蔚然成风,虽然哥特复兴仍占一席之地。至 Schinkel,开始对希腊复兴作新的尝试,试图简化古典主义以适应时代。

Schinkel 原来是师法 Boulèe(1728~1799 年)和 Ledoux(1736~1806 年)的,而真正受业却是 Gilly,F.,但是他并未真正追随。他于 1805 年成为画家,1809 年设计家具,又为歌德(1749~1832 年)的戏剧做舞台设计。

1810 年他开始设计皇家陵墓,用的是哥特复兴形式。1813~1815 年又设计在维多利亚公园(Viktoria)的解放战争纪念碑(Wars of Liberation)。1815 年为路易皇后寝殿(Furniture for Queen Louise)作装饰则采用了新埃及式。

1815 年成为普鲁士国家建筑师后,致力于柏林的市容改善,他增建广场和拓宽林荫道,这工作延续达二十年,至 1830 年任公共工程部部长和建筑总监(Appointed Director)。

柏林的音乐厅(Konzert Haus)之前身为剧院(Schauspiel Haus),火灾受损后作改建(1818 年)。

1818/1819 年设计的柏林皇家剧院,是他最重要的作品。在设计过程中,出现了斗争,他原来想将古希腊的半圆形露天剧场的形式用于观众席,但是这种不分等级的布置,实有违封建制度,宫廷是不能容许的,结果仍然采用五层包厢来解决。舞台则是箱形的,他同时扩大了后台的两边,以安排化妆、后勤部分,又配置了一个院子。立面展开了,正面是古希腊式 Ionic 柱式的六柱廊和山花。中间较宽的观众厅,后面更宽的后台部分,有层次,有变化,减轻了庙宇式的沉重感。他说:"剧院看上去只应是剧院。"剧院于 1821 年完成,二战时曾受损,20 世纪 80 年代修复。

1818~1821 年设计的新警卫大楼(Neue Wache)是一座 Doric 柱式神庙型的建筑,在德累斯顿(Dresden)所设计的警卫大楼,也是希腊神庙式。

1819 年他将原来的众犬桥(Hunde Brücke)改建为宫殿桥(Schloss Brücke),虽然所在的宫殿当时已不存在。

1821~1830 年设计费德烈韦尔德教堂(Friedrichs Werdersche Kirche)却是哥特复兴式。

1823~1830 年设计的旧博物馆(Altas Museum/阿尔特博物馆。但当时叫新博物馆/Neuse Museum),又是他另一杰作。矩形平面,中间为大直径的圆厅,分隔出左、右两个院子,正立面为 18 根 Ionic 柱式的柱廊,没有穹顶,也没有山花。这方面与同时期由 Smirke(1780~1867 年)设计的伦敦不列颠博物馆可谓不谋而合。立面宽高比超过 5 倍,异常新颖而大胆,打破长廊的单调、寂静的是墙上色彩鲜明的壁画群。

该区共集中了五间博物馆:1859 年由 Stüler,F. A. 设计的新博物馆,1876 年的旧国家画廊(Alte National Galerie),1904 年的伯德(Bode)博物馆,1930 年的珀加蒙(Pergamum)博物馆和阿尔特博物馆(1958~1966 年重建)。

1824~1826 年他到英国和意大利游览,那时正值 1825~1835 年经济萧条时期,当他看到英国乡间的红砖村舍时,感触很大,对他所喜爱的希腊古典主义重新思考,于他回德后对旧博物馆进行了修改,更对他其后的创作将古典主义进行改革,加以简化。

1697 年由 Nering 改建的夏洛滕皇宫花园 Charlottenburg 内,他于 1824~1825 年加建了风格独特亭子,并将花园由法式改为英式。

他其余的作品有:克莱因-格林尼希(Klein Glieniche)宫殿(1824 年)、波罗的海灯塔(1825 年)、柏林百货公司(1827 年)、Jenish's House(詹尼希宅(1831~1834 年)、伊丽莎白教堂(1825 年)、巴比斯贝格(Babelberg)花园,内有哥特复兴式宫殿(1833 年)、波茨坦的圣尼古拉教堂等。

他关注工业革命后所产生的新材料,试图将之同古典形式结合起来,如他在 1818~1821 年设计克林茨贝格纪念堂（Krenzberg）时就以铸铁作装饰。他试图将建筑物之外形简化，以达到合理的程度。

他曾建议将希腊王宫建在雅典卫城之上。

他在《科学，工业和艺术》中提出："发明已不再像早期那样仅仅为了解决需求和促进物质的消费，事物的程序相反了，需求的消费却成为推销发明的手段。"

他作多方面的尝试，从采纳古典法则，而倾向于古典主义，又注入过哥特复兴的浪漫主义，以其诸多相关艺术领域中的古典浪漫主义创作，成为德国 19 世纪上半叶的美学鉴赏权威。他是德国新古典浪漫主义最伟大的大师，所创风格称之为文艺复兴的复兴风格（Renaissance Revival Style）。继他之后有 Semper，G.（1803~1879 年）、Klenze（1784~1864 年）和法国的 Labrouste，H.（1801~1875 年）等。

437. Mills Robert 密尔斯（1781~1855 年）

Jefferson（1743~1826 年）领导着独立前后美国的建筑界，他推行新古典主义，并要创造适合于美国的联邦风格（Federal Style），摆脱乔治王朝的装饰，保留其对称而简朴的布局。响从者 Hoban，J.（约 1762~1831 年）、Latrobe，B. H.（1764~1820 年）及 Mills 等。

按照 Jefferson 的意图，在平面布置上和构造上创造性地运用古典形式，并赋予新的内容，以适应新的美国联邦共和国新的需要，在此前提下他设计了：

华盛顿美国国库（Treasury，1836~1840 年）；

（老）专利局（Patent，1836~1842 年）；

在华盛顿和巴尔的摩（Beltimore）两地的华盛顿纪念碑（1814 年设计，1815~1829 年建造）。华盛顿的纪念碑同总统官邸（白宫）遥遥相对。

在华盛顿，他还设计了医院、学校、住宅、监狱而至运河等。

438. Loudon，John Clandius 劳登（1783~1843 年）

英国的造园艺术，由于 18 世纪中叶，中国造园术传入，形成了"英华园艺"（Jartin Anglo-Chinois），趋向自然作风。加上风景画家、散文作者和诗人歌颂自然，他们抛弃法国和意大利的几何形的布局，转向自然感和多样化。"风景如画"成为潮流，并将乡村景观引入城市。

然而，这仅局限于观赏性和艺术性的观点上。

Loudon 提出观赏同学术相结合的、可供植物学研究的、不规则的园林，以别于一般的风景式园林，这就成为了维多利亚风格的花园（维多利亚女王于

1837～1901 年在位）。

　　Loudon 学园艺和建筑于爱丁堡，1803 年移居伦敦，他早期先是从事研究和写作的。

　　1807 年同妻 Loudon，Jane Webb 合著"*The Suburban Gardener and Villa Companions*"（郊区园艺家和别墅手册）；

　　"*An Encyclopaedia of Gardening*"（园艺百科全书）（1822 年）；

　　"*Encyclopaedia of Cottage*，*Farm and Villa Architecture*"（村舍、田园和别墅建筑百科全书）（1833 年）；

　　"*Arboretun et Fruticetum*"（英国植物园和灌木园）（1838 年）（法文版）；

　　此外，他还编辑"*Gardener's Magazine*"（园艺杂志）和著作，其他还包括园艺学、园林设计及有关科目的大量著作，他成为了乡村风土建筑的专家，并促进了维多利亚式郊区建筑风格的形成。

　　1817～1818 年的暖房方案，其中作出了多种不同屋顶的形式。

　　1839～1841 年的德尔比植物园（Derby Arboretum）是他的作品。

439. Japelli，Ginseppe 雅皮利（1783～1852 年）

　　活动于意大利东北部威尼托（Veneto）地区，曾到法国、英国、比利时和德国参观学习。

　　其主要设计有：

　　帕多瓦（Padua）的佩德罗齐咖啡店（Pedroccchi Caffè，1816 年），内有帝国式舞厅（Empire Style Ballroom）和埃及式门厅（Egyptian Lodge Room）——1837 年加建威尼斯哥特式侧翼（Venetian Gothic Wing），1842 年又加建赌场（Casino）。

　　近萨奥纳拉（Saonara）某别墅（1817 年），内有小礼拜堂和花园，其花园亭阁（Garden Pavilion）仿圆厅别墅（Villa Rotonda），他的做法源于 Burington（1694～1753 年）在伦敦的奇斯威克（Chiswick）别墅，不过规模小得多。

　　帕多瓦的肉市场（Meat Market，1821 年）。

　　圣劳伦佐（San Lorenzo）的雷尔奥罗劳治奥旅馆（Hotel Reale Orologio）的立面（1825 年）。

　　科内利亚诺（Conegliano）的格拉别墅（Villa Gera，1827 年）。

　　奇塔代拉（Cittadela）市的剧场的立面（1828 年）。

　　阿克奎－伦那利安纳（Acqua Raineriana）的餐厅（1829 年）。

　　帕多瓦新剧场（Theatro Nuovo）的重建（1847 年）。

　　埃斯特（Este）阿塔斯添诺博物馆（Museo Atastino）的花园（1848 年）。

440. Hamilton，Thomas 汉密尔顿（1784～1858 年）

19 世纪初，英国建筑主流由罗马复兴转向希腊复兴，其间经历过 Soane（1753～1837 年）、Smirke（1780～1867 年）、Wilkins（1778～1839 年），而各有成就。但最重要的作品却在爱丁堡，而把希腊复兴带到爱丁堡的是 Hamilton，其后还有 Burn, W.（1789～1870 年）和 Playfair, W. H.（1790～1857 年）等。

1820～1823 年，Hamilton 在艾尔（Ayr）的阿洛韦（Alloway）设计了 Burns Monument（伯恩斯或译彭斯）纪念堂——Burns（1759～1796 年）是苏格兰诗人，Alloway 是他的诞生地，后来（1830～1832）在爱丁堡也建造了另一座 Burns Monument。

在爱丁堡，1825～1829 年他设计了有名的王家高等学校（Royal High School），也就是后来的爱丁堡大学。大学位于卡尔顿山（Carlton Hill）之南，大学校舍的正面以高台阶和带山花的六柱围廊居中，俨然是仿雅典卫城山门，两旁开展的也是柱廊。1834 年他又为大学加建了格雷伯爵楼阁（Earl Gray Pavilion）。

1827～1831 年的王室桥（Kings Bridge）、1827～1834 年的乔治五世桥（George V Bridge）和联合市镇规划（Associated Town Planing）、1831～1833 年的迪安孤儿院（Dean Orphanage）和 1844～1846 年的菲皮亚埃斯王家学院（Rogal College of Phypiciems）都是他后来的作品。

在 Ayr，1827～1830 年他还设计了议会厅和尖塔（Assembly Room and Steeple）。

由于他和其他人的努力，卡尔顿山被称为新雅典卫城，山上曾有过一座仿 Parthenon 的国家纪念堂，而爱丁堡被称为"新的雅典"。

441. Klenze，veo yon 克伦泽/克仑兹（1784～1864 年）

少年时即随 Gilly, F.（1772～1800 年）学习，Gilly 逝世后，又到法国学习，1816 年以后在慕尼黑（Munich 德文为"München"/明兴），他在这个"僧侣之家"推行新古典主义建筑，他热爱希腊建筑，但在风格上，既出现了文艺复兴形式，也出现了折中主义。

在马克西米利亚一世（Maximilian I）和路德维希一世（Ludwig I）当政时，他都是宫廷建筑师。当其时，希腊正进行独立战争，巴伐利亚（Bavaria）公国对希腊的王位有所企图，于是摆出同情姿态，在君命授意之下，Klenze 先后设计了一批希腊复兴式的公共建筑：

1816～1830/1834 年的格利普托切克雕刻馆（Glyptothek Sculpture Gallery/州立古

代雕塑展览馆），建筑物的正中是希腊 Ionic 柱式的门廊（Greek Ionic Portico）。

1830/1831～1841/1842 年，位于雷根斯堡（Regensburg）一座小山上的伟大瓦尔哈拉神庙（Great Walhalla Greek Temple/烈士纪念堂），仿雅典的 Parthenon，但在结构上用了铁桁架，天窗上用了玻璃。

在慕尼黑，1846～1863 年的纪念门（Propylaeom）更是照搬雅典卫城的山门，五间六柱，明间稍宽，但在两旁加上高出的方方的碉楼，有点喧宾夺主。

当然，他也设计别的形式的建筑：

早在 1816 年，在慕尼黑策划奥狄安广场（Odeon Splatz）和路德维奇大街（Ludwigstrasse），以华厦沿街布置，道旁无树。至 1827 年完成了由主帅纪念门（Feldharnnhalle）至国防部大厦之间的新文艺复兴形式的建筑物及内政部大厦，后于 1827 年改由 Gärtner, F. v.（1792～1847 年）接手。现内政部大厦及音乐厅都不存在了。音乐厅即在 Odeon 广场上，原来"Odeon"即音乐堂之意。

18 世纪上半叶，Klenze 同 Gärtner 在慕尼黑相互展开竞赛。

1816 年设计的伦奇坦堡宫（Lenchtenburg Palace）是按照罗马的法尔尼斯府邸（Palaggo Farnese）［Sangello, A. B.（J）（1483/1484～1546 年）设计］仿造的。

1826～1835/1836 年在国王广场（Königsplatz）上加建国王宫殿（Könighau）和庆典大厅（Festaelhau）。

1827 年的万圣教堂（Allerheiligen/或称 Hof Kirche）则是新拜占庭式（Neo-Byzantine）。

1833 年在克罗林宁广场（Karolinenplatz）竖立方尖碑。

1838 年的巴伐利亚古物收藏馆（Steatliche Antikensanimlungez/State Antiquarium），同雕刻馆相对，形象亦相类似。

1839～1849 年去圣彼得堡参加爱尔米塔什博物馆（Hermitage Museum）的工作。

442. Montferand，Auguste de 蒙斐朗（1786～1858 年）

圣彼得堡的冬宫广场、海军部广场和十二月党人广场是市中心所在，在这里有两项主要的工程由这位法国人所创造。

在十二月党人广场，亦即元老院广场之东南，有一座圣以撒克大教堂（St. Issac's Cathedral，伊萨基也夫斯基教堂/Isaakievsky Soboa/Исаакиевклй Собор）是为纪念彼得大帝的生日（亦即圣以撒克的生日）而建，故取名圣以撒克大教堂。1717 年始建，彼得大帝亲自监建，但 1735 年因雷轰焚毁，其后经历三次迁址和重建。

约 1818/1819 年再度兴建，由 Mikhailov，A.（米哈伊洛夫）和斯达索夫❶（1769～1849 年）主持设计，但由于现址近涅瓦河，土质松软流失问题未能解决基础问题。Montferand 名不见经传，他提出先抽地下水，再在地基打桩，据说动员了 12.5 万人，费时五年，共打下 16500 支桩，工程遂得顺利进行。他更将穹顶由砖石改为用铁件构筑，这样一来又大大减轻地基的荷载，并创下了铁制穹顶的最早记录。至 1858/1859 年，占地 25 英亩，可容 14000 人的大教堂历时 40 年终于落成。集中式的平面，外观仿伦敦的圣保罗大教堂，高高的鼓座托起了铁穹顶，总高达 102m，正立面八柱式门廊，三排 Corinth 柱式（外八柱，内两排减为各四柱，共十六柱）。外形古典复兴式加上俄罗斯帝国风格，内部仿中东风格，豪华无比，但嫌过分装饰。

另一项工程是冬宫广场（即王宫广场/Пл Дворцовая），中心的沙皇亚历山大纪功柱❷（Александровская Колонна/Aleksandrovskoya Kolonna），柱高 47.4m，仿图拉真柱。

443. Séguin，Marc（Aîn'e）赛甘，马克（大哥）（1786～1875 年）

同弟弟 Camille（卡米勒）一起研究索桥原理。

1822 年对钢索强度做试验。在他们之前作为拉力构件只知用链索（Chain Cable），他们大胆做新的尝试，希望以钢索代替链索。

1824/1825 年他终于在图尔农（Tournon）隆河（Rhône River）上成功建造世界上第一座钢缆吊桥。

1824～1833 年他为法国的第一条铁路的修筑起重要作用。

他又发明多管式锅炉，后来 Stephenson George（1781～1848 年）应用于火车头上。

他在物理和工程方面作多方面的研究，写下不少关于理论物理学、航行、蒸汽动力、铁路、索桥等多方面的论文。

444. Strickland，William 斯特里克兰（1787～1854 年）

1803～1805 年就学于 Labrobe，B.（1764～1820 年），青出于蓝而胜于蓝，成就超过其师。1810 年开始在费城独立创作，多是一些公共建筑：

费城共济会会堂（Masonic Hall，1809～1811 年）。

波士顿联邦街教堂（Federal Street Church，1809 年）和美国第二银行

---

❶ 斯塔索夫将原由 Rastrelli，B. F.（1700～1771 年）设计的斯摩尔尼修道院（Smolny）改为新古典主义形式（1746/1747 年）。

❷ Alexander Ⅰ（1777～1825 年）任用库图佐夫为主帅战胜拿破仑（1812 年），故立柱以纪功。

(Second Bank，1819~1824 年)。

1825 年赴欧洲学习，作自我增进（internal improvements），回国后继续其业务，主要设计有：

美国海军疗养院（Naval Asylum，1826 年)；

国家造币厂（Mint，1829 年)；

商业交易大楼（Marchant's Exchange，1834 年)；

海关大厦（Customs House)；

新奥尔良（New Orleans）夏洛特造币厂（Charlotte Mint，1835~1836 年)；

罗得岛普罗维登斯（Providence）的图书馆（Athenaeum，1836~1838 年)；

费城查尔斯布尔芬奇（Charles Buffinch）的圣斯蒂芬教堂。

田纳西州议会大厦是他的遗作。

他的创作全是希腊复兴式，领导美国 19 世纪上半叶的希腊复兴主义。

作为工程师，还从事一些防波堤和铁路工作，如：Delaware（特拉华）的防波堤（Breakwater)。

他还是美国最早讲授建筑学的教师之一，在工程和建筑方面有所著作。继承其希腊复兴风格的有其弟子 Walter, J. U.（1804~1887 年）等。

445. Cockerell，Charles Robert 科克里尔（1788~1863 年）

他的父亲 Cockerell, Samuel Pepus（1753~1827 年)，建筑师，是 Latrobe, B. H.（1764~1820 年）之师。

他并不向父亲学艺，而向希腊复兴建筑大师 Smirke, R.（1780~1867 年）学习，同样成为希腊复兴主义建筑师。主要设计为：

1819 年在什罗普郡（Shropshire）的奥克利公园（Oakly Park)。

1824~1829 年苏格兰米斯郡（County Meath）的国家纪念堂。

在伦敦：1831~1832 年的威斯敏斯特人寿保险和不列颠消防保险公司（Westminster Life and British Fire Office)，1837~1839 年的伦敦暨威斯敏斯特银行（London and Westminster Bank）和 1839~1842 年的阳光消防与人寿保险公司（Sun Fire and Life Assurance Co.)。

1836~1842 年剑桥大学图书馆。

1839 年，他同 Elmes, Harvey Lousdale（埃尔姆斯）合作的利物浦圣乔治会堂（St. George Hall)，仿自古罗马的卡拉卡拉浴场，其立面并不对称：正面是平顶柱廊、左侧是山墙柱廊、右侧都是凸出的半圆形大厅。

1841 年同 Hansen, H. C.（1803~1883 年）等人合作设计雅典的圣公会教堂（Anglican Church/安立甘宗教堂)。

在牛津，1841~1845 年的阿什莫尔博物馆（Ashmolean Museum，1675 年始设计）和泰勒里安学院（Taylorian Institute）。

1844~1847 年他连续在利物浦、曼彻斯特和布里斯托尔（Bristol）三地设计了英格兰银行（Bank of England）。

446. Laves，Georg Friedrich 拉韦斯（1788~1864 年）

19 世纪上半叶汉诺威（Hanover）的新古典主义建筑师，其创作如下：

蒙特布拉兰特夏宫（Montbrillant Summer Palace）的重建（1816 年）；

维多利亚柱（Victory Coloumn，1816~1832 年）；

1817 年起他为自己建的私宅（Laves House），第一座至 1822 年完成，接着于 1822~1824 年又建第二座；

藏书阁（Bibliothek Davilion，1817~1823 年）；

卡斯珀·冯·希尔特别墅（Kaspar von Schiite Villa，1823~1824 年）；

埃吉狄恩教堂（Aegidien Church）的重建（1824~1827 年）；

1829~1830 年同 Moller, Georg（默勒）合作的旺根汉姆宫（Georg von Wangen Heim Palace）；

罗莎别墅（Villa Rosa，1830 年）；

伦尼斯堡垒（Leines Schloss）的更新（1830~1842 年）；

1842~1852 年汉诺威歌剧院（Hanover Opera House）是他的最后作品，"二战"时遭破坏，后已修复。

他是德国最后的新古典主义建筑师。

447. Burn，William 伯恩（1789~1870 年）

建筑师 Burn, Robert（1752~1815 年）之子，Smirke, R.（1780~1867 年）之同学。

1812 年在爱丁堡（Edingburgh）开业。初期主要活动于苏格兰，其创作如下：

北利克牧区主教堂（North Leigh Parish Cathedral，1813~1816 年）；

圣约翰圣公会教堂（St. John's Episcopal Cathedral，1815~1818 年）；

格里诺克海关（Greenock Customs，1817~1818 年）；

爱丁堡学院（Edingburgh Academy，1823~1824 年）；

纳森学校（John Natson's School，1825~1828 年），现为现代美术画廊；

怀特希尔会堂（Whitehill Hall，1839~1844 年）。

在东洛锡安（East Lathian）：萨尔敦会堂（Saltown Hall，1818~1826 年）、

泰宁哈姆宅（Tyninghame House, 1829~1830年）。

在珀斯（Perth）的邓普林堡垒（Dupplin Castle, 1828~1832年）。

在林肯郡：哈拉克斯顿庄园（Harlaxton Manor）的增建和内部装饰(1838~1855年)、斯托克罗奇福德会堂（Stock Rochfork Hall, 1839~1841年）和里维士拜修道院（Revesby Abbey, 1844年）。

爱尔兰凯里郡（Kerry）的穆克罗斯修道院（Muckross Abbey, 1839~1844年）。

他于1844年移居伦敦。

在各地，还有一些建筑，如：

住宅——伦敦白厅花园（Whitehall Garden）及在法夫（Fife）、珀斯（Perth）、斯特林（Stirling）等地。

会堂——萨顿（Sanden）、斯塔福特郡（Staffordshire）、林福特（Lynford）和诺福克（Norfork）等地。

小屋（Lodge）——北汉普顿郡（Northhamptonshire）、惠特尔堡（Whittleburg）。

他和Hamitton（1784~1858年）、Playfair, W.（1790~1857年）及Sterk, W.（?）成为了当时希腊复兴式的"苏格兰集团 Scotch Group"。

晚年，他同晚辈（nephew, 侄？甥？）Anderson, J. M. V.（1834~1915年）合作，直至逝世。

Shaw, R. N.（1831~1912年）是他的学生。

448. Playfair, William Henry 普莱费尔（1790~1857年）

作为"苏格兰集团"（Scotch Group）成员，同样也为苏格兰建筑引进希腊复兴风格，其主要作品在爱丁堡：

苏格兰皇家学院（Royal Scottish Academy, 1822年），采用Doric柱式。

苏格兰国家艺术馆（National Gallery of Scotland, 1850年），采用Ionic柱式。

449. Champollion, Jean-François 商博良（1790~1832年）

历史学家，语言学家，文字学家，法国科学的埃及学的创始人。

识破"象形文字"结构的首位学者。1822年成功解译罗塞塔石碑（Rosetta Stone/或译"拉希德石碑"）——此黑玄武岩断碑上用象形文字、古埃及俗语和古希腊语三种文字写成。

曾任卢佛尔宫博物馆埃及文物收藏馆馆长。

著有:"Egyptian Partheon, or Collection of Mythological Figure of Ancient Egypt"(1823~1828年),未完成稿。

450. Visconti, Louis Jullius-Joachim 维斯孔蒂 (1791~1853年)

Percier, C. (1764~1838年)于1815年拿破仑失败后,终止他同 Fontaire, P. F. L. (1762~1853年)的合作,改为任教,Visconti 是他那时候的学生。

他是米兰的望族。

在法国,早期从事一些住宅和喷泉,如1824~1828年的加隆(Gaillon)喷泉。

1825年任国家建筑师,负责修复公共工程,如阅览室等。

其间,他又做了一些喷泉,如卢福厄(Louvoes)喷泉(1835~1839年)和莫里哀(Moliere)喷泉(1841~1843年)。

1842年,拿破仑的遗体终于被送回巴黎(因鸦片战争,英法联盟侵华,从而将骸骨归还),穿过他生前未能亲眼看到的雄狮凯旋门[Chalgrim(1739~1811年)设计,1835年完成],归葬于残废军人收容院的新教堂内[Mansart, J. H. (1646~1708年)于1680年设计]。陵墓在穹顶下圆形中殿,以赭红色大理石制作,异常豪华——这是 Vicconti 于1842年所创作。

1844年他参与建筑界的哥特复兴运动,做了模仿英国村舍的卢西别墅(Villa Lussy)。

1852年拿破仑三世上台,命令他设计连接杜伊勒宫和卢浮宫之间的建筑,次年他便逝世,余下的工作由 Lefuel, H. M. (1810~1881年)修改和完成。

451. Gärtner Friedrich von 格特纳 (1792~1847年)

19世纪上半叶,慕尼黑的建筑界 Gärtner 同 Klenze (1784~1864年)齐名而互相竞赛,使得 Maximilian Ⅰ马克西米利亚一世和 Ludwig Ⅰ路德维希一世在位期间,呈现一派兴旺现象。

1824~1829年他设计的圣路德维希教堂(St. Ludwig)是拜占庭式和罗马风的混合形式,灰色调,正面双塔,后来有扩建。

1827年他接过1816年起由 Klenze 规划的奥迪安广场(Odeonsplatz)和路德维希大街(Ludwig-strasse)工程。Klenze 原只完成了由广场至国防部之间的南部街段的新文艺复兴式建筑物。Gartner 接手了北段、由州立图书馆至凯旋拱门街段的建筑物,为了配合上面所说的圣路德维希教堂,仍采用拜占庭式和罗马风的混合形式。

1832~1843年的巴伐利亚州立图书馆(Bayerische Staats Bibelothek),其立

面长达150m，他采用了新古典形式。——巴伐利亚州（Bavaia）又名拜恩州（Bayern）

1835～1840年的路德维希-马克西米利亚（Ludwig-Maximilian）大学，校园被大街分为东西两半。更后1843～1854年的齐格斯托尔（Siegestor）凯旋拱门，仿古罗马的君士坦丁凯旋门，这些都在大街上。

在大学广场（Universitasplatz）上，还有1835年设计的盲人学院（Institute for the Blind）和1837年设计的女子学校（Girl's School）。

除了慕尼黑外，1835～1837年为班贝格（Bamberg）主教堂的增建和改建。

1837年雷根斯堡（Regensbur）主教堂的重建。

在雅典，1836～1842年他将原于Otto（鄂图/奥托）时代建造的王家寝宫（Royal Residences）进行改建，（1924年改建为国会Vouli）。

452. Haviland，John 哈维兰（1792～1850年）

1818年由英国移居美国费城，自办设计事务所。

之前，在英国，工作于Elmes，J.（埃尔姆斯）手下。1812～1813年设计了奇切斯特（Chichester）的福音传教士圣约翰礼拜堂（Chapel of St. John, the Evangelist），是仿雅典风格的。

来到费城，设计了一连串希腊复兴式的作品：

第一长老会教堂（1st Presbyterian Church，1820～1822年）。

美国东部各州的监狱（East State Penitentiary，1821～1837年），也是希腊复兴式的，但在1823～1829年间又加上一些哥特复兴式的成分。

至于主教派圣安得鲁斯教堂（St. Andrews Episcopal Church，1822～1824年），则直接仿建希腊泰奥什（Teos）的狄俄尼索斯（Dionysus）神庙。该神庙是古希腊建筑家Hermogenes（活动于公元前150～前130年间）为希腊酒神（丰产、植物的自然神，酒和狂欢之神）Dionysus而建，Ionic柱式。

1824～1830年他在任教期间，在费城仍设计了：

宾夕法尼亚州教育学院（1824～1826年）、弗兰克林学院（1825～1828年）、沃尔纳特街（Walnut Street/胡桃树街）剧院（1827～1828年）、独立会堂（Independence Hall，1831～1833年）、宾夕法尼亚州火险公司（1838年，埃及风格）。

在纽约：连拱廊（1826～1827年）、司法大厦和拘留所（Halls of Justice and House of Detention）。

在波斯特纳尔逊（Postnelson）的国家海军医院（U.S. Naval Hospital，1826～1833年）。

在宾夕法尼亚州波茨维尔（Pattsville）的矿工银行（Miner's Bank，1830～

1831年)。

他还在各地设计了一批监狱（Penitentiary），分别在：杰弗逊城（Jefferson）、新泽西城（New Jersey）、罗得岛州（Rhode Island）、雷丁（Redding）、兰开斯特县（Lancaster County）和小石城（Little Rock）。

此外，在宾州还有两座希腊复兴式的别墅。

1837年他在设计一座仓库时，扶墙和过梁都使用了铸铁，而外形是古典的。

任教之余，他写下了如下教材：

"*The Builder's Assistant*"（营造者辅导）（1818~1821年）；

"*Young Carpenter's Assistant*"（青年木工辅导）（1830年）。

1837年他对上述两书作过增编和改进。

453. Hittorff，Jacques Ignace 希托夫（1792~1867年）

德国人，工作在法国，尤其在巴黎作出大量建设和美化的成绩。

初到法国，先在Bélanger（1744~1818年）和Percier（1764~1838年）手下工作。

1818~1825年期间，他在巴黎和兰斯（Reins）搞些内部装饰。1825年便全心投入巴黎市的建设，当时正值共和时期。1825~1830年间在杜勒里宫做内部装饰工作。

1827年他开始独立设计的是一间叫做"Théâtre de l'Ambiqu-Comique"的喜剧院。

1830~1846年他完成了圣·樊尚·德·保罗（Saint Vincent-de Paul）教堂的正立面——两旁的双柱和中间七间的半圆券。

1832~1840年的协和宫（Palais de la Concorde）。

1834~1840年为增进巴黎市中心的市容，在香榭丽舍大街（Champs-Elysées）设计了全景装置（Panorama），完善了圆形广场（Circus）和食亭（Restaurant Pavilions）。

1847~1850年又完成了战争专区的府衙（Mairie of the Fight Arrondissement）。

1852年，拿破仑第三上台，法兰西成为第二帝国，有关拿破仑的建筑，便应运而兴建：拿破仑圆形剧场（Cirque Napoleon/Cirque d'Hiver，1852年）和拿破仑欧仁妮学院（Institute-Eugenie-Napoleon，1853~1855年）都出自他的手笔。

1852~1855年他又和Flenry, C. R. de（弗朗里，1780~1867年）为明星广场（Place d'Etoile）周围房屋的统一和协调，做出规划和设计。这是在Haussman（1809～1891年）改建巴黎市的规划中的一项措施，要求周围的建筑物，屋檐同高，式样和谐。

1854～1855年他和法国古典主义画派领导人之一的Ingres（安格尔，1780～1867年）合作设计了巴黎的九女神庙（Temple of Muses）。

晚年，他还创作了第一大行政区府衙（Mairie of the 1st Arrondissement 1855～1861年），又同别人合作了卢浮大厦（Hôtel du Lourve，1856～1859年）。

1861～1865年他设计的巴黎北火车站。这是Haussman把铁路引入市区计划内容之一，仿古的外观，用了Ionic柱式，但在材料上，正面半圆形的玻璃窗同拱券相应，钢铁同玻璃并用，这是他的一个突破。

454. Deane，Thomas 迪恩（1792～1871年）

以哥特复兴形式活动于爱尔兰都柏林（Dublin）的建筑师Deane，起步比较迟，他最初同比他年轻得多的Woodward，Benjamin（伍德华德，1815～1861年）合作。后来，他的业务，又让他的儿子们：Thomas Newenham（1828～1899年）、Thomas Menley协助。

1853～1857年设计都柏林的三一学院（Trinity College），当时他已61岁。

1855～1861年牛津自然史博物馆——柱身用铁。

1857年他参加了伦敦的政府机关建筑的竞赛方案（Government Offices Competition Design）。

其后的设计也是在都柏林和牛津等地。

都柏林的基尔肯尼堡垒（Kilkenny Castle，1858～1862年）和三一学院的图书馆（1860～1862年）。

爱尔兰戈尔韦郡（Galwag）蒂尤厄姆镇（Tuam）主教堂。

牛津基督教堂学院（Christ Church College）的原野大厦（Meadow Building，1862～1865年）。

都柏林国立图书馆和博物馆（1865～1890年）——与儿子Thomas Manley合作和完成。

455. Ton，Konstantin Andreevich 托恩/汤（1794～1881年）

青少年时，曾居于意大利，1819年回到彼得堡。

最初设计是1830～1837年的圣叶卡捷琳娜东正教教堂（Orthodox Church of St. Catherine），接着是艺术学院的布景存放库（Dock，Academy of Arts，1831～1834年）。后来都是一些教堂：

天使报喜主教堂（Cathedral of the Annunciation，1842～1849年）；

圣米隆尼亚主教堂（Cathedral of St. Mironiya，1849~1855年）；

在莫斯科，1838~1849年他参加了大克里姆林宫（Bolshoi Kremlin Palace）的建造工作，其中有军械库（Armory，1844~1851年）。

为纪念1812年打败拿破仑战役中的牺牲者，决定在莫斯科建造一座救世主基督教堂（Church of Christ the Saviour）。经过设计竞赛，一位叫维多贝鲁克的建筑师中选。1824年开始施工，但在过程中却错误百出，最后将他流放到西伯利亚。经地质学家分析认为，土质不适宜承载宏大的建筑。耽搁到1839年，再由Ton重新上马，直至他逝世后由Denisov, A.（迪尼索夫）于1883年完成。他不在形式上追求，而在壁画和雕塑方面下工夫，创造出壮阔的空间感。

后来于1931年末，斯大林为了建造苏维埃宫，下令将教堂爆破，这座苏维埃宫本来要建成高达260m的大厦，上面再竖立75m的列宁像，经历了几年竞标及施工的周折和遭难，最后放弃了，原址成为露天游泳池。1995~1997年重新建造时，教堂高103m——这是后话。

1851年俄罗斯完成了首条铁路——圣彼得堡至莫斯科铁路，莫斯科的火车站（Train Station for the Russian Railroad Line，1844~1851年）由他设计完成。

456. Vershinsky，A 维辛斯基（活动于18~19世纪间）
Artleben，N 阿特利本（活动于19世纪中期）

在莫斯科东北方向的平原一带，有多座由9~16世纪时建造的城镇或村落，至今保存着古朴而优美的遗迹，它们连续地围成一圈，被称为"金环 Golden Ring"。这些村镇在中世纪时曾贸易兴旺，而位于最南端的符拉基米尔（Vladimir/Владимир）建于1108年，后来是罗斯大主教的驻地，它傍克尔亚斯马河的西岸，城内面对自由广场的圣母升天大教堂是古城最重要的教堂。

圣母升天大教堂（Cathedral of the Assumption/Усленский Собор）始建于1158~1160年，几经战火，陆续重建及扩建，现状的大教堂是15世纪前建的。1810年由Vershinsky设计的钟楼和1862年由Artleben设计的位于钟楼和大教堂旁的圣乔治教堂，鼎足而立，成为一组三座的建筑群。

典型俄罗斯风格，五个金色洋葱顶，周边檐部全是半圆形山花，方形的大钟楼高约56m，以白色石料砌成，外观上尖拱和半圆拱并用。联合国已将它列入世界文化遗产名录中。

莫斯科克里姆林宫内，1475~1479年建造的圣母升天大教堂仿它而建。

457. Barry，Charles 巴里/伯利（1795~1860年）

1817年起他在希腊、意大利、埃及和巴勒斯坦等地游览和学习古代建筑和遗迹，奠定了他新古典主义的理想。

在19世纪中期前后的年代，西欧各国交织着民族意识、宗教感情和个人主义对自由的渴望。首先在文学、戏剧、音乐，继而到绘画和建筑，由法国文豪雨果（Hugo, V. M., 1802～1885年）的"Hernani"（欧那尼）演出（1830年）为标志开始，19世纪30～50年代出现了浪漫主义的激流，不时发起冲击，在建筑领域也就出现了动荡和变幻。

1824年他设计了曼彻斯特的皇家美术学院。

同年起，他在布赖顿（Brighton）设计了圣彼得教堂等九座教堂，都是哥特式的。

1831年在伦敦的蓓尔美尔街（Pall-Mall Street）的旅行俱乐部（Traveller's Club）是意大利文艺复兴式。

1833～1837年伯明翰的爱德华国王语法学校（King Edward's Grammar School）❶是他的佳作，却又是垂直哥特式。

在伦敦的文艺协会（Athanaeum）采用了雅典娜神殿的名，自然是希腊复兴的形式。

1836～1868年（一说1840～1860年），历时34年的（新）威斯敏斯特宫（Palace of Westminster）和英国国会大厦（Houses of Parliament）的重建，他的原设计方案是按新古典主义布局的，但是刚上台的维多利亚女王（1837～1901年在位）为对抗社会主义运动和唯物主义思想（1848年正值欧洲各国大革命时代），下令要采用哥特式，虽然布局能够保留原方案，但细部和装饰就要改用晚期哥特式（乔治五世时的垂直式），这份工作交由Pugin, A. W. N.（普金1812～1859年）负责，君命难违，Barry只好遵从。国会大厦是世界上最大的哥特式建筑群，于1865年由其子Barry, Edward Middleton（1830～1886年）完成。

其他作品还有：哈利法克斯（Halifax）市政厅和布里奇华特住宅（Bridge-water House，1847年）是浪漫主义式。

458. Gallier, James 加列埃（1798～1868年）

出生于爱尔兰，学于父，工作于伦敦。

1832年到美国发展其建筑设计任务。先同他人合作，1835年自行开业，当年在阿拉巴马州（Alabama）设计了长老会教堂（Presbyterian Church）。其后工作全在新奥尔良（New Orleans），其风格时而希腊复兴式，时而哥特复兴式。

---

❶ 16世纪前，Grammar School以教拉丁文为主，后来演变成为中学。

1835年的投资证券交易所（Merchant's Exchange），阿卡迪浴场（Arcade Baths）和圣查尔斯旅馆（St. Charles Hotel）。

1838年的赫尔宅（Thomas Hale House）和帕洛克和达福尔宅（Paloc and Dufour House）。

1839~1840年圣帕特里克教堂（St. Patrick's Church）——St. Patrick是爱尔兰的守护神。

1843年商业证券交易所（Commercial Exchange）。

1844年默塞尔宅（Newton Mercer House），这是一栋六边形平面三层的建筑，后来改为波士顿俱乐部。

1845~1850年设计的（新）奥尔良市会堂（City Hall），以他的姓氏命名为"加列埃会堂"。

459. Young，Ammi Burinham 杨（1798~1874年）

父亲是木匠兼营造商，他由于勤奋努力，而自学成才。在美国东北部从事设计。

其风格含文艺复兴、希腊复兴或罗马复兴各式兼而有之：

新罕布什尔州（New Hampshire）汉诺威（Hanover）的达特茅斯学院（Dartmouth College）的托伦顿及文特维尔特会堂（Thonton and Wentworth Halls，1827~1828年），后于1839年又为学院增建里德会堂（Read Hall），1828年还在该州设计公理会主教堂（Congregational Cathedral）。

佛蒙特州（Vermont）伯灵顿市（Burlington）圣保罗（流浪主教）主教堂（St. Paul's Episcopal Cathedral，1832年）。

蒙特皮利埃市（Montpellier）佛蒙特州议会会堂（Vermont State capitol，1833~1838年）。

新罕布什尔州大莎克尔家族寓所（Shaker Great Family Dwelling House，1834~1841年）。

1836年他成为联邦建筑师后，设计了波士顿的海关大厦。

1852年他更成为美国首位监理建筑师。

1855~1858年设计康涅狄格州的温莎市（Windsor）的海关大厦和邮局大厦。

1855~1860年增建华盛顿的联邦财政部大厦（United States Treasury Building）的南翼。

1857~1860年在朴次茅斯设计海关大厦和邮局大厦。

460. Bindesbøll，Gottlieb 比乌德斯波尔（1800~1856年）

游学于德国及法国，学习古希腊及古罗马建筑，回丹麦后从事新古典主义建筑设计：

1839~1847年设计哥本哈根（Copanhagen）托瓦尔森博物馆（Thorvaldson Museum）——Thorvaldson, Bertel（1768/1770~1844年）为丹麦新古典主义雕塑家。

1856~1858年的皇家兽医学及农业学校（Royal Veterinary and Agricutural School）的主楼。

1850~1852年霍勃罗（Hobrφ）的教堂。

1853~1854年德国的弗伦斯堡剧院（Flensburg Stage）。

1855~1856年奈斯特韦兹（Naestved）的市政厅。

1853~1857年奥令厄（Oringe）的医院。

461. Bogardus, James 博加德斯（1800~1874年）

建筑构造的发明家。

自古以来，建筑营造一直离不开手工制作而组合的形式，随着18世纪中在英国兴起了工业革命，工场手工业的生产方式已进入式微，机械业是火车头，带领着工业经济快速发展，但是建筑业仍一直滞后。

在美国Bogardus终于突破决口，1848年他首先采用在工厂内预制的方式：将构件成批地制造好，然后运到施工现场上使用。他以设计并制造好的生铁立柱代替墙壁承重，这是一项划时代的创举，它有三重意义：①建筑业开始走上现代化的机械生产；②它奠定了骨架结构的构造方式；③它提供了建造多层建筑发展的可能性。尽管当时只局限于机械制作，而尚未进一步发展到机械施工的程度。

1854年在纽约的哈珀兄弟大厦（Harper and Brothers Building）是一座五层的印刷厂。

1850年以后，他在工商业建筑方面，大力推广铸铁结构和预制构件。

1858年他写的"*Cast Iron Building, Their Construction and Advantages*"（铸铁建筑物的建造和优点），以总结和推介他的创造，他以一个发明家自居。

462. Burton, Decimus 伯顿/巴顿（1800~1881年）

营造商Burton, James（1761~1837年）之子。

伦敦的Kew Garden（丘园，叩园，基尤园）是1759英国太子妃所创立的皇家植物园。1845~1847年Burton以铁构架弧形结构建造园中的棕榈馆（Palm House），双层的拱顶高达18.9m，这是一种新的结构，此结构适应了植物的体型，玻璃的覆盖面又解决了采光问题。

他曾助 Paxton, J.（1801～1865 年）及 Turner Richard 工作，随后 Paxton 在海德公园建造水晶宫 Crystal Palace（1851 年），也是以钢铁及玻璃建成。异途同归，两人在设计方面有共同的思想和语言。

他又在海德公园内建造了希腊复兴 Ionic 柱式的拱廊。

463. Paxton, Joseph 帕克斯顿/派克斯顿（1801～1865 年）

出身于农家，最初当个园林工人，逐步升上工头。于查茨沃斯（Chatsworth）服务于德文郡（Devonshire）公爵，得到公爵的青睐，成为公爵的朋友，后更升为总管和顾问。

他从事园艺工作之外，还为园林建筑物及其他建筑物的结构作出了突出的贡献，早在 1831 年他便创造出"脊与沟屋顶 Ridge and Furrow Roof"的构造系统，1840 年再首创玻璃温室。这些技术于 1850 年实践于德文公爵在查茨沃斯的大温室和百合房（Great Consevatory and Lily Houe）。该建筑长宽高为 277′×132′×67′＝84.4m×40.2m×20.4m。

1851 年在伦敦海德公园内更建造了"水晶宫"（Crystal Palace）。这项工程是为第一届世界博览会（Expo）而建，主展馆规模宏大，而且要求用一年时间建成并于会后便于拆除，这个条件对传统建筑形式是个严峻的挑战。全世界参加应征的 254 个方案竟然无一合乎需要。

Paxton 凭着建造温室并参照火车站的棚式建筑的经验，他先制造出标准化的预制件，然后成批运到现场进行装配，果然仅用九个月便竣工，而获得广泛好评。此铁与玻璃组合的建筑物，长 1851′（＝564m）象征开馆年份 1851 年，宽 408′（＝124.4m），屋顶为半圆形券，全是用铁和玻璃构成。总面积逾 70000m^2，为梵蒂冈圣伯多禄大教堂的四倍。支柱的截面积仅占总面积的千分之一（1/1000）。经济、轻巧而透光，完全符合功能。其关键在于以 8′为模数决定柱距，标准化又便于预制构件和现场装配及日后拆卸，这是一座划时代的建筑。虽然它建造时是以临时建筑而建，但却给建筑史开创了新时代。它被认为是"新建筑"的第一座作品，促进其后建筑技术的发展，后在欧洲大陆再举办博览会时，被广泛效法。

1852 年整座建筑被迁往肯德郡的塞登哈姆（Sydenham），1936 年火毁，它屹立了 85 年。

博览会由 Cole, Henry（科尔，1808～1882 年）及其他人发起。[Jones, O.（1809～1874 年）任工程总监]，Cole 并主持布置和陈列等任务。Cole 于 1847 年创办美术制品厂（Art Manufacturers），其目的在于使机械制造的产品同艺术相结合。

Paxton 在 Sydenham（塞登哈姆）设计过庭园，又在柴郡的伯肯黑德（Birkenhead）设计过几座公园。在查茨沃斯的伊登索（Edensor）建造一座新村庄（Village），又在查茨沃斯和塞登哈姆造了多座喷泉。

在建筑方面，他和 Stocks, G. H.（斯托克斯）合作，为罗思柴尔德家族（Rothschild Family）❶ 设计了一些大厦，又受委托设计了一些由铁和玻璃构成的项目。

1854 年他出任英国众议员。

464. Grosch, Christian Heinrich 格罗殊（1801~1865 年）

芬兰在 18 世纪前是隶属于俄罗斯的芬兰大公园，赫尔辛基（Helsinki）当时称赫尔辛福斯（Helsingfors）。至 1809 年，芬兰方脱离俄罗斯而独立。

丹麦籍的 Grosch 是 Hansen, C. F.（1756~1845 年）的学生，他为新取得独立的芬兰首都"北方白色城市"进行了城市规划。

他还在挪威的奥斯陆（Oslo，原称克里斯提阿尼亚 Christiania）设计了一系列希腊复兴式的公共建筑。

465. Labrouste, Henri 拉布鲁斯特（1801~1875 年）

1819 年入读巴黎美术学院（École des Beaux Arts）。

1824 年获奖金到意大利游学，至 1830 年回国。遂在巴黎设立事务所开始其设计任务。

他富于创新思想，虽然仍未能完全摆脱传统形式的束缚。在学习期间，他所设计的重修古建筑的作品，便将宗教建筑改变为世俗活动服务，又将石面涂以绚丽的色彩。

举两项他的作品为例：

1843~1850 年巴黎圣热内维埃夫图书馆（Bibliotèque Sainte-Generiève），采用大型框架铸铁结构，是早期采用此结构的实例。细铁柱支撑半圆券架，外露的部件处理精细。虽然用了新材料和新结构，但形式显现出哥特式的痕迹。

1858~1868 年巴黎国家图书馆（Bibliotèque National）的阅览厅，方形的平面，16 根细长的铸铁柱，支撑九个装饰丰富的金属穹顶，整饰精致，但形式上是拜占庭式的，另一项新鲜事物是以玻璃砖作地面以解决下层采光问题。

他认为房子是人类活动的外壳，而不是古典柱式理想美的显示，然而，他做到了吗？

---

❶ Rothschild 家族，一父五子（1744~1886 年）为德国银行家，影响延续两百年。

材料上、结构上、功能上创新了，但是形式上往往滞后，这是普遍现象。新的形式尚待进一步探索。

466. Botta，Paul Émile 博塔（1802~1870年）

1842年任法国驻伊拉克摩苏尔（Mosul）领事时因得地利，于1843年就近在杜尔沙鲁金（Der Sharrakin/今霍尔萨巴德 Khorsabad）发现亚述（Assyrian/亚西里亚 Assyria）萨尔贡二世（Sargon Ⅱ）王宫遗址。

在摩苏尔底格里斯河（Tigris）对岸之基云吉（Quyuiji，即古亚述的尼尼微 Niniveh）发现大间阙、浮雕、碑铭等。

他的发现，开创了对美索不达米亚（Mesopotamia）的大规模考古。

他将成就写成了《尼尼微遗迹》（Monuments de Ninive/Monuments of Niniveh）（1849~1852年）。

467. Upjohn，Richard 厄普约翰（1802~1878年）

1829年由英国移居美国。

初到美国时，1834~1839年在波士顿任建筑师，其作品风格多样，其中有缅因州（Maine）加德纳（Gardiner）的奥克尔格德斯宅邸（Manson Oaklgudus）。1837年在缅因州班戈（Bangor）的圣约翰教堂是他设计的首座哥特复兴式教堂。

1939年移居纽约后，其风格渐趋成熟，这一年他在纽约设计的三一教堂（Trinity Church）是美国早期哥特复兴式（Flat Harsh Style），成为纽约一间有名的教堂，然而尚欠典雅。

在1939~1946年这几年间，在纽约还有多座意大利文艺复兴式的住宅和办公楼。如在纽波特（Newport）的爱德华王寝宫（Edward King Residence，1845年），但更重要的是其中的哥特复兴式教堂。

缅因州不伦瑞克（Brunswick）的第一牧区教堂（First Parish Church）和圣保罗教堂（St. Paul's Church，1845~1846年）。

纽约哈密尔顿（Hamiton）的圣汤马士教堂（St. Thoma's Church，1847年）。

他坚信教堂建筑只有哥特式才能表现基督教建筑的精神。

他是美国哥特复兴式最活跃的建筑师之一，但在当时，希腊复兴式盛行的美国，哥特复兴式不是主流。

1853年以后，他与儿子Mitchell，Richard（米切尔）合作设计。

1857年他协助创立美国建筑师学会，并担任主席至1876年。

1852年著作的"*Upjohn's Rural Architecture*"（厄普约翰的乡间建筑），阐述

一种为穷苦教区居民设计的简朴的木构宗教建筑（Carpenter's Gothic-Timber Houses and Cottages）。

468. Howe，William 豪/豪威（1803～1852年）

1838年起建由波士顿到麻省沃伦市（Warren）的奥尔巴尼铁路（Albany Railroad）。

1840年创造豪式桁架/豪威桁架（Howe Truss），获两次专利。

原先1838年在（由波士顿至奥尔巴尼Albany）沃伦桥设计时，还是用全铁桁架，至建斯普林菲尔德（Springfield）桥（跨康涅狄格河 Connecticut）改用铁木的 Howe Truss，证明以木制对角构件以应压力，以铁条作垂直系材以应拉力是成功的。

1842年将该种桁架加弧形木材，再获专利。

此种桁架于19世纪后半叶起盛行于房屋及桥梁。

469. Stephenson，Robert 斯蒂芬森（1803～1859年）

蒸汽机和机车（火车头）发明者 Stephenson，George（1781～1848年）的独生子，青年时期即协助其父做测量工作。

专业于铁路和桥梁。是维多利亚时代（1837～1901年）杰出工程师。1833年任总工程师。

19世纪40年代在诺森伯兰郡（Northumberland）设计皇家铁路桥。

1850年在跨越梅奈海峡（Menai Strait）连接威尔士和安格尔西岛（Anglesey Islamd）的不列颠大桥（铁路桥），采用熟铁箱形梁建造。

在英国及其他国家建造了多座由他设计的独特的管桁桥（Unique Tubular Bridge）。

又在泰恩河（Tyne）口建六拱铁桥（采用了 Nasmyth，James/内史密斯发明的汽锤 Steam Hammer）。

在铁路建设方面有：

布利斯沃思（Blisweath）隧道的挖掘。

基尔斯比（Kilsby）隧道的挖掘。

纽卡斯尔（Newcastle）至贝里克（Berwick）新铁路线的建造。

其堂弟 Stephenson，George Robert（1819～1905年）协助他建铁路和桥梁。

470. Semper，Gottfried 桑珀/森柏/散帕尔（1803～1879年）

1826～1830年到意大利和希腊学习和研究古典建筑，后来又到巴黎进修。

无论是学习和研究，他都持怀疑和否定的态度，既排斥古典建筑也反对当时学院派的保守学风。

回德国后，1834~1849 年在德累斯顿（Dresdon）这个有"易北河的佛罗伦萨"之称的城市从事建筑业务。由于思想激烈，于 1846 年起便参加革命运动，遂被迫离开德国。于 1851~1855 年流亡于巴黎和伦敦，1855 年转到瑞士先后任教于苏黎世技术学院（Zürich Polytechnikum）建筑系和约斯坦建筑学校（Yorstand der Banschule），并担任主任。

在德国，他同 Schinkel（1781~1841 年）都是对古典主义建筑简化作新的尝试，力图将新兴材料同古典形式相结合，以适应时代的新要求，他是新文艺复兴建筑风格的主要实践者的重要一员。

他作的主要工程有：

德累斯顿歌剧院（Hoftheater）的重建（1837~1841 年）；

德累斯顿柯烈拉喷泉（Cholera Fontain，1843 年）；

苏黎世技术学院（1858~1864 年）；

1871~1876 年参与维也纳改建规划并设计了两座博物馆（1872~1881 年）。这些都是折中主义之作。

1875 年他同 Hasenauer, K. v.（哈森瑙尔）合作的布尔格剧院（Burgtheater）却是新巴洛克（Neo-Barogue）形式。

他对新兴事物给予支持并积极参与。1851 年伦敦举办第一届世界博览会时，他适逢在伦敦，他参加水晶宫的建设，事后他将此盛况和技术，推介给欧陆各国。

作为建筑师、艺术家和理论作家，他写下了：

"*Development of Architectural Style*"（建筑形式的发展）、

"*Style in the Technical and Technic Arts/Der stil in den Technischen und Techtonischen*"（技术与构造艺术中的风格）（1860/1861~1863 年），原拟出五卷，实际只出了两卷。他强调技术的合理性是风格的根源，并阐述色彩在装饰艺术和建筑中的应用。他说："建筑的外形应由内形决定，而内形则由功能决定。"他认为新的建筑形式应反映出功能、材料和技术。这种新观点为学院派指引出新的道路。

Wagner, O. K.（1841~1918 年）和 Berlege, H. P.（1856~1934 年）是他的信徒。

471. Davis Alexander Jackson 戴维斯（1803~1892 年）

原为画家，1829 年转向建筑，在汤（Town, Ithiel）的事务所工作，直至

1844年离开自谋发展，此时他已经成为颇有影响的哥特复兴式的著名建筑师。

他的风格颇为曲折，由古典式转向希腊复兴式，再转向哥特复兴式。

早期作品有：

纽约州的印第安纳波利斯及西长老会教堂（Indianapolis and West Presbyterian Church，1831～1832年）；

印第安纳州议会大厦（Indiana State capitol，1831～1835年）；

纽约海关大厦（1833年）和伊利诺伊州议会大厦（1837年），可能是他的作品，其中前者完全模仿雅典的Parthenon的形象；

纽约州塔里敦（Tarrytown）的林德赫斯特宅（Lynthurst House，1838年）是他的名作，已被列入国家历史文物。

离开Town的事务所后，有：

康涅狄格州（Connecticut）哈特福德（Hartford）的德罗克村舍（W. H. Drake Cottage，1845年），麻省新贝德福德（New Bedford）罗特殊宅（Rotch House，1845年），他为Downing, A. J.（1815～1852年）在新泽西州西奥兰治市（West Orange）卢埃林公园（Llewellyn）附近建住宅。园林建筑师Downing同他是密友（Close friend），他利用早年绘画的才能为Downing的著作绘插图，包括：

"Cottage Residences"（村舍——独院式小住宅）（1842年）；

"The Architecture of Country Houses"（乡村住宅建筑）（1850年）。

在纽约塔里镇（Tarry Town）的赫里克宅（Herrick House），他采用了城堡形哥特式（Castlelated Gothic）设计。

此外，还有一些建筑小品如花园小屋、凉亭（Arbours）、桥梁、门而至家具等。

18世纪60年代以后，他的作风稍有转变，但事业已趋衰退。

他还创造了一种窗的形式"Davisean"（戴维肖恩），一种用于多层的、垂直方向一致而往往凹进的窗的形式。

他同Upjohn（1802～1878年）都是美国建筑师学会创始人之一。

472. Button，Stephen Decatur 巴顿（1803～1897年）

最早使用金属框架结构（Metal-frame/Skeleton），摆脱了承重墙结构的束缚，而用于多层建筑中，如：费城切斯纳特街（Chestnut Street）的241号大厦和利兰大厦（Leland Building），两处都是五层，外墙方形大窗，窗下墙是凹入的。30多年后，方由芝加哥学派（Chicago School）进一步广泛使用，是由于芝加哥学派的中坚分子Sullivan, L. H.（1856～1924年）年轻时曾在其事务所担任过绘图员。

对后来高层建筑的发展和芝加哥学派都有重要的影响。

473. Hansen Brothers 汉森兄弟（1803～1891年）

（1）兄：Hans Christian 汉斯·克里斯蒂安（1803～1883年）

早年赴希腊对古迹进行发掘和研究，又在雅典卫城修复胜利神庙（Sanctuary of Nike/奈基神庙）——同 Ross（罗斯）和 Schaubert（邵伯特）。

1832年希腊从奥斯曼帝国统治下取得独立，他为自由后的雅典增建了一批新建筑物：希腊国家图书馆、雅典造币厂（1834～1836年）、市民医院（1836～1842年）、雅典大学（1836～1864年），又同 Cockerell, C. R.（1788～1863年）等人合作设计圣公会（安立甘宗）教堂（Anglican Church, 1841年）。

还有眼科医院（Ophthalmos, 1847～1854年）和雅典西南比雷埃夫斯 Piraeus（希腊最大港口）的圣保罗教堂（1838年）。

1853年他一度到威尼斯湾最南端的港口城市狄里雅斯特（Trieste、今属斯洛文尼亚）为奥地利劳埃德汽船公司（Austrian Lloyd Steamship Co.）建造器械库（arsenal）。

1857年他返回丹麦，一方面任教，另一方面还设计一些建筑物：

在哥本哈根，1859～1861年的天文台/气象台（Observatory），1859～1863年的城市医院（City Hospital）和 1863～1870年的动物园博物馆（Zoological Museum）。

在霍尔拜克（Holbaek），1869～1872年的市教堂，Christiansdal Convent（克里斯蒂安斯德尔女修院，1870～1871年），和圣约瑟夫医院（St. Josef's Hospital）。

（2）弟：Theophil 狄奥菲尔（1813～1891年）

由于他的妻子 Ludwig Förster（弗尔斯特）的父亲是画家和建筑师，早年便在其岳父手下工作，至1836年才自立门户，独立工作。

他的行程同其兄相反，他先在维也纳发展，其后才转到希腊。

在维也纳：1858年的弗莱谢市场（Fleisch Market）和新教教徒公墓礼拜堂（Chapel of the Protestant Cemetery）。

1859～1860年在"上市场"（Hohe Market）的锡那男爵的邸宅（Palace of Baron Sina）和1860年的一间学校。

1861年来到雅典，在雅典也留下了他的作品：

希腊科学学会（Greek Academy of Sciences, 1861年）；

威廉大公爵府邸（Palace for the Archduke Wilhelm, 1864～1868年）；

音乐厅（Musikverein/Concerte House, 1869年）；

艺术学会（Academy of Fine Arts, 1872～1877年）；

舍添龄交易所（Exchange Schottenring, 1874~1877年）；

在铃街的奥地利议会大厦 [Austrian Parliament Building, Ring Strasse, (1873~1883年)]。

474. Ellis，Peter 埃利斯（1804~1884年）

1864~1865年在利物浦所设计的奥里埃尔会堂（Oriel Chamber），他以生铁和厚玻璃 [用于凸窗（Bay Window）] 为主要材料，这种非常规的物质所构造的建筑，显示其才华。

1866年，同样的构造在大库克街（Cook Street）设计了另一座五层楼房。

继 Paxton（1801~1865年）在伦敦建造以铁和玻璃为主要材料的水晶宫（1851年）、法国的 Labrouste（1801~1875年）在巴黎建造圣热纳维埃夫图书馆（1843~1850年）和国家图书馆阅览厅（1860~1868年）以铁料为结构后，Ellis 把这两种材料应用于多层建筑上。

475. Belter，John Henry 贝尔特（1804~1863年）

来自德国的美国家具匠兼设计师。

学艺于符腾堡，1844年移居美国，在纽约开家具店经营。

他发明用花梨木（Rosewood/黄檀）削成薄片，叠多层拼成镶板，以蒸汽加热成形再雕刻，1856年获专利权。

擅用花梨木是其专长，有时也用桃花心木（Mahogang/红木）或胡桃木 Walnut。技法较为凝重，但却流畅。雕刻精湛，有时还大胆地作不对称处理。

其风格为路易十五复兴式（Louis XV Revival），属于 Rococo。

476. Walter，Thomas Ustick 沃尔特（1804~1887年）

他父亲 Thomas 是建筑师。

他两度在费城 Strickland（1787~1854年）的事务所工作，在该阶段，他赓续 Strickland 的希腊复兴式风格，形成并发展其个人的形式。

1833~1847年，他成为费城吉拉德（Girard）学院的首席建筑师，设计该学院的主楼和该学院创办人的纪念亭，都采用希腊复兴式的风格，而且成为美国希腊复兴式建筑的最优秀作品之一。他为该学院理事之一的比得尔（Biddle N）设计住宅，此称为"安德鲁西亚"（Andalusia）的住宅，也是他另一幢希腊复兴式的杰作。

1849~1850年同 Johnston W. J.（约翰斯顿）合作设计的杰恩大厦，以石棂配玻璃的立面，带有一些哥特式的石雕。

费城监狱（County Prison）的埃及债务人侧翼（Egyptian debtor's wing）的设计，则相应地采用了埃及式。

此外，他也设计过一些哥特复兴式的作品。

后来，他曾任费城富兰克林学院的教授。

1843~1845年又远赴委内瑞拉拉瓜伊拉（La Guaira）港任工程师。

美国国会大厦自1792年由Thornton（1759~1828年）设计并于1793年奠基开工后，历经英军火烧后又扩建两翼，1855年他将较扁平的木质圆顶改为高耸的铸铁穹顶，建筑物的总高达87m，于1863年完成。随即由克劳福德[Crawford, T.（1814~1857年）]制作自由女神铜像竖立于上，1870年，国会大厦终告完成。

1857年，美国建筑师协会（American Institute of Architecture）创立，他作出重要贡献。1876~1887年任该会主席。

晚年，他在McArthur, J.(J) 小麦克阿瑟处工作。

477. Baltard，Victor 巴尔塔尔（1805~1874年）

继Labrouste（1801~1875年）从1843年起连续建造巴黎圣吉纳维夫（Sainte-Generrière）图书馆和国家图书馆阅览厅后，Baltard同样以铁条加玻璃为主要材料于1853年建造中央商场（Halles Centrales）。此商场为巴黎市民服务了一百多年。

1967年被清拆改建为图书馆。1972~1977年进一步扩大为蓬皮杜国家艺术中心（Le Centre National d'Art et Cultare Georges Pompidov——由Piano, R. 及Rogers, R. 设计）——一座引起轰动和争论的新建筑物。

478. Brunei，Isambard Kingdom 布律内尔（1806~1859年）

19世纪上半叶英国重要而著名的土木工程师，并任意大利、澳大利亚、印度的铁路顾问。

多方面才能，主要在桥梁方面：

梅登黑德（Maidenheed）的切普斯托桥（Chepstow Bridge），是当时最小弧度的砖拱桥。

布里斯托尔（Bristol）的克利夫登（Clilfton）吊桥（700′跨，1809~1831年设计，1836年施工），还有埃文峡（Avon Gorge）吊桥。

创气压沉箱（Compressed-air Caisson）以建桥墩基础。

除桥梁外，还在船坞、渡口、隧道、铁路各方面有突出贡献。

铺设首条跨大西洋的海底电缆。

又设计木轮船、铁壳轮船三艘,均为当时最大。

479. Roebling Family 罗布林父子
John Augustus（1806~1869 年）
Washington Augustus（1837~1925 年）

John 出生于普鲁士,学于柏林,在普鲁士工作三年后于 1830 年移居美国。

吊桥的制作向来都是竹篾或粗麻绳为原材料制作,进入钢铁时代,改用铁链索制作已经是一大进步。1824/1825 年法国的 Séguim（1786~1875 年）首先用钢索在图尔农（Tournon）的隆河（Rhône River）建成第一座吊桥。1842 年美国的 Ellet, C.（1810~1862 年）在宾夕法尼亚州跨波托马克河（Potomec River）上用五条钢索建成 109m 跨的吊桥。

John, A. 分析到钢丝比钢索更具有弹性,有利于应付拉应力,经过试验,发明了绞制高强度钢缆的办法,用高强度钢丝编成缆索以代替普通钢索,可大大提高拉应力,遂设厂成批生产钢丝缆。

从 19 世纪 50 年代起,他先后建成四座钢丝索吊桥:两座在匹兹堡,一座跨俄亥俄河连接辛辛那提和卡文顿（Covington,1865~1887 年）,主跨达 320m,另一座在纽约。纽约连接曼哈顿和布鲁克林（Brooklyn）的吊桥,主跨增至 486m,于 1870~1883 年施工完成。桥塔以哥特式的形象出现,至今仍保留于纽约市。

他于 1869 年设计此桥后,因不慎在工地足部受伤、患破伤风而不幸逝世。上两桥均由 Washington 代为完成。

John 共有九子,长子 Washington。父子都非常敬业。Washington 后来又因患"沉箱病"（The Bends/潜涵病）致终身残废。鞠躬尽瘁,在病榻上仍指挥施工直到顺利完成。父子精神令人钦敬。

大桥桥墩是用天然水泥建造的。

480. Dakin, James H 达金（1808~1852 年）

纽约大学于 1831 年建校。Dakin 设计其校舍（1833~1837 年）。

在纽约还设计了:

圣帕特里克教堂（St Patrick's Church,1838~1840 年）、联邦兵工厂（State Arsenal,1839 年）和第一长老会教堂（First Presbyterian Church,1834 年）。

他的风格主要为希腊复兴式,但有时也用埃及式或哥特复兴式。

1843 年设计路易斯安那州的新奥尔良药学院和州立大学（1847~1855 年）。

1848~1851 年的纽约联邦海关大厦。

481. Lindley, William 林德利（1808～1900 年）

土木工程师，1838～1860 年任汉堡 – 贝塔多夫（Hamburg-Bergedorf）铁路总工程师。

他在任期间，1842 年 5 月 5 日～8 日汉堡发生空前大火，三日之内城区 1/3 建筑物已被焚毁，但火势越烧越旺，无法控制，当局和市民惊惶万状，不知所措。Lindley 当机立断，建议用炸毁边缘地带建筑物（包括市政府在内）等有力措施，火势遂得以受控。

事后，他出任市顾问工程师，对灾区进行测量，制订全面重建计划。在 1844～1848 年间，建设给水排水系统，又兴建煤气厂、公共浴室及洗衣房。其后还扩大港口，至 1854 年全部完成。

1860 年他离开汉堡，先后在欧洲各城市包括华沙、布达佩斯、杜塞尔多夫（Düsseldorff）、罗马尼亚的加拉茨（Galate）等城市任工程师，对市政工程作出贡献。

其中他在（美因的）法兰克福 Frankfurt（Am Main）所做的排水系统，后来被欧、美各国仿效。

482. Jones, Owen 琼斯（1809～1874 年）

受教于英国皇家学院而成为作家、设计师和建筑师，还从事室内装修和书籍插图。

1851 年在伦敦举办的大英博览会（English's Great Exhibition），他被任为工程总监（Superintendent）和为水晶宫（Crystal Palace）做室内装饰。水晶宫由 Paxton, J.（1803～1865 年）设计，以预制的铁料和玻璃构成，一同参与其事的还有 Cole, H.（1808～1882 年）和德国建筑师 Semper, G.（1803～1879 年）等。

他带头采用预制金属构件在热带地区修建房屋。

他著书把西班牙格拉纳达（Granada）的著名宫殿介绍给世人，书名为 "*Plans, Elevations, Sections and Details of Alhambra*"（中古西班牙摩尔人宫殿的平面、立面、剖面和细部）（1842～1845 年）。书中的阿尔罕布拉宫（Alhambra Palace/艾勒汉卜拉）是摩尔人占领西班牙时于 1238～1358 年时所建的王宫和城堡，波斯的伊斯兰风格，是伊斯兰建筑中的精品。因其围墙为红色石料筑成，又被称为"红宫"，其内的柘榴院（Court of the Myrtles）和狮子院（Court of the Lions），尤为出色而有名。1516～1556 年曾仿文艺复兴式局部重建其中的查理五世宫（Palace of Charles V）（1526 年）。

他写的 "*The Grammar of Ornament*"（装饰法则）是一本设计指南，涉及日常用品设计的原理和应用,有序列的叙述和带色彩的图画,让读者具体地得到启发。

483. Haussmann,Georges-Eugnèe Baron 奥斯曼/欧斯曼(1809~1891年)

1852年,拿破仑第三上台,成立了法兰西第二帝国(1852~1870年在位),他立即下令让 Haussmann 将巴黎市进行改建。

Haussmann 律师出身,晋封男爵,深得拿破仑第三的信任,当时任警察局局长(一说任赛纳区行政长官)。他是个波拿巴主义者,(a Bonapartisme Member for Corsica in National Assembly),因此他对拿破仑第三的旨意完全体会并切实执行,其目的,一方面是为新贵及资产阶级改善环境,另一方面是将主要道路改直加宽,以利军事调动,消灭革命力量(此举于1871年巴黎公社运动时起到镇压作用)。为此,拆旧路49km,开拓新路95km,在外围则拆旧路5km,开拓新路70km。全市形成内方格加外部环形的道路系统。主要道路两旁种植梧桐树,成为林荫大道(Bulevard)(此风亦影响到上海的法租界,也于路旁种植梧桐树)。为实现此道路系统,拆掉旧房屋达27000所,建新房屋100000所。市中心美化了,大多数的市民被迫迁到外围或小街窄巷,形成新的贫民窟,而且他的大刀阔斧,将不少的建筑文物也清除掉,有评论认为他缺乏艺术修养,其实是他不择手段所致。

当然,他也为巴黎市作出不少贡献:

把塞纳河中的西堤岛(Île de la Cité/斯德岛)作为市的行政中心和宗教中心(圣母院就在岛上);又以 Champs Elysees(香榭丽舍大道/爱丽舍田园大道)作为东西干道。

绿化和改善环境方面,他将垃圾场、绞台、石场改为英式公园,建立蒙苏里公园(Parc de Montsouris)和香榭丽舍广场,将比特绍蒙公园(Parc des Buttes Chaumont/秀蒙丘公园)改成如伦敦的海德公园。在西郊建布洛涅林园(Bois de Boulogue/圃龙林苑),在东郊建万塞纳林园(Bois de Vincennes/万桑林苑),各占地约千公顷,成为巴黎东西两"市肺"。

在给水排水系统方面:一方面增设水源,自来水干管由747km 增至1545km,让水量增加三倍;另一方面排水道由146km 增至560km。

拿破仑三世一上台便为波拿巴家族建纪念性建筑,首先是拿破仑圆形剧场,次年,又为拿破仑三世之妻欧仁尼(Eugénie,1826~1920年)建立欧仁尼学院,两者都由 Hittorff(1792~1867年)设计。当时的建筑还有勒·哈雷商场(Les Halles)和五座新桥、教堂等公共建筑,稍后的巴黎歌剧院〔建于1861~1874年,由 Garnier,J. L.(1825~1898年)设计〕,更是第二帝国的主要纪念建筑。

在建筑法规方面：限制建筑高度，协调建筑物立面的形象，整饰街景，甚至沿街铁件油漆的颜色，亦局限于用黑色等。

交通运输方面：引铁路入市区，新建五座跨塞纳河的新桥以改善交通，开办出租马车业务等。

这些措施，对卫生、公用事业和运输各方面作改进，让道路、广场、林带、绿被以及主要建筑物组成有机的统一体，而现代化城市规划就从此开始。

当时协助他的有：

建筑：Flenry C. R. d.（弗朗里，1780～1867年）、Hittorff（伊托夫，1792～1867年）、Garnier, J. L. C.（加尼埃，1825～1898年）。

造园：Deschamp, B.（德尚）。

工程：Darcel（达西尔）。

绿化：Alphand, A.（阿尔封，1817～1891年）、Forestier, J. C. N.（弗赖士替尔，1861～1930年）。

排水：Belarand, E.（贝拉兰）等。

1870年拿破仑三世退位，他亦被解职。

"*Memoires*"（回忆录）（三卷）于1890～1893年出版，其内容对城市规划有一定影响。

484. Ellet, Charles 埃利特（1810～1862年）

作为土木工程师兼机械工程师，他于1832年便提出在华盛顿市建造美国第一座钢索桥，桥长1000′（305m）这项建议未被当局所理解，因而搁置。

1842年，他的理想终于在宾夕法尼亚州跨越波托马克河（Potomec River）上以每跨358′（109m）跨，共五跨钢索的吊桥建造成功。

1846～1849年在巴尔的摩至俄亥俄的铁路索桥上更以1010′（308m）的跨度创下当时世界之冠的长钢索桥。

后来，Roebling, J. A.（1806～1869年）及 Roebling, W. A.（1837～1925年）父子将钢索桥改进为钢丝索桥。主跨更增至486m。

485. Notman, John 诺特曼（1810～1865年）

美国景观建筑师（Landscape Arichitect）。

早期风格为意大利文艺复兴形式，后转向浪漫主义复兴形式。

他活动于美国东北部一带。设计了：

费城的自然科学学院（Academy of Natural Sciences，1839～1840年）、文艺

协会（Athenaeum，1845~1847年）、圣马可教堂（St. Mark's，1847~1852年）、圣彼得和圣保罗主教堂（Cathedral of St. Peter and St. paul）的立面（1851~1857年）、圣克莱门特教堂（St. Clement's Church，1855~1859年）、圣三一教堂（Holy Trinity Church，1856~1859年）。

新泽西州芒特霍尔（Mount Holly）的内森·邓恩村舍（Nathan Dunn's Cottage，1837~1838年）。

新泽西州特伦顿（Trenton）的州政府（New-Jesey State House，1845~1846年）和疯人院（Lunatic Asylum）。

新泽西州伯灵顿的圣英诺森斯礼拜堂（Chapel of Holy Innocents，1845~1847年）——Holy Innocents 为 8 月 28 日的悼婴节。

弗吉尼亚州（Virginia）里士满（Richmond）的议会广场（capitol Square，1850~1860年）。

宾夕法尼西州匹兹堡（Pittsburgh）的圣彼得教堂（St. Peter's Church，1850~1860年）。

普林斯顿的菲尔德伍德别墅（Fieldnwood Villa，1853~1855年）和拿骚会堂（Nassen Hall，1855~1859年）。

特拉华州（Delaware）威尔明顿（Wilmington）的圣约翰主教堂（Cathedral of St. John's，1857~1858年）。

486. Lefuel，Hector Martin 勒菲埃尔（1810~1881年）

建筑承包商之子，而向 Huyot，Jean-Nicolas 学建筑设计。

牛刀小试，在枫丹白露宫（Château de Fontainebleau）的剧院设计便一举成名，也为经营了三百年的离宫完成了最后一项工程。

拿破仑三世上台的那年，1852年便让 Visconti（1791~1853年）将卢佛尔宫和杜伊勒里宫连接起来。方案已出，次年 Visconti 便辞世，工程搁置。1860~1865年 Lefuel 接替其职务。拿破仑三世下台后，1873~1878年再度上马，他基本上保留原作，只作出一些改进，而产生新效果，更趋完美。如枫丹白露宫一样，都由他画上句号，而使工程成为19世纪末国际都市建筑的一项重要成就。

在细部处理上，他作出了两项贡献：一是处理芒萨尔（Mansart 式的折线屋顶/复斜屋顶）上，加石制屋顶窗（stone dormers），从折线屋顶角上升起，作出近乎巴洛克式的改变，产生创造性的效果，成为第二帝国风格的标志；二是创造出方形穹隆顶，这项新计划是在卡卢塞尔广场两侧首先使用的，后来各国纷纷仿效。

他还设计了隔塞纳河同巴黎铁塔遥遥相对的夏乐宫（Le Palais de Chaillet）。

又为政治家、银行家 Fould（富尔德，1800~1867年）建府邸。

顺便一提，在枫丹白露宫，有一处名为"中国博物馆"的地方，里面收藏了由法国侵略军1860年在圆明园掠去的三万多件宝物。

487. Otis，Elisha Graves 奥蒂斯（1811~1861年）

1852年设计并安装第一台蒸汽升降机（elevator/lift）。这种升降装置由电力操纵。为防止吊链或吊绳折断而发生意外，装有自动安全设备。升降机的出现，使垂直方向的人流和物流得到安全而快捷的解决。1853年在纽约的世博会展示。

1853年他建立小型升降机厂，并售出第一台商品机。

1854年在纽约的水晶宫表演时，当场试验砍断吊绳，以显示其安全性。

1856年在纽约的第一家商店内安装第一台客机。

1857年在纽约百老汇（Broadway）及布鲁姆街（Broome Street）的霍沃特（Haughwut）大厦安装第一台载货升降机。

1861年获蒸汽升降机的专利，至今Otis厂名的产品仍在生产和出售。

另，1870年贝德文（Badwin，C. W.）制成水力升降机。

1889年巴黎铁塔安装升降机。

又，1891年美国的雷诺（Reno，J. W.）发明自动扶梯。

488. Scott，George Gilbert（S）（老）斯科特（1811~1878年）

他从事建筑的生涯，更确切地说，他从事哥特复兴式建筑的生涯，是从阅读Pugin父子（1762~1832年）（1811~1878年）有关中世纪建筑的著作后下决心而开始的，很快他便上手；于1838年开始设计，而且一生设计了许多哥特复兴式的教堂，他的主要作品有：

牛津的殉教士纪念堂（Martyr's Memorial，1841年）——很成功。

1842~1849年同莫法特（Moffat，Robert，1795~1883年）合作的伦敦圣吉斯教堂。

汉堡的圣尼古拉教堂（St. Nicholes Church，1845~1863年），因应所在，采用了德国哥特式，而获国际声誉。

伦敦海德公园（Hyde Park）内艾伯特纪念馆（Allberti Memorial，1863~1872年）。按 Alberti（1819~1861年）是维多利亚女王之王夫，具教授风度和艺术才能，曾设计奥斯本宫（Osborne），他还是个音乐家。纪念馆之设计是由竞选中获胜。

伦敦密德兰旅馆（Midland 1865年设计，1867~1874年施工），后改称圣潘格拉斯旅馆（St. Paucras）。

格拉斯哥大学（Glasgou University，1866~1871年）。

英帝国政府（新）大厦方案（1868年），德国哥特复兴式。

为德国黑森（Hessen）大公而建的达姆施塔特宫（Darmstadt）。

他和Pe(a)rson，J. L.（1817~1897年）合作的威斯敏斯特教堂（Westminster Abbey）的北耳堂立面。

他的业务还伸展到上海，有圣三一教堂（1866~1869年），他只做设计而未东来，另派Kidner，William（凯德纳）到上海具体执行，后于1893年加建钟塔。1966年"文化大革命"中被毁。

Kidner在上海另有汇丰银行（1874~1877年）和宝顺银行（1878年）的设计，两者已于20世纪30年代拆除——这是中国首先引入西方建筑师之始。

1879年出版了他的自传和作品集。

他的孙子（同名）（1880~1960）是个折中主义的建筑师。

489. Pugin，Augustus Webby Northmore 普金/普琴（1812~1852年）

他父亲Charles（1762~1832年）以法国难民身份来到英国，曾受雇于Nash，J.（1752~1835年）。他是个哥特复兴式的建筑师，且著有《哥特建筑范例》（1821年）和《哥特建筑创举》（1831年）。

家学渊博，他不但是建筑师、哥特复兴的重要人物，还是作家、理论家和文物工作者、维多利亚时代（1837~1901年）的艺术和建筑的领袖，况且，他还是虔诚的天主教徒，天主教复兴运动的重要人物，可见他对哥特式建筑是如何地执著和力行了。

1836年，24岁便写下了"*Contrast*"（对照）。在书中他提出一个观点："一个具有相应的建筑能量的社会，在其质量与特性之间，存在着联系。"这个观点，他终生不渝地坚决信守，因此，他认为艺术的衰落（他是这样认为的）是宗教改革造成的精神衰落的产物。同年，他的另一本著作《15世纪建筑和19世纪建筑的比较》，很显然，15世纪在英国是垂直哥特式时代，他的比较，自然是认为19世纪的建筑是衰落了。

1841年他再在理论上写了"*True Pinciples of Pointed or Christian Architecture*"（基督教建筑原理）（或直译为《尖拱式或基督教建筑真实原则》）。1843年，他干脆直截了当地写了《为英格兰的哥特式建筑复兴辩护》，打出旗帜为哥特复兴建筑而呐喊。

无论如何，他为哥特复兴编纂理论开了先河，他和Scott（1811~1878年）是英国维多利亚哥特复兴式（Victorian Gothic Revival）的代表人物。

他有一个习惯或者爱好——喜欢穿着水手装，眺望大海。隔着大海的彼岸，也就是他的故国——法兰西，尽管此时已不是波旁（Bourbon）王朝的时代了。

他一生设计的教堂将近40座，如：

伯明翰的圣查德主教堂（St. Chad's Cathedral）；

索斯沃克（Southwark）的圣乔治主教堂（St George's Cathedral）；

达比（Derby）的圣马利教堂（St. Mary's Church）；

曼彻斯特（Manchester）的圣维法拉德斯休姆教堂（St. Wiffrids Hulme Church，1839～1841年）；

柴郡（Cheshire）的圣吉尔切德尔教堂（St. Gills Cheadle Church，1841～1846年）；

斯塔福德郡（Staffordshire）的圣贾尔斯教堂（1841～1846年）和奥尔顿（Alton）钟塔的修理和扩建；

拉姆斯盖特（Ramsgate）的圣阿奈斯廷教堂（St. Anaisting，1845～1851年）；

格兰治（Grange）的圣奥古斯丁教堂（St. Augustines Church）；

赫特福德郡（Hortfordshire）的圣埃德蒙学院（St. Edmund's College）的礼拜堂。

以上都是哥特复兴式。

特别提出的是：1836～1868年或1840～1865年的英国国会大厦（Parliament），其设计原由Barry（1795～1860年）以新古典主义设计平面，但维多利亚女王（1837～1901年在位）命令改为晚期哥特式，转由Pugin协助，他以乔治五世垂直式处理细部和立面，乔治五世（曾征服法国）以此风格正好反映民族自豪感。在此之前，人们认为哥特风格只适用于宗教建筑，新古典主义则适用于公共建筑。自国会大厦建造之后，人们有所改观，其后哥特复兴式还广泛出现于英国的住宅建筑上。

他还装修上议院和设计自己的住宅。

490. Boumann, Johann 布曼（活动于19世纪中叶）

1848～1853年将原亨利王子（Prince Henry）的府邸改建为柏林洪堡大学（Humboldt Universetot，后曾一度改名为弗里德里希·威廉大学/Friedrich Wilhalm）。

洪堡［Humboldt，Baron（Karl）Wilhelm，或译亨伯特］（1767～1835年），于1809年创立此大学。他是哲学家、语言学家、外交家和教育改革家，曾任公使和教育大臣。黑格尔（Hagel, G. W. F.）于1830～1831年任校长，马克思是其学生。

491. Abadie,Paul 阿巴迪（1812~1884 年）

由 19 世纪初兴起的折中主义（Eclecticism），到 19 世纪下半叶，进一步走上高潮。其原因包括多方面：一方面资本主义的发展已经得到巩固，各种文化都商业化了，以适应资产阶级的不同喜好和需要，建筑形式也不例外；另一方面，在这个新、旧激烈交替的年代，无论社会生活的变异，建筑材料的更新和建筑技术的提高，对旧形式的冲突而造成混乱；再一方面，建筑形式本身，由于 18 世纪考古的兴起，通过测绘、写生和新兴的照相术，可以对过去的建筑形式得到进一步的认识，并且给予各时代以标签，如古希腊的"公正"，古罗马的"雄伟"，哥特式的"虔信"，文艺复兴的"高雅"，巴洛克的"华贵"等，以供业主的"选购"，于是便各取所需。虽然，折中主义弥补了新古典主义及浪漫主义的局限性，但不分形成的国界和时代，不分使用的地域，也不分内在动能的体现，只求外形的喜好，于是百戏杂陈，标新立异，所以折中主义是复古的，也是形式主义的，它又被名为"集仿主义"。

1870 年普法战争，巴黎被围困达四个月之久，战况惨烈，杜伊勒里宫被毁。两位富有的商人祈求和平，发愿将献一座天主教堂给耶稣。战事结束，两人遵守信诺，策划筹款，巴黎人民积极捐献，一则还愿，一则振奋人心，燃点希望。

1875/1876 年在蒙马特区（Montmartre）的高地，即 1871 年巴黎公社起义的基地上，Abadie 设计圣心教堂（Sacré-Coeurl/Sacred Heart）。这是一座希腊-拜占庭式（Greco-Bygantine）式的建筑，兼具一定的罗马风手法，它有三个高耸的穹顶，后穹顶特别高，84m，仅次于巴黎铁塔。下方上圆的钟塔放在后面，前立面是复杂的山花和券廊，厚实的墙身和半圆形券等反映了罗马风的手法，却原来其灵感来自佩里格（Périgueux）的圣弗龙大教堂（St-Front 原建于 12 世纪）。那是法国西南部最大的教堂，拜占庭式。Abadie 曾对它进行大翻修，并增建圆穹和锥形顶，他将之移植于普法战争结束后的巴黎。

他还为昂古莱姆（Angonlâne）的圣皮埃尔大教堂（Saint-Pierre 原建于 12 世纪）作第四次改建。同时整建旧城堡为新哥特式的市政厅。

492. Viollet-Le-Duc,Eugene-Emmanuel 维奥莱－勒－杜克/维优雷－勒－杜克（1814~1879 年）

少年时代，1830 年左右即随建筑师勒克莱（Leclère, Achille）和于维（Huve J. J. M.）开始专业学习，1836 年又花了 16 个月时间在法国各地和到意大利实地旅游和写生。

他是个古建修复专家，他的事业就是从修复古建筑开始的。

1838年他参加圣热尔曼-拉奥塞鲁尼（Saint-Germain-I'Auxerrois）教堂的修复。

接着，1839~1840年他经名作家梅里美（Mérimée，P.，1803~1870年）的介绍，受历史文物委员会（Commission Monuments Historiques）的委托，为维兹莱（Vézelay）的修道院教堂（Abbey Church）进行重建。该教堂是抹大拉的玛利亚修道院（La Marie Madeleine）的教堂，最早建于9世纪，约于1120~1140年改建为罗马风的巴西利卡，是勃艮第地区罗马风的遗迹。两层式是西多教派修道院的基本形式。他为教堂修建了正立面，又为修道院建修士会堂和回廊。Mérimée是历史文物委员会成员之一，后来Niollet-Le-Duc也成为其中一员，还是中心人物，为法国修复了许多中世纪的建筑物。

1842年在修建巴黎圣徒礼拜堂（Sainte-Chappell/神圣小教堂）时，他担任了指导，参加的还有Duban，Félir（杜班，1797~1870年）。礼拜堂位于西堤岛（Île de la Cité）的西端、巴黎高等法院的范围内，傍皇宫大街（Boulevard du Palais），面向五月大街。礼拜堂建于1246年，是哥特式盛期的瑰宝，在孤僻、荒凉带监狱的高等法院内，显得突出而形成对比。

历时近200年时间完成的巴黎圣母院（Notre Dame），500年来经过战火和大革命时的破坏，只西立面和玫瑰窗的彩色玻璃尚完整。他和Lessus，Jean Baptiste（莱絮）又花了20年时间，才让它恢复原貌。

1852年他还修补了卡尔卡松（Carcassonne）的城堡（1850年险遭清拆）。该城堡于高卢罗马时期（3~4世纪）已建，13世纪中曾大事重修，城堡有内外两重城墙，除中心有高塔外，外围还有46座塔，是欧洲最完整的古城堡之一。1910年由其学生完成修补。

始建于1227年的博韦（Beauvais）圣皮埃尔大教堂（St. Pierre），这座号称全欧最大的教堂，中殿高48m，但连遭塌陷，只完成了东半部，1849年他只能修修补补，迄今未曾全部完成。

其间他还在亚眠（Amiens）和拉昂（Laon）的主教堂作了增补。拿破仑第三令将亚眠的皮埃尔丰堡（Château de Pierrefond）改建为他的夏宫。工程从1863年进行至1870年，拿破仑第三于普法战争被俘成为阶下囚，工程也就中止了。

1863年他出任巴黎美术学院（École de Beaux-Arts）的历史讲座，但由于美术学院部分学生要实施哥特式的理论主义被拿破仑第三压制，他也因而辞退教授职务。

他又将纳博纳（Narbonne）市政厅的正立面改为哥特复兴式。

又修整了1080年建的图鲁兹（Toulouse）的圣塞尔南教堂（Saint-Sernin），

这是座朝圣教堂［通往西班牙的圣地亚哥·德·孔波斯特拉（Santiago de Compostela）所必经的］是欧洲最大罗马风建筑，其筒券十分笨重，内有十五边形的礼拜堂，八边形的钟楼，层层收分，看起来似中国塔。

积累多处修复工程的经验，使他成为法国当时首屈一指的理论权威。他的主张是应恢复原状，但在实践时并未完全遵循此原则，有时也会改变原风格。

除了修修补补之外，他也有自己的新作，如：

圣但尼（Saint Denis）的埃斯特雷圣但尼教堂（Saint Dennys-de-l'Estree，1846 年）；

桑斯（Sens）的（天主教的）教务会议会堂（Synodel Hall，1849 年）；

卡尔卡松（Carcassonne）的圣古默教堂（Saint Gimer，1852/1853～1859 年）；

新奥德教堂（Neuvelie Auda，1855 年）。

罗亚尔河（River Loire）的丰特夫罗拉修道院（Abbaye de Fontevraudt），是法国最大的修道院之一，12 世纪由本笃会所创建，他增建了八边形的埃夫朗德塔（Tour Evrand）。

他所设计的宗教建筑都带些哥特风格，民间建筑却带一些文艺复兴风格。

他还是个建筑理论家，专研究中世纪的建筑。其著作有：

"*Analytical Dictionary of Franch Architecture*（11～16Century）"（法国建筑辞典）（1854～1868 年）——至今仍被人所使用；

"*Dictionaire raisomě du Mobiliee Française de l'epoque Carlovingienne à la Renaissance*"（克洛维和文艺复兴时期法国家具辞典）共 16 卷（1858～1875 年）；

"*Eutretiens sur l'Architecture*"（建筑对话录）（1863 年及 1872 年版）；

"*Russian Art*"（俄罗斯艺术）（1877 年）；

"*On Decoration Applied to Building/De la Décoration Appliquée aux Edifices*"（建筑装饰）（1879 年）。

其著作并没有把哥特式停留在浪漫主义的感情上，在观察哥特式建筑的体会和研究 18 世纪法国的建筑理论后，提出了建筑结构和建筑形式之间应该有内在联系的理论。他主张必须要直接表现出当时的材料、技术和功能上，因此，他认为哥特式是最完美的，因为其结构合理。他是理性的倡导者。

他对哥特式建筑原则的阐释与 Pugin（1812～1852 年）一样令人信服，而又高于 Pugin。

他虽然是哥特式建筑的捍卫者，也是对使用新材料如铁材的倡导者，他在《建筑对话录》中指出，为适应时代要加以使用。

他还有一些理论发表在 1858～1872 年的 "*Discourse on Architecture/Entreliens Sur l'Architecture*"（建筑论述）刊物上，这些理论对现代有机建筑理论和功能主

义的发展，尤其对芝加哥学派影响很大。

493. Butterflield，William 巴特菲尔德（1814～1900 年）

原为营造商的学徒，后来勤奋进修建筑三年，成为建筑师。

虽然他深受哥特复兴式的熏陶，但不墨守成规，创造出一种表现材料质感和色彩效果的现实主义（Architectural Realism）。他在所设计的近百座教堂中多毫无虚饰地显露砖木的质感，又以彩画反映对比的色彩。这种彩饰结构（Structural Polychromy），成为维多利亚时代晚期的建筑风尚。

1847 年他为刚刚设市的澳大利亚墨尔本（Melbourne/"新金山"）设计了圣公会的圣保罗主教堂（Anglican Cathedral, St. Paul's），工程于 1850 年开工，延至 1934 年才竣工。

在伦敦，有 1849～1859 年的万圣教堂（All Saint's Church），1851～1853 年在斯托克纽灵顿（Stoke Newington）的圣马太教堂（St. Matthies' Church），1855～1861 年在巴尔德尔斯拜（Baldersby）的圣约翰教堂（St. John's Church）和 1859～1863 年在霍尔班（Holborn）的圣阿尔班教堂（St. Alban's Church）。

在珀纳斯（Penerth）近加的夫（Cardiff）的圣奥古斯丁教堂（St. Augustine's Church，1864～1866 年）。

1866 年他在牛津设计了基布尔（Keble）学院。

1868～1886 年在沃里克郡（Warwickshire）设计的拉格比学校（Rugby School）。这是创立于 1567 年的、英国最古老而著名的私人资助的公立学校，19 世纪被誉为理想的男校。

1867～1874 年在德文（Devon）的巴伯科比（Babbacombe）的一座教堂和在汉普郡（Hampshire）的伯恩茅斯（Bournemouth）的奥古斯丁教堂（1891～1892 年），还有在约克郡的一些教堂和牧师住宅。

494. Cleveland，Horace William Sheler 克利夫兰（1814～1900 年）

美国园艺师，他同英国建筑师 Olmsted, F. L.（1822～1903 年）合作，设计了一些公园：

芝加哥的华盛顿公园和南岸公园（South Shore Park）。

罗得岛州首府普罗维登斯（Providence）的罗杰威廉斯公园（Roger Wiliams Park）。

出身于土木工程师而转业于园艺，还在许多大城市设计了城市公园体系，使公园融入城市规划中。

他使园林设计在美国成为一项受重视的专业。

其著作对美国中西部自然条件下园林设计的原则作出阐述。

495. Curtius，Ernst 库尔提乌斯（1814～1896 年）

德国历史学教授、考古专家，尤其对古希腊史。

1875～1881 年领导对古希腊奥林匹亚遗址发掘，包括：

赫拉（希拉）神庙（Temple of Hera）；

宙斯大祭坛（The Great Alter of Zeus，公元前 430 年）；

奥林匹亚运动场。

他同助手 Dörpfeld，Wilhelm（德普费利德，1853～1940 年）几乎发掘了整个奥林匹亚地区。

他和助手 Adler，Friedrich 阿德勒合著"*Olmpia，Excavation Resalto*"（奥林匹亚考古发掘记）（1890～1897 年）。

古代奥林匹亚运动会始于公元前 776 年，终于 393 年，以后停顿了 1503 年，终于在 1896 年恢复为现代奥林匹亚，而赫拉神庙即作为燃点圣火之地。

496. Downing，Andrew Jackson 唐宁（1815～1852 年）

出生于纽约，自幼就在他父亲所在的苗圃工作，成为园艺师。他接受 Repton，H.（1752～1818 年）的造园哲学和浪漫主义观点。

后来又有意于建筑设计，并掌握了一定的理论。

1840 年起便主编"*Horticulturist*"（园艺家）期刊，同时也写了有关园艺和建筑的著作：

"*A Treatise on the Theory and Practice of Landscape Gardening Adopted to North America*"（适应北美的风景造园理论与实践概要）（1841 年）；

"*Cottage Residences*"（村舍）（1842 年）。

通过这些著作，将美国园艺风格从新古典主义转向浪漫的哥特复兴风格。

1849 年，为了观察和深入了解英国造园的实际情况，他到英国游览了自然园，亲自体会其风格。回国之后又写了：

"*The Architecture of Country House*"（乡村住宅建筑）（1850 年）。

他反对虚加修饰，重视天然情趣及建筑与环境之间的联系。

他成为美国首位庭园设计家（Landscape Designer），还是领导美国"风景如画"风格的评论家（Landscape Gardener and Architecture Critic）。

他设计华盛顿的"美国国立博物馆"（Smithsonian Institution）❶ 的花园和新

---

❶ Smithson（史密森）为出资创办该博物馆者；故名。

泽西州西奥兰治（West Orange）的卢埃林公园（Llewellyn Park）——这是郊区公园的典范。

1851年菲尔莫尔（Fillmore）总统请他为华盛顿市的林荫路作改建设计，但是不幸的是，在纽约港附近发生汽船事故而被淹死，连其设计方案亦被毁掉。

497. Sloan，Samuel 斯隆（1815~1884年）

主要活动于费城，有"费城建筑师"之称。

其作品主要为：

巴特拉姆会堂（Bartram Hall，1851年）；

费城的十八间公立学校（Public School，1851~1866年）；

共济会会场（Masonic Temple，1853年）；

贝内特公司百货店（Bennett and Co. Store，1855年）；

哈里森市内住宅（Joseph Harrison，Jr，Town Mansion，1856年）；

园艺业大厦（Horticulture Hall，1866年）；

另在密西西比州纳奇兹（Natchez）的朗伍德别墅（Longwood Villa，1854~1861年）。

他业余还写了一些有特色的著作：

"*The Model Architect*"（模范建筑师）（两卷）（1852~1853年）；

"*City and Suburban Architecture*"（市区和郊区建筑）（1859年）；

"*Sloan's Constructive Architecture*"（斯隆的构造建筑）（1859年）；

"*Sloan's Homestead Architecture*"（斯隆的宅地建筑）（1861年）。

此外他还编辑期刊"*Architecture Review*"❶（建筑评论）和"*American Builder's Journal*"（美国营造者杂志）。

498. Meigs，Montegomery Cunmingham 梅格斯（1816~1892年）

工程师兼建筑师。

作为军人，曾任陆军后勤司令兼军需局长。

在华盛顿督建许多公共工程和房屋，包括国会大厦的两翼和穹顶，还有邮局的扩建。

在公共工程方面，有19km长的高架渠、蓄水库和一些桥梁，如：

卡平约翰桥（Cabin-John），长67m，兼具交通及供水之用。

---

❶ 现刊行的 *Architecture Review* 创刊于1896年，应是同名。

宾夕法尼亚大街桥（Pennsylvania Avenue Bridge）。

他退休后，还设计了在法院广场的（旧）养老金大厦（Old Pension Building，1883年），这是一座巨大的砖砌建筑，以罗马的法内塞府（Palazzo Farnese）为蓝本。

499. Thomson，Alexander（"Greek"）汤姆森（1817~1875年）

19世纪初叶，在英国兴起一股希腊热，以希腊复兴建筑形式的盛行，对抗拿破仑提倡的罗马复兴风格，其中在苏格兰的爱丁堡更是重点。由Hamilton，T.（1784~1858年）、Burn（1789~1870年）和Playfair（1790~1857年）等人的努力，使爱丁堡获"新雅典"的称号。但至19世纪中期，希腊复兴的热潮逐渐衰退的情况下，由格拉斯哥接棒传递下去。

他在Glasgow设计了：

格拉斯哥大学的新校园（New Campus，1846~1850年）；

联合长老会教堂（United Presbyterian Church）两座（1856年）；

自由教会教堂（Free Church，1856~1857年）；

皇后花园教堂（Queen's Park Church，1867年）等多座迷人的教堂，自然，这些都是真真正正的希腊复兴式。

此外还有一些住宅、别墅和工厂。

与他同时的希腊复兴者，还有：Baird，J.及Baird，G. T.（大、小贝尔德）和Turnbull，R.（特恩布尔）等。

500. Layard，Austen Henry 莱亚德（1817~1894年）

原来当律师，在青年时代，1839年突然放弃本业，远赴中东做考古工作。

自18世纪中起，英国的考古兴起热潮，先是对古罗马，继而对古希腊的发掘，地点逐步东移，目光转向中东。

他在伊拉克的摩苏尔（Mosal）的尼姆鲁德（Nimrúd）发掘得古代宫殿遗址和一批文物。尼姆鲁德原来曾经一度作为亚述首都的卡拉赫（Caloh），他误以为这就是尼尼微（Nineveh）。

后来，他又在库云吉克（Kuyionjik）的土丘，才真正发掘出尼尼微的城址，更掘出阿舒尔（Ashur）的博尔西珀（Bossippa）和尼普尔（Nippur）城址，两者都是巴比伦尼亚（Balylonia）的古城，并发现大批文物，包括艺术品。记述这些成果，他写了：《尼尼微和它的遗址》、《尼尼微石刻图解》、《尼尼微和巴比伦遗址上的发现》（Discoveries in the Ruins of Nineveh and Babylon）（1887年）。

1852 年他终止考古行动，返回伦敦，转向政治，先后出任议员和外交官。

501. Pe（a）rson，John Longhbrough 皮尔逊（1817 ~ 1897 年）

他以设计教堂为主，如：

伦敦基伯恩公园路（Kibbum Park Road）的圣奥古斯丁教堂（St. Augustines Church 1870 ~ 1880）。

伦敦威斯敏斯特教堂（Westminster Abbey）北耳堂的立面是他和（老）斯科特［Scott，G. G.（S），1811 ~ 1878 年］合作的。该教堂为哥特复兴式，立面为罗马风，内部则是折中主义。

康沃尔郡（Cornwallshire）特鲁罗（Truro）主教堂（1880 ~ 1910 年），他去世后由儿子 Frank，L. 完成。

他还为澳大利亚的布里斯班（Brisbane）设计主教堂（Brisbane，T. M.），（1773 ~ 1860 年）是澳大利亚天文学家，曾任总督，他建立了两座天文台，故以他的姓氏为市名。

502. Lienan，Detlef 利恩诺（1818 ~ 1887 年）

德国建筑师 Lienan，J. A. 的儿子。

他到法国跟随 Labrouste（1801 ~ 1875 年）学艺。Labrouste 善于使用新材料创造新型构造的建筑，在巴黎以铸铁为主要材料建造圣吉纳维夫图书馆（Sainte-Generière）和国家图书馆的阅览厅。

1848 年到美国，在纽约和泽西城（Jersey）设计了不少建筑物。

在纽约的有：希夫宅（Hart M Shiff House，1850 ~ 1852 年）、谢尔马霍恩宅（William C Schermerhorn House，1853 ~ 1859 年）、法国和比利时平板玻璃公司（Franch and Belgian Plate Glass Co.，1863 ~ 1864 年）、谢尔尼康宅（Edmund H Schernerhorn，1867 ~ 1869 年）和城市公寓（Townhouses Apartment）。

在泽西的有：恩典教堂（Grace Church，1850 ~ 1853 年）、商业及贸易银行（Merchant and Trader's Bank，1859 年）、马赛森和魏切斯糖厂（F. O. Matthiessen and Weichers Sugar Refinery，1862 ~ 1870 年）、国家第一银行（1st National Bank，1864 年）和罗会堂（Row Hall，1871 ~ 1873 年）。

1872 年一度回德国设计杜奈克堡（Düneck）。

他还到加拿大，在安大略（Ontario）建克鲁克斯通公园（Cruckston Park，1872 ~ 1873 年）、美国佐治亚州（Georgia）萨凡纳（Savannah）的霍奇森会堂（Hodgson Hall，1873 ~ 1876 年）、特尔费尔艺术和科学学会（Telfair Academy of Arts and Sciences，1885 ~ 1886 年）。

他采用的风格主要是（法国的）第二帝国式。

503. Renwick，Jame（J）（小）伦威克（1818～1895年）

原是结构工程师，任职于铁路公司，又当过水库工程的监工，但他对建筑发生兴趣，自学成才转为建筑师。

他虽然受 Pugin（1812～1852年）的思想所影响，但不像 Pugin 那样对哥特式始终不渝，而是变化多端，正如其职业生涯一样地转变。

牛刀小试，于1843～1846年设计纽约新恩宠教堂（New Grace Church）便获奖。其后作品很多，主要为：

19世纪50年代，华盛顿史密森学院（Smithsonian College）是一座诺曼底地堡式（Norman Style）的建筑，简朴而坚牢。

1859年华盛顿科科伦美术馆（Corcoran Gallery）则是法国第二帝国风格——现改以他的姓氏命名为"Renwick Gallery"。

1859～1879年纽约圣帕特里克教堂（St. Patrick's Church），有双塔，以法国和英国的哥特式为主，而成为美国哥特复兴式的代表作。

1871～1872年纽约圣巴塞洛缪教堂（Saint Bartholomeo's Church）和1882～1893年纽约的万圣罗马天主教堂（All Saint's Roman Catholic Church）都是哥特式同罗马风的混合形式（Gothic-Romanaque）。

他是19世纪美国颇有成就的建筑师之一。

19世纪后期，折中主义的潮流已由法国转移到美国，不少建筑师因为思想转变而作风转变，但 Renwick 则因业主的爱好和需要而转变，投其所好，典型的折中主义（Eclecticism）。

他培养出多名有名的建筑师，如 Root，J. W.（1850～1891年）。

504. Burckhardt，Jacob Christopher 布尔克哈特（1818～1897年）

1839～1843年学于柏林大学。

杰出的文化艺术史家。

研究绘画艺术和建筑艺术，尤其对意大利文艺复兴作深入钻研。

1867年写的"*Die Geschichte der Renaissance in Italian*"（意大利文艺复兴史），是一本专研究建筑风格的著作。

505. Bazalgette，Joseph William 巴泽尔杰特（1819～1891年）

19世纪中、下叶英国著名土木工程师，1842年任伦敦威斯敏斯特（Westminster）行政区顾问工程师，1849转至伦敦市下水道委员会，1852年任委员会总工程师，1855 年任首都工程局总工程师。

任内规划全伦敦的排污系统，采用截流污水管系统（Held Back Work Drainage System）。于 1859 年动工，全长 83 英里（133.5km），于 1875 年全部完成，但于 1865 年已开始局部使用。截流管为合流制解决了污水的处理问题。

还有堤坝、渡口、林荫道和大桥工程，如帕特尼（Putney）大桥和巴特西（Battersea）大桥。

1883～1884 年任英国土木工程学会会长。

506. Ruskin，John 罗斯金/拉斯金（1819～1900 年）

家富有，父为酒商。

学于诗人 Wordsworth，William（沃兹沃斯，1770～1850 年），成为散文作家，更研究艺术理论，又作政治、经济、地质、植物等评论，还是建筑业余爱好者和评论家。曾设计牛津自然史博物馆。

受 Pugin（1812～1852 年）影响而热爱哥特式建筑。

1849 年所写的"The Seven Lamps of Architecture"（建筑的七盏灯），其七盏灯指：牺牲、真理、生命、忠诚、权力、回忆和美。他在文中阐扬了哥特式建筑的特点，而哥特式反映了当时社会的高尚道德。他就是从这七方面极力推崇哥特式建筑，从而主张复旧。他说要顺从和忠诚于过去的形式，也要在艺术上有创造，但反对机械地加工。另一方面他主张建筑要为未来而建，建筑物要有纪念性。

两度游意大利之后，他于 1851～1853 年又写了"Stone of Venice"（威尼斯之石），书中介绍威尼斯艺术的成果，并推崇意大利的建筑艺术，尤其是威尼斯的哥特式建筑。

他一方面厌恶巴洛克形式，一方面也反对新兴的机器制造的产品，同时反对新的形式。他讽刺水晶宫为"特大的花房"，并诅咒"将会倒塌"。他强调要有古趣，他说："我们不需要任何新的风格……已有的建筑形式对我们而言已经是太完美的了。"他所指的已有形式就是哥特式，无论是从宗教上和道德上都应该如此。

要求新风格，也只有在哥特式的基础上，因为其结构是"忠实的"。最好的建筑物必须有某种"真实"，即形式、外貌、结构都和生活相适应。他要求建筑物应有三个良好的品质，即：看得好，说得好和服务得好。

他是主张装饰的，"装饰是建筑的源泉"。

他将工艺美术同机器生产对立起来，并将对机械制造的仇视上升到否定工业革命本身。后来，他的信徒 Morris，W.（1834～1896 年）发展美术和手工艺运动（Arts and Crafts Movement），以恢复手工艺工人的技艺。

提倡"节制、忠实、简单、直率",平面和构图要符合目的的原则,最适合于住宅建筑。后来于19世纪中兴起的维多利亚哥特式就是以威尼斯的哥特式建筑为蓝本。事实上威尼斯的哥特式建筑也只是一些住宅而已,这些住宅并不是如哥特式教堂那样的结构,而只在于一些哥特式的语言。

晚年,他体弱、多病而致神经失常。

507. Devey,George 德维(1820~1886年)

19世纪中叶约半个世纪,英国建筑形式浪漫主义十分兴盛,一些建筑师欲摆脱古典主义学院派的羁绊,他们要求具民族特色的,甚至地域性的作品,他们认为哥特式的美好存在于独特的传统乡土建筑之中,而最能反映这种思想感情的,就是本土的住宅。住宅复兴的潮流出现了。

最先实践住宅复兴就是Devey,他一生以改建、扩建村舍而著称。其中有肯特郡(Kentshire)彭赫斯特(Penhorst)的住宅和贝特先格(Betteshanger)的清水墙住宅(1857年)。

这些住宅一般以红砖加白色石隅为特征,受荷兰住宅一定的影响。

这种住宅建筑后来由Shaw,R. N.(1831~1912年)和Nesfield,W. E.(1835~1888年)按他的作品完成标准设计。作为他的助手的Voysey,C. F. A.(1857~1941年)还有Webb,P. S.(1831~1915年)、Lethaby,W. R.(1857~1931年)、Lutyen,E. L.(1869~1944年)等人,他们都致力于住宅复兴。

1870年英国教育部的建筑师Robson,E. R.(罗布森)所作的标准设计就以他所设计作为蓝本。

虽然在19世纪后半叶至20世纪初,对英国的非学院派起到一定的影响,但由于不愿做公开宣传,直到20世纪中之前,一直不被重视。

508. Eads,James Buchanau 伊兹(1820~1887年)

青少年时在航船上担任事务长,未受过正规的技术教育,后自学成才而成为19世纪美国杰出的工程师。

创造用悬臂法建筑拱券,其法以木制悬臂支撑半拱,在桥墩上的方塔用钢索把半拱扶住再结合。

1867~1874年在伊利诺伊州圣路易斯市跨密西西比河建三孔钢拱桥。河水深30m(破纪录),各跨为152m+158m+152m,为当时最长钢拱桥,也是使用钢构拱桥之先驱,桥以他的姓氏命名——"The Eads Bridge"。

1874~1879年修筑新奥尔良防洪堤和疏浚河道以开辟终年航道。

他还出任多伦多的利物浦船坞和墨西哥港口韦腊克鲁斯(Veracruz)和坦

皮科（Tampico）的顾问。

为了改善工程措施，他还创造了：

装置升降机的海上浮动医院（Floating Hospital Installed a Lift）；

气压沉箱；

打捞救生船（Salvage Boat）；

可在河底行走的钟形潜水器。

但不幸的是他因亲自进行打捞而致盲。

他荣获伦敦皇家艺术学会的艾伯特奖章（Albert Medal of the Royal Society of Art in London），而且是美国首次获得的人。

509. Mariette，Auguste Ferdinant-François 马里埃特（1821~1881年）

1849年参加卢佛尔宫国立美术博物馆（1793年设立，后改为国家博物馆 Musée National du Louvre）埃及部工作，后升任副馆长，后来又到埃及出任开罗埃及博物馆馆长。

1864年在埃及孟菲斯（Memphis）发现托勒密王朝克娄巴特拉（Cleopatra）时的圣牛墓地和圣牛碑，之后再发掘了：

萨卡拉（Saqqura）墓地的古王国陵墓；

阿比多斯（Abydos）遗址19王朝的神庙；

底比斯（Thebes）地区大量废圩。

据其考古成绩，写了：

"*Abydos*"（阿比多斯）（1869年）；

"*Apercu de l'Histoire d'Egypte*"（埃及历史概况）（1874年）；

"*Karnak*"（卡纳克）（1875年）；

"*Beirel-Bahari*"（拜尔-巴赫里）（1876）。

而在"*Les Mastabas de l'Aucien Empire*"（古王国的马斯塔巴墓）一书，是叙述早在公元前4000年台形的坟墓，后来经多层金字塔再发展成正方锥体的金字塔，他死后由 Maspero，G. C. C.（1846~1916年）编校后于1889年出版。

510. Schliemann，Heinrich 谢里曼（1822~1890年）

一位极富传奇性的人物，父亲是个穷牧师。他由学徒出身，当过杂役工，客轮服务员，簿记员。1842年自行经商。1854~1856年克里米亚（Crimea/克里木）战争中发了战争财，发了财，放弃经商，开始求学。通过天赋和努力，通晓七国的十余种语言和掌握有关希腊文化的一些知识。

经历了服工、经商、治学三个阶段，1868年已届46岁，毅然从事自费考古的生涯，但他从未接受任何正规的考古学训练。他之所以忽发奇想，决然远赴希腊作特洛伊（Troy/Trojan、又作伊利翁 Ilion/Ilium）做古迹挖掘工作，完全是因为他从小便从父亲口中得知古希腊盲诗人荷马（Homer）的《奥德赛》（Odyssey）和《伊利亚德》（Iliad），又受 2 世纪巴撒尼亚（Pansanias/保萨尼阿斯）所著游记所影响，作此前未有人涉足的行径，一时被讥笑，视为"考古狂人"。

在他后半生的 20 年，人生的第四阶段，他独排众议，力主发掘墓塚，成为挖掘特洛伊（Troy）的第一人。

1868 年他首先寻找荷马时代遗址，1870 年开始组织发掘，1880 年再度发掘。在土耳其的希萨立克（Hisarlik）挖出城垣和街道，证实为荷马史诗的特洛伊城，并在帝王墓葬中获得文物。

1871 年他同 Dörpfeld（1853～1940 年）一起发现特洛伊的遗址。1873 年终于发掘出特洛伊古城。他是用地层分析法挖掘的，这种方法早于 Petric W. M. F.（1853～1942 年）17 年。

1874～1876 年他转移到迈锡尼（Mycenae）梯林斯（Tiryns/泰仑卫城）和奥尔霍迈诺斯（Orchomenus），发现各处遗址，其中包括迈锡尼有名的狮子门（Lion Gate）。

1876 年又在奥尔霍迈诺斯（Orchomenus）发现荷马所述的国王阿克曼农（Orchomenus/又译阿伽曼农）墓（即墓塚 A 区），墓室为直径 14.6m 的叠涩穹——但后来发现有误。

关于迈锡尼的考古工作，19 世纪末由 Evans, A.（1851～1941 年）继续深入。

此外他曾到埃及阿布孙比勒（Abu Simbel）之拉美西斯二世（Ramesses Ⅱ）神庙，该遗址由瑞士旅行家布尔克哈特（Burckhardt, L., 1784～1871 年）首先发现。他还游历于约旦及努比亚。

他还曾远来中、日，并写下一书，以记他所见的两国情况。

其著作分别介绍了其所发现：

"Ithake der Peloponues und Troja"（伊萨卡伯罗奔尼撒和特洛伊）（1869 年）；

"Trojan Autiquity"（特洛伊古物志）（1874 年）；

"Troy and Its Ruins"❶（特洛伊及其遗址）（1874～1876 年）；

"Mycenae/Mykenä"（迈锡尼）（1876～1878 年）；

"Ilion/Ilium"（伊利昂）（1881 年）；

---

❶ Troy 在土耳其安纳托利亚（Anatolia）西北，特洛亚斯平原以北。Schliemann 逝世后，由其助手 Dörpfeld 及辛辛那提大学于 1932～1938 年先后继续发掘。

"*Orchomenus*"（奥尔霍迈诺斯）（1881 年）；

"*Troja*"（特洛伊）（1884 年）；

"*Tiryns*"（梯林斯）（1886 年）；

"*Tholoi*"（拱券墓）（?）。

他让人们认识古希腊文化。

他是现代大规模考古的先驱，并使考古学普及化。晚年耳疾不愈、逝于那不勒斯。

"*Odyssey*"（奥德赛）荷马史诗所述的主人公 Odysseus（奥德修斯），他指挥特洛伊战争，献木马计，使希腊获胜。

"*Iliad*"（伊利亚德）叙述阿喀琉斯（Achilles）和阿伽曼农（Orchomenus）之间的恩怨和复仇。

511. Olmsted, Frederich Law 奥姆斯特德（1822～1903 年）

农家出身，当过水手，曾到过中国，受过工程教育，后来又向格迪斯（Geddes, G.）学习。

1857 年同英国建筑师 Vaux, C.（1824～1892 年）参加纽约中央公园的设计竞赛，结果中奖，遂开始其园艺工作，1858 年开工，经 18 年于 1876 年完成。

其事业继承 Downing（1815～1852 年）在美国的园艺事业，而在思想上则是 Repton（1752～1818 年）的信徒，他主张公园应避免规则式布局，要保持原有自然美的景观：有缓曲的环路，边界栽植浓密的树丛，园中要有开朗的草坪，反对盛饰，重视建筑和天然环境的协调。

他是造园职业化的首创者，在麻省设立事务所一直延至今天，创景观建筑"Landscape Architecture"以取代由 Repton 所用的"Landscape Gardening"一词。

纽约中央公园为都市公园之始，影响美国各城市仿效。

他出任中央公园的管理处长，1864～1890 年又担任约塞米蒂（Yosemite）委员会主席。Yosemite 1890 年成为美国国家公园，占地 3081km^2，有地质构造奇观，石壁、瀑群、穹丘、峭壁等，位于加州中部山地。委员会负责加州的公园和绿化的保护工作。自此，他在美国各地公园做了大量工作：

纽约里费赛德和莫宁赛德公园（Riverside and Morningside Park）（同 Vaux 合作）和布鲁克林的展望公园（Prospect Park/普罗斯佩公园）、费城的费尔蒙特公园（Fairmont Park）、底特律的贝尔岛公园（Belle Isle Park）、蒙特利尔的芒特罗亚尔公园（Mount Royal Park）、罗得岛普罗维登斯（Providence）的罗杰威廉公园（Rogerwilliam Park）是他和 Cleveland, H. W. S.（1814～1900 年）合作的。

1893 年芝加哥举办世界哥伦比亚博览会时，他为会场作园林绿化，现改名为杰弗逊公园（Jefferson Park）。

他还为美加边界的尼亚加拉大瀑布（Niagara Falls）作绿化规划（1885 年）。

1852 年写了"*Walks and Talks of American Farmer in England*"（美国农夫在英国的言行）一书。

512. Fiorelli, Giuseppe 菲奥雷利（1823～1896 年）

1860 年任那不勒斯考古学教授，1863 年任那不勒斯国立博物馆馆长，1875～1896 年任意大利古物美术管理局局长，一生专注于庞贝古城考古工作。

公元前 79 年维苏威火山（Volcano Vesuvius）爆发，庞贝城（Pompeii）和赫库尼姆城（Herculaneum/海格立斯城）同被火山喷浆所埋设。庞贝城是当时手工业及商业城市，又是贵族和富商之避暑地，全城约 25000 人全遭难，经历 18 个多世纪，1748 年才由艾克毕尔发现遗址，但有系统地作科学的发掘和研究则由 Fiorelli 开始。

他首先采用严谨的方法研究古代地层，以观察、记录、保存、建议等程序做研究工作，特别研究庞贝城的建筑材料和建造工艺等。

庞贝城东西长 1200m，南北长 700m，城内有中心广场、神庙、巴西利卡剧场、浴场、斗兽场等，又有街市、商铺等商业建筑。住宅呈四合院布置，有些还有两、三进，内院列柱回廊，中心设水池。当时已有供水设备，沿街排水渠盖以石板，交通集中处有减速措施。

古庞贝的建筑属由古希腊到古罗马的过渡形式。

1875 年著 "*Descrigione di Pompei/Description of Pompeii*"（庞贝古城概略）。

庞贝古城的发掘，对古典复兴建筑形式的推动起到一定的作用。

513. Eidlitz, Leopold 艾德里茨（1823～1906 年）

原籍波希米亚（Bohemia）的布拉格，当时隶属奥地利帝国。他受教于维也纳。1843 年到美国，先服务于 Upjohn（1802～1878 年）门下。

其活动全在美国，在纽约的有：

圣乔治教堂（St. George's Church，1846～1848 年）；

圣彼得教堂（St. Peter's Church，1853～1855 年）；

大陆银行（Continental Bank，1856～1857 年）；

百老汇摩门教（Mormon）会堂（Broadway Tabernacle，1858～1859 年）❶；

布鲁克林（Brooklyn）的音乐学院（Academy of Music，1860～1861 年）；

---

❶ Tabernacle 原指古犹太教移动式神堂（往往为帐篷），后泛指教堂、会堂、圣所或礼拜堂。

1866～1868 年同 Fernback，H.（费尔贝克）合作的伊曼纽尔庙（Temple Emanuel）；

1867～1868 年的教区修道院和朝圣礼拜堂（Parish House and Chapel of Pilgrims）；

1870～1875 年圣三一教堂（Church of Holy Trinity）；

1875～1885 年同 Richardson，H. H.（1838～1886 年）合作的州议会大厦（State capitol），其庭园设计由 Olmsted，F. L.（1822～1903 年）负责；

在康涅狄格州（Connecticut）纽伦敦（New London）的基督第一教堂（First Church of Christ, 1849～1854 年）；

斯普林费尔德（Springfield）的市会堂（City Hall, 1854～1855 年）；

圣路易市（St. Louis）的基督教堂（1859～1867 年）。

514. Street，George Edmund 斯特里特（1824～1881 年）

1844 年起在 Scott，G. G.（S）（1811～1878 年）事务所工作五年，后于 1849 年在牛津自行开业。

承袭 Scott 的哥特复兴形式，并汲取 13 世纪法国、英国早期哥特式风格，创造出多姿多彩的形式，或者庄重简朴，或者绚丽华贵，反映出了维多利亚哥特式盛期（High Victorian Gothic）的特色。其所设计的数量达 260 多座建筑，在当时的欧洲，最为杰出，其中多数为宗教建筑。如在牛津、约克、白金汉、伯克郡（Berkshire）的一些教堂，在康沃尔（Cornwall）的一些小教堂和学校。重要的有：

伦敦的圣詹姆斯教堂（St. Jame's，1858～1861 年）、牛津的圣菲利普和圣詹姆斯教堂、什罗普郡（Shropshire）的奥肯盖特的（Oakengate）圣乔治教堂（St. George's Church）等。

然而他最有名的建筑还是伦敦法庭（Law Court），他于 1866 年设计，1874 年开工，直至他逝世后才完成。

他曾任教授，培养了 Shaw，R. N.（1831～1912 年）、Webb，P. S.（1831～1915 年）和 Morris，W.（1834～1896 年）等。

1880 年以后不再设计。

1881 年起出任皇家建筑师学会主席。

1855 年著"Brick and Marble in the Middle Age"（中世纪的砖与大理石）、1865 年著"Some Account of Gothic Architecture in Spain"（西班牙哥特式建筑概论）。书中均附插图，广泛被作为设计大样的参考。

515. Vaux，Calvert 沃克斯（1824～1892 年）

原在 Downing（1815～1852 年）手下工作，设计了一些住宅（1851～1853

年）和自己的住宅（1852～1855年）。

1854～1856年转同Withers, F. C.（威瑟斯）合作，设计了纽约的一些银行和住宅。

1858年同Olmsted, F. L.（1822～1903年）合作设计了纽约中央公园。中央公园位于曼哈顿的中心地带，沿岛呈长方形，Olmsted决定避免规则式布局，设缓曲线的圆路和广植乡土树种。公园是多功能的，除了草木花卉、亭台楼阁之外，有野餐区、儿童嬉戏场，还有大型水库和练兵场，更广泛布置了各种的文体活动场地，为市民提供了方便条件。公园长度跨越48个街口，为了解决人流、车流问题及设立立体交叉系统，工程延期18年，至1876年才完成。它成为美国都市公园之始，其后各大城市纷纷仿效。

后来，他还设计了许多公园和公共建筑：

纽约的普罗斯佩克特公园（Prospect）和布鲁克林公园（Brooklyn, 1866～1873年）、河边公园（Riverside, 1873～1888年）、莫尔宁西德（Morningside）公园（1887年）、唐宁公园（Downing, 1887～1894年）和纽约植物园（Botanical Park）。

州立哈得逊河医院（Hudson River State Hospitall, 1867～1872年）、国家历史博物馆（1874～1877年）、大都会艺术博物馆（Metropolitan Museum, 1874～1880年），建筑由中世纪的修道院和教堂组成，20世纪迁特赖恩堡公园。

在外地有水牛城公园（Buffalo Park, 1868～1876年）、芝加哥的南公园（1871～1873年）和罗得岛（Rhode Island）的一些住宅——以上多和人合作。

1857年著"Villas and Cottages"（别墅和村舍）。

516. Garnier, Jean-Louis Charles 加尼埃/夏涅（1825～1898年）

就读于巴黎美术学院（École des Beaux-Arts），师从Lebas, H.。曾获罗马大奖（Grand Prix, 1848年），随后游学意大利五年，1853年回到巴黎。

18世纪中的巴黎美术学院是折中主义建筑的大本营，对他日后的风格起主要作用。

初不见经传，至1860年才开始接受许多重要工作，其中巴黎歌剧院（Paris Opéra）使他一鸣惊人。

巴黎歌剧院早于1699年已由路易十四批示成立。

他设计的新建筑有几方面的特色：①其马蹄形的观众厅比之80多年前的波尔多剧院［（Grand Thêrtro, Bordeaux），由Louis, V.（1731～1800年）于1771～1780年设计］进了一步，更成熟了。池座扩大了1.5倍，包厢各有后间的小休息室。②更好地解决了交通问题，几条车道解决人流、物流（布景和设备）的问题。③舞台设备、机械齐全，布置周到。④音响效果和视线都良好。

⑤更突出大楼梯的作用，它不但是交通枢纽，更以艺术品呈现。Viollet-Le-Duc（1814～1879年）说："不是大楼梯为剧院而建，而是剧院为大楼梯而建。"钢铁框架结构，并充分使用一切巴洛克的装饰，布置得花团锦簇。观众厅的穹顶像皇冠，整个外形像个首饰盒。其手法纯熟、节奏和谐、虚实得宜，既深得皇室宠爱，亦迎合贵族和新兴资产阶级的喜好。

工程由1860年开始，中途遇上1870年的普法战争和1871年的巴黎公社运动，工程一度停顿，至1875年共花费了当时的5000万法郎完成，其风格兼容第二帝国风格（拿破仑第三风格）的新巴洛克风格，和威尼斯、热那亚的特色，是典型的折中主义作品。人们为纪念他，巴黎歌剧院亦以他的姓氏命名为"Opéra Garnier"。

他热衷意大利文化，在其作品中常渗入一定的意大利风格。爱屋及乌，他在意大利近法国的博尔迪盖雷（Bordighero，傍利古里亚海/Ligurian Sea）为自己盖了一所住宅（1872～1873年）。

在蒙地卡罗（Monte Carlo），他连续设计了小剧院、赌场和玩具博物馆（1878～1880年）。

在巴黎圣米歇尔大道（Boulevard Saint Michel）的书店业联合会（Cerche de la Librairie）。

1889年巴黎博览会上，他设计了其中的"人类住所"部分，后来于1892年他同Ammann, A. 合著了"Historre de l'Habitation Humaind"（人类住所历史）。

在外地，还有（Nice）尼斯的天文台（Observatoire）、维特尔（Vittel）的娱乐场（Casino）和浴场（Baths），及其他地方的一些小住宅。

1895年设计荣誉军团（Légion d'Honneur）的军官办公楼Grand Officier是他最后之作。

1871年的"Le Théâtre"（剧院）和1876～1881年的"Le Nouvel Opèra de Paris"（巴黎歌剧院），是他关于剧院设计之著作。

517. Nüll, Edward von der 纳尔
Siccardsburg, August von 西卡斯堡（活动于19世纪中叶）

与巴黎新歌剧院开始建造的同时，奥地利维也纳也建造国家歌剧院（Staatsoper，1861～1869年）。

由于建筑师Nüll和Siccardsburg采用了法国式，受到狭隘思想的人所批评，出于强烈的责任心，导致Nüll自杀，Siccardsburg随之亦身亡。

同巴黎歌剧院比较，维也纳歌剧院就简朴得多了，它基本上是以新古典主义为主。剧院1945年被炸，经修复后，1955年重开。

稍后在德国德累斯顿（Dresden，"易北河上的佛罗伦萨"）所建的宫廷歌剧院（Semperoper，1871~1878 年）则是意大利文艺复兴式。

518. Bove, Osip 波弗（活动于 19 世纪初）
Mikhailov, Alexander 米哈依洛夫（活动于 19 世纪初期）
Kavos, Albert 卡霍斯（活动于 19 世纪中期）

位于莫斯科剧院广场（Teatroduaya Square）的鲍尔肖伊大剧院（Bolshoi Theatre/Болъшой Театр）于 1776 年开始建立，并于 1780 年揭幕后，可谓多灾多难，频遭祝融。1805 年受火毁后，于 1824 年由 Bove 和 Mikhailov 重新设计建造，1825 年揭幕，不幸于 1853 年再遭火灾。

1856 年由 Kavos 按新古典主义风格再次重建。正面 Ionic 柱式，八柱门廊和三角山墙，呈现希腊复兴形式，上层重复三角山墙，整体外形以白色石砌，形象典雅。大厅六层阶梯式观众席，围绕凸出的半圆形舞台、观众席可容 2000 余人。

前苏联时代，全称为"苏维埃社会主义共和国联盟国立示范大剧院"，演出歌剧及芭蕾舞剧。

519. Burges, William 伯吉斯（1827~1881 年）

由研究中世纪建筑而成为英国哥特复兴式建筑师和评论家。其主要工程既有教堂，亦有世俗建筑物。

澳大利亚布里斯班（Brisbane）主教堂（1859 年）。

爱尔兰科克港（Cork）的圣芬巴教堂（St. Finbars Church of Ireland Cathedral，1863~1876 年），采用了 12 世纪法国早期哥特式。

威尔士加的夫堡（Cardiff Castle）的修复和扩建（1865 年）。

哈特福德（Hartford）圣三一学院（St. Trinity College）部分校舍（1873 年），采用维多利亚哥特式，有缤纷的装饰。

1875~1880 年在肯辛顿（Kensington）为自己设计了一座中世纪风格的住宅。

1870 年出版了他的论文集和画册。

520. Schmidt, Friedrich von 施密特（活动于 19 世纪中期）

活动于德国统一（1871 年）前后的德奥等地。主要有：

1860~1862 年科隆的拉撒里斯特教堂（Church of Lazarist）。

1872~1883 年维也纳（新）市政厅（Rathaus/Town Hall）哥特复兴式加上文艺复兴手法，中塔高 98m，前后左右又四小塔。

科隆圣塞维里努斯教堂（St. Severinus Church，1877~1878 年）。

521. Taylor，Allen Kerr 泰勒（活动于 19 世纪中期）

大洋洲之园林，于 18 世纪以前按意大利台地式庭园设计，依山势造园，以几何图案布局，树篱都经修剪。

19 世纪，英国大量移民迁入，遂引进英国自然风景风格。

Taylor 于奥克兰（Auckland）所建阿尔伯顿庄园（Arberton，1862 年），成为大洋洲园林英国式之代表作，现尚有部分保留。

522. Stanz，Vinzenz 史塔茨/斯坦茨（活动于 19 世纪中期）

Stanz 来自科隆。

其所设计的奥地利的林茨（Linz）新教堂（1862~1924 年）采取哥特复兴形式。其 135m 的高塔，高度超越维也纳的圣史提芬主教堂（St. Stephans Dom）。

圣史提芬主教堂 1147 年以晚期罗马式始建。1258 年火焚仅存西立面，1304~1450 年重建中堂及南尖塔，1945 年被战火焚毁，1952 年重建。

523. Hunt，Richard Morris 亨特（1827~1895 年）

学习于巴黎美术学院（Ecole des Beaux Arts）。

1852 年拿破仑第三上台，便令 Visconti, L. J. J.（1791~1853 年）将卢佛尔宫及杜伊勒里宫连接起来，次年 Visconti 便逝世。后由 Lefuel（1810~1881 年）接任，而 Hunt 被任命为工程监督员。并在 Lefuel 领导下设计位于皇宫对面的国家图书馆（Biblithèque National）。

1855 年他回到美国，也把法国学院派的风格带到美国。其中因为曾受 Lefuel 的影响，也就是受拿破仑第三风格的影响。

他擅长于多种风格，包括：庄严的古典风格、法国早期文艺复兴的装饰性风格（Opulentneo Renaissance）、折中主义及由他自己独创的别墅风格，主要有：

美国国会大厦（Capitol），自 1792 年由 Thornton（1759~1828 年）设计开工，历经多人之手，其中 Hunt 于 1857 年曾扩建众议院，1859 年又扩建参议院，至 1860 年已基本完成，最终由 Crawford, Thomas（1814~1857 年）加上穹顶的自由女神像才大功告成。

纽约伦诺克斯图书馆（Lenox Library）。

耶鲁大学神学院（Divinity，1869 年）。

论坛报大厦（Tribune Building，1873 年）。

马尔康宅（Marquand，约 1875 年）。

在纽约,他还为范德比尔特(Vanderbilt,W. K.)设计其家族的住宅和在斯塔滕岛(Staden Island)上的陵墓(1878年)。

1893年哥伦比亚世界博览会的行政大楼——因而获英国金奖。

纽约大都会博物馆(Metropolitan Museum,1900~1902年)。

1888年起他担任美国建筑师协会主席。

524. Poelarat,Joseph 波莱尔特(19世纪上半至1883前)

1830年佛兰德(Flanders,亦称弗朗德勒/Flandre)地区脱离尼德兰王国(Netherlands)独立为比利时王国。1866~1883在首都布鲁塞尔兴建国家法院(Palais de Justice)。新成立的国家视比利时宪法无比崇高,建筑物应高出其他任何建筑物。设计由 Poelarat 担任。遵照这个指示,他将法院大厦设计得硕大无比,又阔又长。中央层楼高耸,形成不规则的体形,气势逼人,令人喘不过气来。外观上用上了本地区在历史上所有的风格,再加上能够用得上的建筑语言,喋喋不休,是个典型的折中主义的大杂烩。

他预感到古典主义形式将走到衰亡的尽头,将其尽情地发挥,未及完工,便积劳而逝。

525. Antonelli,Alessandro 安托内利(活动于19世纪中叶)

意大利皮埃蒙特地区(Piemonte)建筑形式一般滞后,17世纪中期至18世纪中期,才是巴洛克盛行的年代,先后有 Guarini(1624~1683年),Juvarra(1678~1736年)和 Vittone(1702~1771年)等人。同样,新古典主义亦姗姗来迟。其中 Antonelli 是其中代表之一。

在都灵(Turin),1863年他设计犹太教会堂,其方形圆顶的高塔总高达167m,当时最高,成为市标。以其姓氏命名为"Mole Antonelliana"(安托内利高塔)。工期延至1897年。完工后,会堂改为博物馆。1954年因风雨将47m的塔顶摧毁,后已重建。

在诺瓦拉(Novara),1865年以新古典式重建带洗礼堂的主教堂,又为圣高登齐奥教堂(San Gandengio,原建于16世纪末)加建圆顶和高塔(总高121m)其形象似都灵的安托内利高塔。

526. Pitt-Rivers,Augustus Henry Lane-Fox 皮特-里弗斯(1827~1900年)

军官出身,曾获将军衔,1882年退役后,转而投身于考古工作,是年已55岁。

1883年开始在威尔士发掘一系列史前古罗马人和撒克逊人(Saxons)的历史遗址。在鲁斯莫尔(Ruthmore)发现遗址的村舍、营地、坟场、坟丘多处

（Unearthed Villages, Camps, Cemeteries and Barrows/burial mounds），在发掘出文物后建立博物馆。

他遵循严格的操作规程，精心处理。

他从社会学的角度和方法研究出土文物和资料，强调学术意义和教育价值。他强调要从一切普通手工制品上寻求出指导意义。

1887 年写出其权威著作"*Excavations in Cranborne Chase*"（克兰伯恩狩猎地出土文物）5 卷（1903 年出版）。

Pitt-Rivers 有"英国考古之父"（Father of British Archaeology）之称。

527. Bodlay，George Frederick 博德利（1827～1907 年）

他为伦敦彻尔西区（Chelsea）修筑过三条堤坝（Embankments），又在伍斯特郡（Worcestershire）设计休维尔庄园（Hewell Grange，1884～1891 年）。

但是他更多的是哥特复兴式教堂之作，遍及英国各地，它们在剑桥（Cambridge）、加的夫（Cardiff）、克仑伯（Clunber）、迪特沃斯（Dedworth）、邓迪（Dundee）、埃柯里斯顿（Ecoleston）、埃平（Eypping）、法兰斯林奇（France Lych）、霍尔克罗斯（Hoar Cross）、利物浦（Liverpool）、伦敦（London）、斯卡伯勒（Scarborough）、塞尔斯利（Selsley）、苏塞克斯（Sussex）、彭德尔堡（Pendleburg）等。

他是 Butterfield（1814～1900 年）之友。Ashbee，C. R. （1863～1942 年）是他的学生。

528. Cuypers，Petrus Josephus Hubertus 奎伯斯/丘伊柏斯（1827～1921 年）

1848 年在比利时安特卫普（Antwerp）学院毕业后，到法国在 Violletle Duc （1814～1879 年）手下工作。

1850 年回到荷兰，在鲁尔蒙特（Roarmond）开业。

阿姆斯特丹的芒斯特教堂（Mumster Kerk）的重建，采用了新哥特式（Neo-Gothic）的装修。

1852 年开始，他同施托滕贝格（Stoltenberg）合作成立 Cuypers and Stoltenberg Co.，除了一些住宅之外，主要为一些教堂：

维格尔（Vegel）的圣林柏图斯教堂（St. Lambertus Kerk，1854～1862 年）；

艾恩德霍芬（Eindhoven）的圣凯瑟琳教堂（St. Cathrian Kerk，1859 年）。

1865 年他将业务移到阿姆斯特丹，并同 Voger（沃格尔）和 Eberson（艾伯逊）合作：

布雷达（Breda）的圣巴巴拉教堂（St. Barbara Kerk，1866 年）；

到德国美因茨（Mainz）领导重建圣马丁主教堂（St. Martin's Calthedral，1872～1875年）；

德尔夫特（Delft）的新教堂（原1383～1510年）加哥特式高塔（高100m）（1872年）。

1872～1880年阿姆斯特丹的冯德尔教堂（Vondel Kerk），后20世纪初由其子J.T增建新楼，现改为办公用——Vondel为荷兰诗人兼戏剧家（1587～1679年）。

1877年同Vogel，Eberson三人参加阿姆斯特丹国家博物馆（Rijks Museum）的设计竞赛中奖，设计采取荷兰哥特复兴式，有四个高塔，工程于1885年完成。

1879年他创办了一间实用艺术学校——魁林耐斯学校（Quellinus School）。

1881～1889年同Van Gendt A. L.（范姜弟特、活动于18世纪下半叶至19世纪上半叶）合作阿姆斯特丹中央火车站——荷兰新文艺复兴式。

19世纪80～90年代，他还在阿姆斯特丹设计一些教堂，如圣玛利抹大拉教堂（St. Mary Magdalen Kerk）和维图斯教堂。

1890～1892年在希尔弗瑟姆（Hilversum）设计圣卜尼法斯教堂（同Leeurvarden吕伐登等）。

1890年在近乌得勒支（Utrecht）的哈勒须林（Haarzuylen）的哈勒城堡。

529. Fink，Albert 芬克（1827～1897年）

土木工程师，当过高级职员，还懂得经济。

1849年由德国到美国发展业务，为铁路沿线设计车站、修理厂和桥梁。

他发明芬克式桁架以支撑桥梁和屋顶。

1852年他设计费尔蒙特市（Fairmont）横跨莫农加希拉（Monongahela）河的铁桥时，首先使用芬克式桁架支撑，成为当年美国最长的铁桥。

1857年又设计美国当时规模最大的格林河（Green River）铁桥。

1865年美国经历了四年的南北内战后，他在设计路易斯维尔市（Louisvills）跨越俄亥俄（Ohio）河的铁桥时，桥长提高到1600m，再一次创造最长桁架桥的记录。

在路易斯维尔至纳什维尔（Nashville）铁路，他先后任铁路公司副总经理及轮船协会专员。

他对铁路的经营管理，首先作出系统研究，解决了铁路运输的成本问题的运费问题。于1874年著"The Fink Report on Costs of Transportation"（关于运输成本的芬克报告）一书。

530. Ferstal，Heinrich von 费尔斯特尔（1828～1883年）

德国建筑师，活动于奥地利、捷克和亚洲的格鲁吉亚（Georgia）各国。

在维也纳，设计有国家银行（1856~1860 年）、沃喜夫教堂（Vativ Kirche, 1856~1879 年）、威斯海姆宫（Westheim Palace, 1864~1868 年）。

1869~1872 年设计维也纳化学学院，1873 年再设计校内其他建筑，但未完成。

还有列克敦士登花园宫（Liechtenstein Garden Palace, 1873~1875 年）和一些公寓。

特鲁西（Traunsee）的威斯格里尔别墅（Villa Wisgrill, 1860~1861 年）。

维克多尔（Viktor）的路德维希宫（Palace Ludwig, 1863~1869 年）。

在捷克，布尔诺（Brno，又称布鲁恩/Brünn）的新教徒教堂（Protestant Church, 1863~1869 年）和贝尔格府邸（Berge, 1861~1869 年）。

特普利悉（Teplitz）的天主教教堂（Catholic Church, 1862~1877 年）。

在格鲁吉亚，Tiblis（第比利斯/Tbilisi）的市政厅（1880~1884 年）。

他的风格由早期的哥特浪漫主义（Gothic-Romantic Style）转为意大利文艺复兴式，最后再转向意大利哥特式。

531. Gilman, Arthur, D 吉尔曼（活动于 19 世纪下半叶）

1871~1889 年建造的华盛顿行政与海陆军大厦（State, War and Navy Building）是 Gilman 同 Mullett, A. B.（1834~1890 年）合作设计。成为当时世界最大办公楼，大楼采用法国第二帝国式（拿破仑三世风格）。陡峭的芒萨式屋顶，凸出的屋顶窗、华丽的正立面，满布古典细部装饰。全楼共有 900 多根 Doric 柱。有转角悬挑楼梯。内有东、西两间图书馆，西图书馆以铸铁造成装饰。大厦现改称为行政大楼（Executive Office Building）。

他还设计了波士顿（旧）市政厅（1862~1865 年）。

Gilman 同 Mullett 都是当时多风格之建筑师。

532. Mengoni, Ginseppe 曼哥尼（1829~1877 年）

1851 年英国为举办世界博览会，采纳了 Paxton（1801~1865 年）的办法，用铁和玻璃在海德公园建造"水晶宫"，为建筑设计创造了历史上的新形式，也为新材料打开了新局面。

米兰市的维多里奥伊曼纽尔二世商场（Gallerie Victtoro Emmanule Ⅱ），原为拉丁十字形街道的两旁布置商肆。1865~1878 年 Mengoni 利用这种布局，在拉丁十字形的上空用钢铁和玻璃架成拱顶，让各商肆连成一体，而使顾客和店员免受风吹日晒之苦，又以四大洲及工、农、科学等题材的镶嵌画装饰环境，实属创举。其后于 1887 年在那不勒斯仿效建造了温贝托一世（Umberto Ⅰ）

长廊。

不幸 Mengoni 于完工前的一年，意外地从施工现场的屋顶失足掉下摔死，为事业、为艺术而牺牲。

完工之后，此带拱顶的长廊，被誉为"米兰的客厅"（Il Salotto di Milans），至今逾百多年，仍为市民和游客购物与流连之地。

533. Dollmann, Georg Carl Heinrich von 多尔曼（1830～1895 年）

Mad King Ludwig Ⅱ/Louis Ⅱ 路德维希二世/路易二世（1845～1886 年）

Ludwig Ⅱ 是马克西米利安二世（Maximilian Ⅱ）的长子，巴伐利亚国王（1864～1866 年在位）。

早年还有心治理国事，但缺乏经验，又无人辅佐，养尊处优，更有两大癖好：一是崇拜歌剧作曲家 Wagner（瓦格纳，1813～1883 年），1864 年还请他到慕尼黑住了 18 个月；二是好大兴土木，营造宫殿城堡。因此，得了个别号"疯子国王路德维希"（Der Verruckte Köng Ludwig/the Lunatic King Louis）。

Dollmann 原是位舞台设计师兼画家。

1869 年 Ludwig 指令 Dallmann 在菲森（Füssan）的林德霍夫（Linderhof）建造城堡 Pitti（菩提）宫，根据其指点，按照新巴洛克式及新洛可可式建造。庞大而古怪，同当地山间环境十分不协调。

同年，他还令 Dollmann 在莱希（Lech）河边建造纽什凡斯泰恩城堡（Neuschvanstein、又译诺伊施万太因，意译为"新天鹅堡"），该处在巴伐利亚阿尔卑斯山脉之波拉特峡谷（Pöllat），近海拔 2962m 的楚格峰（Zugspitze），谷深 91m。他要求 Dollmann 将城堡按照 Wagner 的歌剧"Tannhäuser"（汤豪舍/坦华瑟）的情景建造，以重现中世纪条顿主义（Teutonism/Teutoncism）的情景。13～14 世纪时，条顿骑士团（Teutonic Order）占有波罗的海东岸广袤的土地，北至爱沙尼亚，南至波兰，Dollmamn 同 Riedel, E.（里德尔）吸取并夸张了 Jank（扬克）所作的瓦尔特堡（Wartburg Castle）❶ 的一些形象。在这山顶上为这位患精神病的国王建造了加冕殿、镜厅、餐厅、音乐厅、玫瑰室、水仙室、天鹅室、寝室、礼拜堂、图书室、造币厂而至监狱，包括围墙、院落、室内花园、望楼、尖塔、人工岩洞。设有宝座的两层觐见厅，模仿拜占庭式的长方形会堂、红色斑岩柱身，点缀着星宿的蓝色穹顶。壁画以 Wagner 歌剧故事及其他为题材。花园内有顶上立维纳斯像的亭子、平台、雕像、瀑布和摩尔式的亭子。宫后还有飞跃绝壁的铁桥。在这面积如此之小的峭壁顶上，建如此"五脏俱

---

❶ Wartburg Castle 在图林根（Thuringen）近爱森纳赫（Eisenach），城堡中有图林根伯爵的罗马风的宏伟宫殿（1067 年），19 世纪曾大修。Wagner 亦曾居住于 Eisenach。

全"的城堡，其艰巨可想而知，工程自 1869 年开始至 1886 年才完工。那时 LudwigⅡ亦已寿终了。

1678 年 LudwigⅡ又令 Dollmann 在绅士岛上建海伦希姆悉宫（Herren-Chiemsee），设计得像凡尔赛宫，规模庞大。自然未能完成。

1886 年 LudwigⅡ因精神错乱，投湖身亡。他未能享受这些工程的成果，却为后世提供了旅游景点。

534. Wasemann, Heinrich Friedrich 魏斯曼/瓦塞曼（活动于 19 世纪中叶）

1869 年 Wasemann 设计的柏林市政厅（Rathaus），用红砖砌成，因而有"红色市政厅"（Rotes Rathaus）之称。

市政厅之塔楼高约 243′（74m）。

535. Waterhouse, Alfred 沃特豪斯（1830~1905 年）

在曼彻斯特师从 Lane, Richard（莱恩）。

1859 年开始设计，参加曼彻斯特巡回法庭（Assize）设计竞赛，以哥特复兴形式而成名。从而成为学校和公共建筑的专家：

北约克郡吉斯自治市（Giusborough/或译吉斯伯勒）的赫顿会堂（Hutton Hall，1865 年）。

牛津大学巴利奥尔（Balliol）学院（1867~1869 年）。

曼彻斯特市政厅（1868 年）。

剑桥大学冈维尔（Gonville）学院和凯厄斯（Caius）学院（1868 年）——Caius, John（1510~1573 年）为人文主义者、医师。

曼彻斯特新维多利亚大学欧文（Owen）学院。

剑桥大学彭布罗克学院（Pembroke，1871~1872 年）。

伦敦圣保罗学院（1881 年）。

伦敦卡姆登（Camden）林德赫斯特路（Lyndhurst Rd.）的公理会教堂（Congregational Church，1883 年）。

1873~1881 年他为伦敦自然史博物馆（Natural History Museum）设计时，以黏土砖和陶块砌筑，并饰以铁件，一些金属构件则外露——这种做法在其他很多作品中都出现过，虽然他主要是维多利亚时期的折中主义风格。

他还设计过其他学校、医院、教堂和别墅等。

其为人谨慎而自信。

536. Shaw, Richard Norman 萧（1831~1912 年）

原籍苏格兰爱丁堡，1846 年移居伦敦。

由于偶然机缘，同一位不知名的建筑师认识，对建筑有初步接触，遂于1849年向同乡先辈 Burn, W. (1789~1879年) 学艺。1854~1856年入皇家建筑学校（Royal Architecture School）接受正规专业教育，其后又游学于法、意、德等国。在旅行中，所绘草图以"Architectural Sketchs from the Continent"（大陆建筑草图）印刷出版。

1859~1862年，他继 Webb, P. (1831~1915年) 担任 Street, G. E. (1824~1881年) 的主要助手。1862年便自行开业。后来于1863~1876年又入股于 Nesfield, W. E. (1835~1888年) 的事务所。

1864~1868年他为约克郡设计的宾利教堂（Church at Bungley）是哥特复兴式的。其后陆续作了一些村屋：

苏塞克斯（Sussex）的安德烈（Andred, G.）宅（1866~1868年）和莱斯沃德斯（Leyswoods）宅（1867~1869年）也是哥特复兴式。而在诺森伯兰（Northumberland）的克拉格塞德（Cragside）宅（1870年）则是荷兰哥特复兴式。

1871~1873年在伦敦西北的哈罗镇（Harrow）为格林公爵（Grim's Duke）建府邸，又设计伦敦纽西兰会场（New Zealand Chamber, 1871~1873年）。

在南肯辛顿（South Kensington）设计一小屋（Lodge, 1873~1875年）、劳瑟宅（Louther House, 1873年）和昆斯门（Queen's Gate, 1874~1876年）。

1875年他为自己在汉普斯特德建了住宅。他惯于在住宅用凸肚窗（Bay Window）。

什罗普郡（Shropshire）布赖恩斯通（Bryanston）的威士波斯宅（Wispers, 1876年），同年还有名作——苏塞克斯的威士波宅（Wispers House）。

伦敦切尔西区（Chelsea）是伦敦文化区，作家和艺术家多在区内建豪宅。1876年建奥尔德斯旺宅（Old Swan House/他自己的住宅）。

萨里（Surrey）的伍德（Wood, M. 宅, 1876~1877年）。

什罗普郡的阿德柯特宅（Adcote House, 1876~1879年）。

他设计住宅采用荷兰式弯形人字屋顶，还用了威廉和马丽式（1689~1702年）与安妮女王式（1702~1714年）的细长框格窗。

在伦敦，他还为西部的贝德福德公园（Bedford Park）作城郊住宅区规划和圣米歇尔教堂（St. Michael Church）。

1887~1890年设计苏格兰场（Scotland Yard/伦敦警察局侦缉处）的新建筑。伦敦的戏乐剧场（Gaiety Theatre, 1901~1903年）。而皮卡迪利饭店（Picardilly Hotel, 1905~1908年）就采用了新巴洛克式。

还有一些哥特复兴式的教堂。

最后作品是波特兰的城市住宅（Portland Houses in the City，1808年）。

其设计风格，早期为哥特复兴式，其后由浪漫主义又转向中世纪的乡土建筑。他曾说："哥特式存在于乡土建筑之中。"最后，1905年起，在英国政府建筑中又以新巴洛克（法国第二帝国式）出现，并成为20世纪20~30年代政府建筑的流行形式。

城市住宅方面，他汲取了18世纪初的风格，优美而具独创性；而乡村住宅则源自16世纪时英国庄园式建筑发展而富诗情画意。他成为住宅复兴建筑运动的重要人物。

自Devey，G.（1820~1886年）于19世纪中期以改造、扩建住宅开始，英国的住宅复兴成为潮流。Shaw和Nesfield以Devey在肯特郡贝特先格（Betleshanger）的一座清水墙住宅作为蓝本而设计。

住宅复兴在一定程度上还受到荷兰住宅，如其红砖白隅的形式和Ruskin J.（1819~1900年）理论的影响。

住宅复兴的著名建筑师，还有Webb，P. S.（1831~1915年）、Voysey（1857~1941年）、Lethaley（1857~1931年）和Lutyen（1869~1944年）等人。

Shaw晚期还转向安妮女王式，他自称是"安妮女王复兴式"。

作为城市规划师，他于1876年起为贝德福德公园的城郊住宅区规划。对后来城郊住宅区建设起到一定的影响。

1877年他成为英国皇家学院（Royal Academy）的正式成员。

537. Webb，Philip Speakman 韦布（1831~1915年）

出生于牛津，受教于语法学校（Grammar School）。

少年时本来喜欢野生的动物和植物。但后来转向学习建筑，曾在Billing，J.（比灵）建筑师处当学徒，几年之后他成为沃尔弗汉普顿（Wolverhampton）的一名建筑师。1852年回到牛津，工作于Street，G. E.（1824~1881年）的事务所至1856年，才实践自己的事业。

其间他结识了Morris，W.（1834~1896年）。1858年两人联同Burne-Jones（1833~1898年）一起设计家具。1859~1860年，Morris在肯特郡（Kent）的贝克斯利希思（Bexley Heath）要建造一间自用的理想的别墅，请Webb为之设计。Webb根据功能需要将平面布置成曲尺形，红砖红瓦为材料，高坡顶，还带上一些哥特式的细部。这种打破传统对称均衡的平面格局，完全按功能合理安排，而外形新颖。将功能、材料同艺术造型相结合，使居住建筑设计合理化，虽然尚未能树立新风格，但却开始向反传统迈进了一步。这就是新建筑有名的"红屋"（Red Hous）。Morris则亲自布置室内陈设。

在这段时间，他设计了教堂、家居装修、家具、瓷片、织物及一些金属制品等。其中，1861 年他设计了一种椅子，椅背可调整角度，坐垫和背垫是活的，扶手也有软垫，椅脚有小轮，其部件用车床制造。那年，他同 Morris 联合创办莫里斯·马歇尔·福克纳公司（Morris-Marshall-Faulkner and Co.），这椅子由该公司制作，因此也就叫"Morris Chair"。

他还设计了住宅和教堂。如伦敦的连排房屋和商店（1868 年及 1873 年）、坎伯兰（Cumberland）的一间教堂（1875 年）、萨里（Surrey）的乔温德斯（Jolwynds）宅（1873 年）、威尔特郡（Wiltshire）的克劳德（Clouds）宅（1881～1886 年）、苏塞克斯（Sussex）东格林斯特德（East Grimstead）的斯坦登（Standen）宅（1891～1894 年），其中在伦敦肯辛顿宫（Kensington Palace）的一住宅可与"红屋"媲美。

他还做旧村屋扩建，所设计的乡村住宅都是一些带折中主义色彩的非正统民居。1900 年他退休后还到凯尔姆斯科（Kelmscott）为 Morris 夫人建村舍。

他将威廉和马利式（1689～1702 年）、安妮女王式（1702～1714 年）的框格窗熔于一炉。

在住宅建造过程中，他常坚持亲自监理、悉心指点，务求尽善尽美。

他虽然受中世纪建筑的影响，但在使用材料和处理构造方面却有所突破，如外墙用清水墙、露透气孔的格栅。室内暗色墙面衬以白色装饰纹样，主张运用对比的手法使建筑物的外表美观。他认为建筑物要适应环境，也要符合地方传统，以满足使用者的需要。其设计思想对 20 世纪的功能主义起着一定的影响。

他和 Shaw（1831～1912 年）都是住宅复兴的著名建筑师。

他是古建筑保护协会（Society for the Protection of Ancient Building）创立人之一。

538. Van Brunt, Henry 范·布伦特（1832～1903 年）

1862～1869 年建设由芝加哥通往旧金山而成立联合太平洋铁路公司。他为铁路设计了多处火车站（Union Pacific Station）：伍斯特（Worceston，1874 年）、奥格登（Ogden，1886～1888 年）、夏延（Cheyenne，1886～1888 年）、劳伦斯（Lawrence，1889 年）。其中，Cheyenne 是印第安人的一个部落之名，在丹佛市北。

1883 年前同 Ware, W. R.（韦尔，1849～？年）合伙时共同设计的有：波士顿唯一神教派教堂（Uniterian First Church，1865～1869 年）及麻省坎布里奇（Cambridge）主教神学院（Epiccopal Theological Seminary，1869～1880 年），希

腊复兴式。

独立设计的有：坎布里奇的哈佛大学纪念堂（1865~1878年）、韦尔德会堂（Weld Hall, 1871~1872年）、戈尔会堂（Gore Hall, 1876~1877年）和医科学校（Medical School）。

波士顿咸美顿饭店。

卡雷斯顿（Charestown）圣约翰教区宿舍（St. John's Parish House, 1872年）。

林恩（Lynn）圣史蒂芬教堂（Stephen's Church, 1880年）。

韦尔斯利（Weleslay）的斯通会堂（Stone Hall, 1880~1881年）、辛普森诊所（Simpson Infirmary），比灵音乐会堂（Billing Music Hall, 1882年）和他自己的住宅（1883年）。

密歇根（Michigen）大学图书馆（1881~1883年）。

他主要采用维多利亚哥特式盛期的风格。

1887年后，他改同Howe, F.（1849~1904年）合作：

埃布里奇的里德治公共图书馆（Rindge Public Library, 1887~1889年）、堪萨斯市（Kansas）城市俱乐部（City Club, 1888~1889年）、埃默利（Emery）的伯德泰耶大厦（Bird Thayer Building, 1889年）、堪萨斯城市明星大厦（Kansas City Star Building, 1893~1894年）、奥古斯特梅耶宅（August Meyer House, 1895~1896年）、阿穆尔宅（Armour House, 1901年）、劳伦斯的斯普纳图书馆（Spooner Library, 1893~1894年）、芝加哥世界哥伦比亚博览会（World's Columbian Exposition）会场（1892~1893年）及其电学大楼（Electricity Building）。

539. Jen(n)ey, William Le Baron 詹尼（1832~1907年）

地濒密歇根湖西南隅的芝加哥，于1830年才设市。初时市内房屋，采用松木枋材为柱、梁、屋架，外敷鱼鳞横板，内钉板条再粉刷。这是因为当时木材供应充裕而施工便捷。此种构造称之为"篮式构架"（Basket Frame），又因其轻盈，称之为"气球构架"（Balloon Frame）。但是，楼层只局限于一、二层高度，且防火性能极低。

1861~1865年美国进行了四年的南北内战。北部诸州为了通向太平洋东岸，以芝加哥为起点，建设了第一条太平洋铁路通往旧金山，1869年全线完成。芝加哥的地理位置一下子大大提高了，它不但是通往西部的前哨站，垦荒者、淘金者、经商者、探险者纷至沓来，取代了密西西比河枢纽的圣路易斯市。

但是，1873年一场大火，市区内 8km² 面积的范围内占 2/3 面积的房屋化为灰烬。Basket Frame 的房屋被淘汰了。面临房屋重建的课题，迫切地提到日程。既要耐火又要符合地价的高涨，向高发展并改用钢铁为框架是必然的解决办法。于是，芝加哥学派（Chicago School）应运而生，首创潮流的就是 Jenney。

Jenney 于 1859~1861 年在巴黎学习，1861~1865 年内战时担任工兵少校。战后到芝加哥发展，从事工程及建筑。他是框架结构的创始者，也是他将建筑和结构作出分工。

1879 年，他以生铁为内支柱和横梁，配合外墙砖墩构成方框，设计了七层的莱特尔大厦（Leiter Building）。这是一座混合结构的货栈，框间墙面装三樘吊窗，这是"芝加哥窗"的原形。1889~1892 年又再设计莱特尔第二大厦（Second Leiter Building）。

1884~1885 年他同蒙德尔（Mondil）合作设计家庭保险公司大厦（Home Insurance Co. Building）（1931 年拆），由生铁柱、熟铁或钢梁构成。这是第一座真正框架结构。高度也由 7 层增至 12 层。虽然是新结构，但是，还是这句话："形式往往滞后于新材料和新结构"，其外观沉重，未能摆脱古典形式的传统。当时许多人认为不可能建这样高的楼。既成，还有人对其安全存疑。Jenney 于是在顶楼办公逾 20 年。芝加哥学派（Chicago Schoot）终于开始了。

其后，在芝加哥的商业区"the Loop"，还有塞尔斯—罗巴克公司货栈（Sears Roebuck and Co's Loop Store），路丁顿大厦（Ludington Building，1891 年）和费尔货栈（Fair store，1891~1892 年）。

1890 年设计曼哈顿大厦（Manhatten Building），这座办公楼再提高至 16 层，他主张最大限度地利用光线，因此，在这座大厦，他创造出一种新颖的墙面，将窗凸出，就是（Bay Window），同时也起到装饰作用。

芝加哥学派的主要成员，如 Burnham，D. H.（伯纳姆，1846~1912 年）、Root，J. W.（鲁特，1850~1891 年）和 Sullivan，L. H.（沙利文，1856~1924 年）等人，都是在他的事务所培养出来的，他的建筑生涯一直延至 1905 年。

1876~1880 年他曾执教于密歇根大学。

540. Zitek，Jesef 齐迪克（1832~1909 年）

出生于布拉格，1848 年在理工学院（Polytechnic）学习，1851~1854 年再入维也纳学院，毕业后在格林纳斯（Kranners）的工作室（Studio）帮忙。

1855 年赴威尼斯游学后，回到维也纳，在 Null，E. V. 和 Siccardsburg，A.（两人活动于 19 世纪上半叶）的事务所工作。

1859~1862 年他用三年时间再度旅行意大利，在拿破里和庞贝等地作详尽的考察。他因而结识了艺术家 Preller，Friedrich（普雷拉），经其推荐给萨斯—

魏玛（Sace-Veimar）的大公（Grand Duke），他以新古典的形式为亚力克斯大公（Alex，Carl）设计魏玛的国家博物馆。

1862年再回到维也纳，仍在 Nüll 和 Siccardsburg 处工作。其时，两人从事于奥地利国家歌剧院（Staatoper，1861~1869年），由于剧院采用了法国新古典主义形式，遭受狭隘民族思想的人所批评，两人竟愤而自杀。

后来，Zitek 为波希米亚的卡尔斯巴德（Carlbad）的米尔喷泉（Mil Fountain）增建列柱廊（Colonnade）。

1876~1884年设计布拉格艺术家大厦（Rudolfinum/鲁道尔菲努）。

晚年在布拉格理工学院任教授。

Poli'vka，O.（1859~1931年）是他的助手（1899年以后）。

541. Eiffel，Alexandre Gusfave 埃菲尔/艾菲尔（1832~1923年）

1848年法国人因反对奥尔良公爵，发生革命，波及欧洲各国。拿破仑第三乘机崛起，被选为总统，1852年更自立为帝。这个平庸的皇帝，于1870年因受到一个玩笑而激怒，悍然向日耳曼开战，7月到9月，法国便惨败，拿破仑第三被俘，第二帝国瓦解，割让洛林和阿尔萨斯两地给德国。分裂了几百年的德国在俾斯麦的铁血手腕下却得到统一。1871年3月18日巴黎公社的风暴被平息后，法国相对平静，政治稳定，经济发展，至"一战"止法国有43年的"高雅风流年代"（la helle époque），文化相应蓬勃。

1851年在伦敦举办了第一次世界博览会，其后，世界博览会转移到巴黎，每约隔12年，于1855年、1867年、1878年、1889年举行，1889年正好是法国大革命百年纪念。1851年伦敦博览会上创造出水晶宫，而1889年的博览会上，Eiffel 又创造出巴黎铁塔。

Eiffel 最初是学化学的，后来又在艺术和制造学校（Ecole des Art et Manufactures）学艺术和制作。于是专门从事金属结构，尤其是桥梁制作。

他使用气压沉箱建造桥墩。1858年在波尔多修建跨加龙（Garonne）河的铁桥。后来又到葡萄牙在波尔图市（Ports）建跨越杜罗河（Douro）的玛利亚皮亚桥，桥梁长160m，为钢拱桥。1880~1884年在法国特吕耶尔河（Truyère）的钢拱桥，162m跨，离水面达120m（这个高度保持了多年）。又为尼斯（Nice）的天文台建造活动圆顶。于1876年，同建筑师 Boileau，L. A.（波洛）共同设计巴黎的廉价商场（Bon Marché），以铁和玻璃为主要材料。

作为1889年世界博览会标志性构筑物的巴黎铁塔方案提出，遭受多方面人士的反对，包括雕刻家、画家、作家等，莫泊桑曾讽刺地说像个"大蜡烛台"，但是主持博览会的克兰茨工程师兼风景设计师，力排众议，坚决支持。Eiffel 在

Nougier(努吉埃)和 Koechlin(凯什兰)的协助下(两人于1866年起开始便同 Eiffel 合作)于1887年开工,以17个月的时间,于1889年及时完成。

铁塔范围12.5公顷,基座占地100m×100m,钢筋混凝土基础,石砌墩座。以精工制造的钢件构成塔身。塔身分三段,以钢筋混凝土平台分隔。总高300m(1959年加装天线后增至328m)。有史以来,人造构筑物的高度始终未能超越200m,它一下子便提高到300m〔这个纪录保持到1930年纽约的克莱斯勒(Chrysler)大厦319.4m的建成〕。如此高度设梯级1710级,又装水力升降机四部(但冬天不能使用),而且需曲线上升,由 Otis(奥蒂斯)公司负责设计。

全塔由逾18000件精密部件以270万枚铆钉组装固定,总重量超过9000吨。下段四边以半圆拱构成,向上收窄,托住下层平台;中段则以四隅的构架斜向向中心再进一步收窄,上再设中层平台;其上则合成为塔形至顶。由于以预制和组装方式进行,所以既经济且迅速。

其形象优美宏大,也粗犷而怪异,初不为部分人所接受,但屹立百余年来,由认可而赞赏,更成为巴黎市的地标。人们更以作者的姓氏命名为"Tour Eiffel 埃菲尔铁塔"。人们称他为"用铁制造奇迹的人"、"铁的魔术师"(Magician of Iron)。1930年于塔脚下为他立下胸像以作纪念〔由 Bourdelle,Emile Antonie 布代尔(1861~1929年)设计〕。1902年里斯本有铁塔的仿制品——圣加斯塔(Elevator de Sante Justa),高145m,锻铁制造,哥特形式,上有观景台。

和巴黎铁塔同时建成的博览会机械展览馆(Arched Galerie de Machine)。这座长430m,120m 跨和47.85m 高的展览馆,以20架三铰拱支撑外围壁面,这又一创新的建筑物由 Dutert,C. L. F.(1845~1906年)和 Contamin,V.(1840~1893年)设计。

新建筑的形成,是新材料、新技术,更重要的是新思潮所促进的结果。世界博览会等活动为之提供精彩演出的舞台。

为庆贺美国独立百周年,法国创作了"自由女神"像,名之为"自由照亮世界"(Liberty En-lightening the World)送给美国,由 Bartholdi,F. A.(巴托尔迪,1834~1904年)塑造,塑像的骨架(高46m)由 Eiffel 和约维雷勃杜克以钢铁设计和制作。

他还开设工厂,成批生产预制件,远销各地。

晚年,他设立实验室以研究空气动力学,其设备和成果奉献给国家。

542. Godwin,Edward William 戈德温(1833~1886年)

其父为室内装饰师,本人为建筑师、设计师兼作家。

起初作为布里斯托尔市(Bristol)城市勘测员(Surveyor)阿姆斯特朗

(Armstrong William) 的助手，至 1854 年自行开业设计。擅长于教会建筑。后同克里斯普（Crisp，Henry）合作。

1861 年于诺思安普顿市政厅（Northampton）及其装饰和家具设计竞赛中，以法国哥特复兴式的风格获奖。

之后，他转向住宅建筑和一些创新的建筑。

又为克里（Kerry）的克伦贝格堡（Glenbergh Castle）增建高塔（1867~1871 年）。

1865 年后，他兼营家具、织物及壁纸等业务。

他的作品有许多奇异装饰，古怪而多变。

1875 年在伦敦西部贝德福公园（Bedford Park）内的艺术家住宅，采用了小尺度的比例设计。1877~1878 年在伦敦彻尔西区（Chelsea）的惠斯勒住宅（Whistler House），也是一座小尺度的建筑，高三层，上二层白色外墙，开窗古怪，无装饰的墙壁，称之为"白屋"（White House），方方正正，是首先出现的"方盒子"。

他又将自己的住宅改为日本式（1862 年），简单的几块波斯挂毯，日本版画和几件家具，在英国，这是首创。

他从东方，尤其从日本的建筑汲取灵感。

在设计领域内，他对英国的美学运动有一定贡献。

543. Mullett, Alfred Bult 马莱特（1834~1890 年）

1845 年，11 岁的 Mullett 于移民潮中随家庭由英国到美国。

南、北美洲都是欧洲诸列强于 16 世纪开始、经过杀戮和强占而得的殖民地。他们带来宗主国的建筑特色，如新奥尔良之于法国，特拉华（Delaware）之于瑞典，巴西之于葡萄牙，中、南美洲之于西班牙等。这就先天性地呈现多样性。但同时也要适应当地的气候和风俗、材料和技术，使这些殖民地风格（Colonial Style）更加纷繁错杂。

以新英格兰地区为据点的美国，其独立战争（1775~1783 年）兼具资产阶级革命的性质。她力图摒弃原英国的痕迹而倾向于古罗马共和时期的文化。于是在 Jefferson（1743~1826 年）为首的罗马复兴建筑应运而兴。至 19 世纪中叶，资本主义制度同南方奴隶制度激化，爆发南北战争（1861~1865 年），加上希腊独立斗争（1821~1830 年）所感染，自由、民主、平等、人权的意识高涨，一些公共建筑转向希腊复兴为主。

但是，当所有的"复兴"（包括有名的或无名的）都分别亮相之后，已到了江郎才尽的时候。而自从资产阶级站稳脚跟之后，唯利是图的真正面目已赤裸裸地暴露出来，在他们看来，一切都是商品，只要喜欢或需要，便可以金钱随意取得。于是建筑物便以"业主意图"为出发点，因循抄袭，新瓶旧酒，或信手拈来，随意配搭。

Mullett 于 1865 年开始担任美国建筑监督，管理全国政府建筑的设计和建筑。

1871～1889 年他同 Gilman，A. D. 共同设计在华盛顿的行政与陆海军大厦（State，War and Navy Building）是当时世界上最大的办公楼。他们采用了法国第二帝国式（拿破仑第三风格），陡峭的芒萨尔式顶，凸出的屋顶窗，华丽的正立面布满古典细部装饰。超过 900 多根的 Doric 柱子遍布全楼。另一方面，也采用新兴的铸铁装饰和转角悬挑楼梯。后来大楼改称（旧）行政大楼（Old Executive Office Building）。艺术史家 Adams，H. H.（亚当斯）称之为"Architectural Infant Asylum"（建筑婴儿养育所）。

他还设计了：财政部大厦的南翼、圣路易斯市的（旧）邮局、旧金山（前）美国造币厂（现化验局）、麻省切尔西（Chelsea）的海军医院，还有太阳大楼（Sun Building，1885～1886 年）。

其风格包括意大利文艺复兴式、希腊复兴式和第二帝国式等。他和 Gilman 都是多风格的建筑师。

544. Dresser，Christopher 德雷塞/德累赛（1834～1904 年）

在萨默塞特（Somesset）设计学校学习两年。

1862 年著"Arts of Decorative Design"（装饰设计艺术）。后从事设计，对材料特性，尤其对金属、玻璃透彻了解，是最早专业工业设计家之一。

1862 年又著"The Development of Ornamental Art in the Internatinal Exibition"（从国际展览会看装饰艺术的进展）。

1876 年访日，根据日本各种基本图式和设计原理，加以改变而利用。1882 年写"Japan，Its Architecfure Art and Art Manufactures"（日本的建筑艺术和艺术作品）。

545. Bartholdi，Fréderie-Auguste 巴托尔迪（1834～1904 年）

1851 年路易·拿破仑·波拿巴发动雾月政变，共和党人奋起反抗，Bartholdi 目睹一位少女手擎火炬，高呼前进，冲向敌人，然后倒在血泊中。这个印象深深刺激了雕塑家并久久不能平息，他要将此印象作为自由的象征，以雕塑的手法表达并流传下去。

1865 年在友人的提议下，他决定创作自由女神"Liberty Enlightening the

World"（自由照亮世界）送给美国，作为法国送给美国独立百周年的贺礼。1869 年完成草图，1876 年将举火炬的女像运到美国，引起共鸣和轰动。1884 年终于竖立于纽约曼哈顿岛以南的上纽约湾（Upper New York Bay）的一个小岛上（距曼哈顿岛南端约 3km）。女像的基座由 Eiffel（1832~1923 年）和约维雷勃杜克共同设计制作。像高 46m，气宇轩昂，神态刚毅。

Bartholdi 是出生于法国的意大利人。

据说，他以其妻的躯体为模特儿，而头部则仿自其母。

更有具体说法是：他在一次婚礼上偶遇一位姑娘，他认为正是他理想的模特儿，姑娘让娜欣然允诺。两人并产生爱情，后结成夫妇。

1880 年，他为贝尔福市（Belfort）创作"贝尔福之狮"。

546. Morris，William 莫里斯（1834~1896 年）

虽出身于富裕经纪人之子，但幼年即丧父。年长后在牛津埃克塞特学院学建筑，毕业后从事建筑业又兼美术设计和手工艺，是拉斐尔前派画家（Pre-Raphaelite）和家具名匠，同时是个诗人、讲师、雄辩家、理论家和改革家、社会主义先驱者。

深受艺术评论家 Ruskin（1819~1900 年）关于建筑理论的影响，成为 Ruskin 的信徒，虽然他并不喜爱哥特式。他曾在 Street，G. E.（1824~1881 年）的事务所工作，因对 Street 的哥特复兴式不和而离去。

由于认识了几位人士，使他的人生道路发生了巨大影响：他在 Street 事务所认识了 Burne-Jones，E. C.（伯恩·琼斯，1833~1898 年）和 Webb（1831~1915 年）。Webb 为他设计了在 Kent（肯特郡）Bexley Heath（贝克利希思）的"Red House"（红屋，1859~1860 年）和以他的姓氏命名的 Morris Chair（莫里斯椅，1860 年设计，1866 年施工）。三人一起设计家具，成为莫逆之交，他同 Burne-Jones 一起同游比利时和法国北部。1956 年他认识了诗人画家 Rossetti，Dante Gabriel（罗塞蒂，1828~1882 年），这位意大利人，善于发现和鼓励他人的天才。他说服 Morris 放弃建筑，改为从事绘画。

1862 年，他联同 Rossetti 和 Burne-Jones 组织美术商社，后迁伦敦经营室内装饰工匠和制作人公司，他们作一系列演讲、展览及开设学校，直至 1883 年。1891 年又创立凯尔姆斯科特出版社（Kelmscott Press）。

他熟悉于手工艺的效果与自然材料之美。在建筑上使用本地材料和传统的建造技术，但亦重视装饰，因此他同 Webb 合作了自用的"红屋"。他自己亲自布置室内陈设，他主张建造田园式住宅，一方面摆脱古典建筑形式统一性的羁绊，另一方面，也反对工业化的制作。在建筑上，他尝试将功能、材料同艺造型的结合。

于是"手工艺运动"（Arts and Crafts Movement）在19世纪50年代的英国兴起，以恢复人的技艺为宗旨而展开。这是一次小资产阶级浪漫主义的活动。其中，有些人主张不反对机械工业产品而争取与机械制品风格相协调。

他说："批量产品由于制造者同产品相脱离，只能生产劣品和养活靠工资生活在的工人。"

他们设计适用于教堂和家庭用的玻璃窗、花卉图案的壁纸、手工制作的家具、铁花栏杆和家庭用具、地毯等，并发明在羊毛上染色的染料，称之为"the Decorative Arts"（装饰艺术），后改称为"the Lesser Arts"（小艺术）。但是其工场的产品由于成本贵，不能推广。晚期作品变得宽厚庄重，青春气息渐失。

他把建筑联系到社会、政治层面，这一点他比 Ruskin 只着重于建筑美观看得远些。他说："艺术是普通人生活的一部分，非有钱人的专利。"除了鼓吹手工艺运动外，还鼓吹社会改革。1883年起参加英国社会主义宣传活动，1887年还同马克思的女儿爱琳娜等人组织"社会主义同盟"（Socialist League）和出版刊物 *The Common Weal*（公共福利），在1887年11月13日名为"Bloody Sunday"（血的礼拜日）同 Shaw, G. B.（萧伯纳，1856～1950年）一起参加游行。1893年又起草社会主义大会宣言，但他不是真正的社会主义者。

1896年他又发起成立"Society for the Protection of Ancient Building"（古代建筑保护协会），但由于长期积劳而毁了健康，当年便寿终了。

他说过："如果不是人人都能享受的艺术，那艺术跟我们有何相干？"又说："为人民所创造又为人民所服务的，对创造者和使用者来说，都是一种乐趣。"

547. Nesfield，William Eden 内斯菲尔德（1835～1888年）

父亲 William Andrans（1793～1881年）是园艺设计师，所以对造园有一定的熏陶。又向长辈（Uncle，叔/舅父/姑丈）Salvin, Anthony（萨尔文，1799～1861年）学建筑，Salvin 和 Burn, W.（1789～1870年）是同学。

1858年自行开业，作为住宅复兴的一员，他设计了：

德比（Derby）的施普里会堂（Shipley Hall，1860～1861年）、

什罗普（Shrop）的克洛华利会堂（Cloverley Hall，1864～1868年）、

伦敦摄政公园（Regent's Park）内的小屋（lodge，1864年）和西郊国立植物园（Kew Garden，叩园/基尤园）的小屋（1867年）。

1866～1868年他一度同 Shaw, R. N.（1831～1912年）合作，之后再单独工作至1880年。

汉普郡（Hamp）布罗德兰（Broadlands）的南安普顿小屋（Southampton Lodge，1870年）。

威尔士登比（Denbign）的金迈尔花园（Kinmal Park，1871～1874年）。

埃塞克斯（Essex）萨弗伦沃尔登（Saffron Walden）的巴克莱银行（Barclays Bank，1872～1875年）、朗格登会堂（Longton Hall，1818年）和纽波特（Newport）的语法学校。

什罗普（Shrop）圣三一教堂（Holy Trinity）的卡尔弗厅（Calver Hall 1872～1878年）。

威尔士蒙哥马利（Montgomery）的迪南宅（Plas Dinen House，1873～1874年）和布雷肯（Brecon）的格弗尼费德公园（Gwernyfed Park，1877～1878年）。

其风格由哥特复兴式转向维多利亚盛期风格（High Victorian Manner）。

548. Eastlake，Cherles Lock 伊斯特莱克（1836～1906年）

原学建筑，后在欧洲大陆改学绘画。回英国后专事博物馆，成为博物馆专家。他将博物馆藏品重新分类。

使用玻璃保护艺术品，由他首创。

1866～1877年任皇家建筑师学会秘书，1878～1898年任国家美术馆管理员及秘书。他还从事家具设计和写作。

其家具式样源于 Jacobean（1603～1688年）式及哥特式。虽然制作不多，但匠心独运，成为独特风格，其名成为19世纪一种家具的同义词，称为"伊斯特莱克风格"（Eastlake Style），其作品推崇手工制作，不赞成机器产品，其主张同 Morris 等人相类。

1868年著"Hints on Household Taste in Furniture Upholstery and Other Details"（家具、帷幔等家庭风格琐谈），后多次再版。

1876年著"Lectures on Decorative Art and Art Workmanship"（装饰美术和美术工艺讲座）。

其伯父与他同名（1793～1865年），是新古典主义画家。

549. Richardson，Henry Hobson 理查森（1838～1886年）

1855年攻读建筑学于哈佛大学，1859年毕业后又到巴黎入读美术学院（École des Beaux Arts），并在 Andre，Louis J.（安德烈）的工作室（atilier）帮忙。

1861～1865年美国爆发南北战争，出生于新奥尔良的他，经济来源被断绝，无奈只好离开学校，到法国在 Labrorste Théodore 的事务所任绘图员，又为

Hittorff, J. I. （1792~1867 年）在巴黎火车站的工程作管理工作。

1865 年内战结束，返回美国，先和 Little, Emlyn（利特尔）开了个小事务所，几个月后改同 Gambrill, D.（甘布里尔）合伙。

这位南北战争后美国的主要建筑师，由于在法国时掌握了一种分析性的建筑设计方法，使他的创作独具特性。

在 1877 年以前，他以罗马风复兴式为主，而混合了法国和西班牙的主题（Molif）：

麻省斯普林菲尔德（Springfield）的统一教堂（1866~1869 年）和西莫德福德（West Modford）的恩典圣公会教堂（Grace Episcopal Church, 1867~1868 年）。

波士顿布鲁斯特尔广场教堂（Brusttle Square Church, 1870~1872 年）。

纽约康芒威尔斯大道（Commonwealth Avenue）及克拉伦登街（Clarendon Street）转角的建筑（1871 年）。

斯普林菲尔德的公理会北教堂（North Congregational Church, 1872~1873 年）。

波士顿科普利广场（Copley Square）圣三一教堂（约 1872~1877 年）——其明显的细部，后被广泛仿效，并形成美国 19 世纪 90 年代罗马风复兴式风格（Romanesque Revival）。

在这 11 年间，他在美国建筑业作出了重要贡献。

19 世纪下半叶，美国的建筑舞台呈现百戏杂陈的现象，Richardson 也是其中重要的建筑师之一。

1880 年他设计了麻省的一间别墅和北依思登的阿曼斯宅（1881 年），坎布里奇（Cambridge）的史托登宅（1882~1883 年）。

其不对称的手法，比 Shaw（1831~1912 年）更有活力。1882~1883 年更设计了早期殖民地时期的木板式住宅（Shingle Style）——木板瓦、毛石或圆砾石墙身。

1885~1887 年所设计的芝加哥马歇尔菲尔德百货批发店（Marshall Field Wholesale Building）的七层大楼，以石材砌筑，立面布满半圆券，显示罗马风的风格，其典型的理性主义，为芝加哥学派提供了借鉴。

其注重功能的设计，遍及全美，多类型而多形式，如纽约州议会大厦［同 Olmsted, F. L. 奥姆斯特德（1822~1903 年）及 Eidlitz Leopold（艾德利茨，1823~1906 年）］、克林图书馆（Crane Library）匹兹堡的监狱、郊区铁路车站、校舍、仓库等商业及民用建筑和大量的住宅建筑等。

后期作品主要受罗马风和拜占庭风格所影响，喜用水平线条形成横向轮廓，细部爱用大尺度，简洁统一。其体量宏伟，简单刚劲，予人以强健而具安全感。同当时美国所流行的体形分散、互不相关的哥特复兴风格存在明显的区别。他认为建筑效果来自体量和尺度上的经营，而非靠装饰细部。喜用毛石砌体墙面，以天然材料的颜色和质地装饰外观。

在美国批判效法欧洲各风格的年代，其作品激发创造美国风格的美感，对美国现代建筑的地方风格的形成有一定的影响。

理查森风格流行于 1870~1900 年之间，其风格对后来的 Root，T. W.（1850~1891 年）、White，S.（1853~1906 年）、Sullivan，L. H.（1856~1924 年），甚至 Wright，F. L.（1867~1959 年）都有启迪作用，尽管他的创作生涯仅有短短的二十年。

有评论认为，是他开创了芝加哥学派，他是芝加哥学派的"先知"。

他是从乡土化建筑迈向先锋建筑的美国建筑师。

550. Hill，Octavia 希尔（1838~1912 年）

英国绿地运动（Open Space Movement）和住宅管理倡导人。

1864 年，她在 Ruskin，J.（1819~1900 年）的资助下，在伦敦的一个贫民区实施她所提出的第一个住宅建设方案，她主张在城市中必须保持一定面积的绿地。这个主张得到多方面的支持。

1869 年，她同 Denison，Edward（丹尼森）成立一个慈善协会，为贫民的居住条件和生活方面，作调查研究并进行改善。

1884 年负责伦敦索斯沃克区（Southwark）的住宅建设工作，她训练一批妇女参加住宅的管理工作。

其住宅建设的管理方法，后来在欧美各地得到广泛的效法。

1895 年，她创立"The National Trust for Places of Historic Interest or National Beauty"（历史文物及自然风景保护会，又译全国名胜古迹托管协会）。

551. Robinson，William 鲁宾森/罗宾逊（1838~1935 年）

在欧洲，1638 年法国的波索（Boyceau，J.）在"*Traite du Jardinage*"（论根据自然和艺术原则造园）书中提出"人工美高于自然美"的论点，主张造园必须修整，至凡尔赛宫的建设，Le Nôtre，A.（1613~1700 年）得到大规模的示范性的落实，形成锦绣式花坛（Broderie），并在欧洲广泛流传。但至 18 世纪中，一方面受中国造园艺术的影响，一方面受到欧洲绘画和英国文学歌颂自然的影响，英国造园界在 Bridgeman（？~1738 年）、Kent，W.（1685~1748 年）、Brown，L.（1715~1783 年）和 Wise 等人的倡导下，摒弃那些按几何图形布置，以人手修整花木的法国式造园，主张自然风景园林。

Robinson 是爱尔兰的园艺工，后来到伦敦在皇家植物学会的园圃工作。他对规整式庭园进行抨击，他认为必须让植物自然生长，而栽培技术比艺术家的加工更为重要。

无独有偶，在他前不久，清代思想家、诗人龚自珍（1792～1841年）在其《病梅馆记》一文中，同样诟病违反自然、矫揉造作的行径。

他主要的著作有：

"The Parks Promenades and Gardens of Paris"（巴黎游憩园地记）（1869年）；

"Wild Garden"（田野式花园）（1870年）；

"Alpine Flowers for English Garden"（在英国花园种植阿尔卑斯山花卉）（1870年）；

"The English Flowers Garden"（英国花卉园）（1883年）。

552. Alvino，Eurico 阿尔维诺
Breghia，Nicolò 布雷吉亚
Pisanti，Guiseppe 皮萨蒂（活动于19～20世纪间）

位于那波利湾（Golfo di Nápoli）北岸的那波利（Nápoli/那不勒斯 Naples）于公元前6世纪已建城，原称帕拉奥波利（Palaepolis），至前3世纪，第一次布匿战争（Punic Wars）时，称尼亚波里（Neapolis），罗马帝国时曾建有庙宇、健身房、浴场、竞技场等，一直以来是意大利南部工业中心和重要港口城市。全市存近百座殿堂、135座教堂。1224年便建立大学，其圣卡洛大剧院（Teatro Saint Carlo）为全意大利最古及最大剧院，且音响良好。

其中主教堂（Duomo）始建于1294～1323年，1738年将正立面作改建。1876～1907年三人合作再改为哥特复兴式。

553. Steindl，Imre 施泰因德尔（1839～1902年）

1880年设计至1904年竣工的布达佩斯之匈牙利国会大厦（Orozaghaz/Houses of Parliament）规模非常宏大，全长达到268m，最宽处123m。Steindl采用哥特复兴式立面，而布局却是文艺复兴式。内部有10处院落，29座楼梯，115间厅堂和圆券柱廊，外观高圆穹顶，两大高塔高96m，小塔22座。

在很大程度上照搬半个世纪前的英国国会大厦。

554. Furness，Frank Heyling 弗尼斯（1839～1912年）

以抽象化的自然形体，构成壮丽的几何图案，产生色彩缤纷的装饰（一定

程度上受伊斯兰建筑所感染），表现出鲜明的个性，是 Furness 作品的特征。

他的主要作品在费城的有：

美术学院（Academy of the Fine Arts，1872~1876 年）。

布罗维登人寿保险公司银行（Brovident Life and Trust Co. Bank，1878~1879 年）。

布罗德街火车站（Broad Street Station）的扩建部分（1892~1894 年）。

除了在费城外，其他作品尚有在宾夕法尼亚州、特拉华州、马里兰州等。

作品被视为新哥特式的浪漫主义复兴派（Romantic Revival Tradition of the Neo-Gothic），其遒劲有力的创造性，为人称道。

Sullivan，L. H.（1856~1924 年）青少年时曾担任过他的绘图员，对日后在芝加哥学派发展的装饰理论和发展有机建筑（Organic Architecture）理论起到影响。

555. Baker，Benjamin 贝克（1840~1907 年）

悬臂梁问题的探索者和实践者。

美国的 Eads（1820~1887 年）曾经创造用悬臂法建造拱券。

1867 年，Baker 开始研究和讨论悬臂梁的应用问题，写了一系列论文以解决大跨度桥梁的结构，至 1880~1890 年在他担任苏格兰福斯湾（Firth of Forth）铁路桥总设计师时付诸实现。他利用岩岛作为桥墩，每跨 107m 长度的桥身以悬臂梁连接，总长 518m，成为当时最早也是最长以悬臂梁方式建造之桥梁。

1867~1874 年，Eads 设计和建造美国伊利诺伊州圣路易斯市三跨钢拱桥时，他参与工作，担任顾问。

1860~1863 年伦敦建造由市中心至 Paddington（帕丁顿）之间的地下铁路，长 6.2km，由法灵顿街（Farringdon St.）至比晓普路（Bishop's Rd.）穿越泰晤士河河底，用蒸汽牵行。六年后，1869 年，Baker 负责修建由威斯敏斯特至市中心的地下铁路（Underground District Railway from Westminster to City）

在伦敦，他将埃及方尖石碑——"克娄巴特立之针"（Cleopatra's Needle）竖立于泰晤士河畔（1878 年）。

他还到埃及协助 Willcocks. W.（威尔科克斯，1852~1930 年）完成阿斯旺大水坝（The Aswān Dam）。

他还设计过船坞，又发明救危机。

又设计过隧道盾构（Tunneling Shield），用于纽约市的哈德逊河（Hudson River）河底。

556. Wagner，Otto Koloman 瓦格纳（1841~1918 年）

幼年受家庭教师启蒙，1850 年进入维也纳的预科学校（Akademise has

Gymnasium/Academy Symnasial），两年后入克雷姆斯明斯特（Kremsmünster）的本笃会的寄宿学校（Benedictine Boarding School），1857年回到维也纳，再在理工学院（Vienna Polytechnic）攻读土木工程。1860/1861年转到柏林，入读皇家建筑学院（Royal Academy of Architecture），并成为Semper（1803～1879年）的学生。两年后取得建筑师资格。

他的建筑师生涯分为两个截然不同的阶段：

1863年曾短期在Förster, L V（福斯特）事务所工作，其后设计了布达佩斯的会堂（1871年）、阿蒂巴斯（Artibus）博物馆综合体（1880年）和维也纳的一些公寓和别墅，这些都属新古典主义形式，其间还投过稿。

1882年通过兰德很行（Länder Bank）竞选而委任，担任维也纳运输委员会（Viennese Transport Commission）的顾问和多瑙运河规程控管委员会（Commission for the Regulation of Danube Canal）的顾问。在这段时间，他为城市交通运输的管理拟定方案，同时又有机会提供了大量的工作项目。由于诸多贡献，当Hasenaner, Karl von（哈辛纳尼尔）于1894年逝世后，他被补缺出任奥伯巴雷特（Oberbaurat）艺术学院的建筑学教授。他所主持的"瓦格纳论坛"（Wagnerschule）作为一个卓越的训练基地，为欧洲的艺术生活提供贡献。

1894年他在就职演说上提出他的新主张。这次演说于1895年以"*Moderne Architektur*"（现代建筑）出版（1914年再版时改名为 *Die Bauhunst Unserer Zeit*）。当时他已53岁，一位新古典主义者，突然改弦易辙，在教学中放弃传统风格，更在演说中强调功能、材料和结构是建筑设计的基础，主张建筑形式不要再重复过去的风格，要创新，要建立新理性建筑。建筑艺术创作只能源于时代生活，新用途、新结构产生新形象，新工学才有新建筑。他说："一切不实用的都不是美的。"他要求新的一代要拒绝过去的一切，要在现实中寻求灵感去创造。他是Semper的信徒，他接受Semper的革新思想，视传统只是考古。"Modern Architecture"（现代建筑）一词也是由他首先提出的。

但是，在这次演讲中，他又主张建筑教育应培养建筑家，而不是技术家，这样一来，又把建筑和技术分家，产生令人费解的矛盾。

1894～1897（1901年？）年他为维也纳的高架铁路和地下铁路设计的36座车站（Stadtbahn）时，仍保留新艺术派（Art Nouveau）特征的铁花细部装饰，其中最好的有卡尔斯广场上的两个站和香布伦（Schönbrum/兴勃隆）皇帝的私人站。至1904～1906年设计奥地利邮政储蓄银行（Austrian Postal Savings Bank）时，进一步剔除所有装饰，大营业厅内只见朴素的墙面和弧形的铁架玻璃天棚，线条简洁。新材料，新结构，虽然当时不免受到一些攻击，但到底已成为现代建筑的里程碑，而影响日益深远。

在维也纳，他后期的作品还有：

1898年马若利卡宅（Majolika Haus）——外立面绘以花草，有"花饰住宅"之称；

1898~1899年林克维因塞尔宅（Linke Wienzeile）；

1902年时代周刊社（Zeit Post Office）；

1902~1911年两个街区的公寓，内包含他自己的单位和工作室和Hoffmann的工作室（Werk Stätte）等；

1905~1907年斯泰因荷夫教堂（Steinhof Church），他以钢桁架作穹顶，另做假天花；

威廉明嫩医院的病房（Wilhelminen Hospital Dermatology Ward，1910~1913）；

还有他自己的别墅（1885~1886年和1912~1913年）。

他主持重新规划维也纳市。

他的创作抛弃新古典主义对称布局及掩饰结构的立面装饰现象，将结构、材料、防水等暴露于表面。

他成为现代建筑运动的创始人和领导人。

其著作还有"*The Brick-builder*"（砖瓦工）（1901年）和"*Gross-Stadt Architecture*"（1901年）。

Wagner在维也纳任教授时，培养出大批现代建筑的新人，并形成了维也纳学派，其中著名的有：Olbrich（1867~1908年）、Hoffmann（1870~1956年）、Loos（1870~1933年）、Kotera（1871~1923年）——前两人后来背叛了他，另于1897年成立了"分离派"（Sezession）——1899年他自己也一度参加。

他在建筑专业上的成就，使他成为八个国家组织的成员。

1914年竖立了他的塑像。

557. Van Gendt，A. L. 范－姜弟特（1835~1901年）

19世纪80年代，新艺术运动（Art Nouveau）在比利时已开展并迅速向欧洲各国蔓延，同为尼德兰的荷兰，传统的古典形式仍久而不衰，Van Gendt继承Cuypers（1827~1921年）荷兰新文艺复兴形式于1881~1889年一起设计了阿姆斯特丹的中央火车站。

早前，他独立设计了阿市的马术协会（？~1882年），而1881年设计的音乐会堂则采用了新古典复兴的形式，山墙、柱廊都是希腊式的，内部音响效果良好。

又继Springer（史宾格）完成市立剧院。

邦吉大楼（Bunge Huis）完成于1934年。

558. Hennebique，Fran çois 埃纳比克（1842～1921年）
Coignet，François 夸涅（1814～1888年）
Monier，Joseph 莫尼埃（1823～1906年）

1867年在巴黎博览会上，科学家埃纳比克（Hennebique）看到莫尼埃（Monier）用铁丝和水泥制成的浴盆和水箱，受到启发，考虑把这种新的制作方法应用到建筑结构上。

1879年两人开始研制钢筋混凝土楼板，几年内在巴黎建造公寓时采用，并加改善和推广到梁板上。以后逐渐为建造整套结构，又解决了梁柱的连接问题，使用可弯的钢筋，使构件形成整体交接。为了示范，他为自己在布尔·拉·莱因城（Bourg la Reine）以钢筋混凝土建了间别墅，并取得成功。

其姓氏"Monier"，在当时的欧洲成为钢筋混凝土的代词。

在发展钢筋混凝土的应用之后，Monier同Coignet进一步研究和提出明确的钢筋混凝土的基本原理。Coignet在Haussman（1809～1891年）改建巴黎市时，设计了排污设备。

1892年他们取得可使用系统的专利。

1893年在图尔宽（Tourcoing）建造一座纺织厂（Spinning Mills）时采用了完整的系统。

1894年在瑞士维根（Viggen）的一座100′（30.5m）跨的桥时，用钢筋混凝土建造。

1898年巴黎的小宫（Petit Palais）实际是展览馆以钢筋混凝土建造曲线形楼梯。

1900～1904年在一些公寓和商店再多次使用钢筋混凝土结构。

1904年Monier为自己建造住宅时，更使用悬臂的和曲线形的结构。

瑞士的Maillart（1872～1940年）曾参加研究。

559. Sturgis，John Hubbarel 斯特吉斯（1843～1888年）
Bregham，Charles 布雷汉姆（活动于19世纪下半叶）

美国康涅狄格州（Connecticut）哈特福特市的州议会大厦（State capitol）建于美国建国初期的1796年，仍保留殖民地时期的风格，以大理石及花岗石建造，是殖民时期的建筑珍品。1872年两人拆除重建，但仍是古典主义形式。

在波士顿，两人还设计了科普利广场上的艺术博物馆（Museum of Fine Arts on Copley Square，1876年）和耶稣降临教堂（Church of the Advent，1878年）。

560. Sitte, Camillo 西特/席谛（1843～1903 年）

19 世纪初，英国的 Owen, R.（1771～1858 年），空想的社会主义者，提出改革城镇结构，建立公社（Community）的理念，并在美、英等地作实践。但因多样原因，未能成功。之后，城镇规划的改造一度沉寂。

Sitte 在维也纳国立工学院任领导工作，作为纯学院派的理论家，先后写了有关城市建设的文章：

"*City Planning According to Artistic Principles/Der Städtbau Nach Seinen Künstlerischen Grund-sätzen*"（按照艺术原则进行城市建设）（1865 年，1889 年出版，1922 年第五版）。

他反对新巴洛克式的广场和道路的宏伟而虚假的外貌，提倡中世纪自由活泼、景色如画的规划手法。

又于 1904 年创刊"*Der Städtebau/City Building*"（城市建筑），再次宣扬其主张。

他从艺术观点出发，赞美历史城市的优美，但忽略产业和交通等发展所产生的矛盾。因此也就只停留在纯学院派的理论上。其方案同后来的 Howard, E.（1850～1928 年）所提出的"花园城市"相若，后来的 Unwin, R.（1963～1940 年）和 Burnham, D. H.（1846～1912 年）颇受其影响。

1965 年，Collins（科林斯）兄弟——George Roseborough 和 Christiane Crasemann 合著的"*Camills Sitte and the Birth of Modern City Planning*"（西特和现代城市规划的诞生），总结了其观点和产生的影响。

561. Stearns, John Goddard 斯特恩斯（1843～1917 年）

1879 年，McKim（1847～1909 年）、Mead（1846～1928 年）和 White（1853～1906 年）组成事务所，这是一间以正统意大利文艺复兴传统和古典风格著称，而在美国具影响的建筑事务所。Stearns J. G. 曾一度加入他们的事务所。

后来他改同 Peabody（1845～1917 年）合伙，但仅在组织上合伙，而非合作，两人各自单独进行业务。他的主要作品遍及美国中部和东部：

圣路易斯（St. Louis）韦曼克劳（Wayman Crow, Jr）美术馆（1879～1881 年）和弥赛亚（Messiah）教堂（1880～1881 年）；

科罗拉多（Colorado）斯普林斯（Springs）的安特勒斯旅馆（Antlers Hotel，1882～1883 年）、新贝德福德（New Bedford）的商业国家银行（1883 年）；

圣路易斯的圣路易斯俱乐部（St. Louis Club，1884～1885 年）；

新泽西（New Jersey）的纪念会堂（Memorial Hall）和劳伦塞里尔学校（Lawrencerille School，1884～1885 年）；

韦斯顿（Weston）的第一教区教堂（1st Parish Church）；

格罗顿学校（Greton School，1886～1891 年）；

新泽西的中央火车站（1889～1890 年）；

伍斯特（Worcester）的证券银行（Security Bank）；

马萨诸塞州立银行（1892～1893 年）；

芝加哥世界哥伦比亚博览会的机械馆（Machinery Hall，1892～1893 年）；

伍斯特学院的体育馆（1914～1915 年）。

562. Jekyll，Gertrude 杰凯尔/杰基尔（1843～1932 年）

19 世纪初，英国古典式园林重新抬头，Jekyll 是主要代表人物。

出生于富有家庭，原学音乐及绘画，经游历希腊之后，又学习建筑和历史。但 1891 年患眼疾，转而改业造园，成为英国园林建筑师。

对伦敦多个大公园进行改建，以她对植物学的知识发挥新生的智慧，栽植既多种多样，又以色彩和地方形式润色，创造出新型的庭园。其风格简朴而活泼，富园艺情趣。

她多和 Lutgens，E. L.（1869～1944 年）合作，包括 1911 年罗马万国博览会（EUR）的杰凯尔学校。

563. Adler，Dankmer 阿德勒/艾德勒（1844～1900 年）

自从 Jenney（1832～1907 年）在芝加哥以生铁为柱，以钢为梁的框架结构兴建多层建筑后，一时蔚然成风，继之多位建筑师纷纷仿效其做法，向多层建筑发展，Adler 即其中之一。

Adler 出生于普鲁士，1854 年随家庭移居美国到底特律，1857 年开始随 Schaeffer，J. 和 Smith，E. W. 学习工程，1861～1865 年南北战争后移居芝加哥，先后在 Bauer，A.、Kiney，O. S. 和 Burling，E. 的事务所任绘图员。

1881 年起同 Sullivan，L. H.（1856～1924 年）、Root，J. W.（1850～1891 年）合伙，他担任工程师及管理人，至 1895 年独立开业。他主要设计了：

芝加哥——中央音乐厅（Central Music Hall）、大会堂（Auditorium）、摩根帕克军事学院（Morgan Park Military Academy）、以赛亚犹太会堂（Isaiah Temple Synagogne）、证券交易所（Stock Exchange）等。

圣路易斯的温赖特大厦（Wain Wright Building）。

水牛城（Buffalo/布法罗）保险大厦（Guaranty Building）等。

这些公共建筑或商业建筑都反映出崭新的建筑风格。

他还留下了"*The Influence of Steel Construction and Plate Glass upon the Development of Modern Style*"（钢结构和平板玻璃对现代建筑的影响，1896 年版）和一些施工技术和规范方面的书。

564. Soria-y-Mata，Don Arturo 索里亚－伊－马塔（1844~1920 年）

鉴于城市发展无限度地由中心向外扩张，致城市越来越大，市内交通距离越来越远，造成环境恶化，空气污浊，交通堵塞，罪恶频生，而市中心地价高涨，又向高空发展，种种恶果必须以分散的形式解决。Soria y-Mata，一位西班牙的工程师，于 1882 年提出一项革命性的构想——"Lineer City"（带形城市/直线城）——以一条主干线为脊椎，沿线两旁宽度有限、而长度无限。既可解决城市扩展的前景，又可解决城市的恶疾；既可使城市居民接触自然，又可将城市文明措施带向乡村。

1892 年，他的构思终于得到实践。在马德里郊区的两个镇之间，以一条干道连接起来。干道宽 40m，每隔 300m 设一条横道，宽 20m，城市总宽度限制在 500m 内，形成一座弧形城市。各街坊以绿带分隔。1901 年干道上铁路建成，1909 年改为电车，他认为通行有轨运输系统是经济而便利的办法，既快捷并可解决阻塞问题，而水、电主干线亦沿主干道铺设。但是后来由于不遵守宽度控制在 500m 的范围，有违原意，效果失败。

然而，其理论倒底影响深远，在俄罗斯的伏尔加格勒（Volgograd）、前苏联时期的斯大林格勒（Stalingrad）按其理论规划。

20 世纪 40 年代，德国的希尔贝赛默（Hilborseimer，1885~1967 年）在此理论上发展为带形工业城市。

565. Dutert，Charles Louis-Ferdinand 迪特尔（1845~1906 年）
Contamin，Victor 康塔明（1840~1893 年）

Dutert 就读于巴黎美术学院（École des Beaux-Arts），是位才华横溢的学生。1869 年获罗马的 Grand Prix 头等奖。

1889 年纪念法国大革命百周年举办的巴黎博览会上，同巴黎铁塔一起建造而在建筑史上新的创举的还有机械展览馆（Arched Galeriè de Machine）。

机械展览馆位于铁塔的后面，它长 420m，跨度 118m，高 45m。这个跨度和高度是空前的，以 20 架三铰拱支撑外围构造，壁面和顶面使用大片玻璃作为围护材料，又一次提供了大面积的展览场地。这项工程由他和工程师 Contomin 及 Pierron（皮埃隆）、Charton（查尔顿）共同设计。工程的完成，接受了桂冠

(Lauréat）。展馆于 1910 年拆卸。新技术、新材料，但在建筑形式上却往往滞后，机械展览馆的外观仍然使用了古典主义的手法和建筑语言。这反映了受业于巴黎美术学院，仍不免留下学院派的烙印。

20 世纪 90 年代 Dutert 工作于自然历史博物馆（Musée d'Histōire Naturelle），他还创作了古生物学陈列馆（The Gallery of Paleontology）。

566. Lechner，Odön 勒切纳（1845～1914 年）

出身于匈牙利的建筑师家庭：祖父 István（伊斯特万）、侄（Nephew）Jenö（詹诺）和 Loránd（劳兰德）都是建筑师，而他的儿子 Odön 奥顿（同名）（1874～1910 年）却是画家。

除了在国内学习之外，又负笈于德国和英国，其后又到意大利游历。

他的灵感除了来自本国之外，还受印度和伊斯兰建筑所影响，它们是：

在布达佩斯的巴哲西·席林茨基路公寓（Bajesy Zsilinszky, 1870～1880 年）、巴拉曼达尔宅（Bela Mandal House, 1871 年）、匈牙利国家铁路的退休金办事处（Pension Office, 1883～1884 年）、索涅特宅（Thonet House, 1889 年）、应用艺术博物馆（Applied Art Museum, 1893～1897 年）、教区教堂（Parish Church, 1894 年）、邮局储蓄银行（Post Office Savings Bank, 1898～1899 年）、地质学院（Geological Institute, 1898～1902 年）、巴拉斯－斯皮尔西别墅（Balas Sepelsi Villa, 1905～1908 年）；

塞格德（Szeged）的市政厅（1882～1884 年）和米柯宅（Miko House, 1883～1884 年）；

赞布克勒（Zámbokrèt）本尼茨基（Beniczky）的奥德斯卡尔殊宅（Odescalchi, 1883～1884 年）；

凯奇凯梅特（Kecskemét）的市政厅（1893～1896 年）；

斯洛伐克布拉迪斯拉发（Bratislava）的圣伊丽莎白主教堂（Cathedral of St. Elizabeth, 1913 年）。

567. Peabody，Robert Swain 皮博迪（1845～1917 年）

1870～1917 年同 Stearns，J. G.（1843～1917 年）长期合伙经营，虽然至两人共同老死，两人仅合营事务所，但各自单独设计。

他的创作全在美国东北部地区：

波士顿的普罗维登斯（Providence）火车站（1872～1874 年）、不伦瑞克旅馆（Brunswick Hotel, 1874～1875 年）。

马萨诸塞州北安普顿（Northampton）的史密斯学院会堂（Smith College Hall,

1873~1875年)、东安普顿（Easthampton）的公共图书馆（1878~1881年）。

罗德岛州（Rhode Island）的洛里亚尔宅（Pierre Lorillard House，1877~1878年)、沃尔夫宅（C. L. Wolfe House，1882~1884年)、伊斯顿海滨楼阁（Easton Beach Pavilion，1886~1887年)、范德比尔特宅（F. W. Vanderbit House，1889~1890年)。

马萨诸塞州坎布里奇（Cambridge）的赫曼威体育馆（Hemenway Gymnasium，1878~1879年)、韦尔德划艇俱乐部的艇库（Weld Boat Club Boathouse)。

纽约的联合法团俱乐部（Union League Club，1879~1880年)、联合银行（United Bank，1880~1881年)、怀特仓库（R. H. White Warehouse，1883~1884年)、交易所（Exchange，1887~1891年)、新泽西河岸中央铁路火车站（Central Railroad Station of New Jersey Bank，1890~1891年)、他自己的住宅（1901年)、印度银行（India Bank，1902~1904年)、西蒙学院（1803~1808年)，还有生命互助保险公司（Mutual Life Assurance Co.)。

568. Brandt，Alfred 布兰特/勃兰特（1846~1899年）

德国土木工程师，以修凿隧道见长。

围绕瑞士边境，他先后开凿三条著名的隧道：

第一条是辛普朗隧道（Simplon Tunnel），由布里格（Brig）至意大利的瓦尔佐（Varzo），隧道在地表下1英里，全长20km，是当时（1870~1881年）世界上最长通铁路的隧道。至1979年，日本的押水铁路隧道（达72km）才刷新。

第二条是境内的圣哥达隧道（Sankt-Gottherd Tunnel），长16km，通公路。

第三条是通往奥地利阿尔贝格（Arlberg）的隧道，也是通公路，长14km。

他发明了岩石掘道技术——以水力钻代替风钻，改进打眼爆炸的程序。

他又创造在两条干道之间加建多条横巷，相隔约16m（50′)，以供敷通风管道和回车、运输之用。

Brandt是位工作狂，后期每天几乎工作达24小时，如此忘我勤奋一年之后，便积劳辞世。

569. Gallé，Émile 加莱（1846~1904年）

画家，也学习哲学和植物学，成为设计师、名匠。在法国的家具设计上作出贡献。

普法战争（1870~1871年）后到南锡，那时开始，法国进入了"高雅风流年代"（la helle Époque），政治、经济和文化兴旺的年代。

他是法国玻璃和陶瓷的革新的先驱，以优雅的色彩和崭新的风格，在法国的新兴艺术上起领导作用。他是南锡学派的主要成员、室内装饰家和高级木器制作者。

其家具以18世纪洛可可式样为基础，继承法国的传统，而在形式上以不对称的自然主义、色彩上的象征主义而创新。其作品被誉为"会说话的家具Meubles Parlants/Talking Furniture"。曾和Majorelle，Louis（马若雷尔，1859～1926年）合作。Majorelle也是家具设计的艺术家和名匠。

1884～1889年著《艺术论集》（Writings on Art）。

他和Majorelle也是新艺术运动（Art Nouveau）的主要成员。

570. Burnham，Danial Huson 伯纳姆（1846～1912年）

早期他和Root，J. W.（1850～1891年）合作，在芝加哥从事设计。Root是设计人，他是企业家，主管业务工作，直到1891年Root逝世后，他才兼任总建筑师。

他们是最早采用钢铁框架的先驱，设计了芝加哥三栋具标志性的大楼：

1886年的鲁克雷大厦（Rookery Buildng）。

1890～1894年的瑞莱斯大厦（Reliance Building/信托大厦），框架，基部用深色石料面，上层贴面砖和大面积玻璃窗。

1891年的莫纳诺克（Monadnock）大厦。16层，当时最高建筑物，也是芝加哥学派最后一座砖墙承重的高层建筑，只檐口呈曲线，再无其他装饰。

1892年，Root逝后，他单独设计的卡匹托大厦（Capitol，22层、高91.5m）。但它的东方式硬山顶又配上法国式的屋顶窗，被称为"Masonic Temple"（石庙）。他开始转变作风了，折中主义又有所抬头。

为了纪念发现美洲400周年，1893年在芝加哥举办世界哥伦比亚博览会，他同Mckim（1847～1909年）、Hunt（1827～1895年）担任会场工程总负责人。这次博览会对芝加哥学派来说是个致命伤，来自东部的建筑师占多数，都是折中主义者，他们占了上风，芝加哥学派被耻笑，只有Sullivan（1856～1924年）被委任设计运输馆。

这次会场被称为"White City"（白色城市）。

1894年起，他担任美国建筑师学会主席。

他由芝加哥转到东部发展，虽然他把芝加哥学派带到纽约，但他自己却转为学院派的折中主义（Academic Eclecticism）。

芝加哥学派以功能主义为前提，以新技术发展多层建筑，力图摆脱折中主义，创造简洁的立面，在开拓新建筑上起到进步作用。但是在资本家为追术高额利润的社会环境下，才向高层发展。芝加哥学派传到纽约之后，便成为"商业古典主义"了。

他后期的作品主要为：

纽约弗莱特埃朗大厦（Flatiron Building/熨斗大厦），当时（1901～1902年）最高；

伦敦赛尔弗莱琪百货商店（Selfridger Store, 1909年）；

华盛顿联邦火车站（Union Station, 1909年）；

波士顿菲利安商店（Filenes Store, 1912年）。

他说："他从来不做小方案。"（Make No Little Plans），因为他认为不能激发人们的热情。

L'Enfant P. C. (1754～1825年) 于 1792～1793 年曾为华盛顿作出规划方案，他同 Mckim 作出修订。

1907～1909 年他同 Bennett, E. H.（贝内特）合作规划芝加哥市，这个规划只强调秩序和市容美观的伟大场面，在滨湖一带建了宏伟的古典式建筑，而忽略时代问题，形成交通阻塞，导致城市盲目向郊区扩张。然而这已经成为芝加哥市的基本方案，也成为美国城市规划的古典范例，并开始了美国"城市美化运动"而持续了几十年。

他还为旧金山、克利夫兰和菲律宾一些城市作规划。

571. Maspero, Gaston-Camille-Charles 马斯伯乐 (1846～1916年)

埃及学专家，1874年起任法兰西学院教授。

1881～1886 年发掘 Saggārad（萨卡拉） 金字塔，发现德尔·巴赫里（Dayral-Bahrī）悬崖隐秘坟墓，出土木乃伊40具。

后又到努比亚（Nobia）考古。Nobia 即库什（Kush），在今埃及与苏丹之间，埃及新王国的南疆界与中王国南疆界之间。

1888年率团赴埃及考古。后该团成为法国东方考古学院（French Institute of Oriental Archaeology）。

他所发现的干尸包括：

阿孟霍特普一世（Amenhotep Ⅰ）⎫
图特摩斯三世（Thutmose Ⅲ）⎭ 十八王朝

塞提一世（Seti Ⅰ）⎫
拉美西斯二世（Ramesses Ⅱ）⎭ 十九王朝

---

❶ Saggūrah（萨卡拉/沙喀拉）位于开罗西南24km，埃及古域孟菲斯（Memphis）公共墓地的一部分，北起吉萨（Giza），南至美敦（Maydum）。有第五王朝（公元前24世纪中叶）的尤那斯金字塔（Pyramid of Unas）及其他至少15座金字塔。

他将考古的发现和心得写成了：

"Egyptian Archaeology/L'Archéologie Égyptienne"（埃及考古记）（1887 年）；

"The Royal Mummies of Dayr al-Bahrī L'Archéologie Égyptienne/Les Momies Royales de Deir-el-Bahari"（德尔·巴赫里皇族木乃伊）（1889 年）；

"New Light on Ancient Egypt/Causeries d' Égypte"（古埃及新发现）（1907 年）；

"Les Contes Populaires de l'Egypte Ancienne/Popolar Tales of Ancient Egypt"（古埃及民间故事）（1914 年第四版）。

又编注 Mariette A. F. F.（1821～1881 年）所著"Les Mastabas de l'Ancien Empire"（古王国的马斯塔巴墓）于 1889 年出版。

572. Mead，William Rutherford 米德（1846～1928 年）
McKim，Charles Follen 麦金（1847～1909 年）

1879 年两人连同 White，Stanford（怀特，1853～1906 年）合组成 Mead-McKim-White 三人联合事务所。在美国东部，这是一间正宗意大利文艺复兴传统和古典风格著称而最有影响的事务所。1991 年再加入 Bacon，H.（1866～1924 年）。

Mead 的设计并不多，已知只有马萨诸塞州坎布里奇（Cambridge）的斯通顿宅（Stonghton House，1882 年）。

McKim 的主要设计有：

波士顿公立图书馆（1887～1895 年），这座图书馆抄袭自 Labrouste，H.（1801～1875 年）的巴黎圣热纳维埃夫图书馆（St. Geneviere），也用钢铁框架结构。

罗德岛州州议会大厦（Rhode Island State Capitol，1991～1993 年）——大型石建筑的尾声。

1893 年他和 Hunt，R. M.（1827～1895 年），还有芝加哥的 Burnham，D H（1846～1912 年）共同负责该年在芝加哥举办的世界哥伦比亚博览会会场规划。由于他拟订了以古典建筑为主题，使得芝加哥学派受到重大的打击。他同时设计了大会的农业馆，Hunt 设计了行政大楼，芝加哥学派只有 Sullivan（1856～1924 年）设计交通运输馆。

1893 年他还设计哥伦比亚大学图书馆。

1899 年设计华盛顿大学俱乐部。

他协助 Burnham 修订原由 L'Enfant（1754～1825 年）于 1791～1792 年所规划的华盛顿市方案。

1904～1910 年纽约的宾夕法尼亚火车站，模仿罗马的卡拉卡拉（Caracalla）浴场的立面，而内部用钢材和玻璃。

他所设计的摩天楼仍采用希腊柱式。

其作品遵循古典的对称布局，又将欧洲古代的先例引入，如万神庙、罗马浴场，甚至西班牙摩尔式塔楼。

所开创的美国新古典复兴式（American Neoclassical Revival），改变了美国建筑的方向和路线。

573. Jourdain，Frantz 儒尔丹（1847～1935年）

出生于安特卫普的法国人，1865年入艺术学校后在一间画室（atalier）工作至1870年。

他同时作为小说家、戏剧家、新闻工作者和摄影家。他的著作在"*Le Patrie*"（祖国）、"*Le Figaro*"（费加罗报）、"*Le Petit Parisien*"（巴黎人）和"*Le Conrrier Français*"（法国人报）等报刊上发表，他攻击传统主义者（Traditionalist）而维护年轻的新画家。

作为新艺术运动（Art Nouveau）的一员，他在巴黎设计了一些建筑，如：在庞坦（Pantin）的一间工厂（1888年）。

为五金商 Schenck（斯香克）建的一间钢筋混凝土大厦（1894年）。

1905年设计的 La Samaritaine Magasin（撒马利丹百货商店）。后来于1926年他同 Sauvage，F. H.（1873～1932年）合作再扩充时，已79岁。

还有一些住宅、别墅、印刷厂和陵墓等。同时，也为街道作装饰和修复部分建筑，其中包括1898～1900年在南锡的马若雷尔（Majorelle）别墅［同 Majorelle（1859～1926年）、Sauvage（1873～1932年）］。

他是1900年巴黎博览会评审团和一些艺术团体基金会的成员。

574. Tiffany，Louis Comfort 蒂法尼（1848～1933年）

出身于珠宝艺术品的世家。

画家、装饰师和设计家，更重要的是玻璃艺术家。1878年在纽约昆斯区（Queens）自设玻璃作坊。1896～1900年发明了 Favrile（法夫里尔）玻璃和巨大彩染玻璃屏"y Miret"。这些产品在重建华盛顿"白宫"的迎宾厅（Reception Room）时及墨西哥美术馆巨大玻璃屏幕时使用。Favrile 玻璃易塑，呈彩虹色，可掺入合金。

他是新艺术运动重要人物之一。

1877年，他、La Farge，John[1]（拉法奇）、Saint Gaudens，Augustus[2]（圣

---

[1] La Farge, J.（1835～1910年），壁画家，发明一种乳白色的彩色玻璃。
[2] Saint-Gaudens, A.（1848～1907年），雕刻家，设计金币肖像。

高登斯）共同组织美国艺术家协会（The Society of American Artists）。

1893年芝加哥世界哥伦比亚博览会的小教堂由他设计。

他还设计了纽约市神圣圣约翰主教堂（Cathedral of St. John, the Divine）的高祭坛（High Altar）。

575. Ware, William Robert 韦尔（1849~? 年）

1883年前同 Van Brumt, H.（1832~1903年）合作，主要设计为：

波士顿的一神教派（一位论派）教堂［First Church（Unitarian）（1865~? 年）］和赫华德（Hurvard）的纪念堂（Memorial Hall, 1870年）。

其后1889年在马萨诸塞州坎布里奇（Cambridge）主教神学院（Epiccopal Theological Seminary）的圣约翰礼拜堂（St. John Chapel），是一座希腊复兴式的建筑。

他的风格主要是学院派哥特式（Collegiate Gothic）。

他是个拉斯金主义者（Ruckinan）。Hitchcock, H. R.（希契科克）则说他是"Edifices in America"（美国的体系）。

576. Nyrop, Martin 尼洛（1849~1921年）

原来是木匠。1884年由他设计西兰岛（Sjælland）的体育馆开始，成为建筑师。

在哥本哈根（Copenhagen/Kφbenhaon/"商人之城"）他连续创作了：

工业展览会（Exposition of Industry）的农业及艺术大厦（Agriculture and Art Building, 1888年）；

弗雷德里克肖姆运阿（Fredericksholm Canal）的桥（1899~1900年）；

转到南日德兰（South Jütland），1903~1904年他设计了两座教堂：南日德兰教堂（South Jütland Church）和森德韦兹（Sundeved）的斯坦德洛普教堂（Standerup Chutch）。

1906年升任教授后，在哥本哈根设计了：

埃利亚斯主教堂（Elias Cathedral, 1906~1908年）、比斯皮尔格（Bispebjerg）医院（1908~1913年）和路得教堂（Luther Church, 1814~1818年，同 Smith, J.）。

1918~1919年他在西兰岛（Sjaelland）为自己设计了住宅。

他和后来的 Berlage, H. P.（1856~1934年）和 Östberg, R.（1866~1945年）一样都以表现材料见著。

577. Hénard，Eugene 艾纳尔 （1849～1923 年）

1900～1914 年巴黎建筑事务主管人，法国现代规划专家，当时最杰出的城市规划专业人物之一。

当年，1852 年，拿破仑第三指令 Hanssman（1809～1891 年）将巴黎市大事改建，这位波拿巴主义者，大刀阔斧地将巴黎改造，一时甚见成效。但是当时是马车时代，他也难预见到科学、技术发展的迅速，人口增长的剧烈以及生活、文化的转变。历经半个世纪，巴黎的城市诟病已经显现，一些社会学家、经济学家、政论家、工程师和建筑师，预见到城市交通拥挤的严重性，经济、治安、环境和市容所形成的祸害已刻不容缓。

1913 年在他主持下，各方面的专家共同进行了对巴黎，而至法国的建筑规划作检讨，他们主张城市向天空发展，为此，他们同时提出了多种方案。

有关城市规划，可分为城市集中主义和城市分散主义两大学派。此次会议所制定的方案，属城市集中主义范畴。

与此同时，在意大利以 Sant' Elia（1888～1916 年）为首的一批人，提出高速城市的理想，以运动速度和有限时间征服无限空间的主张，而向空中发展，同 Hénard 的主张，不谋而合。

578. Webb，Aston 韦布 （1849～1930 年）

1873 年开设建筑事务所，1887～1914 年长期同 Bell, E. I.（贝尔）合作。他们在各地的作品为：

在伦敦——史密斯菲尔德（Smithfield）的圣巴塞洛缪大教堂（St. Bartholomew the Great Cathedral，1885～1897 年）；

大都会人寿保险公司（Metropolitan Life Insurance Co. 1890 年）；

维多利亚及艾伯特博物馆（Victoria and Albert Museum，1891～1909 年，由前装饰艺术博物馆改建）——艾伯特是维多利亚女王的王夫；

圣公会教堂（Protestant Church，1895 年）；

皇家联合服务学院（Royal United Services Institution，1893～1895 年）；

帝国科技学院（Imperial Polytechnic，1900～1906 年）；

维多利亚女王纪念堂（Queen Victoria Memorial，1901～1903 年）；

皇家矿业学校（Royal School of Mines，1909～1913 年）；

白金汉宫（Buckingham Palace）东立面的改建（1912 年）。

还有圣约翰公园的林荫路——"The Mall"。

在伯明翰——维多利亚巡回裁判法庭（Victoria Assize Courts，1887～1891

年）和伯明翰大学（1901年）。

在剑桥——凯厄斯学院的圣米歇尔庭院（St. Michaels Court，Caius College，1903~1910年）、国王学院的韦布庭院（Webb Court，Kings College，1908年）、马格德林学院（Magdalene College，1908年）、莱伊学校（Ley School）的乔治五世门道（George V Gateway，1913年）。

霍舍姆（Harsham）的基督医院（Christ's Hospital，1893~1902年）。

达特茅斯（Dartmouth）的皇家海军学院（Royal Navy College，1899~1905年）。

香港最高法院（后特区立法会）（1903~1912年），外围Ionic柱廊、圆穹顶、四角小塔楼，混合了希、英、中式。

Caius，John（1510~1573年）医师，人文主义者。

579. Root，John Wellborn 鲁特（1850~1891年）

出生于美国佐治亚州，南北战争时随父一度暂居于利物浦，因而在牛津学习了一年。1866年回美国后在纽约的City College进修土木工程课程，1871~1873年还学绘画。

一开始，他在折中主义者小伦威克［Renwick Jame（J），1818~1895年］手下工作，又曾服务于Jenney（1832~1907年）的事务所。1873年在芝加哥同Burnham（1846~1912年）合作，共同建了一些商业建筑，开始其芝加哥学派的设计历程，其中有鲁克雷（Rookery）、瑞莱斯（Reliance）、莫纳德诺克（Monadnock）等大楼，他们用钢铁和砖石为材料建造多层建筑，后来又同Adler，D.（1844~1900年），Sullivan（1856~1924年）合作。

作为土木工程师，他对多层楼在高度和功能上有卓越的贡献。

1882年的蒙托克（Montank）大厦（十层），是建于软土上的，他在地基中以纵横方向排列钢轨，使荷载均衡分布。地下室为钢筋混凝土结构，楼板使用平砖拱以防火灾（但不耐地震）。结构上并未采用框架，这是一栋大型砖石结构的高楼。在立面上，摒弃一切装饰，只有檐口和转角的曲线冲淡立柱的呆板感，这是一项突破。

1884~1886年设计鲁克利（Rookery）大厦。

1889~1891年的蒙纳德诺（Monadnock）大厦（高16层），当时最高承重墙结构办公楼。底层墙厚达1.83m。在立面上，连壁柱都不用了，更没有任何线脚和装饰。它是芝加哥学派最后一栋非框架的高层建筑。

---

❶ Magdalene 为欧洲旧石器时代的最后期。

还有一些私人住宅。

发表一些有关学派思想的文章。

1889 年翻译 Semper（1803~1879 年）的 "*Development of Architectural Style*"（建筑形式的发展）。

41 岁因患肺炎而逝世。

580. Milne, John 米尔恩/米林（1850~1913 年）

原为商人和圣经研究者，后来成为地理学家、探险家、地质学家和地震学家。

1874 年参加 Beke, C. T.（贝克，1800~1874 年）领导的埃及和西、北阿拉伯的探险和考察。

1875 年到日本，任东京帝国工业大学地质学和采矿学教授。他在日本协助成立地质学会（Seismological Society of Japan）。在日本各地共建立 968 个地震观测点，并研究分布区和编制主要地震年表。

1880 年发明地震仪（Seismograph）——但在中国，汉顺帝阳嘉元年（132年）张衡已制造出"候风地动仪"。

1894 年回英国，在怀特岛（Isle of Wight）新港设立私人地震站。

1906 年他曾经以冲击波试测通过地层的速度，但未成功。

又组织全球地震观察网。

1883 年发表 "*Earthquakes*"（地震）。

1898 年发表 "*Seismology*"（地震学）。

581. Domènech, i Montaner Lluis 多门内奇（1850~1923 年）

出生于西班牙（Catalonia）的巴塞罗那（Barcelona）。

19 岁便参加政治团体"青年加泰罗亚"（La Jove Catalunya）。

1873 年在马德里大学学习而取得建筑师资格，并且很快参加克拉维（Clave）纪念碑竞赛方案。

1875 年在巴塞罗那建筑学校任教，其后又任职于加泰罗尼亚自治区联盟（Lliga de Catalunya）、加泰罗尼亚联盟（Unio Catalunya）和巴塞罗那协会（Aleneo Barcelones）等机构。1900 年成为建筑学校的校长。

作为新艺术运动（Art Nouveau）的成员，他的创作采用了一些新的手法：

巴塞罗那的蒙他纳宫（Palau Montaner，1885~1896 年）；

1888 年世界博览会的国际饭店和餐馆（1887~1888 年），采用铁桁架的室内半圆券——现动物博物馆；

圣保罗医院（Hospital de San Pablo，1902~1912年）；

音乐宫（Palau de la Música，1905~1908年）新的柱式、小穹顶、八边形的塔，加以繁琐的装饰，内部几何形彩色玻璃；

在桑坦德（Santander），为科米拉斯侯爵（Margues de Comillas）设计科米拉斯神学院（Comillas Seminary，1889~1892年）和科米拉斯纪念堂（1890年）；

在塔拉戈纳（Terragona）雷乌斯（Reus）的佩雷马塔学院（Peremata Institute，1897~1919年）；

马略卡岛的帕尔马（Palma de Mallorca）的格兰饭店（Gran Hotel，1902~1912年）；

在马尔的坎内特（Canet de Mar）重建圣勃洛伦蒂纳堡垒（Castle of Santa Florentina）。

他在各地设计了多座住宅，其中福斯特尔宅（Casa Fuster），他将Ionic柱式的涡卷拆散，改成蓓蕾形柱式。

1905年出版了他著的"*Estudis Politics*"（政治研究）。

582. Howard，Ebenezer 霍华德（1850~1928年）

他当过职员、速记员、记者、社会活动家，还到美国经营过农场。

19世纪后半叶，欧洲各大城市剧烈膨胀，给社会和环境所带来的祸害，日益严重。英国政府以解决"城市居住问题"为名，命令Howard作出对城市改革的方案，以作整治。

Howard于1880年写了"*Tomorrow, A Peaceful Path to Real Reform*"[《明天——和平改造的正途》或译《明天——通往真正改革的和平正路》，(1898年出版)]以解决工业化条件下城市理想居住问题，以避免城市恶性膨胀和对土地、房屋的投机问题，他提出建造"花园城"的设想。

他的"Garden City/Gartenstadten/Cité-jardino/Cimded-jarden"（花园城/田园城市）的构想，概括为：城市由母城以六条干道，以辐射形与周边的六个子城联系，子城和母城都等距离相隔，各城占地2400公顷，中心只占地400公顷，周围的农、牧、园、林包括农业学校和疗养院则占地2000公顷，子城人口为32000人（母城可达58000人），其中有2000人散居乡间。如果人口超额便应另建新市。交通应发展铁路，动力应用电力，垃圾应用于农业。各城都有中心花园，围绕市政、文化、娱乐建筑，依次向外为公园、商场、住宅、环形大道、住宅、工业用地而至农地。1902年他修订改写时，将书名改为"*Garden Cities of Tomorrow*"（明日的花园城）。

他还设想若干田园城市组成城市群——"Group of Slumless, Smokeless Cities"（无贫民窟、无烟尘的城市群）。

花园城市还规定使用土地须缴租金，地价的增值应为集体开发者享有。

他的构想使城市为农村提供经济发展的机会，而农村又为城市提供美好环境和健康生活。因此，他又提出"城乡磁体"（Town-Country Magnet）的概念，使城市生活和乡村生活互具一种磁性，相互吸引，共同结合，产生乐趣。

他出身于社会底层，厌恶城市人烟稠密、污秽丑恶，同 Ruskin（1819～1900 年）、Morris（1834～1896 年）的思想吻合，爱恋郊野的浪漫气氛，因而梦想城乡融合为一体，其信念和通情达性的手法，改变了英国的建筑观。

受 Owen，R.（1771～1858 年）的思想影响，他也是城市分散主义者。"花园城市"的理论开新型城市建设的先河，也是"卫星城镇"、"有机疏散"的基础。

1899 年他组织田园城市和城市规划协会，宣传其主张。

1903 年在莱奇沃思（Letchworth）创建第一座花园城，由 Unwin，R.（恩温 1863～1940 年）和 Parker B.（帕克）做具体规划。1920 年又在韦勒文（Welwyn）再建另一花园城（最后他卒于韦勒文），但可惜未能达原规划人数，亦未能解决大伦敦的疏散问题。在欧洲的一些国家也有仿效，如德国于 1909 年在德累斯顿附近的赫勒劳（Hellerau），由德意志工厂联合会推动独立式花园城市。

但欧洲各地之所谓"田园城市"，只不过是郊区的居民点而已。

其理论到底是一项较完善的城市规划思想体系，并起到一定的影响作用。

583. Lindenthal，Gustav 林登塔尔（1850～1935 年）

学习于奥地利和瑞士，通过实践获得丰富的桥梁和铁路的经验。后于 1871 年移居美国。

1874～1877 年任费拉德尔菲亚（费城）百周年博览会（Philadelphia Centennial Exposition）的建筑工程师。后又到匹兹堡（Pittsburgh）担任铁路桥梁顾问工程师和赫尔盖特（Hallgate）的铁路大桥顾问工程师。

他设计的纽约市伊斯特河（East River/东河）上的赫尔盖特大桥，于 1917 年通车，长 275m 的钢拱桥是当时最长的钢拱桥，而同在伊斯特河的昆斯博罗（Queensboro）桥，则是悬索桥。

两桥建成，使他驰名。

建旧金山金门桥的 Ammann，O. H.（1879～1965 年）担任他的助手。

584. Townsend，Charles Harrison 汤森（1851～1928 年）

其家族是 17～18 世纪时英国美术器具制造业家族。

青年时在利物浦学建筑，1880 年到伦敦，1884～1888 年曾同人合伙。

他作为英国皇家建筑师学会 R. I. B. A.（Royal Institute of British Architects）的成员，又参加书刊图片作者协会（Art Workers Guild），开始他的艺术和手工艺的实践。在这时候，他设计了纺织品、墙纸、细木工而至建筑物，同时又为期刊写了大量文章。

1891 年他开始在伦敦从事建筑设计，作品有：

肯辛顿（Kensington）恩尼斯摩尔花园（Ennismore Garden）的瓦尔利亚美万圣教堂（Vulliamy's All Saints）的西立面（1891 年）、比什斯盖特学院（Bishopsgate Institute，1892～1907 年）、圣马丁教堂（St. Martins Church）的公理会礼拜堂（Congregational Chapel）、海尔别墅（Village Hael）、布莱克希思（Blackheath）的一些住宅、霍尼曼民族学博物馆（Horniman Museum of Ethnology，1896～1901 年）、怀特礼拜堂的艺廊（White Chapel Art Gallery，1899～1901 年）。

1896～1901 年他在德国杜塞尔多夫（Dusseldorf）设计了林登住宅（Lindon Haus）。

1892～1895 年布莱克希思的圣马丁教堂。

德文郡（Devon）莎尔康比－克里夫塔（Salcombe-Cliff Tower）的方案。

汉普郡（Hampshire）西米安（Westmeon）的克罗斯别墅（Village Cross，1902 年）。

1902～1904 年同其他人共同建造和装修埃塞克斯（Essex）的圣女玛利教堂（St. Mary, the Virgin Church）。接着又设计联合独立教堂（Union Free Church）。

他追随前拉斐尔派（Pre-Raphaelitism）和建筑界前辈 Nash（1752～1835 年）、Ruskin（1819～1900 年）及 Richardson，H. H.（1836～1886 年）。1906 年他写的 "Mansions of English in the Older Time"（旧日英国宅第）中便介绍了 Nash。

作为新艺术运动（Art Nouveau）成员，他采用了一些哥特式的元素，如尖塔、扶壁、尖拱窗、玫瑰窗，但平面布局却很自由，形成"英国自由形式 English Free Style"。

他其他作品还有：(Surrey) 萨里的阿巴斯诺特学院（Arbuthnot Institute，1906 年）❶、赫茨（Herts）的一座建于沼泽地的住宅（A house in the glade，1906 年）和（Hertfortshire）赫特福德郡的霍尔别墅（Village Hall，1910 年）。

585. Evans, Arthur John 伊文思／埃文斯（1851～1941 年）

他的父亲 John（1823～1908 年）是考古学家。尤其是史前考古的创始人，

---

❶ Arbuthnot, John（1667～1735 年），医生。

专研究古代文物。

1893年起对Schliemann, H. (1822~1890年) 在希腊发掘古物发生兴趣，并对其所著进行研究。1894年即到克里特岛（Crete Isand）进行实地调查，其后并写下了专题论述。

1896年他提出迈锡尼（Mycenae）文明起源于克里特（Crete/Kriti）岛的论点。

1900年经历三年的努力，他终于发掘出克里特岛最后宫殿克诺索斯（Knossos）王宫遗址真正的宫殿（五层，千余间的巨大建筑），其中有据说是弥诺斯王（Minor）时建造的"迷宫"——因其布局随意，高低错杂，走道及楼梯迂回曲折，而有"迷宫"之称。此占地约2.3公顷的宫殿约建于前1900年左右，受地震后于前1700年左右重建，但前1400年左右又焚毁。

据传说该宫殿是由名匠Daodalus/Daelalez（代达罗斯）设计和建造。

同时他又发掘西西里岛的阿格里琴托（Agrigentum，阿克腊加斯/Acragas），即现在的意大利西西里岛西南的阿格里琴托（Agrigento）。

他留下的著作："*Cretan Pictographs and Prac-Phoenician Script*"（克里特人的象形文字和腓尼基的手迹）（1896年）；

"*The Place of Minor*"（弥诺斯王宫，四卷）（1921~1936年）；

"*Scripta Minor*"（弥诺斯文字，二卷）（1909年），1952年辑成。

他终身研究Knosses王宫，对Minor文明研究奠定基础。

586. Mackmurdo, Arthur Heggate 麦克默多（1851~1942年）

原来是工匠，1873年因为听了Ruskin（1819~1900年）的演讲，决心搞建筑。后来先后于1874年、1878年和1880年多次随Ruskin到意大利实地观察，其间接受Clarke, T. C.（克拉克）和Brooks, J.（布鲁克斯）的培养而成为建筑师。

根据Morris（1834~1896年）的学说，于1882年联同多人创办了艺术家、匠师、设计师的团体"Century Guild"（百年行会/世纪艺术家协会），以设计家具、金属制品、地毯、壁纸而至内部装修等，所生产的高质量产品、装饰品，为后来新艺术运动（Art Nouveau）的先声。1884年该组织出版"*Hobby Horse*"（木马），他出任首位编辑。同年，他还写了"*Wren's City Church*"（雷恩的城市教堂）。

为世纪艺术家协会推销产品。1886年举办Liverpool Internat（ional）（利物浦国际博览会），他设计的展台（stand），使用了无柱头而上大下小的柱子。

1886~1887年在恩菲尔德（Enfield）的布鲁克林（Brooklyn）为自己建的

住宅，两层，外观横向窗，平顶，引人注意。其后，又设计了一些住宅和冷藏库。

虽然受意大利建筑的影响，但却富有创造性。其后他把精力转向经济问题方面，他关注社会问题，设计了一些为社会生活所需的建筑。

其间曾在埃塞克斯（Essex）为 Wickham（威克汉姆）主教服务。

他是古建筑保护协会（Society for the Protection of Ancient Building）创立人之一。

他和 Morris 都是英国艺术和手工艺运动的先驱（Pioneer of the English Arts and Crafts Movement）。

587. Ellis，Harvey 埃利斯（1852～1904年）

先任 Richardson，H. H.（1838～1886年）的绘图员，后来联同弟弟 Charles 在罗彻斯特（Rochester）开设事务所，自行营业。该所以专绘建筑渲染图而闻名。

他们一方面以设计罗马复兴式建筑为主，在 1885～1895 年年间，先后在明尼苏达州的圣保罗和明尼阿波利斯、密苏里州的圣约瑟和圣路易斯等地有作品。另一方面，既守旧又创新，他们对新建筑形式作出尝试，如 1877 年设计了一幢 26 层的钢框架结构摩天楼方案，虽然未能实现，但他们却是摩天楼的最初设计者。

1888 年他们设计的一间小银行方案（未建），后来被 Sullivan（1856～1924 年）参考采用。

588. Gaudí（i Cornet）Antonio 高迪/噶乌第（1852～1926年）

在 19 世纪末，甚言之，在整个建筑史上是个异才，他的表现反映出对建筑历史传统的叛逆。他独来独往，我行我素，有"巧匠"、"建筑诗人"之称。

出身于里斯（Reus）的贫困家庭，上三代都是铜铁匠，19 或 21 岁，才半工半读上巴塞罗那（Barcelona）的建筑学校，然后当上绘图员一直到 1878 年。1879～1883 年搞些家具、灯具、祭坛装饰。他喜欢工艺、雕塑，例如以铁石之类材料造些怪兽，还有环境设计。

他的建筑生涯，约可分为三个阶段：

（1）初期，他还是个传统主义者。如 1875～1877 年他同别人合作的辛德迪拉公园（Parque de la Cindadela）的围墙和门及一座礼拜堂的家具、柜、棚、灯等，1878～1880 年设计的维森斯宅（Casa Vicens）。

他的创作血缘来自 Borromini（1599～1667 年），而表现出近乎华丽的维多利亚式（Victorianism）。

（2）但他很快便改变风格，他用一些几何形体创作出新的组合。这些图案的花卉，用砖瓦或彩陶片砌成，再加上些虫豸状的金属装饰，基本上是摩尔式（Morish）或穆迪札尔式（Muodejar）。这是伊斯兰图案同基督教图案的综合体。在西班牙本是一种传统，他又采用哥特式和巴洛克的折中主义，并作为动态的尝试。

有名的圣家族教堂（Expiatory Church of Holy Family/Templo de la Sagrada Familia）于 1882/1884 年便开始兴建，原由另一建筑师设计，以传统直线为主。他改用曲线，以变异的哥特式为主，有玫瑰窗、飞扶壁等。这项跨世纪的工程，他原计划为 120 年，至 2010 年完成，但是到 1928/1930 年，十八个塔❶仅完成了八个。因为他的作品无法在图纸上明确表示其意图，也没有具体的图纸，图样就在他的脑里，所以遑论详细的大样了。他对这未完成的杰作非常执着，曾于 1926 年亲自上街去劝募建造费用。

巴塞罗那主教堂（Cathedral）原建于 1298 年至 15 世纪，盛期哥特式，1882/1883 年由 Viller, Fraucea de（维拉）改建正立面和钟楼。Gaudí 于 1893 年接手，至 1926 年他逝世时尚未完成，只完成了一间耳室及四个钟塔中之一。

他在巴塞罗那设计和建造了居埃尔公园（Parc Güell），并在园内先后建造了庄园（Estate）、宫殿（Palau）和移民教堂（Colonia Güell Chapel/Sta Colonia de Cervelló, 1898～1914 年），这座教堂很特别：龟形平面，斜墙斜柱，肋穹顶，全无规律可言，也全无粉刷。

Güell（居埃尔，或译奎尔），企业家、公爵，他真诚支持 Gaudí，也了解和支持新艺术运动（Art Nouveau）。

在这个阶段还有：

阿斯托加（Astorga）的主教宫 [Episcopal Palau/Bioshop's Place（1887～1893 年）]。

耶稣圣德勒撒学院（College of Santa Teresa de Jesu's, 1889～1894 年），他采用了穆迪札尔（Mudejar）式。

1898～1904 年的卡尔贝特宅（Casa Calvet）则是巴洛克式。

1900 年爱斯瓜尔德别墅（Villa Bell Esguard）。

1901 年为马略卡岛（Island of Mollorca）的帕尔马主教堂（Parma Cathedral）作内部装修。

虽然他的作品同比利时兴起的新艺术运动并无渊源，但方法一致，故殊途

---

❶ 十八个塔中，外十二塔为十二门徒，高 94m；内四塔为传福音者，高 107m；中二塔为圣母及耶稣，高 170m。

同归。

（3）1902年以后，他完全摒弃一切历史风格，除在一些设计中有有关宗教的明显形象外，就全是有关自然的形象，而以表现材料为主。

在构造上，他吸收了哥特式结构的特点，主要构件有承受斜推力的斜柱、斜墩，或者能承受很少斜推力的叠层式的薄壳拱顶，这种先进的结构，直至20世纪60年代出现并影响世界的薄壳结构时也使人吃惊。他那些像安错位的构造，是超出于新艺术运动的作品。

他还吸收东方的某些风格，并结合自然的生态，称之为"自由形"（free-form），精心创造出独特的"塑性建筑"。如在圣家教堂中，他用螺旋形的墩子、侧墙、双曲面的拱顶及双曲抛物面的屋顶，相互平衡。他说："像树木一样的生长。"又说："直线属于人，曲线属于上帝。"

在这阶段，他除了继续建造圣家教堂之外，还有两座有名的公寓：1904~1906年的巴特罗公寓（Casa Batlló），八层，由一座于1870年的公寓改建；另一座为1905/1906~1910年建的米拉公寓（Casa Milá），更充分发挥他的塑性建筑，毫无规律可言。这座与圣家教堂同一街道上而位于西侧的建筑，外表像水侵蚀的岩体，人称之为"采石场"。

在复兴加泰罗尼亚（Catalanism）地方风格的艺术运动，尤其是工艺美术中，他是积极参与者。他同新艺术运动于19世纪末在欧洲的兴起，起到同样作用，这是历史发展的必然性。

他的设计，在功能上和技术上并无什么革新，创作只为他的艺术偏好服务，创造与众不同的怪诞形式而另辟蹊径，以浪漫主义的幻想力将塑性艺术渗透于三度空间，他不属于任何一式一派，也不是什么大师的传人，可谓"前无古人"。

由于独出心裁的怪诞，在施工的过程中，必须亦步亦趋，难题没完没了，需要即兴解决，边施工边设计，他一逝世，作品只能成为未完成的杰作了。

Berengner，(i Mestres) Francese 贝伦格尔（1866~1914年）是他的助手。

一生贫困，艰苦奋斗，最后不幸死于意外的电车祸，其无尽而顽强的想象力，令人钦敬。

生前并未受人重视，直到20世纪60年代才受人推崇。"二战"后，相对和平的日子，人们追求新异之所反映也。

589. Prior，Edward Schroeder 普赖尔（1852~1932年）

出身于律师家庭，求学于伦敦西北市镇哈罗（Harrow）和剑桥。

曾随 Shaw，R. N.（1831~1912年）工作。1883年起独立经营，其主要作品为：

哈罗的红屋（1883年）；

多塞特（Dorset）西海岸（West Bay）的多幢住宅（1885年）；

博森汉普顿（Bothenhampton）的圣三一教堂；

哈罗洗衣房总经理住宅（Harrow Laundry Super Intendent's House，1887~1889年）；

德文（Devon）的埃克斯茅斯仓舍（The Barn Exmouth）；

罗克尔（Roker）的圣安德烈教堂（St. Andrew's Church），这座教堂的构造，改变过去的结构，无柱，但有尖券顶。

590. Sacconi，Count Ginseppe 萨孔尼（1853/1854~1905年）

公元843年查理曼帝国分裂为三，其中的罗退尔王国/洛泰尔王国（Kingdom of Lothair），拥有尼德兰、德国西部、法国东部、瑞士、意大利北、中部大片土地。至9世纪下半叶，基本形成德、法、意三国（教皇国、西西里岛及南意除外）。当时亚平宁半岛（Apennine Peninsula）南北分割，因为国王将国土分割为郡，由伯爵治理，后来出现许多公国或共和国，其间还受过法、西的统治，一直到19世纪。1831年有马志尼的起义，1859/1860年由撒丁王国（Kingdom of Sardinia）开始复国，至1870年由国王伊曼纽尔二世（EmmanuelⅢ）占领罗马之后，完成统一。

为纪念 Emmanuel Ⅱ 的功绩而建立其纪念堂（Magnum Opus/Monument），1884年举行设计竞赛，本来是 Dáronco，R.（达尔隆柯，1857~1932年）的方案获金奖，但结果却采用 Sacconi 的方案，工程于1885~1911年施工。

纪念堂位于罗马卡比多山（Capitoune）旁，占地135m×130m，总高70m，庞然大物，用白色大理石贴面，青铜铸像还贴上金，其形象仿古希腊晚期（前200年前后）帕加蒙（Pergamum，今土耳其西）的宙斯大祭坛，而更复杂。

为占地，破坏了地址上不少古迹，建成之后被谑称为"白色蛋糕"、"打字机"和"意大利的大尿盆"。

591. White，Stanford 怀特（1853~1906年）

先随 Richardson，H. H.（1838~1886年）工作，后同 Mead，W. R.（1846~1928年）、McKim，C. F.（1847~1909年）组成三人联合事务所——一间以古典风格著称在新英格区最有影响的事务所。

但是，起初他并非古典主义者。1881年他在纽波特（Newport）设计的娱乐场（Casino/卡西诺）❶是精致的木构建筑。在构造上，他吸取了当地早期的

---

❶ Casino 在意大利原指小住宅或小别墅，后可指公园内的凉棚、夜总会，甚至赌场。

东部木构式（Eastern Stick Style）而结合 17 世纪中至 18 世纪初英国的安妮女王式（Queen Anne Style）的比例合理而优雅朴素的特点，创造出被称为"Shingle Style"（木板式/辛格尔式）——外墙和屋顶以单色的木板掩盖，以表现单一木材围合的形象。布局随意，往往带宽大的阳台，而内外互相穿插，空间流畅开朗。其不规则的立面和四坡屋顶轮廓，产生一种别致的乡村风格，有助于向功能主义发展。后来还带意大利文艺复兴风格而至独立前的殖民地式，一直到 1887 年，他都设计这类小住宅，这种形式流行到 19 世纪末。

但是，他并未能坚持这种创新的风格，后来他和 McKim 同 Mead 一样将风格倒退回新古典主义发展。设计过：纽约的维拉德宅（Villard House，1885 年）、纽波特的泰勒宅（Taylor House，1886 年）、费城格曼镇的板球俱乐部（Cricket Club，1891 年）等。还有一些家具、墓碑、火车厢、封面而至首饰等。

他和 Richard, H. H. 被人们描述为"生活考究的人"，而他更神奇地被认为是"超凡的人"。

1906 年他被人枪杀于戏院内，不幸身亡。

592. Furtwängler，Adof 富特文格勒（1853～1907 年）

1878～1879 年在希腊奥林匹克遗址发掘。

又在萨罗斯湾（Gulf of Saros）的埃吉那岛（Aegina Island/现埃伊纳岛 Aigina）发现石像——该岛供奉阿法亚女神（Athena Aphaia）。于前 5 世纪初曾有女神庙。

又在奥尔霍迈诺斯城/奥科墨努斯城（Orchomenus）发现迈锡尼遗址。

古代的波奥提亚/玻俄提亚（Boeotia），于青铜时代已有蜂窝式建筑、神庙、宫殿。公元前 550 年左右曾领导结盟至前 338 年解散。1893 年他经考察，断论古代的 Boeotia 曾有城市，后被科派斯湖（Lake Copais）湖水吞噬。

1880～1894 年他任柏林古物陈列馆（Berlin Antiquarium）馆长，1894 年后任慕尼黑大学考古学教授。

他将所研究古代雕塑成果，于 1895 年写"*Meisterwerke der Griechischen Plastik/Masterpices of Greek Sculpture*"（希腊雕塑艺术杰作）。

593. Jensen Klint，Peder Vilhelm 延森·克林特（1853～1930 年）

原任工程师及教师，后来转为绘画和雕塑，19 世纪 90 年代再转为建筑师。

由于丹麦缺乏石材，改为砖砌，他独创了丹麦砖构哥特式（Danish Brick Gothic Style）。

他在哥本哈根的设计有：霍尔姆别墅（Holm Villa，1896 年）、体育馆（Gymnasium，1891～1898 年）、罗德斯坦别墅（Rodsten Villa，1905～1906 年）、里斯林厄（Ryslinge）的奥加尔德宅（Aagard House，1907 年）、奥尔波里（Aalbory）的沃特斯柯夫教堂（Vodskov Church，1907～1909 年）、安娜斯教堂（Annas Church，1914 年）等。

1921 年他设计格伦特维哥教堂及周围的建筑群（Grundtvigo Church and Surrounding Housing），但一直未曾施工，直到他逝世后，才由他儿子卡雷－克林特（Karre Klint）领导施工，于 1940 年完成。

后来他在菲英岛（Fyn）的欧登塞（Odense）设计了圣汉斯－特韦伊教堂（St. Hans Tveje Church，1921 年）和基督教青年团契（Young Men's Christian Association Building，1923 年）。

594. Dörpfeld，Wilhelm 德普费尔德（1853～1940 年）

1871～1873 年随 Schliemann, H.（1822～1890 年）发掘特洛伊（Troy），终于发现特洛伊古城。

1875～1881 年又随 Curtius, E.（1814～1896 年）发掘奥林匹克。

1884 年，他单独去提林斯（Tiryns 现 Tirins）的迈锡尼宫——特洛伊最后国王普利安（Prian）约于公元前 2000 年左右所建，城市虽于前 468 年消灭，但王宫尚保存。

又到累夫卡斯（Leukas/Leucas）岛［在荷马的《奥德赛》诗中所称的 Ithaca（伊萨卡）附近］。

由于他在希腊考察的成绩而成为希腊古建筑的研究权威，在他的著作中记载了这些成果：

"*Troja und Iliona/Troy and Ilium*"（特洛伊和伊利翁），两卷（1902 年）；

"*Ancient Ithaca/Alt-Ithaka*"（古代的伊萨基），两卷（1927 年）；

"*Ancient Athen and Its Marketplace/Alt-Athen und Seine Agora*"（古代雅典及其市场），两卷（1937～1939 年）。

595. Petrie，William Matthew Flinders 皮特里（1853～1942 年）

英国考古学家，尤其对古代埃及的遗迹，而成为埃及学家。1894 年他在伦敦创立埃及研究协会——后来 1905 年发展为不列颠考古学校。

但是，他的考古事业却从英国本土开始。1875 年起他首先对"环形列石"（Stone-Hanger）作考察，此古代巨石构筑或称"石环"、"石栏"或"石阵"，位于威尔特郡（Wiltshire）索尔兹伯里（Salisbury）北约 11km 处的白垩质平原。❶ 估计建于新石器时代，至青铜时代（前 2500～前 1500 年）作增改。在占地 87.8m 直径的大圆形内，以 2.1m 宽的大沟围绕保护。中心列石直径 30～32m，由一圈竖石顶上置横石围成。在东北方向有入口，宽 10.7m，以更高（约 4.9m）的两直一横的巨石为门，入门后两旁左右又四个石门分列，估计共 247 块石（现已残缺不全），这些石每块均重几十吨。前后历时 1700 年，动用 150 万个人日完成。原料采自威尔士，技术、运输和构筑都达极高水平，花费如此人力和时间，到底用意为宗教或是历法？还未得定论。

1880 年他开始发掘基萨大金字塔（Great Pyramid at Giza）。

1884 年在塔尼斯大神庙（Temple of Tanis）发现拉美西斯二世（Rameses Ⅱ）雕像的残片。

1888～1890 年考察法尤姆地区（Al-Fayyūm）。在法尤姆绿洲（Oasis of Fayum）东南发现卡洪城（Kahune，或译卡汗城），该城建于中王国时期，约前 19 世纪，城为建金字塔时供施工官民之居民点，范围约 350m×250m，以内城墙分隔出西部的奴隶工匠区和东部的奴隶主和官吏区及宫殿、市场、商店等，贵族府邸房间数十间，男女分组。为避骄阳，作内院式，由侧高窗通风，卡洪城为迄今发掘最早的古城遗址。

又在尼罗河三角洲（Nile Delta）的古希腊繁荣的殖民地瑙克拉提斯（Naukeratis）发掘，又达夫尼（Daphnae）遗址的墓地及美杜姆（Meidum）的古庙宇等。

1892 年改为任教，1905 年创办考古学院。

"一战"后在孟菲斯（Memphis）及巴勒斯坦发掘。

其考古生涯达 40 年。

他对田野考古的技术和方法有卓著贡献，采用地层断代法（顺序年代法），首先用于巴勒斯坦耶路撒冷城南之泰勒哈希（Tel Hasi）遗址（1890 年），一改过去的任意发掘法——Schliemann（1822～1890 年）早于 1873 年已采用。

著作逾十部，主要有：

"*Stonehenge*: *Plans, Description and Theories*"（圆形石林其设计、图说及理论）（1880 年）；

"*Inductive Metrology, or the Recovery of Ancient Measure from the Monument*"（归纳的度量衡学或文物中的古量制）（1877 年）——当时他仅 24 岁；

---

❶ 史前的糙石石柱（menhir/巨石）在其他地方还有：法国布列塔尼（Bretagne）的卡纳克（Carnac）城北，由 3000 块花岗石分两列，长 3km，分别组成 Megaliths（巨石）、Menhirs（石柱）、Delmenus（石桌）、Allée Reconverte（廊道）和 Tumulus（坟冢）等，在瑞典，在我国的辽宁海城亦有发现。

《埃及十年的发掘》（1893 年）；

《叙利亚和埃及》（1898 年）；

《第一王朝王陵》（1900 年）；

"Methods and Aims in Archaeology"（考古学的方法和目的）（1904 年）；

《海克索斯和以色列城市》（1906 年）；

"The Formation of Alphabet"（字母的形成）（1912 年）；

《史前埃及》（1920 年）。

596. Roche，Martin 罗奇／罗许（1853～1927 年）
Holabird，William 霍拉伯德（1854～1923 年）

Holabird 曾于 1873～1875 年受军事训练，后来先服务于 Jenney（1832～1907 年）事务所，后服务于 Burnham（1846～1912 年）事务所，1881 年开始同 Roche 合作开业，有不少创新。

Holabird 是芝加哥学派重要人物，在艺术上虽然不如 Root（1850～1891 年）及后来的 Sullivan（1856～1924 年）的杰出，但对学派在芝加哥办公或商业建筑的业务有卓越贡献。

两人于 1886～1889 年设计的塔科马大厦（Tacoma Building），为全钢框架结构，在技术上已较 Jenney 大为进步，这种方式后用于芝加哥其他办公大楼上。

马尔奎特大厦（Marquette Building，1894 年）是芝加哥学派的杰作之一，平面为"E"形，沿街平直，背面三翼凸出，中间凸出部分为梯形平面的升降机厅。办公部分为大空间，可由用家自由隔断，充分发挥框架结构自由平面的优点。正立面处理简洁，宽阔的芝加哥窗整齐排列，充分利用玻璃采光面，它成为 19 世纪末芝加哥高层办公楼的典型。

1905 年再设计共和国大厦（Republic Building）。

这些大厦虽用骨架结构，但外表仍为砖石构造。

597. Geddes，Patrick 格迪斯／盖迪斯（1854～1932 年）

苏格兰人，从赫胥黎（Huxley，T. H.，1825～1895 年）攻读生物学，成为社会学家和生物学家。在丹迪（Dundee）、伦敦和孟买各大学任教。

作为社会学家和生物学家，从其专业的观点出发，对城市规划提出建设性的主张。

他说："城市与区域，同样都是决定于地点、工作和人之间，以及政治、教育、美育等活动之间各种复杂的相互作用的基本结构。""人类聚居而发展，在性质上首要是生物性的。"他强调以自然地区作为规划和基本框架——这种做法对日后大伦敦规划〔1942～1944年由Abercrombie（1879～1957年）所规划〕和美国田纳西流域规划有一定影响——这些观点，从其生物学的角度出发。

从社会学的角度出发，他认为城市规划是社会改革的重要手段。因此，他提出将城市规划同区域规划相结合——"区域原则"（Regionlism）。

他认为规划要以居民的价值观和意见为基础，要尊重历史和地方的特点，在过程中从调查研究入手（观察要在计划之前），揭露城市之光明和黑暗的两面性，然后分析所要解决的主要问题，提出对策和方案。

他通过旅行、演讲和展览来宣扬其观点。

他在苏格兰、墨西哥、印度、巴勒斯坦等地做实地研究，做出印度城镇的计划。又在爱丁堡改建贫民区，设立义务维护公园的措施和建学生公寓等。

作为城市研究和区域规划的现代理论先驱之一，他写了：

"City Development"（城市发展）（1904年）；

"Cities in Evolution"（进化中的城市）（1915年）——内容从社会、经济的角度起引申到市政建设。

598. Koldewey, Robert 科尔德威（1855～1925年）

德国建筑师兼从事考古，活动于中东地区。

1882年在土耳其西部埃德雷米特湾北的阿索斯（阿苏斯，Assos/Assus，即古希腊 Troas 特洛亚斯/特洛亚特古城）考古，亚里士多德曾在此建柏拉图学园（Lyceum），他在遗址上发掘出雅典娜神庙、城防和防波堤等。

1885年再到爱琴海东、莱斯沃斯（Lesbos岛，希腊第三大岛，6～7世纪曾繁荣）考察。

1899～1917年在古巴比伦遗址作长达18年的发掘，其中最瞩目者为（巴比伦国神）马尔杜克神庙（Marduk），庙的基址上为金字塔式台形结构，上有天文台，又有拱形结构，应为支承各层平台的拱廊，还有精巧之水井，推测为空中花园遗址。又发掘出巨大城墙，上有碉堡，证实为伊什塔尔神门（Ishtar Gate）和行进大道（Processional Avenue）。

公元前626年新巴比伦王国建立，至尼布甲尼撒二世时新巴比伦城建设达完善。九座城门中伊什塔尔城门（Ishtar，前575年）最为重要，高逾12m，砖砌、釉面浮雕出狮和牛等侧面像，门分两重，砖铺地。Ishtar 是战争、性爱女神，也管雨、雷。

1902年在伊拉克的Birs（比尔斯，也称Birsnimrud比尔斯尼姆鲁德），即巴比伦时的博尔西柏（Borsippa）发现迦勒底帝国（Chaldean）尼布甲尼撒（Nebuchadnezzar，约前 630～前 562 年在位）时建造而未完成的阶梯形尖塔——后被薛西斯一世（Xerxes I，前 519～前 465 年）摧毁。

著 "*Excavations at Babylon*"（巴比伦出土文物）（1914 年版）。

599. Bethune，Robert-Armour 贝休恩，罗伯特-阿莫尔（1855～1915 年）
Bethune，Louìse-Blanchard 贝休恩，路易丝-布兰查尔德（Née: Blanchard Jennie 娘家名：布兰查尔德·珍妮）（1856～1913 年）

1876 年 Louìse-Blanchard 在水牛城（Buffalo/布法罗）的韦特（Watte）公司任绘图员，1881 年自行开业，不久成为美国首位专业女建筑师。

后来 Robert 加入成为伙伴，并结为夫妻。

两人在纽约州和水牛城设计学校、银行、工厂、教堂、饭店、公寓等。共计数百幢之多，他们爱用 19 世纪末在美国流行的罗马复兴式（Romanesque Revival Style）。

1886 年她帮助建立水牛城建筑师协会（Buffalo Society of Architects）。

1888 年该会成为美国建筑师学会水牛城分会（Baffalo Chapter of the American Institute of Architects）她成为该会第一位女会员。

600. Sullivan，Louis Henri 沙利文（1856～1924 年）

出生于波士顿的爱尔兰裔。就读于 MIT（麻省理工学院），1873 年到芝加哥在毕通事务所（Botton，S. D.）任绘图员，次年再到法国在巴黎艺术学院（École des Beaux Arts）深造。1875 年回到芝加哥在 Furness，F. H.（弗尼斯，1839～1912 年）和 Hewitt（休伊特）联合事务所工作，Furness 之浪漫主义复兴派风格，对他日后有一定的影响。后转到 Jenney，W. L. B.（1832～1907 年）手下帮忙，其有机建筑和装饰理论多半由此发展。

1879 年他结识 Adler，D.（1844～1900 年），1881 年两人开始合办公司，1883 年再加入 Root，J. W.（1850～1891 年），直至 1895 年（Root 先于 1891 年逝世）。在这个阶段他们设计了：

博登大厦（Borden Building，1880 年）；

赖尔森大厦（Ryerson Building，1884 年）；

奈塞尔大厦（Knisel Building，1885 年）。

1886 年他们接受更大委托，设计芝加哥会堂大厦（Auditorium）。这是座综合建筑，包括旅馆、办公室和可容 3982 座位的歌剧院（音响效果完美）。楼高 10 层，附 17 层塔楼，为当时芝加哥最大构造，也是综合大楼（Complex）的先声。其生动的立面，开始背离当时盛行的艺术学院古典主义——这项工程 1890

年完成。

1887 年公司又加入了 Wright, F. L. (1867~1959 年)。

1890 年圣路易斯的万－赖特（Wain-Wright）大厦（九层），开始由铁框架转为钢框架，并摆脱一贯的承重墙结构，但立面未显示出结构。檐下和窗肚墙装饰以新艺术运动的浮雕。

1891 年设计席勒大厦（Schiller Building）。

1894~1895 年水牛城的信托银行大厦（Guarrenty Trust Building）是他们最后所受的主要委托项目，13 层的立面却援引了过去的形式——石面、并排的古典圆券——现在已列为古迹。

此外，他们还设计了图书馆、俱乐部、犹太教堂（Synagogue Church, 1890~1891 年）和展览建筑，其中包括 1893 年芝加哥世界哥伦比亚博览会的运输馆（Transportation Building），而住宅任务则占半数。

1895 年同 Adler 的合约终止后，他转同 Elmsilie, G. G. (埃尔姆斯里, 1871~1952)合作，设计了施莱辛格与迈耶百货大楼（Schlesinger and Mayer Department Store, 1899~1905 年），又是一项重要作品。立面上白陶面砖同芝加哥窗满布，再不见任何线条，只以窗格子统率了立面，这是他所首创，被誉之为"民主建筑"。大楼后来改称为卡森-皮里-斯科特百货大楼（Carson、Pirie、Scott and Co.）。

1907~1908 年在欧沃汤那（Owatona）的国家农民银行（National Farmer's Bank）。

合作至 1909 年，Elmsilie 离去，转合作于 Wright。在草原学派中，其地位仅次于 Wright，而 Sullivan 亦已衰老，甚少创作，其中主要的有：

Iowa（衣阿华州，今译名：艾奥瓦州）的格林内尔（Grinnell）的国家贸易银行（Merchant's National Bank, 1914 年）和克劳斯音乐店（Krause Music Store, 1922 年）。

他主张设计应由内而外，以反映形式同功能的一致性，而功能是先决的。他更提出"Form Follows Function"（形式服从功能）的"3F"的箴言。这句箴言源于 Lodoli, C. (1690~1761 年)的建筑功能学说，再经雕刻家 Greenough, H. (格里诺, 1805~1852 年)明确提出。他更进一步说："Form ever follows Function, and this is Law."（形式永远服从功能，这是法则）1900 年他又提出"Organic Architecture"（有机建筑）的论点，即整体同局部，形式同功能相结合的原则。

1890 年在"*Ornament in Architecture*"（建筑中的装饰）讨论到装饰问题。他认为装饰并不是必需的，不可分割的内容，而"装饰的有无，应在设计的最初阶段就必须确定"。他主张应抑制使用装饰"将注意力集中于建筑优美而清秀的造型"——这是审美观的重大飞跃，他又主张不必用装饰掩盖结构，而应大胆地暴露受力状态。

受当时新艺术运动所波及，他在早期的芝加哥会堂大厦及犹太教堂，以及稍后的卡森-皮里-斯科特百货大楼（Carson、Pirie、Scott and Co.），都使用了卷须草、甘蓝叶、扇形枝和珊瑚树等纹样，在会堂大厦使用了东方色彩的柱子，完全摆脱了五种柱式的束缚。

在设计大型多层建筑物时，他仍沿用三段法，将基层、标准层和顶层以三种不同形式处理，其中标准层在高度上比例较大，宜突出其垂直特点。1894 年他在设计水牛城的信托银行大厦时已应用，这种手法，一直沿用至今。

由早期的古典主义转向反对历史折中主义，对他来说是个重大转变；对整个建筑设计界而言，也是重大飞跃，对现代建筑的奠基起一定的作用。以新结构技术和动能主导为设计原则，使他成为芝加哥学派的中坚人物。

晚年他写的"*A System of Architectural Ornament*"（建筑装饰体系）、"*Autobiography*"（自传），于逝世前出版。

芝加哥学派自 Jenney（1832~1907 年）开始发轫，历经 Adler、Burnham、Root、Holabird、Roshe 至 Sullivan，从功能为主的设计原则，采用框架结构建造摩天楼，并简洁立面，反叛传统，为发展现代建筑准备条件，虽然也带来卫生和交通的反效果，仍不失为重大进步。

但是，1893 年在芝加哥举办的世界哥伦比亚博览会上，来自美国东部建筑师的折中主义占了上风，对芝加哥学派是个致命伤。美国的建筑倒退至以"商业古典主义"为主。

失之东隅，收之桑榆。摩天楼却在纽约得到发展，虽然采用了哥特式的手法。

另一方面，Sullivan 于 1887 年起培养出 Wright, F. L.（赖特），这位 20 世纪的建筑大师，他接过"有机建筑"的接力棒，并发展出辉煌的成果。

601. Berlage，Hendrick Petrus 伯拉基/伯尔拉赫/贝尔拉格（1856~1934 年）

Semper, G.（1803~1879 年）因为参加 1846~1848 年的欧洲革命，被逐出德国，先到英国，再转瑞士教学。出生于阿姆斯特丹的 Berlage，1875~1876 年到苏黎世学建筑，老师正好是 Semper。因此，同 Semper 一样提倡建筑设计的净化（Purity），而厌恶折中主义。

1880~1881 年到欧洲各国游学，回国后起初同 Sanders, Thomas（桑德斯）合作。1889 年在阿姆斯特丹正式开始独立的建筑师业务。

起初他因受荷兰传统，其中尤其是 Cuypers（1827～1921 年）所影响，一开始以哥特复兴式为起点。然而，荷兰同比利时在地域上、历史上和文化上有着千丝万缕的关联，由比利时兴起的新艺术运动（Art Nouveau），无可避免地对荷兰，对 Berlage 有着一定的联系。

19 世纪 90 年代起，他在阿姆斯特丹和海牙做些设计，其中包括为保险公司（Insurence Office）作过三个方案。

1898～1903 年设计的证券交易所（Blurs/Stock Exchange），开始实现他的"净化"理想：三层天井围廊式的平面，加上高耸的塔楼，传统的砖块建筑。荷兰优越的清水砖墙，只在檐部和柱头以白色石作为点缀，虽然三跨的券门和上部的圆形窗，还残留一些中世纪的传统风格。经历百多年的时间，现仍同周围环境的风格相融洽。在构造上则是新兴的，大厅内钢桁架和玻璃顶棚——这项作品使他跃升为荷兰划时代的建筑师。

1898 年设计海牙的亨尼别墅（Henny Villa）。

1899 年设计的钻石工会大厦（Diamant Bewerkers Bond/Diamond Worker's Union Building）是他另一名作。

Berlage 在发展本国传统技术的另一方面，不忘学习外国的经验，1911 年赴美去体验芝加哥周边的新兴建筑。回国后将美国的 Richardson（1838～1886 年）、Sullivan（1851～1924 年）和 Wright, F. L.（1867～1959 年）等人的思想和作品介绍给国人。他重到苏黎世时，在工程师、建筑师协会上作有关 Wright 的演讲，使欧洲人士初步了解 Wright 这位新星，并在瑞士的《建筑学报》上刊登讲词。Le Corbusier 柯布西埃（1887～1965 年）听到了，又阅读到了，使他对 Wright 的偏见为之改观。

在城市规划方面，他也作出了贡献，1902 年他对阿姆斯特丹做第一次规划。1917 年他为阿市的南区做了扩展规划。他避免矩形的街区，将宽阔的快慢车道划成直线并配合曲线。沿街以带花园的四层楼房而取得安谧的街景。他认为城市应作整体的安排，除了要安排绿地和公共活动场所之外，还要注意生活的所需和统一风格的市容。其中，他亲自设计了"黎明住宅区"（Huigenblock De Dageraad）。1918 年再由 Kramer, P. L.（1881～1961 年）和 De Klerk, M.（1884～1923 年）于 1923 年共同完成这个流线造型的街坊。

他晚期的作品，主要有 1934 年在伦敦的荷兰大厦（Holland House）、1834～1835 年海牙市府博物馆（The Haags Gemeente Museum），此两层的建筑外表为沙色石面，有中庭。

他还设计过家具、壁纸和一些手工艺品。

合理地通过纯净的手法反映现实，根据材料的基本性能，真实地表现材料，避免不必要的装饰，力图冲破保守思想的束缚，争取荷兰建筑的现代化——是他的理想和努力。

他在 19~20 世纪间，领导着阿姆斯特丹的建筑界。但 Klerk 脱离他而独立，于 1918 年通过"*Wendingen*"（文定根）杂志宣布成立阿姆斯特丹学派（Amsterdam School），如同 1897 年分离派之 Hoffman（1870~1956 年）及 Olbrich（1867~1908 年）之背离 Wagner（1841~1918 年）。

1928 年在瑞士由 Le Corbusier（1887~1965 年）、Gropius（1883~1969 年）和 Aalto（1898~1976 年）发起成立 CIAM（Congrès Internatimaux d'Architecture Modern），他以 72 岁高龄专程从荷兰赶来参加，是年龄最大的一员。

602. Fanta，Josef 范达（1856~1954 年）

生于近塔博尔（Tábor）的苏登米拉斯（Sudoměřice）。先学于布拉格的理工学院，后到意大利游历。

开始工作于布拉格国家剧院的设计室，为剧院的观众席及休息室作内部装饰。

1881 年任 Schulz（舒尔茨）在理工学院的助手，至 1909 年升为教授。

他虽然也倾向新艺术运动，但仍存一些旧的手法，如：1899~1914 年的布拉格中央火车站，中央大拱门旁两高塔，一如教堂。

此外，他的作品有翁德里约夫（Ondrejov）的天文台、1907 年斯拉夫可夫的战争纪念碑，还有布拉格和其他地方的一些住宅。

603. Lethaby，William Richard 勒萨比（1857~1931 年）

出生于德文郡（Davon），在艺术学校受教后到德尔比（Derby）继续学艺。1879 年获斯隆大奖章（Soane Medallion）的建筑留学奖金，1881 年又获普金奖学金（Pugin Studenship），再在皇家艺术学会学校（R. A. School）学习及到北法旅行，对哥特式大教堂作写生。

1884 年同其他人成立艺术工作者协会——"The Fifteen"（十五人组），引入新艺术运动（Art Nouveau）。为工艺美术竞赛计划（Arts and Crafts Competition Scheme）而设计。

1889 年之前，任职于 Shaw, N.（1831~1912 年）事务所，最后成为首席绘图员，那时候，他协助 Shaw 作了：苏格兰场（伦敦警察厅侦缉处）新楼（New）Scotland Yard（1887~1890 年）、利物浦圣安立甘宗（圣公会）大教堂（Liverpool Anglicen Cathedral）。

1891 年自立门户，设计不多，而主要时间忙于当教师、作家和评论家。

他只对有极大兴趣的建筑才设计，仅有的几座，但却很重要：

汉普郡（Hamp）的阿丰－蒂凯尔别墅（Avon Tyrrel Villa，1890/1891 年）；

梅尔塞特尔（Melsetter）的奥尔克尼别墅（Orkney Villa，1898 年）；

伯明翰（Birmingham）的伊格尔保险公司大厦（Eagle Insurance Building，1899 年）；

伯洛克汉普顿（Brockhampton）的斯通教堂（Stone Church，1900～1902 年）——他采用了工艺美术运动的形式；

1900 年他成为皇家艺术学院（Royal College of Arts）的首席设计教授。

1906～1928 年他是威斯敏斯特（Westminster Abbey）的勘测检查员（Surveyor），通过他的清理和修建，使他自己成为古建筑的专家。其间，1911 年他还担任艺术工作者行会（Art Worker's Guild）的会长。

他出版了好多有关建筑历史的书：

"*Architecture Mysticism and Myths*"（建筑的神秘和神话）（1892 年）；

"*History of Architecture*"（建筑史）（1998 年）；

"*P. S. Webb and his Work*"（韦布和他的作品）；

"*Civilization*"（文明）（1922 年）；

"*The Builder*"（建造者）（1925 年）。

他说："设计并非手艺。"又说："设计不是历史上各种风格的知识和学问，而是对现实要求的反应。"

604. D'aronco，Raimondo 达尔隆柯（1857～1932 年）

少年时从意大利到奥地利，在格拉茨（Graz）当石工，同时到维也纳进修于艺术学院，从而获得建筑执照。

1882 年作米兰田那格里亚（Tenaghia）门的方案，1884 年又参加罗马伊曼纽尔二世（Emmanuel Ⅱ）纪念堂的竞赛，虽获金奖，但结果却采用了 Sacconi（1853/1854～1905 年）的方案施工。1887 年又参加了威尼斯国家展览会的装修。

1892 年应阿卜杜勒-哈米德二世（Abdül-hemid Ⅱ）之邀请，到君士坦丁堡为奥斯曼帝国贸易博览制作其中项目，后来被委任为苏丹的总建筑师（Official Archifect to Sultan，1894～1898 年）。其间，在依埃迪兹（Yiediz）、凯迪加拉泰（Quai di Galatia）、拜约洛（Beyŏglu）及君士坦丁堡担任一些公共工程建筑，还做了两个方案：行政馆（Administrative Pavilion）和摄影馆（Photograph，1901 年）。

早在 19 世纪 80 年代，新艺术运动已经在比利时和其他欧洲国家陆续兴起，

D'aronco 亦赶上潮流，作风开始转变。

1902 年都灵举办博览会，他从土耳其赶来指导，为大会提供多项建筑设计。它们是：中央的圆厅（Rotunda）、主入口（Main Entrance）、办公楼（Office Pavilion）、自动化馆（Automobile Pavilion）、艺术馆（Fine Arts Pavilion）、比利时廊（Belgium Gallery）和观众厅（Auditorium）等。

其后在乌迪内（Udine）设计了国家展览会的艺术馆（1903 年）、公共宫（Palazzo Communal, 1908~1930 年）和市政厅（1909 年）。

在特坡亚（Therppia）的意大利领事馆的夏季居所（1905 年）。

在依埃迪兹的图书馆和喷泉（1907 年）。

君士坦丁堡的圣托洛宅 Santoro House（1907 年）。

605. Basile，Frenesto 巴西莱（1857~1932 年）

幼年由父 Basile, Giovanni Battista Filippi（1825~1891 年）、一位建筑师兼设计师，引导他走上建筑的道路。少年时即随父工作，同时在西西里岛的巴勒莫（Palermo）大学学习。35 岁时父逝，遂独立工作。由于当地习例，教授职位可由子继承，他同样在巴勒莫的实用学校（Scuola di Applicazioe）当建筑学教授。

20 世纪 90 年代后期开始其独立工作。起初在巴勒莫搞些亭子（Kiosk）和别墅之类。1899~1903 年的设计虽受新艺术运动之影响，但仍比较传统。

1900 年在巴勒莫举办的艺术展览会时，他设计了展览厅，同年还有西西里岛的卡尔塔尼塞塔（Caltanissetta）的雷丹多尔纪念碑（Monumento al Redentore），1902 年巴勒莫举办农业展览会时，提供了会场建筑物的设计。

他在都灵展出的家具（1902 年）和在威尼斯第五届国际艺术展览会上的设计（1903 年）都获奖了。

其后的设计以居住建筑为主：

罗马的瓦努尼小宅（Palazzine Vanoni, 1902 年）、蒙特西亚多里斯邸宅（Palazzo Monteciatoris, 1902~1907 年）。

在鲁迪尼（Rudini）的安东尼奥邸宅（Palazzo Antonio）和卡洛别墅（Villa Carlo）。

在巴勒莫的弗兰卡维尔邸宅（Palazzo Francaville）的图书馆和圣罗莎利亚教堂（Santa Rosalia Church, 1928 年）。

利卡塔（Licata）的市政厅（Palazzo Municipale, 1904 年）。

卡尔塔吉罗内（Caltagirone）的电力站（1907 年）。

雷焦省（Reggio）卡拉布里亚（Calabria）的市政厅（1914 年）。

606. Voysey, Charles Francis Annesley 沃伊齐/沃赛（1857~1941年）

主要在家中受教育。

1874~1879年随建筑师 Seddon, J. P.（塞登）工作，1880年改任 Snell, S.（斯内尔）和 Devey George（德维）(1820~1886年）的助手，Devey 是最先实践住宅复兴者，一生致力于住宅的改建和扩建。作为其助手，在思想上受到很大影响，并扩大其贡献。

1882年他自行设计，首先是在廷茅斯（Teigmouth）邻近的皇家医院的南德文疗养院（South Devon Sanatorium）的有关构造。他又作他理想的村舍设计方案（Cottage Design），在"The British Architect"杂志上发表。

1888年在沃里克郡（Warwickshire）为伊钦顿主教（Bishop Ilchington）建住宅，和设计贝德福德公园（Bedford Park），同时为一些住宅和作坊制染色玻璃、家具、装修附件、墙纸和织物的设计。

他通过"The Studio"和德国的 Muthesius, H.（1861~1921年）编辑的"Das Englische Haus"（英国房屋）和欧洲各国杂志上，刊登许多其住宅设计，其中较著名的：

贝德福德花园区（Bedford）南场（South Parade）的工作住宅（Studio House, 1891年）；

骑士桥（Knight Bridge, 1891~1892年）；

佩里克洛夫宅（Perycroft House, 1893年）；

汉普斯特德（Hampstead）的安尼斯利小宅（Anneslay Lodge, 1896年）；

桑德盖特（Sandgate）的斯帕德宅（Spade House, 1899年）；

乔利伍德（Chorleywood）的果园别墅（The Orchard, 1899年）；

1900~1901年他为自己在赫特斯（Herts）建私宅。

1901年在莱斯特郡（Leicestershire）的北露芬姆（North Luffenham）的一个牧场（The Pasture），他在牧场的入口布置了一个大的落地半圆券。

1902~1903年他设计了唯一的工业建筑，在契斯韦克（Chiswick）的一间壁纸厂。

他设计的住宅远至埃及，而1897年为格兰设计的住宅，后被人多次模仿。

他爱用扶壁，远挑的屋檐和大烟囱。

他说："把一切无用的装饰一扫而光，将是健康的、令人满意的举动。"虽然他曾是装饰艺术的重要人物。

他是英国工艺美术运动（Arts and Crafts Movement）和住宅复兴的积极倡导者，把地方传统重新发掘和传播。

其风格影响很多人，如 Berlage（1856～1934 年）、Mackintosh（1868～1928 年）等。

他是个多产的建筑师，1914 年"一战"爆发，他便停止了一切业务，不再设计，虽然当时他只有 57 岁。

他把 Pugin（1812～1852 年）和 Ruskin（1819～1900 年）的理论应用到简单的小住宅中———一种低矮而宽长的体形，配以白色粗糙的墙面、横窗、高耸的屋顶带厚实的烟囱，而注重一些细巧的配件装饰。这种田园式的住宅于 1880～1910 年影响到欧洲其他国家，成为新艺术学派的一种源泉。

1940 年他获 RIBA（Royal Instiitule of British Architects，英国皇家建筑师学会）的金质建筑奖章（Gold Medal）。

他所设计的壁纸和织物，图案文静淡雅而色彩明亮。

其著作有"*Reason as the Basis of Art*"（艺术基准的论据）（1906 年）和"*Individuality*"（个性）（1905 年）。

607. Flagg, Ernest 弗拉格（1857～1947 年）

Flagg 是古典复兴建筑师，他在美国东北部设计了：

纽约圣路加医院（St. Luke's Hospital，1892～1896 年）。

华盛顿科科伦艺术馆（Corcoran Gallery of Art，1894～1898 年）——艺术馆由银行家 Corcoran 捐赠。

匹兹堡玛加烈纪念医院（Margraret Memorial Hospital，1894～1898 年）。

在纽约，他为 Singer, I. M.（辛格，1811～1875 年）（Singer 为胜家缝纫机发明者和厂家）前后设计了：大厦（1896～1899 年）、阁楼（Loft Building，1902～1904 年）和塔楼（1906～1914 年）。

哈特福德（Hartford）法明顿大道（Farmington Avenue）的教堂 [（1897～1899 年），同 Barlett, G. M.（巴列）]。

华盛顿的海军医院（Naval Hospital，1904 年）。

在纽约，他以自己的姓氏建造的住宅前后有四间，它们分别在：1897～1899 年、1905～1907 年、1906～1908 年和 1933～1937 年。

608. Majorelle, Louis 马若雷尔（1859～1926 年）

铁匠出身，1877 年入巴黎美术学院随巴比仲派画家 Millet, Jean-François（米勒，1814～1875 年）学画。1879 年父逝后继业，经营家庭工厂。

受玻璃工匠 Gallé, Emile（加莱，1846～1904 年）的影响并合作（1886～1904 年）。采用机器和手工相结合的新工艺，可增加产量及降低造价。他态度严肃，作品线条流畅。

他试图在家具的设计中找到植物的有机力量。

在南锡学派（Nancy School）装饰艺术占重要地位。

他和 Gallé 都是新艺术运动的主要成员，他们将产品推向新艺术运动风格。

609. Girault，Charles 吉霍（活动于 19 世纪末）

1897 年巴黎塞纳河右岸兴建大皇宫（Grand Palais），名为皇宫，但并非皇宫，而是展览馆。20m×50m×43m 的建筑，外表虽为古典 Ionic 柱式，构造上却是铁拱顶和玻璃。其正式名为："Palais de la Docuverte"（发明宫）。随后，又于旁边加建小皇宫（Petit Palais，1900 年），小皇宫呈多种风格。

两者都由 Girault 设计。

610. Shekhtel，Fedor 施克谢尔（1859～1926 年）

原任插图画家及剧场设计。

1901 年设计在苏格兰格拉斯哥的俄罗斯馆（Russian Pavilion）。

其后的作品全在莫斯科：

波雅尔斯基-德沃尔酒店（Boyarsky-Dvor Hotel，1901 年）；

莫斯科艺术剧院（Moscow Art Theater，1902 年）；

雅罗斯拉夫斯基火车站（Yaroslavsky Station，1902 年）；

赖亚布申斯基银行（Ryabushinsky Bank，1903 年）；

乌特劳罗苏印刷厂（Utro Rossü Print Press，1907 年）；

艺术电影院（Art Movie Theater，1912 年）；

前苏联农业展览会的突厥斯坦展厅（Turkestan Pavilion，1923 年）。

其间还有一些住宅。

611. Polívka，Osvald 波利维卡（1859～1931 年）

出生于恩斯（Enns）。学于布拉格理工学院（Prague Polytechnic）。

开始工作于 Wolf, Achille（沃尔夫）建筑事务所。1999 年成为 Zitek，J. 教授（1832～1909 年）的助手，Zitek 是个新古典主义者，Polívka 后期则倾向于新艺术运动。

其创作全在布拉格：

泽斯卡银行（Zemska Bank，1896 年）；

诺瓦克百货公司（Novák Department Store，1900 年）；

普拉哈保险公司（Praha Insurance Co.，1903 年）；

新市政厅方案（Design for the New Town Hall）；
赫拉德茨-克拉洛韦（Hradec Králové）储备银行（Savings Bank）；
托皮克大厦（Topič Building，1904年）。

612. Thiersch, Friedrich von 蒂耶斯殊（活动于19世纪下半叶）

1891~1898年设计慕尼黑公正华厦（Justiz Palace），新巴洛克式，但构造上采用钢铁和玻璃作穹顶，在宫廷建筑上尚属首创，第二次世界大战后重建时作简化。

613. Gilbert, Cass 吉尔伯特（1859~1934年）

仅在麻省理工学院（MIT）求学一年便开始工作。先在Mead、McKim、White（米德、麦金和怀特）事务所任绘图员，1882年到明尼苏达州圣保罗市同人合作。在该阶段，他设计的州议会大厦（State capitol，1896~1903年），采用带法国式细部的文艺复兴式，使他一举成名。

移居纽约后，以设计公共建筑为主：

1899~1905年美国海关大厦（U. S. Customs House），正立面Doric八柱式（Octa-Style），显然是仿效雅典的"Parthenon"。

1908~1913年的伍尔沃思大厦（Woolworth Building），这座高层商业大厦，高240m，为当时最高建筑，内部钢框架，外表赤陶面（terra cotta），在手法上是哥特式，细部也是花边哥特式（Lacy Gothic）——这是他的代表作。

华盛顿美国财政部（U. S. Treasury）的增建（1918~1919年）。

明尼阿波利斯（Minneapolis）的明尼苏达州大学和奥斯汀（Austin）的得克萨斯州立大学的校园规划。

纽约联邦法院（1936年完成）。

华盛顿最高法院（Supreme Court，1938年完成）。

他成为了美国纪念性建筑鼎盛时期的一流建筑师。

其作品甚多，而作风严谨，但墨守成规，甚少创新。

614. Orsi, Paolo 奥尔西（1859~1935年）

在希腊古风时期（约前7~前5世纪），希腊拥有地中海及黑海沿岸许多殖民地。希波战争前，希腊同腓尼基互相争夺殖民地，西西里岛东半部和意大利许多城市都属大希腊（Magna Graecia）的范围。

Orsi是奥地利考古专家，考古先驱人物之一，西西里古文化的发现者，一生致力于南意大利和西西里古文物的研究。

他发掘许多古希腊在上述地区的城市遗址：西西里岛的锡腊库扎/叙拉古（Syracuse）和杰拉（Gela），南意大利的克罗托内（Croton，现 Crotone）和洛克里（Locri）等地，这些城市都是前八世纪中的沿地中海城市。

他主编"Bullettino di Paletnologia Italiana"（意大利古生物学通报）系列和"Archivio Storico della Calabria e Lucania"（卡拉布里亚和卢卡尼亚历史学报）。

制定西西里古文化系列的完整编年体系。

1888年他出任西西里锡腊库扎古代博物馆馆长。

615. Weissenbruger, Lucien 韦桑比热（1860～1929年）

19世纪80年代在南锡（Nancy）开始展开业务。

1900年设计罗杰印刷厂（Roger Press，同雕刻家 Bussière 比西埃）。

1901～1902年监理马若雷尔别墅（Villa Majorelle）——Majorelle（1859～1926年）为室内装饰及高级木器制作家，两人都是新艺术运动成员。

他在南锡的工程还有：

克劳狄-勒-洛林宅（Claude-le-Lorrain（1902年）。

在利奥努瓦路（Rue Lionnois）、迪－厄松纳路（Rue d'Auxonne）及夏尔第五林荫大道（Boulevard Charles V.）的住宅（1903～1908年）。

梯也尔广场（Place Thiers）的联营旧店 Anciens Mazasins Réunis［1907年同雕刻家、装饰师普鲁弗（Proyve Victor, 1858～1943年）］。

瑟吕普特公园的别墅（Villa in the Parc de Saurupt，约1908年）。

"精益求精"啤酒厂大厦［Hôtel-Brasserie Excelsior，1910年同米昂维尔（Mienville Alexandre）合作，装修则由 Majorelle 负责］。

他爱在房屋转角处的山墙或角楼做突然凸起。

616. Le Cof, Albert Von 勒·科夫（1860～1930年）

1902～1913年四次由德国来华，到新疆的吐鲁番、喀什、哈密、库车等地区，又到托木舒克地区的千佛洞。

他伙同 Grünwedel, A.（格吕韦德尔，1856～1935年）多次搜集和掠走大量壁画、雕刻、文书、文献回国，这批文物在"二战"中约半数被毁掉。

其著作《高昌》（1913年）、《中亚的佛教晚期古典艺术品》（1922～1923年）、《新疆地下宝藏》（1926年）和《新疆的地与人》（1928年）记述了他的行径。

617. Wood, Edgar 伍德（1860～1935年）

在曼彻斯特当学徒于 Murgatroyed, J.（墨尔盖特洛尔德）事务所，取得资

格后在奥尔德姆和曼彻斯特开业。其作品主要有:

米德尔顿(Middleton)的曼彻斯特及索尔福德银行(Manchester and Salford Bank,1892年);

罗奇代尔(Rochdale)的西尔弗街礼拜堂(Silver Street Chapel,1893年);

米德尔顿的卫理公会的教堂、学校及附属用房(Methodist Church、School and Cottage,1899~1900年);

1900~1902年在哈德斯菲尔德(Handdersfield)的林德利(Lindley)的三个钟楼。

1901年起在柴郡的黑尔(Hale)为理查逊居民区(Richardson's Estate)建了14座住宅。

1903~1908年在曼彻斯特的维多利亚公园(Victoria Park)设计的第一基督教科学会(First Church of Christ Scientist),他完全抛弃了十字平面的布局,反映出他的新艺术运动的思维。

在奥尔德姆,他认识了Sellers, J. H.(塞勒斯1861~1954年)并于1904年成为伙伴,1908~1910年两人合作设计了米德尔顿的榆树街学校(Elm Street School),和在曼彻斯特的一些住宅。

1914~1916年Wood成为米德尔顿建筑师与北方艺术工作者协会(Middleton Society of Architect and the Northern Art Worker's Guild)的会长。

其时,他在里尔为自己建了住宅,两年后退休,到意大利的波尔图-莫里齐奥定居,在那里他建了更大而富新艺术装饰的住宅,绘画终老。

618. Moser,Karl 莫泽 (1860~1936年)

在苏黎世(Zürich)受高等教育,然后再到巴黎,在艺术学院(École des Beaux-Arts)工作。

1888~1915年,他同Curjel(库尔杰)在德国卡尔斯鲁厄(Karlsruhe)合伙设计了:卡尔斯鲁厄的基督教堂(Christ Church,1900年)和路德教堂(Lutherkirche,1905~1906年)。

他的设计风格,初期为罗马风复兴式(Romanesque Revival,约流行于1840~1900年),后来受Semper(1803~1819年)的影响,逐步改变风格,最后转向国际式。他独立的工作包括教堂、学校、银行、旅馆、别墅、火车站等,主要有:

瑞士伯尔尼(Berne)的圣约翰教堂(1891~1893年)、圣保罗教堂(1902~1905年)。

德国巴登(Baden)的博韦里别墅(Villa Boveri,1896~1897年)和勒默

尔堡（Römerberg，1898~1899年）。

在瑞士巴塞尔（Basel），1898~1901年设计了圣保罗教堂，事后他写了"*Die Paulus Kirche in Basel*"（巴塞尔的圣保罗教堂）（1962年版），还有巴迪士切火车站（Badisches Bahnhof，1912~1913年）和圣安东尼教堂（St. Antonius，1925~1931年）。

曼努海姆（Manuheim）的圣约翰教堂（1905年）。

回到苏黎世，有苏黎世艺术馆（Kunst Haus——原建于1787年，1907年建新楼，1910年迁入）、圣安东教堂（St. Anton's Church，1908年）、苏黎世大学主楼（1911~1914年）。

还有卢塞恩（Lucerne）的圣保罗教堂（1911~1912年）。

他对培训现代建筑的后进起主要作用。

国际现代建筑协会（Congrès Intrsnationaux d'Architecture Moderne/CIAM）1928年在瑞士成立，他毅然参加，与会者24人，他较年长［最老者Berlage，（1856~1934年）］，被选为首届主席。

他在钢筋混凝土建筑的成就，被誉为"瑞士的贝瑞"——贝瑞（Perret A.，1874~1954年）。

619. Jensen，Jens 延森（1860~1951年）

丹麦园林设计师，在美国东北部五湖一带发展其事业。他以善于运用自然地形和当地花卉草木而见称。

1890~1900年及1906~1920年两度服务于芝加哥Westside Park System（韦斯特赛德花园系列）。

他还服务于下列公园：

库克县森林禁猎公园（Cook County Forest Preserve）——这是极完善的自然式公园；

威斯康星州的拉辛公园（Racine Park）；

伊利诺伊州斯普林菲尔德（Springfield）的林肯纪念公园；

由30年代起，一直为威斯康星州埃利森湾（Ellison Bay）的克利灵艺术家居住区（Maintained an Art Colony，The Clearing）作园林绿化。

在私人花园方面，他为住宅配置庭院：

伊利诺伊州里弗赛德（Riverside）的艾弗里–库恩利宅（Avery Coonley House）——由Wright, F. L.（1867~1959年）设计的庭院（1907~1909年）和亨利–巴布逊宅（Henry Babson House）——由Sullivan（1856~1924年）及Elmslie（1871~1952年）设计的庭院（1909~1911年）。

密苏里州迪亚伯恩（Dearborn）亨利福特（Henry Ford）宅的庭园。Henry Ford（1863～1947年）为汽车大王。

620. Hauker，Paul 豪卡尔（1861～1901年）

1879～1894年向Beyaer，Henry（贝亚埃尔）学习建筑，并同时参加工作，半工半读。当时为布拉班特（Brabant）的埃佛贝格教堂（Everberg Church）作修复和装修。

其后，他单独进行设计［短时间同Crespin Adolph（克雷斯潘）合作］。

主要在布鲁塞尔：

1893年，他首先为自己设计了私宅。那年，正好是Horta, V. B.（1861～1947年），同时在布鲁塞尔的都灵路12号设计了住宅，他开始了新艺术运动的建筑：

1896年桑纳克（Senec）的斯蒂尔伯尔巧克力店（Sturbelle Chocolate Shop）和克拉桑商店（Magasins Clasens）的门面，还有格兰酒店（Grand Hôtel）；

1897年特维勒兰移民展览会（Tervaeren Colonial Exhibition）、辛伯兰尼的工作室（Ciamberlani's Studio）和泽格尔宅（House for Zegers）；

1898年克来耶尔宅（Maison Kleyer）；

1899年佩泰尔药厂（Paeters Pharmacy）和尼格纳特衬衣店（Nignet Shirt Shop）。

受Horta之影响，他也成为了新艺术运动的成员。

他喜欢在外墙绘上新艺术的壁画。

他还设计纽夫剧院（Neuf Théâtre/新剧院）——1895年同Jasper（雅斯帕尔）合作。

1897年画家Ciamberlani（辛伯兰尼）在伊克斯尔勒（Ixelles）的住宅和画室。

1898年画家Bartholomé（巴塞洛缪）在厄特伯克（Etterbeck）的住宅和画室。1900年雕刻家Wolfer, P.（沃尔弗尔）在拉－赫尔泊（La Hulpe）的村屋和画室。

还有他在逝世前未完成的"艺术家城"（Cité des Artistes）。

621. Muthesius，Hermann von 穆迪修斯（1861～1927年）

学于柏林理工学院（Berlin Technical College）。工作一段时间后随Ende（恩德）和Bockmann（博克曼）到日本工作（1887～1891年）。回柏林后，任职于工程部（Ministry of Works）。1896～1903年这七年间，被派赴伦敦任德国大使馆文化参赞。回国后成为主管工艺美术学校的管理人。

在英期间,他接触到英国的建筑,尤其是住宅建筑。他认为,英国建筑中没有什么像住宅那样独具特色而又出类拔萃了,他先后写了有关英国建筑的著述:

"*Englische Baukunst der Gegenwart*"(当代英国建筑艺术);

"*Die Neuere Kirchliche Baukunst in England*"(英国新教堂的建筑艺术)(1902年)。

回德之后,又出版了更重要而具影响的:

"*Die Englische Haus*"(英国住宅)(1904/1905年)。

1898年,德累斯顿的 Schmidt, Karl(施密特,1873~1948年)受到英国手工艺运动的启发,开设"德意志工艺厂"(Deutsche Werkstätte),用标准化大批生产产品,后来又制造廉价家具。Muthesius 赞扬伦敦的水晶宫,从建筑而引申至家居陈设和日用品的风格和生产上,于1907年底倡议成立"德意志制造联盟 Deutscher Werkbund"以提高质量,开辟市场。他不像 Morris(1834~1896年)那样排斥机械化生产手工艺产品。而以提高质量,树立工艺尊严,以推广销路。他将 Morris 的手工艺观点同机械化生产互补,将美术、手工艺同工业结合起来。这样的组织在荷兰、瑞士和奥地利等国先后成立类似的组织。如:

英国的 Design and Industries Association;

奥地利的 Austrium Werkbund。

"一战"前,在欧洲产生了强有力的影响。

作为建筑师,Muthesius 的本身业务有:

诺韦尔斯(Nowases)的米歇尔公司纺织厂(Michels and Co.);

波兰的西里西亚(Silesia)的格吕贝格(Grunberg)的呢绒厂(当年属普鲁士王国)。

在杜伊斯堡(Duisburg)、德累斯顿-海勒伦(Dresden-Helleran)和柏林-维滕瑙(Berlin-Wittenau)的一些住宅。

1914年在德意志制造联盟的展览会上,他提出十项主张以阐明联盟的目标,而创会人之一的 Van de Velde, H. C.(1863~1957年)则反对他的标准化的主张,认为创作应自由。

他和 Van de Velde、Behrens, P.(1868~1940年)都是德意志制造联盟领导人之一,工业产品设计的先驱,并成为"Sachlishkeit"(实事求是)新趋势的公认领袖。

后来的 Gropius(1883~1969年)、Mies van der Rohe(1886~1969年)和 Le Corbusier(1887~1965年)都由 Behrens 的事务所培养出来,他们共同迈向新建筑。

622. Modjeski, Ralph 莫德杰斯基（1861~1940年）

出身于波兰的桥梁设计和建造专家，学习于法国，后到美国发展。他所设计的桥梁形式多样而新颖，遍及美国各大河流：

跨密西西比河的有：罗克艾兰（Rock Island）的铁路、公路两用七孔拱桥、圣路易斯的麦金利（McKinley）桥、新奥尔良的惠朗（Huey P. Long）大桥——当时他任总工程师。

梅特罗波利斯（Metropolis）跨俄亥俄河的双轨铁路桥。该桥219m跨，以简易桁架、特种合金硅钢（Silicon Steel）桥身和镍钢抗张力构件组成。

北达科他州（North Dakota）俾斯麦跨密苏里河（Over Missouri at Bismarck）上的北大西洋铁路桥。

在东岸：特拉华河（Delaware）的富兰克林桥，1926年竣工时最长索桥。当时，他任总工程师。

在西岸：俄勒冈跨哥伦比亚河和威拉尼特（Willainette）河桥、旧金山跨奥克兰海湾桥（Oakland Bay, 1936年完成，是他最后作品）时任顾问工程师及主席。

1892年起任芝加哥桥梁顾问工程师。

共参加过50多座桥梁的设计和施工。

设计旧金山金门桥的Strauss, J. B.（1870~1938年）是他的助手。

623. Horta, Victor Baron 霍尔塔/奥泰（1861~1947年）

欧洲的建筑流派，由古希腊开始，其后转移到古罗马，继而拜占庭、意大利、法国、英国先后各领风骚，领导各时期主流。至19世纪末，潮流转移到比利时成为新的动力点。

比利时脱离尼德兰王国，于1830年取得独立，很快地工业化得到急速发展，位列欧陆前矛。

作为殖民主义者，1881年利奥波德第二（Leopold Ⅱ）（1835~1909年在位）在非洲占领了刚果（Congo，今刚果民主共和国，此前曾名扎伊尔/Zaire），约235万km^{2}面积的土地，1908年并为比利时的刚果自由邦。刚果富含钻石和矿产，有"地质奇迹"和"世界原料仓库"之称，更有象牙、大理石和珍异木材，为比利时提供了大量宝贵物质条件。

另一方面，布鲁塞尔是当时前卫美术家展览作品的避风港，暂时未为人们所接受的印象派画家如塞尚（Cezanne，1839~1906年）、凡·高（Van Gogh，1853~1890年）及修拉（Seurax，1859~1891年）等亦先后被邀到比京展出。

而英国的手工艺产品,如 Morris(1834~1896年)所作除在本国展出之外,还常到布鲁塞尔展出。"*L'Art Moderne*"(新艺术周刊)于1881年出版,持续了30年。以 Maus,Octave(莫斯)为首的"LeXX 团"(二十人团)的前卫画家,活动于1884~1893年间,如此等等,比利时成为推动新艺术运动的中心和火车头,影响至西欧各国。

新艺术运动(Art Nouveau)的出现是从绘画开始的。书籍中的扉页、插图、漫画以流动的、纤弱的线条出现,继而再出现于装饰艺术。Horta 本来就兼具装饰师的身份,1892~1893年他在布鲁塞尔的保尔·艾米利·占森路6号(Rue Paul-Emile-Janson,即原来的都灵路12号/12 Rue de Turin)的一所住宅——Maison Tassel(塔塞尔大厦/达索之家),在平面上放弃细长走廊的布局。材料上使用钢铁和玻璃等建筑材料,钢铁能随心所欲地弯成各种曲线,锻成不同形象,可使细部满布柔和的曲线,在柱头、栏杆、扶手、窗花、顶棚而至家具上都如此。透过正立面的玻璃可以见到全部金属结构。这幢大厦成为新艺术运动的第一幢建筑,被誉为建筑上的"新艺术的宣言"。

他率先提出"全面设计"的概念,即自绘图到制作,每件家具、每条铰链、每个门锁、每块地毯和每处壁饰,都要具体参与。

Horta 曾学音乐,后转学绘画和建筑三年,1878~1880年在巴黎同他人一起工作,1880年回布鲁塞尔就读于美术学院(Academie des Beaux-Art),毕业后投入 Balat,Alphonse(巴拉特)事务所。Balat 是有名新古典主义建筑师。他帮助 Balat 设计皇家温室(Serres Royales),温室钢铁及玻璃的中央圆顶呈异国风情,内种植刚果的奇花异草。1887年布鲁塞尔自然历史博物馆设计竞赛,他得到 Grand Prix 大奖。

他自己的作品是在根特(Ghent)杜兹尚布里路(Rue des Donze Chambres/十二房路)的三所住宅。

其后就是1890年在圣吉尔(Saint Gilles)的马坦宅(Maison Mattyn),跟着就是前面提过的 Maison Tassel,显示了他富于创新精神的新艺术风格。

1893~1895年他连续设计的是一些居住建筑:安特里克宅(Maison Antrique)、万辛格宅(Maison Winssinger)和索尔维大厦(Hôtel Solway,流线形的装饰)。

1896~1899年的人民之家(Maison du Peuple)是比利时社会主义者联盟(Belgian Socialist Party)的办公总部。该建筑立面凹进,会场内屋顶用铁梁和玻璃建造,整个立面也全是铁架和玻璃窗,这是他新艺术的另一杰作,也是工人合作兴建系列"人民建筑"之一。

1897年他任教于自由大学(Free University)时,设计的凡-埃特韦尔宅(House van Eetvele)是为刚果殖民官建的邸宅,使用了来自刚果的桃花心木。

1898 年他为自己在美洲路（Rue Américaine）的住宅和工作室，展现个人风格：高贵的门廊、冬季花园、优雅的螺旋梯、玻璃顶和彩色玻璃窗，工艺非常精细，现已改为纪念他的"奥泰博物馆"。

20 世纪以后，他的风格转为更简洁，减少装饰。

1900 年设计在巴黎举行的刚果展览会（Congo Paris Exhibition）。

1901 年的勒-安诺瓦松百货公司（Department Store A l'Innovation/"创新百货公司"）——铁骨架完全露明。同年还有在圣吉尔（Saint-Gills）的迪夸宅（Hôtel Dukois）。

1903 年在（美因河畔的）法兰克福［Frankfurt（am Main）］的安斯配克大市集（Grand Bazar Anspack）和以后所设计的马克-阿尔勒大厦（Hôtel Max Hallet）是他最后属于新艺术运动的作品。后来他的作风转向新古典主义，晚节不保。1927 年他主持日内瓦国际联盟总部大厦方案评选时却倾向古典派。

1912 年他任艺术学院（Academie des Beaux-Art）的教授，1915 年旅游伦敦，1916～1918 年到美国。回国后继续任教，其间，于 1922～1928 年设计布鲁塞尔美术馆时已是古典风格了。1927 年升任学院的院长，1932 年获封为准男爵。

他最后作品是在"二战"爆发前设计的布鲁塞尔市中央火车站。

624. Sellers，James Henry 塞勒斯（1861～1954 年）

出生于奥尔德姆（Oldham）。地位低微，最初是在当地做个办公室的勤杂员（Office Boy），慢慢地才当上个绘图员，再当巡回助理（Itinerant Assistant），来往于利物浦、伦敦、约克和伯明翰之间。1893 年逾而立，在坎伯兰（Cumberland）担任 Oliver, George Dale（奥利弗）的 Assistant County Architect，即一个地区性的助理建筑师，当时，他设计了一些银行。

此时，新艺术运动已在西欧各地流行，他的设计也迎合潮流，1900 年他回到 Oldham，同 Jonnes, David（琼斯）合伙建了两间别墅和在阿历山德拉公园（Alexandra Park）的住宅。

1904 年改同 Wood Edgar（伍德，1860～1935 年）合作，在曼彻斯特建了多幢住宅。在米德尔顿（Middleton）的埃尔姆街学校（Elm Street School/榆树街学校），更具新艺术风格特色（1908～1910 年）。

1908 年他单独在 Oldham 为德隆斯菲尔德兄弟（Dronsfield）建办公楼。

1922 年 Wood 退休后他仍独立工作，到 1950 年时，他已 90 岁。

625. Van Deman，Esther Boise 范·德曼（1862～1937 年）

求学于密歇根大学，学拉丁文，获 A. B.（Bachelor of Arts/文学士）及

A. M. (Master of Arts，文学硕士)，又在芝加哥大学获 Ph. D. (Doctor of Philosophy，哲学博士) 学位。

1910~1925 年任职于罗马期间，她对古罗马进行了考古工作，并著了 "*The Atrium Vesta（e）*"（维斯泰神殿）——Vesta 是古罗马的女灶神。

1933 年又写了 "*The Building of the Roman Agueducts*"（古罗马输水道建造法）。

她还建立了持久性标准（Lasting Criteria），以定古建筑年代。

又以砖、灰至混凝土的体积和成分鉴定年代，发展了鉴定古罗马建筑材料存在年代的方法，对研究古代建筑起促进作用。

626. Stein，Mark Aurel 斯坦因/施泰因（1862~1943 年）

匈牙利籍，出生于布达佩斯。考古调查员，考古学家。

1889 年任拉合尔（Lahore）东方学院院长，又任旁遮普（Punjab）督学和印度西北边境省总督学。

1906~1908 年、1913~1916 年及 1930 年三次到我国，在新疆、甘肃之岳特干、丹丹乌里克、楼兰、敦煌的古窟及汉代烽燧遗址、居延峰烽燧遗址、黑城烽燧遗址、高昌古城遗址、唐代北庭都护府（吉木萨尔）城遗址等地考察。

他在上述一些地方，带助手、民族败类蒋孝琬盗掘并掠走大批文物，包括莫高窟藏经洞的写经和幡画——参阅乐传（4 世纪中期）条目。

他在和田、敦煌、洛浦和内蒙古额济纳旗（达来呼布镇）掠夺。

1930 年曾计划再作第四次"考察"，遭到我国美术界人士反对，未能成行。

晚年在阿富汗、伊朗、伊拉克、叙利亚一带活动。

记述他的行径，有下列著作：

"*A Chronicle of the Kings of Kashmīr*"（克什米尔国王编年史）（1900 年）；

"*Ancient Kotan*"（古代和阗）（1907 年）两卷；

"*Serindia*"（西域）（1921 年）；

"*Innermost Asia*"（亚洲内幕）四卷（1928 年）；

《斯坦因西域考古记》（1933 年）及其他关于印度、伊朗的著作。

627. Sainttenoy，Paul 桑坦诺（1862~1952 年）

父亲为建筑师。

旅游广阔，但生活和工作只集中于布鲁塞尔一地，如一般新艺术运动之成员一样，习惯用铁件弯成各种曲线作装饰。

1897 年布鲁塞尔展览会上设计城市宫殿（Palais de la Ville）。

1898 年在路易斯大道（Avenue Louise）和塔蒂尔纳路（Rue Taciturne）的住宅，均由其他工艺师作铁件。

其有名作品是蒙塔古路（Rue Montague）的德拉克勒药房（Delacre Pharmacy）和老英伦百货公司［Old England Department Store，同 Becker（伯克尔）及 Wykowsky（维考斯基）合作］，外墙全用玻璃和铁条布置。

还有拉万斯坦大厦（Hôtel Ravenstein）的重建。

628. Maybeck, Bernard Ralph 梅贝克（1862～1959 年）

1894 年起在加州大学任绘图学讲师（Drawing Instructor），1898～1903 年间任该校第一位建筑学教授。教学之余，一方面做设计，另一方面在房屋构造上和施工方法上做试验和技术上的改进。

1899 年在设计赫斯特教学大楼（Hearst Hall）时最早采用胶合木制作拱架（Luminted Wood Arch）——但大楼 1912 年遭火灾损毁。

同年设计市民及学人俱乐部（The Town and Gown Club）——这是起源于牛津大学和剑桥大学，让大学里的人同市民接触、交流和游乐的场所。

男教授会俱乐部（Men's Faculty Club, 1900 年），他采用了西班牙的规格设计——以上都是他在校任教时为学校而建。

其后，他的设计有：

伯克利（Berkelay）的第一基督教科学会（First Church of Christ Scientist, 1910 年），他采用了 Free-Gothic（自由哥特式）。

1915 年旧金山的巴拿马太平洋博览会，他所设计的艺术馆（The Neoclassical Palace of Fine Art for Panama-Pacific Exp.），采用了新古典式。

1917 年又为加州某造船厂的工人住宅城作规划。

又设计了伊利诺伊州埃尔萨（Elsah）的普林西披亚学院广场（1938 年）。

以上设计，显示出他采用了多种形式，包括新古典主义，新哥特式至现代式，这种现象反映出了美国 20 世纪初的正统形式（Formal Style）。

在住宅方面，他惯用砖砌和木构，陡峭的屋顶，悬山加上椽子"Outrigger Cornice"。

他对轻质的、经济的、防火的墙面材料作过多种试验。

他创造了一种称之为"泡石"的做法——在浇筑混凝土前在底部先铺上粗麻布作底，排掉一部分水分。

629. Kozlov, Peter Kuzumich/Коздов, Петр Кузъмич 科兹洛夫（1863～1935 年）

19 世纪末、20 世纪初，列强国家趁满清政府积弱及无知，以考古为名，在我国边疆地区，大肆破坏遗址，掠取文物，除了西方国家之外，俄罗斯和日本亦不甘落后，相继来做强盗勾当。

Коздов 于 1883~1895 年间，三次到中亚考察时，曾进入新疆、青海及西藏等地。

1899~1926 年又三次由他领导，除到上述地区之外，又到蒙古考察，其间盗掘西夏至元朝的黑城遗址，先后盗取 2000 余册书写及刻木和雕刻画卷。在蒙古又挖掘诺彦乌拉墓地。

他还写了：

《蒙古和喀木》（1905~1906 年）；

《蒙古阿木道和哈拉和卓城址》（1923 年）；

《1923~1926 之蒙古旅行》（1949 年版）。

630. Unwin，Raymond 昂温/恩文（1863~1940 年）

英国城市规划最早由 Geddes，P.（1854~1932 年）以社会学及生物学的专业观点出发，揭露城市急速发展所产生的正面和负面的影响，具权威性。

Unwin 则进一步否定城市过度的发展，他喊出了 "Nothing Gained by Overcrowding!"（过分拥挤没有好处）

1903 年他和 Parker，B. 具体规划了 Letchworth（莱奇沃思）和 Welway（韦勒文）——Howard，E.（1850~1928）曾在两地创建"花园城"而未成，两地均在赫特福德郡（Hertfordshire）。为了真切了解，他长期住在伦敦郊区一处由他亲自规划的花园村里，以取得第一手的实践经验，加上他在总结历史上城市发展的先例，于 1920 年写了 "Town Planning in Theory and Practive"（城市规划的理论和实践）。

1907 年，两人还设计了 Hampstead Garden Suburb（汉浦斯台特的花园式郊区）。

631. Ashbee，Charles Robert 阿什比/阿希皮（1863~1942 年）

原来在剑桥学历史。1886 年转向 Bodley，G. F.（1827~1907 年）学建筑，随而成为建筑师、设计师、金属工艺家和作家。

他和 Crane，Walter（1845~1915 年）都是工艺美术运动（The Arts and Crafts Movement）的主将，追随 Morris（1834~1896 年）反对现代工业生产方式。他反对工业革命带来社会道德和文化混乱的现象。1888 年更创立手工艺行会和学校（Guild and School of Handicraft）。然而经过几年的实践，当他知道只是徒劳之后，便渐渐放弃了。他不像 Crane 那样执著于 Morris 的主张。他说过：

"我们并不排斥机器，我们欢迎它；但是我们希望能够制服它！"行会的活动至 1922 年结束，存在了 25 年。他最终放弃了手工艺的学说，并采用了现代建筑运动的基本原则，但只采用，而非创造。

早期，1884~1913 年，他在伦敦夏纳-沃克区（Cheyne Walk）设计了一批住宅，包括自己的住宅。其间还将一座诺曼底式（Normanesque）的礼拜堂改建成住宅。这些住宅成为了 20 世纪初英国住宅的新典型。同时，他还设计了一些小教堂和别墅等。

1894 年他成立了伦敦测量委员会（London Survey Commission），同时在布鲁塞尔的展览会上将英国艺术的新动向介绍到欧陆，促进新艺术运动。

1900 年他结识了 Wright, F. L.（1867~1959 年），通过了解，他写文章推介 Wright 给欧陆各国。

1911 年他进一步作出转变。他写的《我们应否停止教授艺术？》中指出了"艺术教育必须正视机械主宰文明这一事实"。

"一战"期间，他在开罗大学担任讲师（Lecturer）。

战后，1919 年起他在耶路撒冷的巴勒斯坦委员会（Palestine Commission）担任市政顾问（Civic Adviser）。

632. Cram, Ralph Adam 克拉姆（1863~1942 年）

建筑师兼作家，1889 年开设事务所，又先后同 Goodhue, B. G.（古德休）（1869~1924 年）和 Fergusson, F. W.（费格森）合作。

一生以设计教堂为主，包括马萨诸塞、纽约、宾夕法尼亚、伊利诺伊、密歇根、阿拉斯加各州，还远及英国汉普郡及法国等地。

受 Ruskin, J.（1819~1900 年）及 Viollet-le-Duc（1814~1879 年）的影响，坚持传统主义观点，一时成为美国的哥特式权威。其设计还包括拜占庭式、新古典式至美国殖民地式等。主要为：

纽约第五街圣托马斯教堂（St. Thomas Church, 1906~1914 年）、神圣圣约翰主教堂（Cathedral of St. John, The Divine）——世界最大教堂之一，罗马风兼后哥特式；

西点军校（1903 年同 Goodhue 和 Fergusson 合作）；

克利夫兰长老会教堂（Presbyterian Church）；

匹兹堡第一浸信会教堂（1909~1912 年同以上两人合作）；

波士顿第二唯一神教派（Unity）教堂；

普林斯顿大学研究院——殖民地式。

他认为学校建筑也必须是哥特式的，可创作一种培养文明的环境，以弥补技术文明的不足。

1914~1921年担任MIT（麻省理工学院）教授。

他宣扬哥特式的主要著作有：

"*Church Building*"（教堂建筑）（1901年）；

"*Gothic Quest*"（哥特式建筑的探索）（1907年）；

"*The Ministery of Art*"（艺术的服务）（1914年）；

"*The Substance of Gothic*"（哥特式建筑的实质）（1916年）；

"*The Nemesis of Mediocrity*"（平凡的报复）（1918年）；

"*My Life in Architecture*"（我的建筑生涯）（1936年）。

633. Van de Velde，Henry Clemens 范·德·费尔德（1863~1957年）

Art Nouveau（新艺术运动）的兴起，是历史发展的必然。当人们对建筑传统的墨守成规，停滞不前，反反复复，新瓶旧酒而感到厌倦；另一方面，对于将建筑艺术商品化，推行折中主义，或者对商业古典主义发生反感的时候，自然要求寻找新的出路。以 Ruskin（1819~1900年）及 Morris（1834~1896年）为首的工艺美术运动，虽然他们反对工业革命的成果，但在建筑上，他们提倡"田园式住宅"以取代古典建筑形式。然而工业革命的势头锐不可当，钢铁的大量生产和优质，以它的抗张力和可塑性，促成了钢筋混凝土技术的成熟，既具可塑性，更解决了抗压和抗张的问题，加上玻璃，建筑材料的物质条件都具备了。

英国的 Mackmurds（1851~1942年）于1882年创办了世纪艺术家行会（Century Guild）；1884年"LeXX团"的成立，都是先声。

于是，英国的比尔兹利（Beardslay Anbrey，1872~1942年）的线条主义，加上哥特式、巴洛克和摩尔的手法和个人浪漫主义的艺术。在比利时，西欧、南欧不约而同地形成了 Art Nouveau（新艺术运动）。他们以自然生长的植物的花草，组成曲线，布满墙面、天花、窗棂、栏杆、柱头而至家具。由于铁的便于制作，就成为主要构件。有人渐渐放弃了反对工业制造的观点，转变为"制服它，使用它"！

比利时得天时地利，而成为发源地，为首的就是 Horta（1861~1947年）和 Van de Velde，而他比 Horta 更为简单而严肃。

Van de Velde 出生于安特卫普，1881~1882年跟父 Willem 学画，1884~1885年又到巴黎向 Duran，Carolas 学习。由于结识了 Morris，对英国的艺术和手工艺运动有了认识和赞同，转而开始设计房屋和实用美术，为自己在 Bloemen Werf（布洛曼威夫）的住宅做装修。

他曾组织建筑师讨论建筑和工艺品的艺术风格，领导一场纯化建筑语言的运动。

1894年他在布鲁塞尔附近的 Uccle（于克勒）设计住宅时，所设计的椅子能作弧线摆动的形状，打破过去端正的惯例。名之为 Rocking Chair（摇椅）。

他开始接触到 Wagner（1841~1918年）的著作 *Moderne Architektur*（现代建筑）（1894年）。

1896年他为 Bing, Samuel（班）在巴黎的美术商店作家具和室内装潢设计，借此机会，他将新艺术风格带到巴黎，Bing 是法国画商，在巴黎开设专卖东方艺术品的商店。

1897年在德累斯顿的艺术展览会上展出其室内设计作品，包括丝织品、墙纸、家具等，声名大噪。

回到布鲁塞尔，1898年成立工业美术建造装饰公司（连工场），提供装修及家具等。

1899~1900年为哈瓦那雪茄公司商店（Havana Company Cigar Shop）作装修。

1900~1901年为柏林的 François Habys'Barber's Shop（哈贝理发店）作装修时，曾拟将自来水管、煤气管和电线管都暴露在外，遭到讥讽，说他"将肠子像表链一样挂在背心上"。这种做法比1972~1977年建造的巴黎蓬皮杜国家艺术与文化中心（Le Centre National d'Art et de Culture Georges Pompidov）早了72年。

新艺术运动先后在欧洲各国兴起，除了在比、法称为 Art Nouveau 外，各有不同的名称和活动［法国也可称为 Le Modern Style（现代风格）］：

英国 Modern Style（现代风格）；

西班牙 Modernismo（现代派）；

意大利 Stile Libente（自由风格）；

德国 Jugendstile（青年建筑活动）；

奥地利 Sezession（分离派）。

但是新艺术运动只不过在建筑形式上反对传统向前进迈了一步，仍尚未能彻底解决形式同内容的关系，亦尚未能结合新技术，因此，昙花一现，到20世纪初便逐渐式微了。只有同内容，包括功能、结构、材料和工艺等，有机地结合起来，才进入现代建筑的时代。Van de Velde 早意识到其过渡性。

他也曾说："产品要有合乎逻辑的结构，运用材料要大胆合理，加工方法要直截了当。"

他指出：未来风格的特征为"像古代流行的横线条，平如桌面的屋顶，极简洁而有力的结构和材料"。他认为"线条就是力量。"

Van de Velde 在推崇 Morris 的手工艺运动的同时，也批判地指出：Morris 只不过是以贵族自居而脱离社会艺术的新生事物而已。

1902 年赴魏玛（Weimar）担任撒克逊大公爵（Grand Ducal Saxon）的艺术顾问（Artistic Consul），设计柏林工艺学院校舍，并任校长。1903 年在魏玛创办艺术职业学校（Kunst Gewerbeschule），那就是包豪斯（Bauhaus）的前身。直至 1914 年辞职，改荐 Gropius（1883~1969 年）担任。其间，还于 1906 年设计德累斯顿的展览会，在汉诺威（Hanover）等地建住宅，又在埃林斯多夫（Ehringsdorf）为自己建住宅。

他是德意志制造联盟（Deutscher Werkbund）始创人之一，这组织的宗旨在于使建筑同工业结合。在联盟内，他主张创作自由，不同于 Muthesius（1861~1927）的标准化，他说："只要制造联盟还有艺术家……就会反对事先预定的准则和任何标准化，艺术家在本质上就是一个热情的个人主义者，一个出于自然的创造者。"1914 年设计了联盟在科隆博览会的剧场，建筑无显著装饰，以大量的曲面组成。

"一战"期间到瑞士，后再回比利时，战后，他的风格由 Art Nouveau 转向 Modern Architecture，他同 Horta 分道扬镳了。

他的主要著作有：

"*Deblaiment d'Art*"（艺术上的成就）（1894 年）；

"*L'art Futur*"（未来的艺术）；

"*Why Should Artists who Build Places in Stone Rank Any Higher than Astists who Build in Metal*"（擅用石材的建筑师比擅用金属的建筑师高明吗？）（1901 年）；

"*Der Neue Stile*"（新风格）（1906 年）。

634. Lavirotte，Jules Aîné 拉维洛特（1864~1924 年）

生于里昂，先后向 Louviers（卢维耶）和 Blondel, P.（布隆代尔）学建筑。

1897 年开始在巴黎设计一些公寓：1897 年格林尼尔大道（Avenue Grenelle）的公寓，1899 年塞迪洛路（Rue Sedillot）的公寓和拉普广场（Place Rapp），1900 年达·阿布维尔路（Rue d'Abbeville）的公寓。1901~1902 年拉普路和瓦格拉姆大道（Avenue Wagram）的公寓。受 Art Nouveau 的影响，都或多或少地采用曲线装饰，连牛腿都很夸张。

1904 年在瓦格拉姆路的陶瓷大厦（Céramic Hôtel）更是一座典型的新艺术形式的大厦。

突尼斯（Tunisia）当时是法国的殖民地，在沙维亚特（Chaouat），他新建了堡垒、别墅和修复了一座教堂（1904年）。

1913年在近里昂（Lyon）的圣·西尔·奥·蒙·多尔堡垒（Château St-Cyr-au-Mont-d'Or）。

特别应提出的是1906年在巴黎和1913年在（奥尔日河畔的）瑞维西[Juvisy（Sur-Orge）]所设计的低价住所，是采用贷款的方式（accommodation）出售的，这是一项创举。

635. Lauweriks, Johannes Ludovicus Mathen 劳威历克斯（1864～1932年）
De Bazel, Karel Petrus Cornelius 德·巴扎尔（1869～1928年）

Lauweriks 出生于荷兰的 Roermond（鲁尔蒙德），由于他父亲是新哥特式建筑师 Cuypers（1827～1921年）工作室的主要助手，于1865年举家随 Cuypers 移居阿姆斯特丹。1880年他入 Cuypers 所办的魁林耐斯学校（Quellinus School）就读。这是一所实用艺术学校，1883～1887年又于国家师范学校学画。1885年获徒手画执照，1887年又获建筑画执照。其后在阿姆斯特丹工业学校教学。1887～1895年期间，他日间在 Cuypers 处工作，晚间继续进修。

De Bazel 出生于登－赫尔德（Den Halder）。1873年随家移居海牙（the Hague）。少年时白天学细木工，晚上到艺术学院（Academy of Fine Arts）学习。1888年开始任 Van Nienkerhen, F. H.（范·尼恩卡肯）的绘图员。一年之后任 Cuypers（1827～1921年）的助理，很快便在 Cuypers 在希尔弗瑟姆（Hilversum）的圣维塔斯（St. Vitus）教堂的构造任指导。但由于他尽心尽力地投入工作而致影响健康，一度改为同他人合作搞些住宅和别墅，后来还是回到 Cuypers 处。从而认识了 Lauweriks。

两人在 Cuypers 处工作至1895年，晚间到国家学院（Rijksacademic）上课，又结伴到英国同游。由于两人参加通神论者会（Theosophist Union）的工作坊的设计及制作至小型建筑物，又向"*Li-chtmud Wearheid*"投木刻稿。这些举动冒犯了虔诚天主教徒的 Cuypers，致宾主决裂。

离开 Cuypers 后，各自开创自己的建筑艺术的工艺和装修的工作室，而两人的风格亦由受新哥特式逐渐转向新艺术风格。

De Bazel 方面，主要有1895年的公共图书馆和公共浴场综合体和一间建筑师的俱乐部。他喜欢在三角山墙下布置大的半圆形或大半圆形的门窗。

至于 Lauweriks，1900～1904年任教于哈勒姆（Hearlem）的艺术学校。1904年后被 Behrens（1868～1940年）请到德国的杜塞尔多夫（Dusseldorf）去继续任教，Behrens 当时是校长。他的思想表现于前卫刊物、先锋派出版的

《铃》（Avant-grade Publication "Ring"）的言论上，至于付诸建筑的实践上，则为1909~1915年年间的创作，那些建筑物都在荷兰之外：

1909年杜塞尔多夫基督教艺术展览的内部装修。

1910~1914年斯特路班（Stiruband）的几间住宅。

1910年哥本哈根的Thorn, Prikker（桑因）宅，其外形仿木板条。他采用了Shingle Style（辛格尔式）。而在Stiruband斯滕班德的六间住宅，各以不同的平面出现，以方格划分，每宅均有前后院。

德国哈根（Hagen）为艺术家聚居地，有多间住宅，包括Lauweriks本人的。

为施泰因教授（Stein, W.）在Göttingen（格廷根）建的住宅（1912~1913年），其外立面，石块面和粗粉刷形成对比。

1913年在根特（Ghent）的国际展览中设计其中的一个馆。

1914年科隆的德意志工业展览的一间展厅，他采用了大红大绿的图案，又将哈根的奥斯蒂豪斯（Osthaus）银行翻新。

其后他到美洲作短暂旅行，1916年回到阿姆斯特丹成为魁林耐斯学校（Quellinus School）的董事，同时在一间艺术学院教授建筑课。

1919~1925年他是"*Wendingen*"（文定根）的编辑。"*Wendingen*"是阿姆斯特丹学派的机关期刊（1918~1936年）。

"一战"期间，他曾为世界大战纪念馆作方案，其轮廓全用曲线组成，但未实现。

636. Kromhont, Willem 柯隆豪特（1864~1940年）

学习于海牙和韦斯特拉五年，并在学院上夜校。1885年毕业后开始工作于安特卫普。1887年曾游历于法、意、德，同时在阿姆斯特丹设计一些住宅和办公楼。

1888年同他人一起设计圣尼古拉教堂（St. Nicolaskerk）。

1890年起独立工作并任教，主要作品有：

阿姆斯特丹的奥德霍兰（Oud Holland）度假村；

1897年接替Berlage（1856~1934年）在阿姆斯特丹魁林耐斯学校（Quellinus School）的职位，直至1910年；

为庆祝荷兰女皇Queen Wilhelmina（威廉明娜）加冕，于1898年负责装饰街道和运河；

1898年设计莱兹广场的美洲旅馆（American Hôtel）时，他用荷兰的手法诠释Art Nouveau（新艺术运动）风格，砖砌的塔楼，外观精巧，成为阿姆斯特丹学派的先声；

1905 年设计海牙的和平宫（Palace Justice）方案，在大门和出垛方面，采用了一些穆斯林的手法；

1910～1912 年的坎彭医院（Kampen Hospital）；

1913 年参加鹿特丹市政厅设计竞赛，又设计 Bussum（布沁）别墅；

1910 年任职于鹿特丹艺术学院（Academy of Arts）时，他通过出版"Architecture"传播他的理论，并任编辑之职。

637. Baillie-Scott, Mackay Hugh 贝利·斯科特（1865～1945 年）

生于拉姆斯盖特（Ramgate）。在塞伦瑞斯特（Cirenrester）的农业学院（Agricultural College）学习。1866 年起在巴斯（Bath）的建筑师 Davis, C. E.（戴维斯）处工作了三年。回到苏格兰的马恩岛（Isle of Man），工作于 Sannderson, F.（桑德尔逊）的事务所。

在马恩岛，他设计了：1892～1893 年在 Donglas（道格拉斯）的红屋（Red House）、1897～1898 年在 Onchian（奥琴）的乡村会堂（Village Hall）、1899 年在 Berks（伯克斯）的白茅舍（White Lodge）和 Wantage（旺蒂奇）的圣玛利女修院（St. Mary's Convent）。他的成绩被传至欧美多国，并由 Koch（科赤）编印成书，因而获得苏黎世和新泽西的委托。

1901 年，他转到英格兰发展，主要设计了：

列奇沃思（Letchworth）的廉价村舍（Cheap Cottage）竞赛中选（1905 年）；

诺顿·维（Norton Way）的榆树村舍（Elmwood Cottage）；

沃特洛（Waterlow）汉普斯特德花园郊区（Hampstead Garden Suburb）的一些住宅；

摄政公园（Regent's Park）的修道院（Cloister）。

他写的一些论文，后来汇编成"Houses and Garden"（房屋和花园）（1906 年）。

1910 年以后，即 45 岁后，因健康原因，甚少作品，如 Voysey（1857～1941 年）一样，晚年停止业务。

638. Berenguer（i Mestres）Francese 贝伦格尔（1866～1914 年）

出生于雷乌斯（Reus），1881 年到巴塞罗那入读艺术和建筑学校，但中途因婚姻问题而离校。

后来，他上午为 Font, Augusto（方特）工作，下午为 Gaudi（高迪，

1852～1926年）工作。他帮助 Gaudi 在居埃尔宫殿（Palau Güel）、居埃尔种植园（Finca Güel）、居埃尔移民区（Colonia Güel）、居埃尔移民教堂的地下室（Crypt of Colonia Güel Chapel）和居埃尔花园（Park Güel）工作，一直到1914年。

他又在 Pascal，Migel（帕斯卡）手下工作于格雷西亚自治城镇（Villa-franca del Gracia）的建筑部门，设计了格雷西亚圣胡安教区的房屋（Parish House for St. Juan de Gracia）和圣胡安教堂的重建。

他的独立工作：

在卡拉桑斯（Calasanz）、蒙塞拉特（Montserret）和自由麦卡特（Mercat de la Llibertad），这三个巴塞罗那地区的圣何塞教堂的祭坛（Altarpèece for San José 1893年）；

居埃尔公园内的一间房屋（1904年）——现为高迪博物馆；

他自己在普斯特路（Via Puxtet）的住宅；

埃尔斯·奥斯塔莱斯礼拜堂（Chasel in Els Hostalets，1909年）；

蒙大拿圣何塞教堂的圣所（Sanctuery of San José de la Montana，1910～1914年）；

受 Gaudi 长期熏陶的影响，他的作品亦打破常规而充满动感，如在卡拉弗（Garraf）的居埃尔酒店（Bodegas Güel），则以倾斜的墙身同屋顶结合在一起。

639. Bacon，Henry 培根（1866～1924年）

1879年，Mead（1846～1928年），McKim（1847～1709年）和 White（1853～1906年）三人合作组成联合事务所，这是一家专设计古典复兴风格而具权威性的事务所。1891年 Bacon 加入。

Bacon 最有名的作品是华盛顿的林肯纪念堂（Lincoln Memorial，1914/1915～1922年）。纪念堂位于波托马克河（Potomac River）左岸，向东沿着独立大街是华盛顿纪念碑，更远是国会大厦，三者连成一线。在约400m 直径的一片大草坪上，先建约5m 高的石基，Bacon 按照希腊雅典的 Panthenon 柱廊式设计，不过将竖向平面改为横向平面，外观横11开间，竖7开间，在58m × 36m 的周边，竖立了36根 Doric 圆柱，象征林肯在位时的三十六州。堂高13.4m 加上底高则总高18.3m。纪念堂内部以八根 Ionic 柱子分隔成三开间。正面林肯坐像，由 French，D. C.（弗伦奇，1850～1931年）设计，一说还有 Saint-Gaudens，A.（圣高登，1845～1907年）合作。像高5.7m，由皮奇里利兄弟（Piccirili）制作。纪念堂前面还建有长长的倒影池，更显神圣而庄严。

他的其他作品为：

帕特森（Paterson）的丹福思纪念图书馆（Danforth Memorial Library，1908年）；

卫斯理（Wesleyan）大学的天文台；

纽约联合储蓄银行（Union Square Savings Bank）。

在诺格答克（Nangatuck）的火车站则像一间意大利式别墅。

他的创作反映了当时美国流行的古典复兴后期的巴黎美术学院派的风格，擅于纪念性建筑。其所设计的雕像座尤具特色。

640. Kandinsky，Walssily 康定斯基（1866~1944年）

出生于莫斯科，自幼聪颖，十岁便会演奏钢琴及大提琴。及长，读法律及经济。虽然当上律师，却兴趣于绘画和美学理论。1889年调查种族史，对各民族的非写实风格及鲜艳色彩感兴趣。1896~1900年到德国慕尼黑学绘画，他对哲学、宗教、诗歌、戏剧、音乐、绘画都深感兴趣。以其丰厚的文化修养和高度智慧，既发挥出理论素质而又敢于创新。1903~1909年曾漫游于荷兰，法国而至突尼斯。

1909年在德国创立和参加新美术家协会（New Artists Association）。1913年所作的水彩画《构图七号》（Composition Ⅶ）是世界上第一幅抽象画。1911年创办前卫画家组织"青骑士"（Der Blane Reiter/The Blue Rider），直至1914年"一战"爆发，他返回俄国。

自1871年德国战胜法国，同时取得全国统一，便致力于发展工业。在意识形态方面，勇于接受新时代的新思想。在建筑方面，Van de Velde（1863~1958年）于1897年的德累斯顿艺术展览会上展出其艺术作品。1910年Wright，F. L.（1867~1959年）的作品由弗兰克（Franke, Kune）两次于柏林出版，又举办了建筑图展。加上1892年Berlage（1856~1934年）在瑞士苏黎世的演讲中已介绍了Wright，使欧洲建筑界耳目一新。德国为了在工业上和商品上超越英国，以Muthesius（1861~1927年）为首，于1907年组织德意志制造联盟（Deutscher Werkbund），提高工业商品的质量和数量，以开拓市场。

德国的画家们在新艺术运动的基础上出发，在20世纪初便酝酿表现主义（Expressionism）。Kandinsky此时是慕尼黑先锋画派运动的鼓舞者。1911年他写的"*Concerning the Spiritual in Art*"（论艺术中的精神因素），首先将艺术的内在精神提出讨论。强调"内在的需要"。

俄国"十月革命"，他返回莫斯科，任美术院教授。1919年创艺术文化研究所，又任绘画博物馆馆长，1920年任莫斯科大学教授。1921年又创俄罗斯艺术科学院。他所绘的抽象画同前苏联当时所提倡的社会主义现实主义格格不入。

1921年底便离开前苏联到德国，1922年任教于包豪斯（Bauhaus），讲授壁画（Wall Painting）。1926年出版"*Pusrkt und Linie zu Fläche/Point and Line to Plane*"（由点和线到面）。1933年希特勒上台，封闭包豪斯，他移居巴黎，1939年取得法国籍。

所绘抽象画，以圆及三角为主要形式，使用原色，如《在圆圈中》、《黄、红、蓝》、《紫的优势》、《一个中心》等，同表现主义的主张相符。

关于艺术的内外关系，亦即形状和精神的关系，他认为艺术不应反映外在现实，而应表现内在的精神。他论道：从外部世界与自然所获得的印象和内心世界中积累的各种体验，寻找表现这两种体验相互渗透的艺术形式。必须使形式从各种不相干的表现中解放出来，以便表现本质。——简言之，寻求艺术的综合。他又说："对形式的驾驭，并非目的，而是使形式与内在含义相适应，从这种和谐中，产生出来的作品是色彩和形式的混合物，它们各有其独立的存在，但又融合于共同的生命中，这就是我们称之为内在需要的力量所创造的图画，必须觉察到所谓的实际物体的象征性质。"

他的主张对20世纪的艺术有深远的影响。

他被人称为20世纪的乔托。

641. Östburg，Ragnar 奥斯特堡/厄斯特保（1866～1945年）

20世纪初，欧洲的建筑风格呈百家争鸣、百花齐放的形势。普遍抛弃传统的古典形式，探索新的形式。在北欧，传统的建筑风格仍然保持一定的地位。在瑞典，Östburg从1908～1912年编辑"*Architecture*"并从事设计，他领导民族浪漫主义达1/3个世纪之久，而有一定的改革，并且以善用建筑材料而取胜。

北欧盛产木材，自古均以木材为建筑的主要材料，而"斯德哥尔摩"（Stockholm）在英语中，原来就是"木头岛"之意。11世纪以后，西欧的传教士相继引入砖石构造，才使当地的建筑形式因材料的改变而影响到形式的改变。因此，民族的古典形式在北欧各国形成，而这种形式滞后于形势。

Östburg设计了好些别墅，仍保留木材为材料和形式，如1905年在斯德哥尔摩的泡利别墅（Villa Pauli）和埃卡尔尼别墅（Villa Ekarne）。1907年在纳卡（Nocka）的莱尔逊别墅（Villa Lersson），在斯德哥尔摩的奈德尔·马尼拉别墅（Villa Nedre Manilla），1909～1911年的邦尼尔别墅（Villa Bonnier）以及1911年的埃累克苏底别墅（Villa Eloiksudde）。

他也设计一些重要的公共建筑。最重要的作品是斯德哥尔摩的市政厅（Town Hall）。这栋建筑物1908年设计，于1911～1923年花了12年的时间建成。市政厅位于市中心西南的孔斯岛（国王岛）上，濒临梅拉伦湖，体形庞大，立面上红砖墙面均匀布置竖向长窗，装饰性很强。底层为连续的拱廊。虽然使用了古典建筑的语言，但布局却很灵活，能将多种传统建筑（包括古希腊、古罗马、拜占庭、罗马风、威尼斯、哥特式等）的式样巧妙地结合在一起，独出心裁，手法高明，被视为 20 世纪欧洲最美丽的建筑之一。它那 105m 高的塔楼，巍然耸立，加上另两个小塔楼，划出了北方文艺复兴式加上哥特式的天际线。市政厅不但外表壮丽，其内部更为出色，富丽堂皇的金厅（Gylene Saller），墙上以彩色玻璃锦砖镶成巨幅历史壁画，而二楼的蓝厅（Bla Hallen）更是闻名遐迩的，是每年颁发诺贝尔奖金后举行晚宴的欢庆场所。他于 1929 年写了"The Stockholm Town Hall"记述其事、其物。

在公共建筑方面，还有：

斯德哥尔摩的奥斯特马尔姆斯学校和中学（Ostermalms School and High School，1906～1910 年）、秘密共济会大厦（Odd-fellow's Building，1911～1913 年）❶、专利局（Patent's Office，1911～1921 年）、工业中心（Industry Center，1930 年）、瑞典海事博物馆（Swedish Maritime Museum，1931～1934 年）；

北部文教中心于默奥（Umeao）的剧场（1906 年）；

埃林堡（Helingborg）的火葬场/垃圾焚化场（Crematorium，1924～1928 年）；

卡尔马（Kalmas）的语法学校（Grammar School，1927～1933 年）；

乌普萨拉（Uppsala）的学生俱乐部（Student Club）。

642. Olbrich，Joseph Maria 奥别列区/奥尔布里希（1867～1908 年）

哈森瑙尔（Hasenauer, C. v.）的学生。曾游意大利和突尼斯，又是 Wagner, O.（1841～1918 年）的得意门生，于 1894～1898 年协助 Wagner 工作，帮他设计维也纳各铁路车站（Stadtbahn）。1898 年自行开业，1899 年又在艺术职业学校任教。

Wagner 在维也纳任教时，培养出大批建筑界精英，形成了"维也纳学派"。但到了 1897 年，一些手工艺者、画家、雕刻家，以装饰为主的建筑家、新艺术运动的门徒，要同过去的传统作彻底的决裂，主张用直线、大片的光身墙面和简单的立方体作为建筑的要素。主张简洁的造型和集中装饰。他们同 Wagner 决裂，成为分离派（Sezession/Secession），Olbrich、Hoffmann（1870～1956 年）、画家 Klint（1862～1918 年）为发起人。Kotera, J.（1871～1923 年）、Plecnik, J.（1872～

---

❶ Odd-fellow 是一种近似共济会（Free Marson）组织的会员。Free Marsonry 源于中世纪的石匠和教堂建筑工匠秘密行会。鉴于业务日益衰落而兴起以维护权益的组织，近代由一些分会演变而成。强调道德、慈善和守法，会员相信上帝存在和灵魂不灭，会员分学徒、师兄弟和师傅三等级。

1957年）都是成员。Olbrich 并负责设计分离派大厦作为展览之用。该 Secession Building 只花了六个月时间便于 1899 年完成。基于简洁造型和集中装饰的原则，在中间的小圆形顶上以镀金青铜大半球形布满月桂枝蔓和花瓣，其余朴素无华，正面无窗，由玻璃顶透光。门口上方有"每个年龄都有艺术"、"给艺术以自由"的字样。整体表现出青春风格（Jugandstile）的特色，成为分离派典型之作，有"金色卷心菜大楼"之誉。

德国黑森大公恩斯特·路德维希（Ernst Ludwig of Hessen）是个艺术赞助人。他在 Darmstadt（达姆施塔特）设立现代艺术展览会，又为艺术家设立艺术家村（Artists' Colony，1899 年）。该村有中央大楼（Hachzeitrturm），以供艺术活动和集会之用；又有六间住宅，由 Olbrich 担任设计，分别有大公的住宅（Ernst Ludwig Haus）、Behrens（1868～1940 年）的住宅和 Olbrich 自己的住宅。Olbrich 作为工程主持，设计了展览馆（1901 年），大窗户，植物图案。后来于 1905～1908 年又增建了结婚纪念塔（Wedding Tower/Fravenrosen Hof），显示出他的新手法。引人注目的是塔顶五个管风琴式的形体、那围绕墙角的狭长横条窗，倒被后来的建筑师所喜爱，整体有些新哥特式的味道。虽然他力图闯出新路，但到底停留在形式上的变化，而未能为技术上和组合上有所革新。

为宣扬分离派的主张，在美国密苏里州（Missouri）三次（1901 年，1903～1904 年，1905～1908 年）举行了展览。这些展览场所都由 Olbrich 设计。

1902 年在沃尔夫斯加滕（Walfsgarten）为黑森公主伊丽莎白设计玩乐宫（Play House for Princess Elizabeths of Hessen）。

1905～1906 年在科隆（Cologne）设计德·弗拉安－罗仙夫人的小庄园（Der Frauenrosen Hof）。

1906～1908 年在吉森（Giessen）为老堡垒（Old Castle）作内部装修。

1906～1909 年在杜塞尔多夫（Düsseldorf）设计的莱昂赫尔德－铁特兹百货公司（Leonhard Tietz Department Store）是他的遗作，于逝世后完成。

此外，他在多个地方（包括巴黎、柏林、科隆）设计住宅和别墅，其中一些是两户并联住宅（Two-family House），还有一个咖啡店的方案。

1908 年因患白血病，42 岁早逝。他单独设计的生涯也只十年左右。假以时日，可能更有成就。

他留下了"*Architektuk von Preffesor*，*J M Olbrich*"（奥别列区建筑教材）（三卷）（1901～1904 年）。

他是现代建筑革命的主要成员之一。

643. Fenoglio, Pietro 芬诺格里奥（1867～1927 年）

19、20 世纪之际新艺术运动在意大利并未全面开展，除了在西西里岛之外，本半岛主要在米兰和都灵一带，最南仅至佛罗伦萨。

都灵是 Fenoglio 的故乡，他在那里设计过百建筑物，属新艺术风格，多是居住建筑。包括：

柯尔索·西卡迪（Corso Siccardi）的比索齐宅（Besozzi）、罗西·加拉托利宅（Rossi Galateri）和他自己的住宅。

别墅方面有罗地（Rody）、弗朗奇亚（Francia）、斯各特（Scott）等处。

热心于公众事业和乐于助人，他是1902年都灵博览会的推广人（Promoter）。"一战"期间，他给予建筑界无私资助。

644. Walton，George 沃尔顿（1867～1933年）

苏格兰格拉斯哥人，1881年起在不列颠林宁银行（British Lenen Bank）当个低级职员，同时于晚间学艺术课。1888年他建立了一间室内装修事务所，后来加设作坊，并在本市和外地设立多间陈列室。

1896～1909年他同 Mackintosh，C. R.（1868～1928年）为克兰斯顿夫人（Mrs Cranston）在布坎南街（Buchanan Street）先后设计了四间茶室和装修，那时他在布坎南街遍布了其装修广告。1897～1898年在劳德卡梅洛殊（Loadcameroch）和约克（York）作装修工程，而同时设立更多的作坊。他同 Mackintosh 一样，都采用新艺术风格。

1897年由于邂逅柯达公司（Kodak Co.）在欧洲的推销商戴维逊（Davison G.），使他得到 Kodak 公司在伦敦、格拉斯哥、布鲁塞尔、米兰和维也纳等地商店的设计和装修任务。

进入20世纪，他又装修很多房屋，著名的有：

莱伊斯宅（Leys House）。——Muthesius（1861～1927年）在其"*Die Englische Haus*"（英国住宅）中有所描述。此外还有：

牛津郡希普湖（Ship Lake）畔的白屋（White House）。

威尔士的哈勒赫（Harlech）的圣戴维德酒店（St. David's Hotel）。

"一战"期间他担任中央酒类交易管理处（Central Liquor Traffic Control Board）的调查员。

战后，获甚少委托，如谢泼德-布什（Shephead's Bush）郊区的四间房屋，在迪昂蒂布角（Cap d'Antibes）的一座礼拜堂。最后工程为爱丁堡韦弗斯（Edingburgh Weavers）的纺织厂设计。

645. Guimard，Hector-Germain 吉马尔/格里马尔（1867～1942年）

先后在巴黎装饰艺术学院和美术学院学习。80年代开始从事建筑、装饰和家具等设计：

迪－厄特伊尔堤岸快餐店（Café-Restaurant Quai d'Auteuil，1888年）。

1889年巴黎博览会的电器馆（Electricity Pavilion）。

1891~1895年巴黎的一些别墅和住宅。

1894~1898年任教于装饰艺术学院（École des Arts Décoratifs）时仍进行设计：

École du Sacre Coeur（圣心学校，1895年），他用了60°的斜柱。

1894年的贝朗瑞公寓（Beranger Apartment）是在比利时的一座新艺术派的建筑——这个建筑为他奠定名声。

他的三大法则是：逻辑、和谐和情趣。

其后的作品有在里尔（Lille）的夸里奥住宅（Maison Coilliot，1897~1900年）。

罗曼的翁贝托音乐厅（Humbert de Romans Concerts Hall，1898~1900年）。

罗伊大宅（Hôtel Roy）——其立面和铁制装饰，显得高雅。

他最有名的作品是1898~1904年间，巴黎地铁（Paris Métro）车站入口的装饰。他用铸铁屈成树枝状（Plant like Forms），呈现情趣，是典型的 Art Nouveau，直截了当。

1899~1903年塞夫尔（Sèvres）的亨丽埃沓堡（Castle Henriette）和1904~1905年的迪奥热维尔堡（Castle d'orgeval），更显奇特。

更为有名的是巴黎拉封丹路（La Fontaire）的两间公寓，其新艺术的手法的铁艺大门，尽情自由发挥。

1909年他为自己建了吉马尔宅（Hôtel Guimard）。

1913年又设计了巴黎的犹太教堂（Synagogue）。

他是新艺术运动在法国最有名的建筑师。他自称为"艺术建筑师"（Architecte d'Art）。

1938年到纽约，最后逝于斯。

646. Wright，Frank Lloyd 赖特/莱特（1867~1959年）

出生于威斯康星州（Wisconsin），在农庄中成长，童年生活使他热爱大自然。

就读于威州大学土木系。未完成便辍学到芝加哥工作。

1885~1887年在Silsbee，J. L.（西尔斯比）的事务所工作，1887~1892年转到Sullivan，L. H.（1851~1924年）门下任绘图员。对建筑则自学成才，大量住宅设计由他完成，如1891年同Sullivan合作的查莱住宅（Charnley House）和他单独设计的伊利诺伊州河谷森林区的温斯洛宅,两者虽然仍用对称的平面,但已显示出他已有相当的才能和发展的趋向。后来,1895 年的内森摩尔楼则体现出了 Sullivan 的设计思想。

随后 Sullivan 发现他常违背自己的意旨而不满。1893 年他同 Carwin, Cecil(卡尔文)合作设立事务所,开始其独立工作生涯,同时又借钱为自己建了一间"稀奇小屋",但连遭火灾。

他前期的创作以一些带 Art Nouveau 风格的住宅为主,如:威斯劳宅(Winslow House)、弗朗西斯公寓(Francis Apartment)和弗朗切斯科联排房(Francisco Terrace, 1895 年)、海勒宅(Heller House, 1896 年)和赫萨宅(Hasser House, 1899 年)。

在伊利诺伊州芝加哥的栎树园(Oak Park)设计了一批别墅和住宅:内森摩尔(Nathan Moore, 1895 年)、希尔斯(Hills, 1900 年)、托马斯(Thomas, 1901 年)、哈特雷(Henrtley, 1902 年)、马丁(Martin, 1902 年)、比奇(Beachy, 1906 年)等。同时,在栎树园设计唯一神教堂(Unity Temple),此六面体平顶的教堂,摒弃了陡坡和尖塔,是第一座钢筋混凝土结构的教堂。他认为教堂应是公众集会和娱乐场所,在内部巧妙地使装饰从属于体量,而强调内部空间——1971 年,教堂已被列为国家历史文物。

在威斯康星州,1902 年设计的威立斯宅(Willitts House),采用当地民间常用的十字形平面,而较灵活地将内部不作固定分割,免除了传统的封闭性。同时,他为雅哈拉划船俱乐部(Yahera Boat Club)的设计方案,把大雨篷伸展得很大,配以连续的矮小高窗,成为 20 世纪建筑风格的一种手法。此外,有拉辛宅(Racine House)、哈代宅(Hardy House)和他自己的住宅,还有稍后在纽约的海斯宅(Hayes House)。

他把其设计的住宅或别墅称之为草原式风格(Prairie Style)。他把房间减至最少,将厅堂、就餐和读书集中于一大空间,只以屏障分隔,打破闷箱式的传统格局,组成阳光、空气和外景的公共空间,低层高,深壁炉,不设阁楼和地下室,露明天花。如 1908 年河滨区的康莱住宅,将庭园、室内的地面和屋檐,加上饰带、勒脚和矮墙等形成一系列平行线,缓坡顶,大出檐,给予人以舒展和安定感。材料简单,尽管利用当地材料,家具和装修同住宅本身相协调。1909 年芝加哥栎树园的罗比宅(Robie House)充分发挥草原式风格的特点,后已作为重点文物予以保存。

1904/1905 年设计的水牛城(Buffalo/布法罗)的拉金公司(Larkin Co.)大楼,是一座五层的办公楼。该楼紧靠铁路,所以用封闭式,以吸声、防火、空气过滤和机械通风等设备解决。矩形的主体,中间采光天井,上下贯通以玻璃顶棚采光,办公于敞廊,楼梯间置于四角位置,入口和厕所安排在旁边的凸出部分处。砖墙立面,只作重点装饰,这些在20世纪初年都是新颖的手法。大楼成为20世纪最优作品,但于1950年已拆除。

1897年芝加哥成立美术与手工艺协会（Chicago Arts and Craft Society）,他是创始会员。

1906年他初到日本,1915年带同助手Raymond, Antonin（雷蒙德,1890~1976年）在东京设立事务所。1915~1922年设计帝国饭店（Impire Hotel）。H形平面,带多个庭园,多层,算不上豪华,但他考虑到日本的地震情况,同结构工程师采取了在砖墙下作浅而密的混凝土桩基,轻屋顶和弯接管等一系列防震措施,并在庭园加设水池。果然,第二年（1923年）东京便发生了8.3级的"关东大地震",灾及整个地区,14.3万人惨死,50万房屋被毁,饭店安然无恙。但当时日本正流行Art Nouveau（新艺术运动）,忽视Wright所作。"二战"后,1959年虽有人倡议改建,结果仍得以保留,只在旧楼旁增建九层新楼,1962年终遭拆毁,1970年另建17层新楼。1921年再设计东京幼儿园。Raymond在完成施工任务后便定居日本,自设事务所,为日本的现代建筑作出贡献。1918年Wright到亚洲期间,还曾到过我国。有关Raymond事迹另见"中日部分"。

在亚洲,他并未受重视,在欧洲却受人垂青。1892年,Berlage（1856~1934年）在苏黎世的演讲中介绍了Wright,并在瑞士的《建筑学报》上刊登讲词。1908年一位德国学者Franke Kuno（弗兰克）在哈佛大学时发现Wright的建筑创作,认为正是"欧洲人欲探求的方向",登门造访并邀请访德。Franke回欧之后,两次出版专集及展览其图片,使欧洲人眼界大开。还有Ashbee（1863~1942年）于1900年结识了Wright,亦写文章推介给各国。1910年Wright访欧。他表示推崇Wagner（1841~1918年）和Olbrich（1867~1908年）。他的交往促进欧美间新建筑的发展。

由居住建筑而涉及规划上,他在《消失中的城市》（The Disappearing City）中提出"广亩城市"（Broadacre City）的理想。他认为在汽车和电力工业发展的现实下,无必要把一切活动都集中于城市。"分散"将成为未来城市规划的基础。具体办法是每独户应有一英亩（1 acre = 0.405 hectares）的面积（或更大些）,将生活、劳动、工作相结合。每户生产自己的食物。公共设施沿公路布置。这种带田园风味的城市于1935年以模型展出,后来于50~60年代在美国的一些州的规划中得到实施,而他在1911年的东塔里埃辛、1938年的西塔里埃辛都作过尝试。这种规划思想同Le Corbusier（1887~1965年）的"现代城市"的观点,正好是相对立的。至于塔里埃辛（Taliesin）一词的含义,一说是"日晖前额"；一说是其故里威尔士。

东塔里埃辛（East Taliesin）位于威斯康星州的斯普林格兰（Spring Green），那是1911年他工作和居住所在。当时只叫Taliesin，是一座草原式住宅。在密密的树丛中，隐藏着这座长长的、低檐的工作间兼住所，同周围环境静静地融合在一起。1914年和1925年遭火灾后重建。

1929~1931年世界经济不景气，他转为任教和建一些低价住宅。1932年开过训练班。1938年他又在亚利桑那州斯科特戴尔（Scottdale）建西塔里埃辛。在砂原中，配合周围乱石嶙峋的环境，锯齿形的帆布覆篷互相配合。他说："上帝和大自然在相关的领域中的汇合。"用当地的石头和水泥筑起厚墙，用木枋和帆布覆盖，可随意增减和移动，无拘无束。他和他的助手和学生们于冬季便工作和生活在那里。工作和学习也非正规的方式，边学边做，即兴讲授，学生们还从事农业劳动和家务。有时还直接修筑和修补。同吃同住，这种半工半读的学园，正是他所提倡的"广亩城市"的实际体现。他们致力于寻求适合美国中西部的住宅风格，他和这批青年建筑师们形成了"草原学派"，他们吸收北美的地方建筑传统，运用地方材料。十年之间设计了350多所草原式住宅，以宽敞的大厅，取代复杂的分间，简洁的墙面，自然调节气温。由于当时移民增加，社会动荡，大受欢迎，作为商品而大量兴建。

默默耕耘，Wright的设计生涯至60岁才登上事业的巅峰，一方面，由于其主张一时未能被接受；而另一方面，亦因他主观而倔强的个性，自信自许，落落寡合，同客户或同事难以相处有关，例如他在落泉山庄拆模板时可见。

落泉山庄（Falling Water/流水别墅）位于宾夕法尼亚州匹兹堡市郊，富商荷夫曼（Kaufmann/Hoffmann）在熊跑溪（Bear Run）一带买下了大片土地。他邀请Wright为他设计别墅，Wright实地踏勘后，作出惊世骇俗的决定。选择将别墅凌空建于溪流瀑布之上，这一点反映出他过人的胆识和才能。他采用水平线条，互相错落的手法，利用悬臂梁板的技术，将三层别墅的各层不同形状和大小，如托盘的形状，屹立于岩石和流水之上，而各层各向，或封闭或开放，构成变化而生动的立体构图，最下层更有阶梯下通水面（一如我国苏州民居临河的后阶）。整个别墅和周遭环境融合一起，达到"天人合一"的境界。他说："它像与自然相结合的植物一样，从地上长出来，迎接太阳。"在内部，他一如其他住宅一样，以起居室作为多功能的核心，那壁炉却是以一块天然岩石构成，石材亦都就地采用，一棵大树在原地保留下来，起到充分适应自然和利用自然的作用。设计和建造这座别墅前后历时三年（1936~1939年）时间，Wright倾尽全力。当拆卸阳台模板时，施工工人由于公司未给以保险待遇而拒绝拆除，Wright怒而奋起，手抡重锤把支撑抡倒，其敬业精神和刚强性格可见。这座别墅后来由业主献给国家作为文物保护。联合国教科文组织更将它列为百年建筑之首位。

1936 年起，又作出"美国人住宅"（Usonian House，由 United States of North America 简化而成）的尝试，以适应中产者的需求，这种住宅适用于城市。临街而建，布局紧凑，以扩大内院。靠厨房处设一餐桌，就近用膳，无车库，以格网化预制木板墙，不作油漆和粉刷，提倡由业主自由组装完成。1936/1937 年设计的雅各布住宅，125m² 当时造价仅 5500 美元。1936 年设计的汉纳宅，为六边形平面。1938 年设计的杰斯特宅为圆鼓形的房间，适应于沙漠。1939 年设计低价的预制三层、每层四户的公寓。1956~1958 年又设计四种预制装配式住宅。他一生做了近千个设计，主要是住宅。

1936~1939 年在威斯康星州拉辛市（Rasine）设计的约翰逊制腊公司办事处（Johnson Wax Administration）。该办事处以办公为主，兼具演出、运动、影院、餐厅等多用途。在这座单层的建筑上，他采用了新的结构和新的建筑手法，行列的小直径圆柱，下小上大，上面支承着伞形的顶板，宛如一朵朵长柄的蘑菇，柱心中空，顶板之间的空隙覆盖着玻璃，起天窗的作用，组合成屋面。砖砌外墙同屋面相接处，用玻璃管作成长条窗，全座建筑的转角都呈弧形。1946 年增建的七层实验楼，同样，也都将转角抹成弧形，符合当时"流线形"的风尚，引起不少人参观。Wright 获得声誉，公司也因而获益。

Wright 巧妙地运用不同形状，不同角度的平面，以隔断的区分，以顶棚和地坪的标高，组织有机多变的空间，增加空间的层次。他充分发挥钢筋混凝土悬臂梁的作用，成为其构成的特征；而在公共建筑方面，又采用圆形、梯形及其他特殊形状，来丰富空间的能动性。

他创作的源头是芝加哥学派，既受 Sullivan（1851~1924 年）的影响，说得远些，也受到 Richardson（1838~1886 年）的影响。当芝加哥学派衰落了，他带有新艺术倾向，并且将芝加哥学派的单纯采用钢铁框架结构进一步采用悬臂式结构，扩大了芝加哥学派的影响，他的作品成为由芝加哥学派过渡到现代建筑的桥梁。

1925 年他在威斯康星州设立工作总部及寓所。1938~1954 年设计佛罗里达州莱克兰市（Lakeland）南方学院，其间，1943 年便开始构思纽约古根海姆博物馆（Guggenheim Museum）。Guggenheim、Solomen, R. 是铜业富商，为了收藏其拥有的大批现代美术作品，敦请 Wright 为之建馆。经深思熟虑之后，又作意外之笔。历来博物馆都是方方正正的，他却改用圆形为主旋律；历来展览馆都是分间陈列的，他却打破常规，以螺旋体的形式将全馆合为一整体。连续、能动、有机，全都体现出来了。在烦嚣豪华的纽约第五街，在摩天楼丛中，出现了一个矮矮胖胖的蘑菇，格外引人注目。底部直径约28m，越往上越大，高约30m，约五六层。内部中空，展览部分循外沿盘旋，光线由中间圆形天井上玻璃穹顶引入。沿外墙还有连续的带形高窗。观众可由下缓步往上，亦可以乘升降机到顶后再漫步而下。地下室是演讲厅，旁边是办公部分。全都是圆形，互相呼应。但是由于坡道和墙面都是斜的，对挂画有矛盾，功能让位于形式，美中不足。亦有人认为在摩天楼丛中出现此童话式的建筑，并不协调，那就见仁见智了，可惜他未能见到博物馆于1959年10月的落成而先逝。

1949年设计威斯康星州麦迪逊（Madison）的第一唯一神派教堂（First Unitarian Church），悬山顶长长挑出，而脊部更长于檐部。同年还有旧金山的摩里斯商店（Morris Store）。

1952年在俄克拉何马州（Oklahoma）一个叫巴特斯维尔（Barttesville）的小镇上，他设计了他唯一的高楼——普赖斯大厦（Price Tower），这是一幢十七层的办公和公寓的混合楼。其正方形的平面，在四个边的中间各斜出一角，将此正方形划分为四个不等边的四边形，在同一层的四个小区域，安排了办公和生活的功能，重现手工作坊时代的作坊同生活的混合（如图）。

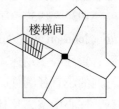

虽然在一栋楼的小范围内，却浓缩出他在"广亩城市"所提出的生活、劳动、工作相结合的宗旨，这种主张贯穿于西塔里埃辛、约翰逊总部、佛罗里达南方学院，而至普赖斯大厦。该楼以钢筋混凝土、悬臂梁为结构。外观上，正边的竖线条同斜角和横线条互相配合，平分秋色，打破高楼立面设计的纯竖线或横线条的手法。本来，早在1929年，他为纽约的一间大厦设计过如此方案，20多年后，方能实现。1956年他还做过千层摩天楼的方案，但未能实现。

他另一未完成的遗作是旧金山马林县级行政和中心（Marin County Complex），这是一个庞大建筑群的规划。包括公路交通。

早在1901年，在演讲后，他写成"Art and Craft of Machine"（机械的艺术和工艺）便开始提出"有机建筑"（Organic Architecture）的概念。1908年及1914年再次以《为了建筑》为题作演讲，阐明观点。1939年又写出"An Organic Architecture"（有机建筑）一书，打正旗帜宣扬其主张，但并未能有确切而完整的理论，而且往往令人费解。兹记述其一些片语如下：

"有机建筑就是自然的建筑"（Natural Architecture），"真实的建筑，一切美都来自自然，要尊重、顺应和表现自由，像草木一样具灵活性和生命力"。

"既有各种各样的人，就应有与之相应的种种不同的房屋。"

"土生土长是所有真正艺术和文化的必要领域。"

"传说和民歌比不自然的学院派房屋更有意义"。

"有机的,指的是统一体,也许用完整的或本质的更好些。""目标是整体性(Entity)——总体属于局部,局部又从属于总体"。

"建筑是用结构表达观点的科学之艺术。"

也许用实例来说明会更好一些。正如他所设计的流水别墅那样,他冲破了把建筑当做六面体的传统概念,认为空间可内外贯穿,不用封闭的办法限定空间,而运用空间相互关系去组织建筑空间。建筑和环境密切配合,动与静的对立统一。他可能没有读过1100年前白居易的《草堂记》,也可能没有见过800年前赵伯驹的《江山秋色图》的《听瀑》,那些傍溪的草堂、跨瀑的茅舍,同Wright的流水别墅,突破时空而异曲同工。他颇受东方哲学的影响,他推崇老子《道德经》中的"凿户牖以为空,当其无,有室之用。故有之以为利,无之以为用。"他说:"建筑物的空间,就是那建筑的灵魂……外部的空间由室内的原状产生出来"——这些阐明了他对内外空间的辩证关系。

就流水别墅而言,是在特定位置所产生的特定形象,它是杰作。如果将之置于闹市,便成为怪物了。同样,若是将 Le Corbusier(1887~1965年)的萨伏伊别墅(Villa Savoye)建于熊跑溪,就会显得勉强而不伦不类。

的确,他同 Le Corbusier 或 Mies Van der Rohe(1886~1969年)截然不同。虽然大家都反对传统,力图用新材料、新技术,为新建筑创出新路。他们和更多的人,从建筑要适应现代工业社会条件和需要出发,他们是理性主义者。正如 Le Corbusier 的名言"房屋是居住的机器"(Une Maison est une Machine à Habiter),同 Wright 的"有机建筑"大相径庭。他认为不是建筑服从于使用者的要求,而是使用者应服从建筑的要求,这又同 Le Corbusier 持相反意见——"房屋的构造应属于从属地位,应服从所设想的空间效果"。结果,当然是各走各的路了。Wright 始终从保持农业为主的生活方式出发,在一定程度上是后退的,在前进的社会是不可能实现的。而且创作领域也有限,只能为某些阶层的人服务,尽管他累有佳作。他也曾企图解决广大群众的居住问题。他是建筑师中的"田园诗人"。

追随他的大有其人,早在1916年便有 Raymond;而在西塔里埃辛开训练班,其中后来成为名建筑师的有:

Elmslie,G. G.(1871~1952年);

Griffins,W. B.(1876~1937年);

Schindler,R. M.(1887~1953年);

Neutra,R.(1892~1970年);

Soleri,P.(1920年生);

前川国男(1905年生)。

其门徒先后组成"同门会"、"塔里埃辛合伙建筑 Taliesin Fellowship"、"Frank Lloyd Wright Association 赖特社团"（1978 年在栎树园）。

他对风格派和表现主义都有一定影响，尤其是阿姆斯特丹学派。

Oud, J. J. P.（1890～1963 年）说："其作品有启发性，富说服力，活跃坚挺，各部分造型互相变化。"

Mies Van der Rohe 说："他勇于构思，勇于走独创道路，出于意想不到的魄力。"

他的《自传》（An Autobiography）于 1932 年出版，1943 年作过增改，其"An American Architecture"（美国建筑）（1955 年）赞成工艺美术运动大部分主张，但批评莫里斯对新技术的顾虑。1957 年又出版了"A Testament"（契约）。

他的长子 Wright Lloyd（1890～1978 年）也是名建筑师——另详。

647. Sabine，Walace Clement Ware 赛宾/沙平（1868～1919 年）

美国物理学家，尤专长于声学。

1906～1908 年任劳伦斯学院院长（Dean of the Lawrence Scientific School），1908～1915 年任哈佛应用科学研究院院长（Dean of the Harvard Greduate School of Applied Seience）。"一战"时以飞机仪表专家任职于美国作战部（U. S. War Department）。

创立建筑声学，提出混响理论，发现混响时间和房屋总吸收率的乘积与房屋体积成比例——"赛宾定律"。声吸收单位以其姓氏为"Sabin"，他使建筑声学进入科学范畴。

按其原理设计的波士顿交响音乐厅（Boston Symphony Hall，？～1900 年，2631 座）他担任声学顾问，证实了其理论，该音乐厅呈"鞋盒形"，音响效果甚佳，被誉为典范。

著《声学论文集》（Collected Papers on Acoustics）于 1922 年出版。

648. Mackintosh，Charles Rennie 麦金托什（1868～1928 年）

苏格兰艺术和手工艺运动杰出人物。

就读于阿伦格伦学校（Alen Glen's School）。17 岁入格拉斯哥艺术学校，向 Newbery, Francis（纽伯里）学习了七年，同时在建筑师 Hulchison, John（哈奇森）处当学徒（后来于 1902 年成为合伙人），至 1889 年到 Honeyman（霍尼曼）和 Keppie（凯珀）的事务所当绘图员。原设计一些招贴画、手工艺品及家具，其作品轻快优美，富创造性，从而获国际声誉。1890 年获亚历山大汤姆森旅游奖学会（Alexander Thomson Travelling Scholarship）到法国和意大利游学，

1893年回到格拉斯哥。1893年同Keppie设计赫拉尔德大厦（Hereld Building）。1895年又独自设计（殉教士）玛蒂尔公立学校（Martyr's Public School）。

1896～1909年他联同MacDonald, Mugaret（麦克唐纳、后来的妻子）、Herbert（赫尔伯特）和Mrs. McNair, Frances（麦克奈尔夫人）共四人（都是格拉斯哥青年小组的中心人物）在布坎南街（Buckanan Street）为克伦斯登夫人（Mrs. Cranston）设计了四间茶室。其间，1904年还在索西荷街设计了柳树茶室（Willow Tea Room），这些茶室内部都有许多新艺术学派的铁花装饰。

1896年得到校长的毅然决定，请他为格拉斯哥艺术学校设计学校的新楼。这座大楼的立面布满宽大的高窗，地下室则是横向窗，中间是带阳台的大门，最上面是粗短的角楼，阳台和矮围墙都是竖铁条，特别是二层窗前一排"L"形的弯铁，顶端弯成奇怪的球形。这一排排的铁条可铺设木板，以便清洗窗户。立面带少量新艺术派的装饰。1907～1909年又设计该校的图书馆，不对称的布局，图书馆的西立面，一半是实墙，另一半则以贯通三层的凸肚窗，组成复调音乐般的丰富墙面。在两层的阅读室内，三面布以由木枋构成的围廊，但是上层只跨出木梁的大半，轻巧的栏杆，带新艺术的细部手法，尽管他不得不迎合英国的保守思想，仍多少保留一定程度的传统手法。1909年完成时，图书馆是新艺术运动在英国的首批建筑物。

1898～1899年设计皇后十字架教堂（Queen's Cross Church），1899～1901年又设计基尔马科姆（Kilmalcolm）的温地山庄（Windy Hill）。

分离派1899年在慕尼黑及1900年在维也纳举行的展览，他被邀请参加，开始了同新艺术派的实际接触。

1901年维也纳商人兼工艺家Warnidorfer, Fritz（沃尼多弗）邀请他为其所经营的音乐厅"Haus eins Kunst freundes"（艺友之家）作装修。两年后，又出资请他建立维也纳艺术和手工艺作坊（Wiener Werkstatte）。同时，在出版商柯克住宅设计竞赛中获奖。

1903年，他在海伦自治市（Hellens Bourgh）设计希尔住宅（Hill House），他以纯正苏格兰风味角塔式建此豪华建筑（Baronial Architecture），陡峭的山墙、粗矮的烟囱呈现，并以此为题作出论文。论文中提倡承重墙，因具隔热防风作用；窗小可防热量散失；尖塔式坡顶和飞檐以利雨雪排除。他主张理性化设计，而用个人艺术表现力结合在一起。建筑物应从内部优美考虑，而同外部形式构成自然结果。

其作品纯净、朴实、素色，但对比例的理解与众不同，被称为"反审美"，被视为"鬼魂"。由于独特个性，作品在本土并不受欢迎，却同分离派情投意合，并对他们有一定影响。其作品通过"The Studio"（设计室杂志）发表，成为 Hoffmann（1870～1956 年）及新艺术运动艺术家的灵感。

在都灵的展览会，他设计的苏格兰展馆得到在威尼斯、慕尼黑、德累斯顿、布达佩斯和莫斯科再展览的机会。

1913 年移居伦敦，但仍为格拉斯哥的修道院/隐居地（Cloister Room）、北安普顿（Northampton）的洛克宅（Lowke's House）、伦敦彻尔西（Chelsea）的工作室设计。此外作些纺织品等工艺品。1919 年便移居南法，放弃建筑，以旅行绘画终生。

其住宅重建后辟为博物馆。20 世纪 20 年代后重新采用其设计生产椅子。

649. Trumbaner，Horace 特朗巴内尔/杜鲁巴奈尔（1868～1938 年）

在巴黎艺术学院学习。回美后，1883～1890 年任绘图员。1890 年自行开业一直至 1938 年逝世，活跃于美国东海岸一带。

初期为埃尔金斯议员（Elkins）和威德纳家族（Widener）设计住宅和图书馆时采用殖民地式。其后采用哥特式或伊丽莎白式，最后也受到现代建筑的影响。

在格伦赛德（Glenside）的有：哈里森宅（Harrison, 1893 年）、Elkins, G. 的花园和住宅（1896 年）、Elkins, W. 的住宅（1898～1900 年）、Widener 的住宅（1898～1900 年）。

在罗得岛（Rhode Island）的有：贝温德宅（Berwind, 1899～1902 年）和 Mrs. Widener 的住宅（1913～1920 年）。

在费城的有：Widener 家庭所设的残废儿童之家（Widener Home for Crippled Childern, 1902～1906 年）、回力网球俱乐部（Racquet Club, 1906～1908 年）、富兰克林·本杰明林园式大道（Franklin Benjamin Parkway, 1911～1919 年，同他人合作）、费城艺术博物馆（Philadelphia Museum of Art, 1911～1931 年，同他人合作）、自由图书馆主楼（Free Library, 1917～1927 年）、富兰克林·本杰明酒店（1923～1924 年）、勒德杰公众大厦（Public Ledger Building, 1924～1928 年）、杰弗逊医科学院及克鲁蒂斯门诊部（Jefferson Medical College and Crutis Clinic, 1928～1931 年）。

在纽约的有：布克邸宅（Buke Residence, 1909～1911 年——现纽约大学美术学院）、都文兄弟大厦（Duveen Brother Building, 1910～1912 年）、纽约夜间邮局（N. Y. Evening Post Building, 1925～1928 年）、怀尔登斯坦公司（Wildenstein & Co. Building, 1932 年）。

在马萨诸塞州坎布里奇（Cambridge）哈佛大学哈利·埃尔金斯及威德纳纪念图书馆（Harry Elkins and Widener Memorial Library, Harvard University）——Widener, P. A. B. (1834～1915年）为公共运输企业家及慈善家。

在怀育德摩尔（Wyudmoor）的斯托特斯堡宅（Stotesburg House, 1916～1921年）。

650. Behrens, Peter 贝伦斯（1868～1940年）

在汉堡的美术学校学习, 1887年到慕尼黑，向应用美术方面发展。他经历过一段"精神上"的革新后，不久他终于摆脱那种软弱无力的风格。1893年他成为慕尼黑分离派成员之一, 1900年又加入"七人团"（Die Sieben），同时转向于建筑方面。首先由设计自己在达姆施塔特（Darmstadt）的住宅开始。德国黑森大公路德维希（Ludwig of Hessen）倡导和资助在达姆施塔特设立现代艺术展览会及建立艺术家村，由 Olbrich（1867～1908年）主持。他的住宅是其中六间之一。1902年在都灵举行展览时，他负责设计德国馆的入口大厅。

1903年经 Muthesius（1861～1927年）的推荐，出掌杜塞尔多夫工艺学校。

1905年在奥尔登堡（Oldenburg）展览会上，他设计的美术馆由几座正立方体对称组成，除中间一座为金字塔顶外，其余都是平顶、无窗。门廊只两柱一梁，都是方方正正的直线组成，只在近檐部以线条装饰。

1905～1909年设计了火葬场（Crematorium）。

1907年在 Muthesius 的倡议下，成立德意志制造联盟（Deutscher Werkbund），一批艺术家、制造厂主和评论家参加，Behrens 是领导者之一。

同年他应柏林通用电器公司（A. E. G./Allgemeine Elektriciatëts Gesellschaft）之聘，担任产品艺术顾问，为电风扇、路灯、商品目录、广告样品说明书、便签等的艺术化做出设计。同时，还设计该公司的建筑群（1909～1912年），其中该公司的涡轮机（Turbine，透平机）车间，由主车间及附属的服务部分合成，主车间采用露明的折线形的三铰拱为屋架，使室内不必用支柱。为了表里一致，山墙也随屋架呈折线形，除了角隅砌以厚重的砖石外，充分安上大玻璃窗。虽然这些砖墙及拱支柱还留下了一些传统手法，但又美中不足。无论如何，这座德国表现主义（Expressionism）艺术风格的工业建筑，被视为第一座从折中主义走向真正现代建筑的里程碑。

在建造此车间的时候，Gropius（1883～1969年）、Mies van der Rohe（1886～1969年）和 Le Corbusier（1887～1965年）三人前后在他的手下工作，亲身的体验，为三人日后对现代建筑的成长，打下了基础，而 Behrens 在柏林的事务所，就成为了现代建筑的摇篮。

他竭力推崇 Schinkel（1781～1841年）简洁质朴的新古典风格，认为建筑应真实地以现代结构表现，自然会产生出新形式，而室内装饰方面则仿效 Van de Velde（1863~1957 年）和 Mackintosh（1868~1928 年）。

他是工业产品设计的先驱者之一，他认为机械产品可在形式上赋以韵味。

1911 年设计的柏林电动机小车间，狭长的高窗和圆角方柱垛占领了整个立面，顶层转为通长的横窗。

1911~1912 年还设计了圣彼得堡的德国大使馆。

1920~1924 年设计霍赫斯特染料厂（Farbwerke Höchst）。

1922 年到维也纳美术学院任教授，他先后主持维也纳和柏林两地学院的建筑专业，并同 Hoffmann, J.（1870~1956 年）一起为维也纳做规划和设计住宅。

1930 年设计奥地利林茨的烟草公司（Austria Tobacco Administration at linz）。

651. Riemerschmid，Richard 瑞莫斯施米德（1868~1957 年）

出生于慕尼黑的画师，他开始接触建筑是 1896 年在明兴（München、即慕尼黑 Munich）附近为自己建住宅。

1897 年他和一些人在慕尼黑组织 "Vereinigte Werkstätten für Kunst und Hundwerk"（艺术家和手工业者协会），但却常排斥实用艺术。

1898 年为其表兄 Schmidt, Karl（舒密特）在德累斯顿的批发商店（Outlet）建立工作坊。

他既制作家具，也制作基本机械。

1900 年在巴黎博览会上，展出其 "Room of An Art Lover"（艺术爱好者之家）的图片和模型。

1901 年为慕尼黑剧院（Munich Schanspielhaus）制作内部装饰。

他前后为赫勒兰（.Helleran）和纽伦堡（Nürnberg）做花园式的城市规划。

作为德国新艺术运动——青年建筑运动（Jugendstil）的倡导者，先后在慕尼黑、科隆等地任教：1913~1924 年担任 Munich Künstgewerbeschule（慕尼黑艺术学校）的董事，1926 年又为科隆建立 Werkschule（工艺学校）。

652. Gneene Brother 格林兄弟：

Charles Sumner 查理斯·萨姆纳（1868~1957 年）

Henry Mather 亨利·马瑟（1870~1954 年）

两人学于 MIT（麻省理工学院），1892 年毕业，后于 1954 年在加州帕萨迪纳（Pasadena）设事务所，开始建筑业务。

受学院折中主义影响，虽先后采取不同风格、但注重当地材料和技术，不断探索适合于加州南部地区的简洁的建筑形式。他们设计出了一些能内外贯通使人同自然得以接近的平房，而形成加州地方风格，并因而著称。这些房屋主要有：

库思伯特逊宅（Cuthbertson House，1902年）；

格林，查里斯·萨姆纳自己的住宅（1902~1906年）；

包迪尼宅（Baudini House，1903年）。

布莱赫尔宅（Blacker, R. R. House）和弗里曼宅（Freeman, A. F. House，1907年），其中Blacker House为露木结构，在梁柱接合处竟以类似中国的斗栱为构件。

1908年的甘博宅（Gamble, D. B. House），后来宅主赠予南加州大学建筑和美术学院，1966年改为格林兄弟纪念图书馆。

托尔逊宅（Thorsen House）和奥斋（Ojai）的普拉特宅（Pratt, C. M. House，1909年）。

1911年以后设计了一些哥特复兴式建筑。

"一战"时期一度影响业务。后来，由于圣地亚哥展览流行的西班牙殖民地形式，影响到他们的业务。1914年Charles Sumner退休，Henry Mather则工作至1930年。

653. Kahn，Albert 卡恩/康（1869~1942年）

德国犹太教牧师之子，1881年随家移居美国，未受过学校正式专业训练，仅向密歇根州一流建筑师Mason, G. D.（梅森）学习，并得到奖学金，游学欧洲一年。

1895年自行设立事务所，后来发展为建筑史上最大事务所之一。

他以设计汽车厂而著名，前后担任各大汽车公司主要建筑师达30年，成为美国工业建筑师和工业规划师的先驱，被认为是当时世界上最优秀的工业建筑师，有"现代工厂设计之父"（Father of Modern Factory Design）、"空间与时间的大师"、"混凝土与钢铁的大师"等美誉。

在他领导下，其事务所的设计主要有：

受帕卡德汽车公司（Packard Motor Car Co.）委托，以钢筋混凝土框架代替砖石结构建造厂房而开先河，他并因此成名（1904年），次年又更把跨度扩大到9m。

1908年在福特（Ford）汽车厂设计近千项工程，并开始使用钢窗。

接受五大洲各工厂、铸造厂、仓库等多种工业建筑任务，如：

从1930年在斯大林格勒（现伏尔加格勒Volgograd）起，在前苏联共设计了521项任务，并训练了近千名工程师。

所设计的罗热河（River Rouge）制作装配车间，是世界上最大工业建筑组合之一。

他还提出"整体屋顶下"(Under One Roof)厂房方案,进而又提出"整体地面上"(On One Floor)厂房方案,现已成为最普遍的平面布置方案,如1936年的克莱斯勒(Chrysler)汽车公司的轧钢车间。

他的工业建筑设计风格,从 Behrens(1868~1940年)汲取营养,而民用建筑则受古典主义及折中主义影响,其工业建筑站在思潮的前列。

654. Goodhue,Bertram Grosvenor 古德休(1869~1924年)

先在(小)伦威克[Renwick,J.(J)(1818~1895年)]手下工作,后来转向同 Cram R. A.(克拉姆,1863~1942年),和 Fergusson,F. W.(费格森)合作,后来又同 Wentworth,C. F.(温特沃思)合伙。

小 Renwick 原为结构工程师,自学转业为建筑师,其风格随业主之喜好而迁就,是典型的折中主义者,而 Cram 则以哥特式为主,是当时的哥特式权威,因此 Goodhue 也是折中主义建筑师之一。

同 Cram 和 Fergusson 合作期间的主要项目有:

马萨诸塞州阿什孟特(Ashmont)的万圣教堂(All Saints Church,1892~1913年,但延至1941年才彻底完成);

西点军校(1903~1910年);

哈瓦那(Havana)的拉·桑提西玛·特立尼达教堂(La Santissima Trinidad Church,1905年);

纽约第五街的圣汤马士教堂(St. Thomas Church,1906~1913年);

匹兹堡的第一浸信会教堂(First Baptist Church,1909~1912年)。

在合作期间,他单独的创作为:

罗得岛(Rhode Island)及纳舒厄(Nashua)的公园(1901~1902年);

加州圣地亚哥的巴拿马–加利福尼亚博览会建筑(Panama-California Exposition Building,1912~1915年)。

1914年后,他自行开业时设计了:

纽约圣巴塞洛谬教堂(St. Bartholomew's Church,1914~1918年)及圣文森特·菲雷教堂(St. Vincent Ferrer Church)。

加拿大圣地亚哥的海军陆战队基地和海战空军站(Marine Corps Base and Naval Air Station,1916~1918年)。

芝加哥大学的洛克菲勒礼拜堂(Rockefelles Chapel,1918~1927年)。

655. Poelzig,Hans 珀尔齐格/波埃奇格(1869~1936年)

由教师转为具开业资格的职业建筑师,1901年开始从事设计。

他探索了使用新材料如钢铁、钢筋混凝土和塑料于建筑上的新途径。

1910年为波兰的波兹南（Poznan）设计展览厅和水塔时，使用钢筋混凝土而保留古典的外形，被认为是表现主义（Expressionism）的滥觞。

表现主义可以追溯到康定斯基（Kandinsky，1866~1944年）在慕尼黑首先提出艺术的内在精神，强调其"内在的需要"，在20世纪初，德国的抽象画派在新艺术运动的影响下，以扭曲的形象和强调彩色的手法将他们梦想的世界表现出来，当时已临高潮，Poelzig被视为先锋人物。

1911~1912年他在卢班（Luban）设计的化工厂，多层的立面上配以大的半圆窗和小的方窗，而在布勒斯劳（Breslau）的一座六层的"L"形平面的办公楼，创新的传统形式，柱顶配以牛腿，各层粗壮宽阔的腰线，显得沉重粗拙。

在新风格方面，他和Mies Van der Roche（1886~1969年）代表着两种表现自我的不同倾向。虽然都采用了新材料。

1919年所设计的柏林大剧院（Grosses Schauspiel Haus）则富想象力，观众厅内顶悬挂钟乳石状装饰，配以变幻的灯光，产生岩洞的感觉，反映出他的极富主观性、大胆而纯熟（后来由Schumann，Circus/舒曼重建）。接着还设计奥地利萨尔茨堡（Salzburg）的剧院（1920~1922年）。

由1900~1916年任教于布勒斯劳美术学院，1920~1931年任教于柏林工学院。

656. Vigeland, Gustav 韦格兰（1869~1943年）

挪威奥斯陆（Oslo）的福罗尼尔公园（Frogner Parken）是一座露天雕塑公园，在30公顷面积的园内，分别满布以石、木、铜、铁共150组雕塑像，这是由Vigeland率领众多工匠花费了30多年时间所完成的，因此公园也称为"Vigeland Park"。公园环境优美，在林荫处处、玫瑰丛丛之中，塑像或单个或群聚，或坐或跑，或男或女，或老或幼，呈现不同姿态。在园中心，更有一座直径3.5m，高17m的石柱，柱面由上而下，密密麻麻地交叠着121个人体，盘旋而上，展现人生由摇篮到坟墓，生老病死的历程，在奋斗和抗争。石柱周围还以36座小雕塑辐射拱卫着。这组雕塑名之为"Monolitten"（生命赞歌，又名"千人柱"）。仅此，便花了他20年的时光。近一个世纪以来，吸引不少人来领略人生的真谛。

无独有偶，在瑞典首都斯德哥尔摩（Stockholm），也有一座散布着160多座雕塑的公园，那就是由Milles，C.（米勒斯，1875~1955年）所创作的米勒斯雕塑公园，隔着海峡和湖泊，东西呼应。另详见Milles（1875~1955年）章节。

657. Lutyens, Edwin Landseer 勒琴斯（1869~1944年）

家境富有的 Lutyens，植根于手工艺运动，并受 Shaw, R. N.（1831~1912年）和 Webb, P. S.（1831~1915年）所影响，是英国住宅复兴的主要建筑师之一。

初期设计一些同手工艺运动风格相关的居住建筑而初露头角：

萨里郡（Surrey）的伍德宅（Wood, M.，1896年），戈达尔明庄园（Godalming，1899年）等。接着的是1899~1902年伯克郡（Berk）的桑宁教区花园（Deanery Garden at Sonning）和苏里汉普斯特德（Sulhampstead）的富里农庄（Folly Farm）。

他结识了英国女园林建筑师 Jekyel, G.（杰凯尔，1843~1932年），长辈的她聘请他合作。她指导他："设计目标要单纯，意向要明确（Simplicity of Intention and Directness of Purpose）"。1911年罗马举行盛大的万国博览会（E. U. R./Esposlzione Universale di Roma），在南郊的会区建成永久建筑群，有各式各样的公共建筑，其中的英国杰凯尔学校由他设计。

他也做城市规划。印度为建设新首都，请他到印度为新德里做规划（1913~1921），他以一条中央大道配以若干放射形道路，其中又配以一些宽路将多边形的街坊分隔，具田园城市模式。同时还设计总督府（Viceroy's House），建筑采用新古典形式并加以印度装饰配合，于1930年完成。当年印度仍是英国殖民地，总督府为英国统治的最高政权所在。新德里的规划在一定程度上受 L'Enfant（1754~1825年）规划华盛顿的影响（1791~1792年）。在伦敦，1921年他设计"一战阵亡将士纪念碑"（"the Cenotaph"／"the Great War Stone"）、不列颠大厦（Britannic House，1920~1924年）和米特兰银行总部（Midland Bank Headquarters，1924~1939年）。

在法国北部松姆（Somme）河谷的梯也普华尔纪念堂（Thiepval Monument to the War Dead，1927~1932年）。

他和 Baker Herbert（贝克，1862~1946年）合作的利物浦罗马天主教堂（Roman Catholic Cathedral at Liverpool）的设计方案，始终未能实现。

他是20世纪上半叶英国的重要建筑师之一。

658. Garnier, Tony 加尼埃/戛涅（1869~1948年）

1905~1919年担任里昂市建筑师，早期的设计属学院派风格。

英国的 Howard, E.（1850~1928年）于1898年提出疏散主义的花园城市的设想，并先后在莱奇沃思（Letchworth）和韦林（Welwyn）两地付诸实现，可惜效果未如理想。在法国，则在 Hénard，E.（1849~1923年）主持下于 1913 年对巴黎的规划考虑过集中主义的多种方案。

作为建筑师，Garnier 一方面致力于住宅大众化的工作外，亦对城市建设作出思考，早在 1898 年便做出"工业城市规划"（Une Cité Industrielle）的设想。1901 年他将其理想作公开展出，1904 年又做出详细的平面图，1917 年出书发行，他得到罗马大奖（Prix de Rome），又获法兰西学院资助到罗马游历。

他认为"一切为工业区核心而设置，而推动核心运转的是工人"。他设想的工业城计划以 35000 居民为限，全从事工业劳动。他反对同心圆平面规划，而用线形平面。从规划图看，一边是长方格的街坊群，中心设会堂、博物馆、图书馆、展览馆、剧院、露天剧场和运动场，而学校则放在边缘，更远被隔开的是医疗保健建筑。在另一边，以道路和铁路分开的则是工业区，客运和货运亦分开设置。屠宰场放得更远，都用绿带隔离。居住区人、车道分开，人行道有高低层次。建筑物规定全用钢筋混凝土和玻璃为主要材料。住宅四边透空，反对狭窄的内庭。公共建筑方面，穹顶和立方体并存，平顶上设屋顶花园等，1917 年他写了《工业化的城市——城市建筑研究》（Cité Industrielle）。

他因具远见的工业城规划和理论而出名。

他曾将其设想告知 Le Corbusier（1887~1965年）。

他在任职里昂市建筑师时，除了设计一些楼阁之外，更多的是工人公寓，纯粹几何化的简约房屋"小白盒子"。1908~1924 年又花了十多年时间设计里昂市的畜牧场建筑群（Large Stockyards Complex）和格兰治医院（Grange Blanche Hôtel-dian，1911~1927年），还有他自己的别墅（1909~1911年），据此，1924 年他写了《里昂的主要建筑》。

对于历史风格，他采取虽不适宜，亦不掩饰的态度，他说："真实本身才是美丽。"在法国，他同 Perret，A.（1814~1954年）都是最早使用钢筋混凝土的建筑师，是法国 20 世纪建筑的先驱。其后的设计有：

战争纪念馆（Memorial to War Dead/Parc de la Téte d'Or，1922~1925年）、由 Larrive 担任雕塑；

蒙赛中心电话交易所（Moucey Central Telephone Exchange，1927年）；

卢斯的克鲁瓦纺织学校（Textile School，Croix，Rousse，1930~1933年）；

布格涅—比扬古的市府［Hôtel de Ville，Boulogne-Billancourt，1931年，同 Pebat-Ponce，J. H. E.（珀巴特-庞斯）合作］。

659. Loos，Adolf 卢斯/鲁斯/劳斯（1870~1933年）

19 世纪与 20 世纪交替之际，新艺术运动席卷西欧、北美，大量模仿繁花茂草的曲线，充溢于绘画、雕塑、建筑、家具而至装潢时，Loos 大唱反调，对一切装饰，包括古典的、时兴的一概予以无情抨击。

他是雕刻工及石匠的儿子，他所受的训练也是石匠。1890~1893 年在德累斯顿学习。1893 年到英国和美国游历后于 1897 年回到奥地利，在维也纳帮助 Mayreder, Carl（梅瑞德）工作。首作是改建维也纳咖啡博物馆（Café Museum 1898）。

其建筑设计甚多，但很少能实现，如在 Karntner-durchgane 的美式酒吧，于十年后才实现。

早期实现的有比尔教授的别墅（Villa Dr. Beer, 1904 年），卡尔马宅（Karma House, 1904~1906 年），都是一栋简单的几何形体，迈克勒广场（Michaelerplats）的戈德曼宅（Goldman House）和萨拉奇宅（Salatsch House, 1910 年）只一点点古典风格细部，同光洁大面积的云石墙面相辉映。

初期他仍受 Wagner（1841~1918 年）的影响。后来为了避免"犯罪"，只剩下素壁和窗孔。

1908 年出版的《装饰与罪恶》（Ornament und Verbrechen/Ornament and Crime），他认为"不是依靠装饰，而是以形体自身之美而美"，"一个作品的价值全赖高质量的材料和端庄的比例关系"。其实他早在 1898 年便宣称要废除装饰。他的名言就是"装饰就是罪恶！"

1910 年所设计的维也纳斯坦纳宅（Stein House）便是一个典型的例子，是他的宣言书，也是他建筑理论最全面的典范。三层的住宅只由纯粹的几何形体构成、立面上仅有矩形的窗洞和素净的墙面，别无他物。虽然是对称的，里面的布局也很复杂，但到底实现了他的纯净、无装饰的宗旨，开"合理派"风格之先。

他不但抛弃了新艺术运动的繁饰，也进一步抛弃了分离派的重点装饰，他认为 Wagner 而至 Hoffmann, J.（1870~1956 年）都是"文化的堕落者"。他对装饰极端抗拒，他说："一个民族的标准越低，它所采用的装饰就越多，令人厌烦！"他把适用同美观对立起来。他在《装饰与罪恶》中还主张不能随意放大空间，因为那是浪费，是一种"无形的罪恶"。他甚至不赞同在施工图上注上尺寸，因为从数字出发，是"违反人性"的。他的观点可谓达到极致，同他孤僻的性格倒是符合的。

1912 年他就自创学校（"一战"时关闭），宣扬其主张。其后他设计的住宅及其他项目都坚持早期现代建筑的美学观点：他综合了纯粹主义和理性主义。他同 Kiesler, F. J.（1892~1965 年）一起改建贫民窟。"一战"结束后，他于 1920 年起担任维也纳市的总建筑师，致力于大众化民居，并坚持其观点，一些"先锋派"

（Avant-garde）的艺术家附和，如文学家 Kraus（克劳斯）、Schöneberg（舍内贝格）及 Kokoschka 等都参与，其中 Kokoschka（考考斯卡）于 1908 年便已认识，并成为密友。

名声传到法国，1926 年被邀到巴黎索邦（Sorbonne）大学任教。

1928 年回到维也纳，继续建造住宅。其后期作品为：

瑞士日内瓦附近蒙特勒（Montreux）的卡尔马别墅（Villa Karma，1922 年）。

巴黎的 Tzara，Tristan（查拉宅，1916 年）——Tzara（1886～1930 年）是罗马尼亚诗人，达达主义者（Dadaism）。

维也纳 Müller（穆勒宅，1930 年）也是他的名作。

660. Gill，Irving John 吉尔（1870～1936 年）

建筑工人之子，未受正规专业教育，1890 年在 Sullivan（1856～1924 年）事务所当绘图员，得 Sullivan 悉心培养。

后迁加州，长期住圣迭戈（San Diego），对美国南方民居感兴趣，而不倦地探索小尺度低价住宅，同时受西班牙宗教建筑（Spanish Mission Style）的影响，逐渐形成独特的风格——朴素简单的几何形体，刷白的混凝土面，配以红瓦顶、钟塔、拱门，长而低的线条，还有花园，围墙——这些原始元素具真实美的特征，成为加州风格，具美国南方特色，清新而明快。

同 Wright，F. L.（1867～1959 年）的草原式风格（Prairie Style），在手法上有许多相似之处；又同 Loos，A.（1890～1933 年）的主张相若。

他的主要作品有：

拉尤拉市（La Jolla）的威尔逊·阿克顿酒店（Wilson Acton Hotel，1908 年）；

洛杉矶道奇宅（Dodge House，1916 年），白粉墙，主体体量感突出，连线脚都省掉，是他的杰作；

拉尤拉市女俱乐部（Women's Club，1913 年），最早使用预制混凝土墙板（Slab-tile Walls）；

他是最早取消装饰之美国建筑师。

661. Strauss，Joseph Baermann 斯特劳斯（1870～1938 年）

作为桥梁工程师 Modjeski，R.（1861～1940 年）的助手，擅长于设计活动桥梁。

他创造吊桥（Draw Bridge），仰开桥/活动桥/开合吊桥（Bascule Bridge）

和垂直升降桥（Vertical Lift Bridge）。

旧金山金门大桥（Golden Gate）的设计者。

临西太平洋，跨海湾的金门大桥，长1981m。早在1872年便有架桥的设想。1916年正式提出，估计要花费上亿美元。1921年Strauss提出方案时估计只需花2700万美元，筹资考虑以贷款、债券以及日后的过桥费解决。于是于1933年动工，原设计为索桥加悬臂桥相结合，后改为单一索桥，跨度1280m。这跨度为当时已有的索桥跨长超过三倍以上，宽度25m，1937年启用，桥身漆以朱砂色（"世界红"），实际费用为3550万美元。Ammann，O. H.（1879~1965年）协助，另详其他章节。

在20世纪60年代前，纽约跨维拉扎诺海峡、由布鲁克林通往斯塔滕岛的维拉扎诺海峡大桥（Ver-renzano-Narrow-Bridge）完成前，金门大桥跨度一直领先。

662. Berg，Max 贝尔格（1870~1947年）

以混凝土作为建筑材料，源于古罗马时代，那种天然胶合材料，后来逐渐失传。1774年英国在埃迪斯通（Eddystone）第三次重建涡石灯塔时，只是以石灰、黏土为胶结材料，直至英国的阿斯普丁（Aspotin）发明了波特兰水泥（Portland Cement），是一种硅酸盐水泥，才是现代的胶性水泥，1824年取得专利权。

配以铁丝以应付拉力，早期的有筋混凝土，于1867年由Monier，J.（1823~1906年）开始，后经Hennebique，F.（1842~1921年）和Coignet，F.（1814~1888年）的共同研究和实践，解决了钢筋混凝土的基本原理，才使钢筋混凝土成为近、现代的普遍的结构材料，最初只应用于梁板结构而至框架结构。

1901年Maillart，R. S.（1872~1940年）设计了钢筋混凝土拱桥。

1916年，Freyssinet，M. E.（1879~1962年）以钢筋混凝土设计了抛物线拱的飞机库。

1912~1913年波兰的Berg创出以钢筋混凝土设计出三维的立体穹形建筑。在波兰西南的西里西亚（Silesia）地区，在奥得（Oder）河边的布雷勒劳（Breslace、现弗罗茨瓦夫Wroclav，是波兰第四大城市，波兰的科学文化中心），Berg所设计的Jahrhun-derthall/Century Hall（百年堂/世纪厅），圆形平面，穹体由地而起，呈半球形，直径65m。穹分两层，外层作肋形，内层于基部又挖空出几个半圆券，作为主台及观众席。观众席阶梯向外斜向伸出，直趋外壳，内外穹之间以拉杆联系。其结构合理，曲率优美而雄健挺拔。全部为钢筋混凝土结构，重约 4200 吨，比之梵蒂冈的圣伯多禄教堂 487.7m² 及重 1000 吨优异多了。

百年堂建成，预示"二战"后 Nervi, P. L.（1891～1979 年）的成就。

663. Hoffmann，Josef 霍夫曼（1870～1956 年）

1892 年到维也纳投身于 Wagner, O. K.（1841～1918 年）门下学艺，由于成绩优异，1895 年获奖学金到意大利游学，那时，他已加入慕尼黑分离派的"七人团"（Die Siebenerclub）。

Wagner 于 1894 年开始执教于维也纳艺术学院。培养出不少建筑界人才。他和他的学生形成了维也纳学派，主张建筑艺术要源于时代生活，而适应时代生活。但是到了 1897 年，他的一些学生认为他不够彻底，成立了维也纳分离派（Vienna Sezession）。为首者 Olbrich, J. M.（1867～1908 年）和 Hoffmann，他们主张建筑物要造型简洁和集中装饰，Olbrich 设计了分离派展览馆，Hoffmann 则设计展览用室和家具展览，其后在各地举行了两次展览。

同时他开始在维也纳实用美术学院（Kunstagewerbeschule）任教，直至 1941 年。其间，他设计了在上伯格尔（Berger Höhe）的住宅和阿波罗蜡烛店（Apollo Candle Shop, 1899 年），1902～1904 年间在霍瓦特（Hohe Warte）为 Hennerberg（亨纳贝格）、Moser, K.（莫泽, 1860～1936 年）和 Spitzer（施皮泽）建别墅。

1903 年在维也纳设立艺术和工艺中心（Vienna Workshop Center for Arts and Crafts）。办厂的目的是为把工艺品从中古的束缚中摆脱出来，他和 Moser, Karl 领导此中心达 30 年。1912 年又创立奥地利制造联盟（Austrian Werkbund）。

1903～1904 年设计普克斯道夫疗养院（Convalescent Home at Purkersdorf）。

1905 年，他在比利时布鲁塞尔设计的斯托克莱府第（Palais Stoclet），是一座大型豪宅，几个错落的立方体重叠，手法简洁，而华美庄严，外墙贴大理石板，并于转角处镶以青铜角料，这种做法是从威尼斯的督纪宫（Palazzo Ducale）转角处的细螺丝柱纹中得到启发的，而门窗布置异常精巧，墙面淡雅悦目，他这杰作花了十年，于 1914 年才建成，其内部的装饰和家具也由他亲自安排。

从 1906～1914 年，他为各人建造的别墅分别为：比尔—荷夫曼（Beer-Hoffmann, 1906 年），阿斯特（Ast, 1909～1910 年），斯凯华（Skywa, 1913～1915 年）和贝尔涅茨克（Bernatzik, 1914 年）。

1914 年科隆的德意志制造联盟博览会（Deutscher Werkbund Exhibition）的奥地利馆，1934 年威尼斯博览会的奥地利馆都是他的作品。

1918 年 Wagner 逝后，他成为奥地利建筑界的代表人物，1920 年更任维也纳市总建筑师，那时候他面对后进日益猛进的形势，自感已落后，于是便进一步将设计减少装饰，更趋简洁，以符合新建筑的形势。那时，德国的 Behrens，P（1868~1940年）于1922年到维也纳担任美术学院的教授，两人共同为维也纳的规划和居住建筑方案作出努力，其中有克尼佩斯宅（Haus Knips）和费尔顿宅（Haus Velden）。

在欧洲现代建筑发展早期，他居于重要地位。

664. Kotera，Jan 科托拉（1871~1923年）

1887~1890年，入比尔森工艺学校（Craft School at Pilsen），通过四年的建筑实习后，到维也纳入 Wagner（1841~1918年）事务所工作，1896年赢得国家的建筑奖金（State Prize），随后又得到罗马奖金（Grand Prix），遂于1898年到罗马游学。回到布拉格，到 Ohmann（欧曼）的艺术和手工艺学校（School of Art and Craft）任教。

作为新艺术运动、分离派的建筑师，其设计内容多样，地域亦广阔。

早在1897年他便为在加莱—多佛尔隧道（Calais-Dover Tunnel）这条虚拟的（当年尚未开凿）穿越英吉利海峡的隧道的河口设计一座假想的市镇的方案。

1899年先后设计了文策斯拉斯（Wenceslas）广场的彼得卡宅（Peterke House）和布拉格中央火车站［在 Fanta J.（1856~1954年）事务所时］—立面为大拱门和两高塔，形象似教堂。

1902年，前卫组织曼内斯（Mánes）集团主办雕塑家 Rodin，Auguste（罗丹 1840~1917）博览会，作为集团成员之一，由他设计了展馆。同年的创作还有马哈宅（Mácha House）和特里马尔宅（Trimal House），1904年再设计苏切尔达（Sucherda）的住宅、别墅和工作室。

他的第一个大作是赫拉德茨（Hradec）的地区公署（District House，1903~1904年），接着又在普罗斯捷约夫（Prostejov）设计地区公署。

赫拉德茨-克拉洛韦（Hradec-Kralove）的市立博物馆（Municipal Museum），花了他六年时间（1906~1912年）。其后于1907~1908年又为商业与贸易协会举办六十周年的捷克展览会场（Jubilee Exhibition Czech Chamber of Commerce and Trade Pavilion）。

1908~1909年他连续设计了一些居住建筑，1909~1913年他又花了四年时间在洛尼（Louny）为工人们设计花园式聚居地（Worker's Garden Colony）。

远在国外，南斯拉夫的萨拉热窝（Sarajevo、当时属奥匈帝国）的斯拉维亚银行（Slavia Bank，1911~1912年）、保加利亚（当时属土耳其）索菲亚（Sofia）王宫的计划（1912年）和维也纳的伦伯格宫（Lemberger Palace, 1913 ~ 1914年）。

回到国内，有阿巴扎酒店的方案（Hotel Project for Abazia, 1911年）和乌尔包克百货商店（Ur-bauek Department Store, 1912 ~ 1913年）。

"一战"爆发，当时属奥匈帝国的捷克是侵略国，他只作了一些有关纪念性及市政方面和项目。

他最后的作品是乌先诺利（Usenory）的施滕克夏季别墅（Stenc Summer Villa, 1921年）。

665. Endell, August 恩德尔（1871 ~ 1925年）

生于柏林，在慕尼黑大学念哲学和美学，后来成为青年建筑运动（Jugendstil、德国的新艺术运动）的建筑师和设计师，并于1897年与瑞莫斯施米德（Riemerschmid, R., 1868 ~ 1957年）等组织艺术家和手工业者联合协会（Vereinigte Werkstätten für Kunst und Handwerk）。

从那时起他创作了：

慕尼黑埃尔维拉摄影坊（Atelier Elvira, 1897年）；

科尔疗养院（Sanatorium Köhr, 1898年）；

柏林的本特斯剧场（Buntes Theater, 1901年）、斯泰因广场（Steinplatz）的住宅群（1906 ~ 1907年），在卡斯坦尼林荫大道（Kastenienallee）、埃兴林荫大道（Eichenallee）和阿卡先纳林荫大道（Akazienallee）的住宅（1907 ~ 1909年）；

马里安多夫（Mariendorf）的大看台（Trabrennbahn/Grandstand, 1910 ~ 1911年）；

波茨坦（Patsdam）的庄宅（Country House, 1910 ~ 1911年）；

柏林的彪马鞋靴商店（Puma Stiefel Shoe Shop, 1910 ~ 1911年）；

科隆工业博览会的火车餐厅（Railway Dining Car, 1914年）。

其作品的特点是不讲求平衡，采用随意的曲线、浮雕式的粉刷和多种形式的拱券。

晚年因健康欠佳，转向教学工作：

1904年开办柏林的造型艺术学校 Schule für Formenkunst；

1914年他一度成为魏玛艺术职业学校（Knnstgewerbeschule, Weimar/Bauhaus 包豪斯的前身）的董事（director）；

1918年出任布勒斯劳（Breslau、现属波兰）的 Askademic für Kunsturd Kunstgewerbe（一间艺术学院）的教师。

666. Andre，Emile 安德烈（1871～1933 年）

其建筑生涯由随父 Charles（夏利）在南锡（Nancy）开始。

他设计的索吕普特公园（Parc de Saurupt）公园大门，图案用熟铁弯成，表现新艺术的风格。

1902～1904 年设计的一些居住建筑，如罗施别墅（Villa Les Roches）。

格里森别墅（Villa Les Glycines），克劳德－勒－洛林别墅（Claude-le-Lorain）和瑟尔冈特－布朗丹别墅（Sergent-Blandan）。以大出檐的盔形屋顶，尖锐而夸张的山墙，显现其特色。

还有一些学校和银行，多和他人合作。

667. Elmslie，George Grant 埃尔姆斯里（1871～1952 年）

苏格兰籍，1885 年随家到芝加哥定居。1895～1910 年在 Adler, D.（1844～1900 年）暨 Sullivan（1856～1924 年）联合事务所工作，协助设计了一些中西部的小银行，如在明尼苏达州的赫克托证券银行（Marchant's Bank of Hector）和国家农民银行（National Farmer's Bank, 1909 年）、伊利诺伊州里弗赛德（Riverside）的巴布逊宅（Babson House），既成为得力助手，亦使他专长于设计银行。

他也独立设计一些住宅：圣路易斯的韦恩赖特宅（Wainwright House 约 1898）、伊利诺伊州森林湖（Lake Forest）的麦克考密克夫人宅（Mrs. McCormick House）的方案（约 1898～1900 年）和 1904 年设计，1907 年施工的宾夕法尼亚州的皮特斯（Pitts）的米勒宅（Miller House）。

后来，他转投身于 Wright, F. L.（1867～1959 年）门下，在草原学派中，他的地位仅次于 Wright。他的创作有：

马萨诸塞州伍兹凯尔（Woods Hole）的布雷德利宅（Bradlay House, 1911 年）；

芝加哥的爱迪生大厦（Edison Building, 1912 年）；

明尼苏达州州立麦迪逊银行（Madison State Bank, 1913 年）；

马萨诸塞州珀赛尔宅（Purcell House）和费克宅（Feick House, 1914 年）、勒罗伊（Le Loy）的州立第一银行（First State Bank, 1914 年）。

俄亥俄州苏城（Sioux）伍德伯里县法院（Woodbury County Court House, 1915～1917 年）——Sioux 为北美印第安的一个部族，他们自称"Dakata"（达可塔）。阿道斯（Adaus）的国家第一珀赛尔银行（National Purcell Bank, 1917～1920 年）。

1920 年以后是他独立设计的时期，他继续设计的主要有：

伊利诺伊州奥罗拉（Aurora）的第二国立银行的旧行（Old Second National Bank，1921～1924 年）和国立美利坚银行（American National Bank，1925～1926 年）、西斯普林斯（Western Springs）的公理会教堂（Congregational Church，1925～1926 年）。

668. Maillart，Robert 梅勒特/马亚尔（1872～1940 年）

出生于瑞士伯尔尼（Bern），就读于苏黎世的瑞士联邦技术学院（Swiss Federal Institute of Technology，Zurich）。

1879 年起法国科学家、工程师 Hennebique（1842～1921 年）同 Monier（1823～1906 年）、Coignet（1814～1888 年）开始共同研制钢筋混凝土，探讨基本原理，得出系统理论，为应用钢筋混凝土开展局面。Maillart 为将钢筋混凝土应用于桥梁建造上，而参加合作，共同研究。是他第一个把混凝土的抗压特性和钢筋的抗拉特性结合在一起，以达到全面承担应力的功能。

1901 年他在瑞士楚奥茨（Zuoz）建造第一座钢筋混凝土拱桥，他把桥拱、加固梁同路面结合成一个整体，平直修长，外观优美，而造价低廉。他说："工程师必须在重量和质量两方面间作出抉择。"

在他工作的 40 年间，他利用钢筋混凝土在阿尔卑斯山一带，创造出各式各样的优美的拱桥，共 40 多座，很少用装饰，全凭形象清新而成为艺术品。

1905 年设计的塔文娜沙桥时，仅以一条直线配以一条弧形的外形构成，令人叹为观止。

在施瓦岑堡（Schwazenburg）的施万德巴赫（Schwandbach）弧形拱桥，被誉为"现代工程中的艺术珍品"（A Work of Art in Modern Engineering）。还有在施社尔（Schisers）的萨金纳路布尔（Salginalobel）大桥（1930 年），由于形式同结构应力相符合，自然产生优美的形象。

他还创造性地把蘑菇形的柱头同楼板接合在一起，成为无梁楼盖（Girderless Slab），1910 年在苏黎世的一座仓库实施。

1912～1919 年为俄罗斯设计了一批工厂和仓库。

669. Laverière，Alphonse 拉弗里埃（1872～1954 年）

生于瑞士卡卢格（Caronge），学于冈弗尔（Genfer），1893 年入巴黎学院（Paris Academy）的帕斯卡工作室（Atalier Pascal）实习。1901 年曾作上萨瓦（Haute-Savoie）的山上小旅舍（Inn）方案。

回瑞士后，1902 年与同学 Monod，Eugene（莫诺）共同成立事务所，开展新艺术风格的业务：

在洛桑，1904 年合作绍德隆桥（敞肩石拱桥），1905～1906 年的拉桑瓦吉埃（La San Vagier）别墅 [除了同 Monod 外，还有 Taillens, C.（泰朗）和 Dubois（迪布瓦）合作]。

又设计了 Genfer 的改革纪念堂（Reformation Memorial）。

1911 年和 Monod 同获斯德哥尔摩的运动场奖金。

670. Plecnik, Jòze 普莱尼克（1872～1957 年）

出生于南斯拉夫的卢布尔雅那（Ljubljana，今斯洛文尼亚首都）。

少年时随父当木工，后到维也纳向 Wagner（1841～1918 年）学习并工作，1894 年开始当自由职业的艺术家，1901 年开业当建筑师，在那里，他设计了：

佐奇洛豪斯商店（Zachlerhaus Store，1903～1905 年）。

卡洛·博罗梅奥喷泉（Carlo Barromeo Fountain，1908 年同 Engelhart, T./恩格哈特合作）。

圣神教堂（Holy Ghose Church，1910～1911 年），还有一些别墅、住宅和公寓等。

1911 年到布拉格，继 Kotěra, J.（1871～1923 年）在欧曼（Ohmann）的技术和手工艺学校（School of Arts and Crafts）任教，同时他以新艺术风格设计了布拉格的一些教堂以及书籍插图、家具和教堂的陈列品，其间于 1918 年重建了布拉格城堡。

1920 年返回卢布尔雅那任技术专科教授（Technical Faculty）。同样在各地创作，并把新艺术风格带回南斯拉夫，结合地方传统创出其风格。

一方面继续布拉格城堡的重建（1920～1930 年）和圣心教堂（Church of the Sacred Heart，1928～1931 年）。

在兰尼（Lány）的校长别墅（Presidential Villa，1920～1930 年）。

在卢布尔雅那，他留下了不少作品：

商会大会堂（Chamber of Commerce，1925～1927 年）；

圣弗朗西斯教堂（St. Francis Church，1926～1927 年）；

保险公司（Insurance Co.，1928～1930 年）；

包括鞋匠桥（Shoemakers Bridge）等三座桥（1931 年）；

普雷洛夫斯克别墅（Villa Pralovšek，1931～1933 年）；

佩格里辛宅（Peglezen House，1933～1934 年）；

国立大学图书馆（National University Library，1937～1940 年）；

巴杰教堂的圣尼科拉礼拜堂（St. Nicolae in Bajie Church，1937～1940 年）；

因先道尔丧葬礼拜堂（Eunerary Chapels, Eusemdle, 1938~1940年）；

市场（Market, 1938~1941年）；

日耳曼骑士团修道院（Monastery of German Knight, 1952~1957年）。

还有贝尔格莱德（Belgrade）圣安东尼教堂（Saint Antony Church, 1932~1957年），成为他的遗作。

671. Morgan, Julie 摩根（1872~1957年）

美国女建筑师、工程师。

她于1904年在旧金山首次建成防震建筑——一座加固钢筋混凝土钟楼。

两年后，1906年，旧金山发生8.25级大地震，并引起大火，28000座楼房被夷为平地，无一街道完好，3000人丧命，该建筑屹立安好。

672. Sauvage, Frédéric-Henri 索瓦热（1873~1932年）

就读于帕斯卡（Pascal）的美术学院（École des Beaux-Art）。初设计墙纸、招贴和建筑图。

1898~1900年在南锡随Jourdain（1847~1935年）和Majorelle（1859~1926年）合作Majorelle的别墅，他发挥新艺术风格的特色，将曲线和直线巧妙结合，配以各种形式的门窗。

1899~1901年间他为咖啡室和商店作室内装修和家具设计，为巴黎博览会做些补遗的工作（lost work），又设计了楼阁和公寓。

1902年起他悉心投入为平民的低造价住宅的工作。

1903~1907年为廉租卫生住房协会（Societé des Logements Hygieniques à bou Merché）设计合乎卫生标准的住所（Habitations Hygieniques）。1912~1914年又从事于工人住房的设计（Maisons Ouvrières）。

其间，又设计了在比亚里茨的两所别墅（two Villa at Biarritz），写了"Elément de L'Architecture"（建筑的基本元素）（同Sarazin 萨拉逊）。

"一战"期间，服役参战，战后重新开事务所。

1920年为甘必大电影院（Cinéma Gambetta）设计工人住房和阶梯 gradin。

1925年设计巴黎博览会的展览馆和终点变压站（Pavilions and Transformer Terminal）。

1926年再同Jourdain合作扩展Jourdain于1905年初建的撒马利丹商店（La Samaritaine Magasin）时，Jourdain已79岁高龄了。

1931年设计南特的德克大百货公司（Grand Magasins Decré），还有巴黎的斯芬克斯俱乐部（Sphinx Club）。又著《住宅建筑的经济法和材料标准化》。

他对低造价住宅、工人住宅作出了卓越贡献。

673. Carter，Howard 卡特（1873～1939 年）

1890 年，年方 17 岁的 Carter 便开始投入考古生涯，参加埃及考古工作，后来成为英国的埃及考古部门的巡查主任。

1902 年起在底比斯（Thebes）的大坟地（Necropolis）发掘帝王谷（Valley of fhe Kings/Deir-el-Bahri/戴尔·埃尔·巴哈里），其中有 Hatshepsut（哈特谢普苏特女王，公元前 15 世纪），Tuthmosis Ⅳ（吐特摩斯四世，公元前 14 世纪）和十八王朝的 Tutankhamon（图坦卡芒，公元前 14 世纪）等之陵墓，以后十年继续发掘，他负责监管墓室文物出土工作。

1904 年他同 Newberry，P. E.（纽贝里）合作写了"*Tuthmosis Ⅳ*"（吐特摩斯四世）。

1923～1933 年同 Mace，A. C.（梅斯）又写了"*The Tomb of Tutankhamon*"（图坦卡芒之墓）三卷。

674. Shchusev，Alexei 舒舍夫（1873～1949 年）

俄罗斯的建筑风格同拜占庭建筑有极深的渊源，至 12 世纪末已经形成其十字形平面和战盔式穹顶为特色的俄罗斯民族风格，延续至 17 世纪。18 世纪初，彼得大帝向西欧学习，一方面引入西方流行风格——巴洛克风格，一方面延请西欧建筑师到俄罗斯作实际创作，于是西欧建筑传入并形成一股力量。

革命前的俄罗斯，两派建筑平分秋色：一方面是由福明和热洛托夫斯基为首的新古典主义；另一方面则由 Shchusev 掌旗的"俄罗斯风格"。当时他除了一些个体建筑之外，主要是莫斯科通往喀山（Kazan）铁路的终点站（1912～1948 年）和同 Zholtosky，I. V.（钟尔托斯基）合作的新莫斯科市规划（1918～1923 年）。

1924 年苏维埃选定了在莫斯科红场建立列宁陵墓，他仿效埃及昭赛尔（Zoser/Zioser）多层金字塔的形式，做出三层台阶形，简单而无装饰的墓身。

1925 年，他同 Vesnin，L. A.（1880～1933 年）为黑海城市图阿普谢（Tuapse）作城市规划，次年又规划了斯摩棱斯克（Smolensk）。

在莫斯科，继续其俄罗斯风格创作：

水产部（Ministry of Aquiculture，1928～1930 年）；

军事运输学院（Military Transportation Academy，1930～1934 年）；

莫斯卡瓦酒店［Moskva Hotel（1930～1935 年）同他人合作］——Moskva 为"莫斯科河"之意；

遗传学研究学院（Institute for Genetics for the Academy，1935~1939年）；

共青团车站（Komsomolskaya Station，1945~1952年）；

捷尔任斯基广场上的行政大厦（Administrative Building，1946~1948年）；

在格鲁吉亚（Georgia）首都第比利斯（Tibilisi/Tiblis）的马、恩、列学院（1933~1938年）；

在乌兹别克（Uzbek/Uzbeg）首都塔什干（Tashkent）的阿列塞—纳沃伊（Alisher Navoi）戏院（1933~1947年）和歌剧院（1933~1940年）。

1932年对于前苏联建筑来说是个大转变的年头，全苏统一的前苏联建筑师协会（SSA/Union of Soviet Architects）宣布成立，构成主义（Constructivism/Конструктивизм）和理性主义（Rationalism/Рационализм）都受到批判，现代建筑师联盟OCA（构成主义创作组织）等受到取缔（斗争仍延续至1939年），社会主义现实主义为内容，俄罗斯民族风格为形式的总方针被确定下来，西欧的新古典主义也要让位。Shchusev为首的俄罗斯风格成为主流。

675. Saarinen，Goettieb Eliel 沙里宁/萨里宁（1873~1950年）

芬兰籍的（老）Saarinen。在移居美国之前，已经是北欧成功而著名的建筑师，他担任的主要工程有：

赫尔辛基（Helsinki）火车总站，建于1904~1914年。受西欧新艺术运动思潮影响，他结合芬兰独特的民族形式，使火车站的空间组合既简洁又灵活，尤其高耸的钟塔，更显北欧色彩，配以入口的大拱券和两旁的双立柱，适量的装饰，使地偏北陲的芬兰面目一新。他还设计了芬兰国家博物馆。在城市规划方面。除了大赫尔辛基规划成为规划佳例外，他还为爱沙尼亚的雷发尔（Reval、今首都塔林Tallin）和匈牙利布达佩斯做规划。

1922年他参加芝加哥论坛报（Chicago Tribunne）新大厦的设计竞赛，获得二等奖，第二年他便携家移居美国，其中包括儿子Eero，到了密歇根州的Bloomfield（布卢姆菲尔德）。

到美国后，初期他设计了一些学校：

布卢姆菲尔德的克兰布鲁克男校（Crambrock School for Boys，1925~1932年）；

克兰布鲁克的艺术学院（Crambrock Academy of Arts，1926~？年）；

金斯伍德女校（Kingswood School for Girls，1929~1930年）；

科学研究院（Institute for Science，1931~1933年）。

1932年他转到克兰布鲁克艺术学院任教，先后任建筑及城市规划系主任及院长直至1948年。

任教同时，他在布卢姆菲尔德希尔斯（Bloomfield Hills）设计了艺术博物馆和图书馆（1943 年）、通用汽车公司技术中心（1948~1956 年）。之前，还有一些小型建筑。

他的儿子 Eero（1901~1961 年）的知识和才能逐渐成熟，并且成为他的助手，便父子合作。其中有圣路易斯市的杰弗逊国家纪念碑"西部之门"，于 1964 年建成。其形式打破传统凯旋门式的古典风格，以抛物线造型，高宽各 630′（192m），外贴不锈钢板，共重 900 吨，内有电缆车可登顶，形象异常雄伟而流畅，成为圣路易斯市地标，设计获 1948 年竞赛一等奖。

1939 年父子合作设计华盛顿的史密森学会美术馆（Smithsonian Gallery），设计获建筑学会最高奖，可惜未能建成。

50 年代，他设计了两座教堂：印第安纳州哥伦布市的第一基督教徒教堂（First Christian Church，1940~1942 年）和缅因州明尼阿波利斯（Minneapolis）市的信义会教堂（Christ Lutheran Church，1949~1950 年）。

作为城市规划理论家，对于现代资本主义城市的不良发展，他深感担忧，1943 年写了"The City：Its Growth，Its Decay，Its Future"（城市的成长、衰败和未来）和 1948 年写的"Search for Form"（形式的探索）。针对奥地利 Sitte（1843~1903 年）的理论，他认为城市只凭美化并不能解决城市的要害问题。他指出：城市的物质环境设计要置于经济、文化、技术以及自然各方面的条件中考虑。基本原则是建筑物同自然的协调，建筑群的空间构成以及单体建筑间的互相协调，因此要作自由灵活的设计，这样才能满足居民基本的生活需要。因此，建筑不仅是艺术品，而且应与外界环境和空间关系和谐，他还写了"An Fundamental Approach to Art"（艺术的基本途径）。

他的作品从实际上反映出整体和局部的协调。

其早期作品——芝加哥论坛报新大厦对后来的摩天楼设计有很大影响。

他的作品代表了前国际式（Pre-International Style）。但是，他对国际式高度发展时期的式样出现沉寂和呆板，失去了生动和灵活而感到不满。

676. Petersen，Carl 彼特森（1874~1923 年）

木匠学徒出身，1896~1910 年就读于哥本哈根，后成为专业建筑师，在 20 世纪初领导北欧的建筑业（Nordic Architecture）。

他的主要作品是哥本哈根的弗奥堡博物馆（Fåborg Museet/Faaborg Museum，1912~1915 年），是新古典式的。

20 世纪初，当欧陆兴起现代主义建筑时，北欧各国包括芬兰、挪威、瑞典及丹麦，仍流行着新古典主义建筑，最多带一些"新艺术运动"的色彩。

677. Pope，John Russell 坡普（1874~1937年）

在罗马和巴黎学习，回美国后于1900年在纽约开业。

由于他对历史上各时期的建筑形式作刻苦钻研，掌握其手法和特征，能任意模仿和自由组合，使他成为20世纪初学院派折中主义的领袖。

他擅长于设计纪念性建筑：

1934~1943年杰弗逊纪念堂［Jefferson Memorial，以纪念Jefferson（1743~1826年）两百年诞辰］——古典风格，圆形平面带柱廊，同Eggers，O. R.（埃格斯）、Higgins，D. P.（希金斯）合作。铜像由Evens，R.（埃文斯）设计。

在华盛顿的还有苏格兰仪式礼拜堂（Scottish Rite Temple）——苏格兰仪式是共济会（Masonry）的一种仪式制度。（美国第二十六届总统）老罗斯福（Roosevelt，Theodore）纪念堂。国家美术馆东翼（1937~1941年）——后来由贝聿铭（Pei，I. M.）于1978年加建东翼。

纽约市老罗斯福纪念堂。

纽约州普拉茨堡（Plattsburgh）市政厅。

弗吉尼亚州里士满火车站（Richmond Terminal Station）。

肯塔基州霍得金维尔（Hodgenville）的林肯纪念堂（Lincoln Memorial）。

巴尔的摩艺术博物馆（Baltimore Museum of Art）。

678. Perret，Auguste 佩雷/贝瑞/培累（1874~1954年）

父亲Clande-Marie原为石工，后来成为营造商，因参加1871年巴黎公社而逃亡。Auguste出生于比利时，后兄弟三人共继承父业。

求学于巴黎艺术学院（École des Beaux-Arts），16岁便设计住宅，是他的第一次创作。

1903~1904年兄弟三人（Auguste，Gustave和Claude）在巴黎富兰克林路建造八层公寓，全座结构采用钢筋混凝土框架［结构由Garnier，T.（1869~1921年）设计］，这是世上首座钢筋混凝土框架结构的多层建筑，以墙板填充其间，简朴无饰，以真实结构显示于人前。

前于1894年，Baudot，Anatole de（博多，1834~1915年）曾以钢筋混凝土框架建造巴黎蒙马尔特的圣让教堂（Saint-Jean de Montmartre），就是全露明框架的单层结构。

随后，1905年设计的庞泰路（Rue de Ponthien）的马尔博厄夫汽车库（Garage Marboeuf，由Hennebique于1842~1921年设计结构）和1919年的厄斯德尔（Esders）服装厂也都是钢筋混凝土框架结构。

他善于发挥新材料的表现力和解决了大体量钢筋混凝土结构建筑的问题，对建筑的发展和革新影响很大，被誉为"法国新建筑之父"。

香榭丽舍剧院（Théatre des Champs-Elysee）是他 1911 年的设计。

"一战"期间他在摩洛哥的卡萨布兰卡（Casablenca）设计的一间仓库，采用了薄壳拱顶（1915 年）。

"一战"后，他为巴黎爱斯德尔 Esders 服装厂（1919 年）再一次运用其钢筋混凝土的才能，结构外露，不作修饰。钢筋混凝土拱形状优美，艺术性很高，而结构面积亦很小。

他主张无装饰，以表现裸露钢筋混凝土表面的质感，他说："装饰常会掩盖结构的缺点。"

1922～1923 年在近巴黎的勒兰西（Le Raincy）的圣母教堂（Notre-Dame）。厅堂式教堂也用钢筋混凝土构造。新材料、新结构同宗教建筑的功能配合在一起。

其后的一些行政建筑：1927 年他参加日内瓦国际联盟总部的设计竞赛，但是他和 Le Corbusier（1887～1965 年）等先进派的方案都受到排斥。1929 年他设计法国海军部大厦和音乐师范学校（École Normale de Mucique，同兄 Gustave 合作）以混凝土制作柱间花格，音响效果良好。

其后的作品有 1937 年的巴黎博览会的公共工程机械博物馆（Machdrier Museum of Public Works，1936～1937 年）。

"二战"之后，他出任勒·阿尔弗（Le Harve）重建工程总建筑师（1947 年）。Le Harve 位居塞纳河口，主要从建筑观点出发而非规划观点出发，仅为战后重建，只停留于建筑物本身。他统一采用 6.21m 的模数，便于在短时间内同时进行施工，市容不免显得单调呆板。1950 年又进行了市政厅（Hôtel de Ville）和圣约瑟教堂（St. Joseph Church）的设计。

1948 年 UIA（国际建筑师协会）首届名誉会长。

679. Zharov，S M 扎洛夫（活动于 19～20 世纪间）

在莫斯科东北方及东方一带有七个中古时代的古城，多个世纪以来，它们肩负贸易作用，盛极一时，七城连接成环形路线，被誉为"金环"（Golden Ring），至今以其传统文化、地方风情和建筑特色，成为旅游胜地。

位于正东方的弗拉迪米尔（Vladimir/Владимир），曾为罗斯大主教驻地，建城于 1108 年。当时建设繁荣，但 13～17 世纪先后遭受蒙古人、鞑靼人和立陶宛人的侵略和破坏，直到 19 世纪才陆续重建。其中圣三一教堂（Dmitrievsky Sobor/Trinity Church）于 1913～1916 年由 Zharov 设计，主要用红砖砌成，只下层的门窗框用白石雕刻，上层则做成开敞的空廊，门窗顶均用半圆拱，穹顶银白色，整体迥异于俄罗斯一般教堂。教堂现辟为博物馆。

680. Semionov，Vladimir 塞米奥诺夫（1874～1960年）

前苏联由1928年开始实行第一个五年计划，以发展重工业为主导。当时由米留廷（Milutin Nikolai，A.，1889～1942年）按照西班牙规划家Sofia y Mata，A.（索里亚·伊·马塔，1844～1920年）的线形城市的理念，规划了伏尔加格勒（Volgograd/当时的斯大林格勒Stalingrad）和马格尼斯高尔斯克，这是前苏联城市规划之始。

第一个五年计划之后，1933年，首都莫斯科的城市规划提到日程，为此，举行莫斯科建设总图方案竞赛，公开向国外邀请专家参加，Wright，F. L.（1867～1959年）的"广亩城市"和Le Corbusier（1887～1965年）的高层建筑群的方案都提出了，这些各走极端的方案都不为所取。于是集中了前苏联的建筑界、规划界、工程界、经济界和医药卫生界的专家们合作提出了1935年的莫斯科总图，以法案公布。

Semionov曾担任英国规划家Unwin，R.（1863～1940年）的助手，承受其疏散型城市规划的思想，他于1932年开始担任莫斯科市总建筑师，1935年总图的制定，他是主力。

其总图将莫斯科西南郊部分划入市内，全市分13个区，减低市中心居民密度，以功能分区，市外另设新居住区。全市以500万人口为限，市边缘以10km宽的林带环绕，又建运河与各海相通，使莫斯科成为海港。

城市以保留历史形成的城市基础，透过调查和改善，作根本的改造，并控制工业在市内发展，在水源、能源（引进天然气）、交通（发展地铁和市郊铁路电气化）各方面都有设施，总图基本是正确的，但未能完全达到。"二战"后再作出调整。

681. Milles，Carl 米勒斯（1875～1955年）

原名Andersson，Wilhelm Carl Emil。

瑞典首都斯德哥尔摩，由一个半岛和十几个小岛组成，其中在东北方的Lidingo（利丁厄）岛上有一座Milles（米勒斯）雕刻公园，公园面对布利多河口，公园内散布着160多件雕塑作品，都由Milles所创作。

公园原是他的私人别墅，1906年他在山岗上购下这片地皮，建造意大利式庭园。他陆续雕塑了这批作品，散布在海旁山岗上。在高低错落的园中，塑像全部竖立在方柱上或圆柱上，塑像以希腊或北欧神话为主题，配以喷泉，或动或静,充满美与力,充分表达了浓厚的民族色彩和古典风格。

不约而同,在挪威的奥斯陆(Oslo),据斯堪的纳维亚半岛的南端,遥相呼应的,是一座由 Vigeland, G.(1869～1943 年)所创作的福罗尼尔(雕塑)公园(Frogner Parken)。

1902 年他在巴黎求学时,参加了乌普萨拉(Uppsala)的斯滕斯图里(Sten Sture)纪念碑设计竞赛而获胜,1926 年完工。

其风格初受罗丹(Rodin, 1840～1917 年)影响,后转而倾向于 Hildebrand, A V(希尔德布兰德),变为粗犷和注重形式,富表现力和协调感,其他主要作品有:

1926 年瑞典哈尔姆斯塔德(Halmsted)的欧罗巴大喷泉(Major Fountain Europe)和 1936 年斯德哥尔摩的俄尔甫斯(Orpheus)喷泉——Orpheus 是希腊神话中的竖琴家。

移居美国,1931 年任密歇根州 Bloomfield Hills(布卢姆菲尔德希尔斯)的克兰布鲁克艺术学院(Crambrook Academy of Arts)的雕塑系主任。

1940 年创作密苏里州圣路易斯市的"水汇喷泉"(Meeting of the Waters)。

1945 年成为美国公民。

除了北欧的两座雕塑公园外,在地球的另一端,阿根廷的布宜诺斯艾利斯更有一处"雕塑城",内 1300 多铜雕。

682. Bingham, Hiram 宾厄姆(1875～1956 年)

1911 年他任教于耶鲁大学时,在秘鲁库斯科(Cuzco)西北的梅塞德斯附近勘定马丘比丘(Machu Picchu)遗址,遗址傍乌鲁班巴(Urubanba)河急流旁花岗石峰上,河绕三面,海拔 2743m,约 1.3km² 面积,削平山巅,垦成梯田状,以花园环绕,由台阶三千登临。据考据,此遗址为前哥伦布时期(1492 年前)印加帝国维尔卡班巴之故城,该遗址以向后倾斜的石墙,构成此"印加古都"。每座神殿只三面墙壁,开敞的一面朝向东南方库斯科的"神圣广场"。城中有座大石台,中竖立"(太阳神)印蒂瓦达那 Intihvatana"石柱,以定季节和时间。其西北部分为宗教区,东南部分为城镇区,中部为集合场所。遗址可能是国王曼科二世(Macu Ⅱ)避西班牙人的难所,马丘比丘有"空中都市"、"秘鲁长城"和"高空城堡"之称。

1977 年 12 月初,各国建筑师、规划师、学者和教授们,集合于秘鲁首都利马,讨论了城市规划和设计等问题,在《雅典宪章》的基础上签署了《马丘比丘宪章》。

他还发现了印加帝国另一遗址——维特科斯。

有关印加帝国，作为考古学家，他写了"*Incaland*"（印加国家）（1922年）、"*Machu Picchu*"（马丘比丘遗址）（1930年）和"*Lost City of the Incas*"（印加古城）（1948年）。

后来他担任了参议员和州长。

683. Holden，Cherles Henry 霍尔丹（1875～1960年）

中学毕业后即参加建筑工作，同时在曼彻斯特的艺术和技术学院进修，并获奖学金和在竞赛中获奖，后到伦敦在著名住宅建筑师 Ashbee，C. R.（1863～1942年）的事务所帮忙。1893年到美国入读 MIT（麻省理工学院），1899年毕业后进入擅长设计医院的 Adams，Percy（阿当斯）的事务所工作，参加了纽卡斯尔诊所（Newcastle Infirmary）的设计竞赛，至1907年成为事务所的合伙人，以后在各地设计了不少公共建筑物。

在伦敦的有：肯宁顿（Kennington）的贝尔格拉夫医院（Balgrave Hospital）和米赫斯特疗养院（Midhurst Sanatorium，1900～1903年）；

法律协会（Law Society，1902～1904年）；

不列颠医药协会（British Medical Association，1907～1908年）；

妇女医院（Women's Hospital，1908年）；

国王女子学院（King's College for Women，1908年）；

伦敦运输总部（London Transport Headquarter，1927～1930年）。

伦敦地铁站——北线和环线（1924～1929年），皮卡迪利线（Piccadily，1931～1935年），共五十个站。

伦敦大学评议会办事处（Senate House Building for London University，1931～1937年）。

伦敦大学的伯克贝克学院（Birkbeck College）的大学生活动大楼（Students Union）和沃尔堡学院（Warburg Institute，1952～1958年），这是他的遗作。

在伦敦，为了配合工作，他雇请了雕刻家 Epstein，Jacob（爱泼斯坦1880～1959年）和 Moore，Henry（穆尔，1898～？年），在当时，两人都是抽象派的雕塑家，不过后来 Epstein 转而反对抽象派。

在苏塞克斯（Sussex）的国王爱德华七世疗养院（King Edward Ⅶ Sanatorium，1903～1906年）。

在肯特（Kent）：坦布里奇·韦尔斯综合医院（Tunbridge Wells General Hospital，1904年），公立萨特·瓦伦斯学校（Sutter Valence Public School，1911～1929年）。

在布里斯托尔（Bristol）的中央参考图书馆（Central Reference Library，

1905～1906 年）和皇家诊所（Royal Infirmary，1906～1912 年）。

阿伯里斯特威斯（Aberystwyth）的威尔士国家图书馆（National Wales Library，1933 年）。

在国外，还有伊斯坦布尔的不列颠海员医院（British Seamens Hospital，1901～1902 年）和在法国和比利时的一些公墓（Cemeteries）。

684. Griffin，Walter Burley 格里芬（1876～1937 年）

年轻时曾作为 Wright，F. L.（1867～1959 年）的助手，后来虽然独立工作，但受影响甚深，所设计住宅的风格，直逼 Wright，几可乱真。

在美国，1906 年他为伊利诺伊州州立北部师范大学（Northern Illinois State Teacher's College）做校园园林设计。1910 年为艾奥瓦州（Iowa）的马松（Mason）城作住宅区规划和几栋住宅，随后便远赴澳大利亚发展。

1911 年在澳大利亚参加新首都堪培拉（Canberra）城市规划国际竞赛获奖，遂决定采用他的方案，他汲取前三名之所长，作出规划方案。新首都位于悉尼与墨尔本之间，莫朗格洛河（墨累河）由西向东蜿蜒，中间形成湖泊群，堪培拉市便位于此湖山之间，他按花园城（Garden City）的规划思想，采用几何形布局，以国会大厦、行政中心和商业区等几个中心，以"Y"形主干道为主，辅以辐射形道路，再作功能分区，由七座新城组成，工程于 1913 年开始（他亦于同年落户），1929 年迁都。其中一个湖取名为伯利·格里芬湖。延至 1957 年，城市规划由霍尔福德作修改。

1915～1920 年在堪培拉继续建设，同时设计墨尔本大学的纽曼学院（Newman College）和悉尼的卡斯尔克拉格（Castlecrage）住宅区。

1970 年格里芬湖的人工喷泉喷高达 137～150m，超越日内瓦喷泉保持了 79 年的 130m 喷高纪录。

1975 年以设计竞赛的方式，为他竖立"格里芬纪念碑"。

685. Cret，Paul Phillippe 克雷特/克芮（1876～1945 年）

原籍法国，在里昂和巴黎就读，在法获建筑师职位后到美国。1903～1937 年在宾夕法尼亚大学任教。

在他任教的 34 年间，正是我国学生攻读建筑专业而出国留学最早的时代，其中到美国者最多，而且多集中于该校，成为他的学生，（以姓氏笔画为序）他们是：

王华彬、卢树森、过养熙、朱彬、李杨安、杨廷宝、吴敬安、吴景奇、陈植、林徽因、范文照、赵深、哈雄文、梁思成、黄耀伟、童寯、谭垣等。

他们都是我国接受西方建筑教育的第一代，回国后成为开创我国现代建筑的主力。

Cret 置身于现代建筑潮流之外，而将所学的法国艺术学院传统的学院派教育体系维护于美国继续存在。他的建筑思维方法直接、间接地在我国现代建筑产生一定的影响，但他们极少创作古典主义的作品。

Cret 的最佳作品是 1907 年在华盛顿的泛美联合大厦 [Pan America Union 同 Kelsey, A.（凯尔西）合作]。

以其学生们为主要成员的事务所创作的，主要有：

印第安纳波利斯（Indianapolis）的图书馆（1915 年）；

底特律美术学院（The Detroit Institute of Arts，1922 年）；

康涅狄格州哈特福德县（Hartford）大厦（1926 年）；

费城罗丹博物馆（Rodin Museum，1928 年）；

华盛顿福尔杰莎士比亚（Folger Shakespeare）图书馆（1928~1932 年）；

还有一些桥梁和火车厢内部构造等。

686. Tessenow，Heinrich 泰西诺（1876~1950 年）

曾学建筑及铁路设计。

他的理论是重视建筑物为人类服务的功能，因此他尝试设计了种类繁多的住宅，以验证其理论。

在柏林的十多间大学任教，是有巨大影响力的教师。

687. Carrier，William Haviland 卡里尔（1876~1950 年）

发明家、工业家，他奠定空气人工调节的技术理论。

1902 年设计出一套控制温度和湿度的系统。1911 年发表论文《合理湿度公式》（Rational Psychrometric Formula）。

1915 年根据其理论，他创办了制造空调机的卡里尔公司，迄 1933 年前，他一直将其产品系统称之为"人造气候"。

1938 年设计出导管式空调机。

其竞争对手 Cramer，Stuart，W.（克拉默）于 1906 年申请取名为"空气调节机"。

笔者评：现行空调系统是一种不完善的系统，因为它将温度向外散发，未加回收利用，因此现行空调系统是一种"损人"的系统，取得自己暂时的凉快而使他人受热；其实，现行空调系统并未利己，一时的凉快而使个人身体受害，更使环境受到无可弥补的损失。

688. Marshall, John Hubert 马歇尔（1876~1958年）

毕业于剑桥。

1902~1931年任英国在印度的考古勘察总监，前后达30年。在英国占领之下，当时的巴基斯坦和孟加拉国均属印度。在其30年的生涯中，他主要发掘了：

塔吉西拉（Taksasita）的呾叉始罗（Taxila）遗址——前6世纪时犍陀罗（Gandhara）首都，亚历山大大帝征服之最东处，前5世纪时，印度、波斯、希腊三种文化的交会点。法显和尚之《佛国记》称"竺刹尸罗"（意"截头"——指佛以头施予人），1944~1945年再发掘坎宁安，遗址在今拉瓦尔品第西北。

摩亨筑达罗（Mohenjo-Daro、或译谟亨约达罗）城。

桑吉（Sánchi，或译山奇）的大塔（窣堵波，Stupa）。

鹿野苑（Sārnāth 今名萨尔纳特）之佛寺（Ruined Murgadava Buddhist Temple），为法轮初转处（即佛得道后最初说法之处）。有佛塔和3世纪时阿育王所立石柱，据玄奘记载柱高七丈，今存狮形柱头。

其中应该特别提的是摩亨筑-达罗城（Mohenjo-Daro）和Sánchi Stupa（桑奇塔/桑吉塔）。Mohenjo-Daro（意为"死者之丘"）位于印度河西岸，在信德省（Sind）之拉尔卡纳附近。于1922年发掘，遗址属公元前2350~前1750年的印度河文化（哈拉帕文化/Harrappan）占地约7.8km^2，夯土及坯台城墙高13m，外有城壕。分上、下城，显然经过规划：上城在西，住贵族及祭司，建于人工平台上，有高塔和多柱的公共大厅；下城住平民。主要街道南北向，次要街道东西向，以顺风向。划分成约9公顷的街坊，住房红砖砌筑，个别有楼层。有陶器、染布、制珠、金属、贝壳作坊，还有大水池和有通风管道的谷仓。住宅内有水井、厨房、盥洗、贮藏室。砖都有标准尺寸，以1:2:4的比例为三维。分大小两种分别用于城墙和房屋。令人惊讶的是在四五千年前已有完善的排水系统：污水经沉淀再流入暗渠，陶管砌在墙内。厕所冲洗式，还有垃圾管道，反映了当时已初步形成建筑形制，也反映了印度河的古代文明。估计当时约住三四万人，市外有岗哨，港口，但无防御系统。同时期在附近还有多处类似遗迹，如在海得拉巴、卡利班卡、雷克曼泰利、瑙沙罗、克特迪吉等。

Sánchi Stupa位于中央邦的博帕尔（Bhopal）北。Stupa（塔）象征"宇宙之树"、"众神之窟"、"大丘之初"，喻意天穹。桑吉大塔约建于公元前250年左右，Mauryan（摩揭陀国）之孔雀王朝（Chandragupta）的阿育王（Asoka 前272~前232）当政，经济繁荣，建设发达，他笃信佛教，而当时佛教的主要建筑是瘗埋佛陀或圣僧骸骨的Stupa。Sánchi Stupa的体积最大，并保存得最久而完整。4.3m 高的圆台基上，主体为平顶的半球体，直径 32m，净高 12.8m，平顶上为方形亭，戴华盖。此半球由砖砌成，外贴红砂石。外围的石栏杆是前 2 世纪加建的，仿木雕刻，断面呈橄榄形，矮的主柱间横插三条石枋，在正方向凸出四座高约 10m 的石门，同样也是以三条横枋插榫构造，开口偏右，挡住偏左的入口（一如我国四合院大门的布局）。整个大门布满深浮雕，以佛祖本生故事为题材。桑吉窣堵波体现了建筑同雕刻的糅合一体。20 世纪中，英国在印度的考古研究所所长（1944～1947 年）惠勒 Wheeler, R. E. M.（1890～1976 年）进一步拓展成果。

记述其发掘考古工作，他写了：

《摩亨筑·达罗和印度河文明》（1931 年）；

《桑吉遗迹》（1939 年）；

《呾叉始罗》（1951 年）。

689. Höger, Fritz 赫格尔（1877～1949 年）

19 世纪初，Schinkel（1781～1841 年）为符合工业革命后的新形势，由原来的希腊复兴形式转向简化古典主义的尝试。其后，Semper（1803～1879 年）思想先进，欢迎新事物（如对水晶宫之赞同），他试图将古典主义同新兴材料相结合，以适应时代发展的要求。另一方面，抽象画派的兴起，形象扭曲、色彩强烈，受其影响，在德国，一批无组织关系的建筑师又创出了反传统的、富于活力和流动感的德国民族浪漫主义的风格——表现主义运动（German Expressionist Movement）。Höger 是创立者之一，他的设计主要为：

汉堡的 Klöpperhaus（克洛普尔豪斯）百货公司（1912～1913 年）；

伦茨堡（Rendsburg）的行政大厦（Administration Office，1920 年）；

汉堡 Chilehaus Block（希尔街坊）建筑群（1923～1924 年）；

某出版社（Publishing House，1926 年）；

华斯贝克香烟厂（Wadsbek Reemtsma Building，1926～1927 年）；

勒德斯—舒勒工厂（Ledes-Schüler Works）（1927～1928 年）；

汉诺威（Hannover）的检举告发处大厦（1927～1928 年）；

柏林谢尔克香水厂（Scherk Perfune Factory）（1927～1928 年）；

本泰姆（Bentheim）铁路行政大楼（1928 年）；

弗鲁哈芬（Flughafen）住宅区（1928 年）；

维尔莫斯多夫（Wilmesdorf）的埃伦格拉斯特教堂（Erangelist Church，1931～1933 年）；

威廉斯港（Wilhelmshaven）吕斯特林根（Rustringen）市政府（1928 年）

和某住宅区（1935～1938 年）；

代尔曼霍斯特（Delmenhorst）的市立医院（1930 年）。

690. Bonātz, Paul 博纳兹（1877～1956 年）

早年在德国进行设计业务。

1943 年起移居土耳其首都安卡拉（Ankara）任顾问建筑师兼教学。

"二战"结束后返回德国继续其设计工作。已知他设计了斯图加特（Stuttgart）的中央火车站。

691. Pelliot, Paul 佩利奥（汉名：伯希和）（1878～1945 年）

1900 年由法国来北京，当时正值庚子义和团事件爆发，他在京期间参与使馆区镇压义和团起义活动。

以后又三次来华，搜集图籍文物。

1905 年在中亚考察，1906 年到喀什，直至 1908 年。在喀什，库车以至敦煌进行广泛的考察，在库车附近的杜勒杜尔和苏巴什挖掘佛寺遗址，掠走大量珍贵文物，包括死文字文献。又继英国的 Stein, A.（斯坦因，1862～1943 年）后掠走敦煌千佛洞❶写卷之精华部分 6000 多卷。1914 年又掠去 570 卷写卷及幡幢、绘画等文物——详情参照释乐僔（乐樽）（活动于 4 世纪中叶）章节。

1939 年由当时政府聘为中央研究院历史语言研究所研究员。

著《敦煌洞窟》（1922～1926 年）和《敦煌洞窟伯希和笔记》（1981～1984 年版）。

692. Tengbom, Ivar 滕邦（1878～1968 年）

欧洲在普遍向现代建筑转变的 20 世纪初，偏处北欧的各国仍以新古典主义的传统风格为主导，加上民族浪漫主义（National Romanticism）和多少带一些新艺术运动的色彩。而材料方面，则由木材为主转为砖石而至混凝土结构，在瑞典以 Ostburg, R.（1886～1945 年）为首，领导建筑并延续约半个世纪。

兼有作家和教授身份的 Tengbom，早年在 Lallerstedt, E.（拉勒斯特德）和 Torulf, E.（托鲁尔夫）手下工作。后来转同 Torulf, E. 建成合伙关系。

他的活动主要在斯德哥尔摩：

Euskilde Bank（尤斯奇尔德银行，1909 年）；

---

❶ 库车附近有建于东汉的克孜尔千佛洞，建于唐代的尕哈千佛洞，建于南北朝的库木吐喇千佛洞和建于魏晋的苏巴什佛寺。

Town Hall Borâs（布罗斯市政厅，1909~1910 年）；

Arvika Church（雅维卡教堂，1911 年）；

Hogalid Church（霍加利德教堂，1911~1923 年）；

Euskilde Band Headquarter（尤斯卡尔德乐队总部，1912~1915 年）。

"一战"时瑞典虽未经战火，但建设亦受一定影响而延滞。战后，在斯德哥尔摩继续其业务：

Concert Hall（音乐厅，1920~1926 年）；

Swedish Natch Co. Headquarter（瑞典纳齐公司总部，1926~1928 年）；

Skandia Insurance Co.（斯考迪亚保险公司）的扩建（1928 年）；

City Palace（市政厅，1930~1932 年）；

Höganas（霍根那斯教堂，1933 年）；

Bonnier Publishing House（邦尼埃印刷厂，1937~1948 年同兄弟 Tengbom Anders 合作）；

Arokurstens Palace（阿隆库尔坦斯府邸）之扩建（1948~1952 年）；

Bondeska Palace（邦德斯卡府邸）之改建（1949 年）；

Royal Palace（王宫，1956~1958 年）——现改为博物馆。

还有在罗马的古典研究院的瑞典研究所（Swedish Institute of Classical Studies，1940 年）。

693. Stael, Jan Frederik 斯塔尔（1879~1940 年）

在阿姆斯特丹，Berlage（1856~1934 年）提倡对传统形式设计的净化作出多方面的尝试，同时受新艺术运动所影响，采取新材料和新技术，力图使荷兰的建筑迈向现代化。至 1918 年他所领导的建筑界中 Stael、De Klerk. M. d. (1884~1923 年)、Kramer, P. L. (1881~1961 年) 等人，如同维也纳的分离派一样，脱离 Berlage，独立而成立了阿姆斯特丹学派，通过"*Wendingen*"（文定根）定期刊宣扬其观点。

阿姆斯特丹学派（Amsterdam School）并未同传统彻底决裂，只是将新兴运动同传统习惯加以融合，重点在于强调砖墙的立面，造成优雅的，雕塑般的形象，如 Stael 于 1904~1906 年在乌得勒支（Utrecht）所设计的保险公司（Insurance Offices），八层楼的立面上：下两层作为基座，三至五层用了占三层高的科林斯巨柱，至第八层以两面平行四边形的山墙结束，旁边还有塔楼。

他曾经在好些事务所工作，早期曾同 Kropholler, A. J.（克鲁福勒）合作，后期亦多与别人合作，还到过纽约。其余作品有：

赫利根卫（Heligenweg）的 Kettner Store（凯特纳百货店，1906 年）；

拉德胡伊斯街（Raadhuisstraat）的 Binnenhuis Store（宾尼荷斯百货店）和公寓（1907 年）；

威廉斯帕克的住宅群（Willemspark Houses，1911 年）；

安尼特尔银行（Hanidels Bank）在海伦格拉特（Heerengradte）的办事处（Office Building，1915 年）；

卡尔夫尔街（Kalverstreat）的卡皮百货店（Capi Store，1916 年）；

1925 年巴黎博览会的荷兰馆；

1920~1931 年他出任机关刊物《文定根》的副总编辑（Co-editor）。

694. Abercromb(i)e/Abercromby，P 艾伯克龙比（1879~1957 年）

1933 年他写的"Town and Country Planning"《城乡规划》是依据 Howard，E（1850~1928 年）的花园城理论与实践和 Geddes，P.（1854~1930 年）的区域原则（Regionalism）和城镇群的经验，将周围地域纳入城市规划的范围，使城市规划同区域规划相结合。

1937 年英国成立以巴罗（Barlow）主持的委员会，研讨伦敦人口密集所产生弊病的问题，并提出疏散工业和人口的建议，1940 年发布了《巴罗报告》（Barlow Report）。1942~1944 年 Abercrombie 负责制定大伦敦地区的规划方案。这个方案规划的面积达 6731km^2，涉及人口 650 万，各级行政机构 143 个。他将规划作成四个同心圈：①内圈——半径 48km，在这圈内控制工业，恢复功能地区，改造旧街坊和降低人口密度；②近郊圈——创造良好的居住区和健全地方自治团体；③绿带圈——宽度 18km，只作农田和游憩之用，是一道防止扩展的屏障；④外圈——设立八个新城。这规划虽然起到一定作用，但由于疏散人口不力，而新城投资又较大，反而增加了新来人口，加上对第三产业的发展估计不足，未获预计的成效，但亦取得一定的经验教训，有世界性的影响。后来于 60 年代中作出更正：由城市中心沿三条快速干线向外扩展，各于其终点建设三座"反磁力吸收中心"作用的新城市。

在其间，他同时写了"County of London Plan"（伦敦郡规划）（1943 年），讨论了居民密度和就业问题，但孤立地看交通问题。1944 年主编的"Greater London Plan"（大伦敦规划）一书中讨论了复兴工作，按内、外环定出居民密度，较前一年有所进步——被评为不朽之作。

"二战"后，当时尚属英国殖民地的香港，请他做地区规划大纲。他主要提出了：填海造地，搬迁兵营，扩建工厂区和居住区，改变铁路线和开通过海隧道等主要措施。当时尚未提到香港回归的问题，他从一个英国海外殖民者的角度出发，作出此大纲。在市镇建设方面，扩建了元朗、粉岭、大埔、沙田、荃湾和屯门，后来更平地起家地新建将军澳和天水围。由于新区未能解决当地居民的就业问题，又引出了交通运输问题，为此，在有轨交通方面，先后建地下铁路、改原有罗湖至九龙的铁路为电气化和双轨、在屯门和元朗之间建轻便铁路（当时，此铁路并未同其他有轨交通衔接，后来再加建西部铁路才得以接通，但仍是两个系统），而原在尖沙咀的铁路终点，缩短至红磡为终点站，现在又将终点站重新接回尖沙咀。更大问题是填海造地，就香港政府的收益而言，造地、卖地大大增加库房收入，但造地主要集中于香港与九龙之间的维多利亚港内，便使航道的海水质地受到影响；更严重的是填地之后便在此黄金地带上建摩天大楼，随着又加重交通负担，于是便建海上高速走廊或再填地以舒缓交通问题；填地后又建高楼，如此恶性循环。自 1855 年开始填地以来，至 2006 年已累计填地 6717km^2。这种恶性循环，不知何时终止，舆论和群众对此纷纷提出批评。百多年来，英国殖民主义以香港岛作为桥头堡、踏脚石，逐步蚕食九龙半岛和新界，所以以港岛中环作为市中心。回归之后，当局仍未改变此布局概念。关键在未将市中心由线形的香港岛转移到片形的九龙来，九龙地面开阔，背山面海，海上的货运码头，陆上的交通系统都在九龙，机场亦须经九龙到市区，远胜于困居海岛上，情形不可同日而语。

1948 年他任国际建筑师协会 UIA（Union Internationale des Architects）首届会长。

695. Freyssinet，Marie Eugéne Leon 弗雷西内（1879~1962 年）

早年从事钢筋混凝土桥梁的设计和施工，如 1905 年在穆兰（Monlins）的桥梁（钢筋混凝土桥）跨度达 95m。

"一战"期间改业房屋结构，其中 Orey（奥利）机场（位于巴黎市南郊）的飞艇库（1916~1924 年）。跨度 320′（97.5m），高度 195′（59.5m），采用钢筋混凝土拱券结构，肋间均匀嵌入采光玻璃，既采光亦起到装饰作用。

1928 年他开始研究钢筋混凝土预应力，1930 年在埃洛尔恩（Élorn）河建成的普卢加斯泰勒（Plougastel）大桥，三跨钢筋混凝土结构，每跨 187m，为当时最大的钢筋混凝土拱桥。他首次采用预应力和用振捣获得高强度钢筋混凝土，也使他认识到用高强度钢丝，才能在混凝土中获得足够的永远保存的预应力。1933 年应用预应力于勒阿弗尔（Le Haure）港口站台和火车站的加固工程中获得成功。1938 年发明整套张拉和锚固钢丝的工具，这种发明后来在全世界普遍采用。

"二战"时，他创造了先将桥梁分段预制，在现场架设时，再用预应力钢丝束连接成整体。

1946~1950 年共设计了达 74m 跨的双铰钢架梁桥 5 座。

696. Ammann, Othmar Herman 安曼（1879~1965 年）

1904 年由瑞士移居美国，第二年在宾夕法尼亚州钢铁公司工作。当时，他首先设计了纽约的昆斯博罗（Queensboro）古桥（1905 年）。

1912~1923 年期间他担任桥梁、铁路工程师 Lindenthal, G.（1850~1935 年）的助手时，他设计了纽约 Heel Gate（赫尔盖特）的钢拱桥和俄亥俄河的 Sciotoville（赛欧托维尔）大桥。

1923 年后，他在纽约自办工程公司。1931 年设计了新泽西和上曼哈顿（New Jersey and Upper Manhettam）间的乔治·华盛顿大桥，桥长 1066.8m 首次破千米跨的记录，此双层公路桥于 1958~1962 年改建。

1930~1937 年出任纽约港总工程师时，又设计了 Bayoune（贝荣大桥，桥长 503.53m，为钢桁架公路桥）和 Goethals（戈瑟尔斯）大桥，同时还有 Outer-bridge Crossing（奥特布里奇渡口）和哈得孙（Hudson）河底的林肯隧道。

1933 年他协助 Strauss J. B.（1870~1938 年）设计了不朽名作——旧金山的金门桥（Golden-gate Bridge）。桥跨金门海峡通向东岸的奥克兰（Oakland）。单跨 1280.16m，以往的吊桥也只跨 400m 左右，现一下子提高为三倍，创下了新记录。全桥无桥墩，钢缆分别架在两岸高出水面 227m 的门形桥塔上（至今仍保持记录）。双层六车道公路桥，连引桥共长 2824m，宽 27.4m，每天通车达 1200 万辆。钢缆直径 92.7cm 重达 24500 吨，1937 年竣工。其长度保持了 30 年，至 1964~1965 年才被纽约的韦拉扎诺海峡（Verrazano-Narrows）吊桥 1298.5m 的跨度，以 18.5m 之差所打破，韦拉扎诺大桥由布鲁克林通往斯塔滕岛的里士满，跨哈得孙河口的下纽约湾。

1937~1939 年任工程主任（Director of Engineering），又设计了布朗克斯—怀特斯通（Broux-Whitestone）大桥和特里巴勒（Triborough/特里自治市）大桥。

1946 年起他同 Whitney, Charles, S.（惠特尼）合作，再设计了纽约市斯罗格斯海峡大桥（Throgs-neck Bridge）。

除了桥梁和隧道之外，他还做结构设计：华盛顿杜勒斯（Dulles）国际机场和纽约林肯表演中心。

697. Vesnin/Visning/Веснины 维斯宁兄弟：

Leonid, A./Веснин Леонид, A.（1880~1933 年）

Viktor, A./Веснин Виктор, A.（1882~1950 年）

Aleksander, A./ВеснинАлександр, A.（1883~1959 年）

他们出生于俄国伏尔加河畔的优列耶夫兹城镇。商人的父亲先后将他们送到莫斯科商业实习学校学习,希望他们能继承父业,但是他们都志愿于建筑师。他们先后于商校毕业后,Leonid 首先考入彼得堡艺术学校建筑系,两位弟弟随后亦入读于彼得堡民用工程学校,同时他们还学素描和绘画,并参加建筑设计的竞赛。

革命前的俄罗斯建筑界,由传统的古典主义所主宰而形成两个流派:一派倾向于西欧的新古典主义;一派则倾向于民族的"俄罗斯风格"。尽管他们也有所修正,但仍只能在传统的阴影下挣扎。初出茅庐,维斯宁兄弟初期的作品也就局限于民族传统的俄罗斯风格的窠臼,如 1914 年的莫斯科赛马场的马厩,1915 年的诺夫哥罗德的谢洛特庚住宅和 1916~1917 年莫斯科迪那摩(Dynamo)股份百货公司(Stock Co.),在工业建筑方面已采用钢筋混凝土结构。

十月革命前,雕刻家 Malevich,K.(马里维奇,1878~1925 年)基于立体主义,探索以简单立方体创造建筑性的雕刻。十月革命后,Pevuner, A.(佩夫斯纳尔,1886~1962 年)和 Gabo, N.(贾波,1890~1977 年)兄弟更将立体主义的形象和手段结合未来主义的理想发展为构成主义(Constructivism/Конструктивизм)。风格派同样也是结合两者,但在手段上有所不同。他们于 1920 年发表了《现实主义宣言》(Realist Manifesto/Réaliés Nouvelle)。后来他们移居国外,在德、英进一步论述构成主义。面对新形势,Vesnin 兄弟积极参加建筑实践和探索,成为构成派的主要成员,风格亦相应转变。

1918 年为庆祝五一劳动节,克里姆林宫大事装饰,兄弟们装饰了钟楼。第二年,V. Vesnin、A. Vesnin 和阿列森共同设计和塑造在莫斯科的马克思纪念碑,开始对革命的贡献。之后,V. Vesnin 更投身于工业建筑,包括工人居住区的建设,也包括沙土尔的水电站(1919 年)。A. Vesnin 则为莫斯科的三间剧院作舞台造型,他的立体派设计震动了法、德各国。

兄弟三人各有特长和分工:L. Vesnin 善于平面布置,考虑功能安排;A. Vesnin 善于思考建筑物的空间艺术构图,成为构成主义者所尊崇的偶像,Le Corbusier 称他为"年轻的苏联建筑精神之父";V. Vesnin 凭他的技术素养和清晰分析,使设计更臻完善。三人各自发挥所长,相得益彰。

前苏联建国初期,他们便以崭新的形式出现于一向被古典主义所垄断的建筑界。1923 年莫斯科劳动宫的设计竞赛,是当时的一件盛事。兄弟们的方案将不同功能的部分以不同形象的空间划分,结构上采用了钢筋混凝土构架。8000 座的会堂(剧场)为圆形平面,不设楼层和包厢。楼顶上的钢塔,无线电天线斜挂,同建筑物结合在一起,这是构成主义早期的作品。但是,被仍由旧势力把持的评委会否决了。

1924 年设计的"列宁格勒真理报"莫斯科分社,平面只有 6m×6m,整幢建筑物以钢、钢筋混凝土和玻璃构成挺拔的方柱体。广告牌、扬声器、探照灯、钟面、旗杆和无线电天线全部裸露在外，充分表达宣传中心的功能，连升降机都可透过玻璃历历在目，这设计是前所未见，闻所未闻的。同年，另两个建筑同样以新颖的面目呈现：一幢是"苏英贸易股份公司莫斯科办事处"（设计竞赛），方盒子，最上两层分别在前、后方面缩进，一、二层是银行和商店，三、四层是办公室，五、六层是旅馆（这四层都有大玻璃面），上面缩进的是屋顶餐厅，而汽车库则置于地下室——这个设计后被仿效；另一幢是"伊凡诺夫人民之家"，同样方方正正，光洁的墙面配以大玻璃面，摒弃一切装饰。1925年设计的莫斯科电报局，突出了屋顶上独立悬空抬起的立方体钟塔和高高斜挂的天线束。而涅格林大街的百货商店，正立面全是大片的玻璃窗。新材料、新技术，引出了新形式。同年，另一项目是莫斯科的矿业学院（Institute of Mineralogy）。

"目的、手段同建筑形象的统一、内容同形式的统一、避免它们之间的互相矛盾。"——这就是三兄弟倡议的建筑设计的"功能方法"。

1923年由Ladovsky, N. A.（拉道夫斯基，1881～1941年）和Dokuchev, N. V.（道库夏夫）倡议创立"ASNOVA"（Association of Modern Architects），主张功能至上。1925年发展为"OSA"（Society of Contemporary Architects 现代建筑师联盟）。三兄弟和Ginsbury M.（1892～1946年）、Leonidov（李昂尼多夫1902～1960年）都参加了。构成主义开始进入鼎盛时期、A. Vesnin担任主席，V. Vesnin和Ginsbury分任副主席，还出版了《现代建筑》，他们将功能视为构成主义的信条。

1928年前苏联开始了第一个五年计划。他们设计了莫斯科列宁图书馆和一些大型公共建筑如斯维尔德洛夫斯克工业馆、哈尔科夫剧院（1930年获最优奖）、莫斯科无产者文化宫（1931年）、流放者同盟之家（1931年，设计竞赛）。同时在城市规划方面，为斯大林格勒（Stalingrad/现伏尔加格勒 Volgograd）、库兹涅茨克和扎波、罗城等城市作出努力。其中，设计乌克兰第聂伯水电站被誉为第一个五年计划中最出色的工业建筑（后陆续扩建）。

1932年全苏统一的苏联建筑师创作协会SSA（Union of Soviet Architects）成立，协会宣布取消各种派别，OSA也同时结束活动。协会定出社会主义现实主义是一切文学，艺术的创作内容，以俄罗斯古典主义作为形式。西欧的功能主义受到攻击，三兄弟的革新思想也受到批评。整个形势变了。次年，大哥L Vesnin先行辞世。

在强劲的潮流下，兄弟的风格也就作出调整。1932年工业馆的方案，1933年苏维埃宫的方案都未能实现。能实现的是：莫斯科切列尼切堤岸街建筑群（1934年）、重工业人民委员大楼（1934～1936年）和前苏联部长会议大厦（1941年）。虽然宏伟，庄严，但已非早年的简洁、灵活所能相比。

由 1933 年起两兄弟主持重工业部设计单位。1937～1949 年 V. Vesnin 担任建筑科学院院长和前苏联建筑师创作协会常任书记。

在前苏联建国初期，构成主义把生活视为创作之源，新的造型出于新材料和新技术，从功能出发，创作了一批适应时代的建筑，起到一定的作用。

698. Taut Brother 陶特兄弟：

Taut，Bruno 布鲁诺（1880～1938 年）

Taut，Max 马克斯（1884～1967 年）

（1）**Bruno** 于 1914 年在科隆德国工艺联盟（Vereinigte Werk-Stäten）设计的玻璃展览馆——虽然仅是展览建筑，但其反传统的手法，却成为后来的现代建筑作为的依据，该馆采用了双层玻璃的穹隆。

1918 年作为（在柏林的）艺术劳动评议会的建筑委员会议长。他发表了宣言，提出艺术同人民结合，以建筑为本，集结各项艺术的构想。提出为艺术立法和对美术教育进行改革，建立"社区活动中心"，为人民建美术馆等主张。该委员会同冬月团（Novembergruppe，十一月团）关系密切。

他又同 Berlage（1856～1934 年），Klerk, M. d.（1884～1923 年），Van't Hoff, R. v.（1887～1979 年）、Klint, K.（1888～1965 年）等 14 人组成表现主义 Expressionism 的"玻璃小组 Glass Chain"。

1925 年又参加属立体主义（Cubism）的"柏林圈"（Berlin Ring）的十人小组。在这个组织，新进的 Gropius（1883～1969 年）、Mies Van der Rohe（1886～1969 年）、Mendelsohn（1887～1953 年）、Le Corbusier（1887～1965 年）、Oud（1890～1965 年）和 Scharoun（1893～1972 年）都先后加入。十人小组后来增加至 24 人。

1926 年设计柏林马蹄区工人住宅。在罗马，他设计了郊区的工人社区，又规划过莫斯科市。

在土耳其，规划安卡拉及伊斯坦布尔和一些设计，其中为土耳其设计了驻日大使馆。在日本，他对日本建筑有了一定的认识，并写了《日本的人民和住宅》和《日本建筑体系》（Grundlinien der Architektur Japans）（1936 年）。他推崇日本神宫的建筑风格，认为它同现代建筑精神有许多契合之处。

（2）**Max** 早年经营地产，后来跟 Mies Van der Rohe 学建筑，并参加了十人小组。

1922 年他参加芝加哥论坛报的设计竞赛，其方案被认为是建筑设计过渡到合理主义的成功的例子。

1923 年设计柏林的德国贸易同盟大厦，他将混凝土结构暴露于外。

"二战"时期遭受纳粹的迫害。

战后担任柏林美术学院建筑系主任。

699. Gočár, Josef 戈卡尔（1880~1954年）

1903~1908年从军，退役后向新艺术运动建筑师 Kotera, J.（1871~1923年）学习，转而从事建筑，但其作品却得到 Wagner（1841~1918年）理性主义的气韵。他的作品除在捷克之外，还在巴黎。

塔罗米尔（Taromir）的文克百货商店（Wenke Department Store, 1909~1910年）。

布拉格黑圣母百货商店（Black Madonna Department Store, 1911~1912年）和矿泉疗养地（Health Spa）的建筑（1911~1912年）。

赫拉德茨 - 克拉洛韦（Hradec-Králové）的制革学校（Tannery School 1923~1924年），学校联合体（1924~1927年），安布里兹唱诗队席位（Ambriz Choir, 1926~1927年），捷克斯洛伐克铁路管理处（Czechoslovak Rail Administration, 1927~1932年），地区管理处（Regional Administration, 1935年）。

巴黎的捷克军团银行（Czechoslovak Legion Bank, 1921~1923年），巴黎国际展览会捷克国家艺术装饰馆（Czechoslovak National Pavilion Exp. International des Arts Decoratifs），圣瓦茨拉夫天主教教堂（St. Wenceslas Catholic Church, 1928~1930年）和三座别墅。

他的创作体现了主体主义（Cubism）在捷克斯洛伐克的反映。

700. Böhn, Dominikus 博恩（1880~1955年）

父亲虽然是建筑师，但另向 Fischer, T.（菲舍尔）学艺。

身兼教授及建筑师，在科隆（Cologne）设计了一些建筑，主要是教堂：

卡利塔斯学院医院的伊丽莎白教堂（Caritas Institute Hospital, Church of Elizabeth, 1930~1932年）；

圣恩格尔伯特教堂（St. Engelbert Church, 1930~1932年）；

他自己的住宅（1931年）；

圣保罗天主教堂（St. Paul Catholic Church, 1953年）；

玛利皇后教堂（Church of Mary the Queen, 1953~1954年）；

圣约瑟夫教堂（St. Joseph's Church, 1955~1956年）。

701. Woolley, Charles Leonard 伍利（1880~1960年）

他以其在政治、宗教、生活、语文、艺术和建筑等多方面的修养和才能，在北非、中东地区下列地点，开展考古发掘工作：

（1）努比亚（Nubia，古代之库什/Kush）——埃及古王国时代之南界至新王国南界之间，即尼罗河第二瀑布、第三瀑布、第四瀑布界之间，在今苏丹北部。他在瓦迪哈勒法附近开始发掘。

（2）埃及古都阿肯泰顿［Akhetaton，今泰尔·埃尔·阿马那（Tell-el-Amarna）］——十八王朝时阿孟霍特四世［Amenhotep Ⅳ，原名阿肯那顿（Akhenaton），前1379~前1362年在位］将首都由底比斯（Thebes，卢克苏尔－卡纳克 Luxor-Karnak）迁此，建有别墅、池、园、壁画等，被视为埃及之文明摇篮"The Cradle"。

（3）公元前1400年左右时埃及帝国的 Alalakh（阿拉拉赫/现亚卡那，Tell Atchana）——在土耳其哈塔伊（Hatey），近叙利亚（1907~1911年）。

（4）约公元前2000年时苏美尔古城 Ur（乌尔/吾珥），遗址在巴比伦旧城东南225km，现称泰勒穆盖耶尔，公元前22~前21世纪时首都，幼发拉底河边。有月神南娜庙（三层砖构，金字塔形，有台阶）。

（5）赫梯帝国（Hittile）的卡赫米什（Carchemish/卡尔基美什）——在今叙利亚境内杰拉布卢斯（Jarābulus）附近，遗址约230英亩＝约93公顷。

赫梯人为前2000年初安纳托利亚（Anatolia）的古印欧语系民族，新石器时代已有人居住，前1590年灭巴比伦阿莫里特王朝（Amorite），约公元前1375~前1325年被苏皮卢吕马斯（Suppiluliunes）所征服，前1193年瓦解。

他的发掘大大提高了对古美索不达米亚（Mesopotamia）的文明知识，他探讨美索不达米亚同希腊爱琴文明的关系。

（6）在苏丹（Sudan）瓦迪哈勒法（Wadi Halfa）附近发现一处前四千年时胡里安人（Hurrian）所建立的小王国的居住层。

1935年他被英国封为爵士。

他的著作有：

"*Ur Excavation*"（乌尔的发掘）十卷（1927~1954年）；

"*The Sumerian*"（苏美尔人，1928年）；

"*Ur of the Chald(a)ean*"（迦勒底人的乌尔，1929年）；

"*Digging up the Past*"（挖掘会发现过去，1930年）；

"*Alalakh on Account of Excavations at Tell Atchana in Hatey*"（阿拉拉赫，在哈塔伊的泰尔－亚卡那的发掘，1937~1949年，1955年）；

"*A Forgotten Kingdom*"（一个被遗忘的王国，1953年）。

702. Scott，Giles Gilbert（J）（小）斯科特（1880~1960年）

与祖父 Scott，Giles Gilbert（S）（1811~1878年）同名。

折中主义者,主要作品为:

利物浦圣公会会堂,哥特式,自 1930 年开始,此建筑物花费了他后半生精力;

剑桥大学新图书馆(1933 年);

牛津大学博得利(Bodleian)图书馆(1941 年);

伦敦新滑铁卢桥(？～1945 年)。

703. Meyer,Adolph 梅耶(1881～1929 年)

开始工作于 Behrens(1868～1940 年)手下,即同 Gropius(1883～1969 年)、Mies van der Rohe(1886～1969 年),Le Corbusier(1887～1965 年)等先后同事,后来同 Gropius 合作。

1911 年 Gropius 在德国阿勒费尔德郊区(Alfeld ander Leine)的法古斯鞋楦厂(Faguswerk Factory)的车间(Workshop Block),他是合作者,这座工业建筑,采用钢架结构和玻璃外墙,楼梯间位于转角处。首次采用转角窗以减去角柱,减轻厂房的沉重感,成为现代建筑的原型。

他的其他作品有:

耶那的天文馆(Planetarium Jena,1925 年),钢筋混凝土圆壳屋顶是新尝试。

1927 年日内瓦(Geneva)的国际联盟总部建筑群设计方案竞赛是建筑界的一件大事。全世界参加的方案达到 377 套之多,这是自 1893 年芝加哥世界哥伦比亚博览会之后,时隔 34 年,又一场世界性的新旧斗争。Meyer,A. 提出了方案,Le Corbusier 兄弟也提出了方案,结果现代建筑同样受到挫折,被否决了。

他设计的德国制造联盟的办公楼(Deutscher Werkbund Administration Office)又一次将楼梯置于曲线形玻璃外墙之内。

他所设计的详图,同 Wright,F. L.(1867～1959 年)有相似之处。

704. Hood,Raymond Mathewson 胡德(1881～1934 年)

受业于巴黎美术学院和马萨诸塞理工学院(MIT)。以设计摩天楼而著名。

1922 年同 Fouilhoux,J. A.(富尔豪克斯)合作的芝加哥论坛报大厦(Chicago Tribune Building),其哥特折中主义的方案获首奖,他采用此形式仅此一次,其后不再重复。在这次竞赛中,Gropius(1883～1969 年)也参加了,但当时的形势,还不敌于折中主义的潮流。

1930 年设计每日新闻(Daily News)大厦。

1930～1931 年设计的麦格劳希尔大厦(McGraw－hill)则采用了 Art Deco

（艺术装饰风格），线条简洁。Art Deco 源自 1925 年举行的 Exp. des Arts Decoratifs et Industries Moderns（现代工业艺术装饰展览）。主张简化立方体，而作阶级形的减退，以创造戏剧化的效果；受机器启发的各种图案装饰：流线形、折射画面或爵士乐韵律，因而成为美国第二代摩天楼的雏形。1931~1940 年的洛克菲勒中心（Rockefeller Center）就是后来的典型。

洛克菲勒中心位于纽约曼哈顿岛中央公园之南，近中央火车总站。是由 19 座建筑物组成的大建筑群。由于工程浩大，由 Hood 联同 Corbett，H. W.（科必特，1873~1954 年）和 Harrison，W. K.（哈里森，1895~1981 年）三家事务所联合承办。由洛克菲勒财团投资。主楼 70 层、高 259m、板式高层建筑，次要的是国际大厦（41 层），时代与生活大厦（36 层）。在这 8.9 公顷的地皮上规划这 19 幢建筑物难免局促一些，也还紧凑。除了建筑物之外，相应地安排了街心花园、喷水池和下沉式小广场、水道花园，调和了空间形象，在建筑物之间以地下通道相连接，更加强立体布局。他的另一贡献是将欧洲的现代主义引进美国。

705. Piacentini, Marcello 皮亚琴蒂尼（1881~1960 年）

他是墨索里尼的御用建筑师（Chief State Architect under Musolini），被称为墨索里尼的施佩尔（Speer）❶。

1906 年他在罗马开业，进行新古典主义风格的设计。"一战"时服兵役，战后当过教授、编辑和政府建筑师。20 世纪 30 年代便成为意大利❷最有力的建筑师。

在罗马，他主要设计了一些公共建筑，而且多和他人合作：
Banca d'Italia（意大利银行，1914~1923 年）；
Cinemaal Corso（柯尔索电影院，1915~1917 年）；
Garden City Garbetella（卡伯替拉花园城）第一期工程（1920 年）；
Cathedral of Cristo Re（克里斯托 - 瑞主教堂，1924~1934 年）；
Ambassador Hotel（大使大厦，1927 年）；
Ministry of Corporations（总体部大楼，1928~1931 年）；
Master Plan of Roma（罗马总体规划，1931 年）；
City Center and Via della Conciliazione（城市中心和和解大道，1932 年）；
University of Rome（罗马大学，1932~1933 年）；

---

❶ Speer，Atlent（施佩尔/许培尔，1905~？年），希特勒的私人建筑师，纳粹军备和战时生产部部长，重建整个柏林（未完）强征劳工，1946 年判刑 20 年。

❷ 法西斯统治时，意大利称为"总体国家"（Corporative State）。

Banca Nazionale del Lavoro（拉沃劳的国家银行，1934～1936年）；

E. U. R.（Esposizione Universale di Rome/罗马万国博览会［1937～1943年，1950～1960年再同 Nervi, P. L. 奈尔维（1891～1979年）合作加建体育馆］；

罗马大学礼拜堂（1950～1951年）；

在外地，有利比亚（Libya）班加西（Benghazi）的罗马酒店（Hotel Rome, 1912年）；

旧金山世界博览会意大利馆（1915年）；

热那亚（Genoa）的凯旋门（1923～1930年）；

巴黎世博会的意大利馆（1937年）；

费拉拉（Ferrara）的行政区宫（Palazzo della Regione）。

还在四个地方设计法官官邸（Palace of Justice），它们在：墨西拿（Messina，1912～1918年）、贝加莫（Bergamo，1922年）、米兰（Milan，1932～1940年）和巴勒莫（Palermo，1957年）。

706. Kramer, Pieter Lodewijk 克雷默（1881～1961年）

在荷兰，于19世纪下半叶起，Berlage, H. P.（1856～1934年）对古典建筑作出净化（Purity）的尝试，他冲破保守思想，减少装饰、表现材料以反映时代和现实。

但是，如同奥地利出现分离派一样，他的学生们也脱离他而独立，组成阿姆斯特丹学派（Amsterdam School），1918年通过"*Wendingen*"（文定根）期刊，作为传播和联络。学派注重建筑的立面，近似表现主义（Expressionism）的风格。学派为首者是 De Klerk M.（1884～1923年）和 Kramer，活动至1930年中止。

虽然在思想上背叛其师，但两人仍然将 Berlage 原设计的"黎明住宅区"（Huigenblock de Dageraad）完成了（1918～1923年）。

早前，两人同 Van der Mey J.（范德迈，1878～1949年）设计了航运屋（Scheep Naarthuis），三角形的平面，前面仿船头而室内装饰奢华。

他还设计了阿姆斯特丹的运河大桥。

707. Van Allen, William 范·艾伦（1882～1954年）

经历1893年举办的芝加哥世界哥伦比亚博览会上新旧建筑交锋搏斗一役，芝加哥学派受到致命打击，美国的主流建筑风格让位于商业古典主义，芝加哥学派所兴起的高层建筑在芝加哥式微，但在纽约却得到发展，不过，在手法上却是哥特式的。

摩天楼的发展有赖于钢框架结构系统的建立，1884～1885年芝加哥家庭保险公司大厦［Home Insurance Co. Building，Jenney（1832~1907年）和 Mondil 设计］获得实践成功，亦有赖于硅酸盐水泥的发明并于1824年获得专利；摩天楼的使用亦有赖于升降机的运行，1861年 Otis（1811~1861年）发明的升降机成为专利商品。1907年纽约建成47层、187m高的辛尔大厦，高度已超过金字塔的高度。

美国第三大汽车公司克莱斯勒（Chrysler/香港译"佳士拿"），为了同曾经合伙而后来又成为对手的塞维伦斯的曼哈顿银行竞赛，而建造比曼哈顿银行更高和更为美观的摩天大厦，请来了 Van Allen 作设计，要超越曼哈顿银行大厦。工程于1926年开始，合作的有 Kirkman，W.（柯尔曼）和 Harrison，W. K.（哈里森，1895~1981年）等人，地点在曼哈顿中央火车站大街。原设计为56层，高263m，后来得知曼哈顿银行为71层，高282m，乃悄悄加工——56m不锈钢的尖塔，于最后突然升起，一下子将高度加到319m，遂超越了曼哈顿银行，工程于1930年完成。

外形采取20世纪20年代美国流行的摩登风格——Art Deco（艺术装饰风格）。受机器启发的图案装饰：流线形，转角无墩柱，五层拱券重叠，三角形窗，又将汽车上的车盖、挡泥板、水箱等形象统统都用上，不锈钢尖顶上竖立黑色的麦丘利（Mercury/水星）神像为结束。20世纪80年代曾重修。

708. Häring，Hugo 哈林/海灵（1882~1958年）

"一战"时参军一年，1916年便改业建筑设计，直到1952年。初期作品有：

Manor House（庄园宅邸，1916~1918年）——庄园宅邸既是园主住所和管理中心，也是公众生活的中心，带防御设施；

巴黎加费勒·吉恩医院（Gaffre Guin l'hôpital）；

格加肯农舍（Gut Gaukern，1923年）；

杰科农场（Gerkau Farm，1924年）；

吕贝克拍卖场（Auction Room，Lüback，1924年）；

烟草货物工场（Tobacco Goods Factory，1925年）；

柏林艺术展览厅（Art Exhibition Hall，1928年）。

他是现代建筑的重要代表。1928年一群先进的建筑师们在瑞士的 Le Sarzaz（拉·萨尔查兹）——一座古堡创建了 CIAM（Congrés Internationaux d'Architecture Moderne 国际现代建筑协会）。与会者有 Le Corbusier（1887~1965年）、Gropius（1883~1969年）、Aalto（1898~1976年）、Berlage（1856~1934年）、Giedion（1888~1968年）等28人（一说42人），Häring 是创始会员之一。建筑师开始有了国际组织。他还成为德国分会主席。

他虽然是现代主义建筑师，但却反对理性主义和引喻。他说："自然世界决定建筑师的趣味。"其作品以曲线外墙面为主要特征。

他其后的作品有：

Von Prittwitz Building（冯·普里维茨大厦，1937～1941年）；

意大利的一间开放学校（Open-air School，1938年）；

柏林艺术和工艺学校（Kunst Werk Schule，1942年）；

比贝腊赫的沃纳-施米特茨宅（Werner-Schmitz House，Biberach，1949～1952年）。

此外，他在东普鲁士（East Prussia）、新乌尔姆（Neu Ulm）、柏林、比贝腊赫及图特津（Tutzing）等地设计一些住宅或公共住宅（Housing）。

709. Van Doesburg, Theo 范·杜斯伯格/万·杜埃士堡（1883～1931年）

原名：Emile，Christian 艾米尔

化名：Küpper，Marie 库柏及 Bonet，J. K. 邦塞

原为诗人、画家、装饰家和艺术理论家。

1914年受波兰的 Scheerbart，Paul（舒尔伯特，1863～1915年）的启发，在科隆的手工艺展览会上展出其"玻璃住宅"。

1915年同 Rietveld, G. T.（里特弗尔德，1888～1964年）、Oud, J. J. P.（奥德，1890～1963年）共同评论立体主义（Cubism）。

1917年和上述两人以及画家 Mondrian, P.（蒙德里安，1872～1944年）等人组成"De Stije 风格派"的造型艺术团体，并创办刊物，就以"De Stije"为名。Mondrian 并于创刊号上发表了《绘画中的新造型艺术》。1918年该组织发表［*Manifesto I*/宣言（一）］。

风格派亦称"新造型派 Neo-Plasticism"或"要素派 Elementarism"。其实，风格派是由立体派（Cubism）派生出来的。

欧洲经历了四年的战争，多数国家都被卷入战火，只有荷兰、瑞士、西班牙、保加利亚、阿尔巴尼亚及北欧三国未受牵连。因此，在此阶段，荷兰的建筑业却更兴旺。年轻的建筑师探索一条新的道路，他们反对传统，厌恶什么神圣、气质、灵感之类的东西，否定具体形象。其所倡导的"抽象创造"（Abstraction Creation），源于 Mondrian 的新造型派。

1919年 Van Doesburg 出游法、捷、德等国，1922年在柏林同 Lissitzky（1890～1941年）合署发表《构成国际》（Constructionism International）宣言。

1921～1922年他在 Bauhaus 任教，那时他宣扬其风格派的观点，强调机械文明，认为表现派是不健康的。1921年他作了"*Der Wille Zum Stije*"（风格之

旨）的演讲，提出机械美（Machanical Aesthetics）。他认为文化独立于自然之外，只有机器才配站在文化最前列，能表达时代美。又说机器的抽象性，无分国界，达到平等的作用；机器能省劳动力、解放工人，而手工艺则束缚工人。他把崇拜机器提高到宗教的神圣地位。他又说："自然的对象是人，人的对象是风格。"

由于他向学生散布风格派的论调，并诋毁 Gropius（1883～1969 年），1922 年他离开 Bauhaus，去了巴黎。

还得提到 Mondrian，他初期是画静物和风景的，其风景画注重结构而有韵律感，后来开始重视色彩。1908 年采用新的直线技法和新的着色，更善于用原色。1911 年当他见到立体派的毕加索（Picasso）和布拉克（Bregue）的画，即应用上立体主义的技法。1913 年他由立体主义显然走向抽象主义的第一步，避免曲线和斜线，只用平、直线条。后来结识了 Van Doesburg，便共同创办《风格》（De Stije）杂志，其作品不以实物为题材，只用直线、直角，三原色和白、灰、黑色，自称为"新造型派"。因此，风格派的设计以纯粹的几何形状呈现：方形、直角、光面、无饰，立面不分前后左右，以三原色起分隔作用，打破封闭感、静止感，不分内外的时间、空间的结合体。1920 年著《新造型主义》。

1924 年由 Rietveld 设计在乌特勒克（Utrecht）斯劳德夫人的住宅（Schroeder House）体现了这种精神。

Van Doesburg 1923 年以 Bonet 的笔名为达达派（Dadaist）的画派出版刊物"*Mechano*"（梅夏诺）。

风格派是结合立体派的形象和未来派的理想的流派。由于活动于鹿特丹，亦称鹿特丹学派（Rotterdam School）。它着重于结构，而阿姆斯特丹学派则着重于立面。其实两者很接近。

由于派内意见不一，致动荡和改组频仍。最后于 1925 年瓦解。

710. **Bartning Otto** 巴特宁（1883～1959 年）

作品集中于德国和奥地利，数量甚多，其中大部分是教堂，而风格多样。

1924 年起任教。

1950 年任德国建筑师基金会主席。

1957 年在柏林举办汉萨地区（Hansaviertel）国际建筑观摩园地（Interbau），他主持场地规划，大片开敞的绿化场地上配置高、中、低层公寓。参加观摩设计的有 Gropius 等。此项活动是为德国于战后恢复受严重破坏的房屋问题而办，促进房屋重建，以缓解房屋严重不足。另一措施为建立卫星城和重建受损城镇。

711. Byrne，Francis Barry 伯恩（1883~1967年）

起初在 Wright, F. L.（1867~1959年）手下工作，后来同 Griffin, W. B.（1876~1937年）、Mahony, M. 合作。

1930年在芝加哥和纽约自行开业，主要是设计一些教堂：

莱辛（Racine）的圣帕特里克教堂（St. Patricks Church，1923年）；

图尔萨（Tulsa）的圣王基督教堂（Church of Christ, the King，1926年），采用了简洁的新哥特式；

爱尔兰科克（Cork）的教堂，立面上以狭长间缝采光，有异于一般的大窗，雕像则同混凝土结构合为一体；

堪萨斯（Kansas）的圣沙勿略教堂（Church of St. Francis Xavier，1948年）；

艾奇逊城的圣本笃教堂（St. Benectict's Church，1955年）。

712. Gropius，Walter Adolph 格罗皮乌斯/葛罗皮乌斯（1883~1969年）

出身于建筑工作者家庭，1903~1910年先后就读于慕尼黑工学院和柏林夏洛腾工学院。

1907~1910年工作于 Behrens, P.（1868~1940年）事务所，当时正是 Behrens 设计 A. E. G.（Allgemeine Elektriciatëts Gesellscheft/通用电器公司）建筑群及涡轮机车间（Turbine Factory，透平机车间）的时候，这是表现派（Expressionism）风格工业建筑的首作。此新颖的作品对他起到一定的启迪作用，同时 Mies Van der Rohe（1886~1969年）和 Le Corbusier（1887~1965年）等人亦先后工作于该所，他们后来便成为现代主义的主将。

1910~1914年他自行设所经营。他开始考虑在住宅施工中，重复使用部件可大量生产，以加快进度，对降低造价及提早出租/出售都有好处。这种以工厂制造，可使建筑走上工业化的想法是先进的。他在1913年所发表的《论现代工业建筑的发展》中论述在工业化以后社会对建筑的要求，同时他指出"建筑只是外壳"（《老子道德经》第十一章："……凿户牖以为室，当其无，有室之用……"何其近似!），"不要做表面文章"，对建筑的形式提出讨论。

1911年，他成为 Deutscher Werkbund/German Labour League（德意志制造联盟）成员。联盟是1907年由 Muthesius（1861~1927年）发起成立的。同年，他和 Meyer A.（1881~1929年）合作设计在阿尔费尔德（Alfeld-ander-Leine）的法古斯鞋楦厂（Fagus Shotlast Factory）的车间。框架结构，平屋顶，狭长的玻璃窗，楼梯置于转角处而取消了角柱，整个立面显得轻盈、通透，打破了一向工业建筑的沉重感。在建筑历史上，这是第一次，也标志新建筑的开端和典范。

1914年德意志制造联盟在科隆举办展览会，示范了办公楼、厂房和住宅，参加者有制造联盟的各成员，Gropius设计的工业馆办公楼同样也是显现玻璃窗和转角楼梯。

欧洲的古典建筑自古希腊时代开始，都是以对称均衡的平、立面布局，以石料为主要材料，以柱式、檐口、山墙为主要建筑语言。Gropius打破传统，由使用功能出发作非对称的布局，采用框架结构取代承重的柱、梁、板结构。平顶，墙面整洁，将哥特式彩色玻璃表达圣徒们超凡入神的形象，改为透明玻璃，予人以内外通透的现实感，并将空间调整到适合人们工作和生活的程度。他说："建筑没有终极，只有不断的变革。"

1903年魏玛（Weimar）创办了艺术职业学校Kunstgewerbeschule，由Van de Velde H. C.（1863~1958年）出任校长，1914/1915年辞去校长职，改荐Gropius继任。他接手后于1919年将原有的美术学院（Hochschule für Bildendekunst）与之合并为公立包豪斯学校（Das Staatliches Bauhaus/Public Bauhaus/简称为"Bauhaus"）。校舍由教授Muche, Georg（穆舍）设计。学校以劳作同理论并重，使手、脑同时发挥作用，以培养出才干。在Bauhaus没有老师同学生，只有师傅和学徒。教学程序分预科学习六个月，技术学习三年，成为匠师，如有素质，可继续训练成为建筑师。所涉及学科有纺织品、家具、雕塑、厨具、陶瓷、玻璃、金工、印刷等。在进修阶段，提倡自由创作和交融协作。其时，激进的前卫艺术家云集，有Kandinsky（1866~1944年）、Feininger（1871~1956年）、Klee（1879~1940年）、Moholy-Nagy（1895~1946年）、Itten（1888~1969年）、Albers（1888~1976年）、Van Doesburg（1883~1931年）、Gabo（1890~1977年）、Malevich（1878~1935年）、Lissitzky（1890~1941年）等。后来于1927年增设的建筑系则有Meyer, H（1889~1954年）和Mies van der Rohe（1886~1969年），可谓群贤毕至。可惜，并不和衷共济，代表表现主义的Itten和代表风格主义的Van Doesburg互相攻击，内讧的结果是两人相继离职，学校于1924年停办。

这时候，德绍（Dessau）市长表示欢迎到德绍继续办学，并提供校园用地。于是他开始设计新校舍。校舍除了本校的办公、教学和生活之外，还要附带另一间小型职业学校，他按功能出发，将两校分别置于校内主要道路两旁，教学部分临街布置以取得充分光线，而生活部分再用过街楼将两校相连接，以六层和四层，高低、大小、纵横错落，形成虚实、轻重的对比，丰富了形象，加上大片玻璃或光净的墙面，又是另一种的对比。在结构上仍是框架结构和平屋顶，全无装饰和线脚，以其本身的造型美，使建筑物既动感和新颖，而且车流、人流通畅，造价低廉，因而成为现代建筑的一个里程碑，为后来的设计所效法

（1996年联合国列为文化遗产之一）。工程于1925年动工，次年完成，工期快速，完全达到多快好省的效果。他还设计了简洁的家具。

1922年参加芝加哥论坛极（Chicago Tribune）新大厦的设计竞赛，其方格式加芝加哥窗的立面，被讽刺为"鼠夹"而落败，让Hood（1881～1934年）的新哥特折中主义的方案夺魁。

1923年同Meyer, A.（1881～1929年）合作设计耶拿（Jena）的剧院。

1927年在斯图加特（Stuttgart），维森霍夫同盟（Weissenhof Werkbund）举办了一次建筑展览，他设计的两座公寓采用了预制构件，实现他早年的理想，1931年进一步作预制构件装配式单层住宅的材料试验。

1928年参加由Le Corbusier倡导召开的CIAM（Congrés Internationaux d'Architeture Moderne, 国际现代建筑协会），成为创始会员。

包豪斯的成就引起艺术界和建筑界的注目，也引起德国法西斯的仇视，而致惹来困难重重，1928年他无奈离校，由Mies van der Rohe接任校长。1930年迁校到柏林，1933年希特勒掌握政权，包豪斯被封闭了。

包豪斯存在14年，教化生徒1200人，其中包括中、日学生，我国的秦国鼎也于1929年到德绍进修。Gropius不但是建筑师，更是建筑教育家。"革命自有后来人"，原包豪斯金工室主任兼《包豪斯丛书》编辑的Moholy-Nagy（莫霍伊－纳吉，1895～1946年）于1937年到芝加哥筹办了"新包豪斯"。另包豪斯毕业生Bill, Max（比尔，1908～? 年）等人于20世纪50年代在乌尔姆（Ulm）创办设计学院New Bauhaus/Ulm Hochschule für Gestaltung（至1968年），都继承了包豪斯的教学观点和方式。同样在日本，他的弟子川喜多炼七郎（1902～1975年）所办的东京建筑工艺研究所（后来的新建筑工艺学院）也是包豪斯式的学校。在我国，上海圣约翰大学于1942年引入包豪斯教学体系。其余在世界各地的技术学校也或多或少地采用包豪斯式的教学模式。

1926年他作出"多功能剧院"（Total Theater）方案，在椭圆形观众席近舞台的一端，划出一个圆形范围，可任意旋转，在此大圆形旁的小圆形既可用于观众席位，又可变为音乐演奏席，这样既可成为剧院，又可成为音乐厅。这方案后于1926～1930年在巴黎展出，可惜未能实现。

在德绍期间，教学之余还做了一些设计，除了德绍的就业办事处（1927年）外，主要是住宅区的规划和设计，如1927～1928年达马尔·斯托克住宅区（Dammer Stock Housing）和1929～1930年柏林西门子城住宅区［Berlin-Siemens Stadt Housing，同Scharoun, H.（1893～1972年）合作］，大致上是三至五层的公寓，混合结构，行列式布局。

1934年，在希特勒的法西斯统治下，他逃亡到英国，并入了英籍，1934～

1936年同Fry, E. M. (1899~1987年) 短期合作，其中在剑桥郡的因平顿乡村学院（Village College Impington）较为有名。

1937年应哈佛大学之聘请，到美国任教授，第二年担任建筑系主任。1944年入美籍。在哈佛大学，他开设设计基本原理的课程。其向现代建筑设计进军的精神，深受学生们欢迎，随之在其他学校引起改革历代以模仿为主的建筑风格。当时，我国的黄作燊、贝聿铭等都是他的学生。

Gropius是反传统的，对他自己也不是故步自封，墨守成规。到美国后，他便宣称"我的观点常被人认为是合理化和机械化的顶峰，这是对我工作的误解"。他并没有把包豪斯的一套完全移植到美国，他说包豪斯当年也在不断地变，常在探索创新，在美国应有美国的方式。

在教学之余，从事设计工作，首先就是1937年在马萨诸塞州林肯市自己的住宅，他和包豪斯的学生Breuer, M. L.❶（布罗伊尔/布劳耶尔，1902~1981年）合作设计了一些住宅，其中有匹兹堡的铝城住宅区（1943年）。

1945年带领一群年轻的建筑师合办了TAC（The Architect's Collaborative 协和建筑师事务所）。这个事务所由最初的8个人发展到200人，成为规模宏大的集团，其业务远及各大洲。他同合伙人的排名以字母顺序排列，自己亦不例外。集体创作，又设顾问委员会对所有作品作最后审查。TAC有名作品有：

TAC总部和宿舍群；

哈佛大学研究生中心（Harvard Graduate Center，1949年）；

纽约泛美航空公司大厦（1958年，同其他事务所合作）；

波士顿市政中心肯尼迪联邦大楼（John F Kennedy Federal Building，1968年），和肖姆特银行（Shawmut Bank，1975年）；

华盛顿美国建筑师协会总部（American Institute of Architects Headquarters）；

科罗拉多杰弗逊县约翰-曼维尔世界总部（John-Manville World Headquarter，1976年）。

在国外还有：柏林汉莎区（Hansa District）国际住宅区（Interhau，1957年）和包豪斯博物馆（1964年）；

塞浦路斯（Cyprus）阿马苏斯酒店（Amathus Hotel，1975年）；

南斯拉夫伯那丁避暑酒店（Bernardine Hotel，1976年）；

雅典美国大使馆新厦（U. S. Embassy in Athen）；

巴格达大学（Baghdah University，1960年设计）。

---

❶ Breuer, M. L. （布劳耶尔，1902~1981年）匈牙利人，1924年毕业于包豪斯，1937年入美籍，在哈佛大学教书，设计了巴黎联合国教科文总部（1958年）和华盛顿美国住房及城市发展部总部（1968年）等。

1948 年同 Wacksman, Koured❶（瓦克斯曼，1901～1980 年）合作创办预制构件厂，制造飞机库结构体系。

Gropius 将他的理论写了：

《建筑与设计》（1890～1939 年）；

《艺术家与技术家在何处相会》（1925～1926 年）；

《工业化社会中的建筑师》（1952 年）；

《全面建筑观》。

他是反传统的，主张不断革新，设计要从功能出发，尊重科学和大众的需求，将建筑推向预制化、装配化、工业化。

在美观问题上，有人认为他忽略了。其实不然，他说"未来的建筑师应将所有艺术融合为一"。他到美国之后，明确地说："人类心灵上美的满足比起解决物质上的舒适要求是同等的，甚至是更加重要"，"时代不同，环境不同而作出不同取求"。

"二战"后，渐渐出现形形色色的建筑思潮和流派，有人批判现代主义乏味，忽略人的精神要求，首当其冲的是 Gropius，出现了如 Wolfe, Tom 的"From Bauhaus to Our House"（从包豪斯到现在）的批判，是功是过，留待历史判断吧。

713. Laprade, Albert 拉普拉德（1883～1978 年）

生于印度，移居法国，活动于法国及非洲之法属殖民地。主要为：

摩洛哥达尔贝达（Darel Beida, 即卡萨布兰卡/Casablanca）之城市规划（1915 年）。

巴黎 E. D. F.（Electricite de France 法国电力）大厦（1918 年）及近郊之奥利（Orly）国际机场——1916 年曾由马亚尔 Maillart, R.（1872～1940 年）设计飞艇库。

法国驻土耳其大使馆。

非洲、大洋洲艺术博物馆（Musée National des Arts Africans et Océanieus）[1931 年同 Jaussey, Léon（若斯利，1875～1937 年）合作]。

714. De Klerk, Michel 迪·克拉克（1884～1923 年）

De Klerk 是位神童，幼时无师自通，他 7 岁时的绘画引起一位教师的兴趣。把他推介给 Cuypers, E.[Cuypers, P. J. H.（1827～1921 年）的侄子]，14 岁

---

❶ Wacksman, K.（1901～1980 年）德国人，1964 年南加州大学研究部主任，建筑研究院院长，著《建筑之转折点》（The Turning Point of Building）强调技术和艺术不可分割。

便进入 Cuypers 的事务所边做边学，并在工业学校夜间进修，直到 1910 年。其间，做了一些方案：一个火车站（1906 年），一个运动俱乐部和一间餐厅（1907 年）。又做了些设计：1908 年的四间工人住宅、1909 年的海滨旅店和赞安街（Zaanstreet）地段的艾根·哈尔德住房（Eigen Haard Housing）连邮局。

1910~1911 年出游斯堪的纳维亚半岛诸国，回国之后在阿姆斯特丹设计希莱大厦（Schiffahrtshaus，1912~1916 年），果然一鸣惊人，成为阿姆斯特丹学派首幢代表作。

阿姆斯特丹学派源于 Berlage（1856~1934 年），思想上同手工艺运动有联系，而主张净化，墙面不加粉刷和装饰，强调雕塑般的、优雅的立面形式，以反映客观现实。Stael（1879~1940 年）、Kramer（1881~1961 年）和他这三位 Berlage 的主要信徒，也像维也纳的分离派一样，脱离 Berlage 而独立，而成为阿姆斯特丹学派，更注重建筑砖墙的立面。1918 年开始出版的 "*Wendingen*"（文定根）是他们的机关刊物，该派强调个性和幻想，充满诗情画意。

尽管同乃师分道扬镳，但他们仍将 Berlage 所设计而未完成的黎明住宅区（Huigenblock De Dageraad），于 1918~1923 年完成。

他和 Kramer，还有 Van der Mey, J.（范·德·迈，1878~1949 年）在 1916 年共同设计的航运大厦（Scheep Vaarthuis）是一幢三角形的建筑物，正面做成船头模样，内部装饰很奢华。

1917~1921 年设计的艾根哈德庄园，具荷兰民间建筑的情趣，他以热诚的情感和巧妙的构思来完成。

1921 年的船屋（Het Sahiz），仿船只的外形设计。

他致力于住宅，尤其是低造价的住宅，如在阿姆斯特丹的须德（Zuid）的亨利埃特-龙尼尔广场（Henriette Rounerplatz）的高台成排房屋（Terraced Houses）和阿姆斯特丹公寓等，还有和 Kramer 合作的达耶拉阿德住宅的扩建（Dagerand Housing Development），都采用荷兰的基本形式、传统材料和表现主义（Expressionism）的倾向。

天妒英才，他只活了 39 岁，逝于 1923 年 11 月 24 日，那天正是他 39 岁的生日。

715. Almqvist, Osvald 阿尔姆克维斯特（1884~1950 年）

其业务内容广泛：斯德哥尔摩的城市规划，尤专长电力站（Power Station），主要设计有：

福苏乌德福什（Forshuvadforseu，1917~1921 年）；

哈马福什（Hammarforseu，1925~1928 年）；

克隆福什（Krangforseu，1925～1928年）；

马拉亚（Malaya）的钱德罗（Chanderoh，1929年）等电力站。

此外还有一些公寓，成排住屋、工人村落（Worker's Village）、酒店和学校。

716. Kahn，Ely Jacques 卡恩/康❶（1884～1972年）

1911～1919年，在独立工作前，在巴黎和纽约先后工作于 Buchman（布殊曼）、Fox（福克斯）和 Jacobs（雅各布斯）等人之事务所。

其后作品主要在纽约：

家具交易所（Furniture Exchange，1926年）；

保险中心（Insurance Center，1926～1927年）；

伯格道夫·古德曼商店（Bergdorf Goodman Store，1927年）；

应用艺术大厦（Allied Arts Building，1929年）；

电影艺术大厦（Film Arts Building，1929年）；

雅德利公司办公楼（Yardley & Co. Office，1929年）；

荷兰广场建筑群（Holland Plaza Buildings，1930年）；

大陆银行（Continental Bank，1931年）；

海运大厦（Maritine Transportation Building）；

弗拉兴的世界交易会（Word's Fair，Flushing，1939年）；

格林堡住宅群（Fort Greene Houses，1944年）；

环球影片公司大厦（Universal Pictures Building，1947年）。

科罗拉多的迈尔亥中心大厦（Mile High Center Building, Colorado, 1955年），[同贝聿铭（I. M. Pei）于1917～? 合作，当时贝已初露头角，至1956年设计丹佛市中心，遂成名]。

阿斯特广场（Astor Plaza，1969年）。

717. Dudok，Willem Marinus 迪多克/杜道克（1884～1974年）

1913年前在军队中当电话员至工程师，历时十多年。

20世纪20年代，荷兰因未受"一战"战火所侵扰，艺术、包括建筑思潮

---

❶ 活动于20世纪，姓 Kahn 的建筑师和工程师共有四人，另三人为：

Albert（1869～1942年），现代工厂设计之父。

Louis Isadore（1901～1974年），爱沙尼亚人，设计宾夕法尼亚大学理查兹医药研究大楼等。

Fazlur 结构工程师，1970～1974年 Sears Tower（西尔斯大厦，SOM 设计）。

四人之间并无任何关系。

异常活跃。1917 年 Van Doesburg（1883~1931 年）在鹿特丹主编理论期刊"*De Stije*"（风格），开始了风格派，亦称为鹿特丹学派。那边厢，在阿姆斯特丹，*Kramer*（1881~1961 年）和 De Klerk（1884~1923 年）于 1918 年脱离 Berlage（1856~1934 年）自立门户，成为阿姆斯特丹学派。同样，他们也有机关刊物 "*Wendingen*"（文定根）宣扬其观点和主张。

其实两派的根源都出于 Berlage，所以很接近，只不过鹿特丹学派较着重于结构，而阿姆斯特丹学派则着意于立面形式而已。Dudok 却独立于两派之间，他具有鹿特丹学派的几何形体和阿姆斯特丹学派的个性表现的双重特性。

他活动于希尔弗瑟姆（Hilversum），是市府建筑师，除了希市的城市规划和市政厅（1928~1930 年）之外，几乎全是些学校，如：

1921 年的布拉文克（Dr. H. Bravink）学校和 1928~1929 年的冯德尔（Vondel）学校。此外在巴黎大学城的荷兰楼（Netherland House，Cite' Universitaire 1927~1928 年）。

在鹿特丹，还有比仁考夫百货店（Bijenhorf Department Store，1929~1930 年，"二战"毁）和伊拉斯莫宅（Erasmus huis，1939~1940）。

他用大体积、大块头作匀称的布局，显示坚实的力量和质感的风格，意境深远，令人难以模仿。他将入口凹进呈半圆形，配以高高的塔楼，在低矮的雨篷下安置连续的水平窗，在转角处安排大角窗。又以高质的手工砌砖同光洁的抹灰对比。他还善于采用传统材料，甚至以茅草盖顶，而仍能达到新建筑的造型精神。

718. Asplund，Erick Gunnar 阿斯普伦德（1885~1940 年）

20 世纪初的瑞典，自 Ostburg（1866~1945 年），Tengbom（1878~1968 年）而至 Almqvist（1884~1950 年）以来，一直以新古典主义加上民族浪漫主义色彩的建筑形式为主。由 Ostburg 于 1908 年设计的斯德哥尔摩市政厅，更是掺入多个时代的因素的有名建筑。现代建筑迟迟未能在北欧打开局面。

Asplund 早期也是新古典主义者。他在"一战"前，1913~1914 年曾亲赴希腊和意大利，对古代建筑留下深刻印象。回国后主要作品有：

斯德哥尔摩的伍德兰礼拜堂（Woodland Chapel，1918~1920 年）；

斯堪迪亚（Scandia）电影院（1922~1923 年）——Scandia 是 Scandinavia（斯堪的纳维亚）之古称；

城市图书馆（City Library，1924~1927 年）。

1930 年，斯德哥尔摩举办世界博览会，Asplund 负责会场的总体设计和建筑设计。他带领一批年轻的建筑师，将会场按现代建筑的形式设计，通过具体的形象将现代建筑引入北欧，成为北欧建筑的转折点，他并以此为榜样，从功能主义出发，以新材料、新结构来解决住房困难问题。

其后，他继续设计了：

布雷登贝格百货店（Bredenberg Store，1933～1935年）；

国家细菌学实验室（State Bacteriological Laboratory，1933～1935年）；

哥德堡法庭（Göteborg Law Courts）的扩建（1934～1937年）。

1935～1940年设计的伍德兰火葬场（Woodland Crematorium），其中有亭阁和乐园餐厅（Paradise Restaurant）——他这遗作成为现代建筑的一项重要作品。

719. Reigh，Lilly 赖希/莱希（1885～1947年）

她长于家具设计、室内装修和展览陈列，曾配合Mies van der Rohe（1886～1969年）的设计。

在巴塞罗那德国工业展览会上设计德国馆。

设计古根海姆（Guggenheim）别墅。——Guggenheim是瑞士矿业家族，后移居美国，1959年Wright, F. L.（1867～1959年）在纽约建成其博物馆。

1933年任包豪斯的纺织和室内设计工作室主任，当时学校已再迁到柏林，进入末期。

她说："任何形式的创作，都要同材料特性、技术手段和使用要求紧密相连。"

720. Tatlin，Vladimir Yevgrapouich 塔特林（1885～1953年）

俄罗斯的画家，兼雕塑家，还做剧场设计。

1913年到法国，造访立体主义画家毕加索Picasso（1881～1973年），回国后创造了彩绘浮雕，1915年在彼得格勒举行的未来派画展上展出他的彩绘浮雕，他成为美术家的领袖，他试图将现代的工程技巧用于雕刻创作上。

十月革命，苏维埃政府取代了沙皇政权，一班艺术家如Lissitzky（1890～1941年），Pevsner，即Gabo（1890～1977年），Melnikov（1890～1974年）等人在酝酿构成主义（Constructivism），并于1920年发表宣言，阐明目的。

在此之前，Tatlin于1919年便设计出富有幻想力的"第三国际纪念塔"（Third International）方案，该塔用钢制成螺旋形骨架，高达396m（高于埃菲尔铁塔之328m，为1.2倍），在倾斜的骨架上分别挂着一个玻璃圆柱体，一个玻璃圆锥体和一个玻璃立方体，那都是容人的会堂，为集会、演讲和其他活动提供空间。而各以不同的速度不停旋转运动，象征自由意志；摆脱地心引力，象征摒弃私心欲望。

关于"第三国际纪念塔"的具体形象另有不同的说法:一说悬挂的是四个圆筒形,代表着立法,行政,情报和电影,各以年、月、日、时四个周速旋转,另一种说法是仅有两个圆筒形。

构成主义是结合了立体主义的机械艺术和未来主义的运动速度的理想。

方案原拟横跨彼得格勒(圣彼得堡)的涅瓦河上建造,但未实现,只做了个缩小了1/60的、高6.6m高的模型展出。已不存,故具体欠详。

他认为埃及金字塔表达了静力学,而"第三国际纪念塔"则体现了动力学。

1933年他转向于舞台设计。

1932年斯大林提出社会主义现实主义的建筑方针。至1939年,构成主义同折中主义仍相持不下的形势下,Tatlin最后逐渐转向前苏联的社会主义现实主义(Russian Socialist Realism)。

721. Wagner, Martin 瓦格纳(1885~1957年)

建筑师兼城市规划师。

1926~1933年任柏林城市建筑师。当时Gropius(1883~1969年)和Scharoun, H. B.(1893~1972年)正合作设计西门子城住宅区(Siemens Stadt Housing, 1929年),Scharoun又单独设计的夏洛滕堡公寓(Charlottenburg Apartment, 1930年),Wagner均鼎力协助,工程完美完成。

1928~1930年他同Ermisch, R.(厄尔米殊)合作规划了Wasmsee-Strandbad(湖边浴滩区/Lakeside Bathing Area)。

722. Hilberseimer, Ludwig 希尔贝赛默(1885~1967年)

1924年包豪斯由于内讧,在魏玛(Weimar)停办,1925年迁校到德绍(Dessau),由Gropius(1883~1969年)亲自设计新校舍,1926年竣工后开始新的阶段,重新走上轨道。

1928年包豪斯创办城市规划学系(Department of City Planning),由Hilberseimer主持该系的教学。他是位有创见的思想家,他首个新的城市规划方案是个立体城市,他将工作和居住全熔于一炉,高层的建筑:下层是工厂、中层是办公室、上层是住宅。

后来又设计带形工业城市,同立体城市相反,居住区和工厂区作水平的联系。

1933年在希特勒的统治下,包豪斯光荣结束了。1934年Gropius逃亡英国,最终到了美国,Hilberseimer也选择了同一的道路,1938年也到了美国,在伊利诺伊理工学院担任城市规划教授。他用城市分散建设的理论为芝加哥市作了一套规划方案。后来更进一步将眼光放大，作区域规划的研究。

他的著作有：

"*The New City*"（新城市）（1944 年）；

"*The New Regional Pattern*"（新型区域格局）（1949 年）；

"*The Nature of Cities*"（城市的本质/活力）（1955 年）。

723. Lewerentz，Sigurd 莱维伦茨（1885 ~ 1975 年）

建筑上的简约主义（Minimalism）和艺术上抽象艺术的最简单派，虽然出现于 20 世纪下半叶，其实其源头可追溯到 Loos，A.（卢斯，1870 ~ 1933 年），他的作品摒弃了一切的装饰和线脚，只有纯粹的几何形体的组合，立面上只有矩形的门窗洞和素净的墙面。说得更远一些，罗马风时代的隐修院更是先例。

Loos 的主张并不孤单，瑞典的 Lewerentz 就是和他站在同一观点的人，他于 1960 年设计的斯卡普内克（Skarpnack）教堂和 1963 年设计的基尔潘（Kilppan）教堂，简化和空旷，从杂乱的琐细中释放出来，把一切集中于事物本质——形式、空间和材料。

724. Cormier，Ernest 科尔梅埃（1885 ~ 1980 年）

主要活动于加拿大东部法语区和美国东北部，而爱和别人合作。

在魁北克（Québec），他设计了：索雷尔（Sorel）的德·布吕勒大厦（De Brulé Building，1922 年同 Marchand，J. O./马尔尚）、艺术学院（Éole des Beaux-Arts，1922 年）、圣阿尔塞纳学校（École St-Arsène，1922 年）、圣玛格丽特 – 玛利教堂（Église Sainte Marguerite-Marie，1923 年）；

1923 ~ 1926 年他同 Amos，L. A.（埃默斯）和 Saxe，C. J.（萨克森）合作设计刑事法庭（Criminal Court）、Montreal（蒙特利尔）大学（始建于 1816 年），他于 1924 ~ 1950 年陆续增建新校舍；

1924 ~ 1926 年又同 Daunst，J. E. C.（多斯特）合作设计商会（Chambre de Commerce）；

1928 年的蒙特利尔岛上的潘托 – 特朗布勒航空港（Pointe-aux-Trembles Airport）；

1930 ~ 1931 年为自己设计了住宅；

1943 ~ 1944 年的孤儿院（Hospice-Orphelinat）；

1945 ~ 1948 年的皇家医院（Hôtel-Dieu）；

1950 ~ 1958 年的国家印刷局（National Printing Bureau）。

Cormier 最著名的是他担任联合国总部建筑群的顾问。1945 年 10 月 24 日联合国成立，12 月 10 日美国国会决议邀请联合国在美国设立永久性总部，1946 年 2 月 14 日联合国大会接受邀请，在纽约开始设立秘书处，暂时借地办公。美国在曼哈顿东河之滨，中央火车站旁划出一块约 7.29 公顷的土地，作为联合国所有的"国际领土"（此种"国际领土"的土地还有日内瓦和维也纳两处）作为联合国的机关所在，它们由联合国警察所警卫，不属所在国管辖。

1947 年由中、英、美、苏、加等十国的十名知名建筑师［我国由梁思成（1901～1971 年）参加］担任设计委员会，由 Harrison，W.（1895～1981 年）为总负责人，Cormier，E 担任顾问。

之后，回到加拿大，还设计了魁北克的大神学院（Grand Seminaire de Québec，1957～1960 年）和渥太华的加拿大最高法院（Supreme Court of Canada）。

此外，还有在罗得岛（Rhode Island）和多伦多（Toronto）的一些作品。

725. Mallet-Stevens，Robert 马莱－斯蒂文（1886～1945 年）

就读于巴黎建筑专科学校（École Speciale d'Architecture，Paris）。

1912～1914 年参加秋季画展 Salons d'Automenes。

"一战"之后开始成名，他以时髦而先进的设计，而被誉为"时髦的现代派"（Modernisme à-la-Mode）。

早期的作品有诺阿耶子爵在耶尔的别墅（Villa of the Viscomte de Noailles at Hyères）。Hyères 位于瓦尔省（Var），在马赛之东，别墅傍地中海。这是他和立体派画家 Léger，F.（莱热，1881～1955 年）合作的作品，曾经被作为拍摄电影的背景。后来两人还继续为电影布景设计住宅。表现出立体派绘画、装饰派（Art Deco）艺术和其他艺术风格的融合。

他采用国际风格派稳重的几何形体，擅长于金属框架和钢筋混凝土结构，同时着重商业建筑的特点，内外兼顾，独树一帜，如 1923 年所设计的巴黎书店。

1925 年巴黎装饰艺术及现代工业博览会（Exposition des Arts-Décoratifs et Industrials Moderne），Art Deco 在 Paris 的首次出现。会上的旅游馆（Tourian Pavilion）和"所谓的法国大使馆"（So-Called-Franch Embassy），由他和 Légar、Delannay R.（德洛内，1895～1941 年）、音乐家 Poulenc F.（普朗克，1899～1963 年）、瑞士音乐家 Honigger A.（奥涅格，1892～1955 年）等人共同设计。他们都是现代派的艺术家。

Art Deco 又称"现代风格 Style Moderne"，起于 20 年代，并发展为 30 年代的主导风格，它受新艺术运动、立体主义、包豪斯和俄罗斯芭蕾舞所影响而衍生。其轮廓简单明朗，外表呈流线形，采用高价天然材料或人造物质，注重机器制品的简单、光滑、匀称的外表。"二战"后不再流行。但到20世纪60年代再度复兴。

Mallet-Stevens 促进 Art Deco 风格由欧洲传入美国。

他是现代艺术家联盟（The Union des Artists Moderne，1929 年）创始会员之一。

1926~1927 年设计的公寓楼所在的街道，以他的姓氏命名。

他的著作有：

《现代城市》；

《建筑艺术，当代生活的环境》。

726. Mies Van der Rohe，Ludwig 密斯·凡·德·罗（1886~1969 年）

原名 Mies，Maria Ludwig Michael，加上母姓 Rohe，成为 Mies Van der Rohe。

德籍犹太人，出生于亚琛（Aachen），自幼随父工作于裁石作坊，只上了两年学，便在一间营造厂当学徒，又在家具、装饰店工作，那时已开始做设计。1908 年他引起 Behrens（1868~1940 年）所注目，将他引进设计事务所。

1909~1912 年 Behrens 正为通用电器公司（AEG/Allgemeine Elektriciatëts Gesellochaft）设计该公司的建筑群，其中包括涡轮机（Turbine 透平机）车间。当时 Gropius（1883~1969 年）和 Le Corbusier（1887~1965 年）都同在。

Behrens 推崇 Schinkel（1781~1841 年）的简洁、质朴的新古典风格，认为建筑应真实，要用现代结构来表现，自然会产生新的建筑形式。因此，Mies 建立了"建筑上的完整"和"结构上的真实"，作为他终生的信条，形成其优雅、清晰的风格。

1913 年开始独立工作，"一战"期间建筑事业停顿，他在军中搞些军事工程，加强了其实践的经验。

战后，建筑活动一时尚未恢复，他一方面做些建筑方案的设计，其中有两个是玻璃摩天楼的设计，奠定了他今后的主流方向；另一方面他积极参加一些先进的团体，如1918 年创立的无政府主义色彩的"冬月团"（Novembergrippe/十一月团），并于 1921~1925 年任建筑组组长，1922 年主持其"G"（Gestaltung/造型）定期刊物；1925 年又组成"柏林十人圈 Berlin Ring"——两者都属柏林学派，属政治色彩的左翼团体。1926~1932 年在德意志制造联盟担任联盟的副主席。1926 年设计共产党烈士卢森堡（Luxemberg, K.）和李卜克内西（Liebknecht, R.）的纪念碑。他采用表现主义的手法，以一片清水砖墙作错落进出的形象，加上五角星、镰刀、锤头的标志，以反映两人靠墙被杀害的史实，这纪念碑后来被纳粹拆毁了。

1927年德意志制造联盟在斯图加特（Stuttgart）的魏森霍夫区（Weissenhof）举办住宅建筑观摩会。作为联盟的副主席，他负责规划场地，并参加设计了一座四层公寓——无饰白色墙面，宽大的窗户和平屋顶，普普通通的现代建筑，同其他人的设计采取统一的风格。

1929年巴塞罗那世界博览会，他设计了德国馆，开始实践他的建筑理想——表露结构和流动空间。建于一片石座上的展馆，长方形的平面，内部八根十字形截面的镀镍钢柱竖立，外圈为落地玻璃，平屋面。内部若干玻璃或大理石隔断，"漫不经心"地布置。外面一大一小、一横一竖的两个水池。全部开放着，只有后面小间的附属房间是封闭的。材料高贵，色彩配合，加工精密，展馆本身就是一件展品，体现了他在1928年提出的"少就是多"（Less is More/Weiniger ist Mehr）的理念，应该一提的是，同时他设计了"巴塞罗那椅"（Barcelone Chair）——一种以扁铁为骨架，打破传统的家具。后来于1946年组成"诺尔社"（Knoll Associates），在美国推广欧式家具，1928年还设计在普兰诺（Plano）的赫尔曼·兰格宅。

1936年捷克银行家图根哈特（Tugendhat），请他在布尔诺（Brno）建造一住宅，造价不限。他又采用大玻璃外墙，内部几片隔断的手法，并使用了贵重的材料建成。——这住宅后来改为建筑展览馆。

早在1919年，Gropius创办了包豪斯。至1928年Gropius被迫离校，其间Mies先任建筑系主任，后接任校长，直至1933年包豪斯封闭。但他对纳粹政权仍未充分认识而抱幻想，曾参加柏林国立银行的方案竞赛而获奖，以后他再无工作机会。最后到了1937年，也和Gropius一样去了美国，定居于芝加哥。

1938年伊利诺伊州立工学院IIT（Illinois Institute of Technology）请他任建筑系主任，同时他在芝加哥设立事务所，承接设计任务。

1939年他为学校的一片约45公顷的长方形地段作校园规划，他将十多幢低层建筑按格网处理，钢框架结构、玻璃窗和清水砖墙。细部精微，但功能如同工厂一样。

在美初期业务不多，至1945年，一位女医生法恩斯沃思（Farnsworth）在伊利诺伊州普兰诺（Plano）南郊请他设计住宅。地段有水也有树木，环境非常优美，设计中——经一段平台再踏入建筑物，矩形的平面，还是八根工字钢作为支柱，上托平屋顶，周围全是大片的玻璃板，只有中间小范围内是封闭的厕所、浴室和机械设备，环顾四面，24小时的活动全都暴露无遗，是一座"皮肤和骨骼"的建筑。尽管Mies把精力全用于构件的精细上，竟致功能于不顾。结果女医生要对簿公堂——这就是Mies创作的一个"典范"。

不管什么类型用途的建筑采用同一手法和形式的做法，是否是形式主义

（Formalism）呢？

1948年芝加哥的湖畔旅行公寓（Lake Shore Drive Apartment），二十六层大厦，同样以钢框架和玻璃为主要材料。

另一方面，在伊利诺伊工学院，1952年他设计的建筑馆（又名克朗堂Crown Hall），在22开间、长67m的矩形大空间内，他改用四榀大钢架将屋面及玻璃墙面吊起。在内部：教学、设计、展览、图书而至管理都只用有限的矮隔断墙分隔，成了"大杂院"，视觉、听觉互相干扰，而将车间，储存和厕所放在半地下室内。实现其"全面空间"（"通用空间"）的意念。1954年他为芝加哥会堂（Convention Hall）所作的方案，每边82m的方形超大平面，以外置的24个柱墩支承双向钢桁架，将屋面和玻璃的围护构造吊起，是一项更大的尝试。但并没有实施。

早在1919年，他便追求玻璃幕墙摩天楼的理想。时隔近半个世纪，他终于盼来了机会。1954年西格拉姆（Sergram）公司是间大酿酒集团，请他在纽约曼哈顿繁华地段设计一座38层的办公楼，高158m。为防火，承重的工字钢用混凝土包裹，但由于显示大厦的垂直线条，外面贴上铜料，以示高雅。大楼于1958年完成，一时使大厦出尽风头，形成一股玻璃幕墙大楼的风气，并且被称"密斯风格"（Miesian Architecture）。Sergram大厦这座有名的建筑，竟是夏热冬冷，要挂以帷幔以挡强烈的阳光，还要开大空调以调节室温，加上用了贵重材料，按造价厘定房产税竟贵出一般者数倍。该大厦由弟子Johnson Philip❶（1906~2005年）协作。但这位追随者最后转为反对者。在Mies麾下而最后同他决裂的还有Goldberg, B.（戈尔登伯格，1913~？年），他认为Mies的设计像货栈的庞大空间，不适合于人类的活动。

其后，无论是在古巴圣地亚哥的巴卡地（Bacardi）公司（1958年），芝加哥的联合中心（Federal Center, 1964年）、华盛顿的公共图书馆（Public Library, 1967年）、柏林20世纪画廊（1962~1968年，现国家美术馆New National Gallery）以及遗作多伦多的自治领银行（Dominion Bank），无论是高楼或平房，都是几根支柱的大空间，玻璃外墙，千篇一律。其中柏林国家美术馆，单层的空间只是个3000m²的大门厅，实际起作用的陈列室和办公室都藏于地下室，不过其外形稍有变化，基座、围柱、厚檐加上正方的平面，颇有殿堂的形态，被称为"新古典主义"的作品。

---

❶ Johnson, Philip（1906~2005年）原为Brener, M.（1902~1981年）门徒，后追随Mies，协助Mies完成Sergram大厦，又自己设计不少玻璃建筑。后厌倦Mies的单调而局限性的作风，转向Kohn, L.（1901~1974年）靠拢，其后设计了纽约电讯公司总部楼（1983年）和加登格罗夫的水晶教堂（1980年，同他人合作）。

Mies一生在探索两个问题：一是单层的广阔空间——通用空间，另一是高层建筑的造型。解决两者的途径就是尽量减少支柱，打通空间，使其成为流动的空间。从而发展为全面空间，他把Sullivan（1856~1924年）的"功能决定形式"（Form follows Function）颠倒过来，他说："建筑一个实用而又经济的空间，再使功能去适应它。"

为了贯彻其"通用空间"的理想，他提出了"少就是多"的口号。虽然"留白"可以使人有转圜、舒展、遐想的境界，但"少"不等于"无"，如何恰到好处，是创作者的智慧，否则少到牵涉到私隐、干扰、不便、不宁的程度，便是建筑师的错失了。

Mies，以"建筑上的完整"和"结构上的真实"作为其座右铭，但在他所设计的好些钢结构建筑时，为了防火将承重钢结构用混凝土包裹，又在窗外贴上并不承重的型钢以凹凸感加强垂直线，又何尝是结构上的真实呢？

他把新材料、新技术放在建筑设计的首要地位，以玻璃和型钢代替传统的砖石，他可以把构件、部件制作到尽善尽美，以达到高科技的成就，以追求一种他认为理想的形式，他说："我们不考虑形式问题，只管建造问题。形式不是我们工作的目的，它只是结果。"他对构造细部、镶接、节点都极为重视，做到尽善尽美，却置功能于不顾，"不拘大节"，而达到"走火入魔"的地步。

他所倡导的玻璃幕墙摩天楼，名之为"玩弄光与影的游戏"（The Play of Reflection），这种"游戏"给城市制造多少眩光和热量的反射，增加城市的温室效应，而待在大厦的人们也不好受，困在人为的大容器中，使人想起"铁肺人"❶的遭遇，长期如此，对人体所受的损害，有待医学界的人士去分析研究。大厦所耗费的能量和产生的恶果，的确给地球造成不可弥补的损伤。

有人将他和Wright，F. L.（1867~1959年）、Gropius（1883~1969年）和Le Corbusier（1887~1965年）并列为20世纪现代建筑的四位大师。他大则大矣，是否值得"师法"，有待商榷。

727. May，Ernst 梅（1886~1970年）

"一战"后，由于战争破坏，（美因河畔）法兰克福（Frankfurt am Main）的居民住房严重缺乏。May被任命为城市重建负责人，他组织了城市建设和建筑的专家。在1922~1926年期间内，建立起21个普通市民住宅区。这些住宅区被称为"May-Siedlung"（梅居民区），住宅矩形平面，用预制板施工，每户有小阳台和小花园，简单、实惠、美观。我国曾汲取其经验，采取其方式推行

---

❶ 20世纪30年代，一位美国富商的儿子因为呼吸系统得了不治之症，需躺在一个圆筒里，由机械代他呼吸，不能离开这个铁罐，被称之为"铁肺人"。

住宅建设。

其中16个区后被列为市保护建筑。

他按照Le Corbusier（1887～1965年）于1922年所提出"分户产权公寓"方案，即以租金抵偿买价以解决产权问题。

后来他出任法兰克福市长及德国住宅和城镇规划协会名誉主席。他成为欧洲经济住宅问题的权威。

1929年，国际现代建筑协会（CIAM, Congrès Internationaux d'Architecture Moderne）在法兰克福举行第二次会议，作为市长，May主持会议。会上讨论低薪阶层住宅问题，他提出"起码生活住所"或称"最小生存空间"（Die Wohnung für Das Existenzminimum）为主题。

纳粹时代，他被迫逃亡到前苏联，1930～1933年主持莫斯科市建筑规划，后来又到坦桑尼亚和乌干达，从事城市规划工作。

"二战"后返回德国。

1962年再到乌干达，为首都坎帕拉（Kampela）做城市规划和单位建筑。

1970年在汉堡逝世。

728. Schindler, Rudolf M 辛德勒（1887～1953年）

奥地利人，学于维也纳艺术学院，而受Wagner（1841～1918年）的影响。那时Wagner已由传统风格转向现代运动，尤其对Loos（1870～1933年）关于抛弃一切装饰的主张，深表赞同。Schindler同样也追求简单化。

移居美国，并于1914年取得美国籍。

1917年参加Wright, F. L.（1867～1959年）在东塔里埃辛（East Taliesin）的工作，并受Wright的教诲，对"室内、外空间"产生浓烈兴趣，成为"草原学派"重要一员。

1920年他到洛杉矶设计好些住宅，其中主要有：

1922年设计的海滨住宅（Beach House/比奇住宅），他以混凝土制作梁架，支撑着内外开敞的"盒子"，达到公共空间同大自然融合的效果。

1926年在加州新港（Newport）的洛弗尔比奇住宅（Lovell Beach House）同样也是追求简单化的现代建筑。

他被誉为"艺术家化的建筑师"。

729. Mendelsohn, Eric 门德尔松/孟德尔仲（1887～1953年）

在新艺术运动的基础上，20世纪20年代初，德国和奥地利的一些艺术家酝酿着表现主义思潮（Expressionism），他们认为艺术的任务，在于表现个人的主观感受和体验。同时，Kandinsky（1866～1944年）强调"艺术的内在需要"。他们要把梦想的世界表现出来，由主观的表现引起观者情绪上的激动。

1919年，Poelzig（1869～1936年）设计的柏林大剧院（Grosses Schauspielhaus），在观众厅内悬挂钟乳石装饰。1916由Van der Mey（1878～1949年）、Kramer（1881～1961年）和De Klerk（1884～1923年）共同设计阿姆斯特丹的航运大厦（Scheop Vaarthaus），将正立面设计成船头模样，并有许多象征船只的图案。

犹太裔的Mendelsohn少年时，在柏林和慕尼黑以半工半读方式学习，后于1912年开始工作，对刚问世的表现主义深感兴趣，遂用以培养自己的创作风格。1915年"一战"从军时还抽暇对建筑作速写，加强感性认识。

科学家爱因斯坦Einstein（1879～1955年）于世纪初发表了狭义相对论和广义相对沦，是科学的极大突破。为了纪念他的伟绩，波茨坦的天文台便以他的姓氏命名建造一座天文台。根据此新奇而深奥的理论，1920 Mendelsohn着手构思此建筑，他以雕塑的手法设计，一座带流线形的外形取消一切刚硬的棱角，以曲面和弧线构图。入口处台阶两侧为流线形侧墙，进到门口，六层的塔楼高耸而起，最上面是天文观测室，前面突出两角，后面是几间实验室，整体浑然天成。窗户是不规则形，仿佛是一些眼睛在窥探神奇的宇宙。耸立的圆顶统领着宇宙的无穷。建筑的一般的所谓点、线、面都浑然一体，前所未见，让举世震惊。

在建造过程中，在材料上还出现问题：原来拟全由钢筋混凝土塑成，由于战火初停，一时间混凝土还供应不上，只好大部分用红砖砌筑，凭着Mendelsohn的巧思和精心筹划，图纸所不能描绘的，就小心摸索，终于达到他预期的雕塑效果。

后来，Einstein被邀请亲临观看，在仔细观察之后，Einstein悄悄地向Mendelsohn说了句："妙极了！"（一说是"有机"），在这一刻，两个犹太人的心情融会了。因为"相对"的概念在建筑物上凝固了，而这座天文台成为了表现主义的杰作，代表作。

表现主义的流线造型在"二战"期间成为流行的形式，如1930年建成的Chrysler（克莱斯勒）大厦以及好些工艺品。

后来，他设计的卢根华德（Luckenwalde）制帽厂（1920～1923年）完全从功能出发，而具惊人外貌。列宁格勒纺织厂（1925年），斯图加特的朔肯（Schocken）百货大楼（1927年、带形玻璃窗呈强烈的横线条）和一系列的百货公司。1929～1930年柏林的哥伦布宅（Colunbus-haus）等。

希特勒上台，纳粹当权，他同其他人一样被迫逃亡到英国。

1934 年他同 Chermayeff，S. I. I.（舍马耶夫，1900～1996 年）合作设计苏塞克斯郡（Sussex）的贝克斯希尔（Bexhill）的德拉华俱乐部（De La Warr Pavilion）是最早以焊接钢框架结构的三层建筑，横线条，玻璃外壳的半圆形楼梯。

1937 年设计巴勒斯坦海法市（Haifa）的医院，1938 年耶路撒冷的医院和 1941 年的大学建筑等。早在 1923 年他同 Neutra（1892～1970 年）曾为该市作规划。

1945 年赴美定居，在旧金山设计迈蒙尼德（Maimonides）医院（1946 年），一些犹太教堂和一些社团中心。

1948 年以色列已独立，在特拉维夫－雅法（Tel Aviv-Yafo）设计韦特茨曼宅（House for Chain Weitzmann，1948～1952 年）。

晚期，他开始使用纯粹的几何图形，但仍保留独特曲线的平面布局，突出水平线条和大量的玻璃窗。

对于荷兰的风格主义，他认为阿姆斯特丹学派强调立面形式是"没客观现实的空想"，而鹿特丹学派侧重于结构是"有功能而无感情"，两者都不能令人满意。他努力综合两方面，将理性与功能结合成一种具表现力或活力的风格。

730. Le Corbusier 勒·柯布西耶／勒·科比西埃（台湾译柯比意）（1887～1965 年）

（原名 Jeanneret，Charles-Edonard）让内雷，麦尔－伊多纳尔

兄弟：Jeanneret，Pierre 让内雷，皮埃尔（活动于 20 世纪上半叶）

Chapallaz，Rène 查帕拉兹（1881～1976 年）

（1）Jeanneret，C. E. 时期

生于瑞士西，近法国的汝拉山脉（Jura）之拉绍德封（La Chaux-de-Fonds／侏罗小区），属纳沙泰尔州（Neuchâtel），近法国之杜省（Doubs）。该地为瑞士钟表商会总部所在。父、祖两辈均为表壳装饰雕刻工，母业音乐。

1900 年进入实用美术学校，随画家 L'Eplattenier（拉普拉坦尼埃）学雕刻，并开始学装修。那时他认识了 Garnier T.（1869～1948 年），接触到工业城市的理论和思想。

1905～1907 年同 Chapallaz 替乡人装修法勒别墅（Villa Fallet），得到酬劳后，两人便一起游览、写生。1907 年游意大利托斯卡纳（Tuscany）地区，其后在 1907～1911 年，多次到中欧和地中海考察，包括纽伦堡、慕尼黑和南锡等地，对建筑和环境作体验和理解。其间，他同 Hoffmann，J.（1870～1956 年）在布达佩斯和维也纳工作了几个月。在巴黎又同 Perret，A.（1874～1954 年）工作了一段时间，因而学到钢筋混凝土的原理和应用，对日后工作起到很大作用。后来，在柏林，在 Behrens（1868～1940 年）手下，和 Gropius（1883～1969

年)、Mies(1886~1969 年)一起工作了几个月,对他们日后迈向现代建筑运动起决定作用(1909~1912 年间)。

在家乡,他始创了 Ateliers d'Art Rèunir(艺术聚会工作坊),这组织于 1910 年同德意志制造联盟取得联系。

1908 年在家乡设计了一些居住建筑——斯托泽别墅(Villa Stozer)和雅克梅特别墅(Villa Jacquemet)。当时他身在维也纳,由 Chepallaz 代为监理。

1912 年为其父在普伊莱雷尔(Pouilleral)建的住宅是混凝土的立体主义形式,又在勒洛克勒(Le Locle)为法夫尔·雅克(Favre-Jacot)建住宅。

1916 年的施沃布宅(Schwob)。

以上建筑物一直鲜为人知,直至他逝世前两年,才被重新发现。1917 年到巴黎定居,1920 年改用笔名 Le Corbusier,1930 年入法籍。

至于 Chapallaz,学于苏黎世理工学院,最初同 L'Eplattenier(拉普拉坦尼埃)合作,1906 改同 Jeanneret 合作,长 17 年。最后于 1923~1925 年再同 L'Eplattenier 合作时,设计了拉绍德封的美术博物馆。

Jeanneret, C. E. 1917 年向 Ozenfant, Ameder(奥赞方)学画,而且成为挚友,共同首倡纯粹主义(Purism)。1922 年他还为 Ozefant 设计带画室的住房。

(2)Le Corbusier 时期(1920 年之后)

他是个多方面才能的人:建筑师、规划师、家具师、画家、木刻家兼制作漆画、帷绣,还是个旅行家、演说家、宣传家,他的一生非常活跃,而且主意多多。有人认为他是现代的米开朗琪罗。

移居巴黎后,1920 年他同诗人 Derméc, P.(德梅)一起创办"L'Esprit Nouveau"(新精神)杂志,在创刊号上便开宗明义地宣称:"新的时代开始了,它植根于建设性的新精神上。"文章猛力抨击 19 世纪以来的复古主义和折中主义,而歌颂现代工业的成就,歌颂汽车、轮船和飞机是合理解决问题和合乎经济因素的产品,又歌颂工程师的工作同自然法则一致及和谐;而建筑师应是个艺术家——造型的艺术家。他赞美简单的几何形体和时兴的立体主义。他为住房定下"居住的机器"(Une Maison est une Machine à Habiter),意思就是:房屋应如机器一样合理、简洁和适用,房屋的标准化可以成批生产,也可以便于维修。1923 年他把所刊载的文章,汇集成"Versune Architecture"(走向新建筑)出版。此书一出即被译成英、德文广为流传。他把建筑提高到崇高的地位,认为社会问题可通过建筑来解决,不必须革命!

作为规划家,在 1922 年他便做出一个 300 万人口城市的规划和建筑方案,就是他的"现代城市"(Urbanisme)。他的思想有一段发展、转折的过程,原来在早期他本来是受田园城思想所影响的,见于他在家乡时所设计的住宅时,便是一派田园风光。后来还有过带形城市的设想,但最终他还是决定采用"集中建设"。他这个城市方案,以 24 座 60 层高的摩天楼为主,置于市中心,配以周围较低的楼房,更外面是文化区和工业区与相配合的工人住宅和绿地其间,以立体交叉解决交通问题——这些同未来主义所提倡的方法一样。同时,他还提出两项主张:一是土地不属私人的"土地改革";二是"分户产权公有 Freehold Maisonette/Immeuble-Villa"。其办法就是以租金抵偿最终买价而获得产权。1922 年他在《明日的城市》(The City of Tomorrow)和 1933 年的《光明城市》中充分发挥。1925 年他为巴黎市中心作改建方案《巴黎邻里规划》、《瓦赞规划》(Yoisin de Paris)。

后来他先后作过安特卫普、斯德哥尔摩、布宜诺斯艾利斯和阿尔及尔(Algiers)等城市的规划,其中阿尔及尔的规划花了他 12 年的时光,但最后被当局否定了。

"二战"期间,为了配合战时疏散,他又提出线形城镇方案。

战后,他为被轰炸尽毁的城市圣迪埃(Saint-Die)筹备重建方案。他将广场置于中心位置,行政和商业就在周围,而居住和工厂则分置南北两边,虽然最终因为当局之争执未能如实完成,但却被 1958 年的波士顿市中心的规划所借鉴。

能够最终实现的是印度昌迪加尔(Chandigarh)的规划。"二战"结束,印度摆脱英国殖民地统治,获得独立,而旁遮普(Punjab)地区被分划给印、巴两国,印度政府选择了昌迪加尔为旁遮普邦的新首府,1951 年由他负责规划和设计主要建筑。这次他将规划结合地势以生物形体的构造作为主导思想:行政机构为脑,文化机构为神经中枢,工业区为手,道路为骨骼,水电为神经分布于全市,建筑物如肌肉,绿化起到呼吸作用。又按东方惯例作方格街坊。这个规划有优点,有缺点。至于个体建筑,下文另作叙述。参加这次规划的有 Fry, E. M.(1899~1987 年)、Drew, J. B. 德鲁(1911~?年)夫妇和 Jeanneret, P.。

……

早在 1914/1915 年,他还在瑞士的时候所建的 Domino 住宅时,采用钢筋混凝土柱、板作为骨架。这样,墙壁不再承重,平面和立面便可以灵活布置。这是后来他所提出的"新建筑五特点"的雏形。后来他在瑞士的拉乌尔(Raoal)的罗什(La Roche)的住宅(1923 年)、雪铁利安(Citrolian)宅(1925 年),一直向这方面发展。直至 1926 年在近波尔多的佩萨克(Pessac)的西特罗昂(Citroham)住宅,完全实现这"新建筑五特点 Les Cinq Ponints D'une Architecture Nouvelle"：它们的特点概括而言为：①独立支柱使底层腾空，二层以上才是使用部分——类似我国南方的干栏式住宅；②自由平面；③自由立面；④横向长窗；⑤屋顶花园——这些特点，不但可以应用于居住建筑，亦可广泛应用于其他类型的建筑。其中，1930~1931年的德—贝斯托基住宅（Maison de Beistoqui）的屋顶花园尤为出色。还有1927年的施泰因别墅（Villa Stein）以及到美国后的一些住宅。很多建筑师往往设计小住宅较多。而小住宅往往最能反映出其人的创作特色。

1928年，在巴黎郊区普瓦西（Poissy），他设计了萨伏伊别墅（Villa Savoye）。钢筋混凝土框架结构，平面约20m×22.5m，底层三边圆柱显露，另一边呈封闭的矩形，为了略呈变化，一端作弧形墙处理，通往上层既有螺旋扶梯，又有缓坡道，上下内外互相穿插，空间流通，轻盈、通透而联系方便。上两层也是或虚或实相间。外形是简单的，内部是复杂的。整栋建筑全无装饰和线脚。这是一座立体主义雕塑，是他的杰作之一。工程进行时备受压力。至1959年法国政府将它列为建筑名迹。

1930年，为智利设计一海滨住宅时，以毛石、原木和陶瓦为主要材料。1933年在法国，大西洋比斯开湾（Bay of Biscay）的马蒂斯假期别墅，古朴、自然，又另具特色。

1930~1932年巴黎大学区的瑞士学生宿舍（Pavillion Suisse A La Cite Universitaire），由长条形的五层主楼和不规划的低层附属用房（门厅、厨房、食堂、管理员室等）两部分组成。主楼由六对柱墩托起上层的宿舍。他采用了不同的对比手法：玻璃面与实墙，多层与单层，平直墙面与弯曲墙面，方整与不规则的空间，材料质地与颜色的对比等。

同年设计的巴黎救世军收容所（Cité du Refuge）六层楼有五、六百张床位，本来拟采用空调设备，但由于尚缺乏技术经验，加上经费所限，未能如愿。无奈之下，困难产生智慧，他被迫创造出遮阳板，虽然玻璃幕墙的外立面引起不协调，但成为一项创作。1937年他进一步将遮阳板改进为可调整的活动遮阳板，应用于巴西里约热内卢的教育与保健部（Ministry of Education and Health）的大楼上。

1946年的马赛公寓（L'unite d Habitation, Marseille），进一步实现他的理想，由于"二战"结束后住房奇缺，为解决集体住宅的问题，他探索出此大型公寓。本来公寓这种集体性的住宅，早在古罗马时期已有，但那时的三四层的贫民窟，阴暗简陋、欠缺给水及排水设备，至工业革命后由于城市发展遂大量出现。此大型公寓为17层大楼，长165m，进深达24m，高56m，以现浇钢筋混凝土结构配以预制板构成，可供337户、1600人居住，按人口有23类户型。其间以第

七、八层作为公共空间,有服务设施如餐厅、药房、洗衣、理发、邮政、食品、报刊至旅馆等。在屋顶还有儿童游乐、露天演奏、体育锻炼和缓跑径,可以足不出户,基本解决日常生活需要。有人称之为"远洋轮"。应该特别提到的是:①在住户中采用跃层的布局(Two interlocking levels),这种布局可以使每三层设置公共通道,节省交通面积;还可以使升降机三层一停。②一向光整的外墙改为保留模板木纹和接缝的粗糙面。这标志着他由纯净主义开始转向粗野主义(Brutalism),由理性主义转向浪漫主义。他所使用的粗水泥盖面(Beton Brut),早在1930~1932年巴黎大学区瑞士学生宿舍已开始出现。1938年的Vaillant-Couturier[瓦扬古久里(1892~1937年),社会活动家]纪念碑方案更反映出其风格之转变。这座划时代的公寓自1947年开始动工,社会毁誉兼有,如"不近人情"、"破坏市容"、"导致精神病患"等,花了五年时间,于1952年才完成。后来以同样方案在南特、布里埃(Briey)和柏林再建。类似的住宅还有1954~1956年在纳伊(Neuilly)的尧奥宅(Immeubles Jaoul)。

……

Le Corbusier 是个非常活跃的人,凡建筑上活动或竞赛他都积极参加,甚至亲自创办。1927年刚参加完在斯图加特(Stuttgart)由德意志制造联盟(Deutscher Werkbund)主办的居住建筑展览(低层试验住房),第二年由他带头,结合具现代思潮的建筑师,在瑞士的Le Sarazaz(拉萨尔查兹)的一个古堡成立国际现代建筑协会(CIAM, Corgrès Internationaux d'Architecture Moderne),与会者24人,宣言阐明建筑同时代精神、社会、经济、物质的关系,形式需随之改变。应在建筑设计和建造中实现合理化和标准化,从而达到工业化和工厂化,而使用者亦应减少个别需要,并尊重研究和创作的权力。除了建筑,还涉及城市规划,尤其在其后的历届会议中涉及。这个存在了31年的国际组织,十一次会议,在现代建筑的运动中起到重要和关键作用。在第四次会议(1933年)上,由他亲自炮制了著名的《雅典宪章》(Athens Chartez/La Charte d'Athènes)。该次会议是在一艘邮轮上举行,而在雅典签署了宪章,因此称之为"雅典宪章",宪章上提出以工作、居住、文化和交通为城市功能的四要素。

1931年又参加了于1929年成立的现代艺术联盟(Union des Artists Moderne)。

"二战"后又同 Bodiansky, V.(包弟昂斯基,1894~1966年)发起建筑者俱乐部(Aletier des Batisseures),吸收了许多建筑者参加——Bodiansky于1917年由俄罗斯移居法国,领导并完成许多设计,晚年致力于建筑教育。但是,后来 Le Corbusier 又退出该组织。

……

国际上每有重大设计任务，Le Corbusier 必定踊跃参加。1925 年巴黎国际艺术装饰工业博览会上，他设计"新精神馆"（L'Esprit Nouveau），被分配到一处不好的地段，而且原有的一棵树需保留，他坦然接受，将屋顶开一圆顶让树冠穿过而解决，但负责人讥之："这不是建筑！"

1927 年新成立的国际联盟，选定了日内瓦作为联盟总部所在地。为建造总部建筑群征求设计方案，在参选的 377 个方案中，他兄弟两人合作设计的方案，本来已按功能考虑和解决了人流、交通、朝向、音响、通风、视野等各方面的问题，而采取了不对称和开敞的总平面。钢筋混凝土结构的新颖风貌的格局，可以很适合基地的地形，而且造价经济，但是却受到学院派的反对。评委中的 Berlage（1856～1934 年）、Horta（1861～1947 年）和 Hoffmann（1870～1956 年）未能起到决定性作用，折中的办法是选出九个方案（包括 Le Corbusier 的方案在内），并列为头奖，再几经周折，结果是由四个学院派建筑师合作的新古典风格、对称而拘谨的方案定局。Le Corbusier 虽申诉于国际法庭但未获受理，工程于 1937 年完工。

19 年后，联合国取代国际联盟，并决定在纽约设立总部，1946 年由十国派代表组成委员会。他作为法国的代表花了五个月的时间做出方案，最后方案却是由美国的 Harrison，W. K.（1895～1981 年）主持工程，结果 1950 年所完成的建筑群竟和 Le Corbusier 的原方案十分相似，他心有不忿，以粗言秽语大骂 Harrison。

早在 1931 年，他应邀到前苏联参加莫斯科苏维埃宫的方案竞赛，他所设计的构成主义的方案和 Ginzburg, M.（金斯伯格，1892～1946 年）新颖的方案都被古典主义者所排挤。因为自 1930 年起，前苏联当局已经开始批判构成主义。当局更肯定苏维埃宫必须是古典主义才符合社会主义。后来斯大林在 1932 年更明确了前苏联建筑社会主义现实主义的方针。倒是 1928 年他为莫斯科合作的总部大厦（Centrosoyus）获得了实现。这座供 3500 人办公并附带文娱、社会服务、餐饮的玻璃盒子却一波三折，两次停工，延至 1934 年才完工，而且事后被指为托派之作，延至 1962 年时势转移才获好评，在纪念他 75 岁寿辰时，在杂志上大事赞扬。

1936 年在里约热内卢（Rio de Janeiro）为巴西的教育和保健部（Ministry of Education and Health）设计办公大楼，15 层的板式的大楼，用高高的底柱架空，立面遮阳板满布（已进一步改为可调节角度）。这座大楼后来由他的门徒 Oscar Niemeyer, S. F.（奥斯卡·尼迈耶，1907～? 年）接手完成。Oscar Niemeyer 于 1958 年设计巴西新首都巴西利亚（Brasilla）时"三权广场"（Place of Three Power）建筑群，他将两座议会做成一仰一覆的碗状体，而行政大厦则是 27 层的双板式高楼，鼎足而立，强烈对比，致举世震惊。Le Corbusier 认为"当一种形式变为美，它就成为功能"，首次将形式同功能辩证地融合在一起。

1937 年巴黎国际博览会上，他所设计的新时代馆（Pavillon des Temps Nouveaux）平面 30m×35m 的临时展览厅，以钢架支起透明塑料薄膜，取代钢筋混凝土结构。后来，他在设计苏黎世某一住宅时，屋面用钢板做成伞形，同墙壁完全脱离，这住宅兼作陈列之用。建于 1964～1968 年，称为"柯布西埃中心"，也成了他的遗作。

"二战"爆发，他避居于近西班牙之边境，没有委托任务，他潜心研究模数系统，结合人体结构，1942 年创"Le Modulor"，1948 年出版"Le Modulor"（模数制）。1946 年设计的马赛公寓就是按其模数系统布局的，同时他又考虑战后重建住房的种种想法，例如自建的简易住房。

战后，他继续展开其频繁的建筑活动。如前述的马赛公寓，1946 年联合国总部在纽约的方案竞选，继后就是他那惊世之作朗香教堂（La Chappelle de Ronchampl，又译洪尚教堂，或称 Notre-Dame du Haut/山顶圣母教堂）。

原教堂位于孚日（Vosges）山区的小丘上，为教徒朝圣的所在，已毁于战火，1950 年邀请他重建。经过实地踏勘后，他决定既不用传统形式，也不采取现代建筑手法而另辟蹊径，做出一个雕塑品。教堂不大，仅能容 200 人，多数人要在外听道（当地习惯于户外进行，空地可容万人）。整个教堂都是曲线，厚厚的毛石墙，上面是双层钢筋混凝土薄板构成的一个壳顶，两层之间最大距离达 2.26m。墙与壳之间是一道 40cm 的空隙，光线射入呈明灭暗淡的神秘感。屋檐向外大大地翘起，像个翻转的船底，好让布道声从空隙传出给外面的听众。墙面有许多不同的窗洞，不规划地排列，在一端高出一个塔状形体。唯一的一扇门就在这转缝之间，金属旋转门，分别进出，一幅他自画的抽象画绘在门边。墙面和屋顶都保留粗糙的原色。整个形象的怪异，完全出人意料。一向主张理性主义的他，这一回向浪漫主义、神秘主义而至野性主义转变。也同他的好友画家奥赞方（Ozenfant）的新表现主义有关。有人认为他是野性主义（Brutalism）建筑的始创者。其后由 Smithson 夫妇——Peter（1923～？年）和 Alison（1928～？年）进一步发展。工程于 1953 年建成。这座教堂有人赞赏、有人目瞪口呆，而他则自视为"我心目中的明珠"、"形式领域里的声学元件"、"追求视觉效果的心灵之作"、"沉思的容器"，尽管造型奇特、怪异，但在功能方面他仍然充分考虑以适应，结合当地的自然环境和宗教热情，在内外信众之听觉和营造光影神秘气氛方面创出效果。

1954 年印度阿默达巴德美术馆采用了正方风车形的平面，以便日后扩充时可作螺旋形向外加建。其作用同 Wright, F. L.（1867～1959 年）的古根海姆博物馆的圆形上下盘旋的作用不同。

前面提到 1951 年他与 Fry 夫妇、兄弟 Pierre 一起规划了印度昌迪加尔市的规划，他还设计当地重要的公共建筑。他把高等法院、议会同省长官邸作品字形排开，而行政大楼则摆在议会之后。当地干旱而酷热，从气候出发，他并不采用空调设备，而在建筑本身解决：首先由夏季主导风向决定建筑物的朝向，又在建筑物前设大水池。在法院，突出大大的向上翘起的挑檐，三根大柱墩就是入口，不设大门。怪异的体型，粗糙的表面，再涂上风格派的强烈的三原色。他在许多设计中都重复着同一手法：从地方的具体情况出发，并已预见到能源危机的潜在。

1958 年为陈列日本收藏家拥有的一批西方抽象画，请他设计国立西洋美术馆，他所设计的平面重复 1954 年印度阿默达巴德美术馆的方形风车式的平面，而采光则由屋顶的玻璃窗透入再反射到展品上，但因为是被动式，效果并不理想，工程交由他的日本弟子前川国男（1905～？年）、坂仓淮三（1904～1968 年）和岸田日出刀（1900～1966 年）等施工——他们都是表现派成员。次年完成。

1960 年完成的勒－梭罗内特圣母修道院（Sainte Marie de La Thoronet），采用多层四合院的格局，将上百间宿舍、课堂、图书室和餐厅等都朝向内院，外墙完全封闭，严肃而朴实，完全符合修道院的功能和形式。

在印度，1962 年设计了艾哈巴纺织协会展览馆。

波士顿哈佛大学的木工中心（Carpenter Center, Harvard University, 1964～？年）是他在美国唯一的作品。这座五层的建筑，入口放在第三层，各由两条街道以斜坡缓升而上，然后再分别向上或向下进入陈列厅、演讲厅、图书室和工作室，却原来这是一间视觉艺术展览馆。缓坡道（Ramp）是他惯用的手法，早用于萨伏伊别墅和昌迪加尔高等法院。

1964 年威尼斯某医院方案，将病房外墙封闭，全仗天窗通风采光，这方案未实现，而另一设计是前面所介绍的"柯布西埃中心"。

他还设计家具，如 1928 年的扶手椅。

Le Corbusier 的设计风格，随时间和环境而变异。他不像 Mies 那样不论什么功能、什么客观环境，都是钢骨架披玻璃外表。尽管他基本上是现代建筑形式，前期是理性主义，后期则带野性主义色彩。但令人不理解的是，1935 年他应邀到纽约等城市去作演讲后，回到法国，他写了一本书"*Quand Les Cathédrals étaient Blanches*"（当教堂是洁白的时候），对中世纪白色石材建的大教堂有一股思古幽情，实质是抱怨美国社会未能赏识他的抱负，Wright 也鄙视他，但他始终是向前推进现代建筑的主要人物，是最激进的一员，而且不断地创新，每有惊人之手，令人讶异。

他的设计还是有原则的，对工业急速发展的年代，必须变革建筑的生产方式，更有效率，更经济地为所有人提供住房（如 1922 年他提出"分户产权公有"的主张），因此必须走工业化的道路，而标准化是必经的道路，标准化便需模数来规范，同时还要适应人体尺度。

他特别重视光线，强调光线对空间的重要性。他说："建筑是形体在光线下，有意识的、正确的和壮丽宏伟的相互组合。"又认为空间、阳光和绿化是城市生活的三要素。

对于建筑的艺术性，虽然他说过："人行直路，驴走弯路"，但又把建筑看做是纯粹的精神创造。强调建筑师是"造型艺术家"，"形式要同精神妥善协作"，又说"当作品使观者内心产生反映时，建筑的感觉才存在"。但是，他反对附加装饰。然而他把建筑提高到"社会问题可用建筑解决，而不必革命"，未免天真了。

有高度艺术修养，工作效率高，大胆，意境梦幻，能把复杂问题剖析成简单的提纲。但是执着、倔强、孤僻而暴躁，人称"刺猬"。他则自嘲"流浪汉"、"老鼠"、"小丑"、"受鞭挞的拉车马"，其怪僻的性格，甚至英、法的团体要给予荣誉时，他竟鄙视，甚至拒绝。

其作品毁誉参半，因为他太前卫了，正如 Gropius 所说："其草图方案的想法，要 30 年后才能体现出来"，"现代建筑的任何东西，都可在其作品中找到"。但有人说："有了他，20 世纪的建筑更糟糕，他歪曲了整代人"，"胡指方向，喊表面口号，定无结果的目标"。

1960 年他回顾自己，写了《我的作品》。

他爱大海、沙滩和原野，结果溺亡。他于地中海的马丁角 Cap-martin 游泳时心疾突发，不幸身亡。（另有资料说他逝于美国的里维埃拉？）

731. Blegen，Carl William 布利根（1887~1971 年）

1927~1959 年辛辛那提大学考古学教授，指导对特洛伊（Troy，伊利翁/Ilium）城的研究（1932~1935 年）。发现约前 1250 年时普里阿摩斯（Priam/普利安）国王所建 Troy 城之遗址。经考察分析，证实该城经建造、毁灭、重建、再重建，历九个阶段。

又在伯罗奔巴撒（Peloponnesus）半岛作希腊史前考古，并考察前 13 世纪时，迈锡尼（Mycenaean）宫殿。

1939~1964 年在非洲考察马塞尼撒 Massinissa 帝国（今阿尔及利亚东北及突尼斯中部努米底亚 Numidia 地区）内斯特王（Nestor）都城派罗斯（Pylos）

遗址，出土大量建筑物（帝国存在于公元前 200 年以前）。

著作有：

《特洛伊城 1932~1935 报告》；

《特洛伊城·特洛伊人》（Troy and The Trojons）（1963 年）；

《派罗斯的内斯特王宫遗址》（The Palace of Nestor at Pylos in Western Messenia）三卷（1966~1973 年版）。

732. Van't Hoff, Robert 范·特霍夫/范·托夫（1887~1979 年）

风格派（De Stije）源于"一战"末期的荷兰。因荷兰中立，未受战火，艺术思潮活跃。1917 年由 Van Doesburg（1883~1931 年）创办 "*De Stije*"（风格）美术理论期刊，成为该派组织之名。风格派又名要素派（Elementarism）或新造型派（Neo Plasticism）。它结合了立体派的形象和未来派的理想，以直线和平面互相穿插，使建筑向几何学发展，无装饰，保持艺术的纯洁性、规律性和必然性。风格派的代表作就是 Rietveld, G. T.（1888~1964 年）于 1924 年在乌得勒支（Utrecht）设计的施罗德宅（Schröderhuis）。

Van t'Hoff 的活动也在乌得勒支，他的主要作品有：

惠斯特 – 海特别墅 Villa at Huister Heide。

由于他曾到过美国，受到 Wright, F. L.（1867~1959 年）强烈感染，回国之后积极发展住房系统的工作。

733. Sant' Elia, Antonio 圣伊利亚（1888~1916 年）

出生于科莫（Como、意大利统一前属奥地利），学于米兰和波伦亚（Bologna）。他本来跟随新艺术运动，也受到 Wagner, O. K.（1841~1918 年）现代建筑的思想所影响。

1909 年意大利作家 Marinetti, F. T. E.（马里内蒂，1876~1944 年）发表现代化建筑问题的文章，那就是米兰"未来主义（Futurism）宣言"，宣示未来派的开始。它否定文化艺术受传统的束缚，对现代都市生活的速度、节奏、变化，对机器、火车、飞机的威力大事赞扬，要依此创造激进的新建筑，"以有限的时间征服无限的空间"。1912 年在巴黎展出其宣传品。

Sant' Elia 1912 年定居于米兰，开始业务，并参加未来派艺术运动。他的设计并不多，只有在米兰的一间别墅，在蒙扎（Monza）的新公墓和在科莫的卡普洛蒂（Caprolti）家族的陵墓（1914 年），而且是多和人合作。与其说他是建筑师，不如说他是未来主义的主要理论家、宣传家。

约 1913~1915 年，他同画家 Chiattone, Mario（奇亚托尼，1891~1959 年）

合作拟出了"Città Nuova"(新城市方案),并用几百幅图画表现出高度机械化和工业化的城市——"未来城市"(Città Futurista):巨大的摩天楼、如 Ziggurat (亚述人和巴比伦人所筑的庙塔,一种向内阶进的金字塔状的高塔),加上繁忙的交通系统:立体交叉、多层街道、金属的人行道、飞机跑道等——倡"造型动力论"(Plastic Dynamism),于 1914 年在米兰的新趋势集团(Nuova Tendenze)的展览会(或称 2000 米兰展览会)上展出。

他的《公共》(Messaggio)中表示要以钢铁、钢筋混凝土、玻璃、化工品建造,排斥砖、石、木,以简便轻巧代替笨重庄严。一切都要动、要变,住宅要像架大机器,有了升降机、连楼梯也不需要了。没有装饰,没有雕刻和绘画,只要线条和角度。他甚至声称:"建筑是非永久性的。"他说:"我们的房屋将不能像我们现在那样耐久,每一代子孙都将只盖自己一代的房屋。"

但是,这些方案只停留在图纸上,未能付之实现。作为所谓"社会主义者",他在科莫设计的"共产主义协会新总部大楼"(The New Headquarters of Sociatà dei Commessi)也只是方案。

未来派渐渐超出艺术和建筑的范围,1912 年在巴黎展出宣传品时,既歌颂机电文明,又要求青年走上街头,进行"文化革命",要将图书馆、博物馆、画廊等统统毁灭。这些思想既受无政府主义,又受民族主义所影响,两者本来是矛盾的,但却并存,因为暴力统一了它们。后来的"Punk"(崩)和"Rocker"(摇滚乐)都与之有渊源,而更重要的是鼓吹战争。

作为未来主义意识形态创始人的 Marinetti,更写了《战争—世界唯一的救星》,狂热欢呼"一战"爆发,煽动意大利参战,鼓吹法西斯,支持墨索里尼。画家 Fillia(菲利亚)本身就是法西斯分子,更梦想将未来派发展成法西斯建筑,称未来派是法西斯政权代表性建筑。

1919 年在米兰出现一些好战的右翼组织,标志着法西斯主义的发端。

未来派的成员所有画家,几乎都同墨索里尼法西斯结盟,1926 年更组织了七人团❶(Grouppo 7)。

出于对战争的狂热,Sant'Elia"一战"时参战,1916 年丧生沙场于皮埃蒙特区蒙法尔科内(Mont Falcone),只活了 28 岁。

少数未来派能实现的,其实同现代建筑的主流并无多大区别,并未表现出什么"造型动力论"的特征。

---

❶ 请注意:此七人团同 1900 年慕尼黑分离派的七人团(Die Sieben)是两码事。其中 Piacentini, M.(1881~1960 年)更成为墨索里尼的御用建筑师。

734. Klint, Kaare 克林特（1888～1954 年）

建筑师 Klint, P. V. Jensen（延森）之子。

Kaare 初期从事建筑设计，后转家具设计，创造极有影响的现代斯堪的纳维亚式家具，成为杰出的家具设计家。

他认为手工艺术应摒弃矫揉造作。虽提倡可借鉴于传统，但反对拘泥于固有形式。其作风纯正、温馨而优雅。

在哥本哈根办丹麦艺术学院，并任首任家具教授。

1933 年创造带柳条垫的可折叠的柚木躺椅（Collapsible Teak Deck Chair with Wicker Seat）。

他还是人类工程学家，他将生物学和工程学内容用于人和机器相互协调的关系上，探索如何保证人所使用的工具或机器同使用者相适应，将功能和形式交融为一体。

735. Roux-Spitz, Michel 鲁－斯比茨（1888～1957 年）

1925～1932 年法国《建筑》杂志的主编。

1943～1950 年《法兰西建筑》的特约撰稿人。

他擅长于居住建筑，尤其是公寓楼，如巴黎齐诺曼街的公寓，大学城三街的公寓和其他大量高层公寓。他善于把功能和建筑造型完善地统一起来。

他还设计了里昂的邮电大楼。

736. Rietveld, Gerrit Thomas 里特弗尔德/雷特维勒德（1888～1964 年）

原为家具制造者的 Rietveld，1915 年同 Van Doesburg（1883～1931 年）和 Oud（1890～1963 年）认为立体主义缺乏理想而取得共识。后来 Van Doesburg 于 1917 年创办"*De Stije*"（风格）杂志，风格派于是创立。Rietveld 次年亦加入风格派。

1917 年他设计了"红蓝扶手椅"（Red and Blue Chair），该椅由两块板，分别为椅身和椅背，再加上十几条木枋组成，涂上红、蓝两色，因而得名。这种以直线和平面互相穿插及饰以原色的手法，正是风格派的特色。后又设计"史泰特曼（Stettman）椅"。

加入风格派之后，转投身于建筑，1921 年设计的一家小首饰店，成为该派最早的代表作。

属于风格派的鹿特丹学派，侧重于结构形式，1924 年在乌得勒支（Utrecht），Rietveld 为施罗德夫人（Schröeder Truss）设计的施罗德宅（Schröederhuis）——

简朴的立方体，直角相交的面和线，错落穿插，打破传统的封闭空间。有人贬之为"卡纸板"，倒也很形象。风格派又名"新造型派（Neo Plasticism）。"该派认为空间是连续的，并无边界。此住宅的设计手法，与红蓝椅同出一辙。由于业主本人为室内设计师，出谋献策，实际是建筑师同业主合作的一例。该宅成为风格派典型之作，现成为博物馆之一部分。

他是1928年CIAM（国际现代建筑师协会）创始会员之一。

1931~1936年设计了大量风格派的标准住宅。

1933年设计梅兹百货公司（Metz and Co）的圆顶和家具系列。

1936年后，他一方面致力于家具设计，一方面仍继续建筑设计：

梵高美术馆（1937年开幕）——后来1999年黑川纪章加建侧翼。

霍赫雷文（Hoograven）住宅区（1954~1956年）。

贝赫艾克的伯杰（Bergeyk）纺织厂（De Ploeg Textile Works，1956年）。

安汉姆（Arnhem）艺术学院（1962年）。

737. Giedion, Siegfried 吉迪翁/吉典（1888~1968年）

国际现代建筑协会（CIAM）于1928年在瑞士的拉萨尔查茨（Le Sarzaz）成立，并举行首次会议。与会者除了现代建筑主要建筑师 Le Corbusier（1887~1965年）、Gropius（1883~1969年）和 Aalto（1898~1976年）等之外，还有理论家 Giedion，也是主要成员，在历届会议他都是活跃分子。

"二战"后，第六届会议1947在伦敦布里奇沃特举行。此次会议将协会的宗旨修正为"创造满足人们的物质和情感的具体环境"。他将会议成员的战前作品编辑成《新建筑十年》（A Decade of New Architecture）。

又著《空间、时间与建筑》（Space, Time and Architecture），他把 Gropius 的包豪斯校舍、Aalto 在帕伊米奥（Paimio）的结核病疗养院（Tuberculosis Sanatorium，1929~1933年）和 Le Corbusier 的日内瓦国际总部建筑群方案列为现代建筑的三大杰作。

738. Krüger Brother 克鲁格兄弟：

Walter 沃尔特（1888~1971年）

Johannes 约翰尼斯（1890~1975年）

两人设计波兰坦嫩贝格（Tennonberg）的国家纪念碑（National Dankmal 1927年，1935年作修改），Tennonberg 即斯滕巴尔克（Stebark），纪念碑纪念1914年8月德军战胜俄军。

回到柏林，设计国家中央银行（Zentral Bank）。

739. Albers，Josef 艾伯斯/阿尔贝斯（1888～1976 年）

诗人、画家、雕塑家、美术理论家。

1920 年到包豪斯入读建筑系，时年已 33 岁。三年后毕业，留校任建筑教师。

1933 年包豪斯被纳粹关闭后到了美国。

1949 年在北卡罗来纳州的黑山学院（Black Mont College）任教，1950 年转耶鲁大学任美术系主任。

他的著名作品有：

组雕："设计的变化"（Transformation of a Scheme，1948～1950 年）、"结构组画"（Structional Constellation）（1953～1958 年）——创造由线条组成的复杂图案。类似 Mondrian（1872～1944 年）的风格派。

Mondrian 同 Van Doesburg（1883～1931 年）、Rietveld（1888～1964 年）、Oud（1890～1963 年）于 1917 年组成 De Stije 风格派。

740. Milutin，Nikolai A（Milytin，Nikolay A）米柳亭/米留廷（1889～1942 年）

带形城市（Linear City）源于西班牙 Soria-y-Mata，A.（1844～1920 年）1882 年的理论，并于 1892 年在马德里作出实践，但由于未严格执行，导致成效未如理想。

包豪斯创办城市规划学系，由德国人 Hilberseimer（希尔贝赛默，1885～1967 年）出掌该系，他对立体城市和带形城市均有所传授。

1928 年前苏联开始第一个五年计划，大力发展重工业城市。Milutin 负责规划斯大林格勒（现伏尔加格勒，Volgograd）及马格尼托高尔斯克两市。他的具体规划将城市分布于铁路两侧，依次为工业区、绿带、生活区、农业地带。生活区内布置居住、文教、行政等部分，总宽度约 800m。居住区分隔为可容 6000 人左右的小区，住宅四层高，学校、幼儿园、商店、洗衣房、浴室、餐饮俱全，若干小区合设行政、中学、俱乐部等机构。

带形城市的特点是可无限伸展，也就是它的优点。但马格尼托高尔斯克受矿山同水坝所阻，长度有限，未能发挥其作用。伏尔加格勒由于距离河道稍远，未收水运之利。两者都因地理条件而未如理想。此事令后人在规划带形城市时充分分析考虑自然环境。

741. Meyer，Hannes 梅耶（1889～1954 年）

1927 年担任包豪斯首任建筑系主任，并授城市规划课程，1928 年 Gropius

离任，他继任校长一职，建筑系一职由 Mies 继任。1930 年因同市当局不合，离校到前苏联。在校期间，他增加科学和调查研究方面的课程内容。

在前苏联，他参加了泛苏无产阶级建筑师学会（All-Union Society of Proletarian Architects/VOPRA）。这是个构成主义的组织。早在 1920 年，Gabo, N（即 Pevsner）贾波（1890～1977 年）兄弟发表《现实主义宣言》，1922 年 Lissitzky, E.（里士兹基，1890～1941 年）在柏林同 Van Doesburg（1883～1931 年）共同签署发表了《构成国际宣言》（Constructionism International），并举行作品展览。当时，包豪斯的学生便全体由魏玛到柏林参观，所以 Meyer 早同构成派有所接触。

构成派同风格派都肯定机器在现实生活的作用，机器应是建筑的榜样，所以建筑应由工业化生产的标准构件建成，用工业化方法进行大规模建造。

东欧情况与西欧完全不同：西欧为工业革命，机械的发明和广泛运用，导致建筑流派广泛发生，而前苏联则为社会革命，因此构成主义内部在如何调和科技与意识形态的关系上便产生了分歧。泛苏无产阶级建筑师学会的成员偏重于建筑形式。他们批判"现代建筑师学会"（OSA）和"新建筑协会"（ASNOVA）的抽象性和陷入空想。

742. Emberton，Joseph 埃伯顿（1889～1956 年）

1922～1926 年同 Westwood, P.（韦斯特伍德）在 Windley（温德里）合作。

1929 年设计伦敦的新帝国会堂（New Empire Hall）。

1934 年设计布莱克浦（Blackpool）的游乐海滩（Pleasure Beach）。

还有在伦敦，埃塞克斯（Essex）、索斯沃克（Southwark）、萨里（Surrey）和布莱克浦等地的工程。

743. Luckhardt，Wassili 勒克赫尔特（1889～1972 年）

同弟 Hano（汉诺）合作开办事务所。他们设计了：

柏林艺术馆的展览厅，巴黎大学的德国留学生宿舍楼。

744. Markelius，Sven Gottfrid 马克利乌斯（1889～1972 年）

Markelius 既是建筑师，也是城市规划师。

1916 年开始他的设计事务，早年的作品多数获奖。

1925 年他为芬兰赫尔辛基（Helsinki）设计音乐厅综合体（Concert Hall Complex）。简洁的直线形象，配以白色墙面和宽大的玻璃窗，而带欧洲学院派的特征。

瑞典斯德哥尔摩（Stockhelm）的集体住宅（1925年），建筑物内附有饭馆、公用厨房和托儿所，照顾到双职工日常生活所需。

1939年纽约世界博览会的瑞典馆。受到国际建筑界的赞许。

凯文格（Kevinge）住宅，是位于岩石和树林间的低层住宅。他适应环境，因地制宜，灵活布置，不拘一格。

1938～1954年他任规划局长时，在斯德哥尔摩近郊规划卫星城（Satellite）韦林比（Vällingby），距母城约10km，全卫星城占地170公顷，地铁和高速公路通过市中心（56公顷），那里布置了行政办公楼、大小商店、保健、福利机构、餐饮、剧院、电影院和教堂等。至于居住建筑有两种形式：塔楼和低层拼联式住宅。街坊为三合院式，以御冬季寒风。人口2.3万，全卫星城8万人。整个规划还配合地形地貌，高低起伏，保留自然景色。

其建筑风格属于北欧的人情化和地方化，而接近于传统的风格，被称为"新经验主义"（New Empiricism）。

745. Chini，Galileo 奇尼（活动于20世纪初）

意大利的维亚雷焦（Viareggio）濒热那亚湾（Golfa di Genova），在比萨之北。1917年一场大火，全市尽毁。重建市区时，Chini带头以新艺术风格（Art Nouveau）重建，全市仿效，一时成为风尚，其中以他所设计的玛格丽特咖啡厅（Gran Caffè Marguerite，1920年）成为典范。当地人称不见经传的他为"新艺术之父"。

意大利的新艺术运动称之为"自由风格"（Stile Liberte）。它出现较迟。

746. Marcks，Gerhard 马尔克斯（1889～1981年）

学于理查德，沙伊贝画室，成为雕刻家。

曾在柏林工艺美术学校和哈雷工艺术美学校任教。

1920～1925年在包豪斯教授陶瓷工艺（Pottery）。后又转回哈雷（Halle），仍在工艺美术学校任教。

他同莱姆布鲁克（Lehmbruck，W.，1881～1919年）、巴尔封赫、恩斯特致力于复兴德国雕刻艺术。

其风格朴素，带几分表现主义色彩。1937年其作品被纳粹禁止展出。

"二战"后于汉堡任教（1946～1950年）。

其著名创作有：

科隆和汉堡的战争纪念碑。

马格德堡（Magdeburg）隐修院之青铜大门（1977年，当时他已届88岁高龄）。"二战"时，马格德堡破坏惨重。

747. Duiker，Johannes 杜伊克（1890～1935年）

荷兰建筑师，擅长设计公共建筑：

阿尔克马尔（Aekmar）的卡连海增（Karenhaizen）长者宿舍（1917～1919年）；

斯凯芬宁根（Scheveningen）的技术学校（1922～1931年）；

阿洛马尔（Aalomeer）的乡绅庄园（Country House，1924年）；

哈尔凡瑟姆（Halvansum）的宗尼斯特雷尔疗养院综合体（Zonnestraal Sanatorium Complex，1926年同他人合作）；

阿姆斯特丹的公立开放学校（Open-Air Public School，1927～1932年）和汉德尔斯勃拉德电影院（Handelsblad Cinema，1934年）；

希尔弗瑟姆（Hilversum）哥域兰的格兰酒店（Grand Hotel，Goviland，1934～1936年）。

748. Lissitzky，Eliezer Lazar Markovich（Lisitsky，Elizar Lazar Markovich）利西茨基/里士兹基（1890～1941）

出身俄罗斯资产阶级知识分子家庭，在德国受高等教育，学的是工程。十月革命后于1919年回到前苏联。

作为画家、印刷工艺家、设计师和建筑师。回前苏联后任教，但1921年他又去了柏林。

1922年他和Van Doesburg（1883～1931年）合署了《构成国际宣言》（Constructionism International），在"*De Stije*"（风格）杂志上刊登，并举办展览，展出构成主义的作品。

在柏林，他结识了Moholy-Nagy（1895～1946年），通过Moholy-Nagy，也通过包豪斯学生的实际参观，使前苏联的构成主义让两欧国家，也包括包豪斯有所认识，并使风格派和构成派的成员加强联系。

作为构成派，肯定机器在现实生活起着重要的作用。新生活要求新造型；新造型又要求新材料和新技术。在20世纪30年代初，构成主义是前苏联建筑的主流。

1925～1928年居于汉诺威，同时为汉诺威市国立博物馆设计抽象派艺术厅（1936年已毁），其时，他到过包豪斯。

1928年他返回莫斯科，从事于艺术的革新，搞些展览装饰艺术设计。他的著作"*Russland——die Reconstrucktionder Architekture in der Sowjetunion*"（俄罗斯——苏联复兴建筑），于1930年在维也纳出版，1965年再版，并改称为《俄罗斯：世界革命的建筑》，1970年又以英译本在美国发行。

749. Oud, Jacobus Johannes Pieter 奥德（1890~1963年）

作为建筑师和理论家，于1917年同Van Doesburg（1883~1931年）、Rietveld（1888~1964年）以及画家Modrian（1872~1944年）共同创立风格派，并开办"De Stije"杂志。该派认为最好的艺术是简单的基本几何形的组合或构图，在色泽上主张最纯粹的原色。

但是，1923年他便离开风格派，同Van Doesburg的净化论分道扬镳，转而积极推广Wright（1867~1959年）的建筑理论思想。更接近于现代建筑，对现代建筑的发展，发挥一定的作用。

1918年起他担任鹿特丹市住宅建筑师，他的主要作品也是居住建筑：

施潘根（Spangen）住宅区和图斯琴迪肯（Tusschendijken）住宅区（1920年）；

阿姆斯特丹国家纪念碑（1922年）；

鹿特丹"单纯"咖啡馆（Cafē de Nocie，1924~1925年）——纯粹的风格派作品，1940年已拆；

鹿特丹基尔夫荷克庄园（Kiefhock Estate 1925~1927年）。

他所设计的住宅简洁、朴素，同阿姆斯特丹学派的精致华丽有所不同。

不拘一格，更圆滑流畅的几何图形。他力求做到既经济又高质量的效果。

1926年写的"Höllandische Architektur"（荷兰建筑），使他闻名于国际。

750. Melnikov, Konstantin Stepanovich 梅勒尼科夫（1890~1974年）

1924年他为莫斯科红场的列宁墓做石棺（Sarcophagus）。

1925年巴黎举行现代工业装饰艺术博览会（Exposition Internationale Decoral Arts Decoratifs at Industralle Modernness），他设计了（前）苏联馆，表现了他的高度个性化，显示构成主义的特色，也让西方接触到在前苏联本土以外的首座构成派作品。这座22m×9m的矩形二层建筑，全部木构。内部布置完全打破了外框的格局：扶梯从两边相对的角上作对角线进入，升上二楼，将室内空间划分为大小形象不同的四边形或三角形，柱网也是斜向的。更有甚者，一座三角形的木架高高地突出屋面，支撑也是斜向的，顶上是"C. C. C. P."（前苏联U. S. S. R. Union of Soviet Socialist Republics的俄文）的国名，屋面上还有许多平行四边形的板块，配以镰刀、锤头的标志。外立面或是玻璃，或者干脆敞开，整个形象使人新奇而惊异。

1927年的莫斯科鲁沙科夫（Russkov）工人俱乐部。平面呈三角形。适应三层不同的礼堂。演出场所位于上层。观众厅后座的逐步升起，将观众厅的底板悬挑于交通区上，裸露于外，真实反映结构，让它在半空中高高翘起。

1929 年又设计布力维斯廷克（Burevestink）的工人俱乐部。

还有一些工厂及车库。

其设计遍及伏龙芝（Frunge）、坎秋克（Kanchuk）、皮亚维达（Piavda）和高尔基（Gorki，原下诺夫哥罗德/Nizhni Novgorod）。

751. Pevsner Brother 佩夫斯纳尔兄弟：

Naum Neemia 瑙姆·尼米亚（即 Gabo，Naum，贾波/伽勃/加博）

（1890～1977 年）

Antoine 安托尼（1886～1962 年）

兄弟俩出生于乌克兰基辅，但却很少时间在家乡居住。

Gabo 原在基辅学美术，后到慕尼黑大学学自然科学、医学和工程。"一战"前醉心于艺术和建筑，1913～1914 年遨游于威尼斯、佛罗伦萨和巴黎等地。"一战"期间避战于北欧，1915 年在斯德哥尔摩创作。十月革命后回到祖国，出任教授。

1922 年出国再到德国，侨居于柏林，住了十年。其间，同 Moholy-Nagy（1895～1946 年）共同工作了一段时间，至 1923 年 Moholy-Nagy 到包豪斯任教。1932 年他移居巴黎并取得法籍。1936～1946 再移居伦敦。"二战"后于 1946 年最终定居美国。

Gabo 虽有多种学历，但最终还是决心做雕刻家。早在 1915 年在斯德哥尔摩便创造立体主义雕刻。1920 年，该兄弟在莫斯科发表"*Realistic Manifesto*"/"*Réalites Nouvelles*"/（现实主义宣言），主张艺术必须建于时、空概念之上，抛弃传统的体积概念，而运用空间运动和时间等新观念，强调物体的空间和运动感，利用空间以摆脱物体的质量感。宣言在街头张贴，并创作出"钢片活动雕塑"展示。他成为新现实主义派创建人之一。

他把未来主义的动态，结合立体主义的机械艺术，促进构成主义而起作用。

他使用玻璃、金属、铁丝等材料来创作。他主张雕刻家不去雕塑，而转到去做空间的装置工作。又强调画家同雕刻家不应加以区别，艺术家有权独立自主地探索现实和真理。他的作品综合了造型艺术、绘画、雕刻和建筑的长处。在建筑方面，应如机器一样地，无传统形式，无装饰，既符合功能要求，又具美感的空间组合。

1953～1954 年在美国哈佛大学建筑研究院任教授。

他的作品有《螺旋的旋律》、《球面主题的半透明变化》、《空间中的线条构成》等，其中最著名的是 1955～1957 年在鹿特丹的 De Bijenkorb（比京柯夫/蜂巢）百货公司大厦前广场的雕刻。

752. Stein，Clarence S. 斯坦/施泰因
Perry，Clarence A. 佩里（活动于20世纪上半叶）

Stein 是建筑师和规划师，1924 年他规划了美国"森尼赛德花园新村"（Sunnyside Gardens/日照园新村）。

1929 年，社会学家 Perry 首次提出"邻里单位"（Neighbourhood Unit）的理想。基于汽车交通发达，为了安全及居住环境质素，要求计划将居住环境分为小区。小区内要有小学、公共中心、零售商店和绿地等。机动车辆绕小区周边行走，不得进入区内，以保证学童上学和日常生活所需而无须穿越街道。小区人口不超过一万人，用地面积约为 60 公顷，并保证学童的步行距离合理。

这是一项社会学同建筑学结合的产品，而 Perry 所提出的"邻里单位"概念，被认为是社区规划理想的先驱。

1933 年 Stein 在规划纽约州雷德伯恩（Radburn）新城时，便采用其概念设计。他将机动车辆和人行道严格分开，汽车开进死胡同到住宅前门，再回原路退出。行人则由小街进出住宅后门。这样便将人、车严格分隔（有时也使用立体交叉），起到交通安全的作用，雷德伯恩式的街坊被视为城市结构的"基层细胞"。

Stein 自认他还受到英国规划理论的影响。

在英国，Howard，E.（1850～1928 年）有"花园城"的理论和实践，及 Geddes，P.（1854～1932 年）以社会学及生物学的专业观点出发，提出了"区域原则 Regionlism"，他认为城市规划是社会改革的重要手段。

1943 年英国的特里普（Tripp，H. A.）也从交通系统的角度出发，在区段内建立次一级的交通系统，以减少支路的干扰，提出 Precincts（划区）的规划思想。于是发展为"扩大街坊"（Supper Block），在英国试行。

"二战"之后，西方一些国家多以"邻里单位"的概要来规划新城。前苏联则由居住小区进一步为"居住综合体"，而邻里单位的规划则由 2000 人至 12000 人不等。

20 世纪 60 年代以后，有人认为城市生活的多样化，并不只局限于邻里，也是从社会学和心理学出发，发展为"社区规划理论"。

Stein 1951 年著 *Towards New Town in America*（有关美国新城市），对美国城乡作出高度评价。

753. Wright，Lloyd（J）（小）赖特（1890～1978 年）

Wright，F. L.（1867～1959 年）的长子，自幼即随父绘图，已显其多才多

艺，但是他并不因袭其父之草原风格。自从他一度为 Gill，I. J.（吉尔，1870～1836）工作后，对其带立体派的造型风格有所感染。其后他的作品，在光洁的体形上，带有其父风格的重点小面积装饰，独具风格。

他的代表作是加州帕洛斯弗迪斯（Paloswerdes）的威费尔斯礼拜堂（Wayfare's Chapel，1951年），是座开敞式礼拜堂，以轻钢框架和木材为主要材料，墙身全是玻璃。尖顶，再配以一些交叉支架。入口上的圆圈又改变了直线的单调。一侧的三角形尖塔，别具特色。礼拜堂位于红木树林间，显得别致。

他还长于风景设计。其创作的方法是先绘草图，再做模型，最后施工。其效果能使建筑同环境相融。

754. Bryggman，Erik 布吕格曼（1891～1955年）

他的创作以砖木等地方材料代替钢筋混凝土，既符合地方传统和地理条件，又按现代主义规划设计。

他和 Aalto，A.（1898～1976年）共同将现代功能主义建筑思潮介织到芬兰。1929年图尔库城（Turku）为纪念建城七百周年，举行纪念展览会中，他同 Aalto 共同将现代建筑开始引入芬兰。

他的设计还有：

赫尔辛基战争纪念馆（Helsinki War Memorial）；

维耶鲁迈基（Vierumäkè）的体育俱乐部（1930～1936年）；

图尔库学院的奥斯-阿卡丹米图书馆的书楼（Oes Akademi Library Book Tower，1935年）、克伦学生大厦（Kran Student Building，1936～1956年）、图尔库公墓之复活礼拜堂（Resurrection Chapel of the Turku Cemetery，1938～1941年）、图尔库学院化学实验室及学生会（1948～1950年）。

库希迈基（Kühimäk）的供水设备和水塔（Water Tower and Supply Plant，1951～1952年）。

上述两项作品，以传统形式、地方材料，表现出浪漫主义色彩。

755. Ponti，Gio（vanni）蓬蒂/庞迪（1891～1979年）

出生于米兰，毕业于米兰工业学院。

1923～1938年在理查-金纳利陶瓷厂（Richard-Gineri Pottery Factory）任设计工作，同时他还有绘画、家具制作、工艺品设计、舞台、室内设计、建筑和城市规划等多方面才能，曾创造多角椅。

1928～1946年他创立并编"*Domus*"（住宅）杂志。

他是米兰国际博览会第五届委员（1933年）。

他的建筑作品主要有：

罗马大学数学学院（1934年）；

梵蒂冈天主教印刷展览会（Catholic Press Exhibition，1936年）；

米兰蒙泰卡蒂尼（Monte Catini）办公楼（1936年）。

意大利自古罗马时代开始就是古典主义的发祥地，文艺复兴亦肇始于佛罗伦萨。在意大利"正统思想"的建筑是主流。当哥特式、浪漫主义和新艺术运动流行于欧美各国时，意大利迟迟不大接受。高层建筑由芝加哥兴起，在纽约进一步发展，在意大利，直至1955~1959年才出现于米兰，那就是Ponti担任设计，并由Nervi，P.L.（奈尔维，1891~1979年）同Darusso，A.（达鲁索）负责结构的比勒利大厦（Pirelli Skyscraper/皮雷利大厦）。在一块不规划的四边形地段上。地下室充分利用整个面积，出到地面是一座33层的摩天楼。他把楼的平面设计成梭子形，有别于一般的板式或塔式，在两端各有一对三角形的筒体，在中间各3/10和7/10处是两对断开的剪力墙（断开处作为走廊之用），亦有别于一般高楼的框架结构，并创造出25m大跨度（如图），突破一般高楼小跨框架结构的方式。这套结构系统，将每层划分为三段六块的使用面积。至顶层，四幅剪力墙变为八根小柱。

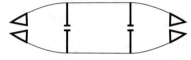

此高度127m的摩天楼，于施工前曾做模型并分析，核实计算的精确性。结果施工取得成功，并使它在高层建筑的形式上和结构上都别具特色。

他还为米兰的拉斯卡拉歌剧院（La Scala Opera）作内部装饰。

他说："建筑至少要有使用者和建筑师两者的个性"，要综合有关元素作出总体处理。他厌恶华而不实的创作。

在意大利现代建筑及工艺美术设计发展起重要作用。

756. Nervi，Pier Luigi 内尔维/奈尔维（1891~1979年）

出生于意大利北部小镇桑德利奥（Sondrio）。1913年毕业于波伦亚大学土木系。后在波伦亚建筑公司（The Società per Costruzioni Cemeatizie of Bologna）混凝土学会工作两年。"一战"爆发，在工程兵部队服役，战后从事建筑设计工作。

在他逾半个世纪的设计生涯中，他为大空间建筑、薄壳结构、预制钢筋混凝土施工方法、钢丝网水泥构件（兼为模板）、折板结构等多方面作出卓越的贡献。

初期他投身于工程施工方面：1920年同奈比渥西合组工程公司。1932年又同Bartoli（巴托利）另组工程公司，在实践的活动中，他不断探索新的技术以符合功能上的合理施工的可能性和简捷，并符合高效、低价的经济原则。

1926~1927年在那坡里设计了一家电影院。

1930~1932年为佛罗伦萨市体育场（Municipal Stadium of Florence）时，开始显示出他的才能。运动场包括大看台（Berta Stadium）、马拉松塔（Maratona）和三座螺旋梯。大看台可容三万座，主席台悬挑达22m，挑檐之支撑臂同观众座呈交叉状露明构成，其厚度随所在位置之弯矩而定。三座螺旋梯在背面逐层悬挑盘旋而上。高高的马拉松塔同主席台遥遥相对。1932年至"二战"后还为里约热内卢设计12万座的体育场方案。

1922年墨索里尼上台，至1936年，世界形势已浓云密布。意大利空军加建新飞机库（Aeroplane Hangars）。在Obertello（奥柏尔替罗）、Orvieto（奥尔维耶托）和Torre del Lago（拉各的托雷）等共八座（1936~1941年）。40m×100m平面，要求内部无柱，而在长边还要求开50m宽、8m高的洞口，以装活动门。Nervi自认这是他一生中最早遇到的最大难题之一，作为设计者和施工者，还要考虑造价问题。最初，他考虑过传统的梁架方式，但却不符合要求。遂转向整体结构体系，采用加双向肋的落地筒拱，上面以波形瓦覆盖。这是静不定结构，在计算和工艺上都未成熟。于是先做模型试验，经修正再验算，最后实际施工。首两座为现浇，后六座改为预制装配。1944年德军撤退时将之摧毁。但其节点并未受损伤。

1944年，为了不同纳粹占领军合作，他关闭了公司。

1948年设计在波伦亚（Bologna）的国家烟草专卖局大型仓库。在这项工程上，他开始创造和使用钢丝网水泥（Ferrocements）模板代替普通的木模板为梁板楼面施工。这种整体式的模板减少了木模的装卸的操作，脱模后表面规整，无须再抹灰，只作刷白。在时间上和造价上都具优点。

1949~1950年都灵展览馆的主要建筑包括阿格纳利（Agnelli）大厅和1949年的"C"厅，还有一间剧场及其配备服务用房［Agnelli, Giovanni（阿格纳利，1886~1945年）是菲亚特汽车公司创始人］。Agnelli大厅95m跨的矩形厅连接直径60m的半圆厅，矩形厅之筒形拱顶由预制"V"形波纹板和加劲隔板构成，在波峰和波谷处加浇钢筋混凝土组成并加固。加劲板同肋的重叠在不同角度会产生不同的观感。半圆厅则由菱形预制件组成，就位后于隙间凹槽浇成整体。C厅65m×70m，拱顶为钢丝网水泥构成四角，各有巨大的三叉形支撑。至于1956~1957年加建的大型汽车库为一个两边翘起的薄壳拱，每边各有三个支点（大拱两个、小半拱一个）成品字形排列（如图）。跨度95m，同Agnelli大厅。

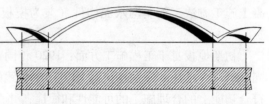

都灵展览馆阿格纳利大厅的带盖入口：平面和透视图

1952年接受联合国教科文组织总部UNESCO（United Nations Educational, Scientific and

Cultural Organization）的任务，总部位于巴黎塞纳河左岸，隔马路同军事学校的背面相对，是一块半圆形的绿地，任务由他和 Breuer, M./布劳也尔（1902~？年）及 Zehrfuss, B./泽尔夫斯共同承担，他们傍这条弧线将办公大楼设计成"Y"形平面。另一侧的会议厅设计成梯形。办公楼的柱网退于外立面之后，以悬臂梁挑出，底层柱子向内倾斜，结成拱状。这些梁柱结构都是变截面的，尤其底层的椭圆形柱子，长轴往上渐变为短轴。另一边，会议厅的前后立面和屋顶作成波形折板，这三个面是一个整体，同样，其截面随力矩而变大小，折板结构既符合力学原则，亦有利于声学效果。

1955~1959年由建筑师 Ponti G.（1891~1979年）设计及同 Darusso, A.（达鲁索）合作的米兰 Pirelli 大厦。他又打破惯例，以筒体加剪力墙结构代替一般的框架结构，取得新的突破。——详见 Ponti 条目。

后来，他于1961年设计加拿大蒙特利尔（Montreal）的维多利亚广场大厦（Place Vittoria）时，也采用了类似的结构——内核加四角的承重柱，而在设备层内设对角桁架以加固。

为1960年在罗马举行的奥运会，由1956年起先后设计了小体育宫（Palazzetto dello Sport, 1956~1957年）和大体育宫（Palazzo dello Sport, 1960年）。其中小体育宫36m直径的落地穹顶，在现浇肋上覆盖1620个菱形槽板。下面以36个"Y"形的斜撑支托，整体像一张反扣的荷叶，外形秀雅和谐。而圆形大体育宫，碗形观众席底部低于地面，上覆扁壳顶，如一个巨大的有盖食具。网格穹隆薄壳顶，顶跨100m，壳顶留大圆孔，全部由2500个预制构件装配而成。

同时，1958~1959年又加建弗拉米尼奥体育场（Flaminio Stadium），长圆形平面，大看台带悬挑大雨盖。观众席座位和踏步由钢丝网水泥预制构件配现浇组成。雨盖也用"V"形波纹预制钢丝网水泥组成，至末端渐变为直线，波纹上有预留采光圆孔。旁边还有与之配套的柯萨·弗朗西亚（Corso Francia）高架公路，路底中间柱向双边悬挑（预制并加预应力）。

1959年起为庆祝撒丁王国重新统一意大利一百周年，在都灵举办"意大利61"大型国际劳动博览会，工程叫"劳动宫"（Palace of Labour）。工期及造价都有限制，建筑面积达 $25352m^2$，他将近160m见方的平面等分为16个方格，每个38m×38m，预留每边2m宽的采光带。每格以一根柱子支撑方形屋盖，逐一施工，屋盖改用钢结构，以能赶上工期。而为了应付风力，柱脚由十字形至柱顶渐变为圆形。模板重复使用，这样便能赶上十个月的工期。

早在1950年，他设计罗马的奥斯蒂亚·丽都（Ostia Lido）娱乐馆的餐厅时（建筑师 La Padula, A./拉帕杜拉）便已采用这种伞形结构。不过那是单个圆形平面。1953年罗马加蒂羊毛厂（Gatti Wool Factory）是多个方格伞形结构。

1952 年基安恰诺·泰尔梅温泉（Terme di Chianciano）进行重建和扩建其节日馆（Festival Hall），经建筑师 Loreti, M.（罗勒蒂）和 Marchi, M.（马岐）的建议，采用现浇双曲拱薄壳，他认为改用圆形球面，可以预制，而模板可重复使用。

1960～1961 年达特茅斯学院的纳萨尼尔－利弗隆田径馆（Nathaniel Leverone Field House），112m×79m 矩形平面，其屋顶为预制钢筋混凝土拱券。

曼图亚（Mantua）的布尔哥协会造币厂，又向他提出新的问题：30m×250m 的厂房内，不容有柱子。原考虑用拱券结构，后决定改为悬链的钢屋盖的方案，全部屋顶以两对倒"Y"形支架悬吊，墙体和屋盖完全脱离。

在纽约，哈得逊河连接曼哈顿和新泽西的乔治·华盛顿桥旁，是港务局（Port of New York Authority）的巴士终点站（The George Washington Bridge Bus Terminal），于 1960 年邀请他设计，他以桁架结构形式支承三角形屋面（便于通风及排气），中间支柱也是变截面的十字形。

他的其他作品有：蒙特利尔的维多利亚大厦（1961 年）、悉尼的澳大利亚广场大厦（筒形，50 层）、旧金山大教堂（1970 年）、梵蒂冈体育馆、旧金山主教堂和里士满的体育场（Coliseum，1971 年）等，还有一些方案如里约热内卢 12 万座体育场（1932 年至"二战"后）。

综观其创作，有几个特点：

（1）每次、每个工程都根据功能、工期、造价等多方面，探索新结构的潜力方案，使更具高效和合理，而不是不管什么客观情况和使用者的实际需求、只追求高贵和精美，华而不实；

（2）充分考虑和发挥钢筋混凝土的可塑性；

（3）条件许可之下，尽量采用预制钢筋混凝土的构件、部件；

（4）创造钢丝网水泥（Ferrocement），既可作为预制构件，亦可以代替木模板，性能类似钢材，而抗拉强度远胜普通钢筋混凝土；

（5）根据受力情况，将柱、梁、肋、拱等做成变截面；

（6）适当地留出空隙，既可减轻重量，又可留作采光之用；

（7）通过试验以求证计算之正误，从而改正与发展和进化。

关于钢丝网水泥，是在细孔钢丝网上，浇灌一层水泥沙浆，厚度约 3～3.8cm。他曾用此方法制成两艘帆船，还很浪漫地以他妻子之名为船命名。

作为工程师、建筑师兼营造师，他的作品植根于独特的结构构思，施工技巧和建筑处理上，风格独特，作品大胆，富想象力。

虽然他从未把美学放在首位，但是他出于力学角度考虑，按照科学的规律，设计出来的作品，自然有韵律，美观、雄浑，具有诗一般的非凡表现力，有人认为他的设计是以生物形态为基础。

他认为"材料、静力学、施工技术、经济效益和功能要求是构成建筑语言的词汇"。

他著有"*Stucture*"（结构）（1956 年）和"*Aesthetics and Technology in Building*"（建筑的艺术与技术）（1965 年，按 1961～1962 年在哈佛大学的演讲记录辑成，中国建筑工业出版社 1981 年出版中文版）。

1947 年起，他担任罗马大学教授，1963 年获哈佛大学名誉学位。

和他合作的除了已述者，还有：Vitellozzi A.（维特罗齐）、Moretti（莫雷蒂）、Vacearo（瓦卡洛）、Passenti, M.（帕先蒂）、Perona, P.（皮洛那）、Loreti, M.（洛雷蒂）、Marchi, M.（马殊）还有他的儿子 Antonio（结构工程师）。

关于合作者 Brauer, Marcel（1902～？年）出生于匈牙利，1924 年毕业于包豪斯。1937 年入美籍，其设计简明完整，具雕塑美，被视为北美真正的现代建筑师。其主要作品为明尼苏达州科勒吉维尔的圣约翰教堂（St. John's Abbey Church, College Ville），法国拉戈德的 IBN 研究中心（IBN Research Center, La Gaude），华盛顿特区美国住房及城市发展部总部（Unitid States Department of Housing and Urban Development Headquarters），还有前面提过的巴黎联合国教科文总部。

757. Ginsburg，Moisei 金斯伯格/金茨堡（1892～1946 年）

在前苏联，1920 年 Pevsner 兄弟（即 Cabo，1890～1977 年，1886～1962 年）在莫斯科发表《现实主义宣言》（Realistic Manifesto/Réalites Nouvelles）。1922 年 Lissitzky（1890～1941 年）同 Van Doesburg（1883～1931 年）发表《构成国际宣言》，构成主义在前苏联兴起。1925 年 Ginsburg 和 Vesnin（维斯宁兄弟）创立构成主义组织——现代建筑师学会（Society of Contem-porary Architects, OCA, 俄文 OSA）由 Vesnin A. A.（1863～1959 年）担任主席，Ginsburg 和 Vesnin, V. A.（1882～1950 年）是副主席，他们还合编机关刊物"*Современная Архнтектура*"（现代建筑）。

出生于白俄罗斯明斯克（Minsk），早在 1924 年他便写下了"*Style and Epoch*"（风格和时代），其观点同 Le Corbusier（1887～1965 年）的观点很接近。构成主义自然也把 Le Corbusier 视为同路人。

他主张功能至上，但其作品并未被接纳：

1927～1929 年他为财政部职工宿舍设计的莫斯科纳尔科姆芬公寓（Narkomfim Communal Apartment），原拟按照 Le Corbusier 所倡实行分户产权公寓（Freehold Maisonatte/Immenble-Villa Pasternek）办法，但未能被采用。虽然布置紧凑和高效能，但因为如鸽笼一样，无灵活性，和 1931 年年设计苏维埃宫的 Le Corbusier 一起落选。

他落实的作品，多同别人合作：

阿拉木图（Alma-Ate）法院（1927～1931年）同 Milinis，I. F.（米里尼斯）；

斯维尔德洛夫斯克（Sverdlovsk）的 F 型住宅区（Type F Residential，1928～1929年）同 Pasternek（巴斯特尼克）；

土耳其斯坦－西伯利亚铁路（Turkestan-Siberia Railway）的阿拉木图管理处（Administration Building，Alma-Ate，1929～1934年）；

谢尼高工业区的低廉价房屋（Low-price Housing，Chenigo Industrial Area，1932年，同 Bertshch 伯特希）；

基斯洛沃茨斯克的奥德忠尼启则疗养院 Ordjhonikidze Sanatorium，Kislovodsk（1935～1937年）。

还有同 Milinis（米里尼斯）和 Prokhorov（普罗霍罗夫）合作的公共空间和各种类型的公寓。

758. Kiesler，Frederick John 基斯勒（1892～1965年）

雕刻师、建筑师，尤擅长于剧场和舞台设计。

1910年起随 Loos，A.（1870～1933年）在维也纳改建贫民区。

1924年维也纳举行国际音乐戏剧节，他担任建筑师和活动主任，并设计展览。当时他提出圆环形剧场（Theatre-in-the-Round）方案，这种剧场的舞台为中心舞台或叫岛屿式舞台。

关于剧场和舞台的布置关系，可回顾到古代：古希腊时代，剧场依山势而建，观众席约占 3/4 圆，舞台和合唱团席位于中心；到古罗马时代，剧场为半圆形，面向横向长型舞台，也即镜框式舞台，后来还出现过伸出式舞台；到文艺复兴时代，仍是如此，Palladio（1508～1580年）设计的奥林匹克剧场（1580～1584年）就是镜框式舞台的典型；另一方面出现圆形剧场（Amphitheatre），亦即中心式舞台（源于古罗马的竞技场）。Kiesler 所提出的是一项革新，无独有偶，几乎同时出现，1926年 Gropius（1883～1969年）于巴黎便展出其万能剧场（Total Theater）的设想，不过万能剧场的中心部分可旋转，兼具中心式舞台和镜框式舞台的功能。中心舞台剧场在中世纪时曾一度使用，1930年后在前苏联再重新兴起。

1926年赴美，1933～1957年担任纽约朱利亚特音乐学院（Juilliard School of Music）的布景指导。又为大都会歌剧院（Metropolitan Opera）设计布景。其创作形象丰富，而造价低廉。其间，于 1936～1942年任哥伦比亚大学建筑学院研究室主任。

1958年他提出自由形体"无尽屋"（Endless House）方案，由其妻制作水泥模型展出，外表似抽象雕塑。模型后存于纽约现代艺术博物馆。

1959~1965年设计收藏"死海书卷"（Dead Sea Scroll in Israel）的以色列圣书神龛（Shrime of the Book）。

759. Sagebiel, Erust 萨奇比尔（1892~1970年）

1933年希特勒上台，他在纳粹时代，为当时政权建立住宅建筑的部门（Ministerium für Wohnungsbau），并为纳粹设计了不少服务性的建筑物（Constructed Monumental Administration and Service Building for the Nazis）。

在柏林，设计纳粹统治下的第三帝国空军总部 Reichs Luftfahr Ministeriunl 和滕佩尔霍夫机场（Flughafen Tempelhof，1935~1939年）。

1948年6月26日至1949年5月4日西柏林被封锁（blockade），西柏林的物资供应全借助于空运（airlift）维持。滕佩尔霍夫机场负担着繁重的空运任务。后来，在机场竖立了"空中走廊纪念碑"（Luftbrüchen Denkmal）以记下此段历史事件。

1961年8月12日及8月13日晚上，东柏林当局进一步突击兴建柏林围墙。全长达1367km，当时高度为2m，1970年加高至3m。西柏林当局不得不在1975年加建泰加尔机场（Flughafen Tegel）——这些都是后话。

760. Neutra, Richard Joseph 诺伊特拉/尼特拉（1892~1970年）

美国自1783年独立后，在 Jefferson（1743~1826年）等人领导之下，建筑设计一直受学院派、古典主义所主导。19世纪70年代兴起的芝加哥学派虽然在建筑结构和建筑材料方面有所突破，但在形式上仍多多少少采用一些古典建筑的虚假装饰。"二战"之前，Wright, F. L.（1867~1959年）和 Neutra，还有 Schindler（1887~1953）开始创出现代建筑同美国乡土特色结合的作品，而且表现优异。

Neutra 出生于维也纳，毕业于瑞士工业大学，知识深厚；他崇信 Loos（1870~1933年）批判装饰的主张，成为他的信徒。

1923年同 Mendelsohn E.（1887~1953年）一起在当时已划为巴勒斯坦委任统治区的以色列海法市（Haifa）做规划。随后他便移居到美国，先在 Holabird, W.（1854~1923年）和 Roche（1853~1927年）的联合事务所工作，不久 Holabird 先逝，他又短期在 Wright 的事务所工作。后便在洛杉矶定居。他把国际建筑风格介绍到美国的同时，又吸收美国的手法，如在住宅上采用编篮式［Braket Frame/或称气球木架（Balloon Frame）］，建成现代建筑的住宅。他并不模仿 Wright，而较为接近于现代建筑。

1927年，国际联盟建筑群征求设计方案时，他也参加了，结果如同Le Corbusier（1887~1965年）一样，被淘汰了。

在洛杉矶，他设计过住宅、学校、医院、办公楼、教堂、文化中心等而至城市规划。其中：

洛维尔宅（Lovell House，1927~1929年），架空的底层，横线条，大面积玻璃窗，风格近似Le Corbusier和Mies（1886~1969年），最特别的是悬臂阳台，由屋顶用钢缆吊挂。

在洛杉矶的银湖（Silverlake），1933年，开始作万·德·里乌研究住宅（Van Der Leeuw Research Houses），这研究延续至1964年。

在沙漠地区设计住宅是他的一个特色：如在加州考夫曼的沙漠别墅（Kaufmann in Desert）（1946~1947年）和科罗拉多的沙漠住宅（House in Colorado Desert）。

在加州圣巴巴拉（Santa Barbera）的特里梅因宅（Tremaine, W House，1947~1948年）。

他的设计以简单的梁柱结构加大片玻璃，室内走廊和室外檐廊互相贯穿。他认为建筑应使人与自然和谐结合，因此常通过天井、门廊等使室外成为建筑的一部分，并且注重庭园的绿化以配合——这方面是同Wright一致的。

他写了"*Survival through Design*"（通过设计而生存）（1954年），"*Life and Human Habital*"（生命与住房）（1956年）。他的自传以"*Life and Shape*"（生与影）（1962年）命名。

他还是位技艺高超的渲染画家。

1966年后同儿子Neutra，Dion（狄翁）合组事务所。

1970年外游时，逝于欧洲。

761. Geddes，Norman Bel 格迪斯（1893~1955年）

原名 Wielancton，Norman 维兰克顿

多才多艺，主要在两方面：一方面是戏剧方面，另一方面是工业设计和建筑方面。

工业设计包括快艇、水箱、无线电盒而至墨水瓶，他在推动当时现代独特风格——流线形（Streamlining），起积极作用，流线形是Art Deco（装饰艺术派）亦即Style Moderne（现代风格），如纽约的克莱斯勒大厦［Chrysler Building，1926~1930年 Van Allen, W.（1882~1954年）设计］等。

在建筑方面，他为通用汽车公司设计了福图拉马大厦（Futurama Building/未来世界大厦），其形状类克莱斯勒大厦，1939~1940年又设计纽约世界博览会的展品陈列厅。

在戏剧方面，包括剧作、舞台设计、导演。演出的歌剧、戏剧、电影等约 200 部，其中剧作"Nju"（妞，1916 年上演）等。所设计的舞台，摆脱了当时自然主义的倾向。

762. Blom，Fraus Ferdinand 布罗姆（1893～1963 年）

玛雅（Mayan）文化研究权威。

在中美洲考古，其大半生都在恰帕斯（Chiapas）的丛林中度过。Chiapas 位于墨西哥南，濒海，近危地马拉。

玛雅人约于公元前 2500～前 1520 年开始居于墨西哥尤卡坦半岛（Yucatán）、危地马拉、伯利兹而至洪都拉斯一带。300～900 年的 600 多年时间，是其古典文化时期，600～900 年最为鼎盛，1518 年西班牙人开始入侵，逐渐衰落。他发现古典文化时期湮没的城市，在帕伦克 Palenque 遗址，发现玛雅低地史时期的艺术品和古建筑。

当时玛雅人以危地马拉的蒂卡尔（Tikel）为中心，约 700 年全盛时人口达 45000 人。其他主要城市为柯盘、乌斯马尔等。有上百座城市。

玛雅人的庙宇建于高台基上，后发展为阶梯形的金字塔，其中一座在提卡尔（Tikal）的庙总高 70m，下层台座高 45m，分为三级，上为 25m 高的庙。以陡峭的阶梯上达庙门，庙只三开间，庙顶亦为方锥台形，在表面的石块上作雕饰，多以怪兽之形为主。建筑技术尚未发达，只会叠涩法砌顶技术，故空间狭长。10 世纪建成的"奎札尔考赤"金字塔，体积达 330 万 m^3，比埃及胡夫金字塔之 250 万 m^3 大 32%。其他建筑有宫殿、陵墓、广场、舞蹈庭、住宅等，也有四合院式的形制，但采光、通风都甚差。

他又发现拉坎顿（Lacandón）民族之遗民，是居住于墨西哥和危地马拉边境的玛雅印第安人，总数不足 1000 人。

Blom 是丹麦人，他同妻子格特鲁德（Gertrude）一起在圣克里斯托瓦尔（San Critóbal）建立一间研究中心、一间图书馆和一间博物馆。

其著作有"*Tribes and Temple*"（部族和庙宇）[同人类学家 La Farge，Oliver（拉法吉）1926～1927 年合作出版]和"*Conquest of Yucátin*"（尤卡坦之征服，1936 年）。

763. Fisker，Kay 菲斯克尔（1893～1965 年）

1920～1930 年从事建筑设计，其间 1920～1922 年曾游历于意大利和法国，并东来印度、日本和我国。

初期工作以住宅区为主：如 1918～1922 年的哥本哈根房屋协作社（Cooperative Building Society Housing)、1920~1922 年的霍恩贝克荷斯合作住宅区（Hornbackhus Cooperative Housing）和 1927 年的古洛法荷斯住宅区（Gullofahus Housing）。

1930~1943 年转为任教于哥本哈根、瑞典和美国，同时亦从事创作：奥尔胡斯（Aarhus）大学［1932~1945 年，同 Mller, C. F.（穆勒）、Stegmann, D.（斯泰格曼）］、奥尔胡斯历史博物馆（National History Museum, 1934 年）、维斯特斯荷斯第一及第二区住宅（Vestersøhus, 1935 年及 1938 年）、斯勒夫奥斯花园住宅区（Slefaus Garden Housing, 1939~1944 年）。

1944~1965 年专注于事务所工作。当时主要设计有：无玷圣母国家管理委员会的建筑和住宅（National Council for Unmarried Mother Administration Building and Home, 1955 年）。

1957 年参加柏林汉莎区改建的国际住宅展览会（Interhau, Hansaviertel），这是继三十年前，1927 年在斯图加特由德意志制造联盟（Deutscher Werkbund）主办的魏森霍夫集团公寓（Weissenhof Siedlung）试验性低层住房后，现代优秀住宅设计的再一次大型活动。

他的作品被誉为具"写实的品质"（Naturalistic Qualities）。

他的著作全是有关丹麦建筑方面的：

"*Modern Danish Architecture*"（丹麦现代建筑）（1927 年）；

"*Danish Architecture Drawing of All Period*"（丹麦各时期的建筑图）（1947 年）；

"*Monumenta Architecturae Danicae*：*Danish Architecture Drawing 1660~1920*"（丹麦建筑遗迹：自 1660~1920 年丹麦之建筑图）（1961 年）。

764. Scharoun, Hans Bernkard 夏隆/夏朗/沙龙（1893~1972）

出生于不来梅（Bremen）；1914/1915 年毕业于柏林夏洛滕堡工学院（Techschule Hochorische），成为建筑师及画家。

"一战"后随 Taut, B.（1880~1938 年）工作，1919 年自办事务所，后同他人合作至 1932 年再独立工作。

参加由 Taut 等人始创的表现主义组织——"玻璃小组"（Glass Chain），1925 年又参加"柏林十人圈"（Berlin Ring），对于现代建筑的活动都积极参与。

1927 年由德意志制造联盟（Deutscher Werkbund）主办在斯图加特（Stuttgart）举办的居住建筑观摩展览——"魏森霍夫试验性低层住宅（Weissenhof Siedlung）"，他设计了一座独立式自用住宅，在方盒子的一边有一条弧形楼梯间。

Scharoun 的设计把功能放在首位，而致达到不顾其他的地步。很少注意平面布局和构造细部（同 Mies 相反，而各走极端）。他采用起伏变化的轮廓，或以曲线、曲面，适当地打破方块的单纯。同时充分利用土地，重视景观。20 世纪 30 年代他还提出"可生长的住宅"的理想，主张以标准单元于总体随意增减和伸缩，表达他不拘一格的主张。

1929 年在布雷斯劳（Breslau，现属波兰）的德意志制造联盟举办的设计展览上，他设计了单身宿舍（Ledigen Wohnheim/Home of Single Peoples）。

1930 年在柏林，他有两项工程：一是西门子工厂职工居住群〔Siemensstadt 同 Gropius（1883～1969 年）〕，这是 3～5 层的行列式公寓。另一是夏洛滕堡（Charlottenburg）的公寓群。

1932 年在萨克森（Saxony）的施明克宅（Schminke House）之后，他便只接受一些私宅的委托。由于纳粹当政，直至 50 年代战后才有机会得到大型创作。

"二战"后他出任规划部官员和主持科学院房屋研究所并兼任教授。

1955 年设计在威斯特伐利亚（Westphalia）吕嫩（Lünen）的女子中学 Geschwister Scholl Schule——教室和庭院交错布置，打破室内、外的界限。

1956 年柏林爱乐乐团音乐厅（Philharmonic Orchestra）举行设计竞赛，他的方案获得头奖。设计以乐队席为中心。为免一览无遗，2218 席的观众席全不规整，以不规则的八边形向各方向多层次地布置，看起来，全无规律。休息厅亦相应布置。而外形奇形怪状，屋内多处翘起。造型逼近雕塑领域，被人讽笑为"大帐篷"。工程由 1960 年进行到 1963 年，实际使用的效果，音响良好，获得好评。也为表现主义作品画上句号。

1954～1959 年同 Franck，W.（弗朗克）合作设计在斯图加特的罗密欧与朱丽叶多层公寓，为维护各户私隐，并为各户取得好景观和朝向，平面布置向各方向突出，完全不用直角，共出现了九个锐角，贯彻其一向以功能至上的宗旨。实际令人折服。

其创作复杂多变，常出人意表。

柏林国立图书馆是他的遗作，已比较规整。工程于 1978 年他逝后完成。

他所绘的建筑画具想象力，描述出乌托邦梦幻形式，尤具独创性。

由于其对现代建筑的贡献，先后获柏林、罗马和斯图加特各大学授予荣誉学位。

765. Van der Vlugt, Lodewijk Cornelis 范·德·乌鲁格特（1894～1936 年）

在北欧，包括丹麦，在 20 世纪初已经开始步入现代建筑的范畴，在使用地方材料和新技术的同时，多多少少融汇了当地传统的风格。由 1925～1936 年间，他一直同 Brinkman, J. A.（布林克曼，1902～1949 年）合作，直至 Brinkman 逝世。在短促的 42 年生命中，他确实完成了大量工作：

阿姆斯特丹的通神社的会议厅（Theosophical Society Meeting Hall, 1925～1926 年）和它的管理处大楼（Administration Building, 1926 年）。

莱顿（Leiden）的凡奈烟草厂办公大楼（Van Nelle Tobacco Factory Office Building, 1925～1927 年）——立面上，连续不间断的大片玻璃窗，显得轻快明亮，是荷兰最优秀的现代建筑之一。1926～1930 年又加建其在鹿特丹的厂房。

在鹿特丹的还有：市营住宅（Municiplc Housing, 1926～1927 年）、赫尔德林及皮尔逊银行（Heldring and Pierson Bank, 1927 年）、范·德·莱乌住宅（Van der Leeuw House, 1927～1928 年）、某谷仓（Graansélo, 1927～1931 年）、辛纳韦德宅（Sonaveld House, 1928～1929 年）、梅斯父子银行（R. Mees and Son Bank, 1929～1931 年）、荷兰邮办电话亭（Dutch Postal Service Telephone Booth, 1930～1932 年）、范·达姆医院（Van Dam Hospital）——后由 Van Den Brock（范·登·布洛克，1898～1978 年）和 Boksema（博克先玛，1914～1981 年）于 1957～1960 年完成。柏格波尔德公寓（Bergpolder Flats, 1932～1934 年同 Van Tijen/范·泰恩合作）——现代公寓杰作。德马斯（De Maas）粮、煤仓（1933 年）、费延诺尔运动场（Feyenoord Stadium, 1934～1936 年）、努奥瓦网球俱乐部（1934～1936 年）、伏尔确中产阶级住宅（Volker Bouwindtria/Middle-Class Housing, 1934～1936 年）。

在奥曼（Ommen）的有：通神社管理处综合大楼（1927 年），和范·德·莱乌避暑别墅（Van der Leeuw Summer House, 1929～1931 年）。

在斯希丹（Schiedam）的鹿特丹公司工人住宅（Rotterdam Co. Worker's Housing, 1928 年）、德·布鲁因宅（De Bruin House, 1929～1931 年）。

在斯塔维顿（Staverden）的私人礼拜堂和骨灰堂（Private Chapel and Columbarium）。

在巴黎：范·奥莫伦旅行社（Van Ommeren Travel Bureau, 1931 年）、荷兰——美国路线旅行办事处（Holland-American Line Travel Office, 1934 年）。

两人在 12 年内，完成了近 20 个工程项目，为荷兰的现代建筑起推动作用。

766. Docker, Richard 杜克尔（1894～1968 年）

"二战"前工作于斯图加特市（Stuttgart）规划办公室，又开私人事务所。

---

❶ Brinkman, Johannes Andreas（布林克曼，1902～1949 年）毕业于代尔夫特工业大学（Delft Technical University）。他同样早逝，只活了 47 岁。

德国在"二战"中破坏极为严重。城市及房屋损失约半,其中1/4完全被毁,"二战"后 Docker 为多个城市作重建规划。

住宅重建于 60 年代已基本解决。但城市规划,权在地方政府,为照顾业主私人权益改进不多,同时为尊重历史文化,着力于修复和原貌重建,所以重新规划的不多。

60 年代远赴巴基斯坦规划海得拉巴(Hyderābād)大学城,又将信德大学迁入。

该地气候酷热,他采用地方传统方法,在屋顶安装"巴德吉尔"(Bādgīrs)风斗(Wind-Catchers)吸入海风以降温。

767. Lurçat André 吕尔萨(1894~1970 年)

"一战"时在法国军中服役。1923 年开始搞建筑设计。1928 年国际现代建筑协会(ClAM)创始会员之一。

其早期作品有:

为兄长让·吕尔萨设计带画室的住宅(Jean Lurçat Studio-House,1924~1925 年)——Lurçat, J.(1892~1966 年)为画家、图案师;

1925 年又为油画家、版画家格罗梅尔(Gromaire,1892~1971 年)设计住宅;

修拉别墅(Villa Seurat,1925~1928 年);

凡尔赛宫的米歇尔宅(Michel House,1925~1926 年);

古根布尔住宅(Guggenbuhl House,1926~1927 年);

比格纳(Bigneux)公寓;

科西嘉(Corsica)卡尔维城(Calvi)的南北(富国与穷国)谈判大厦(Hôtel Nord-Sud,1930~1931 年);

维勒瑞夫(Villejuif)的学校综合建筑群(School Complex,1930~1933 年);

维也纳的工人住宅群(Werkbund Houses,1932 年)。

"二战"爆发,他组织"建筑抵抗阵线"而遭纳粹囚禁。战后继续在法国和土耳其再做设计:

圣丹尼(Saint-Denis)的"费边社"的社区建筑群(Unité de Quartiér Fabian Housing,1946~1960 年)——"费边社"1884 年成立于伦敦,主张以缓进的方法实现社会主义。"Fabian"始于古罗马大将 Fabius,他以逸待劳,使敌人

---

❶ 巴基斯坦的海得拉巴在信德省(Sind),而印度亦有城市名海得拉巴,同名,位于尼查姆领域(Nizam's Dominions)。

疲于奔命而著称。

索镇（Sceaux）的勒·杜克住宅（Leduc House, 1951 年），还有地中海的一些旅游饭店、体育宫和住宅等。

他的著作有：

"*Architecture*"（建筑）（1929 年）；

"*Projets et Realijation*"（计划和实现，1929 年）；

"*Urbanisme et Architecture*"（城市主义和建筑，1942 年）；

"*Formes, Composition et Lois d'Harmonia*"（形式、构成同和谐规律）；

"*Oeuvres Récentes*"（最近的作品，1961 年）。

768. Moholy-Nagy, László 莫霍伊－纳吉（1895~1946 年）

学于布达佩斯。

在匈牙利的先锋派的刊物"*Ma*"（我的）上发表立体派木刻画。参加"Endre Ady"诗组织。1921 年到柏林，在那里他邂逅三位前苏联人：Lissitzky（1890~1941 年）、Gabo（1890~1977 年）和他的哥哥。使他接触到前苏联的构成主义，又通过他间接地让西欧国家认识到构成主义，他还一度同 Gabo 一起工作。

1923 年到魏玛，担任包豪斯金工室主任，并兼任《包豪斯丛书》（Bauhaus Book）的编辑。他在 1923~1929 年的六年教学生涯中，为艺术教育上设计了一套被广泛接受的教学内容，旨在发挥学生内在的视觉天赋，而非传授专门技巧。他在所任教的绘画和摄影上主张要运用光的效应。他对艺术创作和艺术教育上颇多建树。

包豪斯被纳粹所封杀，1936 年离开德国去伦敦，1937 年转赴美国。

在芝加哥开办"新包豪斯"，自任校长，薪火相传，使包豪斯精神在美国散播，学校后并入伊利诺伊理工学院。

他的艺术观点对 20 世纪美国应用美术产生巨大影响。

769. Coats, Wells Wintemute 科茨（1895~1958 年）

出生于东京的加拿大人。原来是《每日电讯报》（Daily Telegraph）驻伦敦和巴黎的记者，后从事建筑设计。

他在西方建筑师中是位思想活跃分子之一：组织和参加一些团体，如"20 世纪小组"等。其中他于 1933 年参加的"Modern Architectural Research Group 现代主义建筑研究小组"（MARS）是英国最早的现代建筑组织。由居住建筑研究者 York, F. R. S./约克（1906~1962 年）所发起，他们开展览和为伦敦作发展规划，参加者 Arup, O.（1895~1988 年），Fry, E. M.（1899~1987 年）等。

他的设计多同别人合作,主要有:

伦敦草坪路公寓（1932~1933年）；

桑斯班住宅（Samspan House）共15栋［同 Pleydell-Bonverse（普莱狄尔－波韦斯）合作,1934年设计,1935~1938年施工］；

布赖顿（Brighton）的大使庭 Embassy Court（1935年）；

自由民街（Yeomans Row）的工作公寓（Studio Flat,1935年）；

肯辛顿的宫门（Palace Gate,Kensington,1938年）；

苏尔拉利（Surlary）的霍姆－伍德宅（The Home-Wood Home 同 Guyane 格延）；

南方展览会的"远距离动力馆"（Tele Kinema）,South Exhibition（1951年）；

萨里和苏塞克斯的一些住宅（1956年,同 Lyell,M/赖尔）。

770. Fuchs, Bohuslav 富克斯（1895~1972年）

Fuchs 的建筑设计只于两次大战之间的捷克一些地方:

布尔诺［Brno/即布鲁恩（Brünn）］的公墓丧葬礼拜堂（Cementery Funeral Chapel,1925年）；

阿维安（"军用飞机"）酒店（Hotel Avion,1927~1928年）；

捷克工业建筑博览会的三层住宅（Triple House,1927~1928年）和两间宿舍（Hostel,1929~1930年）；

行省军事褒奖（推举）大厦（Provincial Military Commead Building,1936~1937年）；

伊赫拉瓦（Jihlava）的索科尔（Sokel）体育馆和电影院（1934年）。

此外,还有和他人合作在图尔诺夫（Turnov）和特热比奇（Trebic）的储蓄银行（Savings Bank）。

771. Harrison, Wallace Kirkman 哈里森（1895~1981年）

出生于马萨诸塞州伍斯特（Worcester）的 Harrison,是美国20世纪中期现代建筑重要建筑师之一,他同其他现代建筑大师往往通过实践磨炼有所不同,却是受正规学院派培养而背叛传统并取得卓越成绩的,他在法国巴黎艺术学院（École de Beaux-Arts,一所著名的古典主义学院）学习。

回美国后,他先后同 Fouilhoux,J. A.（富尔豪克斯）或 Abramovitz,M.（阿

---

❶ Sokel 又称雄鹰社,1862年创于布拉格的团体操组织。

布拉姆维茨，1908~？年）合伙。而同后者合组的公司更是当时最大事务所之一，专长于设计办公楼。

美国经济由19世纪末起超越英国跃居世界之首位，至20世纪30年代末，其工业总产量将占世界工业总产量之一半，成为超级大国。但随即发生经济大萧条，1929~1933年间，经济下滑，工业总产量降低了46%，股票、银行、公司，企业受到严重打击。当时的建筑艺术也相应反映，同前一时期的Art Deco（艺术装饰派）形成鲜明的反差，建筑上出现平直的形式，简单的线条，水平方向的连续性等注重功能主义的表现。这样，倒是使建筑向现代化起到促进作用。这种大萧条的现代艺术形式（Depression Modern Style），一直延至二次大战结束。Harrison前期的作品，正是在这种环境下创作的。

"二战"前的大型作品——纽约洛克菲勒中心（Rockefeller Center, 1931~1940），在当时是罕有的建筑群。共19栋，占地8.9公顷。主楼R.C.A大厦为板式高层建筑，70层，高259m，还有歌剧院。楼前有下沉式广场和水道花园（Channel Garden）、街心花园、喷水池等，以解决建筑物之紧迫感而调和空间。各建筑物之间均以地下通道相连——参阅Hood（1881~1934年）条目。参加者还有Corbett, H. W.（科尔伯特，1873~1954年）、Hofmeister, H. W.（霍夫迈斯特）等。

1939年纽约世界博览会上，他设计的主题建筑"The Trylon and Perisphere Theme Centre"（尖塔与圆球）为一座高耸的尖塔伴着一个大圆球，对比性很强，全无装饰，完全以简单的几何形体，表达现代建筑的精髓。

"二战"对美国来说，其本土不但未受到战火所损毁，反而因军事订货而发了战争财，1940至1970年这30年时间，国民生产总值增长了约12倍。凭借此形势，建筑业相应蓬勃发展。

Harrison在战后的创作都是大型的而且成功的，而在纽约，连同前述的洛克菲勒中心建筑群，多位于黄金地段的曼哈顿区。

联合国总部建筑群，主要由四座建筑物组成：39层板式大厦的秘书处办公楼、悬索结构的大会堂、沿河长方形的五层会议大厦和哈马舍尔德图书馆。个体设计由Harrison自己设计，他的组织能力很强，领导了一班人进行此建筑群。另在南面隔马路的还有"联合国国际学校"，以供各国工作人员的子弟就续。工程于1953年全部完成。加拿大的Cormier, E.（1885~1980年）担任顾问。哈马舍尔德（Hammarskjöld Dag, 1905~1961年），瑞典人，为联合国第二任秘书长（1953~1960年），死于空难。

在纽约，还有索科尼汽车公司大厦（Socony Mobile Building, 1956年）。

林肯表演艺术中心（Lincoln Center for the Performing Arts, 1957~1966年）

包括：舞蹈与轻歌剧院［Johnson, P.❶（约翰逊，1906~2005年）设计］、爱乐音乐厅（Abramovitz 设计）❷和带展览馆和图书馆的实验剧场［小 Saarinen, Eero❸（1901~1961年）设计］，而 Harrison 则设计大都会歌剧院（Metropolitan Opera House）。几座建筑物都是方方正正的形体，只在前柱廊各呈异彩，而都以典雅的形状呈现，以反映出文化本质。

在匹兹堡（Pittsburgh），1953 年设计的奥尔科亚大厦（Alcoa Building）；1967 年同多人合作设计美国钢铁公司大厦（U. S. Steel Building），平面是正三角形，而把三个锐角抹掉并凹进，64 层，其框架钢料表面经氧化，永不生锈，框架空心钢支柱内盛水以降温，工程完成于 1971 年。

在斯坦福（Stanford）的第一长老会教堂（First Presbyterian Church），已不是什么哥特式或古典式了，而是几何图形的组合、中间折线部分镶以大片玻璃的现代建筑了。

772. Fuller, Richard Bukminster 富勒（1895~1983 年）

钢筋混凝土自 19 世纪被认识并应用之后，得到急促发展，取代砖、石、陶、木，成为建筑之主要全能材料，而且可塑性极高。由于社会发展，公共建筑和工业建筑需大跨度结构，在覆盖结构方面，于是出现了薄壳结构。这种薄壳形象新颖，为其他材料所不能，而且雄浑舒畅，为人们所喜爱。但是在施工上，模板脚手支架都非常麻烦。如悉尼歌剧院（1957~1973 年）的施工问题，加上一些力学问题待解决，工期达 17 年之久，预算以十倍追加。其后一些比较规整的薄壳还是采用了预制装配的施工方式才得以改善。

Fuller 所创造的球形网架（短杆穹隆）施工方便，无需脚手架，工人只需按简单指示便能拼接完成，加上自重轻、运输便捷，从而在造价和工期上大大减缩。这种网架，预先计算和制作的短金属杆，加上高能有机聚合物再铆接即可完成。

Fuller，这位创造新型结构的工程师、发明家、数学家、科学家、哲学家，

---

❶ Johnson, Philip（1906~2005 年）初期推崇 Mies 的玻璃幕墙大厦并极力模仿，如明尼阿波利斯（Minneapolis）的 IDS 商业中心、休斯敦（Houston）的 Pennzoil Place Building（潘索尔广场大厦），还协助 Mies 完成纽约西格拉姆大楼（Seagram Building，1958 年）。后改为反对 Mies 而转向 Kahn, Louis（1901~1974 年）的费城学派，1984 年建成的纽约美国电讯公司总部大楼，古典式的断山花，成为后现代（Post-Modern）的一栋著名作品。1980 年同伯杰·J 合作的加州加格罗夫教堂，内部全镶以镜面玻璃，产生虚幻神秘的气氛。称之为"水晶教堂"。他被视为后现代派的精神领袖。

❷ Abramovitz, Max（1908~2004 年）毕业于伊利诺伊大学和巴黎艺术学院的研究院。除了联合国总部建筑群、林肯表演艺术中心外，还有美国驻古巴哈瓦那大使馆（1952 年）、厄巴纳（Urbana）的伊利诺伊分校会议厅（1963 年）。

❸ Saarinen, Eero. 参阅 Saarinen Eliel（1873~1950 年）条目。

在哈佛大学求学时，两次被开除（expelled），未能完成正规教育。他不喜欢人们称他为建筑师，他说："我只是建筑中的研究人员。"

"一战"时服役美国海军时，便显示出他的卓越才能，他发明了特殊的救生设备（Special lifesaving equipment）。1927 年曾做喷射动力的直升机模型。

1927 年他用枞木（fir/冷杉）夹板拼配成一座直径 12m 的圆顶住宅，他称之为"精悍高效"（Dymaxion）居住建筑——这是球形网架的先声。

由 1929 年开始他便潜心于能源的利用，使其最大限度地为社会所用和使其以最快速度来发展工业，基于此目的，触发了他的灵感而发现、发明。从而诞生了：由工厂制造后用飞机运载至现场而装配的住宅 Factory-assembled, Airdeliverable Houses；以每升汽油便能行驶 14~18 km 的三引擎的流线型空调汽车；可达时速 120 英里，且能横向停泊，能原地转向 180° 的越野汽车；能显示世界地势的绘图法和模压预制的装配式浴室（Die~Stamped Prefabricated Bathroom）等。

他认识到：在自然界本来就存在着能以最少结构提供最大强度的向量系统，如同有机化合物或金属中由四面体聚合成晶体一样地发展成一种几何学的向量系统（Vectorial System）。而高能聚合几何学（Energetic-Synergetic Geometry）的基本单元，由四面体（Tetrahedron）或八面体（Octahedron）聚合后，可成为最经济的覆盖空间的结构，应用于建筑学上，成为多面体穹隆（Polyhedral Vault），也就是由无数的三角形组合成结构，可达成所需的形体，这就是短杆穹隆即球形网架的原理。1946 年试制成金属杆的圆顶住宅，他发明此种外壳承重的球穹（Spherical Vault）后，在全球已修建了数以千计的结构，而他亲自设计的便有：

路易斯安那州巴吞鲁日（Baton Rouge）联合油槽车公司（Union Tank Car Co.）的车间，圆穹 $D=117m$，$H=35m$，是当时最大跨度的厂房（1958 年）。

1959 年莫斯科的美国展览会的圆顶，其后在东京、利马、仰光和蒙特利尔等世界博览会都用这样的圆顶。

福特公司在密歇根州迪亚朋市的展览馆，五个星期便完成。

1967 年在蒙特利尔世界博览会的美国馆，76.2m 直径，可启闭，穹顶覆盖透明塑料，夜间灯光透明，如夜明珠一样照耀。

1976 年新奥尔良体育馆，直径可达 207.3m。

又为圣路易斯市设计植物园（Botanical Garden）的热带植物展览厅。

他还设计消耗性的纸穹隆（Expensable Paper Domes）。

基于构架的尺度随大小按对数比而增加，多面体穹隆并无尺寸上的限制，它能覆盖整个城市。他最大胆的设想用网架覆盖整个芝加哥市，以达恒温小气候。

说到城市，他还是个规划师。20 世纪 80 年代初，他提出过漂浮城市 Floating City 的方案：城市是个锥台，以钢筋混凝土空心箱制成船底，漂浮于港湾海边，以桥同陆地联系。可容 1.5 万～3 万人，城市分为 3～6 个邻里单位，住宅分布于四边的斜面上，公共设施及商业机构则分别位于内部，也可以是无公害的轻工业厂房，顶面甲板设置运动场地，而机械设施则隐藏于底层。后来他进一步拟扩大至百万人口的漂浮城市，锚泊于海上。

除了向海上发展之外，他又想过向水下发展，那就是水下穹隆农场（Geodesic-dome Farms）的方案。

向来营造者或建筑师，都是就建筑物而言建筑。远古时代，只求功能实用，"取诸其大壮"，后渐渐考究到装饰美观，从而出现了形式和风格，多少带一些伦理的因素。封建社会，由单个建筑物发展为建筑群，有了初步的规划设计，建筑学注入社会、政治的内容。进入商业社会，建筑以商品出现，经济问题又成为主要因素。这些都属于社会科学的范畴。

作为哲学家、思想家、社会学家兼诗人，是首位从全世界着眼企图发展全面的，长期的技术经济计划的人，该计划就是"使人类成为宇宙的一项奇迹"，他被誉为 20 世纪最具创见的思想家之一。

他认为人类只不过是宇宙间的过客，能量和讯息是唯一的财富。他说：能量是不会减少的，通过结合又离解，离解又结合，不断循环产生；讯息则不断增加，能量逐步造福于人类，财富是以几何级数增长的再生系统。而每一项技术上的进步能使世界财富成倍增长——他对人类的前途充满无限信心的理念。

对于建筑（而至一切），他的哲学是"少里求多"（to do more with less），比之 Mies 的"少就是多"，由等待变为进取，由被动变为能动，由无机变为有机。

Fuller 的名字远播，多个物理学上、工业品上使用他的名字命名。

未毕业于的哈佛大学，1968 年成为南伊利诺伊州大学的教授，还获英、美等国的金质奖。

他写了一些有关哲理的著作：

"*Nine Chains to the Moon*"（1938 年）；

"*Utopia or Obliveon*"（1969 年）；

"*Operating Manned for Spaceship Earth*"（1969 年）；

"*Critical Path*"（1981 年）等。

更重要的是，他的发明、他的哲学思想和他的宇宙观。

773. Arup，Ove 阿勒普（1895～1988 年）

丹麦人，毕业于哥本哈根，成为结构工程师。

20世纪40年代初到英国，当时正值英国建筑界受欧陆兴起的现代建筑所影响，纷纷成立组织，进行研究和探索。1932年由Lubetkin, B.（鲁伯特金，1901~1990年）发起成立"Tecton Group Architects and Technicians Organization"（泰克敦技术团），参加者有Lasdun, Denys❶（拉斯顿）等人。Arup对这样的组织发生兴趣，遂定居于英国，又参加由York, F. R. S.（约克，1906~1962年）发起的"MARS—Modern Architectural Research Group"（新建筑研究组）。该组织有Coat, W. W.（科茨，1895~1958年）、Lubetkin（鲁伯特金，1901~1990年）、Fry, E. M.（弗赖，1899~1987年）等人。他们举办展览，又以线形城市的观点对伦敦的发展，做出规划。

1938年起，他成立Arup Designers Ltd.进行建筑结构设计工作。他的重要作品有：

达勒姆（Durham）的金斯盖行人小桥（Kingsgate Footbridge，1963年）；
牛津沃尔夫逊大厦（Wolfson Building，1964~1967年）；
萨福克（Suffork）的马尔廷斯音乐厅（Maltings Concert Hall，1967年）；
伦敦的布什莱恩住宅（Bush Lane House，1970~1976年）和劳埃德商船协会❷总部大厦（Lloyd's Headquarters Building，1977~1978年）。

1956年，悉尼市要建造一座具国际水平的歌剧院和音乐厅而举行方案竞赛，丹麦的Utzen Jϕrn（伍重，1918~2008年）的方案以其象征性手法做出迎风的帆船式的设计，即被评为头奖。但这仅仅是个不成熟的方案，许多具体问题尚待解决，但当局未待设计完成即急急上马。选址在杰克逊港的贝尼朗（Bennelong）岛上。大平台上分别排列着歌剧院、音乐厅、剧场、小音乐厅和一些附属建筑，其中工程关键的三组壳片，原拟采用钢筋混凝土壳体，但是在力学上迟迟未能解决，拖延近十年。Utzen于1966年辞掉总建筑师之职而去，由当地建筑师收拾残局。在结构上则由Arup负责解决，几经研讨，最后将壳体改为预制双曲肋穹，并且采用相同的曲率，敷上水泥浆再铺陶片，又花了8年时间，前后施工时间达17年，结算造价超出十多倍。

774. Mumford，Lewis 芒福德（1895~1990年）

学于纽约学院和哥伦比亚大学，成为人文学者、教授。撰写大量有关建筑及城市规划方面的著作。早在1919年便编"*Dial*"（日晷）杂志。以后写下：

---

❶ Lasdun于1967~1976年设计伦敦南岸之国立剧院（National Theatre, South Bank），巨大沉重的部件，粗犷地暴露于外，同艺术中心［Art Centre，1961~1967年由Bennett, H.（贝内特）设计］各以粗野主义（Brutalism）的面貌，竞相出现于泰晤士河边。

❷ 劳埃德商船协会经营海上保险及船舶的注册和检查。

《乌托邦的故事》；

《枝条与石头》（Sticks and Stones）（1924年）；

《黄金时刻》（The Golden Day）（1926年，后1936年再版）；

《生命的复活》（Renewal of Life）共四册，分别为：《技术与文明》（Technic and Civilization）（1934年）、《城市文化》（The Culture of Cities）（1938年）、《人类的品质》（The Condition of Man）（1944年）和《生命的品格》（The Conduct of Life）（1951年）。

另一方面，自1931～1963年长期为期刊"*The New Yorker*"（新纽约客）撰稿。

他先后在斯坦福、伯克利、加利福尼亚等校和MIT（麻省理工学院）任教，又任华盛顿大学高级研究员。

1961年写的《历史名城》（The City in History）获国家出版奖，其后还有：《褐色的几十年：美国艺术研究》（The Brown Decades：A Study of the Arts in America，1965～1968年）；

《机器的神话》（The Myth of the Machine）两卷（1967～1970年）；

《我的工作与时代：个人的记录》（My Work and Days：A Personal Chronical，1979年）；

《生命的描绘：早年芒福德的自传》（Sketches from Life：the Autobiography of Lewis Mumford, the Eerly Years, 1982年）。

通过写作，他希望把分散的各种科学技术的人才联合起来，以对待现在和未来具有创造性的态度，共同行动以改善人类的生活质素，反映出他对人类重新建立世界的能力充满信心。

775. Nelson，Danl Daniel 纳尔逊（1895～1972年）

出生于美国，后移居法国。

他以标新立异而著称，往往创造灵活可变的空间。

1939年纽约举办世界博览会上，他展出其设计的"悬挂住宅"（Suspended House），是将预制的单元挂在钢架上，可适应不同的需要。这是因为由于钢丝的强度得到持续的提高，不但应用于桥梁上，也开始在房屋上突破。其后在美国罗列市（Raleigh）的牲畜竞卖场（Arena，1954年）和1957年柏林世界博览会的美国会堂陆续有此种结构，并且在跨度上和形式上不断改进，成为一项新的结构形式。

其他的设计有：

法国迪南（Dinan）一间450病床的医院；

突尼斯市（Tūnis）医疗中心；

美国加州圣贝纳迪诺（San Bernardino）市政厅和俄亥俄州哥伦布市的法院和众议院（Court House and Commons）；

东京的美国大使馆。

著作有：《里尔医疗城》和《纳尔逊对医疗建筑的研究》——里尔（Lille）为法国北部城市。

776. Lescaze，William 莱斯卡兹（1896~1969年）

瑞士日内瓦人。在苏黎世学习，师从 Moser, K.（1860~1936年），接受其现代建筑的熏陶，后又到法国深造。

1920年由法国移居美国。在 Gropius 和 Mies Van der Rohe 移居美国之前，首先把现代建筑成功地由欧洲引入美国。

费城奥克兰乡村走读学校（Oakland Country Day School），学校的各种设施之尺度均符合儿童使用，反映现代建筑重视功能作用。

1929~1934年他短期同 Howe, George（豪威，1886~1955年）合作，那时候他们的主要作品有：

费城储蓄基金会（Philadelphia Savings Fund Society，1931~1932年）——国际式在美国成功之作。

自己在曼哈顿的住宅（1934年）。

1941年在曼哈顿（Manhattan）的36层朗费罗大厦（Longfellow Building），是美国早期国际式名作。

"二战"之后，在纽约多从事办公楼设计之外，还有：

芝加哥的博格沃纳大厦（Borg Warner Building，1955年）；

华盛顿的瑞士大使馆档案处（Chancery Building of the Swiss Embassy，1955年）；

纽约基督教和平中心（Church Peace Center Building，1962年）。

777. Warchevchick，Gregori 瓦尔恰夫契克（1896~1972）

自16世纪初，欧洲各殖民主义者相继入侵美洲。美洲各帝国逐步灭亡。美洲本土传统建筑受到摧残，最后连墨西哥湾的托尔特克（Toltec）建筑和阿兹特克（Aztec）建筑也遭西班牙人捣毁。伴随着军事、政治，欧洲的文化、宗教、艺术以及建筑亦随殖民地者引入美洲。建筑上的巴洛克、古典复兴、折中

---

❶ Toltec 建筑 750~1200年在墨西哥城一带地区由 Maya（玛雅）建筑发展而相若，1100~1520年南移至南马德雷山脉一带而成 Aztec（阿兹台克）建筑。是 Le Corbusier 的推崇者。

主义等风格亦由于欧洲人的喜好而带到殖民地，当然，发展稍滞后，由于糅合或多或少的印第安色彩，造型粗犷、色彩浓郁。

Warchevchick 是乌克兰敖德萨（Odessa）人，在家乡学习至 1920 年。到罗马逗留了三年后于 1923 年远赴巴西，那时巴西受西方现代建筑所感染。作为先驱的是 Costa Lucio❶（1902～？年），他遂同 Costa 合作了一段时间，并于 1929 年参加于 1928 年成立的 CIAM（国际现代建筑协会）。

在圣保罗（São Paulo），他首先为自己建了住宅（1927～1928 年）。1930 年参加巴西第一届现代住宅的展览和设计卢伊斯-达-西尔瓦-普拉多住宅（Luiz da Silva Prado House）。

其后，设计梅尔欧拉门塔斯的国际建筑协会的公寓（Apartment Building for CIA de Melhoramentos）和 1939 年的阿拉梅达（Alameda）的巴拉奥和利梅拉公寓。

在里约热内卢（Rio de Janeiro），有阿尔弗雷多·斯奇瓦尔特茨宅（Alfredo Schwartz House，1930 年，同 Costa）和莫诺埃尔·迪亚斯小棚屋（Monoel Dias Penhouse）的内部装修（1932 年）。

在瓜鲁雅（Guaruja），有劳尔·克雷斯皮的海滨屋（Raul Crespi Beach House，1943 年）、阿文奈达·多·埃斯塔多公寓（Avenida do Estado Apartment，1943～1944 年）和何尔赫·普拉多夫人的海滨阁（Mrs. Jorge Prado Beach Pavilion，1946 年）。

1925 年写"*Acerca de Arquitectura Moderna*"。还有 1925～1961 年在报刊上的文章。

778. Frankfort Henri 弗兰克福（1897～1954 年）

荷兰人，在英、美的大学任教，其中包括芝加哥大学，又担任伦敦大学 Warburg（沃伯格）学院院长。

20 世纪 30 年代起对埃及、近东、巴尔干半岛的古代遗址进行考察和发掘。对陶器、印章、宗教、艺术和建筑进行研究。

---

❶ Costa Lucio（科斯塔），巴西现代建筑的带头人，城市规划师、建筑师。巴西政府早在 1891 年为开发内陆不发达区域，决定在内陆另建立新首都。1956 年选定了高原上的巴西利亚（Brasilia），由 Costa 作规划。他结合地势，而赋以象征意义：以一条长达 13km 的弧形横轴与一条长达 8km 的纵轴为主干。其形状似个展翅大鹏，又似个喷气式飞机。纵轴的东西干道为 250m 宽的大道，整体规划符合自然景观，占地 152km²，规划人口为 50 万（实际发展至 180 万）。

市中心建筑规划由 Niemeyer, O.（1907～？年）担任，在三权广场设计主要的政府建筑群，另见 Le Corbusier（1887～1965 年）章节，工程由 1957 年动工，1960 年基本完成。首都由里约热内卢迁往。

也是 Le Corbusier 的推崇者。

确立美索不达米亚同埃及在文化上的关系，上古时代，埃及和两河流域互相有征服及被征服的历史。1954 年著"The Art and Architecture of the Ancient Orient"（古代东方艺术与建筑）。

他先后发掘了 Abydos（阿比多斯），Tell el Amarna（阿马纳）和 Armant（阿尔曼特）等。

779. Schwarz，Rudolf 施瓦兹（1897～1961 年）

他的早期作品主要在教堂方面，如著名的圣约瑟教堂。

他认为，需要把宗教精神和宗教语言融进作品中去，使其设计的教堂成为"有宗教启发功能的教堂"。

"二战"德国深受战争之祸，破坏最为严重。仅前联邦德国方面，即有 500 万套房屋受到破坏，其中将半全毁，房屋重建成为市政重要项目。

继承 1927 年在斯图加特（Stuttgart），由德意志制造联盟（Deutscher Werkbund）主办魏森霍夫集团（Weissenhof Siedlung）低层住房建筑展览之先例，1957 年在西柏林汉莎地区（Hansaviertel）举办国际住宅观摩会（Interbau），由 Bartning.O.（1883～1959 年）主持。更重要的是对受损城镇的重建，Schwarz 参与此项工作，另一方面，新建卫星城镇，前后建成约十万人口的卫星城 12 处。

780. Skidmore，Louis 斯基德莫尔（1897～1962 年）

1936 年 Skidmore 同 Merrill，John O.（梅里尔，1896～1975 年）在芝加哥合作进行建筑设计，1939 年再加入 Owings，Nathaniel A.（奥因斯，1903～1984 年），遂成为有名的 S.O.M.（Skidmore，Owings and Merrill）建筑设计事务所，三人中 Skidmore 是思想敏锐的建筑师，曾任普林斯顿大学建筑学院顾问委员会主席，Owings 是企业管理组织者，而 Merrill 是位有实践经验的工程师。

在他们的领导下，1952 年由公司成员 Bunshaft，Gorden（邦沙夫特，1909～1990 年）设计的纽约利弗（Lever）公寓大楼，是首座全幕墙的高层建筑（1950 年建成的联合国秘书处大楼，前后面为幕墙，两侧则为大理石贴面的实墙，并非全幕墙），从而实现了 Mies Van der Rohe（1886～1969 年）的愿望。不锈钢框格，浅蓝色吸热玻璃和深蓝色钢丝网玻璃水平相间，形成的方格图案，比例颇佳。大楼的建成奠定了公司的声誉。Mumford，L.（1895～1990 年）对它亦大加赞许。而吸热玻璃（tinted glass）为第二代玻璃，加入金属氧化物而成。后来又发展了反射玻璃（heat-reflecting glass），表面涂以金属薄膜，成为第三代玻璃，但对环境形成了光干扰。

1954 年，公司开始为科罗拉多州丹佛市的空军士官学院（U.S. Airforce Academy）的建筑群设计，于 1956~1962 年建成。其中的礼拜堂，采用了最新的技术以改变教堂形象的尝试。矩形的平面，从底部向上两排桁架，相交于顶部，既是屋面，也是墙身。在这高耸的体形内，下层是 100 座的犹太教堂和 500 座的天主教堂，各由相对面进入，形成背对背的布置；上层则是 900 座的基督教堂，既适应了不同的信仰者，又互不干扰。地下室是服务性用房。外墙（屋面）是由许多的四面体（由贴铝钢管和玻璃组成）拼接而成，再加上彩色玻璃带，这些虽是哥特式的手法，在技术上配合得较为成功。这教堂是由成员之一的 Netsen Walter（奈西，1920 年生）所设计。

Skidmore 主张场地设计理论（Field Theory）。

1957 年，纽约大通曼哈顿银行（60 层）和 1961 年芝加哥哈特福德火险公司（20 层）外露的钢筋混凝土框架，离开玻璃窗外约 1.37m。同年休斯敦市第一银行（33 层）则更离开 1.5m——这又是新的尝试。

设计风格初期受 Mies van der Rohe（1886~1969 年）的影响，后来有所转变，但仍保持简洁而富变化的外形，在结构方面则力求创新多样。

完成于 1963 年的康涅狄格州（Connecticut）纽黑文（New Haven/新港）的耶鲁大学珍本图书馆（Beinecke Library），整个大楼坐落在几个墩子的铰上，立面或是方框框，或是布满凸出的小四面体。

1965~1970 年芝加哥汉考克大厦（John Hancock Center），又是一项杰作。这座高 337m 的百层大厦，上窄下宽，呈方锥台状，屋顶另有两电视塔，大厦的结构特点是多层的"X"形斜撑在窗后露明，据计算，每平方米建筑面积仅用钢量为 145kg，仅相当一般框架结构 40~50 层塔楼的用量，主要设计人为 Graham, Bruce（格拉哈姆，1925 年生）。

1967 年设计纽约马林-米德兰银行（Marine-Midland Bank）。

1968 年在加州奥克兰（Oakland）市阿拉梅达县综合大厅（Alameda County Coliseum）是座圆形大跨度的建筑，外形是个扁平的圆环，外圈以交叉的斜撑支承玻璃外墙，透明通彻，晚间可见内部灯光辉煌。

1970 年设计，1974 年建成的芝加哥西尔斯大厦（Sears Tower）是座 110 层的摩天办公楼（Skyscraper Office Building），由结构工程师 Khan, Fazhur（康恩，1929 年生）设计，楼高 443m，已达当时芝加哥航空管理局所规范的建筑物高度的极限，也是当时全世界最高的建筑物。西尔斯大厦使得 S.O.M. 的声誉推向高峰。整座大厦由九个 22.9m×22.9m 的束筒（Vertical Tubes）组成，成为一个九宫格的平面，内部不再设柱子，成为束筒体系（Bundled Tube System）。这种结构离地越远则剪力越小，因此，顶部受风压所致的振动和位移都符合要求。大厦地下三层。那九个空心筒体于 51~66 层先减掉两个对角，67~90 层再减掉另两个对角，这时候，变成了十字形平面；再上去 91~110 层，只剩中心和前面两个正方形，呈个"目"字形。因此，各方向的立面又各不相同，完全打破对称均衡的手法，全楼 41.8 万 m^2，用钢量 7.6 万吨，比之框架剪力墙结构降低 20%，比之五跨框架结构更降低 50%。垂直交通安装了 102 部升降机，包括全程和区间两种。其余消防设备齐全，那六个中途层起疏散层的作用。

1974 年休斯敦贝壳广场大厦（Shell Plaza Building）52 层，高 217m，则采用了套筒式体系（Tube in Tube System）的结构。

同年，华盛顿赫殊合恩艺术博物馆（Hirshhorn Art Museum）的造型则更为别致：建筑物为环形平面，以几个墩子支承，底层架高，外形似桥梁。外环无窗，窗户全在环内圈。腾出的地面，布置一些大型雕塑作品，周围像个花园。

1980 年明尼阿波利斯市（Minneapolis）的路瑟伦兄弟公司大楼（Luthern Brotherhood Building），正立面幕墙，分三段由上而下作折线形倾斜。

S.O.M. 最盛时，成员达 1800 人，是美国最大的建筑事务所。除了芝加哥本部外，分部遍及纽约、旧金山、俄勒冈、丹佛、洛杉矶、休斯敦、波士顿、波特兰各地，不但造就了不少人才，而且作品遍布全球，在现代风格上起到推动作用，因此于 1962 年获得建筑企业奖。

在国外的有：

1955 年伊斯坦布尔的希尔顿酒店（Hilton Hotel）。

1957~1965 年布鲁塞尔的兰伯特银行（Banque Lanbert）的办公楼，八层，外墙由十字形的预制钢筋混凝土构件组成，上下较窄的端部以节点位于楼层的中部相接，形成六边形的窗洞。这十字形的构件于中间部分同楼板连接。同样，也离开窗户 0.9m。这种十字形预制件的外墙，后被日本的蛇目缝纫机公司及东京三合堂的大楼所仿用。

1980 年为沙特阿拉伯首都利雅得设计吉达国际机场，占地 104 km^2，为当时全世界最大的机场，跑道长 3300m 和 3800m，指挥塔高 60m。面积 15000 m^2 的哈吉候机大厅以聚四氟乙烯玻璃纤维作顶。

S.O.M. 在香港也有作品，那是 1978 年建成，位于九龙尖沙咀的新世界中心，包括办公、商场、豪华住宅和两间酒店，面积逾 20 万 m^2（香港方面由建业工程设计公司协作）。

此外，还设计旧金山机场飞机库、明尼苏达州圣保罗市广场花园，还有一些体育场、大学校园、工厂、实验室等甚至斜拉桥，无论在建筑类型的广泛和结构类型的创新上都有丰硕显赫的成绩。

781. Schütte-Lihotzky，Magarete 舒特－利霍茨基（1897~？年）

1915 年毕业于维也纳艺术学校，是该校建筑学的第一位女学生。

"一战"后，德国受战争破坏，严重缺乏住房，由 May. E.（1886～1970年）在（美因河畔的）法兰克福 Frankfurt（am Maim）主持城市重建工作。几年之间，在他领导下建立了21个普通市民住宅区，称之为 May Siedlung（梅居民区）。她于1926年起参加这项任务，负责内部构造工作。

在这个阶段，她创造了组合厨房，通过实际操作体验，将锅台、洗池、橱柜、冰箱连接在一起。经过计算和考虑，认为家庭厨房面积宜适中，以 $6.5m^2$ 为宜，并确定窗户、照明和垃圾箱等的最佳位置，而颜色以蓝色为主——这套组合逐命名为"法兰克福厨房 Frankfurtkitchen"，而她则成为组合厨房的先驱者。

法兰克福厨房在该市被普遍采用，后来在世界各地成为主流。并由费迪南·克雷默（Ferdinand Kramer）家具厂生产成套设备。

她还设计了乌克兰（Ukraine）的布里安斯克学校（Briansk School，1933～1935年）。

782. Wank，Roland 万克（1898～1970年）

1924年由奥地利到美国，初期在一些事务所工作，1929～1930年设计纽约格兰街住房（Grandstreet Housing）。

1933年，美国成立田纳西河流域管理局（TVA/Tennessee Valley Authority），管辖流域所经的七个州的部分地区，他即投身于田纳西河流域的建设工作。其中包括16个水坝（dams）和电力管理处（Power-Authority）以及相应的一些住宿用房，直至1944年。

783. Aalto，Hugo Alvar Herik 阿尔托/奥尔托（1898～1976年）

出生于芬兰库奥尔塔内（Kuortane，当时属俄罗斯帝国）。

年青求学时因参加芬兰的独立革命，延至1921年才学成，遂即到欧洲各国游历。1923年在图尔库（Turku）和于韦斯居拉（Jyväskylä）开事务所。1933年移居赫尔辛基。

芬兰长期以来，受俄罗斯、瑞典所吞并，民族意识浓厚。地处寒带的"千湖之国"（实际湖泊六千余，另一说十一万余），盛产木材，更有占欧洲之首的铜矿，因此，芬兰，甚至斯堪的纳维亚半岛各国都以民族传统形式和利用地方材料制作，为近代建筑的主要特征。由 Saarinen，G. E.（老沙里宁，1873～1950年）、Bryggman，E.（布吕格曼，1891～1955年）而至 Aalto 都如此。Aalto 于1928年便参加了 CIAM（国际现代建筑协会）并成为发起人之一，使现代建筑开始出现于芬兰，并推动芬兰的现代建筑得以发展，其作品始终保持特色：

在工业化中反映手工艺；在现代化中反映传统。

1929 年芬兰故都图尔库城（Turku）为庆祝建城 700 年而举行盛大纪念活动，他和 Bryggman 等人一起投入庆典的设计工作。

稍前，1927 年，在图尔库为图伦·萨诺马特（Turun Sanomat）报社设计了大厦，但至 1930 年才开始施工。同时，1927～1935 年维伊普里 Viipuri［1710 年彼得大帝占领时改称维堡（Viborg/Vyborg），1918～1940 年期间属芬兰，1940 年 6 月后又属俄罗斯］的图书馆，其中的演讲厅的顶棚，以木条作波浪形，以收音响反射效果。

1936 年在辛美拉（Sumila）设计一个工厂和工人宿舍。

他在帕伊米奥（Paimio/又译佩苗）设计的结核病疗养院（Tubesculosis Sanatorium，1929～1933 年），使他开始成名。疗养院位于树林旁的广阔地带，视野开朗，布局可随意发挥，他把休养部分放在首要位置，单外廊的七层病房大楼，东南朝向，可远眺树林和旷野，每层至顶层都有敞廊；楼后由楼梯、电梯间的交通部分连接着治疗部分和办公、用膳、文娱的四层小楼，更后是服务用房，这几座建筑既不对称也不平行，随功能而布置，看起来毫无规律，但却完全合理。同样，在设计维堡市图书馆时，他摆脱了惯常的格局，从功能和相互关系考虑，把这间兼具文化中心的图书馆，巧妙地将阅读（包括儿童阅览和报刊阅览）、研究、演讲和书库安排在两个矩形平面内。此外，还有办公室、住所、小卖部、存衣室等附属用房，其中出纳台位于台阶的平台上，便于照顾阅览厅。儿童阅览室又同公园的游乐场相近。室内由玻璃墙透光，给予适当的光线，各方面都合理而完善地发挥出其功能。

1937 年巴黎博览会和 1939 年纽约博览会的展馆上，他都用木材表达民族特色；他除了显示材料本色外，也爱用白色配以局部强烈色彩，外形简洁，而内部则自由配置。

1932 年他首创用木夹板制作坐椅，又于 1937 年制造三条腿的小凳，在纽约博览会上，他展出了其建筑物图片和家具样品，因此，使美国对他和芬兰的建筑有所认识。1940 年波士顿的 MIT（麻省理工学院）邀请他到校任教，1947 年转到普林斯顿大学任教。

在麻省理工学院，他设计了学校的贝克楼（Baker Dormitory，1946～1949 年）。这座"M"字四折的蛇形楼，七层砖砌。当时因为"二战"建筑材料管制未解除，未能使用钢筋混凝土构架，改用砖砌反而取得丰富灵活的立面。二十多年前 Mendelsohn, E.（1887～1953 年）设计波茨坦爱因斯坦天文台时，在同样遇到"一战"后建筑材料受限制的情况下创作出的奇迹相似，异曲同工。

这时候，他的作风有所改变：利用自然材料时加以精致的人工构件与之相对比，而结合地形环境，造型更富于变化，注意光影效果而具抽象感觉。然而，他开始批判现代建筑。

"二战"后忙于国内的恢复和建设，1950～1959年他为拉普兰（Lapland，跨现芬兰和瑞典两国）省会作规划时，又为赛于奈察洛（Säynatsalo）市中心做设计，那是一个很小的半岛上只有3000居民的小镇，他巧妙地利用地势，把几栋商店和宿舍沿坡排列，高处为包含了镇长办公室、会议室、图书馆、商店和宿舍的主楼，它们围绕着内院布置，其中镇长办公室和会议室又布置于突出的高处。房子都是单坡顶红砖墙，配以木材和钢材。人们拾级而上，它们逐渐呈现，连每栋房屋的门口都要拐弯后才看得到，因为他反对一览无遗的手法。建筑群宁静、秀丽而隽永。

1952～1958年在伊马特拉（Imatra）附近的优克塞涅斯卡教堂（Vuoksenniska Church）的设计，让人不可思议，不但打破了对称的布局，更漫无规律，凹凸交错，锐角、钝角相继出现，这教堂可根据人数用活动栅栏分隔成大、中、小三种大厅，平面也就据此而布置。他用的由内而外的创作法，由功能而决定外形，也就是"人性化"的体现，其手法近似Scharoun, H. B.（1893～1972年）。

1956～1959年在巴黎近郊的卡雷住宅（Maison Carre），其内部空间错综复杂，使人有柳暗花明的感觉，外墙又回到他惯用的白色粉墙，屋面是单坡的，门廊前的木柱，颇具特色，外形透露出简单、纯净。

1958～1962年不来梅（Bremen）的单身公寓，高22层，每室的平面都做成梯形，加长的外墙使窗户和阳台扩宽，从而消除了封闭感。

塞那约基（Seinäjok）城市中心是他1958年的作品，1962～1967年还加建了剧院。

1959～1962年他到奥地利沃尔夫斯贝格（Wolfsberg）设计文化中心（Culture Center），又一次反映出他的设计特色。活动内容丰富，而用地却有限。他放弃了往高发展的做法，只建两层，其中五个大小不同的会堂和讲堂，每个都是抹去两角的梯形（梯形的平面是他惯用的手法），实际上是六边形，按大小的次序，以弧形逐一排开，有节奏地以折线显露。

由于他的成就，1955年已任芬兰科学院院士，1963～1968年更兼任院长。在国外，1957年及1963年更先后获英国和美国的金质奖章。

他晚期的风格，既重视物质的功能，亦重视艺术的效果。

1964年回到赫尔辛基设计奥塔涅米（Otaniemi）的技术学院（Institute of Technology）。

1966年到意大利波洛尼亚（Bologna）设计了一座教堂。

1965～1970年美国俄勒冈州（Oregon）的安吉尔山修道院的图书馆

（Mt. Angel Abbey Library），室内曲线形高低错落的布局、突破肃穆的气氛。

1970年又远赴伊朗设计了艺术博物馆。

1971年的赫尔辛基文化会馆（Finlandia Hall），其会堂同样也是不对称的，左侧的后座凸出了一大块。

五十多年的创作生涯，共设计了两百多座建筑，可惜未留下任何著作。

他的活动时间，稍晚于现代建筑的四位大师，声望亦仅次于四人，而他是继Wright. F. L.（1867～1959年）之后，有机性的代表，是人情化建筑理论的倡导者，他的作品适应不同的地形、朝向、景色和要求，平面灵活，空间自由活泼而有动感。同时在一些构件上巧妙地化为装饰。他的作品往往使人乍一看见会难以理解，出现一些奇怪的形状、角度、组合或搭配，一时不可捉摸，但却存在着内涵而有动感，反映出成熟的哲学，被誉为"Mature Style"（成熟的风格）自然的风格。

他以人体的尺度设计，反对不合人情的庞大。他关注空间总的气氛，通过声、光效应，改善空间的质量。他很重视空气和阳光，他说空气和阳光虽取之不尽，用之不竭，但从建筑的角度来看，却很"昂贵"，问题在于建筑师如何去取得。

他认为工业化和标准化要为人的生活服务，适应人的精神要求，反对技术的功能主义。

他虽然严格从经济出发，但有些精致的部件，反而昂贵。

784. Van Den Broek, Johannes Hendrick 范·登·布洛克（1898～1978年）

1928年，由Le Corbusier（1887～1965年）、Gropius（1883～1969年）、Aalto（1898～1976年）等人在瑞士发起成立国际现代建筑师协会（CIAM/Congrès Internationaux d'Architecture Moderne），现代派建筑师开始有了国际组织。至1937年前后共举行了五次会议，对低薪阶层的住宅、城市建筑、城市规划、城市和建筑的功能等问题，进行了广泛的讨论。1933年的会议上还通过了《雅典宪章》（La Charte d'Athènes）。由于"二战"发生，会议中断了十年，至1947年才恢复活动。1949年在意大利贝加的第七次会议上已经开始出现分歧。1951年在英国霍台斯多的第八次会议，分歧更激化。1953年在法国普罗旺斯地区艾克斯（Aix-en-Provence）的第九次会议上，年轻一代已开始向老一代的带改良主义色彩的功能主义和对《雅典宪章》中所提的城市四大功能提出质疑，延至1956年在南斯拉夫杜布罗夫尼克（Dubrovnik，现属克罗地亚）的第十次会议上，青年人公开造反，为首者Bakema Joseph（贝克玛，1914～1981年）、Candilis（坎迪里斯）等人，他们对老一辈的把持表示不满，他们反对"机器秩序"的概念,提出"个性"、"精神功能"等新观念,会议陷入分裂。CIAM 终于在第十一次会议(1959 年,荷兰奥特洛 Otterlo)完成了其历史任务。老一辈缺席,新一辈宣告协会终止活动。

第十次会议是由新一派筹备的,所以他们的组织被称为"十次小组"(Team 10)。而早于 1948 年,已有另一组织"国际建筑师协会"(UIA)在瑞士洛桑(Lausanne)成立,会址设在巴黎。

Van Den Broek 作为新一代的建筑师,他是 Team 10 的成员,也是 UIA 和"Dutch Forum Group"(荷兰论坛)的成员。

他在 1927 ~ 1937 年同 Brinkman. J. A.(1902 ~ 1949 年)合作,1937 ~ 1948 年改同 Bakema 合作,以后便单独工作,其作品有:

在鹿特丹(Rotterdam)的曼林 - 瓦信 - 范 - 沃斯特百货公司(Department Store ter Menlen-Wassen-Van Vorst, 1948 ~ 1851 年)、林班路购物中心(Shopping Center Lijnbann, 1949 ~ 1953 年)、蒙托索里学校(Montossori School, 1955 ~ 1960 年)、赫尔墨斯学生俱乐部(Hermes Students Club, 1964 ~ 1969 年)、亨厄洛的克莱因 - 德里恩居住区(Siedlung Klein-Driene, Hengelo, 1950 年同 Van Gool, E. J.、Stocla, J. M. 合作);

柏林的梅住宅的塔楼(Mai Dwelling Tower, 1951 ~ 1960 年);

内格尔(Nagele)的归正宗教堂(Reformed Cathedral, 1958 ~ 1960 年);

在挪威卑尔根(Bergen)的购物中心和两层小住宅(Shopping Center and Maisonatte Dwellings, 1959 ~ 1961 年)和两处住宅(1959 ~ 1968 年);

荷兰代尔夫特(Delft)的中心会堂(Auditorium Center, 1961 ~ 1962 年);

荷兰阿纳姆(Arnhem)的邮政办公服务处(1961 ~ 1962 年)和残废人赫特 - 德普住所(Het-Dorp Housing for Handicapped People, 1963 ~ 1969 年)。

值得特别指出的:鹿特丹在"二战"后全部重建时,他将林班路(Lijnbann)新辟为步行商业街,于 1953 年完成,被评为典范无车区——这是一项创举,也是鹿特丹学派最出色成就之一。后来,不少城市开辟了"步行街",不让机动车驶入。

他的著作有《建筑的趋势》、《希腊之路》、《建筑同社会》。

785. Beaudouin, Engène Elie 博杜安(1898 ~ 1983 年)

任职教授,除教学外,也从事设计。

1934 年设计栅舍城住宅楼群(Cité de la Muetto),这是一片 16 层同 4 层高低层结合的住宅区,采用厂房预制、现场整体吊装完成。据知这是最早用现代建筑工业化生产方式建造的住宅群。

在法国当代建筑师中,他较早重视低价住宅,并为此做了大量工作。

国际建筑师协会(UIA/Union Internationale des Architectes)于 1948 年成立于瑞士洛桑,并定址于巴黎,首届名誉会长为 Perret, A. (1874 ~ 1954 年),会长为 Abercrombie (1879 ~ 1957 年)。Beaudouin 于 1960 ~ 1963 年任第五届主席。

中国建筑学会于 1955 年参加 UIA。1957 ~ 1963 年,杨廷宝(1901 ~ 1982 年)两度出任协会之副主席。

786. Torroja(y Miret)Eduardo 托雷哈/陶鲁加(1899 ~ 1961 年)

建筑师兼工程师,钢筋混凝土薄壳结构的倡导者之一。

1914 年在科隆举行的制造联盟(Werkbund)博览会除了展出工业产品之外,也展出建筑物。他在会上设计了玻璃展览厅(Glass Pavilion)。

1923 年起在营造厂任工程师,1927 年成为顾问工程师。其后他设计了:

1933 年西班牙阿尔赫西拉斯(Algeciras)的有盖市场(Covered Market)是他的薄壳结构首作。

马德里赛马场的看台和近郊萨苏埃拉(Zarzuela)体育场薄壳屋顶,悬挑达 13m(1935 年),贮水库(Reservoir)的双筒形薄壳(Double Cylindrial Shells, 1936 年)。

阿尔多斯(Aldoz)的输水道 Aqueduct (1939 年)。

萨莫拉跨埃斯拉河的桥(Bridge over the Esla at Zamora, 1940 年)。

阿尔多扎的托罗金飞机库(Hangars at Torrejón de Ardoz, 1940 年)。

巴塞罗那足球场(Las Corts Soccer Stadium, 1943 年)。

1951 年他创立结构和水泥技术协会,自任会长至逝世。

他研究薄壳的方法是先制模型作试验以估量应力,而比他较年轻的另一西班牙人 Candela, Felix❶ (1910 ~ ? 年)则确定造型后再求证于计算,两人都认为薄壳是大跨度最经济的结构。

1952 年,他同时为克塞拉洛(Xerrallo)和苏埃特桥(Pont de Suert)两地各建一座形体优雅的教堂。

1957 年为委内瑞拉的卡拉加斯(Caracas)设计塔奇拉俱乐部(Táchira Club)。

---

❶ Candela, F. 出生于马德里,1939 年移居美国,1952 年设计墨西哥城市大学的宇宙线实验室(Cosmic Ray Pavilion, Ciudad University),为让宇宙线能透入,要求混凝土不得厚于 1.5cm,他采用了带肋的曲面壳,以细的拱架支承。此外为墨西哥城纳瓦特(Navarte)的奇迹圣母教堂(Church of the Miraculors Virgin, 1953 年)和赫契米尔柯(Xochimlco/花田市)的一间餐厅(1958 年)。

787. Hebebrand, Werner 海伯布兰德（1899～1966年）

国际知名城市规划家，并从事居住建筑设计。

"一战"之后从事民居设计工作，如同 Le Corbusier（1887～1965年）的主张一样，认为空气、阳光和绿化是城市生活所必需，据此，他在城市规划中作出多项改革。

纳粹于1933年上台，受到政治压力，他遂东赴前苏联，为前苏联做整体区域规划，直至"二战"结束。

回到德国，继续在法兰克福、汉堡、汉诺威等地做规划。

788. Fry, Edwin Maxwell 弗赖（1899～1987年）

Fry 早期受 Mies（1886～1969年）现代建筑思想之影响。

他是英国现代建筑运动最早拥护者之一。1931年由年轻的 York. F. R. S.（约克，1906～1962年）发起，成立了现代建筑研究小组（MARS/Modern Architectural Research Group），他和 Arup, D.（1895～1988年）、Coats, W.（1895～1958年）、Lubetkin, B.（1901～1990年）都参加了。他们举办展览会和为伦敦的发展做规划等，又在克兰利撒（Clelesa）和塞芬奥克斯（Sevenoaks）设计住宅（1936年及1937年），直至1945年才停止活动，那时，"二战"已结束。Fry 说："在技术统帅的世界中，已经没有古典建筑容身之地了。"

1942年他同 Drew Jane Beverly（德鲁，1911～？年）结婚，Drew 于1944年任英国驻西非殖民地总督的城市规划顾问。至1946年，夫妻两人合组公司，专门从事热带国家大规模的设计。Drew 于1947年同 Ford, H. L. 合著《热带乡村住宅》（Village Housing in the Tropics），被视为经典之作。1956年她又单独写了《潮湿地区的热带建筑》（Tropical Architecture in the Humidzone）。

1951年 Le Corbusier（1887～1965年）被邀到印度为旁遮普新首府昌迪加尔（Chandigarh, Punjab）做规划，除了他的兄弟 Pierre 之外，由于 Fry 夫妇有热带地区的设计经验，遂邀请他俩一同合作。他们在设计中突出挑篷及深凹构造，以遮强烈的阳光。

其后，他俩在伦敦设计了现代艺术学院（1964年）和黑尔纳山（Herne Hill）的聋人学校（1968年）。

晚年，Fry 写了《包豪斯与现代运动》（The Bauhaus and the Modern Movement）（1968年）和《机械时代的艺术》（Art in a Machine Age，1969年）。

789. Belluschi, Pietro 贝卢斯奇（1899～1994年）

意大利人，1922年毕业于罗马大学土木系，由于得到奖学金到美国入读康奈尔（Cornell）大学土木系，成为工程师后遂移美工作。

1950年以前从事设计，主要有：

葡萄牙美术馆（1931年）；

俄勒冈州（Oregon）的波特兰（Portland）的艺术博物馆（1931年）、萨特宅（Suter House，1938年）的公平大厦［Equitable Building，1948年美国首座玻璃幕墙大厦，比纽约利弗大厦（Lever Building）早四年］和锡安洛德教堂（Zion Lutheran Church，1950年）；

他还汲取美国西北部地方性建筑方法使用地方材料来进行设计，包括木构住宅和铝材办公楼。

20世纪50年代他曾为麻省理工学院（MIT）做过设计。此时，美国的建筑已完全脱离了学院派的窠臼，走上现代建筑，他担任了该校建筑与规划学院院长，直至1965年。退休后仍到各地讲学并做一些设计：

旧金山美洲银行总部（Bank of America World Headquarter）；

波士顿的波士顿及吉斯通大厦（Boston and Keystone Building）；

纽约林肯表演艺术中心加建的朱利亚（Juilliard）音乐学校（1969年），为配合已建的其他建筑物［见Harrison，W. K.，（1895～1981年）条目］，也采用典雅主义（Formalism）风格。还有美国建筑学院。

他说，作品要"Eloquent Simplicity"（意味深长的简洁）。

790. Chermayeff，Serge Ivan Issakovitch 舍马耶夫（1900～1996年）

俄罗斯人，1910年随家移居英国并入英籍。

1932年，由Lubetkin Bertold（鲁伯特金，1901～1990年）发起，成立"泰克敦技术团"（Tecton Group Architects and Technicians Organization），这是英国建筑界自1931年由York. F. R. S.（约克，1906～1962年）倡议成立"MARS"（Modern Architectural Research Group，新建筑研究组）后，又一个现代建筑组织。Chermayeff遂参加泰克敦技术团，参加者还有Lasdum Denys（拉斯顿）等人。他们组成事务所，其中有伦敦动物园企鹅池内的双向螺旋桥（构造与作用类似剪刀梯，而以圆弧构成）。关于Lasdum，另见Arup，O.（1895～1988年）条目。

他在英国设计了一些住宅和办公楼，其中较重要的有：

1930年的伦敦剑桥剧院的内部装修。

1934年同Mendelsohn，E.（1887～1953年）合作设计了苏塞克斯郡（Sussex）贝克斯希尔（Bexhill）在海滨的德拉华馆（De La Warr Pavilion）。这是一栋俱乐部，三层，立面作横线条处理，半圆形露明楼梯在一边。这是最早用焊接的钢框架结构。

1938 年的塞罗珠宝店（Cero Jewellery Shop）和化学工业研究实验室。

1939 年到美国，从事教育工作，也就改入美国籍。

除了 1951 年为自己在马萨诸塞州的特鲁罗（Truro）建住宅外，还有在缅因州，在英国拉格比（Rugby）和在荷兰的一些住宅。

791. Baumgarten，Paul 鲍姆加登（1900～? 年）

作为第二次世界大战的战争发动者的德国遭受到极大的破坏，住房被破坏近半，城市建设严重受损，连号称世界最大的动物园，亦未幸免。动物园位于市中心，就在勃兰登堡门（Brandenburger Tor）以西的俾斯麦大街（Bismarcks Strasse）上。原建于 1841 年，占地 40 公顷，"二战"全毁。哺乳动物 4000 头，水族动物 8300 只，仅存 91 只。1952 年起由 Baumgarten 设计重建，花了 25 年时间，于 1977 年完成。

他还设计柏林音乐学院的音乐厅和剧院。

巴登－符腾堡州（Baden-Württemberg）卡尔斯鲁厄（Karlsruhe）的联邦法院，也是他的作品。

战后德国的建筑完全摒弃希特勒时代钦定的折中主义风格，走上现代建筑的主流。

792. Villanueva，Carles Raúl 比利亚努埃瓦（1900～1975 年）

1811 年以前，委内瑞拉、哥伦比亚、厄瓜多尔、巴拿马和部分的巴西和圭亚那土地都是西班牙和英国、葡萄牙殖民地而各自独立。1819～1830 年曾一度联合成立大哥伦比亚（Great Colombia）。经历了约三百年的异族统治，奇卜查/切布查文明（Chibcha Civilization）遭受灭绝。Chibcha 也称穆伊斯卡（Muisca），有 50 万人，16 世纪其政治结构被摧毁，18 世纪连其语言亦被停用。

西班牙的移民、将其宗主国的文化和宗教带到异域，并强加于原居民。但是由于气候、材料、工艺、风俗等之不同，形成了变异的殖民地建筑形式和折中主义建筑形式，在主要的或大型的建筑中成为主流，在严谨中带着一些奇特。至 19 世纪后期，西班牙式又渐被法国式所取代。

历史的潮流终究不可抗拒，继北美之后，拉丁美洲开始接受现代建筑之到来。在委内瑞拉，Villanueva 是现代建筑的带头人。

首都加拉加斯（Caracas）一些主要的现代公共建筑都出于他的手笔，如大学城（Cinded Universiteria）、奥林匹克体育场（Aula Magna，1951 年）。1952～1953 年委内瑞拉大学的大礼堂，其顶棚由吊着各形各式的板片组成，这是由雕刻家 Calder, A. （考尔德）所设计，会场的声响则由 Newman, R.（纽曼）设计。此外还有带顶盖的库比埃塔集市 [（Covered）Plaza Cubierta（1952年）]、建筑学校（1957年）和许多大规模的住宅区。

1967年在加拿大的蒙特利尔（Montreal）举办的国际博览会上，他设计的委内瑞拉展馆（Venezuela Pavilion）以三个立方体组成，是他的杰作，也反映了抽象派艺术应用于建筑上。

793. Bayer, Herbert 拜尔（1900~1985年）

1921~1923年在包豪斯学印刷和壁画，毕业后在校任教，同时在《时装》半月刊任艺术指导。1928年移居柏林。1938年再移居美国，1943年成为美国公民。

1946年起他任美国容器公司（Container Corporation）设计部主任兼 Colo（Colorado/科罗拉多州）阿斯彭（Aspen）开发公司的设计顾问。

同时他还做过不少建筑设计，如：

阿斯彭人文学学院（Aspen Institute for Humanistic Studies，1962年）和音乐篷（Music Tent，1965年）等。

但是，他还是专志于探索环境雕塑艺术。

园林雕塑，自古已有，在文艺复兴时代它是园林重要组成部分，同喷泉、花坛一样不可或缺。我国早在汉武帝时于建章宫的太液池，不但有石雕，还有铜仙人。至今，不但在园林，在广场甚至在街道边，在任何地方，或作为纪念性，或表达主题，或用于装饰，都成为环境的组成部分，更专门集中于雕塑公园，雕塑同建筑密切不可分。

他的著名作品有：Marble Garden（大理石花园，1955年）、Beyond the Wall（草丘，1976年）等。

794. Bechtel, Stephen Davison 比奇特尔（1900~1989年）

年轻时即随父参加建设工程工作。1925年组成 W. A. Bechtel Co.（比奇特尔公司），他任副总经理，成为建筑工程师和企业首脑。1936年晋升为总经理，那时，公司已经是世界最大工程公司之一，承包大坝、大桥、轴油管等大型工程。

其间，1930~1932年曾成功建造胡佛水库（Hoover Dam），主要工程是重力拱坝（Gravity Dam/圬工坝/顽石坝）。坝高721m，坝顶长379m，总体积336

---

❶ Calder Alexander（1898~1976年），创造"活动雕刻"（mobile）的新艺术形式。

万 m³。坝成之后，围成米德湖（Lake Mead），水力发电达 1345 兆瓦，湖面积 593km²，储水量 383 亿 m³，为全世界最大人工湖。

1937 年同 McCone，John（麦科恩）合作，在旧金山组成 Bechtel-McCone Corporation（比奇特尔 - 麦科恩公司），工程范围包括炼油厂、化工厂、发电厂，甚至舰只、飞机部件等。

旧金山奥克兰海湾大桥、阿拉斯加输油管也是其重点工程。

"二战"后，公司承担的工程遍及加拿大、中东等地区，美国占一半的核电站也由公司承包。

1960 年他把总经理职位交给儿子担任。

795. Fathy，Hassan 法蒂（1900～1989 年）

写到最后，回顾人类的建筑历史，却原来是由穴居开始的。先是利用天然洞穴，继而效之做人工洞穴后，才进一步为巢居。在用途上而言，先是居住，再是贮存及敬鬼神，所以，以土作建筑材料是最古老的原始方法，包括土窑洞（Loess Cave），土坯墙（Adobe Wall）或夯土墙（Puddle Wall），迄今仍有约 1/3 的人口在使用。

这种生土建筑（Earth Construction）的最大优点是就地取材，即以"减法"有异于一般的"加法"建造，因而减少运输和节省土地（如部分的窑洞），更可减少原料、动力的消耗，从而节省能源（包括在生产上、建造上和使用上的冬暖夏凉），而且施工简单，建造方便，在保护生态平衡、环境保护上有显著的作用。当然有一利有一弊，在布局、排水、通风、采光、地震和交通上或多或少地存在缺点，但这些都是技术问题，通过人类的智慧可逐步解决，在干旱地区更为适宜。

在埃及，土坯墙一直是一种传统的建筑构造。Fathy 推广一套以现代施工技术结合传统材料的住宅，所谓传统材料主要是复兴用阳光烘干制砖。

他说："有人认为用土坯盖房是后退，其实是先进。"

曾在卢克索（Luxor）以土坯为主要材料建成新古尔诺村（New Gourno）。动机虽好，但村落位于平地，习惯于山坡上居住的工匠村村民，不习惯住于平地，而不受欢迎。

他还采用被动式冷却系统。

1969 年写的《穷人的建筑学》，成为许多建筑学生的必读书。

他也设计一些公共建筑，如吉萨（Giza）的穆斯哈拉贝亚旅馆中心（Mushrabeya Hotel Center）。

第二部分　人事关系

图　例

师徒关系：×××＞×××
宾主关系：×××→×××
协助关系：×××←×××
合作关系：×××/×××/×××

9. Phidias ＞ 14. Callimachus

17. Timotheus / 17. Praxiteles / 20. Bryaxis / 20. Scopas / 19. Leochares

19. Leochares / 19. Phythius

19. Leochares / 21. Lysippus

21. Lysippus ＞ 22. Chares (of Lyndus)

34. Anathemius (of Tralles) / 34. Isidore (of Miletus)

46. Pisano, A. / 46. Talenti, F.

58. Cimabue / ＞ 58. Giotto {
　＞ 58. Banco
　＞ 58. Daddi
　＞ 58. Gaddi, A.
　＞ 58. Gaddi, T.
　＞ 79. Masaccio
}

59. Ristero / 59. Sisto

60. Agostino / 60. Agnolo

64. Benci di Cione / 64. Talenti, S.

72. Brunelleschi {
　＞ 77. Michelozzo
　79. Masaccio
　＞ 81. Rosselino, B.
}

72. Brunelleschi / 74. Donatello

74. Donatello / 77. Michelozzo

77. Michelozzo → 82. Duccio

73. Ghiberti ＞ 77. Michelozzo

73. Ghiberti ＞ 78. Filerata

78. Filerata ＞ 96. Bramente

79. Masaccio / 79. Masolino

79. Masaccio ＞ Lippi，F. F. ＞ 97. Batticelli

84. Gambello / 95. Conducci

81. Rosellino，B. ＞
93. Settignano ＞ } 93. Lombardo.

93. Lombardo / 93. Buora / 91. Bon，B. / 95 Coducci

93. Lombardo / 95. Conducci

89. Egas，A. d. ← 89. Guas / Was

114. Sansovino，A. ＞ 125. Sansovino，J.（即 Tatti，C.）

96. Bramente ← 98. Sangello，A. d.（J）

96. Bramente ← 121. Peruzzi

96. Bramente ＞
98. Sangello，A. d.（J）＞ } 124. Sanmicheli

118. Bertoldo ＞
118. Domenico ＞
118. Ghirlandajo ＞ } 118. Michelangelo

121. Peruzzi ＞ 119. Serlio

96. Bramente ＞ 122. Paphael ＞ 128. Romano ＞ 136. Primaticcio

122. Lorenzo ＞ 122. Perugino ＞

135. Cellini / 136. Prinnaticcio

136. Primaticcio / 136. Pilon

126. Sinan ＞ 181. Mehmed，Aga

138. Vignola ＞ 182. Mascherino

138. Vignola ＞ 182. Voltera

182. Mascherino / 182. Voltera

138. Vignota / 143. Vasari / 144. Ammanti

143. Vasari / 164. Buontalenti

139. Palladio ＞ 175. Scamozzi ＞ 203. Longhena

140. Gaujon / 151. Lescot

151. Lescot / 153. Bullant

151. Lescot / 155. Du Cerceau, B. A.

150. De Lórme / 155. Du Cerceau, J. A.

187. De Brosse ← 155. Du Cerceau, J. I. A.

187. De Brosse / 196. Lemercier

187. De Brosse ← 204. Mansart, F.

148. Bautista, J. / 233. Herrera, F. d. (J)

149. Floris Brother (即 de Vriendt) / 149. Scarini / 149. Du Foys

173. Fontana, D. / 182. Mascherino / 182. Voltera

165. Porta / 173. Fontana, D.

173. Fontana, D. / 177. Maderno

172. Longhi / 207. Ponzio / 190. Rainaldi, C.

190. Rainaldi, C. / 190. Girolamo

189. Jones I. > 229. Pratt

185. De Keyser, H. / 201. Van Campen

201. Van Campen / 214. Post

201. Van Campen ← 215. Vingboons, P.

205. Bernini, G. L. / 206. Borromini

205. Bernini, G. L. ← 246. Fontana, C.

205. Bernini, G. L. ← 248. De Rossi, M.

205. Bernini, G. L. > 263. Fis (c) her von Erlach, J. B.

212. Vallée > 216. Tessin, N. (S)

216. Le Vau > 232. Le Pantre, A.

216. Le Vau > 245. Dórbay

216. Le Van / 217. Perrault C. / 228. Le Brum

228. Le Brum ← 240. Girardon

228. Le Brum > 249. Berain, J. (S)

218. Le Notre > 292. Le Blond

227. Colbert ← 230. Puget

230. Cortona → 230. Puget

243. Wren { > 243. Thomhill / > 269. Hawksmoor / > 275. Vanbrugh / > 296. Gibbs

269. Hawksmoor / 269. Jame. J. / 275. Vanbrugh

269. Hawksmoor ← 296. Gibbs

289. Cambell ← 296. Gibbs

310. Burlington → 296. Gibbs

299. Kent / 310. Burlington

246. Fontana, C. {
 > 273. pöppelmann
 > 283. Hildebrandt
 > 292. Juvaria
 > 296. Gibbs
}

258. Mansart, J. H. {
 ← 232. Le Pautre, P.
 > 265. De Cotte
 > 280. Boffrand
}

264. Fischer von Erlach, J. B. > 283. Hildebrant

264. Fischer von Erlach, J. B. / 342. Pascassi

280. Boffrand / 301. Neumann / 328. Here de Corny

281. Specchi / 281. Sanctis

315. Salvi > 323. Vanvitelli

317. Knobelsdorff / 317. Gontard

285. Ludovici > 330. Oliveira

319. Pombel ← 330. Oliveira

318. Fuga / 318. Laufranco

321. Sacchetti ← 335. Rodriquez, V.

333. Soufflot > 333. Roudelet

329. Blondel, J. F. {
 > 354. Chambers
 > 359. Mique
 > 369. Ledoux
 > 371. Gondouin
}

339. Oeben > 368. Riesener

362. Peyre / 363. de Wailly

363. de Wailly > 407. Voronikhim

360. Boulée {
 > 360. Thibault
 > 362. Peyre
 > 377. Chalgrin
 > 378. Brongniart
}

362. Peyre ⎰ > 400. Asprecci
         ⎨ > 416. Fontaine
         ⎩ > 416. Percier

416. Fontaine / 416. Percier

377. Chalgrin > 410. Zakharov

373. Kazakov / 386. Quarenghi

337. Taylor, R. > 397. Nash

380. Dance (J) > 398. Soane

390. Holland ← 398. Soane

404. Jardin > 404. Harsdorff > 404. Hansen, C. F. > 464. Grosch

387. Bélanger → 453. Hittorff

416. Percier → 453. Hittorff

416. Percier > 450. Visconti

433. Ingres / 453. Hittorff

453. Hittorff / 483. Flenry

453. Hittorff → 549. Richarson

413. Amati / 413. Zamoia

434. Smirk > 445. Cockerell > 418. Labrobe

444. Strickland → 476. Watter

397. Nash → 489. Pugin

457. Barry → 489. Pugin

447. Burn > 536. Shaw

467. Upjohn → 513. Eidlitz

511. Olmsted / 513. Eidlitz / 549. Richardson

488. Scott (S) > 501. Pe (a) rson

488. Scott (S) → 514. Street

492. Viollet-Le-Duc → 528. Cuypers

494. Cleveland / 511. Olmsted

511. Geddeo, G. > 511. Olmsted

507. Devey ← 606. Voysey

508. Eads / 555. Baker

510. Schliemann → 594. Dörpfeld

517. Niill / 517. Siccardsburg → 540. Zitek

540. Zitek ← 611. Polívka

528. Cuypers / 557. Van Gendt

514. Street → 536. Shaw

514. Street → 537. Welb，P. S.

514. Street → 546. Morris

537. Webb，P. S. / 537. Brune-Jones / 546. Morris

536. Shaw / 547. Nesfield

536. Shaw → 589. Prior

536. Shaw → 603. Lethaby

538. Van Brunt / 575. Ware

539. Jenney / 539. Mondil

539. Jenney {→ 570. Burnham; → 579. Root; → 596. Holabird; → 600. Sullivan}

570. Bennett / 570. Burnham

570. Burnham → 596. Holabird

596. Holabird / 596. Roche

570. Burnham / 579. Root

503. Renwick J. (J) → 579. Root

503. Renwick J. (J) → 654. Goodhue

554. Furness → 600. Sullivan

563. Adler，D. / 579. Root / 600. Sullivan

600. Sullivan → 646. Wright，F. L. → 667. Elmsilie

470. Semper {> 556. Wagner; > 601. Berlage; > 642. Olbrich}

556. Wagner {> 659. Loos; > 663. Hoffmann; > 664. Kotera}

601. Berlage {> 706. Kramer; > 714. De Klerk}

659. Loos → 758. Kiesler

562. Jekyel / 657. Lutyens

565. Dutert / 565. Contamin / 565. Pierron / 565. Charton

569. Gallè / 608. Majorelle

495. Curtius ← 594. Dörpfeld

510. Schliemann ← 594. Dörpfeld

528. Cuypers { → 635. De Bazel
             { → 635. Lauweriks

549. Richardson / 511. Olmsted / 513. Eidlitz

549. Richardson → 587. Ellis

549. Richardson → 591. White

572. Mead / 572. Mckin / 591. White / 639. Bacon → 613. Gilbert

527. Bodley > 631. Ashbee

631. Asbee → 683. Holden

578. Webb，A. / 578. Bell

588. Gaudi ← 638. Berangner（iM）F.

558. Coignet / 558. Monier / 558. Hennebique

573. Jourdain / 672. Sauvage

583. Lindenthal → 696. Ammann

618. Moser > 776. Lescaze

630. Unwin → 680. Semionov

644. Walton / 648. Mackintosh

646. Wright，F. L. ← 二七九. Raymond，A.

646. Wright，F. L. { > 684. Griffin
                  { > 667. Elmsile
                  { > 711. Byrne
                  { > 728. Schindler
                  { > 760. Neufre
                  { > Soleri
                  { > 前川国男
                  { > 伊东荒田

684. Griffin / 711. Byrne / 711. Mahony

659. Loos → 758. Kiesler

650. Behrens { → 712. Gropius
             { → 726. Mies van der Rohe
             { → 730. Le Corbusier

726. Mies Van der Rohe > 698. Taut，M.

726. Mies Van der Rohe ← 726. Johnson, P.

703. Meyer, A. ／ 712. Gropius ／ 764. Scharoun

664. Kotera ＞ 769. Gŏcár

704. Hood ／ 704. Fouilhoux

704. Hood ／ 704. Corbelt ／ 771. Harrison, W. K.

716. Kahn, E. J. ／ 716. 贝聿铭 I. M. Pei

727. May, E. → 781. Schütte-Lihotzky

729. Mendelsohn ／ 790. Chermayeff

751. Gabo ／ 768. Moholy-Nagy

756. Nervi ／ 755. Ponti ／ Breuer

771. Harrison, W. K. ／ 771. Fouilhoux

771. Harrison, W. K. ／ 771. Abramovitz

777. Warchavchick ／ 777. Costa

780. Skidmore ／ 780. Owing ／ 780. Merrill ＝ S. O. M.

783. Aalto ／ 754. Bryggman

第 二 篇

副篇（中、日文字部分）

第一部分 正文（按出生年份为序：一~三一六）

一、公输般/公输班/公输盘/公输子/班输/鲁般/鲁班（活动于战国之初）

关于其生卒年份，无一定的确切数字，据《汉书》，列于孔子（前551~前479年）之后，墨子（前468~前376年）之前。这样，他当生于公元前500年前后。

一说其世代为鲁国工匠家庭，后徙楚国；一说他是鲁昭公之子。总之，其为"鲁之巧人"。

各书籍对他的描述有：

《孟子·离娄朱》："或以为鲁昭公之子"，称他为公输子鲁班。

《墨子》："公输盘为楚造云梯子械"，"削木以为鹊，成而飞之"。

《刘子（新论）知人篇》：述他雕刻凤凰。

《述异记》："刻制石质九州地图"。

《朝野佥载》："鲁般者，肃州敦煌人，莫详年代。巧侔造化，尝作木鸢，乘之而飞。""六国公输般，亦为大鸢以窥宋城。"——据此，当为两人。

民间传说把许多工艺都附于他身上，他不但石、泥、术、铁（春秋战国之际，铁器已广泛使用）皆精，参加过许多土木工程，并且创造出许多木工工具机械，如发明木锯、刨、钻、铲、凿、墨斗、橛、"班母"（木工弹墨线时用的小弯钩），刨木时顶住木料的缺口、曲尺、石磨、水战时用的"钩强"（长竿前端的铁钩），又能"以足画蠢忖留神像"，又传同妻子合作发明了伞等，诸多传说。

他被奉为巧匠之师，不但是建造业的祖师，更为工匠之祖师。

二、伍员（子胥）（？~公元前484年）

生于楚平王（熊居）时，公元前522年由楚逃至吴国后，任宰相，受命筑阖闾城［隋开皇九年（589年）改称苏州］，城墙周长23.5 km。他"相土尝水，象天法地"，多次实地作水文、地质勘查，才设计施工，"设陆门八，以象天之八风；水门八，以法地之八卦"，把长江水系引入城内，形成的路、河平行的双棋盘格局的水陆交通体系，于周敬王六年（前514年建成），将原方圆仅三里的王城扩建至四十余里。

现存盘门（蟠门）为一水陆城门，元至正十一年（1351年）重建。

胥山、胥溪、胥口、怀胥桥均因他命名。

胥口有其墓及祠。

三、西门豹（活动于公元前5世纪）

随乐羊出征中山国，封大将军。

魏文侯（前445~前396年）时"邺令"（今临漳）。"为人性急，常佩韦以缓"。

他破除巫术迷信，有"河伯娶妇"的故事。

又"发民凿十二渠，引河水灌民田，后世赖其利"，即前442年建漳水十二渠，并建十二跨渠水桥，桥沿用到汉代。"河内称治"。安阳丰乐镇有"西门大夫祠"。

前魏惠王时（公元前4世纪中叶）有白圭（名丹）堤防专家，自夸"丹之治水，也愈于禹"，其堤细密到"塞其（蚁）穴"。

四、李冰父子（活动于公元前3世纪中叶）

湖北巴东（信陵）人。

秦昭襄王（公元前306~前251年）时，李冰任蜀（益州）郡守，约于公元前256~前251年开凿离堆，以灌溉诸郡，于是沃野千里，悉无水患，时有"陆海"之称，蜀人德之。

《史记——河渠书》："蜀守李冰，凿离堆，避沫水之害，穿二江（郫江、流江）成都之中。"

《清一统志》："李冰凿离堆，分江东、北流，以避水患"，又"离堆之址，鑱石为水则，则盈一尺，至十而止，水及六则，流始足用，过则从侍郎堰泄而归于江"。

李冰率子二郎，经勘察后，采取以下措施：①在玉垒山开缺口——宝瓶口，烧柴草以爆石，辟出内江，岷江为外江。②于玉垒山前筑分洪堰，于江心先堆鹅卵石以分流，无效；改用竹笼集鹅卵石，成分水大堤，堤前尖似"金"字，称"金字堤"或"金刚堤"，又因似鱼嘴，称"分水鱼嘴"。水患受控，李冰取名为"都安堰"（后改为"都江堰"）。③为淘泥沙，设活动的拦水坝"杩扎"（三脚木架置承卵石之竹笼），每年霜降时截外江水以淘外江泥沙，立春时改截内江水以淘内江泥沙，至清明节时，已届春尽，撒杩扎，两江同时流水。为定淘沙深度，江中埋"石屏"，以露出为度。④为控制宝瓶口水量，于离堆左右石壁刻标尺（当地人称"水则"，古书称"水划符"）。内江水已足时，江水漫过"飞沙堰"流向外江，如江水再涨，则用杩扎截宝瓶口。

李冰定出"深淘滩，低作堰"六字诀为治江岁修法则。

总计渠共长1155 km，支流500条，分堰2200道，灌溉十一县约200万公顷良田。

又于郫江及锦江建桥七座，总称为"七星桥"，又建竹索桥（笮桥，夷里桥）。

今存遗址离堆，上祀后人所建"伏龙观"（东汉时增拓像）及"二王庙"（有石壁刻画以记治防维修事迹）。

五、郑国（活动于公元前3世纪下半叶）

郑国为韩王水工，于始皇十一年（前236年）引泾河自今泾阳西北仲山下过今三原、富平、蒲城等县境，东通洛河，名"郑国渠"。

修渠原因有二：一说"韩（国）使水工郑国间说秦（国）令凿泾水，自中山西抵瓠口为渠，东注洛三百余里，渠成，关中为沃野，无凶年"；另一说"秦为解决粮草问题，令郑国修渠"。

据《史记——河渠书》："韩王为缓秦攻，派郑游说秦王政……秦王觉其意图，欲诛之，郑直认，但对秦有万世利。"秦以富强，卒并诸侯。

由谷口以暗洞引水，纳入明渠。除引水渠外，又置退水渠，以泄多余水量，以保证安全。渠长约150km，灌溉18万公顷。

井眼同地下干渠相通，为坎儿井之始，现仍见于新疆等地。

我国古代水利灌溉始于西周，但当时只局限于简单的自然灌溉。战国初，以运输为主，灌溉次之，而规模尚较小。

六、蒙恬（公元前3世纪上半叶~公元前209年后）

秦大将。

毛笔的改良者（将毛由外裹改为内入竹管）。"枯木为管，鹿毛为柱，羊毛为被。"

周郝王（前314~前246年）东西分治后，七国争雄，至前221年秦兼并六国，嬴政登位为秦始皇。先时，各国都自筑长城以固守，始皇遂令蒙恬联结各国长城，以北拒匈奴游牧民族。

公元前217年，蒙恬率30万众，将秦、赵、燕三国长城联结。

燕长城自张家口东至蒙、冀、辽交界处，过赤峰，止于朝鲜清川江；赵长城分南北段，北段依阴山、大青山而筑，沿山势走向分南北两路；秦长城北段自甘肃岷县，东北斜向至内蒙古托克托之黄河南岸。蒙恬将各段进行修缮、连缀、增广和新筑，向外拓展，分隔了农耕和游牧两地带，其走向大致同今日存在之长城，即东自辽东碣石，北达阴山，西止临洮，长5600km（一说长7300km）。

城墙一般高6~8.7m，顶宽约4.5m，底宽约6m。多就地取材，因材施用，其中沙漠地带缺少砖石，利用砾石之抗压性和红柳枝的牵拉性，两者结合。墙体坚固。历两千年风沙雨雪冲击而基本完整。现存防寨两千，独立之瞭望台或烽火台约万。

后世对长城之修葺、增建不绝，其中著者为：

汉代卫青、霍去病为御匈奴加外长城，其后除防御外，亦为开发，沿线加设烽、燧、关，侯城和屯戍城等。

北朝的宇文恺（555~612年）——另见。

隋代崔仲方之"朔方长城"，隋唐间阎毗（阎立德，？~673年）。

明代对长城的修、增最多：徐达于洪武元年1368之居庸关、古北口、喜峰口；洪武十四至十五年（1381~1382年）之山海关，主修居庸关一线，又筑大同城；景泰年间（1450~1456年）年富筑北小城；天顺年间（1457~1464年）韩雍筑东、南小城；正德年间（1506~1521年）杨一清，万历年间戚继光（1528~1587年）均有修葺及创建。戚继光事迹另详。明修长城达十八次。

据顾炎武《日知录》分析：井田制之瓦解，导致战车、马能通行无阻，有利于游牧民族的征战，故促使长城筑建以自卫。

除秦、燕、赵长城外，各国亦自筑长城自卫：

齐国——西起平阴，经泰山北至密州（诸城）之琅玡台入海，成为齐鲁之分界。

楚国——自河南泌阳、叶县、鲁山、内乡至湖北之竹山。

魏国——由陕西之华县，沿洛水经富、绥德、米脂至河套，止于固原，又由河南之原阳、开封至密县。

近年发现在湘西，亦有长城以防苗族。

始皇崩，蒙恬于二世胡亥时被赵高矫诏赐死，绥德有其墓。

---

❶ 徐达（天德）（1332~1385年）濠州（凤阳）人，主修居庸关一线及大同城。

杨一清（应宁、邃庵、石淙），云南安宁人，长于岳阳（1454～1530年），徙丹徒。成化八年进士，左副都御史，因不附刘瑾下狱，刘被殊后，任户部尚书、吏部尚书、大学士。

近年又发现玉门关以西直至罗布泊北部约长400km有延伸成线被沙砾断断续续的土墙。据文物学会会长罗哲文分析，土墙包括城墙及烽燧，应是长城遗迹。据史料记载，汉武帝曾派民工筑长城自敦煌至盐泽，盐泽即今罗布泊。

七、史禄/监禄（活动于公元前3世纪下半叶）

秦代监御（负责运粮），故又称为监禄。始皇统一北方后，设岭南四郡（南海、桂林、象、郁林），为扩展南方疆土，粮草供应成为当务之急。当时水运是主要途径，但南人抗争，无粮以继，乃令史禄开通湘江同漓江间航道。始皇二十八至三十一年（公元前219～前214年）在广西兴安开凿灵渠（零渠，兴安运河，湘桂运河，陡河，埭江）利用湘江所在地势高，将东面向北流的湘江部分水流导入西面向南流的漓水，全长约34km。渠成，湘江水七分入湘，三分入漓。

灵渠入口处主要设施为"铧嘴"（斜面石块）；旁建"分水亭"，亭中"湘漓分派"石碑。两旁的大、小天平（石坝），再经进水闸（滚水闸）以控制水流，如水量过大则漫过泄水天平以保持进水量；滚水坝东即拦河坝。又在北面筑堤，名"秦堤"。又设陡门为船闸。

湘、漓两江导源而相通，使长江水系同珠江水系得以联系，湘、漓两江之得名由"相离"而来。后来隋代开大运河后，海、黄、淮、长、珠五大江河更得以互通。唐代兴安城灵渠旁建有"万里桥"，以示由此万里可达长安。迄清代，灵渠为"三楚两粤咽喉，可通万斤船只"。

历代整修约达30次，其中：

唐宝历元年（826年）李渤（浚之）（773～831年），洛阳人，桂州刺史，设木陡门三十六（一说十八）及建单拱石桥"万里桥"。

唐咸通九年（868年）鱼孟威整修，以石为铧嘴，植大木为斗门至十八重，乃通巨舟，著有《桂州重修灵渠记》。

宋嘉佑三年（1258年），李师中（1013～1078年）字诚之，曹县人用积薪焚石法（烧石再浇冷水以裂），疏通河道，浚修灵渠，36日乃通。

渠边四贤祠，祀史禄、李渤、鱼孟威及马援（伏波）——马曾南征，大战于广西中部之昆仑关。祠1982年重建。

灵渠至今基本保持完整。

……

与灵渠相连之相思埭（南渠，南陡河，古柳运河）始凿于唐长寿元年（692年），全长30里，东接漓江支流之相思江，西接柳江支流洛清江。相思埭同灵渠一南一北，共成一运河系统。湘、漓、柳三江相通，唐贞元十四年（798年）于东南筑回涛堤，又在狮子山引水以增流量。

唐初李靖（571～649年）经营岭南，总辖十七州军政。桂林形势险要，至相思埭之筑成发挥了巨大作用，但后来河流渐枯。清初推行"改土归流"，鄂尔泰❶励行。雍正七年（1729年）对相思埭作大检修，增设斗门二十及扩大水源，当时主修者为张钺和金镱，至20世纪初仍通航。近年调查基本完整，水源及分水塘尚清楚可辨。只陡门多已不存。

八、萧何（公元前3世纪中～前193年）

早年沛县吏，从刘邦起兵。

为丞相，封酂侯，谥文终。

刘邦即汉高祖位后，长安建设由他和阳城延董其事。阳城延，彭城梧县人，秦代军工出身，汉高帝时（前206～前195年）任将作少府大匠。工程多由萧何策划，阳城延督建。长安街道周回70里。

萧何说："天子以四海为家，非壮丽无以重威。"

高帝二年（前205年）立宗庙、社稷、宫室、县邑。前202年治长乐宫。前200年在长安同阳城延疏龙首山，治未央宫，立东阙、北阙、前殿、武库、太仓等。建长安都城，历时五载。时间上早于古罗马城，规模亦超越罗马（六倍）。工竣，京都由栎阳（今临潼）迁至长安。

未央宫位于长安城内西南，周回二十八里，疏龙首山出土以作殿基，前殿东西五十丈，深十五丈，高三十五丈。后殿四十三（十一在后，三十二在外），池十三，山六（其中一山，一池在后宫），门阙九十五，成为西汉最大宫苑，今存土阜及台。

长乐宫本秦时兴乐宫，在旧长安城内东南，周回20里。

除宫阙外，萧尤重典籍档案❷，因此建了：①石渠阁以藏入关所得秦之图籍。后来石渠阁更成为议论、研讨和供奉先贤绘像之场所，阁下砻石为渠以导水，如后来之御沟，因此名以石渠阁。②天禄阁——典籍之所。③麒麟阁——造以藏秘书贤才。太仓于长安城外东南，一百二十楹。

---

❶ 鄂尔泰（1677～1745年），西林觉罗氏，字毅庵，谥文端，多艺善画。张钺字毅宁，雍正八年进士，任云贵总督兼辖广西。

❷ 刘邦攻入长安，众人均纷纷掠夺财物，独萧何到御史、丞相府取秦档案（地）图（书）籍，又收集和整理图书。

《史记》及前后《汉书》均有记载。

九、胡宽（活动于公元前 2 世纪初）

刘邦之父汉太上皇思东归故乡丰邑，刘邦令胡宽改筑城寺街里，以像丰，使丰民以实之。据《史记——高祖本纪》及《西京记》所载："汉高祖刘邦既作新丰，并移旧社衢巷栋宇物色，惟旧士女老幼相携路首，各知其室，放犬羊鸡鸭于道途，亦竟识其家，匠人胡宽所营也。"记述了整体搬迁之事迹。

新丰位于临潼县东，今不存。

一〇、汉鲁恭（共）王刘余（活动于公元前 2 世纪中叶）

西汉景帝及程姬之第五子，景帝二年（前 155 年）封淮阳王，后改鲁恭王（或鲁共王）。都城位于鲁县（今曲阜市）鲁国故城遗址。

刘余口吃，不善于辞令，喜犬马声色，更好治宫室苑囿，他为了建"鲁灵光殿"，居然拆掉孔子旧宅部分。但是坏事变好事，据《汉书——艺文志》记载："鲁恭王坏孔子宅，欲以广其宫，而得《古文尚书》、《礼记》、《论语》、《孝经》凡数十篇，皆古文字也。"此事件史称为"孔壁"。

昭明太子萧统之《昭明文选》，集王延寿之《鲁灵光殿赋序》："鲁灵光殿者，盖景帝、程姬之子恭王余之所立也，遭汉中微，盗贼奔突，自西京未央、建章之殿，皆见隳坏，而鲁灵光岿然独存。"后世借称德高望重而仅存者。

故址今存夯土台基，只留下王延寿《鲁灵光殿赋序》。

一一、李菊、丁缓（活动于公元前 1 世纪下半叶）

汉成帝（公元前 32～公元前 7 年在位）建昭阳殿，由工匠丁缓、李菊担任设计及施工。

东晋王嘉《拾遗记》："丁缓，长安巧匠，作卧褥香炉、九层博山香炉、七轮扇"，又"李菊巧匠，昭阳殿窗扉绿琉璃，皆明照毛发，椽桷皆刻龙蛇形，萦绕其间，鳞角分明，见者莫不兢栗"，"匠人丁缓、李菊巧为天下第一"。

细巧工匠，作土木大殿，实属罕见，可能绝无仅有。

一二、马宪（活动于 2 世纪上半叶）

东汉时魏郡清渊人（旧彰德府，安阳一带）。据《水经注》及《洛阳伽蓝记》载："顺帝阳嘉四年（135 年）为中谒者（将作大匠）马宪监作洛阳建春门外洛榖水口阳渠石桥。三月起作，八月毕成，尽要妙之巧。"桥四柱，北魏孝昌三年（527 年）大雨颓桥，柱始湮没。《水经注》时（2 世纪末）犹存道北两柱。

一三、笮融（活动于 2 世纪末）

据范晔《后汉后》及陈寿《三国志》记载：丹阳人笮融于献帝初平四至六年（193~195年）建徐州浮屠祠"大起浮图，上累金槃，下为重楼阁道。大堂阁周回可容三千许人"，"浮图顶垂铜盘九重，下为重楼阁道"。

重楼建筑上作多层铜盘，此形式可视为楼阁式木塔之萌芽。

一四、康僧会（？~280年）

"康僧会"、即来自"康居国"之僧，名"会"者也。

康居即乌兹别克撒马尔罕 Samarkand，当时属突厥斯坦 Turkestan Sagdiana（或译粟特/索格狄安那）。他世居天竺（天笃或身毒，今印度），随父移交趾（交趾今越南北部）。据梁朝高僧皎《高僧传》❶ 介绍其生平及其父因经商移居交趾，十岁父母双亡后出家。对三藏（经、律、论）悟解，并博览六经，又涉及天文、地理。振锡（锡为僧人所持拐杖）东游，先到建业（今南京），孙权召见。他对孙权说："昔日阿育王建塔八万四千座"，劝孙权皈依佛教。孙权限期七日令取得舍利子。经十一日两次延期，终求得舍利，孙权遂下令营造"建初寺"，并将建寺地名改为"佛陀里"，因得舍利子十三，孙权遂建塔、寺十三。

他于赤乌十年（247年）创建初寺及阿育王塔，成为江南首座佛教寺院。其后各地建塔、寺，促进江南佛教传播。

一五、任阳（？~349年）张渐（活动于 4 世纪上半叶）

后赵主（羯氏）石勒，334年定都邺城（今安阳北），沿用曹魏布局重建邺城。勒逝，其子石虎继位，令将作少府任阳，都水使张渐于曹魏大朝文昌殿前两侧加建东西太武殿为东西堂，堂前各建钟鼓楼；殿后两翼起东西阁，后庭"华林园"（原曹魏时"芳林园"）加建楼、观、台榭四十余处。

西晋亡后，历经两百年之战乱，洛阳衰毁，园亦废。

邺城在今河南安阳东北，漳河之南，东汉末曹操（孟德）主持兴建，故曰"曹魏邺城"（如后页图）。

自西周王城按"匠人营国，方九里，穿三门，国中必九经九纬，左祖右社，面朝后市"（《考工记》，文中所言"国"为"国都"之意）。这只是一种理想

---

❶ 梁朝慧皎著《高僧传》，唐道宣著《续高僧传》，宋赞宁著《宋高僧传》，后熊琬总辑之。

的规划，忽略了地势与环境的因素，但"左祖右社，面朝后市"的规律，多数尚遵循。

邺城的建造，打破这种清规戒律（如图）。该城东西约3000m，南北约2160m，呈横矩形，不强求对称均衡，完全结合实际环境和功能需要而规划，后赵、东魏、北齐都作为都城，至557年北周孝闵帝时被兵燹所毁，前后只存在了三百多年。

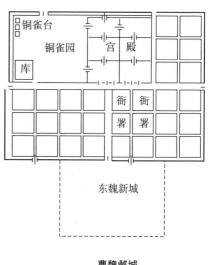

曹魏邺城

一六、桓温（永嘉六年/312～宁康元年/373）

字元子，谯国龙亢（今安徽怀远）人。父彝（字茂伦），晋代大儒、忠臣，曾任宣城太守。

桓温于东晋时先后任安西将军、征西将军、太守、刺史、大司马、南郡公加九锡，并拜南康长公主驸马都尉，出镇荆州。永和三年（347年）灭成汉，河南诸州来降。永和五年（349年）在湖北安陆夏家寨建"桓温城"作为屯兵之处。

桓温营建康，"因江左地促，故为纡余委曲，若不可测。若使阡陌条畅，刚一览无尽"。对江淮交通，亦尝施力，"迨镇南州（可能是鄂东南一带）街衢平直，一反其制"，又"其治江陵，层城丹阁，尤为壮观。"——他对地方建设可谓有所贡献，但是常谋造反。

历明帝至简文帝七朝，曾废帝奕（海西公）而立简文帝，有禅代之意。子桓玄（字敬道）灵宝间（369～404年）又废安帝自立。两人作乱达五十余年，桓玄自封楚王，建天子旌旗。刘豫、刘毅讨之，兵败伏诛。

桓温有句名言："男子不能流芳百世，亦应遗臭万年。"阴谋篡帝，未能而卒。安陆夏家寨"桓温城"存北段城垣遗迹。

一七、谢万（咸和二年/327～太乙十三年/388）

字万石、石奴。陈郡阳夏（今河南太康）人，谢安（安石）弟。曾随谢安参加淝水之战。

东晋孝武帝时（373～396年）任散骑常侍、尚书。封南康郡公。

主持大修建业（今南京）宫殿、内外殿宇3500间。太元三年（378年），"营筑新宫太极殿，广十丈，长二十七丈，高八丈"。大匠毛安之共董其事。工成，爵关内侯，毛安之赐关中侯。

一八、道安（？~太元十年/385）

东晋孝武帝（373~396 年在位）时人，俗姓卫，山西常山人，士族出身，貌丑资聪，幼父母双亡，由外兄孔氏抚养。为避后赵、前燕及冉闵之乱，南投襄阳，后到长安任五重寺主持。

他始创法堂制度，即寺院之总平面设计：凡"三宝"寺院，需佛、法、僧，三者俱全——"佛"为塔，以供聚会；"法"为殿，以供礼佛；"僧"为院，以供修行。在中轴线上依次立塔、殿（佛）堂，两旁为僧舍。当时寺院以塔为主，将塔置于侧边或后面，是后来的事了。

东汉明帝刘庄（58~76 年在位）时遣郎中蔡愔，中郎将秦景等一行出使天竺拜求佛、经、法，在大月氏国遇天竺高僧摄摩腾及竺法兰，迎佛经、佛像并两僧同返，是谓"永平求法"，遂在洛阳建"祖庭"（或"释源"）白马寺［永平十一年（68 年）］。遂后其他寺院多以白马为名。

晋时长安亦有白马寺，他于任内嫌当时的白马寺狭窄，另建新寺叫"檀溪"，成五层佛塔及僧房四百余间，又建"明东寺"。

他摆脱当时佛学对玄学之依附关系，成为佛学哲学独立传播的倡导人。

僧侣以释氏冠姓，倡自道安。

一九、谢灵运（太乙十年/385~元嘉十年/433）

字康乐，客儿，陈郡阳夏人，移籍会稽（今绍兴）。谢安侄谢玄之孙，袭康乐公。与族弟谢惠运，时人称之为大、小谢。

少博学，工书画、诗文，纵横俊发，性奢侈，车服鲜丽，多改旧制。

初为永嘉太守，不理政务，免归。隐会稽东山，又在始宁建别业。后任临川内史，仍放浪。徙广州，后有言其谋叛，处斩。

建别墅于上虞，山水池石，作《山居赋》描述当时庄园制度。其依山傍水，集天然同人工之别业园林，为后世先例。又开山水写实派诗之先河。

其祖谢玄于东阳江曲建桐亭楼。

作为东晋之王、谢望族，苟安江南，不忘逃避现实于山水园林。如谢安："于土山营墅，楼馆林竹甚盛。"又依地形地势建景。《山居赋》中有"西南岭，建经台；倚北阜，筑讲堂；倚危峰，至禅室"等句。

二〇、乐僔/乐樽（活动于 4 世纪中叶）

敦煌于西汉元鼎六年（前 111 年）置郡。晋太和元年/前秦建元二年/366

年（另一说为永和九年/353年）由僧人乐僔发起始建鸣沙山千佛洞莫高窟。他靠化缘所得，请来工人开凿，后来佛教徒纷纷响应，捐助或直接参与施工。

延至元代，前后约千年。沿鸣沙山峭壁，石窟不断增加，分布于三区：①安西县南，万佛峡之榆林窟；②敦煌市东南千佛洞莫高窟；③敦煌市西南之西千佛洞。现存洞数说法不一，计有464、476、570而至750窟不等。大者高40m，宽30m（最高者于北魏时开）。敦煌石窟之开凿为我国最早，由于石质较松散，故在原型上再泥塑涂彩。彩塑佛像2400～3000尊，大者高30m。但壁画很多，总面积约45000m²。唐宋又有木构五座。近代渐被荒废。道光间，莫高窟被道士占住。1900年（光绪二十六年庚子）夏季，道士王圆箓欲将它改为道教名山，他在清除16（或17）号石窟积沙时，偶然打开了夹壁，发现一复室。内竟藏各朝经卷文书，由于敦煌地方干燥，文物基本完好。据专家分析，之所以密藏是为避西夏党项人而封存。

清政府对此事竟憒然不知，但帝国主义国家却风闻而至：

（1）俄国奥勃鲁切夫于1905年以少量商品骗去大量文书经卷；1911年鄂登堡率团盗走一批文物；1921年白俄又造成破坏。

（2）英国斯坦因Stein（1862～1943年）带同民族败类蒋孝琬于1907年以500两白银骗走9000多件文物，共29箱，1914年又劫去600多卷。

（3）法国伯希和Pelliot（1878～1945年）于1908年起，先后以低价骗走6000多卷，1914年又570卷。

（4）日本橘瑞超、吉川山一郎在王手中骗走500多卷（1911年）。

（5）1924美国华尔纳Warner用胶布粘走壁画26方及塑像，次年再来时遭当地人反对而未得逞。

（6）英国巴慎思于1935年拟盗文物被发现未成。

事情渐被当地政府知闻，王道士遂将文物当作礼品贿赂地方官员，而当时的北京政府仍蒙在鼓里，直至他们在北京公开展出，至此国人才普遍知悉。

由于愚昧、无知和贪婪，王道士被大批地骗走千年古物，更可恼的是上、下官员私吞及糟蹋了不少瑰宝。当清政府下令将余留古物运北京时，途中又被李盛铎窃取部分，抵北京剩下不及9000卷，估计流散于各国者在4万卷以上。

研究敦煌壁画自1938年由李丁陇开始临摹。1941年张大千（1899～1983/1984年）钻研了三年，1944年敦煌艺术研究所成立。所长为常书鸿（1905～?），其后国人继续文物艺术工作，成为敦煌学。于右任（1879～1964年）更大力支持，提出建立敦煌艺术学院。

二一、昙翼（？～太元十年/385）

东晋时河北高邑人，俗姓姚，羌人，寿八十二。

拜道安为师，随师适襄阳。

后任荆州（江陵）长沙寺住持，为寺大事建设。

伐君山（湘山、洞庭山，古称偏山）木为材料"营门、庑、廊、院约万间"，又"构大殿三十间，通梁五十尺，栾栌（即斗栱）重叠，为一时之冠"，"自晋至唐，曾无亏损"。

二二、李冲（活动于 5~6 世纪间）

据《魏书》仆射（元代以前武官，相当于丞相位）李冲"但理文部，兼营匠制，经营平城（今大同）之各坛庙"。太和十七年（493 年）北魏孝文帝迁都洛阳。"郊兆堂寝之营建，均策划操持。"

二三、蒋少游（正平一年/451~景明二年/501）

青州乐安郡博昌（今山东博兴）人。少时，青州本属刘（裕）宋，败于北魏后，他家成为"平齐户"，被迫北徙，流落到代京平城（今大同），以佣书为业，不幸中之大幸，其才华被大臣高允看中，留在代京，后来更被李冲挑选入宫廷，干绘画、雕刻、室内陈设等工作，"以规矩刻绘为务"。《水经注》中提到他和彭城张僧达同绘古来忠臣烈士壁画于魏帝处理政务的皇信堂内。

太和十四年（490 年），孝文帝即有意迁都洛阳，重建前因"永嘉之乱"[永嘉五年（311 年）石勒陷洛阳]后衰落的旧城，任蒋为副使作具体制定图样方案，遂随同正使李彪（道固）南下建康作实地考察。将对南齐京师之宫殿样式绘图以归。"虏宫室制度，皆从其出"。

太和十五年（419 年），孝文帝拟将原建于刘宋大明二年（458 年）的太极殿改建，以取代平城之太华殿。次年初拆太华殿，到十月太极殿即竣工，进度快速。蒋少游善于观察总结和大胆创作，尽显其才华和胆识。

太和十七年（493 年）迁都，洛阳宫殿苑囿均委诸蒋规划设计，形制保持汉式东、西堂及朝廷礼仪，而创造利用城垣作高台建筑基础办法。凡工程均先造模型观察再实践。

洛阳城南北长 1400m，东西宽 600m（一说南北九里，东西六里，称"九六城"），置三重城垣，城内通衢宽直。对后世长安城、洛阳城有深远影响。

据《洛阳伽蓝记》载，高祖令在金镛城内建光极殿，因名金镛城，门为光极门，"重楼飞阁，从地望之如云也"。景明三年（502 年）由王遇❶（庆时）完成。

---

❶ 王遇，冯翊（今大荔）羌人，北魏孝文帝（471~499 年在位）时华川刺史。凡陵、庙、殿、庭皆其监作，虽年耆老，朝夕不倦。

又经营"华林园",华美奇巧,著称于时。

蒋累功,位将作大匠,任太常少卿,及都水使者(造船),又龙骧将军、青州刺史。

连年积劳,以50岁壮年辞世,《魏书》记其事迹,作为一个建筑工作者,而列入史书,在我国尚属首次。

二四、昙曜(活动于5世纪中叶)

北魏太武帝(424~451年在位)听崔浩(伯渊)之言灭法。文成帝(452~465年在位)登位,恢复佛法,460年令住持昙曜奏准凿窟筑寺于京城西武州塞(塞亦名武周山、武州山、灵岩),石窟寺世称云冈石窟。

《魏书——释老志》:"沙门昙曜白帝于京城西武州塞凿石壁开窟五所,镌建佛像各一,高者七十尺,次六十尺。雕饰奇伟,冠于一世。"

当时所开五窟(今第16~20窟)是谓"昙曜五窟"。窟内五像为北魏开国初五帝,表面上弘法,其实是为先帝歌功颂德。

《清一统志》引通志云:"石窟十寺,元魏始建,历百年而工始完,内有元载所修石佛十二龛。"

计先后开凿53窟,共212龛,51000余像。

石像受犍陀罗雕刻影响。犍陀罗雕刻融佛教、希腊及波斯艺术于一炉。有艺术家推想,平城之艺术由敦煌传入,经一番变化又回传敦煌。

云冈石窟,唐时尝名云岩寺,其后名不彰,其地亦实难指。直至清季复由考古学家发现证实。

二五、慧成(活动于5世纪下半叶)

慧成为北魏拓跋氏宗室,出家为比丘。

孝文帝太和十二年(488年)慧成为父祈福,在洛阳东南龙门山始凿古阳洞石窟,龙门山被南北流的伊水辟为对峙的山口,状如帝阙,故又名"伊阙。"

太和十七/十八年(493/494年)孝文帝由平城(今大同)迁都洛阳,改拓跋氏为元氏,并带来石窟寺之风。自始经历四百余年,至北宋已凿1352窟756龛(其中以唐代最多),又塔四十余,佛像逾十万尊。除古阳洞外,著名者先后有:

宾阳中洞(宝武帝景明元年/500年);

莲花洞(北魏晚期);

潜溪寺(斋祓堂)唐初开凿;

奉先寺(上元二年/675年完成)规模最大,艺术精美而具代表性;

万佛洞（完成于永隆元年/680 年）南北壁共 15000 尊小佛；

东山看经寺（武则天时）。

其中奉先寺为全国最大龛，佛像高达 17.14m。而中国的艺术化更浓，姿态由雄健可畏转为和蔼可亲。

房屋建筑之细部，出现于窟龛中有庑殿及歇山屋顶、简单的斗栱等。石窟还保存题记和碑刻三千六百多，其中"龙门二十品"，书法更是魏碑中的精华。宾阳洞由智颙（531/中兴元年～597/开皇十七年）及白整、王质、刘腾等人先后花费了 18 年时间，动用 80 万人次完成，国力因此耗尽，导致衰亡。

二六、茹皓（活动于 5～6 世纪间）

生平不详，曾任骁骑将军，"性工巧，多所兴立"。

洛阳城中之芳林园，源自东汉。北魏明元帝时（409～423 年），于其中起土丘，筑陂池。后因避魏齐王曹芳讳，改名为华林园。据记载，茹皓"为山于天渊池西，采北邙及南山佳石，徙汝颍竹荗莳其间，经构楼馆，列于上下，树草栽木，颇有野趣"。上赏大悦，晋升冠军将军。

为追求野趣由仿山水转为写实再现山水；由欣赏奇花异木转为种草栽树，而建筑物结合山水、上下排列——山水、植物和建筑物相互结合，而组成山水园。

这种自然主义的造园术，早于西方。

二七、綦母怀文（活动于 5 世纪末～6 世纪中叶）

籍贯及生卒年份不详。

东魏、北齐人，曾任信州刺史。善冶金，创灌钢法——熔生铁再浇灌到熟铁上，使碳渗入熟铁，如此反复而成宿铁，即钢。又创用宿铁制刀具后以畜尿和油脂淬火，使刃坚利，并会烁丹及占卜术。

"凡营缮宫室、造作器械，莫不关预。"见《北史》。

熙平元年（516 年）董修洛阳皇室寺院"永宁寺"。按印度布局，以塔为主，置于寺前中心位置。佛殿形制如宫城，寺院僧房楼观千余间，四周围墙计三百余丈。永宁寺为孝明帝（516～528 年在位）之母所建。

二八、郭安兴（活动于 6 世纪上半叶）

豫州人，机巧。北魏殿中将军（八品上阶）。

《魏书——术艺传》记载：熙平元年（516 年）建永宁寺塔，正方形楼阁式木构，内外五层环绕，塔高九十丈（？）。一说四十九丈，约合 144.55m。

《洛阳伽蓝记》称:"举高九十丈,有刹复高十丈,合去地千尺,京师百里已遥见之。"柳俭、关文备参与。塔由皇太后胡氏"灵太后"授意而建。一说塔九层。

这座空前的浮图,由于木构,只屹立了18年。永熙三年(534年)因火烧,同北魏国祚一起湮灭。佛寺亦渐荒废,经发掘仅得柱础遗迹。

此塔之前,塔不能登临。自始开端,太后率百官攀上远眺,"视宫内如掌中,临京师若家庭",实开世界摩天楼最早实例。

二九、冯亮(活动于6世纪上半叶)

北魏宣武帝(505~515年在位)时,帝在登封西北嵩山建闲居作为离宫之用,事见《说嵩》。

据《魏书——逸士传》及《北史》记载:冯亮"酷爱山水,又兼工思,造闲居佛寺,林泉既奇,营制又美。曲尽山居之妙,外观既刚健又秀丽。"

隋仁寿二年(602年)闲居寺改名为嵩岳寺(又名大塔寺)。寺塔则建于北魏孝明帝元诩正光四年(523年),高40m,外观15层,12边(属孤例),为现存年代最早密檐砖塔。

三〇、杨衒之(活动于6世纪上半叶)

唐代史家刘知几(子玄)作羊衒之。

北平(今河北满城)人。

东魏抚军府司马、期城郡太守、秘书监。

自北魏孝文帝太和十七年(493年)迁都洛阳,将自西晋亡(313年)后180年战乱的废圩复兴,其间佛刹甲天下。但仅41年,至永熙三年(534年)北魏分裂,即衰败。武定五年(547年)杨衒之过洛阳,见永熙乱后废圩,感怀兴废。因捃拾旧闻,追叙故迹,录成《洛阳伽蓝记》五篇。把沉陷的光辉用纸笔留存下来。书中以城内及四门之外分为五篇,主要记载洛阳佛寺诸事:城内外主要名刹及郊外诸寺,从1367座中选述了65寺,其中对永宁寺、千尺佛塔更有详尽记载,同时更叙述北魏史事、宫殿民居、市廛建制,凡殿堂宫宇园林的形制、规模和盛衰兴废均涉及,反映当时政治、经济、社会风俗,文词秾丽秀逸,所述变乱之迹,足与史传参证。

论者认为书的内容兼具地学之真,史学之善和文学之美。

三一、李业兴(活动于6世纪上半叶)

北魏于534年分裂为东魏和西魏,是年东魏天平元年(534年)迁都邺城

（今临漳），营建宫殿，将作大匠李业兴董其事。

他接受任务后，先查考图籍和记录，区别是非，对照古今形制，再决定适时合宜的方案，然后着画工具造新图，申奏取定。他将宫城置于全城中轴线上，由端门起，阊阖门两旁双观阙。在太极殿旁设东、西堂；昭阳殿旁设东、西阁；更于主要宫殿两侧并列含元、凉风两组宫殿。这些都是参照周、汉代时制度而定。当时为了取得用料，将北魏原洛阳宫殿的木料拆运至邺城使用。

三二、高隆之（活动于6世纪中叶）

据《北齐书》，营构大将军高隆之（字延兴）任营造，京邑制造莫不由之。

坛筑南城，周回二十五里。因为漳水近于帝城，遂起长堤以防泛滥水患。又凿渠引漳水周流城郭。又说他性巧，"善于制作公家羽仪，百戏服制"。

三三、崔士顺（活动于6世纪中叶）

博陵人。父崔昂。

北齐武成帝（561～564年在位）时黄门侍郎、太府卿。

《北史》载：将洛阳"华林苑"（5世纪由茹皓策划）改营为"仙都苑"。清代顾炎武（1613～1682年）在《历代帝王宅京记》有详尽记述："封土像五岳，分流为四渎❶、四海，汇成大地。"这无异于今日的"袖珍世界"。于海中五岳各有楼观堂殿其中；四海中亦有宫殿洲浦；大海中可行舟廿五里"。记中进一步描述："其最知名的则为北岳之飞鸾殿（十六间），北海之密知堂（廿四架），以大船泛之以水。""船三层内七乐工，七僧及菩萨卫士"，"皆能运转，往来交错，终日不绝，奇巧机妙，自古罕有"——当时机械技术程度已极为先进。但只昙花一现，"北周平北齐之后，皆废毁焉"。

三四、慧达（约梁普通五年/524～大业六年/601）

俗性王，年八十七。

陈、隋际（557～618年）修金陵诸寺三百余间。

所经鄱阳、豫章诸郡造禅宇灵塔，其数非一。

仁寿中（601～604年）建扬州白塔寺木浮图（七层）。

晚为庐山西林寺造重阁七所。

三五、智𫖮/智者（大同四年/538～开皇十七年/597）

俗名陈德安，颍川（今许昌）人。

---

❶ 江、河、济、淮谓之四渎。

法号智𫖮，18岁入相州（安阳）果愿寺，后在大苏山，南京瓦官寺修行。

曾为陈后主叔宝说教，隋炀帝杨广拜为师，并赐名智者。

592年在湖北荆门东山宝塔，陈太建七年（575年）到浙江天台，隋开皇十七年（597年）创天台宗。在天台山建国清寺（大业间赐名原称真觉寺，智者塔院，），为天台宗（又名法华宗，以法华经为根本）祖庭，有16座殿堂楼亭。智者居天台山二十二年，著《法华疏》、《修禅法》、《至佛道品》等。

天台山顶尚有福林寺，麓有修禅寺，有"一行到此水西流"奇景。

天台宗于唐贞元二十年（804年）传入日本，最澄（767~822年）来唐学教义，回国后在比叡山创日本天台宗，建寺亦称国清寺。

三六、杨素（兴和四年/542~大业二年/606）

字处道、虚道。华阴人。

开皇间助隋文帝杨坚定天下，为信州总管，封越国公，任尚书令，功高位崇而贪冒财货，为时所鄙。后助晋王杨广夺太子位，然恃功骄横，杨广隋炀帝忌之，改封楚公，旋卒，谥景武。

性智诈，善文。山陵制度多出其手。造大舰五层，高百余尺，左右前后六拍岸，能容八百人。大业元年（605年）复与宇文恺、杨达营建东京，监管仁寿宫，夷山堙谷，颇饰绮丽，但大损人丁。

三七、住力（大同八年/542~武德六年/623）

俗性褚，豫阳翟县人。

陈宣帝（569~582年）时营建康（今南京）秦皇寺，敕力董理。

陈亡，徙江都长乐寺。

隋开皇十三年（593年）建五层塔，"伐木豫章，构高阁夹楼"，大业四年（608年）增建僧房、廊庑，厨仓，"制置华绝，力异神工"。

三八、宇文恺（西魏恭帝二年/555~大业八年/612）

字安乐，祖籍朔方夏州（今鄂尔多斯市一带）人，后徙长安。

出身鲜卑贵族，武臣世家，北周宇文贵之子，杞国公宇文忻之弟。功臣之后，封双泉伯，安平郡公。

多才艺，善巧思，擅城市规则。20岁即任营建官员北周匠师中大夫，掌城郭宫室之制。隋开国历任营缮寺副监、将作少监、将作大匠、工部尚书（608年）等职，又太子左庶子。

文帝初立，即令营建宗庙（581年/开皇元年），遂受命规划建新都大兴城

（今西安），任营新都副监（正职由左仆射高颎领虚衔，他是实际领导者）。原汉惠帝元年（公元前194年）阳城延主修时，大兴城只占地9.73km²，城高3.5丈，十二门，开皇二年（582年）六月诏令扩展，十月又令拆除北周旧宫。至次年三月，主要建筑已竣，可投入使用，前后不足十个月，一座新城已成。堪称世界城市建筑史上一大奇迹。新城8.6km×9.7km，总面积84km²，比原汉代城大8.6倍。全城由郭城（罗城）、皇城（子城）和宫城三重组成，南北十一大街，东西十四大街，街道宽度由25m至220m，成棋盘状，分成108个里坊，按功能分区，自成系统。另东、西市四处，市近民居，改变了周代时面朝背市的传统。都城位于龙首原上，三面水，一面山，开挖龙首、永安、清明三渠，既供水，又增景观（见于宋敏求《长安志》）。至于外郭城，于他逝后，大业九年（613年）开始。

开皇四年（584年）和郭衍督开广通渠（又称富民渠）三百余里以通漕运，引渭水经大兴、潼关而入黄河，渠成，水运农业大获其利，遂提升为莱州刺史。

但此时竟出现变故，事缘于他的次兄图谋叛乱，被处死刑，株连他亦要处死，幸好丞相杨素篡权，欲利用他，飞传赦令，逃却死罪，但也失掉信任。

时过境迁，开皇十三年（593年），文帝令他于岐州建仁寿宫于山峦中，又经杨素荐举他为检校将作大匠。历时两年多，完成后，受赞赏，才官复原职。同年，文帝欲恢复古制明堂，又为仁寿寺加建舍利塔，他以1:100的比例，先做出模型呈帝定夺——在古文献中提到按比例及以模型表达设计意图的事迹，还属首次。

大业元年（605年）杨素带同宇文恺、杨达，还有封德彝❶、牛弧一起营建东都（东京即今洛阳），为求经济实际效益和减小城市用地，规划放弃了对称布局，依地形沿洛水两岸布置，再以四架桥梁连成一体，并开通（御河）通济渠（先前于开皇七年已由梁睿于河阴筑有汴口堰，故又有"梁公堰"之称）。使由黄河经大运河引淮、济水（东周前黄河之正流）直达长江。规划汲取了曹魏，北齐时西邺城和北魏洛阳的优点，同时增加了防卫系统和修建粮食仓库工程。这些由三月开工，到次年正月，只用了十个月的时间便完成了。其时，除了官衙、宗庙外，还有隋文帝和独孤后陵。

大业三年（607年），文帝又令修长城，北巡至榆林，着恺制能容数千人之大帐。他在营造宫室殿堂而至草原帐篷方面，都是专家。帐成，使"诸胡骇悦"。

他还修复鲁班故道及开凿芙蓉池（秦之陧州，唐之曲江池）。

---

❶ 封德彝（578~627年）为人奸佞。归唐后，太子初以为忠，后被揭发，夺其食封。

对于他，还有许多传说：①建木构宫殿"观风移殿"能组合移动，下设轮轴，可拆可装，容数百人；②观文殿内书房，踏门前机关，门上两仙鹤上升，收起锦帐，门随打开。

他的著作有《东都图记》20 卷、《释疑》1 卷、《明堂图议》2 卷（设计方案和依据，仅部分《明堂仪表》留存）。

三九、何稠（活动于 6~7 世纪间）

西域人，字桂林，父何通（斲玉）。

历北周、隋、唐三朝，任御饰下士，参军兼营细作署都督、太府丞、御府丞。隋亡后归唐，授少府监而卒。

隋炀帝东征高丽时，随行，过运河，本由宇文恺造船，但时间紧促，改由何稠于河上造浮桥，两天完成，又于军中制"行殿"，巨大而豪华，令高丽人惊其神功。

造"六合城"，"周回八里，城与女垣合高十仞（一仞约七八尺，十仞逾20m），四隅置阙，面别一观，观下三门，迟明而毕"—— 一个晚上就完成了。

又建文献皇后陵。

此外还长于手艺："造失传之琉璃，匠人无敢措意，稠以缘瓷为之，与真无异。"、"波斯金绵饰炮，尤胜原献"。

四〇、苏我马子 Saga Umako（约 6 世纪中~626 年）

日本家族首领，推古女皇为其甥舅女。子虾夷，孙人鹿均残暴篡位。

推古女皇二十年（613 年）从朝鲜学到中国之造园法，遂于 625 年在飞鸟河他家中建成第一所中国式庭园。池中筑岛，架设"吴桥"，人们称他为"岛大臣"（日人称中国式桥梁为吴桥）。

他倡佛教，自造山庙供奉。又邀请唐僧、中国学者、艺术家、手工艺人到日本传播文化，并仿效中国制度，整顿政府。

当时，日本造园已成风气，并出现庭师，称为"路子工"。

四一、圣德太子 Shotoku Taishi（574~622 年）

飞鸟时代苏我氏厩户皇子，丰聪（八）耳皇子。用明天皇之子。

5 世纪中叶，日本开始进入封建社会时代，中国封建典章制度文化和佛教被引入、吸收和流传。

592 年推古天皇即位，次年他任摄政，致力改革。在政治、经济、文化各方面进行发展。建道路网，兴建水利，采用中国历法，又开办福利。崇信儒佛，五次派遣隋使到中国学习（其中，607年派小野妹子遣隋），定佛教为国教，他并亲自讲经，撰经，促成645年孝德天皇的大化革新。

6世纪末，中国佛教建筑技术经朝鲜工匠间接传入日本，初仿中、朝式，后逐渐演化为：和样、唐样和天竺样并存，这是后话。

607～623（？）年，在他敕令下，兴建奈良法隆寺（位于斑鸠町，故又名斑鸠寺），寺取法于唐，但仍保留日本传统。由南大门进入后，分东、西二院，以西院为主，历中门、回厅、金堂（相当于我国的大雄宝殿）、五重塔、三经院、大讲堂、中楼而至经藏——采取百济的七堂形式，而金堂在右，塔为中心在左，又以间廊区分佛界和俗界，五重塔高32.5m，刹占1/3，有中心柱。此种型制异于我国当时佛教建筑具佛、法、僧三部分，而以塔代表佛居中，后代才逐渐以殿代表"法"居中。法隆寺为世上现存最古木构，花纹集波斯、希腊、拜占庭及印度各式。670年火毁，780年左右又重建。东院建于739年，有中宫寺等四十余座。梦殿在更东，八边形平面，为祀圣德太子而建。

圣德太子年四十八早逝，未能袭皇位。

四二、李靖（天和六年/571～贞观二十三年/649）

字药师，陕西三原人，韩擒虎之甥。

通书史，知兵法，初仕隋，后归唐。

义宁至武德时（617～626年）任桂州总管。归唐后南北征战，累建奇功。历任行军总管、刑部尚书、尚书右仆射、封代国公（后改卫国公），谥景武。

唐初经营岭南，创建桂州城（现桂林王城），平面长方形，辟丁字形干道，开东、南、西三门，置总管府为大本营。后明代靖江王朱守谦（？～洪武二十五年/1392年）于内城建府第，是谓皇城。

平定岭南，收复交州（今两广及越南大部分），至贞观八年（634年）总辖岭南十七州。贞观六年（632年）在桂林普陀山建庆林观（今不存）。

武德四至五年（621～622年）筑桂林古城，周三里十八步。明洪武八年（1275年）扩城时拆城墙，仅留南门，门楼名虚奎楼（仰高楼，俗名榕树楼），门台3.43m，台楼总高6.27m。门台至今犹存，楼为后新建。北宋至和二年（1055年），余靖❶（1000～1064年）扩展桂林外城，称静江府城。南宋时又有李曾伯❷、朱禩孙、赵与霖及胡颖先后四次扩展城壕，加固及增设军事设施，今城北鹦鹉山崖刻有咸淳年间（1265～1274年）的《静江府修筑城池图》。

---

❶ 余靖（1000～1064年），本名希古，字安道，号武溪，韶关人，官至工部尚书。与欧阳修、王素、蔡襄合称"四谏"，为官清廉。有《武溪集》。

❷ 李曾伯，字长孺（1198～？年），知静江府。

四三、（隋炀帝）杨广（太建十二年/580～武德元年/618）

一名英，小字阿摩、文帝次子，原晋王。杨素主谋，夺位为炀帝，604～617年在位。

我国开凿运河，据史记载始于楚灵王❶（前540～前529年在位），在郢都（今江陵）附近沟通长江同汉江之扬水（又称子胥渎或荆楚运河）；一说始于楚庄王（公元前613～前591年）时孙叔敖❷之期思陂（由庐江郡之芍陂至寿县之安丰塘）（约前597年），其后各国各时代都有修建，但只在各自地区作零星开凿，位于今大运河位置者，始于吴国的"百尺渎"（"百尺浦"）及"古江南河"（长60km，传为吴泰伯❸所开，故又称"太伯渎"）及其后夫差所开的"邗沟"。至秦始皇时，曾将上述两河改道，三国时期曹魏及孙吴均有建树。

杨广弑父夺位后，当务之急就是把京城迁到洛阳，建西苑，置离宫，其中西苑（会通苑）一池、三山、十六院，周百二里。另一方面，即开凿由洛阳到扬州的大运河。众所周知，他主要为了享受，同时在政治、军事方面也为了巩固南方和进一步从永济渠入侵高丽——这一着，三次进攻都铩羽而归。

当时，开拓的运河，按先后次序为：① 开皇四年的广通渠——由大兴（长安）经潼关入黄河；② 587年的山阳渎——北起山阳（淮安）同邗沟相接，从江都（扬州）入长江，改造原邗沟代以山阳渎；③ 605年的通济渠——由洛阳西苑经偃师入黄河，南过商丘、徐城于盱眙入淮，与邗沟相通。该段工程只花了一年时间；④ 608年的永济渠——引沁水经黄河由德州、天津到涿郡（今北京）；⑤ 610年的江南运河——扬州到杭州，由阳渠疏导。大运河总长约2700km，深3.05m～3.96m，在扬州茱萸湾（湾头）建码头。

运河的开通，前后经千百年的积累，杨广只不过是加工较完善而已。当时主要负责运河和长城的工程负责者是阎毗——另详阎立德章节。此外他在扬州茱萸湾修行宫（十宫）、观音山建迷楼（后人改名为"鑑楼"）。

此暴君做了十三年享乐皇帝，最后在江都宫中被人民绞死。

唐代以后对运河各段续有修整和扩新。其有贡献而知名者有：

唐代齐澣之伊娄河广济新渠、孟简（？～823年）之孟渎和泰伯渎、李素之元和塘；

---

❶ 楚灵王时之扬水，应早于伍子胥生前，称"子胥渎"，应为民间讹传。
❷ 孙叔敖，蒍氏，名敖，字孙叔，一字艾猎。又在雩娄（河南商城）兴水利。
❸ 吴泰伯姬姓，周太王古公亶父长子，周文王姬昌之伯父。为禅让避居于吴（今无锡梅村），自号"句吴"。故称为吴泰伯（吴太伯），无锡有泰伯城，伯渎巷遗迹。无锡人尊为"至德先师"。

北宋淮南转运副使乔维岳于雍熙元年984建的西河闸——运河船闸之始。后来运河船闸多达79处。

元代郭守敬（1231~1316年）之通惠河、李处巽❶之会通河、奥鲁赤之济州河；至元二十六年（1289年）才正式命名为京杭大运河。

明代宋礼和白英❷的南旺水脊。

现代之大运河已由通往洛阳之"V"字形运河改为直通杭州的纵向大运河，缩短了近千里。

四四、李春（活动于6~7世纪间）

南北朝末至隋代杰出的石匠，创造拱桥的伟大专家。隋代栾州（今河北赵县）汶河安济桥的设计者兼施工者（由李通、李膺协助建造）。

安济桥，又称赵州桥、李春桥，俗称大石桥，建于591~597年间（开皇十一年至十七年或大业一年至四年），平拱石桥，单孔长跨扁弧形，弧长37.2/37.37m，矢高7.23m，半径27.20m，矢跨比不及1/5，桥面坡度仅6.5%。总重2800吨。

在我国古代，作为匠人是无地位的，更遑论成名了。由于用偷刻名字于桥墩的办法，后世方得知原作者的姓名，但生平则付之阙如了。唐代中书令张嘉贞的《赵州桥铭文》："赵郡汶河石桥，隋匠李春之迹也。制造奇特，人不知其所以为"。其后宋代僧怀丙曾修理。

赵州桥的成就是多方面的：

（1）设计上：①采用单孔有利于航行，更避免桥墩被冲击侵蚀。②改半圆为圆弧，高跨比约1/5，使一般之桥高坡陡、施工上之不便和材料费用高昂，得以改善。③桥身两端采用敞肩方式为首创。敞肩高3.8m，跨2.8m，可减少300m³石料可减轻达700吨重量，亦即减轻重压和水平推力，同时增加16%的过水面积。

（2）施工上：①选址于两岸平直位置，且地层牢固的地方，结果下沉仅5cm。② 9m宽（两端为9.6m）的桥面，用28道纵向砌，便于移动鹰架木衬，并易于维修。③每拱收分，相互挤靠，桥身亦收分1/16。④主拱用五根铁拉杆，小拱用一根铁拉杆，使28道拱连成一气。⑤护拱石及勾石腰加固。⑥每道拱由43块石组成，衔接面凿斜纹，互相吻合以加固，五层共仅1.529m厚。⑦桥座延伸后座，以减水平移动，并沿河一侧设重刚墙，形成长后座，低桥台，以护桥基。⑧利用冬天冰冻路面运石块，减少劳动力。⑨就近采用坚实的石

---

❶ 李处巽，字文让，东平人，生于至平年间（1264~1294年）。

❷ 白英，山东汶上人，民间水利专家。

灰石。

(3) 美观上：低拱脚，浅桥基，短桥台及上向金刚墙，艺术造型优美，大小拱构成完整的画面，轻巧秀丽，还有雕刻精美的栏杆。

由于设计及施工的得当，1400多年来，历经八级以上的大地震而无损。

我国石拱桥始建于东汉中、后期，而此种单孔敞肩桥则属首创。700年后（14世纪）法国泰克河上和赛雷桥才出现单孔弧形桥（但19世纪已塌）。至于敞肩桥于17世纪才普遍流行。

赵州桥的成就，随之兴起仿效，如当地的永通桥、济美桥、崞县的普济桥。

四五、阎氏父子（活动于6世纪下半叶~7世纪中叶）

(1) 阎毗/阎昆（6世纪下半~7世纪初）

隋时曾事太子杨勇，勇被杨广夺位废配为奴。阎毗被杨广起用。

榆林盛乐人，通经史，工书画，有巧思，多技艺，精建筑。

开皇间领将作监，炀帝开运河，修长城诸役，皆总其事。一般说隋炀帝开运河实际上是阎毗开运河。尤其炀帝征辽东开凿由洛口至涿郡之水济渠，他是实际的领导者。

又营建临朔宫，修军器，设计衮冕服饰，年五十卒。

(2) 阎立德（？~咸亨四年），字让。

"早传家世"，同弟立本受其父阎毗影响，精通书画技艺，均有专长和发挥。自唐武德年间（618~626年）起，历任士曹参军、尚衣奉御、将作少匠、将作大匠、殿中丞，而工部尚书。封大安县男（后什为公）及追赠吏部尚书，并州都督，陪葬于昭陵。

营（唐高祖）献陵、（太宗）昭陵（有名的"昭陵六骏"浮雕，就是由他和立本所绘而作——其中两像被美国盗去）。

一度由于管理不善被免职。后起用恢复大匠职。

修建汤泉宫，贞观八年（644年）征高丽时，造海船五百，途中有二百里沼泽，一路筑路架桥，军队未停留，太宗大悦。又令建翠微、玉华两宫。其中玉华宫因依而建，他崇尚朴实，打破常规，以茅草为顶，仅正殿用瓦。

太宗崩，代理司空，主持安葬及营护山陵。

永徽五年（654年）率四万人修治京城、城楼及外郭。

除建筑土木工程以外，绘画及工艺均精深，为宫廷制作礼具，又为帝王制作服饰。

(3) 阎立本（活动于7世纪中后期）

唐初名画家，善古今故实人物肖像，初仕主爵郎中，总章初年（668年）

拜右相而驰誉丹青，同乃兄立德为昭陵绘"六骏图"，又将作大匠，曾代立德为工部尚书，其名作有《步辇图》、《凌烟阁廿四功臣图》、《历代帝王图》（被美国掠去）、《萧翼赚兰亭图》等。

时姜恪以战功擢左相，时人有"左相宣威沙漠，右相驰誉丹青"之誉。

四六、（吐蕃赞普）松赞干布 Srong-Brtsan-Sgam-Po（617~650年，629~650年在位）文成公主（?~680年）

贞观十五年（651年）松赞干布同文成公主及尼泊尔尺尊公主联婚后，在拉萨（当时吐蕃国都，亦称逻娑、逻些、拉撒或喇萨。"圣地"之意）西北玛布山（"红山"）上，始建布达拉宫。山最高为海拔3767.19m。融宫堡、寺院、官署、学校于一体的建筑群，成为世上海拔最高的古代宫殿。但9世纪时被兵火所毁。

经历代，尤其17世纪中达赖五世（1617~1682年）受清廷册封后在原址上大事扩建（顺治二年/1645）及后代历经增建，形成今日现状：长370m，最宽处100多m，高117m，外观13层（实为9层），面积12万 m^2，木石结构。

大昭寺（羊土幻显殿）当时作为文成公主佛堂之用，木石结构，四层，以藏式为主，兼具唐风，并掺入尼泊尔和印度特色。初时规模不大，寺址建在湖上，用山羊驮土填湖而成，故有"羊土幻显殿"之称。会昌元年（841年）藏王朗达玛灭法（比唐武宗灭法早四年先行），致大昭寺受严重破坏。11世纪由大译师帕巴西绕修复，17世纪五世达赖作大规模的扩建，占地扩大达2.5公顷，先后进行了40多年。

小昭寺原为格鲁派密宗经学院之一，由文成公主亲自主持督导藏、汉工匠建造，自然藏、汉风格兼具。寺高三层，坐西朝东，寄托了公主思念唐室故国之情。

公主远嫁，路过青海玉树县贝沟时，亲自画出佛像，率工匠于山崖上雕凿出九佛像。后金城公主（?~739年）于景龙元年（707年）出嫁路过时，见佛像暴于风吹日晒之下，心生不忍，加盖庙宇以遮护。

松赞干布还在拉萨邬都伞山建"玛茹伯宫"（九层）和在乃东县建冒珠寺（仿大昭寺）。

四七、梁孝仁（活动于7世纪中叶）

太宗贞观八年（634年）为供高宗避暑于长安东北龙首原上（当时宫城之东北角），由梁孝仁建永安宫。前临龙首渠，占地东西三里，南北五里，次年改称大明宫。内有太液池及蓬莱山。

唐高宗时（650~683 年）任司农少卿。

龙朔二年（662 年）进一步扩建蓬莱宫，由梁董营。宫分外朝内廷：外朝沿袭太极宫之三朝形制，前后分列含元殿、宣政殿、紫宸殿；内廷以太液池为中心，西设麟德殿为饮宴娱乐之所。由是长安形成：东内大明宫，南内兴庆宫及西内太极宫之鼎立布局。咸亨元年（670 年）大明宫一度改名含元宫，唐末毁于战乱。

1961 年遗址定为全国重点文物保护单位。

四八、李元婴（？~光宅元年）

唐高祖李渊第二十二子，封滕王。

永徽四年（653 年）于洪州（南昌，当时为新建县）江岗上建滕王阁。

上元二年（675 年）州牧阎伯屿重加修缮后宴于阁上，乃有王勃（649~676 年）《滕王阁序》之"……都督阎公之雅望……"

宋朝及元期改建时移至城墙上。

明初岸坍阁沉。现存章江门旧址为景泰年间（1450~1456 年）遗迹。额题"西江第一楼"，成化年间（1466~1487 年）葺治，复名滕王阁。康熙年间曾三次修理。现楼位于朝阳洲半岛北端，为 1989 年建成。

在四川阆中，他还建了滕王亭及华光楼（"阆苑第一楼"，1867 年重建）。

四九、艾比·宛葛素（活动于 7 世纪下半叶）

生平不详。他在广州建造我国第一座清真寺——怀圣寺（俗称光塔寺），在今光塔路北。寺原建已不存。仅存寺前门西的邦克楼（即光塔）是当时原物，也是我国最早，当时最大的邦克楼。

旧志谓塔高十六丈五尺（古尺较今尺稍短），加上日久下沉和土埋，现测仅得 35.75m。圆形平面，直径为 8.85m，塔身收分很大。可能是砖构，内外墁灰。塔双门，内双蹬，盘旋而上，汇于平台，同佛塔构造迥然不同。顶平台上又竖圆形小塔，顶上原为金鸡凤凰，但累被坠，后改为葫芦宝顶。寺内礼拜殿、望月楼、碑亭等均后世所建。

关于建造年代，一般认为贞观元年（607 年）。但据考证大食国使臣于永徽二年（651 年）到长安，才传入伊斯兰教。故咸亨四年（673 年）建造较为正确。康熙三十四年（1695 年）至 1935 年，曾三次重建寺内各建筑。

五〇、柳佺（活动于 7~8 世纪间）

武后时（684~704 年）将作少监。

古来国家营建大臣名称各朝代不同：秦为将作少府，汉（景帝）将作大匠，梁大匠卿，北齐将作寺，隋、唐、宋将作监，元之将作院，则担任金玉织造，明代以后废除，清代分设算房及样房，隶工部或内务府管辖，遇重大工程由御前大臣或内务府大臣统筹。

武后光宅元年（684年）改将作监为营缮监，总揽宗庙路寝宫室土木之工，但神龙初年（705年）仍复旧。

柳俭督建三阳宫，三个月就完成，"台观壮丽"。

五一、杨务廉（活动于8世纪初）

河东（即山西省）人，唐中宗时（105~709年）将作少监。"素以工巧见用"。

为长宁公主营第于东、西两京（洛阳及长安），其中东都的府第"累石为山，浚土为池，旁构三重之楼以凭现"。以功擢将作大匠。但是因为侈靡，左迁陵州刺史，被降了职。

又传作木偶"能动能声"——他刻木作僧"手执椀行乞，钱满作声"，云："布施"。

五二、张说（干封二年/667~开元十八年/730）

字通济，悦之。洛阳人。

中书令，赐燕国公。武后至玄宗时，朝廷中大述作悉出于他和许国公苏颋（咸亨元年/670~开元十五年/727）之手，时称"燕许大手笔"。著《张燕山集》。

开元四年（716年）张说守岳州时，于鲁肃当年之阅兵台原址上建"岳阳楼"（一说是将原西门城楼扩建），初名"南楼"。宋庆历年间（1041~1048年）滕子京（宗谅）重建。

楼因范仲淹《岳阳楼记》"先天下之忧而忧，……"而名。

五三、刘玄望、张策（活动于8世纪上半叶）

始建于贞观五年（631年）之北京房山县石经山之云居寺，于对日抗战时受损，现仅留下石塔十余座，它们分别建于景云年间至开元年间（710~755年）。各塔方形平面，仿木构，高度仅3m左右。于石径山顶之九层塔刻有营造者刘玄望及工匠张策等人之姓名。

五四、寂护（锡瓦措 Sāntiraksita）、莲华生（贝玛琼涅 Padmasambhava）（活动于 8 世纪下半叶）

两人均为印度人。莲华生为乌苌国王子。

寂护先到西藏（当时为吐蕃）传播佛教。适逢疫病发生，被当地之苯教（钵教）徒诬陷为祸首而排斥，一度逃至尼泊尔。事息后折返，同莲华生一同弘法。

他们将密宗的教义同苯教的一些教义巧妙结合，成为藏传佛教——喇嘛教。寂护任住持 15 年，802 年莲华生返故土。

赤松赞普（742~797 年）迎两人到山南扎囊县建桑耶寺 bsam-yas（桑鸢寺或三摩耶寺），由莲华生定址，以印度婆罗王朝在摩揭陀的乌达波寺为蓝本，以大千世界布局，中建乌孜大殿为主体，四周为四大洲（分别以绿、红、白、黑为主色），又八小洲。大殿有四塔，寺内佛、法、僧俱全❶。

五五、鉴真（垂拱四年/688~广德元年/763 或广德二年/764）

俗姓淳于，扬州江都人。

14 岁出家于太云寺，并在悲田院学习医药。18 岁后到洛阳、长安研佛法。开元三年（715 年）回江阴，成为大明寺的大师。由于学识渊博，而名扬江淮，又整修破庙，砌造宝塔，主持悲田院兴办福利事业。开元二十一年（733 年）日本第九次遣唐使来华修习。得知鉴真，恳请他赴日传戒，遂于天宝元年（742 年）筹备过海，次年开始东渡。但连遭风浪，几经周折，险境迭生，前后五次均告失败。尤其第五次竟漂流到海南岛，在广西逗留了一年后转到广州，不幸因为南方暑热得眼疾，到韶州后双目失明。直至天宝十一年（752 年）终于在九州岛登陆，后被请到平城京并安置在东大寺。

757 年日本天皇在奈良赐址 100 公顷，让他修造寺院。他亲自规划设计唐招提寺，759 年奠基。包括戒坛院，大殿"金堂"（相当于我国的大雄宝殿）、讲堂、东塔等，完全按照唐式制度山西殿堂式建筑布局。其中金堂宽七间，深四问，主次递减，平面尺寸约 28.18m×16.81m，带前廊，庑殿顶。当时由徒弟如宝（中亚布哈拉人）具体负责执行，工匠全由中国带去。金堂至今犹在，历千多年风雨及地震仍屹立。

据传说京都的壬生寺亦是他所创建（近代重建）。

其后日本的寺院庭园文化均仿唐。

---

❶ 印度佛寺包括三部分：佛——塔，为主体；法——大殿，供人膜拜；僧——僧人诵经处。

他虽失明，但熟记经典，除了佛教和建筑方面，他还把雕塑、医药、文学、语言、书法、印刷传授日本人，甚至涉及榨糖、制豆腐、酱油和缝纫等。现存日本他的坐像即用干漆塑造佛像法（"夹纻法"）制作。

日本天皇授予他"传灯大法师"称号。在民间则有"唐大和尚"、"过海大师"之称，且成为律宗初祖，并建御影堂以纪念他。

著有《釜上人秘方》，又被誉为日本"医术之祖"。

1973年在扬州平山堂原址建鉴真纪念堂。

五六、王维（圣历二年/699～乾元二年/759）

其生卒年份另一说为长安元年（701年）～上元二年（761年）。

王维（摩诘）太原祁人。因曾任右丞，有"右丞"之称。生平奉佛，号"佛经中居士"，素服长斋。

幼即能诗，工诗善画，诗画双绝，苏轼言其"诗中有画，画中有诗"。创山水画之南派，有别于李思训之北宗。因通晓音律，善琵琶，曾任太乐丞。

开元进士，历任左补阙、右拾遗、监察御史、给事中，至尚书右丞。曾被贬荆州、济州。安禄山乱被囚禁，不就而服药下痢。两京收复后被囚，幸存有《凝碧池》一诗可剖白，后蒙特宥免罪，授太子中允。

40岁后亦官亦隐，居于蓝田。蓝田位于长安东南约35km，宋之问（656～712年）曾在此筑"蓝田别墅"，但已荒废。原址位于广袤之山谷，具天然湖山树林，其中竹、柳、木兰、宫槐、茱萸、辛夷各放异彩。王维利用山谷中的地形地物，布置亭馆宇屋，更有鹿寨，成为"辋川别业"。是一片以天然景观为主的依山沿湖的园林。有景点十余处，与宫苑迥然不同，有《辋川集》记其详，并绘《辋川集》（已佚，存后人摹本）。存诗二十首及至友裴迪（716～?）的和诗，众所周知的《鹿寨》、《竹里馆》等。还有几首散章，另见于《山中与裴秀才书》及裴迪绝句中。他以田园山水诗筑山水田园居。其《山水论》为山水画专著，随山水画从写实到写意，提出"移天缩地"、"小中见大"的论点。将画中的两度空间的手法，运用到创造三度空间的自然山水园中。其"移天缩地"和"小中见大"的论点，对后世造园垒山的手法有深远的影响。

五七、王铁（活动于8世纪中叶）

天宝间（742～755年）任中御史大夫，户部侍郎兼京兆尹。

后因罪赐死。发现他敛财营建"具官簿铁太平坊宅，数日不能编"。又独出心裁，奢淫无度，"宅内有自雨亭，疏泉激溜，子檐上飞流四注，当夏当之，凜若深秋"，又"宝钿井栏，不知其价"。

五八、元结（开元七年/719 或开元十一年/723～大历七年/772）

元结又名次山、元子、漫叟、猗犴子、漫郎、聱叟。

中唐诗人。著《元次山集》、《箧中集》。在现广西容县任容管经略使时，在县城东门外建经略台，以作操练及观赏之用。台面临北流江。据测现状，长约 50m，宽约 15m，台高约 4m。

万历元年（1573 年）在台偏北建立的真武阁。阁高三层，约 13.2m，穿斗式构架，歇山顶。令人惊讶的是贯穿二、三层的金柱，柱脚全部悬空，离开二层楼高约 5～25mm。是有意或无意造成如此奇迹，至今尚未得到定论。但这样特殊的杠杆结构形式，绝无仅有。同时全楼阁由大小格木三千余条构成，串联吻合，亦属奇迹，不知何人所建。

1982 年已被定为国家文化遗产保护。

五九、最澄 Saicho（767～821/822 年）

日本天台宗（日莲宗）祖师，宣扬密教。同始创真言宗的空海（弘法大师）齐名于当时的日本。

到浙江天台国清寺、临海龙兴寺及长安青龙寺求法。回日后在京都的洛北比叡山建天台宗总本山延圣寺（东塔）——即根本中堂，亦称国清寺。又在洛北大原创三千院，有聚碧园和有清园，并亲自塑造一尊如来佛像。后共发展两百多座伽蓝。包括东塔、西塔（释迦堂）。织田信长时遭破坏，丰臣及德川时重建。现只存东塔。

805 年桓武天皇（737～826 年在位）奉最澄为祖师之愿望，在洛东创长乐寺。

著《山家学生式》及《显戒论》。

六〇、白居易（大历七年/772～会昌六年/846）

号乐天，香山居士，太原人，迁下邽（现陕西渭南）。

元和进士（806～820 年），任县尉、翰林学士、左拾遗。因指陈时弊，贬太子左赞善，后更被降为江州司马、杭州刺史、苏州刺史。后回京任刑部侍郎至尚书。

晚年居洛阳龙门东之岳山，亦官亦隐，自譬为"中隐"，有《中隐》诗。

元和十二年（817 年）在面对香炉峰的山北遗爱寺之南，建庐山草堂。在《白香山集》内有《草堂记》述其在江州（今九江）建草堂的过程。

其对住宅功能及内外空间的环境设计有独到的心得：①选址——"面峰腋

寺，仰观山，俯听泉，浮云清风，茂林修竹"——以借景借声。②形式——"三间两柱二室四庑，广袤丰杀，一称心力"，而木不加丹，墙不加白。"砌阶用石，幂窗用纸，竹帘纻帏，率称是焉。"——完全是山区民居的构造。③同环境的配合——利用平台、方池及山竹野卉，古松老杉及池中莲、鲤构成四时咸宜的立体空间。④利用天然条件达冬暖夏凉的效果——"洞北户，来阴风，防徂暑也，敞南甍，纳阳日，虞祁寒也"。⑤利用天然条件，创造洪椿晓雨——传统造园一向注重理水，利用泉水改善小气候，不但可烹燀，观飞瀑，更可听"夜中如环佩琴声"、"剖竹架空，引崖上泉，脉分线悬，自檐注砌，垒垒如贯珠，霏微如雨露，滴沥飘洒，随风追去。"

长庆二年（822年）在杭州，积蓄湖水灌田，在钱塘门至武林门间建白沙堤。据考据，其所筑白堤已湮，今存者为唐代前之白沙堤（十锦堤）。在《冷泉亭记》叙述杭州由郡城至灵隐一带，历届郡守已建之玉亭情况。

在苏州凿山引水，修七里堤于虎丘下，美化虎丘。

在洛阳，得履道坊杨氏旧宅白莲庄，改建为宅园，自称"小园"。园宅占地十七亩，在城东南永通门内，以水、竹为主，池中三岛，岛树桥道相间，亭桥楼台，并引西墙外伊水入园，小涧于西楼下可听水声，创内外贯通的手法。又得天竺石、太湖石，置于池上。《池上篇》有所记述。经营十多年，寄托其余生岁月。

白是多产诗人，赋诗达384首外，传《白氏长庆集》。而在建宅及筑园方面的著作，除了《草堂记》、《池上篇》外，还有《白蘋州记》等，记述造园心得。其借景及选石方法，如"百仞一拳，千里一瞬，坐而得之"，于小中见大。任苏州刺史时肯定了太湖石之美，"石有聚族，太湖为甲，罗浮、天竺次焉"，对后世有所借鉴。而癖石之风，自唐代起遂趋于兴盛。

六一、柳宗元（大历八年/773～元和十四年/819）

字子厚，世称柳河东、柳柳州。河东（今山西永济）人。

贞元九年（793年）进士及第，贞元十四年又中博学宏词种，授集贤殿正字，后又任蓝田尉、监察史、礼部员外郎。因参加王叔文朝政改革失败，同被贬，从者如刘禹锡等八人均贬为司马，即"八司马"事件。

在永州（今湖南零陵）将十年时间，建造景点，积极参与景区开发，亲自筹划钴鉧潭、尤兴寺、东丘，对风景分类建设原则，对风景建设的社会意义作精辟分析，在其名著《永州八记》中一一记述。

永和十二年（817年），将桂州（今桂林）漓江訾家洲辟为城部风景区，设四景区——燕亭、飞阁、闲馆及崇轩。

在柳州,植柑于柑子亭。宋代塌。清代三次重建,改名为柑香亭。著有《柳州东亭记》。

他是我国历史上首位具理论与实践的风景建筑家。

唐元和十四年,年仅47岁的柳州刺史死于任上。后人为纪念他,于长庆元年(821年)建庙和衣冠冢,名"柳侯祠",至今成为柳州一景点。

《柳河东集》30卷,《龙城录》传世,其中《梓人传》记述了相当于建筑设计师之梓人的作用,并以治国之宰相譬。

六二、李渤(大历八年/773～太和五年/831)

字浚之,号白鹿先生。洛阳人。

德宗贞元年间(785～805年)与兄李涉居于庐山五老峰栖贤寺(七贤寺)❶,驯白鹿,居白鹿洞读书。后南唐升元年间(937～942年)于遗址建书院——白鹿国庠(庐山国学)。北宋朱熹重建,正名为白鹿洞书院。在盘龙岗辟六洞,建亭阁,并定名为隐山。

宝历元年(825/826年)任桂州刺史,桂管都防御观察使时,为兴安零渠设木陡门三十六(一说十八)以利航运。更零渠名为"灵渠",又于兴安城建(单拱)万里桥。

文宗时(826～846年)任太子宾客及江州刺史,治(鄱阳)湖水筑堤利民。后九江建思贤桥及五贤祠祀立。

追赠礼部尚书。

六三、弘法大师(空海)(KūKai)(774～835年)

出身贵族。804～806年(奈良时代)在中国学佛法,为惠果的门生,居长安三年。

归日后,于809年起任神护寺(高雄山寺)住持十四年。

816年在和歌山县高野山创建金刚峰寺(第七代),后成为真言宗总寺院。

823年创真言宗,嵯峨天皇赐地建东寺(教王护国寺)。其中五重塔屡遭火灾,1644年德川家光重建,高56.4m,为日本现存五重塔之最高者。其中心大殿原为弘法大师住所,改建为御影堂,前后有金堂、讲堂和灌顶院。

又先后在五智山创建如来寺[化野念仏(佛)寺——为孤魂野鬼往生者祈福]、八千石佛石塔、来迎院和泉涌寺。

---

❶ 七贤寺为南齐(479～502年)时张希之所创。

828 年于京师办"综艺仲智院",成为日本最早的私立学院。

以汉字偏旁创日本文字之一的片假名。并辑成第一部汉字辞典《篆隶万象名义》,又著《三教指大帚》、《秘藏宝钥》和《十住心论》。他曾到过苏州寒山寺,寺中弘法堂供其铜像。

其弟子智泉于天长年间(824~835年)以神护寺别院之名创西明寺。后来,德川网吉之母重建本堂。

六四、崔损（活动于 8~9 世纪间）

字知几。博陵人。

德宗贞元年间(785~805年)任右谏议大夫同中书门下平章事。

贞元十四年(798年)长安昭陵旧宫为火所焚。他被任命为八陵修奉使,重修献、昭、乾、定、泰五陵,造屋 570 间（一说各 280 间）,而桥陵 140 间,元陵 30 间,唯建陵仅修葺而已（一说三陵据阙补造）。

六五、李德裕（贞元三年/787~大中三年/849）

李吉甫（弘宽）之子,字文饶。河北赞皇人。

历敬宗、文宗、武宗、宣宗四朝(825~858年),先后任浙西观察使、淮南节度使,而入相,封卫国。

凡驻任之地必大兴土木：在四川新繁辟东湖（主厅为"怀李堂"）；在安徽颍州辟西湖；在江苏彭城建知春亭；在安徽濠州凤阳建四望亭；在镇江北固山甘霞寺建石塔（后改为铁塔）。

开成五年(840年)在洛阳城外三十里（伊阙南）建私园宅"平泉庄",周达四十余里,构台、栏百余所,楼、泉、亭、塘等,又"疏凿拟巫峡、洞庭、十二峰,九派迄于海门,江山景物之状。"

凡规划后,令"将命者"（即执行之人）先绘画奉上,再具体实施。

六六、李贤定（活动于 9 世纪上半叶）

又名李成眉。印度圣僧。

唐代中期至末期,云南哀牢夷族蒙氏,在大理一带成立南诏国,在苍山洱海之间,建有崇圣寺（又名天龙寺、感通寺、荡山寺、海光寺）。836~840 年李贤定主筑千寻塔。塔位于寺前,沿印度前塔后殿的塔院的平面布置,塔形采唐代形制,方形密檐空心砖塔,筑于二层台基上。十六层,总高 69.15m,底层高达 13m。其西两小塔,南北对峙,三塔呈鼎足形。小塔八边十层,各高 42.19m,建于大理国时代(933~1253 年),即十国至宋代时期,合称"大理三塔"。

三塔均为偶数层，在国内众多塔中，属绝无仅有。

大小塔之高度比例呈黄金比例，不知是有意抑无意巧合？

11～12世纪曾大事修缮，现保持现状，而崇圣寺为后代改建。

关于千寻塔的建造时期有三种不同说法，余两种为：

（1）贞观六年（632年）由尉迟恭（敬德）所建。

（2）开元元年（713年）由恭韬徽义所建。

但南诏立国为开元二十六年（738年），至昭宗天复二年（902年）改为大长和国，故以李贤定于836～840年建较为可信。清代王崧《南诏野史——丰祐传》中也持相同说法。

六七、愿诚（活动于9世纪中叶）

五台山豆村之佛光寺，原创于北魏孝文帝年间（471～499年）。至唐武宗会昌五年（845年）灭法，全国摧毁佛寺4万余，26万僧尼还俗。五台山文殊道场诸寺庙亦不幸免。两年浩劫，至唐宣宗大中元年（847年）方止，佛光寺大殿于大中十一年（857年）重新建立，主持者为愿诚和尚。与建于唐德宗建中三年（782年）的南禅寺，为我国现存最早木构建筑之一。

文殊殿则迟至金代天会十五年（1137年）才建。

佛光寺大殿阔七间，深四间，34m×17.66m，单檐庑殿，台基低矮且前低后高，殿内柱高则前长后短。

其构架由三层构成，在屋顶与梁柱之间加铺作层，其作用类似现代钢筋混凝土结构的圈梁，从而使整体结构更为耐久牢固，保存至今已1100多年。

大殿之建筑、雕塑、绘画、书法均有极高的艺术价值，1961年已定为全国重点文物保护单位。

殿内有愿诚和施主宁公遇（女）之塑像，并刻有当时建殿资助者（佛殿主）宁公遇、（河东观察使）郑洇、（宦官）王守澄之衔名。

六八、慧锷（活动于10世纪上半叶）

位于东海舟山群岛其中一个小岛普陀山，西汉时称梅岭，宋时称白华山，至明代始称为普陀山，"以山而兼海之胜"，岩壑、古树、沙滩、溪涧，更是"海天佛国"。

五代时，日本僧人慧锷西渡来中国求法，他原拟奉观世音像返日，舟行至普陀山外海面遇风浪，东风强劲，舟不能行，反而被吹到普陀山。慧锷认为普陀山是福地，遂改变初衷。在普陀山海旁建寺，"不肯去观音院"（后梁贞明二年/916）。从此，普陀山成为佛教圣地，四大名山之一的观世音道场。

六九、智晖（活动于10世纪上半叶）

俗姓高。

后梁乾化四年（914年）于洛阳中滩建浴院。"凿户为室，造轮汲水，神速奇巧，于是洛阳锱伍道流，五日一浴，集者咸二三千人。"

公共集体浴场，古罗马已有。当时的浴场除了沐浴之外，尚兼具社交、健身、演讲、阅读、娱乐之用，并附设商肆，是古代建筑中，在功能、组合、构造、技术上最为复杂的一种类型。但我国的"澡堂"，则极为单纯，其后附治疗脚疾则为我国所独有。

七〇、钱镠（大中六年/852～后梁长兴三年/932）

杭州在新石器时代，已有河姆渡和良渚文化。大禹治水，前往会稽，"舍杭登陆"。"杭"就是木舟，"禹杭"后转音为"余杭"。秦代置钱塘县。汉代稽郡地方官华信筑防海大堤，形成西湖，淤成的平陆为城区。华信被誉为"杭第一功臣"。隋代通运河，杨素移州治于西湖至钱塘江之间。唐代刺史李泌❶（722～789年）首创沿湖掘六大井，以瓦管、竹筒引水贮入，以供民使用。

五代钱镠，号其美，本盐贩出身，随董昌升为镇海军节度使，后杀董自立为十国之一的吴越王（923年）。建都杭州，称西府，又称西都。

他扩建杭州，将罗城同子城组合成腰鼓形，人称"腰鼓城"，在治海潮、兴水利方面作出贡献。以夹板筑塘的方法，建成百里石塘，"钱氏捍海塘"。又修龙山、浙江两闸，以遏咸潮倒灌。又成立了千人浚湖队，名"撩湖军"。凿江中"罗刹石"，使江运畅通，铸铁牛、石狮以镇江湖。在候潮门外建木桥。钱镠及后代又主持修建六和塔和盐官塔，将原东晋始建之灵隐寺增建，有九楼十八阁七十二殿。在太湖修水利，建水网维修制度。拓杭州城郭，大兴土木。

所创规模，使南逃而来的赵构"直把杭州当汴州"，定都为临安。南宋苟延了152年。

七一、赵忠义（活动于10世纪中叶）

长安人。唐天复间（901～903年）随父入蜀。

后蜀孟知祥时（934～965年）为翰林侍诏。明德年间（934～937年）与

---

❶ 李泌，字长源，西安人。

父画流传"变相十三堵"，忠义自运材厮基，"以至丹楹刻梅，叠拱下棉"。

后主令绘玉泉寺图，做地架一座，"垂棉叠拱，向背无失，匠氏较之，无一差者。"精妙如此。

"垂棉叠拱"指斗栱之形状。

七二、柴荣（龙德元年/921～显德元年/959）

郭威代后汉自立，是为后周。义子柴荣（皇后之侄）继位，是为世宗（954～959年在位）。

柴荣通书史，有治才，崇儒斥佛，废佛寺，毁铜像以铸钱。他取秦陇，平淮右，以战伐结束五代十国的分裂局面。在位六年，改弊政，废佛寺，整军事，兴水利，修汴河使运河复道。

春秋时郑国筑开封城，战国时魏国建都名"大梁"，五代相继定都名汴梁，以收漕运之利。

但五代以来，由于急速发展，人多地窄，致汴梁"街衢湫隘，入夏有暑湿之苦，居常多烟火之忧"，连官衙都无地兴修，兵营则挤狭难忍。柴荣征战之余，决心改革和扩建汴梁。据说他令心腹爱将，殿前都检点赵匡胤纵马奔跑，以马力尽处为城范围，面积成倍扩大。因奔马路线曲折如牛，汴京外城有"卧牛城"之称。

汴梁城分为三重：外城（罗城）、内城和宫殿，开后世金、元、明、清三重城墙格局之始。

柴荣为扩大东京汴梁的水运优势，令大力疏浚沟通水路交道网。他又征调十万民夫，运土版筑长四十八里余的罗城。工程只在冬末春初农闲时进行，以免影响农事，其爱惜民力如此。在城内除拓展道路以消泥泞及火灾之忧患外，还沿街种树、掘井、修盖凉棚等市政措施。我们可从千年前绘描出开封当时市俗的张择端《清明上河图》上看到当时的情景。

他又指令在城内将官衙、兵营、仓、场作统一的规划安排，作出勘测定位后，才"任百姓营造"。又将有污染的作坊如"草市"等要远离七里以外。可见在分区规划和市政建设方面已非常先进，令西方人赞叹，又让沿街开门，当街设店，打破过去坊、市分开的旧规，发展了商业。

陈桥兵变，赵宋取代后周，仍定都汴梁，但是开封地势坦荡，无险可守。赵匡胤采取"不以地为险"，而"以兵为险"，集中了十万计的禁兵连眷属驻扎京畿，几近人口之半，于是背负着沉重包袱，消耗巨额财力。"不出百年，天下

---

❶ "变相"为佛家语，有图绘净土、地狱之形象。

民力殚矣",加上徽宗艮岳之害,北宋终于覆亡。城市规划足以借鉴。

七三、向拱（后梁乾化二年/912～北宋雍熙三年/986）

字星民,怀州河内（今新乡南）人。

宋太祖建隆二年（961年）为河南尹十余年,专治第舍园林。

洛阳天津桥创建于隋代大业年间（605～616年）,唐时李昭德曾创分水金刚墙（现仅存的一孔,亦是清代重修）。

向拱再修洛阳桥,"甃巨石为脚,高数丈,锐前疏水势"。又创铁锭于石缝以固。

封谯国公,卒进封秦国公。

七四、焦继勋、王仁珪、李仁祚（活动于10世纪下半叶）

焦继勋,字成绩,许州（今许昌）人。生卒年份为唐天复元年（901年）至宋太平兴国三年（978年）,宋初右金吾上将军、右武卫上将军,知延州,又代向拱任西京留守及彰德军节度使。

王仁珪,字耕烟,号乌目山人、清晖主人,以布衣供奉内廷,后任庄宅使、八作副使。

李仁祚任内供奉官,义州刺史。

开宝八（975年）三人同修洛阳宫室。

七五、李成（后梁贞明五年/919～宋乾德五年/967）

字咸熙,唐宗室,京兆人。徙青州至营丘（临淄）。

开宝（968～975年）进士,官光禄丞。善诗画,所作山水,笔势颖脱,墨法精绝,烟景万状,为世所珍。

他在所著《山水决》中提出"先定宾主之位,次定远近之形,然后穿凿景物,摆布高低",把山水绘画的理论引申到园林设计的准则,要突出主景。

宋乾德五年,李成醉死淮阳。

七六、周渭（同光元年/923～咸平二年/999）

字得臣。广西恭城人。赐进士出身。

宋初任广南转运副使、监察御史,又领扬、亳、益州及彰德军节度副史。严刑简肃。

在恭城建御史台,有门楼、正殿、后殿、戏台、厢房,其门楼为千余坚木以榫相衔吻合,其状如蜂房,故俗称"蜜蜂楼"。后建有周渭祠。

610

成化十四年（1478年）及雍正元年（1723年）曾重修。

七七、钱弘毅（后梁天成四年/929～端拱元年/988）

字文德。吴越国王。宋太平兴国三年（978年）归宋，封邓王。

钱氏三代笃信佛教，在杭州城内外兴建了许多佛寺。杭州有"佛国"之称。弘毅应僧人延寿及赞宁之说，建六和塔以镇江潮（开宝二年/970年）。后来南宋绍兴二十六年（1156年）重建。清光绪二十六年（1900年）加外木廊，七层变为外形十三层。

太平兴国二年（977年）命部将张仁泰重建上海龙华寺（空相寺）及龙华塔（原三国时孙权建，247年毁于兵火，光绪时重建）。

又建杭州灵隐寺及梵天寺的经幢。

关于保俶塔的传说很多，其中有三种说法：

（1）弘俶降宋被召入京，母舅吴延爽恐被留，建塔以保之。

（2）宋咸平（998～1003年）由僧永保（人呼保叔）化缘修塔，塔成遂称为保叔塔。

（3）寡嫂祈保其叔平安以延宗祧而筑。

七八、韩重赟（？～开宝七年/974）

河北磁州（今武安）人。

少以武勇隶周太祖郭威麾下，建隆二年（961年）改宋太祖殿前都指挥使，领义威军节度使。

据《宋史》太祖建隆三年（962年）发丁壮数千筑皇城东北隅。

又令有司绘洛阳宫殿，按图修之，全由韩董其事。

七九、韩匡嗣（？～乾亨四年/982?）

蓟州玉田人。

辽代"尚父秦王"，先后任上京（现巴林左旗）留守、南京（现北京）留守、西南讨招使和晋昌军节度使。

天津蓟县有始建于唐代的独乐寺，李白所题《观音之阁》额高悬。韩氏于统和二年（984年?）进行重建，当时有前殿、后殿、韦驮亭和东、西配殿。现存仅山门及观音阁为辽代原物。

山门阔三间，单檐庑殿顶，台基低，斗栱大，出檐深，显现稳重气概。内部露明作。

观音阁外观两层，内部实为三层，阔五间，深四间，为了竖立16m高的观音像，减去当心间缝中柱两根，使全座形成六边形的井口，直贯三层空间而穿越藻井。佛像因头顶有十座小佛，称为"十一面佛"。下层平坐，上层各有两个构造层，加上屋盖，一共有七个构造层。柱间加斜撑以加强刚度，历经地震等逾千年，屹立不倒。佛像为辽代所作。

梁思成（1902~1972年）于1932年进行调查时，除辽代原建之山门及观音阁外，尚存清代所建之配殿及韦驮亭等。1972年又发现了阁内四壁有明代所绘壁画。

外观为九脊歇山顶，台基低矮，阁高23m，造型介乎唐宋之间，既有唐代之雄建，又有宋代之柔和，显示唐宋间形制之蜕变。阁为现存最古木构多层建筑，1961年定为全国重点保护文物。

韩为辽代重臣，蓟州人。估计建寺是作为家庙之用。当时请谈真大师主持工程。

八〇、郭忠恕（？~太平兴国二年/977）

字恕光、国宝。洛阳人。后周郭氏宗室。

学者，善书画，尤精建筑。

后周正丞兼国子书学博士，宋太宗光义即位改任国子监主簿。

"画楼台殿阁，不用界笔直尺，而以篆隶书法出之"，比例精确，结构切合规范，而生动自然，雄浑高古，达科学同艺术之高度统一。与南阳从事王士元为画友，"郭自为屋木，士元写人物于中。"

宋、元年间以界笔作画，名界画，又名匠学，属画十三科之一的界画楼台。把界画同山水画巧妙结合一起。

喻皓（？~989年）建开封开宝寺福胜塔，施工前先做模型，并请郭提意见，他提出不宜逐层收缩等。

有绘画《云霁江行图》，文学著作《汗简》、《佩觿》。

为人正直，嘲骂皇帝及权贵而获罪，流放登州，死于临邑途中。

八一、喻浩/喻皓/俞浩（？~端拱二年/989）

杭州人。五代末年建筑工匠。北宋初任官方都料匠。其贡献有两方面：

（1）擅造木塔，以工巧盖一时，识者谓"三百年一人而已"。

五代末年在杭州梵天寺建木塔，用钉将梁、板结合，说明他对木构受力情况和加强整体刚度的概念，有深刻见解。

太平兴国八年（983年）为安放从杭州移到汴梁（开封）的佛祖舍利，在开宝寺（原北齐独居寺，唐改名封禅寺），兴建八边形十三层木塔，高三十六丈，名福胜塔，这是由方形平面过渡到八边形平面的开始。在施工前是做模型，并请郭忠恕提意见。淳化二年（991年）塔成。但塔身向西北倾斜。欧阳修在《归田录》中曾记载："（俞）浩曰：京师平地无山而多西北风，吹之不百年，当正也。"大中祥符六年（1013年）传舍利大放金光，遂赐名"灵感塔"，但庆历四年（1044年）塔被火毁。

由于喻浩长于建塔已深入人心，故传闻后来兴建的佑国寺（又名上方寺、光教寺或东院）的塔（庆历元年/1041～皇佑元年/1049）也是出于他之手。其实那时他已身故。

后人鉴于火患，改用铁色琉璃砖砌筑，故称铁塔。孟元老著《东京梦华录》曾述及此塔。

(2) 在实践的经验上，写下了《木经》三卷。在《营造法武》刊行（崇宁二年/1103年）之前的一百多年间，被奉为圭臬。在李诫（？～1110年）编写《营造法式》时，对《考工记》和《木经》曾作详尽的阅读，并在书中引用了《木经》的部分内容。可惜《木经》书已失传，只沈括的《梦溪笔谈》中摘记片段和陶宗仪的《说郛》中提及而已。

将建筑物的竖向划分为台基、屋身和屋顶分开的"三分理论"和以柱高作为模数由他提出，这是我国将建筑建立标准化的最早参数。其后才细致到宋代的"材份"至清代的"斗口"。

此外，他对翼角起翘方法作出一定的融和改进。

其事迹除了沈括和陶宗仪所著之外，还见于欧阳修的《归田录》和陈师道的《后山淡丛》。

八二、丁谓（建隆三年/962～明道二年/1033）

字谓之、公言。苏州长洲人。

淳化三年（992年）进士。真宗朝寇准为相时参政。先后任工、刑、兵三部尚书、枢密直学士。封晋国公。

诗画音律博弈无不洞晓，善谈笑，机敏智略，而险狡过人。同寇准不和，尝谋孽寇使罢相，仁宗立，贬崖州，徙道州。

历太宗、真宗、仁宗三朝（976～1056年），曾董营东京（开封）不少宫殿。宋帝崇尚道教，大建道观，大中祥符二年（1009年）于南薰门外建玉清照应宫，诸天殿，又二十八宿各一殿。事先让画师刘文通（长绘事，尤精楼阁）先立小样。刘移写道士吕拙之郁罗萧台，上加以飞阁以待风雨。当时有司预计需工役三四万人，25年可成。经广采木石、金属、颜料，以夜继昼。内绘壁画，七年成2610楹。东西210步，南北43步，天下目为壮观。但是不到20

年，天圣七年（1029年）大雷雨，宫内火起，至晓，但存一殿。

大中祥符五年（1012年）同邓守恩修会灵观，七年又修真游殿、景灵宫。同年夏，大内火，任修葺使，"虑取土远，令凿通衢取土，不日皆成巨堑，乃决汴水入堑，中引诸道竹木排筏，搬运杂材尽自堑中入至宫门，事毕以斥弃瓦砾灰壤实之，复为街衢，一举而三，役济计省费以亿万计"。

天禧年间（1017~1021年）又掌建祥源观、天章阁。

以上诸役参与者有：

刘承观（字大方）（约乾佑二/三年，949/950~大中祥符五年，1012），楚州山阳（今江苏淮安）人。咸平间（998~1003年）议修天雄军城垒，刘乘传规画，迁宫苑使、皇城使。诸司局署多所创制，饰宫观，工作少不中规。虽金碧已具，毁而更造。

邓守恩，并州（今山西）人。少以黄门侍太宗。

林特（字士奇）（开宝七年/974~天禧五年/1021），剑州顺昌（今在福建）人。颖悟绝伦，拜三司使、枢密使，参加各宫观诸工。

刘文通，开封人。真宗时（998~1022年）入图画院为艺学，大中祥符营玉清昭应宫，先立小样。

八三、陈氏兄弟：智福、智海、智洪（活动于10~11世纪间）

庐山栖贤谷建有栖贤桥，因旁有观音寺，故又名观音桥。又苏东坡将栖贤谷比作长江三峡，所以又叫三峡桥。

桥跨于百尺大壑上，其下为名"金井"的深潭，位置非常险峻。桥基需立于东西悬崖上，工程十分艰巨。桥为单孔石拱，长20.45m，宽4.1m，拱以五排拱石扣成一体，内券子母榫相衔，规模宏伟，精致坚固，至今仍完好无损。

拱心刻有"维皇宋大中祥符岁次甲寅二年丁巳朔建桥"（即1014年完成），又"建州僧文秀教记造桥"、"江州匠陈智福、智海、智洪"及"福州僧德郎勾当造桥"，又"道光间观音寺僧觉源建石栏"，记载了前后参与建桥的人物。

八四、藤原赖通 Fujiwara Yorimichi（992~1074年）

24岁至76岁摄政于平安京时代（794~1192年），历三代天皇共52年（1016~1068年）。

永承年间（1052/1053年）将其父太政大臣藤原道长的别墅"宇治殿，改为寺庙。"平等院（庙）（Byodo-in）其中的凤凰堂（Hoo-do Pavilion）为平安时代代表建筑，仅存。

地方封建势力当权，天皇旁落。那些贵族豪门既争夺权势，又追求极乐世界的净土，形成一股"净土信仰"。在建造邸宅别墅时，兴起一股建造"阿弥陀堂"的风气，虽然采用简单的邸宅的型制"寝殿造"，但内部却用贵重材料修饰装潢，佛教建筑被浸淫了贵族色彩，四周还配以园林。到 12 世纪，"阿弥陀堂"随着贵族的衰落，净土信仰的式微而消退。

凤凰堂坐西朝东，三面环水，正殿阔三间，深二间，重檐歇山，周围檐廊，两边伸出五间重檐空廊，各向前折出两间。折角处，伸出平座攒尖顶。正殿后向西七间廊子，整体平面宛如展翅凤凰。堂供阿弥陀佛，极尽奢华，但世俗化。

平等院共有大殿、东西法华堂、经藏和钟楼、塔等。现仅存凤凰堂，是阿弥陀堂中最杰出者。

藤原家族 Fujiwara Family（7～11 世纪）所创藤原式的平安后期雕刻风格，硕大而秀美，同净土宗的思想有关。

藤原良经（约 10～12 世纪，生卒年份不详）为庭园设计家（当时称"路子工"），编撰《作庭记》（或译《前栽秘抄》），书中分论山石池岛栽植，行文晦涩，且杂以阴阳五行之说。书于 13～15 世纪，即镰仓中期至室町中期刊行，成为日本最早的造园文献。

八五、(筛海) 那速鲁定 (活动于 10 世纪末)

"筛海"意为传教士。

辽代统和十四年（996 年）南京析津府（今北京）牛街清真寺创建，主持工程者为近东来的传教士那速鲁定，其生平不详。

寺采取汉族传统院落式布局，坐东朝西。但按伊斯兰教规，神龛必须位于西方的圣地麦加，故大门在大殿背后，所以入门后须绕过殿旁再进入大殿。伊斯兰清真寺，其圣龛 Mihrab 必须向麦加 Mecca 的天房 Kobah。

以望月楼作为大门出入，左右旁门于八字形侧墙处，前置牌楼三间。大殿由卷棚、礼拜殿和窑殿三部分，用清真寺惯用的勾连搭屋面的方法组成。殿前碑亭左右各一。南北讲堂各无楹，方形平面的宣礼楼名尊经阁，另南院为淋浴室（教民必须先沐浴再礼拜）。

正统七年（1442 年）重建时加对厅，康熙三十五年（1696 年）大修时加建六边形望月楼。光绪末创办小学。现存建筑均为明清时汉式建筑。据近人考据，辽金时代连年征伐，且牛街正位于幽州藩镇子城禁区内，不可能于此时此地建清真寺。只有在元代，大批回民落户，才有可能在地处南郊的牛街建寺。可能是世祖时宰相阿合马于中统初至至元年间（1260～1294 年）所建。

八六、陈希亮 (咸平三年/1001～治平元年/1064)、青州卒 (活动于 11 世纪上半叶)

陈希亮，其先京兆人，天圣三（1025 年）进士。青州卒，其生卒及生平不详。

宋仁宗明道中（1032～1033年）青州洋水桥屡为水坏，时夏竦守青州，得牢城废卒，有智思，垒石两岸，以大木数十相贯，无柱，为飞桥，五十余年不坏。

据宋代《渑水燕谈录》载青州于明道年间亦曾建无墩之飞桥。

陈希亮于庆历中期（1041～1048年）守宿州，建开封汴水飞桥，乃效青州洋水飞桥之法。以往汴桥河中桥墩每被行舟撞毁，陈改用飞桥，拱用五拱骨连接，每拱骨置于另两拱骨中部横木上，藉横木分配力量，每两根一组捆絷一起，五拱骨浑然一体，仅用木料架起20m跨的无墩飞桥。非拱非梁，此种"垒梁拱桥"在世界古代桥梁史上绝无仅有。于是自开封至泗水皆为飞桥焉。俗曰"虹桥"。另吴江"利往桥"亦木梁柱式。

其构造及图样阙如，可能张择端所绘《清明上河图》类之。

飞桥记载最早见于东晋《秦州记》，义熙七年（411年）曾架高50丈（？）桥。三年成。

八七、仲敦巴·甲哇回乃（景德二年/1005～治平元年/1064）

藏传佛教噶当派（教诲派）创始人，阿底峡大师的首徒。

至和元年（1504年）阿底峡圆寂后，嘉佑元年（1056年）在拉萨北林周县建热振寺，成为噶当派首座寺院，主要有措钦大殿，热振拉让。

他还在拉萨西南聂当（今曲水县）建立俗称卓玛拉康的神殿，寺今已毁，仅存遗址。

八八、欧阳修（景德四年/1007～熙宁五年/1072）

字永叔，号醉翁，晚年又号六一居士。江西吉州永丰人。

四岁幼孤，家道中落，母亲"画荻教子"，成为史学家、金石学家、文学家。

天圣八年（1030）进士，历任县令、太守、馆阁校勘、谏官、翰林学士、枢密副使，参知政事。同蔡襄等支持范仲淹的"庆历新政"，贬滁州，后又以太子少师退居颍州（安徽阜阳）。

庆历年间（1041～1049年）任扬州郡守，1048年在江都蜀冈（古扬州城旧址）大明寺建平山堂，"敞只五间"，"负堂而望，江南诸山，拱列檐下"，所以叫平山台。堂西美泉亭，淮东第一观。又植柳，时称"欧公柳"。又于官署内设画舫斋七间，全由山墙开门贯通，如处舟中，其《画舫斋记》述及。

贬滁州时，释智仙于琅琊山建醉翁亭，遂以为己号，并撰《醉翁亭记》，其著作集成《欧阳文忠公全集》。后人在扬州为他建了欧阳祠。

明代赵之璧（号殉、十五、枝斯）著《平山堂图记》。莆田人。有东晋名士之风。

八九、蔡襄（大中祥符五年/1012～治平四年/1067）

字君谟，号万安。端阳学士。

福建仙游人。守刺桐（今泉州）时，于洛阳江口（原乐洋江）万安渡筑洛阳桥〔万安桥，乐洋桥，唐宣宗李忱（847～858年在位）曾游此，有"吾洛阳也"之语，故称洛阳桥〕。

桥建于宋皇佑五1053年至嘉佑三/四年（1059/1060年，另一说为1078年，但与蔡襄之生卒年份不符），桥长365.7丈（即1059m，现存834m，一说540m），广丈五，梁式，四十六船形墩，四十七孔，桥上七石亭，九石塔，二十八石狮武士像和五百扶栏（据说为纪念28位匠师和500位石工）。洛阳桥为沿海第一座渡江石桥，有"海内第一桥之誉"。

此桥有以下特点：

①抛石为堤，再用蛎房胶固，使桥基成为整体；②筏形基础；③尖劈状桥墩，以二尺见方，长四至五丈花岗石砌筑，此为新发明；④利用潮水涨落安放桥面石梁——自撰《安平桥记》。

1932年添加钢筋混凝土桥面。

后来，福建晋江安海仿洛阳桥筑安平桥（绍兴八年/1138～绍兴二十一年/1151）与洛阳桥遥遥相对，其长度超越洛阳桥，为811丈（2348m），号称"天下无桥长此桥"。

蔡襄曾支持范仲淹推行"庆历新政"，他提倡医学，革除信巫陋习，组织医生编撰医书。书法列苏、黄、米、蔡，为宋四大书法家。著《蔡忠惠公集》31卷及《荔枝谱》、《茶录》等，还亲自监造小龙凤团茶。

湄州湾枫亭附近有蔡襄墓。

九〇、帕巴西绕（活动于11世纪）

唐初贞观十五年（641年），文成公主同藏王松赞干布联婚，在拉萨建造了宫廷佛堂——大昭寺（羊土幻显殿），作为文成公主专用佛堂之用。当时规模不大。

在唐武宗会昌灭法（会昌五年/845～会昌七年/847）之前，藏王朗达玛早四年先行灭法（会昌元年），风暴之下，大昭寺亦不幸免。北宋中由大译师帕巴西绕等负责修复。

后来达赖喇嘛五世（1617～1682年）当政，花了40多年时间，对布达拉宫大事重建和扩充，其间还包括大昭寺等寺庙的修复和扩建。

大昭寺或称大召寺、伊克招、老榔。

九一、怀丙（活动于11世纪中叶）

怀丙，僧人，正定人。工程学家，生平不详。

河北真定（即正定）一座十三层木塔，由于塔中大柱坏，致塔向西北倾斜，一般工匠无法扶正，怀丙先量其长度另做一柱，命将柱系于塔上，只带一人跟随。"关门良久，出，已换柱，不闻斧凿声"。

当年李春建赵州安济桥时，曾熔铁灌孔以加固，已四百余年。由于附近乡民凿桥偷铁，以致桥身倾斜，数千人不能正，经怀丙以术正之（资料缺乏具体方法），使复故。

山西永济蒲津浮桥，以八头每重数万斤之铁牛固之。"暴涨绝梁，牛没于河，募能出之者，怀丙以船实土，夹牛维之，又用大木为权衡钩牛，徐去船土，舟浮牛出"。

九二、宋敏求（天禧三年/1019～元丰二年/1079）

字次道，赵州平棘（现赵县）人。

北宋史馆修撰，龙图阁直学士，追赠礼部侍郎。

对科学、地理学贡献很大，修撰《唐史》，补唐武宗李炎以下六世（841～907年）《实录》148卷，又《唐大诏令集》130卷及笔记《春明退朝录》3卷。

著《长安志》20卷，记述唐时长安城及雍州所属，凡城郊、河渠、关寨、山川、道里、津梁、邮驿而至街道、坊市、宫室、官府、宅邸、寺院及风俗、物产，并上溯到汉代以来，长安及整个雍州和所属各县情况。

长安志源自唐代韦述之《东西京记》（仅存3卷），述长安洛阳里坊制度，宋敏求考证并补不足，撰成《长安志》。

稍后吕大防作《长安志图》，元代李好文作《长安图记》，至清代由徐松综合成《唐两京城坊考》。

九三、司马光（天禧三年/1019～元祐元年/1086）

生于河南光山，故名光，字迂叟，号君实，涑水先生。山西夏县籍。

北宋天章阁侍制兼侍讲。知谏院，翰林学士、龙图阁直学士。因反对王安石变法，出知永兴军（今西安）、西京御史台、尚书左仆射兼门下侍郎，赠太傅、温国公，谥"文正"。

熙宁四年（1071年）退居洛阳，撰《资治通鉴》294卷。

晚年在洛阳郊外辟"独乐园",取"独乐乐,不知众乐乐",而反其意,示清高自许,独善其身。独乐园以七古人的事迹为题分别为:董仲舒——读书堂、严子陵——钓鱼庵、韩伯休——采药圃、王子猷——种竹斋、白居易——浇花亭、杜牧——弄水轩和陶渊明——见山堂,借景寓意,名为《独乐园七题》,有图传世。

九四、苏颂(天禧四年/1020~建中靖国元年/1101)

字子容,泉州南安人。徙丹阳。

北宋馆阁校勘、集贤馆校理、右仆射兼中书门下侍郎,进太子太保、吏部令史,授赵郡公,赠司空。

精经史、百家、图纬、律吕、算法、星官及本草(开李时珍之先河)。

古代的计时器——宫漏(漏壶),早于商周时代已有制作。

元祐年间(1086~1094年)同吏部令史韩公廉合作在开封创造世上第一台天文钟——水运仪象台,融合测量仪器、天衡(计时仪器)和表演仪器三而为一的划时代创造。

钟分三层:上浑仪、中浑象、下司辰(传动机械),总高五丈。报时装置为五层。一天十二时辰,一夜五更,每更五筹均准时显示。其原理和运用均同近代钟表构造相似。用水力发动,按时以轮盘转动,把报时、观象、测天同时表达,按时、刻、辰。更分别自动击鼓、打钟、摇铃、鸣锣,并举木牌报时。浑天仪通过齿轮和枢轮相通而转动,与天体运动一致,且有追踪观测天象功能,其24小时误差小于100秒。李约瑟称之为"中世纪天文钟的始祖"。

又造假天仪——小的天文馆。

水运仪象台完成后,苏颂写出《新仪象法要》一书,书内附图。但后人仍未能完全掌握其关键。李约瑟和日本筑波博览会均未能完全复原全部机械。据闻后来台湾科学博物馆最终完全复原。

九五、吕大防(天圣五年/1027~绍圣四年/1097)

字微仲,蓝田人。

为人朴实戆直,不植党朋,而有王佐才。

任盐铁判官、监察刺史、知泗州。宋英宗至哲宗时(1064~1100年)尚书右丞,封汲郡公,赠太师、宣国公,谥"正愍"。

于成都设锦院。

著《长安志图》、《唐太极宫图》、《唐兴庆宫图》、《洛阳宫阙图》、《汴京图》等。

他对隋代大兴城之评论为:"……朝廷、宫寺、门居,市区不复相参,亦一代之精制也。"

九六、昆·贡却杰布（或昆·衮却结布）（1034～1102年）

藏传佛教之萨迦派（花派）创始人。昆·贡却杰布于宋熙宁六年（1073年）于日喀则南的萨迦，为该派创建第一座寺院古绒寺（白宫、北寺）。派名、地名和寺名都称为萨迦，该北寺现已不存。

元代至元五/六年（1268/1269年）忽必烈之帝师八思巴 Phags-pa（1235～1280年），由萨迦起程到大都，途中欣赏吉热寺建筑的庄严宏伟。随行的萨迦本钦·释迦桑布回萨迦后即征调工料，仿吉热寺兴建南寺。平面采用城堡内院式，主要建筑有大经堂、灵塔殿和八思巴拉章（拉章意为公署）等。主殿"拉康钦莫"，40柱（藏式建筑以柱数为单位，不同于汉式建筑以"间"为单位）。柱径最粗达1.5m，柱身保持树木原貌。西藏寺院早期建筑较粗犷，这是实例。

九七、苏轼（景佑四年/1037～建中靖国元年/1101）

字子瞻，号东坡居士。四川眉山人。

出身于世代书香的家庭，父苏洵（明允），弟苏辙（子由），都是北宋有名的文学家，人称三苏。

嘉佑二年（1057年）进士，诗、词、文、书画皆有高度成就，尤因突破一般相思离别的窠臼，抒发山川田舍，忧国怀古，打破清规而创清新而豪放激昂的文风。这样的一位大家，在政治上却连遭厄运，处于王安石和司马光的政争，被迫在夹缝中，累被贬放。前后在杭州、密州（山东诸城）、黄州、彭城（徐州）、湖州、凤翔、广州、儋州（海南儋县）等地，尽管宦途坎坷，每到一地均为民造福。除了寄情于诗文之外，还作了许多实事：

任凤翔签判官时修葺东湖（饮凤池），并引凤凰水注入，又修桥、建亭，同杭州西湖遥遥相对，在东在西，一"西"一"东"，成为姊妹湖；又修喜雨亭（有《喜雨亭记》）。

在广州修净慧寺，并改题名为六榕寺❶（元符三年/1100年），当时他种了六棵榕树（已不存）。

在儋州教黎族人读书著文，现儋县中和镇仍有东坡书院古迹。

在汴京时，生活艰苦拮据，友人乞得几十亩旧营地，他亲身垦拓，在营地东坡建一草舍，名为"雪堂"，"东坡居士"之号遂因此而得。

---

❶ 大同三年（537年）广州建宝庆严寺舍利塔，有王勃碑记。端拱二年（989年）重修寺，奉六祖改名净慧，绍圣四年（1097年）重修塔奉千佛，名千佛塔，又名花塔。1100年苏轼改名六榕寺，1989年重修。

在两度驻杭州（先任通判，后任知州）时更疏浚茅山、盐桥两运河，又在茅山河入钱塘江处设一水闸。又疏浚西湖，清除葑草，挖淤泥，筑苏堤长2.8km，苏堤上架六石拱桥，名映波、锁澜、望山、压堤、东浦和跨虹。他提倡农桑，为民教化。又修建旌德观、湖山堂、先贤堂等九座亭阁，至今为杭州人所缅怀。

他写下了《凌虚台记》、《超然台记》、《放鹤亭记》、《石钟山记》和前、后《赤壁赋》等。

在海南最终遇赦北归，惜死于回京途中，享年65岁，葬于郏县小峨眉山。眉山有三苏祠，番禺有眉山寺，为其后人所建。

九八、李宏（庆历二年/1042～元丰六年/1083）

字侯官，福州人。

宋熙宁八年（1075年）出钱七万缗（等于七千万文铜钱）于莆田筑木兰陂，深三丈五，阔二十五丈，石桩三十二间，每间各两柱。镕铜固址，互相钩锁，置闸其中。又开渠百余，设陡门涵洞，以利启闭导陂之流。截永春、仙游、木兰溪之淡水，溉田万顷，参与者僧智日（俗姓冯），人称李为长者，封惠济侯。陂存在八百余年。

前于治平元年（1064年）已有钱四娘及道士林从世曾三次营筑堰闸式滚水坝，上架石渠，坝桥合一。水退行人，水涨排涝蓄洪。长113.13m，高7.5m，开九墩八门。但三次所筑俱坏。至李宏、智日于1083年方完成。

九九、李格非（1050年左右～1102年以后）

字文叔，济南人。

生卒年份不详，享年六十一。

宋熙宁九年（1076年）进士，任冀州司户参军、郓州教授、校书郎、礼部员外郎、提点东京刑狱。

绍圣二年（1094年）著《洛阳名园记》19篇，记述贞观至开元间洛阳府第园林逾千余，作为唐代东都的洛阳，盛极一时。李曾游览二十余处，于书中记述与评论的计廿处，计：①别墅十一，摒弃对称平面，取山林之胜，以堂为主，配以桥、台、池、亭、竹、荷等。②宅园六，以山水园为主，凿池以堆山。③花园三，牡丹、芍药、桃、李、竹于池亭间。各处均未言石，而多台（土山）。

他提到，"名园兴废象征城之盛衰；城之盛衰象征国之治乱"。

又评论"园圃之胜，不能相兼者六：务宏大者少幽邃；人力胜者少苍古；

多水泉者艰眺望。兼此六者惟湖园而已。"其中裴度之集贤里湖园则同具六美。

还提到董氏西园有花间涌水的喷泉。

一〇〇、米芾/米黻（皇祐三年/1051～大观元年/1107）

字元章、南宫，号襄阳漫士、海岳外史、鹿门居士，人称米襄阳。

吴人，世居太原。后徙襄阳、镇江。

嗜石，于无为州任知州时见一巨石奇丑似人形，大喜，竟具袍笏而拜，呼之为"石丈"。

定"瘦、皱、漏、透"四字为评石标准。

同时，苏轼亦说"石文而丑，一丑字则石千态万状皆从此出"。于是四字外又加一"丑"字，苏轼亦嗜石，曾拥有"雪浪"，"仇池"两石。

洁癖，举止癫狂，人又称米颠、米狂。

同蔡襄、苏轼、黄庭坚合称北宋四大书家。著《书史》。

与子友仁所绘山水，云雾迷蒙，有"米氏云山"之誉。

一〇一、李诫（约景佑二年/1035 或庆历六年/1046～大观四年/1100）

字明仲，管城（今郑州）人。

经历了54年的五代更迭和88年的十国割据，赵宋重新统一，政治上相对稳定。宋太祖重文轻武，大削军权。而政治上，有官无权、有职无权者为"职事官"，冗员庞大。在"三冗三费"中多建寺观就是其中一"费"。虽然耕地倍增，商业开放，但经济却日见拮据。另一方面朋党相争不断，"庆历党议"牵涉到许多上层官吏。熙宁二年（1069 年）王安石推行新政，制定一系列法制，数达数百，其中之一就是制定一套建筑法规，以杜绝工料浪费和贪污的积弊。

本来，在元祐六年（1091 年）已编成一套《营造法式》，但由于政争，编修受到干扰，本身内容亦不够严谨，缺乏用材制度，致未能真正执行。哲宗亲政，于绍圣四年（1097 年），令李诫重新编制。

李诫，其曾祖、祖父均为官，父南公曾任户部尚书，龙图阁直学士。元丰八年（1085 年），李诫受父派遣，进京奉献表章、物产，被补为太常寺属官郊社斋郎、晋州济阴县尉等职，升将作监主簿。绍圣三年（1096 年）升将作监丞。崇宁元年（1102 年）由少监至将作监。元符年间（1098～1100 年）曾建五王邸，完成后迁宝义郎。

由于官吏家庭背景，藏书很多，故从小博览群籍而多才多艺。当时将作监的职责甚广，凡城郭、宫室、营缮、桥梁而至舟车均涉及。对他来说自是得心应手，故屡获升迁。其间元符间除五王邸外，更有龙德宫、棣华宫、辟雍、明堂、尚书省、朱雀门、景龙门、九城殿、开封府廨、太庙、钦慈太后佛寺等的设计施工，积累了厚实的实践经验基础，故能切合实际，更参阅文献规章，自最早的齐人记录的官书《考工记》（已时逾1500年）、《唐六典》和《木经》等典籍，加上向匠人请教讨论，至元符三年（1100）历时13年，书成。

初250册，衷举甚繁，遂删繁就简，定为卅六卷，后又并为34卷（"看详"和"目录"不计，又将"门"、"阙"二卷合一），凡357篇，3555条，其中绝大部分属历来工匠所传而行之有效的方法。它成为我国官颁的营建规范。其中《总释》、《总例》两卷，各作制度13卷，功限10卷，料例3卷，图样6卷。上承隋唐，下肩明清，成为建筑文献珍贵遗产，尽管它仍存在着一定的不足之处。

应该提出的：①过去实战经验的整理和总结——在众多的条目中，绝大部分出自历来工匠的操作规程，是一部理论同经验密切结合的规范。②对工程规划，操作规程，工料定额，详图大样而至组织管理一应俱全，是一部较完整的规范。③订出"材"、"栔"、"分"三级模数制，而用文字确定。④制度既定，但可"随宜加减"，以便可根据具体需要发挥设计上的创造性。

书成后，刊刻两次，一是崇宁二年（1103年）本（未传世），一是绍兴十五年（1145年）本，南宋曾重刊，并经元代修补，现只得残本。1919年朱启钤在南京得丁氏抄本，请商务印书馆刊行，1923年同陶、叶本互较，先后重印行世。

李诫擅书、画及各技艺，喜著作，有《古篆说文》十卷、《续山海经》十卷、《续同姓名录》二卷、《琵琶录》三卷、《马经》三卷、《六博经》三卷，又绘《五马图》，惜均失佚。新郑梅山村有其墓。

一〇二、晁补之（皇祐五年/1053～大观四年/1110）

字无咎，号归来子。济州巨野人。

北宋元丰进士出身，礼部郎中、国史编修，知河中府。

词人、画家兼造园。少年即受苏轼赏识，苏称他"无咎"，苏门四学士之一。

在河中府主管鸿庆宫。

闲居山东济州（茌平），在西南金乡建文人园"东皋园"。慕陶潜，故自号"归来子"。园称"归去来园"，园成，画大图，并题词说明，尽用陶潜言词名之。

著《晁无咎词》六卷、《变离骚》、《晁氏琴趣外篇》、《鸡肋集》。

一〇三、张择端（？～靖康二年/1127年后）

字正道，山东（东武）诸城人。

幼读书游学于京师（开封），曾任翰林承旨。失位后家居卖画为生，继承并发展久已失传的古代风俗画。宋室南渡后，更发江山故国的爱国情思——其事迹仅见于《赵氏铁网珊瑚》。

五代后周殿前都检点赵匡胤于960年陈桥兵变，黄袍加身，宋朝基本上统一了中原和江南，社会经济恢复并发展。汴京成为逾百万人的城市，商业发展至160行，商户达6400户（一说2万多户）。自后周扩建外城，允许沿街开门，从而当街设店，打破过去坊、市分开的旧规。"市坊无别"，商业活动从坊中解放出来。

靖康元年（1126年）张择端以其丹青妙笔完成《清明上河图》，再现当年街市的繁荣景境（清明上河是指清明时节粮船北来时到汴河游览，上是动词）。这幅高0.248/0.255m，长5.287/5.25m的画卷（有人认为原作还长1/3），从东水门外的田野开始，渐次描绘沿河城内外的各街市，画中700多人物（一说达1600人），700多动物，驼驴车辆和船舶二十余，城门桥梁和百多楼阁（其中孙家正店为三层建筑物），鳞次栉比，百业杂陈，其中就有飞桥（虹桥）及下士桥，成为全画的重点。画中还出现前店后宅，田字形水井、税卡、菜园、多乡村田舍而小至风向计都出现。从这画卷（原作已佚，传世者为临摹），可以形象地看到千年前的城市、街巷、屋宇、廨舍、作坊、商肆、桥梁、舟舆等具体风貌。甚至建筑物的构造细部都历历可见，给后世对当时的建筑提供具体的资料。但有人分析所描绘的是秋景，而"清明"是坊名。

宋代中还有不少风俗画，描绘住宅园林之作。其中著名者有王希孟❶的《千里江山图》和赵伯驹❷的《江山秋色图》以及佚名的《四景山水图》、《文姬归汉图》、《中兴祯应图》等。

一〇四、孟元老（活动于11世纪末~12世纪中叶）

张择端完成《清明上河图》之日（1126年），金朝完颜氏早已一年前南犯，1127年陷汴京，更虏走徽、钦和宗室，经大事劫掠，京城被破坏不堪。20年后，一位长者重回故地，绍兴十七年（1147年）写下《东京梦华录》，记述了由崇宁至靖康（1102~1126年）二十多年京师的事物，涉及当年的新、旧城市区规划，大内及内外诸司各机构，城内御街、官廨庙宇、坊曲商肆，并述及民俗、生活、节庆等。昔日《清明上河图》所描绘的繁华景象，变成今朝荒凉凄

---

❶ 王希孟——未详居里，政和、重和、宣和年间（1111~1125年）奉徽宗左右。初为画院学生，徽宗指导笔墨蹊径，遂秀出天表。

❷ 赵伯驹——太祖七世孙，建炎一至四年（1127~1130年）官浙东路钤辖。画藏故宫，另《仙山楼阁图》、《兰亭图》均绘出乡间山庄村舍景象。其弟伯骕（1124~1182年）亦画家。

清。50 年，一前一后，一画一文，形成强烈对比，其中还提到相国寺和喻浩（？~989 年）所建的开宝寺塔。

孟元老到底是谁，不明确，亦不知其何许人也，作者只落下了笔名"幽兰居士"。只知他居汴二十三年（1103~1126 年），有人考据为徽宗时户部侍郎孟揆，而他正是政和七年（1117 年）至宣和四年（1122 年）时艮岳的督造人，但是为何对艮岳一项却避而不谈呢？也许他认为此属罪迹，故讳而不提吧。

一〇五、卢彦伦（辽大康年间/1081/1084~金天德年间/1149/1152）

临潢（今内蒙林西）人，寿六十九。

金国礼部尚书，封郇国公。

女真族完颜阿骨打打败辽国天祚帝耶律延禧后，存 1115 年建立大金国，将会宁府（今黑龙江阿城）定都为上京，即令卢经营京城。经两次规划兴建宫殿，形成南、北两城。

天会二年（1124 年）知新城事，新建城邑，经手规画公宇民居。

天眷元年（1138 年）少府监兼都水使者，并提点京城大内府，营建宫室。

海陵王完颜亮 1149 年即位，为消灭南宋，将政治中心移位到燕京（今北京）。天德三年（1151 年）先让卢营造燕京寓室，就辽代南京（即析津府，今北京）旧址扩建。城仿汴京形制，中心约在今广安门附近，东西 4930m，南北 4530m。1153 年把首都从上京南迁，号称中都。金代共设五都，其余东都辽阳，南都开封，西都大同，北都大定（今内蒙宁城）。

一〇六、张中彦（元祐七年/1092~金大定六年/1166）

字才甫，安定州（今甘肃定西）人。

先仕金，转仕宋，又仕金，历史复杂：前后任金彰武军承宣使，秦凤经略使；宋龙神卫四厢都指挥使；金靖海军节度使、西蜀道行营副都统制、吏部尚书、真定尹兼河北西路兵马都总管。《金史》为之列传。

贞元元年（1153 年）海陵王迁都燕京为中都（金代共设五都）张中彦同孔彦舟营建中都。

正隆年间（1156~1160 年）海陵王在南都汴京营新宫时，他时任彰德军节度使。他采运关中材木至都，过青峰山，途中建十几里长道路和桥梁，于崖边凿道，壑上架桥，以架空道路运输，以车运巨木，若行平地。

又于黄河关洛水道上建浮桥，用"鼓子卯"使桥船首尾自相连接，他先手

---

❶ 南北朝之南齐，另有海陵王萧昭文（494 年在位）。

制小舟模型，才数寸，不假胶漆，而首尾自相钩带，谓之"鼓子卯"。又利用河岸斜坡，以新秫秸密排，旁压以大木，趁凌晨霜滑，拖船滑行。又在中都南垣开护城河，由凤凰咀到祖家庄。在中都房山建金陵。

一〇七、王逵（元符三年/1110～金大定七年/1167年后）

金正隆三年（1158年）建的山西繁峙天岩村灵岩院（后改名为岩山寺），现仅存的南殿，除了屋面于元代改修之外，建筑为典型金代建筑，殿内尚保存完整，艺术水平极高。

殿中东西两壁的壁画，共约97m^2，其中西壁画为宫廷画匠王逵所绘，当时已年届68岁。该画高3.45m，长达11.4m，为现存最大面积的金代壁画。画中以佛本生故事为主，所绘除大量人物之外，还有山水、城池、宫殿和花木、湖石，其中所绘宫殿，其平面为罕有的土字形——前殿后阁（两层），中以柱廊相连。值得注意者为：宫城正门外双阙采用十字脊重檐顶。此外还有众多建筑形象——画左上有金大定七年（1167年）题记。

1982年定为全国重点文物保护单位。

一〇八、平清盛 Taira Kiyomori（1118～1181年）

日本古代流行自然神教"神道教"。反映于建筑就是神社jiuju。尽管5～6世纪传入佛教，神道教仍历久不衰，神社达十一万所以上。神社就是日本人按照想象为神而建的住所。

位于本州，四国和九州三岛间的濑户内海，广岛南面广岛湾之宫岛（又名严岛）祀海神的严岛神社，据说原建于6世纪时的神社，甚为简陋，是于593年由佐伯全本所建。

平清盛（1167年起任太政大臣）成为日本历史上第一个军事独裁者，他于12世纪中，大事兴建的新建筑，由十七个神社建筑和二十多社殿沿海边而建，以273m长的朱红回廊连接，甚具气势，其中正殿——本殿阔24.3m，深12m，前面的拜殿阔12.4m，深30.3m，另有祓殿、五重塔、千迭阁、能舞台、长桥等。

离得远远的海面上，树了一座大牌坊，宽24m，高16m，名"大鸟居"Torii。因海神由海上面来，大鸟居就是迎接海神的大门，所以甚为重要。

1207年、1223年，主神社被火焚毁。1325年台风再毁。

16世纪下半叶曾经改建本殿和拜殿，现存大鸟居是1875年重建的。

一〇九、张仅言（活动于12世纪中叶）

幼侍金世宗（完颜雍）藩邸，任藏库副使、少府监。凡宫室营造，悉皆主之。

治事严谨，工心计。

大定六年（1166年）提举大内丁役、护作太宁宫。大定十七年（1177年）典领昭德皇后山陵。

一一〇、衰钱而（活动于12世纪下半叶）

赵州（今河北赵县）人。

金章宗（完颜璟）明昌年间（1190~1196年）在赵州西门外建永通桥（又称小石桥，以别于李春所建之大石桥——洨河安济桥），桥位于清河、洨河交汇处。

仿安济桥而较小，华丽尤精。

一一一、俞征（约1150~1210年）

字子兴、且轩，吴兴人。

山水画家、诗人，兼工造园。

南宋光宗绍熙年间（1190~1194年），官大理少卿、宝谟阁侍制、侍郎。

善堆造园林假山，逾大小百峰，高者达二三丈，皆不锔钉。

其时开始流行假山，其制作甲于天下，称"俞氏园"。

一一二、丁允元（活动于12~13世纪间）

被茅以升誉为"世界最早的启闭式桥梁"的潮州广济桥（又名"湘子桥"），其完成经历了宋、元、明三个朝代，前后三百多年，分几个阶段，才逐步完善。

南宋乾道七年（1171年）时，太守曾汪在韩江上首建浮桥，用86艘巨船连成，当时称为"康济浮桥"。但只三年，淳熙元年（1174年）便被洪水冲垮。

元祐五年（1190年），太守常袆首创"杰阁"于西岸，始有桥墩，其后50多年间，经历任太守、朱江、王正功、丁允元、孙叔谨等人陆续添建，至绍定元（1228年）共完成了十个桥墩，其中以淳熙十六年（1189年）丁允元时的规模最大，因此西桥被称为"丁公桥"。

绍熙五年（1194年），太守沈宗禹蟠石东岸，筑"盖秀亭"，仿效西岸，于东岸建桥墩，称东桥为"济川桥"。其后各太守陈宏观、林嶪、林会续增筑，至开禧二年（1206年）历时12年，共成13墩，而两桥间仍以浮舟连接，于是形成拱桥同浮桥相结合的可开关的桥梁。

元朝期间，无甚建树，这样又过了200多年。直到明宣德十年（1435年）

才由知府王源主持规模空前的叠石重修，并更名为"广济桥"。又在桥上立亭屋 126 间，作为商肆，桥梁还发挥了新的作用。

明正德八年（1513 年）知府谭伦在东桥再增一墩，共计二十四墩，形成"十八梭船廿四洲"的独特风格，这种集梁轿、拱桥和浮桥于一体的做法，在我国，甚至世界桥梁史上属孤例。

雍正二年（1724 年）知府张自谦铸铣牛两具，分置东、西桥岸上以镇桥。

1958 年对全桥作加固维修和改建，拆去十八梭船，于中部改为三孔钢桁及两高桩承台式桥梁。1988 年定为全国重点文物。

值得再提的是丁允元（叔中），常州人，于淳熙中期（1174～1190 年）任太常寺卿时，因赦免盐铁税，被贬为潮州知军州事，遂落籍潮州，在潮期间又将原咸平二年（999 年）通判陈克佐建于金山麓，后于元祐五年（1090 年）由知州王涤迁至城南的"韩（愈）吏部祠"，最终迁往韩江东岸笔架山重建，并改称为"韩文公祠"。

一一三、耶律楚材（金明昌元年/1190～乃马真后三年/1244）

字湛然，号晋卿（取"楚材晋用"之意），晚号玉泉老人、玉泉居士。

契丹族，本辽东丹王裔，曾为金朝开州同知。

通天文、地理、律历、术数、释、老、医卜、音律、书画。

元太祖成吉思汗于漠北，初重武轻文。于 1218 年召见之，方折服，且甚见宠任，授"必阇赤"（掌汉文的书记长），并亲昵地称之为"吾图撒合里"（长胡子的人），又认为是"天赐我的良臣"。

凡政体、法令、制度、庶政、元开国规划多由他奠定。

先后任左、右司员外郎，官至中书令。

其间同刘秉忠一起劈划元大都（今北京）皆先谙后行——详刘秉忠章节。

1220 年撰《庚午元历》为元朝开始行历法，又首次提出"经度"的概念（当时以北京位置定为零度）。

1241 年太宗窝阔台逝，乃马真后（称制）上台，受排挤，抑郁而死。

著《湛然居士集》、《西游录》等，谥"文正"。乾隆时为之立祠于颐和园内。

一一四、张柔（明昌元年/1190～至元五年/1268）

一说生于淳熙七年（1180 年）。

字德刚，定兴人。原仕金，后降元。

元太祖末，镇守保州（保定），任经略史，因兵燹荒废，遂规划市升，修缮城郭津梁，定民居，置官廨、学校。1250年建大慈阁及莲花池，又引泉入城和疏沟渠。

后镇亳州，甲寅（宪宗四年/1254年）筑堤建桥，复建孔庙。

世祖忽必烈中统三年（1261年）决定将上都开平（今正蓝旗多伦）改为陪都，将国都由原为陪都的中都（今北京）建成新的大都。1264年着手，城市规划由刘秉忠和黑衣大食（伊拉克）阿拉伯人亦黑迭儿丁（或译也黑迭儿）负责。

经刘秉忠的建议，新首都放弃原金中都大兴府的旧城。原旧城于1149年海陵王时由卢彦伦、张中彦和孔彦舟等人所规划和兴建。原城址范围在今宣武区，西至现军事博物馆以南一带，面积为 $4.9km \times 4.53km = 22.2km^2$，以现广安门为中心。

新的大都城以（北海）琼华岛一带为皇城范围，南、北边界同现紫禁城，东、西边界较现紫禁城宽，现东、西城之皇城根胡同即昔日城墙位置。都城南界即现北京内城之南，北界则远超今北京城范围，现留下了"土城"遗迹。东西6.65km，南北7.4km，面积 $49.2km^2$，为金中都2.2倍。忽必烈甚为喜爱北海琼华岛，岛上还留下了他用过的大酒缸。琼华岛是金代于大定十九年（1179年）所建的离宫大宁宫（后改名为万宁宫）。大都设十一城门。宫、衙1284年已基本建成，1292年街坊民居亦陆续建成。其间于至元八年（1271年）定国号为元。

张柔于至元三年（1266年）判行工部，负责建都之具体工程，又以其子弘略为筑宫城总管佐之。1268年张柔先逝，至元十三年（1276年）城成。授弘略为中奉大夫、淮东道宣慰使。

一一五、刘秉忠（太祖十一年/1216～至元十一年/1274）

原名侃，字仲晦，晚号藏春散人，邢州（今河北邢台）人。

世仕辽、金为官族。自小博览群籍，博学而多才艺，精天文、地理、律历。邃于易氏及邵代经世书，而足智多谋。这样的人才，"居常郁郁不乐，以不遇于世"，乃隐武安山为僧，法号"子聪"。

后来他游于云中（大同），谒见忽必烈于旅次中。原来当忽必烈在亲王时，海云禅师已将刘推荐给忽必烈，故被忽必烈留参帷幄。

中统元年（1260年）世祖登极，他助立法，受命制定各典章制度：一方面采取前朝制度；一方面革除弊政，又建议劝农桑，兴学校。

先前，1256年宪宗蒙哥曾命他相地于龙岗（今内蒙正蓝旗东）建城郭，三年成，曰"开平"，遂经营宫室，升为上都。

1263年忽必烈命他规划大都城,他建议于原金中都东北别辟新城,因为:①金中都已残缺;②可利用莲花池源源泉水量;③接近通惠河,通北运河,便于漕运。于是于1263年开始规划,至元四年(1267年)建城垣,至1271年建成。以开平为陪都,将大都升为国都。新城以琼华岛之金代大宁宫(万宁宫)为中心,范围北至今四环路,南至今崇文门及宣武门。

凡劈划大都及建宗庙宫室,均同耶律楚材磋商定夺,主持工程者为亦黑迭儿丁(也黑叠儿,黑迭儿丁)。关于给水排水的问题,则由郭守敬大力支持[前于中统三年(1263年)由任左丞之张文谦推荐给他]。在过程中参阅《周礼—考工记》,又善于"采祖宗旧典参与古制之宜于今者。"至元二十一年(1284年)新城内官府、衙署、市肆等相继落成,使大都城集中国古代城市规划之大成。八百多年来成为举世闻名的北京城。马可波罗(1254～1324年)于1274年来华,见到刚落成的大都。一些书中称之为"汗八里"(意即"大汗之城")。

至元元年(1264年)上命还俗,复刘姓,并赐名秉忠。

至元八年(1271年)奏建国号为"大元",正式成为元朝。

在政治上和城市规划上都有卓越贡献,先后拜光禄大夫,位太保,参与中书省事。至元十一年八月,无疾端坐而卒。赠太傅,封赵国公,谥文贞(文正)。

著有《藏春集》、《玉尺经》等。

张文谦(字仲谦)(太祖十年/1215～至元二十年/1283)邢州沙河人。早年同刘秉忠为同学,位左丞、大司农卿、御史中丞、枢密副使、昭文馆大学士领太史院,追封魏国公,谥忠宣。

刘秉忠建议改《大明历》为《授时历》。许衡(1209～1287年)、郭守敬(1231～1316年)、王恂(1235～1281年)助之。

王恂(字敬甫)唐县人。各人关系如下:

郭荣与刘秉忠二人,为朋友关系;刘秉忠与张文谦二人,为同学关系;郭守敬(系郭荣之孙,并为张文谦的学生)与王恂二人,共同协助张文谦。

一一六、余玠、冉琎、冉璞(活动于13世纪中叶)

蒙古太祖孛儿只斤铁木真于1206年建国,自称成吉思汗,以武力大事扩张版图,至太宗窝阔台更向南侵犯,已越过黄河。为抗击蒙古军,早在1240年,四川制置副使彭大雅派甘闰在合川城嘉陵江东岸10里钓鱼山上筑寨。1243年四川安抚制置使余玠令冉琎、冉璞主持进一步将寨修筑为钓鱼城,并将州治迁至钓鱼城,驻兵扼守。1254年,当时守将王坚(?～1264年)、张钰更加筑工事，人民亦纷纷迁来居住。

钓鱼城比原合川城大好几倍，所在位置由嘉陵江和渠江环绕，只有东面开敞，但有石子山制高。城墙因应地势而建，形状很不规整，共有城门七座，在南、北各有城墙延伸向江边。现存宋城垣15km、炮台、码头、护国寺等遗迹。

1258年蒙哥❶汗果然来犯，面对坚固的城堡，久攻不下，蒙哥反被击伤，加上疫疠，最后死亡。蒙古军被迫撤围。由于军民奋力抗争，前后坚持了26年，至1279年才投降。那时，忽必烈建立元朝已八年。

余玠（义夫）（？～1253年），鄞州人，前后筑钓鱼、青居等山城。此外，还有广安大良城、成都云顶山石城、老泸洲城、苍溪大获城、南充青居城、蓬安天生城等多处。淳祐十二年（1252年）在嘉定（现乐山）击退蒙军。

明弘治七年（1494年），后人建忠义祠，有余、冉、王（坚）、张（珏）牌位。

一一七、道询（活动于13世纪中叶）

俗姓王，号"灵应大师"，惠安人。

宋理宗宝祐年间（1253～1258年）募化所得在泉州凤屿建"盘光桥"，长四百余丈，广一丈六。以石梁共百六、七间联结，遥对北面乐洋江的洛阳桥。海中望之如二虹，而宏阔过之。

又造青龙、獭窟、弥寿等桥。

一一八、杨琼（？～至元二十五年/1228）

人称杨佛子，河北曲阳人。

世代石工，技艺绝伦。幼随父、叔学艺，但"自出新意，天巧层出，人莫能及"，致远近闻名。元世祖诏用，令管领燕南诸路石匠。

历世祖朝（1260～1294年），先筑上都，后筑大都。至元九年（1272年）督建大都朝阙宫殿，率五千石工。每方石料均经精雕细琢。至元十三年（1276年）建棂星门内金水桥——白石桥三座名"周桥"。桥为皇城重要组成部分，世祖极为重视，亲自过问方案。桥成，"皆琢龙凤、祥云，明莹如玉。"桥下四龙擎戴水中，甚为壮丽。桥今不存，但明代天安门金水桥即按元代"周桥"建造。

凡采石、开料、雕琢均亲为。先领"山场石局总管"，后任"采玉石提举"、又"匠户总管"，至元十四年（1277年）任少府少监。

---

❶ 蒙哥（1209～1259年），拖雷长子，元宪宗，在位九年。

历诸工程如两都察罕脑儿宫殿、凉亭、石洞门、石浴室、独树山,涿州等寺宇,北岳神尖鼎炉,山西三清神像等。

平生嗜欲之心泊如,食不兼味,服必纯素,故有"佛子"之称。凡事亲任,精力亦瘁,卒。世祖追褒为朝列大夫、骑都尉,赠宏农郡伯。

先后助者有:杨为、段贞、叶孙不花等。其事迹在《故宫遗录》、《昭俭录》和《辍耕录》均有记载。

一一九、薛景石(活动于13世纪中叶)

籍贯、生平不详。由其所著《梓人遗制》之序为中统四年(1263年)分析,书正文应在前,故其活动年份当在13世纪中叶。

原书已佚,其全书卷数及内容均不详。仅存片断(三卷)于《永乐大典》及焦竑《国史——经籍志》中得知是一本有关木工技艺的书,包括大小木作。在所述的七种制造法式中,均有历史制作沿革之"记事"、构件尺寸算法的"用材"和计算工作量的"功限"。另卷又有格子门和板门共卅六式。可与宋代李诫《营造法式》作对照比较。两卷均有附图。

一二〇、札马鲁丁(活动于13世纪下半叶)

中世纪是阿拉伯文化全盛期,吸收了希腊和印度学问的伊斯兰科学,既影响了欧洲,也影响了东方。

至元四年(1267年)忽必烈征召穆斯林星象学家、波斯天文学家札马鲁丁到大都,他带了从伊儿汗帝国 Ilkhan Empire(成吉思汗四个帝国之一,位于波斯湾以北,由土耳其至阿富汗一带)的大汗从阿塞拜疆的马拉加 Maragha 天文台赠送的七件天文台仪器:浑天仪、天球仪、地球仪、方位仪、平律仪、斜拉仪和观象仪,同时进献新的纪年法《万年历》,由忽必烈颁行。又以札马鲁丁为提点,着手于上都开平(今多伦)建立采用主要以阿拉伯仪器的"回回天文台"。还有不少西域的天文学者配合建造。

稍后,由郭守敬、阿尼哥、段贞等人改建了在登封告成镇的观象台。一中一外,相互辉照。"回回天文台"今已不存,其构造亦无从稽考。

札马鲁丁同郭守敬一起进行学术研讨,是一次双方面的交流。

一二一、郭守敬(绍定四年/1231～延祐三年/1316)

字若思,邢州(今邢台)人。幼丧父随祖学习。

祖父郭荣,擅天文、数学及水文。守敬到磁州(今磁县)紫金山,随学者张文谦、刘秉忠(郭荣之友)学习。

元宪宗（蒙哥）二年（1252年）随张文谦在家乡邢州北治理河流三条和修复被淤30年的达活泉河石桥（今有达活泉公园），40天完成。

中统三年（1262年）张把他作为水利专家介绍给元世祖，他当即对水利提出六条建议，遂被任为"提举诸路河渠"，次年任"副河渠使"，1264年到原西夏治理唐徕、汉延等多条古渠及新渠，三月成。西夏人为其建生祠以纪念。

至元十三年（1276年）在冀鲁地区进行测量，比较海河、黄河、淮河几大水系的高程，肯定了大运河取直改道是可行的。

至元二十八年（1291年）为解决大都水量及漕运到京师的问题，又对附近地形作详细勘察，决定一方面改造旧闸河，一方面另引玉泉山的水，经白浮泉先向西再折回东，使水位渐缓，并将高梁河、金水河一起同通惠河接通，由通州直达城下，全长160km，沿途设闸、堤、斗门。其走向同今日京密引水渠基本一致。值得提出的是在历次勘测设计中都记下了"标高"，这种最早的"海拔概念"，比西方早五六百年。排水方面，在城市干道两侧筑石砌明渠（约3尺），排废水于城墙下涵洞出城外。

大德二年（1298年）又规划上都铁幡干渠通往滦河。

郭守敬不但在地理、水利方面有卓越成就，还在天文、数学、制仪方面亦有显著建树；

（1）至元十三年（1076年）受命设计研制出简仪、浑天仪、高表仰仪，玲珑仪等十二种新仪及易携仪器，其中他将四个圆柱体用于环与环之间，以滚动摩擦代替滑动摩擦，类似现代轴承（比西方早约200年）。这批仪器使用了四百多年，汤若望誉之为中国的第谷（Tycho B.，1564~1601年），其中玲珑仪已失，而浑天仪被南怀仁（1623~1688年）当废铜毁掉。

（2）张文谦主持修历，郭守敬进行实测，根据札马鲁丁所提的"万年历"进行研讨（许衡、王恂、札马鲁丁参加）历时17年，于1280年完成名"授时历"，颁行天下。"授时历"同西汉"太初历"、唐"大衍历"合称中国三大历。

（3）将周公姬旦在登封告成镇设立的观景台的圭长，由8尺改为40尺，将圭长由13尺改为128尺，以提高观测精度（阿尼哥、段贞参与）。是元代设立的27座观测点中最重要的观测点，亦现存最古观测天文建筑物。1944年日军侵华时曾破坏观景台，1949年后修复。27个观测台北至北纬65°（在西伯利亚），南至北纬15°（西沙群岛）。

建立大观象台——至元十六年（1279年）在现北京东便门城墙上建太史院和司天台，上置浑仪、简仪和仰仪等。侧为观测台，置玲珑仪、高表和石圭等。周围太史院群房，正统七年（1442年）重建时，上置天文仪器，下为紫微殿、漏壶房和晷影堂等。后来又加上西方仪器和技术。1936明制仪器迁往南京紫金山天文台。

他先后任都水少监、都水监、昭文馆大学士、同知太史院事、太史令等职。

天文历法著作十四种，可惜这批著作被元顺帝携往漠北，下落不明。

一二二、周密（绍定五年/1232～元大德二年/1298）

字公谨、子瑾，号草窗、啸翁、萧斋、四水潜夫、弁阳老人、华不注山人、山东伦父。

济南历城人。流寓吴兴、湖州、杭州。

南宋德祐年间（1253～1258年）义乌县令，入元不仕。

词人。其词集名《苹洲渔笛谱》、《草窗词》。

对湖山园林有所著述，如《齐东野语》、《湖山胜概》、《武林旧事》、《云烟过眼录》、《吴兴园林记》等。

一二三、阿尼哥/阿尔尼格 Aniko/Arnig（乃马真后三年/1244 或乃马真后四年/1245～大德十年/1306）

名八鲁布，字西轩（汉语）。尼泊尔（当时称尼波罗）人。

长于绘画、雕塑，天赋极高，往往一闻即能记能会。

中统元年（1260年）忽必烈命帝师八思巴/八合斯巴/帕克思巴❶（Phags-Pa）（1235～1280年）在吐蕃（今西藏）建黄金塔。尼泊尔选出八十人，但无统领，年方十七岁的阿尼哥自愿担任。众人认为他太年轻，不堪重任，他说"年幼心不幼也"，遂接受差遣。第二年入京，帝师看见他，甚为惊奇。工程历一年完成。他请求回国，帝师挽留他，并且"祝发受具"，收为弟子，又随从帝师觐见忽必烈。帝视之久，问曰：汝来大国，得无惧乎？对曰："圣人子育万方，子至父前，何惧之有。"他还劝帝平息战事。

先后授诸色人匠总管、光禄大夫、大司徒、管将作院、开府议同三司、凉国公及上柱国封典，谥"敏慧"，追授太师。

居留45年，完成塔三，大寺九，祠祀二、道宫二，其中著名而存留者为大圣寿万安寺塔，建于至元八年（1271年），至至元二十五年完成，全高50.9m。天顺元年（1457年）改名为妙应寺塔。位于今北京阜成门内，砖砌。至元十六年以塔为中心再建寺（俗称白塔寺），寺于至正二十八年（1368年）（是年元代亡，明代立）火毁，仅存白塔，也是现存最大元代喇嘛塔，1961年定为全国重点文物保护单位。

---

❶ 八思巴 Phags-Pa 或译帕克思巴，原名罗卓坚参/罗追坚赞（1235～1280年）。萨迦人，被视为神童，萨迦派五世祖，"大元帝师"、"大宝法王"。

至元十六年（1279年）在大都城东堭下（今东便门），由郭守敬主持下同段贞建宏大的天文台——"大都司天台"，在台基上建三层建筑：下层办公、研究，中层八室贮仪器、图书，上层台顶作观测。天文台 12.5 丈 × 50 丈，高 7 丈。明正统年间改建。

大德六年（1302年）在五台山建塔院寺。

至元二年（1265年）修复宋朝明堂针灸铜人，关鬲脉络皆备，又制镔铁法轮。

两京寺院庙寺中佛像，多出其手，其画、塑或铸金造像称"梵式"，居庸关云台过桥楼洞之佛像现犹存。居庸关云台 1342～1345 年由南加惺机资建造。宝坻人刘元（秉元）从阿尼哥学艺，泥、金、漆帛塑像。

此外还掌握织锦技术，织出圣人、帝王之相。逝于大都，葬于宛平。

一二四、阿老丁（活动于 13 世纪下半叶）

伊斯兰教于唐高宗时（650～683 年）由大食国使者开始传入我国。先在广州建怀圣寺（狮子寺），其后陆续在沿海城市建造清真寺。除怀圣寺外，还有泉州清净寺（麒麟寺）、杭州真教寺（凤凰寺）和扬州清真寺（仙鹤寺）等，以上各寺合称中国古代四大清真寺。

杭州真教寺宋代时已有，至元代荒废。阿老丁到杭州，目睹此清真寺已残破不堪，这位伊斯兰大师乃发愿重修，经募集资金，于至元十八年（1281年）起重新修复。

真教寺又名凤凰寺，独具特色的砖石窟门式的大门殿，上建双邦克楼。大殿为三穹无梁殿，以叠涩砌筑，六边形，单檐，攒尖顶，尖拱窗，呈伊斯兰教建筑特色。

明弘治六年（1493年）增建，康熙九年（1670年）进行改建，有碑记记述。

1928 年扩马路时拆寺门（连邦克楼），重建时改为石库门。

现无梁殿仍保持原物，但五层塔已不存。

一二五、周达观（活动于 13～14 世纪间）

字草庭，号逸民，温州永嘉人。

元贞元年（1295年）元成宗铁穆耳遣使诏谕真腊（今柬埔寨），周随行，阅三年，于大德元年（1297年）返。柬埔寨曾异译为甘字智、干不者或甘不察。

归著《真腊风土记》，记述吴哥城和吴哥窟。陶宗仪在《说郛》中附此书。

柬埔寨（Cambodlia/Kampuchea）即古之扶真、吉蔑/真腊。5 世纪时印度人"幡陈如"当上柬埔寨的国王，从而引进印度文化和佛教。7 世纪时本地人打败幡陈如王朝，建立高棉 Khmer 王国，建都吴哥 Angkor（梵语，意"首都"），位于现暹粒市附近。吴哥又译为禄兀。

12 世纪高棉国王苏耶跋摩二世 Suxyavarman Ⅱ（1131～1150 年在位），建吴哥窟。吴哥窟 Angkor Vat/Wat 位于吴哥城 Angkor Thom 南郊，吴哥城也叫大吴哥，吴哥窟也叫小吴哥或吴哥寺。

吴哥窟东西 1480m，南北 1280m，以 190m 宽 8m 深的壕沟围绕，由唯一的门——西门进入。主体建筑由三层平台及山形庙塔组成，呈阶梯形。下层平台 211m×184m，高 4m；中层平台 115m×100m，高 8m；上层平台 75m×75m，高 13m。这些尺寸产生了向上感。在这层层的平台上布满了廊子、角亭、佛像和雕刻等。顶层中心有大塔，塔高 40m，总高 65m。四角是四个较小的宝塔，总体是金刚宝塔式。

周达观到真腊时，正是高棉王朝兴旺的时候。但到 15 世纪，便荒废了。

在吴哥城中心还有巴云寺/百因庙 Bayon Vat。这座中央圣殿由 54 座大小宝塔构成一个大宝塔，高 43m，顶尖各四面笑佛。全庙所塑人物逾 11000 个，周达观在文中提到。还提到在南门外有鲁班墓！

吴哥窟动用十万技工，十五万壮工，费时三十年建成。

吴哥窟的建筑和雕刻综合了佛教和婆罗门教艺术。

直到 19 世纪，才进行修整。

1861 年，一位法国生物学家重新发现，比周达观迟约五百多年。

一二六、刘元（1240/1248～1324？年）

原名刘銮，字秉元。宝坻人。

尼泊尔名匠师阿尼哥的大弟子，他本来是个黄冠（即道士），后来追随阿尼哥学西大梵像，又从杞道录学艺，吸取了印度的佛像手法，尽得精髓。凡两都（上都开平，大都北京）名刹塑木、范金、博换❶为佛像出于元手者，神思妙合，天下称之"杨惠之后又呈现之高峰"。

元仁宗延佑年间（1314～1320 年）"尝剌（刘）元非有旨者，不许为人造神像"，也就是说：凡造神像必须得到皇帝批准，才可以请刘元制作。大都东岳庙（原址在今白云观东，阜成门外西南）塑仁圣帝像，玄都胜境（在西安门内天庆宫）塑三清像（道教认为上天有玉清，上清，太清三大清境，是道教修行

---

❶ "博换"又称"脱空塑"。其法先塑成泥像，浸帛于像并用漆敷之，像背预留小孔。等到漆干透后，用水浸洗去土，由背后小孔排出，形成空心的像，称之为"脱胎"。

的最高境界）都出于他的手。但是这些西番佛像都很隐秘，一般人极少能见到。又为东岳庙塑东岳大帝及侍臣像。

由于其高超的技艺，他历任昭文馆大学士，正奉大夫秘书郎。因此人称他为"刘正奉"，又称"刘总管"。

以寿终，超过七十多岁。至今北京西四西安门大街有胡同名"刘蓝塑"——蓝为銮之转音。

一二七、艾哈默德·本·穆罕默德·古德西（活动于13~14世纪间）

泉州清净寺（圣友寺）（麒麟寺）是伊斯兰教传入我国后早期清真寺之一。

位于涂门街路北，现工人文化宫南的清净寺，原建于大中祥符三年（1009年），一说为绍兴元年（1131年）至元武宗至大三年（1310年）。元顺帝至正元年（1341年），由来自设拉子的耶路撒冷人艾哈默德作出重建。现存为万历三十七年（1609年）物。

大门向南偏西，宽4.5m，高20m，立面作葱式尖拱三重，向西逐渐缩小，门顶为望月楼兼邦克楼，建于隆庆年间（1567~1572年）（已圮，后补的五层木塔，亦因地震不存），经过两重门转左，进入礼拜殿——奉天坛，内东西四间，南北五间，西面设宣喻台，符合朝向麦加的教规，南面向街开窗。殿顶已不存。存北边明善堂及洗心亭、小西天等遗址。

立面石砌，大门呈青绿色。

布局符合伊斯兰教建筑风格，大门吸收了一些汉式手法。

已定为全国重点文物保护单位。

一二八、张留孙（元定宗二年/1247~至治元年/1321）

字闲间，号师汉，江西（仗州）贵溪人。

原道教正一派，自立玄教，为宗师。元世祖称之"天师"。

正一派源于东汉时的正一盟威道，即人所熟知的五斗米道，他们实行父子相传制度由张陵创立，传位于子张衡、孙张鲁等。

延祐六年（1319年），一说至治二年（1322年），张留孙自资在大都（北京）朝阳门外神路街建东岳庙。

东岳庙由戟门、岱宗宝殿和育德殿组成。另东院有娘娘殿和伏魔大师殿，西院有东岳宝殿和玉皇殿。

张逝后由徒吴全节续建，至泰定二年（1325年）完成。

正统年间（1436~1450年），康熙、乾隆、道光间均有增建或重建。

一二九、疏石（梦窗国师）（1275～1351年）

日本（源氏）镰仓末期至室町（足利）时代的著名造园大师。

京都天龙寺（临济宗）住持。受后醍醐❶天皇及足利尊氏礼遇。

1335年在京都的临川寺设计枯山水。

在我国，宋代时杭州法惠院僧法言，于院内汲水累石作山池，并于峰峦洒以粉末以拟飘雪，苏轼誉为雪峰。而苏洵取侵蚀之枯木作假山盆景（见所著《木假山记》），早已有枯山水的雏形。

1339年将原天平时代（729～749年）的西芳寺（西方寺）改为苔寺，在地面上种上百多种青苔。寺为回游式庭园。同年建天龙寺，以祭祀后醍醐天皇。

同年，足利尊氏为被逐的后醍醐天皇重整曹源地庭园。

1343年又构石庭，石庭中布三石，旁十六石。（现保存完整）

1341年将原建于1053年的万年山相国承天寺（简称相国寺）作为中兴的临济宗佛寺，他制作了白川沙的前庭。

足利尊氏以梦窗国师为开山方丈而建等持院，他在院内建芙蓉池和心字池（"心如明镜台"），又将足利义满建的舍阁寺改为禅寺。

他还制作了甲林惠林寺和镰仓端泉寺的园林。

他处于崇尚佛教方丈庭的镰仓时代和进入禅宗思想的室町时代，他是枯山水式庭园的先驱，风格趋于素雅、清幽和洗练。

枯山水反映出禅宗的哲学思想：没有真花木，就不会"一岁一枯荣"；没有真山水，就不会有"沧海桑田"，以空间凝固时间，一切趋于永恒，希冀得到彻底的解脱。

一三〇、布顿仁钦朱（布顿宝成）大师或布顿宁波车（宝敦丹遮亲巴）大师（至元二十七年/1290～至正二十四年/1364）

元代蒙古人译为"卜思端"。

夏鲁派（布顿派）创始人。

原为绰浦学派，又学过噶举、噶当和萨迦等派。

元祐二年（1087年）吉尊西绕琼乃在日喀则东南始建夏鲁寺，后于天历二年（1329年）地震塌毁。

元统元年（1333年）布顿大师主持大规模重建，当时请许多汉人工匠参加，融合了藏汉风格，有别于其他喇嘛寺。

---

❶ 后醍醐（1284～1339年）于1318年即位，1331年企图推翻幕府足利尊氏，事败被逐逃到京都南之吉野山区建立南朝。足利尊氏拥光明天皇为北朝。1336～1392年为日本南北朝时代。

寺包括夏鲁拉康（大殿），两层，下层中央为经堂，周边佛殿，外围为转经廊；上层中心露空成天井，前后左右为配殿。此外有四个扎仓（经学院）、活佛拉章（公署）和僧舍四个部分。成为夏鲁派主寺。

由于汉匠参加，掺入了许多汉族因素，如绿琉璃瓦歇山顶及汉式斗栱，连壁画所绘人物的服饰也是汉式的。

布顿佛学知识渊博，佛学和历史著作甚多，如《善逝教法史》、《布赖佛教史》等。辑成《全集》共26函，200多卷。

自他的理论后，始有"转世"系统。

元顺帝（1353～1368年在位）请他进京传法，未成行已卒。

一三一、马君祥父子（活动于14世纪上半叶）

马君祥及儿子——马七、马十一、马十二、马十三为洛阳画工，善壁画。

山西芮城永乐镇，原吕（洞宾）祠于元代乃马真后三年（1244年）时火毁。宪宗二年至中统三年（1252～1262年）改建为"大纯阳万寿宫"（后改称"永乐宫"），共五座，为现存的最早道观。其中三清殿内壁画《朝元图》为马氏父子于泰定二年（1325年）所绘作。壁画面积达900m²，画中绘帝君、天尊、仙真、星宿、金童、玉女、力士等291人物（一说286），造型生动，色调鲜明和谐，构图严谨，技法熟练，继承吴道子、武宗元❶画风，是现存元代壁画中规模最宏伟而丰富者。

至正十八年（1358年）有朱好古及门人张遵礼、李弘宜留下题记。

1959年因兴建三门峡水利．将永乐宫这群全真派道观连同该批壁画，迁至城北龙泉村五龙庙附近。1961年定为国家重点文物保护单位。

一三二、贾鲁（大德元年/1297～至正十三年/1353）

字友恒，山西高平人。

先后任：行省橡（一种属员）、县尹、中书省检校、史官、监察御史、工部郎中、都漕运使、工部尚书。

元代水利专家，治理黄河有功，擢升荣禄大夫、集贤殿大学士。

至正四年（1344年）河决，洪及五省，在丞相脱脱支持下，主持治河。跋涉数千里，考察绘图。至正九年（1349年）提方案二：①筑北堤以制横溃；②疏塞并举，引水东入旧河道。直接指挥十七万工，仅半年多使河回归故道并通航，后绘《河平图》呈献。

---

❶ 武宗元原名宗道，字总之（？～1050年）河南白波人，画学吴道子，"笔划流水，神采活动"。

至正十一年（1351年）欧阳玄［字原功，圭斋（1283~1357年）翰林学士］记下《至正河防记》，是世界首部有系统、有价值的水利工程著作。记述了：封堵黄河决口的时间却安排在泛期，贾鲁指挥将二十七艘大船，分为三排，每九艘固定在一起，逐渐装满大石，使同时沉入河底，减轻合龙时水压力，在极困难的条件下堵合。

河南周口至朱仙镇有黄水河（小黄河）今称贾鲁河，河道狭窄，河底高于地面。

贾鲁治河有功，但由于重役、克扣，使"河夫多怨"。白莲教首领韩山童、刘福通组织红巾军首起反抗，各地纷起响应，最终导致元朝覆亡。至正十三年（1353年），贾死于征战中。

一三三、倪瓒（大德五年/1301 ~ 洪武七年/1374）

字埏，号元镇、云林、懒瓒、幻霞子、荆蛮民、曲全叟、倪高士、云林子、云林居士等，无锡人。

元末山水画家（四大家之一）、诗人、园艺家，诗书画三绝，师董源、黄公望。家富有，性洁而迂僻，人称他"倪迂"。不满元统治，终身不仕。后家道中衰，遁迹太湖，潜心佛道。

我国古代园林，受"天人合一"思想所影响，都属自然式。商代开始的苑囿，作为养禽畜兽供畋猎游乐之用。面积广阔，只筑高台以眺望（包括观天），其余任其粗放，当时只供帝王诸侯专用。据有史料记载，西汉茂陵富人袁广汉于洛阳北邙山下始有私园，东西四里，南北五里，已开始构石积沙，营人工山水。秦汉私园亦只将相所有。魏晋南北朝乱世，玄理清淡成风，山水画兴起山水园。以再现自然，苟且偷安，逃避现实，时尤崇尚小园。唐代国运昌盛，经济发达，逐渐有官史或文人的私园，主要利用环境，稍作台阁桥舫，利用岛湖竹荷，以天然景色为主，形成文人园。宋代受山水诗词、山水散文和山水画所影响更大，往往不惜搜集奇卉异石，更垒山凿池以模仿自然。元代民族众多，受文化、宗教影响，掺入不少外来因索，但主要还是皇家或宗教为主，此时，更发展了造山造水。

我国园林经历了任随自然，再现自由，模仿自然至创造自然的几个历程。

元朝末年先后出现了曹知白、顾阿瑛和倪云林等园林匠师，他们本身既是画师而兼造园师。

倪瓒在无锡自筑云林堂，以三层的清閟阁为主的建筑群内有云林草堂、玛瑙轩、云雀洞、水竹居、梧桐岗等景点。

---

❶ 曹知白，字又玄，号贞素、云西，松江人（至元九年/1272 ~ 至正十五年/1355），曾任教谕，绘画师法李成、郭熙。

又参与由天如禅师主建的苏州狮子林,立叠石,并绘《狮子林图》以志。

吴江同里镇的环翠山庄也是他的手迹。同里的名园很多,如退思园、遗老堂、西宅别业、卧云庵等。

他所作的假山处理得奇妙,为后世造园之典范。

一三四、王彦达　赵国祥（活动于14世纪上半叶）

山西霍州洪洞县的广胜寺和水神庙,都是元代重要建筑。广胜寺分上、下寺,分别位于山顶和山麓上。下寺有一特别处,在前、后殿之间的东厢竟是一排窑洞,这是北方黄土地因应地势和地质的做法。水神庙的位置更在下面,傍着霍泉、霍渠和飞虹渠。水神庙由明应王殿和三面贴着围墙的群房组成。

元代,元曲取代唐诗、宋词成为文学的主流,元曲以戏剧形式出现,盛行于民间。在水神庙山门的对面,隔着大片空地建了座戏台,这是群众集会和看戏的地方,成为元代建筑的一大特色。

水神庙的正殿——明应王殿重建于延祐六年（1319年）至泰定元年（1324年）间,王彦达和赵国祥于殿内四壁绘上神话故事,其中在前壁左次间（大殿是围廊式,只南面开一门,四壁无窗）绘了引人注目的元杂剧《大行散乐忠都秀在此作场》的演出情景。元杂剧结合了歌曲、说白、舞蹈以演出故事情节,为我国真正的戏剧的诞生。壁画反映出元杂剧的演出情景,它不单是艺术品,也是我国戏剧的史料。

壁画还有《符箓祈禳》和《祈雨图》。

现存最早戏台为临汾魏村的牛王庙戏台（至元二十年/1283年）。

一三五、张显祖（活动于14世纪上半叶）

吴江宝带桥横跨古运河侧淡台湖口,汉武帝已有。唐元和十四年（819年）刺史王仲舒鬻所束玉带以助修,得"宝带桥"之名,而宝带桥横桥卧波于水上,如宝带一条,名称有双重意义。绍定五年（1232年）全改为石桥,317m,53孔,俗称"长桥"。石桥中它最长,孔最多,墩最薄（仅60cm）,结构最轻。

元泰定初年（1324～1326年）张显祖为吴江判官时重修,撤木柱石窦六十二,每窦以铁锔八（长十三尺,重四斤）仍布桫枋于水底筑址以防倾圮。结构上采用柔性墩,又筑造"单向推力墩",于第27号墩加厚一倍,特别坚固。薄墩拱桥比法国的佩罗奈特（Perrenet, J. R., 1708～1794年）早200多年。

明正统七年（1442年）由工部右侍郎兼巡抚周忱和知府朱胜主持修整。

---

❶　周忱（恂如、双崖）吉安人（1381～1453年）,后任工部尚书,谥文襄。

林则徐❶于道光十一年（1831年）曾重修。同治年间（1862~1875年）又有修整。

桥长316.08m，（现行136.8m）53跨。其中14跨至16跨孔加宽，桥为纤道桥，所以无栏，以桥代道兼作排洪及调节水量之用。

长桥形成"长桥卧波"、"鳌背连云"佳景，每逢农历八月十八更有"串月"奇景（每券一月影）。

1933年在桥西另筑西桥，长度相同，二十九孔。原桥北块之石狮石塔犹存。

一三六、曲结顿珠·仁钦（大德九年/1305~洪武十八年/1385）

宗喀巴（1357~1419年）的启蒙老师。

原属藏传佛教噶当派，后改隶格鲁派。

元至正九年（1349年）在青海化隆县（巴燕）建夏琼寺（或译夏群寺、夏仲寺、沙仲寺），宗喀巴年轻时即在该地学经，故被人称为格鲁派之源。

主要建筑有大经堂、大雄宝殿、文殊殿、大金塔殿及各经学院。

该地还有两处喇嘛教圣地：宗喀巴住修过的草屋（已建为文殊殿）和宗喀巴另一师傅端智仁钦的灵塔（洪武十八年/1385年）。

一三七、维则（天如禅师）（活动于14世纪中叶）

俗姓谭，江西永新人。

元至正元年（1341年）到苏州，次年其弟子们出资建禅林（一说天如禅师为纪念其师中峰和尚而建）。在苏州城内临顿路以东、潘儒巷与桐芳巷之间，占地0.8公顷（不计祠堂），叠石为山，称"狮子林"。初名"狮林寺"，后改为"菩提正宗寺"，又称"五松园"，为天如禅师倡道之处。

其称为狮子林，一说取佛书狮子座名之，一说其怪石似狮，或仿天目山狮子岩。更有因中峰禅师同天如禅师之师、子关系。

《画禅寺碑记》有这样的记述："（维）则性嗜奇，蓄湖石，多作狻猊状。寺角卧云室，立雪堂，前列奇峰怪石，突兀嵌空，俯仰万变。"

他叠石时曾延请朱德润、赵善良、倪元镇（即倪瓒、倪云林）、徐幼文（徐贲）共商［见于《扬州画舫录》（李斗著）］。倪于洪武六年（1373年）绘《狮子林全图》以记。

园以水面为主，东北布建筑物，西南贯以走廊。假山则位于池东南，占地

---

❶ 林则徐（少穆、元抚、俟村老人），闽侯人（1785~1850年），谥文忠。

约两亩。建筑物中有金碧辉煌之"真趣亭"。

园中大假山，山势嵯峨，洞壑婉转，如探迷阵。山三层九径，掩盖十一洞穴。但是毁誉参半，戈裕良（1764~1827年）论说："界以条石，不算好手。"《浮生六记》的作者沈三白则认为"乱同煤渣"，"无山林气势"。近人曹聚仁亦认为挤迫，舒展不开。乾隆六下江南，五次莅临。回京后令在长春园及避暑山庄仿建。

万历十七年（1589年）僧明性重建。现状于同治年间修整。1919年贝润生重建。贝为贝聿铭族人。

一三八、南加惺机资（活动于14世纪中叶）

元代对长城无甚建树，甚至让其荒废，因为蒙古孛儿只斤氏就是来自长城以北。对他们来说并无防御意义，反而影响往返。仅有建树者是北京南口以北的居庸关城上的过街楼（云台）。居庸关又称蓟门关。

至正二年（1342年）至至正五年（1345年）南加惺机资喇嘛率同徒弟日亦恰朵儿在关城上建的云台，不具关隘作用，而是一种宗教建筑，其形式就是过街楼。过街楼是喇嘛教的一种常见而独特的建筑形式。

该云台由白大理石砌筑，底部26.84m×17.57m，斜收至顶变为24.04m×14.73m台身开可通车马的拱门，门呈六边形，有异于长城关门的半圆形拱。云台只是个台座，主体是建于台上的三座"噶当觉顿"式喇嘛塔，类似北京妙应寺塔（白塔），但较小。

三塔已毁，连明代改建的泰安寺亦不存。现仅遗基座。

拱门边及门洞内壁高浮雕上刻天神、龙鸟、云及六种文字的经文。艺术价值甚高，是元代雕刻精品，1961年云台列入文物保护单位。

一三九、李好文（活动于14世纪上半叶）

字惟中，山东东明人。

元英宗至治元年（1321年）进士，历任翰林院编修、国子博士、监察御史，河东、湖北等道廉访使，翰林学士承旨等职。

编修宋、辽、金史。又集历代帝王故事106篇合刊为《大宝历》，述自夏至宋、金各朝治乱兴废。

编撰上溯至汉代的《长安图记》三卷，为原宋敏求（1019~1079年）《长安志》作出具体形象的补充：上卷——城市、皇宫、市场，中卷——古迹、陵墓，下卷——农田水利，包括泾、渠、洪、堰。建言利病，尤其详实，是我国城市地理著作中的珍品。

一四〇、刘基（至大四年/1311~洪武八年/1375）

子伯温，浙江青田人。

元至顺四年（1333年）进士，累任皆被劾。入明佐朱元璋定天下，任御史中丞，封诚意伯，被视为"明之张良"。

洪武二年（1369年）主持南京皇宫，历时六年。他选定皇城于城东，以今御道街为主轴，北靠富贵山，南临秦淮河，视为吉地。为取得土地，他将大半个雁雀湖填平。又在朱元璋故里凤阳建皇宫，但后来中止了。

刘基通兵法，擅诗文，又是个玄学家，通晓阴阳五行。据说他认为南京石猫坊的虢国公俞通海的国公府有王气，禀奏朱元璋后，朱元璋着他破王气。他在周围设八卦阵，将旁边设许多纵横多变、弯曲难辨的小巷，这是城市规划的一种异变。

为人刚严，与人多忤，被胡惟庸所害，悲愤而死。谥"文成"，浙江文成县有其庙及墓。

一四一、元顺帝（孛儿只斤·妥欢贴睦尔）Toghon Temtir（延祐七年至正三十年）（1320~1370年）

据记载他有权能，有奇巧。但怠于政事，荒于游宴，聪明过度，勤于制作，最终成为亡国之君。

在内苑亲自设计一龙舟，"帝自制其样，船首尾长一百二十尺"，内有机括，驶动时自动拨水，头尾口目皆动。又自制宫漏（漏壶），木柜高6.7尺，宽3.4尺。内置漏壶，以水运行，上雕三圣殿，玉女持漏箭，浮水面上于刻度显时，左悬钟，右悬钲，以金甲神击之报时，两侧日、月宫各习仙三人，凡子午时分，飞仙列队而行，度仙桥舞于殿前，舞罢退回，旁雕镂狮、凤。——时人称为"鲁班天子"。

至正二十八年（1368年）北逃应昌（今锡林郭勒盟克什克腾达尔罕），他不但带走秦始皇传国玉玺，还将郭守敬所著的天文历法十四种带走，至今下落不明。1370年因痢疾死于应昌。

一四二、陶宗仪（？~建文二年/1400年以后）

字九成，号南村，浙江黄岩人。

元末应举进士不中，时白莲教、郭子兴、朱元璋相继兴起，遂避兵于三吴，隐居松江。

家贫，教授自给，并"躬亲稼穑"。

"务古学，无所不窥，为诗文，咸有法则"，尤刻志字学，又工篆笔。

以笔墨自娱，时时辍耕，暇休树荫，有所得，摘叶书之，贮破盎中。十年积盎十余，发门人萃而录之，得卅卷，成《南村辍耕录》，或称《辍耕录》，杂记元代掌故、典章、文物和时事，旁及历史、地理，其中述及宫阙制度等，对文史研究具参考价值。

洪武二十九年（1396年）曾率生赴试。建文年间（1399~1402年）初尚在。

又著《书史会要》及《说郛》，《说郛》内附周达观之《真腊风土记》。

一四三、三罗喇嘛（三本旦罗哲·桑尔加查实）（？~永乐十二年/1414）

桑尔加查实是法号。

明洪武二十五/二十六年（1392/1393年）三罗喇嘛在青海西宁东的乐都县南创立藏传佛教瞿昙寺（卓仓多杰羌·乐都持金刚佛寺），该址前曾有庙宇。

全寺由三重院落、四重殿宇——金刚殿、瞿昙殿、宝光殿和隆国殿组成，完全按汉式庙宇形制，总体布局雷同北京故宫，故有"小故宫"之称。而细部具地方风格：明木结构，不施油漆。

巧妙利用地势，依山傍水，高低错落。隆国殿建于最高的平台上，殿内为原有一眼名泉"瞿昙池"盖起高3m的"泉神堂"。成为"殿内有堂，堂内有泉"的奇观。殿两侧厢廊为"七十二间走水厅"，斜廊相衔，连檐通脊，解决了暗水通道问题。

三罗当时只盖了金刚殿和瞿昙殿，宝光殿是永乐十六年（1418年），隆国殿是宣德二年（1427年）先后增建的。

瞿昙寺是西北地区保存最完整的喇嘛寺之一。

一四四、宗喀巴❶（1357~1419年）和弟子们：

绛青曲吉·释迦益西（1355~1435年）

绛央曲杰·扎西班丹（1379~1449年）

根敦朱巴（达赖一世）（1391~1475年）

（1）宗喀巴 Tsong-kha-Pa

原名罗卓坚参/罗本藏仔华/罗桑扎巴/罗卜藏扎克巴。出生于青海湟中县鲁沙尔镇。三岁即受居士戒，后来他创立格鲁派（善规派、黄教），成为藏传佛教第一大教派，其著作170多卷，成为该教派之理论基础。

---

❶ 藏语："杜康"为经堂、会场，"康村"为僧舍，"集康"为小僧舍，"措钦"为总集会殿，"拉章"为公署，"卓藏"为藏书室，"扎仓"为经学院，"林卡"为花园。西藏计算面积以"柱"数为单位，不同于汉族的"间"。

甘丹寺（或译噶丹寺、噶尔丹庙或甘当寺），清世宗雍正赐名永寿寺，为格鲁教派最早和最大寺院，位居六大喇嘛寺院之首。

1409年在拉萨创立"祈愿大法会"，标志格鲁派正式创立，并建立甘丹寺，至1416年完成。由拉基大殿、"赤多康"拉章（活佛公署）和两个扎仓（学院）组成。宗喀巴于1419年在寺内圆寂。1610年四世喇嘛加建金顶，其余建筑先后在17、18世纪陆续完成。"文革"时曾受破坏，1978年修复。

明嘉靖三十九年（1560年）在宗喀巴的出生地鲁沙尔镇莲花山建塔尔寺（"十万佛像"），至万历五年（1577年）完成。其先洪武十一年（1378年）该址已有塔，寺主殿为宗喀巴纪念塔殿，内11m高银塔。铜瓦顶镏金，故称大金瓦殿。此外扩法神殿为小金瓦殿（1631年）和大经堂（1606年），168柱。寺建筑多采用汉、回传统手法，尤其活佛公署采用当地汉、回民居传统形式。

(2) 绛青曲吉/绛钦曲结，也失取歇，本名释迦益西/释加耶歇

先为宗喀巴司膳。

明永乐十七年（1419年）在拉萨布达拉宫北培不切山麓平地上建造色拉寺，不同于其他寺院建于山顶或山腰间。主要建筑为101柱，两层的措钦大殿和三座扎仓，还有康村（喇嘛住所）。

大殿由中央的天窗采光，是喇嘛集会殿的典型作法。

色拉寺是他受明朝王室封为"大慈法王"称号后回拉萨建立的。

1982年被定为全国重点文物保护单位。

(3) 降央曲杰/绛央却结，本名扎西贝丹

永乐十四年（1416年）在拉萨西北郊山坡上建哲蚌寺（1982年定为全国重点文物保护单位）。虽然宗喀巴亲临主持开光仪式，但当时规模很小，只有十多平方米的小殿堂。但很快发展成为格鲁派实力最雄厚的寺院。天顺八年（1464年）建立僧院，17世纪上半五世达赖更大事扩建，逐渐发展拥有七个扎仓（现存四个），其措钦大殿三层，183柱，其大经堂是全藏最大，面积逾2500m^2。哲蚌寺更是全藏最大寺院，建筑多为藏式。藏式大面积建筑往往以部分高屋顶突出，以设置侧面采光天窗，如哲蚌寺的大经堂和色拉寺的措钦大殿。

(4) 根敦朱巴/根敦主巴（Dge-'dum-grub-pa）

万历六年（1578年）追封为达赖一世。

正统十二年（1447年）至正统二十四年（1459年），在日喀则南山坡上建扎什伦布寺（意为"吉祥须弥山"），经四世班禅和后来历世班禅不断扩增，成为后藏最大寺院。总体依山势而建，但主次分明。由堪布会议厅、班禅拉让四个扎仓（连康村）和班禅灵塔殿（供历世班禅）等组成。

它是后藏的政教中心，历世班禅驻锡于此，其作用相当于前藏之布达拉宫，内壁画、雕刻、文物均为精品。1961年列为全国重点文物保护单位。

1914年新建的强巴佛（弥勒佛）大殿，高六层，内供高26m，直达顶层的镏金铜坐佛，属我国同类镏金铜佛最大者。

……

师徒四人先后在前、后藏建造的甘丹寺、色拉寺、哲蚌寺、扎什伦布寺，连同在青海湟中的塔尔寺，和甘肃夏河的拉卜楞寺（建于康熙七年/1708年），同列为黄教的六大寺。

一四五、足利义满 Ashikaga Yoshimitsu（1358～1408年）

日本足利尊氏之孙。

十岁便成为室町第三代将军。结束由1336～1392年历时56年之久的南北朝对峙局面，使政局归于统一，又恢复因日本海盗劫掠而中断了600年之中日贸易。

喜欢艳丽高贵的文化艺术。

1380年建京都鹿王院。1382～1392年又建京都相国寺。

应永四年（1397年）建北山山庄之北山殿（后改建为鹿苑寺，以供释迦佛骨），寺临镜湖池。池中九山八湖，寺阁三层，各层按不同时代的风格而建：一层清水院，二层潮音堂，三层舍利殿为禅宗风格的佛堂。二、三层均外贴金箔，顶竖金色凤凰，因此鹿苑寺被称为金阁寺。由于金阁寺的辉煌成就，而金阁寺位于北山山庄，所以在这段时间所兴起的华贵文化被称为"北山文化"。

这座历时75年建成的、被日本人奉为国宝的金阁寺，不幸于1950年被一个小和尚放一把火给烧掉了。其纵火的目的到底是什么，有人分析是因爱极而恨。但真正的动机是什么，一直是个谜。

1955年金阁寺已复原。

一四六、郭琎、张信、沐昕（活动于15世纪初）

湖北均县（今十堰市）武当山（太和山），也称玄岳（道教典籍谓玄武即真武得道飞升之地）。武当山绵亘八百余里，北接秦岭，南临大神农架，宋、元两代都笃信真武神，视为"社稷家神"。

远自唐代，李世民遣均州吏到武当山祈雨灵验，于贞观年间（627～649年）始建五龙祠。宋代扩祠为观，有所扩建。元至元二十二年（1285年）至泰定五年（1328年），又大兴土木，其中延佑元年（1314年）建的天乙真庆宫，是仿木石构建筑。元末天下大乱，建筑毁于兵火，仅存天乙真庆宫等。

明永乐十一年（1413年）朱棣为复兴武当山建筑群，派了郭琎、张信和沐昕等人重建武当山。

三人生卒年份不详，略知：郭琎，初名进，字时用，永乐初太学生，后任户部主事，吏部左、右侍郎，洪熙时（1425～1426年）兼詹事府少詹事，工部侍郎，正统六年（1441年）被劾，辞官归里。张信，封隆平侯。沐昕驸马都尉。

他们率领三十万军民，历时十一年，成八宫，二观（一说九宫九观），三十六庵，七十二岩庙，三十九桥、十二亭和约一百五十里的道路，主要集中于天柱峰一带。

武当山建筑群历宋、元、明、清四代营建，形成逾20万m^2的庞大建筑群，规模超越五岳，为全国宗教建筑之冠。现存最早的是天乙真庆宫，其余保存良好的有紫霄宫（最大，完整，860间）、复真宫、遇真宫（观）、太和宫、玉虚宫、五龙宫、元和观、天津桥、玄岳门、南岩、磨针井约6000m^2。其中磨针井构造奇特，左楼右亭，不对称，我国古建筑中罕见。

其中位于天柱峰顶，属太和宫的金殿（永乐四年/1416年），广深各三间，5.8m×4.2m，高5.5m，重檐庑殿，仿木铜铸鎏金，为我国最大、最早的铜构，内供真武大帝铜像。此外还有另一仿木铜殿—小铜殿（大德十一年/1307年）藏铜殿，2.7m×2.6m，高2.9m。

一四七、蔡信、姚安、杨青、陆祥（活动于15世纪上半叶）

我国古代掌管官方建筑的机构，自商代已开始。周代设"司空"总管营造，其下再作具体分工。秦代开始称"将作少府"，汉代改称"将作大匠"为最高营造官职。隋代称将作大监，并设工部。唐代简称为将作监。宋代随工程繁多，规模更大。元代除将作院外，还有多个司署。明代除工部设营缮所之外，内务府另设营造司，还有总理工程处，工部管辖全国性重要工程，内务府则专营帝王工程。由于工匠不受重视，未能留名。最早见于记录为：明永乐至正统年间（1403～1450年）主持宫廷及陵墓建造的最初设计及施工者：

蔡信及姚安任缮工官，两人木匠出身，姚安生平不详；蔡信为武进人，少习工艺。永乐间始营北京时，凡天下绝艺者皆征至京。知道蔡信善于绳墨，委任为"缮工官"，董理北京宫殿和陵墓，包括宣宗的景陵，也可能包括成祖的长陵和仁宗的献陵。

杨青，原名阿孙，御赐今名，上海金山人。永乐初以瓦工役京，几制度崇广（即建筑物的尺度），材用大小，都由他决定。他由营缮所改任工部左侍郎，退休后他的儿子继任工部侍郎。

陆祥，无锡人，石工，宣德（1426～1435年）末年任工官，长陵的"神功圣德碑"及华表、石柱、石象等都出于他的手。

永乐四年（1406年）决定在北京筹建宫殿，次年开始征集工料，永乐十五年

(1417年)至十八年(1420年)正式施工时,由蒯祥兄弟主持。

十三陵之建造始于永乐七年(1409年),当时吴中(思正)武城人(1373~1442年)勤敏善算,任工部二十余年,主持长、献、景工程,规划井然,封茌平伯。

一四八、班禅一世　克珠杰（凯珠·格勒巴桑）（洪武十八年/1385~正统三年/1438）

永乐十二年(1414年)至十六年(1418年)主持兴建日喀则西南年楚河畔,江孜县曲下的白居寺(班根寺、班古尔却寺、吉祥轮大乐寺),主要建筑为措饮大殿(集会殿,1390年已有,阔九间,深七间,48柱,三层)、扎仓、大菩提塔和围墙(高大的夯土墙,且有敌楼)等组成。

大菩提塔(多门塔)土坯实心,塔身自下而上分四部分,逐层内收。底部为长阔各40m的塔座,四边,二十角形。共五层,每层出檐,最后缩小为20m×20m(如图)。再上面是圆形的塔瓶和亚字形塔斗,最后是相轮与宝瓶,均铜皮鎏金。整个塔由百间佛堂重叠建成,总高约40m,有暗梯可达顶层。从外面看,各层各面共108门,76龛室,全塔共绘佛像约十万,因而有"十万佛像塔"(藏语"班廊曲颠","班根却甸德"或"白阆曲登")之美誉。

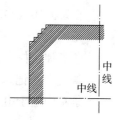

白居寺有两个特点:

(1)"寺中有塔,塔中有寺",寺、塔浑然天成,也是唯一一座寺、塔都保存完整的大型建筑群,有"西藏塔王"之称。

(2)一寺容三派——萨迦派、噶当派和格鲁派,十七经学院分属花、白、黄三教,互谅互让,和平共处。其供奉和建筑风格亦兼收并蓄,但可惜多已毁圮,尤其因光绪三十年(1904年)被英军攻入且大事劫掠所致。

有谓塔由布顿师所建,但布顿大师于1634年已逝,存疑。

一四九、蒯祥（洪武三十/1397或洪武三十一年/1398~约成化十七年/1481）

吴县人。木匠世家,父蒯福为名匠,与弟蒯义、蒯纲均继承父业。

永乐五年(1407年)随召到京参加明都城营建,由木工蔡信、姚安设计,蒯氏兄弟任营缮工匠,负责施工,蒯祥主持。

兄弟所营工程主要有:宫殿、长陵(永乐十五年/1417年)、献陵(洪熙元年/1425年)、前三殿重作、坤宁宫(正统五年/1440年)、衙署、五王府、六部(正统七年/1442年)、隆福寺(景泰三年/1452年)、紫禁城外南内(天顺三年/

1459年)、西苑三海(天顺四年/1460年)、裕殿、定陵地宫(天顺八年/1464年),凡规划、设计、施工均杰出。

每逢宫中有营缮,蒯祥略用尺准度,"若不经意,及造成置原所,不差毫厘"。他还能两手画龙,合之如一。帝每以"鲁班"称之,任工部侍郎(一品衔)。

81岁仍执技供奉,后回乡定居太湖边香山。胥口有其墓。

一五〇、阮安(活动于15世纪上半叶)

明初,成祖朱棣于北京大兴土木时,有一个太监参与了工程——阮安,他是越南人,又名阿留。

由永乐初开始,他一直参加北京城池,宫殿衙署至正统间的重建三大殿都参与。

正统元年(1436年)筑九门时随都督同知沈清,工部尚书吴中参与。

正统十年(1445年)修北京城垣门则随同成国公朱勇及尚书王卺。

还参加杨村南运河河道的疏浚工程。

著《营造记》。

景泰中逝于山东。阮安是否即姚安,待考。

一五一、沙克斯·米尔扎(活动于15世纪中叶)

沙克斯或译沙克色孜——当时喀什的统治者,喀什古称疏勒、喀什噶尔(突厥语"悬崖乐园")。

正统七年(1442年)在市中心建艾提尕尔大寺("节日礼拜场所"),当时只一小寺,至叶尔羌汗国时,吾布力·阿迪拜克于嘉靖十七年(1538年)扩建为聚礼用大寺,嘉庆三年(1798年)一位富有妇人病故于喀什,将遗下的钱财捐助扩建,其后历次改建,现状是同治十一年(1872年)时兼有礼拜殿和教经堂的建筑群。

礼拜殿140m×120m,为南疆最大清真寺,总平面为不对称的四合院,砖红色的大门高12m,门楣和两旁围以15个尖拱形的壁龛,两旁圆柱形呼拜塔。入内,左为礼拜殿,右为2600m²的教经堂。殿顶158根雕花立柱承托,柱头各不相同,是雕刻杰作。

喀什东郊的阿巴和加墓由主墓、四个大小高低不同的礼拜寺和教经堂组成,内有香妃墓。

一五二、王振(?~正统十四年/1449)

明英宗太监,河北蔚县人。

北京东城禄米仓最完好地保存着一座明初寺院——（报恩）智化寺。

主体建筑是智化殿、如来殿（最大，两层，下层五间，上层三间，有围廊）、大悲堂、万法堂。其余山门、钟鼓楼、配殿（央智殿、藏殿）、方丈院俱全，布局完整。而主要建筑采用黑色琉璃脊瓦，实属罕见，可能按五行黑色属水，以防火灾。

王振于正统八年（1443年）兴建此寺，作为家庙之用。但才五六年时间，王振唆使英宗朱祁镇亲征南犯的瓦剌（哈剌蒙古别部），于土木堡（今怀来土木镇）一役，英宗被虏，王振亦死于乱军之中（一说被诛族）。工程逾五十余年，于正德初竣工。

刘敦桢有《北平智化寺如来殿调查记》。

一五三、汤东结布（洪武十八年/1385～天顺八年/1464）

本名尊追桑布，后藏迥类物齐人，出身贫苦，幼年为僧，曾去印度、尼泊尔朝圣。

在雅鲁藏布江建多座铁索桥，如拉萨、香曲河等地，兴起了在西藏建铁索桥代竹索桥。

其中曲水桥为第一座（1430年/宣德五年），现残存五桥墩及藏铁索的地窖，曲水（雪村）位于拉萨河汇入雅鲁藏布江处，拉萨西南。

一五四、细川胜元 Hosokawa Katsumoto（1430～1473年）

细川胜元或作细川胜原、细川胜源。

室町时代应永间幕府管领。

室町时代（14～16世纪）是日本庭枯山水的黄金时代。

宝德二年（1450年）创建的京都龙安寺，他在寺内方丈前庭布置了驰名的"虎渡子石"枯山水，在30m×15m的石庭上，满铺白沙，沙坪上布以五组、十五块大小不等的石块。从任何角度看，只见十四块石，其中总有一块看不见，沙坪耙成波浪形，配以几丛苔藓。象征性的手法：以沙拟江河，以石拟蓬莱仙山，据说"虎渡子石"故事见于《后汉书》，"（刘）琨为弘农太守，仁化大行，虎皆负子渡河"。这是座眺望园、三面以2m高的围墙遮挡，只能从一面的长边静静冥想其中的禅意。该庭后由其子政元及相阿弥（1472～1525年）完成。南禅寺水路阁另有虎渡儿亭（小堀远州制作）。

他还设计和制作京都大德寺真珠庵方丈前庭，也是以三、五、七块组成石群。

因与山名持丰冲突，1467年应仁之乱，两人俱亡，乱至1477年结束。

一五五、足利义政 Ashikaga Yoshimasa（1436～1490 年）

室町时代第八代将军，政迹平平，感无能治乱世，曾欲让位，其当政时期还引起"应仁之乱"（1467～1477 年），洛中地区被夷为平地。

在建筑方面，他将第二代将军足利义诠所建的菩提寺改为宝筐院，又重建八坂之五重塔（塔高46m），其最主要的工程是银阁寺，他为了不让金阁寺独美于前，1482 年（文明十四年）他将东山山庄慈照寺改建以仿金阁寺的山庄，自然是东施效颦。他联同相阿弥（善阿弥）策划，结果未能见到完工，而死后还被改为寺院。而银阁（观音殿）也迄未贴上银箔，山庄的庭园仍由相阿弥仿效疏石（梦窗国师）设计的西芳寺（苔寺）。

续足利义满兴起的北山文化后，又兴起了东山文化，是室町幕府的伟大时代。

一五六、相阿弥 Sōami（1472～1525 年）

或译善阿弥，名真相。

祖父能阿弥和父亲艺阿弥均为画家。家学渊源，相阿弥除诗画外，还擅长园艺、茶道、香道、插花、纸门绘和艺术评论等。

14～16 世纪足利氏的室町时代，深受佛教禅宗思想的影响，在艺术创作的领域而致庭园布局和制作同样受其影响。

受足利义政的委托，慈照寺（银阁寺）的庭园设计，他在寺前布置银沙滩，并以银沙筑圆锥形的"向月台"，让月光反射照耀银阁寺，可惜银阁寺未能彻底完成。

原建于 1336 年之南禅寺庭园和粟田御所青莲院庭园，也是他的创作，两处都是回游式园林。一百年后小掘远州在青莲院庭园内加造"雾岛庭"。

一五七、一休（活动于 16 世纪）

原名宗纯，梦闺，号狂云子，人称瞎驴。

禅僧，好汉诗，擅书法，寿八十八岁。

曾任京都大德寺住持。

改建原由大应国师于 1267 年创建的妙胜寺为酬恩庵，又名一休寺。

同比他年轻得多的千利休（1521～1591 年）私交甚笃。

一休隽智，民间流传下许多轶闻趣事。

主持重建被战争烧毁的大德寺，劳累致死。

一五八、徐杲（活动于 16 世纪中叶）

江西丰城人。

明嘉靖年间（1522~1566 年），以木匠起家。嘉靖三十八年（1559 年）重建奉天、华盖、谨身三大殿及奉天门，负责设计及施工，由雷礼（后工部尚书）总管。同时参加者有木工郭文英❶和赵德秀。殿成，余材用于建西苑之永乐宫。任内先后主持皇史宬、太庙、玉熙宫及筑外城，又修卢沟桥和治永定河。他能以意料量，比落成，皆不失尺寸。

"尝为内殿易一栋，审视良久，于外另作一栋，至日，断旧易新，分厘不差，并不闻斧凿声"——说明当时则例已定，构件已定型化。

又，"魏国公大第倾斜，欲正之，计非数百金不可。杲令人囊沙千余石，置两侧，而自与主人对饮，酒阑而出则已正。"徐观察到屋宇倾斜，实因地基下沉不均所致，故利用沙重以纠正。

徐杲以功擢进至工部尚书，其技艺一时无两，被人称为"明代的公输般"。但可惜晚年修卢沟桥时贪念，侵益以万计。下狱遣戍而死。一说被朝臣陷害，后充军。

一五九、范钦（弘治十六年/1505~万历十四年/1586）

我国之设立图书馆，自古已有。班固《汉书——艺文志》："老子做柱下史，博览古今书籍。"萧何建石渠阁、天录阁以藏图籍，其后各朝代均有院、阁，但这些都是官方图书馆。

作为私人建造楼阁以大量藏书，以范钦之天一阁最为完善。

范钦，字尧卿，号东明，鄞县人。先后知随州、袁州，任工部员外至兵部右侍郎。

明嘉靖四十年（1561 年）在家乡宁波月湖西建天一阁藏书楼"以构庋贮之所"。阁外观两层，实为三层，书藏于中间暗层内，上层统为一间，象"天一生水"，下层六间，象"地六成之"，两尽间为楼梯。青冷色墙柱，硬山封火墙，黑瓦（黑色属水），前后开窗。上层籍册按经史子集分类，下层藏石刻，并作阅读之用。为了保护书籍，书橱册籍置防虫芸草。阁前蓄水池名"天一池"，又假山方亭。有暗沟通月湖。防火，防蛀，防霉，防盗都设想周全。

楼宽 23.21m，深 11.77m，高 8.3m，至其临终时已藏书七万多卷。

重孙范光文于康熙四年（1665 年）于前后建园、山、池、桥、亭。

---

❶ 郭文英，韩城人。1536 年建皇史宬，1540 年建天坛皇穹宇，又太庙。官至工部右侍郎。

清代宫廷用之七座御用藏书库：北四库—故宫文渊阁、圆明园之文源阁、避暑山庄之文津阁、沈阳之文溯阁和南三库杭州之文澜阁、扬州之文汇阁和镇江文宗阁都以天一阁为蓝本，其房屋及书架都仿之。

早于宋代，钱俣、郑时已建书库。

元代虞子贤建"城南佳趣楼"。

明清民间自置藏书楼兴盛，著者有常熟钱谦益❶之绛云楼及瞿镛（绍基）之铁琴铜剑楼，湖州陆心源❷之丽安楼，刘承干之嘉业堂，杭州万氏之八千卷楼，聊城杨氏之海源阁，江都马日琯之小玲珑山馆，泾县朱琦之小万卷斋。其中以常熟最为兴盛，如毛晋❸之汲古阁、黄虞稷之千顷堂、陈察之至乐楼、杨梦羽之万卷楼、杨仪之七桧山房、孙子羽之博雅堂、孙士政之西爽楼、赵用贤父子之脉望楼、秦四麟之又玄亭、钱曾之述古堂和也是园、钱陆灿之调豆斋、叶树廉之朴学斋、鱼元傅之闲止楼等。

一六〇、李伟（正德五年/1510 至？年）

山西翼城人，移居通州。

明嘉靖四十五年（1566 年）任锦衣卫都指挥佥事，封武清伯（后武清侯），谥恭简，赠安国公。

在北京西郊建清华园（又称李园），边长 5km，内长桥、山洞、奇花、秀石，但"少自然野趣"。其"挹海堂"，楼高五层，园西北水阁，垒石以激水，形如帘，声如瀑，后废。

康熙时依原址改建为皇家的"畅春园"（今北京大学西墙外），至乾隆中仅存"百尺楼"。

阜成门外八里庄有其墓。

一六一、张南阳（约正德十二年/1517 至万历二十四年/1596）

上海人，号小溪子、卧石生、卧石山人。

父善绘画，自幼受熏陶，已娴绘事，成为画家。后专事造园。他将两者互相融会，善用画家手法叠假山，随地赋形，万山重叠，变化巧奇，似神工天造。

在江南、江北，叠山多年，著名者有：

---

❶ 钱谦益（受之、牧斋、蒙叟、东涧老人）常熟人（1582～1664 年），与吴伟业（梅村）并称双璧，工诗画，明亡降清。

❷ 陆心源（刚甫、存斋）湖州人（1834～1894 年），任福建盐运使，精金石，富收藏。尤对古砖，搜集古代砖甓纹样，著《千甓亭古砖图释》20 卷。

❸ 毛晋（凤苞、子晋）（1599～1659 年）汲古阁藏书还兼印书工场，楼九间。多时雇工数百人。

在娄县（今太仓）为王世贞（1526～1590年）造"弇山园"（今"丰园"），园占地70余亩。其中方池20亩，池中垒三山，分别为东、中、西三弇，这些垒山今已不存。仅从王世贞所著的《娄东园林志》中知道，园艺同自然环境融合为一体，分别以各景象如花、月、风、雨、雪等而著。当时弇山园号称为东南第一园。另见王世贞章节。

泰州的"日涉园"，取陶潜"园田涉以成趣"诗意，又称乔园、三峰园（园内三石）、蛰园，盛时范围甚大，园内拥有大住宅。经营时间达十二年，后由顾山师和曹谅于明末才完成。曹谅特擅小品。

更为有名而留存下来的是上海豫园内仰山堂后的黄石大假山（嘉靖三十八年/1559年），为现存明代在江南的最大假山，用了浙江德清武康黄石两千余吨。而豫园是潘允端于1559～1577年花了十八年所建。

一六二、周秉忠（约16世纪中叶至17世纪中叶）

字时臣，号丹泉。生卒年份不详，只知其卒年九十三。苏州人。

多才多艺的名匠：铜、漆用具，仿古制瓷（他所制瓷，人称之"周窑"），雕塑造园，并善于堆垒假山，每先画后垒。其名作有：

苏州寒碧山庄之石屏，称"湖石一峰"。是黄石假山。

寒碧山庄于嘉靖年间（1522～1566年）由太仆寺卿徐时泰（冏卿）所创。当时称东园（在阊门外，因西有西园而名东园），占地30亩，嘉庆（1798年）年间转手刘恕并拓北、东、西部分，遂改名刘园，又名寒碧山庄，光绪初又易名留园。寒碧山庄拥有三峰——三座有名的太湖石：冠云峰、瑞云峰和岫云峰，其中冠云峰最高约5.6m，是宋代花石纲原物。但有资料说瑞云峰位于惠荫园，后移往织造府中。而岫云峰则移杭州花圃。

又在后乐堂垒石作普陀、天台诸峰峦状。

"其疏泉垒石，尤能匠心独运，点缀出人意表。"

其时同张南阳、计成垒石齐名，鼎足而三。

子廷策亦高手，善画观音像，工垒石，年七十，反先其父而终。

冠云峰以高瘦第一，瑞云峰以透著称，而岫云峰则以皱取胜。

留园现分中、东、北、西四区，周所叠在中区之池北，而三峰则在东区。

一六三、千利休 Sen Bikyū（1521～1591年）

原名田中四郎，法号宗易。

室町时代至桃山时代之间的茶道大师。除茶道仪式外，擅作茶庭，对茶室建筑，茶室园林的风景布局均有所创新，成为"茶道法祖"。在15世纪珠光所的茶道基础上，重新确立程序，形成固定模式。建立闲寂枯淡的茶道美学观。

茶道原由禅僧兴起，茶庵风建筑结合野趣庭园，讲求古拙，同当时金碧障壁的书院造邸宅并行，对比强烈，形成建筑史上罕见的现象。而豪绅、武士们亦附庸风雅，纷纷仿效。

所作茶室和茶庭，著名的有富山畈村舍和其遗作表千家的茶庭，都用材平凡，景致简朴而野趣。他用石塔、石灯、水钵的布置和飞石、敷石的手法进一步发展茶庭，表现寂静简素。他说"在不足中体味完美；在欠缺中寻求至多"——这是多与少之间的辩证关系的一种说法。

千利休和比他年长的一休（宗纯）禅师私交甚笃。

千利休长期为丰臣秀吉的茶艺、造园服务，但最后因为大德寺的木像放置问题激怒了丰臣秀吉，切腹自杀。

一六四、潘季驯（正德十六年/1521～万历二十三年/1595）

字时良，号印川，乌程人（今吴兴），明代治河专家。

嘉靖二十九年（1550年）进士，曾任御史、巡抚、大理寺丞、刑部右侍郎等职。

嘉靖四十四年（1565年）任右佥都御史开始治河，朱衡佐之，四任河道总督、河漕尚书、工部尚书等职，主持黄河、运河、淮河达27年之久。但是他的宦途颇不平坦；先得张居正所重用，但1584年被革。1588年再由申时行起用，直至逝世。

他采取坚筑堤防，以固河漕的办法，整建郑州以下黄河两岸堤防。他总结出"筑堤束水，以水攻沙"的口诀以归漕。于下游筑造牢固堤防，以加快流速，使河水的冲击力增强，带走泥沙，解决黄河含沙量大的特点，有效避免河床淤塞和河水泛滥。"籍淮之清以刷河之浊。"

主持修建清口枢纽工程，使黄、淮、运三河平交，治黄、淮结合借淮入河。

又用"柳辊"（以泥土、植物织成地毡状，中以树干、大绳为轴心，卷成长150尺，周20尺的大圆柱状物）推入河中，并即以土包推放，使河堤合拢和迫使河水改道，并设三道防线以防泛滥。

总结实践经验，写下了《两河管贝宸断大工录》。《四库全书》收录时，更名为《两河经略》、《河防一览》等。

一六五、王世贞（嘉靖五年/1526～万历十八年/1590）

字元美，号凤洲、弇州山人。太仓人。

---

❶ 其父王忬任右都御史，家传玉盃"一捧雪"（京剧《一捧雪》以莫怀古托名王忬）及《清明上河图》。严嵩子严世蕃索二物，忬以赝物馈之，严以边事陷忬坐法。

明代晚期文史家，主持复古派文坛廿年，善书画，尤擅写梅。

任刑部主事，累官至刑部尚书。

于太仓营弇山园（今丰园），广 70 余亩，方池占 20 亩。池中三山，由张南阳垒。又建楼堂于各山：东弇分胜亭，中弇壶公楼、文漪堂相对，西弇飘渺楼最高，而弇山堂则建于池东。

王世贞文章中还有园林方面的著作，如《娄东园林志》、《弇山集别集》记叙其事。另有《游金陵诸园记》、《豫园记》等。

一六六、戚继光（嘉靖六年/1527～万历十六年/1588）

蒙古孛儿只斤氏南侵，建立元朝，定都于大都，长城尽失防御作用。元朝近百年统治，任其荒废，间中还有破坏。朱元璋以"驱除鞑虏，恢复中华"为号召，收复中原。明朝既立，北戍成为首要防务。徐达亲率军民对长城作历史上最大规模的修葺和扩充，成为现存长城的主要部分。

长城经历了数代的经营，其规模东起鸭绿江口，先北上直至辽河上流，近吉林边界，忽转南下至鞍山附近，又北上绕过广宁（辽东镇），再南下山海关。迂回至居庸关后，长城分内外两线：北线走现内蒙古（在宣府又再分为两线），南线经山西北部，过雁门关（其中又有支线到倒马关和娘子关）两线会于偏头关（现偏关），以后还以双线在陕北和宁夏迂回至武威，然后以嘉峪关为终点。明代共修建了 18 次，总长达 14700 华里。嘉靖时曾锐、夏盛出关阻击，但被严嵩陷死。隆庆时张居正当国，任戚继光、李成梁等，蒙祸始平。

另一方面，日本南北朝分裂，至明初，南朝灭亡，遗臣逃海上同海盗结合，成为倭寇。足利义满时虽暂收敛，至明朝中期又复猖獗，先拢上海及象山群岛，直逼南京，又转掠闽广，被谭纶、戚继光、俞大猷、刘显驱逐出海，倭寇之祸始平。明朝初年，已在沿海便设点防御，北自辽东半岛，南至北部湾，设卫、所 181 处，堡寨 1622 所，以后更有增加。

北拒东征，这双重任务，先后都由戚家军起决定作用。

戚继光字元敬，号南塘。登州人，原籍安徽定远。(1565 年) 戚家五代驻守登州，自幼随父在登州成长，其父戚景通是抗倭名将，蓬莱就有"父子总督坊"(1565 年) 以纪念父子英雄。他率戚家军在台州九次抗倭，两度援闽，至嘉靖四十二年（1561 年）再平侵粤倭寇。先后任都指挥佥事、参将、都督同知至左都督。他为侮御倭寇，保卫海疆，一方面训练义乌兵，一方面每驻守一处，便加固防御，修筑工事。

最著名的，自然是蓬莱水城，水城位于烟台丹崖山东，宋代庆历二年

（1042年）郡守郭志高，辟小海为水寨城——刀鱼寨（宋时水军所驾快船名"刀鱼舡"，故寨称"刀鱼寨"），官兵驻守。洪武九年（1376年）谢观于画河河口疏浚水门海口，将刀鱼寨扩大为城，构筑土城，遂为"蓬莱水城"，又名"备倭城"，后来又建立灯楼。嘉靖三十二年（1553年）戚继光驻防，在水城训练水军，并修葺加固城址。至今县城内建有戚继光祠。

嘉靖三十二年（1553年）驻惠安崇武古城，置中军台，训练水军。

嘉靖三十八年（1559年）驻浙江临海，加桃渚城。御倭后加固城墙1400m，呈扇形，增建敌台——已列入浙江文化保护古迹。

嘉靖四十三年（1563年），谭纶❶以右金都御史率戚继光及俞大猷一起平倭。

1567~1572年镇蓟镇，在北线，戚继光在防御时亦注意加固工事：

隆庆二年（1568年）在迁西三屯营筑城练武。

隆庆四年（1570年）驻滦平时，修金山岭长城（同谭纶）。又在密云修司马台长城。

万历七年（1519年）在山海关老龙头海口修石瓮城，南入渤海。又创敌台，高出城墙体二至三层，住贮并用。

还有门头泊的空心台。又在遵化汤泉乡修休沐池，供军民使用。

一六七、冯巧（活动于16世纪下半叶至17世纪中叶）

明末著名的宫殿木匠，生平年份不详。

继永乐朝（1403~1425年）蒯氏兄弟、杨青、蔡信、姚安、陆祥及嘉靖朝（1522~1567年）徐杲、郭文英、赵德秀后，明代晚期主持宫廷建筑的主要工匠。自万历至崇祯年间（1573~1644年）大半个世纪主持历次宫殿建造。

任职工部，技艺精湛，据裘毓麐《清代轶闻》记载"初明之季，京师有工师冯巧者，董造宫殿，自万历至崇祯，未老矣"。

一六八、丰臣秀吉 Toyotomi Hideyoshi（1537~1598年）

他于1580~1583年用三年时间终结百多年的战国时代，更医治战争创伤。

战争一结束，1583~1585年他便在大阪筑石城"锦城"，1590年对京都市区作改造，1591年进一步在外围筑土城（今部分存）。

另一方面，1586年令建万广寺的大佛殿。1589年又令建京都风止渡月桥（石桥）等三座大桥。

---

❶ 谭纶，字子理，号二华（1520~1577年）江西宜黄人，任兵部右侍郎，总督两广。隆庆时（1567~1572年）守北边，升兵部尚书，谥襄敏，增太子太保。时两人并称为"谭戚"。

16世纪中,还在战国时代,各领主为自保,在府邸屋顶建望楼,1576年在当时的政治中心安土城建造了第一个天守阁。这座天守阁,内七层,高30m,除了顶层是望楼,底层作为府邸外,其余只是仓库,并不起什么防御作用。1576年(天正四年)织田信长在琵琶湖畔建安土城(白鹭城)。

天守阁多建在丘岗上,向外重重分为郭,依身份而分郭居住,一般为五郭。中心的第一郭又分为丸:"本丸"、"二之丸"和"三之丸",重重叠叠。只有最中心的天守阁有一些防卫构造,作为射箭、枪炮或投石的孔洞,内部贮藏兵器和粮草。天守阁的外形利用各层的平面变化,进进出出,错落有致,加上山花的变化——歇山式的"唐破风"或弓形的山花"千鸟破风"构成日本建筑新的形式,与其说是防卫建筑,不如说是建筑的艺术品,更是各领主炫耀国力,互相争奇斗胜的手段。1615年幕府限制各领国只能有一座天守阁后,只半个世纪,昙花一现,盛况不同了。

在桃山时代❶兴起的一阵天守阁建造的热潮中,他手下的一名武将生驹亲正于1588年在四国香川的高松城堡建造了天守阁。1594年,丰臣秀吉令建伏见桃山城的天守阁(五层)——但这座天守阁于1619年被德川秀忠(1579~1632年)下令拆取材料用于建造十多所寺庙。

他热心于重建和修整好些建筑,并予以资助,而且还亲自设计,如1598年京都醍醐寺三宝院的庭园,这是将和歌山满愿寺拆移而来的,但未及完成,他便逝世了,由他人完成,而寺中(茅草顶)纯净观是为赏菊而建。

此外,1592年改建原1272年的西本愿寺,还有京都大德寺的廿一个"塔头"❷(后来于1636年由天佑和尚作庭园)和丰国神社的建造。

关于天守阁,有名的有大阪城、熊本城、名古屋城和姬路城,合为四大天守阁。其中1580年建于兵库县(Himeji)的姬路城(取姬山和鹭山而名),是1346年由赤松贞范所建的平山城(平城或山城)的三重望楼,后由池田辉政于1601~1609年改建为五层、六阶的天守阁。

1592年他入侵朝鲜,破坏了大量建筑和文物。

一六九、妙峰(嘉靖十九年/1540~万历四十年/1612)

俗姓徐,名福登,山西临汾人,十二岁在永济出家。

据资料,另有版本为:俗姓续,平阳人;生卒年份为:明弘治五年(1492

---

❶ 1563年(永禄十一年)至1615年(元和元年)为日本安土桃山时代。
❷ "塔头"——原指和尚坟和旁的住房,后成为寺中别院之称。

年）至嘉靖四十四年（1565年）。

据明代释镇澄为其立传中说："凡大工程，他人不能成者，一请料理，不久即成"。又在《清凉山志》中说："万历间主持建大道场十余处，如五台、峨眉、普陀等，艺尤长于砖砌无量殿。"查万历年间应为 1573~1619 年，则其生卒年份应以 1540~1612 年为正确，至于"徐"xú、"续"xù 两者只阳平及去声之别。以山西籍计，可能俗姓续。但无论如何，他长于筑无量殿为不争事实。

拱券技术，西汉初期已趋成熟。一直以来仅应用于桥梁、陵墓而至城门等之用。到明代初年出现以筒拱构筑的无梁殿（又取其同音叫无量殿，喻"功德无量"），这种结构的出现，改变了中国建筑一直以来木构架的传统结构单一的方式，是一种另类结构和突破。

前前后后，建成的无梁殿有：南京灵谷寺（五间）（洪武十四年/1381，最早）、句容宝华山隆昌寺（完成于1605年）、苏州开元寺藏经阁（二层、七间）、五台山显通寺（大孚灵鹫寺）、太原永祚寺、北京皇史宬（1534~1536年，九间）、天坛斋宫、颐和园智慧海等。无梁殿由于全部砖构，故经济，施工方便，尤其利于防火，最适宜用于保存档案、佛经和书籍之用。在山西中部也出现此种结构的民居。

其后，由筒券发展为穹顶，如峨眉山万年寺，其内径达 9.2m，外径 15.6m，四角穹隅为三角形叠涩。显然受伊斯兰教建筑所影响。

《马可波罗游记》中曾提到镇江三座景教堂，可能为砖拱构成，时在元代。

妙峰所设计建造的建筑有：山西太原南的双塔寺，仿木无量殿，上观音阁，寺东西两砖塔，八边形十三层，高 54.7m。

五台山显通寺的铜殿 5m×4.6m，高 7.8m，重檐歇山顶（由刘元春铸造）。

山西宁武宁越山腰的万佛洞（1591~1594年），深、阔、高都是 11.7m，内有小佛万尊。

妙峰逝后敕封为"真正佛子"。

一七〇、德川家康 Tokugawa Jeyasu（1543~1616 年）

日本战国（1467~1573 年）三雄之最后胜利者。自织田信长（1534~1582年）支持足利义昭稳定自应仁之乱（1467~1477年）开始的混乱局面，恢复统一。后丰臣秀吉（1537~1598年）及德川家康相续加入。织田死后，丰臣结束了战争，而丰臣及德川由战而盟，至1590年完全统一。丰臣两次侵朝失败，不忿而死，德川坐享其成。自1603年起，德川家族开拓265年的江户时代。民间说："织田捣米，丰臣作饼，德川享受。"

待和平环境，遂开始营建：

1601 年兴建圆光寺，1602 年修东正愿寺。

作为其府邸，1603 年在京都建"二条城"，按当时已趋成熟的"书院造"建造，而以豪华的风格、集安土桃山文化（永禄十一年至元和元年/1615 年）之大成。生前未完，德川家光（1604～1651 年）当政时才将中心部分的石墙筑完。

1612 年下令建名古屋的天守阁，阁高 53m 多，外观五层，内七层，顶脊两端为 88kg 纯金的金鱼虎（海豚）（"二战"后重建），还有大阪的天守阁、御香居。

二条城作为德川家族的行宫，规格僭越皇宫。其内三个庭园："城郭之庭"、"清流园"及"本之丸庭园"各具特色。

一七一、贺盛瑞（活动于 16～17 世纪间）

字凤山。

万历二十年（1592 年）任工部屯田司主事，万历二十三年（1595 年）任工部营缮司郎中。

负责泰陵、献陵、乾清宫、坤宁殿、宫城门楼、西华门楼、公主府第等 60 多项工程。

明代建筑工程管理专家，采取多项改革措施：精简、改例、明责、防弊和经济核算等各方面，以改进经营管理。具体有：改变雇工、备料的归例，而用就地雇工，招商买办，相互竞赛，按成果以现钱给工值，"论功不论匠"，调用库存，使用旧料，改进工具等。又分设监督、巡视两官，互相制约。其中以铜铸钱付工资，差价可省银两（仅乾清宫原估 160 万两，节省了 92 万两），结果实际使用只占估计的 57.5% 左右。

在千百年旧制度的环境中，如此大胆地推行近似现代先进的体制，跨进了一大步，其按劳动成果取酬及良性竞争的办法，实开经营管理的先河。

事见于《两宫鼎建记》。

一七二、陈用宾（活动于 17 世纪初）

云南巡抚。

万历三十年（1602 年）在昆明鸣凤山建道教太和宫金殿（铜构，表面鎏金），殿仿武当山天柱峰顶之金殿（1416 年），阔 6.15m，深 5.1m，歇山顶，内铜钟，周长 6.7m。

崇祯十年（1637 年）张凤翮将殿拆迁至宾川鸡足山，据说木增（1587～1646 年）参与其事。

吴三桂（1612~1678年）降清后，藩镇云南，于鸣凤山原址重建，用铜两百余吨。

一七三、Spinola，Carlo 史宾诺拉/斯皮诺拉（? ~1644年）

自1553年葡萄牙殖民主义者占领澳门后❶，曾先后建造了一些天主教堂，大小不一。但其中最大的是由意大利籍神父Spinola设计的圣保禄大教堂（Ruinis de São Paolo/St. Paul Cathedral）。教堂始建于万历三十年（1602年）成于崇祯十年（1637年）。它成为当时远东最大的天主教堂，也是北亚最早的巴洛克式的教堂，在巴洛克为主的外形中，还掺杂着一些中国因素（如牡丹、荷花和石狮），同时由于当时有一些日本人参与工程❷，还有一些日本因素，如菊花。

教堂建成之后，它不但是澳门最大的天主教宗教中心，还成为圣保禄学院（Colégio São Paolo）的所在。这是远东最早的西方高等学府，也是西方汉学的摇篮。凡西方传教士到中国传教，都必须在这里作长期或短期的准备，以此作为跳板，再踏上中国国土，如利玛窦、汤若望、南怀仁而至郎世宁都如此，学院始于1594年，有多科目，最多时80人。

但是由于建筑材料多为砖木构造，而教堂所在的地势高，近海旁迎风而立，先后三次火灾已遍体鳞伤，至道光十五年（1835年）台风袭澳，教堂又遭火灾，火仗风势，整个建筑物尽化灰烬，仅正立面的前壁屹立不倒。残存的孤立石墙，像个中国的牌楼，遂得个"大三巴牌坊"（Ruinis de São Paolo）之名，"三巴"由圣保禄之葡萄牙语音讹传转化而来。堂前130级阶梯（一说65级）还是当年原物。170年来，大三巴牌坊记录了历史，也成为澳门的地标，游览必到之地。1844~1850年将原建于1576年的教堂改为主教堂而重建，由Aquino, J. T.（阿奎诺）设计。教堂不大，主体只两层，两旁各有三层的钟楼，方方正正的，市民称为大庙、大堂或望人寺。1937年加固。

在圣保禄教堂之前，在该地曾建过教堂，但于1595年及1601年两次火毁。

一七四、三娘子（嘉靖二十九年/1550 ~ 万历三十九年/1611）

一说生卒年份为1556~1612年。

名锺金，号也儿克兔哈屯。阿拉坦索多汗之第三夫人。明朝廷封为"忠顺

---

❶ 嘉靖十四年（1535年）已有欧洲商船泊澳门。嘉靖三十二年（1553年）葡人先以晾晒货物为由，在澳门上岸占地，1557年获上岸贸易权和暂居权，又以年五百两银先借后租，继而设官ون，最终于1848年正式成为殖民地，1851年占氹（凼）仔，1864年再占路环。

❷ 日本德川幕府禁教，大批日本天主教徒逃澳门，因而参加建造。

夫人"（"哈屯"意为夫人）。

阿拉坦索多汗/阿勒坦汗/阿拉坦索俺答汗（正德二年/1507～万历十年/1582）为成吉思汗十七世孙，右翼土默特部首领，嘉靖二十七年（1548年）自立为汗，1571年明朝封为顺义王，隆庆年间（1567～1572年）在乌兰察布盟呼和浩特建"旧城"。（实际由三娘子具体负责。）

呼和浩特旧城在今大北街、大南街一带，由原坞壁基础上筑造。城很小，周长只1000m，南、北两门，现存东墙一段。由于当时以青砖作城墙，故称呼和浩特（蒙语"青色之地"之意），也叫"三娘子城"。新城则建于康熙年代。

阿拉坦索多汗晚年笃信黄教，他"以佛为家，以僧为师"。为宣扬黄教1575年在土默特右旗美岱村建美岱召（"迈达尔庙"），集邸宅、佛庙和城堡为一体，"城寺合一，人佛共居"。明朝廷赐名"福化城"，墙长681m，高5m。由天王殿、三佛殿（琉璃殿）、乃琼殿、老君堂、太后庙、东西万佛殿及活佛府等。明朝赐名"灵觉寺"，清朝赐名"寿灵寺"。

按照蒙古俗"收继婚制"，阿拉坦索多汗死后，三娘子两次嫁给继承人，其殡宫即在美岱召内，即太后庙。

万历六年/1578～1580年在市内又建"大召"（蒙语"伊克召"，即"召城"），清代赐名"无量寺"。又由于寺内有银铸佛像，故又称"银佛寺"，召内有四大学院。

其后人僧格都楞为迎接达赖三世，万历年间（1573～1619年）在呼和浩特建"席力图召"（蒙语"首席"或"法座"之意）成为呼市最大召（庙），汉名"延寿寺"。该召按汉式的中轴线布置，五进。山门后钟鼓楼，再经佛殿和碑亭，主体是大经堂。佛殿已毁。康熙三十五年（1696年）重建的大经堂，建于高台上，九开间，六十四柱，构造上则用喇嘛教的特色——黄琉璃瓦，红色窗楞，宝瓶、法轮、飞轮，后两侧为活佛住所，喇嘛住所，还有四座佛殿，已定为全国重点文物保护单位。

一七五、Ricci，Matteo 利玛窦（1552～1610年）
Ruggieri，Michaele 罗明坚（活动于16～17世纪间）

两人作为意大利人、天主教传教士，东渡来华传教。1579年惯例先到作为葡萄牙殖民地的澳门这个桥头堡，学习汉语，为习惯汉俗作准备。万历十年（1582年）两人先到肇庆。

罗明坚在肇庆同另一传教士巴范济兴建除澳门外中国国境内第一座天主教堂——广东肇庆仙花寺（为适应国人，不称堂而称寺）。1588年罗明坚回国，利玛窦则继续留华传教，并传播西方近代文化。

利玛窦在肇庆期间曾先后几次进出澳门，1589 年转到韶关、南昌、丹阳、天津、几经周折，终于在万历二十九年（1601 年）到达北京。滞留韶关期间，建立中国境内第二座天主教堂。1603 年在南京石鼓路以私宅作天主教堂，至 1616 年该教堂设施拆除，直至 1864 年再由法国教士复堂，1866～1872 年正式建立圣母无玷原罪始胎堂（罗马风巴西利卡）。1605 年获万历诏许建北京南堂。

他为了便于传教，入乡随俗，先剃发着僧服，成为洋和尚。后来又改换儒服，钻研儒家经典十五年，官吏称他为"利进士"，士子称他为"西儒利氏"。自取字、号为西泰、清泰、西江。

他除了带来自鸣钟、天球仪、日晷、三棱镜、地球仪之外，还带来了《罗马大城舆图》❶ 画册三卷（存耶稣会图书馆），为西方建筑图籍传入我国之始，又自绘多种世界地图。其中于万历三十年（1602 年）绘《坤舆万国全图》（由李之藻❷刊行），这些地图使国人开始打破"天圆地方"的概念。

逝于北京，葬西直门外二里沟。

一七六、叶向高（嘉靖三十八年/1559～天启七年/1627）

字进卿，号台山。福清人。

授庶吉士，任编修、国子监司业至吏部侍郎、礼部尚书、东阁大学士，天启元年（1621 年）42 岁辞官归里，后复召为前辅，只三年被迫回福清。

1606/1607 年在京时建议在家乡建瑞云塔（由其子及当时县知事主持，名匠李邦达设计及作雕塑），塔八边七层，高 135 尺，全石砌，塔仿龙江桥南之水南塔。水南塔于宣和中年（1119～1126 年）由居士林瘐舍地兴建，后被风损。绍兴十一年（1141 年）再由黄某历十七年修复。前后虽相隔约五百年，两塔竟相类，外观各层角柱共 56 根，全塔石干摆，既无灰泥，亦无铁锭（勾缝是后人加的），塔尖无刹，只置圆球。佛教以刹为窣堵波的缩影，无刹则属纪念性。塔于万历四十二年（1615 年）完成（一说还乡后两年完成），里人称塔为"叶公塔"。有《福清县新建桥塔记》记述。1935 年 Ecke, Gustav（艾克）及 Demieville, Paul（戴密微）有专文。

他还发起建黄檗山万福寺之藏经阁，修整石竹山之观音阁和重建九仙桥——以上都在福清县。

明太祖虽禁宦官专政，但成祖永乐帝却反其道，设东厂，成化间又设西厂，

---

❶ 1672 年另一意大利传教士阿来尼又带来两册《广舆图记》，记述罗马角斗场、浴场、神庙、街市等，使国人初次认识西方传统建筑。

❷ 李之藻（1565～1630 年）（振之）仁和人。同徐光启（1562～1623 年）（子先、玄扈）协助利玛窦完成天文历法的著作。李之藻曾于高邮治河。

正德更设内厂，让宦客实行特务专政，其中正德时的刘瑾、天启时的魏忠贤尤甚。正直人士尚理学，重气节，形成党争，顾宪成创东林书院，但各地派系却同东林党对抗，宫廷内外一片纷争。叶向高曾被误为东林党而去官。天启六年（1626年）各省被迫为魏忠贤立生祠，独福建不从，叶向高铮铮正气，告老还乡，次年即仙逝，谥"文忠"。

另一方面，明末正是西方传教士在华开始活跃的时期，叶同天主教一些神父成为至交，如同 Alein, G.（爱恩启）等。

一七七、曾省吾（活动于 16 世纪下半叶）

曾省吾湖北钟祥人，嘉靖进士，万历时任四川巡抚，后任工部尚书。

万历元年（1573年）托词道教真武祖师曾助其师，在四川宜宾真武山（仙侣山）增建真武庙。主殿为玄祖殿，1581年加建祖师殿，后又续有增建。仿泰山形制，立头、二、三天门，殿前如意斗拱牌坊和竭仙坊，其上还有斗母宫、三府宫、文昌宫。成为"川南道教名山"。今存建筑八处。

乡里为之建"大司空"、"少司空"两牌坊，被告僭越。诏曰"留坊不留命，留命不留坊"，他为了"留名"而伏诛。这两座以生命换取的牌坊，至今只剩下"少司空"一座。

一七八、米万钟（隆庆四年/1570～崇祯元年/1628）

字仲诏，号友石，陕西安化人。米芾后裔，自幼随父自关中迁大都拱极城（今宛平）。

万历二十三年（1595年）进士，任江宁令尹、江西按察使、水曹郎，因反魏忠贤被夺职。朱由检登位，除魏忠贤，是年（崇祯元年/1628年）乃得复职任太常寺卿，但即死于任上。

书法家，时同董其昌齐名，有"南董北米"之称。

如其先人米芾，爱石成癖，著《名史》。在房山发现"青芝岫"，曾欲移至其"勺园"，历多日方至良乡，已努竭，亦财尽。弃置道旁，后被乾隆欣赏，乃移至颐和园乐寿堂前。

在京冶三园：苑西之"湛园"，北海淀之"勺园"和德胜门外之"漫园"。

"勺园"取"海淀一勺"之意，遗址在今北大校园之部分，仅得百亩。入园"一望尽水，长堤大桥，幽亭曲榭，路穷则舟，舟穷则廊。"又"布以亭榭桥廊，长堤高柳"围绕池水，形成烟水迷离景观（《春明梦余录》）。但因不便日涉，自绘诸景于灯，张灯神游。又绘《勺园修禊图》长卷（现存北大图书馆）。园后尽废。又撰《燕都游览志》。

"青芝岫"约8m×2m×4m,重逾百吨,千人、四十马方能出山。另"青云片"7m×3m×3.3m,现置中山公园内。

稍前,北京宣武门内武公卫胡同一宅,为高倪(生卒及身世不详)所有,园内砌石为山,屹然苍古。石阴有字记"万历三十年(1602年)起堆"[时在张南垣(1581~1671年)之前]。

一七九、德川秀忠 Tokugawa Hideteda(1579~1632年)

德川幕府第二代将军,1605年接位。

1626年为刚逝的德川家康在东京日光区 Nikko 建东照宫 Toshogu Shrine。后于1634~1636年由第三代将军德川家光改建。其主门——阳明门(日暮之门)规模宏大,宽三间(7m),深两间(4.4m),高11.1m,立12根白色柱,其内为大殿、五重塔和藏家康骸骨之"奥宫",还有鸟居、钟鼓楼、东西回廊等。

为了建十多座寺庙,他将1576年(天正四年)由织田信长所建的安土城天守阁拆除,以取得建筑材料。

一八〇、小堀远州(1579~1647年)

安土桃山时代(1563~1615年)末至江户时代初有名的造园家,他曾任远江守及德川幕府的"茶道师范",而擅作茶庭。

茶庭赖无形无体,但富象征性的衬托,如风云雨雪,鸟语虫吟,水声松籁,延续禅宗室町时代枯山水的手法,引向内省幽玄的境界,于小处见大,又借石灯笼,石水钵点缀,是为其特征。茶庭以深远不尽为极品,切忌一览无遗。

其著名作品有:

前由相阿弥(1472~1528年)造景的京都粟田御所高台寺的青莲院前加造"雾岛庭"。

京都桂离宫元和元年(1615年)起建(丰臣秀吉养子智仁亲王作为八条宫家的别墅),号称占地7公顷,现存回游式最大规模庭园。被评为"洛西别境乾坤",而未受重视。直到1933年才被一位德国的建筑家赏识。

京都修学院离宫(为被迫让位的后水尾上皇所营造)的庭园(三间御茶屋),被视为17世纪日式庭园双璧之一。

京都南禅寺,原于1291年由大明国师所创建,1611年由小堀远州重新设计金地池庭园和孤篷庵庭园。内有鹤龟之庭、八窗席等,在方丈堂前设枯山水,置六石,又虎渡儿亭。

1628年由水尾天皇营造的京都仙洞御所,小堀远州作绿洞及芸之山。

此外还有京都大德寺本坊方丈前回游式庭园和曼殊院庭园的枯山水。

日本的回游式园林大致上同我国的一般庭园，人们在园内随意停留和观赏。但日本的回游式园林内建筑物的比重较小，园林为主，馆阁为辅，园内简淡具野趣，但树木常作修剪，如小堀远州于1604年在冈山县赖久寺所作的修剪，称之为"大刈込"。

一八一、计成（万历十年/1582～崇祯后17世纪中叶）

字无否，号否道人。吴江同里人。

幼学画，工山水，宗奉五代荆浩、关仝。画风写实。

早年外游，行踪遍及京、鄂、赣、湘，中年归吴，在镇江绘画为生，偶堆假山，形象逼真，遐迩闻名，遂转专事叠石造园，而成名家。在其《园冶》中提及，其假山亦追求荆浩、关仝笔意。

其叠石生涯中，在长江南北造了不少名园。它们是：常州为吴玄造的东第园（仅五亩，因此成名）、扬州郑元勋❶的影园、吴秀的梅花岭、仪征的寤园、为阮大铖在建业建的石巢园。

崇祯四年（1631年）开始，他根据东第园和寤园的经验，整理图纸，辑成专论，1634年书成，初名《园政》，后改名《园冶》，阮大铖为之作序。

书三卷，主要为《兴造论》和《图说》。他首先在《兴造论》中提出兴造园林的目的性。为此，"巧于因借，精在体宜"是造园者首要、必需的，接着他通过图样，分步骤地通过《图说》逐一列出：①相地和立基——宅园的总体布置，如何因地制宜使建筑物和山水园林作有机配合，而"虽由人作，宛如天开"。②屋宇——屋宇不同于一般居住建筑，要有独特风格，巧于适应而创新，并涉及各种园林建筑的名称和解说，在房屋的墙垣、门窗、装修和铺地，都各占一部分论及。③选石和掇山——主张应按真山形态堆垛假山，并亲手制作，"有真斯有假"、"有真为假"，方能"做假成真"。他又提出"等分平衡法"和"土山带石"的主张。在选石方面又说"是石堪堆，遍山可采"和"近无图远"，打破唯太湖石的狭窄观点，扩大用材范围。同时还详述了施工方法和要点。④借景——他扩大了借景的内容："俗者屏之，嘉者收之"，"构图无格，借景有因"。从构图上进展到意境上的层次——以上在《图说》中分别从十个部分中精辟论述。全书万余字，图二百余。《图冶》一书，不但在我国是最早和最有系统的造园专作，也是世界最早造园专作。由于家境清贫，书成，无资刊行，只好求助于人。但在清代却遭禁。书辗转传到日本，改名为《夺天工》，受到佳评。

---

❶ 扬州郑元勋（1598～1645年）任方司主事，自建别业于扬州，董其昌赠名"影园"。

计成亦工诗,但无存。李自成军入皖,计成不知所终。吴江同里有计成故里。

又当时还有同乡人袁龙,亦工造园垒石设计,曾为任兰生造"退思园"。

明末与计成同时以垒山著名而活动于杭州一带的还有陆氏名匠师,其人生平不详,连名字也失传,因善于叠山,人以"陆叠山"名之。但知其"堆垛峰峦,坳折洞壑,绝有天巧",又有诗形容其功力"九仞功成指顾间",他叠山于杭州西湖、江北陈家、许银家,其中最著者为洪静夫家——这些均已不存,只留下文字记载。

一八二、文震亨(万历十三年/1585 ~ 顺治二年/1645)

字启美,苏州府长州县人,文征明的曾孙。

明代中书舍人、武英殿给事。

能书画及音乐,尤对造园的理论和实践有所专长。

其兄文震孟(字文起,1574 ~ 1638 年)曾任东阁大学士。买得"艺圃"(原名"醉颖堂")后将园改为药圃,震亨参与改建。

崇祯七年(1634 年)完成著作《长物志》,书中论述室、庐、水、石及造园、假山技艺等。另著有《吕石》、《香草坨志》、《怡老园记》、《琴谱园》等。

明亡,避居阳澄湖。剃发令下,投水自尽,被人救起。

一八三、宋应星(万历十五年/1587 ~ 顺治十八年/1661)

字长庚,江西奉新人。

明朝自洪武开国二百年,到万历时,已是强弩之末,宦官残暴,朝廷腐败。"红丸"一案,光宗朱常洛在位 29 天就暴卒。在民间,农民起义,手工业者暴动。宋应星 29 岁,1615 年高中举人,但五次赴京考进士都不中。在封建科举时代,应举致仕是士人的出路。他虽然天资敏颖,才华过人,听一遍就能背诵,但屡试不中,加上目睹现实,至 45 岁毅然放弃科举仕途。任县教谕、府推官等职至 1640 年,后又任职至 1644 年,返乡隐居。

他在外出旅途中,见识大增,深感农、工业之重要性,转而研究"家食之问"(科技应用之学)。于崇祯十年(1637 年)初版著成《天工开物》十八卷及过百图样。书中历举衣食、舟车、冶炼、锤锻、陶埏、五金、化工等方面的制造源流及方法,而且这些工艺同今日科学原则相吻,其中建筑及手工业起到一定的积极作用。所附设备图,立体感很强。总结出传统手工艺的技术成就,在出版过程中,历尽坎坷,幸得友人鼎助,得以问世。

这是我国第一部关农业、手工业生产技术的百科全书,比之《考工记》更为先进和丰富。它是由于通过实际观察并亲作实践而得，因此它充满现代物理、化学的观点，并破迷信，以自然哲学的角度出发写成。其中更为当时的冶炼技术填补了空白。

"重谷贱金"是其基本出发点。

他还有著作《论气》、《谈天》的哲学论述和论政的《野议》（相对于"朝议"）。

在国外，普遍受到重视，译成多国文字。李约瑟《中国科学技术史》中，将之同法国百科全书相提并论，誉宋为"中国的狄德罗"[Diderot D. (1713～1784年)]。丁文江著《奉新宋长庚先生传》，详尽介绍其事迹。

一八四、木增/木曾（万历十五年/1587～顺治三年/1646）

或作沐增、沐曾，字长卿、生白，号华岳。纳西族人。

其始祖沐英（文英）原安徽定远人，明开国功臣。

11岁袭丽江土知府，明朝封太仆寺卿、太常寺正卿。木家历元、明、清470年22代，称"萨当木天王"。

在丽江城北白沙村建大定阁，平面四合院，单檐歇山顶，施斗栱，内十八幅壁画。乾隆八年（1743年）重修。附近有琉璃殿、大宝积宫、金刚刹等庙。

位于大研城的木府，占地约3公顷，呈1∶4的长条形，中轴竟长达369m，依次为忠义坊、金水桥、三清殿、万卷楼、护法殿、光碧楼、议事厅、玉音楼等，更有水榭亭台和长廊。其中议事厅不怕僭越，面阔九开间，而有"北有皇宫，南有木府"之称。其大门东向，取东来之"木"气。大研城及木府均不设围墙，因"木"加围墙则成"困"字了，这些都是迷信所致。

大研城建于元初，城内小溪同街巷并行，筑大小桥76座，有："一潭一井三塘水"之称。溪水每日按时分段作饮用、洗菜、再洗衣阶段，晚上再开闸让水漫街洗涤路面，既方便又经济。

1609年在中甸建行宫，现留遗址。

1617年捐资建宾川鸡足山寺院。

徐霞客旅滇期间，两人交往甚密，并留下"宫室之丽，拟于王者"题字。

后病退居芝山，专心著作。

一八五、午荣（活动于17世纪上半叶）

生卒年份不详，仅知他曾于崇祯年间（1628～1644年）在工部御匠司任司正。

编著《鲁班经》（原名《雕斫正式鲁班木经匠家镜》，简称《鲁班经》、

《匠家镜》)。文三卷，图一卷（有云共六卷）。其内容包括建筑物的名称、形式和布局，常用建筑构架的名称和形式，工匠的制度、行规和工序，建造方位及时间。此外还有家具、农具的式样和尺度。

这是一本民间匠师的业务用书，但是较为笼统，有一定的局限性，还往往杂以咒诀及五行迷信之说。

《鲁班经》所述的做法，在东南沿海一带的民间仍可见到使用的痕迹。

参加编著的还有章严和周言。

《鲁班经》中提及所使用的尺，名"鲁班真尺"（又名"门官尺"，因常用于设计门窗的尺寸），每尺相当于市尺的 1.44 尺。同一般的尺不同，鲁班真尺每尺分八寸，每寸分为五格，尺身刻以红、黑两色的字，使用时按红、黑两色定吉凶，不免流于迷信。但对规格化起到一定的作用，在民间兴建旧式屋宇时，仍有工匠配合型制作为模数使用。

一八六、张涟（万历十五年/1587～约康熙十年/1671）

字南垣、南山，人称山子张或张石匠。

上海人，由华亭（松江）徙秀水（嘉兴）。

平民匠师，善于造园、叠山，亦善盆景。活动于江南诸郡五十余年，江南名园多出其手：

无锡寄畅园（风谷行窝），园内八音涧，泉水叮咚之声如八音演奏；

嘉定赵洪范的南园；

金坛虞大复的豫园；

松江李逢甲的横云山庄；

太仓王时敏（烟客）的乐郊园、西田和南园，吴伟业的梅邨，钱增天的藻园；

嘉兴吴昌时的竹亭别墅、朱茂时的鹤洲草堂；

吴县席本祯的东园；

常熟钱谦益的拂水山庄；

还有石砂翠竹、江村石壁等。

由于张涟本来就长于绘画（人物兼山水），他把山水画法同园林构建相结合。在技法上，一反过去"高架叠缀、不喜见土"的旧模式，而"土石相间，以显真趣"。在计成、李渔的基础上，对土山带石的做法，做了进一步的发展。其改变一般矫揉造作的风格影响深远。

吴伟业（骏公、梅村）为之立传，在其《张南垣传》中，对他的创作有生动的描述："君为此既久，土石草树，咸识其性，每创手之日，乱石林立，君踌踌四顾，默识在心，借成众手，常高坐一堂，与客谈笑，呼役夫曰：'某树下某石置某处'，目不转视，手不再指，若金在冶，不假斧凿，甚至施竿结顶，悬而下锤，尺寸勿爽。"——其谈笑用兵如此胸有成竹。

后人评论明清江南造园说："狮（子）林得形，戈（裕良）得其骨，张（涟）得其神。"

不少人为他作传，除了前面所说的吴伟业外，还有黄宗羲（梨洲）亦著有《张南垣传》，他写道"三吴大家名园皆出其手"。《清史稿》中立有专传，一位平民匠师而刊正史，这是前所未有的。

张涟四子，均承父业，其中次子张然（陶庵，1719年尚健在），三子张熊（叔祥），侄张钺尤为著名。他们在江南叠山，后赴京供奉内廷28年，适应环境，吸收了北方造园手法，变疏淡为雄奇，形成独特手法。主要有畅春园、玉泉山、静明园、万柳堂等，其中南海瀛台更是父子杰作。而张钺于无锡垒寄畅园则秉承了张涟的主张。孙张俶（淑）续供奉，三代前后历百余年。俶殁后遂不传。

关于畅春园，当年康熙曾撰《御制畅春园记》，称："畅春园依高为阜，即卑为池，相体势之自然，取石甓天固有，计庸另值，不役一夫。"

可惜江南各园均无一存，只北京之瀛台、玉泉山、静明园留至今。而颐和园的谐趣园则仿寄畅园而建。

京师均称张家为"山子张"而闻名。

一八七、Schall von Bell，Johann Adam 汤若望（道未）（万历十九年/1591～康熙六年/1667）

明天启二年（1622年）经澳门到广东，1623年到北京，其后到西安传教，1636年被崇祯召回北京修历《崇祯历书》。

明亡未随，留京待清，向多尔衮进《西洋新法历书》103卷。

清授钦天监正、太常寺少卿、太仆寺卿、太常寺正卿、通议大夫，三品衔。顺治称他为"马法"（意：可敬的爷爷）。

在北京宣内顺城街建天主教南堂——"圣母无玷原罪堂"，为国内（除港澳外）现存最早天主教堂，砖构，巴洛克式。现状为光绪二十八年（1902年）重建。

汤若望于天主历法诸多建树，以西法修订《时宪历》，于顺治二年（1645年）颁行，使用至雍正元年（1723年）。造晷仪（地平式日晷），改旧一百刻度为九十六刻度，著《古今交食考》、《历法西传》、《新法表异》等。我国用新历自此起。

1664 年被诬告窥伺朝廷机密、内外勾连、图谋不轨,并被控告致顺治死亡,判死刑,次日地震,获减刑,最终证实罪失实。

一八八、丰臣秀赖 Toyotomi Hideyori(1593~1615 年)

秀吉之子,秀吉死时才 5 岁,成为丰臣家族最后的将军,但政权由五大老操纵。

德川家族取代后仍让他住在大阪城,并将孙女嫁给他,至丰臣家族的武将死尽,才除之,死时仅 22 岁。

短暂的一生,在建筑方面仍做了一些事:

京都东寺(教王护国寺)是奈良时代由弘法大师(空海)于 823 年创建的真言宗总本山,他将烧毁后的舍堂和由歧神社的拜殿重建。

又建京都御苑的紫宸大殿,紫宸大殿是历代天皇即位时的寝殿(到明治维新 1868 年止)。

一八九、蹇海明(万历二十五年/1597~康熙六年/1667)

字旭东,又名破山明,四川大竹人,有"小释迦"之称。

受法于宁波天童寺,谢师时,师命携两枝桂树苗回四川。后来他选中了梁平县金桂村址。顺治十年(1653 年)在该址种下桂树,及建立万竹山福国寺(又称双桂堂)。寺占地 7 公顷,石木构造。

此寺在东南亚影响深远,据说华盛顿也有"破山庙"。

先后建法幢十五处。

著《破山语录》,存诗 1500 首,其书法清新劲健。

葬于双桂堂。

一九〇、刘光先(活动于 17 世纪上半叶)

努尔哈赤于万历四十四年(1616 年)建后金,创八旗,作满文,立年号为天命,定都赫图阿拉(今新宾)为"兴京"。泰昌二年(1621 年)迁都辽阳为"东京"。泰昌六年(1625 年)再迁都沈阳为盛京,开始营建宫殿,皇太极于崇祯元年(1636 年)改国号为清。至康熙初遂定都北京,将沈阳改称奉天府,所以原宫殿又称为"奉天宫殿",又称"沈阳故宫",现新宾西南有"赫图阿拉老城"。

奉天宫殿占地 56 公顷,建筑物分东、中、西三路。东路之大政殿先建,而以中路为主体。这些建筑群,中轴线明确。自大清门开始,临街文德、武功两牌坊和左右奏乐亭。大清门内左飞龙、右翔凤两阁,太庙仅处于一角,簇拥出主殿——崇政阁。其后为内廷凤凰楼和清宁宫。东路主殿为八边形的大政殿和两间翼王亭，八间旗亭，西路为嘉荫堂、文渊阁和仰熙斋，倒座还有戏台。

当时任匠师的刘光先约 1625 年开始主持设计建造，全部建筑物不用斗栱，屋顶除大政殿为攒尖外亦仅为歇山，反映当时草创的规模，建筑物，尤其是西路分别于乾隆中才建成。

建筑布局和风格，强烈反映和保持女真族风格和地方色彩（如清宁宫在西南角突出一块），整体糅合了汉满藏各族风格。

一九一、朱子瑜（万历三十年/1602～康熙二十一年/1682）

字舜水，号楚屿、兽屿、鲁屿，浙江余姚人。

九岁丧父。颖悟绝伦，性忠介。

松江府儒生，崇祯间八次授官不就，绝意仕途。明亡，图恢复，助舟山守将王翊抗清，后随郑成功，又从鲁王朱以海监国御史冯京之弟跻仲赴日求师，德川光圀礼待，但未肯出师。又奔走安南、暹罗均无成。六至日本，终留长崎水户不归。后转江户，客死日本。谥"文恭先生"。

博学、通经术。日人尊之为国师，学术界得其熏陶，颇受沾化，他主持建东京"后乐园"❶，促进日本"文人庭"发展。又宇治黄檗山万福寺之黄檗禅林。

先前，有明代船主在长崎创三间唐寺：兴福（南京）寺、福济（漳州）寺和崇福（福州）寺。旅日人士对传播中华文化甚力，朱子瑜同僧隐元（原名林隆琦）、僧性易、徒独立（戴笠、曼公）及陈元赟（羲都，既白山人，瀛壶逸史）等人共同将中国的建筑、造圃、垦植、雕刻、医药、饮食、治印、印刷、陶瓷等技术传播日本。

著《舜水文集》、《诸侯五庙图说》及《学宫图说》等，又帮助德川光圀❷编《大日本史》，对维新大业贡献甚巨，还同今井弘济，安积觉合撰《舜水先生行实》。

一九二、德川家光 Tokugawa Iemitsu（1604～1651 年）

秀忠之子，他在位期间干了几件大事：尽夺天皇权力，开始锁国政策，续其父反基督教。

他在京都，兴建和改建了一些院寺：

延历十七年（798 年）坂上田村麻吕在京都兴建清水寺，之所以称为清水寺是因为延镇上人在清水山旁找到音羽瀑布，其水被尊为延命水，遂取清水寺

---

❶ "后乐园"取"后天下之乐而乐"意，在现上野站附近，周围有多所著名大学。
❷ 德川光圀（Tokugawa Mitsukuni，1628～1701 年）著《大日本史》，得朱子瑜协助。

之名。时隔八百多年，家光于宽永十年（1633年）重建，其扩建的本堂于斜坡上伸延悬挑出，成为舞台，离地15m高，用了139根大木料构成。同年还重建了地主神社的社殿。（早在日本建国前已创）

宽永十六年（1639年）重建净土宗总本山知恩院，其中之"三门"两年建成，门高24m，是世界上最大的木造门。

正保元年（1644年）捐资建京都东寺（教王护国寺）之大师堂及五重塔，塔屡遭火灾，重建后高57m，是日本最高的五重塔。

原建于886~888年平安时代的光孝天皇至宇多天皇的御室仁和寺（真言宗御室派总本山），毁于1467~1477年应仁之乱。家光令重建，寺有金堂（相当于我国的大雄宝殿）、观音堂、御影堂、五重塔及钟楼。其两层的"二王门"尤为宏伟。

此外还扩建庆长八年（1603年）由家康始建的"二条城"。

又改建东照宫。

一九三、李渔（万历三十九年/1611~康熙十八年/1679）

字笠翁、笠鸿，号十郎、兰溪、新亭客樵、觉道人、笠道人、觉世稗官、谪凡、随庵主人、湖上笠翁。

钱塘人，一说原籍金华，生于如皋，移居金陵、杭州。

本戏剧家、小说家。又谱曲，著《十种曲》传奇，但对建筑、造园、家具等涉及。

在造园方面：他于杭州自营别业称"伊园"，又在云居山构屋称"层园"。

在北京，东城黄米胡同（一说在弓弦胡内牛排子胡同）将兵部尚书贾汉复的宅园改建为"半亩园"❶。园内的假山，当时被誉为京畿之冠。在西单郑王府后雏凤楼建惠园，楼后有瀑布。晚年在琉璃厂附近（韩家潭?）建宅，宅内筑芥子园，并刊《画谱》三集（沈心友❷、王概、王蓍、王臬、诸昂合编），后世成为范本，第四集为后人加编。该宅即广东会馆前身。

在兰溪夏李村，他曾任祠堂总理，其间开堰坑，名"李渔坝"。又在伊山头村建亭，供行人休憩，名"且停亭"。

他自谓：置造园亭是他生平两绝技之一。

所著《闲情偶寄》共十六卷，除词曲、演习、饮馔、颐养等内容之外，其中《屋宇部》记述房舍、总栏、墙壁、联匾、山石共二十七款；《器玩部》有制度、位置共十四款；《种植部》有木、竹、藤、卉共六十三款。

---

❶ 另一半亩园在城南。
❷ 沈心友是李渔女婿。

《闲情偶寄》、《笠翁增定论古》、《耐歌词》和《笠翁偶集》四书合刊为《一家言全集》。在全集之序中，他表示："上不取法于古，中不求肖于今，下不觊传于后……"

他对家具、山石方面，在理论上他于《闲情偶寄》上有精辟的论述：该书是继计成的《园冶》后又一重要著述。在《笠翁偶集》，他也赞同计成所倡"土山带石法"。他对房舍，认为"舒适而相称"（即大小、雅俗合宜），具特色，不抄袭和忌奢靡。他对艺术的观点是"贵精不贵丽，贵新奇大雅，不贵纤巧烂熳"。

一九四、顾炎武（万历四十一年/1613~康熙二十一年/1682）

初名绛，字忠精，自署蒋山佣。明亡后改名炎武，字宁人，号亭林。昆山人。

屡试不第，周游四方。入清不仕，曾组织民众抗清。其壁间嵌"天下兴亡，匹夫有责"八字。

学宗程、朱，笃志六经，旁涉国家典制，郡邑掌故、天文仪象、兵农河漕之属。凡事必详其本末，引据浩繁，精严过于前人。晚精研考证，嗜金石。所以他的学问："上经术、中治道、下博闻，其著作崇实致用"。有：

《历代帝王宅京记（历代都城宫阙考）》，20卷。前两卷为总论，后18卷，上起伏羲，下迄至元，记述了城郭、宫室、都邑及建置年月、事迹。

又《北平古今记》、《建康古今记》各10卷。又《肇域志》。

《天下郡国利病书》共120卷。

自少读书有所得，辄记之，并时复改定。而《日知录》是他积30余年成书，其一生精力所致。

昆山有其南宅、北宅遗迹。昆山市蒋泾有其墓。昆山亭林公园及北京慈仁寺均有其祠。

一九五、任朝贵（活动于17世纪中叶）

崇祯十四年（1641年）在沈阳西郊蒲河上主持修建永安桥。

桥长37m，三孔，宽14.5m，石桥、券面雕双龙，两端桥头各石狮一对。

咸丰年间重修，1950年列为辽宁省文物保护单位。

一九六、包壮行（活动于17世纪中叶）

字稚修，扬州人。

崇祯十六年（1643年）癸未进士，任工部郎中。

喜累石为山，在南通垒假山一丘。

一九七、阿旺·罗桑嘉措（达赖五世）（万历四十五年/1617～康熙二十一年/1682）

顺治十年（1653年）封为达赖五世。

拉萨布达拉宫由于他大力扩展，成为今日的规模。

早在贞观十五年（641年），松赞干布和唐文成公主联姻后，开始于北马布日山（红山）山麓营建宫院；当时规模不大，且于9世纪时遭兵火损坏；后世虽陆续有所修复和扩建，但只小规模。时间过了一千年，达赖五世作最大规模的重建和扩充，主要工程在1645～1653年，其后还陆陆续续进行了五十年，再加上其后三百年的经营，完成了这座全世界海拔最高的宫殿。

布达拉在藏语意为"佛教圣地"或"普陀"之意，它综合了宫殿、寺院、行政、居住、尸塔、仓库而至监狱于一群的综合体。其范围宽约370m，深约100m，高约200m。主要结构为石块筑造，有异于汉族的木构架结构。只屋盖及装修使用木料。在山下还有一圈300m×300m的方城（藏语"雪"），设三门两角楼，城内设服务性机构和住宅。

建筑群主要分红宫和白宫，红宫据上部正中部位，起统率作用；白宫则在两旁及较低位置，主次分明。外观十三层，实际只九层，下四层仅为结构层。红宫是达赖坐床、庆典等宗教活动的场所，廿多座佛殿和历世达赖的灵塔殿，其中有可容五百喇嘛同时诵经的大经堂，还有赛佛台。宫后为龙王潭花园。

布达拉宫融合了藏、汉族的形制，墙体砖构，其中在红宫有七座宫殿用了汉式坡顶，其余，尤其在白宫多为藏式平顶。在外形上，黑色的窗套，深红色的女儿墙。内部的装修都是习用的藏式，反映出藏汉工匠合作的结晶。

西藏寺院多依山而建，布达拉宫在陡峭的山坡上，充分利用地势而建，建筑物依山就势，同山岩巧妙结合在一起，如在岩石上生长出来一样，挺拔秀丽而庄严雄伟，加上曲折的蹬道，增加了其立体感。红、白两色的外墙，配以多色彩的装修，再加上红宫上的三座金殿和五座金塔，在阳光的照耀下，更显其气势和辉煌，同蓝天强烈对比而和谐，体现了藏族匠师高超的修养和技艺。

外观调和，内部华丽，不愧成为全国重点文物保护单位，更是世界建筑史上的瑰宝。

一九八、马鸣萧（活动于17世纪中叶）

字和銮，号子乾。河北青县人。

顺治进士，曾任浙江湖州推官。

任工部主事，修乾清宫时，在烈日下赤膊监工，顺治看到后，赐给他御用雨盖。

后来又监督芜湖关，溢额巨万。商民感激，为他立碑纪念。

事见于《大清畿辅书徵卷廿一》。

一九九、样式雷（万历四十七年/1619～光绪三十三年/1907）

一个原居于江西建昌（今永修），明末移居南京的家族，前后七代，逾两个半世纪，专为清廷营建宫殿陵园。其间历尽沧桑，三起三落，为我国近代建筑留下不可磨灭的卓越贡献。

第一代　雷发达（明所）万历四十七年（1619年）～康熙三十二年（1693年）。

清初同堂兄发宣以技艺应募赴京供役内廷。康熙初参与修建宫殿，康熙中叶（1695～1697年）由梁九主持，营造三殿，故老传闻：他作为南匠役其间，"时太和殿缺大木，仓猝间拆取明陵楠木旧梁柱充用。上梁日，太祖（康熙）亲临行礼，金梁高举，卯榫（虚入盈谓之卯，盈入虚谓之榫或笋）悬而不全，工部从官，相顾愕然，惶恐失措，所司乃私畀发达冠服，使袖斧猱升，落榫入。礼成，上大悦，面敕授工部营造所长班"。因此，一时有"上有鲁班，下有长班，紫薇照命，金殿封官"的美誉。他七十解役，后四年殁，归葬南京。

原来雷家本是江西巨族，分居各地，他父叔跟随祖父避乱，所以归葬南京。

尽管故老传闻发达上梁之说，但查对时间，实有出入。盖康熙十八至十九年（1679～1680年）北京大地震，太和殿被火焚，延至康熙三十四年（1695年），太和殿作最后一次重建（由梁九主持，至1697年建成），而发达于康熙三十二年（1693年）已逝，何来上梁之说？可能是其子金玉所为，当时金玉年三十余，正其时也。待考。

第二代　雷金玉（易生）顺治十六年（1659年）～雍正七年（1729年）。发达的长子，妻张氏。

金玉先以监生，考授州同。继父业任营造所长班，后投充内务府包衣旗。太和殿第四次重建时，他36至38岁，以内廷营造功领赐内务府七品，食七品俸。

供役圆明园楠木作，样式房掌案，至年七十时，太子赐匾。次年死于任上，奉旨驰驿归葬江宁（南京），四子及遗孀均遣归。但是张氏（金玉第六个妻子）独抚第五子声澂留居北京，寓海淀槐树街。张氏女中豪杰，为赓续先业，坚持不去，否则样式雷世家便终结了。金玉仙逝时，声澂才生下三日，幸得张氏慧眼矢志，在雷氏家族中，留下不可磨灭的功绩。

第三代　雷声澂（藻亭）雍正七年（1729年）～乾隆五七年（1792年），

金玉第五子声澂刚生三日，金玉撒手人寰，一时后继无人，样式房被众人所攘夺，张氏泣诉于工部，迨声澂成年，乃得嗣业。当时乾隆盛世，土木繁兴，但对声澂的事迹不见记载。

后同治四年（1865年），鉴于雷张氏事迹，在其墓上立石表扬。

第四代　**雷家玮（席珍）**乾隆二十三年（1758年）至道光二十五年（1845年），长子。

　　　　　雷家玺（国贤）乾隆二十九年（1764年）至道光五年（1825年），次子。

　　　　　雷家瑞（征祥）乾隆三十五年（1770年）至道光十年（1830年），幼子。

雷氏三子在乾隆至道光年间，事业中兴。

家玮于乾隆中曾奉派查办外省各路行宫及堤工。

乾隆多次下江南，常带同家玮，一来为其南巡时打点行宫样式，二来乾隆久慕江南景色，随銮可师法南方制作。回京后于圆明园、颐和园及避暑山庄仿效之，其间更装修乾隆花园。

家玺承办万寿山、香山、玉泉山等处园庭、热河（今河北承德）避暑山庄和昌陵。

又承办宫中年例灯彩、西厂焰火及乾隆八十寿典楼台。

嘉庆中，圆明园东路工程，同乐园演戏之切末（舞台中点缀之景色），鳌山、珠灯、屉画、雪狮等。

家瑞随二位兄长承办内廷工程，任样式房掌案头目。由于兄弟经常在外，家瑞在样式房料理一切。嘉庆中大修南苑，承办楠木作内檐硬木装修，至南京采办紫檀、红木、檀香，并在南京开雕。

李斗在《扬州画舫录》之《工段营造录》中有所记述。

乾嘉两朝，工役繁兴之世，三人贡献良多，家道繁昌。

第五代　**雷景修（先文、鸣远、白璧）**嘉庆八年（1803年）至同治五年（1866年），家玺三子16岁便跟随父在圆明园样式房学习世传差务，勤奋自勉，克绍祖业。不幸23岁便失怙，由于差务繁重，恐怕年轻办理失当，家玺遗命将掌案名目请郭九代办，只当副手，经36年，咸丰二年（1852年）郭九死后才收回自办。

咸丰十年（1860年）英法联军入侵北京，火烧圆明园、颐和园，档房停止，事业再度中断。

一生工作勤奋，利用业务之余时间，辑录图稿、荡样，模型甚多，为此他特辟室三楹以保存收藏。值得提出的这些模型都可拆可砌，与众不同。虽然他在具体工程上不比前辈，但在积累资料，使雷氏家法不坠方面，景修功绩实不下于前辈。

第六代　雷思起（永荣、禹门）道光六年（1826年）至光绪二年（1876年），景修三子。

同治四年（1865年）营建定陵是他的力作，因此以监生获赏监大使衔（？）。

英法联军1860年火毁圆明、颐和两园。至同治中有修复圆明园之议。思起于同治十三年（1874年）率同子廷昌进呈工程图样，五次蒙召。

第七代　雷廷昌（辅臣、恩绶）道光二十五年（1845年）～光绪三十三年（1907年），思起长子。

光绪三年（1877年）惠陵金券合龙，隆恩殿上梁，廷昌时供差样式房，得候选大理寺丞列侯赏加员外郎衔，其后普祥、普陀二陵、三海和颐和园重建（1888年）工程相继、廷昌都是主要工程人员。

廷昌后来因为被权臣嫉妒，以议价不实陷害，愤而辞官，雷氏业绩遂成绝响。

雷氏七代，前后二百余年服务宫廷，以营建先后见证清代兴衰。其历史之久，功绩之盛，在中外建筑史上，实属罕见。

裔孙雷献瑞等提供了家谱。

二〇〇、梁九（活动于17世纪中后期）

顺天（北京）人。据记载，他生于天启（1621～1628年）年间。

王士祯的《梁九传》说：他师事冯巧，"执业门下数载，终不得其传，而服事左右不懈，益恭"，有一日，只有他两人时，冯巧终于说"子可教矣"，于是尽传其奥巧。冯巧死后，他便隶籍"冬官"，代执营造之事。

裘毓麟在《清代轶闻》卷八，也提及"自前明及清朝，大内兴建，梁皆董其事。一日手制木殿一区，以寸准尺，以尺准丈，不逾数尺许，而四阿重室，规模悉具，殆绝技也"。

康熙三十四年（1695年）重建被地震和火灾毁掉的太和殿时，他已七十余岁，以1/10的比例先制木殿模型一座，献于尚书所。此模型"四阿重室，规模悉具"。他以大木作掌尺寸匠头十七人之首，身兼设计、施工双重职责，同样式雷先后辈共同完成任务。现存太和殿即他及样式雷所建。

康熙初年，他曾将太和殿山墙外移改为十一间面阔。

二〇一、张衡（活动于17世纪下半叶）

字羲文，号友石、晴峰。河北景州（今景县）人。

顺治十八年（1661年）进士，授内阁中书舍人。

官榆林道、视学浙江等职。

据《大清畿辅先哲传》（十九），康熙初任工部主事及郎中，琉璃窑厂监督。时值造筑陵工、瀛台、内殿、门、观约百余所，他亲自勘视和监督，以很少费用，完成倍增。

二〇二、Verbiest，Ferdimand 南怀仁（勋卿、敦伯）（天启三年/1623～康熙二十七年/1688）

比利时籍天主教士。

1659年来华，先到陕西，次年到京。

作为汤若望（Schall von Bell，J.A.，1591～1666年）的副手，任钦天监副。汤若望逝后，升为钦天监正。又任通政司通政使，太常寺少卿、工部右侍郎。谥"勤敏"。

改造北京观象台和五十三件天文仪器，他虽然预测天象有一定的准确度，胜似国内保守派所测，但他将赤道坐标改为欧洲当时已放弃的黄道坐标，又忽视二十八星宿的原系统，把郭守敬所制仪器搁置。

1667年钦天监杨光先（长公）同测正午日影，他所测胜于杨所测，致杨被免职。

由于在欧洲，"日心说"受天主教的抵制和迫害，并将伽利略判刑，又处死哥白尼，他不敢传布"日心说"。

著有《灵台仪象志》（记述其制法和使用）、《康熙永年历法》32卷和《坤舆外记》等。

平三藩时督制新式大炮。

二〇三、石涛（崇祯十三年/1640或崇祯十五年/1642～康熙四十六年/1707或康熙五十四年/1715）

原名朱若极。生于桂林。靖江王朱守谦十世孙，同朱耷（八大山人）（1626～1705年）既同是叫代宗室，同是清初高僧，还同是艺术家。

他的字、号很多：道济、道极、元济、原济、济山僧、超济、粤山人、大涤子、苦瓜和尚、清湘老人、清湘陈人、零丁老人、阿长、善尊者、一枝叟等。

国画一代宗师，园林艺术家，以卖画为生。

用画理垒石，他巧妙地将平面的山水画同立体的假山工艺融为一体。他说"峰与皴合，皴由峰生"，对后世影响甚大。

经他手所制作的造园垒石有：

扬州花园巷双槐园之片石山房，倚墙垒石池上太湖石高五、六丈，里面是砖砌的方室两间（即山房），实现他的"内实外空"、"外实内空"主张之一，成为"人间孤本"。园内集琴棋书画，1989 年复原。

扬州余氏"万石园"（用小料垒成），嘉庆、道光之间，扩为住宅花园。

扬州"个园"（原"寿芝园"），由于嘉庆间易手后业主广植修竹，而竹叶如"个"字形，而得"个园"之名。园以"四季假山"而闻名：春景——以粉墙为背景，衬出石笋和修竹；夏景——湖石叠成"夏山"，流水、山洞、绿荫；秋景——黄石堆叠，山洞、磴道、几座石峰占全园之半，高数丈，是全园之重点，而具意犹未尽之境界；冬景——以宣石堆成，宣石即雪石，使人有积雪之感觉，又迎风向开多个圆洞，更产生音响效果，最后以漏窗透出春景，寓冬去春来的循环不息的喻义，在造园上，成为孤例。

李斗的《扬州画舫录》分析，"杭州以湖山胜，苏州以市肆胜，扬州以园亭胜"。当时扬州之园林之胜"甲于天下"。

其垒石构图磅礴、浑厚、朴实而气境深远，其影响更大于戈裕良。

著《苦瓜和尚画语录》、《清湘老人题记》、《大涤子题画诗跋》（由后人辑成）。晚年居扬州天宁寺，葬平山堂后。

二〇四、具谢热却丹（活动于 17 世纪下半叶）

康熙十二年（1673 年）在甘肃合作镇（现合作市）创建"合作寺"（又名"黑错寺"、"扎木喀尔寺"）。

后于乾隆间加建的"米拉日巴佛阁"［俗称"九层楼"（格达赫）］。由于阁内需容纳众多小佛，于是采用分层安置，这种多层式的佛寺，其数不多，而达至九层者，实属罕见。

楼阁位于有围墙的院落内的中央，楼前的东、南、西的三面，围以群房，南墙外东、西两边有嘛尼噶拉廊，中间是山门。

多层佛阁，一般阁内都是通高，佛像直达屋顶之藻井下，如蓟县独乐寺之观音阁。格达赫称九层楼（只在后立面看到，实际只是六层），其雄伟的体形，令人惊奇。

二〇五、吉川广嘉（活动于 17 世纪下半叶）

江户时代之三代藩主。

1673 年下令在山口县岩国市建"锦带桥"。三座圆柱形石墩，支承四拱弧形小桥，桥身以重叠的木条构成，类似我国宋代的飞桥，利用悬挑原理，其弧度甚高，因此桥面作阶梯状，只供行人使用。是日本三大奇桥之一。

但不耐冲力,故后被水冲毁。20世纪中重建。

二〇六、叶洮（活动于17世纪末）

字金城,号秦川、山农。

有些书籍将"洮"误作"陶"。

康熙中期,约1690年前后祗侯内廷（任传宣引赞之阁职）,诏作畅春园蓝本,图成称旨,而命监造,反映当时按图施工情况。畅春园位于原明代李伟的清华园遗址附近,即今海淀路,中关村西区,北京大学燕园一带。

清初,国势未稳,东南三藩未平和郑成功据台,西北蒙、藏、苗及噶尔丹未征服,至康熙中期,才始喘定。畅春园兴建,开始了清代苑园之风。

在原海淀镇以北和西北一带,依仗着南流的玉泉水（南长河,现京密引水渠）和北去的万泉河西水系,草木繁茂,又近在京畿,遂形成康乾盛世的苑园区。西自玉泉山,东至万泉河下游的熙春园,北自圆明园,南至西花园和畅春园,星罗棋布,满是大大小小官绅的私园。其中由雍正当皇子时的"赐园"扩建成的圆明园,作为行宫的香山静宜园,玉泉山的静明园,万寿山的清漪园（今颐和园）和畅春园,合称"三山五园"。盛况空前,也是我国古代园林的最后兴盛期。

二〇七、嘉木样协比多（活佛一世）（顺治五年/1648～康熙六十年/1721或康熙六十一年/1722）

甘肃夏河人。

21岁起由甘肃夏河县赴西藏学习佛法,长达40年。

于康熙四十八年（1709年）回到夏河,在城西大夏河北创建"拉卜楞寺",为格鲁派（黄教）六大寺之一,1710年及1716年先后加建两学院。最后,主要建筑有阿勒佛殿,释迦牟尼殿,狮子吼殿,宗喀巴殿等共18座佛殿（拉康）,6个学院（扎仓）,38所大、小活佛公署（囊欠）、镏金铜塔、讲经堂、藏经楼和容万余人的僧舍,分别建于面临大夏河的山麓上,占地达 $0.816 km^2$ 。一条长达 $1.5 km$ 的转经道"嘛尼噶拉廊"围绕在东南面,兼具围墙作用。其规模仅次于扎什伦布寺。两层的闻思学院内140柱。全寺建筑面积达40万 m^2 。

建筑布局和构造采用藏式,活佛公署和僧舍则采用当地汉、回民居形式。用料方面则"外不见木,内不见石（包括砖）"——可反映出其结构和构造。

至于寺西南的"贡唐宝塔"（现"解脱大金塔"）为1805年加建,建筑艺术完美。"贡唐"为三世贡唐唝曲采丹见仲美大师。

1720年,康熙封他为"扶法禅师传学大宝法王"。

拉卜楞寺列为全国重点文物保护单位（1982年）。

二〇八、Belleville, Charles de 贝尔维尔/卫嘉禄（1656～1700年后）

法国籍天主教传教士。

康熙三十七年（1698年）到北京。

在北京修建耶稣会驻所。

后来又到广州，在那里再修建广东耶稣会驻所。

二〇九、算房

　　　算房梁——梁椿、梁宇安

　　　算房刘——刘廷瓒、刘廷琦、刘廷琳

　　　算房高——高芸、高芬

　　　吕德山、陈文焕、王云汉（活动于17世纪中～18世纪末）

我国古代于商代已有管理工程的官吏（机构），设置司空以管工程，下设属官已甚精细，举凡规划、城邑、苑囿、陵墓、道路、水利、军营、测量等各有分工。秦代后的将作、工部等，都是管理工程的部门。由于以斗栱为大木作的关键构件，斗口（口数/口份）便成为基本模数，定型化随之形成，工程管理更趋科学化。宋代李诫编制的《营造法式》更订立了官方的工程法规，营造工程兼具科学与法律的内容。

清代明确了设计与估算的合作和分工。分设"样房"和"算房"。"算房"其实是"工部营缮司料估所"和"内务府营造所销算房"两者之通称。分管公共工程和宫廷工程的工料估算、报销、审核等职务，如遇特大工程，总理工程事务，每由御前大臣或内务府大臣统筹。

样房和算房皆世守之工，如七代服务于内廷工程之样式雷。而算房梁据传为梁九之后裔。

上列各人事迹不祥，只传姓名。

工程兴作，先由样房进呈图样或烫样，经旨定后发算房编造各作做法和估计工料，说明已重视经济。

二一〇、Ripa, Matheo 马国贤（康熙二十年/1682～乾隆十年/1745）

意大利画师。

康熙四十年（1710年）到澳门，经准备后次年到北京。

其《承德避暑山庄》风景画，对欧洲庭园设计有一定促进作用。

雍正元年（1723年）带四名中国学者赴意大利。

雍正十年（1732年）返回那不勒斯，在那里建立中国学院。

二一一、Castilione，Guiseppe 或 Castilioni，Jeseph 加斯底里阿纳/郎世宁等

一批西方传教士，东来传教，他们先到澳门学习汉语及汉学，然后到京，在清朝廷任画师和技师。

（1）郎世宁（1688～1766年）

生于米兰，在葡萄牙四年，1715年先到澳门再经粤到京，直至逝世。清廷画家，善人物及山水画，传入"线法画"。参酌中西画法，注意透视和明暗的关系，他带来《建筑透视法》。

其画作重视形似，神韵未足。又作教堂装饰。

（2）Attiret，Jean—Denis（也德尼）王致诚（1702～1768年）

法国人，曾在罗马学画，擅画战争、花卉、野兽和建筑风景。

1639年同杨自新一同到京。

将中国自然布局的冶园手法介绍到欧洲，其时英国正流行一种"不规则园林"以配合Rococo风格，借鉴中国形式，成为"盎格鲁-中国"式庭园（Jardin Anglo-Chinois）。

他拒官爵，逝于北京。

（3）Thebant，Gills（泰博）杨自新（1703～1776年）

法国人，1639年同王致诚一同到京。

制表匠，擅冶炼、机械技术。为乾隆制作自动机械。

（4）Sichebaret，Ignece 艾启蒙（1708～1780年）

波希米亚人，画家，善翎毛。绘《香山十志图》《十骏图》等。逝于北京。

（5）Renoist，P. Michael（伯克）蒋友仁（1715～1774年）

法国人，擅Rococo式建筑。1644年到北京。1661年绘《坤舆全图》。逝于北京。

（6）Cibot，Pirre Martial（西博）韩国英（1727～1781年）

法国人，1660年到京。数学家，在宫廷任教。

这批外国人，在建设圆明园上作出了贡献。

雍正三年（1725年）清世宗胤禛将圣祖玄烨于康熙四十八年（1689年）赐给他的别墅苑囿改建为离宫。占地325公顷，其中水面35%的园林。至乾隆九年（1744年）基本建成。其后于1747～1760年，在纯中国建筑和园林的园内，即圆明园东北的长春园之迤北一带加建一组西洋建筑和庭园，所谓的"西洋楼"包括谐奇趣、方外观（清真寺）、海晏堂、远瀛观、养雀笼、大水法

(蓄水楼) 六建筑,三个大型喷泉和一些小品,如黄花阵、线法山、螺丝牌楼、方河等。这些建筑群主要采用巴洛克风格,而在细部装饰上,也有一些中国建筑的因素。在庭园布局则采用勒诺特尔(Le Nôtre,1613～1700年)式的法式园林。

其间各人分工如下:

郎世宁、王致诚——建筑设计;

蒋友仁、韩国英——大水法喷泉,液压机械。水引自玉泉山,水注入喷泉。蒋友仁还专负责建筑的洛可可风格,但也采用中式屋顶、琉璃瓦和一些中国装饰;

艾启蒙——法国图案式花坛,但又布置了太湖石、竹亭和十二属相兽头。又将绿篱围成迷宫——黄花阵的设计;

杨自新——监工。

另外,乾隆又命郎世宁以线法(即透视法)将画画于墙上。

王致诚将圆明园誉为"万园之园,唯此独冠"(Le Jard in des Jardins, ou le jardin Par excel-lence)。圆明园启迪了欧洲对东方园庭的兴趣。

不幸,1860年英法联军入侵,大事劫掠之余,都付之一炬。只西洋楼留下一些残迹,颓垣断壁,让世人凭吊嘘唏。

二一二、罗卜森·丹巴加勒森(康熙五年/1666～乾隆二十八年/1763)

包头市五当沟(意"柳树")五当召之第一代活佛(洞阔尔·呼图克图)。

五当召原建于康熙年间,罗卜森于其任内、乾隆十四年(1749年)重建五当召。住于大青山麓的五当召,占地约15公顷,随地势建造,主要建筑为六大殿、三活佛府、一苏卜盖陵堂和僧舍共2500间。六个大殿分别讲授天文地理、佛教教义、喇嘛教教义和历史、医学等。外观两层,其实三四层,采用天窗或中间采光,全部藏式,外貌白、红、黄色。

御赐名"广觉寺"。

乾隆二十二年(1757年)加建的苏古沁独宫,高22m,三层,下为经堂,上为图书馆。

二一三、朱三松(活动于18世纪中叶)

字邻征、稚征。嘉定人。祖鹤,父缨,三世都以高尚见称,合称嘉定"三朱"。

三松性简远。为竹刻家,而工于造园,又善画,尤长于画驴。

嘉定南翔镇的猗园,取"绿竹猗猗"之意而名,始建于明嘉靖、万历年间

(1522~1619年），初具规模。乾隆十一年（1746年）朱三松扩建，以水面为主，建筑物分列四周。

1931年日寇入侵东北，时人出于义愤，将池南小丘竹枝山上一亭之东北角削去，示意江山残缺。改为"缺阙亭"，缺角的东北隅呈拳头状。抗战时猗园曾受损毁。

胜利后，本拟将缺角修补复原。后经深思熟虑。决定保留缺角以示毋忘国耻，激励后代。

二一四、董道士（活动于18世纪中叶）

佚其名，人只以董道士称之。淮安人。乾隆时人。堆假山石名手。其著名作品扬州之"九狮山"和"小盘谷"。

"九狮山"可能以花园巷"片石山房"（双槐园，石涛所叠，下屋上峰）内之九狮石为蓝本。

丁家湾大树巷的"小盘谷"（又名"小盘寨"），为西江总督周馥所有。据李斗《扬州画舫录》记载，"小盘谷"以假山幽谷取胜。园中央水池之东为湖石山，四面可通，集山水成瀑布。额题"水流云在"概括其情景。而北楼、南厅，以四面的曲廊联系，又以花墙分隔；东山池、西花木，形成一幽一旷、一密一疏、一文一朴之对比。

按：扬州有"小盘谷"三处：①南门堂子巷秦氏"意园"的"小盘谷"（由戈裕良掇山）；②"棣园"前身亦称"小盘谷"；③大树巷本处。

我国造园，上古以帝王贵族之苑囿开始，当时只为狩猎及游赏，至魏晋南北朝乱世，道教发展，为逃避现实，崇尚虚无，隐盾江湖，兴起了山水园。唐朝盛世，风景园林全面发展，上自帝王，中至士绅，下至商贾，公私园林兴盛。至宋朝更为普及，连商店酒肆楼亦建园亭以广招徕。孟元老在《东京梦华录》生动地描述当时的汴京："都城左近，皆是园圃；百里之内，并无闲地。"而叠石造山虽早出现，至宋徽宗大兴艮岳，在皇室兴起热潮。苏轼、米芾都嗜石成癖，更为叠石创立理论，又造就专业匠师。元朝一度式微。至明初，朱元璋虽立祖训，禁止离宫别殿，构亭开池，但至正德、嘉靖渐松弛，踰制奢靡渐盛，加上经济发展，遂竞相建园。

在民间，元末已出现维则、倪瓒等叠石名手。明末计成在《园冶》中对选石叠山有专论。江南民间借财力和地利，退休的官吏在松江、嘉兴、苏州、扬州、杭州、无锡等地普遍造园，提供了匠师用武之地。然而在街巷之间。大只十余亩，小则不及半亩，只好"一卷代山，一勺代水"，于小中见大。于是叠山便大派用场，尤其在扬州更以小取胜。

在雍正、乾隆两朝除董道士之外。先后还有：

仇好石——雍、乾时人。行谊不详。只知他工于堆假山石，为当时名手。如扬州怡性堂之宣石山。

姚蔚池——有异才，善图样，能于平地将顽石构筑，宛如天然。

王天于（庭余）。

张国泰。

二一五、周永年（雍正八年/1730～乾隆五十七年/1791）

字书昌，号林汲山人。山东历城人。

乾隆时翰林院编修、文渊阁校理。参加《四库全书》编辑工作。任贵州考官，又主讲于德州书院。

他在所著的《儒藏说》中主张："书藏学宫、书院、名山、古刹，为士使用。"又主张"建籍书园"——为我国公共图书馆之先驱。自范钦（1505～1586年）于宁波创办私人藏书楼后，进一步将藏书楼由私人搜藏供一己使用开放为公共使用。他弃产营书，积五万余卷，创办了"借书园。"

在西方，文艺复兴时期，意大利已出现向公共开放的图书馆，而近代图书馆则以1911年的纽约公共图书馆为代表。我国于1931年建造了北京文津街的京师图书馆。

二一六、黄氏兄弟／"四元宝"黄晟，黄履暹，黄履昊，黄履昂（活动于18世纪中叶）

乾隆年间，安徽歙县黄氏兄弟寓居于扬州。据说由于得到来自盐商营造宫室的一本秘籍，掌握了作法，开始从事营建及构筑名园的工作。

据李斗《扬州画舫录》记载：

大元宝晟（东曙、晓峰），在康山南筑"易园。"园中有三层台，被誉为杰构。

二元宝履暹（仲升、星宇），在北郊建别墅"四桥烟雨水云胜概"。又在山建十间房花园。

四元宝履昊（昆华），由刑部官（？）至武汉黄德道家（？），阙口门"有容园"。

六元宝履昂（中荷），阙口门之别圃，又将虹桥改为石桥。

履昂之子为蒲筑"长堤春柳"一段，另一子为荃筑"桃花坞"一段。

"四桥烟雨楼"在瘦西湖之东，"虹桥"在瘦西湖之南，"长堤春柳"则沿湖成景。

二一七、谷丽成、潘承烈、文起、史松乔（活动于18世纪中叶）

据李斗《扬州画舫录——十八卷》所载，四人均为乾隆朝营造名手：

谷丽成，苏州人。"精宫室之制，凡内府装修出两淮制造者，图样尺寸，皆出其手。"

潘承烈（蔚谷），湖州人。"亦精宫室装修之制。"又善画，得董源，巨然天趣。

文起（鸿举），江都人。鉴赏家。博学。"精于工程作法"。

史松乔，"出样异常"。

二一八、噶丹赤巴萨木察·坚赞僧格（第五十三任活佛）（活动于18世纪中叶）

乾隆十三年（1748年）在甘肃碌曲县（玛艾）境南建"郎木寺"。该寺位于白龙河上游，甘肃省甘南自治州内，甘肃同四川交界处。该地点现即以郎木寺为地名。

乾隆十七年（1752年）加建大经堂。

至1949年增加至四间学院（扎仓）。按喇嘛教教规，入寺喇嘛修习显宗所共同的扎仓外，尚须有修习密宗、历算和医药共四个经学院。其中修习显宗的扎仓即大经堂。

"郎木"在藏语是"仙女"之意。其活佛的地位仅次于达赖和班禅，但比之附近在夏河的拉卜楞寺名气没有它大，但其规模亦相若。

二一九、村喜平次（活动于18世纪中叶）

江户时代，德州幕府开始当政，1615年起限制各领国只能每国建一座天守阁。建阁之风已经式微。

村喜平次于1753年在四国高知城建六层的天守阁已届尾声。

阁中置纳户藏、怀德馆等。

二二〇、何先德（乾隆四年/1739～嘉庆十四年/1809）

祖籍贵州毕节。曾任耆老登仕郎。

都江堰横跨于岷江之内、外两江鱼嘴附近的安澜桥，始建于何时已不可考，至宋代已有记载。宋太宗淳化年间（990～994年）曾重修。当时名珠浦桥，后又改名为平事桥，是一座竹索吊桥。

明末张献忠率农民起义，官方为防入侵，将珠浦桥拆毁。

时过境迁，一百多年后，当地私塾教师何先德发起重建，嘉庆七年（1804

年）他带头募资修桥。因为官绅以监造为名，暗中以朽木代好料，中饱私囊。谁料一夜暴风雨而致桥断毁，反而诬告于何，并构陷将其杀害。

激于义奋，何死后群众推举何妻杨氏为首，坚决完成亡夫遗愿，继续按夫所设计之桥式，先作模型，又于桥上加栏杆，众志成城，终于完成。桥长340m，桥宽3m多，以24根直径16.5cm的竹索（由竹篾编成缆）组成。并规定每三年更新一次。两岸设石室，内大木笼装绞竹的木绞车。又两岸各有两层的桥亭，以悬挂竹索。桥改称安澜桥或夫妻桥。

故事在民间广为流传，并编川剧演出。

1965年修建时改竹索为25mm的钢丝缆。缆锚座亦改为钢筋混凝土构造，现桥为1974年所建。

二二一、朱天阁（约乾隆三十五年/1760～咸丰三年/1853）

昆明西山旁滇池之东，悬崖峭壁下临八百里滇池之浩淼湖水。

乾隆四十六年（1781年），朱天阁誓发善心于此峭壁上，独力以双手，日以继夜开凿出龙门石窟，与洛阳伊阙，一南一北遥相以龙门为名，创造出佛教圣迹。

他花费了一生中72年的光阴和精力，至咸丰三年（1853年）终于一斧一凿地完成此巨作。但到底年事已老，93岁高龄，心力交瘁，在最后凿魁星像时，不慎将鼻梁穿一横纹（另一说谓误将魁星像手持的神笔凿断——现神笔为铁造），功亏一篑，敬业的匠师，出于强烈的责任心，悔愧之余，竟以自绝以谢天下，只留下旅游胜景给后世。

另一说：慈云洞龙门石窟为道士吴来清于1781～1795年所创，吴逝后搁置45年，后由杨汝兰及子杨继泰继续于1840～1895年完成。而失误致跳崖者为另一师傅，可能即朱天阁。

二二二、戈裕良（乾隆三十九年/1764～道光七年/1827）

字立山，常州人。

乾、嘉、道间掇山哲匠。造亭馆池台及装修，亦其所长。

他深明石涛"峰与皴合，皴自峰生"的画理。他总结了石涛、周秉忠（时臣）及张南阳等的技法，并加以提高，使他的技艺远胜诸家。

他谙知力学原理。石洞不用条石，而用拼镶对缝勾连法，或以铁器钩带，或以胶结联系，如造拱桥法，久而不坏。这种用拱券式结构做假山洞，为掇山技艺的革命。对垒石多少，他认为"多则气韵深厚，少则平淡天真。"其手法随势而变，不拘一格。

经其手所造之私园，主要有：

苏州环秀山庄（又名颐园，为汪氏义庄）只一亩许，由于他将山水结合，以近求远，而主次分明，成为名作。

苏州虎丘榭园，东南隅临池湖石山，以雄巨奇巧为苏州园林之冠——园虽经天灾人祸，假山犹在。

扬州南门堂子巷秦氏意图，掇湖石为"小盘谷"——董道士所掇"小盘谷"另在丁家湾。又，棣园之前身亦称"小盘谷"。

常熟燕园（燕谷园）内湖石、黄石两山。

常州西圃。

仪征朴园。

如皋文园，始于雍正时江氏，历六十年始经营，及其北之绿净园。

江宁五松园和五亩园。

他掇山从整体着眼而局部着手，使他成为掇山哲匠。

他和稍早的张涟（南垣，1587~1671年）齐名，被誉为"三百年来两轶群"。

二二三、徐松（乾隆四六年/1781~道光二十八年/1848）

字星伯，大兴（现北京）人，嘉庆十年（1805年）进士。

嘉庆、道光间历史、地理学家。

其著作有：《唐两京城坊考》五卷。记述唐代首都长安和东都洛阳的都市规划、街坊、商店与园林等实况。该书为宋敏求（1019~1079年）《长安志》、吕大防（1027~1097年）《长安志图》及李好文（活动于14世纪上半叶）《长安图记》的汇编。

又著《西域水道记》五卷及《新疆识略》十卷。

《宋会要辑稿》则记述北宋东京（开封）的方域和市政状况。

二二四、张澍（乾隆四七年/1782~道光二十七年/1847）

字介候，号伯瀹，武威人。

进士出身，曾任南溪县丞。工历史及书法。所著《三辅旧事》为取自《初学记》、《艺文类聚》、《太平御览》、《三辅黄图》及《长安志》中有关古代城市及宫苑资料辑成。

其中《三辅黄图》六卷，记述汉代长安城市、宫苑布局和制度的专著，间及周代灵台、灵囿诸事。而于宫殿苑囿之制，条分缕析，尤为详备。但撰者佚名，撰者为汉，或南朝之梁、陈，而至唐代，各持其说。而三辅指京兆尹、左冯翊、右扶风共治长安城中，泛指今陕西中部一带。

《初学记》三十卷，唐代徐坚等编。《艺文类聚》百卷，唐代欧阳询编。《太平御览》千卷，宋代李昉编，三者都是奉敕而撰。《长安志》为宋代宋敏求（1019～1079年）所撰，共二十卷。

张澍另有有关姓氏之著作多卷。

二二五、李斗（活动于18～19世纪间）

字艾塘，号北有。江苏仪征人。

博学，工诗，通数，晓律。晚年疾，食防风而愈，所居曰"防风馆"。

所著《扬州画舫录》十八卷，追忆乾隆四五十年间扬州的繁盛，凡坊市、名胜、园亭、寺观、节序、风俗，皆分门备载。其中第十七卷《工段营造录》于清代工程做法，提要钩玄，颇多心得。师承出于内廷工程与雷氏第四代家玮（1770～1830年）随乾隆下江南有关。

另《永报堂诗集》八卷，《艾塘乐府》一卷。

二二六、苏赉满·和卓（活动于18世纪下半叶）

或译苏来满·和卓。

其父额敏·和卓大阿訇（1694～1777年）为维吾尔族首领，康熙五十九年（1720年）归顺清廷。封辅国公，转改封镇国公，晋升贝子、贝勒、吐鲁番郡王。

乾隆四三年（1778年）苏赉满·和卓为纪念其父，在吐鲁番市建礼拜寺，称"麴氏苏公塔礼拜寺"。

该礼拜寺的特点是将礼拜殿、邦克楼和住宅合建在一座建筑物内，寺阔九间，深十一间，大殿居中，塔（即邦克楼）位于前右角，住房则围绕四周而设。

称苏公塔或额敏塔之邦克楼，造型非常突出，圆形平面，直径14m（顶部收为2.8m），高40m（一说37m），收分线条柔和，比例优美而高大稳定，砖墙外用黄色型砖，横向组成十五组图案，内旋转梯七十二级到顶。

苏公塔为我国著名邦克楼之一。

二二七、Ferrand, Jean 范廷佐（1817～1886年）

西班牙传教士，其父为埃斯库里阿尔宫 El Escorial（建于1559～1584年）的雕塑家。受其父影响，对艺术有一定修养。

1843年（道光二十三年）上海开埠，英国开始设立英租界，帝国主义在中国领土上公然占有土地，并扩大其侵略势力。

范廷佐 1847 年到上海，一下子他便设计了两座教堂：

董家渡天主教堂，即圣方济各·沙勿略教堂 St. Francisco Xavier，拉丁十字平面，Ionic 柱式。按罗马耶稣会圣依纳爵 St. Ignalius 教堂而建，至 1853 年完成，为上海最早按西方形式而建的教堂。1984 年改为"T"字形平面，今保存良好。

徐家汇老教堂（1847～1851 年），哥特式。今已不存。现新堂建于 1910 年，法国哥特式。

他的设计，使上海出现西式建筑。

二二八、俞樾（道光元年/1821～光绪三十二年/1906）

字荫甫，号曲园、曲园居士、樾园、绍宋。德清人。道光进士，任翰林院编修、河南学政。

在苏州紫阳书院讲学。同治四年（1865 年）办浙江书局出版"子"书，当年得曾国藩赏识。同治七年（1868 年）起任杭州诂经精舍山长历二十一年。当时吴大澂（清卿）（1835～1902 年）、章炳麟（太炎）（1868～1936 年）等均出于他门下。

同治十三年（1874 年）在苏州马医科巷建曲园，占地五亩，内乐知堂及春在堂，园西北余地筑园，状如曲尺，故名曲园，他亦以此为号。

又在杭州孤山西南筑俞楼（同治十七年/1878）。

工书法，为苏州沧浪亭书额及联和寒山寺书诗碑。

著《俞氏丛书》、《春在堂全书》五百余卷。

他是俞平伯的叔祖。

二二九、胡雪岩（道光三年/1823～光绪十一年/1885）

名光墉，雪岩只是号，安徽绩溪人。

家贫，当学徒出身，由于认识潦倒的官僚王有余，受赏识，后来王当上浙江巡抚，胡得以发迹。先开办阜康钱庄，后发展至典当、房地产、粮食、丝绸，甚至军火，成为全国首富。他善于观察客观形势，他说："无永远的敌人，只有永远的利益"。人称他"红顶商人"，但最终因为被外商陷害，损失殆尽，打回原形，潦倒而死。

光绪四年（1878 年），他在杭州河坊街（一说在大井巷）建成"胡庆馀堂国药号"，位于吴山北麓，占地约半公顷，地形不规整。规划分两部分：对外有门楼、院子和营业厅，对内为管理、会客、货房、制药和客房等，共十一个院落。院落全用封火墙分隔。生产部分在二楼,更有顶棚以保产品卫生。用材务求牢固,不作装饰。对外部分连同院子上层都装饰华美。他订下了"采办务真,修制务精"的原则,成为"江南药王"。

我国古代商店大体分为临街商店和院落商店两种形式。其中绝大多数是临街商店,而院落式商店的规模都较大,往往是专业性的、综合性的是商场,如北京东安市场和隆福寺等。

先前,他在杭州元宝街建豪宅(同治十一年/1872年),三年成。分中、东、西三部分,十三座楼。主楼"百狮楼",中西合璧,由造园家尹芝设计。

二三〇、黎广修(道光三年/1823~?年)

字德山(德生?),四川合川人。

佛教居士。善书、画、诗文,随父业塑像。昆明筇竹寺始建于元朝,是禅宗传入云南而建的第一座寺院。

光绪九年至十六年(1883~1890年)黎广修率领门徒五六人,历时七年,为筇竹寺❶塑造五百罗汉像。据传由其兄先绘作草图,然后由他师徒合力制作完成。作品陈列于大殿两壁68尊,两旁天台阁和梵音阁各216尊。

此五百罗汉塑像打破常规,不但人体符合解剖,而形象忧、乐、爱、憎,表情尽露,生动活泼,成为"东方雕塑宝库的明珠"。

先前,1854年(咸丰四年)为四川新都宝光寺塑佛像。

又绘黄鹤山樵壁画。

二三一、居廉(道光八年/1828~光绪三十年/1904)

字士刚,号古泉、隔山老人。番禺人。

善画,花卉、人物均精。其徒陈树人,与高剑父、高奇峰组成岭南画派。

咸丰六年(1856年)与兄居巢设计张敬修❷的东莞可园。庭园以楼房为主,计十九厅、十五房,共计面积2204m²,即门户亦近百,又有"一楼六阁"、"五亭六台、五池三桥"之称。这种"连房广厦"式的格局,为华南地区所独有,适合亚热带地区的环境。全园楼房疏密相间,起伏迤逦,形成各个角度所产生的不同意境。其中主体建筑为"可楼",四层,高约15m,四楼为"邀山阁",气宇轩昂。而"绿倚楼"则精巧玲珑。二者对比性很强。由回廊联系,既分又

---

❶ 筇竹寺位于昆明城西玉案山,创于至元十七年(1280年),现存为光绪九年至十六年(1883~1890年)建。

❷ 张敬修,字德甫,广东东莞人。寿四十一。道光年间(1821~1851年)曾任广西浔州知府,咸丰五年(1855年)任广西督察使,旋因病辞归回籍。次年,在东莞建可园。

合。再配以高低不同层次、不同色彩的树木花卉，粉墙黛瓦、红柱相间，组成南国庭园的图画。

可园同番禺的余荫山房、顺德的清晖园、佛山的梁园合称清代岭南的四大名园。

他另一设计是广州海珠区怀德大街的一处庭园，仅存石山遗迹。

二三二、林忠恕（1835~1893年）

出身于木工和锻冶工人。未受过学校教育。

19世纪60年代，在横滨通过实践跟西洋人学到西方建筑技术。其成功的道路正如我国的周惠南（1872~1931年）、王信斋，叶肇昌、卢镛标等人，而他更早了三四十年。另见周惠南章节。

1870年，日本邮电省成立了营缮课，他担任技手，跟西洋人学建筑技术，以西方建筑技术设计和建造房屋，比英国人康德尔（Conder, J., 1852~1920年）于1877年到日本以西方建筑教育传入之前也早了约十年。

20世纪30年代，邮电省建筑设计课先后出现了吉田铁（哲）郎（1874~1956年）、山田守（1894~1966年）和山口文象（1902~1978年）等人。继承了林忠恕所引进的西方技术，并创造大量高素质的作品，在邮局、电报局、医院各方面逾二百余项设计。他们被称为"官僚建筑师"。

其中山田守设计了带维也纳分离派而至现代建筑的作品——另详。

二三三、Kinder, William 盖勒明（活动于19世纪中叶）

同治二年（1863年）至光绪十四年（1888年）设计了广州圣心大教堂——市民俗称为"石室"。

教堂于1863年6月28日圣心瞻仰日动工，花了25年时间建成，阔35m，深78.69m，高58.5m，面积2754m²。

万历年间，利玛窦和罗明坚先后在广东肇庆和韶关开始建天主教堂，那时仅将中式建筑改建。其后在北京西什库建的北堂和宣内顺城街的南堂，包括境外澳门的圣伯多禄教堂都是巴洛克式。采用哥特式的教堂，以广州圣心大教堂为全国最大，也可能是全国最早。

从立面看：三开间，次间高出，各托住尖顶塔 Flèche 和塔尖 Spire，明间较低，带小圆窗（roundel）的三角山花，下面是特别大的圆花窗（rose-window）。门窗顶都是二心拱（two-pointed arch），简简单单的哥特式风格。侧墙也没有飞扶壁，算是简约的哥特式。一般人以它同巴黎圣母院相似，其实两者相差太大。

教堂位于一德路路北,大门只好南向。在东方,天主教堂多数都不能以圣坛朝向圣地。

二三四、武田斐三郎（活动于 19 世纪中叶）

1864 年,武田在日本北海道函馆 Mako Date 建造一座西式的堡垒,平面为五角星形,城墙高 20m,有两个城门。外护城河,旁边相应建了五棱形塔（如图）。

这种多角形的堡垒,在西方司空见惯。多见于近古时代如 Vanban, S. （1633～1707 年）等人所设计。但在明治维新（1868 年）以前的江户幕府时代末期,可谓得风气之先。

二三五、Roger 罗杰（活动于 19 世纪上半叶）

明代天启二年（1622 年）荷兰人进攻澳门,葡萄牙人为了加强防御,在澳门半岛西南角妈阁庙前建造炮台（现海事博物馆）。崇德二年至三年（1637～1638 年）又在澳门的制高点——东望洋山上建立堡垒（Cuia Fortress）。堡垒内附设的小教堂,按当时葡国的隐修院建造。

同治三/四年（1864/1865 年）罗杰在堡垒前设计加建的松山灯塔,灯塔圆柱形,高 16m,为我国沿海最早的灯塔。当时以煤油发光,又利用摆力惯性,使灯光循环定转。

1874 年灯塔倒塌,1910 年重建。

二三六、Lester, Henry 雷士德（1840～1926 年）

1867 年由英国到上海,先后在租界的工部局及房地产公司工作。

1913 年同 Johnson, G. A. 和 Morris, G. 合伙组成德和洋行（Lester, Johnson&Morris Co.）经营建筑设计及房地产业务。1916 年 Lester 退休,公司另加入 Mangham, J. R. 和 Bothwell, E. F.。

公司主要设计有：

先施公司大楼（1915～1917 年）,巴洛克式。

日清轮船公司大楼（1921 年）。

字林西报大楼（1923～1924 年）,新古典式,现美国友邦保险公司。

Lester 逝世后的仁济医院（1932 年）,现代式。

1926 年成立雷士德基金会,捐款建造雷士德工学院（1934）、雷士德医院和仁济医院。

雷士德工学院设立建筑科，是我国早期（抗日战争前）的几个建筑教育科系之一。

二三七、小川治平卫（活动于19世纪下半叶）

日本的建筑和园林，史前未见实录，佛教于552年（梁朝简文帝元年或北齐天保三年）经朝鲜传入日本，至推古女皇（593~629年在位），一些寺院开始渗入南北朝和隋唐的建筑技术和风格，苏我马子（？~626年）亦从朝鲜学到中国的造园法，以佛教的"一海三山"形制，制作"池中筑岛"的第一个庭园，又架以"吴桥"。

中世纪藤原良经所著的《作庭记》存在着阴阳五行的迷信色彩。其后的庭院设计又参照中国书法之真、行、草三种形式筑庭；室町时代（约1334~1752年），渗入禅宗意识；桃山时代（约1573~1602年），"茶庭"盛行；江户时代（约1603~1867年），则以"文人庭"为主，一直以来都师承中国意识并溶入一定的日本本土传统。总之，日本的建筑和园林，都离不开东方色彩。其间德川幕府于17世纪30年代开始实行锁国政策，全面封闭。

1868年明治维新，一下子打开了国门，意识形态向西方一面倒，造园方面开始趋向欧化，仿效西方的大片草坪出现，称之为"艺庭"。小川治平卫所设计的公园和花园也开始采用西方手法。

二三八、清水喜助（活动于19世纪中叶）

1867年（庆应三年），日本出现了重大的政治事件：京都和大阪发生了"有何不可"的群众运动。坂本龙马❶在近江屋被人暗杀了，江户幕府的德川庆喜大政将军（Tokugawa Yoshimobu，1837~1913年）将政权奉还给天皇，延续了将七百年的幕府时代宣告终止。次年，戊辰战争爆发，然而兵不血刃，江户城大开城门结束了战争。明治天皇宣布维新，在政治上全面改革。

就在这一年，清水喜助设计了"筑地旅馆"，由传统的纯木结构改为砖木混合结构，按照西方的形式设计。这是明治维新最早仿西方建筑的范例，称之为"洋风建筑"。

二三九、Conder，Josiah 康德尔（1852~1920年）

毕业于伦敦大学，后在 Burges, W.（伯吉斯）的事务所工作，并成为英国

---

❶ 坂本龙马（Sakamoto Ryōma，1836~1867年），皇权主义者，促使萨摩藩及长州藩结盟，劝幕府奉还大政。两藩占领京都又进军江户，庆喜投降。

皇家建筑师学会（RIBA，Royal Institute of British Architects）会员。

1877年到日本定居，先在工部省工作，后在工部大学造家学科（后东京帝国大学工学部建筑工程科）任教。这是西方学者在日本讲授西洋建筑学之始。

1879年首批毕业生有曾弥达藏（1852～1937年）、辰野金吾（1854～1919年）、片山东熊（1885～1917年）等人。他们成为日本首批受正规建筑教育的建筑师，后来三人分别到英、美、法进修，而风格各异。

Conder在日本大力推行折中主义建筑风格。1884年编写的"Building Handbook"，在《工作杂志》上连载发表。

辰野金吾后留学英国，回国后于1884年接替Conder主持造家学科。

曾弥达藏1894年由美回日后服务于三菱公司，当时Conder任顾问。

片山东熊进修于法国，接受古典主义学院派的教育。三人事迹另见其章节。

Conder所传授和倡导的折中主义风格，成为日本的"拟洋风"，直至40年之后才被表现主义的"新洋风"所取代。

二四〇、Morrison，Gabrial James 玛礼逊（活动于19世纪下半叶）

1842年，鸦片战争清廷战败，被迫签订第一个不平等条约——"南京条约"（"江宁条约"），除了割让香港外，还开放五口（广州、厦门、福州、宁波及上海）通商，五个城市变成半殖民地，次年，英国在上海设立租界Settlement。

1876年英商怡和洋行以商营形式开办由市区（今河南北路）到宝山江湾镇的首条市内铁路，称"淞沪铁路"，长约5km（但次年因误杀行人遭拆除）。Morrison以淞沪铁路总工程师身份，来到上海。

1885年Morrison同Grantton，F. M.❶格兰顿组成玛礼逊洋行。洋行的"打样间"承担房屋建筑业务，当时的主要作品有中国通商银行办公楼（1897年），英国哥特式。

1902年，两人都已不在，改由Scott，Walter❷斯科特主持此洋行。后又加入合伙人Carter，遂改名为Messrs. Scott and Carter 洋行——Messrs. 是法语Messieurs（先生）之略。那时的主要设计为汇中饭店和惠罗公司（1906年），汇中饭店现为和平饭店南楼。

二四一、手岛精一（活动于19世纪下半叶）

明治维新后，有识之士，不但将西方的一套引进来，还开始走出去。手岛

---

❶ Grantton于1882年来沪，1886～1888年任工部局副总董事。1900年回英。

❷ Scott, W. 生于印度，1889年来华，入玛礼逊洋行。

精一于 1870 年远赴美国，到伊斯顿城 Easten 入读拉法埃脱大学 Lafayette University，他是首位到西方求学，专攻建筑学的日本人，也是日本首位建筑师（在日本，当时称之为"建筑家"）。

回国后，他在东京高等工业学校任教，把学到的西方技术传给国人。

二四二、Dowdall，W. M. 道达尔（活动于 19~20 世纪间）

他在上海主要是设计教堂：

苏州路的 Union Church，俗称小教堂。采用英国哥特复兴式，单塔楼，高 33m，完成于 1884 年。

19 世纪末同工程师 Moorhead，R. S. 穆尔黑德合组事务所。

1904~1910 年以法国哥特式设计徐家汇主教堂——圣依纳爵教堂 St. Ignatius。

其间于 1970~1909 年任法租界公董局副总董事（公董局相当于英租界的工部局）。

二四三、杨斯盛（咸丰元年至光绪三十四/三十五年）（1851~1908/1909 年）

字锦春，上海川沙人。

幼年丧父，到上海市区当泥水匠。

据《清史稿列传 258 孝义三——本传》及章梫《杨斯盛传》记载，他"诚信为侪辈所重"。由于"颖敏有所思"，稍有积蓄，"乃以廉价市荒土营室，不数年地贵数倍"。就这样，他先以经营房地产，在财力和实际经验上有了条件，遂于 1880 年（光绪六年）创办了"杨瑞泰营造厂"，成为我国第一家现代式的建筑公司。

1891 年（光绪十七年），江海关辟建新楼，这是一幢折中主义的西洋建筑，钟楼为哥特式。招募华人构筑，"无敢应者，斯盛独应之"，两年后落成。"西人叹赏不止"，其胆识令同行钦敬——该楼后于 1925 年拆而改建。

随后，业务发展，积累亦增加。"遂出资规画洋泾、陆家渡、六里桥南诸路。"

由于他自幼失学，识字无多，深感教育的重要，于是捐资创办学校，前后有广明小学，师范传习所，浦东中、小学，青墩小学等校，又创南市医院，糜金二十万。他遗留给子孙的仅占 1/10。他为人"孝友不欺，凡人有一技之长，奖拔资助。"又赈灾民，当时上海正发展，从事土木者数以万计，大家倡议成立公所及办义务学校，他都鼎力赞助。

浦东严家桥，由于年久失修，将圮。当时斯盛已届晚年，他决定重建新桥，捐了六千元，采用钢铁为骨干，以水泥为桥身。他还亲临现场指挥，不足一个月便因积劳成疾，不幸辞世。工人们遵照他生前指示，顺利完工。

前于同治二年、同治三年（1863 年、1864 年）已有魏荣昌及孙金昌投标承包大英自来火房（即煤气厂）及法租界公董局工程，但未以公司名称承包。

自杨瑞泰营造厂后，陆续出现王发记、裕昌泰、项茂记、姚记及馥记等营造厂出现。

二四四、袁保禄（活动于 19～20 世纪间）

河南项城人，父袁甲三。

同治元年（1862 年）举人，光绪五年（1879 年）赓二品顶戴，曾任内阁中书侍读十三年。

光绪八年（1882 年）以直隶候补道督，筑旅顺军港。据载："开山浚海、筑拦潮坝、工程浩大，于冰雪风雾中督工役，昼夜无倦色"，又"跋山涉海，测地鸠工，以筑炮台，不数月，东西两岸七台成，坚致曲折，险冠华北"——事见《清史本传之清史馆待刊稿》及章梫《袁保禄传》。

在旅顺口督办海防工兼办水陆军防务任内，提督宋庆、丁汝昌❶、臬司周馥❷、道员刘含芳等人协作。

二四五、谢甘棠（活动于 19～20 世纪间）

字寄云，江西南城人。

江西南城（建昌）盱水万年桥，于崇祯七年（1633 年）由巡道吴麟瑞始创。至顺治四年（1647 年）竣工。桥二十三瓮、二十四垒，长 118.3 丈（约 395m）叠石九层，中构一亭，其中宏丽为（鄱阳）湖东诸郡之冠，同福建州洛阳桥、苏州宝带桥鼎足而三，同为东南长桥。

雍正二年（1724 年）圮二瓮，乾隆年间又受损，至光绪十三年（1887 年）全桥更被洪水所毁。

谢甘棠为同治举人，曾任兵部主簿。

光绪十七年（1891 年）知县洪汝濂集官绅议修复，时甘棠息景家庐，被推董其事。

据洪汝濂《重修万年桥序》及刘敦桢（1897～1968 年）《万年桥述略》记载："……阅四载成，复以余材筑堤五里，浚城内外沟壕，葺'留衣桥'、文武庙、社稷坛、先农坛、上谕亭、界山关隘、小桥亭路等廿余所"。他不但修桥，

---

❶ 丁汝昌（禹廷）（？～1895 年）安徽卢江人。中日甲午战争失利而自杀。
❷ 周馥（玉山）安徽建德（今东至）人（？～1920 年）。

并且筑堤浚沟，从各方面作出防洪措施，还"于桥侧购地建屋，以租金所入，备后人及时修补之资"——不但考虑目前工程，还顾及日后经济问题。

他"以书生馆巨役，于鸠工庀材，初非素习，顾秉性缜密耐辛苦，循名核实，事必躬亲。"自规划、选工、购材、集款，用人等都亲力亲为。五年竣工，又撰《万年桥志》八卷，凡施工、承包、采料、事务及设施等都详细记述，更有《桥工日记》一卷，详加叙述，共四册，四万字，并有附图。

二四六、Gauld，William 吴威廉/高尔德（？~1934年）

1892年由加拿大到台湾淡水，协助马偕牧师宣教，他也是教会建筑师，他和马偕在台湾各地建造多座教会建筑。

他前后设计了：台北神学院、新竹教会、淡水妇学堂、淡水女学校，台北牛浦之马偕医院及马偕墓园等约三十项，现存有：

北投教堂（1912年），长方形平面，双坡顶，正面山墙中间1/3凸出做半圆形，上竖小十字架。入门有双庑，两侧墙有扶壁。整体非常质朴，同一般民居很相似。

所设计都很平实，仅用砖木制作。

二四七、曾弥达藏（1852~1937年）

1897年同辰野金吾（1854~1919年）、片山东熊（1855~1917年）等人同在工部大学造家学科专科第一届毕业，他们接受英国人Conder，J.（康德尔，1852~1920年）的折中主义风格的培养。

1893年，他赴美，在芝加哥考察钢结构办公楼建筑。

那年，芝加哥正举行世界哥伦比亚博览会，以纪念发现美洲400周年。在这次会上，来自美国东部的折中派建筑师同芝加哥学派的现代建筑师展开了一场生死决斗，芝加哥学派寡不敌众，让折中派占了上风，连作为会场工程的总负责人Burnham，D. H.（伯纳姆，1846~1912年）也改弦易辙，倒向学院派。美国建筑的主流转向"商业古典主义"，只Sullivan，L. H.（1856~1924年）在培养着Wright，F. L.（1869~1959年）延续其"有机建筑"。芝加哥学派短暂的历程结束了，其所开创的摩天楼却得到发展。

曾弥达藏赶上末班年，他在芝加哥学到钢框架结构的基本知识。

回国后，1894年起在三菱公司工作，设计了三菱公司的十一号馆（Conder时任顾问）、十二号楼，而至现代化的十三号楼。

1918年设计的东京海上大厦（七层），以水泥包钢框架，达到耐震作用。

二四八、陈璧（咸丰二年/1852 至民国十七年/1928）

字玉苍，号苏斋。阁候人。光绪三年（1877 年）进士，授内阁中书，1892 年升礼部铸印司员外郎，负责南苑天坛等工程监督。

据《清史本传之清史馆待刊稿》及叶恭绰《清故邮传部尚书陈公玉苍墓志铭》："公性长综核，好营造，所至辄兴土木而矩度有法，财无虚费，政府有大建筑，悉以命公……"

光绪二十年（1884 年），奉派充醇贤亲王园寝宫门围墙工程监督。光绪二十二年任御史，奉命管理街道事务和前三门外官沟。这些官沟自乾隆十八年（1753 年）曾经修浚之后，已经 140 多年了，久已淤塞，经他建议修复，用了八千两，开通了一万多丈，又平整道路，造福于民。

光绪二十六庚子年（1900 年）义和团反洋，八国联军入侵。他临危受命，出任顺天府丞，设协巡局，留守京城，排忧解难，安定人心。次年联军撤，升任太仆寺少卿，又顺天府尹。处理善后，"规复宫禁，修缮跸路，及时辟治，无役不从。""又奉派估修西陵地，他……""亲往勘估，不带算房书吏人等，一改积弊。"

光绪二十八年再估修东陵和正阳门工程。正阳门工程于二十九年开工，费用较过去约减 2/3。那年夏天他上奏设京师工艺局并附设农工学堂。

光绪二十九年，奏请修左翼节孝祠，而在技工教育上进一步在工艺局附设农科。他募致外省甚至外洋之专门工师来授徒。其科目计有：铁工、凿井、织造、漆工、家具、木工、绣工、箱工、玻璃、镂瓷而制肥皂等多种，这些都是京中当时未有的工艺。又在南苑领出荒地开垦种稻及葡萄、桑麻。"京师工艺之增进自兹始。"

其后由三十年至三十四年，又忙于惠陵、裕陵、正阳门和监国摄政王府等工程，其间于三十三年"奏呈筹画全国铁路轨线图说，分画经纬支干，全国铁路规模始定于此。"他擢升为邮传部尚书兼参与政务大臣，规划路、电、航、邮四政大纲。

他"精核、任劳怨，勤于职事，最为孝钦"，而"所费皆省于旧例"。他的清廉作风，"以省费不中王意，以忤旨去职。"

罢官后他仍居于西城，"辟苏园，日以莳花、种蔬、课孙、诵读为事。"

他的《望嵩堂奏议》十二卷留传于后世。

二四九、张謇（咸丰三年/1853 至民国十五年/1926）

字季直，号啬翁。南通人。出身农家。

丙戌（光绪二十年/1894）连中三元，授翰林院修撰。他无心宦途利禄，以父丧归。热衷立宪，同情维新。

1895 年回到南通，一心投入其振兴实业的理想，同年即创办大生纱厂，1899 年建成投产。其后又创通海垦牧公司，化如皋、东台、盐城、阜宁海卤地为棉田。再建广生榨油厂、复兴面粉厂、大达外江轮船公司、资生铁冶厂、大丰盐垦公司等七十多家企业。其建设得到张之洞的支持。为了发展实业，又开办淮海实业银行。

另一方面又大办教育，1902 年起先后开办通州师范、女子师范、盲哑学校，而至南通大学农科、伶工学校等。

1905 年的博物馆——南通博物苑，面积达 23334m²，现已由江苏省列为文物保护单位。又在君山建气象台（1906 年）。

他的濠南别业（1915 年）——位于南通风景区濠河（护城河）之南，故名。独院，两层，英国风格，平面以东西走廊将房间分为南、中、北三组。又濠阳小筑、啬园等。

葫芦形的濠河集中了张謇的好些园林建筑，包括濠南别业、博物苑、梅欧阁、与众堂、千龄观等。体现了由封闭自守的私家花园向大众娱乐的公园的转化，因分为东、南、西、北、中五部分，合称"五公园"。

他所建设，多将设计交付给孙支厦（1882～1975 年）。孙是他的学生，曾派往日本留学考察，回国后辅佐张謇建设南通。另见孙支厦章节。

1909 年到南京出任咨议局议长，1910 年任中央教育会会长。1911 年辛亥革命成功，孙中山任临时大总统，他出任实业总长。袁世凯执政时任农林商总长、全国水利局总裁、运河督办、交通银行总理等职。袁称帝前辞官南归，专志于实业与文教，他称实业和教育为"富强之大本"。为我国近代著名之实业家，与天津之周学熙❶并称为"南张北周"。在其影响下，对南通的规划和建设起一定的作用。

著《张季子九录》、《柳西草堂日记》、《啬翁自订年谱》、《张謇日记等》。

南通市南郊有"啬公墓"。

二五〇、辰野今吾（1854～1919 年）

1879 年在工部大学造家学科毕业，师从英国人 Conder, J.（1852～1920 年）。毕业后派往英国深造（1880～1883 年），成为明治时代为首的建筑巨匠。

1884 年继 Conder 主持造家学科（当时工部大学已并入帝国大学），1886 年

---

❶ 周学熙（缉之，号止庵），安徽东至人（1866～1949 年）。天津实业家，启新水泥厂、滦州矿务局、耀华玻璃厂、京师自来水厂、纺织厂均由他创办。

成立造家学会，1898～1918年更担任会长，其间1900年又任震灾预防调查会会长，还讲授地震工学。

1894年中日战争后，在Conder领导下，开发一条商业街，以伦敦的银行街——Lombard Street 蓝伯特街为蓝本，沿街建三层红砖房，路旁遍植银杏树，号称"小伦敦"。

受Conder和英国教育当时的影响，其作品属折中主义风格，但采用新材料和新技术。成为日本的"拟洋风"。作品有：

日本银行总部（1896年）。

东京国立体育馆（规模1300座），钢框架，圆顶，直径59.4m（1930年）。

东京车站（1914年），建筑长达335m，为当时面墙最长的公共建筑，采用"钢骨"结构（即钢架）。

他推行"和魂洋材"学说。企图利用西方技术，发扬传统文化。

1914年建筑学会大会上发言，宣扬结构论点，抨击美术倾向——通过多年的实践，后来他的思想起转变。其所用形式，盛行一时，名为"辰野式"。

二五一、片山东熊（1855～1917年）

与曾弥达藏（1852～1937年）、辰野今吾（1854～1919年）同是工部大学造家学科的首届毕业生。受Conder, J.（1852～1920年）的教育。

1882年赴法进修，进一步接受古典主义学院派的培养。

1884年在北京主持日本公使馆的建筑工程。

回日本后设计奈良国立博物馆和京都国立博物馆（1894～1895年），采取了法国文艺复兴形式。

1904～1909年设计的赤坂离宫，则直接模仿凡尔赛宫，是日本首座法式豪华富丽王宫的先例。

二五二、詹天佑（咸丰十一年/1861至民国八年/1919）

字眷诚，原籍安徽婺源。寓居广州（当时属南海）。

同治十一年（1872年）参加由容闳带领的首批幼童派赴美国留学。年甫十二，由小学而大学，至1881年（光绪七年）完成学业。他在耶鲁大学雪菲Scaffield理学院三年，学的专业是机械。

1884年到福建船政局，在水师担任驾驶官，参加中法战役，幸生还。后到广州在广东博学馆和广东海图水陆师学堂教英语，又测绘海图和设计炮台。所绘广东沿海图，成为我国第一张海图。

1888年北上，开始其铁路工程生涯。当时唐（山）胥（各庄）铁路延长至芦台（今宁河县），他担任工程师，后又开拓天津至塘沽线。

由 1890～1894 年，他转战于关内外，先后任天津、津卢、锦州、萍醴、新易、潮汕各铁路工程师。京奉、京张、张绥、津浦、粤汉、洛潼、汉粤川各铁路总工程师，汉粤川铁路督办及交通部技监等职。踏遍大江南北，攀山越岭，为国家增添交通动脉。

1902 年的西陵支线，仅用了四个月便完成，开创我国新纪录。

1905 年京张线，在无外国工程师的情况下，詹天佑勇担重任。全线虽仅 370 里，但地势险恶，工程艰难，自南口以北更是层峦叠嶂，巨壑纵横。辟峡为路，其中八达岭 1091m 长的隧道，采用竖井法开凿。部分路段坡度达 33.33%，因应地势，改变环山展线为之字路，并采用前后双机车推拉，克服困难而创新，使工程仅用四年，于 1909 年便完成。事前国外专家曾断言中国人无法修筑此铁路，最后只好心悦诚服。事成，清廷授予工程进士第一名的荣誉。他的铜像至今仍屹立于青龙桥。他写的《京张铁路工程纪略》及图各一卷，记述了该工程。

在修路的同时，他还有不少的创举，如用气压沉箱法修桥基；用太极图形式创自动车钩；坚持用 1435mm 标准轨距和制定技术标准和规范，这些措施都使我国的铁道事业走上轨道。

1915 年起任粤汉路总公司总经理兼总工程师。

1912 年创立中华工程学会，并任首届会长。

1918 年同叶公绰（1881～1968 年）在天津开办扶轮公学。

他编辑了《新编华英工学字汇》。

詹天佑被尊为"中国铁路之父"，实至名归。

其后人才辈出，如华南圭（子范、通斋），无锡人（1877～1961 年），留法。主持京汉、汴洛等线工程，天津工商学院院长。华揽洪之父。

二五三、Sven, Anders Hedin 斯文赫定（1865～1952 年）

出生于斯德哥尔摩。师从 Richthofen, F.❶（李希霍芬，1833～1905 年）。

1893 年起在新疆、西藏、青海、宁夏、甘肃、内蒙古等地多次考察。

1896 年在和田约特干村的古于阗国都得 500 件文物，其中有金币、金牌而至十字架。

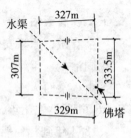

约10.8公顷

---

❶ Richthofen, Ferdinand（李希霍芬）出生于普鲁士上西里西亚（今属波兰），曾任柏林国际地理学会会长，柏林大学校长，曾七次来华考察，"丝绸之路"（Silk Route）一词由他首先提出。

1899～1902年在罗布淖尔（蒙古语，即罗布泊）附近发现楼兰古国遗址如图。

先后写《穿过亚洲》（1898年）、《1899～1902年在中亚考察科学成果》（1940～1908年）——叙述塔里木河改道，罗布泊迁徙及部分丝绸之路等。《横越喜马拉雅山》（1909～1912年）、《南西藏》（1917～1922年）、《冈底斯山》、《戈壁沙漠横渡记》、《浪迹无定的湖泊》、《丝绸之路》等。

1929～1935年中瑞合组西北科学考察团，在内蒙古、河西走廊及罗布泊地区考察。斯文赫定任团长，徐炳旭任副团长，黄文弼虽参加但未能到达。

1934年陈宗器三次到楼兰，考察团由当地罗布人奥尔德克（1860～？年）为向导。

法卢文之"楼兰"为"Kroraina"（库罗来那）。楼兰之名最早见于汉代之月氏。元凤四年（公元前77年），汉昭帝派大将军杀其国王，并易名为鄯善，楼兰则指其城。约历500年，至东晋成帝（330年前后），国家突然消亡，不留一丝痕迹。东汉起至魏晋及前凉时，该处曾设西域长史治所，至唐代诗人王昌龄"黄沙百战穿金甲，不破楼兰终不还"所描述的楼兰已是一片荒漠。

斯文赫定等考察到楼兰城呈不规则的四边形，存断垣，城墙夯筑，夹红柳枝及芦苇杆，有南北门。城中存三间土坯房，佛塔残高约10.4m，圆柱形，似窣堵波。城外另有佛塔，残高7～8m。另居民区遗址，住宅有厅、房及花园。

但是，斯文赫定亦和英国的Stein（斯坦因，1862～1943年）、法国的Pelliot（伯希和）、日本的橘瑞超等一样，于考察时多次劫掠并严重破坏。

20世纪50年代，冯承钧指出：据《水经注》，罗布泊为"牢兰海"（"楼兰海"之异译）。

据分析：楼兰之所以湮没，是由于水源断绝，居民弃城出亡所致，一些文书曾记载号召节水的文字。

二五四、姚承祖（同治五年/1866～1938年）

字补云，号汉亭。原籍安徽船民，后随家迁苏州，成为民间营造世家。

十一岁从叔姚开盛习木匠，年长设姚开泰木作。

苏州怡园是他的名作，园本明代旧宅，光绪年间重建。他将园分为两部分：东部为庭院和建筑。有四时潇洒亭、飞虹亭、石舫、锁绿轩等。拜石轩面对北面的石山；西部以水池为主，藕香榭（荷花厅）和锄月轩（梅花厅），合称鸳鸯厅，一夏一冬，各呈美景。其北以湖石为屏，最西的画舫斋（旱船）极为华丽。

又承建灵岩山大殿和邓尉之香雪海亭。

《灵岩山大殿图》及《补云山筑图》为乃师郁友勤所绘。

晚年，他根据家藏典籍及多年工程经验积累，编纂成册，名《营造法原》，于20世纪20年代初版，总结江南地方在建筑风格和做法的专著。书共分十六章，除木石营造之外，并涉及园林和工限，共十三万字，图将一百。

曾作为苏州工专的教材，后经教师张镛森（至刚）重新整编及补遗，并增注解及图片，于1937年完成，由刘郭桢作最后校定出版。

苏州胥口的龚锦如（约1880～1940年），曾参与怡园及狮子林之垒石。

二五五、关野贞（1867？～1935年）

久居我国，作旅行调查，行踪几遍全国。

日本建筑史权威，尤精于我国的古建筑。同伊东忠太（1867/1868～1954年）齐名。

著：《支那佛教史绩》；《支那山西省汉代坟墓表饰》；《西游杂信》。

对我国古文献的考证和实物的搜集作出了很大努力和贡献。

二五六、长野宇平治（1867～1937年）

甲午战争，清廷战败，次年乙未（光绪二十一年/1895年），台湾割让给日本，日本在台北设总督府进行殖民统治。1906年为建立总督府正式建筑举行了方案竞赛，一评有七人入选，1909年二评时长野的方案虽入选，但未定案。经过总督府土木局营缮课修定，于1912年开工，1919年完成。

20世纪初，日本受西方建筑的影响，对日本建筑在和、洋形式问题上，各持己见，众说纷纭。1910年在建筑学会主持下，展开一场"样式论争"。三桥四郎（1867～1915年）主张"和洋折中"，伊东忠太（1868～1954年）主张"进化"，而佐野利器（1880～1956年）则突出功能问题，他认为建筑形式美并不重要。其后，作为元老，辰野今吾（1854～1919年）在1914年的一次发言上，抨击美术倾向，宣扬结构观点。1915年野田俊彦（1891～1929年）持Loos, A.（路斯，1870～1933年）的观点："无装饰的美，才是美。"激发了"俊彦论争"。倒是冈田信一郎（1883～1932年）则认为新建筑存在于科学与艺术的总和。

长野宇平治是主张欧化的，总督府的设计抄自海牙的和平会议馆。方案平面作横写的日字形，四角有塔，正面的中塔原设计为六层，营缮课的森山松之助增为十二层，高度达60m，钢筋混凝土结构，外贴红色面砖，造成砖构的外形。为了防晒和通风，东、西、南面都加设外廊。垂直交通有升降机。

"二战"末期，1945年美国飞机轰炸台北，该建筑烧了三日三夜，胜利后

 张镛森曾设计中山陵园对面"孝经宝鼎"之石台（八边形三层）及铜鼎，鼎基座由夏行时设计。

二五七、伊东忠太（1868~1954 年）

专研究亚洲，尤其是中、日古建筑理论和历史。1900~1901 年八国联军占领北京时，趁机带同学生和摄影记者考察并记录宫殿形制，写下了《清国北京皇城写真帖》。1911 年又赴印度支那半岛作调查。

1930 年日本的建筑革新运动时，对于传统的取舍问题，发生了"帝冠论争"。一些人如冈田信一郎（1883~1932 年）和渡边仁（1887~1973 年），主张在新建筑上加上民族的大屋顶（我国在 30 年代也开始出现这种现象）。伊东忠太作为建筑历史的研究者，顺理成章，在实践中亦坚持于传统形式。他在 1927 年设计的东京大仓集古馆和 1934 年设计的军人会馆，都用上了古式大屋顶。下田菊太郎（1866~1931 年）把这种形式名之为"帝冠式"。伊东忠太在演讲中说："中国新建筑不需全部仿效外国，而应开拓出本国独特的新建筑。要以国土、国民背景为经；以科技、材料和结构为纬。"这是 1930 年在北平演讲时说的。

他的创作，还有其早期的（1895 年）纯粹以和风设计的平安神宫（纪念平安时代迁都至京都 1100 周年），共十二堂殿。

他的著作有《东方建筑研究》、《支那建筑史》（1931 年）和《支那建筑装饰》（1942 年）等。

二五八、熊罗宿（？~1931 年）

字铎元，江西丰城人。

博览群籍，兼通百家。所编《明堂图说》是疏注《周礼—考工记》，加以核算、绘图和注释的一本重要著作。《考工记》是西汉时补春秋时齐国工艺官书《周礼》所佚《冬官》一篇。另戴震（东原）有《考工记图注》两卷。

据史载："尝以明堂制度相难，因著《明堂图说》一卷疏注《考工记》，句读后世注解之误，其自序及自绘明堂图，步算释文，概除诸家纷说，自成一贯。"

他著作很多，但"丛稿毁于兵火，仅存《明堂图记》一卷，而所绘图幅广盈丈，更不知何所。"

光绪二十二年（1896 年/丙申），因政治关系，其师皮鹿门（锡瑞、师伏先生，善化人，讲学湘中）去国，熊亦窜迹日本。

---

❶ 戴震（雍正元年/1723~乾隆四十二年/1777）安徽休宁人。另著《直畿河渠书》一百一十卷、《戴校水经注》四十卷、《勾股割圜记》三卷。

回国之后，在上海从事制图刻书而致破产。晚年到北京参观故宫营造制度，流寓客邸，"老病犹伸纸作绘，欲毕其说。"

二五九、周惠南（同治十一年至民国二十年）（1872~1931？年）

未受过正规建筑学教育，因在上海某英商地产公司打工，自学成才。20世纪初遂开设"打样间"执业，成为我国首位按西方建筑事务所进行设计的建筑师。

众所周知的上海大游乐场所"大世界"，就是他的作品。1917年及1924年两次重建。

此外，他的设计有黄金大剧院、爵禄饭店、一品香旅社和天蟾舞台等。

在他稍后，有王信斋，由于作为葡萄牙传教士建筑师 Diniz, R. Francis（叶肇昌）的助手，于1935年参加佘山大教堂的设计，该教堂为巴西利卡平面，采用罗马风为主的折中主义风格，内部为哥特式。纵向的入口仅是象征性，主要入口设于横向。

汉口的卢镛标也是当时非正规教育出身的建筑师。

二六〇、朱启钤（同治十一年/1872~1964年）

字桂莘，号蠖园、蠖公、拥园，贵阳人。

监生出身，历任京师大学堂译学馆监督，北京内城巡警厅厅丞、东三省蒙务局督办、津浦铁路北段工程督办、交通总长、代国务总理、内务总长（主管市政交通和工程技术）。

除了担任官职之外，他还从事实业。事缘他做了一件错事：袁世凯妄图称帝时，他担当了大典筹备处处长，事败避居天津租界。在津经营中兴煤矿公司，任总经理。矿在山东枣庄地区，总公司设在天津。为了提高运输能力，他把矿区铁路和津浦铁路连接起来，这样可再接通大运河和陇海铁路，又在连云港修建专用码头和配置运煤货轮。这种配套的运输系统，成为民族实业的典范。

他的重大贡献更在倡导和推动古建筑的发掘和研究，也许是由于工作时接触到建筑实务，从而发生兴趣。1919年他在南京图书馆发现宋代李诫《营造法式》的丁氏抄本，确认其学术价值，交请商务印书馆发行，使此名著得以重见天日。1925年又同陶本、叶本、互校后再行重印。

另一项贡献是开办"营造学社"，1929年在他倡议下在北平成立。初址在宝珠子胡同，后迁赵堂子胡同，称"蠖园"，都是在他的住宅内，后再迁中山公园内"来今雨轩"。建社的宗旨在继承和研究《营造法式》等古籍的建筑理论和法则，又多方征集古建筑有关资料、图样，更实地考察，深入现场，测绘和拍摄实例，将研究成果出版《中国营造学社汇刊》多期及各专集发行。该社设文献、法式两组，由刘敦桢（1897～1968年）担任文献主任，梁思成❶（1901～1972年）任法式主任，参加者有梁妻林徽因（1904～1955年）、刘致平、莫宗江、罗哲文、单士元、王璧文、鲍鼎、陈明达、陈仲篪、陈垣、宋麟征、李四光、梁启雄、夏昌世、翟祖豫、华南圭、叶公超、艾克（Eche, G.）等。

抗战期间，学社内迁，由周贻春代理社长。1938年在昆明恢复活动，1940年迁四川南溪李庄（南溪有古城）继续业务。至1946年胜利后停止活动，前后存在十七年，影响深远。在城市规划及文物方面还有不少贡献：

1914年将社稷坛建议开放为公园，1928年正名为"中山公园"。

北京正阳门改造计划，拆除瓮城的月墙，另辟新门和新马路，使北京城的中轴线打通，道路拓宽畅通。又建议正阳门至天安门一带新建楼宇不得高于天安门城楼的高度，此规定沿用至今。

建议开发北戴河为旅游基地。

创古物陈列所，以展览文物，又在东安市场设古物摊位。

计划和整理北京古建筑及园林，将假山堆砌技法辑成专书。

在漆饰方面亦有所研究。

在叶恭绰（1881～1968年）和章士钊（1882～1973年）的合作下，搜集贵州文献，辑成《贵州碑传集》。

新中国成立后任中央文史馆馆员。

二六一、吉田哲郎 Yoshida Tedsuro（1874～1956年）

或译吉田铁郎。

作为木工和锻冶出身的林忠恕（1835～1893年）在工部省工作期间，于横滨的西方人处学到西方的建筑技术，他于1870年成立的营缮课担任技手，开始以西方建筑营造方法和设计方式从事建筑业。

继承林忠恕的开创，20世纪30年代，邮电省建筑设计先后出现吉田哲郎、

---

❶ 梁思成为梁启超哲嗣，广东新会人，出生于日本。毕业于清华学校，学成于美国宾夕法尼亚大学（1924～1927年），师从Cret, P. P.（1876～1945年），1927～1928年在哈佛大学研究院专攻世界建筑史。回国后同林徽因在东北大学开办我国第一个建筑系（1928～1931年），后任清华大学建筑系主任（1946～1972年）。夫妻锐志钻研我国古建筑、贡献良多，是建筑教育家，又是古建筑专家。1933～1946年，中央研究院研究员；1948年，院士；1955年，学部委员；1940～1947年被耶鲁大学聘为教授及联合国总部建筑群设计委员会成员。

其著作已编成《梁思成全集》，又英文著作 *A Pictorial History of Chinese Architecture*（1984年）。

其设计不多。已知仅：原北京大学图书馆（"红楼"后），北京仁立地毯公司（1932年）——传统复兴形式：清式博吻、彩画、假的斗栱。天安门"人民英雄纪念碑"设计领导人之一、扬州鉴真纪念堂方案（1963年）。

山田守（1894~？年）和山口文象（1902~？年）等多位新型建筑设计师。他们得到实践的机会和受到鼓励，在各地设计了高质素的邮局、电信局、医院等逾260座建筑物。

吉田哲郎的主要作品有京都邮政局（1922年）、别浦市政厅（1928年）和东京邮政总局（1931年）等。

1931~1932年他出访欧洲，在法国会见了现代建筑的Häring哈林（1882~1958年）和包豪斯城市规划系主任Hilberseimer, L（希尔贝塞默）（1885~1967年），他把日本建筑的知识介绍给他们，又把西方建筑的题材引进日本，并在作品中反映出来。

他后来的设计包括大阪邮政局（1939年）和新潟的一家银行（1951年）。

著《日本住宅》（1935年）和1952年、1957年的两本有关日本建筑的庭园的著作。

二六二、Andersson, Johan Gunner 安特生（1874~1960年）

1914年以北平政府农商部矿政顾问身份来到中国工作。因寻找甲骨文遗物却意外发现遗址。

1899年由王懿荣因中药"龙骨"上刻画的符号，经多人考证和破译为甲骨文后，引起发掘的热潮，Andersson在河南渑池仰韶村首先发现新石器时代的精致彩陶。"仰韶"为母系社会开始向父系社会过渡时代。彩陶的发现，提供了新石器时代的有力证据。

又发现黄河流域许多遗址，确定为公元前3000~前1500年的遗迹。

在北京周口店发现石英碎片，他预言将会发现人类化石。后来果然于1921年、1923年和1927年由裴文中（1904~1982年）先后发掘出古人三个牙齿的化石，1929年更发现"北京人"头盖骨化石——"北京人"之名是由步达生❶所提出的，Andersson为开创我国考古工作作出了贡献。

他的著作主要有：

"An Early Chinese Culture"（中国远古文化）（1923年）。

"Children of the Yellow Earth：Studies in Prehistoric China"（中国史前史研究）。

二六三、炎虚（同治十三年/1874~1963年）

俗名王福庭，河北宁河人。

---

❶ 步达生（Black, Davidson）（1884~1934年），加拿大内科医生，体质人类学家，1918~1934年在北京协和医院任教授，解剖科神经学和胚胎学科主任。当1927年在周口店发现一枚下臼齿时，断定一种前所未知的人属或人类存在，并命名为"北京人"。他又主张中亚是人类的摇篮。

前半生随父经商,在辽宁营口经营东济生药店,43 岁出家。在各地建寺院多处,其中著名的有:

青岛太平山湛山寺(1934~1943 年)占地十多公顷,四进三院,内天王殿、大雄宝殿、三圣殿、藏经楼、如来宝塔等,并设学堂、安老院、斋堂等,有"湛山清梵"之誉。

香港荃湾精舍——华南佛学院(1949 年)。

著《心经义疏》、《金刚经讲义》、《楞严经讲义》、《影尘回忆录》等。

二六四、张锳绪(光绪二年/1876~?年)

清末进士,留日学机械,同时"稍治建筑之学"。

宣统二年(1910 年),在农工商部所属实业学校讲授建筑课——开我国讲授西方建筑课的先河。同年所著《建筑新法》,也是我国最早按西方建筑所写的教材/讲义。

二六五、贝寿同(1875~1946 年前后)

又名寿琼,字季眉或季美,苏州人。

清末秀才,工绘画。

负笈日本学政经。1910 年再考取公费留学德国❶,在柏林工业大学学建筑,后又到英国进修。

回国后先执教于苏州工业专门学校建筑科,该科于 1923 年由柳士英发起,联同刘敦桢、朱士圭、黄祖森创办。学制三年,沿用日本建筑教学体系。他们四人都曾留学日本,遂沿袭彼邦偏重工程技术的课程。1927 年夏,该系并入南京的东南大学,成为国立第四中山大学(即后来的中央大学),贝寿同亦转到该校任校。1932 年后转到北京之北平大学艺术学院建筑系。

1933 年在司法行政部任技正,其间在南京设计了一些法院和监狱,都采用西洋古典形式。他又在北平设计了大陆银行和欧美同学会等。

不知什么缘故,胜利后他不再从事专业而在南京开咖啡店以度晚年。

他是贝聿铭(1917 至今)的伯祖。

二六六、大雄喜郎(1877~1952 年)

19 世纪 90 年代,日本建筑受康德尔(Conder, J., 1852~1920 年)的英国折中主义教育所影响,辰野今吾(1854~1919 年)等人将日本现代建筑步入折

---

❶ 我国最早放洋留学专攻建筑专业的还有 1905 年留英的徐鸿遇和留日的许士谔。

中主义，即第一次的"洋风"的过渡后，1920年出现了"分离派建筑会"，成员是一群刚从东京帝国毕业的年轻建筑师们，稍后出现表现主义的"创宇社"，由刚从德国归来的村山知义所倡立，其实两派的理念颇接近。而包豪斯的教学法通过川喜炼七郎（1902～1975年）创办的"建筑工艺研究所"（后"新建筑工艺学院"）传入，今井兼次（1895～1987年）又出版《包豪斯丛书》。其后，表现派成员岸田日出刀（1900～1966年）于1927年，前川国男（1905～1986年）于1928年，坂仓准三（1904～1968年）于1929年先后到法国，学习和工作于Le Corbusier旗下，将《走向新建筑》于1929年译成日文出版。而1927年组成的"国际建筑会"发表宣言，要将日本建筑同世界各国接轨，再后"新兴建筑家联盟"和"青年建筑家联盟"相继成立。日本建筑进入第二次"洋风"时期，趋向合理主义。至于"二战"后再出现的是第三次"洋风"时期，这是后话。

在主流的同时，不免还有逆流。一方面是保留民族形式传统的"帝冠式"，另一方面是折中主义又有所抬头。东京国会议事堂是日本立法的最高机构。1936年采用了方案竞赛的方式，以大雄喜郎的方案为主，揉入其他方案的一些优点由他综合完成。建筑物的上部托起高高的带柱廊的方块，再逐步收窄，最后以金字塔式的方锥体为结束。整体严肃而沉重，其外形酷似上古七大奇迹的哈利卡纳苏斯陵墓（见19. Leochares 利奥卡雷斯）形式是折中主义的，虽然用了高贵的国产材料，但毕竟是前进思潮中的逆流。而伊东忠太早已设计帝冠式的建筑。1937年，渡边仁（1887～1973年）设计的东京帝室博物馆，自然是帝冠屋顶，甚至到了1959年，村野藤吾（1891～1984年）——这位现代建筑的前辈，仍用"帝冠式"设计大阪的新歌舞伎座。遑论更早期的东京歌舞伎座（冈田信一于1924年设计）了。"帝冠"一词是下田菊太郎（1866～1931年）所提出。

岸田日出刀说："新建筑要形态简明，功能合理。而合理是以现代技术和机械美学为基础的。"

"二战"之后，日本的现代建筑已赶上了西方水平，在人才方面，先后出现了前川国男以及后来的丹下健三（Tange Kenzo，1913～2005年）、菊竹清训（1928年生）、桢文彦（1928年生）、矶崎新（1931年生）及黑川纪章（1934年生）等，日本进入了第三次"洋风"时期。

二六七、Murphy, Henry K. 墨菲/茂飞（1877～1954年）

耶鲁大学毕业，在美国工作时即以殖民地式风格而著称。1914年一度来华，在长沙为雅礼大学（Yale in China，即耶鲁大学在华的分校，后称湘雅医学院）做校园规划，设计了中国式校舍。

他对中国古典建筑十分推崇，在他前后的设计中，采用西方先进的材料、结构和设备，以西方的合理功能的设计手段，结合了中国建筑词汇，形成中西合璧的"中国式风格"，同日本的"帝冠式"遥相呼应，对20世纪30年代中国建筑师的传统复兴创作有一定显著的影响。在上海、北京、南京、厦门等多处地方可见。这是一种折中主义的倾向。

1918年他再度来华，一直逗留到1935年，他先在南京规划设计了金陵大学、金陵女子大学。1921~1926年为燕京大学和清华大学（庄俊协助）以及北京协和医院和北平国立图书馆（位于北海西）设计了一批带大屋顶、斗栱、彩画等中国建筑语言的作品［参加者还有Dane（戴恩）］。在燕大的校园规划中，他充分利用自然环境，作有机的结合，效果良好。其间在上海开业时，吕彦直曾在其事务所工作，对吕以后的设计起一定的影响。

1928年国民政府成立首都建设委员会，下设"国都设计技术专员办事处"，聘他为顾问。1929年底联同古力治·麦克考斯基制定了《首都计划》（董大酉参加），计划涉及人口预测，功能分区（中央政治、市行政、工业、商业、文教、住宅等）、交通规划、市政工程及实施管理等配套措施，而以美国华盛顿市的规划为参考，比之其他殖民城市以西洋建筑翻版有所不同。他拟订了"中西合璧"建筑群的规划，但实际上多未能实施，只城市道路建设上取得一定的成果，道路绿化，效果尚可。由中山陵至灵谷寺一带建造了运动场和纪念性建筑，其中灵谷寺的阵亡将士墓和纪念塔（灵谷塔）是他和董大酉设计，于1928~1933年建造的。塔，八边，九层，由混凝土和石建的楼阁式塔。又在灵谷寺设计国民革命军阵亡将士公墓（1929年）。

在20世纪20~30年代在南京推行这种西式结构、中式传统外观的折中主义建筑师和他们的作品有：

司马——金陵大学北楼（1919年）、西楼（1925年）。

珀金斯和汉密尔顿——金陵大学礼拜堂（1916/1917年）。

齐兆昌——金陵大学的东楼（1926年）、圣保罗堂（1922~1923年）、科学馆、小礼拜堂。

司迈尔——金陵大学裴义理楼。

卢树森（奉璋）——南京总统府礼堂、中山陵藏经楼（1935~1936年）。

二六八、Palmer & Turner 巴马、丹拿（始于同治十年/1868）

原香港如同内地一样，民间的建筑物不外是住宅、寺庙、商肆、祠堂兼作书塾等，率由匠师设计和施工。被英国强占后，建筑物的类型渐多，而由外籍建筑师规划和设计。19 世纪 70 年代已有外籍建筑师（香港习惯称建筑师为"则师"，设计公司称为"则楼"）来香港开业，现多无案可查，所知者有英国人 Salway, William（萨尔维）在香港创办建筑事务所，1890 年其两个合伙人 Palmer, C.（巴马）和 Turner, A.（丹拿）成为主持人，遂改名为 Palmer & Turner Architects & Surveyors，中文名为巴马丹拿事务所。此公司虽几度易人，至今仍以原名运作，140 年来，成为香港历史最久和最有影响的建筑事务所。

巴马丹拿除在香港留下众多的建筑外，在国内还分设公司，称"公和洋行"，主要活动于上海租界。

巴马丹拿多年来的设计，反映出百多年来西方建筑思潮的变化，呈现出不同时期的风格。其主要设计有港督府（原 1851～1855 年）之副翼（？～1891 年）、历山大厦、圣佐治大厦、英皇大厦、太子大厦等及近期完成的康乐大厦（现怡和大厦，1973 年）置地广场（1980～1983 年）、交易广场（1985 年）、娱乐行（1993 年）和香港科学馆（1990 年）等。

二六九、Wilson, George Leopold 威尔逊（1880～? 年）

Wilson 于 1908 年由英国到香港，进入巴马丹拿公司。1912 年受指派同另一建筑师 Logen, M. H. 洛根到上海开设分部，取中文名为"公和洋行"。到上海后即设计"天祥行大楼 Union Building"（1912～1916 年），后改名为"有利大楼"。这是上海首座钢框架结构的多层建筑，立面竖线条，而适当采用较自由的古典语言。楼成之后，公和洋行亦设于本楼内。

20 世纪 30～40 年代，上海租界一些新建的有名建筑多出于该行，如 1916～1918 年的永安公司和 1918～1920 年的扬子公司，在外滩的 23 幢中占了 9 幢。

1921～1923 年在外滩的汇丰银行，位于外滩的一个独立地段，面向黄浦江，占地 1.13 公顷。建筑物平面为规整的矩形。建筑总面积约 32000m^2，钢筋混凝土结构，外观仿石面的新古典主义形式，Ionic 柱廊，横竖各三段。中央穹顶，内钢架，外石面。下为圆形大营业厅（不对华人开放，华人只能使用侧厅或小厅），内外都力尽富丽堂皇。有当时最先进的冷暖气，耗资逾千万元，显示英国在中国（包括香港）的最大银行的势力和财力，正如他们所吹嘘的"从苏伊士运河到远东白令海峡最华贵的建筑"（现浦东发展银行）。

其后的作品有：正金银行（1922～1924 年）、台湾银行（现招商银行）（1924～1926 年），外滩海关新大厦（1925～1927 年）——Doric 柱式的希腊复兴式，但大钟仿伦敦国会大钟。

随着时代的演变，也开始用艺术装饰主义（Art Deco）设计，如沙逊大厦（1926～1928 年），钢架结构，在三角形的地段上，建上海首座超过七层的十层大厦。高 77m，转角处再突出 19m 高的方维体。共十二层，立面以简洁的竖线条处理。其上五至九层为华懋饭店，有九套头等客房分别以不同国家风格装饰内部，极尽奢华（现和平饭店北楼）。

其后的设计还有犹太会堂（1931 年）、沙逊别墅（1932 年），而完成于 1932 年的亚洲文会大厦，也是 Art Deco 风格加上中国装饰，如石栏杆的露台。河滨公寓（1933 年）、汉弥尔登公寓（1934 年）、新都饭店（1934 年）、三井银行，还有峻岭公寓和蓝烟囱轮船公司（Glen Line）大厦等。

设计也受到当时我国兴起的西式结构、中式传统外观的折中主义的影响，如 1929 年的和平饭店，在楼顶加上了绿色的方维体，十分突出，被人称之为"穿西装而戴瓜皮小帽"。他在南京还任东南大学（后中央大学）的建筑股长。

1936 年建造的上海中国银行是公和洋行和陆谦受❶共同设计的，占地 0.3 公顷，建筑面积 26400m²，连塔楼共 17 层（原 34 层，但因不能高于沙逊大厦反而比它低 60cm）。Art Deco 风格，加上中国传统，如蓝琉璃瓦攒尖顶（但坡度很缓，在地面看不到），还有斗栱和彩画。

二七〇、佐野利器（1880～1956 年）

由学造船转向结构。1900 年入帝国大学，接受日本第一代受西方教育的建筑家的栽培，他的志向是结构学。受辰野今吾（1854～1919 年）的启发，同时也钻研地震学。毕业后留校当讲师，主讲钢筋混凝土结构学。

1906 年旧金山发生 8.25 级大地震后被派往考察，亲身体验，写了《美国加州震灾淡》，次年又发表《实地调查报告》。

作为日本第一代地震工学家，1914 年又在《家屋耐震构造论》，进一步推崇钢筋混凝土框架结构的耐震性优越于承重墙，建立一套日本钢筋混凝土结构的理论系统，继之者有内田祥三（1885～1972 年）、内藤多仲（1886～1970 年）和渡边节等人。1923 年关东 8.3 级大地震，考验了他们的理论和实践。

---

❶ 陆谦受（1904～1992 年），在香港读完中学后，曾在一家英国建筑事务所工作了四年，后到英国入读英国建筑学院，回国后长期在上海发展。他自幼生活在香港一间中式大宅内。父亲是教育家，又办报纸和慈善事业，书香门第，住宅古色古香，环境亭台楼阁，所以受到中国传统文物的熏陶，后来又渡洋接受西方现代教育，自然产生新旧、中外文化糅合的手法。除了上海的中国银行外，1950 年香港的中国银行也是他和巴马丹拿合作。两地的中国银行，外形基本一致，只不过香港的中国银行，中国因素少一些，也没有了琉璃瓦顶，但都有门外的石狮子。1930～1947 年他在上海任中国银行建筑课长。又担任不少公职和任教于圣约翰大学，他在南京、天津、重庆等地设计了 30 多项设计。1935 年在上海加入中国建筑师学会，1938 年在重庆时担任会长。1947 年和黄作燊、王大闳、陈占祥、郑观宣合组"五联建筑事务所"，至 1949 年才回到香港继续业务。在香港设计的保华大厦（海边公寓），每户由前后四个半层构成。建于半山的 Southwest 住宅，位于陡峭的山坡上，前后高差 6m，他仿效 Wright, F. L. 的手法，悬挑于山坡上。其后期的作风趋向前卫。设计都考虑周详，细致入微。

作为日本结构学的先驱。1909年设计了东京丸善书店（三层）为日本第一座钢框架建筑。在结构上是先进的，但在建筑立面上，仍是西洋古典形式，不免滞后了。

作为日本结构学的先驱，对于建筑的艺术性与科学性何者为重，存在着矛盾和思考。他认为美并不重要，更重要的是功能，建筑家应是以科学的基础的技术工作者。他主张"力学美"，他也参加分离派（分离派并不一定轻视技术）。因此是艺术和技术的二元论者。然而他又试图从工程结构观点出发，摸索"帝冠式"的移植方法，自然，是得不到结论的。

二七一、叶恭绰（光绪七年/1881~1968年）

字裕甫、誉虎、玉父，号遐庵、矩园。

番禺人。家学渊源：祖衍兰，父佩玱均知名，出身京师大学堂（北京大学前身）仕学馆。

前后任职邮传、铁路、交通等部门，因而结识朱启钤。

1918年同詹天佑在天津开办扶轮公学，1920年任交通总长时在巴黎成立中国学院。

1927年在政坛淡出，转而从事文化学术，涉及书画、文字改革、文献古迹，其中同章士钊（1882~1973年）协助朱启钤搜集贵州文献。

1931~1932年独资捐款兴建"仰止亭"于南京中山陵园内（刘敦桢设计），他逝后即葬于亭西。

任北大研究院国学馆长。

二七二、孙支厦（光绪八年/1882~1975年）

南通人。

毕业于南通工程技术专科学校。

张謇是乃师，派他到日本学建筑及考察。

归国后铺佐张謇建设南通。

1909~1910年为张謇设计在南京的江苏省咨议局办公楼（当时张任议长），该楼采用法国古典折中主义形式。19世纪末，日本建筑曾受法国折中主义所影响，孙留日时不免受到感染，其设计是我国最早建造此形式的建筑之一，内会议大厅为半圆形平面，有楼座，也是我国早期出现大跨度会堂建筑之一，该楼后来成为国民党中央党部。

在南通，其他设计有：南通剧场、跃龙桥、南通俱乐部、总商会和张謇宅。其《建筑图底汇存》收集了其所设计图。

二七三、冈田信一郎（1883～1932年）

日本建筑在接受西方建筑的过程是曲折的。由19世纪中起，经历过"拟洋风"的折中主义阶段。时间进入20世纪，西方的功能主义在日本已经起作用。但是在形式上何去何从仍未解决。为此，1910年在建筑学会主持下，研讨此问题，引起"样式论争"，会上众说纷纭。冈田信一郎表示：新建筑是科学与艺术之总和。新材料、新结构既合理亦经济，因此，表达方法应与过去不同。

日本于1920年成立了"分离派建筑会"，许多年轻的建筑师都参加了，而冈田则批评他们轻视结构，只致力于追求艺术性，甚至个性。

然而，他在1924年设计东京歌舞伎座时，虽然以钢筋混凝土框架为结构，用了新的材料，却披着一件"帝冠式"的外衣，几个歇山顶重重地压着建筑物，斗栱也用上了，同他以前所说过的"……表达方法应与过去不同"，实有违初衷。

这种"帝冠式"屋顶，一直延续至1937年渡边仁（1877～1973年）所设计的东京帝室博物馆，既是帝室，自然要戴上帝冠了。

二七四、内田祥三（1885～1972年）

日本结构学家，继承日本结构学创始人佐野利器（1880～1956年）的钢筋混凝土结构和耐震技术，并有所建树。

长期在我国工作，主要有：

济南日本领事馆（1918年）；

九江日本领事馆（1919年）；

上海自然科学研究所（1933年）。

侵华战争期间，做了一些规划方案：

大同市规划；

日本农业移民"满洲"居住区方案；

新京（伪满洲国国都长春）居住区方案（昭和建筑协会主持）。

1917年设计（七层的）东京海上大厦，采用了"刚接架构"设计，经受了1923年关东8.3级地震。

二七五、原田淑人 Harada Yoshito（1885～1974年）

日本东京帝国大学史科毕业，专研究东洋史，主要通过遗迹研究东亚古文化。

1918年在朝鲜调查平壤市部乐浪郡遗址和王盱墓。

1921~1923年赴英、法、美等国深造，又在欧洲和埃及等地考察。

1925年以后连续在我国各地之遗址考察：

曲阜鲁城遗址——鲁国都城于西周初至战国末位于曲阜，城呈回字形，四角作弧形。

邯郸赵城遗址——赵国都城建于公元前386~前222年间，宫城和大城不相连，战国时各侯国多如此。

大同北魏平城遗址（385~493年间）。

黑龙江宁安（今阿城）渤海国上京（五京之一）龙泉府（会宁府）遗址（698~926年），渤海国靺鞨族（属东胡）粟末部于唐代所建（698~926年，武则天至后唐间）。龙泉府在现县东南京城镇一带，仿长安城而建，有外郭、皇城、宫城三重，现存古墓。

1949年原田淑人任日本考古学会会长。

二七六、内藤多仲（1886~1970年）

继承佐野利器（1880~1956年）钢筋混凝土结构及耐震技术，除了内田祥三（1885~1972年）之外，还有内藤多仲。

1923年他同渡边节共同设计的东京兴业银行，是座钢框架为骨骼而披钢筋混凝土外墙的七层建筑。同样，经受了同年关东大地震的考验。

1941年成立的日本地震工学会和1963年成立的地震工学振兴会，他都出任会长。

二七七、庄俊（光绪十四年/1888~1990年）

字达卿。宁波人。

宣统元年（1908年）入读唐山路矿学校（后唐山交通大学）。

1900年庚子，义和团向列强宣战，引致八国联军入侵北京，直闯紫禁城。1901年清廷向十一国签辛丑条约。赔四亿五千万两银，其中美国以所得之三千二百万两白银中于1908年将超收部分之一千一百万两作为退款，但需用作中国学生留美之用，这是由于此举可使美国可得商业和声誉的好处。

庄俊于1910年获第二批留美的机会，在这批中同时还有胡适、赵元任、竺可桢、胡明俊等人。庄俊入读伊利诺伊大学专攻建筑学。1914年获学士学位，成为我国首位建筑留美学生。

1914~1923年任清华学堂（清华大学前身）驻校建筑师，在这段时间，他在学校设计了大礼堂、体育馆、工程馆、科学馆等，当然是一些学院派的折中主义。后期Murphy再度来华，他任助手，共同设计清华大学一些建筑，因而受其中国传统风格所影响。

1923～1924年再赴美国哥伦比亚大学研究院进修，其后又率领一批学生到美国学习，他自己还赴欧美各国考察。

1925年开始在上海开办我国最早建筑事务所之一的庄俊建筑师事务所，并同时在上海交通大学、大同大学兼课。又于1927年成立"上海建筑师学会"（次年改称"中国建筑师学会"），并历任多届会长。发起人还有吕彦直、范文照、巫振英、张光圻等。这是我国第一个建筑学术团体。那时，他主要设计了一些银行，如哈尔滨、大连、青岛、济南的交通银行，上海和汉口的金城银行。汉口的大陆银行，在上海还设计了大陆商场（现东海大楼）、慈淑大楼、孙克基妇产科医院（现长宁区妇产科医院）、交通大学办公楼、四行储蓄会虹口分会、虹口公寓等。其设计风格初期为学院派的复古主义，1932年左右转为Art Deso风格，1935年左右再转向现代建筑。其事务所一直工作到1949年。在设计中他尽量选用国产的材料和产品，以利工业。

新中国成立后担任中国建筑公司总工程师、建筑工程部设计总局总工程师。1953年转任华东工业建筑设计院总工程师直至1958年退休。国家授以"建筑泰斗"称号。

退休后编写《英汉建筑工程名词》。1990年以103岁长寿逝于上海。

二七八、沈理源（光绪十六年/1890～1951年）

原名琛，字锡爵。杭州人。

上海南洋中学毕业后，以公费至意大利那不勒斯工科大学土木和水利工程系学习七年多，至1914年回国。

1915年短期在黄河水利委员会任工程师。

在意大利时，对当地西洋古典建筑，尤其文艺复兴形式的形制和演变历史感兴趣，在意七年多时间，打下建筑设计基础。因此，干水利工作不久，很快就转到建筑设计工作。

最初设计的是北京前门外的劝业商场和东华门真光电影院（现儿童剧场）（同殷姓工程师合作）。首个独立设计的是杭州浙江兴业银行，那是西洋古典式的。

后定居北京，接手由外国人办的华信工程司，在京津执行建筑师业务。在30、40年代，设计了清华大学电器馆、机械馆、航空实验馆、教工住宅和扩建的体育馆、北京大学图书馆和不少商业建筑。在天津有浙江兴业银行、中华汇业银行、盐业银行（后定为市保护文物之一）、中南银行、新华银行及一些邸宅（如周学熙宅）、大兴村等。其中绝大多数都采用文艺复兴形式，后期的新华银行及一些居住建筑则采用现代建筑风格。其中大型建筑均先制作木质模型。

除了执行建筑师业务外，还兼职教学工作，先在北平大学艺术学院建筑系（1928~1934）。抗战时期，他先后在北京大学建筑系和天津工商学院（后津沽大学）的建筑系任教授或系主任至1951年，为我国建筑工程培养不少人才。除担任建筑设计课程外，还讲授西洋建筑史，为此翻译了英国福莱彻 Fletcher, Banister 的《世界建筑史》（A History of Architecture）（第19版）成为我国第一本中文的西洋建筑史，书中还把沈理源设计的天津盐业银行列入（唯一的中国人设计）。

新中国成立初期在北京兼任纺织工业部总工程师和天津建设委员会总工程师。1951年逝世。

二七九、Raymond, Autonin 雷蒙德（1890~1976年）

出生于捷克斯洛伐克（当时属奥匈帝国）。大学毕业后移居美国。

1916年投身 Wright, F. L.（1867~1959年）旗下。1919 Wright 在日本东京承担了帝国旅馆的设计任务。为了协助施工，派 Raymond 到东京，逗留了三年，遂定居日本，并自立事务所进行设计一些学校和住宅。

他设计的风格既受 Wright 的草原风格的影响，同时也受 Perret, A.（1874~1954年）的影响。Perret 是"法国新建筑之父"，善于用钢筋混凝土结构创造现代主义建筑，不爱无必要的装饰。Raymond 1934年设计的东京教会女子学校的教堂就是受 Perret 影响所建的首座钢筋混凝土现代建筑。

但是他逐渐受到表现主义 Expressionism 的影响，早在1923年设计的自用住宅就是他表现主义作品的滥觞。

他所倡导的"新洋风"，取代了 Conder（1852~1920年）时代的"拟洋风"，而成为日本现代建筑的最早导师。

同时他培养了前川国男（1905~1986年）及吉村顺三等日本建筑师，而前川国男又培养出丹下健三。

"二战"期间他返回美国。战后重返日本的主要作品有：

高崎市群马剧场兼演奏中心。扇形平面，钢筋混凝土结构，多用途，可容两千人。

名古屋南山大学建筑群完成于1963年，八座校舍随丘陵的环境，全部朝南布置，也是采用钢筋混凝土框架结构，是一项现代建筑的杰作。

1949年的《读者文摘》日本版总部（二层，素水泥盖面）。

---

❶ 帝国旅馆于1959年被视为落后，倡议改建，延至1970年以17层的旅馆取代。

二八〇、野田俊彦（1891～1929年）

延至1910年起开展的"样式论争"，作为结构派，野田俊彦于1915年提出了"建筑非艺术论"。他认为作为建筑物，重要的是结构合理，而不是美观，他甚至认为无装饰的美才算美。这种观点同Loos，A.（1870～1933年）的"装饰即罪恶"的论点相仿。

而中村镇则持相反观点，他认为自由表达思想意识最重要，建筑物的科学性和经济性等客观表现是次要的，从属的。在技术与艺术之间，两人激发出一场"俊彦论争"。

在接受西方建筑的过程中，日本建筑形式经历过"拟洋风"的折中主义过程，到19世纪末，"拟洋风"已处于夕阳西下的境界，趁"俊彦论争"的形势，日本的"分离派"应运而生。

二八一、村野藤吾 Murano Toȳo（1891～？年）

作为日本现代建筑元老之一，以设计大型百货公司而著称。这些百货公司都有坚固的外墙。

1932年的大阪十合百货商店就是一座钢框架加钢筋混凝土结构的多层大厦。曾遭受1923年关东大地震的惊骇。对抗震、耐震问题成为建筑的优先考虑，十合百货商店的结构使它成为日本首座耐震的现代建筑。另一方面，其外墙满布密密的垂直的遮阳板，典型竖线条的现代建筑的外形。其他的百货公司还有东京的十合百货公司（1957年）、高岛屋百货公司和神户大丸百货公司。

1944年设计的东京百货公司是座无筋混凝土的办公楼。当时正值日本侵华战争时期，限制非军事用途的钢材，于是出现竹筋混凝土、大跨度木桁架等措施，也开始研究推行预应力钢筋混凝土。他还设计千代田保险公司的办公楼。

他也设计教堂，如1955年完成的广岛和平圣堂，是座罗马风形式的建筑，还有1967年的宝塚天主教堂。

在公众会堂方面，有八幡的城市中心，而米子市的公会堂是座会议厅兼音乐厅并带办公室的建筑，因应后排座位的升高，他采取悬臂式梁板挑出于墙外，这种做法早在1927年，前苏联的Melnikov，K. S.（1890～1974年）便在设计莫斯科工人俱乐部出现过。

名古屋的九井饭店也是他的作品。

但是1959年大阪新歌舞伎座（1000座）却用"帝冠式"大屋顶和布满立面的装饰，以符合业主的意图（也许是以传统的建筑形式配合传统的演艺吧），实有违其初衷。

二八二、王益顺（活动于 20 世纪上半叶）

惠安溪底乡人，后迁居台北。

台湾于康熙二十二年（1683年）正式纳入清版图。

18世纪初，泉州、漳州人大量迁台。台湾的建筑以闽南风格为主流，清末随着西班牙和荷兰先后入侵，带来教堂、洋行，又出现了殖民地形式，渗入西洋色彩：哥特式、巴洛克、新古典形式都有。1895年日本占领，一些官府、邸宅甚至规划，又带来大量日式形制。初为木构，后因白蚁蛀蚀，渐改为砖石而至钢筋混凝土。因此，台湾的建筑，除了本土形式、西式外，还有日本的辰野式和帝冠式。

闽南风格分漳、泉两派：漳派用料较为壮硕，呈饱满感；泉派用料较修长，整体空隙较多，但经过交流，差异较近。

台北市西区的"艋舺"（意"独木舟"，现称"万华"）傍淡水河，为台北发展最早地区。1738年创建自泉州安海分灵而来的"龙山寺"，成为移民信仰的重心。但经嘉庆间地震同沟涧风雨，日治时又被占用，再加上蚁害，已残破不堪。遂于1920年进行重建。从福建聘大木司傅王益顺主持。王率溪底派诸工匠，包括木、石、泥水，还有剪贴、彩绘等一众赴台。

重建时将前后三殿的格局改为回字形配置：前殿为五开间的三川殿，两旁为各三开间的龙门和虎门，后殿祀"妈祖"❶，加上东、西护室，共同簇拥着五开间的歇山顶大殿。只钟楼和鼓楼独立于大殿前两旁。其石雕技法一流。王益顺擅"结网技巧"，即八角藻井以层层斗栱交叠，最后收成圆形。这是他的独有技术。

二战后期遭空袭，炸弹击中龙山寺，除石构外大多毁损。1955年由其义子据原设计绘修复图，集合众工匠修复。至于寺前的四柱三牌楼，是1971年由木匠师廖石成设计制作的。

在基隆河南，圆山地区的台北孔庙，被日本人拆城墙拓马路时拆除。1925年士绅们发起重建，亦由王益顺主持。原规划除泮池、棂星门、大成门、大成殿及崇圣祠外，尚有两侧的明伦堂、朱子祠、武庙、奎楼等。当时因资金问题，停工了四年，至1929年再由其侄王树发继续，至1939年竣工。但两侧配殿不再建。此次重建时在装饰上有一些洋风。

---

❶ "妈祖"为福建民女，原名林默（建隆元年/960~雍熙四年/987），传说中她能佑护海中渔民，化解海难，最后羽化。沿海南自粤、桂、闽、台，北至天津均建庙膜拜，各地或称天后、妈祖等，澳门之称 Macao 即因"妈阁"音讹而来。

二八三、过养熙（活动于 20 世纪上半叶）

留学美国宾夕法尼亚大学建筑系。Cret，P. P.（1870～1945 年）学生之一。

1925 年设计上海银行公会大厦，该大厦呈阶梯形。前面三层，中间五层，后面七层。古典复兴风格，Corinth 柱式。

30 年代初曾和吕彦直、黄锡霖合组上海东南建筑公司。

二八四、关颂声（光绪十八年/1892～1961 年）

1914～1917 年就读 MIT（美国麻省理工学院），获建筑学硕士。后又在哈佛大学进修市政管理一年。1920 年回国。

在天津创办基泰工程司，参加者有朱彬（1896～1971 年）、杨廷宝(1901～1982 年）和结构工程师杨宽麟。朱彬为关的妹夫，由他主持内务。杨廷宝则主持设计任务。在 20 世纪 30 年代，基泰工程司是我国规模最大的建筑事务所之一。其英文名为"Kwan，Chu and Yang"。

业务发展至上海、北平、武汉、重庆、香港，而至南京。其中在上海的工程大陆银行（1933 年）、聚兴诚银行（1935～1938 年）、大新银行（1936 年）和北平交通银行（1931 年）等，这些都是以西洋古典形式出现。

发展到南京之后，为了配合南京政府文化本位主义，提倡国粹，作为"道器"观念中之"器"的建筑文化，被认为是表达政治作用的理想手段。中国传统形式被推到幕前。另一方面，留学回来的建筑师都接受西方建筑新材料、新结构、新设备的教育。因此，他们也如同西方来华的建筑师一样，将两者结合起来，形成一种传统复兴的形式。基泰在南京先后设计了中央体育场这座当时国内规模最大的现代化运动场（1931 年）、谭延闿墓（1931～1933 年）、中山陵音乐台、中央医院、中央研究院社会研究所等。在其对新形式的探索中，以大屋顶和个别装饰等不同手法，务求配合环境和反映意念方面取得一定成果，除了一些必要用中国传统形式之外，多数采用新的民族形式。

合久必分，1949 年，三人分道扬镳：杨廷宝留在大陆，朱彬去了香港，关颂声先到香港后再到台湾。在香港先设计清水湾的邵氏大楼。到台湾后设计台湾人造纤维公司和台北综合运动场等。关颂声本人原是个运动健将，在南京

---

❶ 杨廷宝（仁辉）南阳人，清华学堂毕业后，1921 年学于宾夕法尼亚大学建筑系。多次获奖，其中 1924 年获艺术社团奖及爱默生奖。毕业后一度在 Cret 事务所工作。1926 年欧游，1927 年回国后即入基泰。首先设计沈阳京奉路火车总站——正中大面积拱形玻璃窗，使人想起 Saarinen，G. E.（沙里宁，1875～1950 年）设计的赫尔辛基火车总站（1904～1914 年）。在南京，参加国民政府各机关的设计，其中包括中央医院和外交部（1931 年，后由赵琛、童寯、陈植完成），还有北平的大陆银行等。

时曾有设计中央运动场的经验,台北综合运动场更是驾轻就熟。他在东亚运动会上曾得接力赛第二名。当过裁判,又担任过台湾奥委会委员。

1940年起在中央大学(1949年改称南京大学)任教,1952年改称南京工学院后任建筑系主任,1959~1962年任副院长,1979~1982年兼任建筑研究所所长。

新中国成立后的设计主要有北京和平宾馆、交通银行,又指导设计人民大会堂、人民英雄纪念碑、北京火车站(东单,1959年由陈登鳌设计)、北京图书馆新馆、毛主席纪念堂等重大工程。

他的风格凝重而洗炼,对祖国传统衷心爱护而潜心探索,注重整体环境,不断创新。他博学、勤奋而谦逊,对后辈诲人不倦。

在重庆时任"中国建筑师学会"理事,1955年获任科学院学部委员。1955年参加第四届国际建筑师协会UIA,1957~1963年任该协会副主席。

主编《综合医院建筑设计》(1978年)。

二八五、罗邦杰（1892~1980年）

广东大埔人。

原留学德国学矿冶,后到美国入明尼苏达大学改学建筑。

回国后先在清华大学执教,后来转之江大学任教授。

1935年开设事务所,进行建筑设计,又任大陆银行建筑师,设计了青岛、济南等地的大陆银行。

又设计了上海音乐专科学院。

晚年任建筑科学研究院建筑物理所所长。

二八六、山下寿郎（1892~？年）

日本是多地震、强地震国家。1923年关东大地震使全国惊心动魄。1931年作出建筑物高度的规定:居住区不得超过16m或20m,商业区亦不得超过31m,也就是说最高为十层。二战后由于技术的提高,耐震、防火、防风等问题都逐一解决,于1964年起取消建筑物高度限制。

超高层建筑在人口集中、地价高昂的城市有很大的潜力,而超高层又是商业竞争中很好的手段之一,而且在技术上,通过电子计算可确认其安全。于是超高层建筑应运而生。1964年即有东京新大谷饭店以22层的高度出现。

1968年山下寿郎设计东京的三井霞关大厦以147m高度、36层的高层作出超逾30层的突破。方方正正的外形,其结构:地下三层为钢筋混凝土,地面两层为钢框架加钢筋混凝土,3层以上至36层则为钢筋混凝土结构。

自此，在东京相继出现的摩天楼：1970 年的新宿京王广场旅馆（47 层），1974 年的新宿住友大厦（52 层）和新宿三井大厦（55 层）等。

二八七、Hudec，Ladislaus Edward 邬达克（1893~1958 年）

斯洛伐克人而获匈牙利执业资格，因为当时斯洛伐克地区属奥匈帝国。

1918 年到上海，先加入美国的 Curoy, R. A.（克利）洋行工作，并于 1923 年独立设计了美国总会（American Club）。

1925 年自组事务所名邬达克洋行，进行业务。起初设计了万国储蓄会同四行储蓄会的联合大楼（1926 年）、宏恩医院（1927 年）、浙江大戏院（1930 年）。

1930 年的慕尔教堂（More Memorial Church）采用了哥特复兴式。

1931~1934 年的上海国际饭店，24 层，上部十多层作多次向内收窄，最后以塔刹形结束。高 83.8m，成为我国当时最高建筑，它保持了约半个世纪，直至 1979~1983 年的上海宾馆以 91.5m 的高度，才打破纪录。钢框架和钢筋混凝土结构，内部消防龙头及自动灭火喷淋系统，设备非常先进。但为了追求外形的对称均衡所出现的竖线条，同内部的平面布局并不配合，柱网也不规整。

1931 年的联华公寓和 1932 年的广学会。

1933 年的大光明电影院则改用 Art Deco 风格，立面上横竖线条交互组合。

1935 年中西女塾（Mc Tyere School）的曼莲堂。

1935~1937 年北京路的吴同文宅则完全转向现代建筑形式，流线形的外观，大片玻璃窗，尤其弧形的室内大阶梯通往作为主层的二层，既灵活又有气魄。内部有日光室和弹簧地板的小舞厅，空调也都是新玩意儿。

抗日战争前还设计了达华公寓。

他的风格随时代而转度，由古典复兴，Art Deco 而至现代建筑。

二八八、铃置良一（1893~？年）

毕业于名古屋高等工业学校建筑科。

1925 年到台湾，1929 年任职于台湾总督府交通局。1934 年调职递信部，开始负责台北电信局的设计和兴建工作，在台湾工作长达 20 年。

1934 年，日本开通日、台间无线电话，并建自动转接系统的台北交换局，那就是后来叫台北中华电信博爱台，该三层"L"形平面的建筑物，主入口位于转角处，呈圆弧形，整体立面以窗台线贯通，水平延展手法，配以长条窄窗。为增添立面丰富感，加以旗杆座、阳台、两篷、圆窗等。背立面逃生梯，采用外挂式造型，铁管栏杆一如船舶上的甲板——设计完全摆脱日本一贯的辰野式、帝冠式等旧形制，而表达现代建筑精神。

战后改称台北电信局，后又改为服务中心。可惜1969年不知是谁将它加建了四楼，将阳台、雨篷、旗杆座和圆窗统统拆除，又堵塞部分窗户，外形变得单调而平庸。

二八九、巫振英（1893～？年）

1921年毕业于哥伦比亚大学建筑系。

回国后任上海市建筑委员会建筑师，后转任资源委员会技正（官名，技术人员）。

在上海设计了一些银行，如：巨籁达路银行、麦特赫司脱路银行和大西路银行。

1927年同庄俊、范文照、吕彦直、张光圻等人发起成立"上海建筑师学会"（次年改称"中国建筑师学会"），由庄俊任会长，范文照任副会长，出版《中国建筑》月刊至1937年，抗战时期一度迁往重庆。

二九〇、柳士英（1893～1973年）

留学日本和德国。

1923年他同刘敦桢、朱士圭在上海组成华海建筑师事务所，从事建筑师业务。

自古以来，我国从未有正式的建筑教育、凡土木管建，只由圬匠（瓦工）、梓人（木工）打样营造。技艺由世代或师徒薪火相传，宫廷则以"样房"及"算房"世守传授。

1902年（光绪十七年），清政府曾草拟了《钦定京师大学堂章程》，拟在京师大学堂（北京大学前身）的工艺科设立八门学科，其中第六门为建筑学。后来的癸卯（1903年）学制和壬子、癸丑（1912～1913年）学制，虽有建筑科的计划，但是都未能付之实行。

柳士英等为赶上时代，于1925年在苏州工业专门学校创办了建筑科，除了刘敦桢、朱士圭三人之外，还有黄祖淼参与。由柳任科主任，这是一项创举，我国有了正式的建筑教育。

由于他们都是留日出身，顺理成章，采用了日本的体系，学制为三年，中等教育程度，以技术为主，也有设计、建筑史和美术课，它奠定了以后学系的规模。

建筑科到1927年同南京的东南大学合并为国立第四中山大学（后中央大学）。

他后来还任教于湖南大学。

柳士英、刘敦桢（士能）同朱士圭三人被人合称为"建筑界的三士"。

二九一、刘福泰（1893~1952年）

1925年毕业于美国俄勒冈州立大学（Oregon State University）建筑系。获硕士学位。

1927年苏州工业专门学校（三年制中等教育）建筑科并入南京的东南大学，成为国立第四中山大学（后中央大学），他将该科升格为四年制高等程度的建筑系。这是我国高等学校的第一个建筑系。他出任系主任。当时任教授的有柳士英、贝寿同、刘敦桢、卢树森等。而学校体制则改取东、西方之长，既保持工程技术的基础课程，亦加重建筑设计课程。中央大学建筑系在抗日战争前后培养出不少有名的建筑师，成为我国自行培养出的第一批建筑师的骨干。

抗日战争时期，他在法国耶稣会办的天津工商学院任教，胜利后又在北洋大学创立建筑系，1949年在唐山工学院任系主任。

他在教学上尊重学生的思维，不指点、不批评，不动手更改。为人平易和蔼。

原国立北平图书馆（位于北海西岸）方案竞赛时，他获二等奖。杨廷宝获三等奖。而头奖由Murphy以中西合璧的"中国式风格"的方案获胜。

他所设计的南京板桥新村住宅群则是现代风格。

二九二、郭宝钧（光绪十九年/1893~1971年）

1928年作为河南教育厅代表，参加中央研究院以李济为首的殷墟考古工作。

1928年起，中央研究院的李济（1896~1979年）、董作宾（1895~1963年）、梁思永（1909~1954年）、石璋如等人，在河南安阳小屯村对殷墟进行多次考古工作。

1949年后任考古研究所研究员，先后进行发掘和考古的地点有：

浚县城子崖辛村的卫国墓地；

汲县及辉县的战国墓群；

安阳武官村的古墓；

辉县固周村的魏国古墓；

郑州二里岗遗址。

1954~1958年发掘洛阳东周城址，推断建于春秋中叶以前，几经修整，西汉后废。

著《浚县辛村》(1964 年)。

二九三、范文照 (1893~1979 年)

广东顺德人,生于上海。

1917 年毕业于圣约翰大学,获工程学学位后在校任教。1919 年首批庚款赴美留学,是我国最早赴美攻读建筑专业留学生之一,也是最多人入读的宾夕法尼亚大学,师从 Cret,P. P.。1922 年取得建筑学硕士学位。在求学过程中曾在两家公司工作,1922 年回国后在上海的 Lam Gilnes and Company(允元公司)任工程师,并任教于母校。

1925 年参加南京中山陵的设计竞赛,他以重檐攒尖的形式获第二名。第一名是吕彦直,第三名是杨锡宗。

自 1914 年美国建筑师 Murphy(1877~1954 年)首度来华,1918 再度来华并滞留了十七年,其建筑创作形成一股中西合璧,以大屋顶加上西方先进材料、结构和设备的,功能主义的"中国式风格"。同样,范文照早期也以折中主义思路在西方建筑中融入中国传统。

1927 年,他在上海开设事务所,同年同庄俊等成立"上海建筑师学会",两人分任正、副会长,次年改名为"中国建筑师学会",成员遍及上海以外。

1928~1930 年同赵深一度合作,其间设计八仙桥基督教青年会(李锦沛加入),便用了蓝色琉璃瓦为盝顶。1929~1930 年的南京励志社,由他和赵深、杨廷宝共同设计,包括大礼堂和两座楼。虽然内部是现代化布置,而外形则是原原本本的宫殿式,琉璃瓦顶,额枋彩画。

但 1928~1930 年的上海"南京大戏院",则改用新古典形式,也许是因为上海是国际城市而适应环境之故。其声学效果甚佳,被定为近代优秀建筑保护单位后,改名为"上海音乐厅"。2003 年为兼顾城市发展和保护此文物,将整座建筑向南平移了 66.64m。

一度同李惠伯、徐敬直❶合作,后李、徐两人另成立兴业建筑事务所。1933 年又加入伍子昂和 Lindbohn,Carl。那时,设计了西摩路的市房公寓,风格趋向 Art Deco。

1935 年欧游归来,作出反省,彻底转向现代主义。他认为:"首先是科学化,然后是美术化","一个符合逻辑的内部空间编排,应该重要于华丽的外观

---

❶ 徐敬直(1906~? 年),1935 年曾设计南京的中央博物馆,复古主义,仿辽代的佛寺大殿,抗战时停工,胜利后复工至 1948 年才完成。

1949 年亦移居香港,他是主张"中国复兴式"的,但在香港设计多为现代建筑风格。

设计。"他又认为:"一座房屋应从内部做到外部,切勿由外部做到内部。"

以后的作品有丽都大戏院(1935年)、美琪大戏院(1941年,1640座,可演歌剧、舞蹈、音乐等,已列入上海市保护文物)和协发公寓、集雅公寓等。

那时他还写了《中国的建筑》(1934年)和《文化建设》等。

1949年后移居香港。早在1938年,他在香港已取得认可建筑师(Authorized Architect)的资格。

在港的设计包括中环先施公司、观塘银都戏院、九龙城(旧)灵粮堂、北角循道卫理堂、中文大学崇基学院、粉岭英军教堂等。其中铜锣湾的豪华剧院并公寓,大楼十二层,上十层为公寓,每层七间服务性公寓和三间大单位公寓,但80年代已拆卸。其儿子范政也是建筑师,并参加其工作。

二九四、吕彦直(1894~1929年)

字仲直,山东东平人,一说为安徽滁县人。在天津出生,九岁由姊携往巴黎居住。回国后1911~1913年就读于清华学堂,获庚子赔款奖学金赴美留学,入读康乃尔大学,先学电气,后改学建筑。

回国后在上海协助Murphy,H. K.(1877~1954年)设计南京金陵女子大学和北京燕京大学校舍,首次采用钢筋混凝土结构建造民族形式的建筑。

曾在上海同过养熙、黄锡霖合作开办东南建筑公司并进行设计,其中有上海银行公会。

后来另成立真裕公司,1921年改名为彦记建筑事务所,李锦沛(1900~?年)参加。(1929年吕彦直逝后,由李锦沛主持,改名为彦沛记建筑事务所直至1932年)。

1925年孙中山在北平逝世,当年国民政府遵照遗愿,在南京紫金山建立中山陵,并举行公开设计竞赛。在征求图案的条例中指明,要采用中国古典形式而含纪念性质,或以中国建筑精神创新风格为原则,当时应征方案达四十余例,评选结果,他的方案获头等奖(二等奖为范文照,三等奖为杨锡宗),于是在1926年兴工,1929年主体建筑完成,1931年附属建筑完成。结构工程师为李铿如和冯宝龄。

中山陵位于紫金山南麓,山势雄伟而林木苍翠。依山势,由山脚下起,布置了三开间的石牌坊,再经缓坡的墓道上到陵门和碑亭,然后攀登长长的台阶上到祭堂和墓室。该部分的总平面呈木铎形,以示警钟作用。作为主体建筑的祭堂,方形平面的四角突出角室,形成大尺度的墙墩,中间部分以蓝色琉璃瓦歇山顶统率着整个立面,斗栱下有披檐,覆盖着正面的三个圆券门。堂内立孙中山先生的白色石全身坐像(法籍波兰雕刻家保罗·阿林斯基雕塑)。坐像下又有六幅浮雕，再现孙中山从事革命活动的事迹。四面黑色柱、墙，增加肃穆气氛。大半圆形的墓室紧贴于后。墓穴上为捷克雕刻家高琪作的大理石卧像。下为紫铜棺材，穴内通风、防潮、采光设备完善。这些建筑群，基本上采取清式的基本形制，而作适当的简化。祭堂有较大的创新，形象独特，如立面歇山下的披檐，既是重檐又非重檐；四隅大尺度的墙墩，都突破了传统手法而不失传统的气韵——成为传统复兴的一个典型。建成之后由园艺家章君瑜❶（守玉）教授设计并种植树木逾千万株，形成森林公园。

紧接着的广州中山纪念堂，同样也是通过设计竞赛而决定方案的。他又获头奖。1926 年设计，1928 年施工，1929 年完成。这座 8300m² 可容五千人集会的多功能大型建筑，比之功能单纯的祭堂，无论在结构上、设备上、外形上都复杂得多了。设计采用八边形平面，钢筋混凝土加钢框架结构。立面上，八边形攒尖顶，正立面的歇山顶和抱厦的三段处理。在当年，如此大面积的会堂和 30m 长的钢桁架在我国都是空前的。对以后大体量和传统形式相结合的建筑，起到一定的示范作用。但对只以亭阁形式而欲满足大会堂的功能，未免形成结构复杂，使用欠佳的后果。

两项重要工程同时兴建，使得吕彦直心力交瘁，在广州的工程交付给林克明（1900～1999 年）作为工程顾问去负责，而且与此前后，他还设计了中山纪念碑和明孝陵旁的廖仲恺、何香凝合葬墓。伟大的工程完成了，而这位英才亦因积劳成疾而早逝了。据说他同孙中山一样是患肝癌而不治。

1927 年，他和庄俊、范文照、巫振英（1893～? 年）、张光圻（1897～? 年）等发起成立"上海建筑师学会"（后改名为中国建筑师学会）。

二九五、余青松（1897～1978 年）

厦门人，清华学堂毕业。1918 年赴美，先学土木建筑，后攻天文，加州大学博士。

1915 年天文学家高鲁准备在北京西山达摩岩附近建立我国第一座现代化天文台，但是当时国内政治形势尚未稳定，经费无着，未能实现。1927 年国民政府定都南京，高鲁❷来到南京，不久蔡元培亦到南京筹组大学院（教育部前身）。委任高鲁为大学院所属的观象台筹备委员会主任。高鲁决定将天文台改在南京实现，并选择在紫金山第一峰为台址，获得通过。但不久高鲁被调任驻法公使，1929 年高鲁转介时任厦门大学天文系主任的余青松接替自己。

1926 年中山陵已破土动工，1929 年春竣工。陵园管理委员会提出：天文台

---

❶ 章君瑜 1929 年还规划南京之中山植物园（面积 240 公顷）。
❷ 高鲁，字曙青，号叔钦（1877～1947 年），福建长乐人，留比工学博士，中国天文学会创始人。

如建在第一峰，筑路会破坏山南麓的景观，同时提出天文台的形式需按照中国式的建筑风格，以配合中山陵的形象，余青松经过思考和实地踏勘，决定改址于西北麓的第三峰天堡山上，其地势较低。于是于1929～1930年先建盘山公路，余青松亲自设计绘制建筑蓝图。1930年开始动工，其间经历了1931年"九一八"事变战乱的影响及经费不足问题，艰苦施工，至1934年夏，主要工程基本完成。

在逆境中，他因应条件，就地取材，用紫金山的虎皮石为主要建筑材料，作地基和墙面，既节省造价又省掉运输费，石材防风、防火，又适宜民族形式的建造，一举三得，化不利条件为有利条件。

天文台本部由杨廷宝设计，并于1931年建造。该建筑包括观象和办公两部分。利用高差，于底层及二层各分设入口，将观象与办公有机结合，以石阶通往半球形顶的观象台。建筑物外墙毛石同环境浑然一体。观象台内直径60cm的折反射天文望远镜，为远东当时最大现代化仪器，还有多部我国古代天文仪器（部分原存于北京观象台）。

在山间还散布六座半球形顶的天文观测室，簇拥着主楼。楼前四柱三牌坊及周围栏杆等都用石料构成，均为民族形式。

余青松1929年任天文研究所所长。抗战时期任昆明凤凰山天文台长。

二九六、山田守（1894～？年）

由林忠怒（1835～1893年）于1870年成立的邮电省建筑设计课是日本进步建筑师的摇篮。他们被称"官僚建筑家"。但他们并不官僚，反而是进步的力量，如日本"分离派"建筑会的成员。1923年关东大地震后，村山知义创表现派的"创宇社"，他们活动至1930年，其中较著名者有山田守、吉田铁郎（1874～1956年）、山口文象❶（1902～？年）。

山田守毕业于东京帝国大学建筑学科，而服务于邮电省，他于1924年设计的东京中央电报局，以浓厚的维也纳风格出现。

1933年，他设计的东京齿科医院，以方盒子、大窗户、外楼梯、无装饰的外形，成为日本现代建筑的早期作品，在功能上也处理得很成熟。

1937年的东京邮电省病院（五层）进一步简洁，是日本现代建筑的一座代表作，除柱间外，大窗户充溢着整个立面。

"二战"后，日本的建筑技术飞跃进展，钢框架、钢筋混凝土结构普遍使用，新的设备也不断传入，1953年他为东京厚生省年金病院（300床位）设计

---

❶ 山口文象，1954年设计在藤泽市鹄沼海岸的聂耳纪念碑，鸟瞰看到个"耳"字。

成"Y"字形平面,全部连续外廊。为打破单纯横线条的形象,在中心突出圆形塔顶状的构筑物,上竖天线,成为佳作。

二九七、石本喜久治(1894~1963年)

20世纪30年代,日本的建筑界呈百戏杂陈:帝冠式以民族形式遮盖钢筋混凝土结构;包豪斯的教学法,由川喜炼七郎(1902~1975年)传入,开办了建筑工艺研究所(后来的新建筑工艺学院);分离派于1920年组成"分离派建筑会",但毁誉参半,有人认为他们只强调个性,"处于象牙塔中",后渐式微;表现派于1923年由德国传入,活动多多,其实表现派和分离派本是孪生兄弟,1927年全世界政治、经济急剧变动,两派转向合理主义。

石本喜久治毕业于帝国大学,是分离派成员之一。他于1923年曾访问了欧陆。1928年他设计东京日本桥的白木屋百货店,虽然是分离派的代表作,但已是强弩之末了。

二九八、吉田五十八 Yoshida Isoya(1894~1974年)

吉田曾设计东京五岛艺术博物馆、奈良大和丰肃博物馆和京都鹤屋餐厅等。1925年获日本艺术学院奖。

希腊和意大利,自古就是欧洲艺术的创作源泉,留下不少绘画、雕塑和建筑遗物和遗迹。因此不少国家如法、英、美都在罗马设立学院,派遣学生到罗马就地学习和研究(一如古代日本来华学习的遣隋使、遣唐使)。"二战"前,日本曾有在罗马设立学院的协议,延至1959年才得以拨地筹建,吉田接受设计的委托,在海外如何表现日本建筑特色是他面临的问题。关于传统风格,尤其民族传统风格如何继承,向来是个棘手问题。

一种风格成熟之后,往往会向繁琐复杂发展,形成异化。于是便有人考虑去简化,以保存该风格的精髓;也有人不顾时势进展,不顾材料和技术的创新,将一些传统的部件生搬硬套于新建筑上,如大屋顶、帝冠式、罔顾意识形态和物质生活的转变,成为折中主义。

吉田五十八所设计的罗马日本学院,有研究室、图书室、交谈室、演讲厅,也有展览和音乐演奏的活动场所。他以柱间排列构成节奏感,以围廊深檐营造淡泊典雅的气氛。他摒弃了一切帝冠式和传统装饰,而以"数寄屋"❶ 的造型

---

❶ "数寄屋"源于15世、16世纪桃山时代草庵式的茶室,初期甚小,以淡雅配合,追求古拙野趣。后被贵族使用金碧障壁,趋于流俗和堆砌,正如前面所说的沦于繁琐。后经千利休(1521~1591年)注入禅味,德川时代(1603~1867年)的小堀远州(1579~1647年)发展成模仿茶室的田舍式的数寄屋府邸和书院式的数寄屋。

为范,不求"形似",而求"神似",以达到理想境界。

二九九、今井兼次（活动于20世纪初） 森田庆一（1895～？年）

两人都是建筑评论家,他们分别把欧洲建筑界的新事物和西方的建筑思潮介绍给日本。

日本现代建筑经历过折中主义和"拟洋风"时期。至 Raymond（1890～1976年）于1920年完成东京帝国旅馆工程,并留日发展,开始使日本建筑引起转变,走向"新洋风"时期。那时,分离派、包豪斯、Le Corbusier 先后通过从欧洲回来的人,具体介绍给日本建筑界。

森田庆一是日本分离派建筑会会员,他于1921年出版了《分离派建筑会作品集》。

今井兼次于1925年由欧洲返日,随即出版书刊介绍表现主义及包豪斯。1931年又介绍前苏联的构成主义,他编写的《苏联建筑图集》,重印了四版。又写了《国际建筑》、《包豪斯丛书》等。

森田庆一认为 Gropius 等人的作品,其实并非完全否定传统。他们的作品,除了都具有"国际建筑"的共同特点之外,同时也存在着相异的传统。

三〇〇、堀口舍己 Horiguchi Sutemi（1895～？年）

日本的现代建筑开始进入"新洋风"阶段,分离派的活动起到重要作用。

作为分离派的成员,堀口舍己于1922年在东京大正和平纪念博览会上设计了中心纪念塔。方形塔形的顶部以从未见过的圆弧形的塔顶,同 Olbrich（1867～1908年）于1905年在德国达姆施塔特 Darmstadt 举办的现代艺术展览会的结婚纪念塔（Wedding Tower/Freven-rosen hof）有异曲同工之妙（只不过将五个横向弧形改为四个竖向弧形）。会场上还设计了机械馆。

1925年,他赴欧洲作实地考察,逗留了两年,回国之后写书介绍风格派发源地——荷兰的建筑,又写了《现代德国建筑》。

40年代,他设计了几座住宅：1930年的吉川宅、1934年的冈田宅、1936年的仲西宅和1939年的若佐宅,成为日本居住建筑的权威。其中,若佐宅 Wakasa,两层,大窗户,无装饰的方盒子,平屋顶,还有悬挑结构,纯粹的现代式,他已由分离派转向现代建筑。

此外的设计包括大岛气象站、名古屋八色旅馆等。1954年在巴西圣保罗四年庆祝会的日本馆。

对于日本古代的建筑,他也有所研究,写了一些论述茶室和居住建筑的著作。

三〇一、虞炳烈（1895~1945年）

1929年毕业于法国里昂建筑学院，该院是巴黎高等艺术学院在里昂的分校。他以优异成绩获得最优学生奖金和奖牌。1930年更成为法国"国授建筑师"，据知是我国在国外获认可资格之建筑师之一。1931~1933年他再深造于巴黎大学都市计划学院。

早在法国时，他曾在巴黎新开的大学城，为中国留学生宿舍作设计方案，惜未能实现。

回国之后，主要在中央大学、复旦大学和中山大学任教，并同时做了50多项设计，多数是国民政府的一些办公楼。据说有1934~1936年的国民大会堂，但另一说国民大会堂是出于奚福泉之笔。该建筑基本上是现代化的，只稍稍点缀以一些斗栱和彩画。观之奚福泉❶另一作品国立美术陈列馆（1935~1936年），两者外形手法非常相似，故以奚福泉设计为可信。

国民政府时代，公共建筑面临形式问题。对于传统风格，基于帝国主义的侵略、欺凌、掠夺所激发出来的民族意识高涨，而"发扬建筑的固有的色彩"成为普遍的呼声。国民政府明确提出要以采用固有形式为宜。要提倡国粹，从中国的伦理观念上，仍是"中体西用"。作为当时建筑界的主流力量，是从西方留学回国的建筑师，他们或多或少地接受当时学院派折中主义的熏陶，当然也接触到现代主义建筑的训练。——这两者是矛盾而斗争的，因此，在当时，我国的建筑便出现了折中主义、复古主义和装饰的传统主义三种倾向。

三〇二、董作宾（1895~1963年）

字彦堂或雁堂，号平庐。南阳人。

光绪二十五年（1899年），国子监祭酒、金石学家王懿荣发现从药店买来的"龙骨"上刻画的符号是古文字。甲骨文经罗振玉❷、刘鹗❸、王国维❹、孙

---

❶ 奚福泉——留德归国，在南京成立启明建筑事务所，主要设计为国府路（现长江路）国民大会堂（现人民大会堂）和一墙之隔的国立美术陈列馆（现江苏美术馆），合作者为李宗侃。

❷ 罗振玉（叔言、叔蕴、雪堂），上虞人（1866~1940年）。敦煌文卷作整理。清亡后逃日，图复辟，后复成为伪满成员，汉奸。

❸ 刘鹗（铁云、洪都百炼生），江苏丹徒人（1857~1909年）。数学、医学、水利均所长，治黄有功，官知府，著《老残游记》。反对革命，维护封建统治。八国联军侵华，勾结俄人，贱买粮食，高价卖出，被发配新疆。

❹ 王国维（静安、伯隅、观堂、永观），海宁人（1876/1877~1927年）。《人间词话》作者。北伐军入北平时投水自尽。

诒让等人的破译，并确定甲骨文为我国最古老的文字。顺藤摸瓜，找到产地河南安阳小屯村，不但认定这种刻在龟甲上或牛骨上的文字是殷商时占卜用的甲骨文，而且导致对殷墟的发掘。

经罗振玉考据，确认安阳河即郦道元《水经注》中洹水，而安阳河南岸小屯村，即《史记——项羽本纪》中的"洹水南殷墟"。

殷墟是由"城堡"转化到"都邑"，向"城市"过渡的阶段（约前14世纪），遗址范围约$24km^2$。发掘出有王宫、民居、奴隶藏身的窖穴、工作坊，还有祭祀场所、水井、道路。房屋夯土台基、干栏式结构、木梁柱（铜锧柱础）、坡顶，已呈中式建筑的基本风格，并有木胎漆器、石雕和壁绘，其时人殉仍存在。

作为甲骨文专家，董作宾于1928~1946年任职于中央研究院语言研究所，于1928~1937年，15次到殷墟进行实地考察。1948年任中央研究院院士，同时在芝加哥大学任客座教授。

1949年以后任教于台湾大学，1956~1958年在香港各高等院校讲学。

其研究成就分别在《董作宾学术论著》（1962年）、《平庐文存》（1963年）中公之于世。1978年商务印书馆编成《董作宾先生全集》。

三〇三、李济（1896~1979年）

字济之。湖北钟祥人。

毕业于清华学堂，1912年以庚款出国，到美国克拉克学院学习心理学和社会学，由于硕士论文接触到人类学的问题，最后一年申请到哈佛大学修人类学和考古学。

1923年回国后在南京大学任教。1924年开始作田野考古，把田野考古同古文字学、人类学结合起来以阐明古代文明的起源。他先后在新郑、夏县和安阳殷墟进行考古。

其间1928~1937年他同郭宝钧、董作宾、梁思永（1909~1954年，梁思成之弟）、石璋如等人，在殷墟遗址进行了十五次发掘。1950~1977年又再进行了十多次的发掘，使湮没了三千多年的商代宫殿建筑和村落得以重见天日，同时发现商王、贵族、平民的墓葬、作坊、仓窖及各种器皿，其范围达至$24km^2$以上。

新中国成立前任中央博物馆人文馆主任，1948年起任中央研究院历史语言研究所考古组主任、院士，英国皇家人类学会名誉会员。后任台湾大学教授、所长，并在校开办考古人类学系。

他把我国有据可查的历史推前至三千多年前，令传说中的商代史成为信史。

他被尊为"中国考古学之父"。

留下的著作有：《中国民族的起源》（1923年）、《西阴村史前遗存》（1927年）、《中国文明的起源》（1957年）、《安阳》（1977年）和《李济考古论文集》等。

三〇四、茅以升（1896～1989年）

原名以昇，字唐臣。镇江人。

留学美国，在康奈尔大学获工学硕士（1917年），继而在卡内基理工学院以论文《桥梁结构次应力研究》获工学博士。

以桥梁、结构、土力等实践科研教育在唐山交通大学、东南大学和北洋工学院任教授、系主任、校长、院长等。又在桥梁设计和施工上作出贡献。

他所设计的桥以钱塘江大桥（时任钱塘江桥工程处处长）最为著称。因为它在我国建桥历史上和我国民族尊严上有重大意义：

（1）运用现代技术建造钢铁大桥，无论设计和施工，过去一向都操纵于西方工程师之手。这座跨度达1072m，公路及铁路两用、多跨钢桁架大桥，开始由国人掌握，不仰外人，实属创举，而且只用了两年半时间，以低造价完成，令人折服。自1905年詹天佑（1861～1919年）在无外国工程师的情况下，自行建造京张铁路以来，再一次让外国人不敢再小觑中国人了。况且钱塘江大桥还要克服江底流沙和江潮的困难。

大桥于1933年8月至1934年12月筹建，1935年初兴工，连引桥381m，共长1453m。1937年9月通车。在施工时，他将基础、桥墩和钢桁架三项上下并进施工，故能于两年时间完工。

（2）建桥时间，正值日寇加剧部署侵华阶段。1937年7月7日日寇发动卢沟桥事变，全民抗战遂全面展开，上海旋即失守。为了不让敌人占用，建桥时茅以升已考虑了放置炸药的地方。12月23日杭州沦陷前一刻，他亲自带同军队，忍痛将甫落成已使用的桥炸断，当时的心情就像母亲被迫亲手扼杀自己初生的婴儿一样悲愤交集，而又要有无比的智慧和决心。他在所写的《别钱桥》诗中写道："炸桥挥泪断道途"，并誓言："不复原桥不丈夫！"

豪言壮志，化为无穷力量。胜利后，马上着手修复，1946年通汽车。1947年通火车，至1952年彻底全面修复。

抗战期间，改为教学及担任工程界及学术界领导工作，直至解放。

新中国成立后任交通部中国桥梁公司总经理兼总工程师、铁道研究所所长、

---

❶ 钱塘江桥施工时，茅以升时任工程处处长，罗英（怀伯）（1890～1964年）任总工程师。罗留美归来任教于南京河海工程大学，著《中国石桥》、《中国桥梁史料》等，后又设计柳江大桥等。

武汉长江大桥技术顾问委员会主委、铁道科研院院长、中国工程师学会土木工程学会董事及会长。1948年成为中央研究院院士,1955年成为中国科学院学部委员及科技部副主任。在国外他也享有盛誉,如美国科学院外籍院士、加拿大土木工程协会荣誉会员等。

他将建桥的理论和实践写成《钱塘江桥》、《中国古桥与新桥》、《中国古桥技术史》、《武汉长江大桥》、《桥梁次应力》、《挡土墙土压力》等。他的论文,后分别编成《茅以升文集》及《茅以升选集》。

三〇五、朱彬（1896~1971年）

宾夕法尼亚大学建筑学硕士,香港认可建筑师（Authorized Architect）。香港建筑师协会（1956年）发起人之一。

关颂声在天津开设基泰工程司,朱彬参加。1927年杨廷宝加入。因为他是关的妹夫,在工程司主持内务,因此鲜为人知,直至1949年,三人分三地发展,朱彬在香港才崭露头角,发挥其才能。尤其在设计办公楼方面：

基泰在"二战"前已在香港设分所,在资历和规模上有一定的基础。朱彬亲自接手后,就受到考验：万宜大厦位于德辅道中和皇后大道中之间,旁边是钵典乍街,三面临街,地段既窄长,还是块不规整的四边形,四角都不是直角,而且前后高差达6m。在这个环境做文章,足考功夫。他在德辅道的入口以中间一条走廊分隔两旁的商铺,以各间梯形平面的商铺化解不规整的地形,地势较低的德辅道设底层商铺,以解决高差问题,二层以上则是分租的办公楼,前、后立面体现简约的现代主义,而手法上以虚实不同而各异。这座大楼有两项设施在当时（50年代）的香港是首创的：一是公用自动扶手电梯,以联络两层的购物廊,解决前后高差；另一是中央空调系统,以舒适的环境招徕顾客。

60年代的德诚大厦和陆海通大厦共位于戏院里的两侧,德诚大厦是香港首座玻璃幕墙建筑,建于1957~1958年,距美国的 Lever House（建于1952年）,仅差五年,可谓得风气之先。该建筑的幕墙为双层密封腔式,腔内磨光金属面可反射阳光,既起装饰效果,也起加固作用。陆海通大厦占地仅975m^2,为1000座戏院、商店、餐厅和办公的综合体。在建造期间,他还向市政方面建议将戏院里阶级路面改为缓坡以改善人、车流。

其余设计还有：美丽华酒店、轩尼诗道先施保险大厦、大坑东宣道会恩磐教堂、旺角东亚银行、清水湾邵氏大楼、青龙头龙圃宅、牛津道英华中学等。

三〇六、土埔龟城（1897~？年）

日本的居住建筑,无论是贵族、武士、豪绅的寝殿造（8~11世纪）、主殿造/武家造（11～16世纪）、书院造（16世纪以后）或稍后的数寄屋，从来都是木构、墙龛、推拉门、架高的地板和蔺席，人们都席地坐卧。明治维新以后，洋风所改变的先是公共建筑，慢慢地在居所辟出一角为西式，主要生活方式仍保持和风。但政治、经济的激烈变革，伦理也趋向小家庭，生活方式改变，公寓建筑遂应运而兴。

1924年Vories, W. M.（沃利斯，1881～1964年）设计了一座美式公寓开始，拉开了接受西方生活的序幕。1927年在东京建成的青山公寓以荷兰式的姿态出现。随后土埔龟城设计的七层公寓，已向多层发展。早于Le Corbusier的马赛公寓（1946年）约十多年。

但是，侵华战争使日本在经济和文化滞后了十多年，公寓式居住建筑到50年代后期才得以发展。

土埔是日本现代建筑先驱者之一。

他在我国东北地区设计过一些建筑。

三〇七、张光圻（1897～? 年）

1920年毕业于美国哥伦比亚大学。

1923年先在上海做设计，1927年同庄俊、吕彦直等发起上海建筑师学会（次年改名中国建筑师学会），这是我国第一个建筑学术团体。由庄俊任会长，范文照任副会长，出版《中国建筑》期刊，直至1937年抗日战争止。

他后来转到沈阳和哈尔滨发展。

三〇八、刘敦桢（1897～1968年）

字士能，湖南新宁人。

1913年留学日本，1921年毕业于东京高等工业学校建筑科，随即回国。

1922年同朱士圭、柳士英、王克生合组上海华海建筑师事务所（他同朱、柳三人被合称为"建筑界的三士"）。

我国现代建筑教育，最初是学生到欧美或日本留学，回国后再从事业务，国内还没有自己的学习场所。有鉴于需向国际上赶上时代，1925年由柳士英发起，在苏州工业专科学校开设建筑科，虽然还只是中等程度，但已是我国最早的建筑教育机构。任教的除了刘敦桢外，还有朱士圭和黄祖森等，由柳士英任科主任。由于他们都是留日回国的，便沿袭日本当时的教学体制和课程。1927年学校同东南大学合并，成为第四中山大学，1928年更名为中央大学，设于南京，由刘福泰担任系主任，抗战时期迁至重庆，先由鲍鼎任系主任，后由刘敦桢任系主任。

在从事建筑设计及教学的同时，他开始研究我国古建筑。1929年，朱启钤在北平成立"中国营造学社"，得"中华文化基金董事会"和"庚子赔款董事会"的赞助，结束外国学者在此领域的垄断地位。1930/1931年他和梁思成相继加入，1932年他担任文献主任，而梁思成则担任法式主任。从此开始长达十七年，踏遍全国十六省、两百多县的两千多个古建筑的调查勘测，奠定我国建筑史的基础。研究的成果，通过《营造学社汇刊》及单行本发表，《汇刊》前后出版了七卷二十三期。

1937年抗日战争爆发，学社内迁往西南，先后在昆明和四川南溪县李庄继续社务。跟随环境，他对川、云、贵的古建和民居继续钻研，同时在中央大学和重庆大学任教。学社至1946年停办。学社除了发表大量的研究论著外，又校勘重印了《营造法式》、《园冶》等古籍，承担修缮古建筑和订定复原计划等任务，而且通过活动培养出学术骨干。

抗日胜利后，中央大学迁回南京，他出任工学院院长。新中国建立后中央大学调整为南京大学及南京工学院，他继续留任于工学院。此时又创办中国建筑研究室，就近对苏州园林、江南古建和民居调查研究。

由于他在建筑学、建筑史学和建筑教育的成就，1955年当选为中国科学院技术科学部学部委员。

在南京，他设计了：①中山陵光化亭（光华亭）——八边形，重檐，福建花岗石构，高12.2m（1931～1934年）；②仰止亭，方形，高6.7m（1931～1932年）——叶恭绰独资捐款兴建；③中央图书馆（1947～1948年）；④瞻园（原徐达府之西花园），1960年加建的南假山。

他所著的论著及报告共七十余篇，主要有：

《佛教对于中国的影响》（1928年）；

《大壮室笔记》；

《北平智化寺如来殿调查记》；

《明长陵》；

《易县清西陵》；

《河北西部古建筑调查记略》；

《河北北部古建筑调查记略》；

《大同古建筑调查报告》（同梁思成合著）——以上多刊于《中国营造学社汇刊》；

《中国住宅概说》（1957年）；

《西南古建筑调查概况》（1957年）；

《苏州古典园林》。

1959～1978年历二十年，领导二十余人，八易其稿编成《中国古代建筑史》。

以上已汇编成《刘敦桢文集》共四卷。

三〇九、赵深（1898～1978年）

字渊如，无锡人。

清华学堂毕业后先到日本入读早稻田大学，1919年转到美国宾夕法尼亚大学建筑系，接受 Cret, P. P.（1876～1945年）古典主义学院派的教育，1923年获硕士学位。

毕业后留在美国工作，先后于费城、纽约及迈阿密等地进入建筑师事务所至1926年，其间曾设计芝加哥大学教学楼。

1927年回国前又到欧洲考察。回上海后即参加以五角场为中心的"大上海规划"的方案。

1927年范文照在上海开办事务所，赵深于1928年起同他合作，他们共同创作的项目有：八仙桥基督教青年会大楼（1927～1928年），用了蓝色琉璃瓦的盝顶，李锦沛参加）；南京大戏院（1928～1930年），改用新古典式，现改名为上海音乐厅（音响效果良好，已列为保护单位，2003年曾向南平移66.64m）；南京励志社（1929～1931年，宫殿式，杨廷宝参加），又南京铁道部。

1930年他独立开设事务所，设计了中山陵西南的行健亭（1931～1933年）和上海大沪旅馆。

1931年转同陈植❶（1902～1980年）合作，1932年再加入童寯（1900～1983年）成为华盖事务所，业务延续至1952年。在二十余年的时间内，他们接受了逾两百项的委托，主要有：

南京：外交部办公楼（以"经济实用又具中国固有形式"，取代了基泰工程司的宫殿式设计。工字形平面，基本上是现代式建筑，只在檐部加上简化的斗栱和门廊旁的霸王拳）、铁道部购物委员会、行政院、地质调查所的地质矿产陈列馆、江苏邮政管理局、首都饭店、福昌饭店、颐和路金城银行、下关首都电厂、中山文化教育馆、美国顾问团公寓、公路局等。

上海：恒利银行（1933年）、大上海大戏院（1933年，现上海电影院）、

---

❶ 陈植（直生），杭州人（1902～1980年），同样留学于宾夕法尼亚大学建筑系，1927年获硕士学位及柯浦纪念设计竞赛一等奖。1929年回国前在美国的建筑事务所工作，回国后一度在东北大学任教授，后参加赵深、童寯合组的华盖建筑事务所。1938～1944年兼任之江大学教授。

新中国成立后任之江大学建筑系主任和上海市民用建筑设计院等单位的院长和总建筑师，并任中国建筑学会副理事长，四届的全国人大代表。

他提倡"科学的内容，大众的方向，民族的形式。"

金城大戏院（1934年）、浙江兴业银行（1935年）。

杭州：浙江第一商业银行（1948年）。

无锡：申新纺织三厂、茂新面粉厂、江南大学。

重庆：炼钢厂、资源委员会。

昆明：聚兴诚银行、南屏街银行区、大逸乐大戏院。

还有在上海、南京的一些私宅。

新中国成立后担任公职：1952～1953年华东建筑设计公司总工程师，1953年到北京任建筑工程部中央设计院总工程师，1955年调回上海任华东工业建筑设计院（后上海工业建筑设计院）副院长兼总工程师。

其间他组织和指导了下列工程：杭州西泠饭店、苏州饭店、福州大学、泉州华侨大学、上海虹桥国际机场、上海电信大楼、上海嘉定一条街、赞比亚联合民族独立党党部。

他的设计重视功能和技术。

对于旧形式，他认为要批判吸收，要结合新要求和内容，做到古为今用，鼎新革故。

他认为建筑造型要考虑所在的自然条件、城市规划、绿化环境和建筑群，还要和结构形式、建筑物理及室内空间统一协调，造型要有完整性——总之要全面考虑。

他主张建筑物既要有共性，更要注意和突出个性，能满足功能要求，造型多样化和现代化。

他说："一个建筑师最好的工作总结是实物——经受长期考验的建筑物。"

三一〇、佐藤武夫（1899～1972年）

"二战"结束之后，日本建筑向现代化有很大进展。由于"外资导入法"的颁布和实施，西方的技术和设备源源输入，工业快速发展。建筑方面，结构技术进步，加上本身水泥产量充足，钢筋混凝土广泛使用，于是大跨度、悬臂式、薄壳、预制水泥板、电焊接的钢框架、玻璃外墙、铝制覆面板相继涌现。1954年更完成了高十一层（另地下两层）的综合大厦（Megastructure）、"东京东急会馆"（内含铁路车站、剧场、百货店和食肆等各种不同功能的空间，综合了多种先进技术才能实施）。（坂仓準三设计）

"二战"因广岛和长崎的原爆而结束，作为战败国，树立纪念物以祈求和平是广大群众的愿望（但是某些当权者或右翼分子仍不承认侵略战争的罪恶而忏悔！），在广岛原爆位置建立广岛和平中心（1949～1950年，丹下健三设计）。在长崎则由佐藤武夫设计长崎国际文化会馆。馆址在原爆中心附近的阜上，馆高五层，纪念大厅位于底层，馆外另776座的会堂和长方形水池，池中竖立祈求和平的母子雕像，给纪念赋以生动的形象而发人深省，会馆于1955年完成。

先进的科学和技术用于和平和繁荣，岂止是日本人民，而是全人类的祈愿！

三一一、董大酉（1899~1973年）

清华学堂毕业后，到美国入读明尼苏达州大学建筑系。毕业后又在哥伦比亚大学再攻读考古学（1924~1927年）。

1928年回国，先在上海加入庄俊建筑事务所工作，次年转同同学Philip, F. S. J.（菲利普）合办事务所。后来又同Hazzard, E.（哈泽德）短期合作，最后还是自己独立工作，开了董大酉建筑师事务所（哈雄文曾参加）。

鸦片战争因战败，清廷被迫签订《南京条约》，1843年上海等五个城市开埠。先是英国在上海设英租界，1848年《望厦条约》增加了美租界，1849年再出现法租界，而且不断扩张。至1915年，已由当初的830亩增至7万亩，把上海市黄浦江以西最热闹的地区除了旧城区及南市之外，尽沦为租界地，再加上近年日本的侵占区，在苏州河南北两岸，就像毒瘤一样，侵蚀上海的躯体。割据的局面，在市政措施上又各自为政，使城市规划无法统一进行。

南京政府迫于形势，只好放弃上海原有地区，计划另辟新市区。1929年，决定以江湾区"五角场"（那里是五条道路的交汇点，故得名）一带约500公顷土地为中心，基本上以走马塘（环形河流）所环绕的地区为新市区的范围。

董大酉被聘为上海市中心区域建设委员会顾问兼建筑师办事处主任，主持这项计划的规划和建筑设计。他以简化了的中国古典式设计了上海市政府大厦、上海市立医院、上海博物馆、上海图书馆和上海体育馆几项建筑，但是整个规划却未能全部彻底实现。抗日一开始，更加搁置。

在上海，他的一项重要设计是1936年的大新公司，这是一座准现代的多层大楼。

董大酉对考古研究并没有机会实施，倒是同城市规划结了不解缘。

1928年首都计划委员会成立，1929年制定《首都计划》，将南京划分出中央政治区、市政治区、文教区、商业区、工业区和住宅区共六个区，并要求建设"中西合璧"的建筑群。但亦未能全部实施，至1949年，只实现了道路系统和小部分的住宅区。

董大酉在南京的个体建筑主要有：大陆银行（1933年）、"望庐"吴铁城宅（1934年）和他自己的住宅（1935年）——都是现代化建筑。

新中国成立后出任南京市计划委员会计划处长。

此外在北京、天津、浙江等六个地区任总工程师或顾问工程师，其中包括设计天津干部俱乐部。

三一二、杨锡镠（1899～1978年）

20世纪20年代毕业于南洋公学的土木工程系。

我国教育，自汉代独尊儒术之后，以五经为主要学习内容。唐朝较多样化，增加了天文和医、卜。清朝时国子监除经义之外，还有治事课程，把河渠和乐律列入。但八股文自明朝以来一直是科举的主流，对于工程技术，那只由"圬匠"和"梓人"薪火相传，被视为低下的职业，不能登学府黉宫。

建筑工程列入大学学系，经历过曲折的过程：1895年即光绪二十一年，天津北洋西学学堂（即后来的北洋大学/天津大学），开始设立土木工程学系，1904年上海的南洋公学（即后来的交通大学）也设立土木工程学系，都还未有专门的建筑工程学系。1923年苏州工业专门学校也还是三年制的中等学制。直到1927年南京的第四中山大学（即后来的中央大学），才有真正的高等学制的建筑系，前后经历了32年。

1931～1934年他设计的上海百乐门舞厅（后红都电影院），是座准现代派的建筑，基本上属Art Deco式。

成立于1931年的上海建筑协会，是个同业公会，成员包括建筑师、建筑工程师、营造商、监工员等同建筑业有关人员。次年为统一行内名词，举行了一次讨论，并成立起草委员会作具体的统一工作，他和庄俊、董大酉和杜彦耿四人被推为委员。在此基础上，由杜彦耿独立编译了《英华、华英合解建筑辞典》，是我国第一部有关建筑的专业辞典，于1936年出版单行本。

杨锡镠早期的作品还有：南京饭店、上海商学院和上海特区法院等，同时为中国建筑师学会（原上海建筑师学会）任编辑工作（1932～1937年），又在上海《申报》的专刊撰文。

新中国成立后，为北京市设计院总工程师之一，负责组织、指导、审核等工作。

三一三、鲍鼎（1899～1978年）

1918年毕业于北京高等工业学校机械科，后到美国伊利诺伊大学攻读建筑系，1932年获硕士学位。

1933年回国后，到南京中央大学建筑系任教，抗战时学校内迁重庆，他一度担任系主任。

在教学中，他又钻研中国古建筑，研究成果写下了：

《汉代建筑式样与装饰》；

《唐宋塔之初步分析》；

《铁云藏龟》六卷。

著作多刊于《营造学社汇刊》。

新中国成立后任武汉建设局长，为武汉市作规划。

三一四、李锦沛 Poy Gum Lee（1900～？年）

出生于美国纽约，1920 年毕业于普拉特学院 Pratt Institute，1923 年成为美国建筑师，遂即回国。

1927～1928 年在范文照建筑师事务所参加上海八仙桥基督教青年会工程（同赵深），该楼平面呈凵字形，外形仿北京前门箭楼。

后来加入由吕彦直于 1921 年成立的彦记建筑事务所，协助他所设计的工程，1929 年吕彦直逝世后他成为主持人，并改名为彦沛记。至 1930 年独立开办李锦沛事务所，并加入李扬安和张克斌，业务主要南京、上海、杭州一带。

我国近代建筑，在 20 世纪初是外国建筑师垄断的时代，他们在各通商口埠，尤其在有租界的城市，设计一些洋行、使馆、银行、旅馆等，或者通过一些执行新市政的机构，将当时西方流行的建筑如古典复兴主义、浪漫主义、折中主义与稍后的新艺术运动（Art Nouveau）和装饰艺术（Art Deco）搬来，当然，在时间上会滞后一些。到了 1927 年国民政府定都南京，我国第一代的建筑师，才有舒展的机会，直至 1937 年日寇侵华。在这十年短暂的时间内，建筑的历史主义占了领导地位，出于各方面的力量所共同形成：在广大群众方面，民族意识的高涨；国民政府也提供"民族本位"的文化；加上西方建筑师继承了自利玛窦等传教士的穿中国服式，行中国礼仪，用寺庙的形式来设计教堂的传统，在新建筑上加上一些中国的特式，以示融入和尊重。不论形式如何，都使用了新材料，以新结构的方法以取得现实生活的新功能效果。

在形形色色的创作中，或完全沿袭旧形制以复古或仿古；或在新形式上加以大屋顶的折中主义；或以传统的斗栱、窗花、彩画、栏杆等作为重点装饰的中国式的装饰艺术（Art Deco）。

李锦沛的创作在向现代化的方向上是较为先进的。他于 1933 年设计的清心女中（现八中）主楼时，还是简化的复古主义，而中华基督教女青年会（连 400 人礼堂），四层的钢筋混凝土结构，已是中西合璧形式，随后便转向现代主义，如南京的聚兴诚银行和新都大戏院、上海的广东省银行、武定路严公馆、华业公寓（九层，两侧为四层配楼）、杭州的浙江建业银行等，摒弃银行习用的西方古典式的外形，改用崭新的简洁清新的形象，甚至连南京的广东（粤语）浸信会教堂，也以脱俗的外形，有别于传统的宗教建筑。

同他前后时期的奚福泉所主持的启明建筑事务所，也以其设计的虹桥疗养院、飞机棚和住宅，以新颖、简洁而符合功能的要求，以显露现代建筑的特色。

李锦沛曾任教于圣约翰大学。

三一五、童寯（1900～1983 年）

字伯潜，沈阳人，满族。

1925 年毕业于清华学堂，随即前往美国入读宾夕法尼亚大学建筑系，在 Cret, P. P.（1876～1945 年）的中国学生中，他是比较晚的。在学习时期已经显露其才华。1927 年便获得布鲁克纪念奖（该奖为全美建筑系学生设计竞赛而设）二等奖，1928 年更获得一等奖。同年以硕士学位毕业后，在费城和纽约实习、工作了两年，又赴欧洲考察后于 1930 年回国。

1928 年梁思成（1901～1972 年）在东北大学创办建筑系，他回到家乡任教。

1932 年他同赵深、陈植，这三位宾夕法尼亚大学的硕士生合伙在上海创办华盖建筑事务所，该所成为我国影响较大、历史较长的设计机构之一。抗日战争时内迁重庆，贵阳（分所）继续业务，到 1952 年，20 年间承担工程约 200 项，具体内容参阅赵深条目。

他的作品严谨、洗炼、端庄而大方，凝重而明快，超逾前人，不落窠臼。虽然他博古通今，融会贯通，但反对因袭模仿，坚持创新，积极倡导建筑的现代化。

在重庆期间，他在中央大学兼任教授。胜利后随校到南京，以后一直在该校教化（1949 年改名为南京大学，1952 年另辟为南京工学院），直至辞世。

他是建筑学家、教育家、理论家、建筑师，还是园艺家。

早年他便开始研究古典园林，晚年又钻研理论和历史，他在各个领域留下了大量著作：

《中国建筑的外来影响》（Foreign Influence in Chinese Architecture，1938 年）；

《新建筑与流派》（1980 年）；

《建筑科技沿革》（1982～1983 年）；

《日本近现代建筑》（1983 年）；

《近百年西方建筑史》（1986 年）；

《苏联建筑》；

《中国园林》（Chinese Garden，1936 年）；

《江南园林志》（1962 年）；

《亭》（1964 年）；

《造园史纲》（1983 年）；

《东南园墅》（Glimpses of Garden in Eastern China）；

《北京长春园西洋建筑》；

还有《童寯画选》和《童寯素描选》。

三一六、林克明（1900~1999 年）

1926 年毕业于里昂中法大学。

回国后一直工作于广州。

1928 年吕彦直（1894~1929 年）设计了广州的中山纪念堂，由于同时他还要在南京主持中山陵工程，未能长驻广州，因此由林克明担任中山纪念堂的建设工程顾问，就近指导工程事宜。

他先后任广州工务局工程师，新中国成立后任职于广州市建计委、建筑工程局、市设计院任总工程师、局长、院长以及基建委员会副主任。

1931 年广东省工业专门学校筹办建筑工程系，次年改名广东工学院，林克明任系主任。1933 年改名襄勤大学，1938 年广州沦陷，迁粤北乐昌坪石镇，并入中山大学。1952 年全国院系调整改属华南工学院，林克明长期任教。

他的主要设计有：中山图书馆、科技馆、羊城宾馆、东方宾馆（旧楼）、华侨大厦、广东省政府办公大楼等，这些建筑多带传统复兴形式，或为亚热带的外廊式。

著作有：《建筑设计原理》、《现代建筑思潮》、《城市规划概论》、《对建筑现代化的几点浅见》。

第二部分　补遗
（按出生年份为序：一〇〇一～一〇二〇）

一〇一、张仪（？～公元前310年）
　　　高骈（活动于9世纪下半叶）
　　　孟知祥（874～934年）
　　　范成大（1126～1193年）
　　　朱椿（？～1423年）

战国末，秦国张仪施连横策略，配合范雎之远交近攻及李斯之离间六国君臣，秦国更为强大。秦惠王二十三年（公元前316年）张仪率军入川，前312年灭蜀并巴，基本上成为今日的四川。

他以咸阳城为蓝本建"成都城"，其形非方非圆，形似龟，以示长久，故有"龟城"之称。又在大城（太城）之西另辟少城，两城紧贴，故少城只有南、西、北三面城墙。少城建"张仪楼"，该楼唐时犹在。

西汉元鼎二年（公元前115年），大城及少城各立九门，共成十八郭。

乾符六年（879年），唐代节度使高骈增罗城。

927年后蜀帝孟知祥加筑"羊马城"。

范成大任四川制置使时，为街道铺石板，长达3360丈。

明洪武二十二年（1389年），蜀王朱椿修城墙和建王府，成为今日成都市的基本格局。

一〇二、马臻（活动于2世纪上半叶）

马臻字叔荐，山阴（绍兴）人。

东汉顺帝时（126～144年）任会稽太守，永和五年（140年）创绍兴鉴湖

（镜湖、庆湖），筑塘蓄水，长 63.5km，周 179km，并建三大斗门。湖高于田，而田高于海，旱时湖水灌田，涝时田水入海。既灌田九千余顷，又起养殖与交通作用。现质石湖、容山湖、白塔洋、湖塘为其遗迹。

虽然塘利于民，但却触犯既有利益者，豪绅因庐墓受损，诬告蒙冤，终刑于市。

将水闸同桥相结合，据史料为已知我国最早的闸桥。

市西存其墓及马太守庙（始于开元间）。

一〇三、（吴大帝）孙权（182～252年）

孙权字仲谋，222 年称帝。

建安十四年（209 年）理丹徒（今镇江）时，傍江边的蒜山（算山）依势为垒，周长 990m，高约 10.2m，置东西两门，号"铁瓮城"，遂后又建望海楼、丹阳楼、尘表寺及连沧观等。

221 年在鄂州筑吴王城（吴大帝城）及吴王避暑宫。

建业（今南京）于春秋时便是吴国的"台城"所在。建安十七年（212年）孙权在秦淮河东岸，清凉山以西，在原来前 333 年楚成王金陵邑旧址筑"石头城"，依山势构筑、恢复并加固城墙，长达 3000m。又设仓以贮粮食及军需。将"秣陵"改称建业，黄龙元年（229 年）正式建都。以后东晋、南朝、南唐多次成为首都。

黄武三年（224 年）在建业开破岗渎、直渎、东渠、运渎四运河，以利运输。

康僧会东来，孙权召见。他劝孙权皈依佛教。因康僧会求得舍利子，赤乌十年（247 年）孙权诏令营造"建初寺"及"阿育王塔"（十三级，宋代改为七级），它们成为江南最初的佛寺和佛塔。

又在苏州建瑞光寺（普济禅院）供康僧会驻锡。

一〇四、赫连勃勃（？～425 年）
叱于阿利（活动于 5 世纪初）

赫连勃勃为匈奴铁弗部右贤王去卑的后人，原名屈孑或屈弓。

十六国时"夏国"的建立者。407 年时他讹称是大禹之后，自称大夏大王、大单于。历史上有名的暴君。

他在现内蒙古鄂尔多斯市乌审旗（近陕西白城子）建"统万城"，作为国

---

❶ 康僧会另见章节。康居国即今乌兹别克之撒马尔罕。

都。413年发十余万众在工匠叱于阿利率领下建城。以砂、石灰、黏土经蒸熟拌牲血筑成，夯土于一定高度平铺木骨（纴木）以加固，干后以钉、锥刺不入者奖，如入一寸者处斩，其硬可磨刀斧。这种三合土构造，据史料在我国尚属首创。

南部夯土台基上宫殿按汉族型制，左社右稷，宫前立阙。楼台殿阁，极其侈丽——这是西城。至于东城则是后世加建，年代待考。

尽管有如此坚固的城防，但夏国只存在24年便被吐谷浑灭亡。至宋初渐荒废。今存城墙遗迹，约1100m²，残高约8m，宽5~16m。

在甘肃镇原县祁家坪又建狩猎住所"海连城"，存遗址。

407年重建银川海宝塔（黑宝塔、赫宝塔、北塔），砖砌楼阁式，方形平面，四面中各凸出一脊梁，呈十二棱角。每边十二拱门。九层，加上塔座及暗上层，共十一层，高54m，顶绿色桃形尖拱。

一〇五、（梁武帝）萧衍（464~549年）

齐高帝萧道成之族弟。字叔达、练儿。任雍州刺史。501年夺帝位，灭齐建南梁，在位48年。长于文学、乐律和书法，而笃信佛教，兴建寺院，又舍宅为寺，如508年将其武进的出生故居舍为慧矩寺。

天监十三年（514年）至十五年（516年），在安徽寿阳筑浮山堰，工程进行中淮水不断暴涨，毁于一旦。

63岁后更三次（一说四次）舍身入寺。其中大通元年（527年）在建业鸡笼山建的同泰寺就是他的舍身处。同泰寺有六座大殿、七层的大佛阁和九层塔，其规模居当年"南朝四百八十寺"之首。他第三次舍身回宫之夜，寺塔烧毁。后再建十二层塔，工程未完。太清三年（549年）侯景之乱，萧衍困饿而死，寺亦被毁。五代十国时在旧址建台城千佛院，南唐时为净居寺，后改名为法光寺。洪武元年（1368年）重建为鸡鸣寺，保存至今。大殿及观音寺于1984年重建。

一〇六、奚康生（467~521年）

奚洛阳人。北魏直阁将军，任青州、华州、泾州、湘州各地刺史、右卫将军、河南府尹等要职。

笃信佛教。任泾州刺史时，先后兴建北、南石窟寺：

永平二年（509年）于甘肃庆城（今庆阳）董志塬、蒲河和茹河交汇处的复钟山的黄砂岩崖面上开凿北石窟寺，在长120m、高40m的砂崖面上升凿窟龛。以后历代至清代相继，共窟龛295处，上下重叠达三层，石像2125尊，保存良好。

次年又在泾川东、泾河北岸蒋家村再建南石窟寺。现存五窟,其中一号东大窟为主,窟宽17m,深14m,高13m。内东、南、北三壁之七尊2m多高的佛像做说法状。二号西小窟三十像为石胎泥塑。

南寺有窟寺碑,748字。民初出土,现存泾川文化馆。

一〇七、海通（活动于8世纪初）
韦皋（745~805年）

僧海通,贵州人。结茅于四川乐山县的凌云山。他看到乐山位于岷江、青衣江和大渡河的三江合流处,每当夏汛,往往覆舟。遂发愿集资开凿弥勒佛坐像,以镇水势。自开元元年（713年）开始募工,于岷江东岸凌云山山崖削壁开凿。此空前巨构,历尽艰辛,海通亦未及等到完成而先行圆寂了。

韦皋字城武,万年（今西安）人。兴元二年（785年）任剑南西川节度使,功封南康王。他接手海通未完成的大佛工程。时间前后历90年,至贞元十九年（803年）终于完成此高达71m的"天下第一佛",比之阿富汗巴米扬西大佛〔高53m?（55m?）——已被炸毁〕高出1/3。大佛是就山崖整体开凿出的,其中只佛头的1021个螺髻由石块嵌就。"山是一尊佛,佛是一座山",形象地描述出大佛。

大佛又称凌云寺大佛,因原有凌云寺。大佛完成时是有十三层的楼阁庇护的,此楼阁即名"大佛阁"（宋代改名的"天一阁"）,但明末毁于兵火。大佛旁的小龛和佛像亦已风化。

803年,大佛完成时,韦皋曾撰文刻碑于大佛右岩壁上,今已残蚀。1949年已重刻。凌云寺左侧尚存海（通）师洞,宽3.5m,高3m,深5m。

唐德宗与回纥和亲,又使韦皋招南诏内附,以弱吐蕃势,于建中元年（780年）至781年合力破吐蕃军。

在四川,还有多尊坐像大佛,如荣县真如大佛（元丰八年/1085~元祐七年/1092）高36m,居第二,世界第三,有"乐山大佛雄,荣县大佛美"之誉。其余为江津石门大佛（23m）、潼南大佛（17m）、资阳大佛（13m）、合川大佛（12m）等,多数是坐佛。

一〇八、窦圌（活动于9世纪下半叶）

窦圌生平不详,只知他于唐乾符年间（874~879年）,弃官来到四川江油县北一处山间。他看到该地有三座鼎立的小山,三座山峰拔地而起,高约百米,下大上小,峭拔矗立,鬼斧神工,他决心披荆斩棘,建造道观,开始在山上修道。于是山便名为窦嵞山。至五代时，山顶还有天尊古殿，但今已不存。

现有建筑已由道观改为佛寺——云居寺，始建于南宋淳熙八年（1181）。仅存的西配殿为飞天藏殿，面阔、进深各三间。值得注意的是殿内八边形的木塔状的转轮藏（又名星辰车），虽已无经橱，但表面布满木雕，其型制完全根据李诫所编的《营造法式》（成于元符三年/1100 年）制作，成为海内仅见的孤例，举世无双，为研究宋代建筑提供实物例证。

一〇九、阁逻凤（712～779 年）

彝族先民称乌蛮族，唐时该族在云南有六诏，其中蒙舍诏最强。天宝年间（742～755 年）蒙舍诏并其他五诏，成立南诏国。阁逻凤为第二代国王，其时已基本统一了云南地方，他吸收汉文化，设城邑，修道路，国势巩固。

开元二十五年（737 年），他在今大理市北太和村建太和城。这个城很不同，只有南、北两道相距约 1.2km 的城墙。原来他利用东边的洱海和西边的（点）苍山作为天然屏障，这样的城可谓绝无仅有。在城北设上关，在城南设下关，作为龙首和龙尾。又在城内西佛顶峰上筑小城，称"金刚城"，城周只得 1 里。这些遗迹今已不存，只留下"上关风，下关花，苍山雪，洱海月"的四季美景。

天宝十年（751 年）剑南节度使鲜于仲通、广德二年（764 年）侍御史兼剑南留后李密先后征南诏，均全军覆灭于太和城下。大历元年（766 年）南诏为示和好，在龙尾关外为唐朝阵亡将士立冢（"万人冢"）和将军祠，现尚存 1906 碑。767 年又立"南诏德化碑"，这碑后被沉埋，至乾隆五十三年（1788 年）才被发现，已逾千年了。

剑川县南沙溪的石钟山石窟，也是他在位时开始开凿的，延至宋代时的大理国，共十六窟。其造像的内容，除了浮屠佛像外，还有宫廷生活、西方人物而至性崇拜。除受中原石窟艺术和西方艺术影响外，更具浓厚的民族形式。但当时建的石钟寺已毁。

一〇一〇、韦君靖（活动于 9 世纪末）
赵智凤（1159～1251 年）

韦君靖扶风人。龙纪元年（889 年）起任昌、渝、普、合四州都指挥，静南军使，拜上柱国金紫光禄大夫。

为巩固其地盘，在今重庆市大足龙岗山建水昌寨城堡两千间、敌楼两百余，以屯兵贮粮。

景福元年（892 年），他在龙岗山开北山摩崖造像，分布于佛湾、观音坡、营盘坡、佛耳岩和北塔寺五处，计造像万尊。佛湾一处即长500m，高约7m，共700像。其中136号窟之"转轮经藏"为镇山之宝，八边形，四层，高约10m，二层以上塔檐逐层向外扩延。

过了将三百年，僧人赵智凤于淳熙六年（1179年）起至淳祐九年（1249年），在大足宝顶山小佛湾长500m、高15～30m的范围内，共历七十余年再完成万尊石像，成为密宗石窟道场。

始于晚唐，盛于南宋，再延至元、明、清，石像以佛教为主，且具连绵性，石门山则佛道结合，更兼具儒教，反映出儒道佛的和谐共存。

大足石像已列入世界文化遗产名录。

赵智凤大足人，自称六代祖师传密印，承袭密教立柳本尊派而营造寺庙及摩崖造像。在大足所建圣寿寺，历元、明两次毁坏，现为清建。

一〇一一、范仲淹（989～1052年）
滕宗谅（991～1047年）
韩琦（1005～1075年）

范仲淹字希文，吴县人。任（安徽）广德司理参军，后任秘阁校理、右司谏，又知开封府，官至枢密副使，参知政事。

滕宗谅字子京，洛阳人。任大理寺丞、殿中丞、左司谏，知信州（上饶），江宁通判，又知湖州、泾川、虢州、岳州。

韩琦字稚圭、赣叟，安阳人。初任将作监丞，后任通判、右司谏，援赋逐贪汰冗救饥，任陕西安抚使与范仲淹同御西夏，时称"范韩"。嘉佑三年（1058年）拜宰相。

康定元年（1040年）西夏李元昊南下，范、韩在甘肃的庆阳、环县、华池、合水等地广修城寨。其中华池城占地60公顷，矩形，夯土筑墙。乡人称之为"二将城"，河川亦称"二将川"。"二将城"遗址在今甘肃华池县（柔远）庄乡山上。

范仲淹参与富弼、韩琦等之"庆历新政"失败。庆历四年（1044年）春滕宗谅谪守巴陵（今岳阳）。次年重修岳阳楼，范仲淹留下著名的《岳阳楼记》，其中"先天下之忧而忧，后天下之乐而乐"名句，传诵千古。而滕子京修楼，范仲淹作记，苏舜钦❶书丹，邵竦篆额，成为"天下四绝"。岳阳楼旧址原为鲁肃"阅军楼"。开元四年（716年）张说建岳阳楼（另见张说章节）。现楼竣工于1984年。

---

❶ 苏舜钦（1008～1049年）因庆历新政失败受岳父牵连，退居苏州时修沧浪亭（原五代时吴越广陵王园），这是苏州最古的宅园。

范仲淹在广德时修捍海塘（世称"范公堤"）。在苏州疏太湖入海水道，又创苏州府学、波阳府学和邓州花州书院。还办义庄及修延安嘉岭山（宝塔山）之韦林寨。山东青州阳河畔有范公亭，河南伊川有其墓。

滕宗谅在泰州协助范仲淹筑捍海堰。

韩琦回到安阳任相州知府时建昼锦堂（后欧阳修撰《相州昼锦堂记》，其中有"……德被生民而功施社稷……"句赞美韩琦）。又重修定县众春园（宋仁宗时1022~1063年李昭亮所建）。

一〇一二、（海陵王）完颜亮（1122~1161年）
张浩（？~1163年）

海陵王完颜亮于1149年合谋刺杀了金熙宗而登上皇位，改元天德。

张浩本名高浩然，辽阳人。金太祖宗颜旻（阿骨打）时任秘书郎，户、工、礼部侍郎、户部尚书而至丞相、尚书令、太师等。

先于张浩，金国已有卢彦伦规划上京会宁府（今阿城）和中都（今北京）——另见其章节。天会八年（1130年）张浩主持修建东京（今辽阳）皇宫。天德三年（1151年）张浩在燕京督建宫室和扩大燕京范围。据明失名《北平考——卷三》："……天德三年，始图上燕城宫室制度。三月，命张浩等增广燕城，城门十三……"当时的金中都在今广安门为中心的$22km^2$内。既成，"贞元初年（1153年）海陵迁燕"。这是北京成为全国首都之始。又《北平考》"天德三年，张浩等取真定府潭园林木，营建宫室……。"

迁都后的第三年（1155年），海陵王决定在房山县羊耳峪琐山村的大洪谷（峨嵋谷）原云峰寺（龙城寺）原址作为金国陵墓福地，当时的三陵只用了九个月时间，很简陋。

正隆三年（1158年）张浩封为潞王、蜀王，当时他又主持建南京（今开封）宫室。

一〇一三、（金世宗）完颜雍（1123~1189年）

完颜雍字乌禄，太祖完颜旻之孙，1161年自立为帝，改元大定。后进中都（北京）与宋议和。金国进入全盛时代。

大定初，在金上京会宁府建造了庆元宫（1162年）、太祖庙（1165年）、城隍庙（1181年）和老德殿（1184年）。连同早于1125年由卢彦伦前后两次规划的南、北两城，现都只留下了遗址。至于在东都辽阳则留下了垂庆寺塔（1161~1189年）和辽阳白塔。辽阳白塔是完颜雍为其母而建，是一座八边十三层实心的密檐砖塔。而垂庆寺塔所在的广祐寺，于明代才加建。

《北平考·卷五》："大定廿六年三月癸巳，香山寺成……赐后大永安寺……""大定中，诏与近臣同经营香山行宫及佛舍。"当时有大殿五座，明清曾修建。但是帝国主义入侵北京时，大肆破坏，仅存一些石坊、石屏。

位于宛平县拱极城旁的卢沟桥（或拱极桥）。《北平考·卷五》："廿八年五月，诏卢沟河使旅往来之津要，令建石桥，未行而世宗崩。世宗大定二十九年（1189年）……既而更命建石桥。明昌三年（1192年）二月成。""敕命曰广利。"因此，桥是由完颜雍所规划而由完颜璟完成的。桥长266.5m，宽9.3m，桥栏上的485个石狮，更是艺术精品。桥身牢固，历受洪水风雪的考验，成为京西南的交通运输通道。1937年驻守宛平以吉星文为首的军民，迎战入侵的日本帝国主义，开始了全民抗战，最后战胜侵略者，卢沟桥也因此名垂千古。

继海陵王所立的"金陵"，完颜雍逐步加以完善。至金亡，共立了二十八陵（有名者），占地绵延。至明代，地面建筑先后拆毁，而地下宫殿尚待发掘。

一○一四、范成大（1126~1193年）

字致能，晚年号石湖居士，苏州人。

任（浙江）丽水知府时，修复通济堰。

乾道九年（1173年）任广南西路经略安抚使兼知静江府（今桂林），在七星岩筑碧虚亭。

淳熙二年（1175年）铺成都城内石板路（参阅张仪章节）。后得疾辞官回故里石湖，淳熙十六年（1189年）筑石湖别墅，重修行春桥（九孔石拱桥）。

正德十五年（1520年）御史卢雍（师邵）在苏州南郊建范成大祠。

一○一五、敬修（活动于13世纪末）
　　　况钟（1383~1442年）

苏州葑门外跨江南运河赤门湾的觅渡桥，始建于元代大德二至四年(1298~1300年）。

之前，原设渡船，舟人垄断敲诈，群众纷纷不满。昆山僧人敬修发起集资募建桥梁，始名灭渡，或名觅渡、接渡，以示根除渡垄断，万民称便。

正统年间（1436~1449年）苏州知府况钟将桥重建。桥成，单孔，净跨19.3m，矢高8.5m，离水面9m。不用多孔以适湍流及利通舟。结构非常轻巧。后正统、同治间曾修理。

况钟字伯律、龙岗、如愚，江西靖安人。三任苏州知府共十三年，有"况青天"誉，任满时二万人乞留。苏州西美巷有况公祠。现构为同治十一年

(1872年)重建。

咸丰间,太平军曾于桥下布水草,使洋枪队的小火轮受阻而败归。

一〇一六、汤绍恩(活动于16世纪上半叶)

汤绍恩字汝永,四川安岳人。

任德兴、绍兴太守,在其任内兴学宫,修水利。

嘉靖十五年(1536年)在绍兴北15km筑三江闸,以泄山阴、会稽、萧山的内涝及防海潮倒灌。江闸以巨石砌筑,底部同岩层合卯,石间榫卯衔接,更灌注生铁液,再加以灰秫胶合。全闸二十八孔,各孔以二十八星宿命名,所以江闸又被称为"座宿闸";而水则则以金、木、水、火、土五字作为测高记号。

一〇一七、陈永华(1633~1680年)
　　　　王得禄(1770~1841年)

陈永华字复南,福建南安人。

少年时,后金爱新觉罗氏已入关建立大清帝国。他放弃功名仕途,改习兵法,追随郑成功。郑在厦门开府,改称思明府。陈任参军,作为郑之股肱,被喻为"诸葛"。后随郑经渡海,任东宗总制。

他奏请郑经❶在台湾广修孔庙和关庙,其中尤以台南文庙为最著。台南文庙建于康熙六年(1667年),当时仅有大殿,为台湾最早的文庙。其后康熙五十四年(1715年)开始,先后共增建十二次,始臻完善:前棂星门、东礼门、西义路,大成殿之东庑为礼品库,西庑为乐器库,体现礼乐。更外,东为名宦祠、仰贤祠,西为孝子祠、节烈祠。后殿为崇圣祠、明伦堂和朱子祠。魁星阁三层,下方中圆,上八边形。其中以大成门最为精致。文庙建成,成为"全台首学"。庙东另有文昌阁。

又在台南六甲乡建龙湖庵(后由王得禄重建)。在枕头山建碧云寺(北山庙),以祀观音。

后因受所忌而解甲。台胞将原祀广泽尊王庙改为祀他,称永华宫。

王得禄字百通、玉峰。祖籍江西南城。曾祖王奇生为千总,后代移居嘉义太保乡。得禄生于嘉义,继承武职,先后任福建水师提督、浙江提督,加太子太保,死后追太子太师。这是清代在台湾的最高官位。

他重修嘉义的太保楼,日占时被拆。

---

❶ 郑经(绵、式夫),郑成功长子(1643~1681年)。台南海会寺(现开元寺)是他为其母所建。

在嘉义港口青峰阙所建的炮台和海防工事，受海潮冲蚀已毁。

所倡建嘉义新港奉天宫和旁边的登山书院还保存良好。

1844年嘉义新港建其墓。太保乡的王氏宗祠仍存。

一〇一八、江藻（活动于17～18世纪间）

江藻字鱼依、用侯。汉阳人。

康熙时（1662～1723年）人，曾任工部侍郎、北京黑窑厂监督，又监修太和殿。

永乐元年（1403年）朱棣北上，升北京为首都。其后皇家园林兴起，至康熙时已遍布城内外。众多王公贵族而至文士豪绅亦纷纷经营宅园。但平民百姓还缺少一处游玩休憩场所，除了一些寺庙道观之外。

位于外城西南一处"官游"的歇脚处，在元代已有一座慈悲庵，虽于康熙二年（1663年）重修，但周围仍杂草丛生、塘水腐臭，而一般文人墨客仍作为闲游的去处。

康熙三十四年（1695年），江藻在其中央岛的西南建立了一座三开间的西厅，初名"江亭"，后受白居易诗"与君一醉一陶然"的启发，正名为"陶然亭"，并亲笔书写"陶然"两字悬于山门。从此，一般市民多了一处公众的环境，成为无公园之名的公园。

1949年取陶然亭之名，正式成为陶然亭公园。1952年更进一步拓建修整，而更趋完善。

一〇一九、苏元春（1844～1901年）

苏元春字子熙，广西蒙山人。

团练出身的清末将领，既对太平军作战和镇压苗民起义，又多次击败法军。光绪十年（1884年）作为广西提督，率军驻守越南坚志、谷松一带，1885年助冯子材在镇南关大败法军。

冯子材字南干、萃亭，钦州人（1818～1903年）。行伍出身，咸丰年间参加天地会起义军。后投降清军，协助向荣建江南大营，围困太平军，升广西提督、贵州提督。

光绪十年（1884年）法国挑起中法战争。为部署战备，两人与王德榜、王孝祺等在镇南关修长城，力挫当年欧洲最强的法军主力，并乘胜追击，收复谅山，是谓镇南关大捷。

镇南关位于凭祥县南，关始建于明代洪武年间，先后名鸣陵关，界首关、大南关、镇夷关、镇南关、睦南关，现名友谊关。苏元春在其十九年间，兴建了金鸡山上的南、中、北三炮台和营垒，安装伯鲁克大炮七门，炮台容洞可驻数万人，还有一百三十堡、五十八卡、六十四隘和军路千余里，并修了平而、水口、镇南三关。

此外在龙州修小连城，小连城前闸建演武台、练兵场、庆祝宫、来安馆和关庙，后闸设军械局、火药局和军碾等。

由于耗费大量人力、物力而财政上蒙受不白之冤，被判充军，客死新疆。

贵州镇远镇有所建住所光裕堂，苏家山有苏元春墓。岑巩县有其所建的凯本大寨苏元帅府。

至于冯子材，钦州光明村的故居已毁，泥桥村有冯子材墓（建于1903年）。

一〇二〇、董福祥（1839~1908年）

董福祥又称董府祥，字星五，甘肃固原人。

同治元年（1862年）响应甘肃回民起义，后向左宗棠投降，官至提督。光绪初转战于西北，1897年调回北京，官至兵部尚书。

光绪二十六年（1900年）义和团起义时，他围攻各使馆，杀了日本的杉山彬，但又掠夺民间财物。慈禧出逃西安，他护驾随行。1902年被贬离京。

离京后在宁夏青铜峡任桥村建"宫保府"。在东西115m、南北105m的基地上，建六个院落。中央两院作为政务之用，左右四院则为居家建筑，六院连成一体。建筑与围墙间置贯通的通道，成为全封闭的城堡。门楼位于东边偏北，朝向北京，不知是否出于对清廷的怀念或冀望。

第三篇

索引及附图

第一部分 字母索引（人物以姓氏的首字母为序）

注：1. 阿拉伯文字标注顺序的建筑历史人物为本篇中介绍人物；
2. 中文标注顺序的建筑历史人物为副篇中介绍人物。

783. Aalto，Hugo Alvar Herik 阿尔托（1898~1976年）
491. Abadie，P. 阿巴迪（1812~1884年）
694. Abercromb（i）e/Atbercromby，P 艾伯克龙比（1879~1957年）
40. Abul Fath 阿布·法特赫（活动于11世纪下半叶）
180. Abúl Qasim，Ustad 阿布·卡斯姆大师（乌斯达德）（活动于17世纪初）
41. Abu Shakir ibn Abi al-Faraz 阿布·沙基尔·伊本·阿比·法拉杰（活动于11世纪下半叶）
343. Adalcrantz，C. F. 阿德尔克兰特茨（1716~1796年）
302. Adam Family 亚当家族（1689~18世纪末）
683. Adams，P. 亚当（活动于19~20世纪间）见 Holden
563. Adler，D. 阿德勒（1844~1900年）
495. Adler，F. 阿德勒（活动于19世纪下半叶）见 Curtius
30. Adrian 即 Hadrian 哈德良（皇帝）（76~138年）
389. Affleck，T. 阿弗莱克（1745~1795年）
16. Ageledas 阿杰拉达斯（活动于公元前5世纪中叶）见 Eupolemos
60. Agostino，d. G. 阿戈斯蒂诺同 Agnolo，d A 阿格诺罗（活动于14世纪上半叶）
26. Agrippa，M. V. 阿格里帕（约公元前63~前12年）
48. Ahmad ibn Baso 艾哈迈德·伊本·巴素（？~1188/1189年）
    Ali de Gomara 阿里·德·戈马拉（活动于12世纪下半叶）

199. Ahmad（Herāt）Ustad（Nadir al Asar）（来自赫拉特的）艾哈迈德大师（封号"纳迪尔，阿萨尔"）（活动于 17 世纪上半叶）见 Shāh, Jahēn 沙·贾汗

739. Albers, J. 艾伯斯（1888～1976 年）

192. Alberthal, H. 阿尔毕塔尔（约 1575～1657 年）

80. Alberti, L. B. 阿尔伯蒂（1404～1472 年）

15. Alcamenes/Alkamenes 阿尔卡姆尼斯（活动于公元前 5 世纪中叶）

374. Aleijadinho 阿莱哈丁诺（原名 Lisboa, A. F. /李斯沃亚）（1738?～1814 年）

146. Alessi, G. 阿莱西（1512～1570 年）

200. Algardi, A. 阿尔加迪（1595～1654 年）

69. Ali ibn Dimishqi 阿里·伊本·迪米什奇（活动于 14 世纪下半叶）

75. Ali ibn Ilyas（of Bursa），Nakas（布尔萨的）阿里·伊本·伊勒雅斯大师（活动于 15 世纪上半叶）

715. Almqvist, O. 阿尔姆克维斯特（1884～1950 年）

483. Alphand. A. 阿尔封（1817～1891 年）见 Haussmann, G. E. B.

552. Alvino, E. 阿尔维诺（活动于 19～20 世纪间）同 Breghia, N. 及 Pisanti, G.

99. Amadeo, G. A. 阿马迪奥（1447～1522 年）

129. Amatrice, C. d. 阿马特里契（活动于 16 世纪上半叶）

413. Amati, C. 阿马蒂（活动于 19 世纪初）同 Zamoia, G.

5. Amenhotep Ⅲ 阿孟霍特普三世（公元前 1417～前 1379 年在位）

144. Ammanati, B. 阿曼纳蒂（1511～1592 年）

696. Ammann, O. H. 安曼（1879～1965 年）

724. Amos, L. A. 埃默斯（活动于 20 世纪上半叶）见 Cormier, E.

34. Anathemius（of Tralles）（特拉里斯的）安提米乌斯同 Isidore/Isi-dorus（of Miletus）（米利都的）伊西多尔（活动于 6 世纪上半叶）

（二六二）Andersson, J. G. 安特生（1874～1960 年）

681. Andersson, W. C. E. 安特生（Milles, C. 米勒斯的原名）（1875～1955 年）

666. Andre, E. 安德烈（1871～1933 年）

86. Angelico, F. 安吉列科（1387～1455 年）见 Piero della Francesca

（一二三）Aniko/Arnig 阿尼哥/阿尔尼格（1244/45～1306 年）

50. Antelami, B. 安泰拉米（约 1150～1230 年）

367. Antoine, J. D. 安托因（1733～1801 年）

525. Antonelli, A. 安托内利（活动于 19 世纪中叶）

29. Apollodorus（of Damascus）/Apollodoro（di Damasco）（大马士革的）阿波罗多罗斯/阿波洛多鲁（活动于 97～130 年）

（一七三）Aquino, J. T. 阿奎诺（活动于 16 世纪下半叶）

282. Archer, T. 阿切尔（约 1668～1743 年）

57. Arnolfo di Cambio 阿诺尔福－迪－康比欧/坎皮奥/冈比奥（约 1245～1301 年）

456. Artleben, N. 阿特利本（活动于 19 世纪中叶）同 Vershinsky, A.

773. Arup, O. 阿勒普（1895～1988 年）

259. Asam Family 阿萨姆家族（1686～1750 年）

631. Ashbee, C. R. 阿什比（1863～1942 年）

718. Asplund, E. G. 阿斯普伦德（1885～1940 年）

400. Asprucci, M. 阿斯普鲁西（活动于 18 世纪下半叶）

（二一一）Attiret, J. D. 王致诚（1702～1768 年）见郎世宁

294. Aubert, J. 欧贝尔（？～1714 年）

123. Bābur/Bābar/Bāber 巴伯尔（1483/1485～1530 年）

113. Baccio d'Agnolo 巴乔·达尼奥洛（1462～1543 年）原名 Baglioni, B. d'A.

639. Bacon, H. 培根（1866～1924 年）

278. Bähr, G. 巴尔（1666～1738 年）

637. Baillie Scott, M. H. 贝利·斯科特（1865～1945 年）

555. Baker, B. 贝克（1840～1907 年）

130. Ballisti, G. L. 巴里斯蒂（活动于 16 世纪上半叶）见 Francis I.

477. Baltard, V. 巴尔塔尔（1805～1874 年）

147. Barattieri N. 巴拉提耶里（活动于 12 世纪下半叶）见 Ponte, A. d.

238. Barelli, A. 巴雷利（1627～1699 年）

607. Barlett, C. M. 巴列（活动于 19～20 世纪间）见 Flagg, E.

127. Barma 巴尔马（活动于 16 世纪中叶）同 Posnik

457. Barry, C. 巴里（1795～1860 年）

457. Barry, E. M. 巴里（1830～1886 年）（Barry, C., 巴里之子）

545. Bartholdi, F. A. 巴托尔迪（1834～1904 年）

710. Bartning, O. 巴特宁（1883～1959 年）

605. Basile, F. 巴西莱（1857~1932 年）

678. Baudot, A. d. 博多（1834~1915 年）见 Perret, A.

791. Baumgarten, P. 鲍姆加登（1900~？年）

148. Bautista, Juan（de Toledo）（托莱多的）包蒂斯塔（1514~1567 年）
　　　Bautista, F. 包蒂斯塔（1594~1678 年）

793. Bayer, H. 拜尔（1900~1985 年）

505. Bazalgette, J. W. 巴泽尔杰特（1819~1891 年）

372. Bazhenov, V. I. 巴仁诺夫（1737~1799 年）

785. Beaudouin, E. E. 博杜安（1898~1983 年）

794. Bechtel, S. D. 比奇特尔（1900~1989 年）

650. Behrens, P. 贝伦斯（1868~1940 年）

387. Bélanger, F-J 贝朗热（1744~1818 年）

483. Belarand, E. 贝拉兰（活动于 19 世纪下半叶）见 Haussmann

578. Bell, E. I. 贝尔（活动于 19~20 世纪间）见 Webb, A.

（二〇八）Belleville, C. d. 卫嘉禄（1656~1700 年）

789. Belluschi, P. 贝卢斯奇（1899~1994 年）

475. Better, J. H. 贝尔特（1804~1863 年）

429. Belzoni, G. B. 贝尔佐尼（1778~1823 年）

64. Benci di Cione 本西（活动于 14 世纪下半叶）同 Talenti, S.

426. Benjamin, A. 本杰明（1773~1845 年）

570. Bennett, E. H. 贝内特（活动于 19~20 世纪间）见 Burnham, D. H.

（二一一）Benoist, P. M. 蒋友仁（1715~1774 年）见朗世宁

249. Berain, J.（S）（老）贝兰（1637~1711 年）

116. Berecci, B. 贝勒西（活动于 16 世纪上半叶）

638. Berenguer,（i Mestres）F. 贝伦格尔（1866~1914 年）

662. Berg, M. 贝尔格（1870~1947 年）

601. Berlage, H. P. 伯尔拉赫（1856~1934 年）

205. Bernini, G. L. 贝尼尼（1598~1680 年）
　　　Bernini, P. 贝尼尼（1562~1629 年）

202. Berrettini, P. 贝列天尼，Pietro Da Cortona 的原名（1596~1669 年）

757. Bertshch 纳特希（20 世纪上半叶）见 Ginsburg

599. Bethune Man and Wife 贝休恩夫妻（1855~1915 年）（1856~1913 年）

213. Bib（b）iena Galli da Family（比比恩纳）加利家族（1625~1787 年）

183. Binago, L. 比纳戈（活动于 16~17 世纪间）

460. Bindesbøll, G. 比乌德斯波尔（1800～1856 年）

682. Bingham, H. 宾厄姆（1875～1956 年）

599. Blanchard, J. 布兰查尔德, Bethune, L. B. 的娘家姓（1856～1913 年）

731. Blegen, C. W. 布利根（1887～1971 年）

762. Blom, F. F. 布罗姆（1893～1963 年）

223. Blondel, F. 布隆代尔（1617～1686 年）

329. Blondel, J. F.（J）（小）布隆代尔（1705～1774 年）

730. Bodiansky, V. 包弟昂斯基（1894～1966 年）见 Le Corbusier

527. Bodley, George Frederick 博德利（1827～1907 年）

280. Boffrand, G. G. 勃夫杭（1667～1754 年）

461. Bogardus, J. 博加德斯（1800～1874 年）

700. Böhn, Dominikus 博恩（1880～1955 年）

541. Boileau, L. A. 波洛（活动于 19 世纪下半叶）见 Eiffel

423. Boisserée, S. 博伊塞雷（活动于 19 世纪上半叶）

136. Bologne, L. P. 布洛尼, 即 Primaticcio, F. I. 普利马萨齐（1504～1570 年）

91. Bon/Buon Family 彭恩父子（活动于 15 世纪上半叶至 15 世纪末）

67. Bon, S. 彭思（活动于 14 世纪中叶）

690. Bonātz, P. 博纳兹（1877～1956 年）

709. Bonet, J. K. 邦塞（Van Doesburg, T. 的化名）（1883～1931 年）

206. Borromini, F. 波罗米尼（1599～1667 年）

210. Bosse, A. 博斯（1602～1676 年）

466. Botta, P. E. 博塔（1802～1870 年）

97. Botticelli, S. 波提切利（1445～1510 年）

360. Boulée, E. L. 部雷（1728～1799 年）

255. Boulle/Boule/Buhl, A. C. 布尔（1642～1732 年）

490. Boumann, J. 布曼（活动于 19 世纪中叶）

518. Bove, Osip 波弗, 同 Mikhailov, Alexander 米哈依洛夫（活动于 19 世纪初）及 Kavos, Albert 卡霍斯（活动于 19 世纪中叶）

211. Boyceau, d. l. B. 博伊索（活动于 17 世纪上半叶）

96. Bramente, D. 伯拉孟特（1444～1514 年）

568. Brandt, A. 布兰特（1846～1899 年）

559. Bregham, C. 布雷汉姆（活动于 19 世纪下半叶）同 Sturgis, J. H.

552. Breghia, Nìcolò 布雷吉亚（活动于 19～20 世纪间）同 Alvino, E. 及 Pisanti, G.

290. Bridgeman, C. 布里奇曼（？~1738年）

378. Brongniart, A-T 布隆尼亚尔（1739~1813年）

338. Brown, L. 布朗（1715~1783年）

247. Bruand/Bruant, L. 布卢盎（1635~1697年）

242. Bruce, William 布鲁斯（1630~1710年）

478. Brunel, I. K. 布律内尔（1806~1859年）

422. Brunel, M. I. 布律内尔（1769~1849年）

72. Brunelleschi, F. 布鲁涅列斯基（1377~1446年）

271. Brustolon, A. 布鲁斯托隆（1662~1732年）

20. Bry-axis, 布赖-亚息斯（活动于公元前4世纪下半叶）见 Scopas

754. Bryggman, E. 布吕格曼（1891~1955年）

255. Buhl 即 Bouhl（1）e 布尔（1642~1732年）

417. Bulfinch, C. 布尔芬殊（1763~1844年）

153. Bullant, J. 彪隆（约1520~1578年）

361. Bulton, M. 博尔顿（1728~1809年）

164. Buontalenti, B. 波翁塔伦蒂（约1536~1608年）

93. Buora, G. 波拉（活动于15世纪中叶）见 Lombardo

504. Burckhardt, J. C. 布尔克哈特（1818~1897年）

519. Burges, W. 伯吉斯（1827~1881年）

357. Büring, J. 布里林（活动于18世纪下半叶）

310. Burlington, R. 伯林顿（1694~1753年）

447. Burn, W. 伯恩（1789~1870年）

537/546. Burne-Jones 伯恩-琼斯．（1833~1898年）同 Webb, P S 及 Morris

570. Burnham, D. H. 伯纳姆（1846~1912年）

462. Burton, D. 伯顿（1800~1881年）

46. Buscheto 布斯切托（活动于11世纪中叶）见 Pisano Family

493. Butterfield, W. 巴特菲尔德（1814~1900年）

472. Button, S. D. 巴顿（1803~1897年）

711. Byrne, F. B. 伯恩（1883~1967年）

10. Callicrates/Kallikrates 卡利克拉特（活动于公元前465~前405年）

14. Callimachus 卡利马科斯（活动于公元前5世纪前期至中期）

384. Camaron, C. 卡梅伦（1743~1812年）

289. Campbell, C. 坎贝尔（1676~1729年）

209. Cano, A. 卡诺（1601~1667年）

224. Caratti, F. 卡拉蒂（？~1679年）

352. Carr, J. 卡尔（1723~1807年）

687. Carrier, W. H. 卡里尔（1876~1950年）

673. Carter, H. 卡特（1873~1939年）

174. Castellamonte Family 卡斯特拉蒙特家族（1550/1560年至17世纪末）

206. Castelli, F. 卡斯蒂里（Borromini, F. 普罗密尼的原名）（1599~1667年）

（二一一）Castiglione, G./Castiboni, J. 郎世宁（1688~1766年）

135. Cellini, B. 切利尼（1500~1571年）

17. Caphisodotus (S) and (J) 凯菲索多托斯父子（活动于公元前4世纪中叶）即 Praxiteles 家族

377. Chalgrin, J. F. T. 查尔格兰（1739~1811年）

354. Chambers, W. 钱伯斯（1726~1796年）

449. Champollion, J-F 商博良（1790~1832年）

730. Chapallaz, R. 查帕拉兹（1881~1976年）见 Le Corbusier

37. Charlemagne/Charles I/Karl der Grosse 查理曼一世（大帝）（742~814年）

22. Chares (of Lyndus)（林达斯的）卡雷斯（活动于公元前4世纪~前3世纪间）

66. Charles Ⅳ 查理四世（1316~1378年）见 Parlér, P.

349. Cházy, A. d. 谢济（1718~1798年）

3. Cheops 奇欧普斯，即 Khufu 胡夫（公元前2589~前2566年在位）同 Snefru

3. Chephron 基孚连，即 Khafra 卡夫拉（公元前26世纪在位）同 Snefru

790. Chermayeff, S I I 舍马耶夫（1900~？年）

745. Chini, G. 奇尼（活动于20世纪初）

347. Chippendale, T. 奇彭代尔/切宾代尔（1718~1779年）

193. Christán Ⅳ (King of Danmark and Norway) 丹麦及挪威王克里斯蒂安四世（1577~1648年）

276. Churriguera Family 丘里格拉家族（1665~1750年）

72. Ciaccheri, A. d. M. 西亚切利（活动于15世纪上半叶）见 Brunelleschi, F.

（二一一）Cibot, P. M. 韩国英（1727~1781年）见郎世宁

164. Cigoli, L. C. d. 奇戈利（1559~1631年）见 Buontalenti B.

25. Claudius, A. (Caecus)（失明的）克劳狄（活动于公元前4世纪末至前3世纪初）

767

494. Cleveland, H. W. S. 克利夫兰（1814~1900年）

769. Coats, W. W. 科茨（1895~1958年）

445. Cockerell, C. R. 科克里尔（1788~1863年）

95. Coducci, M. 柯杜齐（1440~1504年）

558. Coignet, F. 夸涅（1814~1888年）同 Hennebigue, F. 及 Monier, J.

227. Colbert, J. B. 柯尔贝尔（1619~1683年）

319. Conde de Oriras 即 Pombal, S. d. C. 蓬巴尔（1699~1782年）

（二三九）Conder, J. 康德尔（1852~1920年）

565. Contamin, V. 康塔明（1840~1893年）同 Dutert, C. L-F

704. Corbett, H. W. 科必特（1873~1954年）见 Hood

730. Corbusier, Le 柯布西埃（1887~1965年）

724. Cormier, E. 科尔梅埃（1885~1980年）

149. CornelisⅡ 康奈立（1514~1575年）即 Floris Brother

11. Coroebus 考罗勃斯（活动于公元前5世纪下半叶）见 Ictimus

632. Cram, R. A. 克拉姆（1863~1942年）

687. Cramer, S. W. 克拉默（活动于19~20世纪间）见 Carrier, W. H.

620. Crespin, A. 克雷斯潘（活动于19世纪下半叶）见 Hauker

298. Cressent, C. 克雷桑（1685~1768年）

685. Cret, P. P. 克雷特（1876~1945年）

105. Cronaca, Il 克罗纳卡（1457~1508年）Pollainolo. S. d. 的绰号

618. Curjel 库尔杰（活动于19~20世纪间）见 Moser

495. Curtius, E. 库尔提乌斯（1814~1896年）

313. Cuvilliés, F. d. (S)（老）居维利埃（1695~1768年）

528. Cuypers, P. J. H. 奎伯斯/丘伊柏斯（1827~1921年）

1. Daedalus/Daedalez 代达罗斯（古希腊史前）

480. Dakin, J. H. 达金（1808~1852年）

168. Dalgic Ahmed Ağa 达尔格奇·艾哈迈德·阿迦（16~17世纪间）见 Davut-Ağa

90. Da Maiano/Da Dajano Brother 达·迈亚诺兄弟（1432~1497年）

117. Da Maiano, G. 达·迈亚诺（活动于16世纪上半叶）见 Wolsey

380. Dance, G. (J)（小）丹斯（1741~1825年）

314. Dance, G. (S)（老）丹斯（1695~1768年）

（二六七）Dane 戴恩（活动于20世纪初）

483. Darcel 达西尔（活动于 19 世纪下半叶）见 Haussmann

393. Darby, A. Ⅲ 达比·阿伯拉罕第三（1750~1791 年）

604. D'aronco, R. 达尔隆柯（1857~1932 年）

724. Daunst. J. E. C. 多斯特（活动于 20 世纪上半叶）见 Cormier E.

126. Daut Ağa 达乌特·阿迦（？~1595 年）见 Sinan

104. Da Vanci 达·芬奇/达·文西（1452~1519 年）

471. Davis, A. J. 戴维斯（1803~1892 年）

168. Davut Ağa 达武特·阿迦（？~1599 年）

454. Deane, T. 迪恩（1792~1871 年）

635. De Bazel, K. P. C. 德·巴扎尔（1869~1928 年）同 Lauweriks, J. L. M.

187. De Brosse, S. 德·布劳斯（1571~1626 年）

261. De Cordemoy, J. L. 迪·科德穆瓦（1651~1722 年）

265. De Cotte, R. 迪·科特（1656~1735 年）

111. De Egas, E. 迪·埃加斯（活动于 15~16 世纪间）

277. De Figueroa, L. 迪·菲格洛亚（活动于 17 世纪末）

218. De Francine Family 迪·法兰善兄弟（活动于 17 世纪中叶）见 Le Nôtre

184. De Key, L. 德·凯伊（1560~1607 年）

185. De Keyser Family 迪·凯泽家族（1565~1676 年）

714. De Klark, M. 迪·克拉克（1884~1923 年）

157. Del Duca, G. 德尔·杜卡（约 1520~1604 年）

126. Delgic, Ahmet Ağa 达尔格奇·艾哈迈德·阿迦（活动于 16~17 世纪间）见 Sinan

150. De lórme/Delórme 德·洛尔姆（约 1514~1570 年）

288. De Luzarches, R. 德·吕扎什（活动于 13 世纪中叶）见 Oppenordt

455. Denisov, A. 迪尼索夫（活动 19 世纪下半叶）见 Ton

158. De Riãno, D. 迪·里阿诺（约 1525~1566 年）

222. De'Rossi, G. A. 迪·罗西（1616~1695 年）

248. De Rossi, M. 迪·罗西（1637~1695 年）

483. Deschamp, B. 德尚（活动于 19 世纪下半叶）见 Haussmann

382. Desprez, J-L 德普雷（约 1743~1804 年）

399. De Thomon, T. 迪·汤蒙（1754~1813 年）

507. Devey, G. 德维（1820~1886 年）

149. De Vriendt Brother（德·比昂兄弟）即 Floris Brother（1514~1575 年）

363. De Wailly，C. 德·瓦伊（1730~1798 年）

256. Dientzenhofer Family 丁岑霍费家族（1643~1751 年）

（二五九）Diniz，R. F. 叶肇昌（活动于 20 世纪上半叶）

46. Distisalvi 迪斯蒂萨尔维（活动于 12 世纪中叶）见 Pisano

766. Docker，R. 杜克尔（1894~1968 年）

533. Dollmann，G. C. H. v. 多尔曼（1830~1895 年）同 Mad King Ludwig Ⅱ

581. Domènech，i. M. L. 多门内奇（1850~1923 年）

74. Donatello，R. 多那太罗（原名 Donnato，B./多纳托）（1386~1466 年）

245. D'orbay，F. 道亥贝（1634~1697 年）

594. Dörpfeld，W. 德普费尔德（1853~1940 年）

235. Dortsman，A. 多尔兹曼（1625~1682 年）

198. Dosio 多西奥（活动于 14 世纪）见 Fanzao

（二四二）Dowdell，W. M. 道达尔（活动于 19~20 世纪间）

496. Downing，A. J. 唐宁（1815~1852 年）

544. Dresser，C. 德雷塞（1834~1904 年）

82. Duccio，A. d. 杜乔（1418~1481 年）

155. Du Cerceau Family 杜·塞尔梭家族（约 1520~1649 年）

717. Dudok，W. M. 迪多克（1884~1974 年）

149. Du Foys，L. 杜·富瓦（活动于 16 世纪中叶）见 Floris Brother

747. Duiker，J. 杜伊克（1890~1935 年）

409. Durand，J. N. L. 迪朗（1760~1834 年）

115. Dürer，A. 丢勒（1471~1528 年）

356. Du Ry，S. 杜·赖（1726~1799 年）

565. Dutert，C. L-F. 迪特尔（1845~1906 年）同 Contamin，V.

508. Eads，J. B. 伊兹（1820~1887 年）

548. Eastlake，C. L. 伊斯特莱克（1836~1906 年）

528. Eberson 艾伯逊（活动于 19 世纪下半叶）见 Cuypers

54. Edward I (of England)（英格兰国王）爱德华一世（1239~1307 年）

238. Effner，J. 埃夫纳（活动于 18 世纪上半叶）见 Barelli 巴雷利

89. Egas，A. d. 埃加斯（活动于 13 世纪上半叶）见 Guas/Was

677. Eggers，O. R. 埃格斯（活动于 20 世纪上半叶）见 Pope，J. R.

513. Eidlitz，L. 艾德里茨（1823~1906 年）

541. Eiffel，A. G. 埃菲尔/艾菲尔（1832~1923 年）

334. Eigtved, N. 埃格维德（活动于18世纪中叶）

11. Elgin, J. B. (J)（小）埃尔金（1811~1863年）

Elgin, J. B. (S)（老）埃尔金（1766~1841年） 见 Ictinus

484. Ellet, C. 埃利特（1810~1862年）

587. Ellis, H. 埃利斯（1852~1904年）

474. Ellis, P. 埃利斯（1804~1884年）

445. Elmes, H. L. 埃尔姆斯（活动于19世纪上半叶） 见 Cockerell

452. Elmes, J. 埃尔姆斯（活动于19世纪初） 见 Haviland, J.

667. Elmslie, G. G. 埃尔姆斯里（1871~1952年）

742. Emberton, J. 埃伯顿（1889~1956年）

709. Emile, C. 艾米尔（Van Doesburg, Theo 的原名）（1883~1931年）

665. Endell, A. 恩德尔（1871~1925年）

431. Engel, C. L. 恩格尔（1778~1840年）

370. Erdmannsdorff, F. W. v. 埃德曼斯多夫（1736~1800年）

721. Ermisch, R. 厄尔米殊（活动于20世纪上半叶） 见 Wagner

199. Ethendi Ustad Muhammad Isa 埃森迪·穆罕默德·伊萨大师（活动于17世纪上半叶） 见 Shēh Jahān

16. Eupolemos 欧波列摩斯（活动于前5世纪中叶）

32. Eusebius, P. (of Caesarea)（该撒利亚的）优西比乌斯（?~约340年）

585. Evans, A. J. 埃文斯（1851~1941年）

106. Falconetto, G. M. 法尔科内托（约1458~1534年）

602. Fanta, J. 范达（1856~1954年）

198. Fanzago, C. 范扎哥（1591~1678年）

795. Fathy, H. 法蒂（1900~1989年）

643. Fenoglio, P. 芬诺格里奥（1867~1927年）

632/654. Fergusson, F. W. 费格森（活动于19~20世纪间） 见 Cram 及 Goodhue

513. Fernback, H. 费尔贝克（活动于19世纪中叶） 见 Eidlitz

（二二七）Ferrand, J. 范廷佐（1817~1886年）

530. Ferstal, H. v. 费尔斯特尔（1828~1883年）

421. Fife, D. 法夫（1768~1854年）Phyfe, D 的原名

78. Filereta, I. A. d. P. A. 菲拉雷特（约1400~1469年）

529. Fink, A. 芬克（1827~1897年）

88. Fiorovanti，A. 费欧罗凡提（活动于 15 世纪下半叶）

512. Fiorelli，G. 菲奥雷利（1823～1896 年）

68. Firuz-shah 菲鲁兹－沙阿（约 1351～1388 年在位）

308. Fischer，J. M. 菲舍尔（1692～1766 年）

264. Fis(c)her von Erlach，J. B. 菲舍尔·冯·埃尔拉赫（1656～1723 年）
    及儿子 Josef Emmanuel（活动于 18 世纪上半叶）

763. Fisker，K. 菲斯克尔（1893～1965 年）

607. Flagg，E. 弗拉格（1857～1947 年）

33. Flavius，Justinianus（Justinian I 查士丁尼一世之拉丁文）（483～565 年）

483. Flenry，C. R. d. 弗朗里（1780～1867 年）见 Haussmann

149. Floris Brother 弗洛里兄弟（1514～1575 年）（1516～1570 年）

416. Fontaine，P-F-L 方丹（1762～1853 年）同 Percier，C.

246. Fontana，C. 封丹纳（1634/1638～1714 年）

173. Fontana，D. 封丹纳（1543～1607 年）

483. Forestier，J. C. N. 弗赖士替尔（1861～1930 年）见 Haussmann

704/771. Fouilhoux，J. A. 富尔豪克斯（活动于 20 世纪上半叶）见 Hood 及
    Hatrison，W. K.

94. Francesco，d. G. 弗朗切斯科（1439～1502/1503 年）

130. Francis I.（of France）（法兰西的）弗朗西斯一世（1494～1547 年）

764. Franck，W. 弗朗克（活动于 20 世纪中叶）见 Scharoun

778. Frankfort，H. 弗兰克福（1897～1954 年）

695. Freyssinet，M. E. L. 弗雷西内（1879～1962 年）

788. Fry，E. M. 弗赖（1899～1987 年）

102. Fryazin 佛里亚辛（活动于 15～16 世纪间）

770. Fuchs，B. 富克斯（1895～1972 年）

318. Fuga，F. 富加（1699～1781 年）

772. Fuller，R. B. 富勒（1895～1983 年）

554. Furness，F. H. 弗尼斯（1839～1912 年）

592. Furtwängler，A. 富特文格勒（1853～1907 年）

751. Gabo，N. 贾波，即 Pevsner，V. N. 佩夫斯纳尔（1890～1977 年）

316. Gabriel，A. J. 加布里埃尔（1698～1782 年）

62. Gaddi，T. 加迪（约 1300～1360 年）

306. Galilei，A. 伽利略（1691～1737 年）

569. Gallé, É. 加莱（1846~1904 年）

213. Galli da Family 加利家族即 Bib（b）iena Family（1625~1787 年）

161. Galli, G. 基利（活动于 16 世纪下半叶）见 Herrera, J. d.

458. Gallier, J. 加列埃（1798~1868 年）

166. Gallo, F. 加劳（活动于 18 世纪上半叶）见 Vitozzi, A.

84. Gambello, A. 甘贝洛（?~1481 年）

381. Gandon, J. 甘顿（1742~1823 年）

516. Garnier, J-L C. 加尼埃（1825~1898 年）

658. Garnier, T. 加尼埃（1869~1948 年）

451. Gärtner, F. v. 格特纳（1792~1847 年）

203. Gaspari, A. 哥斯帕利（活动于 17~18 世纪间）见 Longhena

588. Gaudi（i C）, A. 高迪（1852~1926 年）

（二四六）Gauld, W. 吴威廉（?~1934? 年）

76. Gavamal-Din（of Shirāz）（设拉子的）嘎瓦姆·丁（?~1438 年）

511. Geddes, G. 格迪斯（活动于 19 世纪上半叶）见 Olmsted, F. L.

761. Geddes, N. B. 格迪斯（1893~1955 年）

597. Geddes, P. 格迪斯（1854~1932 年）

52. Gerhard, K. v. 格哈德（活动于 13 世纪中叶）

762. Gertrude 格特鲁德（活动于 20 世纪上半叶）见 Blom, F. F.

73. Ghiberti, L. 吉贝尔蒂（约 1378~1455 年）

76. Ghiyath, 吉亚斯（活动于 15 世纪中叶）见 Gavamal-Din

138. Giacomo, B. 贾科莫，即 Vignola（1507~1573 年）

296. Gibbs, J. 吉布斯（1682~1754 年）

737. Giedion, S. 吉迪翁（1888~1968 年）

613. Gilbert, C. 吉尔伯特（1859~1934 年）

120. Gil de Hontañón Family 希尔·德·翁塔浓父子（约 1480~1577 年）

660. Gill, I. J. 吉尔（1870~1936 年）

425. Gilly, F. 吉里（1772~1800 年）

531. Gilman, A. D. 吉尔曼（活动于 19 世纪下半叶）

757. Ginsburg, M. 金斯伯格（1892~1946 年）

92. Giocondo, F. G.（或 D. V.）焦孔多（1433~1515 年）

58. Giotto, d. B. 乔托（约 1266/1267~1337 年）

240. Girardon, F. 吉拉尔东（1628~1715 年）

609. Girault, C. 吉霍（活动于 19 世纪末）

699. Gočár, J. 戈卡尔（1880~1954年）

353. Goddard Family 戈达德家族（1723/1724年至19世纪）

419. Godefroy, M. 戈德弗鲁瓦（1765~1840年）

542. Godwin, E. W. 戈德温（1833~1886年）

194. Gomez de Mora, J. 戈麦斯·德·摩拉（1580~1648年）

139. Gondola, A. d. P. d. 贡都拉，Palladio的原名（1508~1580年）

371. Gondouin, J. 贡都因（1737~1818年）

317. Gontard, K. v. 冈塔德（活动于18世纪中叶）见 Knobelsdorff

654. Goodhue, B. G. 古德休（1869~1924年）

140. Goujon, J. 古戎（约1510~约1568年）

314. Gould, J. 古尔德（？~1734年）见 Dauce, G.（S）

（二四〇）Grantton, F M 格兰顿（活动于19世纪下半叶）见 Morrison

652. Greene Brother 格林兄弟（1868~1957年）（1870~1954年）

684. Griffin, W. B. 格里芬（1876~1937年）

712. Gropius, W. A. 格罗皮厄斯（1883~1969年）

464. Grosch, C. H. 格罗殊（1801~1865年）

616. Grünwedel, A. 格吕韦德尔（1856~1935年）见 Le Cof, A. v.

234. Guarini/Guarino, C. 瓜里尼（1624~1683年）

89. Guas/Was, J. 瓜斯（约1433~1496年）

645. Guimard, H-G 吉马尔（1867~1942年）

769. Guyane 格延（活动于20世纪中叶）见 Coats

30. Hadrian 即 Adrian 哈德良（皇帝）(76~138年）

402. Hamilton, A. 汉密尔顿（活动于18世纪上半叶）

440. Hamilton, T. 汉密尔顿（1784~1858年）

620. Hauker, P. 豪卡尔（1861~1901年）

404. Hansen, C. F. 汉森（1756~1845年）

473. Hansen Brother 汉森兄弟（1803~1891年）

258. Hardouin-Mansart, J. 阿尔杜因-芒萨尔，即 Mansart, J. H.（1646~1708年）

708. Häring, H. 哈林（1882~1958年）

340. Harrison, P. 哈里森（1716~1775年）

388. Harrison, T. 哈里森（1744~1829年）

771. Harrison, W. K. 哈里森（1895~1981年）

365. Hartley, D. (J) （小）哈特利（1731～1813年）

221. Hasan, Aga 哈桑·阿迦（活动于17世纪中叶）

42. Hasan ibn Mufarraj al-Sarmani 哈桑·伊本·穆法雷杰·萨尔曼（活动于11世纪下半叶）

470. Hasenauer, K, v. 哈森瑙尔（活动于19世纪下半叶）见 Semper

620. Hauker, P. 豪卡尔（1861～1901年）

483. Haussmann, G-E B. 奥斯曼（1809～1891年）

452. Haviland, J. 哈维兰（1792～1850年）

269. Hawksmoor, N. 霍克斯穆尔（约1661～1736年）

787. Hebebrand, W. 海伯布兰德（1899～1966年）

126. Heyruddin 赫叶鲁丁（活动于16世纪末）见 Sinan

577. Hénard, E. 艾纳尔（1849～1923年）

558. Hennebique, F. 埃纳比克（1842～1921年）同 Coignet, F. 及 Monier, J.

176. Henri Ⅳ 亨利四世（1553～1610年）

53. Henry (of Reyns)（雷恩的）亨利（活动于13世纪中叶）

348. Hepplewhite, G. 赫普尔怀特（？～1786年）

328. Hére de Corny, E. 埃瑞·德·高尼（1705～1763年）

23. Hermogenes 赫莫琴尼（活动于公元前150～前130年间）

233. Herrera, F. d. (J)（小）埃雷拉（1622～1685年）

161. Herrera, J. d. 埃雷拉（约1530～1597年）

677. Higgins, D. P. 希金斯（活动于20世纪上半叶）见 Pope, J. R.

722. Hilberseimer, L. 希尔贝赛默（1885～1967年）

283. Hildebrandt, J. L. v. 希尔德布兰特（1668～1745年）

550. Hill, O. 希尔（1838～1912年）

7. Hippodamus (of Miletos)（米利都的）希波丹姆斯（约公元前500～前440年）

453. Hittorff, J. I. 希托夫（1792～1867年）

414. Hoban, J. 霍本（约1762～1831年）

264. Hohenburg, F. v. 霍亨堡（活动于18世纪中叶）见 Fisher von Erlach

663. Hoffmann, J. 霍夫曼（1870～1956年）

771. Hofmeister, H. W. 霍夫迈斯特（活动于20世纪中叶）见 Harrison, W. K.

689. Höger, F. 赫格尔（1877～1949年）

596. Holabird, W. 霍拉伯德（1854～1923年）同 Roche, M.

683. Holden, C. H. 霍尔丹（1875~1960 年）

188. Holl, E. 奥尔（1573~1646 年）

390. Holland, H. 霍兰（1745~1806 年）

704. Hood, R. M. 胡德（1881~1934 年）

623. Horta, V. B. 奥泰（1861~1947 年）

582. Howard, E. 霍华德（1850~1928 年）

776. Howe, G. 豪威（1886~1955 年）见 Lescaze

468. Howe, W. 豪威（1803~1852 年）

（二八七）Hudec, L. E. 邬达克（1893~1958 年）

523. Hunt, R. M. 亨特（1827~1895 年）

284. Hurtado, F. d. 乌尔塔多（1669~1725 年）

412. Huve, J. J. M. 余维（1783~1852 年）见 Vignon

11. Ictinus/Iktinus/Iktinos 伊克蒂诺（活动于公元前 450~前 400 年间）

126. Ilyas Beq 伊利亚斯·贝齐（活动于 16 世纪下半叶）见 Sinan

2. Imhotep 伊姆荷太普（活动于公元前 2650 年前后）

433. Ingres, J-A-D 安格尔（1780~1867 年）

101. Isabella/Isabel I 伊莎贝拉一世（1451~1504 年）

34. Isidore/Isidorus 伊西多尔（活动于 6 世纪上半叶）同 Anathemius

379. Jacob, G. 雅各布（1739~1814 年）

264. Jadot, J. N. 哈图（活动于 18 世纪初）见 Fisher von Erlach

49. Jafae ibn Muhammad（of Aleppo）（阿勒颇的）加法尔·伊本·穆罕默德（活动于 12~13 世纪间）

269. James, J. 詹姆斯（活动于 18 世纪中叶）见 Hawkmoor

533. Jank 扬克（活动于 11 世纪中叶）见 Dollmann 及 Ludwig II

439. Japelli, G. 雅皮利（1783~1852 年）

620. Jasper 雅斯帕尔（活动于 19~20 世纪间）见 Hauker

713. Jaussey, L. 若斯利（1875~1937 年）见 Laprade

46. Jealaus II 杰劳斯二世（活动于 12 世纪初）见 Pisano Family

730. Jeanneret, C. E. 让内雷, Le Corbusier 的原名（1887~1965 年）
Jeanneret, P. 让内雷（活动于 20 世纪上半叶）

385. Jefferson, T. 杰斐逊（1743~1826 年）

562. Jekyll, G. 杰凯尔（1843~1932 年）

539. Jen(n)ey, W. L. B. 詹尼（1832~1907年）

267. Jensen, G. 詹森（活动于1680~1715年间）

619. Jensen, J. 延森（1860~1951年）

593. Jensen Klint, P. V. 延森·克林特（1853~1930年）

267. Johnson, G. 约翰逊（活动于1680~1715年间），是Jensen, G. 詹森的原名

624. Jones D. 琼斯（活动于19~20世纪间）见Sellers

189. Jones I. 琼斯（1573~1652年）

482. Jones, O. 琼斯（1809~1874年）

573. Jourdain, F. 儒尔丹（1847~1935年）

118. Julius Ⅱ 尤利乌斯二世（1443~1513年）见Michelangelo

33. Justinian I 查士丁尼一世（483~565年）

292. Juvar(r)a, F. 尤瓦拉（1678~1736年）

653. Kahn, A. 卡恩（1869~1942年）

716. Kahn, E. J. 卡恩（1884~1972年）

10. Kallikrates 即Callicrates 卡利克拉特（活动于公元前465~前405年）

56. Kaluyan al-Qunavoi 卡卢延·库纳威（活动于13世纪中叶）

640. Kandinsky, W. 康定斯基（1866~1944年）

518. Kavos, Albert 卡霍斯（活动于19世纪中叶）同Bove, O. 及Mikhailov, A.

373. Kazakov, M. F. 卡扎科夫（1738~1812年）

685. Kelsey, A. 凯尔西（活动于19~20世纪间）见Cret

55. Keluk b Abdullak 凯卢克·阿卜杜拉（活动于13世纪中叶）

299. Kent, W. 肯特（1685~1748年）

3. Khafra 哈夫拉，即Chephren（公元前26~前25世纪）同Snefru

70. Khivajah Hasen Shirazi 赫瓦贾·哈桑·设拉子（活动于14~15世纪）同Shams Abd Allah Shirazi

3. Khufu 胡夫，即Cheops（活动于公元前26世纪）同Snefru

43. Khuransheh (of Ahlat)（阿赫拉的）胡沙姆沙阿（活动于12世纪）

488. Kidner, W. 凯德纳（活动于19世纪下半叶）见Scott (S)

758. Kiesler, F. J. 基斯勒（1892~1965年）

（二三三）Kinder, W. 盖勒明（活动于19世纪中叶）

441. Klenze, L. v. 克伦泽（1784~1864年）

734. Klint, K. 克林特（1888～1954年）

317. Knobelsdorff, G. W. v. 克诺伯斯多夫（1699～1753年）

541. Koechlin 凯什兰（活动于19世纪下半叶）见 Eiffel, A. G.

598. Koldewey, R. 科尔德威（1855～1925年）

664. Kotera, J. 科托拉（1871～1923年）

629. Kezlov, P. K. 科兹洛夫（1863～1935年）

706. Kramer, P. L. 克雷默（1881～1961年）

636. Kromhont, W. 柯隆豪特（1864～1940年）

738. Krüger Brother 克鲁格兄弟（1888～1975年）

709. Küppen, M. 库柏，即 Van Doesburg（1883～1931年）

465. Labrouste, H. 拉布鲁斯特（1801～1875年）

198. Lanfranco 兰弗朗柯（活动于18世纪下半叶）见 Fanzago

366. Langhans, C/K. G. 朗汉斯（1732～1808年）

713. Laprade, A. 拉普拉德（1883～1978年）

418. Latrobe, B. H. 拉特罗布（1764～1820年）

332. Laugier, M-A 陆吉埃（1713～1769年）

87. Laurana, F. 劳拉纳（约1430～1502年）

85. Laurana, L. 劳拉纳（约1420～1479年）

635. Lauweriks, J. L. M. 劳威历克斯（1864～1932年）同 De Bazel, K. P. C.

669. Laverière, A. 拉弗里埃（1872～1954年）

634. Lavirotte, J. A. 拉维洛特（1864～1924年）

446. Laves, G. F. 拉韦斯（1788～1864年）

500. Layard, A. H. 莱亚德（1817～1894年）

293. Le Blond, A-J-B 勒·布隆（1679～1719年）

130. Le Broton 勒·勃勒东（活动于16世纪上半叶）见 Francis I

228. Le Brun/Lebrun, C. 勒·布朗（1619～1690年）

566. Lechner, O. 勒切纳（1845～1914年）

616. Le Cof, A. v. 勒·科夫（1860～1930年）

730. Le Corbusier 勒·柯布西埃（1887～1965年）

369. Ledoux, C-N 勒杜（1736～1806年）

486. Lefuel, H. M. 勒菲埃尔（1810～1881年）

196. Le Mercier, J./Lemercier, J. 勒·莫西埃（1585～1654年）

401. L'Enfant, P-C 朗方（1754~1825 年）

218. Le Nôtre, A. 勒·诺特尔（1613~1700 年）

19. Leochares 利奥卡雷斯（活动于公元前 4 世纪中叶）

104. Leonardo, da Vanci 列奥纳多·达·芬奇（1452~1519 年）

232. Le Pautre/Lepautre, A. 勒波特（1621~1691 年）
　　Le Pautre/Lepautre, P. 勒波特（1660~1744 年）

371. Lepēra, J. B. 勒佩勒（活动于 19 世纪初）见 Condouin

776. Lescaze, W. 莱斯卡兹（1896~1969 年）

151. Lescot, P. 莱斯科（约 1515~1578 年）

492. Lessus, J. B. 莱絮（活动于 19 世纪下半叶）见 Viollet-Le-Duc, E. E.

（二三六）Lester, H. 雷士德（1840~1926 年）

603. Lethaby, W. R. 勒萨比（1857~1931 年）

216. Le Vau, L. 勒伏（1612~1670 年）

723. Lewerentz, S. 莱维伦茨（1885~1975 年）

8. Libon 李波（活动于前 5 世纪中叶）

502. Lienan, D. 利恩诺（1818~1887 年）

142. Ligorio, P. 利戈里奥（1510~1583 年）

583. Lindenthal, G. 林登塔尔（1850~1935 年）

481. Lindley, W. 林德利（1808~1900 年）

374. Lisboa, A. F. 李斯沃亚，即 Allijadinho 原名（1738？~1824 年）

748. Lissitzky/Lisitsky, E. L. M. 利西茨基（1890~1941 年）

305. Lodoli, C. 洛杜利（1690~1761 年）

（二六九）Logen, M. H. 洛根（活动于 20 世纪上半叶）

93. Lombardo, Pietro and Son 隆巴尔多父子（约 1435~1532 年）

203. Longhena, B. 隆盖纳（1596~1682 年）

172. Longhi/Longo/Lunghi Family 伦吉家族（？~1657 年）

659. Loos, A. 卢斯（1870~1933 年）

533. Louis Ⅱ 路易二世，即 Ludwig Ⅱ（1845~1886 年）同 Dollmann

250. Louis ⅩⅣ 路易十四（1638~1715 年）

864. Louis, V. 路易（1731~1800 年）

438. Loudon, J. C. 劳登（1783~1843 年）

743. Luckhardt, W. 勒克赫尔特（1889~1972 年）

285. Ludovici, J. F./Ludwig, J. F. 卢多维茨（1670~1752 年）

225. Lurago, C. 卢拉戈（1618~1684 年）

146. Lurago，R. 卢拉戈（活动于 16 世纪中叶）见 Alessi

767. Lurçat A. 吕尔萨（1894～1970 年）

657. Lutyens，E. L. 勒琴斯（1869～1944 年）

769. Lyell，M. 赖尔（活动于 20 世纪中叶）见 Coats

21. Lysippus 利西波斯（活动于公元前 4 世纪后半叶）

133. Machuca，P. 马秋卡（活动于 1517～1550 年间）

648. Mackintosh，C. R. 麦金托什（1868～1928 年）

586. Mackmurdo，A. H. 麦克默多（1851～1942 年）

177. Maderno，C. 马代尔诺（1556～1629 年）

533. Mad King Ludwing Ⅱ /Loois Ⅱ 路德维希二世（1845～1886 年）同 Dollmann，G.

668. Maillart，R. 梅勒特（1872～1940 年）

608. Majorelle，L. 马若雷尔（1859～1926 年）

725. Mallet-Stevens，R. 马莱－斯蒂文（1886～1945 年）

204. Mansard/Mansart，F. H. 芒萨尔（1598～1666 年）

258. Mansard/Mansart，J. H. 芒萨尔（1646～1708 年）

237. Maratti，C. 马拉蒂（1625～1713 年）

724. Marchand，J. O. 马尔尚（活动于 20 世纪上半叶）见 Cormier

325. Marchionni，C. 马尔切安尼（1702～1786 年）

746. Marcks，G. 马尔克斯（1889～1981 年）

27. Maircus Vitruvius，P. 即 Vitruvius 马库斯－维特鲁威（活动于公元前 1 世纪）

509. Mariette，A. F. F. 马里埃特（1821～1881 年）

744. Markelius，S. G. 马克利乌斯（1889～1972 年）

270. Marot，D. 马罗（1661～1752 年）

226. Marot，J. 马罗（约 1619～1679 年）

688. Marshall，J. H. 马歇尔（1876～1958 年）

260. Martinelli，D. 马丁内利（1650～1718 年）

79. Masaccio 马萨齐（1401～1428 年）

182. Mascherino，O. 马斯凯连诺（活动于 16 世纪下半叶）见 Voltera

571. Maspero，C-C-C 马斯伯乐（1846～1916 年）

304. Massuri，G. 马苏里（活动于 18 世纪上中叶）

39. Masud I 马苏德一世（1030～1041 年在位）

241. Mathey，J-B 马泰（1630～1695 年）

66. Matthias（of Arras）（阿腊斯的）马蒂亚斯（？～1342 年）见 Partér

83. Matteo，d. P. 马泰奥（1420～1468 年）

727. May，E. 梅（1886～1970 年）

231. May，H. 梅（1621～1684 年）

628. Maybeck，B. R. 梅贝克（1862～1959 年）

403. McAdam，J. L. 麦克亚当（1756～1836 年）

405. McIntire，S. 麦金泰尔（1757～1811 年）

572. McKim，C. F. 麦金（1847～1909 年）同 Mead，W. R.

572. Mead，W. R. 米德（1846～1928 年）同 McKim，C. F.

181. Mehmed，Aǧa 麦哈迈德·阿迦（活动于 17 世纪上半叶）

498. Meigs，M. C. 梅格斯（1816～1892 年）

311. Meissonier，J. A. 梅索尼埃（1695～1750 年）

750. Melnikov，K. S. 梅勒尼科夫（1890～1974 年）

729. Mendelsohn，E. 门德尔松（1887～1953 年）

532. Mengoni，G. 曼哥尼（1829～1877 年）

3. Menkaura 孟卡拉，即 Mycerinus（活动于公元前 25 世纪）同 Snefru

780. Merrill，J. O. 梅里尔（1896～1975 年）见 Skidmore

11. Metagenes 梅塔吉尼（活动于公元前 5 世纪中叶）见 Ictinus

187/196 Métezeau，C. 梅特祖（活动于 17 世纪初）见 De Brosse 及 Lemerciee

703. Meyer，A. 梅耶（1881～1929 年）

741. Meyer，H. 梅耶（1889～1954 年）

118. Michelangelo/法文 Michel-Ange，B. 米开朗基罗（1475～1564 年）

77. Michelozzo/Michelozzi，d. B. 米开罗佐（1396～1472 年）

615. Mienville，A. 米昂维尔（活动于 20 世纪初）见 Weissenbruger

286. Michurin 米裘林（活动于 18 世纪上半叶）见 Peter I, the Great

726. Mies van der Rohe，L. 米斯·范·德·罗（原名 Mies，M. L. M.）（1886～1969 年）

518. Mikhailov，A. 米哈依洛夫（活动于 19 世纪初）同 Kavos，A. 及 Bove，O.

757. Milinis，I. F. 米里尼斯（活动于 20 世纪上半叶）见 Ginsburg

681. Milles，C. 米勒斯（1875～1955 年）

437. Mills，R. 密尔斯（1781～1855 年）

580. Milne，J. 米尔恩（1850～1913 年）

740. Milutin/Milytin, N. A. 米柳亭（1889~1942年）

359. Mique, R. 米克（1728~1794年）

199. Mir Abdul Karin 米尔·阿卜杜勒·卡里姆（活动于17世纪上半叶）见 Shāh Jahēn

137. Mirak Mirza Ghiyas 米拉克·米尔扎·吉西斯（活动于16世纪上半叶）

12. Mnesicle/Mnesikle 姆奈西克里（活动于公元前5世纪中叶）

622. Modjeski, R. 莫德杰斯基（1861~1940年）

488. Moffat, R. 莫法特（1795~1883年）见 Scott（S）

768. Moholy-Nagy, L. 莫霍伊－纳吉（1895~1946年）

763. Mφller, C. F. 穆勒（活动于20世纪上半叶）见 Fisker, K.

539. Mondil 蒙德尔（活动于19世纪下半叶）见 Jeney

558. Monier, J. 莫尼埃（1823~1906年）同 Hennebique, F. 及 Coignet, F.

669. Monod, E. 莫诺（活动于20世纪上半叶）见 Laverière

442. Montferand, A. d. 蒙斐朗（1786~1858年）

（二四二）Moorhead, R. S. 穆尔黑德（活动于19世纪末）

263. Moosbrugger, C. 莫斯布鲁格尔（1656~1723年）

167. Morando, B. 莫兰多（活动于16~17世纪间）

671. Morgan, J. 摩根（1872~1957年）

546. Morris, W. 莫里斯（1834~1896年）

（二四〇）Morrison, C. J. 玛礼逊（活动于19世纪下半叶）

618. Moser, K. 莫泽（1860~1936年）

71. Muhammad ibn Mahmud 穆罕默德·伊本·马哈茂德（活动于14~15世纪间）

199. Muhammad Isa Ethendi, Ustad 穆罕默德·伊萨·埃森迪大师（活动于17世纪上半叶）见 Shāh Jahēn

179. Muhammad Riza ibn (Ustad) Hussain 穆罕默德·里扎·伊本（大师）·侯赛因（活动于16世纪下半叶）

199. Mulla Murshid Shirazi 穆拉·穆尔希德·设拉子（活动于17世纪上半叶）见 Shāh Jahēn

543. Mullett, A. B. 马莱特（1834~1890年）

774. Mumford, L. 芒福德（1895~1990年）

（二六七）Murphy, H. K. 茂飞/墨菲（1877~1954年）

621. Muthesius, H. v. 穆迪修斯（1861~1927年）

3. Mycesinus 密塞里那斯，即 Menkaura（活动于公元前 25 世纪）同 Snefru

303. Napoli，T. M. 拿波里（活动于 18 世纪上半叶）

397. Nash，J. 纳什（1752～1835 年）

775. Nelson，D. D. 纳尔逊（1895～1972 年）

131. Nepveu，P. 内普弗（活动于 16 世纪上半叶）

61. Neri，d. F. 内利（活动于 14 世纪中叶）另见 Gaddi

272. Nering，A. 奈林（活动于 17 世纪下半叶～18 世纪初）

756. Nervi，P. L. 奈尔维（1891～1979 年）

547. Nesfield，W. E. 内斯菲尔德（1835～1888 年）

301. Neumann，J. B. 诺伊曼（1687～1753 年）

760. Neutra，R. J. 诺伊特拉（1892～1970 年）

42. Nisbah 尼斯巴哈，Hasen ibn Nufarrajal-Sarmani 的原称号（活动于 11 世纪下半叶）

307. Nolli，G. B. 诺利（1692～1756 年）

485. Notman，J. 诺特曼（1810～1865 年）

541. Nougier 努吉埃（活动于 19 世纪末）见 Eiffel，A. G.

110. Novi，A. 诺维（活动于 15～16 世纪间）

517. Nüll，E. v. d. 纳尔（活动于 19 世纪中叶）同 Siccardsburg，A. v.

576. Nyrop，M. 尼洛（1849～1921 年）

339. Oeben，J-F 欧本（约 1715～1763 年）

642. Olbrich，J. M. 奥别列区（1867～1908 年）

330. Oliveira，M. V. d. 奥利维拉（1706～1786 年）

142. Olivierl，O. 奥利弗里（活动于 16 世纪中叶）见 Ligorio

511. Olmsted，F. L. 奥姆斯特德（1822～1903 年）

288. Oppenordt，G-M 奥潘诺（1672～1742 年）

63. Opcagna，A. 奥尔卡尼亚（约 1308～1368 年）

614. Orsi，P. 奥尔西（1859～1935 年）

171. Orsini，V. 奥尔西尼（活动于 16 世纪中叶）

239. Ortega，J. L. 奥尔特加（1628～1677 年）

641. Ostburg，R. 奥斯特堡（1866～1945 年）

487. Otis，E. G. 奥蒂斯（1811～1861 年）

749. Oud J. J. P. 奥德（1890～1963 年）

424. Owen, R. 欧文（1771～1858 年）

342. Pacassi, N. 帕卡西（活动于 18 世纪中叶）

15. Paeonius/Paionios 帕欧尼奥斯（活动于公元前 5 世纪中叶）见 Alcamenes

152. Paesschen, H. H. v. 帕埃斯琴（1515～1582 年）

139. Palladio, A. 帕拉第奥（1508～1580 年）

375. Palmar, J. 帕尔默（约 1738～1817 年）

（二六八）Palmer &Turner 巴马、丹拿（始于 1868 年）

582/630. Parker, B. 帕克（活动于 20 世纪初）见 Howard, E. 及 Unwin, R.

66. Parlér Family 帕尔来日家族（活动于 14 世纪初～15 世纪初）

432. Parris, A. 帕里斯（1780～1852 年）

757. Pasternek 巴斯特尼克（活动于 20 世纪上半叶）见 Ginsburg

463. Paxton, J. 柏克斯顿（1801～1865 年）

567. Peabody, R. S. 皮博迪（1845～1917 年）

501. Pe(a)rson, J. L. 皮尔逊（1817～1897 年）

658. Pebat-Pouce, J. H. E. 珀巴特-庞斯（活动于 20 世纪上半叶）见 Garnier, T.

691. Pelliot, P. 佩利奥，汉名伯希和（1878～1945 年）

397. Pennethorne, J. 彭内索恩（活动于 19 世纪中叶）见 Nash

416. Percier, C. 柏西埃（1764～1838 年）同 Fontaine, P-F-L

11. Pericle 伯里克利（约公元前 495～前 429 年）见 Ictinus

217. Perrault, C. 佩罗（1613～1688 年）

678. Perret, A. 佩雷（1874～1954 年）
　　Perret, C. 佩雷（活动于 20 世纪初）
　　Perret, G. 佩雷（活动于 20 世纪初）

331. Perronet, J. R. 佩罗内（1708～1794 年）

752. Perry, C. A. 佩里（活动于 20 世纪上半叶）同 Stein, C. S.

122. Perugino 佩鲁吉诺（约 1450～1523 年）见 Raphaël

121. Peruzzi, B. T. 佩鲁齐（1481～1536 年）

286. Peter I, The Great 彼得大帝（1672～1725 年）

676. Petersen, C. 彼特森（1874～1923 年）

595. Petrie, W. M. F. 皮特里（1853～1942 年）

751. Pevsner Brother 佩夫斯纳尔兄弟（1886～1977 年）

362. Peyre，M. J. 佩勒（1730～1785 年）

9. Phidias 菲狄亚斯（活动于公元前 490～前 430 年之间）

421. Phyfe，D. 法伊夫（1768～1854 年）

705. Piacentini，M. 皮亚琴蒂尼（1881～1960 年）

86. Piero della Francesca 彼埃罗·德拉·弗朗西斯卡（约 1420～1492 年）

202. Pietro da Cortona 彼得罗·达·科托纳（1596～1669 年）

297. Pineau，N. 皮诺（1684～1754 年）

350. Piranesi，G. B. 皮拉内西（1720～1778 年）

46. Pisano Family 皮萨诺家族（活动于 12 世纪中至 14 世纪中叶）

552. Pisanti G. 皮萨蒂（活动于 19、20 世纪间）同 Alvino，E. 及 Breghia，N.

526. Pitt – Rivers，A. H. L-F 皮特–里弗斯（1827～1900 年）

448. Playfair，W. H. 普莱费尔（1790～1857 年）

670. Plecnik，J. 普莱尼克（1872～1957 年）

769. Pleydell-Bonverse 普莱狄尔–波韦斯（活动于 20 世纪中叶）见 Coats，W. W.

524. Poelarat，J. 波莱尔特（活动于 19 世纪上半叶至 1883 年）

655. Poelzig，H. 珀尔齐格（1869～1936 年）

611. Polívka，O. 波利维卡（1859～1931 年）

105. Pollaiuolo，S. d. 波拉约洛，即 Cronaca，Il 罗纳卡，伊尔（1457～1508 年）

18. Polyclitus/Polykleitos 波利克里托斯（活动于公元前 4 世纪中叶）

319. Pombal，S. d. C. 蓬巴尔（1699～1782 年）

351. Pompadour，M. d. 庞巴杜尔（夫人）（1721～1764 年）

147. Ponte，A. d. 庞特（1512～约 1595 年）

755. Ponti，G. 蓬蒂（1891～1979 年）

207. Ponzio，F. 蓬齐奥（活动于 17 世纪上半叶）

677. Pope，J. R. 坡普（1874～1937 年）

273. Pöppelmann，M. D. 柏培尔曼（1662～1736 年）

165. Porta，G. d. 波尔塔（约 1537～1602 年）

127. Posnik，波斯尼克（活动于 16 世纪中叶）同 Barma

214. Post，P. 坡斯特（1608～1669 年）

253. Pozzo，A. 波茨错（1642～1709 年）

266. Prandtauer，J. 普兰陶尔（1658～1726 年）

229. Pratt，R. 普拉特（1620～1685 年）

17. Praxiteles 普拉克西特利斯（活动于公元前 4 世纪中叶）

392. Price, U. 普赖斯（1747~1829 年）

136. Primaticcio, F. I. 普利马蒂乔，即 Bologne（1504~1570 年）

589. Prior, E. S. 普赖尔（1852~1932 年）

393. Pritchard, T. 普里查尔德（？~1777 年）见 Darby

35. Procopius 普罗科匹厄斯（活动于 6 世纪中叶）

757. Prokhorov 普罗霍罗夫（活动于 20 世纪上半叶）见 Gimsburg

108. Pskov 普斯科夫（活动于 15 世纪下半叶）

230. Puget, P. 普杰（1620~1694 年）

489. Pugin, A. W. N. 普金（1812~1852 年）

13. Pytheos 皮忒欧（活动于公元前 5 世纪中叶）

386. Quarenghi, G. A. D. 夸伦吉（1744~1817 年）

28. Rabirio/Rabirius 拉比里奥（活动于公元前 1 世纪下半叶）

295. Raguzzini, F. 拉古津尼（1680~1771 年）

190. Rainaldi Family 拉伊纳尔迪父子（1570~1691 年）

46. Rainaldo 拉伊纳尔杜（活动于 18 世纪）见 Pisano Family

6. Ramses/Rameses/Ramesses I to V 拉美西斯一世至五世

122. Raphaël/Roffaello, S. 拉斐尔（1483~1520 年）

435. Raschdorff, J. 拉希多夫（活动于 19 世纪上半叶）

322. Rastrelli, B. F. 拉斯特列里（1700~1771 年）

91. Raverti, M. d. 拉维蒂（活动于 15 世纪中叶）见 Bon Family

45. Ravy, J. 拉维（活动于 19 世纪中叶）见 Sully

377. Raymond, J. A. 雷蒙德（活动于 19 世纪上半叶）见 Chalgrim

（二七九）Raymond, A. 雷蒙德（1890~1976 年）

719. Reigh, L. 赖希（1885~1947 年）

411. Rennie, J. 伦尼（1761~1821 年）

487. Reno, J. W. 雷诺（活动于 19~20 世纪间）见 Otis

503. Renwick, J. (J)（小）伦威克（1818~1895 年）

396. Repton, Humphrey 雷普顿/赖普顿（1752~1818 年）

335. Revett, N. 列维特（1720~1804 年）见 stuart

145. Riccardi, G. 里卡迪（活动于 16 世纪中叶）

195. Ricchino, F. M. 里基诺（1584~1658 年）

（一七五）Ricci, Matteo 利玛窦（1552～1610年）

549. Richardson, H. H. 理查森（1838～1886年）

（二五三）Richthofen, F. 李希霍芬（1833～1905年）

428. Rickman, T. 里克曼（1776～1841年）

533. Riedel, E. 里德尔（活动于19世纪中叶）见 Dollmann 及 Ludwig

651. Riemerschmid, R. 瑞莫斯施米德（1868～1957年）

368. Riesener, J. H. 里兹内尔（1734～1806年）

736. Rietveld, G. T. 里特弗尔德（1888～1964年）

（二一〇）Ripa, M. 马国贤（1682～1745年）

59. Ristoro 里斯托罗（活动于13～14世纪间）同 Sisto

107. Rizzo, A. 里佐（活动于15世纪下半叶）

551. Robinson, W. 鲁宾森（1838～1935年）

596. Roche, M. 罗奇（1853～1927年）同 Holabird, W.

327. Rodriguez, L. 罗德里格斯（1704～1774年）

345. Rodriguez, V. 罗德里格斯（1717～1785年）

479. Roebling Family 罗布林父子（1806～1925年）

（二三五）Roger 罗杰（活动于19世纪上半叶）

251. Roman, J. 罗曼（1640～1716年）

128. Romano, G. 罗马诺（1492～1546年）

579. Root, J. W. 鲁特（1850～1891年）

81. Rosselino Family 罗塞利诺兄弟（1409～1479年）

546. Rossetti, D. G. 罗塞蒂（1828～1882年）见 Morris

291. Rossi, D. 罗西（活动于18世纪上半叶）

427. Rossi, K. I. 罗西（1775～1849年）

333. Roudelet, G. 隆德莱（1734～1829年）见 Soufflot

394. Rousseau, P. 卢梭（1750～1791年）

735. Roux-Spitz, M. 鲁－斯比茨（1888～1957年）

109. Ruffo, M. 鲁弗（活动于15世纪下半叶）同 Soberio

（一七五）Ruggieri, M. 罗明坚（活动于16～17世纪间）同 Ricci, Matteo 利玛窦

162. Ruiz H. 鲁伊斯（活动于16世纪中叶）

506. Ruskin, J. 罗斯金（1819～1900年）

675. Saarinen, G. E. 沙里宁（1873～1950年）

191. Sabbatini, N. 萨巴蒂尼（1574～1654年）
647. Sabine, W. C. W. 赛宾（1868～1919年）
590. Sacconi, C. G. 萨孔尼（1853/1854～1905年）
321. Sacchetti, G. B. 萨切蒂（1700～1764年）
759. Sagebiel, E. 萨奇比尔（1892～1970年）
38. Saint Bruno 圣布鲁诺（925～965年）
627. Sainttenoy, P. 桑坦诺（1862～1952年）
315. Salvi, N. N. 萨尔维（1697～1751年）
281. Sanctis, F. d. 桑克迪斯（1685～？年）见 Specchi
98. Sangallo Family 桑迦洛家族（1443～1576年）
124. Sanmiaheli, M. 桑米凯利（1484～1570年）
114. Sansovino, A. 珊索维诺（约1467～1529年）
125. Sansovino, J. 珊索维诺（1486～1570年）
733. Sant' Elia, A. 圣伊利亚（1888～1916年）
279. Santini-Aichel, J. 桑蒂尼·艾切尔（1667～1723年）
672. Sauvage, F. H. 索瓦热（1873～1932年）
724. Saxe, C. J. 萨克森（活动于20世纪上半叶）见 Cormier, E.
91. Scapagnino 斯卡帕宁诺（活动于15世纪中叶）见 Bon Family
175. Scamozzi, V. 斯卡莫齐（1552～1616年）
149. Scarini, N. 斯卡里尼（活动于16世纪中叶）见 Floris Brother
（一八七）Schall von Bell, J. A. 汤若望（1591～1666年）
764. Scharoun, H. B. 夏隆（1893～1972年）
178. Schickhardt, H. 锡克哈尔特（1558～1634年）
728. Schindler, R. M. 辛德勒（1887～1953年）
436. Schinkel, K. F. 申克尔（1781～1841年）
510. Schliemann, H. 谢里曼（1822～1890年）
274. Schlüter, A. 施吕特尔（1664？～1714年）
520. Schmidt, F. v. 施密特（活动于19世纪中叶）
781. Schütte – Lihotzky, M. 舒特－利霍茨基（1897～？年）
779. Schwarz, R. 施瓦兹（1897～1961年）
286. Schynevoet 施舍沃特（活动于18世纪上半叶）见 Peter I, the Great
20. Scopas 斯科帕斯（活动于前4世纪下半叶）
702. Scott, G. G. (J)（小）斯科特（1880～1960年）
488. Scott, G. G. (S)（老）斯科特（1811～1878年）

（二四〇）Scott，W. 斯科特（活动于 19～20 世纪间）

319. Sebastiao Josè de Carvalho e Mello Masquẽss de Pombel，即 Pombal 蓬巴尔（1699～1782 年）

443. Séguin，M.（A）赛甘（1786～1875 年）

624. Sellers，J. H. 塞勒斯（1861～1954 年）

680. Semionov，V. 塞米奥诺夫（1874～1960 年）

470. Semper，G. 桑珀（1803～1879 年）

4. Sen(e)mut 珊缪（活动于公元前 15 世纪上半叶）

119. Serlio，S. 塞里奥（1475～1554 年）

312. Servandoni/Servando（Seruanon，G. N.）塞尔万多尼（1695～1766 年）

31. Severo/Severus，S. 塞威罗（146～211 年）

199. Shāh Jahēn 沙·贾汗（1592～1666 年）

70. Shams Abd Allah Shirazi 沙马斯·阿卜杜拉·设拉子（活动于 14～15 世纪间）同 Khivajah Hasen Shirazi

536. Shaw，R. N. 萧（1831～1912 年）

674. Shchusev，A. 舒舍夫（1873～1949 年）

610. Shekhtel，F. 施克谢尔（1859～1926 年）

336. Shenstone，W. 申斯通（1714～1763 年）

395. Sheraton，T. 谢拉顿（1751～1806 年）

517. Siccardsburg，A. v. 西卡斯堡（活动于 19 世纪中叶）同 Nüll，E. v. d.

（二一一）Sichebaret/Sickeloort，I. 艾启蒙（1708～1780 年）见郎世宁

132. Siloé，D. d. 西洛埃（约 1495～1563 年）

100. Simón，d. C. 西蒙（约 1450～1511 年）

46. Simone，G. d. 西蒙（活动于 13 世纪下半叶）见 Pisano Family

126. Sinan，K. 锡南（1489～1588 年）

59. Sisto 西斯托（活动于 13～14 世纪间）同 Ristoro

560. Sitte，C. 西特（1843～1903 年）

154. Sixtus V. 西克斯图斯五世（1520～1590 年）

780. Skidmore，L. 斯基德莫尔（1897～1962 年）

497. Sloan，S. 斯隆（1815～1884 年）

434. Smirke，R. 斯迈尔克（1780～1867 年）

257. Smith，J. 史密斯（1645～1731 年）

163. Smythson，R. 史密斯逊（1535～1614 年）

3. Snefru 斯奈夫鲁（约公元前 2613～前 2589 年在位）

398. Soane, J. 索恩（1753～1837 年）

109. Solario, P. A. 索拉里奥（活动于 15 世纪下半叶）

564. Soria y Mata, D. A. 索里亚－伊－马塔（1844～1920 年）

24. Sostratus/Sostrataios 索斯特拉特斯（活动于公元前 3 世纪）

333. Soufflot, J-G 苏夫洛（1713～1780 年）

93/125. Spavento, G. 斯帕温多（活动于 15 世纪初）见 Lombardo 及 Sansovino, J.

281. Specchi, A. 斯帕奇（1668～1729 年）

（一七三）Spinola, C. 史宾诺拉（？～1644 年）

693. Stael, J. F. 斯塔尔（1879～1940 年）

208. Staet, H. 斯塔特（活动于 17 世纪上半叶）

219. Stalpaert, D. 斯塔皮尔特（1615～1675 年）

522. Stanz, V. 史塔茨（活动于 19 世纪中叶）

383. Starov, I. Y. 斯达洛夫（1743～1808 年）

427. Stasov, V. 斯达索夫（1769～1848 年）见 Rossi, K. I.

561. Stearns, J. G. 斯特恩斯（1843～1917 年）

763. Stegmann, D. 斯泰格曼（活动于 20 世纪上半叶）见 Fisker, K.

752. Stein, C. S. 斯坦（活动于 20 世纪上半叶）同 Perry, C.

626. Stein, M. A. 斯坦因（1862～1943 年）

553. Steindl, I. 施泰因德尔（1839～1902 年）

469. Stephenson, R. 斯蒂芬森（1803～1859 年）
Stephenson, G. R. 斯蒂芬森（1819～1905 年）（系 Stephenson, R./斯蒂芬森的堂弟）

528. Stoltenberg 施托滕贝格（活动于 19 世纪下半叶）见 Cuypers

197. Stone, N. 斯通（1586～1647 年）

661. Strauss, J. B. 斯特劳斯（1870～1938 年）

514. Street, G. E. 斯特里特（1824～1881 年）

444. Strickland, W. 斯特里克兰（1787～1854 年）

335. Stuart, J. 斯图亚特（1713～1788 年）

559. Sturgis, J. H. 斯特吉斯（1843～1888 年）同 Bregham, C.

44. Suger (of Saint-Denis)（圣丹尼的）絮热（1081～1151 年）

600. Sullivan, L. H. 沙利文（1856～1924 年）

45. Sully, M. d. 絮里（1120～1196 年）

169. Sustris, F. 苏斯特里斯（约 1540～1599 年）

（二五三）Sven Anders, H. 斯文赫定（1865～1952年）

46. Talenti, F. 达拉迪（活动于14世纪上半叶）见 Pisano Family

64. Talenti, S. 塔伦蒂（活动于14世纪上半叶）同 Benci d. C.

268. Talman, W. 塔尔曼（1659?～1719年）

720. Tatlin, V. Y. 塔特林（1885～1953年）

125. Tatti, J. 塔蒂，即 Sansovino, J. 的原名（1486～1570年）

698. Taut Brother 陶特兄弟（1880～1967年）

521. Taylor, A. K. 泰勒（活动于19世纪中叶）

337. Taylor, R. 泰勒（1714～1788年）

406. Telford, T. 特尔福德（1757～1834年）

692. Tengbom, A. 滕邦（活动于20世纪上半叶）
　　 Tengbom, I. 滕邦（1878～1968年）

156. Terzi, F. 特尔西（1520～1597年）

686. Tessenow, H. 泰西诺（1876～1950年）

262. Tessin, C. (J)（小）泰辛（1654～1728年）
　　 Tessin, C. G. G. 泰辛（1695～1770年）［是 Tessin, C (J) 之子］

220. Tessin, N. (S)（老）泰辛（1615～1681年）

（二一一）Thebant, G. 杨自新（1703～1776年）见郎世宁

612. Thiersch, F. v. 蒂耶斯殊（活动于19世纪下半叶）

499. Thomson, A. 汤姆森（1817～1875年）

408. Thornton, W. 桑顿（1759～1828年）

252. Thumb Family 图姆家族（1640～1769年）

159. Tibaldi, P. 蒂巴尔迪（1527～1596年）

574. Tiffany, L. C. 蒂法尼（1848～1933年）

17/20. Timochus 提谟修斯（活动于公元前4世纪下半叶）见 Praxiteles 及 Scopas

309. Tomé, P. 托梅（1694～1742年）

79. Tomaso, d. G. d. S. G. 托马佐（1401～1428年）即 Masaccio 之原名

455. Ton, K. A. 托恩（1794～1881年）

134. Torralva, D. d. 托拉瓦尔（约1500～约1566年）

786. Torroja, (y M) E. 托雷哈（1899～1961年）

692. Torulf, E. 托鲁尔夫（活动于20世纪上半叶）见 Tengbon

584. Townsend, C. H. 汤森（1851～1928年）

320. Townsend Family 汤森家族（1699~19 世纪中叶）

34. Trdat 特拉达特（活动于 11 世纪）见 Anathemius 及 Isidore

341. Tresaguet, P-M-J 特雷萨盖（1716~1796 年）

287. Trezzini, D. 特瑞辛尼（活动于 18 世纪上半叶）

141. Tribolro 特里保罗（活动于 16 世纪中叶）

649. Trumbaner, H. 特朗巴内尔（1868~1938 年）

286. Ukhtomskii 乌克托姆斯基（活动于 18 世纪上半叶）见 Peter I, the Great 彼得大帝

36. 'Umar Ⅱ 欧麦尔二世（682/683~720 年）

630. Unwin, R. 恩温（1863~1940 年）

467. Upjohn, R. 厄普约翰（1802~1878 年）

415. Valadier, G. 瓦拉迪耶（1762~1839 年）

212. Vallée, S. d. l. 瓦勒（活动于 17 世纪前期至中期）

322. Vallin de le Mothe 瓦林·德·拉·莫斯（1729~1800 年）见 Rastrelli

198. Vallriano 瓦斯利安诺（活动于 15 世纪）见 Fanzago

174. Valperga, M. 瓦尔泼加（活动于 17 世纪上半叶）见 Castellamonte Family

707. Van Allen, W. 范·艾伦（1882~1954 年）

275. Vanbrugh, J. 范布勒（1664~1726 年）

538. Van Brunt, H. 范·布伦特（1832~1903 年）

201. Van Campen, J. 范·坎彭（1595~1657 年）

625. Van Deman, E. B. 范·德曼（1862~1937 年）

784. Van Den Broek, J. H. 范·登·布洛克（1898~1978 年）

714. Van der May, J. 范·德·迈（1878~1949 年）见 De Klerk

765. Van der Vlugt, L. C. 范·德·乌鲁格特（1894~1936 年）

633. Van de Velde, H. C. 范·迪·费尔德（1863~1958 年）

709. Van Doesburg, T. 范·杜斯伯格（1883~1931 年）

557. Van Gendt, A. L. 范·姜弟特（活动于 19 世纪末至 20 世纪中叶）

732. Van't Hoff, R. 范·特霍夫（1887~1979 年）

765. Van Tijln 范·泰恩（活动于 20 世纪上半叶）见 Van der Vlugt

323. Vanvitelli, L. 万维泰利（1700~1773 年）

309. Varciso 瓦尔西索（活动于 18 世纪上半叶）见 Tomé

160. Varonese, P. 委罗奈斯（1528~1588 年）

143. Vasari, G. 瓦萨里（1511～1574年）

244. Vauban, S. L. P. d. 沃邦（1633～1707年）

244. Vaudremer, J. A. E. 沃德勒摩（活动于17世纪末至18世纪中叶）见 Uauban

515. Vaux, C. 沃克斯（1824～1892年）

103. Vázquez, L. 巴斯盖兹（1452～1516年）

112. Veneziano, P. 维内吉亚诺（活动于15～16世纪间）

（二〇二）Verbiest, F. 南怀仁（1623～1688年）

456. Vershinsky, A. 维辛斯基（活动于18～19世纪间）同 Artleban

697. Vesnin/Visning Brother 维斯宁兄弟（1880～1959年）

656. Vigeland, G. 韦格兰（1869～1943年）

138. Vignola, G. B. d. 维尼奥拉（1507～1573年）

412. Vignon, B. 维尼翁（1762～1829年）

792. Villanueva, C. R. 比利亚努埃瓦（1900～1975年）

376. Villanueva, J. d. 比利亚努埃瓦（1739～1811年）

51. Villard de Honnecourt 维拉尔·德·奥内库尔（约1225～约1250年）

588. Viller, F. d. 维拉（活动于19世纪末）见 Gaudí

215. Vingboons Brother 范彭兄弟（1608～？年）

492. Viollet-Le-Duc, E-E 维奥莱-勒-杜克（1814～1879年）

450. Visconti, L. T-J 维斯孔蒂（1791～1853年）

238. Viscardi 维斯卡蒂，见 Barelli

166. Vitozzi, A. 维托齐（1539～1615年）

27. Vitruvius, P. 维特鲁威（活动于公元前1世纪下半叶）

324. Vittone, B. A. 维托内（1702～1770年）

528. Vogel 沃格尔（活动于19世纪中叶）见 Cuypers

182. Voltera, F. d. 沃尔泰拉（活动于16世纪下半叶）同 Mascherino

（三〇六）Vories, W. M. 沃利斯（1881～1964年）

407. Voronikhim, A. N. 沃罗尼钦（1759～1814年）

606. Voysey, C. F. A. 沃伊齐（1857～1941年）

149. Vriendt Brother 比昂兄弟，即 Floris Brother（1514～1575年）

721. Wagner, M. 瓦格纳（1885～1957年）

556. Wagner, O. K. 瓦格纳（1841～1918年）

346. Walpole, H. 沃波尔（1717～1797年）

476. Walter, T. U. 沃尔特（1804～1887年）

644. Walton, G. 沃尔顿（1867~1933年）

782. Wank, R. 万克（1898~1970年）

777. Warchevchick, G. 瓦尔恰夫契克（1896~1972年）

575. Ware, W. R. 韦尔（1849~？年）

89. Was 即 Guas, J. 瓜斯（约1433~1496年）

534. Wasemann, H. F. 魏斯曼（活动于19世纪中叶）

535. Waterhouse, A. 沃特豪斯（1830~1905年）

578. Webb, A. 韦布（1849~1930年）

537. Webb, P. S. 韦布（1831~1915年）

420. Weinbrenner, F. 魏因布伦纳（1766~1826年）

615. Weissenbruger, L. 韦桑比热（1860~1929年）

654. Wentworth, C. F. 温特沃思（活动于19~20世纪间）见 Goodhue

355. Whatley, T. 沃特利（活动于18世纪下半叶）

591. White, S. 怀特（1853~1906年）

696. Whitney, C. S. 惠特尼（活动于20世纪上半叶）见 Anmann

761. Wielancton, N.（即 Geddes, N. B. 的原名）维兰克顿（1893~1955年）

430. Wilkins, W. 威尔金斯（1778~1839年）

393. Wilkinson, J. 威尔金森（1728~1808年）见 Derby

47. William（of Sens）（来自桑斯的）威廉（？~1180年）

（二六九）Wilson, G. L. 威尔逊（1880~？年）

344. Winckemann, J. J. 温克尔曼（1717~1768年）

117. Wolsey, T. C. 沃尔西（约1475~1530年）

617. Wood, E. 伍德（1860~1935年）

326. Wood Family 伍德父子（1704~1782年）

454. Woodward, B. 伍德华德（1815~1861年）见 Deane

701. Woolley, C. L. 伍利（1880~1960年）

186. Wotton, H. 沃顿（1565~1637年）

243. Wren, C. 雷恩（1632~1723年）

646. Wright, F. L. 赖特（1867~1959年）

753. Wright, L.（J）（小）赖特（1890~1978年）

391. Wyatt, J. 怀亚特（1746~1813年）

11. Xenocles 悉诺克里（活动于公元前5世纪中叶）见 Ictinus

65. Yevele，H. 叶维尔（约 1320/1330 ~ 约 1400 年）
459. Young，A. B. 杨（1798 ~ 1874 年）
322. Yuri，V. 尤里·韦斯登（活动于 18 世纪下半叶）见 Rastrelli

123. Zahir-Ud-Din Muhammad 扎希尔·乌德·丁·穆罕默德（1483 ~ 1530 年），Bābur 的原名
410. Zakharov，A. D. 萨哈洛夫（1761 ~ 1811 年）
413. Zamoia，G. 萨莫伊亚（活动于 19 世纪初）同 Amati
679. Zharov，S. M. 扎洛夫（活动于 19 ~ 20 世纪间）
674. Zholtosky，I. V. 钟尔托斯基（活动于 19 ~ 20 世纪间）见 Shchusev
236. Zimbalo，G. 津巴洛（活动 17 世纪下半叶）
300. Zimmermann，D. 齐默尔曼（1685 ~ 1766 年）
540. Zitek，J. 齐迪克（1832 ~ 1909 年）
254. Zuccalli，E. 祖卡利（1642 ~ 1724 年）
170. Zuccari/Zuccaro/Zuccheri，F. 祖卡里（约 1540 ~ 1609 年）
358. Zug，S. B. 楚格（活动于 18 世纪下半叶）

第二部分 汉字索引（人物以姓氏的首字笔画为序）

<一、二划>

一五七、一休（活动于 16 世纪）

一一二、丁允元（活动于 12~13 世纪间）

八二、丁谓（962~1033 年）

一一、丁缓（活动于公元前 1 世纪下半叶）同李菊

一三〇、卜思端即布顿仁钦朱（1290~1364 年）

一二三、八思巴/八合斯巴（1235~1280 年）见阿尼哥

一二三、八鲁布即阿尼哥（1244/1245~1306 年）

<三划>

一四三、三罗/三木旦罗哲（？~1414 年）

一七四、三娘子（1550~1611 年）

三〇六、土埔龟城（1897~？年）

二六六、下田菊太郎（1866~1931 年）见大雄喜郎

一八〇、大明（国师）（活动于 13 世纪末叶）见小堀远州

二六六、大雄喜郎（1877~1952 年）

二三七、小川治平卫（活动于 19 世纪下半叶）

一八〇、小堀远州（1579~1647 年）

二八六、山下寿郎（1892~？年）

二九六、山田守（1894~？年）

一六三、千利休（1521~1591 年）

二〇八、卫嘉禄 Belleville，C. d.（1656~1700 年后）

一一五、也黑迭儿丁/也黑叠儿/亦黑迭儿丁（活动于 13 世纪中叶）见刘

秉忠

一三一、马君祥父子—马七、马十一、马十二、马十三（活动于 14 世纪上半叶）

二一〇、马国贤 Ripa，M.（1682~1745 年）

一二、马宪（活动于 2 世纪上半叶）

一九八、马鸣萧（活动于 17 世纪中叶）

一〇〇二、马臻（活动于 2 世纪上半叶）

<四划>

一六八、丰臣秀吉（1537~1598 年）

一八八、丰臣秀赖（1593~1615 年）

一〇一〇、韦君靖（活动于 9 世纪末叶）同赵智凤

一〇〇七、韦皋（745~805 年）同海通

二〇九、王云汉（活动于 17 世纪中至 18 世纪末叶）见算房

七四、王仁珪（活动于 10 世纪下半叶）同焦继勳、李仁祚

一一二、王正功（活动于 12 世纪上半叶）见丁允元

一六五、王世贞（1526~1590 年）另见张南阳

一三五、王仲舒（活动于 9 世纪初）见张显祖

一〇三、王希孟（活动于 12 世纪上半叶）见张择端

二五、王质（活动于 6 世纪下半叶）见慧成

二八二、王树发（活动于 20 世纪上半叶）见王益顺

一一五、一二一、王恂（1235~1281 年）见刘秉忠、郭守敬

二五九、王信斋（活动于 20 世纪上半叶）见周惠南

一三四、王彦达（活动于 14 世纪上半叶）同赵国祥

一〇七、王逵（1110~1167 年）

二一一、王致诚（Attiret，J D，1702~1768 年）同郎世宁等

一五二、王振（？~1449 年）

二〇、王圆篆（活动于 20 世纪初）见乐傅

二八二、王益顺（活动于 20 世纪上半叶）

一一二、王涤（活动于 11 世纪末叶）见丁允元

二三、王遇（活动于 5~6 世纪间）见蒋少游

五七、王锐（活动于 8 世纪中叶）

五六、王维（699~759 年）

一一二、王源（活动于 15 世纪中叶）见丁允元

一○一七、王得禄（1770~1841年）同陈永华
一三七、天如（禅师）即维则（活动于14世纪中叶）
一六八、天佑（活动于17世纪中叶）见丰臣秀吉
一四一、元顺帝（妥欢贴睦尔）（1320~1370年）
五八、元结（719/723~772年）
一八四、木增/木曾（1587~1646年）
二二二、戈裕良（1764~1827年）另见维则
一三八、日亦恰朵儿（活动于14世纪上半叶）见南加惺机资
二六五、贝寿同（1876、1880之间~1946年之后）
一三七、贝润生（活动于20世纪初）见维则
二七四、内田祥三（1885~1972年）
二七六、内藤多仲（1886~1970年）另见佐野利器
二七三、冈田信一郎（1883~1932年）
一八五、午荣（活动于17世纪上半叶）
三八、牛弘（活动于6~7世纪间）见宇文恺
一七、毛安之（活动于4世纪中叶）见谢万
一五九、毛晋（1599~1659年）见范钦
二四一、手岛精一（活动于19世纪下半叶）
二五六、长野宇平治（1867~1937年）
二五一、片山东熊（1855~1917年）
二一四、仇好石（活动于18世纪上半叶）见董道士
二九九、今井兼次（活动于20世纪初叶）同森田庆一
一、公榆子/公输班/公输般/公输盆即鲁班（活动于战国之初）
四六、文成公主（？~680年）同松赞干布
八三、文秀（10~11世纪间）见陈氏兄弟
二一七、文起（活动于18世纪中叶）同谷丽成、潘承烈、史松乔
一八二、文震亨（1585~1645年）
一八一、计成（1582年~17世纪中叶）
二二九、尹芝（活动于19世纪中叶）见胡雪岩
八二、邓守恩（活动于11世纪上半叶）见丁谓
一○六、孔彦舟（活动于12世纪下半叶）见张中彦
二六八、巴马—丹拿 Palmer & Turner（始于1868年）
一七五、巴范济（活动于16~17世纪间）见利玛窦、罗明坚

<五划>

四九、艾比·宛葛素（活动于9世纪下半叶）

一二七、艾哈默德·本·穆罕默德·古德西（活动于13～14世纪间）

二一一、艾启蒙 Sicheparet, I（1708～1780年）见郎世宁等

二六七、古力治·麦克考斯基（活动于20世纪上半叶）见墨菲

一二○、札马鲁丁（活动于13世纪下半叶）另见郭守敬

二九七、石本喜久治（1894～1965年）

二○三、石涛即朱若极（1640/1642～1707/1715年间）

一三○、布顿仁钦朱/布顿宁波车（1290～1364年）即卜思端

一○八、平清盛（1118～1181年）

一○五、卢彦伦（1081/1084～1149/1152年）另见张柔

二六七、卢树森（活动于20世纪上半叶）见墨菲

二五九、卢镛标（活动于19～20世纪间）见周惠南

一○○四、叱于阿利（活动于5世纪初）同赫连勃勃

一七六、叶向高（1559～1627年）

一一八、叶孙不花（活动于13世纪下半叶）见杨琼

二○六、叶洮/叶陶（活动于17世纪末叶）

二七一、叶恭绰（1881～1968年）

二五九、叶肇昌 Diniz, R. F.（活动于20世纪上半叶）见周惠南

二一七、史松乔（活动于18世纪中叶）同谷丽成、潘承烈、文起

一七三、史宾诺拉/斯皮诺拉 Spinola, C.（？～1644年）

七、史禄即监禄（活动于前3世纪下半叶）

二一六、四元宝即黄氏兄弟（活动于18世纪中叶）

一六八、生驹亲正（活动于16世纪下半叶）见丰臣秀吉

三、白圭（活动于前四世纪中叶）见西门豹

四三、白英（活动于明代）见杨广

六○、白居易（772～846年）

二五、白整（活动于6世纪下半叶）见慧成

一九六、包壮行（活动于17世纪中叶）

二○、乐僔/乐樽（活动于4世纪中叶）

二六七、汉密尔顿（活动于20世纪上半叶）见墨菲

一○、汉鲁恭（共）王即刘余（活动于公元前2世纪中叶）

一六七、冯巧（活动于16世纪下半叶至17世纪中叶）

二九、冯亮（活动于 6 世纪上半叶）

六三、弘法（大师）即空海（774～835 年）

二六七、司马及司迈尔（活动于 20 世纪上半叶）见墨菲

九三、司马光（1019～1086 年）

四一、圣德太子（574～622 年）

〈六划〉

二〇五、吉川广嘉（活动于 17 世纪下半叶）

二九八、吉田五十八（1894～1974 年）

二六一、吉田哲郎（1874～1956 年）

一三〇、吉尊西绕琼乃（活动于 11 世纪下半叶）见布顿仁钦朱

二八三、过养熙（活动于 20 世纪上半叶）

三、西门豹（活动于公元前 5 世纪）

一四四、达赖一世即根敦朱巴（1391～1475 年）见宗喀巴

一九七、达赖五世即阿旺·罗桑嘉措（1617～1682 年）另见松赞干布及帕巴西绕

九五、吕大防（1027～1097 年）另见宋敏求

二九四、吕彦直（1894～1929 年）

二〇九、吕德山（活动于 17 世纪中至 18 世纪末叶）见算房

一三六、曲结顿珠·仁钦（1305～1385 年）

二一三、朱三松（活动于 18 世纪中叶）

二九〇、三〇八、朱士圭（活动于 20 世纪上半叶）见柳士英及刘敦桢

二二一、朱天阁（1760～1853 年）

一九一、朱子瑜/朱舜水（1602～1682 年）

一一二、朱江（活动于 12 世纪上半叶）见丁允元

四二、朱守谦（？～1392 年）见李靖

二六〇、朱启钤（1872～1964 年）

二〇三、朱若极即石涛（1640/1642～1707/1715 年）

一三五、朱胜（活动于 15 世纪中叶）见张显祖

三〇五、朱彬（1896～1971 年）

一六四、朱衡（活动于 16 世纪中叶）见潘季驯

四二、朱褆孙（南宋）见李靖

一〇〇、朱椿（？～1423 年）同张仪、高骈、孟知祥、范成大

六、年富（活动于 15 世纪中叶）见蒙恬

四三、乔维岳（活动于 10 世纪末叶）见杨广

二、伍员/伍子胥（？~公元前 484 年）

八七、仲敦巴·甲哇迥乃（1055~1064 年）

一五、任阳（？~349 年）同张渐

一九五、任朝贵（活动于 17 世纪中叶）

七〇、华信（汉代）见钱镠

二五二、华南圭（1877~？年）见詹天佑

二五七、伊东忠太（1868~1954 年）

七三、向拱（912~986 年）

二八七、邬达克 Hudec LE（1893~1958 年）

一一五、亦黑迭儿丁（即也黑叠儿）（活动于 13 世纪下半叶）见刘秉忠

二七七、庄俊（1888~1990 年）

一二六、刘元（1040/1048~1324 年？）

八二、刘文通（998~1022 年）见丁谓

五三、刘玄望（活动于 8 世纪上半叶）同张策

一九〇、刘光先（活动于 17 世纪上半叶）

二〇九、刘廷琳、刘廷琦、刘廷瓒（活动于 17 世纪~18 世纪末叶）见算房

八二、刘承观（约 949/950~1012 年）见丁谓

一一五、刘秉忠（1216~1274 年）另见耶律楚材、张文谦

一〇、刘余（刘馀）即汉鲁恭（共）王（活动于公元前 2 世纪中叶）

一四〇、刘基（刘伯温）（1311~1375 年）

三〇八、刘敦桢（1897~1968 年）

二九一、刘福泰（1893~？年）

二五、刘腾（活动于 6 世纪下半叶）见慧成

二六七、齐兆昌（活动于 20 世纪上半叶）见墨菲

四三、齐浣（澣）（唐代）见杨广

三〇、羊衒之即杨衒之（活动于 6 世纪上半叶）

二八、关文备（活动于 5~6 世纪间）见郭安兴

二八四、关颂声（1892~1961 年）

二五五、关野贞（1867？~1935 年）

一七八、米万钟（1570~1628 年）

一〇〇、米芾（1051~1107 年）

一〇一八、江藻（活动于 17~18 世纪间）

一六八、池田辉政（活动于 17 世纪初）见丰臣秀吉

一五三、汤东结布（1385～1464 年）

一八七、汤若望 Schall von Bell, J. A.（1591～1667 年）

一〇一六、汤绍恩（活动于 16 世纪上半叶）

三八、宇文恺（555～612 年）

二六二、安特生 Anderson, J. G.（1874～1960 年）

二六五、许士谔（活动于 20 世纪初）见贝寿同

一一五、许衡（1209～1287 年）见刘秉忠及郭守敬

八五、（筛海）那速鲁定（活动于 10 世纪末叶）

二七二、孙支厦（1882～1975 年）

四三、孙叔敖（活动于前 6 世纪）见杨广

一一二、孙叔谨（活动于 12 世纪上半叶）见丁允元

二四三、孙金昌（活动于 19 世纪中叶）见杨斯盛

一〇〇三、孙权（吴大帝）（182～252 年）

一五〇、阮安（活动于 15 世纪上半叶）

八、阳城延（活动于公元前 3～前 2 世纪间）见萧何

五五、如宝（活动于 8 世纪初）见鉴真

〈七划〉

二五〇、辰野今吾（1854～1919 年）

二四〇、玛礼逊 Morrison, G. J.（活动于 19 世纪下半叶）

一六八、赤松贞范（活动于 14 世纪中叶）见丰臣秀吉

一九二、坂上田村麻吕（活动于 8 世纪末叶）见德川家光

一〇一九、苏元春（1844～1901 年）

一二五、苏耶跋摩二世（1131～1150 年在位）见周达观

四〇、苏我马子（约 6 世纪中叶～626 年）

九四、苏颂（1020～1101 年）

九七、苏轼（1037～1101 年）

二二六、苏赍满·和卓（活动于 18 世纪下半叶）

一四八、克珠杰即班禅一世（1385～1438 年）

三一二、杜彦耿（活动于 20 世纪上半叶）见杨锡镠

一四一、孛儿只斤·妥欢贴睦尔（即元顺帝 1320～1370 年）

二八九、巫振英（1893～？年）

二八一、村野藤吾（1891～？年）

二一九、村喜平次（活动于 18 世纪中叶）

一七五、李之藻（1565～1630 年）见利玛窦

四八、李元婴（滕王）（？～684 年）

七四、李仁祚（活动于 10 世纪下半叶）同王仁珪、焦继勋

二二五、李斗（活动于 18～19 世纪间）

三一、李业兴（活动于 6 世纪上半叶）

四三、李处巽（1264～1294 年）见杨广

四、李冰父子（活动于公元前 3 世纪中叶）

一七六、李邦达（活动于 17 世纪初）见叶向高

七五、李成（919～967 年）

一六〇、李伟（1510～？年）

七、李师中（1013～1078 年）见史禄

二二、李冲（活动于 5～6 世纪间）

一三九、李好文（活动于 14 世纪上半叶）

二五三、李希霍芬 Richt Hofen F.（1833～1905 年）见斯文赫定

九八、李宏（1042～1083 年）

六六、李贤定/李成眉（活动于 9 世纪上半叶）

七〇、李泌（722～789 年）见钱穆

四四、李春（活动于 6～7 世纪间）

七三、李昭德（唐代）见向拱

三〇三、李济（1896～1979 年）

一〇一、李诫/李明仲（1046～1110 年）

四三、李素（唐代）见杨广

九九、李格非（1050 左右～1102 年后）

四四、李通（活动于 6～7 世纪间）见李春

一一、李菊（活动于公元前 1 世纪下半叶）同丁缓

六二、李渤（773～831 年）另见史禄

一九三、李渔（1611～1679 年）

四二、李曾伯（南宋）见李靖

三一四、李锦沛（1900～？年）

四二、李靖（571～649 年）

六五、李德裕（787～849 年）

四四、李膺（活动于 6～7 世纪间）见李春

六、杨一清（1454～1530 年）见蒙恬

803

四三、杨广即隋炀帝（580～618年）

一一八、杨为（活动于13世纪下半叶）见杨琼

五一、杨务廉（活动于8世纪初）

三六、三八、杨达（活动于6世纪下半叶）见杨素及宇文恺

二一一、杨自新 Thebant, G.（1703～1776年）见郎世宁等

二二一、杨汝兰及杨继泰（活动于19世纪下半叶）见朱天阁

一四七、杨青（活动于18世纪上半叶）同蔡信、姚安、陆祥

三一二、杨锡璆（1899～1978年）

三六、杨素（542～606年）

三〇、杨衒之/羊衒之（活动于6世纪上半叶）

一一八、杨琼（？～1288年）

二四三、杨斯盛（1851～1908/1909年）

二九四、杨锡宗（活动于20世纪上半叶）见吕彦直

一五一、吾布力·阿迪拜克（活动于16世纪上半叶）见沙克斯·米尔扎

一五五、足利义政（1436～1490年）

一四五、足利义满（1358～1408年）

一七二、吴三桂（1612～1678年）见陈用宾

四三、吴太伯/吴泰伯（活动于公元前11世纪）见杨广

一四七、一五〇、吴中（1373～1442年）见蔡信等及阮安

二二一、吴来清（活动于18世纪末叶）见朱天阁

一二八、吴全节（活动于14世纪上半叶）见张留孙

二四六、吴威廉 Gauld, W.（？～1934年？）

二四五、吴麟瑞（活动于17世纪上半叶）见谢甘棠

九一、怀丙（活动于11世纪中叶）另见李春

一七五、利玛窦 Ricci, M.（1552～1610年）同罗明坚

二二〇、何先德（1739～1809年）及妻杨氏

三九、何稠（活动于6～7世纪间）

一〇八、佐伯全本（活动于6世纪末叶）见平清盛

二七〇、佐野利器（1880～1956年）

三一〇、佐藤武夫（1899～1972年）

三七、住力（542～623年）

二九五、余青松（1897～1978年）

四二、余靖（1000～1064年）见李靖

二一七、谷丽成（活动于18世纪中叶）同潘承烈、文起、史松乔

一四六、沐昕（活动于15世纪初）同郭琎、张信

一八四、沐曾/沐增/木曾（1587~1646年）

一五一、沙克斯·米尔扎（活动于15世纪中叶）

一一二、沈宗禹（活动于12世纪末叶）见丁允元

二七八、沈理源（1890~1951年）

三〇六、沃利斯 Vories, W. M.（1881~1964年）见土埔龟城

一〇一五、况钟（1383~1442年）同敬修

一〇一二、完颜亮（海陵王）（1122~1161年）同张浩

一〇一三、完颜雍（金世宗）（1123~1189年）

四三、宋礼（明代）见杨广

一八三、宋应星（1587~1661年）

九二、宋敏求（1019~1079年）

一〇六、张中彦（1092~1166年）

七七、张仁泰（活动于10世纪下半叶）见钱弘毅

一一五、张文谦（1215~1283年）见刘秉忠

一七二、张凤翮（活动于17世纪上半叶）见陈用宾

一〇〇一、张仪（?~公元前310年）同高骈、孟知祥、范成大，朱椿

一一四、张弘略（活动于13世纪上半叶）见张柔

三〇七、张光圻（1897~?年）

一一二、张自谦（活动于18世纪上半叶）见丁允元

一四六、张信（活动于15世纪初）同郭琎、沐昕

一〇一二、张浩（?~1163年）同完颜亮（海陵王）

一三五、张显祖（活动于14世纪上半叶）

一六一、张南阳（1517~1596年）

一〇三、张择端（?~1027年后）

五二、张说（667~730年）

一一四、张柔（1190~1268年）

一八六、张俶/张淑（活动于17世纪下半叶）见张涟

七、张钺（活动于18世纪上半叶）见史禄

一八六、张铖（活动于17世纪中叶）见张涟

一二八、张留孙（1247~1321年）

一八六、张涟/张南垣（1587~1671年）

一五、张渐（活动于4世纪上半叶）同任阳

五三、张策（活动于8世纪上半叶）同刘玄望

805

一八六、张然（活动于17世纪中叶）见张涟

一〇九、张仅言（活动于12世纪中叶）

二三一、张敬修（活动于19世纪中叶）见居廉

二〇一、张衡（活动于17世纪下半叶）

二六四、张锳绪（1876～？年）

二二四、张澍（1782～1847年）

一八六、张熊（活动于17世纪中叶）见张涟

二五四、张镛森（活动于20世纪上半叶）见姚承祖

二四九、张謇（1853～1926年）

一五九、陆心源（1834～1894年）见范钦

一四七、陆祥（活动于15世纪上半叶）同蔡信、姚安、杨青

一八一、陆叠山（活动于17世纪上半叶）见计成

一二三、阿尼哥/阿尔尼格 Aniko/Arnig（1244/1245～1306年）

一二四、阿老丁（活动于13世纪下半叶）

八五、阿合马（活动于13世纪下半叶）见那速鲁定

一七四、阿拉坦索多汗（1507～1582年）见三娘子

一九七、阿旺·罗桑嘉措即达赖五世（1617～1682年）

一七三、阿奎诺（Aquino, J. T.，活动于16世纪下半叶）见史宾诺拉

二〇九、陈文焕（活动于17世纪中叶～18世纪末叶）见算房

一七二、陈用宾（活动于17世纪初）

一〇一七、陈永华（1633～1680年）同王得禄

一一二、陈克佐（活动于10世纪末叶）见丁允元

八六、陈希亮（1001～1064年）同青州卒

八三、陈智福、陈智海、陈智洪（活动于10～11世纪间）

二四八、陈璧（1852～1928年）

一六九、妙峰（1540～1612年）

< 八划 >

八六、青州卒（活动于11世纪上半叶）同陈希亮

二三四、武田斐三郎（活动于19世纪中叶）

一一三、耶律楚材（1190～1244年）

二六七、茂飞即墨菲 Murphy, H K（1877～1954年）

二九三、范文照（1893～1979年）

一五九、范光文（活动于17世纪中叶）见范钦

一〇一四、范成大（1126~1193年）

一〇一一、范仲淹（989~1052年）同滕宗琼、韩琦

二二七、范廷佐 Ferrand, J（1817~1886年）

一五九、范钦（1505~1586年）

三〇四、茅以升（1896~1989年）

九八、林从世（活动于11世纪中叶）见李宏

一三五、林则徐（1785~1850年）见张显祖

三一六、林克明（1900~1999年）

二三二、林忠恕（1835~1893年）

八二、林特（974~1021年）见丁谓

四六、松赞干布（617~650年）同文成公主

一三二、欧阳玄（1283~1357年）见贾鲁

八八、欧阳修（1007~1072年）

二〇四、具谢热却丹（活动于17世纪下半叶）

二一、昙翼（？~385年）

二四、昙曜（活动于5世纪中叶）

一三七、明性（活动于16世纪末叶）见维则

九六、昆·贡却杰布/昆·衮却结布（1034~1102年）

二六六、岸田日出刀（1900~1966年）见大雄喜郎

二一二、罗卜森·丹巴加勒森（1666~1763年）

一四四、罗本·藏仔华/罗卓坚参/罗桑扎巴/罗卜藏扎克巴即宗喀巴（1357~1419年）

二八五、罗邦杰（1892~1980年）

三〇四、罗英（1890~1964年）见茅以升

二三五、罗杰 Roger（活动于19世纪上半叶）

一七五、罗明坚（Ruggieri, M.，活动于16~17世纪间）同利玛窦

九〇、帕巴西绕（活动于11世纪）另见松赞干布

一四八、凯珠·格勒巴桑/克珠杰即班禅一世（1385~1438年）

四六、金城公主（？~680年）同松赞干布

七、金锹（活动于18世纪上半叶）见史禄

二一五、周永年（1730~1791年）

一二五、周达观（活动于13~14世纪间）

一六二、周廷策（活动于17世纪上半叶）见周秉忠

一八五、周言（活动于17世纪上半叶）见午荣

一三五、周忱（1381～1453年）见张显祖

一六二、周秉忠（约16世纪中叶～17世纪中叶）

二四九、周学熙（1866～1949年）见张謇

一二二、周密（1232～1298年）

二五九、周惠南（1872～1931年?）

七六、周渭（923～999年）

七、鱼孟威（活动9世纪中叶）见史禄

二六三、炎虚（1874～1963年）

一三〇、宝敦丹遮亲巴即布敦仁钦朱（1290～1364年）

一四四、宗喀巴（1357～1419年）另见曲结顿珠

六三、空海即弘法大师（774～835年）

五、郑国（活动于公元前3世纪下半叶）

二一一、郎世宁 Castilione, G./Castilioni, J.（1688～1766年）

二三一、居廉（1828～1904年）

一〇四、孟元老（活动于11世纪末至12世纪中叶）

一〇〇一、孟知祥（874～934年）同张仪、高骈、范成大、朱椿

四三、孟简（?～823年）见杨广

一五四、细川政元（活动于15世纪下半叶）见细川胜元

一五四、细川胜元（1430～1473年）

一六八、织田信长（活动于16世纪上半叶）见丰臣秀吉

〈九划〉

二六七、珀金斯（活动于20世纪上半叶）见墨菲

三八、封德彝（578～627年）见宇文恺

四二、赵与霖（南宋）见李靖

八八、赵之璧（明代）见欧阳修

一〇三、赵伯驹（活动于12世纪初）见张择端

一三四、赵国祥（活动于14世纪上半叶）同王彦达

七一、赵忠义（活动于10世纪中叶）

三〇九、赵深（1898～1978年）

一〇一〇、赵智凤（1159～1251年）同韦君靖

一五八、赵德秀（活动于16世纪中叶）见徐杲

九、胡宽（活动于公元前2世纪初）

二二九、胡雪岩（1823～1885年）

四二、胡颖先（南宋）见李靖

二六、茹皓（活动于5~6世纪间）

一三八、南加惺机资（活动于14世纪中叶）

二〇二、南怀仁 Verbiest，F.（1623~1688年）

一五六、相阿弥（1472~1525年）另见细川胜元、小堀远州

二九〇、柳士英（1893~1973年）

五〇、柳佺（活动于7~8世纪间）

六一、柳宗元（773~819年）

二八、柳俭（活动于6世纪上半叶）见郭安兴

二六九、威尔逊 Wilson，G. L.（1880~？年）

一一八、一二三、段贞（活动于13世纪下半叶）见杨琼、阿尼哥

八一、俞浩/喻浩/喻皓（？~989年）

一一一、俞征（约1150~约1210年）

二二八、俞樾（1821~1906年）

二六九、洛根 Logen，M. H.（活动于20世纪上半叶）见威尔逊

八三、觉源（活动于19世纪上半叶）见陈氏兄弟

一七一、贺盛瑞（活动于16~17世纪间）

一四七、姚安（活动于15世纪上半叶）同蔡信、杨青、陆祥

二五四、姚承祖（1866~1938年）

二一四、姚蔚池（活动于18世纪中叶）见董道士

一四四、绛央曲杰（1379~1449年）见宗喀巴

一四四、绛青曲吉（1355~1435年）见宗喀巴

一〇〇九、阁逻凤（712~779年）

＜十划＞

一四八、班禅一世（1385~1438年）

一、班输即公输般、鲁般（活动于战国之初）

一八一、袁龙（活动于16~17世纪间）见计成

二四四、袁保禄（活动于19~20世纪间）

五四、莲华生 Padmasambhava 贝玛琼涅（活动于8世纪中叶）同寂护

一六、桓温（312~373年）

二四〇、格兰顿 Granlton，F. M.（活动于19世纪下半叶）见玛礼逊

一九九、样式雷即雷氏家族（1619~1907年）

一四四、根敦朱巴即达赖一世（1391~1475年）见宗喀巴

一三二、贾鲁（1297~1353年）

一八九、破山明即蹇海明（1597~1667年）

二七五、原田淑人（1885~1974年）

一六一、顾山师（活动于17世纪上半叶？）见张南阳

一三三、顾阿瑛（活动于13~14世纪间）见倪瓒

一九四、顾炎武/顾亭林（1613~1682年）

七、监禄即史禄（活动于公元前3世纪下半叶）

七二、柴荣（921~959年）

一〇二、晁补之（1053~1110年）

九八、钱四娘（活动于11世纪下半叶）见李宏

七七、钱弘毅（929~988年）

七〇、钱镠（852~932年）

二八八、铃置良一（1893~？年）

一三三、倪瓒（1301~1374年）另见维则

六、一六六、徐达（1332~1385年）见蒙恬、戚继光

一七五、徐光启（1562~1623年）见利玛窦

二二三、徐松（1781~1848年）

一五八、徐杲（活动于16世纪中叶）

一六九、徐福登（妙峰的俗名）（1540~1612年）

二六五、徐鸿遇（活动于20世纪上半叶）见贝寿同

一〇〇六、奚康生（467~521年）

三〇一、奚福泉（活动于20世纪上半叶）见虞炳烈

二〇九、高芸、高芬（活动于17世纪中至18世纪末叶）见算房

一七八、高倪（活动于16~17世纪间）见米万钟

一〇〇一、高骈（活动于9世纪下半叶）同张仪、孟知祥、范成大、朱椿

三二、高隆之（活动于6世纪中叶）

一九九、郭九（活动于19世纪上半叶）见样式雷

一五八、郭文英（活动于16世纪中叶）见徐杲

一二一、郭守敬（1231~1316年）另见杨广、张文谦、阿尼哥

二八、郭安兴（活动于6世纪上半叶）

一六六、郭志高（活动于11世纪中叶）见戚继光

八〇、郭忠恕（？~977年）另见喻浩

二九二、郭宝钧（1893~1971年）

三八、郭衍（活动于6~7世纪间）见宇文恺

一四六、郭琎（活动于 15 世纪初）同张信、沐昕

四八、唐滕王即李元婴（？~684 年）

一〇〇七、海通（活动于 8 世纪初）同韦皋

七九、谈真（活动于 10 世纪下半叶）见韩匡嗣

一四二、陶宗仪（？~1400 年以后）

一四三、桑尔加查实即三罗喇嘛（？~1414 年）

<十一划>

三〇〇、堀口舍己（1895~？年）

二一六、黄氏兄弟：黄晟、黄履暹、黄履昊、黄履昂即"四元宝"（活动于 18 世纪中叶）

二一六、黄为荃、黄为蒲（活动于 18 世纪下半叶）见黄氏兄弟

二九〇、黄祖淼（活动于 20 世纪上半叶）见柳士英

八、萧何（公元前 3 世纪中叶~前 193 年）

一〇〇五、萧衍（梁武帝）（464~549 年）

九六、萨迦本钦·释迦桑布（活动于 13 世纪下半叶）见昆·贡却杰布

一二九、梦窗即疏石（1275~1351 年）

一三三、曹知白（1272~1355 年）见倪瓒

一六一、曹谅（活动于 17 世纪上半叶）见张南阳

一六六、戚继光（1528~1587 年）

二五四、龚锦如（约 1880~约 1940 年）见姚承祖

一一二、常祎（活动于 11 世纪末叶）见丁允元

二八〇、野田俊彦（1891~1929 年）

七、鄂尔泰（1677~1745 年）见史禄

三三、崔士顺（活动于 6 世纪中叶）

六、崔仲方（活动于 6~7 世纪间）见蒙恬

六四、崔损（活动于 8~9 世纪间）

一三、笮融（活动于 2 世纪末叶）

一四、康僧会（？~280 年）

二三九、康德尔 Conder, J.（1852~1920 年）

一八五、章严（活动于 17 世纪上半叶）见午荣

四五、阎立本（活动于 7 世纪中~下半叶）

四五、阎立德（？~673 年）

四五、阎毗（6 世纪下半~7 世纪初）另见隋炀帝杨广

四八、阎伯屿（活动于 7 世纪中叶）见李元婴

二三三、盖勒明 Kinder, W.（活动于 19 世纪中叶）

二三八、清水喜助（活动于 19 世纪中叶）

二〇〇、梁九（活动于 17 世纪中～末叶）

四七、梁孝仁（活动于 7 世纪中叶）

二〇九、梁宇安、梁椿（活动于 17 世纪中～18 世纪末叶）见算房

三八、梁睿（活动于 6 世纪下半叶）见宇文恺

五四、寂护（锡瓦措 Santiraksita）（活动于 8 世纪中叶）同莲华生

四三、隋炀帝（杨广）（580～618 年）

一三七、维则即天如禅师（活动于 14 世纪中叶）另见倪瓒

<十二划>

二五三、斯文赫定 Sven, Anders, H.（1865～1952 年）

一七三、斯皮诺拉/史宾诺拉 Spinola, C.（?～1644 年）

二四〇、斯科特 Scott, W.（活动于 19～20 世纪间）见玛礼逊

九四、韩公廉（活动于 11 世纪下半叶）见苏颂

七九、韩匡嗣（?～982 年?）

二一一、韩国英 Cibot, P. M.（1727～1781 年）见郎世宁等

七八、韩重赟（?～974 年）

六、韩雍（活动于 15 世纪中叶）见蒙恬

一〇一一、韩琦（1005～1075 年）同范仲淹、滕宗谅

一〇一五、敬修（活动于 13 世纪末叶）同况钟

二三、蒋少游（451～501 年）

二一一、蒋友仁 Benoist P M（1715～1774 年）见郎世宁等

三一一、董大酉（1899～1973 年）

三〇二、董作宾（1895～1963 年）

二一四、董道士（活动于 18 世纪中叶）

一〇二〇、董福祥（1839～1908 年）

二五六、森山松之助（活动于 20 世纪初）见长野宇平治

二九九、森田庆一（1895～? 年）同今井兼次

五九、最澄（767～821/822 年）另见智顗、智者

八一、喻浩/喻皓或俞浩（?～989 年）

九八、智日（活动于 11 世纪下半叶）见李宏

八八、智仙（活动于 11 世纪上半叶）见欧阳修

三五、智者即智颛（538～597年）另见慧成

六三、智泉（活动于9世纪上半叶）见弘法（空海）

六九、智晖（活动于10世纪上半叶）

七四、焦继勋（活动于10世纪下半叶）同王仁珪、李仁祚

四三、奥鲁赤（元代）见杨广

一、鲁班/鲁般即公输般（活动于战国之初）

一〇、鲁恭（共）王即刘余（活动于公元前2世纪中叶）

一〇、裒钱而（活动于12世纪下半叶）

三一五、童寯（1900～1983年）

二六六、二七三、渡边仁（活动于20世纪上半叶）见大雄喜郎、冈田信一郎

二七〇、二七六、渡边节（活动于20世纪上半叶）见佐野利器、内藤多仲

一八、道安（？～385年）

二四二、道达尔 Dowdall，W. M.（活动于19～20世纪间）

一一七、道询（活动于13世纪中叶）

一一二、曾汪（活动于12世纪下半叶）见丁允元

二四七、曾弥达藏（1852～1937年）

一七七、曾省吾（活动于16世纪下半叶）

一七、谢万（327～388年）

二四五、谢甘棠（活动于19～20世纪间）

一六六、谢观（活动于14世纪下半叶）见戚继光

一九、谢灵运（385～433年）

一二九、疏石即梦窗国师（1275～1351年）

<十三划>

一四九、蒯氏父子（活动于14世纪下半叶～15世纪下半叶）父蒯福，子蒯祥（1397/1398～约1481年）蒯义、蒯纲

六、蒙恬（公元前3世纪上半叶～前209年）

二三六、雷士德（Lester，H，1840～1926年）

一五八、雷礼（活动于16世纪中叶）见徐杲

一九九、雷氏家族（样式雷）：

雷发达（1619～1693年）

雷金玉（1659～1729年）及妻雷张氏

雷声澂（1729～1792年）

雷家玮（1758～1845年）另见李斗

雷家玺（1764～1825年）

雷家瑞（1770～1830年）

雷景修（1803～1866年）

雷思起（1826～1876年）

雷廷昌（1845～1907年）

二七九、雷蒙德 Raymond，A（1890～1976年）

五五、鉴真（688～763/764年）

三〇一、虞炳烈（1895～1945年）

三一三、鲍鼎（1899～1978年）

二五二、詹天佑（1861～1919年）

四二、靖江王朱守谦（？～1392年）见李靖

一〇〇八、窦崇（活动于9世纪下半叶）

〈十四划〉

二〇七、嘉木样协比多（活佛一世）（1648～1721/1722年）

二七、綦母怀文（活动于5世纪末～6世纪中叶）

一四七、蔡信（活动于15世纪上半叶）同姚安、杨青、陆祥

八九、蔡襄（1012～1067年）

六七、愿诚（活动于9世纪中叶）

二〇九、算房：算房刘、算房高、算房梁等（活动于17世纪中叶～18世纪末叶）

一七四、僧格都楞（活动于16～17世纪间）见三娘子

二八二、廖石成（活动于20世纪下半叶）见王益顺

一一二、谭伦（活动于16世纪初）见丁允元

一六六、谭纶（1520～1577年）见戚继光

二五八、熊罗宿（？～1931年）

一〇〇四、赫连勃勃（？～425年）同叱于阿利

〈十五划〉

三四、慧达（约524～610年）

二五、慧成（活动于5世纪下半叶）

六八、慧锷（活动于10世纪上半叶）

二一八、噶丹赤巴萨木察·坚赞僧格（活动于18世纪中叶）

二六七、墨菲/茂飞 Murphy，H. K.（1877～1954 年）

二三〇、黎广修（1823～?）

五二、滕子京（活动于 11 世纪中叶）见张说

一〇一一、滕宗谅（991～1047 年）同范仲淹、韩琦

一七九、德川秀忠（1579～1632 年）

一九二、德川家光（1604～1651 年）

一七〇、德川家康（1543～1616 年）

八三、德郎（活动于 11 世纪初）见陈氏兄弟

一六一、潘允瑞（活动于 16 世纪下半叶）见张南阳

二一七、潘承烈（活动于 18 世纪中叶）同谷丽成等

一六四、潘季驯（1521～1595 年）

<十六划>

一一九、薛景石（活动于 13 世纪中叶）

二四二、穆尔黑德（Moorhead，R. S.，活动于 19 世纪末叶）见道达尔

<十七划>

二六七、戴恩 Dane（活动于 20 世纪初）见墨菲

二四三、魏荣昌（活动于 18 世纪下半叶）见杨斯盛

一八九、蹇海明（1597～1667 年）

<十八划>

八四、藤原良经（约 10～12 世纪间）见藤原赖通

八四、藤原赖通（992～1074 年）

第三部分 附图

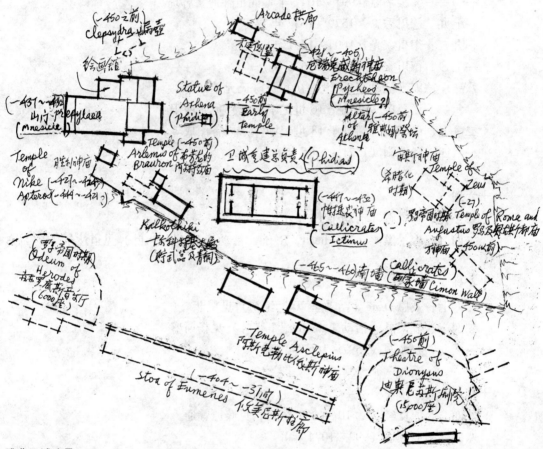

雅典卫城沧桑

迈锡尼时代（公元前1400~前1100年）Acropolis 阿克洛波利斯山已开始建为卫城。

公元前478年狄洛斯联盟瓦解雅典衰亡，6世纪神庙改为天主教堂，神像被迁走，1450年沦为奥斯曼帝国属地，又被改为清真寺并加呼拜塔，遂后更成为军火库。1687年威尼斯军炸毁帕提农庙。19世纪初英人盗走雕塑品，卫城成为废墟。

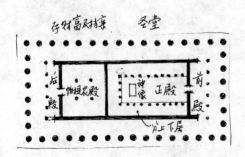

帕提农庙 Parthenon（处女宫）

平面——八柱围柱式 Peripteral Octastyle
柱式——Doric order，后殿内四根为 Ionic order
约70m×31m 柱高10.15m

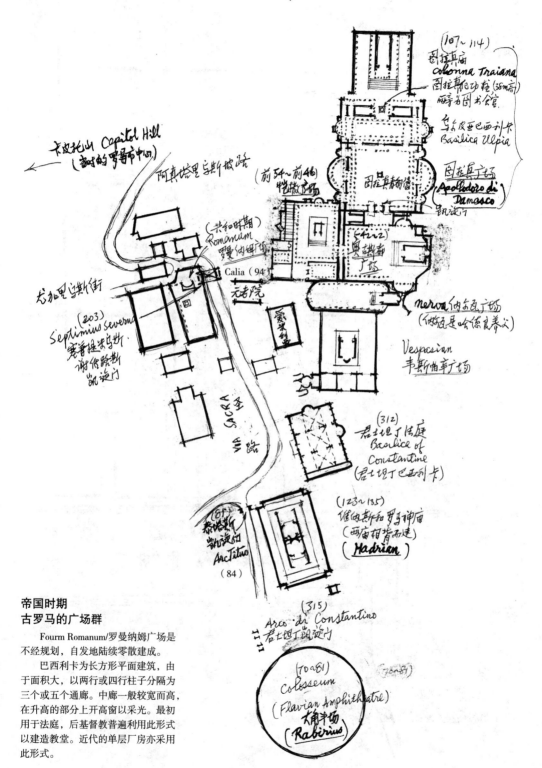

帝国时期
古罗马的广场群

Fourm Romanum/罗曼纳姆广场是不经规划，自发地陆续零散建成。

巴西利卡为长方形平面建筑，由于面积大，以两行或四行柱子分隔为三个或五个通廊。中廊一般较宽而高，在升高的部分上开高窗以采光。最初用于法庭，后基督教普遍利用此形式以建造教堂。近代的单层厂房亦采用此形式。

翡冷翠（Firenze）
佛罗伦萨（Florence）

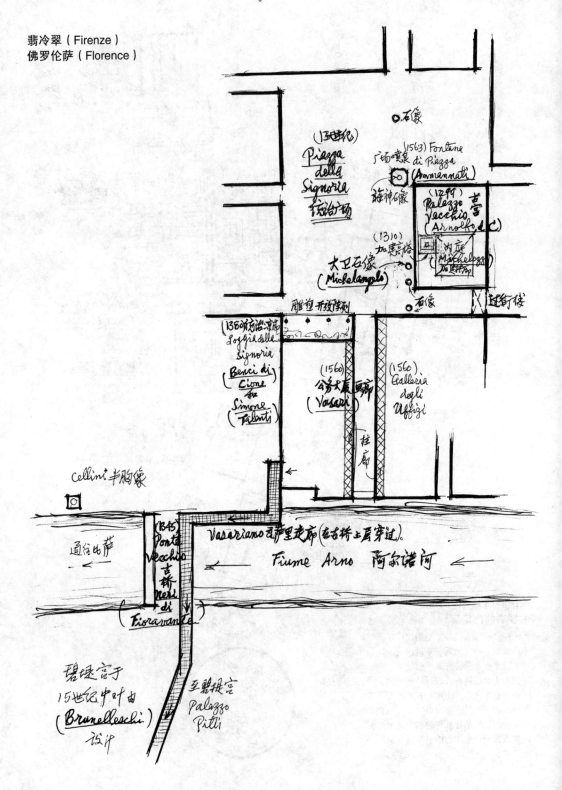

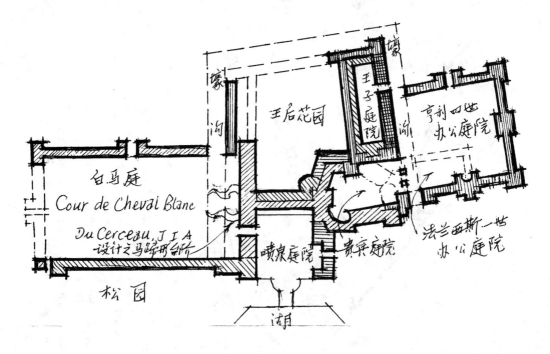

枫丹白露宫总平面并不规整，外观亦不壮丽，但内部装饰豪华，而庭院宽大，且五个庭院连贯，花园幽雅，加上湖水茂林，成为François I所喜爱的行宫。

拿破仑常驻临，最后还在宫内签下退位诏书。

枫丹白露宫（Chateau Fontainbleau）

"Fontainbleau"法文意为"蓝色泉水"，附近有湖泊，更有168km²的森林。

1137年设立堡垒，1169年建礼拜堂及大修道院，一直以来，成为王室的狩猎驻留地。

François I于1527年下令改建为离宫，除一座塔楼外，全部拆除。当时令**Serlio**（1507~1554年）为顾问，1540年任**Le Bretom G.**设计，又让**Cellini**（1500~1571年）及**Primaticcio**（1524~1570年）作雕塑、绘画，**Vignola**（1507~1573年）设计侧廊及园王卧室。17世纪**Du Cerceau，J.I.A.**（1585~1649年）在白马庭设计极夸张的马蹄形大台阶。**Le Nôtre**（1613~1700年）拓宽庭园。**Mansart，F.**（1598~1666年）参加改建，18世纪**Gabriel**（1698~1782年）续有增改。至19世纪初，**Lefuel**（1810~1881年）设计剧场是最后一项工程。前后历三百年。

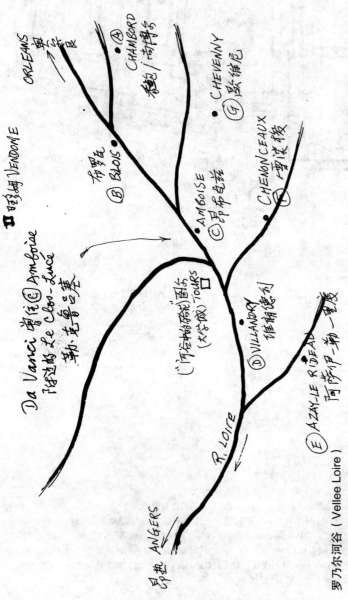

罗乃尔河谷（Vellee Loire）

Ⓐ CHAMBORD——François I 之猎行宫，由 Nepvea，P. 设计（工期有 1518-1537，1519-1547，1526-1544 之各种说法）。据说曾由 Da Vanci 设计其中之双螺旋梯，而 Da Vanci 于 1519 年逝世，故以 1518-1537 为可靠。CHAMBORD 为罗乃尔河谷中最大和最豪华之宫堡。François I 继 Louis XII 之后，开始扩建，前后历七个国王，故哥特式及文艺复兴式均有，最后围成四合院，大门为火焰式，中庭有露明双螺旋梯。

Ⓑ BLOIS——François I 继 Louis XII 之后，开始扩建，前后历七个国王，故哥特式及文艺复兴式均有，最后围成四合院，大门为火焰式，中庭有露明双螺旋梯。

Ⓒ AMBOISE——原罗马时期卫堡 Chaslee VIII 以火焰式改建 Louis III 及 François I 改为文艺复兴式，两个主体宫殿，南北巨塔，后面观景台及小礼拜堂。

Ⓔ AZAY-LE-RIDEAU——位于小岛上，曲尺形，中断后迄未完工。臣 Ber-thelot 夫人 Philippa Leebaly 负责工程，中断后迄未完工。

Ⓕ CHENONCEAUX——原废堡，1513-1521 由 Behier T 夫人 Bciconnet K 重建，1547 Henry II 送给情妇 Diane de Poitiers 加建 60m 长桥面和西边花园。后被 Catherine de Medicis 遂出。于桥上加两层长廊，她的三媳（白色王后）在肉守寡十一年，后来又历经社盼夫人（1733）和 Pelou3e 夫人之手。前后三百多年间，为五个女人所有。

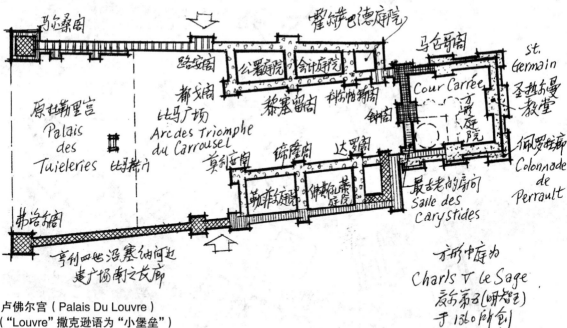

卢佛尔宫（Palais Du Louvre）
（"Louvre" 撒克逊语为 "小堡垒"）

杜勒里宫于1560由De Lórme（约1514~1570）开始设计，并企图同卢佛尔宫相连接，后来断断续续加建，至19世纪毁。

卢佛尔宫由中世纪之城堡改建为王宫，自1546~1878年，历330余年，1793年改为博物馆。其间主要设计者为：
Lescot, P.（约1515~1578年）
Du Cerceau, B.A.（1545~1590年）
Bullant, J.（约1520~1578年）
De Brosse（1571~1626年）
Le Mercier（1585~1654年）
Le Vau（1612~1670年）
Perrault（约1613~1688年）
Le Nôtre（1613~1700年）
Le Brum（1619~1690年）
D'orbay（1634~1697年）
Gabriel（1698~1782年）
Fontaine（1762~1853年）
Percier（1764~1838年）
Visconti（1791~1853年）
Lefuel（1810~1881年）

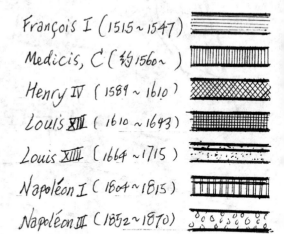

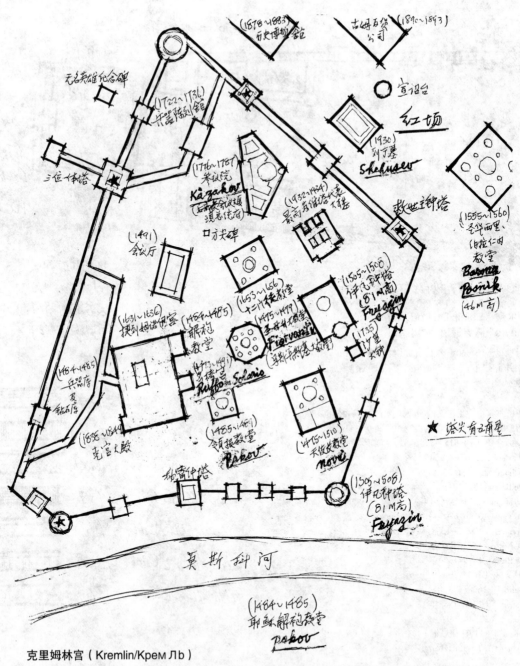

克里姆林宫（Kremlin/Крем Лb）

莫斯科1108年建城，1156年尤里·戈鲁基公爵以木造宫墙，1367年迪米堤·唐斯科伊公爵改以石料筑宫墙，1458年伊凡三世重建。

伊凡钟楼于1582~1643由佩多罗夫·马里卡加建旁边建筑故实际为两建筑物。

多棱宫原名格拉诺维塔宫。面积28公顷宫墙边长共2235m，高5~19m，20座塔楼。

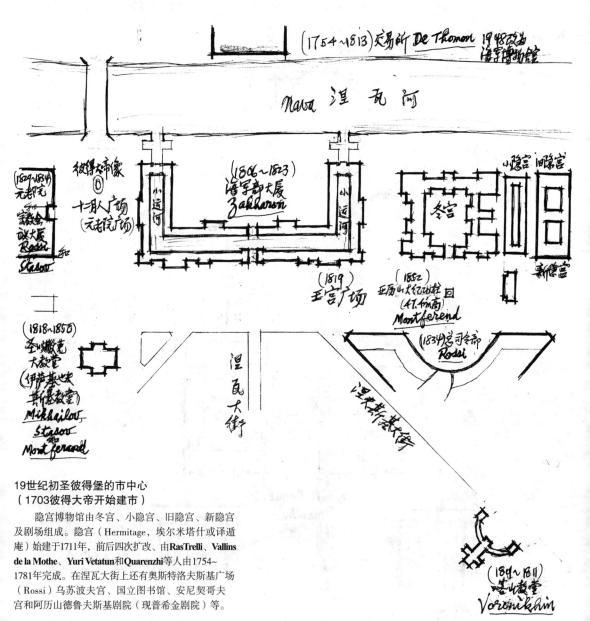

19世纪初圣彼得堡的市中心
（1703彼得大帝开始建市）

　　隐宫博物馆由冬宫、小隐宫、旧隐宫、新隐宫及剧场组成。隐宫（Hermitage，埃尔米塔什或译遁庵）始建于1711年，前后四次扩改，由 **RasTrelli**、**Vallins de la Mothe**、**Yuri Vetatun** 和 **Quarenzhi** 等人由1754~1781年完成。在涅瓦大街上还有奥斯特洛夫斯基广场（Rossi）乌苏波夫宫、国立图书馆、安尼契哥夫宫和阿历山德鲁夫斯基剧院（现普希金剧院）等。

格林威治建筑群（Greenwich Palace）

包括两组建筑，前后历三个世纪至 **Charle Block** 完成。

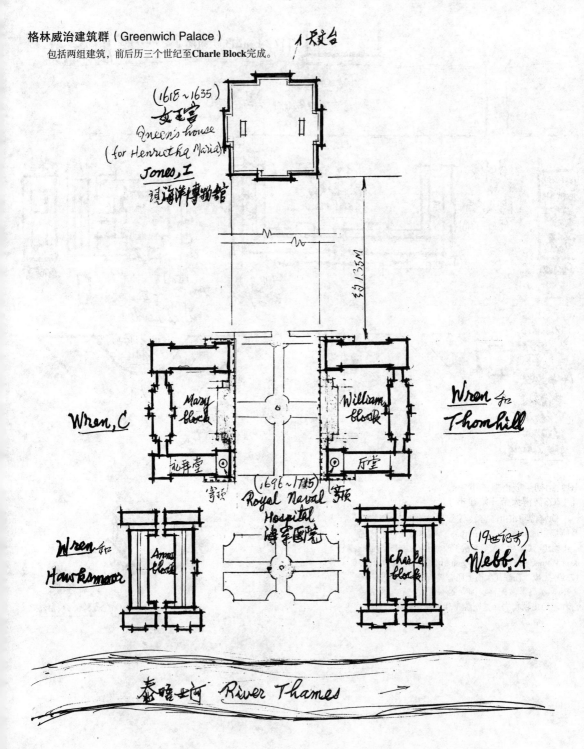

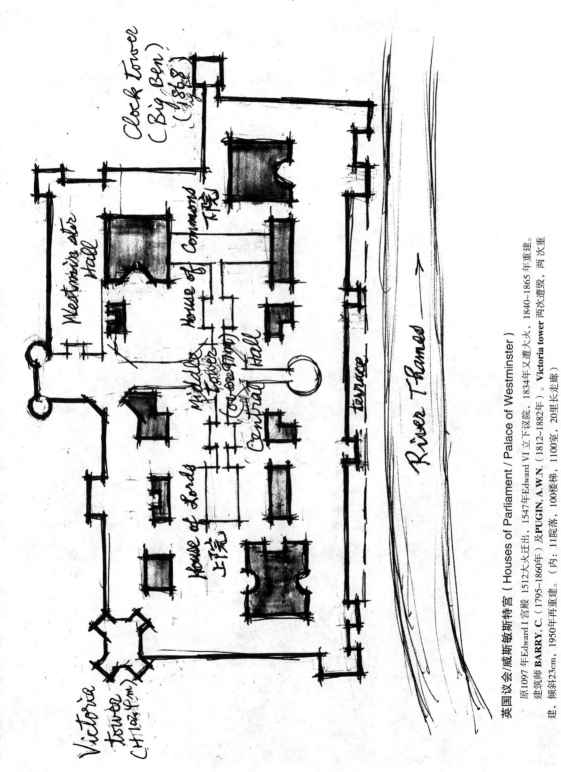

英国议会/威斯敏斯特宫（Houses of Parliament / Palace of Westminster）

原1097年Edward I宫殿 1512大火迁出，1547年Edward VI立下议院，1834年又遭大火，1840~1865年重建。建筑师 BARRY, C.（1795~1860年）及 PUGIN, A.W.N.（1812~1882年）。Victoria tower 两次遭毁，两次重建，倾斜23cm，1950年再重建。（内：11院落，100楼梯，1100室，20里长走廊）

图拉真石柱（Colonna Traiana）

公元113年竖立、柱高约38m，由Apollodoro设计。长约200m的螺旋形浅浮雕，雕出逾2500个人物，保存完整。（右图）

图拉真石柱上浮雕的局部（下图）

君士坦丁凯旋门（Arco di Constantino）
建于公元315年。宽度逾25m，三个圆券门，中间券高21m。现存最大而保存最完好的大罗马凯旋门。

罗马的圣母大殿
（Santa Maria Maggiore）

主教堂仍保存原形式，正立面五个大门和上方的大敞廊是 **Ferdinando Fuga** 于1750年的作品。而高75m的钟楼建于1337年，是罗马的最高的。（上图）

有三个通廊的大堂，由爱奥尼克式排柱构成。（右图）

梵蒂冈城（Citta' del Vaticano）

梵蒂冈圣伯多禄大教堂的鸟瞰和正立面。（上图、右下图）

Ligorio 设计的教堂小别墅 Caseno，现为教廷科学院。（左下图）

世界建筑历史人物名录

佛罗伦萨主教座堂（Duomo）

又名花之圣母堂（S.Mario del Fiore），它是1289年决定兴建的，工程委托给了 **Arnolfo di Cambio**。全部建筑工作分别由之后继任的乔托和 **Andrea Pisano**，**Brunelleschi** 和其他艺术家继续完成。耸立在教堂之上巨大的穹顶是 **Brunelleschi** 于1434年建造的。（上图）

佛罗伦萨乔托钟楼（Campanile di Giotto）

乔托于1334年开始兴建，后由 **Andrea Pisano** 和 **Franceco Talenti** 完成。立面以白色和绿色大理石为材料，塔高85m。（右图）

830

佛罗伦萨的古桥（Ponte Vecchio）

被称为古桥是因为在埃特鲁斯时期就已经存在了，可以肯定在972年桥上就已经建有木质的走廊。石桥于1333年时被洪水冲垮，多年后于1345年由Neri di Fioravante重建形成了现在所见到的两边建有店铺的模样。（上图）

Benvenuto Cellini（著名雕刻家）的半胸像，背景为圣三桥。（左图）

比萨城西北角的奇迹广场
（Campo dei Miracoli）
分别为洗礼堂、教堂和比萨斜塔。（上图）

比萨教堂
正立面（右图）

威尼斯金殿（Ca'D'oro）

这座原由大理石及金饰建造的立面有金殿之称（金饰已脱落），是15世纪由**Bartolomeo Bon**和**Matteo de' Raverti**所设计。（左图）

威尼斯裴撒罗宫殿（Ca' Pesaro）

Longhela，B.设计。（下图）

健康圣母教堂（Santa Maria della Salute）

17 世纪初，威尼斯发生重大瘟疫，为感谢圣母而兴建此教堂。于 1630 年兴建，又名圣母永福堂或安康圣母堂。工程由 **Longhena** 主持，在施工中曾遇地基塌陷和墙壁支撑等许多困难。为了解决稳定问题，建筑师特意发明了支撑圆顶的奇异的螺旋造型（十六个）。这座宏伟的殿宇平面呈八角形，有两座圆顶。教堂位于大运河入海口。

威尼斯督纪王宫（Palazzo Ducale）

公元9世纪时为督纪而兴建，后经多位大建筑师**Dalonle Masegne**，**Rizzo**，**Da Ponte**的多次改建，至16世纪方成为现在所见的模样。（上图）

威尼斯巨人台阶（Scala dei Giganti）

在元老院的小院中，由**Antonio Rizzo**建造（15世纪）。巨人台阶是因为在楼梯栏杆上有两座巨大的雕像（战神和海神）而得名，由**Sansovino**，**J**制作。（左图）

威尼斯圣马可广场

（上图）

左边（由上而下）：
旧行政中心（Proculatie Vecchic）
科罗博物馆（Museo Correr）
新行政中心（Prculalie Muove）
钟楼（Canpanile）
图书馆（Libreria）

右边（由上而下）：
圣马可大殿（Basilica di San Marco）
总督府（Palazzo Ducale）

威尼斯的桥

（下图，共五幅）

凯旋门广场

巴黎十二条马路交叉的"凯旋门广场",交通非常紊乱。

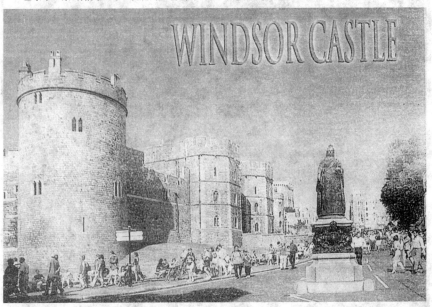

"温莎城堡"(Windsor Castle)

在伦敦以西的白垩山上,傍泰晤士河。10世纪时已有皇家住所。1070年征服者威廉陆续建设,至16世纪基本完成。此集防御建筑、教堂及国宾馆近千间房的建筑组成的建筑群,成为当时亨利一世的皇家驻地。

海德尔古堡(Heidelberg Schloss)

建于16至17世纪,建筑形式尚有哥特式的痕迹。腓特烈大楼(1520~1535年),左角为内眷住宅(1508~1544年)。

圣马可教堂（Basilica di San Marco）
　　图中右上角金像为圣玛尔谷飞狮（威尼斯守护神），其下四个铜马是公元前 3～4 世纪希腊作品（原件藏堂内）。

图书馆（Marciana）

图书馆位于威尼斯圣马可广场内，由 **Sansovino**，**J.**（1486~1570年）1536~1563年设计的。后面是高度为99m的大钟楼（Canpanile）。

翡冷翠圣十字教堂（Santa Croce）
该十字教堂建于 12~15 世纪。正立面建于 18 世纪。门旁为"但丁"石像。

米兰大教堂

又称"带刺的教堂"、"大理石之诗大教堂"。数不清的尖顶、尖塔、尖棂、尖阁和尖形交叉拱。

米兰·伊曼纽尔拱廊（Gallerie Victtorio Emmanule）
Mengoni（1829~1877年）于1865年设计。

巴黎圣母院
后立面充分发挥其哥特式建筑的特征。

米兰达文西石像
其后为市政府大楼。

凡尔赛宫（Versailles）

路易十四倾尽国力，历时 28 年建成，总建筑面积达 11 万平方米，三合院布置的正殿围合成广场。

斗兽场（Amphitheatre）

或称圆形竞技场（Colosseo），建于 72～80 年。历经两千年，几经地震及偷石破坏，只剩半壁山河。除了体验其规模宏大外，让人领会阶级悬殊和残酷骄奢。**Rabirio** 设计。

武当山金顶遭劫的金殿

澳门的圣保禄教堂 (San Paul,1602~1637 年)
　　Spinola 设计。多次火灾后仅存前壁，澳门人俗称"大三巴牌坊"。

芝加哥城市歌剧院大厦

桂林古南门

　　李靖时建（武德四年/621~武德五年/622）。洪武时拆城，仅存此门。城墙为旧物，门楼为后代新建，名"虚奎楼"、"仰高楼"，俗称"榕树楼"。

大理崇圣寺三塔

　　大理崇圣寺又称天龙寺。主塔建于836~840年，小塔建于大理国时代（937~1253年），三塔均为偶数层，绝无仅有。